목회상담

Seelsorge

영혼돌봄

Klaus Winkler 저 · 신명숙 역

학지사

SEELSORGE
by Klaus Winkler

역자 서문

목회상담자와 그리스도교 관점에서 상담하고 있는 평신도 상담자는 하나님이 주신 아름답고 귀한 직분이다. 이들은 정신적으로 육체적으로 그리고 영적으로 지치고 힘들어 하는 사람들에게 하나님의 위로와 사랑을 경험하게 하고 하나님이 만드신 이 아름다운 세상을 함께 느낄 수 있도록 도움을 주는 전문인이다.

목회상담자와 평신도 상담자는 세상의 모든 전문적인 영역에서 일하는 사람들과 마찬가지로, 정신적, 육체적 그리고 영적으로 사람들을 돌보기 위해서 전문적인 교육을 받아야 한다. 그리스도교에서 영혼을 돌보는 사람들을 위한 훈련의 역사는 무려 2000년이 넘는다. 그 훈련의 기원은 예수 그리스도에서 시작된다. 예수는 일반 사람을 자신의 제자들로 부르시고 3년 넘게 '사람 낚는 사람들로' (마5:10) 훈련시켰다. 그가 십자가에서 죽고 부활한 후에는 이제 예수의 제자들이 직접 그 다음 세대에게 사람들을 어떻게 돌보고 섬길 것인지 훈련시키기 시작했다.

특히, 그리스도교 목회상담의 역사에서 본다면 대표적인 선교사며 목회상담자라고 할 수 있는 사도 바울은 이미, 2000년 전에 젊은 제자 디모데에게 "나이 많은 남자를 나무라지 말고, 아버지를 대하듯이 권면하십시오. 젊은 남자는 형제를 대하듯이 권면하십시오. 나이 많은 여자는 어머니를 대하듯이 권면하고, 젊은 여자는 자매를 대하듯이, 아주 순결한 마음으로 권면하십시오" (딤전5:1-2)라고 다양한 그리스도교 구성원들을 돌보고 섬기는 방법을 가르쳐 주고 있다.

이러한 영혼 돌봄의 가르침은 그리스도교 2,000년 역사 이래 다양한 문화적, 사회적, 정치적, 공간적, 시간적 변화 속에서 여러 가지 다양하고 창조적인 목회상담의 개념과 접근방법으로 개발되어 왔다. 그리고 매우 다양하고 현대적인 목회상담의 범주와 주제들이(예를 들면, 우울증과 중독 등) 그리스도교 목회상담에 등장했다. 그뿐만 아니라 현대 목회상담의 관점에서 보면, 여러 다양하고 세분화된 목회상담의 대상과 영역이 나타나기 시작했다(어린이, 여성, 노인, 동성애자, 군대, 병원, 형무소 등). 따라서 현대 목회상담학에 대한 기본적인 교과서 내지는 개괄서는 위에서 언급한 내용을 포함하고 있어야 할 것이다.

이 책은 위와 같은 필요성과 관점에서 현대 독일 목회상담학의 대표적인 학자가 집필한, 그리고 독일 신학대학에서 현재 목회상담학의 교과서처럼 사용하고 있는 클라우스 빈클러(Klaus Winkler, 1934~2000)의 저서 『목회상담: 영혼 돌봄』(K. Winkler, *Seelsorge*. Berlin/New York: de Gruyter 2000)을 옮긴 것이다. 이 책의 첫 번째 판은 1997년에 같은 출판사에서 출간되었다. 독자들의 열렬한 호응 속에서 개정판이 2000년에 출판되었으며 빈클러는 유감스럽게도 이 책의 개정판이 나오기 직전에 세상을 떠났다. 그는 독일 베텔신학대학교(Die Kirchliche Hochschule in Bethel)에서 실천신학 교수로서 정년을 맞기까지 목회상담학자이며 정신분석가로 활동했다. 특히, 그는 심리학을 신학적인 관점에서 검토하여 목회심리학으로 발전시켜 목회현장에서 올바르게 활용하려는 의도에서 결성된 독일목회심리학협회(Deutsche Gesellschaft für Pastoralpsychologie)의 창립자였다. 빈클러는 1972년부터 1978년까지 이 협회의 회장직을 맡아 전통적인 그리스도교 영혼 돌봄과 심리학을 활용한 현대 목회상담의 가교 역할을 주도하면서 독일 목회상담학을 이끈 대표적인 학자였다.

이 책은 다음과 같은 이유에서 현장에서 일하고 있는 목회상담자와 평신도 상담자 그리고 대학이나 상담기관에서 목회상담에 대해 강의하고 있는 교수들에게 좋은 기본 교재가 될 것이라고 확신한다.

첫째, 이 책은 심리학적인 관점을 염두해 두면서 동시에 신학적이고 목회학적인 핵심을 놓치지 않으면서 목회상담의 이론과 실제를 제시한 기본서로서 동시대적이면서 총괄적인 습득을 가능하게 한다. 다시 말하면 이 책은 단순히 어느 한 이론이나 한 대상 또는 한 영역을 소개한 연구가 아니라, 현재 독일에서 그리스도교 목회상담에 관한 가장 중요한 저서 중의 하나로서 개론적이고 총론적인 책이다. 이 책의 저자는 자세하고도 내용이 풍부한 각주를 통해 독일뿐만 아니라 미국의 목회상담에 관한 자세하고도 많은 정보를 제공해 주고 있으며 이 책은 독일 신학대학교에서 목회상담학 기본 교재로 가장 많이 읽히고 사용되고 있다. 현재 독일 신학생들이 목회상담 세미나에서 읽어야 할 필독서인 것이다. 따라서 우리들은 통해서 최근의 독일 목회상담학의 경향과 고전부터 그 당시 가장 최근의 주요 저작들을 자세하고도 광범위하게 살펴볼 수 있으며, 전반적인 현대 목회상담의 이론과 경향 그리고 정보를 시간적이며 공간적인 간격 없이 읽을 수 있고 평가할 수 있다.

둘째, 이 책은 그리스도교 목회상담의 정체성을 찾기 위한 성서적이며 신학적인 근거를 목회상담의 역사를 통해 분명하게 제시해 주고 있다. 우리가 현재 심리학의 영향을 받아 발전된 목회상담의 틀을 좇아가기 급급한 나머지 자칫 놓쳐 버릴 수 있는 그리스도교 목회상담의 역사와 뿌리를 매우 자세하고도 분명하게 살펴볼 수 있다. 우리는 지금까지 소개된 목회상담에 관한 어떤 책에서도 이 책만큼 자세하게 서술된 목회상담의 역사를 찾아보기 힘들다. 이 역사를 통해 우리는 목회상담의 뿌리와 그리스도교 초기부터 현대까지 그리스도교 목회상담의 본질을 신학적인 근거와 함께 찾아볼 수 있다.

셋째, 이 책의 저자인 빈클러 교수는 목회자이면서 목회상담학자이며 동시에 현대 심리학 이론에 정통한 정신분석가다. 따라서 독자들은 신학과 심리학에 정통한 저자의 통전적인 시각으로부터 목회상담이라는 현대 용어의 뿌리라고 할 수 있는 그리스도교 역사에 나타난 영혼 돌봄과 1960년대 미국에서 심리학적인 관점에서 새롭게 일어난 현대 목회상담 이론과 정보, 그리고 한쪽으로 편중되지 않는 중립적이고도 균형 있는 평가와 앞으로의 과제를 읽을 수 있다.

넷째, 지금까지 한국에 소개된 목회상담학 이론과 실제에 관해서 번역된 책들은 거의 대부분 미국 목회상담학자들의 책이거나 개별적인 주제들에 한정되어 있다. 다시 말하면 그동안 신학의 출발점이라고 할 수 있는 유럽 독일어권 목회상담학 저서는 많이 소개되지 않았다[현재까지 독일어권에서 소개된 대표적인 그리스도교 목회상담에 관한 저서는 투르나이젠(E. Thurneysen)의 『목회학원론』(박근원 역, 성서교재간행사, 1979) 그리고 『목회실천론』(박근원 역, 대한기독교서회, 1980)이 있다.]. 따라서 우리는 이 책을 통해서 개신교 신학의 원류라고 할 수 있는 독일의 신학자가 쓴 그리스도교 목회상담 이론과 실제 그리고 최근의 경향과 주제들을 종합적으로 잘 살펴볼 수 있으리라 생각된다.

특히, 이 책을 읽으면서 독자들이 주목해야 할 점은 그리스도교 목회상담의 역사 부분에서 제2차 세계 대전을 기준으로 심리학의 영향을 크게 받지 않은 그 이전은 목회상담의 어원이 되는 라틴어 'cura animarum' 에서 온 독일어 Seelsorge를 원래의 의미대로 '영혼 돌봄' 으로, 심리학의 영향을 받은 제2차 세계 대전 이후는 현대적인 용어로서 '목회상담' 이라고 번역하였다.

한국교회와 신학교에서 '목회상담' 이라는 이름으로 학문적으로 발전해 온 지 약 50년의 세월이 흘렀다. 그 50여 년의 세월 속에 한국 목회상담은 많은 과정을 거쳐 지금까지 계속해서 발전하고 있으며 신학과 교회현장 그리고 삶의 현장 속에서 많은 영향을 끼쳐왔다. 그러나 지금까지 토착적인 관점에서의 우리나라 목회상담 연구는 아직 미비하다고 볼 수 있다. 따라서 개론적이고 총체적인 이 책이 독창적인 한국 목회상담 이론을 정립하고 발전시키는 데 많은 도움이 되었으면 한다. 우리가 목회상담의 역사와 많은 이론을 터득하는 것은 어느 한쪽에 치우친 목회상담 이론을 신봉하기보다는 역사를 통해 자신이 현재 어디에 서 있는지 깨닫게 할 뿐만 아니라 한국적인 상황과 한국인의 특성에 따른 토착적인 목회상담 이론을 개발할 수 있는 밑거름이 되기 때문이다. 또한 목회상담을 공부하는 대학생과 대학원생, 현장에서 상담을 하고 있는 많은 목회상담자와 평신도 상담자들이 이 번역서를 통해서 그리스도교 목회상담의 전통과 신학적인 본질 그리고 과제에 대한 총체적인 시각을 얻어, 다양한 목회상담 상황에서 천하보다 귀한 생명을 구하는 데 결정적인 도움이 되기를 바란다.

그리고 현대 독일 목회상담학계의 대표적인 학자인 클라우스 빈클러(K. Winkler)의 저서를 옮길 수 있도록 배려해 주시고 관심을 가지고 도와주신 학지사의 김진환 사장님과 600페이지가 넘는 방대한 책을 오랫동안 성실하게 교정하고 편집을 해 주신 이세희 과장님과 편집부 여러분께 진심으로 감사드린다.

끝으로 역자에게 항상 마음에 와 닿는 성서구절을 적어 보고자 한다. 이 말씀은 곧 우리가 목회상담을 해야 하는 근거와 이유를 말해 주고 있다고 생각한다.

"온갖 위로를 주시는 하나님께, 찬양을 드립시다··· 우리가 온갖 환난을 당할 때에 하나님께서는 우리를 위로해 주십니다. 하나님께서는 우리를 위로하셔서 온갖 환난 가운데 있는 사람들을 위로할 수 있게 하십니다··· 우리가 환난을 당하는 것도 여러분이 위로와 구원을 받게 하려는 것이며, 우리가 위로를 받는 것도 여러분이 위로를 받게 하려는 것입니다. 이 위로로, 여러분은 우리가 당하는 것과 똑같은 고난을 견디어 냅니다" (고후1:3-6).

2007년 여름 전주에서

신명숙

추천의 글

이 책이 1997년에 처음 출판되었을 때 클라우스 빈클러(1934~2000) 교수는 증정할 수 있는 첫 견본을 '신뢰와 끊임없는 우정' 으로 나에게 헌사했다. 그것은 나에게 영광이었을 뿐만 아니라 내가 이 책의 재판을 기꺼이 맡게 된 친구의 우정이기도 하다.

저자는 그의 마지막 남은 여생 동안 이 책을 다시 수정하고 보완하였다. 여성주의 목회상담과 노인을 위한 목회상담, 본회퍼(D. Bonhoeffer)에 대한 것을 새롭게 추가하여 목회상담의 역사에 대한 설명, 체계적인 연결을 위한 중요한 인용문, 그밖이 수많은 간략한 메모(주해)들과 1999년 말 당시의 최신 문헌들을 인용한 각주를 보완했다. 그 사이 요수티스(M. Josuttis)에 의해 『축복의 힘. 에너지적인 목회상담의 잠재력(*Segenskräfte. Potentiale einer energetischen Seelsorge*)』(Guetersloh, 2000)이 출판되었는데, 이 책은 빈클러가 조심스럽게 비평을 한 도발적인 작품이다. 그리고 보베르트 스튀첼(S. Bobert Stützel)에 의한 '그리스도교 경건이론을 위한 목회심리학적 논문' 인 『경건과 상징극(*Frömmigkeit und Symbolspiel*)』 (Göttingen, 2000)도 출판되었다. 이것은 빈클러가 긍정적으로 평가한 매우 착실한 작품으로서 빈클러의 저서에 중요한 질문을 던지고 그것을 결정적인 입장에서 설명할 수 있는 책이다.

목회상담은 앞으로 계속해서 어떻게 되어 갈 것인가? 빈클러가 죽은 후에 게재된 그의 논문에서 그는 '목회상담에 다가오는 도전' 에 대한 생각을 정리하고 있다. 차세대는 아마도 점점 더 불분명한 구조적인 주변 환경에 적응해야만 할 것이라는 것이다. 그것은 배우자 선택과 가족 형성 그리고 자녀교육에 영향을 미쳐 관계영역에서 새로운 어려움에 도달하게 될 것이다. 다양한 민족성과 다민족문화가 무겁게 다가올 것이다. 기술발달(인터넷을 통한)과 점점 더 확산되고 있는 개인주의와 다원화 과정은 특히 인간을 더욱더 고립으로 이끌게 될 것이다. 개별적인 모임과 모든 모임의 정체성 형성은 지금보다 더 복잡해질 것이다. 그것은 내담자와 목회상담자의 측면에서 볼 때 방향 상실과 도움 상실을 의미한다. 다원화 속에서 복잡한 삶을 극복하려는 노력은 대량적으로 단순화하는 이념 형성으로 이끌며 한편으로는 근본주의적인 종교성을, 다른 한편으로는 반종교적인 방어를 조장할 수 있다. 뉴에이지의 결과로 등장한, 공생적인 경향과 일치하면서 그 사이 목회학에도 나타나는 '경건한 참여의 감정' 을 빈클러는 고통스럽고 병든 현실에 대한 방어의 현상으로 이해한다. 그는 영성의 물결을 의심스러워했다. 극도로 냉정한 저자는 그밖에 '그리스도교 신앙의 내용에 대하여 점점 잘 알지 못하는 상태에 있는 다가오는 세대는 종교를 자존감을 제한하는 것으로 느끼게 될 것' 이라고 예상한다. 오늘날 많은 사람들은 경건에 대하여 조심스럽게 거부해야 하는 것으로 생각한다. 빈클러는 그러한 현상에 대해 늘어나고 있는 극복되지 못한 어린 시절의 무력감과 보상적인 과대상상에서 오는 자기애적으로 표현된 경험의 형태가 그 원인이라고 보고 있다. 하나님이 '가장 깊은 원망' 으로 느껴지기 때문에 이러한 환상이 하나님에게 맡겨지지 않는다면 본질적으로 인간의 자존감에 해당되는 '종교적 방어' 가 나타날 수 있다.

또한 변화와 더불어 양심구조에 관해서도 생각해야 할 것이다. 종교개혁자들에게 '겁낸 양심' 이 목회상담의 대상이었다면 오늘날 그것은 '병든 양심' 과 관계될 수 있다. 즉, 그 양심은 선과 악과 관계된 것이 아니라 거부와 부끄러움 그리고 자기 의심(자기 자신은 희생자이며 다른 사람은 가해자라고 생각하는 방어 같은 것)과 싸우는 것이다. 그래서 빈클러는 마침내 목회상담은 국가교회적인 구조를 분명하게 없애는 것을 목표로 해야 한다고 말하고 있다. 즉, '영적인 특성으로 구성된 상황적인 집단 형성' 이 제한된 회중 형성의 새로운 틀로서 이해되고 목회상담적으로 동반되어서 경우에 따라 그룹 작업을 통해 확립되어야 한다는 것이다. 개인이 집단의 일원으로 소속하고 싶은 기본 욕구는 더 이상 '교회회중(Gemeinde)' 의 징계로만 해결되지 않으며 목회상담적으로 풀어가야 하는 문제가 될 것이다. 교회의 공동 고백의 틀 속에서 자신이 살아온 삶에 근거한 '개인의 특별한 신앙관'에 의한 신앙방법에 대한 탐구가 동반되어야 할 것이다.

이러한 복잡한 상황에서 목회상담자는 내담자와 함께 사태의 변화를 통해 문제를 해결하려는 유혹에 이끌리지 않는 것이 필요할 것이다. 오히려 개인적으로 두드러진 두려움을 진심으로 받아들이고 양가감정과 같은 것에 끌리지 않도록 하며(불쾌한 기분을 풀어 주고 경직된 양자택일 상태에 빠지지 않는), 더불어 함께함으로써 조직적인 교제를 권장하는 것이 더 중요할 것이다. 자기애적인 문제는 지나치게 역할에 얽매여 호소하지 않고 내담자와 대화로 해결하기 위해 진솔하고 직면적인 만남을 허락하는 목회상담자를 필요로 한다(예를 들면, 바울이 유대인에게는 유대인으로, 그리스 사람들에게는 그리스 사람으로 되었던 것처럼 목회상담자는 종교가 없는 '비종교인'에게는 '비종교인'이 되는 것이다.).

빈클러의 관점에서 퇴행은 한편으로는 쉽게 근본주의와 (잘못 이해된) 신비주의로 유도하기도 하지만 다른 한편으로는 목회상담에서 포기할 수 없는 것으로 생각되기도 한다. 자극의 홍수와 분주한 문명의 흐름 속에서 주인이 되기 위해 고요함과 침착함 그리고 명상과 침묵에 의한 목회상담이 점점 더 중요하게 여겨져야 할 것이다. 그 밖에 나는 목회상담과 예배는 다시 더 가깝게 움직여져야 한다고 생각한다. 더 나아가 저자는 관습적인 사회적 역할의 고정관념(예를 들면, 남성과 여성에 의한)을 폐지할 것과 증가하고 있는 세계화에 대하여 언급하고 있다. 이러한 것들은 항상 다시 인류역사 속에서 관찰된 민족 중심의 퇴화(민족주의, 이방인에 대한 두려움 등)를 요구하며 개인적인 도덕성뿐만 아니라 집단적인 도덕성을 위태롭게 한다

오늘날 개인을 위한 목회상담과 무엇보다도 집단 목회상담의 이러한 정치적인 관점은 간과되지 말아야 할 것이다. 기본 원리가 되는 연대책임은 목회상담에서 매우 중요하다. 마지막으로 모든 것을 고려한 상업성과 항상 총체적으로 행해진 자본주의는 중세기의 '일곱 가지 죽음의 죄'(특히, 탐욕과 인색)와 배후에 있는 두려움(특히, 너무 빨리 다가오는 걱정과 상실에 대한 두려움)에 대한 목회상담적인 시각을 새롭게 일으켜야 한다고 저자는 말하고 있다.

목회상담을 배우고자 하는 사람은 무엇인가를 알아야 한다. 즉, 목회상담을 배우려는 사람은 지식과 경험을 깊이 숙고해야 한다. 물론 실천을 책에서 배우지는 못한다. 그것을 위해서 실습과 임상감독이 있다. 실습에서 능력을 얻는다면 강의와 책을 통해 지식

을 얻을 수 있다. 클라우스 빈클러의 탁월한 강론은 이러한 관점에서 중요한 도움이 될 것이다. 나는 이 책의 독자들에게 큰 성과가 있기를 바란다.

베를린에서 2000년 부활절에

Dietrich Stollberg

저자 서문

이 책은 다양한 역할을 목적으로 쓰인 교재라고 할 수 있다. 따라서 독자들은 다양한 각도에서 읽어 주기를 바란다.

교재로서 이 책은 현대 목회상담학의 과제들과 현대 목회학의 다양한 형태를 소개하고자 한다. 독자들은 이러한 목적에서 쓰인 이 책의 대부분을 자세한 각주나 각각의 주제에 대한 보다 광범위하고 자세한 안내 또는 설명 없이도 읽을 수 있다. 그러나 이 책을 읽는 독자들은 다음과 같은 과정을 염두에 두면서 읽는 것이 매우 중요하다. 즉, 이 책은 다양하고 잘 정돈된 과거와 현대의 수많은 목회상담학 이론들에 대해서 검토하고 제시하고 있는데, 거기서 독자 자신의 목회적인 개념을 정리하는 것이다. 그러나 너무 빨리 또는 성급하게 목회상담자 자신의 관점을 포기하고 다른 관점을 정립하려는 것도 가능하면 피해야 한다.

분명하게 말할 수 있는 것은 우리 교회의 미래는 다른 사람에게 제시할 수 있는 자기 자신만의 목회적 관점과 목회신학적으로 확실한 근거를 가지고 있는 목회상담 입장을 지닌 목회상담자들에게 달려 있다. 필자는 실천신학자이면서 정신분석가로서 1960년대에 새롭게 일어난 '목회상담운동'으로부터 도움을 받았다는 것을 잘 알고 있다. 그럼에도 불구하고 이 책의 내용에는 이 책만의 독창적이면서 완전히 다른 평가와 의견이 포함되어야 한다고 생각한다.

이 책은 목회상담학 분야의 한 총괄적인 개괄서로서 독자들에게 목회상담 분야에서 특정한 특별 분야에 대한 새로운 정보를 제공하며 동시에 독자들이 기존에 가지고 있는 신학적 지식이 보다 깊어지도록 돕는 데 그 목적이 있다. 이러한 의도에 따라서 독자들은 목차를 보고 부분적으로 읽어도 되고 핵심어 또는 참고문헌을 이용해서 읽어도 좋다. 물론 목회상담에 대한 한 부분을 정확하게 읽어도 좋지만 전체적인 맥락에서 이해하고자 한다면 이 책 전체를 읽는 것도 권장하는 바다. 목회상담에 관한 교재나 개괄서로서 이 책은 독자들이 각자의 상황과 목회상담 현장에 바탕을 두면서 필요할 때마다 쉽게 이용하는 것이 좋다.

이 책이 나오기까지 기다려 주시고 수고해 주신 편집장 하스콘 폰 바시(Haskon von Bassi) 박사에게 감사드린다. 무엇보다도 필자가 전에 재직했던 베델신학대학교에서 같이 지냈던 동료들에게 감사한다. 특히, 현재 필자의 조교로서 도움을 준 루치오(D. Rudzio) 전도사에게 감사한다. 그는 이 책을 교정하고 새로운 자료를 보충하여 넣는 일과 색인작업을 하는 데 최선을 다해 도와주었다. 또한 그는 이 책을 만드는 데 처음부터 마지막까지 관여하였고, 특히 여러 제안과 질문으로 이 책이 출판되는 데 많은 도움을 주었다.

1996년 겨울, 하노버에서

Klaus Winkler

차 례

| CHAPTER 1 |

서론: 목회상담의 일반적 이해

목회상담은 포기할 수 있는 사항이 아니다. 우리 시대는 목회상담을 반드시 필요로 한다. 그러나 목회상담의 절차나 내용은 결코 단순하지 않다. 목회상담은 다분히 교회 또는 교회 밖에서 집중적으로 생기는 일이다.

어떤 목회상담의 내용이나 형태가 최선이냐에 대한 기준은 논란의 여지가 많다.

현대사회의 특정한 공동체에서는 목회상담이 높이 평가되고 있다. 그러나 또 다른 집단에서는 목회상담이 그들의 관심 밖에 있는 사항이다. 따라서 우리가 살고 있는 영역에서 목회상담에 대한 다양한 평가들과 기대치들이 있다는 것을 염두에 두어야 한다.

1. 일반적 기대와 의견들

- "목회상담은 우리가 어떤 사람을 도우려고 할 때, 왜 우리가 그것을 해야 하며 우리가 하는 일의 근거가 무엇인지에 대해서 아무런 도움이 안 됩니다"(개신교 목회상담 세미나 참석자의 말).

- "저는 '연구모임(Balintgruppe)'[1]에 속해 있는데 우리 모임에는 여러 여성과 남성 상담자들이 있습니다. 그러나 제가 생각하기에 그들은 무엇보다도 어떻게 가장 효과적으로 자신들의 상급자들에게 접근해야 하는지를 배워야 한다고 생각합니다"(소위 '남을 돕는 직업을 가진 우리들'이라는 주제로 진행하는 목회상담 '심화교육과정'에 참석한 심리분석가와 의사의 말).

- "목회상담이요? 그 말을 들은 지금 갑자기 생각나는 것은 '전화상담'인데, 그것은 대도시 사람들에게 접근할 수 있는 현대적인 수단이지만 그렇게 말처럼 결코 쉬운 일이 아니더군요. 대도시 사람들이란 너무도 바쁜 사람들이기 때문입니다"(교회봉사와 신앙생활에 열심인 주부가 자기 집의 세입자에게 전화로 전도하고 나서 한 말).

- "저는 지난 몇 해 동안 교회에 잘 나가지 못했습니다. 그러나 우리 교회 여성 목사님은 정말 훌륭한 상담자입니다. 사람들은 교회는 안 나가더라도 모든 문제를

1) 'Balintgruppe'에 대해서는 이 책 247쪽의 각주 44를 참조한다. [목회상담을 보다 효율적이고 심화적으로 발전시키기 위한 의사, 심리분석가, 그리스도교 목회상담자로 구성된 목회상담 연구모임: 역주].

가지고 그분에게 갑니다. 그러면 우리 목사님은 한 시간이 넘더라도 그들의 이야기를 들어 주십니다"(결혼식에 축하객으로 참석한 여성이 주례를 하고 있는 여성 목사에 대해서 그 결혼식에 참석한 다른 남성 목사에게 한 말).

– "오, 그래요, 목사님. 만약 목사님이 자주 저를 방문해 주신다면 정말 저는 기뻐요. 그런데 목사님이 상담에는 전문가이시겠지만 상담가로는 오시지 마세요! 상담가로 오신다면 그것이 저에게 약간 우습게 보이기 때문입니다. 목사님, 그냥 편하게 대화하러 오세요. 그것이 더 좋거든요"(전직이 교사인 여성 암환자가 목사에게 한 말).

– "정말 죄송한 질문입니다만, 목사님! 목사님!(이 목회자는 박사학위 소지자임) 제가 심리학자와 상담을 해도 되겠는지요? 제 사무실에서 일이 생겼는데 제가 한 인간으로서 그리고 한 단체의 장으로서 이럴 때 어떻게 해야 할지 모르겠습니다"(자기 여비서 가정의 심각한 부부갈등 문제를 염려하고 있는 고위 공무원이 '심리치료사' 자격도 있는 목사에게 한 말).

– "목회상담 말입니까? 목회상담은 오늘날 무엇보다도 진정한 교회라면 반드시 있어야 합니다. 진정한 교회 안에서 복음이 전달될 때 비로소 새로운 삶의 공간이 창출되기 때문입니다"(20년 동안 교회에서 교회발전을 도모하고 상담을 해 온 한 실천신학교수의 말).[2)]

– "루터(M. Luther)는 우리가 알고 있는 것처럼 종교개혁의 대표자만은 아니었습니다. 그는 무엇보다도 목회상담자였습니다. 그렇습니다. 우리들은 심지어 종교개혁 전체를 새로운 목회상담운동으로 정의 내릴 수 있습니다. 그런데 오늘날 그와 같은 영향이 과연 얼마나 남아 있습니까?!"(한 교회사가가 실천신학 교수와 이야기하는 중에 한 말).

우리는 목회상담에 대해서 이렇게 다양하고 많은 기대와 반응을 접하고 있다. 그러나 목회상담에서 단지 '유익한 행동' 만을—즉, 사람들은 직접적으로 자기에게 이롭다고

---

2) Hebert Lindner, *Kirche am Ort. Eine Gemeindetheorie,* Stuttgart/Berlin/Köln, 1994, 73.

생각하는 것에 즉각적으로 반응을 하며 또 모든 상황은 '유일한' 도움이 되어 버린다—다루는 것이 아니라면 목회상담에 대한 근본 개념은 반드시 재정립되어야 한다.

여기서 우리는 다음과 같은 사항을 고려해야 한다. 목회상담에 대한 모든 다양한 개념들은 반드시 분명하고 기본적인 근거를 가지고 있어야 된다. 그래야 비로소 목회상담이 '그리스도교적인 상담' 이라고 주장할 수 있으며, 그 후에야 다른 영역과 비교할 수 있고 논리적으로 논쟁할 수 있게 된다. 그런 기본적인 근거에 기초할 때만이 '일반적' 또는 '그리스도교적' 이라는 명칭을 붙일 수 있는 것이다. 그럴 경우 그 기본적이며 학문적인 근거들은 자연적으로 시대에 따라 변하지 않는 영속적인 근거점이 될 수 있다.[3] 물론 그렇게 정한다고 해도 목회상담에서 제시하는 그러한 원초적 기본 사항들이 당연히 모든 시대에, 더 나아가 모든 다양한 사람들(또는 목회자나 신학자들)에게 '명백하다' 는 동의를 얻을 수 있다는 말은 결코 아니다.

2. 잠정적인 정의

목회상담의 개념은 늘 반복해서 매우 다양한 설명과 더불어 사용되고 있다.[4] 따라서 목회상담과 관계된 행위를 정의 내리는 것(이것은 아마도 더 확대한다면 목회학까지 문제가 될 수 있는 것인데)은 단순히 신앙을 받아들이는 것처럼 하늘에서 툭 떨어지는 것이 아니다. 더욱이 목회상담에 대한 여러 가지 정의들은 매우 다양한 의미와 개념들로 사용될 가능성이 있다. 또한 그것들은 시대와 무관하게 절대적으로 받아들여지고 있는 인식들과 연결되며 각 시대가 보여 주는 현실 이해를 반영하고 있다.

3) 그런 기본적인 목회상담의 원초적 근거가 되는 것들은 성서적인 진술과 그 근거에 기초하고 있다. 창 1:27: "하나님이 당신의 형상대로 사람을 창조하셨으니, 곧 하나님의 형상대로 남자와 여자로 창조하셨다." 딤후1:10: "이제는 우리 구주 그리스도 예수의 나타나심으로 밝히 드러났습니다. 그리스도께서는 죽음을 폐하시고, 복음으로 생명과 썩지 않음을 보이셨습니다." 요4:24: "하나님은 영이시다. 그러므로 하나님께 예배를 드리는 사람은 영과 진리로 예배를 드려야 한다." [이하 성서 인용은 『성경전서』(표준새번역), 서울: 대한성서공회, 1993을 사용한다: 역주].

4) '목회상담(Seelsorge)' 이라는 개념은 똑같은 단어의 형태로 신약성서에 나오지 않는다. 그리스어권에서 사용되는 이 개념에 대해서, 그리고 본질적으로 이 개념과 동일한 의미로 사용되는 신약성서에 나오는 개념들에 대해서는 다음을 참조한다. Walter Neidhard, "Seelsorge", in: Gert Otto (Hg.), *Praktisch Theologisches Handbuch*, Hamburg, 1970, 425 이하 참조.

이러한 배경에서 우리가 (잠정적이기도 하지만 동시에 확정적인 정의라는 의미에서) 이해하고 사용하고 있는 '목회상담' 이라는 개념을 다음과 같은 조건에서 이해해야 한다.

- 일반적으로 우리는 목회상담이라는 말을 들을 때 그것을 삶의 어려움을 극복하기 위해서 그리스도교적인 태도로 표출하는 것으로 이해할 수 있다.
- 우리는 목회상담을 특별한 전제에서 삶의 갈등을 조정하는 것으로 이해할 수 있다.

이와 같은 설명에서 우리는 위에서 사용한 다음의 개념들이 도대체 무엇을 의미하는 것인지 분명하게 밝혀야 한다.[5)]

① 자유롭게 표출하는 것(Freisetzung)
② 그리스도교적인 태도(christliches Verhalten)
③ 삶을 극복하는 것(Lebensbewältigung)
④ 갈등을 조정하는 것(Konflikt-bearbeitung)
⑤ 특별한 전제(spezifische Voraussetzung)

• '표출' 이라는 것은 다음과 같은 것을 의미한다고 볼 수 있다.

'표출' 이 한 개인에게 구조적으로 또는 상황적으로 어떤 가능성이 열렸다는 것, 다시 말하면 어떤 목표를 염두에 두고 진행한 상호 간의 행동(Interaktionen)을 통하여 지금까지 불가능할 것으로 보이는 생각, 감정, 행동 또는 신앙이 완전히 바뀌는 것을 의미한

5) 우리가 그와 같은 개념들을 설명해야만 하는 이유는 절실하게 목회상담이 필요했던 실제 경험과 연관된 다음과 같은 목회상담의 한 실례가 있었기 때문이다. 요외그는 22세의 신학생이었다. 그는 삼형제 중 장남이었다. 그는 외동딸이며 음대생인 20세의 여자친구 안나와 사귀고 있었다. 어느 날 안나는 그에게 다음과 같은 이야기를 해 주었다. 그녀와 같은 음악을 전공하는 학생 중에 한 남학생이 점점 심하게 망가지고 있었다. 그는 너무 자주 술을 마시며 더욱이 술을 마실 때마다 폭음을 했다. 술을 마신 후에 그는 기분이 좋아진 상태에서 심하게 허풍을 떨거나 반대로 깊은 우울증에 사로잡히곤 했다. 그녀가 생각하기에 그는 어떤 도움이 절실히 필요했다. 그런데 그녀는 그를 어떻게 도울 수 있는지 전혀 몰랐다. 그녀가 생각하기에 신학생인 요외그가 그를 무조건 도와야 했다. 왜냐하면 요외그는 그보다 나이가 많고, 형제들과의 경험도 있을 것이며, 그와 비슷한 또래 친구들을 더 잘 사귀어 보았을 것이기 때문이다. 더구나 그는 신학생이니까 인간 본성에 대해서도 잘 알고 있을 것이고 그런 관련된 문제도 잘 다룰 것이다. 따라서 요외그가 그녀와 함께 그를 무조건 만나 보거나 정중하게 식사 초대를 해서 진지하게 그와 그 자신의 이야기를 나눠 보는 것이다. 그가 더 망가져서 손을 쓸 수가 없게 되기 전에 어떻게든 도와야 하지 않겠냐는 것이다. 어쨌든 요외그의 여자친구 안나는 자기 남자친구를 그 문제를 잘 해결할 사람으로 확실히 신뢰하고 있으며 신학생인 그가 그녀의 절실한 요청을 거절하지 않을 것이라고 믿고 있었다.

다.[6)]

이 항목과 관련하여, 소극적으로 표현한다면 다음과 같이 말할 수 있다. 나는 목회상담자로서 완전히 변화된, 그리고 완전히 변화되었다는 것을 확증할 만한 '새로운' 사람을 만들 수 없다. 변화의 모든 가능성은 구조적으로 하나님에 의해서만 가능한 것이다. 이것은 바로 갑작스러운 회심경험이나 인간 발달단계에서의 경험에 해당된다.

또는 이와 관련하여 적극적으로 표현한다면 다음과 같이 말할 수 있다. "나는 목회상담자로서 어떤 개인이 발전하는 데, 자기 역량을 확장해 나가는 데, 또한 스스로 변화되는 데 도움을 줄 수 있다." "나는 항상 여러 가지 방법을 사용해서 긍정적인 가능성을 강조할 수 있으며 부정적인 가능성을 막을 수 있다." "나는 수동적이거나 적극적인 관계에 영향을 줄 수 있다." 다시 말하면, 목회상담자는 도움을 청하는 사람들에게 어느 정도 중요하고 결정적인 역할을 할 수 있다. 그는 그러한 방식으로 '교육적인' 영향[7)]을 끼칠 수 있으며 피상담자의 행동 결정에 영향을 미칠 수 있다.[8)]

우리가 항상 염두에 둘 사항은 그리스도교 상담에서 '표출' 이라는 개념을 사용할 때 상담은 분명히 (종교)교육학의 과제와 유사성을 가지고 있다는 것이다. 따라서 종교와 교육이라는 개념을 사용할 때는 이 두 개념이 가지고 있는 공통되는 원리와 구별되는 원리를 찾아내고 그 차이점을 뛰어넘는 원리를 찾아내야 한다.

6) 이 개념은 '가능화(Ermöglichung)' 라는 개념으로 대체될 수 있다. Klaus Winkler, Art.: "Seelsorge", *TRT* 5, 28 이하 참조. 서술한 내용과 같은 맥락에서 그리스도교 상담에서 '해결' 이라는 개념을 정의 내릴 때는 한 사람이 다른 한 사람에게 어느 정도까지 완전히 새롭고, 완전히 다른 어떤 것을 전달하기를 원하며 또 전달할 수 있는지, 그리고 하나님이 주시는 변화의 새로움이 내담자에게 어떤 방법으로 경험적 차원에서 인식될 수 있는지 분명하게 보여 주어야 한다.

7) 내담자가 가진 문제에 접근하는 방식에 대해서는 Norbert Mette, Art.: Entwicklungs-psychologie, *WdC*, 293 이하에서 그에 관한 중요한 문제 제기를 다루고 있다. 이와 더불어 다음과 같은 문헌을 참조한다 Rolf Oerter/Leo Montada, *Entwicklungspsychologie*, 2. Aufl., München Weinheim, 1987, 59 이하; August Flammer, *Entwicklungstheorien*, Bern/Stuttgart/Toronto, 1988; Karl Ernst Nipkow, Grundfragen der Religionspädagogik, Bd. 3, Gütersloh, 1982, 46-56.

8) 이와 관련해서 각주 5에 나오는 이야기를 읽을 때 다음과 같은 사항을 반드시 염두에 두어야 한다. 같은 과 남학생의 눈에 띌 정도로 안된 행동이 안나에게 '힘들어하는 그를 위해서 어떤 조처가 긴급하게 필요하다' 는 인상을 심어 주었다. 그러나 안나가 그가 가능하면 빨리 이성을 찾고 자신을 찾으며 그 자신이 무엇을 정말 두려워하는지 알아야 한다.' 고 생각한 것 자체가 현재 상황에서 보면 확실히 무언가 상황이 발전된 것이다. 바라건대 그녀가 '만약 사람들이 같은 과 친구의 어려운 점을 좀 더 자세하게 안다면, 또 그 자신이 지금까지와는 다른 삶을 열심히 실행해 옮긴다면 그 모든 것이 한순간에 변할 것이다.' 라고 생각하지 않기를 바란다.

• '그리스도교적인 태도' 라는 것은 다음과 같은 것을 의미한다.

이것은 다양한 상황 속에서 사용되는 개념이다. 우리 목회상담 분야에서는 이 개념과 관계된 사회심리학적인 질문들이 매우 중요하다. 여기서 중요한 것은 한 인간의 행동양식의 연속성과 변환성의 문제다. 즉, 그러한 특징들이 전형적인 사람의 행동양식이라고 말할 수 있는가, 우리의 행동양식은 상황과 관계되어 있는가, 사람의 행동은 그 사람이 가진 입장에 따라 나타나는가, 또는 사람의 행동은 무엇보다도 외적인 상황에 따라 결정되는가와 같은 질문이 중요하다. 우리는 이러한 질문에서 소위 '그리스도교적인 태도' 라고 말하는 현상을 규정하는 것도 중요하다는 것을 인식할 수 있다.

따라서 먼저 가능하고 공적인 어떤 정의가 기본적으로 바탕에 깔려 있어야 한다. 이에 앞으로 우리는 '태도' 라는 것을 한 '인간의 영적, 정신적 그리고 육체적 활동 전체' 라고 이해하기로 한다.[9] 한편으로 어떤 태도를 그리스도교적이라고 제시할 때, 그리고 동시에 목회상담으로 해결했을 때, 어떤 인격적인 점들과 상황들이 거기서 근본적으로 결정적인 역할과 작용을 했는가도 반드시 질문해야 한다.[10]

주의할 것은 우리가 여기서 핵심 단어인 '태도' 를 언급할 때는 목회상담도 '가능한' 또는 '불가능한' 행위, 즉 다시 실제적인 의미에서 '올바른' 또는 '옳지 않은' 행동과 관계되어 있다는 사실이다. 이렇게 목회상담과 윤리는 상호 간에 밀접한 관계를 가지고 있다. 따라서 목회상담에서 상황을 윤리적으로 규정하는 일은 당연하고 타당한 것이다. 왜냐하면 모든 목회상담에서 일어나는 일들과 그 결과는 반드시 윤리적인 책임을 져야 하기 때문이다.[11]

• '삶을 극복하는 것' 이란 다음을 의미한다.

---

9) 이 정의는 David Rapaport, *Die Struktur der psychoanalytischen Theorie*, 3. Aufl., Stuttgart, 1973, 43 이하에서 발췌한 것이다. 거기서 다음과 같이 밝히고 있다(43쪽). "행동이란 감정과 사고이며, 보이는 행위, 정상적이거나 병적인 행위 및 반복되는 행위 또는 단 한 번의 행동도 넓은 의미에서 하나의 행동으로 정의 내려야 한다." 이 개념에 대한 보다 자세한 문제 제기에 대해서는 Gerald C. Davision/John M. Neale, *Klinische Psychologie*, München/Wien/Baltimore, 1984, 특히 87 이하를 참조한다.

10) 각주 5의 내용에 대해서 다시 한 번 언급한다면, 안냐는 자신이 도대체 그 문제를 어떻게 풀어야 할지 모른다고 주장한다. 그녀는 왜 그렇게 반응할까? 어떻게 할지 모르겠다고 말했음에도 불구하고 결국 그녀는 여러 가지 제안을 남자친구인 요외그에게 한다. 그리고 그녀는 요외그가 여러 형제들 사이에서 자란 경험과 신학생이라는 잠정적 직업선택의 역할에서 볼 때 상담가로서 보다 적합한 행동을 취할 것이라고 믿는다. 이러한 그녀의 믿음 뒤에는 '남자친구의 특별한 역할 여하에 따라서 같은 과 친구의 태도에 분명히 변화가 있을 것이다' 라는 확실한 기대감이 있다.

11) 이에 대해서는 이 책의 제4장 4절의 332쪽 이하를 참조한다.

삶을 극복하기를 원하는 사람은 반드시 몽상가가 되어서는 안 된다. 그는 자신과 그 자신이 살고 있는 세상을 현실적으로 파악해야 한다. 정확하게 말해서 여기서 중요한 것은 평생 동안 '현실을 극복하는 일' 이다. 그러나 '현실을 극복하는 일' 이라는 말을 실제적으로 어떻게 이해할 수 있을까? 일반적으로 모든 사람은 가능하면 '현실주의자' 가 되어야 한다.

우리는 '현실주의' 라는 핵심어가 사전에서 수많은 뜻으로 설명되어 있다는 것을 알 수 있다. 거기에는 독자들로 하여금 질문을 갖게 만드는 철학적인 범주가 있다.[12] 동시에 우리의 상황에서 요구되는 현실 극복의 특별한 문제점이 이미 개개인에 의해 삶을 극복하는 모습에 나타나 있음을 보여 준다. 즉, 우리가 잘 알지만 인생의 아주 근본적인 질문의 틀에서 우리 인간은 주위에 있는 사람들을 통하여 무엇인가를 극복할 수 있다. 우리는 사람을 내적으로나 외적으로 돌보아야 한다. 그래서 인간 자신이 살 만한 가치가 있음을 느끼게 되고 무엇보다도 어떠한 방법을 쓰든지 삶의 의미를 깨닫게 되는 것이다. 이러한 맥락에서 매우 현실적인 격언이 적힌 비문이 있다. "나는 어디에서 왔는지 모르고 이 세상에 왔다. 나는 어디로 가는지 모르고 간다. 그러나 나는 지금 행복하다는 사실이 놀라울 따름이다" (1498년의 비문).[13]

이것은 개인의 일반 생활경험에 의하면 다음과 같은 것을 의미한다. 진리와 본질의 문제에 직면하고 있는 개개인은 태어나서 어린 시절부터 죽을 때까지 자기 인생을 항상 현실적인 삶으로 만들려고 노력해야 한다. 현실적인 삶을 구현할 때 나는 모든 인생 환경에 '적응하려고' 행동하고 (인간적이고 객관적인) 주위 환경과 긴밀한 관계를 유지하며, 그럼에도 '자기 자신' 의 정체성을 가지게 된다. 그러나 우리는 일상의 어려움에 좌절할 수 있고, 그럴 경우 다양한 일상사에서 움츠리고 도피하게 되며, 결국 삶을 극복하는 것을 거부하지 않는가![14]

---

12) 예를 들면, Heinz Husslik, Art.: "Realismus", *EKL 3*, 1443 이하 참조. 후스리크는 이 개념에 대해서 다음과 같이 말하고 있다(1443쪽). "현실주의라는 철학적 개념들 안에는 가장 다양하고 가장 모순되는 정의들이 존재하기 때문에 내용적으로 이면 보편적이고 절대적인 정의를 찾을 수 없다. 그래서 현대의 경험론과 유물론을 신실증주의라고 표현하는 것처럼, 유물론을 거부하고 있는 플라톤 계열의 철학을 '현실주의(또는 실재론)' 라고 표현한다."

13) 이 비문의 유래와 역사 그리고 사용에 대해서는 "Stern", Heft Nr. 15, Hamburg, 4. April 1991, 222 이하를 참조한다. 이 잡지는 빕라흐(Bibrach)에서 하일브론(Heilbron)에[독일 도시: 역주] 존재하는 중세시대 최고 학자들의 1498년도 비문을 조사하고 있다.

14) 우리는 이것을 각주 5의 사례와 관련하여 다음과 같이 말할 수 있다. 안나의 같은 과 친구는 일반적인 삶을 극복하지 못하고 술이라는 수단을 가지고 퇴행적으로 도피하게 된다. 그는 자기 자신이 꿈꾸는 인

현실성 또는 실제성이라는 개념을 뛰어넘어 '삶의 극복' 이라는 핵심어를 염두에 둘 때 목회상담은 분명히 철학적인 과제와 유사성을 가지고 있다. 우리는 이러한 관련성을 반드시 염두에 두어야 한다.

• '갈등을 조정하는 것' 이란 다음과 같은 것을 의미한다.

삶을 극복하기를 원하는 사람은 반드시 자기 자신, 또는 남과의 갈등을 해결해야 한다. 우리가 갈등을 '충돌' '반박' '분열' 이라고 정의 내린다면—갈등이라는 단어는 'conflicus' 라는 라틴어에서 유래한 것으로 충돌, 분쟁을 의미한다.[15]—갈등이라는 것은 분명히 '인간 존재를 규정하는 것' 이다.

물론 학문영역에서 볼 때 사람이라는 존재가 본래 갈등이라는 경험에 의해서 살아가는가 또는 갈등에서 자유로움을 추구하는가에 관해서는 아직도 확정되지 않은 수많은 이론들이 있다.[16] 목회상담의 실제에 있어서도 '갈등을 경험하는 것이 개인의 존재를 규정한다.' 라는 말에 별다른 반대가 없다. 여기서 우리는 사람이 사로잡혀 있는 인간적인 갈등을 해결하기 위한 매우 일반적인 시도를 요청할 수 있는 것이다. 예를 들면, 목회상담자인 슈타인캄프(H. Steinkamp)는 사회 전 분야에 퍼진 '계급갈등'[17]과 연계하여 '세대 간의 갈등' 을 제시하고 있다. 따라서 그는 교육자와 목회상담자가 모두 이 과제를 해결해야 될 책임이 있다고 보고 있다.

이와 같은 맥락에서 심층심리학자들은 인간 존재 안에 불안감이 존재한다는 것은 정상적이며 동시에 불가피하다는 것[18]을 말하고 있다. 그들은 인간에게서 갈등의 주요 무대를 인간의 내면, 곧 인간의 영혼에서 찾으며 심지어 그것이 인간의 무의식의 한 부분이라고 생각하고 있다.

결국 샤휀베르크(J. Scharfenberg)와 같은 실천신학자는 갈등을 인간학적인 기본 범주

생의 목표와 기회를 살리지 못하게 된다. 따라서 그는 그의 삶을 극복하기 위해서 목회상담적인 도움이 필요하다.

15) *Der Groβe Duden*. Bd. 7–Etymologie, Mannheim, 1963, 353.

16) Jean Laplanche/Jean Baptisse Pontalis, *Das Vokabular der Psychoanalyse*, 2. Aufl., Frankfurt, 1975, 257. 여기서 저자는 "심리분석에서 갈등이란 인간에게 본래적인 것이다." 라고 말하고 있다.

17) Hermann Steinkamp, "Die Zukunft ist jetzt. Die Option für die Jugend im Horizont der Gesellschaft", in: Richard Riess/Kirsten Fiedler, *Die verletzlichen Jahre. Handbuch zur Seelsorge an Kindern und Jugendlichen*, Gütersloh, 1993, 695 이하, 특히 699 이하 참조.

18) 이에 대해서는 Elisabeth Otscheret, *Ambivalenz. Geschichte und Interpretation der menschlichen Zwiespältigkeit*, Heidelberg, 1988, 41 참조.

로 인식하면서 다음과 같이 신학적으로 서술할 수 있었다. "내 주장을 요약한다면 이렇게 말할 수 있다. 만약에 목회심리학자들이 갈등을 그들 이론의 주요 주제로 내세울 경우, 그것은 객관화할 수 있는 자료의 결과에서 나온 것이라기보다는 오히려 그리스도교의 인간 이해의 영향에서 비롯된 것이다. 그리스도교의 근본적인 인간 이해에 의하면 인간은 갈등 속에 있는 존재라는 것이다."[19]

따라서 '갈등을 조정한다는 것'은 모든 목회상담에서 특별한 과제라고 볼 수 있다. 여기서 '조정한다는 것'은 변화하는 이런저런 상황에 유연하게 대처하는 것을 의미한다. 그러나 여러 개별적인 경우에 목회상담이 얼마나 세련되게 또는 미숙하게, 얼마나 적당하게 또는 부적절하게, 그리고 얼마나 효과적으로 또는 비효과적으로 진행되는지는 아직 논란의 여지가 있다.[20]

우리가 주목해야 할 것은 목회상담이 '갈등'이라는 핵심어의 관점에서 볼 때, (사회)심리학의 과제와 유사성을 가지고 있다는 사실이다. 우리는 목회상담과 심리학의 두 학문의 원리를 신학적으로, 그리고 심리학적으로 책임 있게 고찰하는 데 특별한 관심을 기울여야 한다.

• '특별한 전제'라는 것은 다음을 의미한다.

자세히 관찰하면 어떤 한 사람이 다른 한 사람에 대해서 어떤 목적을 가지고 하는 행동 중에서 '전제 없이' 움직이는 행동은 하나도 없다. 그뿐만 아니라 일반적으로 우리의 모든 행동은 특정한 동기에 의해서 수행되고 좌우된다. 이를 일반적으로 표현하면 다음과 같다. "동기란 개개인들의 행동조건들이라고 할 수 있는데, 그것은 개인의 행동발달이 진행되는 과정 중에서 특히 특정한 근본적인 상황에서 형성된다." "동기란 반복

19) Joachim Scharfenberg, *Einführung in die Pastoralpsychologie*, Göttingen, 1985, 52.

20) 각주 5에 든 예와 관련시켜 볼 때, 겉으로 보기에는 전혀 심각한 갈등상황이 거기에 나타나고 있지 않다. 다시 말하면, 안나와 그의 남자친구 요외그 사이에는 적어도 표면적으로는 어떤 분쟁도 일어나지 않았다. 그러나 잠재된 갈등은 갑자기 드러날 수 있다. 요외그는 여자친구가 말한 부탁의 내용 때문에 이미 불인감을 드러낼 수 있다. 그는 여자친구의 제안에 대해서 회의적일 수 있거나 매우 적절치 않은 제안이라고 생각할 수 있다. 따라서 그는 그 제안에 '매우 강요된 채' 접근하게 되며, 결국 매우 짜증나게 만드는 요구라고 여길 수 있다. 그러나 안나도 그녀 나름대로 남자친구의 그런 생각에 충격과 상처를 받을 수 있으며, 자기가 말한 실제적인 제안은 제쳐놓고서라도 자기의 근본적인 관심사가 진지하게 받아들여지지 않는다고 느낄 때 화를 내며 반응할 수 있다.
바꿔 말해서 잠재적인, 즉 숨겨져 있기 때문에 전혀 진지하게 염두에 두지 않는 감정들이 한순간에 표면으로 드러날 수 있으며 그것이 분쟁의 발단이 될 수 있다. 결국 그 잠재적인 갈등요소가 분쟁으로 발전하게 되는 것이다.

해서 돌아오는 관심사라고 말할 수 있으며, 심리학에서는 그것을 인격의 구성요소로 이해하고 있다. 동기는 일생 동안 영향을 끼치며 개인의 행동에 영향을 준다."[21]

이제 그러한 사실을 우리의 특별한 주제와 연결시켜 보자. 우리는 여기서 소위 '인격의 구조'(이것은 한편으로는 한 사람의 '인격'을 구성하는 것이며, 다른 한편으로는 '인격을 나타내는 개개인의 특별한 행동'에서 나타나는 것이다)라는 것을 '세계관으로 이루어진 전제'라고 규정한다. 그것은 어떤 직접적인 강요나 부족함 또는 필연성에서 나온 것이 아니다. 오히려 그것은 그런 행동과 관련하여 그 행동의 중요한 이유에 대하여 질문되고, 이에 소위 우리가 보통 말하는 개개인의 특별한 행위 속에 그 의미질문이 자리 잡게 되는 것이다. 이는 어떤 동기가 함축적으로 내재되어 있으며 인생관의 전제가 되는가라고 달리 말할 수 있다.

현재 이미 그리스도교적인 것으로 보일지라도 세속적인 프로그램은 의미의 문제에 속하지 않는다. 따라서 자우터(G. Sauter)가 다음과 같이 말하는 것은 당연한 것이다. "의미 위기, 의미 질문, 의미 부여, 이것들은 '의미'라는 단어에 대한 우리 시대에 통용되는 몇 가지 예에 불과할 뿐이다. 우리가 알고 있는 '의미'라는 말과 연결되어 있는 모든 단어들이 전제하고 있는 것은 그 연결단어를 통해서 '의미라는 단어가 뜻하는 것이 분명하다'는 생각이다. 예를 들면, 의미 내용, 의미성, 의미 구조, 의미 해석, 의미 찾기, 의미 세우기, 의미 부여—계속해서 열거한다면—고통의 의미, 삶의 의미, 역사의 의미 등이 있다. 그러나 이 모든 연결단어들은 '도대체 왜, 그리고 어떤 관점에서 '의미'에 대해서 묻고 있는지, 또 어느 한도에서 '의미'가 문제가 될 수 있는지에 대해서 더 구체적으로 설명하지 않으면서 모두 '의미의 문제'를 다루고 있는 것처럼 보일 뿐이다."[22]

이러한 맥락에서 한 가지 분명히 정리할 것이 있다. 목회상담이란 사람들에게 어떤 '선한 것'을 하는 것과는 차원이 다른 것이다. 목회상담은 그 과정을 통해서 '확실한 의미'가 드러나게 마련이다. 그러나 갈등을 해결하는 가운데 반드시 '의미 질문'이 드러나야 되는 것으로 목회상담의 본질을 단순하게 규정해서는 안 된다. 비록 개인이 일반적인 인생관을 가지고 있더라도, 그에게도 자신의 행위에 관한 불확실하고 불안정한 전제는 남아 있게 마련이다. 이번에도 자우터의 말에 관심을 기울일 필요가 있다. 그는 현

---

21) R. Oerter/L. Mondata, 위의 책, 644 이하 참조.

22) Gerhard Sauter, *Was heiβt: nach Sinn fragen? Eine theologisch-philosophische Orientierung*, München, 1982, 10–11.

실 속에서 의미 있는 것으로 파악할 수 있는 여러 가지 가능성에 대해 말하면서 그리스도교에서 말하는 궁극적인 '전제' 라는 것이 무엇을 의미하는지 다음과 같이 기술하고 있다. "현 존재를 바로 인식하는 것, 즉 그에게서 하나님의 역사를 알아내는 것, 이것이 곧 '의미에 대해서 묻는 일' 이다."[23)]

이렇게 그리스도교적 세계관이 한계, 또는 극단화로 여겨질 경우, 우리는 실천신학자이며 목회심리학자인 디트리히 슈톨베르크(Dietrich Stollberg)가 말하는 '선-판단' 이라는 주제[24)]에 대해서 들을 필요가 있다. 이것은 실천신학적으로 다음과 같은 것을 의미한다. 우리는 중요한 점에서 판단을 내려야 한다. 그러나 여기서 말하는 판단이란 모든 주변 현실과 관계된 판단보다 절대적으로 앞서는 판단을 말한다. 또한 '선-판단' 이란 기본적인 신앙 안에서 모든 현실경험에 대해 잠정적인 해석규범을 제공함으로써 개인의 행동에 결정적인 영향을 끼치며 우리 삶의 목표를 설정하는 데 자유롭게 만드는 것, 즉 우리의 모든 현실적인 행위의 전제가 된다는 것을 의미한다. 이와 같은 의미에서 보면 모든 그리스도교 목회상담은 명시할 수 있는 어떤 '전제' 에 그 기초를 두고 있는 것이다. 여기서 그 전제를 어떻게 규정할 수 있으며 그 전제가 어떤 영향을 미치고 있는지에 대해서는 개별적으로 나중에 다루고자 한다.[25)]

따라서 우리가 주의할 것은 목회상담이란 '특별한 전제' 에서 조직신학적인 문제 제기와 유사한 과제를 가지고 있다는 사실이다. 목회상담에서는 언제 그리고 어떻게 결정적으로 사람이나 대화를 묶고 또 풀어야 하는지, 언제 그리고 어떻게 이야기로 표현해야 하는지가 정확히 드러나야 한다.

이제 서론을 마치면서 다음과 같이 요약하고자 한다. 지금까지 목회상담에 관한 일반적인 선이해를 언급하면서 우리가 다음 장에서 정식으로 거론할 '목회상담' 에 대해 더

---

23) G. Sauter, 위의 책, 170.

24) 이 개념에 대해서는 D. Stollberg, *Mein Auftrag–Deine Freiheit*, München, 1972, 20 이하를 참조한다.

25) 다시 우리가 든 예와 관련하여 말하다면 다음과 같이 말할 수 있을 것이다. 우리가 든 예 안에는 전제에 관한 말이 전혀 언급되지 않았다. 이것이 우연이었을까? 오히려 이 경우가 '일반적 경우' 라고 말할 수 있다. 근본적 원칙에 대한 논의는 없었다. 단지 당사자 3명이 그 사안에 대해서 공감하며 참여하고 있다는 것을 분명히 알 수 있다. 결국 특정한 역할분담에 의해서 '의미의 문제' 가 바탕에 보이지 않게 나타날 수도 있다. 사람들은 다음과 같이 생각할 수 있다. '요외그는 신학생이야. 따라서 그는 상담대상을 어떻게 인식할 것인지, 그의 문제를 어떻게 다룰 것인지에 대해서 동감할 수 있을 거야.' 그러나 여기서 사람들은 특정한 전문적인 목회상담의 행동을 염두에 두지 않은 채로 신학생이면 당연히 어떻게 행동을 취할 것이라고 판에 박은 진부한 생각을 할 수 있다. 주목할 것은 목회상담의 과정에서 보면 위에서 언급한 생각과 입장이 특히 가까운 사이의 사람들 사이에서 생긴다는 것이다.

포괄적으로 그리고 다른 분야와 더 밀접하게 관련시켜 정의 내렸다. 이러한 틀 안에서 몇 가지 개념을 개별적으로 설명했으며 그 의미를 예를 들어 설명했다. 또한 목회상담 이론이 절대적으로 (종교)교육학, 윤리학, 철학, (사회)심리학 그리고 조직신학들과 과제의 연관성 및 유사성이 있다는 것을 밝혔다.[26)]

26) 목회상담학의 지평을 넓히기 위해서 여기서 나열하고 있는 다른 학문 분야는 충분치 않다. 이에 덧붙일 수 있는 것이 '사회학'과 '의학'이다. 물론 여기서 중요한 것은 목회상담을 단순히 인접학문과 연결시키는 것이 아니라 훌륭한 결과물이 나올 수 있도록 인간과학과의 관계를 설정하는 일이다.

| CHAPTER 2 |

목회상담학의 조건

1. 타당한 인간 이해에 근거한 결정사항들

앞에서 언급한 것처럼 목회상담학은 세계관적인 전제조건과 연결되어 있다. 지금까지 그것을 일반적인 말로 정리해 보았다. 그것을 특별하게 서술한다면 다음과 같이 말할 수 있다. 목회상담이란 지금까지 정의 내린 것처럼 특별한 인간상을 전제로 한다. 모든 목회상담 행위는 근본적으로 성서학적으로, 그리고 신학적인 인간론의 틀 안에서 진행되는 것이다.

사실 그렇게 '인간을 규정해 놓은 것' 이 더 이상 유일한 것이 아니라는 것이다. 우리 세계에는 신학적인 인간 규정 말고도 수많은 '세속적인' 인간론이 신학적 인간 규정에 도전해 오고 있는 실정이다. 이 뷰야에서 다양한 인간론 가운데서도 우리 분야와 연관시켜 비교하는 일, 무엇보다도 자연과학적인 관점, 즉 생물학적인 인간 이해와 비교하는 일은 비교적 드물었다. 더욱 중요한 일은 신학적 인간론[1]과 철학적 인간론 그리고 '사회과학적인 인간 이해' (예: 인종학, 인성학, 심리학, 사회학)와 상호 비교 분석하는 일이다.[2]

물론 몇 가지 덧붙여 말하자면, 인간론을 독자적인 학문이라고 주장하는 것을 그냥 받아들이는 것은 목회상담자에게 단순한 일은 아니다. 목회상담자는 이들 학문의 주장들에 대하여 가장 다양한 형식에서 그것을 과제로 인식하기도 하고, 고유의 입장을 포기할 것인가를 스스로 자문하기도 한다. 한편으로는 일반 학문의 인간론에는 하나님이 언급되지 않았을지라도(etsi deus non daretur) 그것은 또 일반적이고 발전된 인간론이 아닌가, 그렇다면 모든 그리스도교 목회상담의 근거는 자동적으로 잃어버리는 것은 아닌가라는 것이 우리의 실문이다.

일반 발생설의 틀 속에 있는 자연과학의 인간론을 인정하는 것은 실제로 매우 어려운 일이다. 사실 모든 신학적 서술에서 자유롭게 그리고 독자적으로 인간론을 사유하며 연구하고 있는 것이 전형적인 현대의 특징이 아닌가? 16세기까지 인간론은 '형이상학적 심리학' 에서 단지 한 부분의 주제였을 뿐이다. 형이상학적 심리학은 '영혼적인 것' 이

1) 판넨베르크의 기본적인 저서인 다음 책을 참조하시오. W. Pannenberg, *Anthropologie in theologischer Perspektive*, Göttingen, 1983.

2) D. Ritschl u. a., Anthropologie, *EKL 1*, Sp. 155 이하.

사람-하나님-천사-동물의 순서로 존재한다고 이해하고 있었고, 이러한 이해는 인간 '본질'의 자연과학적인 실증적 이해와 경쟁하고 충돌하기 시작했다.[3)]

그렇다면 우리는 이러한 일반 학문의 인간 이해를 목회상담적인 입장에서 어떻게 다루어야 하는가?

① 우리 그리스도교 목회상담자들은 현대 또는 세속 학문의 인간학을 어느 정도 무시할 수 있다. 자연과학적 학문에 대한 이러한 입장은 어느 정도 선별적으로 실효를 거두고 있다. (예를 들면, 애덤스의 권면적 목회상담이론은 정신병리학적인—즉, 필자에게는 '자연과학적인'—처치를 높이 평가는 하지만 그것과 연관된 세속적인 인간 이해 때문에 정신치료를 거부하고 있다.)[4)]

② 그리스도교 목회상담자는 철학적 인간 이해를 포함하여 자연과학적 인간 이해를 받아들여서 그리스도교 인간 이해와 연결 지을 수 있다. 그러나 그러한 외부도입 이론이 어느 범위까지 그리스도교 목회상담학과 '동반자 관계'를 유지할 수 있을까라는 문제가 반드시 제기될 수 있다. 이것은 그리스도교 목회상담과 심리치료의 관계설정의 문제를 볼 때 최근에 가장 심각하게 대두되는 문제다. (예를 들면, 목회상담학자 리이스(R. Riess)의 목회상담이론에서 가장 중요한 주제가 바로 그러한 문제 제기와 그에 따른 논쟁이다.)[5)]

③ 그리스도교 목회상담자는 근본적으로 다른 현대 학문의 인간 이해를 수용하면서도 실제적으로는 자신의 독창성을 유지할 수 있다. 목회상담자는 모든 목회상담 사역을 위해 인간학적인 '전제조건'으로서 모든 것을 포함하는 신학적인 입장을 기다릴 것이다. 따라서 목회상담자는 모든 세속적 학문에서 제기하는 인간 이해를 직접적으로 거부하는 것이 아니라 대안적인 차원에서 그러한 세속적 주장과 상반되는 무엇인가를 제시하려고 한다. 이러한 시도에서 볼 수 있는 것이 '직접적인'

3) 이에 관해서는 W. Pannenberg, a.a.O., 17 이하를 참조한다. 철학적 인간학 입문서로는 W. Oelmüller/R. Dölle-Oelmüller/Carl-Friedrich Geyer, *Diskurs: Mensch* (Philosophische Arbeitsbücher 7), München/Wien/Zürich, 1985를 참고한다. 저자는 이 책에서 '경험적 차원에서의 인간과 하나님, 자연 그리고 문화'라는 주제로 I. 고대유럽시대(구약성서부터 토마스 아퀴나스까지의 인간 이해), II. 유럽의 계몽기(에라스무스부터 다윈까지의 인간 이해), III. 유럽의 계몽기 이후(프로이트부터 네비나스까지의 인간 이해)를 독자들이 쉽게 이해할 수 있도록 개괄적으로 제시하고 있다.

4) J. E. Adams, *Befreiende Seelsorge. Theorie und Praxis einer biblischen Lebensberatung*, 4. Aufl., Giessen/Basel 1977, 특히 66 이하 참조.

5) R. Riess, *Seelsorge. Orientierung, Analysen, Alternativen*, Göttingen, 1973.

성서 인용과 성서적 근거 제시다. (예를 들면, 에버하르츠(H. Eberhardts)의 '실천적 영혼 돌봄 신학' 이다.)[6)]

④ 그러나 목회상담자는 자유주의 신학이 착각했던 것처럼 그리스도교의 본질을 약화시키지 않고, 또 그것에 단순히 첨가 또는 연결시키지 않으면서, 조직신학자인 판넨베르크(W. Pannenberg)가 말하는 것과 같이 다른 학문결과에 대해서 '비판적으로 관심' 을 보이고 받아들여 실험해 볼 수 있다.[7)] 이렇게 함으로써 신학은 다른 일반 학문이 말하는 인간론에 대해서 비판적인 원리로 자리 잡게 되는 동시에 그 반대의 경우도 성립하게 된다. 현재 목회심리학이 가장 분명하게 이러한 경향을 대변하고 있는 분야다.[8)]

이러한 관심 분야를 염두에 둘 때 우리는 목회심리학자인 샤휀베르크를 이해할 수 있다. 그는 신학과 일반 학문의 건설적인 상호 비판을 우리가 반드시 확인해야 할 사항인 동시에 과제라고 보면서 다음과 서술하고 있다. "바울부터 아우구스틴 그리고 루터까지의 신학 전통을 살펴보면, 하나님에 대한 서술로서의 신학과 인간에 대한 서술로서의 인간학은 별도로 존재해 온 것이 아니라 항상 서로가 서로를 규정 짓고 해석하면서 동시에 존재해 왔다. 하나님에 대한 서술은 인간의 경험을 통해서 나타나게 되고, 인간에 대한 서술은 언제나 신학적인 차원을 가지고 있다."[9)]

요약하자면, 지금까지 현대 일반 학문의 인간론에 대한 다양한 목회학적인 반응과 입장을 본 것처럼 목회상담자도 그들 나름대로의 일반 학문의 인간론에 대한 특별한 판단 기준과 입장을 가져야 한다.

---

6) H. Eberhardt, *Praktische Seel-Sorge-Theologie. Entwurf einer Seelsorge-Lehre im Horizont von Bibel und Erfahrung*, 2. Aufl., Bielefeld, 1992.

7) W. Pannenberg, Anthropologie, 19: "우리가 그렇게 비그리스도교적인 인간론에 그리스도교의 인간론을 연결시킨다고 해서 비그리스도교적인 인간론 자체가 무비판적으로 받아들여실 성노도 변화되시도 않지만 그러한 계속적인 변화를 통해서 비판적으로 받아들여진다." 단지 그렇게 철저한 변화를 통해서만이 순수하게 인간학적으로 묘사된 현상이 신학적으로 수용될 수 있는 것이다.

8) 개별적인 것은 이 책의 223쪽 이하를 참조한다.

9) J. Scharfenberg, *Einführung*, 197 참조. 그는 이 주제를 그의 책 195쪽 이하 '인간학과 신학' 이라는 장에서 다루고 있다. 더불어 J. Scharfenberg/H. Kämpfer, *Mit Symbolen leben*, Freiburg i.Br., 1980과 Hans-Christoph Piper, Das Menschenbild in der Seelsorge, WzM (33) 1981, 386 이하를 참조한다.

2. 타당한 신학에 근거한 결정사항들

모든 목회상담 사역은 일반적인 인간론의 틀에서가 아니라 성서적인 인간론의 틀에서 이루어지고 신학적인 깊은 성찰이 목표가 되는 것이 전제되어야 한다. 주지하다시피 오늘날 목회상담이 일반 세속의 인간학적인 개념들, 그 분야에서 나온 연구와 그 결과들 그리고 그것들이 주장하는 현대적 개념들을 비판적으로 검토하고 논쟁하는 것은 이제 불가피하게 되었다. 물론 여기서 우리는 일반적인 인간학과 그 개념을 토론하고 논쟁하기 위하여 신학에서 말하는 인간에 대한 근본적인 성서적 개념과 주장을 가능하면 분명하게 제시해야 한다. 그렇다면 우리는 도대체 근본적으로 어떤 전제에서 시작하며 우리의 행동에는 어떤 신학적인 결정들이 놓여 있는가?

• 무엇보다도 여기서 가장 중요한 것은 하나님의 피조물로서의 인간이다. 성서에 의하면 인간은 처음부터 '관계적 존재'로 창조되었다. 목회상담의 관심사가 제기되었을 때, 우리는 바로 이 말을 매우 자세하게 분석해야 한다.

개개인의 발전과 인간의 공동체를 다루기 전에 무엇보다 중요한 것은 인간의 창조다. "남자가 혼자 있는 것이 좋지 않으니……."[10] 창세기 1장의 창조 이야기에서도 분명하게 나타나듯이, 하나님은 인간을 또 다른 어떤 대상으로 창조한 것이 아니라 '하나님의 형상'으로 창조하였다. 이에 인간은 '처음부터' '사회적이고 정치적인 존재(zoon politikon)'로 소생되었다. "하나님은 하나님의 형상대로 사람을 창조하셨다. 하나님이 그들을 남자와 여자로 창조하셨다."[11]

이 말은 분명히 두 가지 의미를 가지고 있다. 첫째로, 인간이라는 '하나님의 형상'은 하나의 관계구조 속에서 땅을 충만하게 해야 하며 그것을 다스려야 한다는 의미다. 따라서 사람은 혼자서 인생을 극복한다든지, 세계를 극복한다든지, 또는 현실을 극복할 수 없다. 이에 대해서 구약학자 볼프(H. W. Wolff)는 다음과 같이 말하고 있다. "이것은 결코 개인에 대해서 말하는 것이 아니다. 다시 말하면, 세상을 관리하는 것은 결코 영웅인 개인에게 맡겨진 것이 아니라 인간 공동체에게 맡겨진 것이다." 그러면 이 말이 목회

10) 창2:18.
11) 창1:27.

상담에서는 어떤 의미를 가지고 있을까? 그렇다면 개개인은 하나님 형상에 상응하지 않는다는 말인가? 개인으로서 나는 다른 사람과의 사랑의 연합 안에서만 하나님의 형상으로서 진정한 인간으로 존재하는가? 모든 갈등해결은 결국 모든 분열을 극복한 통합에 좌우되는가? 이에 대해서 볼프는 "사람은 서로가 서로에게 다가섬으로, 그리고 남성과 여성처럼 서로가 서로의 부족함을 채워 줄 때만이 하나님 형상으로 받은 창조의 약속을 진정으로 인식할 수 있다."[12]라고 조심스럽게 말하고 있다.

이와 같이 사람은 기능적으로 서로가 서로에게 의지하고 있는 존재로 규정된다. 따라서 삶의 어려움을 극복하려고 할 때 두 사람 간에 존재하는 모든 관계상황을 무시하는 목회상담이란 존재할 수 없다.

둘째로 창조기사가 의미하는 것은 하나님의 창조에서 절대적인 두 인간 사이의 관계가 분명히 명시되어 있지만 그보다 중요한 것은 완전한 개인, 사람과 하나님의 단 한 번의 관계가 무엇보다 앞서 있다는 사실이다. 따라서 개인과 하나님의 분리할 수 없는 관계를 제쳐놓고 시작할 수 있는 목회상담이란 존재하지 않는다.

하나님과 사람 사이의 직접적인 관계성이 근본적인 '본래의 상태' 인가(신학적으로 볼 때)라는 물음은 결과적으로 목회학적인 질문이다. 즉, 우리는 본래의 하나님 형상을 죄 때문에 완전히 잃어버릴 수 있는가? 그래서 하나님과 사람은 완전히 분리되고 그들 사이의 관계는 '접촉점' 없이 완전히 깨어졌는가(그리고 그리스도론 없이는 영원히 깨어지는가)? 또는 무의식적으로 하나님 없는 인간상과 인간 자체에 몰두해 있는 매우 이기적인 인간론을 보여 주는 단어로서 '기억의 흔적' 과 같은 말, 다시 말하면 철저하게 깨어진 관계 중에서 아주 조그마한 '부스러기' 라도 남아 있지 않는가?[13]

12) H. W. Wolff, *Anthropologie des Alten Testaments*, Berlin, Nachdruck der 3. Aufl. 1977(최근에 뮌헨에서 4판이 출간되었음), 155 이하. 이 주제에 대한 칼 바르트와의 논쟁은 K. Barth, KD III/1, 219 이하를 참조한다.

13) W. Pannenberg, *Anthropologie*, 43–57. 목회학의 관점에서 볼 때 우리는 다음과 같이 질문할 수 있다. 만약에 목회에서 갈등을 해결하는 데 하나님과의 관계가 문제가 될 때, 우리는 갈등을 빚고 있는 사람들에게 신앙에 기초해서, 그 사람이 가지고 있거나 잃어버린 '관계상황' 에 대해서 또는 '관계구조' 에 대해서 상담하고 있는가?
예 1) 여성 목회자 A는 이혼할 마음을 먹고 온 부부에게 다음과 같이 말한다. "당신들이 부딪히는 모든 분쟁들 가운데서 잊고 있는 한 가지 사실이 있습니다. 그것은 여러분의 결혼이 원천적으로 하늘에 의해서 맺어졌다는 사실입니다. 그 사실을 모를 때 우리는 필연적으로 두려워하게 됩니다. 왜냐하면 인간의 관계를 지속적으로 유지시키는 것은 사실 '초인간적인 것' 을 요구하기 때문입니다."
목회자의 입장: 근본적으로 존재했던 하나님과 사람의 안정된 '관계상황' 이 없어졌다. 이혼을 결심한 당사자는 먼저 완전히 새롭게 그것을 인식해야 한다. 그런 다음에야 비로소 이혼상담 때문에 온 당사

다음에서 제기하는 질문들은 목회상담 현장에서 매우 일반적인 질문들이다. 사람들은 그들에게 닥친 어려운 삶을 극복할 때 그 문제를 해결하고자 하는 생각이 있다면 먼저 잃어버린 하나님과의 관계를 다시 회복해야 하는가? 새롭게 되거나 새로워지고 있는 그 사람과 하나님의 관계 회복이, 그리고 그렇게 권면하는 것이 '고통에서의 근본적인 도움' 이라고 말할 수 있을까? 목회상담은 '모든 자연종교들' 을 능가하는 지금까지 들어보지 못한 새로운 기쁜 소식을 전할 수 있을까? 목회상담은 현실적으로 존재하는 무신론에 대해서 복음적이고 실제적이며 상황을 변화시킬 수 있는 근본적인 것을 제시할 수 있는가? 그렇다면 다음 단계는 하나님에게서 벗어난 죄 많은 태도와의 직면일 것이다.

다시 한 번 강조하건대, 만약에 인간이 하나님의 피조물인 것이 주요 쟁점이라면 위에서 언급한 두 가지 근본적인 신학적 입장[14)]은 목회학에서 이론적인 면뿐만 아니라 실제적인 결과를 낳는다.

• 무엇보다도 여기서 중요한 것은 그리스도 안에서 하나님에 의해 구원받은 인간에 관한 문제다. 성서의 진술을 더 살펴보자. 인간은 관계존재로 창조되었다. 이러한 근본적인 기초에서 볼 때 사람은 무조건적으로 구원을 필요로 하는 존재다. 그러나 사람은 실제로 스스로를 구원할 수 없다. 따라서 성서의 의하면 사람은 '외부에서' , 다시 말하면 하나님에 의해서만 변화될 수 있다. 계속적으로 외부에서 오는 간섭의 가능성이 없다면 인간 존재는 결국 타락하게 된다.

(신학적으로 항상 해석하고 규정하고 있는 것처럼) 인간의 '타락' 으로 인해 하나님과의

자들의 완전한 새로운 행동을 볼 수 있다. 그럴 때(모든 하나님과의 관계를 잃을 때 나타나는 결과로서 인식될 수도 있는) 고통스럽고 부자연스러운 이혼을 피할 수 있게 된다.

예 2) 남성 목회자 B는 '인간 내면에 있는 신적인 것이 항상 가장 먼저 인간 자신의 내면과 부딪히게 된다.' 는 확고한 신념을 가지고 있는 사람이다. 따라서 그에 의하면 부부간에 심한 갈등을 빚는 사람들은 깨어지나 아주 없어지지는 않은 '관계구조' 를 새롭게 복원하고 하나님과의 숨겨진 관계를 다시 확인하기 위하여 먼저 내면의 소리를 들을 수 있어야 한다. 또한 그가 생각하기에 이러한 의미에서 생생한 하나님과의 관계는 자기를 실현하고자 하는 인간 내면의 실존적인 요청과 일치한다. 따라서 원만한 두 사람 간의 관계란 그것이 이혼이라는 고통스러운 대가를 치루더라도 상대방의 발전을 결코 방해하지 않는다.

목회자의 입장: 근본적인 '관계구조' 란 결코 없어질 수 없다. 하나님과 사람의 관계 또한 그 연결이 잊혀진 상태가 있을 수 있다. 따라서 영적인 고통 가운데서 하나님과의 관계가 다시 복원될 수 있다.

14) 판넨베르크(W. Pannenberg)는 인간의 하나님 형상에 관한 성서말씀을 당연히 특별한 원상회복의 성격에 해당되는 역사적인 출발점으로 볼 수 없다. 그의 해석에 따르면 오히려 이러한 성서적 '역사' 로부터 미래가 열린다. 인간존재는 이러한 상황에서 다가올 미래에 실현할 수 있는 운명으로 보인다. 성서역사는 개개인에게 인간으로서 존재하는 의무를 경험하는 것으로 나타난다.

관계는 (어느 정도 완전히) 깨어졌다. 따라서 인간은 문자 그대로 '한 치 앞도 내다볼 수 없는 절망의' 상황이 되었다. 이 상황에서 인간이 할 수 있는 것은 아무것도 없다. 다시 절대적으로 필요한 관계를 회복시킬 수 있는 가능성은 오직 '바깥에서' 만 가능하다. 예수 그리스도 안에서 하나님이 사람으로 오게 됨으로써 이러한 새로운 하나님과의 관계가 동시에 구원의 순간이 되었다.

이제 인간은 이러한 구원과정을 믿음 안에서 받아들이고 그 구원이 이루어지기를 원한다. 그러나 모든 구원과정에서 개개인과 하나님의 관계뿐만 아니라 개개인을 넘어선 여러 사회적 주체들과 하나님의 관계가 가장 중요한 것이 되었다. '하나님이 그리스도 안에서' [15] 결정적으로 자신을 나타낸 다음에 모든 개개인은 다시 이 근본적인 방법으로 하나님과 연결되게 되었다. 이것은 엄청난 결과를 가져왔다. 우리 개개인은 이제 구원받은 존재로서, 그리고 그리스도 몸의 한 지체로서 인정받게 되었고 그렇게 행동하게 되었다.[16] 그래서 이제 하나님 앞에서는 새롭게 정의 내려진 개인과 이 세상에서 믿음을 가진 사람들의 공동체가 그리스도교의 인간상의 본질을 형성하게 되었다. 이 특별한 그리스도인들의 공동체 관계는 '오이코도메(Oikodome, 세움, 지음)' 라는 그리스도교 특유의 개념 속에서 계속 발전된다. 이 세상에 사는 그리스도인들은 구원을 향하여 나아가게 된다. 다시 말하면, 내적으로 새로 '지음' 을 받게 되는 것이다. 이것은 무엇보다도 반드시 공동체 구축에 참여하고 있느냐 아니냐에 결정적으로 좌우된다. (데전5:11: "그러므로 여러분은 지금도 그렇게 하는 것과 같이 서로 격려하고 서로 덕을 세우십시오.")[17]

그렇다면 이제 특히 개인적인 구원이 절실한 상황과 관련하여 그리스도론적으로 새롭게 규정된 개인이 개인에 대한 목회상담의 출발점이 된다는 것인가? 또는 단지 지속적으로 만들어지는 신앙 공동체의 의미에서 '교회' 에서 이루어지는, 즉 교회의 신앙생활을 목표로 삼는 목회상담만이 존재할 수 있는가?

15) 이것은 하인리히 포겔이 쓴 조직신학의 제목이다. H. Vogel, *Gott in Christo*, Berlin, 1951.

16) 예로서, 고전6:15/19–20를 본다. 고전6:15: "여러분이 그리스도의 지체라는 것을 알지 못합니까? 그런데 내가 그리스도의 지체를 떼어다가 창녀의 지체를 만들 수 있겠습니까? 그럴 수 없습니다." 고전6:19–20: "할례를 받은 것이나 안 받은 것이나 그것은 문제가 아니고 하나님의 계명을 지키는 것이 중요합니다. 각 사람은 부르심을 받은 그때의 처지에 그대로 머물러 있으십시오."

17) '오이코도메' 라는 단어군에 대해서는 O. Michel, *ThWNT* 5, 122를 참조한다. 특히, 저자는 142쪽 이하에서 성서 데전5:11를 언급하면서 다음과 같이 말하고 있다. "여기서 개개인에 대한 권면이 하나의 목회상담의 형식이 된다. 그러한 형식 안에서 사람은 교회공동체의 일원이 되고 형제의 영적인 성장에 함께 참여하게 되는 것이다. 사람들이 복음이 주는 격려 자체를 스스로 보이게 하고 다른 사람에게 전함으로써 개개인은 공동체를 '세우는 데' 같이 협력하는 것이다."

목회상담 현장에서 어떤 관점에 우선순위를 두고 목회상담을 진행할 것인가가 목회상담자들이 부딪히게 되는 질문이다. 개인이 처한 내적인 갈등상황 때문에, 특별히 하나님에 관한 질문이 다른 곳을 찾는 사람들과는 달리 목회자를 찾는 일반 사람들의 절대적인 요구상황으로 나타난다. 그러나 이런 목회상담에 위험성이 없는 것은 아니다. 현재 '개인화' 라는 현상 속에 나타나고 있는 것처럼 그러한 목회상담이 이기적인 '개인주의' 를 더욱 심화시킬 위험이 있지는 않을까? 일반 세계에 살던 사람들을 교회의 영역 속에 편입시켜 신앙인으로 세우는 일이 결코 오해의 여지가 없는 것도 아니고 문제가 없는 것도 아니다. 오히려 이때 매우 분명하게 이 땅에 사는 존재로서 인간이 가지고 있는 특별한 육체성, 곧 하나님과 성령과는 완전히 반대되는 인간의 약함과 허무함이 지배할 가능성은 없는가?[18] 보이지 않는 영적인 의미에서 성서에서 요구하는 공동체가 실제로 보이는 기관으로서의 교회임을 목회상담에서 직접적으로 그리고 구체적으로 말할 수 있는가? 다시 말하면, 바로 지금 이곳에 존재하는 교회공동체에서 성서가 말하는 복음적 인간상을 회복시킬 수 있는가? 그 공동체 관계 안에서 세상적인 인간인 '옛 아담' 은 죽고, 그리스도인으로서 새로운 사람이 되고[19] 구원받아 하나님에게 나갈 수 있도록 만드는 조건들이 그 공동체 안에 제시되어 있는가?

이와 같은 질문들은 목회상담에서 또다시 결정적인 입장이 될 수 있다는 것을 의미한다. 여기에는 다음 두 가지 상황이 발생한다. 그 하나는 목회상담 내내 내담자가 교회공동체와 아무런 관계없이 오로지 개인적인 인격과 그가 처한 갈등상황에 대해서만 말하게 된다. 여기서 신앙인들의 공동체는 반드시 없어져서는 안 된다. 그러나 이러한 목회상담에서 그리스도교 신앙공동체는 어떤 추상적인 형태로 남아 있게 된다. 다른 하나의 상황은 목회상담 처음부터 과감하게 내담자에게 부족한 교회공동체와의 관계를 언급하면서 대화를 진행하는 것이다. 이때 개인의 문제는 매우 진지하게 받아들여지고 논의될 수 있다. 그러나 이 경우 개개인이 가지고 있는 문제는 그 극복을 위해 중요한 그리스도교 공동체 경험의 관점에서 어떠한 경우에든 상대화된다.[20]

---

18) R. Bultmann, *Theologie des Neuen Testaments*, Tübingen, 9. Aufl. 1984, 230.

19) 고전3:8-10를 참조한다. "그러나 이제 여러분은 그 모든 것, 곧 분노와 격분과 악의와 훼방과 여러분의 입에서 나오는 부끄러운 말을 버리십시오. 서로 거짓말을 하지 마십시오. 여러분은 옛 사람을 그 행실과 함께 벗어 버리고 새 사람을 입으십시오. 이 새 사람은 자기를 창조하신 분의 형상을 따라 끊임없이 새로워져서 지식에 이르게 됩니다."

20) 이에 대한 실례는 다음과 같다. 한 젊은이가 목회자를 찾아왔다. 그는 그가 접촉하는 주변 환경과 일터에서 점차 왕따당하고 있다는 느낌과 고통을 호소한다. 그는 그것이 자신의 호모적인 기질과 연관된 문

다시 강조하지만, 중요한 것은 그리스도 안에서 구원받은 인간이 핵심 주제가 될 경우 신학적으로 검증 가능한 위의 두 가지 입장은 목회학에서 이론적인 결과뿐만 아니라 실천적인 결과도 가져오게 된다는 사실이다.

• 다음으로 중요한 것은 하나님에 의해 인식의 능력을 가진 인간이다. 결론적으로 여기서는 인간에 대한 세 번째 성서적 증언이 매우 중요하다. 사람은 이 세상에서 변화가 필요하고 구원이 필요한 관계의 존재일 뿐만 아니라 자신, 자신의 환경 그리고 존재의 근본에 대해 숙고하면서 거기서 주어진 여러 맥락 속에서 통찰력을 얻고 행동양식을 발전시킬 수 있는 능력을 가질 수 있다. 그러한 행동을 지배하는 통찰력을 통하여 그는 그 자신이 '땅을 정복하라' 는 하나님이 준 과제를 이해하는 존재가 된다.[21]

성서에서 말하는 인간상을 기본적인 틀로 받아들이면서 우리들은 각 시대에 맞는 인간상을 만들어 왔으며 동시에 (신앙과 관련된) 세계관을 발전시켜 왔다. 우리는 현실을 극복하면서 신앙을 가질 수 있으면 이성 역시 가지는 것이 당연한 것이라고 체험하게 된다. 따라서 사람은 본질적인 의미에서 '입장' 을 취할 수 있게 된다. 즉, 그 무언가를 '주장할 수'[22] 있게 된다.

이러한 맥락에서 인간의 이성과 가능성을 믿는 것과 기본적인 신뢰를 표출하는 것이 완전히 '파괴되어' 작용하고 있다고 믿기 어렵다. 성서에 의하면 인간의 행동이 이 세상에서 의미 있는 '일생의 과제' 로 자리매김되도록 느껴지기 위해서는 항상 일정하게 공급받을 수 있는 '성령의 임재' 가 필요하다. 인간적인 삶의 극복의 기본적인 구조로서 이성과 신앙이 중요하다고 말할 때 성서는 항상 삶을 동행하는 성령의 영향력, 곧 성령의 역사에 대해서 말하고 있다. 일반적으로(우리 인간 존재, 지구 그리고 '전 세계' 의 관점에서) 처음과 끝은 완전히 어둠에 가려져 있다. 그러나 인간 모습을 이해하는 데 매우 핵심서

제라고 생각한다. 그동안 그는 그 사실을 완전 비밀로 지켜왔다고 한다. 그러나 그는 그와 접촉하는 사람들이 그의 호모적인 성향을 알아채고 그를 피하는 것 같다고 고백한다.
목회상담가는 이 갈등상황에서 매우 다양하게 반응할 수 있다. 상담자는 내담자의 내적인 심리상태에서 내담자의 문제를 해결하려고 시도할 수 있다. 그러나 상담자는 또한 공적으로 매우 어렵게 지탱하고 있는 내담자의 인간관계들을 오히려 필연적으로 노출된 문제점에서 탈출하는 출발점으로 전환시킬 수 있다. 즉, 상담자는 인간관계가 거의 없는 그를 교회공동체의 구성원에 연결시킬 수 있는 것이다.

21) 창1:28.

22) *Der Groβe Duden*. Bd. 7. Etymologie, 56. 이 사전에 따르면 '주장하다' 라는 단어는 원래 재판정에서 사용하던 사법적인 단어로, '한 물건의 주인으로 입증하다' 라는 의미를 가지고 있다. 17세기 이후 오늘날, 이것은 원래의 뜻에서 매우 약화되어 '한 의견을 말하다' 라는 의미가 된다.

이며 중요한 성서적 진술은 "그러나 성령이 너희에게 내리시면 너희는 권능을 받고"[23] 라는 구절이다.

이러한 맥락에서 볼 때, 성서에서 말하는 성령 은사에 대한 약속은 다음과 같은 것을 의미한다. 즉, 모든 개인은(모든 인류도!) 근본적으로는 문자 그대로 '능력이 있다'는 것에 기대를 걸 수 있다. 이것이 목회상담에서 의미하는 것은 '모든 인간관계 영역에서 마주치는 갈등을 수동적 또는 능동적으로 해결하려는 모든 의도된 행위들은 인간적인 능력과 지속적으로 진보하는 독립된 그 무엇에 제한적으로 결부된다.'[24] 항상 갈등을 해결하는 행동들은 결국 인간의 모든 생각과 경험을 뛰어넘는 초월적인 그 무엇이라고 믿는 잠재력에 의해서 가능하게 되고 채워진다.

다시 말하면, 성서가 말하는 인간상이란 하나님에 의해 관계의 능력을 발휘하는 존재로서, 하나님과의 관계 안에서 구원받은 존재로서, 그리고 모든 관계에서 하나님이 동행하는 존재로서 창조되었다.

이와 같은 배경에서 목회상담학에서는 매우 특별한 논쟁점이 나타난다. 즉, 인간이 받는 '은사'가 이성(또는 인식능력으로)으로 표현되는지 아닌지, 또는 그것이 믿음의 능력(또는 신앙고백)으로 나타나는지 아닌지에 관한 문제가 그 논쟁의 핵심이다. 물론 여기서 확실한 것은 사고와 믿음이라는 변증법적 관계를 볼 때, 이것 아니면 저것이라는 획일적인 흑백논리로 어느 한쪽만을 선택할 수는 없지만 위와 같은 갈등영역에서 매우 분명하게 입장표명이 나타나게 마련이다.

목회상담의 입장에서 보면 여기서 두 가지 도전에 직면하게 된다. 첫 번째 도전은 내담자가 문제해결을 위해서 목회상담을 염두에 둘 때 목회상담자를 찾기보다는 신앙인인 전문가를 만나거나 신앙인인 치료사를 만나는 것이 더 나은 것이 아닌가라는 것이다. 그렇다면 사람들은 이 경우 현저하게 인식적인 취급방법에서 목표로서 그 문제에 대한 보다 광범위한 통찰력이 더 우선시되며 경우에 따라서는 그것이 그 뒤의 신앙행위를 유발시킨다고 말한다.

두 번째 도전은 내담자가 자신의 특별한 상황에서 목회상담자에게 오기보다는 '성령 충만한' 신앙인을 찾아가는 것이 더 나은 것이 아닌가라는 것이다. 이 경우에 목표는 먼저 감정적인 면에 기초를 두면서 신앙을 강화시키려는 것을 강조하게 된다. 사람들은

23) 행1:8.
24) 목회상담에서 배울 수 있는 상담방법론에 관한 논쟁적 질문이 여기서 시작된다(이 책의 231 이하 참조).

내담자의 신앙을 더 강하게 북돋우는 것이 내담자의 문제를 이성적으로 더 잘 이해하게 만들 뿐만 아니라 내담자의 행동도 오히려 더 잘 변화시키는 역할을 한다고 말한다.[25)]

우리가 여기서 반복해서 강조하고자 하는 것은 우리가 하나님에 의해서 인식할 수 있는 능력을 갖게 된 내담자를 염두에 둔다면 신학적으로 확증할 수 있는 이 두 가지 입장에서 그리스도교 목회학을 위해 이론적인 결과뿐만 아니라 실천적인 결과도 낳게 된다는 것이다.

요약해서 말하면 다음과 같다. 성서에서 말하는 성서적 인간상을 신학적으로 깊이 숙고하는 것은 목회상담자에게 성서적 인간상에 대한 일종의 깊은 통찰력을 요구하는데 통찰하는 과정에서 여러 가지 다양한 강조점을 발견하게 된다. 우리는 자신을 변화시킬 수 있는 존재로서의 인간, '외부로부터' 의 구원능력이 필요한 존재로서의 인간, 그리고 통찰력과 믿음의 은사를 얻을 수 있는 '관계 맺는 존재' 로서의 인간과 그의 행동에 대해서 매우 다양한 관점에서 볼 수 있으며 목회상담적으로 말할 수 있다(신학적인 근거를 바탕으로 두면서). 이런저런 것들을 강조하기 위한 여러 주장들이 나타나야 한다. 그러나 그런 주장들은 반드시 그 주장이 낳을 개념적이고 실천적인 결과들도 염두에 두어야 한다.

25) 한 가지 예를 들어 보겠다. 뚜렷하지 않는 죄의식 때문에 괴로워하는 내담자가 있었다. 그는 목회상담을 하는 과정에서 점차 해방감을 표현하게 된다. 그러한 내담자에게 해방감은 분명히 그가 목회상담가로부터 그러한 또는 비슷한 감정상황의 배경에 대한 설명과 그것도 그리스도교 기본 신앙의 부류에 속한다는 이성적인 설명을 들은 후에 일어나게 되었다. 따라서 이것은 그 내담자가 가지고 있던 죄책감이 새로운 방식으로 '이해되었던 것' 을 의미한다.
그러나 그런 상황과는 반대되는 경우도 생각해 볼 수 있다. 나이 많고 병으로 오랫동안 침대에만 누워 있어서 누구에게나 약간 거리감을 두고 있는 여성 노인을 비슷한 또래의 목사가 방문했다. 목사는 항상 반복해서 발작적으로 자기의 고통과 아픔을 호소하는 여성의 이야기를 들어 주었다. 그런데 목사는 성서 이야기를 대면서 내담자의 고통을 위로하는 형식적인 위로방식을 포기했다. 오히려 목사는 그 환자가 흥분하고 지쳐서 이제는 목회자의 반응을 기대하고 있을 때에야 성서 시편을 읽어 주었다. 또한 목사는 그녀에게 짧은 이야기도 해 주었다. 그것은 운명적으로 여길 만한 인생의 극심한 고통 가운데서도 용기를 가지고 일어선 인간의 이야기였다. 그녀는 항상 '그 이야기에 나오는 사람들보다 내가 훨씬 더 불행하다' 라고 생각했다. 그럼에도 불구하고 목사는 계속해서 그 나이 많은 여성 환자를 방문하였다. 그의 방문이 계속되면서 그녀의 마음은 훨씬 안정되었고, 이제는 자기 과거의 행복했던 날을 생각해 보는 사람이 되었다.

3. 목회상담 주요 이론의 형성

지금까지 우리의 주제는 특별한 인간 이해가 목회학에서 기초가 된다는 것을 분명하게 밝히는 것이었다. 여기서 말하는 인간 이해란 항상 성서가 말하는 인간 이해이며 하나님과 관계된 인간상, 곧 인간의 하나님과의 관계성이 본질적인 것이라고 전제하고 있다. 또한 앞서 말한 것처럼 여러 목회상담자가 주장하는 기본적인 성서 본문에 대한 다양한 해석과 정리들은 잘 알려진 인간학적인 그리고 신학적인 문제 제기에 대한 다양한 접근에 근거하고 있다는 것을 분명하게 보여 주었다. 이제는 목회상담자들의 개인적으로 겪었던 과거의 경험과 그 경험들로부터 얻게 된 각자의 입장들에 대해서 말할 수 있다.

목회학 분야에서 '입장' 이란 완전히 고정되고 영원한 것은 아니다. 사실 그 또한 한 사회 안에서 문화적이고 사회적인 규범에 종속되어 있기 마련이며 항상 일정한 사회문화의 변화를 반영하게 된다.[26] 또한 그 입장은 매우 특정한 주변 환경에서 생기게 되며 특정한 환경의 한 부분에 존재한다. 뮬러(T. Müller)는 그리스도교 예배의 과거와 현재를 고찰하면서 '주변 환경' 과 '세계의 연계성' 이라는 개념은 목회상담학의 역사와 현재 그리고 개념화 작업에서도 매우 중요하다고 보았다. "광의의 환경으로서 사회적 상황과 문화 그리고 정치 또한 개개인이 겪은 인생 역정과 개개인의 인격적 특징들은 개개인에게 변하지 않고 깊이 존재하고 있으며, 여러 가지 많은 것들이 그 원인과 영향에 상호적으로 종속되어 있음을 보여 준다."[27] 한편으로 개개인이 취하는 입장들은 그 근거를 개인적인 경험체계 속에, 그리고 그에 따른 개인의 인생사에 가지고 있게 마련이다. 따라서 목회상담 입장을 형성하는 것이 주제가 된다면, 즉 현재 목회학 이론을 매우 가

26) "우리는 이 입장이라는 개념을 가지고 마치 작은 집단에서 또는 어떤 상호 간에 역동적인 심리학적인 변화를 경험하는 것처럼, 문화적으로 당연하게 여기는 상황과 여러 사회집단의 다양한 사회적 규범 속에서 '변화' 라는 개념을 이해할 수 있다." (Peter Faβheber, Einstellungstheorien, *PZJ* VII, 209에서 인용함). 목회상담학의 범위 안에서 우리가 벌이는 논의에서 가장 중요한 것은 작은 집단 안에 또는 어떤 양자 간에 그 어떤 규범의 변화가 있다는 것에 대해서 분명하게 언급하는 것이다.

27) T. Müller, *Evangelischer Gottesdienst. Liturgische Vielfalt im religiösen und gesellschaftlichen Umfeld*, Stuttgart/Berlin/Köln, 109.

28) H. Luther, Theologie und Biographie, in: Ders., *Religion und Alltag. Bausteine zu einer Praktischen Theologie des Subjekts*, Stuttgart, 1992, 37 참조.

까이 살펴보고자 한다면, '신학과 개인의 전기' [28]가 서로 연관되어 있으며 그것들의 관계가 근본적으로 반영되어 있다는 것을 알 수 있다. 그 두 가지 큰 축은 상호 간에 큰 손실을 감수하지 않고는 분리될 수 없다. 다시 말해서 그것은 서로가 서로에게 종속되어 있다. 이것은 두드러진 개인주의를 변호하는 말이 결코 아니다. 이것은 또한 (조직 신학자 바르트가 거세게 반대했던 계시종교에 반대되는) '자연' 종교와 '자연' 신학을 강조하려는 것도 아니다. 그러나 목회상담학이 실제적으로 삶의 위기를 극복하고자 하는 '그리스도인의 행동모형' 을 제시하려고 한다면 목회상담의 실제뿐만 아니라 이론 형성에 있어서 인생관의 다양한 가능성에 대해 질문할 수 있다. "지나온 개개인의 인생 역정에 대해서 깊이 고찰하는 것은 신학적으로 결코 배척할 것이 아니며 오히려 당연한 것이다. 그것은 '모든 사람은 하나님 앞에서 값으로 따질 수 없는 가치를 가진 존재다' 라는 그리스도교의 기본 인식 위에서 나온 것이다. 사람은 자신의 일생을 재구성해 볼 때 '하나님 앞에서 내 삶은 쓸데없지도 무의미하지도 않았다' 라는 신앙고백으로 채워지게 된다. 그렇게 하나님이 사람들에게 약속하시는 빛 가운데서 개개인의 특별한 인생 역정도 무시되지 않는다." [29]

그럴 경우에 목회상담자는 한편으로는 그 자신이 신학적으로 기초하고 있는 목회상담이론을 정립하는 일과 다른 한편으로는 현재 이 시대에 그들 자신이 경험한 삶과의 관계를 설정하는 문제, 즉 이 둘 사이가 어떻게 관계될까라는 문제에 반드시 관심을 기울이게 된다. 목회상담자는 자신이 가지고 있는 생각을 자신의 삶의 배경에 비추어 볼 때 비로소 내담자가 가진 입장들을 분명하게 이해할 수 있으며 그들이 가진 다양한 입장들도 받아들일 수 있다. 목회상담 현장에서 사람들이 가지고 있는 매우 다양한 인생관과 신앙관을 파악하려고 할 때 개개인의 독특성과 존재성 그리고 신앙상태에 관해서 그저 단순한 생각만 가지고 있나면 그것이 불가능하다. 인간이 다양한 행동들은 오로지 각각의 행동들이 보이고 있는 전형적인 생각과 행동양식을 통해서 비교할 수 있고 분류할 수 있는 것이다.

전형적인 행동양식이란 살아가는 가운데 학습된 것이다. 개개인이 살아온 가운데 경험된 일들에 관해서 관심을 기울여야 하며 개인의 행동이 형성되는 것과 관련지어서 한

29) 위의 책, 43. 또한 A. Grözinger und H. Luther (Hg.), *Religion und Biographie*, München 1987도 참조한다. 여기서 헤닝 루터(Henning Luther)는 '허구적인 다른 사람(Der fiktive Ander)' 이라는 글에서 개인의 일생에서 종교적 경험에 대한 매우 근본적인 생각을 서술하고 있다.

사람의 인생 역정을 관찰하는 것에 대한 중요성은 이미 앞에서 '표출' 이라는 주제어를 다룰 때 언급했다. 여기서는 단지 다음과 같은 사항을 보충하고자 한다.

인간관계에서 일어나는 모든 문제에서 항상 중요한 것은 그 문제의 당사자들이 가정적으로, 사회적으로 어떤 출신인가 하는 것이다. 알다시피 과거에는 단지 어떤 사회계층 출신인가가 결정적으로 중요한 요소였다. 위의 이론에 따르면—사실 출신 신분에 따라서 행동하지 않는데도—사람은 출신에 따라서 행동한다고 말한다. 오늘날 우리들은—적어도 우리들이 사는 지리적이고 정치적인 환경을 본다면—민주적인 환경과 상황 속에서 살고 있다. 이 정치적인 환경이 오히려 개개인의 행동에 관한 질문과 '출신' 에 따라서 어떻게 행동할 것인가의 질문에 영향을 미치고 있다. 이제 우리의 질문은 어떤 사람의 독특한 '행동' 의 원인을 추론하기 위하여 그 사람이 어떤 사회계층의 출신인가에 훨씬 더 적게 집중하게 되었다. 이와 관련하여 이제는 오히려 심리학적인 징후들에, 즉 한 사람이 어렸을 때 가족 내에서 무엇을 경험했는가에 질문의 초점이 맞추어지게 되었다. 그것은 개인의 출신이란 단지 개성화된 것으로 이해한다는 것을 뜻한다. 다시 말하면, 개개인에 대해서 파악하고자 할 때 이제 우리의 중요한 질문은 개인이 어떤 출신인가가 아니라 그 사람이 어떤 다양한 관계망 속에서 그가 가진 특징과 행동양식, 소질과 편협성 등을 유전적으로 이어받고 배우고 형성하게 되었는가이다.

이 질문은 여러 결과를 가져왔다. 이제 우리의 관심은 더 이상 집단에 알맞은 '표준적' 이라고 여겨 왔던 일반적 역할에 충실한 행동양식이 아니다. 이제는 출신에 대한 질문과 연관시키면서 오히려 어떻게 한 사람이 자신의 인격을 형성하게 만든 바꿀 수 없고 '유일무이' 하게 경험한 것을 개인적으로 소화하면서 자신의 인격을 형성하게 만드는 소재로 이용하는지를 질문하게 된다. 인생에서 경험하는 것들이란 단지 '나에게' 수동적으로만 일어나는 것이 아니다. 오히려 사람들은 매우 적극적으로 그 경험을 받아들이고 나름대로 소화시킨다. 그래서 그 경험들은 바꿀 수 없을 정도로 개인의 경험이 되고 개인의 내면에서 의식적으로 살아 있게 된다. 그때야 비로소 자신의 출신과 자기 인생 역정에서 자기만의 정체성이라고 느끼는 감정이 연결되는 것이다.[30] 가장 중요한 것은 개인이 자신의 출신을 스스로가 원할 때는 언제든지, 그리고 스스로에게 맞도록 투

30) 이것이 단지 심리학적인 규정이 아니라는 사실을 융겔은 다음과 같이 지적하고 있다(E. Jüngel, *Gott als Geheimnis der Welt*, 3. Aufl., Tübingen, 1978, 101). "한 사람의 일생이란 단지 개인의 시간에 접속된 연속적인 시간의 줄이 결코 아니다. 그것은 결국 개인과 동일시될 수 있는 역사에서 연속적인 시간을 가져와서 자기 것으로 그리고 자신의 시간을 만드는 일이다."

사시키며 자신의 삶 속에 통합시키는 것이다. 개인에게는 그러한 반영과 통합의 역사가 바로 관계의 역사라고 말할 수 있다. 사회생활에서 가장 중요한 것은 가능하면 넓은 범위에서 독립적으로 주변 환경에 적응된 존재로서 되도록 상호 간에 돕는 것이다. 따라서 출신의 역사라는 것은 항상 관계의 역사인 동시에 계속 진보된 투쟁의 역사라고 이해할 수 있다. 그래서 지금 목회상담이 해결하기 위해서 전력을 다하게 되는 그 어떤 갈등에 이르게 된다.

이제 여기서 우리의 생각을 더 확장시켜 보자.

우리가 갈등의 경우 개인의 갈등의 성격과 그가 개인적으로 사회관계 구조를 어떻게 형성해 왔는지에 대해서 묻는다면, 이 질문은 즉시 그 사람의 성격 형성에 대한 질문으로 시작하게 마련이다. 이 맥락에서 우리가 묻는 것은 그가 좋은, 또는 나쁜 성격을 가졌는가가 아니다. 오히려 우리가 질문하는 것은 그가 삶의 어려움을 극복하는 과정에서 얼마나 다양하게 행동하며 어떻게 '특별하게' 반응하는가다. 인간행동 분야에서 여러 세기를 통해서 축적된 인간에 대한 지식이 일종의 도움의 길잡이가 될 수 있는 것처럼 보이기도 한다.

고대에서 현대에 이르기까지 다양한 성격유형으로 사람을 분류하는 것은 결코 우연한 일이 아니다. 거기서 사용되고 있는 개개 모델에 대한 개념과 측정모형 및 분류모형과 인식하는 관점은 결코 무시될 수 없으며 자주 서로 병행해서 사용된다. 아리스토텔레스와 히포크라테스가 분류하고 있는 인간유형, 즉 화를 잘 내는 성격의 사람, 둔한 성격의 사람, 다혈질 성격의 사람, 우울한 성격의 사람 유형은 오늘날에도 잘 알려져 있다. 정신의학적인 전제에서 되어진 전통적인 '체형형성과 성격'[31]에 대한 연구에서 오늘날 심리학의 한 분야인 인격연구, 또는 다양한 심리학이 발전된 것이다.[32]

또한 정신분석에서 기본적인 자극을 받아 인격이론이 생긴 것이다. 한 인간의 성격이란 인간의 정신발생, 곧 삶의 과정에서 얻어진 것이며, 동시에 그 성격은 보호기능과 방향기능을 가지고 있다는 이론을 프로이트 학파 사람들은 근본적으로 받아들이고 있다. 초기 프로이트 학파에 속하는 라이히(W. Reich)는 전형적인 행동의 보호기능을 찾아냈다. 그는 '방어성격'이라는 표현을 썼다. 그에 의하면 모든 개인들이 자기 나름대로 그

---

31) E. Kretschmer, *Körperbau und Charakter,* 20. Aufl., Berlin/Göttingen/Heidelberg, 1951,

32) 이 주제에 관한 개괄적인 안내로는 A. Brunner, Eigenschaften und Typen als grundlegende Ansätze von Persönlichkeitstheorien, *PZJ V,* 499 이하를 참조할 것.

방어성격을 발전시키기 마련이며 동시에 그것은 위험한 것으로 경험된 충동욕구에 대항하는 도구다.[33] 따라서 전형적이라고 말하는 모든 행동들이란 경험된 주변 환경에 대한 하나의 '반응형태' 라고 말할 수 있다. 그래서 더 주의 깊게 살펴보면 그러한 방어성격은 하나의 특별한 적응능력이라고 할 수 있다.

또한 융(C. G. Jung)은 인간의 외부지향적인 기본태도와 내부지향적인 기본태도를 구별하고 있다. 이 이론을 기반으로 사람을 사고형, 감정형, 감각형, 직관형으로 분류하고 있다. 그는 그 각각의 형이 자기 나름대로의 특별한 인식형태를 가지고 있는 방향기능이라고 말한다.[34]

최근에 리이만(F. Riemann)은 그의 성격유형론으로 특정한 신학적, 심리학적 그리고 (사회)교육적인 영역에서 잘 알려진 학자이다. 그 이론에 의하면 한 개인에게서 전형적으로 나타나는 정신분열적인 또는 억압적인, 그리고 강제적인 또는 히스테리적 행동이란 절대적으로 영향 받은 두려움에 대한 보상적 차원에서 나타나는 것이다.[35]

그래서 다음 사항을 주의해야 한다. 즉, 유전적 성향과 욕망의 역동성이 가져온 결과 또는 사회화의 결과에 대해서 질문했는지, 어떤 방법으로 전형적인 태도를 이해하고 설명하는 것인가이다. 여기서 항상 주요 관심사는 성격 형성이다. 성격 형성은 여러 관계에서 일어나는 사건을 만들어 가며 갈등의 시작뿐만 아니라 그 해결에도 결정적인 역할을 하기 때문이다. 따라서 목회상담학은 위의 사실에 관심을 가져왔다.

그러나 우리는 목회학 분야에서 나온 모든 목회학 이론의 형성이나 개념화 작업의 배후에는 다양한 '삶의 과정' 과 그것에 영향받은 신학적인 입장들이 있을 뿐 아니라 그것과 연결되어 다양한 시대 흐름(그리고 그리스도교 신앙에 대한 여러 고백적인 '상황들')이 강하게 작용한다고 확신한다. 이러한 의미에서 다양한 가능성이 있는 상황 속에서 목회상담의 특별한 주요 이론이 형성된다는 것을 인식하는 것은 특별한 관찰방법으로서 다음과 같은 장점들을 가지고 있다.

- 그것은 처음부터 하나의 이론으로 올바른 목회학, 잘못된 목회학, 그리고 진정한 목회학이라고 주장하는 질문에 집착하지 않으며, 먼저 여러 상호 간의 입장을 비교하여 광범위한 판단을 가능하게 만든다.

---

33) W. Reich, *Charakteranalyse* (1933), 5 Aufl., Köln, 1977.
34) C. G. Jung, Psychologische Typen, *GW 6*, 16. Aufl., Olten, 1989 참조.
35) F. Riemann, *Grundformen der Angst*, München, 1989 참조.

- 그것은 또한 처음부터 이런저런 형식을 갖춘 이론이 목회상담자인 나에게 '맞을까' 맞지 않을까에 집착하는 것이 아니라, 오히려 그 이론을 추구한 목회상담자의 개인적인 배경과 이유를 묻게 되며 그 이론을 융통성 있게 활용하게 만든다.
- 그것은 또한 어떤 (쉽게 그리고 피상적으로 살펴볼 수 있는) 근본적인 특징을 가지고 [학문적 주장을] 평가할 수 있는가에 집착하는 것이 아니라, 오히려 전체 맥락 속에서 진술의 일관성과 그것의 실천 가능성을 검증할 수 있도록 모든 진술에 대해 정확하게 연구하게 한다.

이러한 관찰방법과 시도에서 가장 쉽게 다양하고 '전형적인' 목회상담의 이론에서 내담자의 생각과 기대를 감안한 다양하면서 '전형적인' 내담자와의 교류를 다시 찾아낼 수 있다. 여기서 개개인의 목회상담자가 개인적인 선호도에 따라서 이런저런 목회적인 입장을 선택하거나 가장 선호하는 것을 받아들이는 것을 배제할 수 없는 것이다. 모든 것이 잘 되었을 경우 이 결정은 여러 가지 입장들 사이에서 주저했던 사람들이 '정체성을 찾는 연습' 과정에 마침표를 찍게 만든다. 그것은 여러 목회학적인 입장의 가능성을 놓아두고 성급하게 하나의 형식에 쏠리거나 매이게 만드는 것을 막아 준다. 이러한 의미에서 다음에 자세하게 설명한 세 가지 목회상담 이론화 과정의 신학적 주장들을 이해해야 한다. 현재 목회상담학 분야에 가장 영향력이 있는 이 세 이론들은 그 이론의 출발 조건과 시작 환경에서 볼 때 전형적으로 나름대로의 주장들을 반영하고 있다. 따라서 이 이론들은 학문적으로 가장 큰 영향을 끼쳐 왔으며 앞으로도 계속 영향을 미칠 것이다.

1) 조직신학적 성찰에 대한 촉구: 투르나이젠

다음에 기술하는 대표적인 신학적 입장에서 보면 이 목회상담학은 (자기 입장을 이론화시키고 있는) 신학적 정의들 속에서 가능하면 일관성 있게 자신의 신학적 근거를 찾고 있다. 이 목회상담학은 무엇보다도 제2차 세계 대전 전후의 약 10년 동안 칼 바르트로 대표되는 '하나님 말씀의 신학' 또는 '변증법적 신학'과 끊을 수 없는 관계를 가지고 있다.[36] 그러나 이러한 신학적 명칭으로 대표되는 신학에서 제기하는 근본적인 목회상담

36) K. Winkler, Karl Barth und die Folgen für die Seelsorge, *PTh* (75), 1986, 458 이하 참조.

학적 주제는 무엇인가? 우리가 서술하는 맥락에서 볼 때 그것은 어떤 특별한 의미가 있는가?

여기서 분명히 알아야 할 것은 현대 목회학적인 영역에서 볼 때 보수적이라고 여겨지는 이 신학적 입장이 제1차 세계대전을 전후로 해서 유럽 신학계를 지배했던 정신사에 대한 저항운동에서 시작했다는 사실이다. 그 당시 젊은 목회자 그룹은 — 후에는 입장의 차이로 각자의 길로 갈라섰지만 — 날카롭게 당시의 신학계를 비판하는 글을 발표했다. 젊은 목회자들인 칼 바르트(Karl Barth, 1886~1968), 에두아르트 투르나이젠(Eduard Thurneysen, 1888~1974), 에밀 브루너(Emil Brunner, 1889~1967), 프리드리히 고가르텐(Friedrich Gogarten, 1887~1967) 그리고 루돌프 불트만(Rudolf Bultmann, 1884~1967)은 그 당시 신학대학과 교회의 주도세력이었던 자유주의 신학과 맞서 싸우기 시작했다. 그들은 다음과 같은 생각을 가지고 있었다. 이제 더 이상 100년 동안 신학과 교회를 지배했던 슐라이허마허(E. Schleiermacher)의 신학의 주장에서처럼 종교적이고 윤리적인 인간의 입장이 하나님처럼 '높아진' 것으로 생각해서는 안 된다. 이제 더 이상 교회 전통에서 볼 때 매우 중요한 것들과 '정통' 교의학을 현대 일반 학문과 무조건 연계시키고 있는 신학으로 대체해서는 안 된다. 그리고 더 이상 이성적인 사고가 계시와 연관된 신앙고백을 상대화시켜서는 안 된다.

그렇게 될 수는 없다. '변증법적 신학' (또는 '위기의 신학' '하나님 말씀의 신학' 이라고도 부른다)은 인간 존재에 비해 감히 비교할 수 없는 하나님의 월등한 우월성과 자율성이 존재한다는 사실을 신학적으로 매우 날카롭게 주장하게 된다. 그라프(F. W. Graf)에 의하면, "종교비판을 통해서 — 그 목적은 종말론, 하나님 초월성의 강조, 그리스도론의 강조, 신학과 성서의 끊을 수 없는 연관성에 대한 강조였다 — 그 젊은 신학자들은 교회가 말하는 세계관과 자율성을 뛰어넘는, 그리고 국가와 사회를 능가하는 신앙의 기본적인 독창성을 찾고자 했던 것이다."[37)]

그렇다면 이러한 배경에서 전형적인 '목회상담학' 이 신학적 근거를 가지고 전개시키며 이론화시킨다는 것은 무엇을 의미하는 것일까? 그렇다면 중요한 것은 목회상담학 이론이다. 그것은 심각한 갈등상황에서 내담자가 가지고 있는 '일반적' 으로 말하는 종교성을 뛰어넘어 삶을 새롭게 하는 고백적 행동으로 이끄는 이론이며, 동시에 목표로 하고 있는 내담자의 행동변화를 완전히 정착시키는 이론이다. 또한 그것은 근본적인 희망

37) 전체 문단은 F. W. Graf, Art.: Dialektische Theologie, *WdC*, 249 이하, 250에서 인용하였다.

의 끈으로서 종말론적인 순간을 제시하는 이론이 되어야 한다.

이러한 신학적 입장은 이제 방법론적인 결과를 가져왔다. 오로지 하나님만이 주관하는 '인간의 구원' 이 실제로 갈등을 해결하는 순간이라는 것을 받아들인다면, 목회상담자는 내담자에게 그 확신을 전달해 주면서 동시에 오로지 하나님만이 할 수 있다는 유일성과 인간으로서 할 수 있는 것은 아무것도 없음을 말해주어야 한다. 이 절대적인 전제를 이해하는 것은 완전히 태도를 변화시키는 이해라고 할 수 있는데, 이러한 이해로 가는 길에는 이성적인 노력과 의지적인 호소도 절대적으로 포함된다! 오로지 하나님만이 할 수 있다는 대전제를 받아들이는 것은 자연스럽게 죄를 인식하며 기도하게 만드는 것과 연계되어 있다. 죄에 대한 인식과 기도는 내담자에게 모든 그리스도교 목회상담이 '하나님에게서 멀어진 자 상황의 초월적인 성격에 해당될 수 있다' 는 사실을 인식하게 한다.[38] 칼 바르트와 에두아르드 투르나이젠은 평생 인간적으로, 그리고 신학적으로 우정을 같이 나눈 사이었다.[39] 바르트는 다른 주제에 비해 상대적으로 적게 목회상담에 대해서 쓰고 있다. 그가 생각하기에 목회상담은 교회의 많은 다른 봉사 중의 하나이다. 그것은 선교, 기도, 신학이라는 선교의 한 형식처럼 목회상담의 형식으로 복음을 증언하는 것이다. 이러한 생각에서 바르트는 다음과 같이 목회상담을 정의하고 있다. "목회상담이란 공동체 안에서 공동체와 가까운 곳에서, 그리고 공동체 주위에서 개개인을 상대로 보여 주고 증언하는 교회의 일이다."[40]

자세히 살펴볼 때 금방 알 수 있는 것은 바르트가 독창적이면서 특별하게 목회학 분야에 전력을 기울인 것 같지는 않으며 그 분야에서 평생 신학 동지인 투르나이젠과의 '공동작업' 을 완전히 신뢰하고 있다는 사실이다.

그러나 그러한 공동작업에서 어떻게 역할분담이 이루어졌으며 또 그것을 어떻게 판단할 수 있을까? 먼저 확실하게 말할 수 있는 것은 두 사람이 무엇보다도 서로 그리 멀지 않은 거리에서 목회하면서 실제적인 교회현장과 연결하여 일했다는 사실이다. 다른 말로 하면 그들의 입장은 '현장' 에서 출발한 것이다. 그 둘이 서로 가까운 거리에서 목회를 했기 때문에 그들은 그러한 이점을 결과적으로 좋은 결과를 낳아 건설적이며 신학

---

38) 이것이 뵐버의 목회상담학 이론의 핵심적인 주장이기도 하다. H. O. Wölber, *Das Gewissen der Kirche*, 2. Aufl., Göttingen, 1965.

39) 두 사람의 우정에 대해서는 E. Busch, *Karl Barths Lebenslauf*, 4. Aufl., München, 1986, 그 밖에 R. Bohren, *Prophetie und Seelsorge: Eduard Thurneysen*, Neukirchen-Vluyn, 1982를 참고한다.

40) K. Barth, *Kirchliche Dogmatik, Bd. IV/3*, Zolikon-Zürich, 1959, 1014 이하 참조.

적인 사고를 교환하는 데 많이 이용했다. 1913년 바르트의 목회지인 자펜빌과 투르나이젠의 목회지인 로이트빌에서 둘 사이에 진행된 열띤 신학적 · 목회적 논의가 없었어도 조직신학자로서 바르트의 신학이 새로운 전기를 가질 수 있었겠는가 없었겠는가의 문제는 물론 의문으로 남아 있다. 그러나 확실한 것은 투르나이젠의 목회신학의 입장은 두 살 위 친구이며 영적인 형제라고 할 수 있는 바르트의 영향 없이는 생각할 수 없다는 사실이다. 투르나이젠은 바르트와 더불어 그리스도교 신앙을 위해서 '자연신학' 에 대항하여, 또 '신개신교주의' (또한 '이성 중시' 라는 시대사조에 대해서도)에 저항하여 신학적으로 어느 정도 독립적이고 독창적인 그 무엇을 제시해야만 한다는 확고한 믿음과 입장을 가지게 된 것이다.

그렇다면 어떻게 한 사람의 교의학과 또 다른 한 사람의 목회학이 서로 공존할 수 있을까? 여기서 투르나이젠은 자신의 입장이 바르트 신학과 독립적인 면이 있다는 사실을 의도적으로 드러내고 있다. 그러나 그 자신도 그 상이한 두 개의 신학적인 원리를 인식하면서 둘 사이의 관계를 다음과 같이 쓰고 있다.

"그러나 자연신학이 여러 다양한 형태로 우리 신학계와 교회에 퍼져 있기 때문에, 그리고 그 자연신학이 자기들의 기본 입장을 교인들과 오늘날 현대인들에게 글이나 말로서 끊임없이 계속해서 주입시키고 있기 때문에, 여러 사람과 만나게 되는 설교가나 선교사, 무엇보다도 목회상담자는 자연신학이 모든 성서적 신앙과 계시 신앙에 내적으로 상반된다는 것을 결정적으로 밝힌 바 있는 바르트의 연구—자연신학의 뿌리와 본질에 대한 바르트의 견해—를 결코 무시해서는 안 된다. 늘 반복해서 자연신학에 근거한 목회상담자의 사고와 말이 가진 위험성을 알리고 경고하며 자연신학의 경향에서 벗어나 하나님 말씀으로 지향하게 될 때 비로소 우리들은 목회상담에서 확실한 길을 가고 또 그 길로 안내할 수 있는 것이다. 목회상담 실천을 위한 건전한 이론의 중요성 가운데 이보다 더 중요한 점은 결코 없다."[41]

위에서 인용한 문장은 투르나이젠 목회상담의 핵심 입장을 잘 나타내고 있다. 다음에서 우리는 투르나이젠 목회상담학의 전체 개념을 세 부분으로 나누어서 살펴보고자 한다. 먼저 그의 대표작인 『목회상담론(*Die Lehre von der Seelsorge*)』[42]을 살펴보고, 그 다

41) E. Thurneysen, *Die Lehre von der Seelsorge*, München, 1948, 83.

42) 위의 책 40쪽에 있는 각주 67을 참조한다. [이 책의 번역서 박근원의 『牧會學 원론—福音主義 牧會의 理論과 實際—』(서울: 성서교재간행사, 1979)가 출간되어 있다: 역주]

음에 제2차 세계 대전 이후에 출판된 그의 대표작의 이론을 그보다 약 20년 전에 발표한 '목회학의 기초(Grundlegung einer Poimenik)' [43]라는 주제와 비교한다. 마지막으로는 그 대표작이 나오고 20년 후인 1968년에 목회상담학의 실천 부분을 다룬 그의 저서를 살펴볼 것이다.[44]

(1) '목회상담론'(1948)

이제는 고전이 되어 버린 투르나이젠의 목회상담의 정의는 다음과 같다. "목회상담학이란 교회 안에서 개개인에 대해 하나님 말씀을 선포하는 것으로 존재한다. 목회상담은 교회의 다른 모든 정당한 행동처럼 교회에 주어진 하나님 말씀의 살아 있는 생동감을 그 기반으로 삼고 있다. 그 말씀은 교회에서 여러 가지 형식으로 선포되어야 한다."[45] 우리는 세 부분으로 나누어진 그의 저서에서(I. 목회상담의 근거, II. 목회상담의 본질과 형식, III. 목회상담의 실천) 다시 네 개의 부분으로 나누어 서술하고, 그 틀 안에서 특히 목회상담에 대한 '대표적인' 투르나이젠의 이해를 이끌어 낼 것이다.

교회훈련으로서의 목회상담

투르나이젠이 생각하는 목회상담 개념은 철저하게 '(전통적으로) 교회훈련' [46]이라고 불렀던 것을 기반으로 해서 생각할 수 있다. 물론 그 개념이 본질적으로 어떤 의미를 가지고 있었는가를 파악해야 한다. 그렇지 않으면 그러한 개념은 항상 자동적으로 너무 도덕적 냄새를 풍긴다는 오해를 살 위험이 있다.

이러한 맥락에서 개혁교회에 속하는 투르나이젠의 목회상담 개념의 내용이나 사고

---

43) E. Thurneysen, Rechtfertigung und Seelsorge, *ZdZ 6,* 1928, 197 이하 참조. 이 논문은 F. Wintzer (Hg.), *Seelsorge,* München, 1978, 73 이하에 수록되어 있다.

44) E. Thurneysen, *Seelsorge im Vollzug,* Zürich, 1968.

45) E, Thurneysen, *Lehre,* 9. 개혁교회 입장에서 쓴 투르나이젠의 『목회상담론(*Lehre von der Seelsorge*)』은 배울 점이 많다. 루터교에 속하는 아스무센(H. Asmussen)도 투르나이젠과 매우 비슷하게 목회상담의 본질에 대해서 정의 내리고 있다(그의 책 *Die Seelsorge*은 1933/1934/1935년에 각 세 번 출간되었다. 제2차 세계 대전 직후 뉴욕에서 출판된 『목회상담』 제4판을 참고한다). "목회상담이란 개인에게 하나님 말씀을 선포하는 것이다." 그는 이 정의를 다음과 같이 더욱 특별하게 표현하고 있다. "우리는 목회상담 또는 목회학이 교회 공동체에서 일어나는 일종의 선포가 아니라 공동체 안에서 개인에게 직접 복음을 전하는 사람과 사람의 대화라고 생각한다"(15쪽 참조). 그러나 아스무센과 투르나이젠의 목회상담학 개념이 가지고 있는 차이점에 대해서는 아직 더 살펴볼 필요가 있다.

46) E. Thurneysen, 위의 책, 41.

구조적인 면을 볼 때, 그가 종교개혁가 칼빈의 입장을 따르고 있다는 것을 분명하게 알 수 있다.[47] 그는 칼빈의 입장을 다음과 같이 말하면서 더 발전시키고 있다. "영적인 삶이란 교회, 곧 교회생활 없이는 생각할 수 없다. 하나님이 현존한다는 표시인 말씀과 성례전이 살아 있다면, 그것은 동시에 미리 한 가지 징표를 통해서 확실해져야 한다. 교회훈련이란 올바르게 교회 성례전에 참여하도록 도우며 근본적으로 구원의 현실을 체험하도록 돕는 것이다. 이러한 도움은 보이는 교회질서, 즉 확실한 교회질서의 형식 속에서 반복적으로 일어나게 된다."[48]

이러한 교회질서는 무조건 필수적이다! 이 질서가 없다면 개인은 교회 공동체에서 떨어져 나가게 되거나 고립되거나 심지어 '영적으로 방치된 상태'[49]에 빠질 위험에 처하게 된다. 바로 여기서 목회상담이 시도되고 투입되는 것이다. 목회상담은 실제로 포괄적인 교회훈련의 한 분야다. 그러나 교회훈련으로서 목회상담은 반드시 영적으로 인도되어야 한다. "목회상담은 결코 바리새적인 위선적인 모습으로, 또는 성직자 냄새를 피우는 반영성적인 방법으로 진행되어서는 안 된다."[50]

그렇다면 이 교회훈련이 원하는 것은 도대체 무엇일까? 교회훈련은 어느 정도 교회와 멀어진 사람들과 도움을 구하는 사람의 태도를 변화시키기를 원한다. 상담자는 이러한 의도를 가지고 개개인에게 묻는 것이다. 그는 그들이 처한 구체적인 갈등상황에서 교회 공동체와 연결되지 않는 모든 인간적인 노력들과 입장들 그리고 행동들에 근본적인 질문을 제기한다.

이러한 특별한 접근방법은 그 결과를 낳게 마련이다! 여기서 투르나이젠이 상담자와 내담자의 관계설정에서 일종의 교사와 학생의 모습을 추구하고 있다는 사실은 결코 우연이 아니다. 이것은 '전형적으로' 권위적인 상하관계의 틀의 모습이라고 말할 수 있다. 그는 다음과 같이 말하고 있다. "따라서 목회상담은 배우고 가르치는 것으로 되어 있는 것이다. 그러나 여기서 교사란—우리는 그의 학생이 되어야 하고 교회라는 공간을 중심으로 다루기 때문에 그의 가르침으로 우리의 영혼을 살찌우게 된다—다름 아닌 성서다."[51]

47) 칼빈의 목회상담 이해에 관해서는 이 책의 154쪽을 참조한다.
48) E. Thurneysen, *Seelsorge im Vollzug*, 30.
49) E. Thurneysen, *Lehre*, 26
50) E. Thurneysen, 위의 책, 36.
51) E. Thurneysen, 위의 책, 42.

지금까지 투르나이젠의 목회상담론에서 핵심 개념인 교회훈련에 대해서 많이 언급했다. 그의 이 개념은 모든 개별 진술을 포괄하는 '하나님 말씀 신학'에서 단호히 고수되고 있음이 분명하게 나타난다.

앞서 언급한 것처럼 '교회훈련'이라는 개념은 이러한 맥락에서 필연적으로 교회공동체와 연관 짓지 않고서는 전혀 이해할 수 없을 뿐더러 오해할 수밖에 없다. 동시에 이것은 경우에 따라 우리 현대 교회가 잃어버린, 그래서 다시 찾아야 할 교회상황을 전제한 것이 아닌가? 어려운 상황에 빠져서 도움을 구하는 대다수의 그리스도인들에게 이러한 교회 중심적인 상담관점(덧붙여 분명히 교육적인 태도의 경향도 보이는 이 관점은!)은 일종의 '낯선 주제'다. 모든 목회상담과 관계된 행위들은 교회가 포기할 수 없는 여러 가지 방법을 가지고 실천할 때 직접적이든 간접적이든 교회부흥에 도움이 되는 것이 아닌가? 어쨌든 우리는 이에 대해서 좀 더 논의해야 할 것이다.

목회상담 대화에서의 단절

투르나이젠의 목회상담 개념을 언급할 때, 그의 개념과 항상 긴밀히 연관되어 등장하는 주제가 '목회상담 내내 나타나는 대화의 단절'[52]이다. 이것은 그의 목회상담학 이론에서 핵심적이고 본질적인 것이다. 이 개념에서 그는 모든 '자연신학'과 그것을 목회상담에 적용하는 것을 엄격하게 거부하고 있다. 그는 시종일관 자연신학과의 그 어떤 형식의 '연결고리'도 단호하게 포기한다. 이것은 일반 세계관적인(또는 종교적인) 차원에서 '단순한' 신앙의 차원으로의 변화보다 더 중요한 것은 아무것도 없다는 것을 의미한다. 이렇게 대담한 의도는 일반 사람들에게 어떻게 비추어질까? 투르나이젠은 다음과 같이 말하고 있다. "목회상담 대화는 두 가지 방향으로 진행된다. 상담대화 중에서 이야기 내용은 보통 일반적이며 인간적인 상황에 관한 것이다. 또한 그 대화에 나오는 사실들과 문제 및 관심사가 심리적인 면에서, 그리고 우리들이 일반적으로 가지고 있는 세상적인 관점에서 논의되듯이 목회상담 대화도 그것들을 주제로 삼아서 진행된다. 그러나 대화가 진행되는 동안 방법론적으로 모든 사물을 전체적으로 보는 특별한 관찰방법은 마치 그것이 하나님 말씀에서 시작된 것처럼 보통 위와 같은 일반 세속적인 관점을 압도한다. 이때 목회상담 대화에서 대화의 주제는 일반적으로 우리가 말하는 자기 고유 영역을 잃어버리고 하나님 말씀의 빛으로 조망되기 시작한다. 따라서 목회상담 대화의

52) E. Thurneysen, 위의 책, 114.

전 과정이란 모든 인간적인 판단을 뒤로 한 채 완전히 새로운 판단력을 가지고 새롭게 전투할 준비를 하고 밝혀내는 운동이며, 이해하고 파악하며 또다시 손질하는 운동이다. 목회상담에서 전체적인 대화의 과정은 처음부터 그와 같은 대전환이 일어나는 것을 목표로 삼고 있다."[53)]

계속해서 투르나이젠은 이 개념과 관련하여 "우리가 목회상담의 대화에서 '단절' 에 대해서 말할 때, 즉 목회상담의 대화를 결정짓는 형식적인 특징에 대해서 언급할 때, 이 개념은 글자 그대로 인간적인 선입견을 뛰어넘어 잠재우고 하나님의 판단을 생생하게 만드는 것이며 모든 인간적인 것들을 제한적으로 새로운 판단의 빛으로 집어넣는 일이다."[54)]라고 말한다.

결국은 신앙적인 이야기 대 일반 세속적인 관점에서 나온 질문들과 (이기적이고 형식적인) 종교적 기대치 간의 싸움인 것이다. 비록 마지막에 언급한 체험의 순간들이 신앙적으로 드러난다 할지라도 그것을 단순하게 이해하거나 소화해 내는 것은 완전히 다른 일이다. 그래서 투르나이젠은 상담자들에게 매우 직접적으로 다음과 같이 말하고 있다. "대화의 초기 단계부터 그러한 단절현상은 반드시 드러나야 된다. 그것의 특징은 우리에게 온 내담자가 자기가 하는 모든 말 속에 일반 세속적인 관점에서 보는 차원과 예수 그리스도를 존중하며 말하는 차원의 두 가지 차원이 동시에 잠재되어 있으며 그것을 유지하고 있다는 사실에서 드러난다. 반면에 우리는 의도적으로 그것이 드러나도록 노력한다. 왜냐하면 우리는 예수 그리스도에 관해서 완전히 다른 것을 말해야 되며 그것이 내담자에게 전달되고 보여지기를 원하기 때문이다."[55)]

그러나 이러한 접근방법과 입장은 당연한 것 같아도 결코 자연스럽게 이루어지지 않는다! 그래서 이 경우에 투르나이젠도 내담자의 엄청난 저항과 거부반응을 매우 현실적으로 염두에 두고 있다. 그래서 그는 "……목회상담 대화는 전투적인 대화가 된다. 우리는 그러한 대화 속에서 인간을 구원하고자 하는 하나님의 뜻을 관철하고자 하는 것이다."[56)]라고 말한다.

53) E. Thurneysen, 위의 책, 114 이하.

54) E. Thurneysen, 위의 책, 115.

55) E. Thurneysen, 위의 책, 122.

56) E. Thurneysen, 위의 책, 114. 쿠르츠(W. Kurz) 같은 목회학자는 '목회상담에서의 단절현상' 에 대한 투르나이젠의 개념이 심리치료적 입장에 있는 학자들에 의해서 '케리그마 신학' 에 근거한 목회상담론의 전형적인 결점이라고 비판받게 된다고 말한다. 그는 "Der Bruch im seelsorgerlichen Gespräch", *PTh* (74) 1985, 436 이하에서 투르나이젠을 옹호하고 있는데 투트나이젠이 주장하는 이 개념이 비판가들에

'대화에서의 단절', 더 정확하게 대화에서의 '단절현상'이란 분명히 대화 당사자 간의 뚜렷하고 심한 충돌을 의미한다. 물론 그와 같은 행동은 결코 환영할 만한 것은 아니다. 그것은 더 엄청난 요구사항이 있다는 것을 의미한다. 즉, 우리는 자연신학과 비슷한 것 또는 그런 신학의 흔적에 반대하여 바르트가 '아니요'라고 거부한 것을 목회상담 대화 중에 반복해야 하고 마지막 선으로 제시해야 한다.

목회상담 개념의 틀에서 볼 때 '갈등상황에서 무엇인가를 요구'한다는 것은 당연한 것이다.[57] 위에서 언급한 '대화의 단절'이라는 상황과 연관하여 볼 때 그 요구란 내담자와 부딪히는 대화 중에서도 먼저 내담자를 안정되고 대화 가능한 상대방으로 '받아들인다는 것'을 의미한다. 상담자는 허약하고 대화능력이 없는 내담자와의 대화일지라도 결코 싸우는 것처럼 해서는 안 된다. 이렇게 볼 때 목회상담 대화에서 나타나는 단절상황에서 말하는 요구란 무엇보다도 일종의 재평가라고 볼 수 있다. 그러나 이 사실은 실제로 내담자에게 무의식적으로 외경심을 불러일으키게 만드는 요소다. 여기서 매우 중요한 완전히 다른 문제가 숨겨져 있다. 그것은 투르나이젠의 '갈등상황에서의 요구'라는 것이 내담자 개인을 자극하는 효과 만점의 도전이 되는지 커다란 부담인지의 문제다. 다른 말로 해서 그동안 익숙했던 세속적인 차원의 경험과 논리로부터 완전히 새로

의해서, 특히 샤휀베르크(J. Scharfenberg)에 의해서 왜곡되었다고 생각한다. "이 개념이 말하는 요점은 문제들이 가지고 있는 내적인 차원과 초월적인 차원 사이에 있는 단절을 가르키는 것이다. 따라서 이 '목회상담에서의 단절' 개념에 대한 논쟁은 해석학적인 방법에 관한 논쟁이다. 여기서 핵심은 이해의 문제며 이해하기에 적절한 방법을 가지고 문제 중심적으로 다룰 것인가이다. 쿠르츠에 의하면 목회심리학적인 입장에서 묘사하는 투르나이젠의 형식적 사고구조가 심리학적 입장을 고수하고 있는 사람들과의 내적인 차이점 및 형식적인 일치점들을 보일지라도, 로저스(C. Rogers)의 입장에서 나타나는 것처럼 어처구니없는 경우가 많다"(442쪽). "그 들이 가지고 있는 입장에 관한 논쟁이란 '목회대화에서의 단절'에 관한 것이 아니라, 결국 그러한 단절을 일으키는 각자가 가지고 있는 신학적이며 세속적인 근본 입장이라고 말할 수 있다"(444쪽). '인식하는 데에서의 단절', 즉 '옛 사람과의 단절'(이것은 특히 심리학자인 에리히 프롬의 말이다)이 없다면 그 어떤 구원의 변화도 있을 수 없다. "이 말이 옳다면, 목회상담 대화의 과정 중에 진지한 신학적 관점을 염두에 두면서 전달체계 또는 인식체계에 있어 구원을 가져오는 단절이라는 의미에서 근본적인 틀의 변화가 있어야 한다"(186쪽).
이 문제에 대해서 그뢰칭어(A. Grözinger)는 Seelsorge als Rekonstruktion von Lebensgeschichte, *WzM* (38) 1986에서 계속해서 긍정적으로 말하고 있다. 그에 의하면 투르나이젠이 말하는 단절이란 '혁신적인 잠재력'을 가지고 있다. 그것은 무엇보다도 사람과 함께 하는 하나님의 역사의 차원에서 개개인이 자신의 삶을 재구성하는 경험이다. 투르나이젠이나 쿠르츠가 생각하는 정의를 받아들이고 계속 전개한다는 의미는 다음과 같다. "따라서 개개인은 자신의 삶에서 이 긍정적인 단절선을 경험해야 하고 추상적으로 만들어서는 안 된다. 결국 이 단절을 개인의 삶에서 경험한다는 것은 개인의 삶을 성공적으로 재구성한다는 것과 동일한 것이다"(186쪽).

57) Klaus Winkler, *Die Zumtung in Konfliktfall. Luther als Seelsorger in heutiger Sicht.* Hannover, 1984.

운 시각을 가지고 생소한 신앙의 차원으로 한 단계 뛰어넘는 것은 모든 것을 바꿀 수 있는 단순하면서도 대단한 시간과 힘과 능력을 필요로 한다. 내담자가 그가 가지고 있지 않는 계시신앙만을 염두에 둔다면, 우리가 내담자의 문제처리 능력을 잘못 평가했을 경우 그것은 완전히 시대에 맞지 않는 기적신앙과 같은 것이다. 이러한 상담자의 태도는 신학적으로나 목회상담학적으로 볼 때 매우 적절치 않은 것이다.

참회로서의 목회상담

투르나이젠에 의하면 목회상담이란 반드시 죄를 인식하게 만들고 회개로 이끄는 일이다. 한편으로 목회상담에서는 우리 사람들이 완전히 죄에 사로잡혀 있음을 인식해야 한다. "죄의 특수성이란 그것이 크든지 작든지, 조잡스럽든지 세련되었든지, 내적이든지 외적이든지, 드러났든지 숨겨졌든지, 그것은 마치 '외계의 힘' 처럼 우리를 덮쳐서 우리가 원하지 않는 방향으로 우리를 찢어 버린다는 사실이다."[58)]

그러나 이 '외계의 힘' 과 같은 죄는 더 이상 단순히 윤리를 염두에 둔 일종의 율법에 반하는 것을 의미하는 개념은 아니다. 진정으로 해방시키는 능력으로서 복음만이 죄의 핵심을 파괴시킬 수 있다. 그렇지 않으면 모든 참회는 '자기 성화' '자기 업적화' 되어 버린다. 이것은 잘못된 출발점이자 방법이다. 오히려 그 반대의 것이 제시되어야 한다. "계명의 형식으로 선포되는 복음은 회개로 인도한다. 이때 그것은 용서를 통해서 한 인간이 자기의 삶을 구체적으로 그리고 완전히 전환시키는 것을 의미한다."[59)] 여기서 '자

58) E. Thurneysen, 위의 책, 252.

59) E. Thurneysen, 위의 책, 242. 투르나이젠과 아스무센은 '목회상담이란 개개인에게 하나님 말씀을 선포하는 것' 이라는 목회상담의 정의에서는 겉으로 보기에 비슷한 개념으로 출발했다. 그러나 투르나이젠에게 신학적이고 성서적인 개념인 '하나님 말씀' 은 '복음' 과 '율법' 모두를 포함한다. 여기서 그는 '복음과 율법을 완전히 분리하는' 아스무센과 확연한 차이점을 보인다.
이런 맥락에서 투르나이젠은 다음과 같이 질문하고 있다. "우리는 어떤 방법으로 목회상담에서 율법을 복음적인 방법으로 전달할 수 있는가?" 이에 대한 답은 '옳바른 회개 속에서' 라고 말할 수 있다. 회개란 본질상 개별적인 결단이 필수적이기 때문이다. 여기서 개혁 교회에 속한 투르나이젠이 의미하는 회개(이는 율법을 포함한다)란 목회상담에서 용서을 얻기 위한, 그리고 하나님의 은혜를 받기 위한, 방법론적으로 그 어떤 전제가 결코 될 수 없는 것이다. 목회상담의 핵심이 삶을 새롭게 정립하는 하나님과 사람의 관계라면, 오히려 '기쁜 소식' 으로서 복음 자체가 근본적으로 관계를 변화시킬 뿐만 아니라 궁극적으로 갈등을 해결하는 전제가 된다. 이러한 점에서 진심으로 회개할 마음은(더불어 율법은) 항상 죄에 속하고 어려움에 빠지는 그리스도인들의 삶을 만들어 간다. 그러나 여기서 회개가 개인이 변화된 후에 보이게 될 믿음생활의 선행조건, 곧 기초가 될 수 없다. 만약에 목회상담에서 회개에 대한 요구를 염두에 두고 있다면, 오히려 용서하는 '하나님 말씀' 이 삶의 어떤 영역에서든 먼저 주어졌다는 사실이 전제된다.

연인' 으로서 인간은 항상 무언가 새롭게 된다. 또한 사람들은 자기 스스로 갈등의 해결점을 찾게 된다. 여기서 중요한 것은 목회상담적으로 투쟁하는 것이다. 즉, 무조건 내 인생의 주인은 하나님이라는 결정을 내린다는 의미에서 '하나의 위기' 를 받아들이는 것이다. 이와 관련하여 투르나이젠는 계속해서 다음과 같이 말하고 있다. "진정한 복음적인 회개에서 가장 중요한 것은 그러한 위기다. 다시 말하면, 그 위기란 하나님의 은혜와 구별되는 것을 분리해 내는 일이다. 거기서 잘못된 율법주의와의 격렬한 싸움이 시작된다." 그러나 모든 죄의 분별과 회개할 마음가짐이 (물론 율법적이 아닌 복음적인 의미

그러나 '율법과 복음' 이라는 완전히 다른 순서를 아스무센은 그의 저서 『목회상담』에서 주장하고 있다. 아스무센이 속한 루터교회 입장에서 보면, 바르트나 투르나이젠이 주장하는 것처럼 복음이 결코 똑같은 방법으로 율법 '앞에 자리 잡지(전제되지)' 못한다. 오히려 율법과 복음은 변증법적인 긴장관계 속에서 서로 관계되어 있다. 그래서 목회상담에서 언제나 새로운 삶이 주제가 될 경우에 해방하는 복음은 언제나 새롭게 필수적으로 따라오는 율법을 돌파해야 한다. 그것은 개인의 내적 인식방법과 믿음의 길에서 드러난다. 물론 경험된 율법이 경험된 복음으로 전환되는 내적인 변화를 겪을 때 복음과 율법은 분명하게 드러난다. 그렇지 않으면 그 둘을 혼동하게 될 수 있는 위험이 항상 도사리고 있다.
따라서 아스무센이 생각하는 목회상담에서의 우선순위가 무엇인지 근본적으로 구별된다. 그는 목회상담의 실제에서 '목회상담' 과 '목회지도' 를 세밀하게 구별하고 있다. 아스무센은 '목회상담' 과 '목회지도' 가 마치 '복음과 율법' 의 구조와 관계되어 있다고 서술하고 있다. 율법을 무시하고는 그 어떤 복음 선포도 존재하지 않는 것처럼, '목회지도' 없이는 그 어떤 목회상담도 존재하지 않는다고 말한다(43쪽). 여기서 목회지도는 복음을 바르게 받아들이고 사용하게 함으로써 현재 그리고 이곳에 있는 사람들을 교육시킨다는 목적을 가지고 있다. 또한 영혼지도는 이 교육에 상응하는 생활태도를 변화시키고 공적인 개인의 의견을 형성하도록 도우며, 동시에 종교적인 일들을 주선하고 교회 구성원이 되도록 돕는다. 이 모든 것이 목회자에게는 생소하게 느껴지는 율법이 하는 일이다. 역설적으로 모든 '목회지도' 는 사람들을 위기상황으로 이끌며 바로 그렇게 복음을 준비하는 것이다. "목회지도란 우리 인간이 의도하고 만든 계획에 따라서, 우리 사람들의 책임 이하에서, 그리고 의식적으로 받아들이는 자세 속에서 이루어진다. 반면에 '목회상담' 은 우리 인간을 뛰어넘어 이루어진다. 즉, 사람은 목회상담에 부속된다. 그것은 우리를 압도한다. 성령이 상담을 하도록 우리에게 권고한다. 우리는 목회상담을 열망할 뿐이다. 우리는 목회상담을 위해서 기도한다. 목회상담은 우리가 의식하기도 전에 이루어지곤 한다"(72쪽).
이 순서의 결과대로라면 목회상담은 항상 하나님의 은혜에서 시작하고 필연적으로 회개를 동반한다(26쪽 이하). 목회현장에서 '목회상담' 과 '목회지도' 는 분명하게 구별된다. 여기서 아스무센은 "분명하게 기억하고 있다. 그 둘을 구별하여 실천하는 것은 매우 어려운 일이다. 그 둘의 차이란 자주 개념적인 차이로 남아 있게 된다. 왜냐하면 그 두 가지 개념은 비록 상반되는 개념이지만, 내적으로 그리고 서로서로 연결되어 있기 때문이다. 율법은 보이지 않지만 항상 복음 자체를 동반한다. 그리고 복음은 그것이 선포되는 곳에서 항상 율법보다 앞선다. 따라서 두 개념의 외적인 차이를 말하기는 매우 어렵다. 그럼에도 불구하고 그 차이는 구별되어야 한다. 반듯이 복음과 율법이 분리되었다는 것을 알지 못한다면 그가 목회자든 신학자든간에 불쌍한 것이다. 만약 위와 같이 '목회상담' 과 '목회지도' 를 제일 먼저 구별하면서 목회상담을 시작한다면 삶을 규정 짓는 율법의 사용도 있게 된다. 그렇게 될 경우 목회상담에서 용서하는 하나님에 대한 새로운 신앙인식이 핵심이라면 율법의 사용도 상담에서 일종의 능력을 가지게 된다.
슈톨베르크(D. Stollberg)는 이 책의 71쪽 이하에서 비슷한 신학적 입장을 나타내고 있다.

에서의) 참회에서 구체화되고 실제화되는 것이다. 목회상담과 참회는 매우 비슷한 동의어로 사용될 수 있다. 참회는 모든 목회상담에서 사람에게 '도움을 주고 [그를] 해방시키는 중심점' 이라고 말할 수 있다.[60)]

이러한 관점은 목회상담의 영역에 실제적인 영향을 준다. 투르나이젠은 그에 대해서 다음과 같이 말하고 있다. "목회상담은 단지 참회의 대화만은 아니지만 항상 그것을 지향하게 된다."[61)] 그리고 목회상담자는 '목회상담 대화가 어떤 형식으로든지 참회의 대화로 발전되지 않고 끝난 경우, 실제로 그 대화가 종료가 된 것으로 생각하지 말아야 한다'.[62)]

투르나이젠은 자신의 목회상담 대화에서 참회를 특별하게 다루고 있는 것과 비슷하게 기도에 대해서 말하고 있다. 먼저 그는 기도를 속이는 수단으로 사용한다는 의미에서 형식적으로 기도를 남용하거나 오용하지 말 것을 목회상담자들에게 매우 엄하게 경고하고 있다. 그와 반대되는 목회상담에서의 기도는 다음과 같은 것을 의미한다. "조급하게 기다리는 자세로부터, 다시 말해 단지 열매를 못 거두는 이론적인 지식의 자세를 버리고 진정으로 하나님 자신을 이해하는 새로운 차원으로 들어가는 기도를 하는 것이다."[63)] 이러한 의미에서 목회상담의 기도에는 세 가지 형태가 있다. 첫 번째는 목회상담자신을 위한 기도, 두 번째는 다른 사람을 위한 중보기도, 세 번째는 필연적으로 다른 사람과 같이 하는 기도이다. 목회상담의 기도에 대해서 투르나이젠은 다음과 같이 말하고 있다. "'기도하십니까?' 라고 상담자가 목회상담 과정 중에 내담자에게 묻지 않는 목회상담은 없다." "바로 그 자리, 곧 기도하는 것과 기도하지 않는 문제에 복음이 우리에게 선포되느냐 마느냐가 달려 있는 것이다."[64)]

목회상담 대화에서 참회와 기도는 결코 포기할 수 없는 것이라고 주장하는 투르나이젠은 좀 더 자세하게 살펴보면 매우 다양하고 자상하게 그에 대한 주의를 상기시키고 있다. 그럼에도 불구하고 그와 같은 신학적인 이론을 엄격하고 일관성 있게 목회상담의 실천영역에 적용시킬 때는 그러한 주장이 실제로 상호 전달능력을 가지고 있는가에 대해서 철저하게 비판적인 질문을 해야 한다. 즉, 위와 같은 투르나이젠의 주장이 순수하

60) E. Thurneysen, 위의 책, 251.

61) E. Thurneysen, 위의 책, 259.

62) E. Thurneysen, 위의 책, 같은 곳.

63) E. Thurneysen, 위의 책, 171. 흥미롭게도 여기서 기도를 규정하면서 '이해하는 것' 이라는 용어를 사용하고 있다.

64) E. Thurneysen, 위의 책, 173.

게 이상적인 것은 아닌지, 목회상담의 책임영역을 매우 예민하게 좁히고 있는 것은 아닌지를 물어야 한다. 그럴 경우 실제로 '진정한 목회상담' 이라고 말할 수 있는 것은 단지 극도로 희귀한 경우에만 일어날 수 있는 것은 아닌지가 우리의 비판적인 물음이다. 투르나이젠 자신도 목회상담에서 참회와 기도가 '잠재적으로 경험할 수 있는 가능성' 으로서 내담자의 통찰과 준비로 생각해야 한다. 그러나 오늘날 고통과 갈등 속에 있는 사람들은 거의 대부분 그러한 '경험의 공백상태' 에 있는데 그럴 경우에 어떻게 해야 하는가? 이렇게 목회상담에서 상담과정의 수용과 경험의 가능성이 기대치에 못 미치는 예외적인 경우에 위에서 언급한 투르나이젠의 목회상담 개념이 상담에 도움이 될 수 있는가?

투르나이젠의 개념을 그렇게 특별한 방식으로 목회상담에 적용한 경우 일탈될 위험, 곧 잘못될 위험도 존재한다. 즉, 상담자와 내담자가 말로만 유지하는 형식적 관계에서는 감정적으로 서로 숨긴 상대에서 아무런 교감이 없는 관계로 전락할 위험도 있는 것이다.

심리학에 대한 유혹

현대 목회상담자에게는 별로 특별한 제목이 아닌 것처럼 여겨지지만 투르나이젠은 그의 주요 저서인 『목회상담론』의 열 번째 단원에서 '목회상담과 심리학' 에 대하여 쓰고 있다. "목회상담 대화에서 사람에게 다가가 친밀하게 말을 건네는 일은 인간 이해가 전제가 된다. 따라서 목회상담은 인간의 내적인 본성을 탐구하고 인간을 이해하는 데 도움을 주는 '도움학문' 으로서 심리학이 필요하다. 여기서 목회상담은 본질적으로 세속적인 관점을 가지고 있는 그 학문이 추구하는 전제들과 부명하게 구별되는데, 그 전제들은 성서에서 밝히고 주장하는 인간 이해에 방해가 될 수 있다."[65]

여기서 우리가 (투르나이젠으로부터 받아들여) 사용하는 '도움학문' 이라는 개념은 최근까지 학계에서 그것을 바탕으로 하는 기초 개념에 대한 격렬한 논쟁을 불러일으켰다.[66] 목회상담 운동은 ('하나님 말씀 신학이 바탕이 된 목회학' 에 반대된 개념으로 출발했는데) 여기서 기존 변증법적 신학에 바탕을 둔 목회상담에 대해 비판적인 작업을 시작했다.

65) E. Thurneysen, 위의 책, 174.

66) K. Winkler, Psychotherapie im Kontext der Kirche. Zum Problem der sogenannten Hilfswissenschaften, in: *Der Mit-Mensch in der Psychotherapie. Perspektiven für Kirche und Gesellschaft,* Bethel-Beiträge, Nr. 37, 1988, 68 이하 참조.

우리는 적어도 투르나이젠 이후에 심리학이 목회상담에서 대등하게 대접받기 시작했고, 심리학 또는 정신분석이 더 이상 배제되지도 않고 혐오대상이 되지도 않았다는 사실을 먼저 인정해야 한다.[67] 그러나 그 후에 격렬한 비판이 쏟아지기 시작했는데, 목회상담이 생소한 남의 영역에서 기껏해야 매우 선별적으로, 그러나 학문적으로는 대체할 수 없게끔 '황폐화' 될 것이라는 비판이다. 사람들은 자기에게 맞는 것을 찾고 맞지 않는 것은 잘못된 일반 세계관의 원리 탓으로 돌린다. 그러나 그것은 일반 학문 세계에 개방되어 이용되고 있는 '도움학문' 에 오히려 엄청난 피해를 줄 수 있다[68]는 것이 한쪽에서의 [즉, 심리학과 심리치료를 중요시하는 쪽에서의] 비판이다.

다른 한쪽에서는 또 다른 의도를 가지고 비판한다. 투르나이젠이 위에서 주장한 것처럼 도움학문과의 연계를 주장함으로써 자신이 고수하고 있는 본래의 개념이 힘을 잃게 되고 심지어 본질적으로 변질될 수 있다는 것이다. 그는 시대정신에 결코 용서할 수 없는 허가를 내 준 셈인데 그 허가를 (새로운 목회상담운동 이후에) 오늘날 검토해야 한다는 비판이다.

그러나 이 비판에서 말하는 투르나이젠 자신의 '본래의 개념' 이란 무엇을 의미하는가? 그 의미를 이해하기 위해서는 그의 '목회상담론' 이 나오기 20년 전에 발표된 그의 글을 살펴보아야 할 것이다.

(2) '칭의와 목회상담' (1928)

이것은 투르나이젠의 중요한 초기 논문인데—(여기서 완전히 새로운 목회상담 개념의 근거가 제시되었다고 생각된다), —여기서 우리는 심리학을 '도움학문' 으로서 규정하고 다루는 그의 말을 전혀 찾아볼 수 없다. 오히려 그는 '하나님의 관점에서 인간에 대한

---

67) 예를 들어, 이러한 사실은 영향력 있는 정신분석의 '인간의 기술' 로 결국 하나님이 무엇인가에 매우 익숙해지도록 강요되고 있다고 아스무센이 언급했을 때 나타났다. 그래서 " ……사탄적인 경계에 도달하게 된다." (위의 책, 31)

68) 이러한 의미에서 샤휀베르크(J. Scharfenberg)는 *Sigmund Freud und seine Religionskritik als Herausforderung für den christlichen Glauben*, Göttingen, 1968, 26에서 투르나이젠이 심리학을 '도움학문' 으로 사용하고 있는 것에 대해 다음과 같이 쓰고 있다. "이런 구원적인 상투어는 매우 넓은 범위에 적용된다. 그 언어는 분야별로 뚜렷하게 구별하도록 만들고, 목회상담의 방법이 근본적으로 뛰어나다는 것을 규정하는 말이다. 사람들은 자기들의 마음에 들지 않는 모든 것을 프로이트가 가진 세속적인 편견 탓으로 돌리고 항상 거부할 수 있는 반면에, 심리분석이 해 놓은 방법들을 원하는 것을 마음대로 선택해서 잡을 수 있는 야생동물처럼 일종의 마음 내키는 대로 선택할 수 있는 대상처럼 만들었다.

새로운 관찰 및 이해' 와 이러한 전제에서의 '새로운 심리학' 을 엄격하게 요구하면서 그것을 주요 관심 주제로 삼고 있다.[69] 그렇다면 그가 그렇게 강조하고 있는 '새로운 심리학' 이란 무엇인가?

그것은 바로 목회상담 개념의 틀에서 모든 '인간적인 가능성' 을 상대화시키자는 간절한 요청이다. 먼저 투르나이젠은 칭의론에 바탕을 두면서 목회상담에서 중요한 것은 사람이 서서히 '성스럽게 되는 것' 이라고 주장하는 경건주의의 입장을 분명하게 거부하면서 통전적인 목회상담을 주장한다. 통전적인 목회상담이란 (영혼으로서) 전인적 인간을 의롭다고 인정해 주는 것, 즉 신학적으로 말하면 칭의(Rechtfertigung)와 동시에 필연적으로 따라오는 삶의 변화를 유도하는 것을 목표로 삼는 것이다. 따라서 여기서 중요한 것은 정신적-영적 성장과정보다는 포괄적으로 그리고 상황적으로 '하나님 말씀' 에 사로잡히는 것이다.[70]

이와 같은 개념은 실제 목회상담의 방법적인 면에서 중요한 결과들을 가져왔다.[71] 목회상담자들은 다른 행동과학들(의학, 심리학, 심리치료, 법학)과 관련하여 그 어떤 경계를 넘어서는 안 된다. 그렇다. 내담자 측에서 상담에 상응하는 기대감은 오히려 경우에 따라서 '대화의 침묵 또는 단절' 이라는 모습으로 부딪히게 된다.[72] 목회상담은 처음부터 '용서의 틀' 에서, 즉 파괴적이고 분석적인 방법이 아닌 새롭게 세우는 마음으로, 그리고 통합적인 방향으로 진행되어야 한다.[73] 그렇다면 목회상담에서 권면으로서의 율법은 항상 용서라는 틀 속에서 진행되어야 한다. 물론 그 대화의 결과는 현장에서 이해할 수 있다. 이런 점에서 목회상담은 반드시 교회와 연관될 수밖에 없게 되고 내담자는 목회상담을 통해서 교회와 연결을 갖게 된다.

지금까지의 모든 것이 목회상담 사역의 결론이다. 실제적으로 현장에서 일하는 목회상담자에게 이 '간절한 요청' 이 의미하는 것은 하나님을 위해서 실제로 심리학이 아니라 이 '새로운 심리학' 을 이용하자는 호소다. 그것은 내담자가 가지고 온 자연스러운 기대감과 요청을 먼저 해결하려 들지 말자는 요청이다. 또한 이 말은 목회상담에서 '본

69) E. Thurneysen, Rechtfertigung und Seelsorge. 이 논문은 Wintzer가 편집한 책 『목회상담(*Seelsorge*)』에 새롭게 수록되어 있다.

70) E. Thurneysen, 위의 글, 77 이하 참조.

71) E. Thurneysen, 위의 글, 86 이하.

72) E. Thurneysen, 위의 글, 87.

73) E. Thurneysen, 위의 글, 88.

질적인 것' 을 다루고자 한다면 무엇보다도 심리학적인 방법이나 기술을 적용하려는 자세를 포기하자는 요청이다. 여기서 '본질적인 것' 이란 인생의 극심한 고난에서 사람에 의해 임의로 '전해질 수 없는' 은혜의 복음을 전달하는 것이다. 이때 목회상담자는 전체 인격체로 영향력을 주게 된다. '새로운 심리학' 이 교회공동체를 만들듯이, 이때 상담자는 '새로운 심리학' 의 증인이 된다. 그러므로 그들은 상담자로서 그들에게 주어진 직분을[74] 잘 수행하게 되는 것이다!

위와 같은 논제에 대해서 비판적인 질문이 제기된다. 즉, 투르나이젠이 제기한 비판과 결론이 (현재 모든 인간과학 전체에 영향을 미치고 있는 '새로운 심리학' 에 이르기까지) 시간이 지남에 따라서 포기되거나 거절되지는 않았는가? 그리고 그는 20년이 지나 그의 주요 저서에서는 하나의 '적응된 목회학' 이라는 것을 주장하지 않았는가? 어쨌든 그의 가장 가까운 학생이자 친구이며 비평가인 보렌(R. Bohren)은 그렇게 보고 있다. 보렌이 보기에 '하나님의 입장에서 인간을 새롭게 인식하고 이해하기' 라는 초기 투르나이젠의 기본적이며 핵심적인 외침은 아쉽게도 사라져 버렸다. 그러나 보렌의 지적대로 '예언자적인 관점' 은 남아 있다. 보렌은 다음과 같이 말하고 있다.

"만약에 내가 제대로 보았다면 1928년[투르나이젠의 '칭의와 목회상담' 이 발표된 해: 역주]에 새롭게 관찰하는 것, 다시 말하면 인식의 기술에서 지혜가 돌출했다. 그러나 그의 주요 저서 『목회상담론』에 와서는 그 지혜가 심리학적인 인식에서 나오며 '옳게 말하는 기술(ars bene dicendi)' 을 돕는다."[75] 보렌은 이 문제에 대해서 계속해서 언급하고 있다(여기서 그는 계속해서 투르나이젠의 1928년에 나온 글 '칭의와 목회상담' 을 인용하고 있다).

"나는 투르나이젠의 많은 제자들이 목회현장에서 그의 이론을 적용하기를 거부하는 이유를 투르나이젠의 이론에 '관찰' 에 대한 실제적 이론이 결핍되어 있기 때문이라고 본다. 언어는 통찰 없이 존재하지 않는다. 만약 우리가 그 모든 실제적인 목회상담의 '본래적인 행동' 에 새롭게 가치를 부여한다면 그 실천방법도 새로워졌을 것이다. 투르나이젠이 말하는 '새로운 심리학' 이란 목회상담에서 만나는 개개인에게는 '예언' 이었을 것이다. 그 '새로운 심리학' 에서 현재 목회상담과 심리학 사이에 있는 논쟁은 종말을 고했을 것이다."[76]

사실 투르나이젠은 자신의 신학 입장을 일관성 있게 고수하지 못했다는 것일까, 아니

74) E. Thurneysen, 위의 글, 91.
75) R. Bohren, *Prophetie*, 225.
76) R. Bohren, 위의 책, 226.

면 오늘날 그의 주장은 '본래적인 것' 을 찾는 모형을 보여 주고 있는 것일까? 투르나이젠의 입장을 지지하는 사람들조차 그의 이론이 목회현장에서 실제적으로는 받아들여지지 않고 있다는 사실을 보렌이 지적한 것은 결코 우연이 아니다. 목회학 이론에 대한 가능성과 불가능이 문제가 된다면—물론 보렌 자신에게서도! —비판적인 기준이 제시되어야 한다. 따라서 투르나이젠 목회상담론에서 제시하는 그 '실천' 을 좀 더 자세하게 살펴보자.

(3) '목회상담 실천'(1968)

투르나이젠이 매우 강조하면서 목회상담의 '실천' 에 대해서 서술하기를 처음부터 원했더라도, 그와 같은 시도는 목회상담론에 대한 이론적인 체계와 특별한 개념화 작업 후에 이루어졌다. 따라서 그 실천의 출발점은 '목회상담 대화의 신학' 이라고 말할 수 있다. 비록 투르나이젠이 '목회상담론' 의 연속을 의미하는 것으로서 '실천' 이라는 제목을 달았지만 사실은 다음과 같은 의미가 담겨 있다. "중요한 것은 말로 표현되는 모든 구체적인 질문과 대답, 충고와 지시들에 대해서 일관성 있는 성서적-신학적 근거를 마련하는 것이다."[77]

여기서 모든 목회상담은 포괄적으로 선포라는 과제의 한 부분이며 동시에 복음을 선포하는 일의 한 부분이라고 말할 수 있다. "공동체의 증언이…… 모든 사람들에게 전달된다. 그러나 사람들이 그들에게 구원과 해방을 선사한다는 하나님의 말씀을 들을 수 있도록 그 증언이 개개인들에게 직접적으로 그리고 개별적인 말로 전달되지 않는다면 그 증언은 공허하게 될 것이다."[78]

목회상담을 통한 선포에서 내용적으로 볼 때 사람들의 행동에 절대적인 영향을 주는 가장 중요한 주제는 오직 '가까이 오고 있는 하나님 나라' 다.

그렇다면 그것을 위해서 목회상담적으로 무엇을 해야 하는가? 이러한 맥락에서 투르나이젠은 일관되게 다음과 같이 주장하고 있다. "목회상담에서 우리의 행위가 우리 쪽에서 볼 때 하나님 나라의 도래를 돕는 일종의 도우미 역할로 결코 이해될 수는 없다. 하나님 나라는 오직 그리고 절대적으로 하나님의 손에 의해 소개되고 세워진다. 그러나

77) E. Thurneysen, *Seelsorge im Vollzug*, 9.

78) E. Thurneysen, 위의 책, 23.

하나님은 그분 자신의 나라를 세우실 때 우리 인간들을 단지 방관자로 두지 않고 우리 인간들의 손을 사용하도록 만드신다. 하나님 나라는 순전히 기적처럼 임한다. 그러나 그 기적은 우리에게서 일어나고 우리의 삶을 감동시키고 변화시킨다."[79]

하나님이 인간에게 먼저 행한다는 절대적인 하나님 우선권 개념은 지금까지 전통적인 모든 목회상담의 실천적인 면을 필연적으로 비판하게 한다. 즉, 투르나이젠에 의하면 지금까지의 현장에서의 목회실천은 단지 개인의 경건생활에 대한 상담을 해 주거나, 도덕적으로 나쁜 것들을 하지 말라고 말하거나, 절기에 따른 행사에 참가해서 근사한 축사를 하거나, 행복한 삶을 위한 규칙에 대해서 진부하게 말하는 등으로 자포자기적인 활동들 속에서 헤어나지 못하고 있다. 이제 우리는 목회나 목회상담을 그렇게 할 수도 없고 그렇게 해서도 안 된다. "예수의 목회 또는 목회상담은 종말론적인 목회상담이기 때문이다."[80] 따라서 모든 갈등상황에서, 그리고 그것의 해결에서 가장 중요한 것은 사물에 대한 완전히 변화된 관점, 곧 '신앙의 눈으로 보는 것' 이다.

이 말은 지금까지 진행되고 있는 모든 목회실천에 대한 비판적인 문제 제기며 미래에 무엇을 우선시할 것인가에 대한 주장이라고 말할 수 있다. "부활절과 예수님의 재림 사이의 중간 시점에 있는 현재, 목회상담의 과제와 사명이라는 것은 너무나도 분명하고 중요하다. 목회상담은 그러한 신앙을 일깨워야 한다. 다시 말하면, 인간의 눈으로 볼 때 모순적이나 담대한 사람이 되도록, 세상이 주는 두려움 속에서도 위로받는 존재가 되도록, 그리고 말씀만 의지하도록 일깨워야 한다."[81]

이와 같은 기본적인 생각 위에서 중요한 것은 올바른 목회상담 방법을 통해서 그리스도교적인 소망을 깨우치는 것이고 목회상담 대화가 하나의 만남이 되도록 만드는 것이다. 즉, 그 대화 속에서 하나님을 '유일한 대화상대며 상담자나 내담자 모두 만나기를 원하고 말씀하기를 원하는 분'[82]으로 체험하게 된다. 이러한 전제에서만이 그 만남은 사람을 변화시키는 능력을 가지게 된다.

투르나이젠은 자기 책에서 먼저 이러한 목회상담 실천의 기초 개념을 배경으로 서술하고 있으며(9~96쪽), 그 다음에 책의 가장 중요한 부분인 '구체적인 목회상담 사례' 를 쓰고 있다(97~240쪽). 그는 자기 책에서 '결혼문제에 관한 상담' '병자를 위한 상담'

79) E. Thurneysen, 위의 책, 41.
80) E. Thurneysen, 위의 책, 52.
81) E. Thurneysen, 위의 책, 55.
82) E. Thurneysen, 위의 책, 77.

'죽어 가는 사람과 슬퍼하는 사람들에 대한 위로' 라는 제목으로 여러 상담사례를 제시하고 설명하고 있다.

그가 예로 든 사례들과 그 분석들을 다음에서 살펴보자. 여기서 투르나이젠은 내담자를 이해하고 적극적으로 다가가는 대화 상대로 나타난다. (예: "나는 그녀에게 조용히 말했다. 왜 그렇게 서두르십니까?")[83] 그는 대화상대가 보여 주는 종합적인 태도의 세세한 면과 그 태도가 어떻게 연관되는지 정확하게 분석하고 있다. (예: "나는 여러 해 동안 암에 걸린 한 남자를 방문했다. ……그는 암에도 불구하고 자신의 삶에 집착하고 있었다. 또한 암이 주는 고통에도 불구하고 정신적으로나 영적으로 건강했다. 그와 가까운 사람들은 그가 어떤 병을 앓고 있는지 잘 알고 있기 때문에 죽음이 가까이 오고 있는 것을 그냥 계속해서 바라만 보아서는 안 될 것이라는 사실을 잘 알고 있었다.")[84]

투르나이젠은 자신의 심리학적인 인식과 동찰력을 보여 주고 있다. (예: "그 남자가 어머니에게서 떠나고 자기 아내에게로 그 방향을 돌린 순간 어머니와의 관계는 깨어졌고 동시에 그의 결혼관계도 지속시킬 수 없게 되었다.")[85]

또한 투르나이젠은 자신도 모르게 자기 시대의 일반적이며 그리스도교적인 도덕률 틀 속에 있음을 잘 보여 준다. (예: "그는 매우 성실한 그리스도인이었다. 지금까지 그러한 자세가 이성과 사귀는 행위를 억제하게 만들었다. 그러나 지금 그는 인생의 동반자로서 이성을 찾아보아야겠다고 생각하고 있다.")[86]

마지막으로 투르나이젠은 모든 자신의 경험을 일관성 있게 오직 신앙에 초점을 맞춰 해석하고 있다. (예: "만약 그 둘 사이가 성적으로뿐만 아니라 신앙으로 묶여져 있었더라면 그들의 결혼은 깨지지 않았을 것이다. ……." "……목회상담을 통해서 하나님의 사랑과 섭리에 대한 믿음이 생겼다. 그리고 이제 그들의 결혼생활은 확고한 기조 위에 서게 되었다. 그리고 남성과 여성 사이에 진정한 사랑이 올바른 방법으로 전개되기 시작하였다.")[87] 지금까지 투르나이젠의 목회상담의 실천적인 면과 '목회상담에서의 조직신학적인 인식에 대한 요청' 이 무엇을 뜻하는지 충분히 살펴보았다. 위에서 서술한 것처럼 투르나이젠이 '선포적인 목회상담론' 의 창시자이자 현대 목회상담에 거다란 영향을 미치고 있는 대표자라는 사실

83) E. Thurneysen, 위의 책, 110.
84) E. Thurneysen, 위의 책, 183.
85) E. Thurneysen, 위의 책, 125.
86) 위의 책, 같은 곳.
87) 위의 책, 같은 곳.

과 그의 목회상담이론이 역사적 가치를 가지고 있다는 사실을 증명하는 것은 그리 간단한 일이 아니다. 그의 목회상담이론은 현재 매우 폭넓게 영향을 끼치면서 여러 방향으로 전개되고 있으며 동시에 격렬하게 비판도 받고 있다.[88)]

만약 우리가 항상 올바른 신학의 큰 틀 속에서 판단해야 한다는 사실을 명심한다면 다음과 같이 결론적으로 말할 수 있다.

① 이와 같은 목회학의 '전형적인' 입장이란 그 어떤 종교적인 요소와의 결합도 용납되지 않는다는 것이다. 오히려 우리 인생에서 미래를 여는 새로운 시작을 전제 없이 무조건적으로 이룬다는 것은 오직 개개인에게 하나님 말씀을 효과 있게 선포하는 것과 연결된다.

② 갈등 다루기와 내담자를 교회로 인도하는 것은 매우 근본적이고 밀접하게 연결되어 있는데, 그것은 그리스도교 목회상담의 대표적인 특징이다.

③ 목회상담에서 내담자 자신이 처한 삶의 정황을 완전히 새롭게 이해하는 것이 필수적인데—목회상담에서 이것이 드러나야 한다—이 말은 확실한 신학적 성찰과 일치하는 분명한 신앙고백의 행위를 목표로 삼는 것을 의미한다. 그러한 신앙고백을 요구하고 유도하는 것은 목회상담 실천과정에서 하나의 요청일 수 있다. 그러나 그것은 갈등상황에서 완전히 변화되었음을 나타내는 기본으로 볼 수 있다.

88) 리스(R. Riss)의 책 『목회상담(*Seelsorge*)』, 153쪽 이하에 보면, 투르나이젠의 목회상담 개념에 대한 여러 학자들의 다양한 이해, 판단, 해석 그리고 비판적인 논쟁점들이 정리되어 있다. 리스는 여기서 '목회상담이란 교회의 틀 안에서 개개인들에게 하나님의 말씀을 선포하는 것' 이라는 투르나이젠의 목회상담에 대한 정의를 인용하면서 다음과 같이 말하고 있다. "그러한 목회상담에 대한 정의로 투르나이젠이 그의 모든 작업에서 핵심적으로 말하고 싶은 것은 '그리스도교 목회상담이란 무엇보다도 케리그마적인 목회상담이다' 라는 것이다."(155)
위 개념을 받아들일 수 있는 신학적인 기초란 '사람들에게 상담할 수 있는 근거란 하나님이 스스로 나타나는 것' 임을 인정하는 것이 된다. "그러나 하나님의 말씀을 통한 하나님의 자기 계시론은 특정한 하나님 개념을 전제로 하고 있는 것이다"(155쪽). 리스는 투르나이젠의 글에서 자주 등장하는 '초월적인 하나님과 은혜의 승리' '예수 그리스도의 왕권과 십자가' '신학의 시험대로서 성령의 증거' '세상으로 파송시키기 위한 교회공동체' '(의인인 동시에 죄인인) 인간의 이중적인 위치' 라는 신학적 개념들 속에 투르나이젠이 추구한 신학적 사고의 특징이 있다고 본다. 또한 리스는 투르나이젠의 기본적인 의도가 '목회상담과 세속주의화 과정의 투쟁' 이라는 핵심 틀에 초점이 맞추어져 있다고 본다. "성인이 된, 그리고 자신감 넘치는 태도로 변한 세속사회라 할지라도 하나님이 필요하다. 세속화된 사회는 싫든 좋든 자신의 신들을 만들어 내게 되며 그들에게서 구원을 찾는다. 세속화된 인간은 그들의 희망을 진정한 하나님에게, 그리고 모든 세상적인 세계관과 가치를 뛰어넘어 계시는 그분의 실제에 두지 않는다. 하나님은 그분의 아들에게서 나타나심으로 완전히 새롭고 다른 땅을 약속하시고, 자신의 한계에서 무엇인가를 찾고 있는 '옛 인간' 을 비신화시키신다."(168쪽).

2) 행동과 신앙에서 인간경험에 대한 의도적인 개발의 촉구: 슈톨베르크

이것은 목회상담의 과제는—이웃을 사랑하라는 핵심적인 율법에서 시작되며—무엇보다도 구체적인 만남이 되어야 하고 또 그런 구조가 되어야 한다는 대표적인 주장에서 그 존재 근거를 찾고 있다. 이와 같은 만남에서는 무엇보다 점차적으로 새로운 시각이 제시되곤 하는데, 이러한 목회상담의 방법은 특히 매우 새롭고 해방감을 주는 경험을 목표로 하고 있다. 따라서 이와 같은 목회상담에서는 감정적인 차원을 전제로 한 갈등 해결이 중요하게 부각된다. 결국 이 방법의 의도는 신앙고백이 새롭게 그리고 인격적인 관계성에서 경험되기를 원한다는 데 있다.

이런 목회학에서 나온 목회상담의 이론화 과정은 미국에서 시작되어 네덜란드를 거쳐서 독일까지 건너왔으며, 1960~1970년대에 뚜렷하게 부각된 목회상담운동과 긴밀히 연결되어 있다.[89] 이 목회상담운동의 틀(주로 이 입장은 투르나이젠과 아스무센의 입장과 논쟁을 벌인다)에서 중요한 것은 무엇보다도 그 당시 일반적인 목회상담의 이해를 완전히 새롭게 변화시키는 것이다.

어떤 특별한 신학적인 전제에서 보게 되는 갈등상황에 대해서 신학적으로, 이론적으로 접근하기보다는 목회상담에 관한 사고와 행동의 출발점이 완전히 실용적인 방향으로 결정된다.

하나의 '경험적 대전환' 이라는 말은 이 목회학을 특징짓는 개념이 되었고, 또 그것을 우선시하게 되는데, 이러한 특징은 그 당시 '미국적인 삶' 의 방식과 신앙의 문제들과 연관되어 있다고 볼 수 있다. 이 새로운 목회상담의 사상과 그 당시 시대에 맞게 새롭게 보이고자 노력했던 이 운동의 영향력이 (철저하게) 유럽으로도 수입되기 시작했다. 그것은 미국적인 임상경험들을 직접 수용하거나 이 운동에 관한 저서들을 받아들임으로써 이루어졌다. 또한 목회상담운동은 약간 선구자적인 '시대의 징조' 인 것으로 먼저 인식하고 받아들였던 네덜란드 학자들을 통해서 도입되기 시작했다.

이 새로운 목회상담운동의 대표적인 학자는 디트리히 슈톨베르크(D. Stollberg, 1937~)로서 이 운동을 직접적으로 주도하였다. 그는 실천신학자인 프뢰어(K. Frör, 1905~1980)와 심리학자인 겝자텔(V. E. F. von Gebsattel, 1883~1976)의 제자로 베텔신학대학에서 가

89) 이 운동의 역할과 상황 그리고 상세한 것들에 대해서는 이 책의 87쪽 이하를 참조한다.

르치기 시작했고 마부루크 대학에서 실천신학과 정교수로 제직하고 있다. 또한 그는 독일개신교협의회(EKD)가 1972년에 목회자 계속교육을 위해서 마부루크 대학에 설치한 목회상담연구소의 첫 번째 책임자이다.

슈톨베르크는 미국에서 공부한 경험을 바탕으로 1969년 "심리치료적인 목회상담. 미국의 목회상담운동. 그에 대한 해설 및 비평과 자료"[90]라는 제목의 박사학위논문을 출판했다. 그렇다면 이 책은 달라진 목회상담의 경향을 어떻게 체계적으로 제시하고 있을까? 미국을 중심으로 확산되기 시작한 새로운 신학사조는 '초월의 상실' 이라는 구호 아래 '하나님 죽음의 신학' 을 정착시키려고 했다. 그것은 동시에 새롭게 정립된 신학화한 인간학의 도움을 받아 전개되었다. 그것은 미국 목회학에서 새롭고 전형적이라고 말할 수 있는 개념들을 제시하였다. 슈톨베르크에 의하면, "미국의 목회상담운동은 늘 꾸준히 인도주의와 개인주의 그리고 합리주의 경향을 통합시키고, 그에 덧붙여 경건주의적인 경험신앙과 균형을 맞추려는 신학적 틀 속에서 발전되어 왔음을 볼 수 있다."[91] "미국의 목회상담운동은 종교심리학과 긴밀하게 연관되어 있는 미국 자유주의 신학의 결과일 뿐만 아니라 틸리히와 니이버에 의한, 또한 신정통주의라는 바르트와 세속화 신학의 주창자인 고가르텐과의 대화로 대표되는 새로운 신학적 경향의 결과물이기도 하다."[92] 이와 같은 신학적 의도와 목적들은 새로운 목회상담운동에서 기초가 되는 '세 가지 주요 관점'[93]을 만들게 되고, 그것은 후에 독일 목회상담에서도 주목을 받게 된다. 즉, 여기서 세 가지 주제에 대해서 묻게 되는데 목회심리학이란 무엇인가, 목회상담이란 무엇인가 그리고 임상목회실습이란 무엇인가다. 이에 대한 답은 다음과 같다.

① "미국의 새로운 목회상담운동에서 세 가지 주제 중 하나인 목회심리학이란 교회라는 장에서 적극적으로 일하는 사람들, 특히 목회자들에게 신학적, 인간적 상호 교류 및 자기 성찰에 도움을 주는 심리학이라 말할 수 있다. 목회심리학은 교회생활과 복음과는 본질적으로 생소한 세속화된 연구 주제의 결과물들을 넘겨받아 신학에 제시해 줄 수 있는 '도움학문' 일 뿐만 아니라 다른 학문 간의 대화에서 다리역할을 함으로써 독자적으로 교회에 공헌할 수 있다."[94]

90) D. Stollberg, *Therapeutische Seelsorge. Die amerikanische Seelsorgebewegung. Darstellung und Kriti. Mit einer Dokumentation*, München, 1969.

91) D. Stollberg, 위의 책, 18.

92) D. Stollberg, 위의 책, 19.

93) D. Stollberg, 위의 책, 60 이하.

② "목회상담이란 교회에서 심리치료적 방법을 쓰는 인생상담이라고 말할 수 있다. 이 상담은 방법론적으로 칼 로저스의 '내담자 중심 접근방법'을 따른다. 그러나 사실 로저스 이전의 목회상담운동 선구자들은 로저스가 추구한 방법과 유사하게 그리고 함축적으로 인간학적인 방법(목표는 상담자의 일관성 있는 경청을 통하여 내담자의 자기 발견과 내적 성숙이라고 말할 수 있다)을 목회상담 실천 분야에 적용했다."[95)]

③ '임상목회실습'은 보이센(Boisen)과 딕스(Dicks) 이래로 미국의 목회상담 실습교육에서 가장 중요한 부분을 차지하고 있다. 상담수업을 받는 사람들은 사례록 작성방법을 통한 사례상담과 대화분석으로 목회심리학적 지식을 배우게 된다. 그리고 그들은 이 방법을 통해서 상담자로서 필요한 일반적인 것과 상담현장에서 필요한 특수한 것들을 배울 수 있다. 임상목회실습은 대부분 병원 또는 전문가가 현장책임자로 있는 사회기관에서 오랫동안 진행된다.

목회상담실습은 학생들의 실습과정으로 개설되어 있을 뿐만 아니라 목회대학원 과정에서 일반 목회자들도 실습할 수 있는 과정이다. 계속교육 또는 평생교육을 원하는 사람들로 구성된 비교적 큰 집단에게 최근 심리-목회적 집단상담은 목회에 매우 유용한 것으로 여겨진다. "교회공동체에서 일어나는 매우 어려운 사례들이 목회자가 오랜 시간 자신의 교회를 떠나지 않아도 형제자매적인 대화에서 극복될 수 있기 때문이다."[96)]

슈톨베르크는 이 새로운 목회상담 방식을 비판적으로 개괄하면서 그 내용에 대해서 전달하고 있으며 이 상담학에 관한 미국에서 출판된 저서들을 소개하고 평가하고 있다.[97)] 이 상담학의 기초 개념들에 대해서는 나중에 개별적으로 논의할 것이다.

우리는 슈톨베르크의 전체 목회상담론에 나오는 주요 개념들을 다음 세 부분으로 제시할 것이다. 먼저 슈톨베르크가 가장 나중에 저술했고 그의 목회학 개념이 전체적으로 요약된 1978년에 출판된 그의 저서 『인지하는 것과 받아들이는 것: 목회상담의 이론과 실제(*Wahnehmen und Annehmen*)』[98)]를 다룰 것이다. 그 다음으로 1971년에 출판된

94) 목회심리학에 대해서는 특히 이 책의 214쪽 이하를 참조한다.

95) D. Stollberg, 위의 책, 73.

96) D. Stollberg, 위의 책, 81 이하.

97) 여기서 그는 가장 중요한 책들을 개별적으로 다루고 있다. 이에 대해서는 R. Riess, *Seelsorge*, 190 이하 참조한다.

98) D. Stollberg, *Wahnehmen und Annehmen. Seelsorge in Theorie und Praxis,* Gütersloh, 1978.

『집단에 의한 목회상담(*Seelsorge durch die Gruppe*)』[99]이라는 그의 교수자격 논문을 다룰 것이다. 마지막으로는 위에서 이미 언급한 1969년도에 출판된 그의 저서 『치료적 목회상담(*Therapeutische Seelsorge*)』을 바탕으로 비판적으로 그의 목회상담 이론을 다룰 것이다.

(1) '인지하는 것과 받아들이는 것' (1978)

슈톨베르크는 목회상담의 타당한 정의를 찾느라 고심하면서 목회상담에 대해서 다음과 같이 정의 내리고 있다. "관계로서의 목회상담은 우리 죄인들 가운데 존재하는 하나의 상호 전달능력으로서 초월적인 곳을 지향하고 있다. 다시 말하면, 목회상담은 모든 인간의 규범과 질서를 상대화시키는 것에서 출발하여 선과 악 그리고 행위와 결과를 초월해서 하나님의 사랑을 증언하며 그 어떤 절망적인 경우도 인정하지 않는다는 것을 의미한다. 목회상담은 사람에게서 어떤 사람이 되어야 한다거나 어떻게 되기를 원하는 인간상을 보는 것이 아니라 하나님의 사랑 안에서, 다시 말해 어떤 이상적인 판단이나 독단에서 자유로운 절대적인 사랑 안에서 '있는 그대로의 인간의 모습' 을 보는 것이다."[100]

이러한 정의는 개별적인 사항에서 무엇을 의미하는 것일까? 다시 전체적인 슈톨베르크의 목회상담론을 살피기 위해 다음의 세 가지 주제로 접근하고자 한다. ① 목회상담만이 가지고 있는 일반적 특성과 고유한 특성(Proprium)[101] 사이에 어떠한 관계가 있는지를 다룬다. ② 근본적이고 중요한 목회상담과 심리치료의 관계를 다룬다. ③ 목회상담 실천에서 상담자와 내담자라는 목회상담 관계와 신학적인 근본적 수용범위 간에 어떻게 효율적인 관계를 설정할 것인지에 대해서 다룬다.

목회상담학의 일반적 특성과 고유한 특성

목회상담은 일반적인 특성을 가지고 있다. 슈톨베르크에 의하면 목회상담 사역이 처음부터 그리스도교적인 행동과 관계 있는 것이 아니며 오히려 두 사람의 관계영역에 존

99) D. Stollberg, *Seelsorge durch Praktische Einführung in die gruppendynamisch-therapeutische Arbeitsweise*, Göttingen, 1971.

100) D. Stollberg, *Wahrnehmen und Annehmen*, 47.

101) 라틴어 'Proprium' 의 의미는 '고유한 것' '어떤 사물이 가지고 있는 특수성' 을 의미한다.

재하는 하나의 일반적이고 인간적인 현상일 뿐이라는 의미에서 목회상담은 일반적인 특성을 가지고 있다는 것이다. 한 사람이 다른 한 사람을 다루는 목회상담 사역 외에 '더불어 존재한다' 는 또 다른 형식들이 존재한다(축하하는 것, 먹는 것, 잠자는 것 등). 사람은 정치적 존재로서 모든 경우에 상호 교류한다. 그것은 개인적으로나 집단적으로 취하는 인간의 행동이다.

이러한 필수적인 상호 교류형식은 다양하고 특징적인 기능들을 가지고 있다. 서로 돕는 것(봉사적 특성), 목표를 공유하는 동료를 얻는 것(선교적인 특성), 가르치는 것(교리적인 특성), 권고(교훈적인 특성), 치유(치료적인 특성) 등이 그것이다. 그래서 슈톨베르크에 의하면, "우리는 공동체의 모든 삶의 표현에 섬기고, 서로 돕고, 선교하고, 가르치고, 치유하는 차원이 있는지 질문할 수 있다. 또한 반대로 우리는 봉사하는 것과 도움 주는 것, 그리고 선교하는 것, 가르치는 것과 치유하는 것에 어떤 상호 교류적인 차원이 있는지에 대해서도 질문할 수 있다." [102)]

여기서 우리가 주의할 것은 (언어로 또는 비언어적으로, 즉 경험에 의한 가치와 문화적 상징들에 의해서 전달되는) 모든 교류형식들이란 인간 행동과 관계된 방식이라는 점이다. "어떤 교류방식이 개개인에게 적용될 수 있는지는 완전히 상황에 달려 있다." [103)]

또한 이와 같은 개념에서 볼 때 '일반적인' 의미에서 목회상담이란 무조건 교회적인 것과 연결된 현상이 아니라 '일반적이고 인간적인 일 또는 현상' 이라고 규정된다. 따라서 슈톨베르크에 있어서 목회상담에 대한 이해(예를 들면, 투르나이젠의 이해와는 반대로)는 먼저 '제약받지 않고' 확장된다. 그러나 이러한 이해는—적어도 '형식적인 면' 에서 또는 '구조적인' 범주에서 볼 때—결정적인 결과를 낳게 된다. "일반적인 현상으로서 목회상담이란 또한 정신적인 수단을 사용하는(말, 태도, 접촉 등, 그러나 결코 의약품, 먹을 것, 돈 등을 의미하지 않는다) 두 사람 사이의 도움이라고 정의 내릴 수 있다. 그러한 도움이

---

102) D. Stollberg, 위의 책, 21.

103) D. Stollberg, 위의 책, 22. '어떤 적용방식이 올바른 것인가' 란 문제가 가장 핵심적인 것으로 이미 윤리학 분야에서 제기되었다. 만약 윤리학이 그리스도교적이라면, 여기서 그리스도교 윤리학만의 독창적이고 고유한 것이 문제가 되기 시작한다. 슈톨베르크는 그의 책에서 약간 애매한 방법으로 자신이 말한 두 개의 개념을 가지고 과거의 목회상담의 정의를 의도적으로 바꾸어 놓았다. 그의 책 『치료적 목회상담』(1969)에서 그가 말하는 목회상담의 일반적 특성은 완전히 다른 기능을 가지고 있다(20쪽). 목회상담은 교회의 기능으로서 그와 비슷한 일반 세속적인 형태와 구별된다. 목회상담은 신앙을 전제한다는 것에서 심리치료나 일반심리학과 완전히 구별된다. 이러한 초기 슈톨베르크의 저서에서 말하는 목회상담만의 '고유한 특성' 이란 전통적인 방법으로 목회상담과 다른 교회사역을 구별하는 것이다(예를 들면, 설교와 교회교육을 구별하듯이)(148쪽).

방법론적으로 반영되고 학문적으로 기초하여 이루어질 때 오늘날 우리는 '심리치료' 라는 표현을 쓴다. 목회상담이 방법론적으로 그리고 학문적으로 검증되면서 수행되는 한, 그리고 그것이(다른 인간의 행동처럼) 일반적인 인간적인 것에 해당되는 한 목회상담은—그것이 항상 어떻게 보일 수 있으며, 인문과학적으로 또는 방법론적으로 서술 가능한 어떤 개념이 그 목회상담의 기초가 되든 간에-일종의 심리치료 과정이다." [104]

이와 같은 정의에서 볼 때 보통 목회상담과 심리치료의 차이를 구별하는 것은 전문적인 도움과 비전문적인 도움을 구별하는 것보다 훨씬 더 힘들다. 따라서 목회상담의 전문화 과정에 대한 관심이—새로운 목회운동에서 요구한 목회상담의 '훈련방식 프로그램' 과 연결되어—나타나기 시작한 것이다. [105]

다음으로 슈톨베르크가 말하는 목회상담의 고유한 특성이란 무엇일까? "교회의 목회상담은 일반적으로 우리가 알고 있는 정신적인 상호 도움과는 달리 무언가 특별한 것이 있다. 목회상담은 일종의 **고유한 특성**을 가지고 있다. ……만약 우리가 그냥 목회상담의 일반적 특성이라는 틀에서 목회상담을 외형상으로 보아 심리치료 과정이라고 규정한다면, 교회적인 상황이 바로 그리스도교 목회상담의 고유한 특성이라고 말할 수 있다. 즉, 목회상담은 교회의 상황에서의 심리치료다." [106]

따라서 이제 결정적으로 말할 수 있다. 사람들은 이 말을 자주 오해하면서 인용하고 있다.[107] 우리는 이 작은 오해를 없애기 위해서 슈톨베르크가 생각하는 '교회성' 이란 무엇인지, 그리고 어떤 관계에서 목회상담의 일반적 특성과 고유한 특성을 말하는지 질

---

104) D. Stollberg, 위의 책, 23 이하.

105) 이것은 '율법과 복음의 변증법' 을 가지고 논리를 전개하는 루터교 학자들의 특징이다. 슈톨베르크에 있어서 비슷한 조합은 '율법과 일반적 특성' 이라고 말할 수 있다. D. Stollberg, 위의 책, 27 이하 참조.

106) D. Stollberg, 위의 책, 29 이하.

107) 슈톨베르크는 이미 6년 전에 자기에 대한 오해를 풀기 위해서(필자의 논문 63쪽에 언급됨) 필수적인 몇 가지 명제들을 제시했다. "목회상담은(현상학적으로 보면) 교회와 연관된 심리치료다. 목회상담은 신앙의 관점에서 보는 심리치료다. ……목회상담은(신학적으로 보면) 두 명의 당사자들이 고통 가운데 있는 사람과 함께 하라는 요구에 동참함으로써(이것은 만인사제주의를 실현하는 것이다) 서로가 서로를 돕는 진정한 성례전이라고 말할 수 있다." 슈톨베르크의 입장과 개념의 비판에 대해서는 G. Hennig, *Stärkt die Seelen! Grundlinien evangelischer Seelsorge und Seelsorgeausbildung,* Stuttgart 1981을 참조한다. 특히, 저자는 '의롭다고 인정하는 것으로서의 목회상담' 이라는 제목 이하 다음과 같이 슈톨베르크를 비판하고 있다. "우리는 더 이상 목회상담을 '교회적인 상황에서의 심리치료' 라고 부르지 말아야 한다. 무엇보다도 우리가 '교회적인 상황' 이라는 말을 단지 '교회예산안' 이라고 이해할 경우에는 더욱더 그렇게 규정하지 말아야 한다. 목회상담은 교회적인 상황에서의 심리치료가 아니라 각자의 인생 역정과 관계된 상황에서의 '신학' 이다"(44쪽).

문해 보아야 한다.

무엇보다도 슈톨베르크는 투르나이젠의 입장을 강하게 거부한다. 목회상담은 마치 교회가 그 밖의 세계와 구별된 일종의 보호된 공간이거나 보호하는 공간인 것처럼 '교회 안에' 존재하지 않는다. 오히려 교회는 이 세계의 한 부분일 뿐이다. 교회 안에서 모든 인간들의 행동이 특별한 관점에서 강화된다. 교회는 매우 일반적인 인간의 행동을 특별한 그들만이 가진 신앙고백의 빛으로 본다. 여기서 중요한 것은 신앙고백과 더불어 존재하는 신앙이다. 이 신앙이 한편으로는 교회를 세우고 다른 한편으로는 교회의 영향력 속에서 일어나게 된다. "교회는 목회적인 관점에서 보면 서로 위로하고 권면하며 용기를 주는 돕는 사람들의 공동체다. 왜냐하면 교회는 모든 것을 뛰어넘으며 모든 것을 용납하고 모든 것을 받아들이는 하나님의 사랑이 세상을 지탱하고 있다는 사실에서 출발하며 그것을 목표로 삼고 있기 때문이다."[108]

우리는 여기서 다음을 주의할 필요가 있다. 즉, 우리가 상대방의 영혼을 돌보기 위해서 '돕는다'는 넓고 일반적인 의미에서 도울지라도 그리스도인들은 특별한 신앙의 관점에서 행동하는 것이다. 그러나 그것이 바로 인간의 모든 가능성을 뛰어넘어 돕는 하나님에 대한 신앙이다. "그 인간적인 모든 가능성들이 더불어 사는 우리의 인간적인 차원을 생생하게 현실화시킨다. 또한 인간적인 모든 가능성들은 바로 그 인간적인 차원을 통해서 하나님과의 관계를 이야기하는 것이다."[109]

따라서 목회상담이란 우선적으로 그리고 '일반적으로' 말해서 우리 삶의 기본적인 테두리에 포함되는 것이다. 우리가 그것을 신앙으로 이해할 때 비로소 그것은 목회상담에서의 고유한 특성을 가지게 된다. 바로 그 고유한 특성이 교회를 세우게 하고 동시에 변증법적으로 교회를 떠나 세상으로 나아가게 한다. 이러한 결과에 대해서 슈톨베르크는 "일반적이고 고유한 목회상담의 특성은 결국 상호관계 속에 있는 것이다."[110] 라고 말한다. 이를 다른 말로 표현하면 더불어 아름답게 살기 위한 모든 인간적인 행위들은 교회생활과 떼어낼 수 없는 신앙 안에서 하나님의 역사함과 연결된다. 다시 말하면, 하나님은 우리 인간들이 상호 간에 불신하며 살아가는 그곳에서도 우리들을 사랑한다. 특별한 형태의 목회상담이라는 근본적인 믿음의 규칙에서 볼 때, 인간이 일과 하나

---

108) D. Stollberg, *Wahrnehmen und Annehmen*, 30.
109) D. Stollberg, 위의 책, 같은 곳.
110) D. Stollberg, 위의 책, 31.

님의 역사가 '특별하게' 연결되는 것이 교회를 지탱하는 핵심이 된다. 이러한 맥락 안에서 보통 일반적인 도움이 특별한 사역이 되는 것이다. 이제 그 도움은 신앙에 기초하게 된다. 그러나 동시에 그 도움은 신앙으로 향하게 된다. 한편으로는 역사적으로 단순히 전수된 그리스도교 신앙이 목회상담 과정에서 역사하는 하나님을 믿는' 내용적으로 채워진 신앙으로 변하게 된다. 다른 한편으로는 우리들이 신앙의 가능성과 신앙의 능력 안에서 일을 처리할 때 특별히 우리를 돕는 일이 동시에 일어나게 된다. 이제 그리스도교 신앙은 바른 생각을 하게 만들고 삶을 지탱하게 만드는(존재로의 용기!) 것으로 인식된다.

실천적인 면에서 말한다면 다음과 같이 말할 수 있다. "신앙에서 출발하고 신앙을 향하여 나아감으로써 목회상담은 내담자의 신앙고백을 대화나 하나님과의 관계로 내용적으로 끌어들일 수 있다. 그 도움의 사역은 한편으로는 언어적으로 다른 한편으로는 비언적으로 일어난다. 즉, 목회상담적인 태도와 행위를 통해서 나타나게 된다."[111] 슈톨베르크는 이러한 관점에서 "목회상담이란 역사적인 과정 속에서 변화되는 상황을 신앙적으로 증언하는 것이다."[112]라고 주장한다.

따라서 사람과 사람 사이에 일어나는 '일반적인' 형식을 취하는 목회상담도 특별히 '고유한' 형식을 소유한 목회상담에 의해서 상호 간에 영향을 주면서 도전받고 도움을 받으며 그 과정 속에서 서로 영향을 받게 된다. 이러한 목회상담의 일반적 특성과 고유한 특성의 상호관계가 슈톨베르크의 목회상담론의 출발점이 된다. 여기서 둘 사이의 관계는 루터교 입장에서 규정한다면 '율법과 복음' 이라는 도식이 된다.[113] 슈톨베르크는 이와 같은 틀에서 '창조와 구원' 이라는 도식도 변증법적으로 다루고 있다. 실천신학자인 슈톨베르크가 조직신학적인 명제(루터교의 두 가지 본성이론이라든지 두 왕국이론)를 염

111) D. Stollberg, 위의 책, 32. 여기서 말과 행위가 필연적으로 일치된다는 것이 가장 핵심적인 가정이라고 할 수 있다.

112) D. Stollberg, 위의 책.

113) 슈톨베르크는 여기서 또한 자신의 목회상담학 이론을 전형적인 '루터교' 방식인 '율법과 복음' 이라는 도식으로 연결하고 있다. 이러한 순서와 도식은 인간의 일과 하나님의 일 사이의 변증법과 관계된다. 슈톨베르크에 의하면 목회상담의 일반적 특성이란 유용하게도 더불어 사는 인간들이 설정한 일반적인 조건들과 연관되어 있다. 그러나 하나님은 조건 없이 행한다! 그래서 슈톨베르크는 다음과 같이 말할 수 있는 것이다. "목회상담의 고유한 특성은 모든 점에서 목회상담의 일반적인 특성을 뒤집어 버린다. 왜냐하면 인간의 의와 칭의에 관한 조건들의 도식, 곧 '행위와 결과의 사고방식' 이 여기서 깨지기 때문이다. 은혜는 세상에 대해서 결정적인 의문을 제기함으로써 자연을 완성시키며, 구원은 창조를 완성시킨다" (33쪽).

두에 두면서 목표로 하는 것은 다름 아닌 잘못된 대안들을 거부하는 데 목적이 있다.[114)]

또한 슈톨베르크는 목회상담의 일반적인 특성과 고유한 특성의 관계성을 그것이 가지고 있는 '삼위일체론적이고 성례론적인 통일성' 에서 살피고 있다.[115)] 이를 통해 목회상담에서 인간은 항상 의인인 동시에 죄인이라는 확고한 전제를 가지고 시작한다든지, 목회상담 자체도 이러한 인간에 대한 이중적 관점에서 힘겨운 노력을 해야 된다든지, 목회상담에서 인간을 돕는 특별한 영역을 분야별로 나눌 때에도 언제나 중요한 것은 개인이고 동시에 하나님인 것을 특별히 인식하게 된다. 따라서 이때 목회상담은 완전히 현실적이면서 실제적으로 '심리치료와 신앙고백, 방법과 신앙, 직설법과 명령법, 복음과 율법, 하나님 말씀과 종교, 그리고 세상적(일반적) 특성과 고유한 특성이 조화된 상태에서' [116)] 진행될 수 있다. 그러나 그럴 경우 일반 인문과학에서 도입한 방법론적인 시도와 그리스도교 신앙고백에 따른 신앙적 돌봄은 각각 여러 가지 상황에 맞추어진 방법이라고 말할 수 있다. 그것들은 근본적으로 상호 간에 연결된다. 여하튼 여기서 가장 중요한 것은 '목회상담이 일반적이며 고유한 특성을 가지고 칭의론에 기반을 둔 신앙과 자기 의를 내세우는 경향 사이를 연결하는 중재자가 된다는 것이다' [117)]

지금까지 슈톨베르크에 있어서 '목회상담의 일반적 특성과 고유한 특성' 에 대해서 이야기했다. 슈톨베르크는(투르나이젠과는 달리) 상황을 전제로 깔고 있다. 그는 그 상황을 전제로 해서 목회상담이 다른 사람을 돕는 특별한 도움의 수단이라고 말한다. 또한 완전히 합법적으로 이용할 수 있으며, 많은 문제로 고통받는 사람들에게 '완벽하게' 인정받게 될 수 있는 다른 도움의 수단이 있다. 이를 통해서 교회적인 목회상담과 일반 세속적인 방법의 목회상담이라는 대립이 해소될 수 있다. 그리고 목회현장에서 목회상담과 심리치료의 병행과 대립이라는 긴장감도 해소될 수 있는 것이다. 다양한 사람들을 돕고 그것을 목표로 삼을 때, 인간을 돕는 행위들 사이에 존재하는 현실적인 경쟁이란 슈톨베르크에게 아무 문제가 되지 않는다. 그렇지만 우리는 슈톨베르크가 여러 차례 강조한 돕는 전문화된 이 행위들이 목회상담을 새롭게, 그리고 경쟁력 있게 만들었는지, 또는 현장에서는 드물지만 항상 요구되어 온 특별한 경우에 도움이 되었는지 질문을 제기할 수 있다.

---

114) D. Stollberg, 위의 책, 34 이하.
115) D. Stollberg, 위의 책, 39 이하.
116) D. Stollberg, 위의 책, 42.
117) D. Stollberg, 위의 책, 43.

목회상담과 심리치료

지금까지 논의한 것을 바탕으로 보면, 우리는 목회상담에서 취하는 행위들과 심리치료에서 쓰는 방법들 중에서 다른 것을 배제하거나 나눌 필요가 없으며 오히려 상호 보완적으로 사용할 수 있다. 마치 사람들이 두 가지 사물 간의 관계를 실제로 복원시켜 놓는 것처럼 목회상담자로서 슈톨베르크는 어떠한 경우라 할지라도 심리치료에서 배우기를 원한다. 슈톨베르크에 의하면 우리는 개별적인 심리치료 절차에 대해서 그것이 '무한한 하나님 은혜에 대해서 진술하고 있는지, 그 어떤 새로운 종류의 율법적인 것과 행위로 의롭게 되려는 것인지, 또는 그 어떤 도덕적인 것을 심으려고 하는지 철저하게 검증해야 한다.'[118)]

이 검증작업에서 모든 행동치료가 맞지 않을 수도 있지만 정신분석은 반대로 도움이 될 수 있다. 슈톨베르크는 목회상담을 인간의 행위에만 초점을 맞추어 진행해서는 안 된다고 주장한다. 심리분석적인 관점에 의하면 노이로제에 걸린 사람에게도 '좋은 점'과 '나쁜 점'이 동시에 나타난다. 말하자면 그도 '제한적으로 개선될' 여지가 있는 것이다. 이러한 관점은 분명히 보완될 수 있다. 슈톨베르크는 "그런 인간론이 주장하는 인간적 비관주의에 대해서 심리치료를 뛰어넘는 목회상담의 신학적인 낙관주의가 대답해 줄 수 있다. 즉, 목회상담은 비극적인 오이디푸스 신화를 십자가에 달리고 부활하신 그리스도를 믿는 소망 넘치는 그리스도 신앙으로 대치할 수 있다. 인간은 죄인이고 그렇게 죽을 운명에 처해졌다. 그러나 그런 존재로서 용서받았고 다시 살게 된 존재다."[119)]라고 밝힌다. 결론적으로 슈톨베르크는 "목회상담은 심리치료와는 완전히 다르게 능력의 원리를 넘어서서 진행하는 것이다."[120)]라고 말한다.

또한 목회상담도 확실한 학습효과를 수반하여 방법론적으로 진행될 수 있다. 목회상담이 가지고 있는 고유한 특성 때문에 목회상담에서 적용하는 모든 방법론은 상대화된다. 루터교파인 슈톨베르크에 의하면 목회상담의 방법론은 '복음과 율법'이라는 틀 속에서 실천적인 의의(그리고 심리치료와 정신분석의 의의)가 있다.

이와 같은 맥락 안에서 투르나이젠의 목회상담론과 현격하게 다른 차이점이 나타난다. 슈톨베르크는 투르나이젠이 바르트의 추종자로서 복음과 율법을 실제로는 하나의

118) D. Stollberg, 위의 책, 48.
119) D. Stollberg, 위의 책, 50.
120) D. Stollberg, 위의 책, 51.

개념으로 전락시켜 버렸다고 비판한다. (슈톨베르크는 다음과 같이 비판한다. 바르트 신학뿐만 아니라 투르나이젠의 신학에서 가장 중요한 것은 다음과 같은 기본 전제다. 한 분 그리고 같은 하나님에 대한 다양한 관계형식으로서 율법과 복음을 나눔으로써 사람들은 '모든' 용서의 은총을 완전히 무력화시켰다. 그래서 오로지 상황에 따라서 율법적 기능을 가진 복음만이 존재하게 되었다. 만약 사람(그리고 목회상담자)이 '보편적으로 하나님에게 받은 것'으로서 '창조'와 '자연'과 항상 연관된 존재일 경우 그는 자동적으로 복음을 범하게 된다. 그런 신학적 배경에서 전체적으로 볼 때 심리치료 방법이란 복음과 견주어 율법도 중요하고 당연한 대상이라고 평가하는 복음을 방해하는 시도라고 이해된다. 그 결과 심리학은 자동적으로 '도움학문'으로 전락하게 된다. 즉, 심리학은 단지 '상황에 따른 율법의 역할' 안에서 단편적인 지식으로 복음에 도움을 주는 것이라고 간주된다.)

슈톨베르크는 바르트와 투르나이젠의 신학과는 반대로 '율법'은 삶을 극복하게 만드는 하나의(물론 제한적인) 가능성이라고 인정한다. 그러나 율법의 길을 가는 사람이 무조건 좌절하는 것은 아니다. "복음이란 성서에서 '세상'의 진정한 가능성으로 묘사되어 있는 율법의 길과 무관한 것이 아니다. 증상치료를 주로 담당하고 있는 심리치료 방법 또한 그 길에 속해 있다. 따라서 고유한 특성을 갖고 있는 그리스도교 목회상담은 율법을 완성시키려는 길에서 좌절한 사람들에게 매우 중요하다. 그들은 자신들이 닥친 그 좌절 앞에서 가능성을 다시 회복하는 것이 절실히 필요하다. 그들은 화해와 구원이 필요한 사람들이다."[121] 여기서 슈톨베르크는 루터교 입장에서 율법과 복음의 변증법을 강조하고 있을 뿐 아니라 율법적인 존재(또는 자연인)에게도 가치를 부여하고 있다. "하나님이 하시는 죄의 용서는 그렇게 약한 것이 아니다. 즉, 우리가 죄를 용서하는 하나님의 능력이 무력해질 위험에서 구하려고 시도할 필요가 없으며, 창조주 하나님이 구원의 하나님으로 인정받게 되기를 시도할 필요가 없다. 구원자 하나님은 절대적이고 무조건적인 사랑의 존재다. 그 사랑은 창조주의 사랑을 의심하고 오히려 그 사랑에서 멀리 떨어져 나간 사람들을 필요로 한다."[122]

슈톨베르크는 이와 같은 기본적 입장에서 심리치료를 더 이상 한 차원 낮은 도움학문이라고 생각하지 않는다. 오히려 심리치료는 (슈톨베르크가 '일반적 특성'이라고 정의 내리는 틀에서) '율법적인 존재'라고 불리는 존재들이 고달픈 삶을 극복하기 위해 도움을

121) D. Stollberg, 위의 책, 54.
122) D. Stollberg, 위의 책, 55.

줄 수 있는 가능성이 된다. 다시 말하면, '창조주 하나님' 은 모든 심리치료를 축복한다. 병들고 기가 죽은 '잃어버린' 인생을 진정으로 능력과는 상관없이 살 가치가 있게 하기 위해서, 목회상담이 더 이상 율법적인 것만으로는 충족되지 않는 곳에서 교회상황과 연결된 고유의 특성을 가진 목회상담이 시작되는 것이다. 따라서 율법과 복음의 변증법적인 관계가 심리치료와 목회상담의 관계에서도 변증법적인 관계로 나타나게 되는 것이다.[123]

목회상담 현장에서 두 사람 사이의 관계와 신학적인 기본 전제

앞서 설명한 것처럼 목회상담 개념과 현대 인문과학의 관계에 대한 새롭고 긍정적인 평가는 목회상담 현장에 뚜렷한 영향을 끼치게 된다. 형식적인 관점에서 볼 때 효과적이고 성공적인 목회상담의 관계는 두 명의 대화 상대자가 인간 대 인간으로 서로 간에 친밀하게 이해하고 있느냐에 모든 것이 좌우된다. 여기서 슈톨베르크는(그가 이미 언급하고 있는 대로 다른 새로운 목회상담운동의 대표자들 또는 목회심리학자들처럼) 가장 직접적으로 인문과학자들에게서 배웠나. 여기서 중요한 것은 유사한 경험들을 파악하는 것과 공통

---

123) 슈톨베르크 입장의 비판에 대해서는 K. Winkler, Seelsorge und Psychotherapie, *PZJ* XV, 375 이하를 참조한다. 이를 종합하자면, "목회상담과 심리치료의 관계규정은 계속해서 논의될 사항이다."(384쪽)라고 말할 수 있다.
슈톨베르크의 주장은 '처음 이 주장을 했을 때 필수적이었던' 것처럼 오늘날에도 똑같이 우리 시대와 관계 있는 것이다. 투르나이젠의 목회상담이론을 비판하면서 시작한 그의 이론은 목회상담이론의 입장을 분명히 밝히고 그 문제점이 무엇인지를 깨우쳐 주었다고 말할 수 있다. 물론 오늘날 시각에서 볼 때 슈톨베르크가 본질적으로 같이 묶기 힘든 목회상담과 심리치료라는 두 대상에 대한 관계를 매우 다르지만 결국에는 조화롭게 공존할 수 있는 것으로 규정할 수 있는지에 대한 의문은 여전히 남아 있다. 아스무센이나 투르나이젠도 심리학과 공존하는 것을 두려워하지도 않았고 거부하지도 않았다. 그러나 그들은 '인간이해' (또는 일반 세계관) 부분에서 확연히 차이가 나는 점을 지적하고 있다. 각각이 가지고 있는 기본 개념을 볼 때, 완전히 상반된 것들을 제외한다면 목회상담과 심리치료가 결합되었을 때 가지게 될 주된 기능은 매우 건설적이다. 빈클러(K. Winkler)는 위에서 인급한 글(382쪽)에서 다음과 같이 밝히고 있다. "목회상담과 심리치료라는 매우 상이한 두 관계규정에 대해서 슈톨베르크가 주장했던 논의들은 계속되어야 한다. 우리는 합쳐진 두 분야가 말하는 전체사상이 개개인의 특징을 어느 정도까지 담을 수 있는지, 또는 그 사고방식이 하나의 입장으로서 현장에서 어디까지 적용될 수 있는지를 물어야 한다. 또한 우리는 그렇게 종합적인 현실 파악이 현장에서 실제로 방향기능을 얻을 수 있는지, 또는 목회상담과 심리치료 둘 사이에 있는 갈등이 상대방의 개념 속에 소멸되어 버리는 것은 아닌지를 질문해야 한다. 물론 최근에 일반 세속학문 영역에서 말하는 통합적 경향성이 이 통합적 사고구조와 연결된 것일 수 있다. 그러나 여기서 우리는 서로 다른 학문 간 연구에서 문제를 덮어 버림으로써 특별히 부정적 영향을 일으키는 '조화로움을 추구하는 갈등축소주의' 의 경향을 느낄 수 있다."

적인 언어를 개발하는 것이며 소위 '공통적인 상황' 등을 설정하는 일이다.[124)]

이러한 기초 위에서 의식적으로 목회상담자의 태도와 자세를 바로잡고 내담자를 특별하게 받아들이는 방법(내담자의 말을 듣는 것, 내담자와 마음으로 공감하는 것, 상담과정 중에 상담자와 내담자 관계의 발전단계를 관찰하는 방법 등)이 검토된다. 이 모든 것에서 가장 중요한 것은 '목회상담자가 한 사람의 평신도로서 교육과 경험을 통해…… 목회에서 보다 훨씬 향상된 능력을 갖게 되는 것이다. 그는 자기에게 닥친 문제들에 대해서 규칙에 따라 거리를 두며 객관성을 유지한다. 상담자를 찾아온 내담자가 종종 어려운 운명에 처한 당사자로 여겨지는 데 반해, 어쨌든 상담자는 목회상담의 초기 관계부터 내담자와 그가 가져온 위기상황에 대해서 그것을 풀어 주어야 할 주체적인 역할을 떠안게 된다.'[125)]

슈톨베르크는 목회상담을 내용적으로 서술하기 위하여 다양한 목회상담의 현장을 다음과 같이 나누고 있다. 즉, ① 종교, ② 교회공동체, ③ 결혼과 가정, 독신, ④ 병원, ⑤ 학교와 교육기관, ⑥ 산업체, 관공서, 기업이다. 여기서 그는 자기만의 독특한 관점으로 이러한 범주에 상응하는 (신학적이며 목회심리학적인) 자료들을 제공하고 있다.

결론적으로 슈톨베르크는 (내용적으로 강조하고 있는) 모든 그리스도교 목회상담만이 가지고 있는 고유한 특성에 대해서 다시 한 번 언급하고 있다. 그는 '하나님의 뜻—우리의 자유—감사와 용서' 라는 제목으로 다음과 같이 쓰고 있다. "목회상담자가 말하는 하나님과 목회상담자가 내담자와 같이 있을 때 그에게 다가오는 하나님 그리고 내담자가 목회상담 중에 찾는 하나님이란 도대체 어떤 하나님이신가?"[126)]

우리는 신학적인 전제를 목회상담의 현장에 적용시키려는 슈톨베르크의 노력 속에서 그가 '케노시스 그리스도론[하나님의 자기 비움]' 을 특별하게 강조하고 있다는 것을 볼 수 있다. 그 이론은 완전히 새로운 방법으로 관계를 세우는 본질로서 우리 사람들을 위해 완전히 자기를 낮추어 그리스도 안으로 이 땅에 오신 하나님을 다루고 있다. 이것은

---

124) 슈톨베르크는 매우 직접적으로 심리분석적인 방법에 의존해서 대화를 진행시키는 것에 대해 서술하고 있다. "공동의 대화란 공동의 상황에서 시작한다. 따라서 목회상담이란(내담자의 절망감에 같이 휩싸이지 않으면서) 내담자의 상황에 동참할 수 있는 가능성을 찾는 것이다. ……중요한 것은 지금 그리고 여기에서의 공동 상황이다. ……내담자의 상황에 동참할 수 있는 가능성이란 언어로 하는 것이다. ……그 상황을 가장 크게 주의 깊게 살펴야 한다. 그 상황이 가장 생생하게 말로 표현될 수 있는 상황이기 때문이다. 또한 일반적으로 목회상담자는 '바로 지금 여기에서' 내담자가 말하는 모든 것을, 곧 내담자가 말하는 것과 동시에 그 이야기들을 긴장감 있게 경험할 수 있는 기회를 얻게 된다"(D. Stollberg, 위의 책, 86).

125) D. Stollberg, 위의 책, 99.

126) D. Stollberg, 위의 책, 144.

또한 다음과 같이 실제적인 것을 의미한다. 하나님이 그렇게 사람이 되었기 때문에 모든 인간적인 가능성들도(목회상담학에서 가르칠 수 있고 배울 수 있는 모든 방법들도!) 가치가 있는 것이다.

이와 같은 맥락에서 슈톨베르크는 다음과 같이 말하고 있다. "우리가 자주 범하는 근본적인 실수는 창조주와 피조물의 관계, 다시 말하면 하나님과 하나님의 자유로운 동반자인 인간의 상호 간의 관계를 염두에 두지 않는 데 있다. 그래서 인간은 아니고 하나님만이라고 말한다. 이것은 오히려 불신앙의 결과다. 왜냐하면 신앙이란 하나님과 사람이 형제[자매]가 되었다는 것과 하나님이 있는 그대로의 세상을 받아들였다는 사실, 또 하나님이 죄를 용서하고 죄인인 인간을 하나님의 자녀로 받아 주며, 완전히 책임적인 존재로 인정하고, 우리가 쌓은 허무감을 그에게 떨쳐 버리도록 만들며, 그의 신성을 감시하는 감독자로서가 아니라 우리에게 사랑으로 종과 같은 모습으로 왔다는 사실에 근거하기 때문이다."[127]

사실 슈톨베르크는 모든 신학적인 개념들에 반대하면서 감정에 기초를 두고 있는 목회상담 방법을 대안으로 제시하고자 하는 그 당시 새로운 목회상담운동의 경향에 반대하여, 목회상담 현장에 알맞으며 동시에 신학적인 것, 신학적 이론을 생각하고 있었다. 그에게 가장 중요한 것은 심리학을 응용한 자신의 목회상담 개념을 신학적인 개념과 연결시키는 것이었다. 그러나 유감스럽게도 슈톨베르크는 그가 개신교 전통에 매우 단단히 기초하고 있었음에도 불구하고 (그의 의도와는 반대로) 신학 분야와 비신학 분야에서의 다양한 인간론적인 기초 개념들이 가지고 있는 근본적 차이점들을 상쇄시켜 버리는, 또는 조화롭게 만든다고 하면서 그 차이점들을 섣불리 없애 버리는 위험에 빠졌다고 할 수 있다.

(2) '집단에 의한 목회상담' (1971)

목회신학자인 슈톨베르크는 1971년 출간된 그의 교수자격 논문 『집단에 의한 목회상담』[128]에서 자신을 교회영역에 인문과학의 인식을 심어 주는 전달자로서 가장 최첨단을 걷고 있는 사람으로, 그리고 새로운 목회상담운동을 특징짓고 움직이는 사람으로 다시

127) D. Stollberg, 위의 책, 146.

128) D. Stollberg, *Seelsorge durch Gruppe*, 49.

한 번 확인시켜 주고 있다.

그는 자신이 제시하는 특별한 신학적 과제와 의도의 타당성에 대해서 다음과 같이 서술하고 있다. "목회상담자가 여러 사람과 함께, 그리고 여러 사람들 속에서 목회를 해 온 이래 교회는 스스로 집단, 가족, 형제[자매], 세상과 반대로 모인 영적인 사귐으로 이해했다."[129] 따라서 다음과 같은 말은 하나도 이상할 것이 없다. "의사소통 과정으로서 교회는 (심리학적으로 보면) 예외 없이 사람과 사람 사이의 상호 반응과 집단역동의 매개물에 의해 이루어진다. 하나의 기능적 집단구조와 그 아래 하부집단 구조로서 교회가 가진 현상학적인 기초 개념을 예외로 치더라도 교회공동체의 모든 의도적인 작업이란 집단으로 이루어진다."[130] 이 사실은 무엇보다도 교회훈련 집단인 교회의 교리공부반과 관련해서 잘 알려졌다. 이와 대비하여 다음과 같은 것이 강조되어야 한다. "심리지료적으로 이해된 목회상담 사역에서 집단을 의도적으로 투입하는 것은 단지 겉으로 보기에 새로워 보인다. 작업의 형식이나 목표가 우선적으로 삶의 어려움을 해결하고 갈등을 해결하려는 데 있지 않는 집단에 의한 '기능적 집단상담'이 일어나고 있는 반면에, 우리는 특별히 공동으로 삶의 어려움이나 갈등을 극복할 목적을 가지고 집단이 구성된 의도적인 집단상담에 대해서 말하고 있다."[131] 계속해서 집단에 의한 기능적인 상담과 의도적인 상담 간의 차이는 마지막 집단 역동적인 적법성이 치유적인 목회상담 사역에서 의식화될 때 알 수 있다.[132]

이와 같은 배경에서 목회상담 '현장실습' 부분이 광범위하게 발전하게 되었다. 그 실습 부분은 교회가 책임지고 있는 목회상담의 틀에서 개개인에게 파고들어가는 방법과 내담자집단의 구성방법과 내담자집단을 인도하는 방법에 관해서 자세하게 기술적으로 안내하고 있다. 또한 심리치료의 전형적인 구조, 즉 심리치료의 관점에서 말하는 집단 형성과정의 진행방법과 문제점들도 제시해 준다. 여기서 슈톨베르크는 분명하게 목회상담에 필요한 인문과학의 문헌을 학문적으로 잘 다루고 있다. 더불어 현장에서 쌓은 경험을 매우 인상적으로 평가하고 정리함으로써 그의 책은 '교회 내의 집단활동'[133]을

129) D. Stollberg, 위의 책, 15

130) D. Stollberg, 위의 책, 17.

131) D. Stollberg, 위의 책, 18.

132) D. Stollberg, 위의 책.

133) 이 제목은 훨씬 뒤에 슈츠가 쓴 전문서적의 제목이다. Klaus-Volker Schütz, *Gruppenarbeit in der Kirche. Methoden angewandter Sozialpsychologie in Seelsorge, Religionspädagogik und Erwachsenenbildung*, Mainz, 1989. 이 책의 제4장 각주 57에 더 많은 문헌들이 소개되어 있다.

위한 기초적인 교과서가 되었다.

슈톨베르크는 그의 책 마지막 부분인 '집단에 의한 목회상담에 대한 신학적 해석' 에서 한 번 더 (위에서 언급했지만) 신학적인 기초 개념을 제시하고 있다. 그것은 그리스도론의 문제로서 목회상담이론에 관한 것이다. 그는 여기서 세상을 바꿀 수 있는 관점으로서 사람이 된 '말씀[로고스]' 등에 관해서 서술하고 있다.

슈톨베르크는 집단상담만이 가지고 있는 고유한 특성에 대해서 논의하고 기본적인 입장을 정리한 결과 집단상담의 고유한 특성을 '동의의 신학' 이라고 규정 짓고 있다. 그는 역사적으로 논리적으로 서술된 모든 신학이 말하는 관계성에서 출발하여 다음과 같은 결론을 내리고 있다. "신학은 하나의 신앙고백으로서 믿는 사람들의 동의를 의미한다."[134] 바로 이러한 동의는 감정적인 면에서 볼 때, 특별한 상호 교류의 형식에 의존하고 있다. 이 특별한 상호 교류의 형식은 (의도적으로 구조화된) 집단적 사건에서 드러나며, 개인의 신앙적인 행동뿐만 아니라 공동체를 이루는 데 결정적인 영향을 준다. 왜냐하면 "그 동의는…… 공동체와 공동의 우리의식을 위해서 개개인의 절대적 자기주장과 절대적 자기 성취욕에 대한 확실한 포기를 요구하기 때문이다."[135]

집단상담이 가진 상호 교류의 특별한 가능성과 집단상담만이 가진 특별한 장점을 강조할 때, 목회학은 의심할 것도 없이 우리들에게 본질적인 동기를 부여할 것이다. 여기서 요구되는 행동과 신앙의 영역에서 인간적인 경험의 형식을 새롭게 개발하는 것이 구체성을 띤 매우 효과적인 방식으로 도입되게 된다.

슈츠(K-V. Schütz)는 슈톨베르크의 저서『집단에 의한 목회상담』에 대한 자세한 서평에서 다음과 같이 그를 평가하고 있다. "슈톨베르크는 미국의 새로운 목회상담운동의 역사와 목회학 이론을 독일에 소개했을 뿐 아니라 독일에서의 집단상담에 대한 연구와 실천에 있어서 선구자다. 1971년에 나온 그의 저서『집단에 의한 목회상담』은 그 분야에서 최초의 조직적인 안내서다. 그것은 목회임상실습이나 미국적인 개념만 소개한 것이 아니라 유럽만의 독자적이고 독창적인 개념으로 발전시키고 서술했다고 볼 수 있다"(298쪽).

슈츠는 이에 덧붙여 "이 책에 나오는 목회상담의 실제 부분에서는 내담자집단을 어떻게 구체적으로 구성할 것인지, 그것에 대한 효과, 기본 지식 및 도움말이 나온다. 우리는 바로 이러한 방법론적인 것들을 정확하고 분명하고 이해하기 쉽게 찾아볼 수 있다."라고 말한다.

134) D. Stollberg, 위의 책, 191.

135) D. Stollberg, 위의 책, 194.

(3) '심리치료적 목회상담'(1969)

슈톨베르크의 초기 저작에 대해서 이미 설명했기 때문에[136] 여기서는 한 가지에 대해서 언급하는 것만으로 충분하리라 생각한다. 이 책이 최초로 주장했던 가장 중요한 핵심은 가장 혁신적이고 새로운 미국 목회상담운동에 대해서 소개하는 것이다. 슈톨베르크의 소개로 새로운 개념이 도입되었으며 독일의 상황에 맞게 수용될 수 있었다는 것은 큰 의미가 있다. 그보다 더 중요한 것은 '돌파구'라고 여겨질 정도로 새로운 목회상황을 목회의 본질부터 이해할 수 있도록 만들었고, 그것을 특별한 목회신학의 전통으로 엮은 그의 노력이라고 말할 수 있다. 슈톨베르크는 이 책에서 그때까지 독일 목회 전통과는 완전히 다르게 발전한 것을 개별적으로 서술하고 있다. 그는 모든 신학과 목회학이 나올 수 있었던 경험적인 기초들을 인상 깊게 다루고 있다. 그 후에 그는 변화된 상황에서 새로운 신학적 사고를 도입할 것을 주장하고 결론적으로 이론적으로 타당하고 목회현장에 알맞은 '목회상담 모델'을 전개하고 있다. 그리고 슈톨베르크는 이 새로운 목회상담의 대표적인 학자들인 보이센(A. T. Boisen), 힐트너(S. Hiltner), 클라인벨(H. J. Clinebell)의 단계별 발전과정을 비판적으로 살펴보고 있다.

부록: 독일 목회상담 발전의 배경이 된 미국 목회상담

슈톨베르크가 자기 책에서 말하고 있는 몇몇 미국 목회상담자들과 그들의 특징이라고 할 수 있는 고유의 목회 개념들을 간단히 다음과 같이 정리하는 것으로 충분하다고 생각한다.

• 안톤 보이센(A. T. Boisen, 1876~1965)은 미국 임상목회상담(clinical pastoral counseling)의 창시자이자 목회상담에 많은 영향을 끼친 선구자다. 그는 목회상담을 새롭게, 즉 종래의 방법과는 다르게 종교심리학적인 기반 위에서 세우려고 했다(이것이 그의 특징이다). 그에게 중요한 것은 '경험적 신학'이다. 즉, 목회는 정신과학과 자연과학적인 방법으로 개선되어야 한다는 것이 그의 의견이다. 따라서 그의 학문적인 연구에서 현장연구가 가장 중요한 작업으로 떠올랐다. 보이센의 연구관찰은 심리적인 병과 특정한 종교적 경험(여기서는 치유하거나 파괴하는 특성을 가질 수 있는 경험들을 의미한다)에 제한했기

136) 이 책의 72쪽 각주 90을 참조한다.

때문에 그의 연구는 무엇보다도 심리학적인 영역에 집중되어 있다. 그는 직접 경험한 당사자(그 자신이 여러 번 정신분열증적인 충격에서 견뎌냈고 그것을 극복했다)로서 심리적인 관계 속에서 새롭고 많은 통찰력을 얻을 수 있었다. 보이센의 연구목적은 육체적이며 심리적인 인간의 삶뿐만 아니라 정신적이며 영적인 삶을 결정하고 구조화시키는 일반적인 법칙성을 알아내는 것이었다.[137)]

그의 연구는 실천적이고 목회적인 면에서의 연구결과다. 보이센의 신학에 의하면 모든 교회활동을 매우 구체적인 '치유과정'으로 이해해야 된다. 슈톨베르크는 보이센의 이 개념을 다음과 같이 파악하고 있다. "목회상담의 치유하는 행위는 의사의 행동과 유사할 뿐만 아니라 동일하다. 왜냐하면 자연과학과 정신과학 분야에서 사람을 돕는 직업들의 붕괴는 다만 분업만을 의미하기 때문이며, 실제로 현실적인 도움이란 항상 심리적이고 육체적인 두 가지 관점을 고려했을 때 가능하기 때문이다.[138)]

지금까지 언급한 미국 '목회심리학의 선구자'라고 할 수 있는 보이센은 약 1925년부터 1943년 사이에 있었던 새로운 미국 목회상담운동의 1세대를 대표하는 사람이라고 볼 수 있다.[139)]

• 새로운 목회상담운동을 바탕으로 1940년대 중반 미국에서의 목회상담은 중요한 발전을 이루었는데, 그것은 바로 1945년에 힐트너(S. Hiltner)의 저서 『목회상담(*Pastroral Counseling*)』이 나온 것이다. 그렇다면 어떤 발전이 있었을까? 힐트너는 목회상담 교육과정의 순수한 실용적인 관점을 극복하려고 했다. 여기서 그가 비판하는 것은 '사례분석방법(Verbatim-Analyse)'을 사용하는 임상목회실습 과정에서 심리학적인 기본 과정이 가장 중요하게 여겨지고 있다는 사실이다. 그러나 힐트너에 따르면 전문적이며 심리학적인 바탕에서 이루어지는 상담이 교회가 받아들이고 응용할 과제로 거론된다면, 그러한 목회상담은 언제나 개개인에게 적용되는 것일 뿐만 아니라 그리스도교 공동체를 살리고 동시에 신학적인 맥락 속에서 진행되어야 한다는 것이다.

슈톨베르크는 힐트너가 말하는 목회상담의 핵심과 출발점을 다음과 같이 특징짓고 있다. "여기서 분명한 것은 목회상담의 목적이란 교회의 목적과 완전히 일치한다는 것

137) 이에 대해서는 D. Stollberg, 위의 책, 163 이하 참조하시오. 그리고 보이센의 개념에 대한 뛰어난 분석에 대해서는 R. Riess, *Seelsorge*, 191 이하를 참조한다.

138) D. Stollberg, 위의 책, 178.

139) 이 세대에 대하여 슈톨베르크는 다음 책을 통해 설명하고 있다. K.-V. Schütz, *Gruppenarbeit*, 45 이하.

이다. 다시 말하면, 사람을 그리스도에게로, 그리스도 공동체로 이끄는 것이며, 그가 자신의 죄를 인식하도록 만들며, 하나님의 은혜를 받아들이고 회개하도록 도우며, 완전히 불안과 두려움에 살았던 그들이 이제는 그들 자신과 이웃을 순수하게 받아들이며 신앙과 믿음에서 행동하도록 돕는 것이다. 따라서 여기서 말하는 목회상담의 과제는 불안과 회의가 지배했던 과거에서 벗어나 평화를 누리도록 하는 것이다."[140)]

이러한 목회상담의 목표는 실제적이어야 하지만 동시에 신학적으로도 검토되어야 한다. 힐트너는 목회상담이론의 기본 개념을 틸리히(P. Tillich)로부터 받아들이고 있다. 즉, 그는 신앙과 삶의 관계는 근본적으로 분리된 것이 아닌 연관된 관계로 보아야 하며, 복음과 상황 그리고 신앙과 문화 또한 무엇보다도 영적인 경험과 신학적 인식이라는 상호적으로 분리될 수 없는 필연적으로 연결된 대상으로 보아야 한다고 주장하고 있다.[141)] 따라서 여기서 중요하게 여기는 것은 겉으로 나타난, 심리치료라는 인간과학에서 도입한 실천에서 출발하여 그 다음 단계로 목회상담 신학을 찾는 것이며, 동시에 이 세상을 양분해서 보지 말고 '전체로서' 파악하는 일이다. "우리가 신학적인 이론과 교회 실천적 활동 사이의 긴장관계를 변증법적인 관계로 볼 때, 바로 '특정한 목회상담의 현장을 만나서 관찰된 것들이 해석학적이고 조직신학적이며 윤리적인 문제 제기에 어떤 영향을 줄 수 있을까' 라는 질문이 제기된다. 이에 대해서 힐트너는 답하려는 것이다."라고 슈츠는 말하고 있다.[142)]

힐트너가 가장 중요하다고 시도한 것은 목회심리학적인 개념을 조직신학적으로 다듬는 것이며, 목회심리학을 하나의 해석학적인 원리로 파악하여 일관성 있게 신학의 범주에 포함시키려는 것이다. 힐트너의 이러한 특별한 시도는 신학적인 기초 개념에 대한 심리학적인 해석에 관한 그의 책에 잘 나타나 있다.[143)]

그는 거기서 목회심리학에서 얻는 모든 경험들과 새로운 인식들이 모든 신학적 사고와 목회활동에 특별한 가치가 있음을 서술하고 있다. 힐트너는 자신의 의도를 그의 책에서 다음과 같이 요약해서 적고 있다. "우리가 신학적인 주제들이 역동적인 '긴장과

---

140) D. Stollberg, 위의 책, 207. 힐트너에 대해서는 D. Stollberg, Seward Hiltner, in: C. Möller (Hg.), *Geschichte der Seelsorge in Einzelporträts. Bd. 3,* Göttingen, 1996를 참조한다.

141) 이에 대해서는 R. Riess, *Seelsorge*, 203 이하도 참조한다.

142) K.-V. Schütz, 위의 책, 66.

143) S. Hiltner, *Tiefendimensionen der Theologie. Grundbegriffe des Glaubens aus psychodynamischer Sicht,* Göttingen, 1977.

이완' 그리고 편협성과 퇴행성에 대해서 '균형과 위험' 이라는 차원을 표현하고 있다는 사실을 근본적으로 인식할 때, 비로소 우리는 신학적 주제들이 말하는 것을 보다 깊이 이해할 수 있을 것이다."[144]

지금까지 1943~1966년 미국에서 일어난 새로운 목회상담운동의 2세대를 대표하는 힐트너의 목회상담이론을 소개했다.

• 신학적인 기초에 충실하면서 인문과학 분야와 신학 분야 모두를 종합한 목회상담 실천을 위해 안내역할을 한 대표적인 사람은 『목회상담(*Modelle beratender Seelsorge*)』라는 책을 펴낸 클라인벨(H. J. Clinebell)이라고 할 수 있다.[145] 그가 시도한 것은 다양한 목회상담 형태를 발전시키는 것이었고, 심리치료에서 사용하는 방법을 창조적으로 목회상담에 적용하고 그 가능성과 효과를 가르치려는 것이었다. 또한 그는 종래의 과정보다 우리에게 비교적 알려져 있지 않은 심리치료 과정과 그 연습과정을 목회상담에 도입하려고 했다.

클라인벨은 미국에서 1960년에 전개된 목회상담에 대한 새로운 이해, 즉 미국에서의 3세대 목회상담운동을 대표하는 학자라고 말할 수 있다.[146]

지금까지 소개한 것은 객관적인 신학적 틀에서 필수적인 결정과정이라고 생각하는데, 슈톨베르크의 목회상담의 전체적인 개념과 관련하여 살펴보면 다음과 같이 핵심을 요약할 수 있다.

① 스톨베르크는 이러한 '전형적인' 목회학에서 하나님의 창조질서 속에 남아서 작용하는 자연스러운 근본 토대를 중요시한다. 그것은 단지 일반적으로 세상에 대한 하나님의 '율법' 으로서 이루어지는 것만은 아니다. 또한 그 근본 토대는 두 사람 사이의 관계구조에서 '치유에 효력 있는 과거' 를 추적할 때 드러나는 것이며, 복음의 도움으로 미래를 여는 새로운 시작으로 승화될 수 있는 것이다.

② 위기나 갈등을 해결하는 목회상담과 구체적인 교회공동체의 연결, 즉 내담자를 교회공동체로 인도하는 연결구조는 이 목회상담 개념에서 강제적으로 전제되지 않는다. 물론 여기서 '교회' 는 신앙을 불어넣어 주는 대표적인 존재로서, 또 목회상

144) S. Hiltner, 위의 책, 165.

145) 독일어 번역은 H. J. Clinebell, *Modelle beratender Seelsorge*, München 1971를 참조한다.

146) 이에 대해서 더 자세한 것은 이 책의 240쪽 각주 29를 참조한다.

담에서 빠질 수 없는 본질적인 기구로서 역할을 수행한다. 그러나 교회가 일으키는 힘은 교회의 형식적인 틀에서 보다 오히려 두 인간관계 사이에서 드러난다.

③ 슈톨베르크는 목회상담에서 자유롭게 하는 사고와 신앙고백이 어떤 관계가 있는가의 질문을 율법과 복음의 변증법적인 관계에서 풀려고 한다. 사고와 행동은 자신의 한계에서 비로소 신앙이 전제된 모든 이해의 가정을 인식한다. 이성적인 생각은 시간이 지나면서 믿음과 고백에 도전받게 된다.

이러한 의미에서 모든 목회상담은 자연스럽게 '신앙고백'을 배제하지 않는 '치료적인 시도'라고 말할 수 있다. 그러나 (투르나이젠의 '선포적 목회상담'과는 다르게) 이 치료적 목회상담 현장에서는 신앙고백이 상대화된다.

3) 대화와 상담방법에서의 직접적인 성서활용에 대한 촉구: 애덤스

이 목회상담은 존재 근거를 또다시 성서주의자의 색채와 근본주의 전통이 강한 전형적인 사고구조에서 찾고 있다. 이것은 이 목회상담이 인간적인 영역, 또는 모든 신학적인 분야에서 무언가를 수용하고 적용할 때 그 모든 것보다 가장 우선시되는 원칙이다. 따라서 이러한 목회상담의 출발 개념에서 항상 강조되는 것은 성서구절에 대한 직접적인 요구다.

여기서는 내담자에게 복음으로 확신을 주는 것이 시간을 초월하여 가장 중요한 것이며, 동시에 근본적으로 누구나 이해할 수 있는 가장 중요한 것으로 생각한다. 물론 여기서 성서의 복음은 갈등을 해결해 주며, 직접적이고 심리치료적인 도움의 능력이 있다는 주장이 대전제는 그러한 언어로 고백되고 경험된다는 내담자의 신앙고백이라고 말할 수 있다.

이 목회상담에서 말하는 목표란 바로 지금 여기서 경험되는 인간 해방이다. 따라서 목회상담이란 생각할 수 있는 모든 죄악 때문에 죄의 영향권 속에 놓여 있는 내담자에게 그러한 원초적인 연관성을 지적해 주는 것이다. 이 목회상담에서 주장하는 것은 복음의 확신과 위로는 결과적으로 사람을 해방시키고 갈등을 해결하도록 이끌어 줄 수 있다는 것이다. 이러한 개념은 지금까지 위에서 언급한 현대 목회상담의 흐름에 반대하여 또다시 재기된 목회상담운동이라고 말할 수 있다. 이와 같은 시도가 그러한 반작용에서 나왔다는 것을 안다면 이 목회상담의 주장을 올바로 이해할 수 있을 것이다.

이렇게 목회상담운동에서 주장하는 목회상담의 행동방법과 그에 상응하는 개념화 작업에 대한 근본적인 충격도 또다시 미국에서 나타난 것이다. 실천신학자이자 목회상담센터 소장이었던 애덤스(J. E. Adams)는 『해방시키는 목회상담(*Befreiende Seelsorge*)』을 (영어원문은 『능력 있는 상담(*Competent to Counsel*)』으로 독일어 번역은 1972년에 나왔다) 1970년에, 그리고 『목회상담 입문서(*Handbuch der Seelsorge*)』를 (영어 원문은 『그리스도교 상담자 입문서(*The Christian Counselor's Manual*)』로 1976년 독일어로 번역되었다) 1973년에 출간했다.

여기서 애덤스의 가장 큰 관심은 무엇인가? "교회목회자로서 애덤스는 완전히 능력 있는 목회상담을 추구했다. 그는 기존의 목회상담 전문서적들에 실망하고 결국 성서로 돌아갔으며 거기서 목회상담에 대한 바른 길이 무엇인가를 질문했다."[147] 기존의 목회상담학 이론과 그 관심들에 실망을 겪고 나자 성서는 그에게 이제 직접적인 행동규범을 알려 주는 목회학 교본이 되었다. 다음에서는 이 목회상담학에서 발견한 목회상담 개념을 제시하고자 한다.

(1) '해방시키는 목회상담'(초판 1970/1980년 5판)

애덤스는 자기 저서에서 현대 목회상담학 이론서뿐만 아니라 현대 심리학 이론서와 현대 심리치료 방법에서 제시하는 개념들과 치열하게 논쟁을 벌인다. 그는 이 과정에서 점차 그것들의 실제적 효과에 대해서 확신하지 않는다.[148] 여기서 그는 새롭게 그리고 심도 있게 성서가 주는 진리인식에 몰두하게 된다. "나는 성서가 많은 부분에서 개인적으로 위기에 처한 사람들과 상담하고 있다는 것을 발견하였다. 예를 들면, 성서에도 미친 사람과 귀신들린 사람과 같이 구별하기 어려운 문제들이 나타난다. 나는 시편 31, 38, 51장에서 말하는 것처럼 개인적인 죄와 정신적인 장애의 상관관계를 연구하기 시작했다. 그리고 육체적인 병에 걸린 사람에게 죄의 고백과 동시에 의학적인 치료가 얼마나 중요한지를 야고보서를 통해서 확인할 수 있었다."[149]

147) 그의 저서 『해방시키는 목회상담』에 대한 서평에서 인용하였다(각주 148을 참조)

148) J. E. Adams, *Befreiende Seelsorge. Theorie und Praxis einer biblischen Lebensberatung*, 5. Aufl. Giessen/Basel, 1980. IX 이하 참조.

149) J. E. Adams, 위의 책, XII. 애덤스가 언급하는 구절은 약5:14-16이다. "여러분 가운데 앓는 사람이 있

애덤스는 심리학적 지식과 방법을 도입하고 있는 모든 목회상담운동에 반대하면서 다음과 같이 말한다. "우리는 인간에 대한 그리스도교의 가르침을 전적으로 세속적인 학문으로 도배하는 것을 반대해야 한다. 그러나 유감스럽게도 오늘날의 목회상담학은 그것들에 의해서 심각하게 손상되고 있는 실정이다. 그리스도인들은 그 세속학문들을 파악하고 있어야 하며 그것들이 가지고 있는 비그리스도교적인 전제들을 알고 있어야 한다. 나의 방법은 다음의 전제에서 시작된다. 나는 성서를 신앙과 행동에서 완전히 믿을 수 있는 기준이라고 받아들인다. 그리고 다음 두 가지 사항을 확고히 고수한다. 첫째, 내가 하는 성서해석은 잘못될 수 있다고 나는 확신한다. 둘째, 나는 학문적인 연구결과를 무시하지 않는다. 오히려 나는 그 학문적인 연구결과를 내 연구를 증명하고 보충하는 것으로서 환영한다. 학문적인 연구결과들도 성서에 대한 인간적이고 잘못된 해석에 의문을 제기하며 보다 정확한 성서연구를 하도록 오히려 그리스도인들을 자극한다. 그러나 학문연구는 심리학 영역에서 유감스럽게도 많은 부분을 현저하게 인위적으로 철학화하거나 조잡하게 사변화시키는 작업을 하지 말았어야 했다.[150]

여기서 애덤스는 먼저 자기를 그리스도교 변증론자로 자처한다. 그는 '그리스도교와 오늘날의 정신의학'[151]이라는 장에서 심리학자 프로이트의 이론을 완전히 거부하지만 최근의 정신의학 이론들에는 동조하는 듯이 서술하고 있다. "프로이트의 이론이란 오히려 현대 미국사회에서 보편적인 책임의식의 붕괴를 야기한 대전제 중에 하나가 된다."[152] "프로이트 이론 가운데 더 나쁜 것은 심리적인 장애들을 단순히 병으로 보는 것이다."[153] "프로이트는 성서의 이야기들을 동화로 보며, 종교는 인간의 욕구 때문에 창작된 것으로 본다. 프로이트는 '만약에 사람이 깨인 사람이 되면 그는 더 이상 종교가 필요 없게 된다' 고 말한다. 따라서 그리스도인들은 프로이트의 이론과 원리를 받아들이기 전에 그가 말하는 전제를 분명히 인식해야 한다. 그 원리가 프로이트가 말하는 모든 것의 근본이 되기 때문이다. 프로이트는 사람을 무책임한 존재로 만든다. 그는 철학적이며 사이비 학문에서 말하는 기본 지식을 우리에게 전해 주고 있는 것이다. 사람들

습니까? 그런 사람은 교회의 장로들을 부르십시오. 그리고 그 장로들은 주님의 이름으로 그에게 기름을 바르고 그를 위해 기도해 주십시오. 믿음으로 간절히 드리는 기도는 앓는 사람을 낫게 할 것이니, 주께서 그를 일으켜 주실 것입니다. 또 그가 죄를 지은 것이 있으면 용서를 받을 것입니다."

150) J. E. Adams, 위의 책, XIX.

151) J. E. Adams, 위의 책, 1 이하.

152) J. E. Adams, 위의 책, 4.

153) J. E. Adams, 위의 책, 6.

은 바로 그 사실에 근거해서 자신들의 행동을 정당화할 수 있는 것이다. 그러나 프로이트가 현대 우리 사회의 악을 야기한 창시자는 아니다. 단지 그는 우리를 어지럽고 혼란스럽게 만든 사람이다. 우리 사회에 있는 악의 원초적 이유는 인간의 죄다."[154] "그와는 완전히 반대로 하나님의 성령은 모든 사람의 진정한 인격변화를 가져오는 원초적 존재다. 여기서 말하는 근본적인 인격변화란 바로 신앙인의 성화다."[155]

또한 애덤스는 칼 로저스의 심리학적인 관점과 방법을 목회상담에 도입하게 된 것을 비판한다. 왜냐하면 "로저스의 이론구조의 근본 전제란 자유주의적이며 인간적인 사고에 근거하고 있기 때문이다. 즉, 그의 사상은 '인간의 문제를 해결할 능력은 인간 자체에 있다' 는 전제에 기초하고 있기 때문이다."[156] 애덤스에 의하면 그렇기 때문에 로저스의 이론에서 상담자는 언제나 그 심리학의 틀 안에서 내담자 스스로에게 도움이 되는 도움을 찾도록 돕기만 할 뿐 가능한 직접적인 충고는 피하게 되는 것이다. 그러나 이것이 실제적으로 의미하는 것은 다음과 같다고 애덤스는 비판하고 있다. "로저스의 상담방법을 도입한 상담자의 반박에도 불구하고 사실상 그 상담에서 상담자는 내담자에 대한 실제적인 관심은 없다. 문제를 가진 내담자가 상담자에게 온다. 내담자는 그 문제를 해결하기를 원한다. 그러나 이때 상담자는 문제를 가져온 내담자를 단지 복잡한 감정을 가져온 사람으로 볼 뿐이다. 내담자가 무엇을 생각하는지는 상담자에게 아무런 의미가 없다. 문제는 중요하지 않다. 그리고 문제의 사실들이 오도되었기 때문에 그것들은 관심 밖에 내던져져 있다."[157]

애덤스는 잘못되었다고 판단되는 그 모든 목회상담론에 반대하여 '권면적(nuthetische)' 상담방법론을 제시하고 추천한다. 이 이론의 기초는 신약성서의 개념 '누테시아(Nuthesia)' (또는 '누테토')에서 나온 것이다. '타이르다' '권면하다' 라고 번역할 수 있는 이 개념을 애덤스는 '권면적으로' 훈계하는 것, 다시 말하면 '상호 간에 영적으로 돕는 것' 또는 '권면적으로 다른 사람을 돌보는 것' 이라고 번역하고 있다.[158] 애덤스는 신약성서의 개념인 '누테시아' 가 성서의 목적이라고 본다. '누테시아' 는 순수한 참여와 사랑에서 나온다. 애덤스는 죄에 사로잡힌 행동들과 부닥쳤을 때 '누테시아' 가 진

154) J. E. Adams, 위의 책, 15 이하.
155) J. E. Adams, 위의 책, 19.
156) J. E. Adams, 위의 책, 71.
157) J. E. Adams, 위의 책, 78.
158) J. E. Adams, 위의 책, 37.

정한 그리고 완전히 능력 있는 목회상담이라고 생각하고 다음과 같이 말한다. "죄에 대해서 말하지 않고 언급하지 않는 일반 목회상담과는 반대로, 권면적인 목회상담은 책임과 권면, 죄의 인정과 고백, 그리고 예수 그리스도 안에 있는 죄의 용서를 바라볼 것을 요구한다." [159]

이러한 방법으로 권면적인 목회상담은 현장에서 일하는 목회상담자를 염두에 두면서 점차 방법론적으로, 그리고 권면적인 기초 개념으로 축척되기 시작했다.[160] (즉, 자기 욕심에 대한 문제, 대화 중의 태도, 집단목회상담으로의 확대, 몸의 이상을 인식하는 것이다.) 목회상담에서 항상 주요 과제가 되는 것은 사람과 사람이 새로운 만남을 갖는 방법, 다시 말하면 두 사람 사이에 실제적인 상호 교통을 나누는 문제다. 이 문제에 대해서 그는 분명히 자기 입장을 밝힌다. "상호 교류의 문제들은 에덴동산에서 죄의 결과로 생긴 것이다. 따라서 그러한 문제들은 로저스나 프로이트가 제시한 방법으로, 또는 그와 비슷한 인간 행동연구 방법으로 해결될 수 없다. 사람을 창조한 하나님만이 내담자가 잃어버린 삶의 균형점을 찾을 수 있고 그에게 완전한 공동체로 돌아갈 수 있는 길을 보여 줄 수 있다." [161]

애덤스는 책의 마지막 부분에서 자기 관심을 다음과 같이 함축해서 표현하고 있다. "나는 목회상담의 문제를 성서의 관점에서 완전히는 아니지만 길을 제시하는 수준으로 통찰해 보고자 했다. 따라서 나는 내 책이 성서의 관점에서 비판되기를 원한다. 예수 그리스도는 모든 목회상담의 중심이다." [162]

(2) '목회상담 입문서' (1973/1976)

애덤스는 『목회상담 입문서』[163]에서 첫 저서인 『해방시키는 목회상담』에서 전개한 목회상담이론을 접목시키고 있다.

그는 우선 '상담에 참여하는 사람들' 에 대해서 다루고 있다. 애덤스에 의하면 성서증언에서 핵심은 예수 그리스도의 대리자로서 성령이다. "예수는 자기의 제자들을 홀로

159) J. E. Adams, 위의 책, 48.
160) J. E. Adams, 위의 책, 162 이하.
161) J. E. Adams, 위의 책, 209.
162) J. E. Adams, 위의 책, 224.
163) J. E. Adams, *Handbuch der Seelsorge*, 2. Aufl., Gieβen, 1976.

내버려 두지 않았다. 예수가 제자들에게 약속한 지탱으로 그들에게 조언을 하고 어떻게 행동할 것인지 인도했다. ……요한복음에 보면 그 지탱의 도움이란 진리의 영이고 그 자신이 진리의 샘인 바로 성령이며 그가 진리로 인도한다."[164]

목회상담에서 두 번째 핵심 인물은 상담자다. 결국 그는 교회 회중의 설교자와 목자로서의 합법적인 위치를 다시 받아들이고 그것으로 그의 본질적인 소명을 올바르게 평가해야 한다. "성서적 관점에서 볼 때 '심리치료'와 같이 특수 전문 분야는 정당화될 수 없다. 성서에서 보면 개인적인 삶의 문제는 오직 세 가지 근본 이유가 있기 때문이다. 그것은 악령의 영향(특히 귀신들림), 개인적인 죄 그리고 몸의 병이다. 모든 인간의 문제들은 바로 이러한 세 가지 핵심 단어들에 모두 포함되며 정신적인 병을 네 번째 근본 원인으로 들 수 없다. 내 견해에 의하면 성서의 틀에서는 인간 문제에 대한 특수 전문가로서 정신과 의사 또는 심리치료사가 있을 수 없다."[165] "나에게는 여기서 다음의 두 가지 점이 중요하다. 첫째, 정신과 의사는 약제를 반복해서 사용해야 한다는 사실이다. 그것이 합법적인 그의 과제라고 볼 수 있다. 둘째, 설교자는 반복해서 하나님이 그에게 맡긴, 그리고 하나님에게 직접 받은(가끔 그가 그렇게 되기를 원하지 않더라도) 그 과제로 되돌아가야만 한다는 사실이다."[166]

목회상담에서 세 번째 핵심 인물은 내담자다. 내담자에게 중요한 사실은 다음과 같은 것이다. "어떤 사람도 결코 시시한 어려움과 싸우지 않는다. 바울은 완전히 다른 시간과 문화 속에서 살았던 이스라엘 민족의 경험들이 고린도 교회에도 똑같이 적용될 수 있다고 말한다. 따라서 우리는 다음과 같이 결론을 내릴 수 있다. 즉, 어디에서도 찾아볼 수 없는 유일무이한 문제라는 것은 없다. 단지 어떤 시공간에도 근본적인 성서적 주제라고 볼 수 있는 한정된 약간의 죄만이 있을 뿐이다."[167] "그리고 그 밖에 각각의 문제에 대한 성서가 제시하는 해결책이 있다."[168]

결론적으로 말하면 다음과 같다. "그리스도인들은 모든 생각에 대한 자기의 태도를 빨리 그리고 근본적으로 바꿀 수 있으며, 중요하고 근본적인 변화가 오랜 시간이 지나야 가능한 것만이 아니라는 사실을 확고하게 믿는다. 이것이 그리스도교 상담자들에게

164) J. E. Adams, 위의 책, 11.
165) J. E. Adams, 위의 책, 14.
166) J. E. Adams, 위의 책, 15.
167) J. E. Adams, 위의 책, 25.
168) J. E. Adams, 위의 책, 26.

가장 중요한 전제 중에 하나다. 목회상담자는 회개를 믿는다. 그는 성령의 자유로운 역사를 믿는다. 목회상담자는 죄의 본래적 성향을 가지고 있으며 그러한 죄를 지을 성향에 따라서 죄를 지은 사람도, 잘못된 교육과 악한 사람에 의해서 잘못된 사람도 다시 성령이 주는 인격을 가지고 열매 맺는 거듭난 그리스도인이 될 수 있다는 것을 믿는 사람이다."[169] 애덤스는 그의 책 두 번째 부분에서 '목회상담을 위한 근본적인 전제조건'에 대해서 다루고 있다. 여기서 그가 말하는 전제조건이란 다음과 같다.

① 신학적-성서적 교육: "목회상담 사역을 위해 가장 중요한 전제는 신학적-성서적 교육이다. 사람들의 고통과 위기상황은 다양하다. 그들을 만나려고 하는 사람은 하나님 말씀이라는 성서와 성서가 말하는 근본적인 것들에 대한 체계적인 지식을 알아야 한다."[170]

② 소망 전달하기: "목회상담자는 무엇보다도 소망의 사람이 되어야 한다. 그 자신부터가 다른 사람에게 도움을 받을 수 없다고 생각한다면 오히려 그는 절망적인 사람이다. 그는 하나님의 약속은 확실하다는 믿음에 굳게 서야 한다. 그렇게 할 때만이 인간이 변화할 수 있다는 소망에 대해서 확신 있게 말할 수 있는 것이다."[171]

③ 기도하기: "기도하는 것은 목회상담자에게 부여된 과제라고 할 수 있다. 그리고 우리는 모든 내담자에게 기도할 것을 요청하며 그것도 규칙적으로 기도할 것을 권면한다. 그러나 내담자가 가져온 문제를 해결하기 위한 상담자의 과제에는 상담자의 확실한 작정기도도 포함되는 것이다."[172]

④ 온전한 교회공동체: "사랑의 교회공동체 훈련이 실천되도록 해야 한다. 교회공동체 훈련은 하나님의 영광과 공동체의 온전함을 돕는 것이며(고전5:7) 동시에 잘못된 사람들을 하나님에게 인도한다. ……화해와 용서는 그리스도가 교회공동체 훈련에 지시한 것이다. 따라서 목회상담은 온 힘을 다해서 화해의 길을 기도록 힘으로써 교회공동체에서 이탈되는 것을 막아야 한다. 교회공동체 훈련과 목회상담은 서로 분리될 수 없는 것이다. 화해하며 교회공동체 훈련을 받도록 원하는 예수의 가르침 속에 엄청난 소망이 숨어 있는 것이다. 예수는 자신이 있는 공동체에 풀 수

169) J. E. Adams, 위의 책, 31 이하.
170) J. E. Adams, 위의 책, 33.
171) J. E. Adams, 위의 책, 40.
172) J. E. Adams, 위의 책, 51.

없는 인간 상호 간의 문제는 없으며, 얽히고 설킨 인간사를 풀 수 있는 놀라운 방법을 주었다고 말했던 것이다. 모든 문제는 하나님의 방법으로 해결될 수 있다."[173)]

⑤ 고백과 참회: 오직 이 방법으로 죄가 용서되고 잊혀질 수 있다. 동시에 새로운 관계가 생길 수 있다. "만약에 용서가 곧 바로 망각이라는 결과를 가져오지 않는다면 상담자는 그 근본적 이유를 찾아보아야 한다. 아마도 상담자는 불의를 당한 내담자가 그 일에 대해서 깊이 생각하고 있는 것을 발견할 것이다. 성서에서 말하는 것처럼 그렇게 깊게 생각하는 것은 용서받은 것이 아니다. 용서란 용서된 죄에 대해서 자꾸 생각하는 것으로부터 해방시키는 것이다. 용서란 죄를 범한 사람 또는 다른 사람 앞에서, 그리고 그 자신에게도 더 이상 그 문제를 거론하지 않겠다는 약속이다. 용서된 잘못을 자꾸 반추하는 사람은 이 약속을 깨는 사람이다."[174)]

⑥ 성서적 방법: "상담방법은 그 배경에 있는 철학적 개념과 융합되어 있게 마련이다." "그리스도교 목회상담의 출발점은 그리스도교 신앙이다. 그리스도교 신앙의 기초 위에서 방법론이 생기게 되고 그 방법론은 출발점과 일치하게 되는 것이다. 하나님을 믿지 않는 사람들도 여러 분야에서 바르게 산다. 그러나 그리스도인은 확고한 근거가 되는 준거 틀을 가지고 있다. 그것은 다름 아닌 성서다. 그리스도인은 성서에 근거해서 다른 학문과 방법들을 배우고 판단하며, 그것들이 성서와 일치하게 되면 적용해 본다." "성서적 방법을 발전시키기 위해서 깊은 비판적인 관심과 시간 및 헌신이 필요하다. 우리 모두가 바로 지금 이 과제 앞에 서 있는 것이다."[175)]

애덤스는 이 책의 가장 방대한 세 번째 부분에서 '목회상담의 실제'에 대해서 다루고 있다. 개별적인 문제들에 대한 관찰과 치유방법이 이 부분의 핵심이라고 말할 수 있다. "문제는 죄를 의미한다." "목회상담은 사탄과 그 무리들과의 전쟁이다."[176)] "목회상담자는 세상과 일반 세상사람들과는 반대로, 그리고 악마와 대적하여 서 있다는 사실을 잘 알고 있다. ……따라서 목회상담이란 영적인 전쟁으로 생각해야 한다. ……모든 영역에서 우리의 적들은 격퇴되어야 된다."[177)]

173) J. E. Adams, 위의 책, 55 이하.
174) J. E. Adams, 위의 책, 62.
175) J. E. Adams, 위의 책, 67.
176) J. E. Adams, 위의 책, 85.
177) 위의 책, 같은 곳.

애덤스에 의하면 수만 가지의 셀 수 없는 악의 모습들이 있기 때문에 목회상담자의 과제는 그 개별적인 죄의 모습들 중에서 공통적인 것을 찾아내고 바로 그 문제에 필요한 성서구절과 목회상담의 경험을 찾아내는 것이다.[178]

동시에 여기서 하나의 '전형적인 사례'가 분명하게 드러난다. 그런데 여기서 사례는 상담경험에서 도출된 개별적인 특징들을 일종의 도움사례로 삼기 위한 것이라기보다는 '매우 적합한' 그리고 그 상담사례에 꼭 맞는 '전형적인' 성서구절을 찾는 데 도움이 된다.

애덤스가 말하는 상담의 기초 개념은 특별히 내담자의 우울증 상태를 치료하거나 호전시키는 데 결정적인 도움을 준다. 우울증 상태의 원인은 삶에서 생긴 문제를 잘못 다루었거나 죄된 행동에서 찾을 수 있다. 죄된 습관들(완전히 타성에 젖은 태만과 게으름, 이전에 지은 특정한 죄에 대한 죄의식, 자기연민, 증오심, 고통과 걱정에서 나온 부정적인 감정 등)이 그처럼 사람을 우울한 상태로 만든다. "그것은 바로 사람을 절망과 죄의 노예로 전락

178) J. E. Adams, 위의 책, 91 이하. 여기서 애덤스는 특별한 두 가지 정신적이고 육체적인 문제를 가진 상담사례를 자세히 서술하고 있다.
"마델라이네는 극심한 두통에 시달리고 있다. 그녀의 심한 두통은 결국 온몸의 경련으로 발전되었다(여기서 신체적인 이상, 예를 들면 뇌종양 같은 원인은 고려되지 않고 있다(K. Winkler). 이 여성의 고통은 매우 심하고 두통이 올 때마다 자기 일에 전혀 집중할 수 없으며 심하게 온몸이 긴장된 상태에 놓여 있게 되었다."
크리스티아네는 자주 심한 설사로 고통당하고 있었다. 심지어 설사 때문에 집을 잠시도 떠날 수조차 없으며 가족이나 친척의 애경사에도 참석할 수 없을 정도다. 의사는 설사의 원인을 밝히지 못하고 있는 상태다.
"위 두 사람에 대한 병적인 예후(심한 두통과 설사)는 매우 다양하다. 두 가지 경우에 대한 상담사례 분석은 '문제의 구조' [여기에 보낸 한 순간 동안 환자에게서 도출된 모든 긍정적이고 부정적인 결과들, 상황들과 활동들이 도표화되어 나타난다(K. Winkler)]를 제시하고 있다. 또한 상담사례 분석은 '위의 두 사람이 그들이 처한 스트레스 상황을 벗어나려고 할 때마다 오히려 극심한 두통과 설사에 시달려 왔다'는 것에 대해서 목회상담자가 질문했던 정보들을 싣고 있다. 두 사람의 내담자들이 취하는 스트레스 상황을 피하는 방법은 매우 달랐다. 그러나 내가 볼 때 근본적으로 그들은 매우 똑같은 일을 한 것이다. ……목회상담자는 두통과 설사와 관련이 있을 사람들과 문제에 대한 소견서를 살피고 나서, 그 문제의 원인을 찾는 데 보는 것을 집중하기 시작했다. 그리고 (책임회피, 대인기피와 상황회피의)결과를 분석하기 시작했다. 이와 같은 방법으로 두 가지 상담사례의 경우에 근본적으로 문제를 파악하고 해결하는 데 성공했다."
이러한 예에서 애덤스는 어떻게 정신적인 것과 육체적인 것이 연관성을 가지고 있으며 그렇게 인정되고 있는지, 그리고 어떻게 지금까지 두 가지 증세 배후에 놓여 있는 양가감정 또는 신경증적인 구조가 전혀 고려되지 않았는지를 분명하게 밝히고 있다. 여기서 후속조치가 대안으로 제시된다. 그것은 애덤스의 아주 강한 도덕적 성격의 상담모습을 나타내고 있으며, 그 도덕적 이념의 틀에서 효과가 있는 것으로 보인다.

시켜 완전히 수동적이게 만들어 우울증에 빠지게 만드는 악순환이다."[179]

애덤스는 계속해서 다음과 같이 말한다. "근본적인 문제들이 진행될 때 바로 우울증 증세가 시작되는 것은 아니다. 우울증은 불가피한 것이 아니다. 그것은 마치 운명처럼 우리를 불가항력적으로 덮치는 것이 아니다. 우울증이란 우리들이 그것에 대해서 전혀 아무것도 못하고 손을 놓을 정도로 진행되는 질병이 결코 아니다. 이 악순환은 언제나 성서에서 말하는 행동과 성령의 능력에 의해서 분쇄될 수 있다. 우울증에는 희망이 있다. 우울증은 죄의 결과이기 때문이다. 예수 그리스도는 죄와 그 결과들을 이겼다. 만약 우울증이 가만히 있는 우리들을 덮쳐 버리는, 그래서 우리의 책임도 없고 동시에 사람이 아무것도 할 수 없는 극복할 수 없는 질병이라면 모든 희망은 없게 될 것이다."[180]

여기서 가장 핵심은 우울증 증세를 호소하는 내담자에 관한 것이다. 애덤스는 "우울 증세를 보인 사람에게서 마지막 희망이 사라지면 매우 위험하게 된다. 그럴 경우 그는 자살할 수 있기 때문이다."[181]라고 그의 책에서 쓰고 있다. 그렇다면 애덤스는 바로 그

179) J. E. Adams, 위의 책, 271.

180) J. E. Adams, 위의 책, 272. 애덤스는 272쪽 이하 부분을 구체적으로 '우울증에 빠진 사람들을 위한 도움' 이라는 제목으로 서술하고 있다. "도대체 목회상담자는 무엇을 할 수 있는가? 먼저 목회상담자는 복잡하게 얽힌 사실들을 찾아보아야 한다. 우울증에 빠진 사람들이 보이는 경향은 종종 그들이 싫어하지만 해야 할 일들, 예를 들면 다리미질이나 의무적인 일들을 내팽개쳐 버린다." 상담자는 어떻게 우울증이 생기는지를 설명한다. 즉, 상담자는 내담자에게 사람에게는 바른 것을 하기보다는 부정적인 감정에 굴복해 버리는 성향이 있다는 것을 말한다. 그러고 나서 상담자는 내담자와 함께 우울증과 싸울 계획을 짠다. 예를 들어, 다림질하지 않은 세탁물 때문에 거대한 부정적인 생각이 몰려올 때, 상담자는 내담자(예: 여성)에게 다음과 같은 충고를 한다. "다림질하는 것이 당신에게 정말 지긋지긋해서 막중한 부담을 줄 때는 다음과 같은 것을 하십시오. 우선 당신이 어떤 감정상태에 있든지 하나님에게 도움을 구하십시오. 다음에는 당신의 남편에게 당신의 어려움을 말하십시오. 그것은 당신의 남편이 당신을 격려할 수 있도록 하기 위한 것이고 우선 당신이 지금 아무런 즐거움이 없는데도 다림질을 하고 있다는 사실을 남편에게 인식시켜 주기 위한 것입니다. 마지막으로 만약 당신에게 다림질할 것이 쌓여 있다면 모든 잡다한 것(텔레비전 보기, 친구와 잡담하기 등)을 끊어 버리고 다림질이 끝날 때까지 그 어떤 일도 하지 마십시오." (273쪽에 계속해서 세 단계 충고가 나온다.)
지금까지 애덤스가 말한 것을 보면, 그는 '생활이 정돈되지 못한 것' '매우 빈약한 동기' 를 가지고 있는 우울의 증세를 가진 내담자에게 분명한 조건을 시도해 볼 것을 지시하고 있다. 그러한 상담방법이 특정한 상황에서는 효과가 있을 것이다. 그러나 우리는 그 상담방법이 내담자가 자기와 관계된 사람(남편, 상담자)에게 종속되어 버리지는 않을지 질문하지 않을 수 없으며, 이러한 면에서 이 상담방법은 큰 문제가 있다고 본다. 오히려 그러한 상담 초기에 그러한 방법이 성공을 거둔다면, 애덤스가 말한 것과 같은 우울증 상태의 '악순환' 는 더욱 악화될 것이다. 우울증을 가진 내담자는 상담자가 권하는 훌륭하고 성서적인 권면을 지키지 못하고 오히려 교만한 죄의 구렁텅이에서 헤어나오지 못하게 된다. 그래서 그 싸움에서 질 경우, 그는 더욱 더 희망이 없는 상태에 빠질 것이다.

181) J. E. Adams, 위의 책, 278.

러한 위험한 상황이 자신의 상담방법의 결과로—오늘의 학문에서는 그러한 책임에서 자유로운 방법을 사용한다—생길 수 있다는 비판에 대해 충분히 검토해야 한다. 그러한 상담방법에 의해서 상담받은 내담자가 또다시 우울증 상태에 빠진다면 그는 자신이 완전히 죄의 노예로 전락되고 하나님을 떠난 것으로 느낄 수 있기 때문이다.

이와 같이 애덤스가 제기한 '전형적인' 목회학적인 개념과 관련하여 신학은 어떤 판단을 내릴 수 있을까?

① 이 목회상담 방법을 보면 '본래적인 구조'라고 할 수 있는 인간과 하나님의 관계를 연결하려는 시도가 애덤스의 도덕적이며 윤리적인 기본 생각에 잘 나타나 있다. 여기서 중요한 것은 모든 일상생활에서 하나님과 사람이 근본적으로 연결되어 있다는 것을 새롭게 경험하기 위해서 가능한 모든 노력을 다하는 것이다. 변화되기 매우 어려운 내담자의 오래된 상태(어느 정도 공개적으로 나타나는)는 죄에 얽매인 고통에 드러난다. 그것은 정신적으로, 육체적으로 나타날 수 있다.

② 이 경우에 그리스도인이 속한 교회공동체는 이 상담방법에서 매우 중요한 역할을 한다. 이 목회상담은 철저하게 내담자를 교회공동체와 연결시키려는 목적으로 진행된다. 신앙인으로 구성된 집단에 속해 있다는 것은 내담자 개인이 일반적으로 또는 습관적으로 빠지기 쉬운 타락상황을 이길 수 있는 방어막이 된다.

③ 목회상담에서 논의되는 모든 사고는 결국 신앙과 연관된 것이며, 그것들은 신앙의 결과로 나타난다. 따라서 목회상담에 영향을 주는 요소로서 신앙고백 또는 간증은 절대적으로 중요하다. 그것은 매우 어려운 갈등상황에서 (기도라는 수단을 통해서) '치료적인 조치'가 될 수 있다.

4. 목회상담의 유형

지금까지 신학적인 또는 인간학적인 관점에서 출발하여 (시대에 적합하고 반응적인) 다양한 핵심 이론 형성과 (우리 시대에 지대한 영향력과 학파를 형성한) 목회상담의 개념들, 즉 우리 시대에 대표적이라고 말할 수 있는 세 가지 목회상담의 개념들을 정리해 보았다.

물론 이상에서 언급한 대표적인 목회상담의 윤곽들을 살필 때 그들이 다양한 신학적인 사상과 다양한 신앙적인 틀에서 나온 배경은 서술하지 않았다. 그러나 그들은 매우 다양한 신학적이며 시대적인 염려에서 나온 것이다. 만약 그리스도교 목회상담에서 인간을 실제로 완전히 변화시키는 것이나 인간과 하나님 앞에서 책임적인 행동이 가장 중요한 것이라고 볼 때 모든 목회상담에는 자기 시대에 우려했던 점들이 있다. 앞서서 언급한 전형적인 세 가지 목회상담의 유형이 전개될 수밖에 없었던 시대적인 우려는 다음과 같다.

- 목회상담의 신학적인 특수성이 상대화되거나 그것을 잃어버릴 수 있다는 우려
- 오늘날 삶의 상황에서 현대를 살아가는 내담자에게 쉽게 접근할 수 있는 방법이 상대화되거나 그것을 잃어버릴 수 있다는 우려
- 목회상담에서 성서적 규범과 진술에 근거한 인간 존재에 대한 비판적이고 필수적인 근거점이 상대화되거나 그것을 잃어버릴 수 있다는 우려

따라서 목회상담에서 분명히 이러한 염려들과 그에 연관된 반응들의 결과로 위와 같은 상황에서 뚜렷하지 않고 혼합되는 목회상담의 경향들을 분명하게 조종하고 소개해 보고자 하는 노력이 나타나게 되었다고 말할 수 있다.

한편으로 앞에서 언급한 전형적인 목회상담의 입장들로부터 많은 여러 '혼합 형태'의 목회상담이 발전되었다고 할 수 있다. 그러한 것을 파악하고 구별할 수 있도록 돕는다는 의미에서 우리의 특별한 과제가 남아 있다고 볼 수 있다.[182)]

그러나 목회상담의 개념들을 분류하고 소개하고자 하는 노력은 목회상담의 역사적인 비교를 통해서 가능할 수 있다. 이러한 작업은 처음부터 그때그때 지배적인 목회상담의 대표적인 입장들을 소개하게 되었다.[183)]

이러한 관점에서 다음과 같은 질문이 제기된다. 목회상담 또는 목회학의 역사를 살펴본다는 것은 매우 유익한 것이 아닌가? 그와 같은 작업은 그것을 넘어서서 매우 힘들더라도 보다 넓은 목회상담의 지평 또는 영역에서 목회상담학의 근거들을 반드시 찾아내야 되는 현대의 목회상담자들에게 매우 중요한 일이 아닌가?

---

182) 이에 대해서는 이 책의 223쪽 이하 '오늘의 상황' 부분을 참조한다.

183) 이에 대한 예로 W. Jentsch, *Handbuch der Jugendseelsorge, Geschichte—Theologie—Praxis*, Güterloh 1963(1963년 이래 여러 권으로 출판됨); F. Wintzer (Hg.), *Seelsorge, Texte zum gewandelten Verständnis und zur Praxis der Seelsorge in der Neuzeit*, München 1977; E. Winkler, Erfahrung und Verkündigung in der Seelsorge, *ThLZ* (107), 1982, 32 이하를 참조한다.

CHAPTER 3

목회상담의 역사: 그리스도교 초기부터 현재까지

목회상담자들에게 목회상담의 역사가 필요한가라고 묻는다면 우리는 곧바로 그리고 꼭 알맞은 대답을 하기 어렵다. 필자는 이 대답을 목회학적인 틀에서 살펴보고자 하며 그 사역에서 대답의 근거를 찾으려 한다. 다음에 서술하는 것들이 그 대답에 대한 생각들이자 근거들이다.

현존하는 모든 목회상담은 예외 없이 '그 시대에 맞추어진 목회상담'[1]이다. 그렇지 않다면 목회상담은 동시대 사람들에게 결코 접근할 수 없을 것이다. 그러나 실제로 그 시대에 맞추어진 목회상담이란 이미 다른 시대에서 필요로 했고 적용되었던 목회상담과 구별되고 차별화될 수 있을 때 비로소 파악될 수 있고 알 수 있다. 그러한 점에서 오늘의 목회상담자들은 자신들이 실천하고 있는 것이 시대에 맞으면서 특별한 무엇을 가지고 있다고 분명히 하려고 할 때 일반적으로 목회상담의 역사적 사상과 감정 그리고 목회상담의 활동과 그에 따른 신앙유형에 대해서 살펴보게 된다.

물론 그 노력이 추상적이며 학문적인 관심만 충족시켜 주는 것은 아니다. 그보다 그 노력은 오히려 목회현장에 직접적인 영향을 준다. 목회상담 사역은 어느 정도 생생한 역사의식에 의해서 전달되고 형성되기도 한다. 당연히 그러한 역사의식이 어려움에 처한 내담자의 의식 속에 들어가지 않을 수도 있다. 내담자는 자기의 삶과 신앙생활을 역사의식 없이, 다시 말하면 오로지 당면한 문제와 필요 그리고 기대에 휘둘려서 생활할 수 있고 또 생활하기를 원할 수 있다.

따라서 역사적인 차원을 생생한 실존의 차원으로 끌어내고 과거의 시간과 인물을 뛰어넘는 현재와의 공통점을 발견하는 직관력을 깨우쳐 주는 것이 목회상담의 과제라고 할 수 있다.

그것이 성공할수록 그것을 통해서 목회상담의 만남을 위한 중요한 관점이 촉진된다. 그것은 갈등상황에서 반드시 인식하게 되며 행동이 변화가 한 단계씩 변화되면서 일어나는 사건일 뿐만 아니라 시간이 지나가면서 그리고 역사와 연결되면서 일어나는 학습과정임을 깨닫게 해 주는 것이다.

그와 같은 학습과정이 긍정적일 경우 매우 많은 도움과 위로가 되면서 동시에 지금까지 겪어 보지 못한 놀라운 것을 미리 경험하게 만드는 과정이 된다. 사실 개인적인 습관뿐만 아니라 옛날 우리 선조 그리스도교인들이 보여 주었던 (행동) 전통에서 온 관습이

1) 이 명칭은 E. Baden과 H. Klemm이 편집한 '선교하는 공동체(Missionierende Gemeinde)' (Berlin/Hamburg, 1971)라는 대제목으로 편집출판하고 있는 것 중에서 20번째로 나온 잡지의 제목이다. 여기에 현대교회 목회상담의 상황과 목회상담을 새롭게 해 보려는 내용들이 요약되어 있다.

그 과정의 기초가 된다. 역사를 내용적으로나 시대에 맞게 의식화한다는 것은 개인적이면서, 그리고 개인을 넘어서 얻게 되는 경험의 보물창고로 새롭게 안내하는 것과 같다.

따라서 오늘날에는 전혀 이용되지 않을 수 있지만 경우에 따라서 많은 도움이 되며 꼭 필요한 역사의식이 주는 효과는 분명히 목회상담의 영역에서도 우리들에게 특별한 능력을 제공한다. 그러나 이 능력은 목회상담자가 자신의 사역에 대한 역사 또는 자신의 상담방법에 대한 역사에 관심이 없다면 결코 배울 수 없는 것이다. 오로지 그렇게 해서만이 목회상담 분야에서 엄청난 정보의 바다로 도약할 수 있다. 그것은 객관적이고 전문적인 정보로의 도약이다. 그 정보는 상담을 요청하는 사람에게 (직접적이든 간접적이든) 개인적인 신앙문제 때문에 고통스러울 때 도움이 될 수 있다.

동시에 여기서 중요한 것은 목회상담자가 자신의 정체성에 대하여 끊임없이 물어보는 것이다. 이와 같은 생각에서 그리스도교 역사에 나타난 목회상담의 유형들을 찾아보는 것은 다음과 같은 기대와 연결된다.[2)]

① 나는 언급할 수 있고 역사적으로 규정할 수 있는 기원을 가지고 있는 일을 (직업적으로) 수행한다. 따라서 나는 교회 전통을 연구하되, 그것은 이미 검증되고 보전된 목회상담의 행동들로서 우리 시대에 맞게 변형된 형태로 계속 이용하고 있는 전통으로 제한한다.[3)] 이렇게 특별한 교회 전통과 나의 주장을 연결시킴으로써 나는 나 혼자만이 이 길을 간다는, 곧 외롭다는 생각에서 해방될 수 있다. 한편으로는 그렇게 함으로써 내가 지금 시행하고 있는 목회상담의 행동들이 글자 그대로 '그런 예를 찾아볼 수 없어서' (인간과 하나님 앞에서) 무한대의 책임을 져야 된다는 느낌에서 자유로울 수 있다. 목회상담자로서 나의 정체성은 교회 전통과 완전히 똑같지는 않지만 그리스도교 역사에 뿌리를 둔 전통과 유사하다고 말할 수 있다.

② 나는 목회상담의 과거 역사에 나타난 회의적인 부분들, 심지어 내가 따라 하기 힘든 신앙 형태와 사고방식 그리고 활동에 근거하여 목회상담자로서 활동하고 있다.

---

2) 이에 대해서는 슈츠(W. Schütz)의 책에서 '종교개혁 이후 목회상담 역사로부터(Aus der Geschichte der Seelsorge seit der Reformation)' 부분의 도입 진술을 참조한다. W. Schütz, *Seelsorge. Ein Grundriβ*, Gütersloh, 1977, 9 이하.

3) 이에 대해서 슈츠도 그의 책에서 다음과 같이 말하고 있다. "우리들은 현재를 위한 인식과 규칙 및 방법을 역사에서 직접 도출해 낸다고 해서 역사를 배울 수 있는 것은 아니다. 우리들의 상황은 결코 과거의 어떤 상황과도 완전히 일치할 수 없는 것이다. 따라서 상황과 환경에 있어서 동질성과 비동질성, 연속성과 비연속성 그리고 유사성과 비유사성이 항상 고려되어야 한다"(9쪽).

이 말의 의미는 목회상담자로서 나는 목회상담의 뿌리인 여러 가지 역사적인 영혼 돌봄[그리스도교 역사에서는 '목회상담 대신 '영혼 돌봄' 이라고 서술한다: 역주]을 비교하게 되고 그것들의 배경에 대해서 질문하게 된다는 것이다. 그래서 목회상담자로서 나의 정체성은 완전히 다르게 살았던, 그리고 자신의 입장과는 특별히 구별되는 행동방법에 대한 비판과 자기비판적인 성찰에 좌우된다. 이런 의미에서 목회상담자로서 나의 정체성은 그리스도교 전통과 거리를 유지하면서 형성된다.

③ 나는 목회상담자로서 항상 목회상담 영역을 넓히기 위해서 가능하면 보다 많은 역사적인 것들을 재해석하고자 한다. 역사적인 사실에 대한 이러한 재해석은 목회상담에서 경험과 인식의 영역을 넓히고자 하는 시도인데, 이것은 역사적인 과정에 대한 균형 잡힌 해석에 근거한다. 이에 이 과정이 단지 역사적 사실의 반복이어서는 안 된다.[4] 따라서 목회상담자로서 나의 정체성이란 항상 균형 잡힌 해석에 기초한 역사적 전승을 보여 줄 뿐만 아니라 현재 목회상담을 위해서 의미 있게 재해석해야 하는 상황에 처해 있다.

그렇다면 이러한 기초 위에서 목회상담 역사에 대해서 어떻게 접근할 수 있을까?

1. 목회상담의 성서적 근거

• 그리스도교가 본래 '처음부터' 목회상담과 어떻게 연관되는지를 알아내기 위한 출발점에 당연히 예수 그리스도 자신이 있다.[5] 신약성서가 증언하는 것처럼 그가 목회상담

4) 슈츠는 이에 대해서 다음과 같이 언급하고 있다(위의 책, 같은 곳). "사람은 역사를 반복할 수 없다. 우리들은 역사를 단지 다시 돌려볼 수 있고 풍성하게 만날 수 있을 뿐이다." 특정한 시대의 개별적인 목회상담의 역사에 대해서는 K. D. Schmidt, *Grundriß der Kirchengeschichte*, 9. Aufl., Göttingen, 1990을, 목회상담 역사에 대한 개괄적이고 종합적인 설명은 W. Sommer/D. Klar, *Kirchengeschichtliches Repititorium*, 2. Aufl., Gottingen, 1997를 참조한다.

5) 예수의 삶과 그 영향력 자체가 그가 자란 종교적이고 목회적인 전통과 관련짓지 않고서는 결코 생각할 수 없다는 사실 때문에, 우리는 자연스럽게 구약성서에서 그리스도교 목회상담에 대한 성서적 뿌리를 찾게 되고 동시에 우리에게도 남아 있는 그 성서적 뿌리가 아직 우리 목회상담에 어떤 의미가 있고 영향력을 가지고 있는지 질문하게 된다. 이에 대한 문헌으로는 T. Bonhoeffer, *Ursprung und Wesen der christlichen Seelsorge*, München, 1985, 특히 'Grundstrukturen jüdischer Seelsorge' (30쪽 이하) 부분을 본다.

의 영역에서 실제로 어떤 혁명적인 역할을 했는지를 묻는 것은 오늘날 더 이상 역사적 예수연구의 과제나 문제가 아니다. 그것은 다음과 같은 연관성 속에서 볼 때 당연히 목회적으로 어떻게 해석할 것이며 어떻게 규정할 것인가의 문제다. 거기에서 다음과 같은 전형적인 해석과 인식 입장이 두드러진다.

① 나사렛 예수는 (신약성서가 묘사하는 것처럼) 그가 나타났을 때, 그리고 그의 생각과 그 당시 주변 환경에 준 영향력으로 볼 때 모든 목회 또는 목회상담의 창시자다. 예수는 모든 것에서 그렇게 전형적인 존재다. 그래서 그리스도교의(그리고 그를 '계승하는') 모든 목회상담의 기준이란 바로 그가 보여 준 것들이다.[6]

그 부분에 구약성서에 나타난 영혼 돌봄[목회상담]의 기본적 특징이 나온다. 구약성서 신앙의 중심이며 그것과 결코 분리할 수 없는 것이 율법이다. 하나님은 율법에 유일한 사회질서를 계시하고 있다. 이것은 다음과 같은 결과를 가져왔다. "율법으로부터 떨어져 나간다는 것은 구원에서의 제외와 치명적인 타락을 의미한다"(30쪽).

위와 같이 구약성서가 말하는 '정통적인 영혼 돌봄' 다음에 소위 '지혜서'가 말하는 영혼 돌봄의 영향력이 있다. 그 지혜문서들은 이 세상에 대한 실망감, 특정한 시간에 이 세상의 몰락, 지혜와 하나님 뜻을 파악할 수 없음 등에 대해서 밝히고 있다(욥기서가 대표적인 경우다. 이에 대해서는 V. Weymann, Hiob, in: C. Möller (Hg.), *Geschichte*. Bd. I, 35 이하를 참조한다).

구약성서의 묵시문서들은(예를 들면, 다니엘서의 경우) '우리 모두에게 두려운 이 땅의 모든 비극은 목회상담적으로 말하면 도래할 더 나은 세상과 완전히 대립된다'는 사실에서 시작한다. "묵시문학가들의 마음은 숨겨져 있으나 이미 하늘에 존재하고 얼마 후에 이 땅에 실현될 새로운 세상과 그 세상의 영광에 놓여 있다"(T. Bonhoeffer, 위의 책, 34).

특히 구약의 시편은 그 목회상담적인 요소 때문에 시대를 초월하여 구약성서 가운데 매우 중요한 문서로 여겨지고 동시에 현대 목회와 연관해서 많이 인용되고 있다는 사실은 그리 놀랄 만한 일이 아니다. 발더만(I. Baldermann)은 시편의 성격(발더만의 글은 C. Möller, 위의 책, 23 이하에 나옴)을 삶에 도움을 주는 글, 비탄 그리고 삶의 두려움을 극복시켜 주는 말이라고 규정하고 있다. 또한 시편은 현재 살아 있는 하나님을 향한 영혼의 대화가 될 수 있으며 일종의 수단으로서 다른 경험의 차이점에 도움을 준다. 가장 중요한 것은 시편이 찬양의 도구가 된다는 사실이다. 바로 그렇게 시편은 깨지지 않고 오늘날에도 우리들에게 직접 영향을 끼치고 있다. 그런데 "찬양의 언어란 시편에서도, 그리고 그 밖에 성서의 다른 곳에서도 새로운 구원의 세계를 경험한 곳에서 생기는 것이 아니라, 오히려 삶의 극한 위험 앞에서 찬양할 수밖에 없는 핵심을 찾게 된다. 바로 그렇게 찬양의 언어는 우리를 침묵에서 벗어나게 한다. 그렇다. 우리는 범지구적인 극한 위험 앞에서 찬양의 언어를 진정으로 이해하기 시작하는 것이다. 어쨌든 그렇게 우리는 우리의 신앙선배들과 완전히 다른 길을 간다. 찬양의 언어가 나를 비추기를 원한다. 바로 그 순간이 비로소 우리가 찬양의 언어를 발견하는 시간이다(I. Baldermann, 위의 글, 33).

6) 이에 대해서는 다음의 저서들이 도움이 될 것이다.

E. C. Achelis, *Lehrbuch der Praktischen Theologie*. 2. Band, 2. Aufl., Leipzig, 1898. 이 책의 'Umriss der Geschichte der speziellen kirchlichen Seelsorge' (184쪽 이하)라는 절에는 다음과 같은 말이 있다." 특별한 그리스도교 목회상담 또는 목회에 대해서 말할 때, 형태에 대해 말한다면 공동체의 존재 그리고 공동체의 기능에 대해서 먼저 말할 수 있다. 특별한 그리스도교 목회상담을 본질적인 면에서 말한다면 성서의 수많은 이야기에 나오는 주 예수의 사역, 즉 그의 구원의 선포와 자기를 알리는(부분적으로 목

② 예수 그리스도가 이 땅에서 활동하고, 그뿐만 아니라 그와 관련되어 이 세계에 그리스도교가 형성된 것이 인생을 형성하는 신앙태도의 본질을 형성하게 되었다. 그 신앙태도가 세상의 관례를 변화시킬 수 있는 것이다. 목회상담은 그와 같은 의지를 가진 그리스도교 세계관과 매우 강하게 연결되어 있다.[7]

③ 부활하고 이 세상의 주인인 예수 그리스도는 목회상담자의 모습, 즉 목회상담의 원형이다. 그는 시간을 초월해서 완전히 새로운 삶의 기쁨을 일깨워 주는 근본적인 체험을 위한 가장 이상적이고 최대의 존재라고 할 수 있다.[8]

자의 소리로 부르거나 찾아간)(마11:28; 눅15:1–10) 사역 속에서 찾을 수 있다(185쪽).
O. Pfister, *Analytische Seelsorge. Einführung in die praktische Psychoanalyse für Pfarrer und Laien*, Göttingen, 1927에서 피스터는 다음과 같이 예수에 대해서 말하고 있다. "예수는 수고하고 살기 힘든 모든 사람들, 마음이 가난한 모든 사람들, 고통당하는 모든 사람들, 평화가 없는 사람들, 하나님 사랑을 빼앗긴 사람들, 악한 영에 사로잡힌 사람들, 하나님의 길을 떠나 목자를 잃고 주인을 찾는 사람들을 위해서 왔다"(5쪽).

7) 이에 관해서는 다음을 참고한다.
H. A. Köstlin, *Die Lehre von der Seelsorge nach evangelischen Grundsätzen*, 2. Aufl., Berlin, 1907. 이 책에 나오는 목회상담의 개념규정은 다음과 같다(2쪽 이하). "영혼을 돌본다는 말은 개인의 영혼이야말로 책임 있는 인격의 대표자라고 인정될 때만이 사용할 수 있는 것이다." 여기서 또 다른 전제가 나온다. "목회상담이란 말은 엄격한 의미에서 그리스도교적인 세계관의 관점에서만 말할 수 있는 것이다. 그리스도교적인 세계관에서 영혼이란 인간의 영이 머무는 장소이고 전달자이며 동시에 이 땅의 재료로 형성된 몸을 위한 생명의 전달자다. 영혼은 사람 자신, 나, 인격 그리고 영적인 생명을 담는 그릇이다. ……목회상담은 영혼이 영원한 생명을 위해서 훌륭하게 발전되고 활짝 피어나고 온전히 보호되는 것에 관심을 가지고 끊임없이 노력하는 일이라고 말할 수 있다. 영원한 생명은 예수 안에서 나타나고 있다." 바움가르텐도 그러한 입장을 보인다. O. Baumgarten, *Protestantische Seelsorge*, Tübingen, 1931, 5. "목회상담의 가장 근본적인 기초는 타락한 세상에서 잃어버린 영혼을 구하고 선택받은 얼마 안 되는 사람들에게 다가가려는 행위, 곧 영혼을 구원한다는 데 있다. 목회상담에서 가장 중요한 것은 인간이 가진 모든 성향을 조화롭고 건전하게 만들기 위해서 영혼을 교육시키려는 것이 아니다. 그리스도로부터, 하나님으로부터 떨어져 나간 영혼을 구하는 것이다. 세상과 자연과 문화를 부정적으로 보고 있는 것에 근거하고 있는 종교적 절대주의가 신약성서에 나오는 모든 목회상담이다."

8) 이러한 관점에서 20세기 중반에 나온 목회상담이론의 두 가지 정의가 있다.
A. D. Müller, *Grundriβ der Praktischen Theologie*, Berlin, 1954. 뮐러는 요한복음 10장과 에스겔 34장에 목회상담의 태생적 의미와 법칙을 그림으로 나타낼 수 있는 근본적인 근거가 있다고 본다. 그 모형이란 선한 목자상이고, 그것은 예수 그리스도 안에서 구원을 가져오며 궁극적으로 이루어졌다. "모든 목회상담은 의심할 여지없이 그리스도 안에 원형을 가지고 있다. 간단하게 말해서 목회상담은 교회의 본질이다. 왜냐하면 그리스도는 그 스스로가 목회상담을 했으며 하늘에 들여 올라가신 분으로서 그 자신이 목회상담가다(279쪽 이하). 이 말에 대한 전제로서 언제나 중요한 것은 요한복음 10장에 대한 언급이다. "목자는 모든 적들보다 강하다. 왜냐하면 그는 아버지의 아들이고 아버지는 모든 것보다 크시기 때문이다." 동시에 그는 선한 목자다. 그는 힘으로 지배하지 않으며 그는 선물을 준다"(298쪽). "만약에 요한복음 10장에 나오는 복음이 단지 말씀이고 전혀 비현실적이고 경험되지 않은 힘이었다면 거기서 나오는 원형은 인류의 역사에 아무 힘도 영향도 끼치지 못하게 되었을 것이다"(299쪽).

④ 무엇보다도 메시아로서의 예수는 완전히 변화된 현실 이해를 알려 주었고 구체화시켰다. 목회상담은 이러한 중재자 개념에서 목회상담의 본질적인 과제를 받아들인다. 목회상담은 인간을, 자기 자신의 존재와 그 자신의 상황을 종말론적인 표징과 만나도록 만들어야 하며, 동시에 비판적이면서 창조적으로 세상과 대응하도록 해야 한다.[9]

다음으로 들 수 있는 신학자는 핸들러다. O. Haendler, *Grundriβ der Praktischen Theologie*, Berlin, 1957에서 원형적 경험 가능성을 먼저 제시한다. 그리고 다음과 같이 결론을 내린다. "목회상담은 본질적으로 교회 안에만 존재하는 것이 아니다. 만약에 우리가 목회상담을 교회만의 과제로 단지 교회 안에 가두어 둔다면 우리는 목회상담의 폭과 깊이를 포기하는 셈이다. 사실 목회상담은 교회 밖에도 존재한다. 목회상담은 한 종교에서 나온 정형화된 영향력으로서 다른 종교들 안에 존재한다. 그리고 목회상담은 종교 없이도 존재한다"(372쪽).

이 말이 의미하는 것은 무엇일까. 핸들러는 계속해서 다음과 같이 말한다. "그렇게 이미 전체 구약성서는 목회상담적인 문서다. 인간 존재에 관한 최초의 말, 곧 '하나님이 사람을 자기의 형상대로 만드셨다.'(창1:27)라는 말은 완전히 목회상담적인 말이다. 성서에 나오는 모든 선포자들, 야웨문서 기자들, 제사문서 기자들, 엘로힘 문서 기자들 모두가 근본적으로 목회상담가들이다"(위의 책, 같은 곳). 이러한 배경 위에서 '신약성서는 그리스도교에서 모든 목회상담의 근본적인 자료라고 할 수 있다 ……왜냐하면 목회상담이 필요한 모든 상황에서 사람들에게 말해 줄 위로이고 내용이기 때문이다'(위의 책, 같은 곳) 또한 성서에서 사람들은 그리스도 안에서 하나님을 인식하고 목회상담은 결정적인 힘을 거기에서 얻기 때문이다. 그것은 '그리스도를 경험하는 것이 우리 삶을 완전히 바꾸어 놓기 때문이다. 이렇게 집중될 때 비로소 그리스도 경험이란 보편적인 것이며 그리스도의 특수성 안에서 모든 것이 이루어진다. 그렇게 신약성서는 그리스도의 경험으로 채워졌고 그 경험에 대한 증인이다. 그러나 그러한 증거가 진정한 목회상담이다. 그 증거가 바로 사람에 대한 진정한 도움으로서 진리를 제대로 고백하는 것이다'(373쪽).

9) 이러한 관점에서 보고 있는 다양하고 많은 역사적인 자료들이 본회퍼의 저서에 나와 있다(T. Bonhoeffer, *Ursprung*). 여기서 현실에 관한 문제 제기는 근본적 인식으로 존재한다. "매우 중요한 의미에서 현실적인 것이 무엇을 의미하는가라는 질문이 인간 존재의 근본적인 물음인 동시에 목회상담의 근본 문제다"(16쪽). 그러나 예수 그리스도의 재림과 관계된 종말론적인 소망은 존재하는 현실이 완전히 파괴된 관계라고 말하고 있다. 예수 그리스도가 가짜 선생인가 아닌가, 그는 변화된 본질에 대한 유일한 중재자인가 아닌가라는 것은 알려진 물음이다. 이는 십자가 사건 때문에 자연적으로 위기에 처하게 되었다. 그러나 결정적으로 그의 부활과 부활절과 더불어 우리의 신앙은 '하나님의 유일한 용서를 실현시키고 선과 악이라는 과거의 현실을 폐기시켜 버린 예수 그리스도와 더불어 새로운 창조가 나타났다.'는 사실에 뿌리박게 되었다. 과거의 기대와 희망이 십자가에서 깨지고 나서 부활하신 분을 인정하는 것이 완전히 다르고 새로운 현실에 참여하는 것이 되었다. "제자들이 처한 종말론적인 상황에서 그들은 세상을 보았다. 그때 화해와 용서는 여러 다른 대안과 더불어 있는 하나의 삶의 가능성이 아니라 그것이 없다면 세상은 파괴될 수 있기에 오직 유일한 삶의 가능성이 되었다. 예수 안에서 제자들에게 근본적인 화해는 실제가 되었다. 화해하지 못하는 세상에 의해서 예수가 처형되고 나서 예수는 제자들에게 그 세상의 왕으로 나타났으며 그 세상 속에 진정한 미래가 놓여졌다"(26쪽).

이렇게 일반 세계를 비판적으로 보는 복음의 관점에서 볼 때, 그리스도교 목회상담의 출발점과 본질이란 그리스도인들을 오로지 그들의 환경에 적응시키고 경건하게 만드는 데 있지 않다. 오히려 여기서 가장 중요한 것은 영혼에 대한 돌봄, 다시 말하면 세상과 반대되는 영혼을 바로 세우는 것이다. 따라서 삶이와 같이 다양한 근본적 사고방식의 결과 다음과 같은 결론이 나온다. 그리스도교 목회상담은 예수 그리스도를 근본 출발점으로 언급함으로써 일차적으로 이 세상에 존재하는 유일한 삶의 가능성으로 자리매김하고 있다. 그것은 고통스럽고 불만족스럽고 철저하게 분열된 세상 현실에 대항해서 무엇인가 구원하는 새로운 것을 보여 줄 수 있다는 가능성이다. 현실적인 상황에 대해서 그러한 대안은 그 창조적인 가능성을 나사렛 예수를 믿는 믿음에서 찾고 있다. 예수 그리스도는 무엇보다 사람들과 더불어 살았고 그 후 십자가에 달렸으며 마침내 부활한 주님이다.

주님의 이름으로 새로운 현실에 대한 선포는 옛 체제 속에 하나의 비판적이면서 동시에 위로하는 핵심적인 요소가 포함되는 것이다. 변화를 절실히 필요로 하는 사람들에게 가장 중요한 것은 회개며 어떤 상황에서도 목자인 주님을 의지할 수 있다는 확신을 주는 것이다.

• 목회상담에서 일반적으로 예수 그리스도에 근거를 두는 것 외에 목회에서 성서구절에 대해서 언급하는 것은 반드시 필요한 것이다. 성서 구절은 교회공동체가 구성되는 시기에 매우 결정적인 역할을 한다. 이와 같은 맥락에서 볼 때 목회상담에서 인용될 수 있는 많은 신약성서 구절들은 매우 인상적이다.[10] 다음에 나오는 인용문은 목회상담과 연관된 개별적인 성서 구절의 종합적인 정리와 해설에 대한 한 예로서 특별히 어떤 개념을 가지고 시작하는 목회에서 도움이 된다. "교회가 존재하는 한 모든 인간적인 공동체가 그러하듯이 교회의 구성원들은 서로가 서로를 돕게 된다. 오늘날 우리가 이해하는 목회상담이란 신약성서에 나오는 단어들, 곧 위로하기(고후13:11; 데전4:18, 5:14), 권면하기(데전2:11, 5:11; 딤전4:13), 바로잡아주기(갈6:1), 더불어 도와주기(필4:3), 서로가 서로의 짐을 져주기(고전12:25; 고후11:28), 서로서로 섬기기(벧전4:10)와 같은 개념으로 나타낼 수 있다.

에 대한 도움으로서 신앙을 돕는 것은 우리가 살고 있는 이 세상 현실에서 오늘날 대부분의 세상 사람들이 이상적이라고 생각하는 것과 같은 삶을 살도록 도와주는 것만을 의미하지 않는다. 예수 그리스도가 가르쳐 준 것에 따르면, 또 예수의 제자가 된다는 의미와 연결해서 생각한다면 그리스도교 목회상담의 과제는 완전히 다를 것이다. "초기 그리스도교는 극단적 개인주의라는 표면에 나타난 문제점을 가진 세상과 완전히 분리될 수밖에 없는 본질적 문제와 씨름했다. 그들이 처한 문제를 해결하기 위해 마음을 다하고 뜻을 다하고 힘을 다해서 그리스도를 따라야만 하는 그리스도의 제자도를 함께 지켜 나가는 것이 중요한 문제였다" (29쪽).
물론 위와 같은 태도의 목회상담 이해를 '시대를 초월해서 항상' 지켜 나갈 수는 없었다. "초기 그리스도교는 시간이 지남에 따라서 현실을 경험하는 교회로 바뀌었기 때문이다. 그렇게 본질적인 문제는 이성적으로 생각하면서 상대화되기 시작했다" (29쪽).

그러나 이 성서적인 개념들은 일반적인 사회적 기능들에 대해서 말하고 있으며, 신학적으로 특별한 것이 아니라 우리들이 말하는 영혼 돌봄 개념의 뿌리에 해당되지 않는다. 목회상담은 초기 그리스교의 교회공동체 삶의 관점에서 보면 매우 당연한 것이다. 우리는 여기서 목회상담의 기능적인 면과 만나게 되는데, 거기에서 보면 특별한 그리스도교의 목회상담적 도움이란 개인적으로 나타나는 성령의 은사가 기초가 된다."[11)]

목회상담이 어떤 형식과 특징으로 형성되기 시작하였는가는 '교회가 존재하는 한' 이라는 말로 암시하고 있다. 즉, 모든 목회상담의 활동들은 영혼 돌봄이라고 부를 수 있는 처음부터 교회공동체의 형성과 매우 밀접한 관계를 가지고 있다. 이와 상응하여 (18세기 이후) 영혼 돌봄을 말할 때는 종종 목회서신을 언급하게 되는데, 거기서 목회서신을 쓴 사람은 수신인이 되는 여러 다양한 교회공동체의 기능을 가지고 있는 목회 대표자를 '목자' 로 부른다.[12)]

현대 목회학 문헌에서 고대교회(초기 가톨릭교회)의 그리스도교 공동체에서의 특별한 '직분들' 로부터의 분리는 완전히 특별한 교회론과 연관되며, 다시 고전적인 '개신교적인' 구조화 시도와도 연관된다. 다시 말하면, 가톨릭적인 목회상담의 개념은 종교개혁적 전통에서 말하는 목회상담의 정의와는 분명히 구별된다. 일반적으로 가톨릭적인 목회상담의 개념은 특별히 고대교회의 영혼 돌봄 개념이 잘못 발전된 것으로 평가받고 있다. 이러한 평가는 역사적인 것에 기초하고 있다.[13)]

10) 신약성서가 목회상담(영혼 돌봄)에 대한 구약성서적인 부분과 기본적인 언급이 제시된다면 인용가능성은 당연히 확대된다.

11) D. Stollberg, Seelsorge, *EKL* 4, 173 이하, 인용문은 175 이하를 참조한다. 또 다른 자료로는 E. Chr. Achelis, 위의 책, 186; O. Baumgarten, 위의 책, 5 이하; O. Haendler, 위의 책, 372 이하; A. D. Müller, 위의 책, 298 이하를 참조한다.

12) Reinhard Schmidt-Rost, Art.: Seelsorge, *WdC,* 1136 이하. 슈미트-로스트는 목회서신의 목회상담의 역할을 초기 가톨릭 교회공동체에서의 그리스도교적인 생활질서를 확고히 하기 위한 것으로 이해할 수 있다고 보고 있다.

13) 물론 그렇게 엄격하게 차이점이 있었다는 평가에 대해서도 매우 다양한 의견이 있다. 그러나 다음에서 이와 비슷한 경향의 견해를 읽을 수 있다. 쾨스틀린(H. A Köstlin)은 그의 책의 '로마 가톨릭의 목회상담' 이라는 장에서 가톨릭교회와의 목회상담 개념에서 개혁교회의 의도적인 차별화 과정이 있었음을 자료로 증명하면서 주장하고 있다(8쪽). "목회상담의 개념과 방법에 대해서 특별히 가톨릭적이라고 말할 수 있는 특징은 로마 가톨릭의 직분 개념이 어떻게 형성되고 있느냐와 직접적으로 관계되어 있다. (그리고 이 부분은 강조해서 표현하고 있는데) 분명히 초대교회는 가톨릭교회가 이해하는 것과 같은 영혼의 안내, 영혼의 지배 그리고 그 일을 위한 목회상담의 교회직제에 대해서 알지 못하고 있다."
바움가르텐은 그의 책 『목회상담』에서 위와 같은 입장을 조심스럽게 비판하고 있다(11쪽). "개신교신자로서 우리들은 가톨릭적인 목회상담을 단지 한마디로 속단해서는 안 된다. 로마 가톨릭교회의 목회

우리가 현대 목회상담을 이해하는 데 도움을 얻기 위해서, 또 앞선 목회상담의 역사적 실수에서 배우기 위해서 성서에서 시작되고 시대별로 나타나는 특징적인 목회상담의 구조가 어느 정도까지 파악될 수 있을까? 오늘날의 시각에서 볼 때 하나님과 세계 그리고 사람에 대한 어떤 생각이 역사적으로 우리의 관심을 끄는가? 그리고 그들의 어떤 근본적인 질문들이 오늘의 우리에게까지 유효할까? 이러한 맥락에서 어떤 목회상담의 지침들이 오늘날까지도 필요하며 시대를 뛰어넘어 유용한가? 목회상담에 관한 역사적 자료를 살펴본다는 것은 이러한 또는 비슷한 질문들을 가지고 현재 우리가 알고 있는 것을 계속 확장시키는 과정 속에 있다는 것을 의미한다.

2. 초대교회에서 종교개혁까지

어떤 사항을 역사적으로 개관할 때 시대를 특별히 어떤 일정한 단계로 나누어 구분해야 되는데, 그때 저자 자신의 자의적인 면을 배제할 수 없게 된다. 그럼에도 불구하고 '목회상담의 역사'에서 그러한 시도는 범주화시키는 원리로서 불가피하다. 마치 그것은 우리가 본질적으로 어떤 특정한 관점으로 보는 것이 반드시 필요한 것과 같은 것이다. 더구나 그러한 시도를 통해서 외적인 상황과 사회적인 조건들과 연관된 분명한 차이점들이 드러나게 마련이다. 또한 언급할 수 있는 다양성은 다양한 시대 속에 나타나는 다양한 경험의 상황과 밀접한 관계가 있다. 역사적으로 완전히 다른 시대와 다른 특징들을 가지고 있는 목회상담 활동을 일정한 틀로 나누는 작업 없이는 각 시대가 가진

상담도 보다 중요한 것은 기관으로서 교회를 강조하는 것이 아니라 영적인 삶을 충만하게 하는 것이다. 당연히 수직적인 교회조직에서 직제적인 경향을 벗어난 목회상담은 있을 수 없다. 그러나 영적인 삶이 있는 곳에는, 가톨릭교회 안에서도 진정한 목회상담이 있다."

뮬러도 그의 책에서 고해성사 과정을 비교적 객관적으로 자세하게 다루고 있다(A. D. Muller, *Grudriβ*, 34). 그는 계속해서 다음과 같이 서술하고 있다. "가톨릭교회가 목회상담을 위해서 만든어 놓은 가장 중요한 교회의 직세는 바로 고해성사제도다. "뮬러는 여기서 이러한 목회상담의 규정을 기준으로 고대 가톨릭교회의 목회상담의 이해뿐만 아니라 종교개혁적인 목회상담의 이해를 비교하려고 한다.

마지막으로 슈톨베르크(D. Stollberg)는 목회상담의 역사적인 발전을 추적하면서, "어떤 목회상담의 경향도 목회상담의 본질적인 면을 단절시켰다고 주장하지 않는다. 오히려 목회상담의 발전과정에서 개신교와 가톨릭교회의 각기 다른 강조점이 있었다."고 말한다(D. Stollberg, Art. Seelsorge, 178). 그는 20세기 들어 목회학의 중요한 발전에서 개신교 신도들과 가톨릭 저자들의 공헌을 모두 함께 언급하고 있다.

목회활동의 '본래적인' 의도와 '시대에 맞게' 변화되고자 하는 의도를 파악할 수 없을 뿐더러 오늘날 우리가 행하는 목회상담의 활동과 비판적으로 비교할 수 없다.[14)]

1) 콘스탄틴 황제의 그리스도교 공인시대까지

오늘날 우리가 그리스도교 목회상담이라고 말할 수 있는 것과 동일한 그리스도교 영혼 돌봄[미국의 목회상담운동 이전까지는 seelsorge를 영혼 돌봄으로 번역한다: 역주]은 기독교 신앙 역사에서 그리스도교가 국가종교로 공인받기까지 거의 초기 300년까지를 한 단위로 나눌 수 있다. 그들이 목회상담적으로 가장 중요하게 강조하는 것은 어떤 목회경험에 근거를 둔 것일까?[15)]

• 일반인들이 염두에 두고 있지 않는 또 다른 현실세계를 인식하고 있는(이 책의 29쪽 이하 참조) 신앙인들은 불가피하게 이 세상이 추구하는 여러 법칙들과 부딪히게 된다. 그들은 스스로를 특수한 존재로 규정함으로써 '매우 특별한' 삶의 형식을 취하게 되며 무엇보다도 심리적으로 변화되기를 원한다. 항상 그들에게 가능한 일이고 그들을 위협했던 순교자의 길은 자연스럽게 다른 세상은 '악마'에게 속해 있다는 생각을 더욱더 확고하게 만들었을 뿐이다.

그와 같이 일반 그리스도인들에게 피할 수 없이 나타나는 삶에 대한 두려움에 대항하기 위하여 대응 전략이 발달되어야 했으며 영혼 돌봄의 도움으로 지지를 받아야 했다.

– 영적인 악마의 세력이 무섭게 엄습해 올 수 있었기 때문에 귀신을 쫓아내는 예식이 그것에 대항하기 위한 방법이었다.[16)]

14) 핸들러는 목회상담의 역사를 쓰는 데 있어서 심리적인 문제에 대해 언급하고 있다. 그의 말에 의하면 목회상담의 역사서술에서 중요한 것은 '과거 문자적인 자료에서 결론을 끄집어내는 것인데, 그보다 좀 더 중요한 것은 우리의 시대와 가까울수록 보다 생생하게 그 자료에서 그들의 마음을 느낄 수 있도록 만드는 것이다. 현대 독자들에게 그들의 심장의 고동을 느낄 수 있도록 만드는 것이 목회상담의 역사를 기술하는 근본적 이유다.' (371쪽). 그 시대와 심증적으로 동감한다는 의미에서 '느끼게 만드는 것'은 심리역사학 분야에서(예: E. H. Erikson, *Der junge Mann Luther*, Frankfurt, 1975) 두드러지게 나타나고 점차 늘어나는 추세다.

15) 다음에 전개하는 내용은 본회퍼(T. Bonhoeffer)의 저서 『근원(*Ursprung*)』을 참고하고 있으며 몇몇 사항에서 보충하여 좀 더 자세하게 설명할 예정이다.

16) 이에 대해서는 A. Hardeland, *Geschichte der speciellen Seelsorge in der vorreformatorischen Kirche*

- 복음이 타락하고 미신이 기승을 부리고 매우 세속적인 요구들이 영혼 구원을 위태롭게 할 때 교회는 지옥에 영원히 떨어진다는 위협으로 대처해 나갔다.
- 고통 가운데서도 신앙을 지키고 매일 일상적인 생활에서 그리스도를 따르는 삶을 살라는 것은 일반 사람들에게 과도한 요구이며, 실제적으로 너무 심한 부담이라고 여겨질 때 꼭 필요한 교회공동체 교육 외에 교회공동체 훈련으로 대처해 나갔다.

---

und in der Kirche der Reformation, Berlin, 1898을 참고한다. 이 책의 '악마적인 것에 대한 영혼 돌봄' 이라는 장에서 그는 개략적으로 다음과 같이 말하고 있다. "중세교회는 사악한 생각이 일어나는 원인을 단순히 악마적인 세력에 의해서 생기는 간접적인 영향 때문이라고 돌리곤 했다. 따라서 사악한 생각에 대항하여 싸우는 것은 아마와 악미를 따르는 영적인 세력들과의 싸움이라고 생각했다. 그리고 사람이 악한 영에 의해서 완전히 압도당해 그들의 노리갯감이 되었을 때, 즉 귀신들렸을 때, 교회는 그것을 '귀신 쫓기 의식(구마식)' 이라는 무기로 처리했다. 더러운 귀신을 쫓는 힘은 초자연적인 수단에 속한 것이었으며, 초기 교회는 그렇게 귀신을 쫓음으로써 '교회란 이 세상에 속한 존재가 아니다.' 라는 것을 이 세계에 보여 주는 증거로 삼았다." (180 이하).

뮬러는 특히 그의 저서에서 '귀신 쫓기' 라는 주제를 강조하여 설명하고 있다. 그는 고대교회에서의 영혼 돌봄을 설명하는 가운데, 귀신 쫓는 사람의 직분에 대해서 다음과 같이 말하고 있다. "이 직분의 역할이 의미하는 바에 대해서 합리주의에 물들어 있기 때문에 당황스러워하는 사람들은 고대교회에서 귀신 쫓기가 핵심적이고 가장 중요한 영혼 돌봄의 주제였다는 사실을 주목해야 한다." (A. D. Müller, Grundriβ, 301)

악령들과 하나님과 적대하는 세력들도 하나의 '인격으로' 이해하는 것이 귀신 쫓기 의식에서 기본이 되는데, 그러한 이해가 분명히 오늘날 가장 문제가 된다. 가톨릭 목회상담에서도 '대(大)구마식' (이것은 '로마 가톨릭 예식 안에서' 인정받는 공식적인 의식에서 행해진다)은 항상 특별한 경우에 그리고 특별히 주교의 허락하에 시행하는 수단인데, 교회는 잘못 이해될 소지가 있는 그러한 의식에 대해 근본적으로 그리고 시대에 맞도록 이해할 것을 요청한다. "그래서 그리스도에 의한 악으로부터의 해방을 선포하는 모든 성례전적 의식이 있기 전에 목회심리학적 자격을 갖춘 목회상담이 앞서서 실시되어야 한다" (H. Pompey, Art.: Exorzismus, *EKL 1*, 1237 이하 참조. 1240에서 인용함).

성서에 근거해서 마술적이지 않고 바른 귀신 쫓기에 대한 이해를 돕기 위한 설명이 오히려 오늘날 우리 사회에 널리 퍼져 있는 미신적 신앙에 빛시는 것이 될 수 있다는 사실을 투르나이젠는 그의 책 『목회상담론』의 '목회상담과 귀신 쫓기' 라는 장에서 분명히 지적하고 있다.

현대사회에서 점차 증가하고 있는 '사탄의식' 의 상황에서 '귀신 쫓기' 라는 주제와 이를 목회적 차원에서 다룰 수밖에 없는 절박함에 대해서 바르트(H.-M. Barth), 프뤼겔(H. Flügel), 리이스(R. Riess) 같은 학자들이 주장하고 있다. H.-M. Barth, H. Flügel, R. Riess, *Der emanzipierter Teufel*, München, 1977. 바르트는 이와 같은 맥락에서 교회역사에서 나타난 역사적 사실을 확인시켜주고 있다. "고대교회는 세례를 줄 때 세례자에게 세속적인 것과의 난절을 의미하는 축도뿐만 아니라 구마식도 거행했다. 세례자를 세속적인 것과 단절시키는 것만으로는 충분하지 않다. 영적인 악의 세력을 쫓아내야 한다. ……고대교회에서 '악령 쫓기 의식' 은 세례의식을 넘어서서 모든 종류의 악을 몰아낼 수 있다는 당시의 이교도적이고 무엇보다도 유대교적인 악령 쫓기 의식과 그 맥락을 같이했다. 그러나 초기 그리스도교는 다른 헛된 종교들이 했던 '귀신 푸닥거리' 보다 아주 월등하고 성공적으로 그 의식을 수행했다. 교회에는 귀신 쫓는 은사를 가진 사람들이 있었다. 그들은 가장 낮은 서열이지만 교회직분에 속했을 정도로 그들의 악령 쫓기 의식은 고대교회에서 매우 일반적이고 정상적인 의식이었다" (162 이하).

이렇게 교회는 그때그때 주어진 상황에서 영적으로 그리고 정신적으로 그리스도교적인 대처방법을 실행해 나갔다. (2세기 중엽에 그리스도교 내에서 신약성서가 확정되었다는 사실은 목회적인 관점에서 보면 그리스도인들이 매일 겪는 극심한 두려움에 대한 효과 있는 영혼 돌봄의 대처방안으로 이해할 수 있다. 성서가 전체적으로 편집되면서 그리스도인들이 추구할 새로운 삶의 본질이 '궁극적으로' 드러나게 되었으며 동시에 가능한 삶의 형식으로 인정되었다.)

• 다양한 교회직분들로 구성된 '목자' 와 돕는 자의 영혼 돌봄의 방법으로는 다음 한 가지는 막을 수 없었다. 즉, 한편으로는 긴박한 종말의 기대감이 줄어들고, 다른 한편으로는 그리스도인들의 수가 증가되면서 새롭고 지금까지 들어보지 못했던 유일한 용서와 은혜의 복음의 충격이 개개인에게 자연적으로 약화되었다. 단순히 외형적 조직들(교회직분에서 수직 계급적 사고방식의 도입, 조직의 강압적 간섭, 책임소재의 분할, 도덕적이고 교회 전통적인 규범의 확립 등)이 '근본적으로' 다른 이교적 사상들과 완전히 차별화되었던 신앙 이해 대신에 확고한 자리를 차지해 버렸다.

고대교회 당시 그 상황에 상응하는 교회의 영혼 돌봄의 조치가 오늘의 시각에서 볼 때 조금 '거친 방법' 을 사용하고 있다고 생각한다면, 분명히 말해서 그런 생각이 매우 틀렸다거나 고대교회의 영혼 돌봄을 너무 성급하게 격하시키는 것만은 아니다. 그러나 고대교회에서 영혼 돌봄의 과제는 그 시대에 맞게 당시의 사람들에게 복음을 깊게 이해시키는 것뿐만 아니라 그 시대에 대표적으로 나타나는 신앙적 삶의 갈등을 해결하는 모형을 발전시키는 데 있었다.

위에서 언급한 것처럼 임박한 종말을 기대하는 긴박감이 없어지면서 교회가 구체적으로, 영혼을 돌보는 데 적절히 대응하기 가장 어려웠던 것은 무엇보다도 교회 내에서 회개가 얼마나 중요한 것인지에 대한 논쟁과 회개를 어떻게 시행할 것인지에 대한 논쟁에서 잘 드러난다. 고대교회에서 '이전에 고백한 죄의 고백은 반복할 수 없다' 는 주장과 '그러한 죄의 고백도 반복할 수 있다' 는 주장에 대해서 신학자들과 그리스도교를 옹호하는 사람들이 오랫동안 강도 높게 논의했다는 사실은 (목회학적으로 본다면) 그러한 문제에서 특별히 그리고 전체적으로 불확실한 태도를 취했던 고대교회의 한 단면이라고 말할 수 있다.[17)]

17) 이에 관한 다음 내용은 슈트레커(G. Strecker)의 저서 *Die Johannesbriefe*, 1989, 299에 나오는 부록 '두 번째 회개' 에서 뽑은 것이다. 여기에서 보면 요한시대와 그 인접한 시대의 초기 그리스도교 회개절차에 대해서 소개하고 있는데, 먼저 '죄라고 판단하는 원칙이나 규칙을 바탕으로 판단하는 조직적인 기

교회가 그렇게 특정한 사안에 대해서 확신이 없을 때 실제적으로 어떠한 영혼 돌봄의 조치를 취했는가? 단 한번만, 그리고 절대 반복할 수 없다는 회개의 행위와 관련된 이념 교육이 (곧 세례도장을 신성하게 보존하는 것만을 통하여) 실제적으로 인간 존재를 결정적으로 규정할 수 있었을까?[18] 그럼에도 불구하고 세례받은 그리스도인들도 언제나 자연

반에 근거하지 않고 그때그때의 사안에 따라서 죄를 진 사람을 판단했다.' 그리스도의 희생은 일회성이라는 특징을 가지기 때문에 근본적으로 어떤 용서도 반복을 허용할 수 없는 것이라는 구실 이하, 죄의 용서를 단 1회만 허용하는 엄격한 모습이 많이 나타난다. 무엇보다도 "사도시대 이후에 점차 증가하는 신앙의 타락을 극복하기 위하여 그러한 엄격함이 강조되고 있다. 2세기에서 3세기로 넘어가는 시기의 몬타니스교인들(Montanisten)과 3세기의 노바티안(Novatian) 및 그의 추종자들은 한 번 타락한 그리스도인들을 다시 받아들이는 것을 거부하고 있다"(300쪽).

위와 같이 죄의 용서를 엄격히 적용하는 초기 교회의 입장은 실제 교회공동체의 현실과 맞지 않기 때문에 실제적으로는 많은 저항에 부딪히게 된다. 그러한 맥락에서 죄들을 상세하게 분류하는 초기 교회의 노력을 이해할 수 있다. 따라서 '원칙적으로' 반복될 수 없는 회개와 죄를 용서하는 세례시 때의 예식이 있음에도 불구하고, 초기 교회는 '마지막 회개의 길' 이라는 것을 예식으로 만들어 놓게 되었다. 또 그러한 조치는 초기 교회가 최후의 심판을 내리는 상황과도 연관되어 있었다. 중재기관과 '회개의 장소' 로서 교회가 점점 더 강하게 부각되기 시작했다. 슈트렉커는 이에 대한 개괄적인 규범들을 자신의 저서에서 보여 주고 있다(G. Strecker, 위의 책, 302). 따라서 우리는 특별한 신학적 입장을 언급하면서 목회학적인 문제를 제기할 수 있다.

18) 분명히 사도 바울은 이 경우에 '모든 사람의 유익' 이 되는 관점에서 생각하고 논의하고 있다. 그리고 여기서 개개인의 중요성은 상대화시키고 있다. 바울이 중요하게 생각한 것은 그리스도 공동체의 순수성과 신성한 하나님의 뜻이다. 그리스도 공동체는 외부세계와 관련된 문제에 매우 엄격하게 대처했을 뿐만 아니라(예: 고전5:1-13), 공동체 구성원들은 계속적인 자기 성화과정의 차원에서 매우 강력한 제제를 받게 된다(13절: "여러분은 그 악한 사람을 여러분 가운데서 내쫓으십시오."). 이와 같은 맥락에서 근친상간을 저지른 구성원은 반드시 "사탄에게 넘겨주어서 그 육체는 멸망을 당하고, 그 영은 주님의 날에 구원을 얻게 해야 할 것입니다."라고 말할 정도로 사도 바울의 생각은 단호했다.

이와 같은 상황과 사도들의 생각에서 '목회상담' 이라는 주제에 대해서 언급한다면, 가장 먼저 '집단상담' 이라는 형식에 관해서 말할 수 있을 것이다. 다시 말해서 공동체를 세우고 바른 공동체를 위해서 공동체를 파괴하는 요소는 분명하게 제거되어야만 했다. "저주받을 자들은 주님의 몸에서 심판의 장소로 쫓겨가야 했다"(H. Conzelmann, *Der erste Brief an die Korinther*, Göttingen, 1969, 118).

그러나 위에서 언급한 문제 때문에 사도 바울에게 무슨 일이 있었는지 본문에 분명히 나와 있지는 않다. 그러나 여기서 주목할 것은 '회개시키는 문제에 대해서 전혀 고려되지 않고 있다.' 는 사실이다(H. Conzelmann, 위의 책, 각주 40). 그리스도교 공동체는 분명하게 회개의 문제에 관심을 가지고 있지는 않다. 다시 말하면, 개인에 대한 영혼 돌봄의 관심은 이 상황에서, 곧 공동체 전체에 대한 관심 또는 '교회의 성결함을 유지하는 것' 에 대한 관심에 비해서 분명히 상대화되어 버렸다

신약학자인 아드로프(K. Adloff)는 그의 글(Paulus, in: C. Möller (Hg.), *Geschichte, Bd. 1*, 55) 가운데 '사도적인 인생상담' 이라는 절에서 다음과 같이 강조하고 있다. "구체적인 개개인의 행동에는 항상 전체가 중요한 역할을 하고 있다. 즉, 전체 공동체와 주님이 그것인데, 그것은 하나님 나라의 표시로서 모든 것을 포함하는 평안이고 평화다(롬14:17)……"(59쪽). 아드로프는 물론 위와 같은 자세가 줄 영향력에 확신을 가지고 있다. "우리들은 바울을 '목회상담자' 의 반열에 놓는 것이 의미 있는 일인지 아닌지 질문할 수 있다. 그러나 확실한 것은 바울이 오늘날 우리의 목회상담이론에 무엇인가 생각할 것을 분명히 주고 있다는 사실이다"(64쪽).

스럽게 또는 그때그때의 사회정치적 환경과 상황에 맞게 행동할 것을 강요받지 않았을까? 그래서 '죽을 죄', 용서받지 못할 죄, 즉 우상숭배를 하고, 믿음을 버리기도 하고, 그리스도를 부정하기도 하고, 살인과 간음을 하는 것과 같은 죄들이 그리스도인들에게(이런 것들은 초기교회 순교자 시대나 모든 그리스도교 집단에서 일어날 수 있다) 일어났던 것이 아닌가? 그런 죄를 지은 사람들이 교회에 대해서 분노하고 떠나 버리는 경우뿐만 아니라 영원히 죄의 용서를 받지 못하고 구원에서 제외된다고 정죄할 경우 어떻게 그리스도교 목회가 목회상담적으로 볼 때 지탱될 수 있었는가? 그래서 목회적으로 보다 완화된 형태의 교회규칙이 나타나게 되고 '더 확대된' 회개의 길이 제공되지 않았을까? 그러나 그렇게 완화된 교회규칙이 교회를 팔아먹는 무책임한 타협이 되고 심지어 '그리스도교 이단 종파'(예: 몬타니즘)가 나타나도록 유도한 것은 아니었을까?

교회는 이 뜨거운 감자 같은 문제를 해결하기 위해서 항상 새롭게 글자 그대로 '하늘과 지옥'을 오르락내리락하게 되었다.

어쨌든 모든 사람들에게 방탕한 생활 후나 죽음을 앞두고 새롭게 출발할 수 있는 가능

히브리서에 보면 그와 같은 입장이 좀 더 진전되어 나타난다. 히브리서 기자는 회개의 반복 가능성을 자기의 관심에서 제외시켜 놓고 있다. 저자는 아마도 회개를 반복해도 좋다는 가능성을 열어놓으면 필수적으로 신앙이 해이해질 수 있을 것이라 생각하는 듯하다. "히브리서 기자는 그리스도 공동체가 영적 도덕인 싸움에서 나태함에 빠지게 될 위험성과 치열하게 싸우고 있다. 그는 세상과 더불어 교회도 함께 멸망당할 위험성이 있다는 것에 대해서 진지하게 생각하지 않는 것을 경고하고 있다. 그리고 그리스도를 통해서 그 위험을 극복할 수 있는 사실도—세례를 통해서 그리스도와 하나가 됐음에도 불구하고—진정으로 받아들이지 않는 공동체의 분위기와 싸우고 있다"(T. Bonhoeffer, 위의 책, 93). 따라서 그리스도 공동체는 회개를 두 번 하는 것은 그리스도 신앙과 모순된다고 느껴 강하게 거부하였다. "한 번 빛을 받아서 하늘의 선물을 맛보고, 성령을 나누어 받고, 하나님의 선한 말씀과 장차 올 세상의 권능을 경험한 사람들은 타락할 경우 그들을 다시 새롭게 해서 회개하게 할 수 없습니다. 그런 사람들은 자기들 때문에 하나님의 아들을 다시금 십자가에 못 박고 욕되게 하는 것입니다"(히6:4-6).
그런데 여기서 또다시 회개의 반복성에 관한 문제에서 그 강조점의 변화가 나타난다. 신약학자 미헬(O. Michel)은 그의 저서(*Der Brief an die Haebäer*, 11. Aufl., 1960, 150 이하)의 '회개를 반복하는 것의 불가능성'이라는 제목의 절에서 다음과 같이 말하고 있다. "히브리서 6장 4~6절에서 히브리서 기자는 하나님이 용서하는 것의 한계를 정하려는 것도 그리스도 공동체로부터 떨어져 나간 사람들을 제외시키려는 것도 아니고, 단지 그리스도 공동체의 구성원들이 타락할 위험성에 대한 강한 경고의 말이라고 할 수 있다"(151쪽).
또 이와 같은 입장에 반하여 본회퍼 같은 학자는 용서의 제한성에 대해서 말할 때 그에 대해서 좀 더 이해시키려고 노력하는 것처럼 보인다. "두 번째 회개를 용납하지 않는 그리스도 공동체에서 용서의 제한이란 죄 그리고 용서와 관련된 심판에 대한 두려움이 무엇보다도 교리적 내용에서 추출한 것이 아니라 경험에서 나온 것이라는 데 근거하고 있다. 또한 용서란 역사적으로, 개인적으로 그리고 본질적으로 단 한 번만의 행위이지 결코 금방 또다시 반복할 수 있는 과정이 아니라는 사실에 근거를 두고 있다(T. Bonhoeffer, 위의 책, 94).

성을 열어 주는 행동규정으로서의 회개—그러나 동시에 오직 단 한 번만의 행위를 통하여 교회의 구성원으로 인정받는 길이라는 회개—는 심지어 중세교회 때까지, 즉 일생 동안 계속되는 대표적인 교회의 관습인 개인의 고해성사에 이르기까지 어렵고 문제가 많은 규정이었다. 여기서 위의 문제에 대한 하나의 대안으로 볼 수는 없지만 새롭게 생긴 경향은 공동체와 관련된 문제를 다루는 영혼 돌봄에서 개개인의 문제를 다루는 개인별 목회상담의 경향이 뚜렷하게 나타났다는 사실이다.

그러한 영혼 돌봄의 차이와 변화의 경향은 교회사에 나타나는 특별한 목회자들의 경우, 즉 그리스도인과 교회직분자로서 고독하고 특별한 능력을 가지고 있었던 그들은 교회 규정적인 면에 집착하기보다는 보다 경험적인 측면에 더 가깝게 접근하게 되었기 때문이라고 짐작된다. 동시에 그렇게 경향이 변화된 것은 그리스도 공동체 개개인이 어떻게 살아야 될 것인지, 그들은 어떤 신앙태도를 가져야 될 것인지에 대한 문제가 그 당시 대표적인 성직자 자신들이 목회현장에 있을 때 무엇보다 가장 중요한 문제로 인식한 결과라고 추측할 수 있다. 이러한 새로운 경향, 곧 교회사에 나오는 뛰어난 목회자라 할 수 있는 사람들이 보여 주는 특별한 역할에서 점점 더 분명하게 나타나게 된다.

죄를 용서하는 문제에서 어떤 때는 융통성을 보이고 어떤 때는 교회적인 엄격성의 잣대를 들이대는 이와 같은 불안정한 교회 또는 교회직분자의 모습은 특히 교부인 터툴리안(Tertullian, 160~220)의 신학적 사고의 변화과정과 그의 삶에서 매우 분명하게 드러난다. 200년경에 쓴 그의 책 『참회에 관하여(*de poenitentia*)』에서 그는 설득력 있는 그림을 우리에게 소개하고 있다.[19] 사람들은 보통 세례 받을 때 해야 되는 첫 번째 회개에서는 하나님을 두려워할 줄 안다. 그것은 회개에 대한 자각을 꽤 오랫동안 지속시켜 주어서 무엇보다도 죄짓는 일을 멀리 하게 만든다. 따라서 그리스도인이라면 누구도 두 번째 회개할 기회가 있다는 것을 염두에 두어서는 안 된다. 그렇지 않다면 그것은 마치 구사일생으로 난파선에서 구출된 사람이 또다시 바다로 나갈 시도를 하는 것과 같은 것이다.

그러나 악마는 상상을 초월해서 간악하며 그리스도인들을 끊임없이 유혹한다. 따라서 하나님의 율법을 위해 죄에 대한 벌이 있어야 마땅하기 때문에 교회공동체로부터의 단호한 출교로 위협한다. 그러나 은혜가 풍성한 하나님은 한 번 더 마지막 기회를 주신다. 하나님은 교회를 통하여(이제 정말 마지막으로 주어지는!) 두 번째 회개에서 사람들에

19) 이 글은 R. Seeberg, *Lehrbuch der Dogmengeschichte. Bd. 1*, Leipzig, 1908, 365 이하를 참고한 것이다.

게 용서를 선포하는 것이다. 그렇게 하나님은 다시 한 번 세상에서 난파당한 사람에게 구원의 널빤지를 던져 주는 것이다. 물론 하나님의 놀라운 은혜를 갚는 길이란 세상을 떠나 순결한 삶을 사는 일이다.

슈트레커(G. Strecker)는 터툴리안의 고백을 요약해서 다음과 같이 말하고 있다. "여기서 보면 교회에서 원래는 단 한 번뿐인 회개가 확정된 제도로서 존재했음을 알 수 있으며 그것은 두 번째 구원계획(planca salutis)이다. 그 두 번째 구원계획이란 세례 때 받은 구원의 상황을 다시 재현시키는 것이다. 교회에서의 회개는 일종의 충족시키는 힘을 가진 행위(opus)였다고 말할 수 있다. 왜냐하면 죄인들은 하나님과 교회를 만족시키기(satisfactio) 위해 회개하고 기도하면서, 또 금식하며 눈물을 흘리면서 평신도와 순교자들 그리고 전체 교회공동체 앞에서 공개적으로 자기 자신을 낮추는 것이기 때문이다."[20)]

그러나 제도교회가 신학자에게 바르지 못하고 일관성 없게 행동하고 '하나님의 권능' 을 변호하지 못한다면 어떻게 교회는 순종과 고행 그리고 순교까지 연결되는 '신앙훈련' 을 지켜 나갈 수 있을까? 그럴 경우 결국 사람들은 교회를 '신앙적인 이유에서' 떠나게 되고 다른 '진정한 교회' (다시 단 한 번만의 회개를 인정하는 교회)를 찾아가게 될 것이다.

영혼 돌봄의 입장에서 그러한 행동을 이해한다면 그 상황에서 자신의 공동체를 (겉으로 보기에 더 잘 구성된) 다르게 구성된 교회공동체로 바꾸는 것은 충분히 설득력을 얻게 된다.

이와 같이 터툴리안의 신앙생활에서 보여 준 인상적인 변화들은 2세기의 헤르마스(Hermas)에게서 좀 더 변화된 입장으로 또다시 나타난다. 터툴리안은 전체적으로 헤르마스가 목회적 관점에서 쓴 문헌에 근거하고 있다. 그래서 그는 후에 헤르마스를 간음문제에 대해 강한 윤리적 입장을 취하고 있다고 해서 '간음[문제]의 목회자(apogryphus Pastor moechorum)' 라고 불렀다.[21)]

그러나 목회적인 입장에서 보면 『헤르마스의 목자(*Hirt des Hermas*)』는 그 당시에 나온 가장 흥미 있는 저서라고 볼 수 있다. 그의 저작(140년경에서 2세기 말에 나온 것으로 추정되는) 『목자』는 여러 세기에 걸쳐 특히 그리스도 교회에 강한 영향력을 미쳐 왔는데, 그

20) G. Strecker, *Johannesbriefe*, 301 이하.

21) 이에 대해서는 R. Seeberg, 위의 책, 367; E. Molland, Art.: Hermas, RGG, 3. Aufl., Bd. 3, 242를 참조한다.

것은 자세하게 의도된 일종의 회개를 촉구하는 설교다.[22] 세상의 종말이 또다시 가까워졌다. 이 세상과 육체적으로는 멀리 떨어진 그리스도의 대리자로서의 '교회' 는 이제 현실화되고 끝이 없는 그러한 위협에 어떻게 대처해야 할 것인가? 예언하는 목자의 형상을 가진 '회개의 천사들' 은 세례의 은총을 받았음에도 불구하고 너무 빠르게 편한 길로 빠져 버리는 신앙인들에게 무엇을 계시하고 있는가? "교회와 성령으로 현존하는 그리스도의 대리자로서 '교회' 와 '목자' 가 선포해야 하는 것은 이방인들과 유대인들이 말하는 지혜와 윤리와는 완전히 다르다."[23]

또한 이 책에 의하면 신앙인들은 매우 가까이 다가온 세상 종말에서 선물로 받은 세례의 은총을 의심해서는 절대로 안 된다. 세상의 종말 앞에서 회개할 수 있는 마지막 기회가 온 것이다. 물론 [세례를] 갑자기 서두르는 것은 위기를 낳는다. 본회퍼는 그러한 상황을 다음과 같이 평가하고 있다. "여기서 가까이 임박한 세상 종말에 대한 기대감이란 더 이상 개인이 가지고 있는 근본적인 문세를 표현하고 있는 것이 아니라 교회 교육적인 차원에서 나온 생각이다. 그 시대의 차원에서 보면, 긴박하게 서두르는 것은 도덕적인 사회구조에서 권위적인 강요일 수 있다."[24]

여기에서 목회상담 사역은 무엇보다도 한 인간 그리고 그리스도인으로서 단지 하루 만에, 한 번에 본질적인 구원을 '놓쳐 버렸다는' 사람들이 가진 두려움을 다루는 것이다.

『헤르마스의 목자』에서는 그리스도인들이 세상과 강하게 대립되어 있다는 인상을 받는 반면에, 알렉산드리아의 클레멘스(Klemens von Alexandria, 215+)는 그리스도인들이 이 세상에 나쁘게 순응할 수 있을 뿐 아니라 신앙적으로 세상에 적응할 수 있다는 사실을 제시하고 있다. 그 당시 사회가 그리스도교 신앙은 미신이고 무식한 것의 산물에 불과한 것이라고 비판할 때, 그는 의도적으로 그리스도교 신앙을 그 시대 정신사의 한 부분으로 만들었다. 동시에 클레멘스가 헬레니즘서인 철학에 대해서 비판적인 입장을 가지고 있는 것은 그리스 철학을 배척한다는 것을 의미하지 않는다.

그러나 클레멘스는 그리스도교 신앙과 삶이 가진 '특수성' 을 매우 명확하게 제시해야만 했다. 즉, 우리들은 감정의 조절을 통해서 무욕과 평안('Apathie')이라는 육체를 가지고 세상에 살지만 하나님과 가까이 있는 상태에 이르러야 한다. 세상의 재물은 하나

22) T. Bonhoeffer, 위의 책, 94 이하.
23) T. Bonhoeffer, 위의 책, 95.
24) T. Bonhoeffer, 위의 책, 96.

님의 선물이기 때문에 우리들은 그것을 잘 사용해야 한다. 이러한 입장은 그리스도인들이 서로 교제를 나누는 데 직접적으로 좋은 결과를 가져왔다. 이에 대해서 본회퍼는 "클레멘스의 영혼 돌봄은 인도주의라는 사상의 전통에서 그렇게 심하게 억압하거나 투쟁하지 않았다."[25]라고 비유적으로 평가하고 있다.

알렉산드리아에 있었던 신학 교리학교에서 가르친 클레멘스의 영혼 돌봄의 의도는 그 시대에 그리스도인들이 신앙에 맞게 잘 적응하게 하는 것인데, 특히 그의 의도는 성서에 나오는 부자 청년이 양심의 갈등을 겪는 장면에 대한 설교(막10:17–27)에 잘 나타나 있다.[26]

그리스도교 신앙과 부는 동시에 공존할 수 있을까? 여기서 후에 나타나게 될 그리스도교 사회적인 질문들이 제기되기 시작한다. 클레멘스 저서의 편집자이기도 한 바흐트(M. Wacht)는 클레멘스에 대해서 다음과 같이 평가하고 있다. "그리스도인의 실존과 부는 함께 공존할 수 있는가라는 질문은 클레멘스에게 신학적인 문제일 뿐만 아니라 그 스스로가 그 문제에 대한 입장을 표명해야 될 심각한 영혼 돌봄의 책임감에서 제기된 것으로 보인다."[27] 클레멘스 스스로도 그리스도인 부자들에게, "그들은 부자가 될 수 있지만 자기들의 재화로부터 분명 자유인이 되어야 한다."라고 언급함으로써 매우 구체적으로 상담을 전개하고 있다. "따라서 똑똑하고 부자이며 권력이 있는 당신은 하나님의 사람을 당신 위에 두어야 합니다. 그는 세상과 싸우는 법을 가르칠 것이며, 당신이 소유한 인생의 배를 인도해 줄 것입니다. 당신은 적어도 한 사람만을 두려워하십시오. 단 한 사람만을 두려워하라는 말입니다. 상상해 보십시오. 만약 그 사람이 진실되게 말하고 당신에게 엄격하게 충고면서도 당신에게 친절하게 도움을 준다면 당신은 단지 한 사람의 말을 들으십시오!"[28]

이와 같이 목회상담적으로 동반된 '적응'이 그리스도교 밖의 세계와 화해를 이룬 것은 일종의 영혼 돌봄의 발전을 보인 것이라고 할 수 있다. 그러나 이 후에 이러한 선교자적인 시도도 4세기 초에 끝난다. 그리스도교가 국가종교가 된 것이다. 또한 그러한 발전적 경향도 목회영역에서 일어난 '반대운동'으로 그 영향력이 상쇄되었다. 즉, 약 300년경에 은둔자, 세상을 등진 사람들이라고 불리는 동시에 매우 경건하게 사막과 같은 황

25) T. Bonhoeffer. 위의 책, 100. 또한 98쪽 이하에 나오는 '구원의 과제로서 문화'라는 부분도 참조한다.
26) Klemens von Alexandrien, Welcher Reiche wird gerettet werden?, *SKV 1*, München, 1983.
27) 위의 책, 75.
28) 위의 책, 57 이하.

무지에서 완전한 수행생활을 하는 사람들이었던 사막교부들의 영향력이 시작된다. 그들로부터 전승되어 오는 삶의 방식과 그들의 말은 소위 '사막교부들의 어록(Apophthegmata patrum, 생략해서 'AP' 라고 쓴다)' 속에 남아 있는데, 그 모음집이 이미 5세기부터 읽히기 시작했고 후에는 광범위하게 퍼지기 시작했다.[29)]

클레멘스에게 가장 중요한 예문인 성서에 나오는 부자 청년 이야기가 어떻게 사막교부들에게 와서 그 해석하는 관점이 변화되었는지는 가장 중요하고 대표적인 비교점이 되었다. 다시 말해서 성서에 나오는 똑같은 부자 청년 이야기를 근거로 은둔자 안토니우스(Antonius, 가장 나이가 많고 잘 알려진 사막교부, 356+)는 우리 인간에게 위협이 되는 모든 부와 자기 시대의 사회를 피해서 사막으로 숨었다. 수많은 사람들이 그의 삶을 따르고 그의 삶을 자기들이 찾았던 삶과 신앙의 모형 그리고 목회자의 대표적인 모형으로 삼았다. 그의 이야기에 나타나는 독특한 영혼 돌봄의 특성은 다음과 같다.

① 클레멘스와 매우 비슷하게 여기서도 영적인 아버지 모형을 가진 인물과의 절대적인 관계가 내담자에게 제시된다. "우리의 교부들은 '만약 어떤 사람이 한 사람을 믿고 그에게 자기를 완전히 맡길 경우 그는 하나님의 율법에 너무 매일 필요가 없으며, 오히려 자기의 모든 것을 영적인 아버지에게 맡기는 것이 좋다. 왜냐하면 그가 자기의 영적인 아버지에게 완전히 순종할 경우 그는 하나님 앞에서 결코 죄에 빠지지 않기 때문이다.' 라고 말했다."[30)]

② 이 세상의 고통과 회개가 강조된다. 이 세상의 수많은 고통들이 사람들의 감정을 강하게 자극하고 그것은 완전한 회개의 마음으로 이끈다. 사막교부들의 어록이 '우리들의 교부 안토니우스가 화나고 우울한 심정으로 사막 가운데 앉아 있었을 때'[31)]라는 말로 시사하는 것은 결코 우연이 아니다. 따라서 본회퍼는 사막교부들의 내적인 감성과 그들이 취한 영혼 돌봄의 행동에 대해서 다음과 같이 결론짓고 있다. "실제적으로 가장 중요한 가능성, 곧 하나님의 마음과 비슷해지기 위한 근본적 가능성이란 회개다. 그러한 근본적인 행동을 거부하는 사람은 주위 사람들에게 시 금방 하나님의 평화를 빼앗으려는 사기꾼으로 전락될 수 있을 뿐이다."[32)] 따라

29) 사막교부집 목록은 M. Seitz, Wüstenmönch, in: C. Möller (Hg.), *Geschichte. Bd. 1*, 81 이하에 나와 있다.

30) AP. 1163, M. Seitz, 위의 책, 98 참조.

31) AP. 1, M. Seitz, 위의 책, 84 참조.

32) T. Bonhoeffer, 위의 책, 111.

서 사막교부들의 어록은 사람들이 죄를 보상받을 기회로 죄 많은 자신의 존재를 생각하면서 '항상 울 것' 을 권면하고 있다.

③ 바른 신앙을 찾기 위한 고된 수행과정을 통한 개인의 개성화 과정, 즉 신앙적으로 자기의 본질을 찾는 과정은 겉으로 보기에 흑암에 싸인 세력과의 격렬한 투쟁을 일으키게 한다. 그것은 그 당시 그러한 신앙경험을 표현하는 형식(즉, 그들이 특별히 강조하는 악마들과의 싸움이라는 모습) 속에 나타난다.[33] 본회퍼는 그것을 목회심리학적인 관점에서 설명하고 있다. "하늘의 세력과 악마의 세력 사이에서 본질적인 '나' 의 무기력과 약함 그리고 절대 의존성은 이 땅에 사는 누구에게나 닥치는 운명 같은 경험이다. 그것은 개인을 절대적인 고독에 빠뜨리는 경험으로서 그것에서 어떤 누구도 남을 도울 수 없다."[34] 그러나 아마도 그 경험은 동시에 신앙인에게 '대표적인 경험' 이라고 말할 수 있다. 사악한 세속에 사는 그리스도인들은 막막한 광야에서 악의 세력과 투쟁을 벌이는 사막교부들과의 만남을 통해 그들에게서 신앙적 위로를 얻을 수 있었다.

④ 사막교부들이 주는 영혼 돌봄의 권면은 대부분 짧고 많은 뜻을 가진 격언에 내포된 교훈의 형식을 가지고 있다. 그러나 그러한 권면은 사실 사막교부들에게서 영혼 돌봄의 도움을 받으려는 수많은 사람들의 기대에서 나온 형식이다. "아버지, 어떻게 해야 제가 구원을 얻을 수 있습니까? 저에게 한 말씀만 해 주십시오!"[35] 그에 대한 답이란 이미 존재했던 격언처럼 나온다. "아빠스[수도원장을 가리킴: 역주] 그레고리우스가 말했다. 하나님은 세례받은 모든 사람에게 세 가지를 요구했다. 온 정성을 다한 바른 신앙, 진실을 말하는 것 그리고 몸의 순결이다."[36]

이러한 압축된 격언 형태 교훈의 영혼 돌봄의 장점은 단순하게 강한 인상을 줄 수 있다는 사실이다. 압축된 격언은 무엇보다도 내담자의 과거 또는 현재의 태도를 판단하지 않고 단지 미래 지향적인 삶의 태도를 가르쳐 주고 있는 것이다. 사막교부들의 어록이 '기적성격' 의 형식[37]을 취할 수 있을지라도 그것은 경우에 따라서 장점이 된다. 곧 내

33) M. Seitz, 위의 책, 99 이하 참조.
34) T. Bonhoeffer, 위의 책, 109.
35) Ap. 476, M. Seitz, 위의 책, 91 참조.
36) AP. 174, M. Seitz, 위의 책, 92 참조.
37) T. Bonhoeffer, 위의 책, 112.

담자가 자기 상황에 맞추어 해석함으로써 모든 방면의 행동에 적용될 수 있으며, 동시에 본질적인 생각으로 유도할 수 있는 것이다.

2) 그리스도교 공인시대부터 종교개혁까지

이제 그리스도교 영혼 돌봄은 박해받았던 환경에서 벗어나 국교의 틀 속에서 존재하는 영혼 돌봄이 되었다. 위로하고 신앙을 강하게 하는 영혼 돌봄의 성격은 점차 교회 구성원들뿐만 아니라 그 시대 시민들이 사회공동체에 잘 적응할 수 있도록 만드는 교육의 과제를 떠맡게 되었다. 교회와 국가는 점차 상호 쌍벽을 이루는 조직의 구조로 성장하게 되었다. 그것은 일종의 조직 상호 간의 평형점이라고 말할 수 있는데, 이것이 나중에 한편으로는 두 조직 사이에 권력투쟁을 야기하고 다른 한편으로는 두 조직이 역할분담을 하게끔 만든다.

바로 이 두 가지 점이 공간적, 시대적 환경에 처한 개개인의 존재에 영향을 미친다. 또한 이러한 점이 특이한 갈등을 야기하며 개개인의 존재를 형성하기도하고 영혼 돌봄에 특별한 '경험의 자리(Sitz im Erleben)' 를 제공하기도 한다. 시대가 변화되면서 영혼 돌봄의 다양한 형식들이 자리를 잡아갔으며, 그 형식들은 나름대로 자기만의 독특한 문제에서 대표가 되기도 하고 그러한 영혼 돌봄의 접근방법들은 뒤에 오는 세대에 많은 영향을 끼친다.

• 국가와 교회가 공존하던 초기에 내부적인 논쟁의 특징은 사회적으로 극도로 다양한 차이점들을 다루는 새로운 형태의 영혼 돌봄이라고 할 수 있다. 이러한 영혼 돌봄은 개개인의 내적인 생활상담(vita contemplativa)과 외적인 생활상담(vita activa)의 관계를 어떻게 이끌어 갈 것인가라는 문제와 교회직분과 영혼 돌봄을 하는 '목자' 의 영적인 능력을 어떻게 조화롭게 다룰 것인지에 대한 문제와 연결되었다. 왜냐하면 '본질적인 의미에서 영혼 돌봄이란…… 이집트 지역의 수사들이 말한 것처럼 고대교회의 해석에 따르면 소유할 수 없는 영적 은사의 사건이다. 목회자는 결국 그 자신이 죄의 용서를 체험하고 새로워진 '영적인 인간' 인, 단지 한 사람일 뿐이었기' [38] 때문이다.

---

38) T. Bonhoeffer, 위의 책, 139.

어쨌든 주로 교회공동체와 관련된 영혼 돌봄의 경향에서 일반 개개인의 문제에 집중하는 영혼 돌봄으로의 변화는 점점 더 가속화되기 시작한다. 동시에 목회자의 교회직분에 대해서 점차 다양한 생각이 나타나게 되었으며 그리스도 교회 내에서 영혼을 돌보는 자로서 직분의 중요성과 불가피성이 인정받게 되었다.

만약 우리가 이 시대에 대표적인 목회자들을 찾는다면 동방교회에서 목회적으로 뛰어난 세 별, 즉 세 목회자를 찾을 수 있다. 우리는 그들 세 명을 '갑바도기아 사람들' 이라고 부르는데, 그들이 바로 캐자레아의 바질리우스(Basilius von Cäsarea), 니사의 그레고르(Gregor von Nyssa) 그리고 나치안츠의 그레고르(Gregor von Nazianz)이다. 그들은 우리가 현대에 와서 '목회상담' 이라고 부르는 영혼 돌봄을 했으며, 각기 독특한 강조점을 가지고 후대의 그리스도교 공동체에 많은 영향을 주었다.

캐자레아의 바질리우스(Basilius von Cäsarea)는 일반적으로 동방 수도원의 아버지로 불리며 교회가 삼위일체론을 수립하는 데 결정적인 역할을 한 대표적인 신학자다. 또한 그는 목회상담자이기도 하다. 바질리우스는 갑바도기아의 대주교로서 교회공동체 구성원들의 영적인 구원문제를 교회의 사회봉사와 연결시키는 인상 깊은 시도를 하였다.

한편으로 그는 그리스도인들의 삶의 자리에서 절제된 개개인이 될 것을 요구했다(물론 이것은 그의 수도자로서 경험이 배경에 깔려져 있다). 그는 그리스도인들의 근본적인 회개가 없이는 그 어떤 그리스도인의 삶도, 그리고 진정한 예수를 따르는 길도 없다고 생각했으며 이러한 생각에 바탕을 두고 '고해성사제도' 를 도입했다.[39] 다른 한편으로 그는 가난한 사람을 돌보며 병원을 세웠다. 그는 그리스도인들의 사회봉사의 의무, 다시 말해 그리스도인들의 사회적 양심에 대해서 일생 동안 강조했다.

바질리우스는 항상 반복해서 영혼이 파괴되는 것을 육체적인 질병으로 비유했다. "죄를 고백하는 것은 병을 발견하는 것과 같다. 마치 사람들이 자신의 모든 육체적인 병을 일일이 다 일반 사람들에게 알리지 않는 것처럼, 우리의 병을 가장 훌륭한 사람에게 알리는 것이 아니라 의사에게 알리는 것처럼 우리의 죄도 오직 그것을 치유할 수 있는 사람에게 알려야 한다."[40]

39) T. Bonhoeffer, 위의 책, 125. 또한 120쪽 이하 전체를 참조한다.

40) Kl. Reg. 229. 또한 W. A. Bienert, Basilus von Cäsarea, in: C. Möller (Hg.), *Geschichte. Bd. 1,* 113 이하 참조. 이 책 117쪽에 보면 다음과 같은 말이 나와 있다. "학문에 매진하던 젊은 시절에 의학적인 문제를 다루곤 했던 바질리우스는 육체적인 건강과 정신적인 건강은 매우 가깝게 상호 연관되어 있다고 생각한다."

세상을 극복하려 하면서도 세상을 변화시키고자 했던 바질리우스가 가진 열정은 영혼의 인도자, 교회정치가로서 그 자신의 삶 자체를 확실히 역동적으로 변하게 만들었다. 그는 그리스도인들이 재화에 집착하는 것에 대해서 항상 반복해서 비판하고 있는데, 우리는 그의 목회적인 동기를 볼 때 그것을 이해할 수 있다. 그는 성서에 나오는 부자 청년 이야기를 부자에 대한 경고성 메시지로 선포하는 데 반복해서 이용하고 있다. 여기서 그는 도덕적인 요청을 넘어서서 심리학적인 연관성 또는 심리적인 놀라운 직관력을 보여 주고 있다. 그는 '부유한 사람들에게' 라는 설교에서 다음과 같이 말하고 있다. "오로지 먹는 것과 입는 것을 위한 것이 아닌 재화는 대부분의 사람들에게 욕망의 대상일 뿐이다. 여기서 문제가 되는 것은 악마가 조종하는 계략이다. 그 교묘한 마귀의 계략은 결국 부자들로 하여금 불필요하고 남아도는 것도 반드시 필요한 것으로 인식시켜 애써 구할 수 있게 하며 자기들의 삶에 계속적으로 욕망을 가지도록 수천 번씩 부자들을 현혹시켜 낭비하게 만든다. 그것은 마치 알코올중독자의 경우와 같다. 곧 사람들이 그들에게 포도주를 줄수록 그들은 더욱더 술에 중독이 되는 것과 같은 것이다. 그래서 벼락부자들도 가지면 가질수록 더 많은 것을 가지려고 한다. 그들은 재산을 늘리는 만큼 더 많은 병들을 키우는 셈이다. 결국 그들의 노력은 허사가 된다."[41]

'비그리스도교적인 세상의 분쟁은 결국 병적인 탐욕스러운 행동과 관련이 있다.' 는 바질리우스의 기본적인 생각은 다음에 나올 나치안츠의 그레고르에게서도 나타난다.

니사의 그레고르(Gregor von Nyssa, 바질리우스의 형제, 330~395)는 바질리우스의 업적을 지지하고 계승하였으며 특별하게 심화시켰다. 그의 가장 큰 관심사는 이제는 국가라는 제도권에 수용된 그리스도교 공동체 안으로 어떻게 그리스도인들을 수용할 것인가에 있었다. 서기서(본회퍼가 편지형식의 고대문서에 근거하여 설명하고 있는 것처럼) 다음의 편지에서 그 내용이 분명하게 드러나고 있다.[42]

일찍이 자신의 개인적인 이성과 욕망 사이에서, 그리고 그에 따른 타락의 결과 때문에 엄청나게 고통당하고 있는 한 그리스도인이 있었다. 그는 그 때문에 영혼 돌봄이 절대로 필요한 사람이었다. 그런데 그의 악한 행위들은 세세하게 분리되고 조목조목 드러나게 되었다. 그에 따라 벌이 내려졌는데, 그것은 그가 오랫동안 회개하면서 다시 교회공동체로 복귀하기 위한 것이었다. 즉, 회개 당사자가 다시 교회 예배에 참여하고 설교를

---

41) Basilus von Cäsarea, Mahnreden, *SKV 4*, 50 이하, 56.
42) T. Bonhoeffer, 위의 책, 130 이하.

듣고 같이 기도하며 마지막으로 성찬식에 참여하는 것을 허락받기까지는 1년이라는 세월이 걸렸다. "진정한 회개가 이루어진 경우에, 다시 말해서 삶이 확실하게 변화되었다는 것이 확실하게 드러났을 경우에 책임 있는 목회자는 그가 전체 교회공동체의 상황을 진심으로 걱정하고 있다면, 회개한 사람에게 설교듣기를 제한하는 기간을 단축시켜 줄 수 있으며 회개 후에는 보다 빨리 교회회중기도에 참여시키고 그가 보다 빨리 성찬식에 참여할 수 있도록 허락할 수 있다."[43)]

이러한 집중적이고 확대된 '교회훈련'의 형식에는 여러 가지 측면이 있다. 이것은 죄를 스스로 회개하도록 권면하는 영혼 돌봄의 형식에서 이제는 교회가 주는 벌칙이 나타났다는 것을 의미한다. 교회가 그렇게 공개적인 행동양식을 보이기 시작한 것은 그 당시 그리스도교인들의 삶이 그 시대 일반 사람들의 생활 형태에 새롭게 사회적으로 동화되어 갔다는 사실을 보여 준다. 그러한 교회의 행동은 한편으로는 매우 효과적인 처리방법이었다. 성만찬에 참여할 수 있다는 마지막 허락은 심리적인 영역에서 여러 '치유적인' 과정 중 마지막 과정을 의미한다. 한편으로 이때 영혼 돌봄은 상당히 독자적인 강제력과 적용력을 가지고 있으면서 동시에 어떤 상황에서는 교육적으로 매우 효과적이고 확실한 안내역할[44)]을 담당하게 된다. 그렇게 공개적으로 그리고 오랫동안 회개의 과정을 권면받은 그리스도인은 내면적으로나 외적으로 하루가 다르게 믿음 안에서 새롭게 될 때 어떤 삶의 목표에 도달할 수 있을지 분명히 인식할 수 있게 된다.

나치안츠의 그레고르(Gregor von Nazianz)는 바질리우스와 같이 공부한 친구다. 목회상담의 역사에서 그는 특별히 '인내력을 시험하는' 대표적인 목회자라고 할 수 있다. 그는 그의 공적인 교회직분이 요구하는 과도한 중압감과 하나님께 순종해야 하는 갈등이 일어날 때면 나중에 본래의 자리에 돌아와야 했지만 언제나 공적인 직분에서 벗어나 하나님에게 순종하는 것을 택했다.[45)]

그레고르가 맡은 과제는 어렵고 힘들었다. 그는 "나는 소나 양을 돌보는 일이나 사람들의 영혼을 돌보는 일은 옛날이나 지금이나 결코 단순한 일이라고 생각한 적이 한 번도 없다."[46)]라고 고백하고 있다. 여기서 그가 경험하는 중압감은 점차 그가 생각하는 이

43) T. Bonhoeffer, 위의 책, 133.

44) T. Bonhoeffer, 위의 책, 138 이하.

45) 그의 두 번째 말을 참조한다. Gregor von Nazianz, Reden-deutsch. Rede 1-20. *Bibliothek der Kirchenväter 59*, Kempen/München, 1928. T. Bonhoeffer, 위의 책, 140 이하도 참조한다.

46) L. Fendt, *Grundriβ der Praktischen Theologie für Studenten und Kandidaten,* 2. Aufl., Tübingen,

상적 목회관과 깊은 연관성을 가지고 있다. '목회자는 일반 그리스도인들에게 매일 현장의 삶에서 온전함과 하나님께 절대 순종하는 모습의 삶을 모범적으로 보여 주어야 한다는 것' 이 그의 생각이었다. 그래서 격동의 상황 속에서는 반복해서 사막의 수도원으로 피해 버리고 새롭게 자기 성찰의 시간을 가졌다. 하나님과 신앙 선배인 교부들에게 순종했으나 교회공동체의 요구와 기대 때문에 다시 공적인 교회제도 속으로 돌아와야만 했다.

이러한 목회경험의 바탕 위에서 최초의 목회신학이 탄생된 것이다. 그의 목회신학의 틀 중에서 무엇보다도 두 가지 두드러진 영혼 돌봄의 핵심이 나타난다. 하나는 모든 영혼 돌봄의 활동이 매우 강하게 의학적인 모형을 추구하고 있다는 사실이다. 목회자의 역할은 지금까지 강한 위계질서 가운데 있는 정치가의 직분모형이 목회자의 직분에 영향을 미쳤는데 더 이상 정치적인 직무와 비교되지 않는다. 이제 목회자의 직무는 주로 치유의 행위로 여겨졌다. 이에 대해서 본회퍼는 다음과 같이 말하고 있다. "우리가 곤고한 이 세상에 살면서 하나님과 멀어질 때 근본적으로 병이 들기 때문에 영혼의 병을 고치는 영적인 지도력은 의술과 유사하게 여겨졌다."[47] 또 나치안츠의 그레고르의 영혼 돌봄에 나타난 다른 하나의 특징은 인간적인 특징들이 받아들여지기 위하여 인간적인 경험들이 목회신학의 틀 가운데 유형화되어 나타난다는 사실이다. 즉, 개개인은 결코 다른 사람과 똑같이 행동하지 않는다는 생각이 반영되어 있다. 따라서 목회자는 겉으로 보기에 똑같아 보이는 사람들의 생각이나 행동에 대해서 매우 다양한 방법으로 접근해야 한다. 인도주의적인 관점에서 다양성을 인정하는 목회의 과제는 결코 쉬운 것이 아니다.[48]

영혼 돌봄의 관점도 여러 다양하고 특수한 경우를 염두에 두게 된다. 이러한 관점은 목회의 사회봉사 영역에서 드러난다. 나치안츠의 그레고르는 그가 가장 소중하게 여기고 있던 가난한 사람들과 일반 사람들이 사랑으로 교제할 것을 부탁했다. "이웃의 불행에서 배우십시오. 당신이 만약 곤궁한 사람에게 아주 조금이라도 베푼다면 그것이 유용한 사람들에게는 적은 것이 결코 아닙니다. 하나님의 뜻과 일치하는 한 그것은 하나님이 보기에도 결코 적은 것이 아닙니다. 당신에게 큰 재능이 없다면 선한 뜻을 보여 주십

1949.

47) T. Bonhoeffer, 위의 책, 143. 또한 바질리우스의 비슷한 입장을 참조하시오.

48) T. Bonhoeffer, 위의 책, 145.

49) Gregor von Nazianz, Reden, *SKV* 5, XIV. Rede "Über die Liebe zu den Armen", 33 이하.

시오! 당신이 아무것도 가진 것이 없다면 당신의 눈물을 선물하기 바랍니다. 마음에서 나오는 자비는 불행을 당한 사람에게 큰 위안이 됩니다. 진정한 동정은 고통을 감소시키는 데 큰 힘이 됩니다."[49]

영혼 돌봄의 기본적 개념으로서 지금까지 강조했던 특징들은 자연스럽게 후대의 교회역사에 영향을 끼치면서 특히 서구교회의 목회상담에 중요한 의미를 갖게 했다. 사람들은 이와 같은 목회상담의 역사적 유산을 가지고 후대에 각각 다양한 시대와 환경에서 또 다른 중요한 점을 발견하고 강조함으로써 그 이론들이 더 적절히 보완하게 된다. 그래서 점차 그 시대의 (이교도적이나 교회 교리적인) 세계관과 세상 극복방법과 같은 문제들과의 지적인 논쟁이 고대교회에서 강조했던 신앙과 연관되고 신앙을 촉구하는 영혼 돌봄과 연결된다. 이러한 시도를 하는 가운데 매우 주목할 만한 주제는 목회자를 위한 영혼 돌봄과 목회자 자신의 영혼을 위한 목회상담이었다. 그러한 주제 외에 일반 사회생활을 하는 그리스도인들과 수도원 공동체의 생활질서에 관한 문제가 가장 중요한 영혼 돌봄의 주제로 떠올랐다.

이와 같은 규칙적이고 개인의 존재를 결정하는 그리스도교 목회는 목회자에 의한 영향력 혹은 교회권력을 행사한 것에 대해서 점차적으로 의식하게 될 때 반영되거나 받아들여지게 되었다.

아우렐리우스 아우구스틴(Aurelius Augustin, 354~430)은 목회적인 관점에서 볼 때 그리스도교 역사에서 많은 영향력을 끼친 신학자라고 할 수 있다.[50] 아우구스틴은 먼저 일반 학문에서 수사학을 배웠으며 42세에 주교가 되어 신앙인으로서의 삶의 전형을 보여주었다. 만약 우리가 과감하게 그리스도교 밖의 세계에 도전했던 이 거장 아우구스틴의 신학적 사고구조에서 영혼 돌봄에 관한 그의 특징을 찾으려고 한다면 무엇보다도 다음과 같은 특징들을 찾아볼 수 있을 것이다.

첫째, 아우구스틴은 그리스도인으로서 그 당시 이방세계의 지식인들과 지적인 요구로 접근했다. 그의 생각에 의하면 그리스도교 신앙은 외적인 (국가적) 환경뿐만 아니라 (정치적이고 사회적인) 환경에서 매우 유용하게 도움이 될 수 있다.[51] 또한 그리스도교 신앙은 이성을 도구로 하여 시대에 맞는 세계관과 통찰력을 사람들에게 제공하고 사람들

50) A. Schindler, Augustin, in: C. Möller (Hg.), *Geschichte, Bd. 1*, 189 이하 참조.
51) 위의 책의 120 이하에 나오는 바질리우스에게 한 말을 참조하시오.

이 자신의 존재를 이해하는 데 도움을 주고 위로하는 역할을 한다.[52] 이렇게 그리스도인과 목회자는 특히 이성적인 영역에 있어서도 그리스도인이 아닌 사람들과 경쟁할 수 있다. 특히, 인간의 내적인 행동은 그리스도교 신앙에 기초하여 사려 깊고 지적인 사람들이 자기 지식을 넓히고 인정하는 곳에서 목회상담적으로 항상 뛰어난 영향을 미친다. 따라서 그는 다음과 같이 권면하고 있다. "당신의 모든 영적인 노력과 (도덕적인) 행동이 '하나님을 기뻐하는 것' 또는 하나님 안에서 ('불안한' 마음으로부터) 영혼의 평안을 발견하는 궁극적인 목표에 더 가깝게 도달하도록 하십시오."

둘째, 이와 같은 근본적인 생각은 어느 정도 높은 수준의 심리학적인 인식능력과 감정이입 능력을 제공하는데, 우리는 그것이 특별히 아우구스틴에게 세밀하게 나타나 있는 것을 찾아볼 수 있다. 그것은 399년에서 405년 사이에 출간된 것으로 추정되는 『첫 번째 교리교육에 대해서(*de catechizandis rudibus*)』라는 그의 책에서 나타난다.[53]

'목회자를 위한 영혼 돌봄' 이라는 아우구스틴의 생각은 위에서 제시한 그의 책, 특히 '어떻게 교리문답자는 지루함을 극복하고 가르치는 재미를 느낄 수 있을까' 라는 장에서 찾아볼 수 있다.[54] 그는 여기서 상당히 교회현장에 가깝고 현실에 맞게 쓰고 있다. "우리가 사람들 앞에서 말하는데 듣는 사람들이 어떤 반응도 보이지 않을 때, 그 강연을 예정된 마지막까지 끝내는 것은 정말로 어려운 일이다. 그것은 교리 교육을 받는 사람이 종교적인 두려움에서 감히 교회 교리에 대해 자신의 말이나 행동으로 인정한다는 것을 표현하지 않았기 때문일 수도 있고, 듣는 사람이 개인적으로 수줍음을 많이 타서 그것을 표현하지 않았기 때문일 수도 있다. 또는 그가 교리교수자의 강연내용을 이해하지 못한 결과일 수도 있고, 그가 별로 관심이 없기 때문일 수도 있다. 우리는 교리문답자의 마음을 볼 수가 없어 그 이유에 대해서는 잘 알 수 없기 때문에 교리문답 시간에 그를 자극하며 그를 침묵 속에서 끄집어낼 수 있는 모든 것을 시도해야만 한다."[55] 아우구스틴은 다음과 같이 계속해서 말한다. "[교리문답 시간에] 다음과 같은 일이 종종 일어난다. 곧

52) 오거스틴의 사고와 목회행동에 있어 인식과 신앙의 변증법적 관계에 대해서는 G. O' Daly, Art.: Augustins Theologie, *EKL 1*, 326 이하, 특히 327을 참소한다.

53) Aurelius Augustinus, *Vom ersten katechetischen Unterricht*, SKV 7, 1985. 이것은 최근에 새롭게 슈타인만(W. Steinmann)이 번역하고, 베르멜링(O. Wermeling)이 주석을 붙인 것이다. 또한 하델란즈(A. Hardelands)가 쓴 '아우구스틴의 영혼 돌봄' 에 대한 글에서 서문을 참조한다. "특별한 영혼 돌봄을 위한 교리문답의 의미를 배우는 것은 오거스틴의 교리론에 대한 저서를 한번 살펴보는 것이다" (76쪽).

54) Augustinus, 위의 책, 36 이하.

55) Augustinus, 위의 책, 44.

처음에는 기꺼이 잘 들으려고 마음먹었던 사람이 얼마 지나지 않아서 있는 것도 싫어하고 들으려고 하지 않으며, 강의 중에 동의하는 말은 한마디도 하지 않으며 오히려 하품을 하고, 심지어 아무 뜻 없이 '자기는 그만 돌아가는 것이 좋겠다' 고 쉽게 말해 버린다. 우리는 그런 상황을 파악하자마자 적당히 강연 사이에 우스갯소리를 집어넣어 양념을 치거나 우리가 다루는 주제에 맞는 다른 이야기를 끼어 넣는 방법으로써, 또는 강연자가 예전에 매우 놀라거나 황당했던 일 혹은 매우 고통스러웠거나 슬펐던 이야기를 말함으로써 그 사람의 주의를 다시 한 번 환기시켜야 한다. 무엇보다도 강의 도중에 그렇게 들어가는 이야기는 교리문답자 자신과 연관된 이야기여야 한다. 교리문답 교육을 받는 자신과 관련된 이야기를 듣게 되면 그는 다시 자세를 가다듬게 된다. 그런데 강의하는 사람이 그때 썰렁한 이야기를 해서 듣는 사람의 예민한 감정을 상하게 해서는 안 된다. 이럴 경우 오히려 개인적인 이야기가 더 효과적이다."[56]

진정한 신앙의 길로 가는 도중에 겪는 자신의 영적인 상태와 신앙생활에서의 혼동스러움과의 내적인 싸움이 400년경에 출판되어 오늘날에도 많이 읽히는 그의 유명한 『고백록(*Bekenntnissen*)』에서 잘 표현되어 있다.[57] 이 책에서 아우구스틴은 놀라운 심리학적인 감각력을 가지고 기억과 감정의 관계를 묘사하고 있으며, 어떻게 인간이 엄청난 슬픔 앞에서 기뻐할 수 있고 과거에 즐거웠던 일을 지금 와서 슬프게 반추할 수 있는지 질문하고 있다. 그에 의하면 인간의 회상능력은 우리의 기억이 정신적 경험의 일부분이 되도록 만든다. "기억이란 쓰거나 단 음식처럼 기쁨과 슬픔을 담는 영혼의 위장과 같은 것이다. 슬픔과 기쁨이 기억이라는 영혼의 위장으로 들어오고, 기억은 그것을 담고 있지만 맛을 볼 수는 없는 것이다."[58]

이처럼 아우구스틴 자신의 영적인 삶에 대한 치열한 싸움은 하나님을 경험하는 문제에 적용되기 시작한다. 하나님을 알게 된 사람은 그를 잊을 수 없다. 그럼에도 불구하고 그에 대해서 파악할 수 없으며 구속할 수는 없다. 아우구스틴은 그 이유를 다음과 같이 고백하고 있다. "내가 당신을 이해하기를 원했을 때 동물과 같은 내 몸의 지체들은 산산조각이 났습니다. 왜냐하면 단순히 그러한 육체의 모습을 가지고는 당신을 찾을 수 없었

56) Augustinus, 위의 책, 45 이하.

57) Augustinus, *Bekenntnisse*. Übersetzt von Joseph Bernhart, Nachwort und Anmerkungen von Hans Urs von Balthasar, Frankfurt a. M./Hamburg, 1956.

58) Augustinus, 위의 책, 183.

59) Augustinus, 위의 책, 192.

기 때문입니다. 나는 내 감정을 지배하는 부분을 보게 되었고, 거기서도 당신을 찾을 수가 없었습니다. 결국 나는 내 영이 있는 곳까지 가게 되었고, 기억할 수 있는 그 영은 내 기억 속에 자기의 자리를 가지고 있었습니다. 그러나 거기에도 당신은 없었습니다."[59] 이는 놀랄 일이 아니다. 아우구스틴은 계속해서 고백한다. "마치 그러한 장소가 있기나 한 것처럼 나는 당신이 어디에 있는지 물어본 것입니다. 당신이 거기에 있다는 것을 나는 이제 분명히 알았습니다. 왜냐하면 나는 내 영 속에 당신을 모시고 있기 때문입니다. 며칠 전부터 나는 내가 당신을 기억하는 곳, 바로 그곳에서 당신을 찾았습니다. 어디에서 내가 알게 되었던 당신을 찾았습니까? 당신 안에서 또는 나를 넘어서는 곳 외에 어디에서 내가 당신을 찾았습니까?[60]

그러나 아우구스틴은 자기 내적인 영혼과 관련된 신앙의 문제를 풀어내면서도 그 자신만의 세계에 자신을 가두어 두고 있지는 않다. 오히려 그는 자신과 자신의 고백을 끊임없는 영혼 돌봄 형태의 의사소통으로 몰아가고 있다. 다음에 인용하고 있는 문장은 그것을 잘 반영하고 있다. "나는 내 기억하는 고백들이 쓸모 있다는 것을 잘 알고 있어서 그것을 고백한 것이다. 그러나 나를 알고 있거나 모르는 많은 사람들은 내가 내 고백을 쓰는 바로 이 순간 어떤 상태에 있는지 알고 싶어한다. ……그래서 그들은 내 고백문을 읽고 나를 내면적으로 살펴보면서 내가 근본적으로는 무엇인지 알기를 원하고 그들이 갈 곳은 결국 없다는 것을 알기 원하는 것이다."[61]

아우구스틴에게 영혼 돌봄의 순환이란 자신의 영혼을 돌보는 것이 결국 다른 사람을 위로하는 영혼 돌봄으로 변화된다는 것을 잘 보여 주고 있다.

누르시아의 베네딕트(Benedikt von Nursia, 480~560)의 수도원 규칙도 목회상담적으로 큰 영향을 주고 있다.[62] 오랜 시간 동안 교회 역사에서 볼 때 누르시아 베네딕트의 수도원 규칙들은 지금까지 나타난 다양한 그리스도교 삶의 철학들과 결정적으로 연결되어 있다. 그 틀 안에서 보면 그리스도교 역사에 나타나는 핵심적인 단어들도 누르시아의 베네딕트가 제시한 수도원 규칙과 관계되어 있다.

일반적으로 그 규칙들이 중요한 의미를 가진다고 볼 수 있는 것은 누르시아의 베네딕트가 '시간을 예식적으로 구조화시킨 것으로서' 생활질서를 규정하는 근본적인 규칙들

60) Augustinus, 위의 책, 193.
61) Augustinus, 위의 책, 172 이하.
62) G. Voss, Benedikt von Nursia, in: C. Möller (Hg.), *Geschichte. Bd. 1*, 209 이하 참조.

을 만들었으며, 그것들은 우리의 삶에서 유연하며 생생하게 인생의 기본 철학을 형성했다는 사실이다. 동시에 수도원 규칙들은 개인 실존의 삶을 결정짓는 전형적인 공동체 모습을 형성하는 데 공헌했다. 여기서 '아빠스' 라고 불리는 수도원장은 학자인 동시에 영혼의 안내자로서의 역할을 한다. 그는 인격이 뛰어난 사람으로 개인적인 성향이 강한 개개인을 영혼 돌봄으로 하나의 공동체가 되도록 엮는 데 책임을 진다.

이를 기초로 할 때 중요한 것은 그 규칙들 안에서 모든 개인의 상황적인 실존은('모든 선행행동의 어머니' 라고 말할 수 있을 정도로 정당하게) 구별되는 태도를 취하게 되어 영혼 돌봄의 모든 시도를 규정하는 기본 태도를 배운다는 것이다. 여기서 영혼 돌봄의 목표는 근본적으로 개인 실존의 상황과 연관된 삶에 대한 불만족의 표현인 모든 슬픔과 모든 불평을 (공동체에서 경험된) 하나님을 찬양하는 태도로 바꿀 수 있도록 인도하는 것이다. 이와 같은 의미에서 다음과 같은 규칙이 있다. "수도원장은 잘못하는 형제들을 돌보는 일에 전력을 다한다. 왜냐하면 의사가 필요한 사람은 건강한 사람이 아니라 병든 사람이기 때문이다. 따라서 그는 경험 많은 의사처럼 모든 수단을 사용해야 한다. 잘못하는 형제가 있을 경우 수도원장은 잘못한 형제가 거의 의식하지 못하게 위로할 수 있는 경험 많은 연장자들을 그에게 보내서, 잘못을 저지른 형제가 너무나 큰 슬픔에 빠져 있지 않게 하고 동시에 그가 겸손하면서 만족스럽게 행동하도록 인도하고 위로하게 한다. 더 나아가 공동체 구성원들은 사도의 말씀을 가지고 권면함으로써 방황하는 형제가 모든 공동체 구성원들의 사랑을 느끼도록 만든다. 수도원장은 매우 주의 깊게 잘못한 형제에게 다가가며, 맡겨진 어떤 양도 잃어버리지 않도록 매우 조심스럽게 노력하고 순발력 있게 움직인다."[63]

이와 같은 구조와 삶의 철학은 수도원 공동체 생활을 규정하고 있는 서약제도와 직접적으로 연결되어 있다. 수도원 서약의 내용은 영속성(라틴어 'stabilitas' 로 수사로서의 소명을 견디어 내며 수도원 생활에 계속해서 머무른다는 의미로 사용되었다. 나중에는 'stabilitas Loci' 라는 말로 강조되었다)과 수도원의 생활태도(라틴어 'conservatio morum' 으로 포기의 능력과 결과에 대한 겸손을 지키는 일이다) 그리고 순종(라틴어 'oboedientia' 로 무엇보다도 아버지 역할을 하는 아빠스에 대한 절대 순종을 의미한다)을 포함하고 있다.[64]

누르시아의 베네딕트는 그리스도교 역사에 보면 목회상담적으로 중요한 자극을 주었

63) 베네딕트 수도원 규칙, 27장 1–5. G. Voss, 위의 글, 216에서 재인용.
64) 베네딕트 수도원 서약에 대해서는 W. A. Bienert, Art..: Benediktiner, *EKL 1*, 424 이하를 참조한다.

다고 볼 수 있다. 그 자극이란 두 가지 관계에 대한 변증법적인 논쟁인데, 즉 그리스도 신앙과 진리의 문제에 대한 '(사색적인) 성찰'과 현실 극복을 위한 실질적 봉사를 하는 '(적극적인 실제적) 행위'에 관한 논쟁이다.

대 그레고르(Gregor dem Groβen, 540~604)는 어떤 목표를 위해서 교회직분을 통해 영향력을 행사하는 것, 다시 말하면 장기적으로 매우 효율적인 영혼 돌봄의 의도로서 교회 교권 사용을 강조하고 있다. 그것은 특히 그의 책 『목회규칙서(*liber regulae pastoralis*)』[65] 에서 찾아볼 수 있다.

아우구스틴처럼 대 그레고르가 가지고 있는 뛰어나고 세계화된 교회적 소명의식이 그의 주장과 경험의 바탕이 되었다. 대 그레고르도 바질리우스처럼 교회직분을 수용하는 데 있어서 항상 겸손하게 직분을 맡는 것을 피하는 '도피동기'가 중요한 역할을 한다.[66] 그의 책 『목회규칙서』의 핵심은 특별히 성서가 말하는 목자의 이미지와 교회직분자에 대한 관심이었다. 대 그레고르는 '영혼을 돌보는 일(cura animarum)'을 모든 예술 중에 최고의 예술로서 이해하고 있기 때문에 교권을 잘못 사용하는 것에 대한 책임성을 강조하고, 성직에서 영혼을 책임지는 성직자 자신의 자기 성찰을 끊임없이 요구하고 있다. 그래서 사람들은 다음과 같이 말하고 있다. "교권을 가진 사람의 끊임없는 자기 성찰이 대 그레고르에게 영혼 돌봄의 훈련을 위한 결정적인 핵심 문제가 된다."[67]

이와 연관하여 『목회규칙서』에는 다음과 같은 말이 나온다.[68] "영혼을 돌보는 일을 위임받는다는 것은 종종 여러 복잡한 생각으로 가득한 한 사람의 마음을 들여다보는 것과 같다. 모든 사람들은 그가 완전히 혼란스러운 생각에 사로잡혀 있거나 많은 것들에 마음을 쏟고 있다면 개개의 사물을 파악할 수 없다." "다시 말하면, 사람이 자기 자신에 대해서 생각하지 않고 자신을 모르는 한, 그는 외부적인 것을 정리하는 데 신경을 쓰게 되고 그에게는 생각할 거리가 너무나 많이 있게 된다. 그는 반드시 필요한 것보다 외부적인 것에 몰두함으로써, 다시 말하면 그가 그렇게 길 위에서 서성거리고 있는 동안에 자기의 본질적인 목표를 잊어버리게 된다. 그래서 그는 자기를 인식한 후에 깨닫게 되는 죽음을 직시하지 않게 되고, 자기가 고통당하고 있는 상처를 결코 볼 수 없으며, 더

---

65) 이 부분은 C. Möller, Gregor der *Groβe*, in: Ders. (Hg.), *Geschichte. Bd. 1*, 223 이하와 A. Köstlin, *Lehre*, 22 이하를 참조한다.

66) C. Möller, 위의 책, 226.

67) C. Möller, 위의 책, 227.

68) 다음 구절은 A. Köstlin, 위의 책, 23 이하에서 인용하였다.

나아가 자기가 얼마나 실수를 저질렀는가에 대해서 알지 못하게 된다”(I, 4). “자기 속에 마음의 상처가 있을 때 함부로 지도적인 교회직분을 떠맡지 않는 것이다. 왜냐하면 자기 죄 때문에 망가진 사람은 [하나님과 사람 사이에서] 죄를 진 다른 사람들을 위해서 중재자가 되어서는 안 되기 때문이다”(I, 11). 따라서 교회직분자 자신의 자기 성찰과 관련하여 여기서 말하고자 하는 목표는 분명하다. “목자의 삶이 자기가 돌보는 양떼의 그것과는 완전히 다른 것처럼, 교회지도자의 행동은 일반 사람들의 행동보다 훨씬 숭고해야 한다”(II, 1).

자기 성찰을 강조하는 모범적인 교회직분자의 자세가 대 그레고르가 말하는 영혼 돌봄의 원동력이 된다. 영혼의 최고 지도자(rector animarum)가 돌보는 목회방법의 측면에서 볼 때 그러한 자세는 영혼 돌봄에서 여러 다양한 상황들과 개개인의 경향 그리고 다양한 갈등에 대하여 매우 뛰어난 목회적이고 심리학적인 감각을 발휘할 수 있는 특징을 가지고 있다.[69]

• 중세의 영혼 돌봄은 (현대의 눈으로 볼 때) 가장 긴장감이 넘치는 대조점을 보여 주는 프로그램을 제시하고 있다. 한편으로 그것은 이 세상에서 그리스도교 신앙을 모든 영적인(영혼 돌봄의 차원에서), 그리고 세상적인 수단을 동원해서 끝까지 강력한 힘으로 밀어붙여 전할 것을 요구한다. 다른 한편으로는 사랑과 자비에 대해서 특히 감정적으로 인상 깊게 강조하고 하고 있다. 다시 말하면, 수고하고 세상에 시달린 사람들에게 인정사정 없이 신앙의 규칙들이 적용된다. 그러나 그와 더불어 ‘본질적인’ 삶에 대한 놀랍고 상상력이 뛰어난 비전도 제시된다.

이와 같은 중세 영혼 돌봄의 이중성은 조잡한 민속신앙에 항상 상징적으로 확대되어 인간 존재를, 곧 모든 이 땅의 존재를 초월하는 모습으로 묘사하는 곳에도 그대로 반영되어 나타난다. 여기서 인간 존재는 ‘진정한’(다른 말로 하면 신비적으로 연결된) 내면을 가지고 있는데, 그것은 궁극적으로 효과적이고 신앙에 충실한 삶을 나타낸다. 그러나 한편으로는 그 신비한 인간의 내면은 이단적인 것과 동일시될 수 있는 위험이 있다.

그렇게 해서 현실세계와 완전히 구별되는 구조 안에서 이루어지는 신앙에 대한 관심, 곧 수도원 담 안에서 이루어지는 예수를 닮고자 하는 신앙(다시 말하면 본래의 성서적인 신앙)의 모범이 되는 사람들과 그들의 교훈들에 대한 관심이 발전할 수 있게 되었고 그

69) 묄러(C. Möller)가 편집한, 위의 책의 부록 241 이하를 참조한다.

것은 경건한 문장으로 쓰이게 되었다. 이 문헌들은 완전히 영혼 돌봄의 지혜가 들어 있는 내용이었다. 그것들은 신앙을 생생하면서 현실감 있게 말하고 있으면서도 동시에 모든 이 땅의 삶을 초월하는 경험들에 대해서도 권면하고 있다.

베른하르트 폰 클레보(Bernhard von Clairvaux, 1090~1153)에게서 영혼 돌봄은 엄격한 수행을 강조하는 수도원의 생활방식의 틀에서 시작되었다. 그것은 모든 세상 걱정과 근심에서 자유롭게 하는 데 큰 공헌을 한 영혼 돌봄이다.[70] 한편으로 그는 마지막에 비참한 결과를 가져온 십자군전쟁을 독려하는 설교까지 한, 교회 권력구조 측면에서 강력한 종속과 복종의 질서를 요구했던 설교가였다. 이러한 면에서 신학자 하우크(A. Hauck)는 다음과 같이 그의 특징을 함축적으로 설명하고 있다. "클레보는 사람들에게 살아 계신 주님의 모습을 보여 주면서 동시에 사람들과 함께 30년 넘게 살아온 자신의 땅을 불신자들의 제국에 그대로 맡겨 놓을 것인가라는 질문을 던져 사람들을 압박하는 방법으로 독일인들을 사로잡았다. 더 나아가 클레보에게 성지 탈환을 위한 십자군전쟁은 일종의 하나님과 악마와 싸우는 대전투의 격전장으로 간주되는 것 같다."[71]

그의 신학적 생각과 행동에서—그것은 유감스럽게도 분열된 것처럼 보이는데, 그것을 보충이라도 하듯이—특히 그가 강조하는 영혼 돌봄의 소리가 더해진다. 그는 우리가 수고하고 무거운 인생의 짐을 진 사람들의 모든 것을 이해하고 받아들이는 그리스도의 사랑을 가지고 만날 것이며, 그때 그들이 그리스도의 자비로움을 느낄 수 있도록 하라고 그리스도인들에게 간곡하게 요청한다. 그래서 클레보는 그의 글에서 사랑과 자비하심에 대해서 매우 열심히, 적극적으로 강조하고 있다.[72]

클레보는 그의 글에서 다음과 같이 말하고 있다. "왜 우리가 하나님을 사랑하지 않으면 안 되는지, 어떻게 하나님을 사랑해야 하는지 당신은 그 이유를 내게서 듣기를 원한다. 하나님을 사랑해야 하는 이유는 바로 하나님이 계시기 때문이다. 무한대로 사랑해야 할 척도가 존재하기 때문이다"(I, 1). 그는 이렇게 쓴 후에 영혼 돌봄의 중요성과 효력에 대해서 쓰고 있다. "진정한 사랑은 그 자체로 충분한 것이다. 그 사랑에는 보상이 따른다. 그것은 다름 아닌 그 사랑을 준 대상이다. 그런데 당신은 항상 다른 이유 때문에

70) 이 부분은 B. Schellenberger, Bernhard von Clairvaux, in: C. Möller (Hg.), *Geschichte. Bd. 1*, 247 이하를 참고했다.

71) A. Hauck, *Kirchngeschichte Deutschlands. Bd. IV*, Berlin, 1958, 935.

72) De diligendo Deo—Über die Gottesliebe—, in: Bernhard von Clairvaux, *Sämtliche Werke lateinisch/deutsch*, hg. von. G. B. Winkler u. a., Innsbruck, 1990.

사랑하는 것처럼 보인다. 당신은 사랑의 의도가 어디로 향할 것인가를 사랑할 뿐 그 사랑을 담는 수단을 사랑하지 않는다. 바울은 먹기 위해서 복음을 전하지 않고 복음을 전하기 위해서 먹었다. 왜냐하면 그가 사랑한 것은 먹을 것이 아니라 복음이었기 때문이다. 진정한 사람은 보상을 바라지 않지만, 진정한 사랑은 그것을 얻게 된다"(VII, 17). "만약 당신이 자기만족에서 벗어나 형제의 고통을 외면하지 않고 사랑한다면 그때 당신의 사랑은 치우치지 않는 사랑이고 의로운 사랑이 된다. 그런 우리들의 사랑이 모든 일반적인 사람에게 확대될 때 우리의 이기적인 사랑이 진정한 이웃사랑이 되는 것이다" (VIII, 23).

클레보에 의하면 자비는 구원받을 수 없는 세속적인 조건들이 있는 곳에서 필수적이다. "어떻게 우리가 오로지 하나님의 정의로운 행위가 저절로 생각나게 만드는 곳에서만 하나님의 사랑을 생각해야 하는가? 그렇다면 불행을 당한 사람들을 위한 그 어떤 배려도 없는 곳, 그 도움을 위한 어떤 시간도 없는 바로 그곳에서는 하나님의 사랑이 더 이상 존재할 수 없게 될 것이다"(XV, 40).

이와 같은 영혼 돌봄의 이해와 그에 따른 영혼 돌봄 행위의 특징에서 가장 중요한 것은 내담자에 대한 진정한 감정적인 관심이다. 물론 이것은 잘못한 사람 또는 '이방인'을 대상으로 '무조건적으로' 긍정하고 받아들여야 된다는 그리스도교적 보상주의와도 연관된 생각이라고 볼 수도 있다.

클레보와 동시대인으로서 12세기에 가장 중요한 여성 인물로 힐데가르트 폰 빙엔(Hildegard von Bingen, 1098~1179)이 있다. 힐데가르트는 그의 시대에 위대한 여성 예언자로 그녀가 본 환상은 잘 알려져 있다. 그녀의 환상은 자기 시대에 놀라운 영향력을 끼쳤다. 힐데가르트는 자기를 '하나님의 나팔' 이라고 부르면서 자기가 본 환상으로 그 시대 사람들을 깨웠으며, 그것은 그의 모든 영혼 돌봄에도 적용되었다.[73] 그녀는 클레보의 사상에서 영향을 많이 받고 있기 때문에 그녀의 말은 클레보에 의해서 인정받고 있다고 볼 수 있다.

신학자 하우크는 직접 힐데가르트의 저서들을 언급하면서 그녀가 본 환상에 대해서 다음과 같이 말하고 있다. "그녀는 매우 드물게 나타나는 환상적인 꿈속에서 그녀의 영혼을 꽉 채운 것이 하나님이 그녀에게 계시하는 어떤 것으로 믿었다. 여기서 중요한 것

73) 이 부분은 M. Schmidt, Hildegard von Bingen, in: C. Möller (Hg.), *Geschichte. Bd. 1,* 265 이하; M. Giers, *Hildegard von Bingen*, München, 1998을 참조한다.

은 몰아지경의 환각적인 상태가 아니다. 다시 말하면, 우리는 여기서 그녀가 본 환상이 가지고 있는 특별하고 명확한 그 어떤 능력에 대해서 말하고자 한다. 힐데가르트는 이미 여덟 살 때 자기 영혼 속을 채우고 있는 그 무엇에 대해 놀랐다. 그리고 마치 객관적인 물건을 보듯이 그 환상을 분명하게 보았다. 그녀의 이러한 성령의 은사는 늙어서도 없어지지 않았다."[74]

무엇보다도 우리는 그녀가 가지고 있는 '생생한 환상'을 보는 능력에서 그녀의 영혼 돌봄에 대한 생각과 그녀의 대단한 영향력을 이해할 수 있다. 본질적이며 특별한 영혼의 상태를 마치 직관적으로 보듯이 상세하게 인식할 수 있는 그녀의 영적 능력은 자연현상에 대한 관심으로도 확대된다. 우리는 힐데가르트가 쓴 의학적이고 자연과학적인 저서를 통해 그녀를 독일인 최초의 여과학자이며 여의사라고 말할 수 있다.[75]

힐데가르트에 의하면 사람은 내면적으로 항상 무엇인가를 추구하는 존재다. 그러나 그가 추구하는 행동은 이중성을 띠므로 다양한 (신앙적) 인식을 하게 된다. 먼저 그중에 하나는 사람 스스로에 의한 것이다.[76] "어디서나 사람들은 이 세계가 어떤 표시를 통해서 우리들에게 보여 주고 있는 사건들을 찾아내려고 한다. 그들은 그렇게 행동함으로써 잘못된 지식을 실제라고 생각하며 결국은 스스로 속는 것이다. 그러나 하나님 없이 찾아진 것 그리고 발견된 것은 허무하게 되어 버린다"(LVM I, 105). 힐데가르트가 말하는 인간 내면에서 추구하는 또 다른 측면은 하나님의 관점이다. "하나님의 눈은 '어떤 관점으로 신앙의 거울 속에서 사람들이 하나님을 바라보고 있는지' 또는 '어떤 생각과 순수한 마음을 가지고 하나님을 찾고 있는지' 가장 정확하게 살피신다"(LVM V, 75). 그뿐 아니라 힐데가르트도 (앞에서 본 베네딕트 수도원 규칙에서처럼) 구별하는 것(Discretio)을 강조한다. 그녀에 의하면 구별할 줄 아는 은사와 중용의 길을 걸을 줄 아는 은사는 겉으로 드러나는 가장 중요한 능력 또는 입장이다. 왜냐하면 이 세상을 위협하고 있는 것은 무엇보다도 도덕적인 영역에서 볼 수 있는데, 그것은 중심을 잃은 사람 그리고 하나님처럼 되려는 인간의 교만과 이에 연관된 혼란이기 때문이다. 이러한 위협들 속에서 중요한 것은 (구별하는 은사의 도움으로) 깨어 있는 것이다. 가장 중요한 것은 그러한 원인에 대한 깊은 상관관계를 연구하고 찾아내는 일이다. 예언자이자 자연과학자였던 힐데

74) A. Hauck, 위의 책, 419.

75) M. Schmidt, 위의 책, 226.

76) Hildegard von Bingen, *Der Mensch in der Verantwortun—Liber Vitae Meritorum*. Übers. u. erläut., v. H. Schipperges, Salzburg, 1972. M. Schmidt, 위의 책, 270에서 재인용.

가르트는 '영혼과 영혼의 능력' 이라는 제목의 글에서 다음과 같이 말하고 있다. "사람의 의지가 머무는 천막은 사람의 심장 속에 있는 마음이다. 인식과 의지 그리고 모든 영혼의 힘은 개인의 능력에 따라서 그들의 호흡을 이 천막에 불어넣는다. 그들은 이 천막 속에서 열을 받아 서로서로 섞여지게 된다. 어느 정도까지? 예를 들어, 화를 내면 신장은 부어오르게 되고 자기의 연기를 그 천막 안으로 불어넣게 된다. 그렇게 해서 화를 내게 되는 것이다. ……또한 슬픔은 신장 주위에 있는 즙이 이 천막 안에서 생기기 때문이다. 그래서 절망감은 영적인 장애를 낳고, 그것은 사람의 혐오감과 무정함 그리고 교만함을 낳는 것이다. 그 절망감은 영혼이 가진 동적인 힘을 꽉 묶어 버린다."[77]

힐데가르트는 이러한 관점과 인식을 바탕으로 하나님처럼 되는 인간 존재에 대한 깊은 통찰력을 우리의 일반 생활경험에 전달해 주려고 했다.

마이스터 에카르트(Meister Eckart, 1260~1328)는 그의 저서에서 깊은 인간의 내면성을 매우 훌륭하게 표현한 중세의 대표적인 인물이라고 말할 수 있다. 여러 다양한 관점에서 그를 연구하는 사람들은 현재까지도 그를 파악하는 데 매우 어려워한다. 에카르트에게 세상의 모습은 상징적인 사상들로 이루어져 있으며 또 행렬(Matrix)을 이루고 있는데, 바로 그 위에 존재하는 인간의 영혼은 특별한 존재의 경험, 즉 하나님을 경험하는 도구가 된다.[78]

그의 영혼 돌봄은 이러한 기초 경험에 근거해서 반대급부를 바라고 행하는 모든 신앙 행위를 강력하게 비판한다. 에카르트에 의하면 반대급부를 바라는 신앙행위는 결국 겉치레의 허영과 형식 그리고 허무한 마술에 피폐하게 되고 심리적인 안정감 정도에 도움이 될 뿐이다.[79] 에카르트의 비판을 통하여 우리는 거꾸로 그 당시 사람들이 극심한 신앙적 불안감에 시달렸음을 추측할 수 있다. 이에 대해서 헤어(F. Herr)는 다음과 같이 말하고 있다. "영혼을 돌보는 자로서 에카르트가 일생 동안 거의 자기의 모든 설교에서 비판한 것은 바로 그러한 안전보장에 대한 사람들의 욕구였다. '탐욕스러운 마음으로 하나님을 찾지 말라. 만약 당신들이 그러한 태도를 포기하지 않는다면, 만약 당신들이 그 좁고 불안해하고 탐욕스러운 자기 자신에게서 냉정하게 벗어나지 않는다면, 또 만약 당신들이 이 세상의 것들을 즐기는 탐욕을 포기하지 않고 하나님이 마음대로 주관하시는

77) Hildegard von Bingen, *Wisse die Wege-scivias,* Übers. v. M. Böckeler, Salzburg 1954, 131.
78) 이 부분에 대해서는 J. Sudbrack, Meister Eckart, in: C. Möller (Hg.), *Geschichte. Bd. 1,* 287을 참조한다.
79) J. Sudbrack, 위의 책, 293 이하.

공간으로 당신들의 하나님을 받아들이지 않는다면, 당신들이 광적으로 추구하는 모든 은혜의 수단들인 성찬식과 미사와 순례여행 그리고 선한 행위들은 모두 헛된 것이 될 것이다'"[80]

에카르트는 아는 것만 많은 '지식의 대가'가 아니라 실제로 그렇게 살았던 '행동의 대가'였으며[마이스터 에카르트의 이름을 직역하면 '대가'이다: 역주] 인간에 대한 지식이 매우 풍부한 사람이었다. 그의 설교는 매우 실제적이었다. "우리 인간이 가진 가장 약한 점을 극복하기 위해서 늘 부지런히 자기를 관리하고, 자기의 가장 큰 약점이 어디에 있는지 늘 주의 깊게 점검한다면 그 사람은 진정으로 좋은 점을 많이 소유한 사람이 될 것이다."[81]

선한 행동을 하는 영혼은 결국 하나님과 하나가 되려고 한다. 그래서 모든 선한 행동을 하는 영혼은 결국 모든 영혼 돌봄을 하나님을 찾는 영혼 돌봄이 되도록 만든다. 에카르트는 인간의 영혼에 대해서 다음과 같이 말하고 있다. "인간 영혼은 자기 위에 무엇인가가 있다는 사실을 참지 못한다. 더 나아가 영혼은 하나님이 자기를 지배하고 있다는 사실을 더욱더 참지 못한다. 만약 하나님이 인간의 영혼 속에 있지 않다면 영혼은 하나님처럼 선한 존재가 될 수 없다. 그래서 그 영혼에게는 결코 평안이 없는 것이다."[82]

'인간 존재가 무엇인가'라는 본질적 질문에 대한 근원적 대답으로서 그와 같은 '신비적 하나됨'은 에카르트의 영혼 돌봄에서 핵심 사상이자 목적이다. "영혼의 근본은 하나님과의 유사인 동시에 하나님과 하나가 되는 것이다. 여기서 하나가 된 것은 감정이나 의지 속에서 두 개가 연합한(unitum) 것이 아니다. 따라서 하나님과의 하나됨은 연합이 아닌 구별이 없는 하나됨, 곧 융합(unum)이다."[83]

토마스 아 켐피스(Thomas a Kempis, 1380-1471)는 지금까지 소개한 사람들과는 달리 특히 일상생활에서 신앙적 내면성의 중요성을 강조하였다. 그러나 이 신앙적 내면성이 그에게 매우 실천적인 결과를 가져왔다고 볼 수 있다. 4권으로 된 그의 책 『그리스도를 본받아(*vier Bücher der Imnitatio Christi*)』(이 책은 그 당시 유행하던 격언들을 그 또는 다른 사람

80) F. Heer, in: Meister Eckart, *Predigten und Schrifen.* Ausgewählt und eingeleitet v. F. Heer, Frankfurt a. M./Hamburg, 1956, 21.

81) M. Eckart, Predigten, 205.

82) M. Eckart, 위의 책, 206.

83) O. Langer, *Mystische Erfahrung und spirituelle Theologie. Zu Meister Eckarts Auseinandersetzung mit der Frauenfrömmigkeit seiner Zeit,* München, 1987, 20.

들이 모아 놓은 것이라는 말도 있다)는 공동생활을 하는 평신도운동에서 행해야 할 영적인 사귐을 잘 표현하고 있다.[84] 목회상담학적으로 이해한다면 그의 책은 그 당시 유행하던 '헌신(devotion moderna)' 을 표현하고 있다고 볼 수 있다. 수도자나 교회직분자의 신앙이 아닌 일반 사람들이 가지고 있는 신앙이 이 책에 나오는 기본적인 격언들에 나타나며, 그 신앙은 직접적으로 이해할 수 있는 삶의 규칙으로 자리매김된다.

『그리스도를 본받아』에는 다음과 같은 글들이 나온다.[85] "대부분의 사람들은 올바른 삶보다 지식을 더 좋아한다. 그래서 그들은 실수를 하게 되며, 열매가 아주 적은 삶을 살거나 열매가 아주 없는 삶을 산다"(I 3, 24). "내적이고 신적인 위로는 외적인 위로와 결코 비교대상이 될 수가 없다"(I 11, 20). "먼저 슬며시 한 생각이 들어온다. 그러고 나서는 한 가지 영상이 떠오르고 그 생각이 마음에 들게 되고 나쁜 유혹이 생긴다. 결국 우리의 의지는 '그래' 라고 응답하게 된다. 이렇게 해서 우리가 처음부터 악한 원수와 대적하지 않으면 그는 시간이 지남에 따라 점차 우리 모두의 주인이 되는 것이다"(I 13, 22-23). "자기의 죽음을 항상 생각하는 사람 그리고 죽음을 준비하는 사람은 복되다. 아침에 돌아오는 저녁을 맞을 거라고 믿지 말라. 저녁에 돌아와도 아침에 할 것을 약속하지 말라. 죽음이 덮친다 해도 결코 죽음이 당신을 놀라게 할 수 없도록 평생을 그러한 마음으로 살아라."(I 23, 15, 17-19) "무엇보다도 당신의 마음에 평안을 찾아라. 그리고 나서야 당신은 다른 사람을 위로할 수 있을 것이다. 사실 우리가 필요한 사람은 학자가 아닌 영혼이 평안한 사람이다"(II 3, 1-2). "많은 사람들은 그 자신 속에는 평안이 없다. 그래서 그들은 남을 평안하게 만들 수 없다. 그들은 오히려 남에게 부담을 준다. 그래서 대개 그 자신이 남의 짐이 될 뿐이다. 이 힘들고 괴로운 이 세상의 삶에서 우리의 평안함이란 무감정에 있는 것이 아니라 오히려 고통을 겸손하게 참아내는 곳에 있다"(II 3, 16, 18). "나의 주님, 나의 거룩한 주님, 내 마음 전체가 당신이 오심을 찬양합니다"(III 5, 4). "주님, 당신이 저를 굽어 보시는 순간에 저는 담대해지고 기쁨으로 가득 찹니다"(III 8, 6).

이러한 글들은 삶에 위로를 주는 하나님과의 가까움에 대해서 표현할 뿐만 아니라 우리를 평안하게 하거나 또는 괴롭게 만드는 생각과 행동에 관한 특별한 감정들을 잘 표

---

84) 이 부분은 G. Ruhbach, Thomas von Kempen, in: C. Möller (Hg.), *Geschichte. Bd. 1,* 341 이하를 참고하였다.

85) Thomas von Kempen, *Die vier Bücher der Nachfolge Christi,* übers. v. P. Mons, Regensburg, 1959. 여기서는 G. Ruhbach, 위의 책, 345 이하에서 재인용하였다.

현하고 있다. 토마스 아 켐피스가 보여 주는 말과 행위는 목회상담적으로 볼 때 영혼을 돌보는 사람 자신과 다른 사람과의 교제에 매우 유용하다. 목회학적인 시각에서 볼 때 위와 같은 간결한 격언체의 글들이 뛰어난 효력과 영향을 발휘할 수 있는 것은 그 글들이 가지고 있는 깊은 신앙적 체험 속에 자연스러운 인간 이해가 들어 있기 때문이다.

3. 종교개혁과 그 이후 시대

종교개혁을 기점으로 교회목회의 본질적인 분야로서 영혼 돌봄은 새로운 강조점을 얻게 되고 동시에 결정적으로 새로운 영혼 돌봄의 입장을 가지게 된다.[86] 만약 사람들이 종교개혁이 새로운 영혼 돌봄의 운동이었다는 사실을 이해하지 못한다면, 종교개혁이 요구했던 교회구조에 대한 급격한 변화 요구와 그 당시 제기되었던 교회 지도부와 구성원들에 관한 피할 수 없는 개혁 요구에 대해서 전혀 바르게 이해할 수 없다.

새로운 시대를 여는 첫 발자국을 뗀 사람으로서 마르틴 루터(Martin Luther, 1483~1546)는 교회목회의 입장에서 가장 분명하게 중세기적 영혼 돌봄을 현대적인 영혼 돌봄의 방향으로 바꾸었다. 그것은 다음과 같은 문제 제기에 대한 이해였다. 무엇이 사람들에게 갈등을 유발하게 만드는가, 그리고 무엇이 그와 같은 상황에서 깊은 신앙태도를 양심에서 자유롭게 만드는가?

종교개혁운동이 확대되면서 새로운 영혼 돌봄의 운동이 다양한 전통들과 연결되었다는 사실은 전혀 놀랄 일이 아니다. 따라서 종교개혁가 훌트리히 츠빙글리(Huldrych Zwingli, 1484~1531)에게서 영혼 돌봄의 행동양식에 있어 가장 상이한 형태가 나타나게 된다. 그리스도인이란 반드시 공동체의 노움을 통해서, 그리고 모든 가능한 수단을 가지고 교육적으로 뒷받침되는 이상적인 사상에 도달했을 때 자기의 삶을 가장 훌륭하게 사는 것이다.

86) 종교개혁 시대에 대해서는 다음 글을 참고하였다. M. Greschat, *Geschichte des Christentums II. Von der Reformation bis zur Gegenwart, Grundkurs Theologie* 4, Stuttgart/Berlin/Köln, 1997. 가톨릭 신학자인 그레샤트는 종교개혁의 새로운 돌파구에 대해서 다음과 같이 묘사하고 있다. "16세기에 일어난 종교개혁은 서양 그리스도교 역사에 아주 깊은, 아니 더 나아가 아마도 그리스도교 역사상 가장 강한 자국을 남겼다"(9쪽).

마르틴 부처(Martin Bucer, 1491~1551)는 자신의 저서를 통해서 종교개혁이 추구해야 할 목회학 또는 영혼 돌봄이라는 주제를 보다 심화시켜 이론적인 것을 보완한다. 이와 같은 배경을 바탕으로 그는 최초로 종교개혁적 신학에 근거한 영혼 돌봄의 이론을 발전시킨다.

마침내 요한 칼빈(Johann Calvin, 1509~1564)은 그리스도교의 오랜 전통, 즉 '영혼 돌봄이란 교회공동체의 구성원이 되도록 만드는 과정' 임을 새롭게 주장하게 된다. 여기서 선택된 그리스도인이 내적으로 성장하는 교회공동체에 참여하는 모습은 구원의 필수적인 과정으로서 관찰될 수 있어야 한다. 그러나 동시에 그 과정은 일관성 있고 엄격하게 관리되어야 한다.

그리스도교의 새로운 돌파구를 열었던 이 시대의 마지막 후반부에 와서 종교개혁을 열었던 루터 자신은 일반 신도들이 가지고 있는 잘못된 신앙에 대해서 언급한다. 그러한 말로 루터는 종교개혁 초기에 그가 가졌던 '교회공동체 개개인은 조직 구성력과 영적인 지도력을 가지고 있다' 는 긍정적이고 개혁적인 생각을 후기에 와서 분명히 접었다고 볼 수 있다. 그래서 종교개혁의 틀 안에서, 그리고 다음 세기까지 영향을 끼쳤던 종교개혁의 결과에서 보면 또다시 영혼 돌봄에서 일반 개인들이 피동적이 되는 교육적인 형태의 조치들이 나타나게 되고, 그러한 경향은 점점 더 많이 나타나고 있다는 인상을 깊이 받게 된다. 그러나 단지 위와 같은 방법 때문에 개신교의 영혼 돌봄은 적어도 겉으로 보기에는 삶의 위기에 빠진 사람들에게 적절한 삶의 행동방식을 말해 줄 수 있는 것처럼 보이게 된다.

① **마르틴 루터**(Martin Luther)의 목회상담에서 핵심 단어와 목표로 삼고 있는 말은 '위로받은 양심' 이다. 루터는 이를 중심으로 모든 다양한 영혼 돌봄의 역사와 그 영향력을 받아들이고 그것들을 혁신적인 종교개혁의 과정 속에서 더욱더 심화시키면서 동시에 그 개념에 상반되는 영혼 돌봄의 전통을 비판하게 된다.[87] 신학적인 훈련을 받은 가톨릭 수도자로서 종교개혁자 루터는 자연스럽게 가톨릭 교회가 가지고 있었던 고해신학과 고해성사제도의 전통 속에 있을 수밖에 없었다.[88]

그러나 동시에 영혼 돌봄의 이론과 실제에 대한 루터의 입장들도 특별한 독일교회의

87) 이에 대해서는 K. Winkler, *Zumutung*을 참고한다.

88) 이에 대해서는 W. Uhsadel, *Evangelische Beichte in Vergangenheit und Gegenwart,* Gütersloh, 1961을 참고한다.

역사적 상황과 연관될 수밖에 없었다.[89] 게르만 민족에게 그리스도교가 확대 선교되면서 '회개와 고해성사를 통한 영혼 돌봄' 이라는 주제가 매우 특별하게 강조된다. 프랑켄 왕국 정치지도자들 아래에서, 특히 독일 황제 칼 대제(Karl der Groβ)때 매일 그리스도인들의 생활 속에서 진부하지만 오래된 참회제도가 활성화되기 시작했고, 여기에 사제 또는 수도자 앞에서의 개인 고해성사제도가 도입되었다.

다음 글에서 이 과정을 큰 틀에서 보여 줄 것인데 그것이 종교개혁 과정에서 전통적인 영혼 돌봄의 이론과 실제가 어떤 수용과 변형 과정을 겪게 되는지를 설명할 것이다.

이미 아일랜드 수도사이자 수도원 창시자인 콜룸반 폰 룩소일(Columban von Luxeuil, 615+)은 프랑켄 왕국에서 자신의 수도원 규칙들을 일반 사람들도 지킬 수 있는 관습으로 주장하기 시작했다. 그리고 그 규칙들은 형식적으로 볼 때 매우 엄격한 것이었으나 수도원 담을 넘어서서 유럽 대륙에서 놀라운 영향력을 가지고 퍼지기 시작했다. 이 수도원 규칙을 일반화하는 과정과 그 당시 영혼 돌봄의 이해는 상호 간에 연결된다. 이렇게 해서 '포에니텐티알리아(poenitentialia)' 가 영혼 돌봄에 그리고 일반 사람들의 신앙생활에 도입된다. 이것은 일종의 '회개목록서' 라고 볼 수 있는데, 거기에는 죄가 되는 것들이 매우 구체적으로 나열되어 있다. 예를 들면, 성직자와 평신도의 폭력 사용, 엄청난 성적 문란행위, 절제되지 못한 폭식, 이방종교 예식과 관습을 따르는 것 등이 있다.

개인과 사회의 행동양식을 더욱더 확대하여 보편적이고 일상적이며 동시에 영적인 규칙들이라고 생각되는 수도원 규칙에 억지로 종속시키기 위해서는 그것들이 정치와 교회의 경직된 감시구조 아래에서 실행하게 되는데, 이 때문에 영혼 돌봄의 조치들은 엄청난 부정적 인상을 받게 된다. 이에 대해서 하우크는 다음과 같이 설명하고 있다. "개별 죄들은 그 죄의 경중에 따라서 다양하고 오랜 회개의 기간이 벌로서 내려지며, 거기에 특별 금식과 자선기부금이 부과되거나 고향에서의 추방 또는 수도원 고행훈련이 따르게 된다."[90] 이러한 고해성사제도에 대해서 뢰슬러(D. Rössler)는 다음과 같이 평가하고 있다. "개인 고해제도는 일종의 재판기능을 가지고 있었다. 그것은 개인이 어느 한계를 넘지 못하게 감시하고 관리하며 그에 대한 결과를 회개를 통해서 풀어 주는 제도라고 할 수 있다. 그러나 개인 고해제도는 어떤 교육적인 교정과정을 도입하지 않았다.

89) 이에 대해서는 A. Hauck, *Kirchengeschichte. Bd. 1*, 249와 *Bd. II*, 264 이하; D. Rössler, *Grundriβ der praktischen Theologie*, Berlin/New York, 1986, 156 이하를 참조한다.

90) A. Hauck, 위의 책, *Bd. I*, 259.

그것은 오히려 객관적인 삶의 형태를 감시하고 거기서 단순히 그리고 우연하게 발생할 수 있는 개인의 종교, 사회적 일탈을 감시하는 데 의미를 두고 있을 뿐이다.' "[91]

또다시 200년 후에 신학자 알쿠인(Alkuin, 730~804)은 특별 고해성사 규칙을 도입하도록 한다. 칼 대제도 그 규칙이 자신의 정치적 야망인 대륙정복과 확장정책에 도움이 된다고 보았다. 당시만 해도 개인 고해성사제도는 그리스도교에서 아직도 일반화된 의무가 아니었다. 그러나 점차 모든 교회의 성직자들은 '회개목록서' 를 반드시 가지고 있어야 하며, 요청에 따라서 고해성사를 들어야만 했다. 단지 이렇게 해서 일반 대중을 '그리스도교식으로 길들이기' 가 이루어질 수 있게 된 것이다.

그 후 '교황제 교회의 확립' 이라는 맥락 속에서 1215년 영혼 돌봄에 매우 중요한 결과를 가져온 제4차 라테란 세계교회공의회가 열리게 되었다. 세계교회공의회는 모든 신도들에게 1년에 한 번씩 그리고 견진성사 때 반드시 사제 앞에서 고해성사를 받도록 엄격하게 규정했다. 사람들은 대중들을 관습적, 도덕적으로 적응시키고 순응시키며 일반적 삶을 성례전화시키는 도구로서 이러한 회개와 참회 제도가 교회의 영혼 돌봄이라고 생각했다. 바로 이런 상황이 젊은 루터를 불민스럽게 했고, 그때까지의 교회 목회와 영혼 돌봄의 확립과정에 대해서 적극적으로 신학적으로 많은 노력을 기울여 비판적으로 검토하게 되었다.

여기서부터 기존교회 전통에 반대되는 것이 나타나기 시작한다. 물론 그 중심에는 새 시대의 새로운 인물인 루터가 있다. 그는 특히 아우구스틴의 영향을 많이 받고 있었으며 그의 회심경험(이 책의 130 이하 참조)은 우리에게 잘 알려져 있다.[92]

루터는 수도원에서 공부할 때 튀빙겐 신학자인 가브리엘 비엘(Gabriel Biel, 1495+)의 저서에 매우 강한 영향을 받았다. 여기서 그는 '하나님과의 관계에서 사람의 의지가 결정적으로 중요한 요소가 된다' 는 가브리엘 비엘의 근본 사상을 받아들이게 된다. 그 당시 전통적으로 강한 교회의 회개신학의 맥락에도 불구하고 이러한 학문적인 신앙적 배경을 바탕으로 가브리엘 비엘이나 루터는 이제 내담자의 심리적 과정을 엄밀하게 관찰하는 것을 영혼 돌봄의 특별한 과제로 인식하게 되었다.[93] '모든 포괄적인 참회' 라고 말하는 '콘트리치오(contritio)' 가 개인의 개별적인 감정상태 안에서 고통스럽지만 자세

91) D. Rössler, 위의 책, 157.

92) A. Hamel, *Der junge Luther und Augustin*, Gütersloh, 1934.

93) 이에 대해서는 R. Schwarz, *Vorgeschichte der reformatorischen Bußtheologie*, Berlin, 1968, 126을 참조한다.

하고 면밀하게 분리되기 시작했다. 루터는 그가 존경하는 선생 요한 폰 스타우피츠(Johann von Staupitz, 1469~1524)가 '진정한 회개는 하나님에 대한 사랑에서 시작되고 예수 그리스도와 연결되며 깊은 위로를 동반한 확신에 이르게 된다' 고 그를 납득시키기 전까지는 '자기 학대' 라는 특별한 형태를 경험한다.[94)]

이를 바탕으로 루터의 새로운 종교개혁적인 돌파구, 즉 루터가 생각하는 새로운 형태의 고해제도와 영혼 돌봄이 나타나게 된다. 결국 참회제도에서 엄중한 자기비판(Selbstgericht)과 그 잘못된 행동의 대가로 치러야만 하는 '공동체에서의 소외' 라는 규칙은 폐기된다. 이제 기존의 참회제도는 새로운 특성을 필요로 했다. '만인사제주의' 를 추구하는 가운데 사제와 평신도의 차이는 상대화되기 시작했다. 그리스도교 영혼 돌봄에서 그리스도인 개개인이 가지고 있는 양심의 기능이 새롭게 정의되기 시작했고, 이제 양심이 주는 위로가 새로운 주요 신학적, 신앙적 과제로 떠오르게 된다.[95)] 영혼 돌봄의 현장에서 루터가 가장 중요하게 생각했던 것은 좌절되고 아무 희망이 없는 고달픈 인생의 상황에서 사람들을 '끌어올려 주는 것(Emporziehen)' 이었다. 그는 내담자에게 세상에서 고통당하지만 세상을 극복하는 그리스도를 정면으로 회상하게 하며, 그러한 그리스도와 내담자 자신을 신앙적으로 동일시하게 한다. 예를 들면, 사랑하는 아들을 잃은 한 부부가 있었다. 루터는 그 슬퍼하는 부부를 다음과 같이 위로한다(약 1531년경). "당신들이 그렇게 슬퍼하고 눈물을 흘렸을 때 당신의 아들은 아름답게 이 세상에서의 마지막을 마쳤으며 그리스도 안에서 영원히 잠들었습니다. 의심할 여지없이 당신의 아들은 그리스도가 주는 영원한 안식 가운데 있게 되었으며 이제 그의 품 안에서 부드럽고 평안하게 잠들었습니다. 당신은 그 사실로 위로받아야 되고, 더욱이 기쁨으로 하나님께 감사드려야 합니다." 루터에게서 모든 목회상담적인 위로는 항상 그 스스로 말해 왔던 지속적인 은사였다. "……주님이신 가장 위대하신 위로자로서 예수 그리스도는 당신이 사랑했던 것보다 더 당신의 아들을 사랑하십니다……."[96)]

---

94) K. Winkler, *Zumutung*, 34 이하.

95) K. Winkler, 위의 책, 34 이하.

96) M. Luther, Briefwechsel 6, Nr. 1876, in: D. Martin Luthers Werke. *Kritische Gesamtausgabe*. Weimar, 1883 이하, WB 1930 이하. 여기서는 R. Kreft, Praktische Seelsorge in Martin Luthers Briefen, in: *Berliner Hefte für evangelische Krankenhausseelsorge, Nr. 49*, Berlin, 1963, 63에서 재인용하였다. 학문적으로, 교회사학적인 관점에서 그리고 조직신학적으로 광범위한 루터의 목회학 또는 목회상담을 다룬 저서는 최근에 나온 에벨링(G. Ebeling)의 저서다. G. Ebeling, *Luthers Seelsorge. Theologie in der Vielfalt der Lebenssituation an seinen Briefen dargestellt*, Tübingen, 1997. 에벨링은 그의 저서 『후기』

이러한 그리스도 중심적인 루터의 위로에 대한 이해는 그리스도교 역사에 엄청난 영향을 미치게 된다. 위로의 방법으로 그리스도와 일치하라는 종교개혁자 루터의 요청은 이미 1519년에 나온 '위로를 주는 14개의 말씀' 에서 나타난다.[97] 거기에는 중병에 걸린 프리드리히 선제후에게 보낸 글이 나오는데 루터는 다음과 같이 쓰고 있다. "나는 당신의 육체 때문에 그리스도가 나를 부르고, '보십시오. 내가 병들어 누워 있습니다.' 라고 외치는 당신의 소리를 들었다는 것을 숨길 수 없습니다. 그러한 병과 같은 몹쓸 악을 없앨 수 있는 것은 우리 그리스도인들이 아니라 우리의 주님과 우리의 구원자이신 예수 그리스도 자신입니다."[98]

다음에 나오는 것처럼 루터의 위로 개념에 대한 이해와 정의에 대한 신학적 논쟁이 진행되는 동안 위로 개념은 후대의 다양한 목회상담 개념 속에서 항상 새롭게 이해되고 규정되어야 하는 도전을 받게 되었다. 도대체 어느 정도까지 그리스도 교회가 말하는 위로가 '우리 밖에서(extra nos)' 만 오는가? (그렇게만 말할 경우 오늘날 현실적으로 수많은 사람들에게 그런 위로의 개념은 '낯선 세계' 에서 오는 '이해할 수 없는 제안' 이 되며 그럴 경우 '헛된 위로' 가 되지 않을까?) 어느 한도까지 그리스도교가 말하는 '위로 개념' 이 핵심적인 내용으로 인정받고 받아들여질 수 있도록 심리학과 같은 인문과학이 말하는 위로 개념과 공유할 수 있는 내용이 있을까? (그렇지 않다면 우리가 말하는 '위로' 는 말뿐인 허울만 좋은 제안이 되고 그럴 경우 '말뿐인 위로' 가 되지 않을까?)

그래서 여성 신학자인 슈나이더-하르프레흐트(C. Schneider-Harpprecht)는 이 문제를 다음과 같이 함축적으로 말하고 있다. "따라서 우리 그리스도교 목회상담의 과제는 스트레스와 갈등의 상황 속에 있는 사람들을 다음과 같이 위로하는 것이다. 우리는 그들이 예수의 인격 안에서 하나님을 찾을 때 발견할 수 있는 완전히 새로운 삶 속에서 자기 자신의 정체성을 찾을 수 있도록 그들이 처한 상황이 분명하게 드러날 수 있게 도와야 한다. 그러나 그리스도교적인 차원의 위로 실천에 대한 비판적인 인문과학의 분석은 내

에서 루터 연구를 통해 신학과 목회상담의 관계를 설정해 보려 했다는 목적을 다음과 같이 말하고 있다. "루터의 편지를 연구한 것은 나 자신에게도 많은 도움이 되었다. 이 연구는 다른 사람들에게도 '신학이란 단지 공허한 사상이거나 쓸데없는 과거와 연관된 학문이 아니라 다양한 상황 속에서 삶 자체와 연관된 것이다.' 라는 그들의 경험을 다시 한 번 확신시켜 줄 것이다' (484쪽).

97) M. Luther, Vierzehn Tröstungen für Mühselige und Beladene (tesseradecas consolatoria pro laborantibus et oneratis) übersetzt. und eingeleit. v. Bischof D. Heckel, in: *Schriften der Luther-Agricola-Gesellschaft in Finnland, Nr. 3,* Helsinki, 1941.

98) M. Luther, 위의 책, 62. 이 부분과 주제에 대해서는 C. Möller, Martin Luther, in: Ders., (Hg.), *Geschichte Bd. 2,* 25 이하를 참고하였다.

담자의 경험을 과학적으로 접근할 수 있게 만든다. 또한 그러한 분석은 '파악할 수 없는 것' 에 대해서 말하는 교회실천이 객관적인 투명성을 가지고 있는가의 질문을 항상 반복해서 그리스도교 신학에 제기한다. 그러한 인문과학적인 분석은 신학이 그 '주제' 에 관해서 반복해서 연구해야 할 책임이 있다는 것도 알려 준다.'[99]

다음으로 바이만(V. Weymann)은 완전히 다른 관점에서 이 위로 개념을 다룬다. 먼저 바이만은 위로 개념에 논란이 있음을 말한다.[100] "위로란 상황과 관련된, 따라서 여러 논란이 있는 과정이라고 정의할 수 있다. 다시 말하지만, 위로는 여러 상황과 관련되어 있다. 즉, 위로받지 못한 사람들이 절실하게 위로를 필요로 하고 있다. 또한 그 위로가 어디까지 상황과 연관되어 있는지, 어디까지 그 상황을 반전시키거나 상황을 초월하여 그것을 극복할 수 있도록 시도하는지가 이때 나타난다.'[101] 이제 바이만은 그의 논문에서 위로의 개념에서 근본적으로 '파라클레제(paraklese)', 곧 '성서적 위로의 개념' 을 제시한다. 동시에 그는 그리스도교에서 말하는 위로의 개념을 가지고 종교비판에서(Marx, Freud) 제기한 문제와 일반 문학가들(Rilke, Dürrenmatt)이 생각하는 위로의 개념과 비교 분석한다. 그는 이러한 시도를 통해서 '그리스도교 목회상담의 관점으로서 위로 개념' 이 가진 특수성을 파악해 보려는 것이었다. 여기서 그가 발견한 것에 따르면 그리스도교에서 말하는 위로란 특히 언어사건[능력]을 가지고 있다. "그리스도교 목회상담의 책임은 모든 인간영역을 울리는 언어, 특히 성서적 언어에 의존하고 있기 때문이다."[102] 그는 계속해서 "성서의 언어에 의존하면서 그리스도교 목회상담에서 책임을 진다는 것은 인간 상황의 모순과 다양성을 인식하기 위해서 언어가 망가지는 것, 다시 말하면 진정한 위로가 공허한 위로로 변질되는 것을 막으면서 사려 깊게 경청하는 일이다."[103]라고 말하였다. "위로는 공동체를 만든다. 그 속에서 사람들은 위로를 필요로 하는 사람으로만 있지 않고 위로를 나누는 사람들도 존재한다는 사실이다. 위로는 확신에 차 있는 사람이 할 수 있는 것이 아니라 [하늘의] 위로 자체에 의존하는 사람이 할 수 있는 것이다."[104] "그렇게 해서 그리스도교 공동체의 목회상담적인 차원이라고 볼 수 있는 하나

99) C. Schneider-Harpprecht, *Trost in der Seelsorge*, Stuttgart, 1989, 341.
100) V. Weymann, *Trost? Orientierungsversuch zur Seelsorge,* Zürich, 1989.
101) V. Weymann, 위의 책, 11.
102) V. Weymann, 위의 책, 91.
103) V. Weymann, 위의 책, 93.
104) V. Weymann, 위의 책, 98.

의 위로공동체가 열리게 되는 것이다."[105] 이렇게 해서 무엇이 적절한 시간이고 무엇이 올바른 위로인가라는 질문은 처음 루터가 제기한 위로의 개념과 부딪히면서 항상 새롭게 개신교 목회상담의 틀 속에서 나타나게 되었다.

② 목회상담자는 개혁교회 그리스도인들에게 이상적이며 그리스도교적인 사상에 접할 수 있도록 도와야 한다. 훌트리히 츠빙글리(Huldrych Zwingli)는 1524년 그가 신학적으로 논쟁할 당시에 '목자' 라는 제목의 설교문에서 바르고 개혁교회의 목회자와 목회상담자에 대한 규범적인 하나의 모범을 제시하려고 한다.[106] 이러한 의도에서 츠빙글리는 성서에서 말하는 진정한 목자상의 대표자로서 무엇보다도 예수 그리스도를 제시한다. 그는 계속해서 자기 시대의 올바른 목회자들을 소개하고 있다. "양들을 돌보라는 목회자로 보냄을 받은 모든 사람들은 진실하고 유일한 하나님의 말씀 외에, 그리고 우리가 주님이신 예수 그리스도, 곧 하나님의 진정한 아들을 통해서 보았으며 가장 분명하게 들었던 사실 외에 결코 그 어떤 다른 모델로부터 그들에게 맡겨진 직분이나 사명을 배워서는 안 된다."[107]

츠빙글리에 의하면 교회직분자들은 사회의 모든 악습을 막는 하나의 파수꾼 직분을 가진 사람들이다. 이 파수꾼의 직분이란 개개인에서 시작하여 점차 공동체 전체를 살피는 일이다. "살펴져야 하고 평가되어야 한다. 왜냐하면 예레미야 24장과 29장에서 읽을 수 있는 것처럼, 하나님은 죄짓는 세상을 경고하기 위하여 자기의 예언자들을 적절한 때에 보내시기 때문이다. 그들이 경고한 다음에 그들이 변화되고 나아지는 것 외에는 그들을 도울 수 있는 것이 아무것도 없다. 왜냐하면 아무변화가 없을 때 더 큰 악이 모든 민족이 망가질 때까지 매일 문 앞에 도사리고 있기 때문이다.'[108]

츠빙글리에 의하면 우리가 이 목표를 이루기 위해서는 모든 영혼 돌봄의 수단이 동원되어야 한다. "그것은 마치 목자가 조금 양들을 때리듯이, 마치 손이나 발로 살짝 양들을 치듯이, 양들을 휘파람을 불면서 몰듯이, 양들이 약하면 안아서 싣고 가듯이, 또 약한 양들이 튼튼해질 때까지 우리에 머무르게 하는 것과 같다. 목자는 자기 주인을 위해, 다시 말하면 주인의 어린 양들이 깨끗하고 건강하게 자라고 수가 늘어날 수 있도록 그 모

105) V. Weymann, 위의 책, 99.
106) Hudlrych Zwingli, *Auswahl seiner Schriften*, hg. v. E. Künzli, Zürich/Stuttgart, 1962, 169 이하.
107) H. Zwingli, 위의 책, 170.
108) H. Zwingli, 위의 책, 172.

든 일을 한다. 동시에 목자는 하나님의 양들을 늘리고 훈련시키기 위해서 모든 일을 사랑으로 해야 한다." [109)]

츠빙글리가 사회와 교회에 대해 비판한 그리고 자기 시대의 목회자를 비판한 글인 '잘못된 목자에 대한 경고' 에 나타난다. "그렇기 때문에 오! 잘못된 목자들이여, 만약 당신들 마음속에 하나님이 계신다는 생각이 조금이라도 있다면, 그리고 당신들 마음속에 사람을 사랑하는 마음이 한 방울이라도 있다면, 당신들은 하나님을 위해서 그리고 우리 사회를 위해서 저 불쌍한 사람들을 돌보아야 한다. 특히 높은 지위에 있는 주교들이여, 당신들은 그렇게 오랫동안 사람들이 하나님 말씀에 굶주리도록 만들었고, 당신들도 지기 힘든 인생의 짐을 그들에게 지웠다. 그들을 그 감옥에서 빼내고 당신들만의 욕심과 사치를 위해서 모든 세상을 혼란스럽게 만들지 말라." [110)]

루츠(S. Lutz)는 츠빙글리의 영혼 돌봄의 핵심을 다음과 같이 정리하고 있다. "츠빙글리의 활동 전체를 한마디로 말한다면 넓은 의미에서 그리스도를 선포하는 것이라고 이해할 수 있다. 영혼 돌봄이란 그리스도를 선포하는 것으로서 목사직분의 전체이지 목회의 여러 사역 중의 한 부분이 아니다. 영혼 돌봄은 복음으로부터 자극을 받아서 모든 목회 사역과 활동과 말하는 가운데 나타나는 사건이거나 아니면 아무것도 일어나지 않는 것 둘 중에 하나다.' [111)]

츠빙글리는 사려 깊은 목회자가 해야 될 영혼 돌봄인 교육의 목적에 대해서 1523년에 쓴 그의 글 '어떻게 우리는 멋있는 소년들을 교육시킬 것인가' [112)]에서 매우 분명하게 말하고 있다. "따라서 청소년은 바른 시기에 순수하고 가능하면 하나님과 비슷하게 훌륭한 사람이 되기 위하여 노력해야 하는 것을 알아야 한다. 하나님은 모든 사람을 쓰신다. 인간이 먼저 자기 스스로를 망치지 않는다면 그는 아무에게도 상처를 주지 않는다 그래서 모든 사람에게 도움이 되기를 원하며 모두에게 모든 것이 되기를 원하고 모두에게 악으로 대하지 않는 사람은 하나님과 가장 비슷한 사람이다. 이것은 우리의 능력을 살펴볼 때 매우 어려운 과제다. 그러나 마가복음 9장 23절에 나오는 말씀처럼 신앙인에게는 모든 것이 가능하다." [113)]

---

109) H. Zwingli, 위의 책, 175.

110) H. Zwingli, 위의 책, 178. 이 부분에 대해서는 S. Lutz, Huldrych Zwingli, in: C. Möller (Hg.), *Geschichte, Bd. 2*, 65 이하도 참조한다.

111) S. Lutz, 위의 글, 71.

112) H. Zwingli, *Auswahl*, 163 이하.

113) H. Zwingli, 위의 책, 165.

종교개혁적인 관점에 의하면 이와 같은 영혼 돌봄의 교육과정에서 가장 중요한 것은 항상 교회공동체를 세우고, 그 공동체가 조직된 집합체로서 영혼을 돌보는 데 활동하고 영향을 끼칠 수 있도록 영적으로 조직하는 것이다.[114]

③ 종교개혁적인 목회학 개념의 출발점, 다시 말하면 개혁교회 목회상담학 이론의 출발점이라고 말할 수 있는 것이 특히 1538년 출판된 **마르틴 부처**(Martin Bucer)의 책 『마르틴 부처가 말하는 그리스도 교회에 세워져야 할 진정한 영혼 돌봄과 바른 목자직무에 대하여(*Von der waren Seelsorge und dem rechten Hirtendienst, wie derselbige in der kirchen Christi bestellet und verrichtet werden solle, durch Martin Bucer*)』에 나온다.[115]

여기서 가장 중요한 것은 종교개혁적인 영혼 돌봄의 범위와 새로운 방향이다. "진정한 주교와 목회자란 어떤 사람인가에 대한 본래적인 입장과 그들에 의한 영혼 돌봄이 변질되었다. 따라서 그것은 빨리 새롭게 되어야 한다. 그러나 지금 교황주의자들은 그 모든 것을 헛되고 우상적인 것으로 만들어 버렸다. 따라서 교회사역 곳곳에 그렇게 수많은 결함들이 나타나게 되었다는 사실은 결코 놀랄 일이 아니다. 주님은 우리가 그 부실하게 된 교회사역들을 바르게 인식할 뿐만 아니라, 그것들을 꼭 우리에게 필요한 것으로 개선시키기를 원하신다. 그러나 하나님이 우리를 통하여 자신의 나라를 세우고 그 나라를 풍성한 열매를 맺는 민족에게 주시지 않는다면 우리는 아무것도 할 수 없다."[116]

따라서 부처에게 가장 중요한 것은 예수 그리스도의 구원사역 안에 있는 한 그리스도인으로서 그것에 대한 자신의 입장과 역할을 분명하게 인식하는 일이다. 동시에 이 말이 의미하는 것은 포괄적인 (신자와 비신자 모두에 대한) 목회자 직분 속에서, 그리고 올바른 성서적 근거에서 자신의 섬기는 직분과 섬기는 자임을 인식하는 것이다. "이 경우에 수많은 그리스도인들이 있다. 그들은 각기 그리스도의 몸이다. 따라서 한 사람은 그리스도 안에서 다른 사람을 위해서 존재한다. 즉, 그것이 진정한 그리스도적인 존재이고, 그리스도적인 존재는 항상 사랑이 넘치고 진실하여야 한다. 그 가운데 있는 그리스도의 영이 그들을 깨우고 모든 사람들과 지체들을 공동체로 이끈다."[117]

114) H. A. Köstlin, *Lehre*, 70 이하.

115) *Martin Bucers deutsche Schriften. Bd. 7*, hg. v. R. Stupperich, Gütersloh, 1964, 67.

116) Martin Bucer, 위의 책, 140.

117) Martin Bucer, 위의 책, 101.

이와 같은 종교개혁적인 영혼 돌봄의 출발점은 실질적인 결과를 가져오게 된다. 부처에 의하면 교회공동체 안에서 그리스도인 개개인은 주인이 되는 '머리[그리스도]'[118]의 도구이며, '무엇보다도 다섯 가지 영혼 돌봄의 사역'[119]을 위하여 보내심을 받은 사람들이다. 부처가 말하는 다섯 가지 영혼 돌봄의 사역을 요약하면 다음과 같다. ① 타락한 생활이나 잘못된 예배에 의해서 하나님으로부터 멀어진 사람들을 교회공동체로 인도하는 일이다. ② 예전에는 교회공동체의 일원이었지만 지금은 잘못된 생활이나 잘못된 교리 때문에 신앙의 길에서 벗어난 사람들을 다시 불러 모으는 일이다. ③ 교회공동체 안에서 죄를 진 사람들이 그 죄에서 벗어날 수 있도록 돕는 일이다. ④ 그들이 믿던 그리스도교에게 신물을 느끼며 신앙적으로 약해지고 병든 사람들을 강하게 하고 내적으로 건강하게 만드는 일이다. ⑤ 어렵게 교회공동체의 구성원이 된 사람들을 타락하지 않도록 보살피며 그들이 선한 행동을 하도록 돕는 일이다.[120]

이처럼 개개인이 가진 내적이고 외적인 문제와 갈등을 정확하게 분류하는 가운데 일반적으로 교인들을 교육시키는 과정에 대한 직무를 목회상담적으로 분담하는 역할은 교회공동체의 일반적이고 영적인 성장을 가져왔다. "모든 개개 그리스도인은 다른 사람들을 돕고 최선을 다해서 그들이 악을 피하고 선한 일을 하도록 권면해 주어야 한다. 무엇보다도 [교회공동체 내에서] 다른 사람에 대해서 최고 권한을 가진 사람은 집안의 책임자 및 최고의 학자로서 모든 사람들의 지도자가 될 수 있도록 노력해야 한다."[121]

종교개혁에서 말하는 만인사제론은 개혁교회 목회상담의 이론에서 결정적인 역할을 하게 된다. 이때 개혁교회 구성원들은 의식적으로 강하게 예정론에 투철하게 영향받은 상태에서 동시에 실제적으로 성령의 역사를 체험하게 된다. 이제 질서정연한 그리스도교 도시에서 한 이상적인 시민상을 만들기 위한 교회훈련 조항들이 목회상담의 수단으로 실천되기 시작한다.[122]

실천신학자 프리드리히(R. Friedrich)는 부처의 목회상담의 핵심적인 출발점을 다음과 같이 말한다. "루터가 우리 사람들의 마음에 예수가 있다는 것을 말했다면, 부처는 우리 믿는 사람들의 내면에서 역사하는 성령에 대해서 말한 것이다. 부처의 목회상담 신

118) Martin Bucer, 위의 책, 103

119) Martin Bucer, 위의 책, 141.

120) 이에 대해서는 D. Rössler, *Grundriβ*, 161을 참조한다.

121) Martin Bucer, 위의 책, 214.

122) 이 부분에 대해서는 R. Friedrich, Martin Bucer, in: C. Möller (Hg.), *Geschichte, Bd. 2*, 85 이하를 참고했다.

학은 초기 그리스도교 신학의 입장에 가깝다. 즉, 그의 목회상담 신학은 아우구스틴 신학 전통 속에서 인간의 본래 모습을 '하나님 형상(imago Dei)'으로 이해하며, 세례받은 그리스도인의 사명이란 이 하나님 형상을 새롭게 하는 데 있다고 보았다. 따라서 부처는 하나님의 형상으로 사람을 새롭게 하는 것이 현재 그리스도인들의 과제라고 강조하면서 그 속에서 이루어지는 성령의 역사를 보고자 했다. 부처에 의하면 그렇게 됨으로써 모든 그리스도인들은 내적으로 성장하고, 동시에 교회는 '종교개혁적인 교회'가 되는 것이다."[123] 실천신학자 슈츠(W. Schütz)도 부처의 저작들에 대해서 다음과 같이 평가하고 있다. "부처의 신학 전체가 새롭고 훌륭한 목회상담신학의 틀을 가지고 있다. 그의 목회상담신학의 핵심은 고해성사가 아니며 오히려 갈등 속에 있는 인간의 양심을 위로하는 것이다. 부처의 전체 저작이 말하는 핵심은 교회 구성원들이 가장 어려울 때 서로 섬기고 권면하며 도와야 한다는 그리스도의 몸으로 한 모범적인 신학적 교회상을 말하려는 것이다."[124]

④ 요한 칼빈(Johann Calvin)의 목회상담신학에서 가장 중요한 것은 사람들을 목회상담의 보살핌이 있는 교회의 구성원으로 만드는 일이다. 여기서 전체적으로 볼 때 신학적인 통찰과 개개 교회 구성원의 영혼 치유에 대한 교회의 책임의식과 신학적 돌봄 등이 나타나고, 더 자세하게 보면 그것은 교회가 세세하게 개인을 간섭하는 목회적 돌봄의 틀이라고 할 수 있다. 물론 그와 같은 시도에 대한 평가는 당연히 여러 의견으로 갈린다.[125]

어쨌든 칼빈이 가장 중요하게 생각하고 있는 것은 교회 구성원들의 영혼에 대한 강력한 지도력이다. 따라서 칼빈은 참회제도가 교인들에게 직접적으로 영향을 줄 수 있는 수단으로서 중요한 가치가 있다고 인정하고 있다. 무엇보다도 칼빈에게 모든 영혼 돌봄은 교회훈련이라는 차원에서 실행된다. 다시 말하면, 사람들이 그것을 거부할 경우나 잘못된 행동을 했을 경우에 경고를 받거나 그에 상응하는 벌을 차등적으로 받게 된다는 것이다. 칼빈의 목회활동 가운데 그의 목회실천에서 고정된 제도라고 볼 수 있는 심방은 반드시 목사와 장로에 의해서 진행되는데, 이것은 교회 구성원들에 대한 일종의 시

123) R. Friedrich, 위의 책, 87.

124) W. Schütz, *Seelsorge*, 22.

125) 이 부분에 대해서는 W. Schütz, 위의 책, 22 이하를 참조한다. 여기에서는 물론 칼빈의 시도에 대한 긍정적 평가가 압도적으로 우세하다.

험과 감시의 성격을 가지고 있는 제도다. 또한 정중하게 성만찬에 참여하는 것도 하나의 감시장치와 연관된다. 나아가 규칙적으로 병자나 감옥에 갇힌 사람을 방문하는 것도 목회자의 중요한 직무 중의 하나다. 교회활동의 모든 것이 그렇게 목회이고 목회상담이다. 확고한 신학적 체계와 교회론에 기반을 둔 칼빈의 영혼 돌봄은 그리스도인들이 자기의 삶을 행복하게 영유하는 것이야말로 그들이 교회의 교육체계 속에서 하나님에 의해서 선택받고 발전하는 하나의 증거라고 생각했다.[126)]

칼빈의 영혼 돌봄에서 모든 감정이 자제되고 어느 한도까지 그것이 신학적이고 신앙적인 차원으로 승화될 수 있는지는 1541년에 상을 당한 가정에 보낸 목회상담적인 성격의 위로편지에 잘 나타나 있다.[127)] 칼빈은 그 당시 귀족이었던 데 리헤부르크(de Richebourg)에게 편지를 쓰고 있는데 그의 아들과 아들의 가정교사가 페스트로 사망했다. "처음 클라우데 선생님과 귀하의 아들 루이스가 죽었다는 말을 들었을 때 저는 너무 놀랍고 슬퍼서 며칠 동안 아무것도 하지 못하고 울기만 했습니다. 그리고 제가 하나님이 같이하심 때문에 힘을 얻고 우리가 불행당할 때 하나님의 도움을 통해서 위로를 받음에도 불구하고, 마치 저 자신이 그 일을 당한 것처럼 사람들 앞에서 그것을 표현할 수 밖에 없었습니다. 솔직하게 말씀드리면, 저는 마치 저 자신이 반쯤 죽은 사람처럼 평상시 제가 했던 모든 일을 할 수 없었습니다. 저는 귀하에게 지금의 심정을 모두 이야기하고 있습니다. 이것은 지금 제가 이 글을 통해서 위로하고자 하는 이유와 권고가 귀하에게 커다란 힘이 되기 위한 것이고, 동시에 '칼빈 씨, 당신은 다른 사람의 고통을 이야기하는 경우니까 더 담담하고 거리낌없이 이야기할 수 있을 것이 아니냐' 고 귀하께서 조금이라도 그렇게 생각하지 않도록 하기 위한 것입니다."[128)]

"귀하께서 해야 할 것은 바로 이 말에 다 들어 있습니다. 우리의 선한 주님은 진정한 신앙을 가르쳐 주는 인생이라는 학교에서 우리들에게 언제나 풍성하게 베풀어 주신다는 마음가짐을 잊지 마시기 바랍니다. 주님은 귀하에게 주셨고, 그동안 귀하에게 삶을 보라고 맡겨 놓았던 귀하의 아들을 데려가셨습니다. 보통 사람들은 이때 주저앉아 버리고, 허무하고 비이성적이며 미숙하고 허무한 비탄의 소리를 지르게 됩니다. 우리는 어

126) Jean-Daniel Benoit, Seelsorge und Theologie in der Institutio, in: J. Moltmann (Hg.), *Calvin-Studien,* Neukirchen, 1960, 1 이하.

127) *Johannes Calvins Lebenswerk in seinen Briefen.* Eine Auswahl von Briefen Calvins in deutscher Übersetzung von R. Schwarz, *Bd. 1.* Tübingen, 1909, 123 이하.

128) J. Calvin, 위의 책, 123.

리석은 사람들이 '오, 눈먼 죽음이여! 오, 부당한 운명이여! 오, 피할 수 없으나 혐오스러운 처참한 운명이여! 오, 잔인한 숙명이여!' 라고 소리치는 그들의 통곡소리를 듣습니다. 그러나 제한된 시간 동안만 이 땅에서의 우리의 삶을 결정하시는 주님이 귀하의 아들을 다시 그분에게로 부르셨습니다. 그분이 그를 데려갔습니다. 왜냐하면 세상에서 그를 데려가는 것이 그 소년에게 더 유익했기 때문이고 동시에 귀하께 선한 것이 되기 때문입니다. 다시 말하면, 그 일은 귀하를 더욱 겸손하게 만들며 오래 참는 것을 훈련시키는 도구가 되었습니다."[129)]

"따라서 귀하께서는 당신의 아들을 잃어버린 것처럼 슬퍼하지 마십시오. 왜냐하면 주님께서 당신의 아들을 받아 주셨고, 당신의 아들은 그동안 이 땅에서 단지 짧은 시간 동안만 당신에게 맡겨졌지만 이제는 영원히 그분에게 맡겨졌기 때문입니다."[130)] "그 뛰어나시고 저로 하여금 하나님을 경외케 하는 주님은 살아 계십니다. 그리스도이신 주님은 당신과 당신의 집을 보호하실 것이고 당신의 아들 루이스와 클라우데 선생이 가신 그곳에서 그분이 다시 이 땅에 재림할 때까지 그분의 영으로 당신을 인도하실 것입니다."[131)] 실천신학자 숄(H. Scholl)은 이러한 칼빈의 영혼 돌봄에 대해서 다음과 같이 평가하고 있다. "칼빈의 영혼 돌봄에서 가장 중요한 관점은 개개의 영혼 돌봄이 교회공동체와 분리되지 않는다는 사실이다. 규칙적인 예배, 세례자를 위한 교육, 개개인에 대한 사회적인 구제활동 등이 성찬식을 중심으로 하는 성숙하고 책임 있는 교회공동체에 의하여 진행된다. 따라서 영혼 돌봄의 활동이 곧 교회공동체 활동이라고 말할 수 있다."[132)] 숄은 칼빈의 영혼 돌봄의 영향을 '신론과 예정론 그리고 교회론으로 이루어진 영혼 돌봄'[133)]이라고 규정한다. 다시 한 번 그는 칼빈의 영혼 돌봄에서 '영혼 돌봄과 그리스도론' 이 결코 분리될 수 없음을 강조하고 있다. "칼빈에게 원칙적인 의미에서 교회훈련이란 그 어떤 교회권력의 수단이 아니고 오로지 영혼 돌봄에 도움이 되는 수단이다. 우리는 그것을 신론의 핵심을 이루는 칼빈의 그리스도론이 특별히 영혼 돌봄의 관점에서 서술하고 있는 사실에서 분명히 알 수 있다. 칼빈의 그리스도론에 영혼 돌봄과 연관된 인간의 영혼관에 대한 뚜렷한 관점이 나타나 있다."[134)]

129) J. Calvin, 위의 책, 124.
130) J. Calvin, 위의 책, 126.
131) J. Calvin, 위의 책, 127.
132) H. Scholl, Johannes Calvin, in: C. Möller (Hg.), *Geschichte. Bd. 2*, 103 이하. 인용은 110쪽에서.
133) H. Scholl, 위의 글, 117.
134) H. Scholl, 위의 글, 120 이하. 인용은 120쪽에서.

칼빈에 의하면 인간이 부딪히는 극단적인 현실상황에서 우리 인간들도, 우리들처럼 인간의 육체와 본성을 가지고 있던 그리스도가 십자가 위에서 겪었던 '처절한 상황', 곧 엄청난 좌절과 두려움 그리고 완전히 하나님에게서 버림받았다는 느낌을 경험한다고 본다. 따라서 전체적으로 본다면 칼빈의 신학 전통에 있는 모든 영혼 돌봄은 그리스도론에 그 신학적 근거를 두고 있다고 볼 수 있다.

⑤ 그러나 어떻게 종교개혁 초기 자유의 틀에서 자기 구원을 이루기 위한 '영적 절제'에 대한 복음적 요구가 얼마 지나지 않아 일종의 도덕적 '각성'으로 변화되었는지 실천신학자 슈츠(W. Schütz)는 그의 글 '루터에게 있어서 신앙질의문답(Glaubensverhör)'에서 정확하게 지적하고 있다.[135] 16세기 전반부에 루터는 신앙이 타성화되고 황폐화되어가는 공동체 신앙의 상황에서, 그리고 성찬식에서 빵과 포도주가 일반 평신도에게 허용되기 시작하고 교회훈련이 필요한 상황에서 '신앙질의문답'을 일종의 감시장치로서 공동체 구성원들에게 어쩔 수 없이 또다시 요구하게 된다. "그래서 교육적인 조치들, 교회교육, 윤리교육과 교회훈련의 기술 등이 새롭게 참회제도에 도입되었던 것이다."[136]

종교개혁이 꿈꾸는 모범적인 인간상에 대한 도덕적 각성(여기서 가장 중요한 것은 신앙생활의 조절자로서 개개인의 양심이 매우 중요한 요소다)은 개혁교회의 정통주의 시대까지 이어지게 된다. 16세기 루터교회뿐만 아니라 개혁교회가 설정한 교회규칙체계들이 그에 대한 확실한 증거라고 말할 수 있다. 그 자세한 사항들은 하르델란트(A. Hardeland)의 저서에서 '교회규칙에 따른 참회와 회개 제도의 형성'과 '병자방문에 대한 교회규칙서'[137]라는 제목의 글에 자세히 나와 있다. "이제 교회훈련은 성례전 차원으로 높아졌다. 하나님은 교회직분자를 통하여 양육받은 사람을 돌보신다"(니이더작센수 교회규칙).[138]

실천신학자 슈츠도 어떻게 참회제도가 신앙으로 이끄는 교회 교육과정에서 필수적인 과정으로서 십자가 부각될 수밖에 없었는지를 설명하고 있다.[139] 일반 사람들이 성찬식에 참여하는 것과 연결하여 영혼 돌봄과 신앙질의문답은 하나의 고정된 교회규칙이 되었다. 교회훈련과 연관하여 개개 그리스도인에 대한 모든 영혼 돌봄의 불쾌한 영향력이

135) W. Schütz, *Seelsorge*, 14 이하.
136) W. Schütz, 위의 책, 16.
137) A. Hardeland, *Geschichte*, 311 이하와 326 이하를 참조한다.
138) A. Hardeland, 위의 책, 320.
139) W. Schütz, 위의 책, 23 이하, 30 이하, 33 이하.

등급화된 징벌방법으로 이끌었다. 그 징벌방법은 (루터교회) 당국이나 (개신교) 회중을 통해 자체에서 집행되었다. 분명한 역할지시를 통해 영혼 돌봄은 모든 인생상황에서 훈련시키는 데 동반되는 것으로 이해했다.

이제 확실한 영혼 돌봄의 역할규정에 따라서 영혼 돌봄은 규정된 필수조항으로서 모든 신앙생활의 문제에 적용되어야 하는 것으로 여겨졌다. 쾨스틀린(A. Köstlin)은 이미 그에 대해서 다음과 같이 말하고 있다. "교회의 지도자가 의무를 다하고 말씀의 사역을 자신의 의무로 잘 이행한다면 그들은 구원의 말씀사역을 확고하게 만드는 것이며, 그들이 그 사역을 주님의 뜻과 질서에 따른 직무로서 맡을 때 인간적인 조직이 그것을 돕는 한 영혼구원은 확실한 것이다."[140)]

병자와 감옥에 갇힌 사람들에 대한 의무적인 영혼 돌봄의 규정조차도 이 상황에서 반드시 교육적인 조치를 취하게 되었다. 하르델란트는 '혹독한 시련의 세월을 보내고 교회와 멀어져야만 했던' 어떤 병든 사람에 대하여 언급하면서 1585년 니이더작센 주의 교회규정에 대해서 다음과 같이 보고하고 있다. "여러 번 요청이 있을 경우 목회자는 환자에게 가야 하는데, 증인으로 부목회자와 동반해야 하고 방문할 때 그 환자의 이웃도 같이 있어야 한다. 그리고 죄 많은 인생을 살아온 그를 강하게 꾸짖어야 한다. 만약 병든 사람이 권면을 받아들인다면, 목회자가 병자가 자기의 죄를 뉘우치고 있다고 느끼게 되면, 그때 그 병자는 목회자로부터 사죄의 선언을 듣고 성례전에 참여할 수 있다. 그러한 병자를 위로하는 것을 거부할 경우에 교회규정은 그에 대해서 책임이 없다고 말할 수 없다. 왜냐하면 예수는 십자가 위에서 강도를 용서해 주었기 때문이다."[141)]

이제 점차 그리스도교의 신앙은 교회공동체의 규범적인 틀이 되어 세세하게 설명된 교회규정으로 만들어지게 되었다. 그러나 개신교 정통주의 시대에 들어서고 가톨릭 교회와 개신교 간에 있었던 30년 전쟁으로 인해 사회가 피폐하게 되자 세세한 교회규정들은 어느 정도 영향력을 잃어버리게 되었다. 교회가 가진 규범이 붕괴되자 이제 영혼 돌봄의 새로운 형태를 추구하게 된다.

---

140) A. Köstlin, *Lehre*, 61.
141) A. Hardeland, 위의 책, 332.

4. 경건주의와 합리주의 시대

이 시대에는 정신적으로나 영적으로 커다란 영향을 끼쳤고 현재까지도 영향을 미치고 있는 두 가지 상반된 신학적 조류가 나타나게 된다.

• 17세기 말과 18세기 경건주의 시대의 개신교 영혼 돌봄은 또다시 그 형식에서 결정적인 변화과정을 경험하게 된다. 개인신앙에 대한 관심이 이전 시대와는 비교가 안 될 만큼 중요하게 여겨졌다. 목회자는 이제 '사람과 사람이 직접 만나는 방법으로' 그리스도인들이 일상생활과 신앙생활에 영향을 주게 되었다. 경건주의에 의하면 사람들은 영적으로 깨어나고 거듭나야 하며 그 후에야 성화될 수 있다. 의미 없는 교회의 참회제도에서 나타나는 것과 같이 그 당시 기계적이고 인간미 없는 거짓과 겉모양의 경건신앙은 이제 당연히 엄청난 비판에 직면하게 되었다. 그리고 복음에 대한 주관적 경험이 목회상담의 중요한 관심사가 되었다. 여기서 특별한 공동체 형태가 생기게 되었는데, 그 안에서 그리스도인 형제자매들이 집단적으로, 감정적으로 자신을 타인에게 개방하는 것을 원칙으로 하며 서로가 서로에게 권면하고 돕게 된다. 신앙적 불일치와 불신앙이 이곳에서 가장 빨리 사라지고 바른 신앙으로 인도된다. 공동체 구성원들은 서로 성화된 삶 그리고 다른 사람의 모범이 되는 삶으로 서로가 서로를 도우며 동시에 그것의 외적인 영향에 의해서 신앙공동체를 구성하게 된다.[142]

경건주의 영혼 돌봄이 표방하는 중요 핵심을 말할 때는 항상 다음 세 사람의 이름이 반드시 언급된다.

먼저 필립 야곱 스페너(Philipp Jacob Spener, 1635~1705)는 목회상담자로서 새로운 영적인 관심을 가지고 종교개혁 사상의 가장 핵심적인 선언 중에 하나인 만인사제주의를 강조하기 시작했다.

아우구스트 헤르만 프랑케(August Hermann Francke, 1663~1727)는 자기 시대에 나타난 그리스도교의 타락상에 저항하여 새롭고 영적인 교회질서 모델을 제시한다.

마지막으로 니콜라우스 그라프 폰 친첸도르프(Nikolaus Graf von Zinzendorf, 1700~1760)는 경건주의 운동의 공동체인 형제공동체(Brüdergemeinde) 안에서 경건주의 영혼 돌봄

142) H. A. Köstlin, 위의 책, 79.

을 정립한다. 이 영혼 돌봄은 더불어 함께 하고 서로가 서로를 잘 파악하고 있는 소규모 집단에 영적으로 매우 중요한 의미를 부여하고 있다. 동시에 이 영혼 돌봄은 강한 공동체 정신을 가지면서 개개인의 인격적인 중요성을 강조하고 있다. 실천신학자 뢰슬러(D. Rössler)는 이 시대의 영혼 돌봄을 다음과 같이 표현하고 있다. "이 시대의 영혼 돌봄이란 삶과 신앙에서 일어난 개별적인 문제들과 더 나아가 크거나 단순한 문제에 관한 '대화' 라고 말할 수 있다."[143)]

경건주의의 아버지라고 불리는 필립 야곱 스페너(P. J. Spener)는 특히 그의 저서 『피아 데지데리아(*Pia Desideria*)』[경건한 요망: 역주]로 잘 알려져 있다.[144)] 그는 이 저작을 통해서 영혼 돌봄의 차원에 큰 영향을 끼쳤다. 스페너는 교회개혁과 목회에 관한 일종의 '제안서' 를 제시하고자 했으며, 이 책에서 자기가 제시한 여러 제안들을 통해서 교회상황이 훨씬 향상될 것으로 기대하고 있었다.[145)]

종교개혁의 핵심 주장이었던 만인사제주의가 어떻게 새롭게 자기 시대에 자극을 주고 있는지를 그는 다음에 인용한 그의 저서 『피아 데지데리아』[146)]의 한 부분에서 분명하게 잘 보여 주고 있다. "성서 자체를 매우 부지런하게 읽는 것, 특히 신약성서를 읽는 것은 매우 중요하다. 집의 가장인 아버지가 성서, 특히 신약성서를 소유하는 일과 매일 성서를 조금씩 읽는 일 또는 읽어 보지 않은 성서 구절을 다른 사람에게 읽어 주도록 부탁해서 듣는 일은 결코 어려운 일이 아니다."[147)] "모든 그리스도인들은 자신을 위해서, 자신에 관한 것을 위해서 기도하고 감사하고 선한 일을 해야 될 뿐만 아니라 주님의 말씀을 열심히 연구하고 다른 집안 사람들에게 그가 받은 은혜를 가르치고, 그들을 책망하고, 권면하고, 회개하게 하고, 바른 길로 가게 하며, 그들의 삶을 관찰하고, 무엇보다도 그들을 위해서 기도하고 그들이 축복받을 수 있도록 도와야 한다. 이 모든 것들을 그들이 보게 되는데, 이에 모든 그리스도인들은 자기 스스로 조심하고, 자신과 자기 가까이에 있는 사람들을 바로 세우는 일에 최선을 다해야 한다."[148)]

143) D. Rössler, *Grundriβ*, 165.

144) 이 책의 기원과 반응 및 형식에 대해서는 D. Blaufuβ, in: Philipp Jacob Spener, *Schriften. Bd. 1.* Eingeleitet v. E. Beyreuter D. Blaufuβ, Hildesheim/New York, 1979, 43 이하를 참조한다.

145) 스페너가 끼친 전체적인 영향력의 핵심 사항들에 대해서는 W. Schütz, 위의 책, 37 이하와 J. Wallmann, Philipp Jakob Spener, in: C. Möller (Hg.), *Geschichte. Bd. 2.* 261 이하를 참조한다.

146) P. J. Spener, *Pia Desideria,* hg. von Kurt Aland, 2. Aufl., Berlin, 1955.

147) P. J. Spener, 위의 책, 54.

148) P. J. Spener, 위의 책, 59.

스페너에 의하면 가장 친밀한 공동체인 가정에서도 한 사람은 다른 사람에게 사제 또는 목회자가 된다. "따라서 부부는 서로가 서로를 필요로 한다. 즉, 그들은 영적인 영역에서 서로가 서로를 세우는 것이다. 따라서 그들은 서로가 서로에게 훌륭한 본보기가 되며, 서로가 서로에게 배우며, 서로가 서로를 위해서 기도하고, 서로가 힘을 합하여 그들의 가정교회를 지키며, 그들이 가지고 있으며 서로 나누고 있는 사랑은 하나님의 사랑과 신랑된 주님을 생각나게 만드는 사랑이 되도록 만들어야 한다."[149] 따라서 스페너는 결혼생활에서의 영적인 관계를 이와 같은 예를 들어 표현하고 있다.

그륀베르크(P. Grünberg)는 스페너가 가지고 있는 위와 같은 목회경향을 스페너의 저서 중 '영혼 돌봄' 부분[150]에서 논평하면서 다음과 같이 말하고 있다. "……스페너는 매우 특별한 목회의 과제로 목회자의 개인 영혼 돌봄을 언급하고 있다. 다시 말하면, 그는 그 당시 교회상황을 파악하면서 동시에 교회 개혁적인 목표를 가지고 매우 특별한 방향을 설정한 것이다. 설교자는 의무적으로 자기 교회공동체 구성원 모두에게 다가감으로써 특히 '적극적인 영혼' 들을 받아들여야 한다. 그들은 이미 하나님 나라의 특징을 소유하고 그것을 서로서로 알리려는 사람들이다. 그렇게 하여 그들은 서로서로 영적으로 발전하고, '핵심 그리스도인' 들의 모임이 생기게 된다. 또한 그들은 진정으로 '행동하는 그리스도인' 으로서 모범을 보임으로써 다른 사람들에게 영향을 주게 되고, 경우에 따라서 그 모임에서 평신도 장로와 목회자를 돕는 사람이 훈련받고 선출되게 된다. 스페너는 이러한 측면에서 매우 자주 그의 글에서 목회자의 영혼 돌봄의 활동에 대해 다루고 있다."[151]

스페너는 반복해서 그의 글에서 '영혼 돌봄에 대한 두려움' 이라든지 '극단적인 혐오감' 이라는 표현을 쓰고 있는데, 교회사학자 발만(J. Wallmann)에 의하면[152] 이것은 스페너가 영혼 돌봄에서 사람들을 접촉하는 불편함을 토로하거나 영혼 돌봄에서의 어려움과 미숙함을 드러내는 표현이 아니다. 그러한 표현과 행동은 교회개혁가인 스페너가 그 당시 교회규율과 교회훈련의 붕괴상황, 그 당시 진행되던 교회 내의 파행적인 참회제도에 대한 반응에서 나온 것이다. 스페너가 생각하는 핵심적인 의도는 공동체 내에 있는

149) 스페너의 독일어와 라틴어로 쓴 신학적 사상들은 헤니켄(F. A. E. Hennicken)이 1838년 할레에서 편집한 스페너의 글(1838)을 보면 된다.

150) 그가 편집한 P. J. Spener, *Schriften. Bd. I.*, Teilband 2. Spener als praktischer Theologe und kirchlicher Reformer, Hildesheim/New York, 1988.

151) P. Grünberg, 위의 글, 104.

152) J. Wallmann, 위의 책, 263 이하.

'적극적인 참여자들' 을 교회 밖의 영적인 모임에 들어갈 수 있도록 후원하고 세우려는 것이었는데, 그가 이러한 그의 목회방침에 대해서 타협하지 않았다는 것이 분명하다. 즉, 개개의 목회자는 어떤 하나에 집중적으로 목회적 관심을 가지고 있는 모임의 대표자들로 대치되곤 했다. 스페너는 루터처럼 편지를 통해서 영혼 돌봄을 한 아주 뛰어난 '편지목회 상담자'[153]라고 할 수 있는데, 그것은 개인적으로 거리를 두어야 할 때라도 요청하는 모든 도움에 대해서 주관적으로 경험하고자 하는 의도였을 것이다.[154]

다음에 우리가 살펴볼 사람은 아우구스트 헤르만 프랑케(A. H. Francke)다. 무엇보다도 영적인 각성에 기반을 두면서 개인적으로 뛰어난 지적능력을 가지고 있으며 조직적이고 엄격한 경건생활과 목회를 특징으로 하고 있는 프랑케의 목회는 특별히 그 당시 사회와 교회에 엄청난 영향을 주었다. 프랑케에게 가장 중요한 것은 스페너처럼(프랑케는 스페너와 개인적으로 알고 지냈다) 교회개혁이었으며 동시에 거의 황폐된 상태에 놓여 있는 교회를 다시 새롭게 세우는 일이었다. 이때 퇴락한 교회의 참회제도가 가장 큰 문제였다. 프랑케의 영혼 돌봄방향에는 개인과 공동체를 위한 철저하면서도 일관성 있게 그리고 엄격하게 훈련시키는 과제와 근본적으로 세계를 변화시킬 수 있다고 믿는 두 가지 관심이 서로 연결되어 있다. 다시 말하면, 프랑케의 영혼 돌봄에서 회개는 개인적 회심이 전제가 되었다. 그러나 다른 한편으로 끊임없는 자기 성찰과 중생한 신앙인의 자기훈련 이외에도 프랑케가 주장하는 영혼 돌봄은 주위 환경에 대한 포괄적인 변화를 강조하고 있다. 따라서 슈츠에 의하면 프랑케 영혼 돌봄의 핵심이란 '개인적인 영혼 돌봄과 세계갱신이라는 두 가지 축이라고 말할 수 있다. 여기서 땅 끝까지 복음을 전파하는 하나님의 도구를 키우는 온실로서 역할을 할 수 있는 세계적인 신학교를 세우는 계획이 세워지게 된다.'[155]

따라서 모든 경우를 반영할 수 있는 학습과정, 곧 가난한 사람과 고아들과 어린이들과 중고등학생들과 대학생들 그리고 교사와 성직자를 위한 학습과정이 생기게 된다. 이에 도시 할레를 중심으로 교육시스템이 생기기 시작했다. 일정한 지역에 집중적으로 가난한 사람들, 중상층 가정들 그리고 귀족들의 어린이 교육을 책임지는 '학교' 에서부터 교

---

153) J. Wallmann, 위의 책, 268 이하.

154) 경건주의 시대의 '영혼 돌봄과 교회성장' '위로와 신앙의 어려움' 이라는 주제에 대해서 더 살펴보고 싶다면 J. Wallmann, 위의 책, 271 이하를 참조한다.

155) W. Schütz, 위의 책, 42. 인용한 글은 40쪽 이하에서.

사들을 위한 기숙사와 신학교가 만들어졌다. 이들은 세계적으로 다양한 개신교 교회들과 연계하는 세계교회 일치(에큐메니칼) 정신을 바탕으로 한 학교교육을 지향했다.

신앙인들에 의한 사회현실 극복이라는 프랑케의 신앙적 교육목표는 금욕적인 요구와 세상에 대한 훈련된 포기능력이라는 근본적인 태도를 바탕에 깔고 있는 듯하다. 다시 말하면, 변화시켜야 될 세상에 있는 교육장에는 이들만의 독특한 감독체계가 있었다. 놀고 싶은 본능적 충동, 음악을 즐기는 것, 자유시간 등은 어린아이 교육에서부터 가능하면 제한되었다.

프랑케의 영혼 돌봄은 이러한 상황에서, 그리고 위와 같은 방법을 사용해서 그 당시 사람들이 요구하는 것을 채워 주었던 것이다. 즉, 프랑케는 그가 목회할 당시 수많은 사람들이 힘들고 고통스러운 상황에서 그에게 조언과 도움을 얻을 정도로 독일에서 가장 뛰어난 목회상담자 중에 한 명으로 꼽힌다.

프랑케의 글들은 호평을 받고 광범위하게 읽혔다. 교회의 충격적인 상황을 고발하는 논문이라고 할 수 있는 1697년에 쓴 '참회제도의 오용에 관한 짧은 단편' 이라는 글에서 그는 다음과 같이 말하고 있다. "이것은 참회제도와 그것을 오용하고 있는 실태에 관한 것이다. 길을 내주시는 하나님을 찬양한다. 그것은 오히려 모든 신실한 하나님의 종이 가지고 있는 두려움과 고통의 의자다. 그러나 반대로 악마는 그것을 돈을 위해 일하는 사람들과 자기 배만을 채우는 사람들을 위한 일종의 세관으로 만들어 버렸다."[156] "그러한 오용이 여기서 벌어지고 있다. 즉, 사람들은 참회의 기도를 처음 배울 때 그 의미를 알지 못한다. 그들은 단지 그 단어들을 달달 외워서 말할 뿐이다."[157] "참회제도를 망치는 그 수단들을 없애기 위해서 사람들은 그들이 처음 교회에 나왔을 때 알았던 교회가 요구하는 규칙을 실천해야 한다. [그렇지 않다면] 우리는 위선적인 것을 칭아이면 한다. 적어도 우리는 교회 안에서 공적으로 죄를 지은 사람들을 용납하지 않기 때문이다."[158]

따라서 고해성사를 받는 사제나 목회자는 '사람들에게 외형적으로 단지 교리공부만 시켜서는 안 되고, 그들 자신들이 가르친 대로 스스로 그렇게 행동해야 한다. 그리고 다른 목회자들과 상의해야 하고 다른 목회자들이 어떻게 하는지를 알아보아야 한다. 마지막으로 목회자는 개개인이 처한 특별한 상황에 따라서 사람들을 다뤄야 한다. 사람들은 회개하지 않거나 전혀 회개의 기미를 보이지 않은 채 성찬식에 참석해서는 안 된다. 그

156) A. H. Francke, *Werke in Auswahl*, hg. v. E. Peschke, Berlin, 1969, 92.
157) A. H. Francke, 위의 책, 93.
158) A. H. Francke, 위의 책, 103.

런 사람들은 거부되어야 한다. 사람들은 그들의 죄 때문에 두려운 마음으로 교회에 나와야 한다. 그리고 목회자는 그러한 사람들에게 위로를 전해야 하는 것이다.' [159]

프랑케는 1689년에 쓴 '성서가 말하는 삶의 규칙' 이라는 글에서 그리스도인들이 이 세상에서 취할 완전한 행동 외에 다음과 같은 말을 하고 있다. "만약 누군가가 당신에게 대적한다면 조심하라. 당신도 덩달아서 죄를 짓게 될 경우이기 때문이다. 하나님의 영광이 나타나게 하고 이웃에게 최선을 다하도록 하라. 사람들은 매우 자주 다툰다. 그리고 싸움이 일어날 경우 누가 옳은가를 판단하는 것은 매우 중요한 일이 된다. 그러나 책임소재를 가려야만 할 경우에 흥분된 감정에 휩싸이지 말아야 한다. 왜냐하면 그것은 육체적인 격정에서 나오는 것이기 때문이다. 만약 당신이 진리를 분명하게, 그리고 선한 목적으로 제안했다면 평안하게 있어라. 더 큰 불화와 시비에 대응하면 당신은 이길 수 없다. 당신이 당신의 진리에 확신을 가지고 있지만 결코 싸울 생각이 없다는 것을 당신의 적이 알았을 경우에 당신의 적은 그 문제를 곰곰이 다시 생각해 볼 것이다. 당신의 적은 직접 당신에게 더 이상 배우려 하지 않을지라도, 적어도 당신이 보여 준 행동에서 온유함과 절제는 배울 것이다." [160]

프랑케는 자기가 생각하는 교회교육의 핵심 가치들을 1702년에 쓴 「진정으로 축복받고 현명해지기 위한 짧고 단순한 교회교육」이라는 논문에서 다음과 같이 서술하고 있다. "영혼을 가꾸는 것 또는 감정을 다스리는 것이 유일한 수단이다. 청소년 교육의 가장 큰 목적은 이 수단을 통해서 이루어지는 것이다." [161] "진정한 마음교육은 피교육자의 의지와 이성에 관한 교육이다. 우리들이 둘 중에 하나라도 무시한다면 선한 것을 아무것도 기대할 수 없다. 여기서 가장 중요한 것은 사람들이 본래 가지고 있는 아집이 깨지는 것을 겪는 일이다. 따라서 [교육과정에서] 그것을 관찰하는 것이 가장 중요한 것이다. 청소년을 단지 똑똑하게 만들기 위해서 교육시키려는 사람은 선한 것이지만 충분하다고 말할 수 없는 인간의 이성을 다듬는 것에만 집중하는 사람이다. 왜냐하면 그는 가장 훌륭한 것, 다시 말하면 '순종' 을 가르치는 교육을 잊어버렸기 때문에 거기에서 어떤 진정한 열매도 기대할 수 없다. 그와는 반대로 우리의 고집이 우리 멋대로 행동하려고 할 때 우리 인간의 이성은 구원의 가르침을 배워야 한다." [162] 따라서 여기서 우리들은 감

159) A. H. Francke, 위의 책, 106.
160) A. H. Francke, 위의 책, 353.
161) A. H. Francke, 위의 책, 125.
162) A. H. Francke, 위의 책, 126.

성이 예민한 시절의 청소년들에게 심어 주어야 할 세 가지 덕목을 목표로 삼아야 한다. 그것들은 근본적으로 그리고 항상 하나님의 축복으로 그들을 인도할 것이다. 그것은 바로 '진리를 향한 사랑' '순종' 과 '부지런함' 이다. 반대로 청소년들이 온힘을 다해서 피해야 되는 악덕이 있는데, 그것은 다름 아닌 거짓말, 아집 그리고 게으름이다."[163]

니콜라우스 그라프 폰 친첸도르프(N. G. v. Zinzendorf)는 신앙적으로, 신학적으로 성장하는 과정에서 그의 신앙 선배인 스페너나 프랑케와는 다른 자기만의 독톡한 것을 강조했다. 그는 그것을 '우리 형제공동체가 계속해서 주장하고 책임져야 할 신학적인 프로그램' 이라고 말한다. 마이어(D. Meyer)는 그것을 다음과 같이 함축적으로 말하고 있다. "그것은 창조주, 창조의 보존자, 세상의 구원자와 성화롭게 하시는 분으로서 하나님 어린 양을 왕 되게 하는 것, 주님이 당한 고통의 보편성, 이론과 실천에서의 보편적인 신학을 말한다."[164]

그는 독특한 조직 형태와 신앙생활을 시작했으며 그것을 통해서 시공간적으로, 그리고 광범위하고 지속적으로 그리스도교 목회에 영향을 끼치고 있다. 경직되고 권위적인 할레 교회구조와 지도자들과는 완전히 다르게 친첸도르프가 주도한 형제공동체 안에서는 이제 새롭고 특별한 '공동체 정신' 이 분출되기 시작했다. 그리고 그 공동체 정신은 자기만의 독특한 방법과 조직 형태를 이전보다는 훨씬 유연하고 부드럽게 만들었다. 친첸도르프가 생각하는 새롭게 각성된 그리스도교란 처음부터 공동체 안에서 가족의식과 형제자매와 같은 돌봄이 덧붙여진 그리스도교를 말한다. 신앙인들 상호 간의 신앙적 돌봄이란 개개인이 가지고 있고 바꿀 수 없는 개별성과 특수성을 분명하게 인정하는 것에서 시작된다. 모든 의사전달은 매우 신중하게 구성된 조직에 기초를 둔다. 그러한 틀 안에서 신분과 성별에 따른 '합창단(Chöre)' 과 문제와 과제별로 나누어진 '모임(Klassen)', 취미와 관심에 따라 나누어진 '동아리(Banden)' 들로 구성되었다. 이렇게 해서 공동체 안에 다양한 조직문화가 생기기 시작했다. 그 조직문화는 목회적으로 보면 공동체 구성원들의 실제 생활에 도움이 될 뿐 아니라 그들의 신앙생활에 지속적이고 새로운 활력소를 불러일으켰다.[165]

163) A. H. Francke, 위의 책, 137.

164) D. Meyer, Nikolaus Ludwig von Zinzendorf, in: C. Möller (Hg.), *Geschichte. Bd. 2*, 299 이하 인용문은 303쪽에서.

165) '동아리' 의 구조와 역할에 대한 설명은 Peter Zimmerling, "Seelsorge in der Gemeinschaft. Zinzendorf als Seelsorger", *theologische beiträge* (26) 1995, 75 이하를 참조한다.

여기서 공동체를 구성하기 위해 지도력과 권위가 문제가 되는데, 그들은 그 문제를 그들의 공동체가 포괄적이고 절대적으로 그리스도와 관계되어 있는 공동체라는 강한 의식으로 해결하고 있다. '왕위에 오르신 하나님의 어린 양' 은 그들 공동체의 모든 사건들과 행동양식에 직접적인 영향을 주면서—심지어는 애매한 투표에서조차 주님의 뜻을 알려 주면서—결정적인 역할을 하게 된다. 개별 신앙인의 그와의 관계는 유치할 정도로 열광적으로 친밀한 권위적으로 다루는 신정주의자와의 관계다.[166)]

한편으로는 거룩한 모임의 정신을, 다른 한편으로는 모든 구성원들이 그리스도와 관계되어 있다는 의식을 강조하고 새롭게 인식시키고자 했던 이 경건주의 운동은 정신적인 독립성을 낳았다. 이러한 독립성은 이 운동에 깊게 뿌리박힌 선교적인 열정부터 교파문제 또는 교회정치 문제까지 두드러지게 나타난다. 이에 대해서 마이어는 다음과 같이 말하고 있다. "친첸도르프에게 영혼 돌봄이란 자신의 교파적인 정체성을 상대화시키는 것이고, 이 세상에 있는 모든 하나님 자녀는 하나라는 세계교회 일치적 공동체성을 인정하고 활성화시키는 것이다."[167)] 이러한 방법으로 그들은 그리스도인들의 생활방식을 정하고, 현실을 극복하려고 시도하며 갈등을 해결하려고 할 때 단지 이성과 도덕적인 잣대로 해결하려는 것이 아니라 '풍부한 관계 속에서' 체험된 감성 또는 경험들을 중요하게 여긴다.

친첸도르프는 자신의 근본적인 생각들을 그의 글 '설교 그리고 신학적이고 실천적인 개념들' 을 통하여 다양하게 표현하고 있다. 그는 1557년에 쓴 글에서 다음과 같이 말하고 있다. "우리 주님의 죽음을 오랫동안 묵상할 때 그 생각은 실제로 인간적인 우리들을 힘들게 만들어 죽이게 된다. 그 묵상은 우리를 그냥 상상 속에서, 감정 속에서, 생각 속에서 죽이는 것만이 아니라 실제로 그리고 진정으로 우리를 죽이며 우리들의 영과 감정을 강한 존재로 만든다. 그때 우리 친구가 죽었다는 생각이 놀랍게 엄습해 온다. 이것은 신앙을 깨우치는 신비로운 약이다. 그것은 우리들이 매일 새로운 삶을 살도록 인도하시는 성령이 역사할 때 생기는 믿음을 통해서 효력이 나타나는 신비로운 약이다. 이 생각은 우리가 죽을 몸을 벗어 버리고 주님에게 갈 때 그분과 함께 하면서 죽어 가는 생명이 되며, 잠시 왔다가 가는 삶에서 포기할 수 없는 소망이다."[168)]

---

166) H. A. Köstlin, *Lehre*, 82 이하와 이 상황에 대한 비판적인 입장을 참조한다.

167) D. Meyer, 위의 글, 306.

168) Nikolaus Graf von Zinzendorf, *Ueber Glauben und Leben*. Ausgewählt und zusammengestellt von Otto Herperl, Sannez, 1925, 21 이하.

친첸도르프는 1741~1742년의 미국여행에서 다음과 같은 설교를 했다. "진리가 무엇입니까? 진리는 우리 내면의 인간에게서 진실로 그리고 거부할 수 없이 나타나는 것입니다. 다시 말해서 진리란 먹고 마시는 우리의 입과 위가 보여 주는 것이자 건강과 병 그리고 우리 몸의 따뜻하고 찬 것이 보여 주는 것입니다. 그렇게 우리의 내적인 인간 안에 있는 모든 것에서 무엇이 우리들에게 진실된 것인가가 드러나게 됩니다. 복음은 그것과 똑같은 복된 진리에 대한 기쁜 소식이며, 그것은 우리가 살아 있다는 사실과 눈뜨고 있다는 사실 그리고 우리가 심장을 가지고 있다는 사실처럼 우리 마음에 확실하게 나타납니다."[169)]

그는 자신의 교육철학이 집대성된 1770년에 편집된 글에서 다음과 같이 말하고 있다. "충분한 마음의 종교는 구세주와 영혼 사이에 있다. 그것은 다음과 같은 것을 의미한다. 예수와 나, 이러이러한 사람 모두 똑같은 평범한 사람이다. 거기서 성령이 예언자이며, 구세주가 제사장이며, 둘 또는 그이상의 우리들은 작은 교회다."[170)]

십자가에 달려 창에 찔린 주님의 옆구리에 대한 신비로운 묵상이 친첸도르프의 핵심 신앙이다. 우리는 형제의 상처에 대한 그의 설교문에서 다음과 같은 글을 읽을 수 있다. "우리 인간이 스스로 뒤틀어지고 그렇게 된 것에 대한 그 어떤 원인도 알 수가 없을 때, 우리 인간이 스스로 아무것도 자랑할 수 없을 때, 그리고 왜 우리 인간이 행복해져야 되는지, 그러나 왜 인간들이 타락할 수밖에 없는지에 대한 수백 가지 원인에 대해서 더 이상 생각할 수 없을 때 우리 인간들에게 하나의 문이 열렸습니다. 그렇게 주님의 창에 찔린 옆구리는 예언서에 나오는 것처럼 오히려 그들에게 자유로 가는 길이 되고, 누구나 마실 수 있는 샘이 되며, 모든 죄와 불의에 대적하여 피할 수 있게 합니다. 그곳이 이 세상 모든 사람들을 위한 장소입니다."[171)]

• 정선수의 입장에서 보면 18세기 계몽주의와 합리주의 시대에는 자신들이 목회학과는 '상반되는' 목회학이 개신교에 나타났다고 본다. 이제 완전히 달라진 새로운 시대의 인간성은 완전히 다른 영혼 돌봄을 요구하게 되었다. 목회자는 시대가 요구하는 지식과 일반 사회가 요구하는 윤리선생이 되었다. 인간은 자기가 만족하는 인생의 목적에 따라

169) N. Zinzendorf, 위의 책, 29.

170) N. Zinzendorf, 위의 책, 96.

171) Nikolaus Graf von Zinzendorf, *Hauptschriften in sechs Bänden. Bd. III,* hg. v. E. Beyreuter un G. Meyer, Hildesheim, 1963, 313.

스스로 찾으려고 했다. 이 말은 다음과 같은 것을 의미한다. 사람들은 개개인이 자유롭게 자신의 양심이 결정하는 것을 존중하기 시작했다. 경건주의에서 보인 '개개인 영혼들에 대한 압박' 은 포기되었다. 그 대신 이제 중요한 것은 종교적 문제에서 자율적인 종교적 독립성을 향상시키기 위한 교육이다.[172] 이 시대에 와서 (이성에 기초하여 설명하는) 종교를 통해서 인간의 인격을 형성시키는 데 도움이 되는 것은 더 이상 참회제도나 교회훈련이 아니라 '친절한 대화' 또는 강요하지 않는 '개인적인 대화' 였다. 이제 사람에게 도움이 되고 사람들에게 친근한 영혼 돌봄의 모형이 구체적으로 거론되기 시작했다. 다시 말해서 인격을 존중하는 만남이 강조되었다. 우울한 감정상태는 병으로 간주되었다. 목회상담자는 영혼의 문제를 다뤄야 할 뿐 아니라 (특히 시골에서는) 몸에 병이 있는지 살펴야 했다.[173]

요컨대, 이 시대에서 개개인의 어려움을 상담하고 공동체에 도움을 주고자 하는 모든 활동은 하나의 기본 자세를 가지고 있는데 그것은 지속적인 '인간에 대한 교육' 이라고 말할 수 있다. 이는 근본적으로 하나님의 의도와 명령과 일치한다.[174]

계몽주의 신학에서 목회학과 윤리 이론의 가장 대표적인 신학자는 베를린 지역의 교회 감독 겸 종교국 평정관이었던 요한 요아킴 스팔딩(Johann Joachim Spalding, 1714~1804)이다. 그는 1748년에 쓴 자신의 유명한 책 『인간의 규정에 관한 연구(*Betrachtungen über die Bestimmung des Menschen*)』에서 그 주제인 '윤리적 미덕' 에 대해서 다음과 같이 쓰고 있다. "그럼에도 불구하고 이것은 항상 나의 주된 관심사다. 즉, 나는 내 영혼이 추구

172) 이러한 경향을 주장하는 대표적인 학자가 니마이어다. 그는 『부모, 가정교사 그리고 교사에게 있어 가정교육과 학교교육의 기초 개념들』(부제는 '확대된 의미에서의 교육')이라는 그의 책에서 다음과 같이 설명하고 있다(A. H. Niemeyer, *Grundsätze der Erziehung und des Unterrichts für Eltern, Hauslehrer und Schulmänner*, 4. Aufl., Halle, 1801). "우리 사람들에게서 발전시킬 수 있는 능력의 모든 것과 한 인간이 자신이 되고자 하는 능력을 자신에게서 발전시키려는 모든 것을 우리는 넓은 의미에서 직업교육과 교육이라고 부른다. 이러한 의미에서 교육은 어린 시절과 청소년기에 한정시킬 수 없으며, 정신적인 완전함에 이르기 위한 인간의 능력을 위해 교육을 평생토록 계속 받아야 한다. 따라서 인간의 전 생애, 곧 어린 시절뿐만 아니라 이 세상 이후의 삶을 위한 것까지도 교육의 과정이라고 볼 수 있다" (1부, 4).

173) W. Schütz, 위의 책, 49.

174) 쾨스틀린(H. A. Köstlin)에 의하면 그와 같이 주장하는 이 시대의 사람은 목회자 겸 신학자인 헤르더(J. G. Herder, 1744~1803)다. 쾨스틀린에 의하면 헤르더는 이상적인 목회자가 해야 할 진정한 과제가 무엇인지 훌륭한 문체로 우리 교회에게 알려 주었다. 즉, 그는 목회자의 진정한 과제란 하나님의 이름으로 그리고 사제의 방법으로 사람들을 고귀하게 훈련시키는 것이라고 말한다(W. Schütz, 위의 책, 87 이하).

하는 보다 높고 숭고한 충동들을 억제해서도 안 되고 무시해서도 안 된다는 사실이다. 내 속에서 나 스스로가 충분히 인식하고 있는 그 충동들은 합리적으로 작동되어야 한다. 나는 내 속에 있는 선의를 보이려는 마음이 항상 더 강해지도록, 그리고 모든 방법을 통해서라도 그러한 것이 충족될 수 있도록 노력하고 있다. 나 자신을 편안하게 만드는 인간의 행복이 내가 가장 진정으로 추구하는 불변의 목표가 되어야 한다. 그리고 그 행복은 나 자신만의 독특한 행복이 되어야 한다. 잘못이 없는 사람을 보호해 주거나 불행한 사람들을 도와줄 때, 그리고 고통당하는 사람들이 그 고통을 헤치고 나온 것을 볼 때, 나는 내 마음속에서 느끼는 그 충만감을 위해서 완전히 나 스스로를 헌신하겠다. 그리고 나는 내 영혼이 가진 그런 부드러움에 대해서 명예롭게 생각하겠다. 왜냐하면 내 영혼의 그러한 성향은 내 본성 깊은 곳에 본질적으로 존재하기 때문이다. 그러한 성향이란 모든 사람에 대한 정의, 내 모든 행동에서 바르게 처신하는 것, 조국과 선한 사람들에 대해 감사하는 것, 적들 앞에서 담대하게 행동하는 것, 그리고 넓은 이해력을 가신 상식적인 사랑을 말한다. 그와 같은 성향들은 올바른 나의 내면에서 솟아나는 것인데 그 속에 내 영의 자랑과 건강함이 있다. 그것이 가장 기쁘고 가장 오래 가는 일이 되어야 한다. 나는 어디서든지 내가 바라보는 선함과 행복, 아름다움, 질서를 기쁨으로 관찰하는 데 익숙해지기를 원한다."[175]

'계몽주의 시대의 영혼 돌봄' 에 대해서 특별한 관심을 가지고 연구하며 그에 대해서 대단히 해박한 지식을 가지고 있는 사람은 신학자 슈츠(W. Schütz)다.[176] 그는 이 시대가 말하는 이상적인 그리스도인의 삶에 대한 기본적인 입장에 대해서 다음과 같이 말하고 있다. "이 시대 영혼 돌봄의 목적은 행복과 평안, 만족과 충만감이다. 그러나 그것은 우리에게 익숙한 칸트의 행복론이 말하는 것과 같은 천박한 행복론을 말하는 것은 아니다. 행복이란 이성을 가진 인간의 성취와 완성이며 동시에 인간 자신이 도덕적이며 이성적인 자기실현이다. 평안과 만족은 삶의 의미를 찾는 인간이 지향하는 존재의 목적이다. 이 시대의 목회학에서 자주 말하는 개념들은 모든 신앙의 근본적인 행동으로서 보호받기와 존재로의 용기, 의미 있는 삶의 성취, 확신과 희망 등이다."[177]

---

175) Spaldings Bestimmung des Menschen—1748—und Wert der Andacht. Mit einer Einleitung neu hg. v. H. Stephan, in: *Studien zur Geschichte des neueren Protestantimus,* Gieβen, 1908, 22.

176) W. Schütz, 위의 책, 44 이하.

177) W. Schütz, 위의 책, 45.

슈팔딩 외에 슈츠가 그의 책에서 특별하게 인용하고 있는 계몽주의 시대에 매우 뛰어난 신학자는 할레의 프랑케 재단의 감독과 할레 대학의 교수였던 지그문트 야콥 바움가르텐(Siegmund Jacob Baumgarten, 1706~1757)이다. 그는 신학을 새로운 학문의 세계관에 기초해서 전개해야 된다고 주장하였다. 또 다른 이 시대의 뛰어난 신학자로는 아우구스트 헤르만 니이마이어(August Hermann Niemeyer, 1754~1828)를 들 수 있는데, 그는 프랑케의 손자이고 프랑케 재단의 책임자이면서 할레 대학의 신학과 교육학 교수였다.

보충한다는 의미에서 위기에 빠진 부부상담을 한 바움가르텐의 보고서를 인용하고자 한다.[178] 그 보고서를 보면 저자의 영혼 돌봄에 대한 입장이 잘 나타나 있다. 바움가르텐은 신학적인 전문가로서 자기 보고서에서 '위기에 처한 결혼생활에 대한 22개의 입장'을 정리하고 있다. 그는 그중에서 아무런 법적인 보호 없이 첫 번째 남편과 헤어졌고 두 번째 결혼생활도 파국을 맞은 불행한 여자에 대한 상담기록을 적고 있다. 그는 그의 글 처음에 이 불행한 일의 초기 단계를 자세하게 서술하고 있다. "루치아는 1705년에 태어났다. 그녀의 아버지는 집안의 난폭자로서 아주 나쁜 사람이었다. 그는 아내와 아이들을 죽을 정도로 심하게 때렸고 결국 아내와 자녀들을 처참하게 방치해 놓았다. 루치아는 늘 배고픔과 고통이 따라다니는 아주 고통스러운 가정사를 겪어야 했다. 14세가 되었을 때, 그녀는 부모가 시키지 않았는데도 이곳저곳으로 떠돌아다니기 시작했다. 결국 그때부터 그녀는 4년 동안 남의 집 하녀로 일하기 시작했다."[179]

이러한 배경을 가지고 루치아는 23세 때 거의 자기 아버지와 똑같은 폭력적인 사람과 결혼을 한다. "이 결혼생활도 아주 불행했다. 그의 남편은 선천적으로 도둑질이 몸에 밴 사람이었다. 그가 수건이나 음식, 유리그릇, 그와 비슷한 것들을 집으로 가져오는 경우는 한 번도 없었다. 그에게는 강도짓이 더 중요했다. 그녀의 남편은 자기의 보호막을 만들기 위해서 루치아를 계속 잡아두기를 원했다. 그러나 그녀는 그것을 거부했다."[180] 그때부터 남편은 루치아를 심하게 때리고 고문하기 시작했고, 마침내 범죄행위 때문에 시 당국에 넘겨져 군복무를 해야 했다. 이에 그의 구타행위가 조금 잠잠해지는 듯 보였다.

두 번째 남자와 결혼하기 위해 첫 번째 남편이 죽었다고 말했다는 사실을 루치아는 고해성사 때 목회자에게 알렸다. 그 목회자는 다시 두 번째 부부로서 동의할 수 있는지, 공

178) *Siegm. Jac. Baumgartens theologische Bedencken. Vierte Sammlung,* 2. Aufl., Halle, 1749, 1 이하.
179) S. J. Baumgarten, 위의 책, 3.
180) S. J. Baumgarten, 위의 책, 4.

적인 기관에 알려야 하는지, 어떤 방법으로 공적인 기관에 알려야 하는지, 그리고 그녀 측에서 어떻게 결정해야만 하는지에 대해서 자문을 구했다.

이와 같은 상황에서 공감하면서 바움가르텐은 깊게 생각한 끝에 다음과 같이 판단을 한다. "루치아나 목회자도 공적인 기관에 알려야 할 의무는 없다. 그보다 중요한 것은 루치아를 목회상담적으로 돌보는 일이며, 그녀의 주변이 잘 정리되어서 두 번째 결혼으로 새롭게 출발할 수 있도록 돕는 일이다." 바움가르트는 계속해서 상담상황을 적고 있다. "루치아는 불확실한 외부 상황에서 자기 문제에 대해 간절히 기도하고 모든 것을 하나님의 선하신 손길에 맡겨 그분의 뜻에 맡겼다. 이때 루치아는 공적인 기관에 진실을 숨기지도 않고 루치아 자신이 지은 죄에 대해서 변명하지도 않았으며, 또다시 죄를 짓는 일 없이 하나님의 인도하심을 분명히 보게 되었다." [181] 물론 이렇게 상담이 진행되는 동안 루치아는 성찬식에 거부되지 않고 참석할 수 있었다.

바움가르텐이 쓴 상담보고서의 '문장들' 을(물론 가시적으로 표현되어 있지는 않지만) 살펴보면, 그가 아주 '실타래처럼 엉킨' 갈등상황에서 매우 사려 깊게 실제적으로 생각하고 대처하는 목회상담자임을 알 수 있다.

5. '슐라이어마허' 시대부터 제2차 세계 대전 전후 '변증법적 신학' 까지

19~20세기는 그리스도교 영혼 돌봄이 (어느 정도) 독립적인 학문으로서 신학의 다른 분야와 구별되고 학문적 정체성이 확립된 시기라고 말할 수 있다.[182] 독자적 학문으로서 목회상담학의 형성과정은 '실천신학(Praktische Theologie)' 이라는 새로운 신학 분야와 밀접한 연관성을 갖게 된다. 실천신학 분야의 개척자라고 할 수 있는 슐라이어마허와 니취(Nitzsch)는 '영혼 돌봄' 을 신학의 한 분야로 자리매김했다. 이 영혼 돌봄의 영역은 그 시대가 실제적인 것을 요구하기 시작하는 실천적인 다른 신학 분야의 영역과 매을 같이

181) S. J. Baumgarten, 위의 책, 60.

182) 이에 대해서는 F. W. Kantzenbach, *Programme der Theologie. Denker, Schulen, Wirkungen–Von Schleiermacher bis Moltmann*, 3 Aufl., 1984를 참고한다.

하면서 동시에 고유의 학문적 역사를 구축하기 시작했다.

이제 실천신학적 관심에 대한 포괄적인 신학의 입장들은 매우 다양한 것들을 포함하게 되었다. 그 다양한 입장들은 각 시대가 안고 있는 문제들을 제기하게 된다. 동시에 그것들은 그리스도교 신앙의 입장에서 자기 시대에 맞는 갈등 다루기를 위해 매우 분명한 인식과 범위의 가능성을 열어 놓았다. 이제 이 시대는 다음과 같은 개괄적인 특징들이[183] 나타난다.

• 이 시대에 와서 신학적 인간론의 영역이 폭발적으로 확장되기 시작한다. 이제 인간론은 루드빅 포이어바흐(Ludwig Feuerbach), 칼 마르크스(Karl Marx), 프리드리히 니체(Friedrich Nietzsche) 지그문트 프로이트(Sigmund Freud)와 같은 철학적, 사회과학적, 심리학적 지식 대표자의 종교비판과 연결된다. 따라서 목회학은 불가피하게 '하나님 앞에서 있는 인간' 이란 도대체 누구인가라는 질문에 대한 답변을 해야만 했다.[184] '하나님 앞에 선 인간' 은 대표적인 인간의 행동양식을 표현하는 말이 되었다. 그리스도인은 일반사회 속에서 신앙과 연결된 미덕을 갖춘 하나님 앞에 선 인간으로 있다. 그러한 것을 목회상담적으로 의식하도록 만들고 지지하는 것이 매우 중요하게 되었다. 물론 시간이 지나감에 따라 그런 목회학적 입장은 점차 비판받게 된다.

---

183) 이에 대해서는 잘 설명하고 있는 두 권의 저서가 있다. 이 둘은 서로 보충적인 저서라고 할 수 있는데, 다양한 19~20세기 목회상담의 큰 특징들을 조직적으로 분류하여 제시하고 있다. 또한 원문을 직접 인용하면서 각각의 목회상담이 가지고 있는 특징들과 핵심 주장들을 알려 준다. 첫 번째 책은 W. Offele, *Das Verständnis der Seelsorge in der pastoraltheologischen Literatur der Gegenwart*, Mainz, 1966이다. 이 책은 1920년대부터 1960년대까지 가톨릭 교회와 개신교회가 주장하는 목회상담의 핵심 개념들을 정리하고 있다. 그리고 신학적인 핵심 개념들이 목회학에 끼친 영향들을 특별히 잘 살펴볼 수 있도록 했으며 전체적인 관점에서 개별적으로 잘 요약해서 설명하고 있다. 두 번째 책은 F. Wintzer (Hg.), *Seelsorge. Texte zum gewandelten Verständnis und zur Praxis der Seelsorge in der Neuzeit*다. 이 책은 슐라이어마허부터 현대의 목회신학자가 목회상담에 대해서 쓴 대표적인 글들을 싣고 그에 대해서 설명하고 있다. 이어서 시대별로 목회학에 있는 대표적인 신학자들에 대해서 그들이 쓴 기본적인 저서에 근거하여 그들의 특징들을 요약하고 있다. 그 특징들은 저자의 핵심 사상이라고 불러야 하는데, 그들의 특징적인 문장들을 짧은 실험적인 인용문으로, 다시 말하면 대표적인 것으로 제시하려고 하며, 목회학에서 대표할 수 있는 역사적인 인물들에 대해서 집중적으로 조망하려고 한다. 평가 순서는 주요 저작의 출판연도에 따른다. 그들에 대한 이차문헌에 대한 중요한 정보를 제공해 준 요하임(M. Jochheim) 박사에게 감사드린다.

184) 이 문제에 관해서는 '종교비판과 그 퇴행성에 관한 비판' 이라는 다음에 실린 글을 참조한다. K. Winkler, *Werden wie ein Kinder? Christliche Glaube und Regression,* Mainz, 1992, 71 이하.
이 주제에 대한 논의가 현재에도 매우 활발히 진행된다는 사실은 다음 논문에 잘 나타나 있다. "Kirche: Angst produzierend—Angst reduzierend. Eine religionskritsche Konfrotation", in: H. M. Stenger, *Für eine Kirche, die sich sehen lassen kann,* Insbruck/Wien, 1995, 134 이하.

• 이 시대의 목회학에서 무엇보다도 전반적인 목회경험에 근거한 목회신학(Pastoraltheologie)이 나타나게 되는데, 목회학은 특히 신학과 밀접한 관계를 갖게 된다. 이러한 현상과 동시에 '영혼 돌봄(Seelsorge)' 이라는 하나의 차별된 분야가 신학 속에 편재되기 시작하고 점차 확대된 인간과학의 영역(사회학, 심리학, 사회심리학 등의 학문처럼)으로 자리 잡기 시작한다. 그리고 목회상담과 다양한 형태의 일반상담은 서로 경쟁적인 입장에 놓이게 된다. 그러나 이와 같은 상황은 한편으로는 양 학문 간의 관계영역에서의 공통적인 분야에서 하나의 협력관계로 나아가게 된다.[185] 그리고 한편으로는 양 학문 간의 관계설정에서 차별성의 문제가 제기된다. 이 관계설정에 관한 문제는 시간이 가면서 계속해서 새로운 설명을 찾아야만 했다. 어쨌든 이제는 심리적 과정에서도 경험적 이해의 차원에 대한 설명이 불가피하게 요구되며, 동시에 목회상담에서도 심리학과 관계된 교육과정을 받아들이지 않을 수 없게 되었다. 동시에 목회학만이 가진 신학적인 독창성을 찾고 묻는 과제도 자연히 뒤따르게 되었다. 이와 같은 맥락에서 이제 '목회상담과 심리치료' 는 '목회상담학 이론' 에서 빠질 수 없는 주제가 되었다. 그러나 이와 더불어 목회상담학에서 일반심리학의 이론과 신앙적 차원의 '신앙 고백적인 독특성' 의 관계도 점차 대두되기 시작한 것이다.

• 이 시대에 와서 목회신학과 더욱더 분리되기를 원했던 목회상담학은 특히 교육과정에서 자기만의 정체성을 찾기 시작한다. 개개 그리스도인들이 가지고 있는 성격과 (공동체와의 관계에서 나타나는) 특징들이 특별히 부각될수록, 다양한 사람들이 가진 경험의 차이점들을 받아들일 수 있을 뿐만 아니라 그것을 신앙의 영역에서 재인식할 수 있다. 더 나아가 그 문제를 집중적으로 다룰 능력이 목회상담자에게 있는가에 대한 질문이 심각하게 제기되기 시작했다. 이제 목회학은 목회자가 어떻게 목회일에 잘 적응할 수 있는가와 어떤 목회자상을 추구할 것인가라는 주제를 넘어서서 특별한 신학의 영역이

185) 예를 들면, 목회상담학과 의학의 새로운 협력관계를 모색하기 위하여 만든 학술지로서 *Europäischen Arbeitsgemeinschaft Arzt und Seelsorge*가 있다. 이 잡지는 이미 1925년에 베를린에서 'Arzt und Seelsorger' 이라는 이름으로 목회상담학과 의학의 상호 협력을 위해 창산되었는데, 이 잡지가 유럽 전체를 대상으로 하는 새로운 이름의 학술잡지로 확대된 것이다. 그런데 오늘날 또다시 이 잡지는 'Internationale Gesellschaft für Tiefenpsychologie' 라는 이름으로 변경되어 간행되고 있다. 예를 들어, 이 학술잡지에 나온 주목할 만한 논문은 W. Bitter, Psychotherapie und Seelsorge(1952), Angst und Schuld in theologischer und psychotherapeutischer Sicht(1953), Vorträge Über das Vaterproblem in Psychotherapie, Religion und Gesellschaft(1956), Die Wandlung des Menschen in Seelsorge und Psychotherapie(1956) 등이다.

되었다.

위에서 언급한 시대는 역사적으로 중요한 사건들과 목회학 내에서 논의된 중요한 주제에 따라 서술하고 있는 특징들을 보게 된다.

1) 19세기의 영혼 돌봄

이 시대의[186] 신학사상과 신앙 그리고 영혼 돌봄의 특별한 배경을 결정지은 것은 무엇보다도 계몽주의 시대와 그것을 극복하고자 했던 시도다. 1813~1815년에 있었던 해방전쟁과 유럽에서 나폴레옹 시대의 종말은 새로운 민족의식을 싹트게 했다. 개신교에서 교회 연합운동과 교회기관별 통합 시도 그리고 그에 따른 상대적으로 새로운 의미의 교파운동이 생기게 되었다. 그 외에 독일의 경우를 보면 새로운 신앙각성운동들이 독일의 교회적, 종교적 분포도를 만들어 나갔다. 새로운 신앙각성운동은 그 당시 자연과학적 세계관이 주는 강한 영향력에 대항하는 저항세력이었으며 매우 세속적인 인생관에 맞선 운동이라고 볼 수 있다. 사실 그 시대조류는 진부하고 고루한 복고풍으로 돌아가고자 하는 삶의 형태에 대한 100년 동안의 혁명적인 저항이라고 말할 수 있다. 동시에 이 시대는 도시화에 의한 거대한 도시빈민이 생기기 시작한 산업화의 시대였다. 19세기 교회와 목회상담은 대규모 '사회문제'라는 힘든 과제 앞에 직면하게 되었다. 이제 그동안 계속되어 왔던 '국외선교' 외에 영적인 도움과 사회경제적인 도움을 분리시키지 말자는 의도로 그 유명한 '국내선교부(Innere Mission)'가 설립되었다.

이러한 것과 관련된 이 시대의 영혼 돌봄의 특징들을 살핀다면 공동체 구성원들이 가지고 있는 신앙적인 자기 인식에서 자유롭게 만드는 것 외에도 개인적인 영적인 자유와 개인들 간의 상호 친교가 강조되었다. 이와 같은 구체적인 목표설정으로 인해 사람들은 점차 영혼을 돌보는 자가 현실생활과 밀접하게 연관된 인간에 대한 인식을 가져줄 것을 요구하기 시작했다. 여러 다양한 모습을 보이고 있는 이 시대의 신앙생활에서 일반적인 생활자세나 교회생활에 참여시키기 위한 교육도 강조되었다. 이렇게 고전적인 교회 모

186) 이에 대해서는 M. Greschat, *Christentumsgeschichte II. Von der Reformationszeit bis zur Gegenwart. Grundkurs Theologie Bd. 8,* Stuttgart/Berlin/Köln, 1997, 특히 단원 III 'Das Jahrhundert der Revolutionen(1780~1914)'이 나오는 136 이하를 참조한다.

습의 붕괴현상과 일반 사회의 붕괴징후를 막아 보기 위한 교회 목회자들과 일반 평신도들의 노력이 일반 사람들에게 긍정적으로 영향을 끼치기 시작했다.

(1) 프리드리히 다니엘 에른스트 슐라이어마허 (Freidrics Daniel Ernst Schleiermacher, 1768~1834)

경건주의와는 완전히 색다른 방식으로 이 시대가 중요하게 생각하여 존중했던 것은 개인의 자유와 외부의 간섭 없이 오직 내적인 변화에 의한 자신의 양심을 가지는 것이다. 개개의 그리스도인은 스스로 필요할 때(무엇보다도 내면적으로 공동체와 소외될 때) 교회가 제공하는 영혼의 돌봄을 뚜렷하게 체험하게 된다. 그러나 영혼 돌봄은 영혼을 돌보는 자의 개인적인 특징이 드러나지 않고 진행되어야 한다. 영혼 돌봄이 그렇게 진행되도록 관심을 가져야 하는 것이 교인들의 영적인 성숙도를 의미하는 것이기 때문이다. 따라서 영혼 돌봄은 일반적인 사회생활에 대한 판단을 도와주면서 여러 특별한 인간적 상황에 집중하게 된다. 따라서 영혼 돌봄은 전적으로 특별한 위기상황을 돕거나 방황하는 사람들을 돕는 것이 아니다. 오히려 영혼 돌봄은 엄격한 믿음에 기초하여 삶의 질을 향상시키고 신앙인들에게 영적인 확실성을 제시하는 것이다. 슐라이어마허가 말하는 영혼 돌봄이란 일종의 특별한 관계작업이라고 할 수 있는데, 여기서 관계작업이란 개인의 '미성숙성'을 깨닫게 하는 일이다. 그렇게 영혼 돌봄은 자신의 종교적 감성을 예배 속에서 표현하는 그리스도 공동체를 돕는 것이다.

슐라이어마허는 다음과 같이 말하고 있다. "모든 공동체 구성원들은 하나님의 말씀과 직접적으로 연결되어 있으며, 그 말씀에 따라서 스스로를 상담할 수 있다. 그뿐 아니라 공동체 구성원들은 하나님 말씀 속에 나타난 규칙들과 믿음 속에서 하나님 말씀과 그 말씀 속에 나오는 개별적인 사건의 연속성을 이해할 수 있기도 하고 그렇지 못할 수도 있다. 그래서 공동체 구성원들이 성직자들에게 그에 대한 설명을 요구한다는 것은 스스로에 대한 신뢰심이 결여되어 있다는 표시다. 또한 그러한 행동은 먼저 종교교육을 시키는 성직자들의 가르침과 그들이 예배 중에 풀어 주는 하나님 말씀에 대한 설명이 그동안 충분하지 않았으며 그들이 지향했던 목표를 이루지 못했다는 것을 증명하는 것이다. 그러나 모든 사람은 그 자신이 해야하지만 불완전한 상태로 남아 있는 활동을 보충해야 할 의무가 있다. 공동체 구성원들이 그러한 상황을 요구하는 것처럼, 목회자는 그것이 불가능하다고 거부할 수 있다. 여기에서 절대적인 기준이 나오게 된다. 목회자는 사람들이 목회자에게 그러한 요구를 할 때는 언제든지 그러한 경우를 공동체 구성원들의 영적인 자유를 향상시키는 데 이용해야 하며, 그들에게 그러한 요구를 들어줄 만한 능력이 없다는 것을 분명히 알려 줄 기회로 삼아야 한다."[187] "개개인들은 교회공동체의 구성원으로서 영혼 돌봄의 대상이 될 수 있다. 영혼 돌봄의 대상이 되는 그들은 외적인 또는 내적인 이유에서 자신 생활의 균형점을 잃어버린 경우다. 우리는 이러한 사람들과 관계하는 것을 좁은 의미에서 영혼 돌봄이라고 부른다."[188]

슐라이어마허가 말하는 영혼 돌봄은 개개인에게 존재하는 미성숙성을 조심스럽게 없애고 개개인의 영적인 자유를 촉진시킴으로써 또다시 공동체의 일원이 되도록 만드는 것을 목표로 삼고 있다.

(2) 루드비히 휘펠(Ludwig Hüffell, 1784~1856)

지금까지 계속해서 영혼을 돌보는 자로서의 개신교 목회자란 전체 (기관으로서의) 교회의 상황과 개신교회 공동체 상황 그리고 교회공동체 구성원 개개인의 상황을 책임적으로 돌보는 사람으로 설명해 왔고 그에 대한 적절한 대안을 제공하는 시도를 해 왔다. 그 모든 제안들은 하나같이 전체에서 개개인으로 향하는 경향이었다.

먼저 휘펠은 다음과 같이 영혼 돌봄을 정의 내리고 있다. "영혼 돌봄이란 개신교 목회자의 활동인데, 그는 예배를 교회의 본질적인 행사 밖에서 기관으로서의 교회의 상황, 개개 교회공동체의 상황, 공동체 구성원들의 상황을 특별히 관찰하고 지도하여 향상시키고 적절한 방법으로 공동체의 신앙이 공동체 구성원들 간에 완전히 일치할 수 있도록 노력하는 것이다. 기관으로서의 교회와 개개 교회공동체 그리고 개개 교회 구성원들을 관찰하고 지도하고 향상시키는 가운데 가장 중요한 것은 도덕적인 상태, 즉 본질적인 영

187) Dr. F. Schleiermacher, *Die praktische Theologie nach Grundsätzen der evangelischen Kirche,* hg. v. J. Frerichs, Berlin, 1850, 430 이하.

188) F. Schleiermacher, *Kurz Darstellung des theologischen Studiums zum Behuf einleitender Vorlesung.* hg. v. H. Scholz, Darmstadt, 1969, 114. 이에 대해서 더 자세한 것은 F. Wintzer, 위의 책, 1; W. Schütz, *Seelsorge,* 50 이하; D. Rössler, *Grundriß*, 166; V. Weymann, Friedrich Daniel Ernst Schleiermacher, in: C. Möller, *Geschichte, Bd. 3*, 21 이하; D. Gerbracht, *Die Gemeinde und der Einzelne. Das Verständnis der Seelsorge bei Friedrich D. F. Schleiermacher. Eine Anfrage an die SeelsorgeDiskussion. Mit einem Beitrag zur Wirkungsgeschichte von Friedrich D.E. Schleiermacher,* Diss. (masch), Göttingen, 1977를 참조한다.

189) L. Hüfell, *Wesen und Beruf des evangelischen Geistlichen.* Erster Band, 4. Aufl., Giessen, 1821, 307.

혼 돌봄(cura animarum)이다. 그런데 내적인 상황에 매우 큰 영향을 미치는 외적인 상황도 영혼 돌봄의 영역에서 벗어나 회피할 수는 없는 것이다."[189]

'외적인 생활방식에 대한 관심' 또는 교회공동체 구성원들의 일반적인 상황을 돌보는 것, 다시 말하면 특별히 어려운 상황에 있는 사람들(병든 사람, 맹세를 해야 될 상황에 있는 사람, 감옥에 있는 사람, 자살을 시도한 사람, 범죄를 저지른 사람)을 돌보는 것 외에 특별히 목회상담적인 위로가 필요한 불행하고 고통을 당한 사람들이 있다. "여기서 언급하는 어려운 사람들 중에는 어려움을 당한 척하는 사람들이 아니라 실제로 불행한 사람들과 좌절한 사람들이 있다. 그리고 큰 불행을 당해 그들의 재산과 집을 잃어버리고 먹을 것이 없는 사람들이 있으며, 다른 큰 시험을 이겨내야 하는 사람들이 있다. 유감스럽게도 인간적으로 고통에 빠져 있는 사람들이 너무나 많다. 불행을 당한 모든 사람들이 목회상담을 찾고 있다. 상황이 보다 나은 사람들도 종교에서 주는 위로를 찾고 있다. 무엇보다도 가장 중요한 것은 목회자가 불행을 당한 사람들과 좋은 관계를 갖는 것뿐만 아니라 실제로 친구 같은 관계를 갖는 것이다. 목회자와 내담자의 모든 서먹서먹한 것은 없어져야 된다. 고통당하는 사람은 친한 친구의 가슴에 자신을 던질 수 있기 때문이다. 그러한 행동 자체가 이미 위로다. 상담자는 단순히 성직자가 아니라 진정으로 위로할 수 있는 영적인 친구가 되어야 한다. 더욱이 영적인 친구는 불행을 당한 사람에게 신앙적으로, 그리고 도덕적으로 정직한 바른 사람이어야 한다. 자기 스스로는 아무런 힘도 없으면서 무미건조하고 공허하게 말만을 앞세운 수다쟁이만큼이나 불행을 당한 사람에게 아무 쓸데없고 오히려 그에게 해가 되는 사람은 없다. 우리는 그 사람의 얼굴에서 이미 냉혹함을 찾을 수 있을 뿐이다. 사람들은 그러한 사람이 찾아온다고 하면 피하고 자기가 집에 없다고 말한다."[190]

(3) 클라우스 하름스(Claus Harms, 1778~1855)

교회목회에서 설교자로서의 목회자에 대해서(다시 말하면, 목회신학은 설교자에게 어떻게 설교의 이론이 교육과 정신적 준비를 시킬 것인가에 관한 문제), 예전집행사로서의 목회자에 대해서(다시 말하면, 목회신학은 예배 진행과 그 밖의 목회사역에 대해서 어떻게 가르칠 것인가에 관한 문제), 그리고 목사로서의 목회자에 대해서(다시 말하면, 목회신학은 목회상담

190) L. Hüfell, 위의 책, 394 이하.

과 교육기관 및 자선기관과 더 개인적인 상황들에 대해서 어떻게 가르칠 것인가에 관한 문제) 관심이 있는 사람들 또는 신학생들이 직접 읽을 수 있는 목회학 입문서가 필요했다. 하름스는 목회신학에 대해서 "목회신학은 어떻게 그러한 상황에서 목회자의 설교목표가 달성될 수 있는지를 가르치는 빛과 새로운 공기를 넣어 주는 것과 같은 잘 정돈된 이론이다."[191]라고 정의한다.

그래서 하름스가 생각하는 목회상담은 근본적으로 다음과 같은 사실에 근거하고 있다. "……목회자는 때때로 설교자로 나서야 한다. 나는 교회강단에서 선포되는 설교자의 말씀이 도달할 수 없는 곳, 바로 그곳에 목회자는 자기 스스로 말씀을 들고 가야 한다고 생각한다. 또한 그는 전체 교회공동체의 영혼을 돌보는 자로서 하나님 말씀을 모르는 사람, 하나님 말씀이 없고 하나님 말씀을 들을 수 없는 마을들을 돌보아야 한다는 것이다."[192]

하름스가 말하는 것처럼 개개인에게 들고 가는 하나님 말씀의 대표적인 예는 영혼 돌봄 차원의 병자방문의 경우다. "만약 사람들이 목회자의 방문을 받는 일에 익숙해져 있다면 목회자가 병자를 방문하는 일은 특별한 일이거나 걱정할 일이 아니다. 그들이 성만찬을 원하고 그들에게 성만찬이 베풀어진다면 우리에게 문은 열려있는 것이며, 우리는 그들을 방문하는 것을 주저해서는 안 된다. 그러나 사람들이 우리 목회자를 병자의 병력(病歷)에 깊게 개입시키도록 만들거나 그러한 병력으로 우리를 옭아매지 않도록 조심해야 한다. 사람이 모든 것을 경험할 수는 없지 않는가! 예전에 나는 병이 든 어머니를 간호하고 있는 딸에게 죽음에 대해서 이야기하지 않겠다고 약속한 적이 있다. 그 후에 나는 즐거이 그녀의 병든 어머니를 방문할 수 있었다. 그런데 나는 그 조건을 지킬 수가 없어서 결국 그 병자와 다시 헤어지게 되었다. 그러나 우리가 병든 사람들과 이야기하기를 원한다면, 당연히 우리들은 말하는 방법을 알아야 하고 말할 수 있어야 하며 말하고 기도하는 것을 배워야 한다. 고통, 역경, 두려움 속에, 그리고 죽음 앞에 있는 사람들의 영혼에 용기를 주고 위로하는 것을 당신은 배우고 또 배워라."[193]

하름스에게 영혼 돌봄이란 교회에서 하나님 말씀을 듣지 못하는 사람들에게 들려주는 설교다.

191) C. Harms, *Pastoraltheologie in Reden an Theologie-Studierende*. Nach der Originalauagabe (1830~1834) aufs neue herausgegeben in zwei Teilen. Erster Teil, 2. Aufl., Gotha, 1891, 15. 또한 M. Schulz, *Der Begriff der Seelsorge bei Claus Harms und Löhe*, Gütersloh, 1934를 참고한다.

192) C. Harms, 위의 책, 174.

193) C. Harms, 위의 책, 177 이하.

(4) 알렉상드르 비네(Alexandre Vinet, 1797~1847)

이제 실제적인 교회현장에 기반을 둔 '목회신학' 의 도움을 받게 되면서 개개인의 내면적이고 (다른 사람과) 관계가 있거나 사회적이며 목회적인 삶에 대한 목회안내 규정이 나타나게 되었다. 그렇게 해서 모범적이며 영적인 성격유형론이 체계화될 수 있었다. 일반예배와 설교 그리고 '교리문답' 에 대한 안내 외에도 '특별한 영혼 돌봄 또는 교회공동체에 대한 목회 돌봄' 이 생겼다. 여기서 영혼의 상태에 따른, 다시 말해서 한편으로는 감정상태에 따른(이것은 경건한 인격, 거듭난 인격, 평안한 마음가짐, 불신앙, 스토아적인 경향 등과는 구별된다) '성격의 분류' 와 다른 한편으로는 '외적인 삶의 상황' (병, 정신병, 분열된 인격)에 관한 것이 나왔다. 이렇게 해서 모든 교회공동체에서 쉽게 보아 왔던 '개개인의 특징에 따른 분류' 가 가능해졌다.

그 다음에 '특별한 영혼 돌봄' 을 위한 '조건과 특징' 이 필수적인 것이 되었다. 이제 목회에서 건강, 성령의 임재, 공동체에 대한 지식, 공동체 화합을 위한 도움 외에 매우 흥미롭게도 현대의 '심리학적인 지식' 이 요구되었다. "많은 사람들이 영혼에 관한 지식(심리학)을 논리학으로 대체하고 있는데 그것은 큰 실수이고 손실일 뿐이다. 비유하자면, 논리는 직선이고 일반적인 생활을 절단해서 분석한다고 볼 수 있다. 그런데 심리학은 구부러진 선이므로 유연하다. 심리학 책들은 연구의 기초가 됨으로써 매우 유용하지만 경험과 자신에 대한 충분한 연구가 없이는 아무런 쓸모가 없다. 자기 자신에 대한 올바른 인식은 다른 사람에 대한 바른 인식을 가능케 한다. 우리들은 판단하고 해결하는 데 매우 어렵다고 예측하거나 불가능하게 보이는 많은 도덕적인 문제들과 부딪혀 보아야 한다. 거기서 우리는 편견에 얽매이지 말고 감수성이 덧붙여진 지식을 가지고 여러 사실을 연구해야 한다."[194]

비네는 이와 같은 생각을 바탕에 두고 다음과 같이 말하고 있다. "많은 사람들 경우에서 볼 수 있듯이 은혜의 역사는 다른 사람에게서 일어날 뿐만 아니라 사람들 자신이 의식하지 못하는 가운데도 일어난다. 특별히 하나님을 잘 아는 은사를 가진 사람들은 축복의 진리를 만나게 된다. 또는 그 진리는 마치 물이 그릇의 형태를 받아들이는 것처럼 무의식적으로 그들을 받아들인다. 많은 사람들은 태어날 때부터 그리스도인이 아니지만 자신의 천성에 감사하는 것처럼 보이는 만큼 다른 사람들이 매우 고통스러운 길을

194) A. Vinet, *Pastoral-Theologie oder Lehre vom Dienst am Evangelium*, Grimma, 1852, 203(파리에서 1850년에 나온 그의 책을 하세(H. G. Hasse)가 독일어로 편집한 것임).

통해서 그리고 오랜 방황 끝에 도달한 것을 얻으려고 덜 애쓰는 것 같다."[195] 비네에게 영혼 돌봄은 여러 다양한 내면적이고 외적인 삶의 상황 속에서 맡겨진 영혼들에 대한 보호라고 할 수 있다.

(5) 빌헬름 뢰에(Wilhelm Löhe, 1808~1872)

지금까지 개신교 목회자들에게 객관적이고 역사적으로 검증된 목회자의 자세를 제시해 왔던 고전적인 목회신학의 틀 안에서 이제는 올바른 영혼 돌봄이 제시되어야 했다. 뢰에는 목회자가 되는 길과 목회라는 일의 개별적인 관점을 『그의 책 제1권』(1852)에서 상세하게 설명하고 문제를 제기하면서 설명하고 있다(예를 들면, 목회자 후보생일 때, 목회를 처음 시작할 때, 목사관과 위치, 책상의 배치, 옷 준비하기와 같은 변화되는 일들, 여성들을 대하는 태도, 가난한 사람들을 대하는 태도 등). 그리고 뢰에는 『그의 책 제2권』에서 목회자의 다양한 직무영역에 대해서 다루고 있다. 필자는 이와 연관하여 '영혼 돌봄' 에 대한 입장을 제시한다.

뢰에가 중요하게 여기는 것은 '목회적인 상황과 심리적인 상황' 의 두 가지 차원을 모두 강조하는 것이다. 그에 의하면 영혼 돌봄이 오용되지만 않는다면 영혼 돌봄의 권면은 내상담자의 확실한 의식상태에 의해서 크게 좌우된다. 따라서 목회자는 가능하면 '사랑과 친절' 로 의사와 함께 일해야 한다.

뢰에는 '목회 돌봄의 수단' 에 대해서 다음과 같이 말하고 있다. "좋은 것이든지 나쁜 것이든지, 바른 것이든지 틀린 것이든지 모든 것이 사람들에게 영향을 미칠 수 있다. 목회자의 직분을 가지고 있는 사람은 그것이 좋은 영향이든 나쁜 영향이든 자기 주위에 그 영향을 끼치게 된다. 여기서 중요한 것은 우리가 목회에서 어떤 바른 수단을 사용하는가라는 문제다. 그러나 어떤 것이 바른 영혼 돌봄의 수단인지 이미 위에서 언급하고 다루었다. 즉, 그것은 설교, 교리문답, 예배의식, 짧은 하나님 말씀 그리고 성만찬이다. 물론 목회자가 설교하고 교리문답을 가르치고 예식을 진행하며 성만찬을 베푸는 것과 같이, 만약 우리들이 단지 그러한 일반적인 수단에만 머물러 있게 된다면 영혼 돌봄의 범위는 매우 축소된다. 영혼 돌봄에서 일반적이고 공적인 하나님 말씀도 있어야 하지만 동시에 특별한 말도 존재해야 하는데, 우리는 그것을 개인 영혼 돌봄(Privatseelsorge)이라

195) A. Vinet, 위의 책, 216.

고 말한다. 개인 영혼 돌봄은 특별한 그 무엇이라고 말할 수 있으며 그것이 주는 축복은 위에서 언급한 일반적인 영혼 돌봄의 수단을 경험한 사람들에게 우선적으로 적용되는 축복이라고 말할 수 있다. 그러나 회심하지 않는 사람을 위해서는 오직 설교와 교리문답이라는 영혼 돌봄의 수단밖에 없다. 우리는 그것을 하나님을 모르는 병든 사람에게서 느낄 수 있다."[196)]

물론 우리는 그 외에 모든 것을 일정한 방법으로만 해결하려는 '방법론주의'를 피해야 한다. "단순한 규칙은 이렇다. 옛날 수단은 옛날 방법대로 사용하라. 당신이 목회상담자로 성숙하기 위해서 가르치고 배우고 경험하며 싸우고 기도하라. 당신은 특별히, 공적으로, 아마도 수백 또는 수천 가지 방법으로 당신의 교우들을 만날 수 있을 것이다. 그러나 어떤 방법 또는 수단으로만, 그리고 어떤 금전적인 방법으로 그들과 친해지려고 하지 말라. 단순하게 당신만의 것을 보여라. 이미 오래 전에 지시된 방법(옛날 방법)을 기도하면서 사용하라. 그리고 하나님이 허시도록 열어 놓아라."[197)]

뢰에가 말하는 영혼 돌봄이란 영적인 수단을 교육적인 방법으로 사용하는 것이다.

(6) 칼 임마누엘 니취(Carl Immanuel Nitzsch, 1787~1868)

이제 영혼 돌봄은 신학적으로, 실제적으로 그 개념이 규정되어야 했다. "영혼에 대한 근본적인 돌봄 또는 특별한 영혼 돌봄이란 교회의 직무에 속한 활동이다. 그것은 공동체 구성원 개개인이 영적인 생활을 시작하도록 하고 보존하고 완성시키도록 하기 위한 것이다. 또한 그러한 교회의 일은 원칙적으로 공동체 개개인의 상황과 필요에 따라서 제공되어야 하며 영혼을 돌보는 사람의 개인적인 인상에 의해 지지되어야 한다."[198)] 중요한 것은 '개개인의 규정이 구성원이 될 수 있으며 공동체의 규성이 개개인에게 영향을

196) W. Löhe, Der evangelische Geistliche. Dem nun folgenden Geschlechte evagelischer Geistlichen dargebracht. 1852/1858, in: Ders,, *Gesammelte Werke, Bd. 3/2*, hg. v. K. Ganzert, Neuendettelsau 1958, 7 이하. 인용은 266 이하에서. 더 자세한 것은 G. Schoenauer, Wilhelm Löhe, in: C. Möller, *Geschichte. Bd. 3.* 103; K. Ganzert, *Zucht aus Liebe. Kirchenzucht bei Wilhelm Löhe,* 1948를 참고한다.

197) W. Löhe, 위의 책, 269.

198) C. I. Nitzsch, *Praktische Theologie. Dritter Band. Erste Abtheilung: Die eigenthümliche Seelenpflege des evangelischen Hirtenamtes mit Rücksicht auf die innere Mission,* 2. Aufl., Bonn, 1957(1868), 67. 또한 니취의 목회론에 대해서는 F. Wintzer, 위의 책, 21 이하; U. Nembach, Seelsorge nach Karl Immanuel Nitsch, *ThZ*(28) 1972, 331 이하를 참조한다.

미칠 수 있다.'[199]는 것이다.

니취에 의하면 우리가 인식할 수 있는 일반 생활과 교회생활의 여러 상황들이 교회적인 차원에서 나타났을 때 성서적인 원리들과 규정들은 교회의 윤리적 과제와 봉사의 과제와 분리되지 않으면서 현재 속에서 드러나게 된다. 목회자는 그러한 상황에서 자신이 목회자라는 것을 인식해야 하며, 목회적 은사를 베풀 수 있는 능력과 교육시킬 수 있는 능력 그리고 바른 '영혼의 의사'로서 교회상황을 올바르게 판단할 수 있는 능력을 가지고 있어야 한다. 그는 이에 대해서 다음과 같이 말하고 있다. "그러나 그러한 능력이란 개별적인 사안에 대한 원인과 그것들에 대한 개별적인 해결책을 찾는 것이 아니라 전체적인 특징과 성격에서 개개인의 내적인 상태와 그들이 필요로 하는 것에 대한 전체적인 그림을 그릴 수 있는 능력이다."[200]

또한 (가령 제한된 이해와 공허한 마음들이 털어 놓는 모든 슬픔과 불만, 불안감과 의심이 중요하다면) 목회상담자는 현장에 늘 가까이 함으로써 '치료적인 유능함'으로 '돌보고 치료해야' 하며, 목회상담적인 교제를 나누는 가운데 목회자가 가지고 있는 '가르치는 능력'으로 '복음의 소중함'을 일깨워 주어야 한다. 그리고 그는 그 일을 '기도의 은사'로 뒷받침해야 하고 내담자와 '함께 함으로써' 진리를 확신시켜야 한다.

모든 영혼 돌봄의 목적은 '오르토토미(Orthotomie)', 곧 고통받고 죄지은 사람들에게 하나님의 위로를 전달하기 위해 말씀을 올바르게 사용하고 전달하는 것이다. 목회자가 하는 일이 항상 '선교적인 차원에서' 이해되어야 하는 것은 일반 대중들이 점차 교회를 떠나고 있다는 데에 그 이유가 있다. 이에 대해서 니취는 시대상황과 시대의 목회적 과제를 다음과 같이 말하고 있다. "교회와 그리스도교에 대한 심각한 오해와 편견이라는 사악한 시대정신이 극빈자들과 하루 일당을 받고 일하는 도시노동자들에게 전염되기 시작했다. 선교적인 마음을 가진 목회자들은 그러한 생각을 가지고 있는 사람들과 접촉할 때 결코 그들이 가지고 있는 [교회에 대한] 선입견을 회피해서는 안 된다."[201] 목회자는 '시대의 사람'으로 더욱 자기 영역에서 영향력을 가지고 있어야 한다.

분명한 것은 (대체로 심리학적 인간론이 아닌 종교적인 인간론에서) 목회자는 하나님 말씀이 개개인에게 실제로 그리고 목적대로 일어날 수 있을 정도로 충분한 인간 이해가 있어

199) C. I. Nitzsch, 위의 책, 68.
200) C. I. Nitzsch, 위의 책, 113.
201) C. I. Nitzsch, 위의 책, 122.

야 한다. 이러한 측면에서 니취는 영혼을 돌보는 자의 능력에 대해서 다음과 같이 말하고 있다. "우리가 영혼을 돌보는 자에게 충분한 인간 인식을 요구하는 것은 적절한 것이다. 그렇게 함으로써 영혼을 돌보는 자는 한계를 가지고 있는 인간의 마음과 본질을 근본적으로 이해할 수 있게 되며, 보다 심도 깊은 인간 이해는 자기 인식에 그 근거가 있다."[202)]

신학적으로 분명하게 정의된 영혼 돌봄은 시대상황과 현대적인 인간 인식과 자기 인식을 고려하는 것을 전제로 한다.

(7) 크리스티안 팔머(Christian Palmer, 1811～1875)

영혼 돌봄은 목회학적으로 말한다면 일반적으로 '포괄적 의미의 목회' 개념에 포함되지만, '전체적으로 교회공동체를 위한 목회활동' 가운데서 볼 때 확실히 두드러져 나타나는 영역이다. 영혼 돌봄에서 관습적인 것이 인정되고 교육적인 것이 추구된다는 것은 분명하다. 그리고 그러한 틀 안에서 영혼을 돌보는 자는 자신이 '교회공동체를 위한 교육자' 로 불림을 받았다는 것을 알게 되는 것이다. 특별히 영혼을 돌보는 자는 '아스케틱(Ascetik)', 곧 개개인이 신앙적으로 성숙하게 되는 것을 목표로 자기 교육(Selbsterziehung)의 가르침을 활성화시켜야 한다.

그러나 어떻게 참회라는 전통적인 영혼 돌봄의 수단이 이러한 개인의 성년을 위해 적합할 수 있을까? 관습적인 것을 교회적인 것으로 전환시키기 위해서는 바로 이 점에서 개개인이 가지고 있는 독특성을 염두에 두어야 한다. 따라서 모든 목회적 상호 교제수단은 개신교적인 분위기가 풍기면서 보통 일상의 인간적인 교제수단과 연결된다. 그러나 목회자의 규칙적인 가정방문은 [시대에] '맞지 않는 것, 별 효과도 없는 것' 으로 여겨지면서 없어지게 되었다.

이러한 상황에 기초하여 이제 '특별한 영혼 돌봄' 이 등장하게 되었는데, 그것은 가난한 사람을 위한 영혼 돌봄, 병원에서의 영혼 돌봄, 그리고 슬픔을 당한 사람과 감옥에 갇힌 사람을 위한 영혼 돌봄이다. 특히, '정신병자를 위한 영혼 돌봄' 과 '군인들을 위한 영혼 돌봄' 이 강조되고 특별한 영역으로 다루어지게 되었다.

팔머에 의하면 목회자와 성직자들은 자신들의 일을 준비하고 전개해 나가기 위해서 지속적으로 자기 자신을 돌보는 일에 집중해야 한다. 이에 덧붙여 팔머는 다음과 같이

202) C. I. Nitzsch, 위의 책, 114.

말하고 있다. "영적인 영향을 가지고 있는 교회 분야(우리는 그것을 영혼 돌봄이라고 부른다)는 목회자도 한 명의 공동체 일원일 뿐이라는 것이 인식될 수 있도록 아주 자유롭고 순수하며 인격적으로 행동할 것을 목회자에게 요구하게 된다. 설교나 교리문답과 같이 목회에 성문화된 법이나 관습으로 고정된 것처럼 인정된 외형적인 목회형식은 없다. 그것은 오로지 목회자의 양심과 개인적인 지혜에 맡겨진 것입니다. 목회자는 보통 사람으로서 교인들에게 다가가며, 양자 사이의 관계는 단지 윤리적인 목적에 의해서만 제한되지만 완전히 자유로운 관계다."[203]

팔머에게 영혼 돌봄이란 교회가 중간에 서서 관습적으로 고정된 사회적 행동이라고 여겨지는 행동으로부터 자유롭게 될 수 있도록 돕는 것이다.

(8) 아우구스트 프리드리히 크리스티안 빌마르 (August Friedrich Christian Vilmar, 1800~1868)

빌마르는 목회신학이 '교회의 경험'과 관계된 '경험의 학문'이라고 생각한다. 그에 상응하여 영혼 돌봄이란 전통적으로 내려오는 그리스도교의 가치를 항상 새롭게 사람들에게 인식시키며 교회공동체가 보존하도록 만드는 것이다. 영혼 돌봄은 무엇보다도 '시대의 징조'와 그것이 주는 영향들에 대해서 비판적으로 부딪힌다. 빌마르는 그 당시 사회선교로 부각되기 시작한 '국내선교부'에 대해서도 비판적으로 접근하고 있다. 따라서 교회목회는 거대한 도시산업화에 따른 도시빈민화라는 사회적 결과에 따라 결성된 국내선교부와 매우 조심스럽게 협력해 나갈 수 있다고 말한다. "이 국내선교부는 신앙고백도 없고 비교회적인 모습을 보이기 때문이다." 그에 비해서 교회훈련과 교회규칙들이 본질적이며 실질적인 목회의 수단들이다. 따라서 빌마르에 의하면 교회에서 전통적으로 시행했던 개인 참회와 참회날인을 또다시 도입하는 것은 불가피한 것이다.

빌마르는 자기의 목회신학에서 개인들의 실수, 죄 그리고 교회에 부담 주는 사람들(분리주의자들, 이단들, 방탕한 사람들과 알코올 중독자들 등), 육체적으로 정신적으로 고통 중에 있는 사람들(가난한 사람들, 병든 사람들, 죽어 가는 사람들 등)을 어떻게 다룰 것인가를 언급하는 것 외에도 가정과 이웃 생활에 관한 영혼 돌봄에 대해서 자세하게 다루고 있다. 다음에서 가정상담에 관해 그가 쓴 구절을 인용하여 본다. "첫째 규칙은 교회의 교

203) Dr. C. Palmer, *Evangelische Pastoraltheologie*, Stuttgart, 1860, 2 Aufl., 1863, 14.

리문답서가 한 집안에서 그 집의 어머니, 아버지 그리고 집안의 구성원들에게 글자 그대로 지키는 계명으로 인정받고 존재하는가를 그 집안을 책임지고 있는 가장 나이 든 연장자에게 물어보아야 한다. 만약에 집안 구성원 모두가 십계명을 매 순간 지킬 정도로 그 위치가 확실하지 않으면 그 가정은 올바른 생활을 할 수가 없다. 또한 사람들이 그 십계명을 실생활에서 무시한다면 그 집안은 십계명을 확실하게 보존할 수 없을 정도로 왜곡된 사람들이 기승을 부리는 분위기로 압도당할 것이다."[204)]

빌마르는 부부위기 상담에 대해서도 다음과 같이 말하고 있다. "목회에서 목회자를 가장 어렵게 만드는 한 가지 점이 있는데 바로 부부위기의 문제다. 이 문제에 있어서 일반적인 규칙이 있다. 즉, 목회자는 그가 상담하는 그 어떤 부부간의 갈등상황에 휩쓸려 들어가서는 안 된다. 부부간의 위기는 결혼생활에서 자주 나타나며 부부간에 제 삼자가 그 균열을 치유 못하고 오히려 문제를 더 크게 만들어 놓는 경우가 있다는 것이 사실이다. 그러나 부부위기가 부부간의 관계에 의해서 스스로 해결되기도 한다는 것도 사실이다. 목회자는 부부위기 상담에서 하나님 말씀을 전해야 하며 외형적으로 임기응변식으로 또는 임시방편식으로 적당히 그 문제를 덮어 버려서는 안 된다."[205)]

빌마르가 생각하는 영혼 돌봄이란 교회공동체와 사회 속에서 일어나는 타락적 상황에 맞서서 그것을 영적으로 치유하고 관찰하는 목회활동을 의미한다.

9) 알렉산더 슈바이처(Alexander Schweizer, 1808~1888)

슈바이처는 새로운 학문영역의 대표자들인 '실천신학자'가 주장하는 새로운 입장들 가운데서 자신의 학문영역에 대한 분명한 정의를 내려야만 했다. 그는 "특별한 목회영역의 경계설정은 전체 실천신학의 시류에서만 이끌어 낼 수 있다."[206)]고 말한다. 이렇게 해서 실천신학은 다음과 같이 정의되고 '주요 과제'로 분류될 수 있었다. 그는 목회이론에 대해서 다음과 같이 말하고 있다. "목회이론이란 목회직에 관한 이론 또는 다양한 문화적 배경을 가지고 있는 교회공동체 구성원과 그룹에 대한 영적인 영향력에 관한 이론

---

204) A. F. C. Vilmar, *Lehrbuch der Pastoraltheologie. Nach dessen akademischen Vorlesungen* hg. v. K. W. Piderit, Gütersloh, 1872, 159.

205) A. F. C. Vilmar, 위의 책, 163.

206) A. Schweizer, *Pastoraltheorie oder die Lehre von der Seelsorge des evangelischen Pfarrers,* 1875, 8. 또한 F. Wintzer, 위의 책, 18 이하도 참조한다.

이다."[207] 계속해서 그는 다음과 같이 밝히고 있다. "교회의 목회직무 가운데서 모든 목회이론이 염두에 두어 왔던 세 가지 중요한 것이 있다. 그것은 첫째 교회공동체 구성원들의 상황을 '식별하고 인식하는 목회' 로서 '사려 깊게 관찰하는 것' 둘째, 공동체 구성원들을 '치유하는 목회' 로서 '직접적으로 영향을 주는 것' 이다. 마지막으로 목회윤리로서 '교회공동체 구성원들의 일반적인 생활관습에 대해서 영향을 주는 것' 이다."[208]

'사려 깊게 살펴보는 영혼 돌봄' 에서 무엇보다도 중요한 것은 심방에 대한 기록부터 예배 드리러 왔을 때의 관찰기록에 대해서 의무적으로 살피는 일이며 그에 대한 조치를 취하는 것이다. 슈바이처가 볼 때 여기서 매우 중요한 역할을 하는 것은 영향력 있는 교회조직 체계다. "자세한 관찰기록이나 심방을 통해서도 '사려 깊게 살펴보는 영혼 돌봄' 의 과제를 충분하게 해결할 수 없다. 우리는 누가 병이 나서 누워 있으면서 심방을 바라거나 분노하고 있는 대상에 대해서 모든 것을 알 수가 없다. 목회자가 가까이 가면 많은 것들이 숨어 버린다. 그는 다른 것에 대해서도 부정확하게 파악할 수 있을 뿐이다. 따라서 목회자는 개인적으로 직접 그것을 파악할 수 없을 뿐더러 그가 파악한 것과는 반대로 보고 경험한 다른 사람을 통해서 간접적으로 알게 될 뿐이다. 그렇게 목회자가 한발 늦은 것은 반드시 보충해야 한다. 따라서 교회조직은 그러한 것을 보충하는 작용을 하는 적당한 기구를 설치해야 하며, 목회자는 그것을 이용해야 하고 또 활성화시켜야 한다. 그 기구나 조직은 아마도 그 외에 교회공동체의 또 다른 목적에도 유용하게 이용될 수 있다."[209]

'치유하는 영혼 돌봄' 에서 중요한 것은 무엇보다도 영적으로 영향을 주는 것과 특별한 삶의 정황에서(예를 들면, 이혼, 범죄에 대한 참회 등, 빈민구호기관, 청소년 구호기관 등에서와 같은, 그리고 죄짓거나 잘못되고 불행한 사람에 대한 '자발적인 영혼 돌봄' 처럼) 사람들을 도와주는 일이다. "영혼 돌봄이란 개인의 상황에 따라서 개개인을 각성시키고 지탱시키며 그리스도교의 영적인 삶을 향상시키고 새롭게 하기 위한 목회적 돌봄이다."[210] "모든 그리스도인들은 형제를 목회적으로 도와야 하는 도덕적 의무와 도덕적 권리를 가지고 있다. 그리고 그러한 의무와 권리는 영적인 직분을 위해서 긍정적인 것이 되었다."[211]

207) A. Schweitzer, 위의 책, 15.
208) A. Schweitzer, 위의 책, 29.
209) A. Schweitzer, 위의 책, 56.
210) A. Schweitzer, 위의 책, 168.
211) A. Schweitzer, 위의 책, 171.

이러한 맥락에서 볼 때 실제적으로 위의 말은 다음을 의미한다. "용서하고 해방시키는 하나님 은혜에 대한 믿음을 새롭게 하는 것이란 죄에 대한 자각과 회개에 대한 의식을 깨우치게 하는 것인데 이것이 바로 영혼 돌봄이 주는 복음이다."[212)]

마지막으로 '목회윤리' 에 대한 슈바이처의 글은 영혼을 돌보는 자가 가져야 될 인격적 특징을 제시하며 강조하고 있다(예를 들면, 목회자의 직업과 인격이 하나가 되어야 하는 것과 가정적이면서 사교적이며 서민적인 목회자의 삶과 그의 윤리적인 태도 등에 관한 언급이다). 슈바이처는 목회윤리에 대해서 다음과 같이 결론짓고 있다. "목회윤리는 목회자를 자극시켜야 하는데, 목회윤리를 통해 목회자 자신이 소유한 영혼 돌봄의 능력이 향상될 뿐만 아니라 교회공동체가 영혼 돌봄의 영향을 점점 더 많이 수용할 수 있게 된다."[213)]

슈바이처가 말하는 영혼 돌봄은 모든 삶의 영역에서 영적이고 인격적 질서에 대한 사고라고 말할 수 있다.

(10) 칼 아돌프 게르하르트 폰 체츠비츠(Carl Adolf Gerhard von Zezschwitz, 1825~1886)

모든 영혼 돌봄은 근본적으로 '보다 높은 문화적 단계와 공동체 생활을 지탱' 하고자 노력한다. 그러한 의미에서 예방적 성격은 모든 목회학의 특징이기도 하다. 그러나 그보다 더 나아가 체츠비츠는 "교회공동체 구성원들은 세속적인 사회공동체적 생활과 구별된 그리스도교적인 사회공동체 생활에 적응되어야 한다."[214)]고 본다. 우리는 이러한 과제를 발전적인 영혼 돌봄이라고 말할 수 있다.

교회공동체 구성원들이 '자기 양육(Selbsterziehung)' 을 위한 의지력이나 능력이 부족하기 때문에 그들에게 세속적인 사회생활과 그리스도교적 사회공동체 생활에 잘 적응하기 위한 수단 제공이 미흡하다고 판단될 경우가 있는데, 이때 다양한 영역을 포괄하는 징계와 조정의 영혼 돌봄이 요구된다. 여기서 '절제된 교육훈련' 과 '국내선교' 라는 '특수한 활동' 으로서 영혼 돌봄이 하나의 조직화된 기능으로서의 교회목회에 덧붙여지게 된다. 이때 영혼 돌봄의 특별한 기본 원칙과 태도방법이 작용하게 된다.

212) A. Schweizer, 위의 책, 183.

213) A. Schweizer, 위의 책, 214.

214) C. A. v. Zezschwitz, *System der Praktischen Theologie. Paragraphen für academische Vorlesungen*, Leipzig, 1876, 478.

예방 영혼 돌봄의 틀 안에서 체츠비츠는 다음과 같이 말하고 있다. "영혼 돌봄의 차원에서 교제하는 마음의 자세가 보다 높은 차원의 친교다. 그러나 그런 친교가 다른 사람들을 제외시키고 특별한 사람만을 대상으로 하는 모습의 교제가 되어서는 안 된다. 목회자는 모든 교회공동체 구성원들을 위해서 그런 친교를 위한 대화를 이끌 수 있는 친구로서 신뢰할 수 있는 사람이어야 한다. 만약 목회자가 목자 및 전체 교회공동체의 친구로서 비춰지기보다 개인적 취향과 정치적 편향성에 따른 어떤 집단 또는 사회단체의 대표자, 즉 어떤 특정한 집단의 사람으로 비춰진다면, 그것은 목회자가 해야 할 가장 귀중한 과제를 막는 장애물이 된다."[215]

발전적인 영혼 돌봄에서 필요한 것은 (예를 들면, 그리스도인 부부에 대한 돌봄에서) '부부간의 결혼위기 상담을 다루는 것뿐만 아니라 가정을 이루기 위한 축복의 통로로 여겨지는 기관으로서 대표되는 교회는 항상 그 공동체에 속한 가정의 환영받는 친구로 여겨져야 한다. 특히, 목회자는 마치 친구처럼 특별한 이유를 달지 말고 결혼식의 당사자인 젊은 사람들을 환영하고 축복하는 것이다. 그러한 행동을 바탕으로 해서 목회자와 교회공동체 구성원들 간의 신뢰관계가 형성된다. 그런 관계가 있을 때 사람들은 자신의 가정과 친척들이 여러 가지 개인적인 문제에 부딪혔을 때 목회자를 친구, 충고를 해 줄 수 있는 사람으로 찾게 된다.'[216]

체츠비츠는 징계와 조정의 영혼 돌봄의 예를 다음과 같이 말하고 있다. "반복된 권면에도 불구하고 회개하기를 강하게 거부할 때, 교회위원회는 그들이 성찬식에 참석하지 못할 것이고 세례를 받은 모든 구성원들이 가지고 있는 권리가 박탈될 것을 선언해야 한다. 그것을 공개적인 예배시간이든, 교회 대표자회의에서든, 잘못한 사람 앞에서 말하든 간에 본질적으로 차이점은 없다."[217]

여기서 항상 중요한 것은 처벌이 아닌 회복을 위한 자극이다. "이런 면에서 교회의 징계는 곧바로 그리스도교가 말하는 사랑의 교리로 직접 넘어가게 된다. 왜냐하면 화해란 모든 교회훈련의 핵심이기 때문이다."[218] "……특별히 교회공동체 구성원들이 어려운 상황에 처해 있다면 우리가 이미 전통적인 언어로 '국내선교'라고 말하는 교회의 대표적인 활동으로 대처할 수 있다."[219]

215) C. A. v. Zezschwitz, 위의 책, 513 이하.
216) C. A. v. Zezschwitz, 위의 책, 547.
217) C. A. v. Zezschwitz, 위의 책, 579.
218) C. A. v. Zezschwitz, 위의 책, 586.

체츠비츠에 의하면 영혼 돌봄은 교회생활과 사회생활에서 어느 정도 높은 단계를 유지하기 위한 사람들과의 교제부터 약간의 강압적인 훈련까지를 포함한다.

(11) 테오도시우스 하르낙(Theodosius Harnack, 1817~1889)

세상에 있는 구원의 공동체로서 교회가 교회답게 되는 것(*die Selbsterbaunng der Kirche*)은 영혼 돌봄을 통해서 뒷받침되고 힘을 받게 된다. 따라서 우리는 다음과 같이 말할 수 있다. "교회에 있는 개인적인 참회제도와 개인에 대한 사죄제도는 교회가 가지고 있는 영혼 돌봄의 중심이다. 그 밖에 모든 수단은 단지 참회제도와 사죄의 선언제도가 가지고 있는 가치를 보충하는 불충분한 대용물일 뿐이다."[220)]

하르낙에게 영혼 돌봄의 대상은 '교회공동체 전체를 대상으로 하는 영혼 돌봄'과 '개개인을 대상으로 하는 영혼 돌봄'으로 나누어진다. 무엇보다도 그가 말하는 영혼 돌봄의 중요한 전제는 목회자의 인격이다. 목회자는 바른 '마음과 믿음'을 가지고 있어야 한다. 그는 '진단할 수 있는 눈'과 '치료하고 돌보는 능숙한 재능'이 있어야 한다. 그는 ('……여러 상황에서 그에 맞는 말씀을 전하기 위해서'[221)]) 인간에 대한 충분한 이해, 다시 말하면 이론적인 인간 이해와 성서가 말하는 인간 이해를 가지고 있어야 한다. 그리고 실제적으로 다음과 같은 것이 목회자의 자질로 요구된다. "우리는 목회자의 가르치는 은사(특히 기도의 은사), 목회자로서의 태도나 인품, 무엇보다도 성령과 동행하는 것과 담대함을 목회자가 가진 그리고 가져야 할 '실제적인 은사'라고 부른다. 왜냐하면 목회자는 시도 때도 없이 심하게 망가진 사람의 깊은 상처와 이름도 모르는 수많은 비극들에 부닥쳐야 하기 때문이다."[222)] 목회자라는 '직분으로서 교회에 관계된 일을 하는 것'과 '교회 구성원 가정에 아주 어려운 일이 생겼을 때' 관여하는 일이 목회의 영역이다.

"우리 목회자들 앞에 확실하게 놓여져 있는 공동체를 돌보는 수단에 대해서 말한다면 일부는 목회적인 것이고 다른 일부는 예전적인 것으로 되어 있다. 예전적인 수단이란

---

219) C. A. v. Zezschwitz, 위의 책, 588.

220) T. Harnack, *Praktische Theologie. Bd. 2. Geschichte und Theorie der Predigt und Seelsorge*, Erlangen 1878, 307. 하르낙의 실천신학에 대한 다른 문헌을 H. Wittram, *Die Kirche bei Theodosius Harnack, Ekklesiologie und Praktische Theologie*, Göttigen, 1963을 참고한다.

221) T. Harnack, 위의 책, 336.

222) T. Harnack, 위의 책, 337.

당사자들과 함께 기도하는 일, 그들에게 하나님의 이름으로 축복해 주는 일, 목회의 핵심으로서 사죄를 선포하는 일 그리고 성만찬이다."[223] "다음에 목회적으로 공동체를 돌보는 일에서 가장 중요한 일은 교회 안에서 그리스도교적이며 교회적인 의식과 문화에 대해서 간접적으로 교육하는 일이다."[224] 여기서 가장 중요한 것은 정신적으로, 물리적으로, 경제적으로 교회공동체의 상황을 돌보는 일이다. 다시 말하면, 목회의 주제가 되는 것은 공동체에 대한 교회교육, 공동체 구성원들의 고난과 병 그리고 그들의 위기와 가난이다. 따라서 목회에서 중요한 것은 '반그리스도교적인 사회주의'와 '믿음이 병든 상태'를 다루는 것이다.

결론적으로 교회공동체의 목회는 교회 구성원 개개인의 영혼과 그들 생활의 상황과 관계를 맺게 된다. "개개인들과 연관된 영혼 돌봄이란 공동체 구성원들의 개인적인 정신상태와 그들이 처한 특정한 삶의 정황과 관계하게 된다. 거기서 목회는 그들을 가르치고 교육시키며, 거룩하게 하고 축복하는 것이다."[225] 따라서 목회적 행위들은 실수하는 사람들, 돌봄이 필요한 사람들, 습관적으로 죄를 짓는 사람들, 위증하는 사람들 및 교회훈련이 필요한 사람들과 관계하게 된다. 그러나 목회는 또한 그리스도교적인 방법으로 '축복받아야' 될 '일반적인 삶의 상황'(예: 결혼생활)과도 관계해야 한다.

"마지막으로 모든 것을 요약해서 말한다면, 우리는 이 장에서 하나님 말씀의 놀라운 능력에 대해서 (그것이 해결하고 연결하는 말씀인 한) 그 말씀이 죄를 용서하고 새로운 생명을 창조하며 바로 세우는 말씀인 것으로, 그리고 완악한 죄에 대해서 죄의 지배력과 힘으로부터 영혼을 구원하기 위한 말씀인 것으로 말해야 한다. 또한 하나님 말씀이 구원하고 축복하는 말씀인 한, 그 말씀은 우리 삶의 상황과 과제와 관계되어 있다."[226]

따라서 하르낙이 보는 영혼 돌봄은 교회를 바로 세우기 위해서 우리들의 삶을 축복하고 거룩하게 하는 일이다.

(12) 에른스트 크리스티안 아헬리스(Ernst Christian Achelis, 1838~1912)

아헬리스에 의하면 영혼 돌봄은 철저하게 그리스도의 구원행위와 구원섭리 위에 기

223) T. Harnack, 위의 책, 349.
224) T. Harnack, 위의 책, 387.
225) T. Harnack, 위의 책, 448.
226) T. Harnack, 위의 책, 449.

초하고 있다. '무한한 가치가 있는 인간의 영혼'[227]은 교회공동체를 구성하도록 요구한다. 그러나 교회는 '본질적 의무'와 '본질적 권리'로서(이것은 항상 논란의 대상이 되고 있다) 여러 다양한 상황에 처해 있는 가정에 대한 방문을 반드시 자발적으로 실행해야 한다. 목회자는 학문적으로, 그리고 신학교육을 받는 것 이외에, 특히 전도사 시절에 교회현장에서 자기 성찰의 시간을 갖고 목회현장을 분석하고 대처할 수 있는 능력을 계발시킬 수 있도록 반드시 목회훈련을 받아야 한다. 오직 그렇게 함으로써 목회자는 자기에게 부과된 직무를 잘 감당할 수 있는 것이다. 그 이유를 아헬리스는 다음과 같이 말하고 있다. "그리스도 공동체가 있는 곳에서는 언제나 실수한 사람들, 죄지은 사람들, 약한 사람들을 위한 보호소가 반드시 있다. 그것이 바로 사람들을 바르게 인도하고 위로하고 화해시키는 목회자의 직분이다. 또한 권면을 들을 수 있고, 위로받을 수 있고, 화해할 수 있는 곳에는 바로 새끼 양들을 손으로 안고 가슴으로 품고 어미 양에게 데려다주는 목자의 직분이 존재한다. 그 목자의 직분은 잃어버린 양을 끝까지 찾아내어 집으로 데려오는 직분이기 때문이다."[228]

아헬리스에게 영혼 돌봄이란 목회를 위해서 준비된 직분자가 교회공동체를 돌보는 것을 목표로 하는 여러 가지 행위다.

(13) 에밀 슐체(Emil Sulze, 1832~1914)

시대에 따라서 변화된 교회상황을 신학적으로 추적하고 거기서 그리스도교 목회상담을 새롭게 되살리는 것은 매우 중요하다. 만약 설교가 점점 직접적으로 사람들에게 다가가지 못한다면 영혼 돌봄은 예배와 밀접한 관계를 가질 수 없다. 그리스도교가 인생의 문제에 적극적으로 대처하는 곳에서만 그리스도교는 더욱더 생생하게 존재할 수 있다. 그리스도교의 선포는 잘 조직된 교회에서 교회 교육의 과제와 연결되고 윤리적인 행동으로 뒷받침되었을 때 가장 빨리 이루어진다. 만인사제주의의 전통은 영혼 돌봄에서 지금보다 일관성 있게 실행되어야 된다. 그에 대한 견해를 슐체는 다음과 같이 진술하고 있다. "우리의 과제는 교회공동체에 속한 영혼 돌봄을 할 수 있는 구성원들을 무조건 끌어들이는 것이 아니라 영혼 돌봄을 진지하게 생각하도록 만드는 것이다. 우리는 평신도

227) Adolf von Harnack, *Wesen des Christentums*, 5. Aufl. 1901, 44.

228) E. C. Achelis, *Lehrbuch der Praktischen Theologie*, Leipzig, 1890, Bd. 2. 2 Aufl., 1898, 207.

(장로)로서 영혼을 돌보는 자가 필요하다. 벽돌이 하나하나씩 쌓아졌을 때 건물이 완성되는 것이다. 마찬가지로 모든 개개 교회 구성원들이 진실로 그리스도교적으로 양육되었을 때 비로소 하나의 교회공동체가 설 수 있는 것이다. 성직자가 공동체 개개인 전체를 대신하는 것은 불가능하다. 따라서 교회공동체 자체에서 필요한 일꾼들이 나타나야 한다."[229]

슐체에게 영혼 돌봄이란 특별히 평신도 영혼 돌봄으로서 문제 제기되면서 동시에 교회공동체가 감당해야 하는 것이다.

(14) 하인리히 아돌프 쾨스틀린(Heinrich Adolf Köstlin, 1846~1907)

구원의 말씀을 전하는 전달자로서 교회공동체는 본질적으로 영혼 돌봄을 다루는 기관이다. 교회만이 개개인을 그리스도와 생생하게 맺어 줄 수 있다. 거기에서 영혼 돌봄을 대체할 만한 것은 결코 없고 영혼 돌봄은 그만이 가지고 있는 고유한 특성을 소유하고 있다. 모든 영혼 돌봄의 도움은 역동적인 교회를 만든다. 그런 교회가 바로 잘 조직된 교회공동체일 뿐만 아니라 예수 그리스도의 인격 안에 있는 하나님 말씀의 공동체인 것이다. 그러한 교회공동체에서 교육적인 분위기와 양육적인 분위기가 나오는 것이다. 또한 그런 교회공동체 안에서 모든 조직의 문제가 드러나고 동시에 그 문제들이 해결될 수 있으며, 교회 구성원들이 양심에 따라 자유롭게 판단할 수 있는 능력을 얻게 된다. 이때 자유인으로서 그리스도인들의 자발적인 활동은 그들이 속한 교회와 무관하게 진행된다. 일반 사람들 안에서 전개되어야 할 복음적 믿음이 무엇이냐에 대한 강조점은 바로 여기서 시작된다.

이러한 맥락에서 쾨스틀린은 다음과 같이 말하고 있다. "교회가 구원의 말씀인 복음의 전달자인 한 교회는 영혼 돌봄의 기관이다. 이 정의는 개신교에서 말하는 영혼 돌봄의 개념과 본질에서 나온 것이다. 영혼을 돌보는 자인 교회공동체로서 제일 우선적인 과제인 동시에 가장 중요한 과제는 바로 예수 그리스도 자신이 그분의 말씀을 통해서 항상 교회공동체 속에 풍성히 살아 있도록(골3:16) 하고 모든 교회 구성원들을 돌보는 것이다. '영혼 돌봄의 공동체'가 가지고 있는 가장 중요한 과제는 교회 구성원 개개인

229) E. Sulze, *Die evangelische Gemeinde* (1891), veränderte Ausgabe, Leipzig, 1912, 34; F. Wintzer, 위의 책, 34; D. Gerbracht, *Gemeinde,* 71 이하.

이 처한 상황에 따라서, 그들의 믿음 성숙도와 인식능력에 맞추어서 그들이 복음을 받아들일 수 있도록 만드는 것이다. 또한 그들 영혼의 상태에 따라서 그들이 이해될 수 있도록 하며, 교회 구성원 자신들의 믿음생활의 수준을 그들이 들은 복음에 비추어 스스로 판단 내릴 수 있도록 돕는 것이다." [230)]

쾨스틀린에게 영혼 돌봄이란 교회공동체에서 시작되는 것이고, 교회는 교회의 방식으로 개개인에게 하나님 말씀을 전해 주는 것이다.

2) 19~20세기의 전환시대와 제2차 세계 대전 말까지의 영혼 돌봄

먼저 이 시대를 대표하는 특징은 '독일제국에서 공화국으로의 전환기' 라고 규정할 수 있다. 그래서 결국 히틀러의 독재정권이 나오게 되었고 이 상황은 개신교 신학과 교회에 불안하고 파괴적인 영향을 끼치게 되었다. 이러한 영향은 여러 지방을 대표하는 교회기관들과 개 교회에게 결정적으로 부정적인 결과를 가져오게 만들었다. 그러나 동시에 이에 따른 변화된 새로운 영혼 돌봄의 과제를 제시했다.

이미 제1차 세계 대전 전에 독일에서 일반 사람들이 교회와 맺고 있던 연결고리와 그들의 종교적 신앙고백이 점차 위기의 상황으로 가고 있었다. 다시 말하면, 한쪽에서는 수많은 대중이 교회를 탈퇴하기 시작했고, 다른 한쪽에서는 공동체운동과 같은 교회의 위기를 대체하고자 하는 운동들이 생기기 시작했다. 독일에서 두 차례의 세계대전과 그 전쟁에 협조해야만 했던 대중의 심리적 과정들은 교회생활과 교회 대표자들도 군부에 강하게 의존하게 만드는 경향을 가져왔다. 한 시대에 영향받는 신앙적 감정과 그 시대에 나타난 민족적 감정은 절대로 분리될 수 없었고, 특히 이때는 그 두 요소가 불안정한 동반자 관계로 나타났다. 그 밖에 히틀러 독재정권의 전체주의적 요구가 숙명적인 형태로 자리 잡게 되었다. 여기서 그 정권에 대한 '교회의 투쟁' 이 시작되었던 것이다. 전체주의 권력집단에 대한 교회의 투쟁은 모든 신앙인들에게 모든 영역에서의 국가에 대한 맹신적인 충성과 행동을 요구하는 이념과의 싸움에서 생기게 되었다. 실제로 전쟁이라

230) D. Dr. H. A. Köstlin, *Die Lehre von der Seelsorge nach evangelischen Grundsätzen*, 94, 97. 위 문장은 1895년에 나온 제1판을 참조했다. 쾨스틀린의 영혼 돌봄의 이론에 대해서는 F. Wintzer, 위의 책, 25 이하와 T. Stahlberg, *Seelsorge im Übergang zur modernen Welt. Heinrich Adolf Köstlin und Otto Baumgarten im Kontext der Praktischen Theologie um 1900*, Göttingen, 1990을 참조한다.

는 끔찍한 과정과 실제로 교회와 독재정권이 그 전쟁을 위해서 연결되었다는 사실을 부정해 왔던 수많은 독일 그리스도인들은 1945년 히틀러 독재정권이 무너지자 완전히 방향감각을 잃어버리고 말았다. 이제 교회는 필수적이지만 대단히 어려운 일과 마주치게 되었는데, 그것은 두 차례의 전쟁과 정치적 테러의 희생자들과 가까운 관계된 사람들을 잃고 가치관을 잃어버린 사람들을 돌보는 일이었다. 동시에 사람들은 자기들이 겪은 어처구니없는 역사적인 대재앙의 시대에 개개인의 삶과 세계 역사를 주관하는 하나님의 섭리에 대한 회의를 강하게 제기하게 되었다.

이러한 일련의 역사적 과정들은 이 시대의 영혼 돌봄에 요구되는 결정적인 핵심 문제와 과제를 제공했다. 이에 교회의 영혼 돌봄은 일반 사람들이 가진 신앙경험의 다양성과 그들의 요구 그리고 그들의 인격에 따라서 적용되었다. 이러한 시도는 경험에 바탕을 둔 심리학 또는 심리분석의 방법과 연결된다. 영혼 돌봄의 행위는 항상 교회활동의 핵심이라고 생각했다. 또한 이 시대의 영혼 돌봄 사역은 항상 대중생활과 연관되면서 교회의 사회복지적인 방향에서의 과제도 감당해야만 했다. 물론 본질적인 문제로서 정치적으로 혼란스러운 시기에, 그러나 시대정신과 독립되어 신학적으로 분명한 '시대를 초월할 수 있는' 영혼 돌봄의 근거도 제시해야 했다.

(1) 파울 드레브스(Paul Drews, 1858~1912)

우리는 영혼 돌봄에 대해서 말하기 위하여 여러 가지 다양한 신앙 모습을 살펴보아야 한다. 농부와 노동자의 신앙이 다르다면, 신학자와 의사의 신앙도 다르다. 여기서 성격과 신앙이 관계되어 있으며 신앙과 행동이 관계되어 있다는 '민속학적 신앙이론' 이 나타난다. 결국 각 지방교회를 대표하는 지역에 있는 교회상황들이 중요한 역할을 하게 된다.

물론 대학에서 교육받은 목회자들은 그 모든 다양한 상황을 염두에 두고 훈련받지 못한다. 그래서 그들은 신학대학에서 배운 대로 이론적이고 규범적으로 목회를 하게 되는데 거기서 실패하게 되는 것이다. 바로 이런 관습이 바뀌어져야 한다.

이에 대해 드레프스는 '실천신학의 과제로서 민속학적 신앙이론' 이라는 그의 글에서 다음과 같이 말하고 있다. "만약 목회자가 목회현장에 있는 사람으로서 목표가 뚜렷하고 좋은 결과를 얻고자 하며 스스로 만족스러운 방법으로 복음을 선포하기를 원한다면, 그는 자기 목회현장이 가지고 있는 신앙생활의 상황을 아주 자세하게 연구해야 한다. 목회자는 목회지 사람들의 실제적인 신앙 수준은 어떤지, 그들이 필요로 하는 것은 무엇인지, 결국 그들 삶의 모습을 결정짓게 만드는 신앙, 곧 그들이 어떤 신앙적 경향을 가지고 있는지, 그리고 그들에게 단지 형식적으로나 습관적으로 신앙생활을 하도록 유도하는 신앙의 방해물은 무엇인지 반드시 알아야 한다. 왜냐하면 우리들은 개개인만의 특성을 가지고 있고 각각의 특정한 성격을 띠고 있는 공동체에 속해 있으며 획일적인 신앙으로 결코 묶을 수 없는 사람들이기 때문이다." [231]

드레프스에게 영혼 돌봄이란 목회현장에서 다양한 신앙생활을 염두에 두고 준비하는 것이다.

(2) 구스타프 포르브로트(Gustav Vorbrodt, 1860~1929)

한 시대의 신학사상과 그 이론을 따르는 실천신학 그리고 영혼 돌봄은 무엇보다도 관념철학과 연결되면서 자기 시대에 가진 영향력을 급속하게 잃어버렸다. 시식인들이 대규모로 교회를 떠나는 것을 막으려고 했을 때 신앙의 심리적 현상에 대한 생물학적인 연구가 먼저 요구되었다. 이미 '삶의 심리학자들(Lebenspsychologen)' 은 오늘날 생물심리학적으로 이해된 '삶의 개념' 을 가지고 바울과 요한의 경우를 주목하기 시작했다. 따라서 그리스도교 안에서 그 어떤 선입관을 가지고 생물학을 거부할 근거가 있을 수 없었다. 실천신학서에 나오는 것과 같은 '창백한 그리스도교에 대한 변증론' 은 이제 몰락하게 되었다. 그동안 국내선교부의 '고유한 봉사활동' 은 이제 경험적이고 학문적인 것에 기반을 둔 자유로운 활동으로 변화될 수 있었다. 국내선교부의 사회봉사 활동은 목회적으로 더욱더 효과적이 되었고, 동시에 그러한 활동을 통해서 약해지고 있는 그리스도교를 적극적으로 변호할 수 있었다. 포르브로트는 다음과 같이 말하고 있다. "심리학이 거둔 수확물은 아주 대단하다. 그러나 독일에서 심리학에 종사한 사람들이 거둔 이들인 수확물은 매우 적다. 마치 의학이 대부분 종교를 거부한 것처럼 교회를 대표하는 사람들은 의학에 대해서 불신하고 있었기 때문이다. 이로 인해 현재 우리들의 정신세계에서 자연과학뿐만 아니라 신학에도 큰 손실을 입게 되었다. 그러나 경험적인 지식이야말로 [그리스도교에 대한] 가장 훌륭한 변증학인 것이다." [232]

---

231) Paul Drews, 'Religiöse Volkskunde', eine Aufgabe der praktischen Theologie, Monatsschrift für kirchliche Praxis 1 (1901), 1 이하. 인용은 1쪽에서. F. Wintzer, 위의 책, 54 이하.

232) G. Vorbrodt, *Zur theologischen Religionspsychologie*, Leipzig, 1913, 11.

이제 그 시대 학문에 대응하고 그리스도교를 변호하기 위해서 영혼 돌봄은 경험적 사실에 근거해야 한다.

(3) 프리드리히 니이버갈(Friedrich Niebergall, 1866~1932)

영혼 돌봄의 본질적 과제로서 개개인을 돌보는 일은 교회 내 작은 공동체에 대해서 교육적인 성격을 가지고 진행되는 공동체 목회와 분명히 구별된다. 영혼을 돌보는 자는 돌봄의 대상자에게 직분으로서가 아니라 무엇보다도 자신의 인격과 인간 그리고 이 세계의 사물에 대한 심리학적인 경험을 가지고 일하게 된다. 그렇게 해야만이 그는 생활현장에 있는 사람들이 가지고 있는 믿음과 행동 및 그들의 의지에 영향을 줌으로써 그들에게 도움을 주고 교회공동체로 이끌 수 있는 것이다. 니이버갈에 의하면 이때 영혼을 돌보는 자는 그 어떤 종교학적인 방향, 세계관, 세상적인 사건에서도 그 자신에게 맡겨진 특수한 영적인 사역을 지켜야 한다. 그러나 그는 결코 교회공동체 내의 모든 일을 위한 종이나 하녀로 전락해서는 안 된다. "우리들은 어떠한 상황에서든 무엇보다도 항상 영혼을 돌보는 자로 있어야 한다. 그리고 비록 영혼을 돌보는 자가 말 없이 함께 있어 줄지라도, 우리들은 원하거나 해야만 하는 일들이 어떠한 상황에서든 만나는 사람들에게 인격적으로 믿음을 불어넣거나 그들의 인격에 영향을 주고 있는지의 여부를 항상 자문해 보아야 한다. 우리들은 사람들이 자기 자신과 하나님과 일치할 수 있게끔 인도하기 위해서 그들의 인생의 짐을 덜어 주거나 사람들 각자가 처한 상황에 따라 그들에게 [영적인] 부담을 주기도 하면서 일하는 것이다. 위치에 맞는 좋은 일을 많이 하고 수많은 다양한 일을 할지라도 우리에게는 한계가 있다는 것을 반드시 염두에 두어야 한다. 즉, 우리들이 갈 수 없는 길 또는 방법이라면 우리와 관계없어도 된다. 또한 우리에게 생소하거나 우리가 적용할 수 없는 것 또한 우리들과 관계없다는 것이다."[233]

니이버갈에게 영혼 돌봄은 영적인 사역과 (심리학적인) 인격발달을 연결시키는 일이다.

---

233) F. Niebergall, *Praktische Theologie. Lehre von der kirchlichen Gemeindeerziehung auf religionswissenschaftlicher Grundlage.* Zweiter Bd., Tübingen, 1919, 376. 니이버갈의 영혼 돌봄에 대해서는 L. C. Hoch, *Seelsorge und Gemeinschaft. Das menschliche Bedürfnis nach Gemeinschaft in der deutschen protestantischen Seelsorgeliteratur von Friedrich Niebergall bis zur Gegenwqrt,* Diss. (masch.), Marburg, 1979, 9 이하를 참조한다.

(4) 마르틴 쉬안(Martin Schian, 1869~1944)

마르틴 쉬안에게 중요한 과제는 시대에 맞는 공동체 개념과 시대에 맞는 심리학이 발견한 인식내용을 목회학 분야에 확실히 적용시키는 일이다. 영혼 돌봄은 어떠한 경우에서든 '결코 감시 감독하는 역할' 이 되어서는 안 된다. 이와 같은 맥락에서 쉬안은 개신교의 영혼 돌봄을 다음과 같이 규정하고 있다. "개신교 전통에서 말하는 영혼 돌봄이란 다른 사람들의 자유를 배려하면서 하나님의 사랑 때문에 다른 형제의 신앙상태를 위해서 그 어떤 힘든 것도 마다하지 않는 돌봄을 의미한다."[234)]

'영혼 돌봄의 방법' 에는 말로 하는 것과 '인쇄된 말씀' 으로 하는 것 외에 '집단 영혼 돌봄' 이 있다. 교회는 일반 평신도에게도 '살아서 약동하는 교회공동체 정신' 이 일어나도록 도와야 한다. 그럴 때 그들 또한 '영혼 돌봄의 기관' 이 된다. 이러한 생각을 바탕으로 하여 목회자 외에 '신학적으로 훈련받은 여성' 과 '단순한 평신도 봉사자' 들도 영혼 돌봄에 참여할 수 있다. 전통적인 '교회훈련' 은 이제 '정당성을 부여받은 교회공동체 훈련' 으로 넘어갔다. 그러나 여기서도 언제나 중요한 것은 '인격적인 영혼 돌봄' 에서 '사람과 사람이 만나서 인격적인 관계를 형성하는 것' 이다. 이러한 맥락에서 중요한 것은 개신교적 전통에서 자유 개념에 근거한 기도의 사용법이다. 쉬안은 영혼 돌봄에서 기도의 사용법에 대해서 다음과 같이 말하고 있다. "모든 영혼 돌봄에서 기도로 그 상담을 마쳐야 된다고 말하는 것은 바른 주장이 아니다. 목회자가 교회공동체 구성원과 함께 기도하기를 원하는지의 여부는 오로지 대화의 전개과정에 달려 있다. 단지 내적으로 완전히 하나가 되었다는 느낌이 올 때 기도할 수 있는 것이다."[235)]

쉬안에 의하면 '특별한 영혼 돌봄' 을 제외하고는 영혼 돌봄에서 가장 중요한 것은 신앙생활과 사회생활을 돕는 것이다. 이러한 맥락에서 여러 다양한 분야에 종사하고 있는 '국내선교부' 의 일은 아주 중요하며 그 가치를 인정해야 한다. 다시 말하면, 사회경제문제는 구체적으로 복지문제, 곧 '교회의 외적인 돌봄' 이라고 말할 수 있는 교회의 사회봉사에 대해서 목회적으로 새롭게 생각할 수 있는 자극제가 된다.

쉬안에게 인격적인 목회상담이라고 할 수 있는 영혼 돌봄은 신앙공동체의 삶을 돕는 영역인 동시에 교회의 사회경제적인 과제의 영역에 속한다.

---

234) M. Schian, *Grundriß der Praktischen Theologie*, Gießen, 1922, 2. Aufl. 1928, 276.
235) M. Schian, 위의 책, 280 이하.

(5) 베르너 그륀(Werner Gruehn, 1887~1961)

베르너 그륀에 의하면 그리스도교 영혼 돌봄에서 반드시 필수적인 것은 영혼 돌봄에서 심리적이고 인간적인 측면의 연구와 임상을 더욱 강화시키는 일이다. 오로지 그렇게 해서만이 전통적으로 영혼 돌봄의 가장 핵심적인 출발점이라고 할 수 있는 하나님 말씀이라는 개념에 대한 신비적이고 마술적인 이해 때문에 생기는 잘못된 오해를 막을 수 있다. 따라서 영혼 돌봄에서 영적이고 초월적인 차원과 심리학적이고 일반적인 차원은 영혼 돌봄의 두 가지 축으로 구별되기도 하며 동시에 서로 관계 맺게 된다. 이에 대해서 그륀은 다음과 같이 말하고 있다. "따라서 진정한 영혼 돌봄이라면 영혼 돌봄의 하나의 축이 다른 축을 거부하거나 희생시키면서 진행되어서는 안 된다. 영혼 돌봄은 두 가지 축, 곧 육체적인 것과 초월적인 것을 포함하는 작업방법으로 서로가 서로를 보안하면서 진행되어야 한다."[236)]

물론 이렇게 강조할 때 영혼 돌봄에서 심리학이 차지하는 비중은 매우 강조된다. "학문적인 작업이란 우리가 모르는 전체적 사실이 우리의 이성영역 넘어서 존재하는 경우가 아니고, 적어도 본질적이고 중요한 우리의 과제를 이성적인 방법과 수단을 가지고 해결할 수 있을 경우에 가장 확실한 성공을 기대할 수 있다. 그렇게 해서 심리학적인 연구결과는 다양한 출발점에서 정확하고 학문적인 영혼 돌봄을 완성시키는 데 공헌하게 된다. 이때 심리학은 영혼 돌봄이라는 민감하고 어려운 학문의 근거가 되는 일반적인 기초 학문이 된다."[237)] 심리학적인 지식의 중요성을 확립하려는 시도는 경험에 기초한 목회상담자를 의사, 정확히 말하면 수술 부위를 도려내면서 수술을 하는 외과의사와 비교하게 만들었다. 그렇지만 영혼 돌봄의 사역은 심리치료 요법과 혼동되어서는 안 된다. (영적인 차원에서 보면) 영혼 돌봄의 과정이란 하나님에서 영혼으로 향하게 하는, 그리고 영혼에서 하나님에게로 인도하는 유일한 과정이기 때문이다.

영혼 돌봄은 영적인 근거 위에 있는 학문이지만 경험적인 심리학을 하나의 필수적인 준거학문(Bezugswissenschaft)으로 받아들일 수 있다.

236) W. Gruehn, *Seelsorge im Licht gegenwärtiger Psychologie*, Schwerin, 1926, 26. 그 밖에 베르너 그륀의 영혼 돌봄의 이론에 대해서는 W. Offele, *Verständnis*, 216 이하; L. C. Hoch, 위의 책, 26 이하를 참조한다.

237) W. Gruehn, 위의 책, 27.

(6) 오스카 피스터(Oskar Pfister, 1873~1956)

피스터에 의하면 영혼 돌봄에서도 종교적인 위기와 일반적인 위기 뒤에 있는 무의식적인 동기를 찾아내야 하는 동시에 처리해야 한다. 그는 이제 인간학적으로 새롭게 부각되고 있는 프로이트의 심리분석 방법이 모든 영혼 돌봄에서 빠뜨릴 수 없는 필수조건이 되었다고 생각한다. 현대에는 오직 프로이트의 심리분석 방법을 가지고 그리스도교에서 말하는 사랑(여기에서 예수 행동이 표준적인 것이 된다)을 '분석적인 영혼 돌봄' 의 방법으로 현실화시킬 수 있다. 수많은 갈등 및 위기 상황과 병들은 인간의 무의식 활동과 의식적인 활동의 차원에서 '욕망이 억제' 되어 일어나고 나타난 결과로 이해될 수 있다! 따라서 우리는 그러한 태도를 '분석적인 영혼 돌봄' 이라고 부른다. 피스터는 이를 '그러한 태도를 무의식적인 동기가 추구하는 욕망과 그것이 주는 영향을 통하여 종교적이고 일반적인 피해사례를 극복하려는 시도' [238]라고 말한다. 그는 계속해서 "장기간에 걸친 연구결과에 의하면 일반적인 갈등의 경우 대부분 매우 심한 억압증상이 나타난다. 심리분석 방법은 이러한 인식방법을 통하여 완전히 새로운 차원에 있는 놀라운 양심의 힘을 밝혀내게 된다. 이전의 그 어떤 영혼을 탐구하는 학문도 인간의 삶을 새롭게 만들기 위해 우리 인간 의식의 중요성을 이렇게까지 깊고 분명하게 밝혀낼 수 없었다." [239]라고 말한다.

그러나 피스터가 무조건적으로 심리학의 심리분석만을 의지하고 있는 것은 아니다. 그는 다음과 같이 말하고 있다. "우리들이 하는 연구분석은 무엇보다도 사람의 무의식적인 본능적 욕구에 대한 분석으로 끝난다는 데에 큰 비중을 두고 있다. 그러나 예수는 그에 대해서 조금이라도 알고 있으면서 사람들과 상담을 했을까? 그것이 우리의 분명한 상황이다." [240] "예수가 우리 인간 속에 있는 어둡고 깊은 무의식 세력이 어떻게 생겼으며 어떤 영향을 사람에게 주고 있는지 학문적으로 연구했을 것이라고 기대하는 자체가 어리석은 일이다. 마찬가지로 우리들은 예수에게서 영혼 돌봄의 이론을 기대할 수 없다. 그러나 우리는 예수의 구원사역들 가운데 심리분석적인 영혼 돌봄과 근본적으로 일

238) O. Pfister, *Analytische Seelsorge. Einführung in die praktische Psychoanalyse für Pfarrer und Laien*, Göttingen, 1927, 10. 피스터의 영혼 돌봄에 대해서는 F. Wintzer, 위의 책, 62 이하; E. Nase, *Oskar Pfisters analytische Seelsorge. Theorie und Praxis des ersten Pastoralpsychologen, dargestellt an zwei Fallstudien*, Berlin/New York, 1993; M. Jochheim, *Seelsorge und Psychotherapie. Historisch-systematische Studien zur Lehre von der Seelsorge bei Oskar Pfister, Eduard Thurneysen und Walter Uhsadel*, Bochum, 1887, 8 이하를 참조한다.

239) O. Pfister, 위의 책, 13.

240) O. Pfister, 위의 책, 21.

치하는 몇 가지 특징들을 확인할 수 있다. 예수는 사람들이 저지른 불의한 행동에 대해서 그들이 고백하고 말하는 것에 보다 큰 비중을 두고 있었다."[241] "그래서 예수는 사랑과 그 중요성 그리고 자유를 조금이라도 억누르려 하지 않지 않고 오히려 그것들을 보다 강조하고 강하게 만들었다. 예수에게 가장 숭고한 사랑이야말로 심리분석적인 영혼 돌봄에서 말하는 것과 같이 영혼 돌봄이 추구하는 가장 최상의 목적이다."[242]

피스터에게 영혼 돌봄과 심리학적인 심리분석은 서로가 서로를 보완하는 하나의 자연스러운 동반자 관계다.

(7) 파울 블라우(Paul Blau, 1861~1944)

블라우에 의하면 우리는 영혼 돌봄을 가능하면 보다 넓은 의미에서 이해해야 한다. 즉, 목회상담은 넓은 의미에서 한 사람의 영혼을 살피고 그러한 가운데 구원의 역사가 일어나는 모든 행위로 이해되어야 한다. 따라서 모든 목회활동은 영혼을 돌보는 일이라고 말할 수 있다. 그러한 행동으로서 모든 교회의 업무(심지어 교회의 행정적인 업무까지도)는 그러한 목적을 지향해야 한다. 목회자들이 만나는 교인들의 영혼의 상태는 다양하며, 그 다양한 영혼상태에 다가갈 수 있는 다양한 접근방법이 있다. 다시 말하면, 가르치는 방법, 권면하는 방법, 격려하는 방법, 위로하는 방법의 영혼 돌봄이 있다. 여기서 평신도의 영혼 돌봄은 개신교의 핵심 교리인 '만인사제주의' 에 입각한 교회 이해와 결코 분리할 수 없는 데에서 실행되므로 반드시 필요하다.

그러나 그와 상응해서 영혼 돌봄에서 목회자의 직분이 매우 중요하다는 사실 또한 결

241) O. Pfister, 위의 책, 21 이하.

242) O. Pfister, 위의 책, 24. 심리분석을 영혼 돌봄에 적용시키는 데 있어서 오스카 피스터의 선구자적인 시도의 결과, 오늘날까지도 사람들은 목회상담학에서 여러 다양하고 광범위한 심층심리학적인 방향과 연대하고 통합하려는 많은 시도를 하고 있다. 그중에서 매우 훌륭한 시도는 칼 구스타프 융(C. G. Jung, 1875~1961) 심리학과의 연대라고 볼 수 있다. 융은 1932년「심리치료와 영혼 돌봄의 관계에 관하여」라는 독자적인 논문(3. Aufl., Zürich, 1948; GW XI, 1973)으로 그리스도교 목회상담과 조화를 이루려는 시도를 했으며 그의 영향력은 새로 등장한 목회심리학에 엄청난 영향력을 끼치고 있다.
또한 이와 같은 맥락에서 그의 심리학은 존재 또는 실존 분석에도 커다란 영향을 주었다. 이 시대에 나온 저서와 참고문헌 목록에(이 시대 저자들의 이름은 I. A. Caruso, V. E. Frankl, F. Froboese-Theile, V. E. Fruhr. v. Gebsattel, J. Herzog-Drück, H. Schär, H. Trüb, G. P. Zacharias 등) 대해서는 (O. Haendler, *Grunriß*, 139 이하를 참조한다. 피스터는 1944년에 기념비적인 그의 저서 *Das Christentum und die Angst*를 출간했다(이 책은 Frankfurt a. M/ Berlin/Wien, 1985년에 재출판되었다.).

코 경시할 수 없다. 목회자와 목회자의 영혼상태가 교회 안팎에서 일어나는 모든 영혼 돌봄의 행동과 반성의 출발점이 되기 때문이다. 따라서 그것은 '영혼 돌보는 자에 대한 영혼 돌봄' 이라고 한마디로 말할 수 있다. 이는 신학대학의 교육과정에서, 영혼 돌봄을 배우는 여러 일반적인 모임에서, 목회자의 휴가 중에서, 그리고 목회상담소에서 상호간의 격려와 '목회자 스스로에 대한 영혼 돌봄(Selbstseelsorge)' 을 통해 가능하다. 브라우에게 있어서 가장 중요한 것은 다음과 같다. "우리는 목회자가 중심이 되는 어떠한 '목사교회' 도 원하지 않는다. 교회가 결코 그렇게 되서는 안 된다. 그러나 우리 교회의 운명은 목회자가 어떤 상태에 있는가에 따라 절대적으로 좌우 된다. 분명히 말하건대, 교회는 수많은 사람들이 빠져 나가도 망하지 않으며 그것을 견더낼 수 있다. 그렇지만 살아 있는 교회가 한 목회자 때문에 죽게 되었다면 그는 용납될 수 없다. 그 때문에 목회자에 대한, 목회자를 위한 영혼 돌봄의 문제가 현재의 교회 상황에서 가장 중요한 문제가 된 것이다."[243]

블라우에게 영혼 돌봄이란 모든 교회활동의 '생명' 이고, 이러한 의미에서 반드시 목회직과 연결될 수밖에 없다.

(8) 에밀 페니히스도르프(Emil Pfennigsdorf, 1868~1952)

페니히스도르프에 의하면 일반적인 돌봄(cura generalis: 청소년 세례교육, 설교, 국내선교, 국외선교) 이외에 특별한 돌봄(cura specialis: 개인적으로 하나님의 말씀을 전하는 것)은 하나의 목표를 가지고 있다. "그것은 교회공동체 속으로 개개인을 끌어들이는 일이며, 교회공동체와 교회의 여러 기관들 안에서 가장 역동적인 힘이 생명인 것을 인정하고 의지하도록 개개인을 인도하는 것이다."[244]

여기서 우리는 시대가 요구하는 '이상적인 개인적 인격' 을 살펴보고 새롭게 제인할 수 있다. 우리는 '교육적인 차원에서의 치료하는 영혼 돌봄' 과 '복지국가에서 말하는 영혼 돌봄' 의 과제를 그리스도교 목회상담의 진정한 문제와 과제로부터 구별해야 한다. "복음주의적 의미에서 영혼 돌봄이란 진실한 말씀을 가지고 나든 사람들을 섬겨서 그들이

243) P. Blau, *Pfarramt und Seelsorge*, Hamburg, 1927, 163.

244) E. Pfennigsdorf, *Praktische Theologie, Ein Handbuch für die Gegenwqrt, Bd. 1*, Gütersloh, 1929. 인용은 Bd. 2, 1930, 589에서.

진정으로 하나님의 길을 따르기 위해 결단할 수 있도록 돕는 신앙에서 나온 노력이다."[245]

영혼을 돌보는 자는 '치료하는 능력' 못지않게 '진단하는 또는 살피는 능력'(C. I. Nitzsch), 다시 말하면 사람을 파악할 수 있는 능력, 곧 인간에 대한 인식능력(개인의 개성, 성격, 여성과 남성의 특성, 개인의 성품과 재능, 사회적 영향력의 정도 등)을 소유해야 한다. 페니히스도르프는 영혼을 돌보는 자의 영성생활의 중요성을 다음과 같이 강조하고 있다. "우리 영혼을 돌보는 자 자신들이 기도와 말씀 생활에서 보다 자신감을 가질수록, 보다 활기차게 행동할수록, 그리고 보다 하나님과의 관계가 깊어질수록 그들은 다른 사람의 고통을 보다 분명하게 살펴볼 수 있는 능력을 갖추게 되며, 힘들어하고 고난 중에 있는 사람들과 '매우 적절한 때에' 대화할 수 있는 능력을 보다 확실하게 얻게 될 것이다."[246]

그럼에도 불구하고 넓은 의미에서 실천신학에는 여러 신학 분야 이외에도 교회학, 민속학, 심리학 같은 보조학문이 존재하며 그동안 이들 보조학문을 이용해 왔다. 실천신학에서 '종교심리학'은 반드시 필요하다. "본질적으로 신앙이 주는 것이 무엇인지를 파악하는 것이 평소에 신앙을 강조하며 그러한 분위기를 조성하려고 했던 실천신학자들에게 매우 중요하기 때문이다."[247]

페니히스도르프에게 영혼 돌봄이란 보조학문이 제공하는 일반적인 인간 인식의 바탕 위에서 하나님에게 가까이 가려는 개개인의 결단을 돕는 것이다.

(9) 오토 바움가르텐(Otto Baumgarten, 1858~1934)

바움가르텐이 강조하는 영혼 돌봄은 목회자의 설교직에서 출발하는 것이 아니라, 오히려 사회적이며 정치적인 상황에 처한 개개인을 돌보는 것에서 시작한다. 그렇지 않으면 영혼 돌봄은 실질적으로 아무런 도움도 줄 수 없는 헛된 위로로 전락하게 된다는 것이다. 여기서 중요한 것은 지적으로 가르치는 그리스도교가 아니라 한 그리스도인이 다른 그리스도인에게 마치 어머니가 아이에게 말하듯이 위로할 때 체험되는 그리스도교다. 이와 같은 전제에서 성서의 언어들이 어려움에 처한 개개인들에게 선포될 수 있다. 이러한 '특별한 돌봄'으로써 영혼 돌봄과 사회정치적 상황에 대한 '전문적이며 동시에

245) E. Pfennigsdorf, 위의 책 (Bd. 2), 610.
246) E. Pfennigsdorf, 위의 책 (Bd. 1), 621.
247) E. Pfennigsdorf, 위의 책 (Bd. 1), 15.

깊은 애정 어린 마음에서 우러나온' 연구야말로 영혼을 돌보는 자만이 가질 수 있는 특별한 경쟁력이 될 수 있다. 바움가르텐은 다음과 같이 말하고 있다. "이제 분명한 사실은 오늘날 목회자가 자신의 과제를 단지 개개인을 위한 영혼 돌봄에 한정할 수 없다는 것이다. 왜냐하면 개개인이 처한 어려움은 사실상 사회적이고 경제적이며 역사적인 정황과 엉켜 있어서 해결될 수 없기 때문이다. 따라서 목회자는 반드시 그리스도교적인 기준을 얻기 위해서 자기 시대의 전체적인 사회적 상황과 의견에 영향력을 행사하기 위해서 노력해야 한다. 무엇보다도 일반 사람들의 고통에 관심을 갖는 일은 그들의 신앙생활을 이해하게 만들고, 사랑 안에서 행동해야 하는 교회공동체가 그러한 사회경제적인 능력을 갖고자 하는 소망을 품게 만든다."[248] 바움가르텐은 계속해서 말한다. "지금까지 우리가 통상적으로 해 왔던 방법, 곧 개개인을 사회적인 상황과 분리해서 보고자 하는 경건주의적인 경향에 직면하여, 이제 영혼을 돌보는 자는 그리스도인들을 항상 주님의 한 지체뿐만 아니라 일반 시민사회의 한 일원, 민족의 한 일원으로 인정해야 한다. 오늘날 대중화 시대에 한 민족에 대한 건전한 개혁교회적인 평가는 개인을 사회 전체와 더불어 성장한다는 사회적인 관점에서 이해해야 한다."[249] "영혼 돌봄에서의 성공이란 시간과 장소와 개인에 따라 말을 잘 선별하여 전달하는 것에 달려 있다. 설교에서 너무 장황한 위로나 고문하는 것과 같은 회개와 심판의 언어들은 오히려 아무런 구원의 말씀이 되지 못하고 단지 귀만 자극할 뿐이다."[250]

바움가르텐에 의하면 목표지향적인 행동으로서 영혼 돌봄이란 사회적이고 정치적인 맥락 속에서 이해해야 된다.

(10) 한스 아스무센(Hans Asmussen, 1898~1968)

(아스무센의 목회상담이론에 관한 것은 55쪽 각주 45, 60쪽 각주 59를 참고한다). 교회 정치적으로, 일반 사회 정치적으로 대단히 어려운 시기에 '시대에 맞지 않는 책' 이라고 비

248) O. Baumgarten, *Seelsorge*, 59. 바움가르텐의 영혼 돌봄에 대해서는 F. Wintzer, 위의 책, 41 이하; J. Scharfenberg, Otto Baugarten und Seelsorge heute, in: W. Steck, *Otto Baumgarten. Studien zu Leben und Werk*, Neumünster, 1986, 129 이하; H. von Bassi, *Otto Baumgarten: ein "moderner Theologe" im Kaiserreich und in der Weimarer Republik*, Frankfurt a.M. u.a., 1988을 참조한다.

249) O. Baumgarten, 위의 책, 64.

250) O. Baumgarten, 위의 책, 115.

판을 받은 목회상담론이 출간되었다. 그것은 다름 아닌 아스무센의 저서였다. 아스무센의 목회상담이론은 시대정신에는 도무지 맞지 않을 것처럼 보이는 율법과 복음의 분리라는 종교개혁적인 관점을 가감 없이 목회상담이론의 출발점으로 받아들이면서 시작한다. 아스무센은 다음과 같이 목회상담에 대해서 규정하고 있다. "목회상담이라고 말할 때 우리에게 즉시 떠오르는 것은 교회공동체에서 일어나는 선포가 아니라 사람과 사람이 눈을 맞대고 하는 대화와 개개인의 머리 위로 복음이 선포되는 것을 연상하게 된다. 목회상담이란 목회상담자가 시작하는 진정한 대화이고, 그가 사려 깊게 인도하고 주도하는 대화다."[251] 아스무센은 계속해서 다음과 같이 말하고 있다. "영혼을 돌보는 것은 의식적이든 비의식적이든 공동체에 대한 교육이다. 목회와 영혼 돌봄은 마치 율법과 복음과의 관계와 같은 것이다. 율법을 무시하는 복음 선포는 존재할 수 없는 것처럼, 영혼 돌봄 없는 목회도 상상할 수 없는 것이다. 또한 복음적인 선포 없는 율법은 끔찍한 결과를 낳게 되며 결국 바리새주의로 빠지게 되는 것처럼, 목회상담 없이 영혼을 돌보는 것은 율법적인 바리새주의에 빠지게 되며, 결국 그리스도 십자가에 반대가 되는 적대자들을 만들게 된다."[252]

아스무센에 의하면 목회상담은 목회상담의 특성상 구별화되어야 하며 내용상 종교개혁 신학사상의 핵심 주제인 율법 및 복음과 연결되어야 한다.

(11) 디트리히 본회퍼(Dietrich Bonhoeffer, 1906~1945)

단지 간단한 도움을 주거나 권면하는 것과 내담자의 기분을 좋게 만드는 것은 결코 목회상담의 목적이 될 수 없다. 목회상담은 오히려 특수한 경우의 선포라고 말할 수 있다. 그것은 결정적인 순간에 목회상담의 '핵심', 다시 말해 참회를 통해서 내담자가 죄에 대한 근본적인 인식에 도달하도록 만드는 것이다. 그리스도를 떠나서 죄에 물들어 있는 상태가 인간이 처한 모든 고통의 배후다. 사람이 죄인이라는 사실은 성서적으로 전혀 새로운 것이 아니다. 따라서 목회상담의 큰 틀에서 보면 심리치료에서 시행되는 '순수하지 못한 탐구'는 필요치 않다. 오히려 성서의 언어가 직접적으로, 정면으로 다양한 삶의 상황과 고통 가운데 있는 개개인이 처한 삶의 상황에 맞게 들을 수 있도록 만들어야

251) H. Asmussen, *Seelsorge*, 15, 16. 아스무센에 관한 더 자세한 사항은 W. Lehmann, *Hans Asmussen. Ein Leben für die Kirche*, Göttingen, 1988을 참고한다.

252) H. Asmussen, 위의 책, 43.

된다. 가장 훌륭한 목회상담자는 다름이 아닌 그리스도를 사랑하는 사람이다. 그렇게 그리스도를 사랑하는 마음이 그를 지혜롭게 만들기 때문이다. 그뿐 아니라 목회상담자 자신이 전통적인 방식을 따를 때, 즉 성서를 읽고 묵상하고 찬양하고 확신할 때 그는 자기 목회에서 능력을 얻게 된다.

선포하는 목회상담 외에 섬기는 목회상담이 있다. 그런 목회상담은 하나님 말씀을 들을 수 없는 사람들에게 적용되는 목회상담이다. 섬기는 목회상담이 질문하는 것은 질식할 것 같은 율법적인 상황에서 무엇이 근본적으로 그 사람을 해방시키고 지탱시킬 수 있는가다. 물론 복음 속에 율법이 포함되어야 하며, 율법 속에 복음이 들어 있어야 한다! 선포하는 목회상담자의 사역이 전문 교회직분자의 영역에 속한다면, 섬기는 목회상담의 영역은 전문 교역자의 몫일 수도 있지만 무엇보다도 만인 사제직의 영역에 속하는 것이다.

본회퍼는 목회상담의 과제를 다음과 같이 이해하며 제시하고 있다. "하나님 자신이 목회상담에서 활동하신다. 아주 두렵고 떨리는 중에도, 가장 슬픈 때라도 우리는 하나님을 믿어야 한다. 하나님만이 우리들의 도움이 되시고 위로가 되신다. 영혼의 상태를 변화시키는 것은 결코 목회상담의 궁극적인 목표가 될 수 없다. 가장 중요한 것은 목표가 아니라 우리에게 맡겨진 일이다. 모든 잘못된 도움과 잘못된 위로는 사라져야 한다. 내가 슬퍼하는 사람을 기쁘게 만들거나 두려워하는 사람을 용기 있게 만들더라도 그들에게 결정적인 도움을 줄 수는 없다. 어쩌면 그것은 일종의 세상적인 도움일 뿐 결코 진정한 도움이 될 수 없을지도 모른다. 우리들은 모든 상황 안에서 그리고 모든 상황을 넘어서서 하나님을 의지하여야 한다. 하나님은 우리들의 진정한 도움이 되시고 위로가 되신다. 다시 말해서 건강하든 건강하지 않든, 병이 들었든 병이 나았든, 불행하든 행복하든, 새롭게 태어났든 죽어 가든, 그 어떤 상황에서든 그리스도와 그분의 승리하심을 선포해야 한다. 그분이 주는 도움은 용서이며 죽음을 넘어서는 생명이다."[253)]

본회퍼에게 목회상담이란 회개와 참회를 넘어서서 죄를 고백하게 인도하는 것이며, 결국은 우리들에게 가장 큰 위로가 되는 믿음을 주시는 하나님에게 자신을 열어 놓도록 만드는 것이다.

253) D. Bonhoeffer, Seelsorge(1935년과 1939년에 핑켄발데에서 있었던 설교 세미나와 전도사들 모임에서 나온 글을 그의 사후에 정리한 것임), *Gesammelte Schriften* (hg. v. E. Bethge), *Bd. 5*, München, 1972, 364. 본회퍼의 목회상담이론에 대해서는 S. Bobertstüzel, *Dietrich Bohhoeffers Pastoraltheologie*, Gütersloh, 1995, 특히 250 이하를 참조한다.

(12) 발터 호흐(Walter Hoch, 1907~1954)

호흐는 목회상담이 진정으로 개혁교회의 목회상담으로서 존재한다고 주장한다. 개혁교회의 목회상담이란 전체 교회에 의해서 진행되는 목회상담을 말한다. 이러한 목회상담은 단순히 어려운 사람을 도와주거나 법률적 도움을 주거나 의학적인 치료를 제공하는 것과는 완전히 다른 것이다. 진정한 목회상담이 추구해야 할 목적이란 다름 아닌 새롭게 하는 것, 위로하는 것, 거듭나는 것, 의롭다고 선언하는 것, 구원과 성화 그리고 치유와 교회공동체를 세우는 것이다. 중요한 것은 목회상담이 다른 영역과 비교할 때 실천적인 면에서 확실하게 구별되며 성서적인 근거를 명확하게 가지고 있는가다. 여기서 목회상담자만이 가질 수 있는 핵심 능력이 가장 중요한데, 그것은 바로 죄의 고백과 용서의 선언(이것은 현재 개신교에서 무시되고 있다)이다. 이러한 맥락에서 우리는 죄의 고백이 가지고 있는 비밀의 능력과 기능에 대해서 새롭게 살펴볼 필요가 있다.

호흐는 마침내 실제적인 것들(기도하는 방법, 직분자의 권위를 적용하는 방법, 청소년의 교회교육과 그들의 목회상담을 조화시키는 방법 등)에 대해서 언급한다. "만약 우리가 개신교적인 목회상담의 특징이 무엇인지에 대해서 또다시 고찰한다면 우리가 교회공동체에 있는 개인을 치유시키려는 구성원으로서 여길 때, 곧 그들을 특별하게 돌볼 때, 위에서 언급한 그 모든 방법들이 항상 분명하게 교회공동체 안에서 강조될 수 있으며 적용될 수 있는지, 또는 불필요한 것들인지를 살펴보아야 한다. 이때 우리들은 우리의 비전과 목표를 동시에 얻을 수 있게 되는데, 그것은 우리들이 제기한 가장 중요한 질문에 대한 답을 말해 준다. 우리들은 교회공동체를 섬기는 종인 목회상담자로 교회에 다가가는 것이다."[254)]

발터 호흐에게 목회상담은 교회공동체에 그 기반을 두며, 개혁교회적인 죄의 고백을 강조하면서 항상 다시 교회공동체로 돌아가는 것이다.

3) 제2차 세계 대전 후부터 1960년대까지의 목회상담

20세기 들어 두 번째로 벌어진 유럽에서의 대규모 전쟁은 오랫동안 익숙해 왔던 생활

254) W. Hoch, *Evangelische Seelsorge. Ein Handbuch für Pfarrer und Laien*, Berlin, 1937, 222.

과 사상, 신앙 등 모든 것을 황폐하게 만들고 회의하게 만들었다. 그 처참한 전쟁이 지나간 후 독일에서는 외적인 복구작업과 더불어 새로운 사회질서에 대한 내적인 논의들이 시작되었다. 전승국들이 나누어 놓은 분단상황은 독일을 '냉전시대' 의 대표주자로 만들었다. 독일 통일은 보류될 수밖에 없었고, 특히 1961년 건축된 동서장벽의 결과 '독일 연방공화국' 과 '독일 민주주의 공화국' 이라는 상이한 정치체제 밑에서 개신교는 불가피하게 독립적인 두 교회 형태로 가게 되었다. 따라서 양대 교회의 신학자들이나 교회 대표자들 및 평신도들이 공식적으로 교회기관의 차원에서 서로 방문하는 여행은 있을 수 없게 되었다. 또한 서독과 동독의 국가행정과 정치적인 사건들에 대해서 내리는 서독 개신교와 동독 개신교의 평가도 매우 상이한 정치제제만큼이나 엄청난 차이가 있었다. 이러한 '분단상황' 동안 서독에서의 교회생활은 나치 독재정권이 나타나기 전 시대와 연결 지으면서 좀 더 전통적인 방향으로 나아가게 되었다. 그러나 동독 교회는 반대로 마르크스주의적인 국가와 사회 이론을 주장하게 되었는데, 마르크스주의적인 이론이 가지고 있는 종교비판은 종교를 억압하는 권력수단으로 이용되었다. 그러한 상황이 개신교 종교생활의 발전을 방해하고 제한시켰다.

제2차 세계 대전 후에 나타난 목회 개념을 살펴보면, 전통적인 개념을 바탕으로 개혁교회의 근본 입장과 교회의 관계성을 강조하거나 개신교의 근본적인 직분 개념을 새롭게 조명하는 것이었다. 한편으로는 심리학과 연계되거나 시대에 맞는 인간론과 교회론에 근거한 목회상담학이 출현했다. 그러나 이 시대에 가장 강력한 영향력을 끼친 목회상담학은 '변증법적 신학' 이 말하는 목회학과 칭의론에서 결정적인 신학적 근거를 찾고 있다.

(1) 오토 리이커(Otto Riecker, 1896~1989)

리이커에 의하면 개개인에게 관심을 가지는 것과 그 현실에 파고 들어가는 것은 목회상담을 구체화시키는 작업이라고 말할 수 있는데 그것이 바로 목회상담에서 영혼을 인도하는 진정한 표시다. 진정으로 영혼을 인도하기 위한 기본 전제는 돕는 사람의 태도가 진정한 의사, 진정한 사제가 보이는 태도여야 한다는 것이다. 목회상담이 요구하는 상담자란 항상 그런 사람이다. 목회상담의 목적은 한 사람을 헌신하도록 이끄는 것이다. 동시에 우리는 '자연스러운 대화' 속에서 내담자의 인간적인 면을 찾아보기 위해서 내담자 스스로가 '자신을 열도록' 요청하게 된다. 그래서 우리는 내담자의 '인격적인 면', 곧 그 내담자가 가지고 있는 본래적인 성격구조를 '경청하고' '살펴보기 위하여', 다시 말하면 내담자의 일반적인 태도와 '무의식적인 행동' 에서 그의 성품이 드러나도록 만들기 위하여 내담자가 마음을 열게끔 권면하는 것이다. 이와 같은 목회상담에서 가장 중요한 것은 개인의 죄와 정면으로 부딪히는 것인 '신앙적인 자기 성찰' 이 반드시 일어나야 한다는 것이다. 여기서 심리치료의 필요성을 이미 인식하고 있을 경우라도 내담자에 대한 '실제적인 도움' 이 선행되어야 한다.

상담자의 진정한 '헌신' 이란 내담자의 회복을 돕는 것이다(종종 개신교 쪽에서는 무시되는 행동이다). 다시 말하면, 상담자의 진정한 헌신이란 내담자의 행동이 변화되고 또 계속 변화되어 가야 하는 모습으로 이끄는 것이다. 모든 종류 또는 모든 특별한 목회상담의 경우들에서 가장 중요한 것은 '영혼을 인도하는 일' 이 '실제로 일어나는 것' 이다. "개신교에서 제일 약한 부분은 하나님의 은총으로 죄 사함을 받았다는 가장 큰 신앙체험, 곧 하나님 체험을 신앙생활에서 단지 보이지 않는 내적인 마음속의 일로 설정해 놓는 일이다. 또한 개신교의 한 신학 학파가 모든 신앙적인 감정들과 체험들을 무시해 버리는 일이다. 그러나 사실 개인이 죄인이 되는 내적인 과정은 매우 구체적이다. 우리는 실제적이고 구체적인 죄들을 짓는다. 우리는 죄의 사슬에 매여 있게 되는 것이다. 따라서 우리는 거기서 완전히 벗어날 수 있는 실제적이고 구체적인 길과 방법이 필요하다. 우리는 죄에서 이길 실제적인 도움과 해결책이 필요하다. 우리는 매우 현실적인 상황에서 실제적인 하나님을 만나야 한다. 현실적으로 많은 사람들이 그리스도의 보혈의 피를 거의 염두에 두지 않는 것과는 반대로, 우리는 실제로 십자가 밑에서 돌아가신 구세주의 용서를 체험해야 하고 그리스도 안에서 성결케 되는 실제적인 방법들이 있어야 한다."[255)]

리이커에게 개혁교회의 목회상담은 매우 실제적으로 표현되어야 하며 동시에 구체적으로 영향을 끼쳐야 한다.

(2) 에두아르트 투르나이젠(Eduard Thurneysen, 1888~1974)

투르나이젠이 제시하는 목회학적인 개요는 전형적인 범례로서 이미 자세하게 서술한 바 있다. '선포적인 목회상담' 의 대표적인 목회상담자로 잘 알려진 투르나이젠은 그

---

255) O. Riecker, *Die seelsorgerliche Begegnung,* Güterloh, 1947, 187 이하(이 책은 W. Jentsch가 1986년에 재출판했다). 그 밖에 O. Riecker, *Mit sechzig fing mein Leben an,* Neuhausen–Stuttgart, 1977도 참고한다.

의 저서에서 핵심적으로 그리스도교 목회상담이론을 조직신학적인 근본 개념의 바탕에서 밝혀 놓았다. 그는 그 근본 개념을 '변증법적 신학' 의 틀 안에서 설정해 놓고 있으며, 특히 그의 목회상담이론을 그리스도론적으로 일관성 있게 전개하고 있다.

투르나이젠에게 목회상담은 절대적으로 신학적인 바탕에서 시작되고 실행되어야 하며 동시에 '의롭다고 선언하는 작업' 으로 진행되어야 한다.

(3) 볼프강 트릴하아스(Wolfgang Trillhaas, 1888~1974)

사람은 다른 사람을 상대로 상담을 할 수 있다. 그리스도인들은 그리스도의 한 지체들이기 때문이다. 그렇기 때문에 모든 사람들은 그리스도에게 속하며 한 사람, 한 사람이 모여서 교회를 이룬다. 교회의 목회적인 직무로서 개개인에 대한 모든 보살핌은 그와 같은 근본적인 배경에서 볼 때에만 이해될 수 있다. 우리는 개인이 극단적으로 개인화되거나 거꾸로 극단적으로 집단화되는 것을 보호해야 한다. 그러한 일은 그가 성례전을 받아들임으로써 그 자신이 공동체 안에서 보이지 않게 현존해 있는 그리스도의 몸이 된 것을 경험했을 때 가능한 것이다. 이러한 맥락에서 트릴하아스는 목회상담의 의미를 다음과 같이 말한다. "……목회상담은 결코 상담자와 내담자라는 두 사람 사이에서만 제한적으로 일어나는 사건이 아니다. 그것은 전체 공동체의 틀 안에서 이루어지는 일이다. 공동체는 영적인 집인 그리스도의 몸이다. 공동체는 하나의 민족이다. 그 공동체는 일반적인 요구사항이 있다. 따라서 목회상담은 정신적인 쪽으로만 집중할 수 없고, 육체적인 요구사항도 다루어야 한다. 우리가 목회상담을 단계별로 진행시켜야 하는 이유가 바로 거기에 있다. 목회상담에서 모든 과정은 그 자체가 가치를 가지고 있다. 그러나 목회상담에서 진행되는 모든 종합된 과정들이 함께 모여서 목회상담의 전체가 완성되는 것이다."[256] 목회상담에서 진행되는 각각의 과정은 다음과 같다. 먼저 공동체 구성원들이 서로가 서로를 아는 것이다. 두 번째는 목회자가 상담자로서 꾸준히 교회 구성원들의 말을 듣는 것이다. 마지막은 목회자가 상담자로서 위로하고 기도하도록 권면하는 것이다.

트릴하아스가 말하는 목회상담이란 그리스도의 몸을 이루는 교회공동체의 각 구성원들이 주님의 교회를 세우고 돌보는 일에 참여하도록 일깨우는 일이다.

---

256) W. Trillhaas, *Der Dienst der Kirche am Menschen,* München, 1950, 93. 트릴하아스의 목회상담이론에 대해서는 W. Offele, 위의 책, 194 이하; L. C. Hoch, 위의 책, 40 이하를 살펴볼 것.

(4) 테오도르 보베(Theodor Bovet, 1900~1976)

보베에 의하면 우리가 목회영역에서 항상 반복하면서 시대에 맞게 다음과 같은 질문을 던지는 것이 가장 중요하다. 그 질문은 다름 아닌 '목회상담이란 무엇인가' '사람이란 무엇인가' 다. 목사이며 의사였던 보베의 목회상담학의 신학적인 출발점은 전통적인 신학적 개념과 전적으로 연결되어 있다. 그는 다음과 같이 말하고 있다. "목회상담의 핵심은 모든 개개인들이 하나님 나라의 구성원이라는 사실을 알려 주는 데 있다. 또한 모든 개개인들에게 주님이신 그리스도가 그들을 사랑한다는 사실을 정면에서 분명하게 확인시켜 주는 데 있다."[257)]

이러한 말은 의학과 심리학, 심지어 교의학과 설교와 완전히 구별되는 선언이다. 상담학에서 가장 중요한 것은 '총체적 인격에 대한 돌봄, 다시 말해서 인간을 전체적으로 돌보는 것' 이다. 보베는 개인적인 관점과 전통적인 관점에서 위에서 제기한 인간에 대한 질문에 답하고 있다. 즉, 인간 존재의 전체로서 인격은 몸과 정신과 영이라는 차원을 가지고 있다. 인격으로서 인간은 항상 '관계 속에서' 살며 '하나님의 형상' 으로서 존재한다. 인간 존재의 비인격화는 이러한 인간의 전체성을 위협한다. 보베는 이에 대해서 다음과 같이 말한다. "우리 스스로 우리의 인격이 가지고 있는 그러한 전체성과 자유 그리고 책임성을 위험하게 만들거나 그것들을 포기할 때, 우리는 우리 자신과 하나님 간의 연대를 해체시키며 우리 사람은 하나님에게 반하는 세력으로 전락하게 된다."[258)] 보베는 자신의 목회상담이론에서 핵심적인 장이라고 할 수 있는 부분에서 '인간과 세력' 을 다룬다(여기에서 그는 '죽은 자가 나타나서 말하는 경우' '중독' '소외된 성' 그리고 '공동체의 파괴' 라는 주제와 더불어 '거룩한 인간' '기도를 통한 성화' 라는 주제도 다루고 있다). 보베가 자신의 목회상담이론에서 가장 중요하게 생각하는 것은 선한 세력과 악한 세력 모두를 받아들이는 일이다. 보베에 의하면 그러한 세력들은 사람들 사이에 존재하지만 사람들의 영향권으로부터는 완전히 독립되어 영향을 미친다. 이에 대해 그는 다음과 같이 말한다. "그러나 중요한 것은 우리가 그 모든 비인격적인 세력에 대항하여 싸울 때 가장 조심할 필요가 있다는 사실이다. 우리는 스스로 천사를 부를 수도 없고 악마와 싸울 수도 없다. 우리는 스스로 오직 그리스도만 의지해야 한

257) T. Bovet, *Lebendigen Seelsorge. Eine praktische Anleitung für Pfarrer und Laien*, Tübingen, 1952, 3. 이 책의 내용을 완전히 바꾸어 1962년에 재출판한 판의 13쪽을 참조한다.

258) T. Bovet, 위의 책, 64.

다." [259)]

보베는 이와 같은 신학적 토대에서 매우 구체적이며 매일 경험하는 신앙과 일상적인 우리의 삶과 연관되어 일어나는 여러 다양한 경우들에 관해서 다루고 있다. 그렇게 함으로써 그는 '죄' '불의' 와 같은 개념과 더 나아가 '구원' '그리스도 안에 있는 것' 과 같은 개념을 전달하고자 한다. 또한 그는 다양한 목회상담의 사례들과 복합적인 문제들에 대해 다룬다. 예를 들면, 보베는 부부간의 갈등문제를 다루는 목회상담에 대해서 언급하는데, 여기서 (보기에 따라서는 문제도 있지만) 그는 '결혼의 인격' 이라는 개념부터 시작한다. 보베는 이 개념에 대해서 다음과 같이 말하고 있다. "이 개념이 실제적으로 말하고자 하는 것은 '목회상담자는 결혼할 당사자들에게 결혼생활 안에서 반드시 알아야 한다고 생각하는 결혼생활만의 특성이나 성격에 대해서 알려주어야 한다.' 는 것이다. 또한 결혼 당사자들은 그 어떤 일반적인 계약을 맺는 것이 아니라 서로가 서로에게 새로운 인격이 되는 것이다. 그 어떤 세상의 세력도 이 결혼의 계약을 취소할 수 없다. 또한 결혼 당사자들은 하나님과 새로운 동료관계를 맺는 것이다. 그리고 그 계약은 그들의 삶을 근본적으로 변화시킬 것이다. 이 말은 결혼 당사자들이 가지고 있는 지금까지의 본성적인 성격을 점차 죽이는 것을 의미한다." [260)] 무엇보다도 보베는 동시대인들에게 쉽게 접근하면서 결혼생활에서의 성에 대해서 다룬다. 결혼생활에서 성의 중요성은 부정되어서도 안 되고 거부되어서도 안 된다. "성이란 결혼 전에 이미 발전되고 준비된 것이다. 성을 소외시키면서 만족하려는 모든 시도, 다시 말하면 상대자 없이 혼자 만족하는 성 또는 혼외 상대자와의 성은 오히려 익지 않은 열매를 맛보는 것과 같은 것을 경험시킬 뿐이다." [261)]

보베는 마지막 장에서 '목회상담자의 인격' 에 대해서 다루고 있다. 이 점은 무엇보다도 심리학의 원리를 많이 수용하고 있는 목회신학을 보여 준다. 목회상담자에게 가장 중요한 것은 그 자신이 나쁘게 변화되고 있는 세상에서 자신을 지켜야 하지만 그 모든 인생의 영역에서의 '거듭남' 에 대해서 선포해야 한다는 사실이다. "이 세상에서 중요한 것은 일반 사람들을 새로운 세계관, 새로운 종교 또는 새로운 이념으로 설득하는 것이 아니다. 이제 그리스도가 실존적으로 사람들과의 만남 속에 현존하신다는 것을 증언할

---

259) T. Bovet, 위의 책, 113.

260) T. Bovet, 위의 책, 173.

261) T. Bovet, 위의 책, 176

시간이 돌아왔다." [262]

보베에 의하면 그리스도교 목회상담은 현대의 세계에서 실천적으로 가깝게 다가가야 하지만, 동시에 전통적으로 인정된 영혼 돌봄의 특별한 구조들도 보존하고 있어야 한다.

(5) 알프레트 데도 뮬러(Alfred Dedo Müller, 1890~1972)

뮬러에 의하면 그리스도교 목회상담은 유일한 원형을 가지고 있다. 그것은 다름 아닌 선한 목자로서의 그리스도다. 목회상담은 교회공동체가 존재하는 곳이면 언제나 당연히 교회가 가지고 있는 돌봄의 형식 가운데 하나다. 목회활동 속에서 우리는 항상 신학적이고 그리스도론적인 의미에 대해 물어야 한다. 목회상담은 항상 그리스도를 모범으로 삼아야 하면서도 성서에서 말하는 인간의 본질과 우리가 현실적으로 살고 있는 세계와 항상 접촉하며 존재할 수밖에 없다. 그럴 경우 목회상담은 인간 존재가 지향해야만 하는 근본적인 방향을 제시할 수 있는데, 그 방향 제시는 바로 모든 세상의 문제를 하나님 입장에서 대답하고 하나님 나라를 만들어 가는 길이다. 결론적으로 뮬러는 자신의 목회상담이론을 요약해서 다음과 같이 말하고 있다. "목회상담이란 그리스도의 제자도에서 출발하여 삶을 돕고 신앙을 돕는 일이다. 목회상담은 개인을 총체적으로 성숙하도록 인도하며, 그리스도의 몸인 교회의 일원이 되도록 하며, 모든 세계관과 세계에서 일어나는 문제들에서 그들이 자신을 지킬 수 있도록 돕는 것이다." [263]

(6) 오토 핸들러(Otto Haendler, 1890~1981)

목회상담은 오늘날 정신적이고 영적인 상황에 대처해야 한다. 목회상담은 인간을 영적인 차원과 육체적인 차원, 곧 총체적으로 본다. 그것은 특별한 문제들에 처한 '사람들에 대한 사역' 이다. 그렇다면 목회상담은 개개인이 처한 구체적인 상황을 완전하게 파악하고 그들에게 그들의 삶의 의미를 제시할 수 있으며 개개인이 처한 상황을 밝혀 줄

---

262) T. Bovet, 위의 책, 250.

263) A. D. Müller, *Grundriss,* 286. 뮬러의 목회상담이론에 대해서는 W. Offele, 위의 책, 165 이하와 G. Kretzschmar, Die Bedeutung Alfred Dedo Müllers für die Praktische Theologie, in: H. M. Müller/D. Rössler (Hg.), *Reformation und Praktische Theologie.* FS W. Jetter 70 zum Geburstag, Göttingen, 1983, 13 이하를 참조한다.

수 있다. 그럴 경우 목회상담은 무엇보다도 교회에서 매우 필수적인 요소가 될 수 있다. 덧붙여 심리학에서 발견한 지식과 원리들은 목회상담을 진행하는 데 아주 도움이 되는 요소들이다. 그러나 목회상담은 언제나 계시를 전제로 한 성서적이며 신학적인 인간학에 그 기초를 두고 있다. 본질적인 목회상담의 과제는 모두 성서적 계시에 좌우된다고 해도 과언이 아니다. 이에 대해서 핸들러는 다음과 같이 말하고 있다. "목회상담을 수행하기 위한 모든 신학적인 원리들은 성서적 계시에서 나온 원리들이다. 왜냐하면 선포하는 사람들과 목회상담자들은 각각 다른 사람이 아니기 때문이다. 그들도 죄인이고 용서받은 사람들이면서 동시에 남을 돕는 사명을 받은 사람들이다. 사람을 통해서 이루어지는 사명은 목회상담과 연결되며, 목회상담은 사람들과 연결되게 된다. 이것은 삶의 모든 경우에 적용되는 것이다. 그러한 사명과 과제는 어쩌면 인간적인 차원을 뛰어넘지만 현실 속으로 파고들어야 되는 사명이라고 말할 수 있다. 여기서 도출된 목회상담의 근본적인 원리들은 성격상 영적인 특성을 가지며 구조적으로 세상적인 특징을 가지는데, 흥미 있는 것은 이 두 차원이 서로 방해하지 않는다는 사실이다. 목회상담이 받은 사명은 실제적으로 계시의 세계에서 나온 것이다. 그러나 그 과제는 인간의 언어로, 인간의 대화를 통해서, 인간의 감정과 생각을 통해서, 그리고 인간의 능력과 (역설적으로) 무능력을 통해서 이루어진다. 목회상담을 수행하는 수단은 실제로 이 세계에서 통용되는 것들이다. 그러나 목회상담의 사명은 분명히 영적인 것이다. 목회신학과 목회상담의 모든 문제들은 영적인 것과 세상적인 차원을 어떻게 통합시키냐에 달려 있다."[264]

핸들러의 목회상담이론에서 목회상담이란 일반적인 심리학과 매우 깊게 연관되어 있으나 근본적으로는 성서적 계시에 근거하여 각각 그 시대에 맞게 개개인의 존재에 빛을 비추어 주는 도움이다.

(7) 아돌프 알본(Adolf Allwohn, 1893~1975)

알본에 의하면 어떤 경우에서든지 복음적 목회심리학이 그리스도교 목회상담과 더불어 그리스도교 교회사역에 큰 역할을 해 왔다는 것을 부인할 수 없다. 우리는 먼저 선포

264) O. Haendler, *Grundriss,* 321. 그 밖에도 G. Bartning, Das Ende der Theologenangst vor der Tiefenpsychologie. zum 100. Geburtstag des Pastoralpsychologen Otto Haendler, in: *Quatember* (54) 1990, 203 이하; K. Voigt, *Otto Haendler—Leben und Werk,* Frankfurt/Berlin, 1993, 특히 107 이하를 참조한다.

와 구원, 죄의 용서와 병의 치유라는 것이 원래부터 하나라는 사실을 인식해야 한다. 우리는 예수가 이룬 구원의 역사를 오늘에도 현재화시키기 위해서 심층심리학의 경험을 목회상담에 도입해야 한다. 목회상담과 심층심리학의 근본적인 차이라고 말할 수 있는 것은 성서는 '개인 영혼을 밝혀 내는 기술서' 라는 사실이다.

먼저 알본은 이와 같은 기본적인 입장에서 다양한 연령층에 따라, 그리고 육체적이며 심리적인 병들에 따라 개인이 처한 삶의 영역을 나누어 놓는다. 그 다음에 목회상담에서 계획하는 목회자의 의도와 개개인이 처한 다양한 상황에 상응하는 의학적이고 심리학적인 정보를 연결시켜 제시한다. 알본은 그의 저서의 두 번째 부분인 '구원하는 말씀과 목회실천' 에서 목회활동에서 구원과 치유가 긴밀히 연관되어 있음을 강조한다(신학적인 성육신이론을 사용하여).

알본은 목회상담에서 '실존적인 만남' 이 필수적인 것이라고 강조한다. "목회상담에서 상담자와 내담자의 실존적인 만남의 전제가 되는 것은…… 내담자와 상담자가 근본적인 삶의 문제에 대해서 대화를 나누는 것, 다시 말하면 근본적이며 실존적인 삶의 고통에 대해서 진솔하게 서로 이야기를 나누는 것이다."[265] 알본에게 목회상남에서의 대화란 추상적이 아닌 매우 실천적인 대화다. "목회상담의 대화가 매번 참회의 대화가 될 수는 없겠지만, 결국은 반드시 회개와 참회의 방향으로 진행되는 내적인 경향이 있어야 한다."[266] "치유하는 목회상담의 개혁이 참회의 대화보다는 우선 나타나야 한다."[267] 알본은 자신의 저서에서 마지막으로 '목회상담자의 인격' 에 대해서 다루고 있다. 그는 거기서 목회상담가가 되기 위한 훈련과 소위 '나와 당신의 관계성' 을 잘 이끌어 나갈 수 있는 목회상담자가 갖추어야 할 능력과 목회상담가가 수행해야 할 교회공동체에서의 사역에 대해서 쓰고 있다. 왜냐하면 '목회상담이란 다름 아닌 그리스도의 몸으로서 교회공동체의 한 기능이기 때문' [268]이다. 알본은 그의 저서에서 다음과 같이 결론지어 말하고 있다. "전체적으로 볼 때 중요한 것은 보통 현대인들이 당연하다고 생각하는 것처럼 우리가 예수 그리스도의 사역을 축소시키지 말아야 한다는 것이다. 또한 중요한 것은 목회상담의 대화 가운데에서 하나님의 말씀이 육화, 곧 현실화되어서 사람들이 그리스

265) A. Allwohn, *Das heilende Wort. Zweisprache mit dem ratsuchenden Menschen unserer Zeit*, Göttingen, 1958, 197. 이와 같은 알본의 목회상담이론에 대해서는 L. C. Hoch, *Seelsorge*, 113 이하를 참조한다.

266) A. Allwohn, 위의 책, 208.

267) A. Allwohn, 위의 책, 213.

268) A. Allwohn, 위의 책, 240.

도적이며 근본적인 도움을 체험하는 것이다. 더욱 중요한 것은 치유하는 예수 그리스도의 목회상담이 되게 하는 것이고, 우리가 목회상담의 대화를 진행하는 동안 내담자와 상담자에게 가까이 다가온 하나님 나라를 체험하는 것이다." [269)]

알본은 그의 목회상담이론에서 구원과 치유는 분리될 수 없고 하나로 연결되어 있음을 새롭게 발견하고 있으며 그것을 심층심리학에 근거하여 주장하고 있다.

(8) 디트리히 뢰슬러(Dietrich Rössler, 1927~)

20세기 들어 나타난 새로운 목회신학이론에서 보면(특히 아스무센, 투르나이젠, 트릴하아스의 경우), 신학적인 인간 이해와 현대의학에서 말하는 인간 이해가 상호 간에 비교되고 있다. 따라서 그 목회상담이론들은 일반 학문과 차별화된 신학적 인간 이해, 곧 '전체적 인간' 에 대해서 비판적으로 묻고 제시해야만 했다. 그럼에도 불구하고 현대 목회상담이론과 일반 학문에서 말하는 인간 이해를 바탕으로 하고 있는 새로운 의학 사이에는 공통적인 시도가 있게 된다. 그러나 뢰슬러는 "여기서 한 가지 질문을 제기할 수 있다. 목회학과 의학 사이의 공통적인 시도에서 외적인 일치점이 내적으로도 일치하는가? 있다면 어디에 그 근거점이 있을 수 있으며 또 어디에 내적인 차이점들이 있을까?" [270)]라고 묻는다.

뢰슬러는 먼저 다음과 같이 대답한다. "목회상담이론과 인간 이해를 묻는 의학 사이에는 인간의 현 존재를 상대화시키는 것과 세계를 해석하는 데 있어서 서로 간에 깊은 연관성을 가지고 있다. 여기서 세계 해석은 의학과 철학의 상호 교차적인 정확한 학문적 근거에서 출발하고 있으므로 당연히 '자연과학적' 이라고 주장할 수 있는 내용이다." [271)] 그러나 지금까지 신학적 인간론에서의 대표적 표현이라고 여겨지고 던지 '인간의 한 부분을 대상화시켜 연구' 해 온 개별적 학문의 부분적 인간 이해를 뛰어넘는 표현으로서 간주되는 '전체적 인간' 이란 무엇을 의미하는가라는 물음이 제기된다. 뢰슬러에 의하면 전체적인 인간론의 영역 속에 목회학에서 말하는 동일한 구조를 가진 인간론이 있다면 목회상담이론은 부담스럽겠지만 그 범주 속에 포함되어야 한다. 그는 이와 같은 상황에 대해서 다음과 같이 말한다. "그러나 신학적 인간론이 일반 학문의 인간론과 구조

269) A. Allwohn, 위의 책, 247.

270) D. Rössler, *Der ganze Mensch. Das Menschenbild der neueren Seelsorgelehre und des modernen medizinischen Denkens im Zusammenhang der allgemeinen Anthropologie,* Göttingen, 1962, 87.

271) D. Rössler, 위의 책, 89.

적인 동일성을 가지고 있다는 입장은 곧 목회상담이론의 자기 정체성에 대해 심각한 어려움에 빠지게 할 수도 있다." [272]

그러나 뢰슬러에 의하면 목회신학적 입장에서 모든 일반적인 인간론을 초월적으로 상대화시킬 수 있다고 또는 상대화시켜야 된다고 주장한다면, '다양한 학문적인 인간론을 검토하면서 나타나게 되는 신학적 인간론의 변화는 있을 수 없게 되며 세속적인 것에 대한 해석도 아무 의미가 없게 된다. ……그렇게 다른 학문의 인간 이해를 받아들이지 않으려는 목회학 이론의 매우 배타적인 생각은 분명히 일반 학문에서 제기하는 새로운 인간 이해와의 대화를 근본적으로 차단시키는 상황이 된다.' [273] 사람들은 일반 학문에서의 인간 이해도 변화되고 있다는 것을 인정하려들지 않는다. 그러나 일반 학문의 인간 이해는 정확하고 엄밀한 자연과학의 범주에 머물러 있어야 한다. 이에 대해서 뢰슬러는 다음과 같이 밝히고 있다. "다른 학문의 인간 이해를 거부하는 배타적인 목회상담이론의 주장은 결국 신학적인 인간 이해와 일반 학문의 인간 이해가 공유하고 있는 구조적으로 동일한 것을 보지 못하게 차단시킨다. 이러한 의미에서 신학적인 인간 이해의 배타성을 주장할 경우에 신학적 인간 이해는 실제와는 매우 동떨어져 존재하게 된다. 그리스도교 목회가 세상의 현실과 완전히 동떨어져 있다고 비판받는 이유는 목회상담의 인간 이해가 일반 학문의 인간 이해를 근본적으로 거부하는 대립의 상태에 있기 때문이라고도 볼 수 있다. 동시에 그것은 분명히 새로운 목회상담이론에서 매우 결정적으로 어려운 문제가 될 수 있다." [274]

뢰슬러의 목회상담이론이 나온 후 그리스도교 목회상담은 실제적인 현실감을 잃어버리지 않기 위해 자기들만이 독특한 인간 이해를 가지고 있다고 말하는 배타적인 주장을 다시 한 번 검토해 보게 되었다.

(9) 아델하이트 렌슈(Adelheid Rensch, 1913~)

렌슈에 의하면 목회상담학의 목적은 목회상담에서의 대화문화를 더욱더 발전시키며 그것을 통해서 모든 생명 있는 것들의 서로 간의 관계를 하나님 보시기에 아름다운 모습으로 만들어 나가는 일이다. 그리스도교 심리학자였던 렌슈의 생각은(일관성 있게 물

272) D. Rössler, 위의 책, 93.
273) D. Rössler, 위의 책, 94.
274) D. Rössler, 위의 책, 96.

러의 신학를 바탕으로 삼고 있다) 외적인 조건에서 출발하여 내적인 것으로 지향해 나간다. 즉, 렌슈은 먼저 목회상담의 '외적인 틀의 형식' 을 먼저 고려한다. 그는 다음과 같이 고백하고 있다. "장애를 가지고 있는 사람들도 첫 번째 만나는 자리일지라도 아주 훌륭한 대화조건이라면 금방 자기를 감추지 않고 있는 그대로 드러낸다는 사실이 얼마나 놀라운 일인지 모르겠다. 일반적으로 늦은 저녁시간의 목회상담 대화는 그러한 훌륭한 대화 분위기를 가져온다." 275)

렌슈는 그의 목회상담론에서 '목회상담 대화의 방법' (상담자와 내담자의 관계를 발전시키는 일, 내담자의 개인적인 환경에 대해서 심리적으로 드러내는 일, 신앙상태와 지나온 삶을 밝혀내는 일, 신앙문제, 내담자에게 대화방법을 목적에 맞게 잘 인도하는 일 등)을 다루는데, 여기서 목회상담 대화의 실제적인 형식을 다루고 있다. "목회상담자는 내담자와 그의 상황에 대해서 좋은 조언을 해 주어야 한다는 귀중한 책임을 어떤 경우라도 회피해서는 안 된다. 물론 상담자가 주는 조언이 마치 약국의 획일적인 약처방처럼 되어서는 안 된다는 것은 두말할 필요가 없다. 내담자는 결국 판단과 결단을 내려야 한다. 목회상담에서는 내담자와 찾을 수 있는 가능성에 대해서 상호 간에 논의하며 불가능한 방법은 버리고 새로운 방법을 찾는다. 그렇게 함으로써 사람들은 상담하는 과정에서 쉽게 말하게 되고 또 실천하게 된다. 나는 이전에 목회상담에서 상담자와 내담자는 자기를 찾아온 내담자가 용기 있게 실천할 수 있도록 함께 묵상(기도)의 단계를 거쳐야 한다고 말한 적이 있다. 또한 말씀 선포를 할 때 강압적이지 않고 자연스럽게 기도와 묵상을 하면서 진행할 수 있는 목회상담의 가능성도 나타나게 된다. 경우에 따라서 상담자는 자기에게 온 내담자를 위해서 기도해야 한다." 276)

렌슈는 그의 저서의 세 번째 부분에서 '만남의 비밀' 에 대해서 깊게 다루고 있다. 그는 여기서 '영적인 근본적 태도' 와 평생 동안 드러나지 않으면서도 '개인이 독자적인 인격을 형성하도록 하기 위한' 목회상담의 준비를 지속적으로 다루고 있다. 또한 렌슈는 상담자는 내담자와 어느 정도의 거리를 유지해야 하는가라는 상담자와 내담자의 바른 관계 설정, 특히 목회상담 대화에서 상담자의 내담자에 대한 전이와 역전이 문제에 대해서 다루고 있다. "상담자는 내담자 스스로 성령 안에서 아버지 하나님과 아들인 그리스도, 정의로운 사람들, 더 나아가 내담자 주변에 있는 이웃들과 성숙하게 잘 어울릴 수 있

275) A. Rensch, *Das seelsorgerliche Gespräch. Psychologische Hinweise zur Methode und Haltung*, Göttingen, 1963, 26.

276) A. Rensch, 위의 책, 167.

도록 내담자를 상담자 자신에게서 자유롭게 떼어 놓아야 한다. 내담자는 상담자와 성령 안에서 외적인 거리를 두더라도 내적으로 가까울 수 있다."[277] '(인격 형성과) 진단을 위한 관점' 이라는 제목으로 렌슈의 저서에서 마지막 '부록' 부분은 검증된 심리학적 모형을 따르고 있으며 그것을 실천적으로 실행하는 데 초점이 맞추어져 있다.

렌슈에게 목회상담은 확실한 신학적인 토대로 뒷받침되어야 하지만 동시에 심리학적인 대화방법론과 인격인식 방법론이라는 틀 속에서 진행할 수 있고 또 진행되어야 하는 것이다.

(10) 한스 오토 뵐버(Hans-Otto Wölber, 1913~1989)

뵐버는 목회상담을 '우리 시대에 고통받는 사람, 신앙을 떠난 사람, 그리스도에 가까이 있는 사람들에게 무조건적인 하나님의 사랑을 일관성 있게 전하고 실천하는 개인적이면서 책임적인 사도직' 으로 보고 있다. 그에 의하면 여기서 무조건적인 위로가 문제가 되기도 한다. 그럼에도 불구하고 믿음으로 의롭게 된다는 개신교의 칭의론이, 다시 말하면 영광의 신학(theologia gloriae)이 아닌 십자가의 신학(theologia crucis)이 목회상담의 뿌리가 된다. 그것은 바로 사람을 돌보는 하나님의 관심이고, 그러한 의미에서 목회상담자로서 우리가 하는 일과 하나님이 하는 일을 동일시할 수 있다. 하나님의 사랑은 결코 단순한 문제가 아니며 이 땅에 대한 상상도 못할 하늘의 시도로서 하나님의 사자들을 통해서 전달된다. 목회상담에서 항상 가장 중요한 것은 하나님 사랑의 시도다. "무한정한 하나님 사랑을 시도하기로 결정하는 것은 바로 신앙의 행위다. 그것은 하나님이란 우리가 생각하는 것보다 훨씬 더 크시고, 우리가 느끼는 것보다 훨씬 더 강력하시고, 우리가 알고 있다고 생각하는 것보다 훨씬 더 감추어져 계신다는 신앙이다. 종교개혁가들은 순수한 복음을 발견하기 위하여 애쓸 때 양심의 위로라는 문제에 부딪히게 되었는데, 그들이 확실하게 깨닫게 된 것은 교회라는 기구에 숨겨져 있던 하나님이 또다시 그 분 스스로 살아 계심을 생생하게 보여 주었다는 것이다. 그러므로 무조건적으로 사람을 의롭다고 선언하는 칭의론이라는 순수한 복음을 선포하는 것은 항상 자신을 개방하며 살아 있는 교회로 만드는 신학을 인정하는 것이다. 따라서 종교개혁 교회는 모든 힘을 다해서 오직 한 가지, 우리가 성령의 신학이라고 부르는 것을 전개하려고 노력했던 것

277) A. Rensch, 위의 책, 205.

이다. 바로 그 하나님의 성령이 그들의 양심을 결정한다."[278]

뵐버에게 목회상담이란 하나님의 사랑이라는 세계질서에 대해서 다루는 것이다.

(11) 발터 우자델(Walter Uhsadel, 1900~1985)

우자델의 목회상담에 와서 목회상담은 교회직분으로서의 그 의미가 새롭게 부각되었다. 우자델은 불트만(R. Bultmann)이 나누어 놓은 카리스마적이며 본질적인 직분과 기구적이며 규정적인 직분의 구분을 받아들이지 않는다. 카리스마적 직분이 더 본질적인 직분이라면 목회상담의 활동은 궁극적으로 개개인에 대한 카리스마적인 성령의 능력에만 의존할 수밖에 없지 않겠는가. 그가 중요하게 여기는 것은 종교개혁자들이 새롭게 발견하고 규정했던 신약성서에서 말하는 직분을 우리 시대에 맞게 해석하고 목회상담의 기능에 비추어 새롭게 발견하는 것이다. 그런 다음에야(물론 동시에 성서적인 인간론과 영혼 이해를 살펴보면서) 비로소 우리는 목회상담의 본질을 분명하게 말할 수 있다. 우자델은 그리스도 자신이 세운 직분과 만인 사제직을 상호 보완적인 것으로 보고 있다. 그러한 특징과 관점에서 볼 때 목회상담은 개개인에게 삶의 도움을 주는 것이라고 말할 수 있으며, 동시에 교회공동체를 부흥시키는 데 도움이 된다고 말할 수 있다. 집단상담이 아닌 '개인상담의 형식' 을 보면 특히 '복음적인 참회(고해성사)' 가 드러나게 된다. 일반적인 공동체 돌봄과 교회의 사회봉사 사역은 둘 다 공동체의 본질적인 형식과 매우 밀접하게 관계되어 있다. "그리스도가 세워 놓으신 목회상담의 사역에 자신이 부름받았음을 아는 목회상담자는 적어도 우리의 신학 전통에 따르면 교회의 맨 앞자리를 차지하고 있는 것은 아니다. 그렇다고 해서 그가 열등한 위치에 있다는 것도 아니다. 목회상담자는 영세적인 만인 사제직의 공동체 한가운데서 만인 사제직의 정신을 인식시키고 되살리고 강하게 만들면서 자신의 직분을 실현한다."[279]

우자델에 의하면 개신교 목회상담이란 올바른 교회직분 이해와 밀접하게 관련되어 있다.

---

278) H.-O. Wölber, *Gewissens*, 47 이하. 뵐버의 이 개념에 대해서는 W. Offele, *Verständnis*, 254 이하를 참조한다.

279) W. Uhsadel, *Evagelische Seelsorge*, Heidelberg, 1966, 39. 더 자세한 우자델의 목회상담 이론에 대해서는 M. Jochheim, *Seelsorge und Psychotherapie*, 188 이하를 참조한다. 우자델의 목회상담이론의 출발점은 한 인간의 생애를 주기로 본다면 '사회참여와 심층심리학 사이에서 청소년에 의해 움직이는 신학' 이라고 규정할 수 있다. 그는 실천신학이 인문과학이나 사회과학을 받아들이는 것에 대해 비판적이다.

6. 그리스도교 목회상담의 역사에 대한 종합적 논평

우리가 목회상담의 역사에 대한 자세한 과정에서 또다시 우리 목회상담의 출발점으로 돌아온다면 목회상담자들에게 그와 같은 긴 역사적 고찰이 왜 필요할까? 처음에 이미 서술한 그 질문에 대한 논평을 다음과 같이 보충할 수 있다.

• 목회상담과 관련된 '과거 교회사의 그림들' 을 우리가 분명하게 인식할수록 그들이 제기한 근본적 질문과 동기들이 확실하게 나타나고 드러나게 된다. 다시 말하면, 시대에 따라서 나타나는 다양한 목회상담이론 속에는 매우 분명하고 특별한 형태와 강조점이 반복되어 나타난다. 그러한 목회상담의 핵심점들은 무한정 출판되는 목회상담 자료와 씨름해야 하는 현대 목회상담자들에게, 그리고 한편으로 그들 자신만의 특별한 위치와 관점을 세우고자 할 때 목회상담에서 중요한 실천적 도움과 방향을 제시한다.

목회상담의 커다란 틀 속에서 보는 역사학적인 사고방식은 오늘날 다양한 목회상담이론의 표현들과 개념들을 각각의 강조점 및 특징별로 분류하는 데 매우 도움이 된다. 또한 그러한 역사학적인 사고방식은 목회상담을 하는 사람들이 자기 자신의 입장을 확립하는 데 뿐만 아니라 특정한 전통적 입장을 지지하는 데 큰 도움이 된다.

• 목회상담을 역사적으로 고찰하는 것은 목회상담자가 의도적인 과거 회상작업에서 꼭 필요한 자기 동질성을 찾으면서 흥미를 느끼게 할 수 있다. 과거에 존재했던 개인적인 영역과 개인을 뛰어넘은 사회적인 영역에 있는 과거의 사건과 경험을 회상하는 작업은—그렇게 해서 현재에 필요한 것을 얻으려는 것은—특정한 문제 제기에 대한 집중적인 노력이 반드시 필요하다. 그 질문을 표현하면 다음과 같다. 어떤 역사적 사건, 역사적 이해 그리고 행동방식이 목회상담의 영역에 있는 나에게 특히 관심을 불러일으키는가? 어떤 주제에 대해서 나는 관심을 가질 수 없는가? 또는 어떤 주제가 '특히' 나의 관심을 자극시키는가?

그렇게 질문한다는 것은 '일반적인 역사발전에 대하여 개개인이 보이는 특별한 관심과 무관심은 개인이 가지고 있는 개인 역사 속에서 그 근거를 찾을 수 있다' 는 명제를 생각나게 한다. 상응하는 관계성을 인식하고 자신의 주장을 증명하기를 원하기 때문에 위에서 말한 회상하는 작업을 하는 것이 아닌가! 목회상담자 자신이 자기만의 고유한 생각이라고 생각했던 것이 목회상담을 역사적으로 살펴보는 가운데 정말 이것이 나만의 고유한 것인가에 대해서 질문하게 만들며, 여러 다양한 입장에 대해서 유연한 자세를 갖게 만든다. 그 밖에도 목회상담을 역사적으로 고찰하는 것은 주제와 관련된 새로운 호기심을 자극한다. 다시 말하면, 주어진 상황 속에서 목회상담의 역사에 대해서 더 깊이 연구하게 만든다.

• 흥미로운 목회상담의 역사를 살펴봄으로써 목회상담자는 먼저 목회상담의 이론과 실천의 발전과정을 고찰하면서 각 시대의 목회상담이 제기한 다양한 역사적인 문제들뿐만 아니라 다양한 목회상담이론의 목표설정과 행동방식들에 대해서 배울 수 있게 된다. 그렇게 함으로써 목회상담에서 전통의 실천적 범위가 드러나게 되고, 그것들을 통해서 우리는 오늘날 반드시 필요한 강조점들과 주요 주제들을 다시 검토할 수 있게 된다. 또한 우리는 그러한 통찰을 통하여 잊혀지거나 거부되어 왔던 신학적 관점을 새롭게 인식할 수 있게 되며 그것을 현대 목회상담의 문제들과 다시 연결시켜 생각하게 된다.[280)]

• 목회상담의 역사를 뚜렷한 목표를 가지고 '내면적으로' 살펴본다는 것은 무엇보다

280) 다음에 서술하는 생각들은 필자 개인이 받은 인상, 다시 말해서 필자 개인의 제안이라고 말할 수 있다. 따라서 독자들이 받아들이지 않아도 된다. 필자는 유사한 생각을 하는 사람에게 작은 자극을 주고 싶을 뿐이다. 만약에 사람들이 위에 언급한 보기에 따라서 살펴본 목회상담 사역이나 목회신학과 실천신학의 핵심 주장들을 위한 역사적인 실천방법들을 핵심 주제어로 정리하기를 원한다면 다음과 같은 핵심어로 부각시킬 수 있다. 즉, 교회공동체와의 관계성, 회개, 교회훈련, 목자상, 영혼의 의사, 삶의 규칙, 지도자 직분, 양심의 위로, 영혼의 양육, 고상한 인류, 자기 인식, 인간 인식, 우정, 평신도 목회상담, 사회적 책임 등이다.
이와 같은 핵심 개념이들은 목회상담의 개념보다 질이 떨어질 경우에 반복해서 근본적 모순을 보여 주기도 한다. 그 개념들은 상황적인 필요성 또는 보상적인 차원에서 일방적인 주장을 요구하기도 한다. 그러나 모순적인 구조의 틀 안에서는 다음과 같은 대립적인 개념구조가 나올 수 있다.
그것은 '① 회개, 교회훈련, 영혼훈련, 삶의 법칙 대 양심의 위로, ② 지도자 직분, 목자상, 영혼의 의사 대 평신도 목회상담, ③ 교회공동체와의 관계성 대 자기발견, 고상한 인류, 우정, ④ 자기 인식 대 인간 인식, 사회적 책임' 이라는 대립 개념구조를 말한다.
이러한 갈등구조에서 결국 하나의 근본적인 대립 개념이 나타난다. 더구나 여러 다양한 목회상담이 이해 속에서 가장 중요한 것은 항상 보다 나은 현실극복이다. 그러나 이 개념에 대해서도 문제를 제기할 수 있는데, 그것은 이 새로운 개념이 '세상적' 상황에 대해서 비판적으로 검토하면서 '세상적으로 잘 적응된 도움' 으로서의 신앙적 도움으로서 실현될 수 있는지다.
모든 상대적인 개념들 가운데서 분명한 사실 하나는 삶과 경험에 대한 새로운 대안이 중요하고 문제가 되는 것이 아니라는 사실이다. 오히려 중요한 것은 양극단이다. 다시 말하면, 양극단 사이의 역사 속에서 불안한 갈등요소가 생기게 되는데, 그러한 것이 생성되고 존재하는 양극단이 더 중요하다. 그러한 양극단 점들은 역사적인 상황에 따라서 문제를 해결하는 백기사로서 전면에 떠오르게 된다. 동시에 그것은 현대에 여러 다양한 목회신학의 핵심 주장 속에 반복해서 드러나게 된다.

도 우리들이 그 가운데 있는 특별한 점들에 관심을 기울이도록 자극한다. 여기서 몇 가지 주목할 점이 있는데 그중에 하나가 역사적인 투쟁과 논쟁의 배경에 어느 정도까지 근본적인 모순점들(결국 그 문제에 상담자나 내담자 모두가 부딪히게 되는)이 드러나게 되는가라는 문제다. 확실한 것은 목회상담의 역사에서 역사적인 또는 사회적인 발전, 개인적인 인생과정이나 짧게 그와 유사한 것을 찾아내는 중요한 문제가 아니라는 사실이다. 그러나 역사적 경험을 도외시하고 고통을 극복하기 위한 여러 가지 인간적인 것을 시도할 경우에 목회상담의 틀에서 갈등과 위기 요소가 드러나게 된다. 거기서 목회상담의 역사 속에서 인식하고자 하는 목표(역사적인 자료뿐만 아니라 목회상담의 만남사례들에 대한)를 발전시킨다는 말은 동시에 갈등을 해결할 수 있는 가능성이 나온 역사적 전승에 관심을 기울인다는 것을 의미한다. 그래서 사람들은 위기관리에 관한, 그리고 실제적인 위로를 실천한 그리스도교의 실천적 역사에 대해서 관심을 가지고 살피게 된다.

마지막으로 목회상담자가 목회상담의 역사를 살피게 되면 그는 자기만의 목회상담 입장을 체계적으로 세우는 데 더욱더 신중을 기하게 된다. 다시 말하면, 역사적 지식이 있는 목회상남자는 현재 존재하는 목회상담학적인 입장을 너무 빨리 자기의 신학적 입장으로 삼지 않게 된다. 물론 이 말은 역사적이고 개인적인 경험에서 검증된 과정의 결과로서 확실한 실천적 결과를 가지고 있는 특별한 목회상담의 개념을 찾으려고 힘써 노력한다는 것을 전제로 한다.

CHAPTER 4

그리스도교 목회상담과 현재 상황

그렇다면 현재 우리 목회학의 상황은 어떠한가? 현재 목회학에서 시도되는 노력들이 어떠한 핵심 주제를 만들어 나가고 있는가? 어떠한 근본적인 전제와 목표설정들이 거기서 가시화되고 있는가? 또한 그것들은 어떠한 영향력을 발휘하고 있으며, 거기서 어떠한 과제가 긴급하게 우리에게 다가오는가?

처음부터 우리가 현재의 상황을 전체적으로 조망한다는 것은 매우 어려운 일이라는 것을 인정해야 한다. 수많은 변화와 수정 과정을 겪은 현재 목회상담학의 입장들을 살펴보면 뚜렷하게 그들의 관점과 학문적 입장들이 분명하게 드러날 정도로 확연하게 구별되지는 않는다. 오히려 여러 다양한 목회상담학이 서로 간의 입장을 받아들이고 있으며 발전적인 타협점을 찾고 있음에 주목해야 한다. 그러나 동시에 문제 제기가 다양화될 때 새로운 차이점들과 구별된 점들이 나타나기도 한다.

다음에서 서술할 다양한 목회 개념들과 특정한 기본 개념을 대표하는 그들 입장에 대한 평가는 지난 30년 동안 진행되어 온 목회상담학에 대한 일종의 개괄적인 도표를 만들기 위한 시도라고 볼 수 있다. 이 도표에 나타난 영역들 위에 일종의 도로가 지나가게 되는데, 그 도로는 서로 간의 경계를 넘나들기도 하고 연결하는 기능을 수행하기도 하며 서로 다른 입장들을 서로 연결해 주기도 할 것이다. 그런 점에서 다양한 특징들을 가진 집단들에 대한 다양한 목회방법에 대한 종합적 입장이란 완전히 새롭고 독창적으로 그들의 위상을 결정지어 주고자 하는 시도라고 말할 수 있다. 다시 말하면, 그것은 일종의 도전이라고 볼 수 있다. 이 같은 방법을 통해서 다양하고 복합적인 목회학적 관점과 방법들에 의해 당황하지 않고 마치 고유한 목회학적인 입장으로서 가장 잘 파악할 수 있는 것이다.

포괄적인 관점으로서 현대 목회학의 상황은 이중적인 특성을 가지고 있다고 볼 수 있다. 목회상담의 방향설정에 대한 논쟁, 다양한 목회상담에 대한 기본 모형들과 목표설정과는 별도로 목회상담학과 인문과학의 연계(그 결과 일반 상담학에서 보여 준 다양한 형태에 의해 영향받게 된다)는 20세기에 들어와서 더 이상 피할 수 없는 조건이 되었다. '어떻게 당신은 심리학과 연결 짓는가?'라는 질문은—특히, 이 질문이 대체로 그리고 의도적으로 차단된 것처럼 보이는 상황에서—목회상담학에서 가장 대답하기 곤란한 질문이 되었다.[1)]

1) 이 문제에 대한 근본적이면서도 결과물이 풍성한 연구라고 여겨지는 저서로는 M. Plieth, *Die Seele wahrnehmen. Zur Geistesgeschichte des Verhältnisses von Seelsorge und Psychologie*, Göttingen, 1994이 있다. 플리이트에 의하면 심리학과 목회상담이라는 양대 학문의 관계규정은 진리에 대한 실제

다음으로 현대 목회학의 특징이라고 말할 수 있는 것은 통전적인 사고방식(ein ganzheitlichen Denken)을 지향하고 있다는 사실이다. 그렇게 해서 지금까지 힘써서 연구된 전체성에 대한 다양한 개념들이 등장하게 된 것이다.[2] 여기서 다음과 같은 관찰결과는 이와 같은 경향에 상응하는 신학적인 설명을 요구하게 된다. 다시 말해서 무엇보다도 체험에 근거한 목회현실을 드러내기를 원하는 목회학은 경험의 차원이지만 그것을 뛰어넘는 초월적인 것을 통하여 전체성을 파악하고 이해하기를 요구한다. 따라서 현대 목회학은 철학과 같은 인간학적인 영역에서 나온 연구결과와 목회학의 영역에서 나온 연구결과를 자신의 광범위한 학문적 기초로 이용하려고 시도한다. 대조적으로 조직신학적인

내용을 담고 있기 때문에 피할 수 없는 것이며, 각 학문의 진리 주장에 대한 건전한 상호 간의 토론에 달려 있다. 플리이트는 다음과 같이 말한다. "진리란 구체적으로 규정되거나 설명된 신앙 또는 의미 체계로 파악되거나 권위적으로 전달되거나 확정지을 수도 없고 또 그렇게 해서도 안 된다. 오히려 진리는—다른 일반적인 학문과 그 학문을 옹호하는 대표자들의 주장과는 반대로—투명한 과정 속에서 발견되고 이해되고 습득되는 역동적인 그 무엇이라고 말할 수 있다"(255쪽).

같은 맥락에서 최근에 구조주의를 목회학에 끌어들여서 목회상담학과 심리학의 관계를 인식론적인 이론으로 규정하려는 시도가 있다. 이와 같은 시도는 노르베르트 암메르만(Norbert Ammermann, *Zur Konstruktion von Seelsorge, Erkenntnistheorie und Methodenfrage unter dem Aspekt der Psychologie der persönlichen Konstrukte und auf dem Hintergrund konstruktivistischer Erkenntnistheorien*, Frankfurt a. M./Berlin/Bern, 1994)의 연구에서 볼 수 있다. 암메르만에게 중요한 것은 개인 심리분석에 근거한 심리학에 바탕을 두고 개개인이 가지고 있는 전제들에 대해서 인식론적으로 고찰하도록 요청하는 것이다. 그는 다음과 같이 말하고 있다. "여기에 어느 정도 나 자신이 가지고 있는 인식능력을 발전시켜야 한다는 근본적인 과제를 안고 있다. 개별적으로, 구체적으로 말하면 목회상담을 배우는 사람들에게 그들의 몇 년차 교육과정에 그리고 교회지도자에게 과제를 제시할 것인지, 제시한다면 어떤 과제를 제시할 것인지를 연구하는 것이다"(253쪽). 이러한 맥락에서 암메르만은 '상황이 목회상담자를 규정하는 것이 아니라, 오히려 상황이 목회상담자의 활동 여하에 따라서 결정지어지게 된다'는 확신을 가지게 되었다.

2) '전체성'에 대한 개념을 다른 차원에서 다루고 있는 연구서로 추천하고 싶은 것은 다음과 같다. U. Eibach, *Heilung für den ganzen Menschen? Ganzheitliches Denken als Herausforderung von Theologie und Kirche, Theologie in Seelsorge, Beratung und Diakonie. Bd. 1*, NeukirchenVluyn, 1991.

이 책에 의하면 전체성에 대한 사고방식은 각 시대에 유행하는 인생관과 피할 수 없이 밀접한 관계를 가지고 있다. "본질을 파악하기 위해서 전체적인 관점으로 보아야 한다는 주장은 최근에 최상의 윤리적인 주장이 되었다"(50쪽). 그런데 모든 그러한 사고방식의 실천적 장점을 말할 때, 존재하는 인간의 인식능력의 한계문제가 자주 잊혀지거나 무시된다. 이에 대해서 아이바흐는 다음과 같이 말하고 있다. "따라서 신학은 어떤 사물의 본질 전체를 파악할 수 있고 그러한 방법을 소유할 수 있는 열쇠를 가졌다고 주장하는 모든 이론에 대해서 비판적으로 거리를 둘 필요가 있습니다. 교회는 전체적 존재가 중요하다는 무조건적이며 무비판적인 주장에 잘못 빠지기보다는 오히려 다양한 삶에 대해서 다차원적으로 접근할 것을 말해야 한다. 또한 교회는 학문적인 방법도 그들이 보는 시각이 제한되어 있음과 무조건적으로 합리화된 전체성에 관한 주장에 빠질 수 있음을 지적해야 한다. 오히려 교회는 궁극적으로 모든 사물이 가지고 있는 '전체성의 본질'을 하나님만이 열어 보일 수 있는 비밀로 남겨 놓아야 한다"(73쪽 이하).

특징을 가지고 있으며 무엇보다도 정신과학 전통에 서 있는 또 다른 현대 목회학의 한 분야는 처음부터 초월적이며 내재적인 실체를 포함하는 전체성이라는 개념을 더 선호한다. 이 목회학은 그와 같은 입장에서—목회적 상황 속에서 기능적인 면을 중요하게 생각한다면—인간학적인 영역에서 나온 경험적인 지식을 어느 정도 상대화시킨다.

만약 우리가 제대로 이해하고 있다면 이러한 두 가지 사고방식으로 나타나는 현대 목회학의 상황 속에는 무엇보다도 두 가지 근본적인 입장, 즉 사고와 행동을 규정 짓는 다음과 같은 방향이 상존하고 있는 셈이다.

한편으로 우리는 목회상담의 사고와 행동을 가장 영향력 있게 규정해 온 목회상담운동에 대해서 말할 수 있다. 비록 그런 운동이 전체적으로 통일된 모습을 보여 주고 있지는 않다. 그럼에도 불구하고 목회상담운동은 상대적으로 분명한 모습을 보여 주고 있으며, 그 운동의 대표자들은 자기들이 주장하는 목회상담의 개념을 계속 확장시키고 발전시켜 나가고 있다. 또한 목회상담운동은 목회상담학의 이론과 실제의 영역에서 볼 때 뚜렷한 특징과 구조를 만드는 요소라고 볼 수 있다.[3] 다른 한편으로 우리는 지금까지 목회상담학에서 진행되어 왔던 모든 노력들에 대해서 말할 수 있다. 그 노력들(이것은 목회상담학 운동에서 별로 주목받지 못한 주제들에 관한 것일 수 있다)은 현대 목회상담학에서 매우 다양한 방법으로 목회상담의 뿌리를 복원하는 것과 역사적 연속성을 찾으려고 노력하는 것이다. 이러한 노력은 그리스도교 목회상담학에 결정적인 영향을 끼쳤다.[4]

---

3) 목회상담운동의 역사에 대해서는 M. Jochheim, Die Anfänge der Seelsorge bewegung in Deutschland. Ein Beitrag zur neueren Geschichte der Pastoralpsychologie, *ZThk* (90) 1993, 462 이하를 참조한다. 요흐하임은 "목회상담운동은 새로운 형태의 목회가상을 정립하는 데 도움을 주었다."(462쪽)라고 주장한다. 특히, '서론: 독일에서의 목회심리학(Zur Vorgeschichte· Pastoralpsychologie in Deutschland)'라는 제목의 장은 많은 시사점을 주고 있다. 그는 여기서 목회상담학자인 슈텔린(W. Stählin), 뮐러(A. D. Müller), 핸들러(O. Haendler), 우자델(W. Uhsadel)과 쾨벨레(A. Köberle)를 다루며, 그들에게 뿌리를 둔 예식갱신운동('미하엘 형제공동체')에 대해서 언급하고 있다. 그는 다음과 같이 논평하고 있다. "그것은 마치 육체적이고 영적인 사람의 인식능력을 얻도록 돕는 청소년운동에서 시작된 비밀스러운 신학교가 있었던 것처럼 들린다. 그러나 사실 그 신학운동은 그리스도론적으로 집중되었다는 변증법적 신학의 특징에 동의하지도 않았고(슈텔린은 바머선언을 거부했는데, 그 이유는 바머선언이 제1의 신앙조항을 충분히 포함하고 있지 않았다고 생각했기 때문이다) 내용적으로 선포의 개념을 받아들이지도 않았다"(466쪽).

4) 여기서 그와 같은 개념을 쓰고 자리매김하는 데 주의할 것은 '복원(Restitution)'이라는 개념이 결코 '후퇴'를 의미하는 것이 아니라는 사실이다. 따라서 이 개념이 평가절하되는 일이 없어야 하겠다. '연속성'이라는 개념이 일반적으로 '신뢰성'이라는 개념과 연결되어 긍정적으로 평가된다면, '복원'이라는 개념에 대해서 오해하지 말아야 한다. 복원력이 있는 행동이란 현대에 와서 부정적으로 인식되는 것처럼 보이는 원초적인 능력이 다시 영향력을 가질 수 있다는 의미로 이해될 수 있다.

현대 목회신학의 운동방향을 보면 한편으로는 목회상담운동을 이어가려는 방향이 있으며 다른 한편으로 그리스도교 목회상담의 근본을 복원하고 연속성을 찾으려는 방향이 있다. 두 가지 방향 모두를 강조하고 특징짓기 위해서, 그리고 각각의 특성을 분명하게 나타내기 위해서 그들이 '필수적' 이라고 주장하는 것에 대해 다음과 같이 질문해야 한다. 위에서 말한 두 가지 방향의 목회상담학을 자체적으로 평가한다면 현재 각각의 목회상담운동에서 가장 시급히 필요한 것은 무엇이라고 생각하는지, 그리고 두 가지 방향의 목회상담운동의 결점은 어디에 있으며 그 결점을 채울 수 있는 길은 어디에 있는지, 다시 말하면 현재 우리가 역사적으로 우리에게 주어진 과제를 풀 수 있는 목회상담을 찾는 것이 우선의 과제라면 목회상담학의 위기는 무엇인지라는 질문이다.

따라서 두 가지 대표적인 목회상담학의 방향은 각각 자신이 가지고 있는 근본적 사고방식에 따라서 목회상담이론의 본질적인 구성요소로서 필수적인 것들을 제시한다.

1. 계속적으로 이어지는 목회상담운동

1) 필요한 첫 번째 것: 시대 적합성의 강조

현재 목회상담의 결핍된 상황이 여기서 전제가 된다. 다시 말하면, 전통적으로 중요한 과목으로 여겨져 온 목회학은 자신의 온갖 노력에도 불구하고 하나의 건조하고 무기력한 이론으로 전락할 위험에 빠져 있다. 사람들은 기존의 목회학 이론을 가지고 현대 사회에서 나타나는 특별한 갈등문제에 더 이상 대처할 수 없게 되었다. 따라서 우리는 긴급하게 '하나의 새로운 목회학 질서' 에 대해서 말할 수밖에 없으며[5] 더구나 그것을 요구하게 되었다. "목회신학의 위기는 '교회가 할 수 없이 목회학의 위기와 더불어 지탱해 나갈 수밖에 없다는 것이다' 라고 한탄할 정도로 이미 만성적인 병적 징후를 띠게 되었다. 교회는 마치 치료할 수 없는 환자와 비유될 수 있다. 그래서 교회는 자기의 병과 함께 살아야 됨을 배워야 하며 또 배워 왔다."[6]

5) H. Doebert, *Neudordnung der Seelsorge. Ein Beitrag zur Ausbildungsreform und zur heutigen kirchlichen Praxis,* Göttingen, 1967.

6) H. Doebert, 위의 책, 13. 여기서 도에베르트는 미국의 사회학자 리스먼(D. Riesman)의 이론에 따라서

그러나 거꾸로 목회학의 이 위기를 기회라고 생각할 수 있는가?[7] 목회신학자들은 시대를 못 좇아가는 위기상황의 수렁에서 실제로 탈출할 수 있을까? 사람들은 오히려 인문과학을 하는 사람들에게 그 해답을 물어보는데, 사실 그들은 목회학에 대한 관심보다는 그 밖에 많은 다른 것들에 대해서 관심을 보이는 사람들이다. 우리가 20세기 초기에 나타나는 목회상담학자들의 심리분석에 대한 매우 불안정한 논쟁을 살펴볼 때 받는 인상은—그 심리분석 방법은 제2차 세계 대전 후에 새롭게 도입되는데—사람들이 프로이트와 그의 종교비판을 그리스도교 신앙에 대한 도전으로 본 것 같다는 것이다.[8] 그러나 프로이트의 등장을 보면서 "신학자들조차도 프로이트의 사고모형이 신학에, 특히 실천신학 분야에 매우 중요한 정보를 제공하고 있지는 않은지를 시급히 질문할 시기인 것처럼 보았다."[9] 목회상담을 현장에 맞게 실천적인 목회상담으로 변화시켜야 한다는 사실은 이제 가장 시급한 우리의 과제가 되었다. 이러한 관점에서 보면 미국이 확실히 한 발 더 앞서 시도했다. 그리고 미국에서의 목회상담은 자유주의 신학을 배경으로 깔고 있으며 인문사회과학에서 실용적 경험주의를 바탕으로 유럽의 목회학보다 훨씬 더 자유롭게 발전하고 있다.[10] 현재 네덜란드 목회상담 경향도 미국과 유사한 방향으로 가고 있다고 말할 수 있다.[11]

'내면에서 외면으로 향하는 오늘날 현대인들의 경향성' 에서 그 이유를 찾고 있다(74쪽). 도에베르트는 병원 목회상담을 모든 그리스도교 상담의 원형으로 본다. 그는 그러한 목회상담의 치유의 과제에서 시작하여 목회학 분야를 새롭게 발전시킬 근거로 삼고 있다.

위 저서가 출판된 해에 비슷한 개념을 가지고 등장한 저서가 있다. 저자는 폭넓은 병원 원목의 임상경험을 토대로 해서 현대사회가 직면한 병리현상에 대한 특수목회(노이로제 환자에 대한 목회상담: 역주)에 대해서 서술하고 있다. G. Walter, *Seelsorge an Neurosekranken*, Stuttgart, 1967.

7) M. Seitz, in: E. Jungel/K. Rahner/M. Seitz, *Die Praktische Theologie zwischen Wissenschaft und Praxis*, München, 1968, 65.

8) J. Scharfenberg, *Religionskritik*.

9) J. Scharfenberg, 위의 책, 11. 많은 사람들에게 읽히고 영향을 주었던 이 책에서 샤휀베르크는 프로이트 개인의 인격 형성과 학문의 길로 걷게 된 과정을 매우 자세하게 설명하고 있다. 그는 신학에 반영된 여러 가지 프로이트 상을 찾아보고, 언어라는 현상에서 신학과 심리분석이 가진 공통점을 찾아보려고 한다. "심리치료에서 언어를 통한 치료는 신학에서 언어사건에 대한 신학적인 해석과 상응한다. 이와 같은 비교는 적어도 발전적이고 비판적인 두 학문과의 대화를 유도할 수 있다. 샤휀베르크에 의하면 비슷한 방법으로 프로이트의 종교비판도 그리스도교에 대한 매우 중요한 자극제로서 교회와 신학이 신학적 자기 성찰에 도움이 될 수 있도록 역으로 이용할 수 있다.

10) D. Stollberg, *Seelsorge praktisch*, Göttingen, 1970. 슈톨베르크는 이 책을 통해 독일 목회상담 영역에 막대한 영향을 주었다. 이 책은 목회상담의 실천적 사례에 관한 논문들뿐만 아니라 미국 목회상담의 모형들을 소개하고 연구한 슈톨베르크 자신이 쓴 박사논문의 한 부분을 싣고 있다.

11) 이에 대한 대표적 사례가 파베르(H. Faber)와 슈트(E. van der Schoot)의 저서다. 독일, 미국, 네덜란드

그러나 어느 정도 수입된, 아마도 약간 생소한 파격적인 분위기의 목회상담의 경향이 단순하게 신학적으로 아무런 방해도 받지 않고 효과적으로 목회현장에 적용될 수는 없다. 사실 일반 사회에서 종교의 역할변화와 동시에 목회상담의 역할변화는 무시할 수 없다. 이때 나타난 목회학의 위기는 어쩔 수 없이 목회상담자의 정체성 위기로 나타나게 된다. 다시 말하면, 일반 목회상담자는 자기 전문 분야에서 '의사소통의 어려움' 을 극복하지 못한 채 투입되어 힘들어하게 된다는 것이다. 동시대 사람들의 영혼을 돌볼 수 있다는 일반적인 가능성에 대해서 논쟁하게 될 경우, 이러한 논쟁은 자연스럽게 일반적으로 경험했던 '세속화' 논쟁의 경향으로 나아가게 된다. 이 경우에 신학적 노선이 뚜렷한 목회상담이라면 그러한 경향에 대해서 못 본 척할 수도 없고 단순히 거부할 수도 없으며 자신을 그러한 경향에 무조건 내맡길 수도 없다. 더구나 목회상담학이 자기 시대에 맞는 목회상담학이 되고자 한다면 사람들은 그 어떤 목회상담학도 그 목회상담학이 가야 할 길, 상황분석 그리고 새로운 목회상담학의 대안에 대해서 질문하지 않을 수 없다.[12] "교회는 세계와 연결되는 하나의 의사 전달수단의 도움으로 현실화되는 것이기 때문이다. 목회상담은 여러 가지가 마구 뒤섞여 진행되는 것도, 그렇다고 완전히 폐쇄적인 장소에

에서의 다양하고 상이한 목회상담학 운동에 관해서는 M. Jochheim, *Anfänge*를 참고한다.

12) R. Riess, *Seelsorge. Orientierung, Analysen, Alternativen*, 13 이하. 리이스는 목회상담과 심리치료의 관계문제를 현대 목회학이 당면한 근본 문제로서 긍정적 의미에서 세속화 과정을 겪어가면서 어쩔 수 없이 상호 간에 부딪쳐야만 하는 하나의 대표적인 모형으로 보고 있다. 리이스가 보기에 전통적인 목회학에서 사용한 주도적인 개념들을 벗어나 심리학 또는 심리치료에서 신학이 수용한 '내담자 중심' 의 목회상담이 현대에 와서 목회상담의 새로운 방법론적 선택이다.
제2차 세계 대전 후 나타난 새로운 그리스도교 목회상담운동에 대해서 더 자세히 알고자 한다면 G. Hézser, *Der Beistand als eine Grundfuntion der Seelsorgepraxis*(Bielefeld/Bethel, 1983, 미간행)을 참고한다. 헤체르는 그의 학위논문에서 "단적으로 말한다면, 제2차 세계 대전 이후 새로운 개념을 가지고 나타난 다양한 목회상담운동의 근본적인 기능을 서술하고 심리치료적인 목회상담에서 근본적 기능으로서 도움을 실제적으로 어떻게 현실화시킬 것인지를 연구할 것이다"(6쪽)라고 말한다. 그는 논문의 결론 부분에서 다양한 학파와 치료모형이 가지고 있는 인문학적인 배경을 자세하게 설명하고 있다. 그가 말하는 배경 설명은 이미 앞부분에 나오는 '개념 설명' 에서 나타낸다. "도움이란 목회상담가의 어느 특정한 생각과 행동을 나타낸다. 도움이란 처음 만나는 내담자와 관계하는 것뿐만 아니라 나 자신과도 관계하는 것이다" 헤체르는 내담자는 상담자 자신과 사귀는 것이라고 말한다. 그의 생각에 의하면 생각과 태도로서 도움이란 조직적인 관계 안에서 목회상담가가 새롭게 받아들인 인격적인 이론이 된다. 또한 도움이란 영원하며 관계 속에서 건설적인 기초적인 행동으로서 목회상담의 만남이 있는 곳에서 경험적으로 인식할 수 있고 그 효과가 나타난다(물론 직접적인 방법을 사용할 때도 마찬가지다). 그리고 도움을 현상으로 설명한다면 사려 깊음, 관용, 인정, 같이 참고 기다려 주는 행동으로 설명할 수 있다. 심리치료에서 사용하는 비슷한 기능으로는 절제와 공감, 존중과 일치를 표시하는 행동 등을 들 수 있다(5쪽 이하).

서 진행되는 것도 아니며, 완전히 사회와 분리되어 실천되는 것도 아니다. 목회상담은 세속도시의 한가운데에서 사회봉사로서 실천되는 것이다."[13)]

이와 같은 주장을 잘 이해하기 위하여 목회상담자들은 먼저 지금까지 어느 정도 그들에게 생소하게 느껴질 인문과학의 영역에 대해서 연구하고 응용해 보는 것이 필요하다. 예를 들면, 그리스도교 신앙을 가진 의사는 일반적이고 기초적인 노이로제 이론과 심리학적인 병들에 대한 강의를 교회 목회자들에게, 그리고 그것에 흥미를 가지고 있는 신학자들에게 '목회상담실습' 의 형식으로 제공할 수 있다.[14)]

필자가 중요하게 생각하는 것은 심리분석과 종교를 대표하는 사람들 또는 심리치료와 목회상담을 대표하는 사람들이 서로 거부했던 점들과 서로 필요로 했던 역사에 대해서 알아보는 것이다. 그러나 역사적으로 보면 심리학과 목회상담이 서로 간에 논쟁하고 거부한 사실도 있지만 서로 간에 공감하는 공통영역도 있으며 협력모형을 발전시킨 예도 있다. 1910년부터 1974년까지가 가장 극심했던 그리스도교의 목회상담과 세속의 심리치료 사이에 서로 간의 존재를 거부한 시기였다고 볼 수 있는데, 이 역사에 대해서 이제 의도적으로 다시금 새롭게 현대적인 질문을 제기하는 것이다.[15)]

---

13) R. Riess, 위의 책, 243.

14) K. H. Wragel/P. Petersen, *Seelsorger und Therapie. Einführung in die Neurosenlehre und Psychiatrie. Seelsorgepraktikum 1*, hg. v. K. H. Wrage(하노버 루터교회에 속한 사회의료국 담당지도자), Gütersloh, 1971.
이와 비슷한 주제를 다루고 있는 사람은 파이에라이스(의사)와 틸로(신학자겸 심리치료사)인데, 이들의 이론은 공저인 H. Feiereis/H. J. Thilo, *Basiswissen Psychotherapie. Kleines Repetitorium der wichtigsten Grundbegriffe tiefenpsychologisch orientierter Psychotherapie*, Göttingen, 1980를 참고한다.
정신병에 대한 심리학자 융이 심리학적 입장을 목회상담 분야에서 대변하고 있는 사람은 하르크로 이 분야에서 그의 대표적 저서는 H. Hark, *Religiöse Neurosen*. Ursachen und Heilung, 1984(3. Aufl., 1990)이다. 하르크는 목회학 분야에서도 그의 여러 저서들을 통해서 융 심리학을 소개하는 데 가장 큰 영향력이 있는 대표적인 학자라고 볼 수 있다. 그 밖에 중요한 그의 저서들은 다음과 같다. H. Hark, *Der Traum als Gottes vergessene Sprache*, 5. Aufl., Düsseldorf, 1989; *Mit den Engeln gehen. Die Botschaft unserer spirituellen Begleiter*, München, 1993. 마지막에 언급한 책에서 하르크의 관심은 '영적인 능력' 이다. 그는 다음과 같이 쓰고 있다. " '영적인 능력' 이라는 단어를 생각하면, 마치 동방에서 본 영적인 능력이 뛰어난 무당 같은 사람 또는 비슷한 종교의 영적 지도자 그리고 인간의 내면을 비춘다는 종교지도자를 떠올리게 된다. 그들은 상상력과 놀라운 비전을 가지고 하늘에서 오는 지혜와 삶에 대한 통찰력 그리고 예언에 대해서 말하곤 한다. 사람들은 그러한 능력들을 단지 깊이 생각해서 얻을 수 있는 것이 아니라 영적인 세계 또는 깊은 영적인 자기 성찰에서만 얻을 수 있는 것이다"(107쪽).

15) 이에 대해서는 E. Nase/J. Scharfenberg (Hg.), *Psyschoanalyse und Religion, WdF Bd.* 275, Darmstadt, 1977; V. Läpple/J. Scharfenberg (Hg.), *Psychotherapie und Seelsorge, WdF Bd.* 454, 1977; G. R. Eisele, *Das Verhältnis von Theologie und Psychologie in der Seelsorge von 1925–1965*, Berliner Hefte für Evangelische Krankenhausseelsorge (출판연도 없음), Nr. 47을 참조한다.

사람들은 목회상담과 심리치료가 어디에 속하도록 할 것인지, 곧 학문적 분류형식에 대해서 오랫동안 연구해 왔다. 이제는 달라진 목회상황 속에서 '목회상담과 심리치료의 관계를 규정해야 하는 것은 항상 우리의 과제다' 라는 인식이 분명해졌다.[16)]

시대에 적합하도록 반응한다는 말은 현대에 어떤 운동을 조직화하라는 말을 의미한다. 그래서 1972년 11월 4일 '독일목회심리학협회(DGfP)' 가 생겼다. 그 과제는 학문적으로 연구하고 발전시킨 목회심리학적인 방법을 목회현장에 적용시키고, 다양한 목회심리학의 경향들이 서로 간에 협력하도록 하며, 그 다양한 경향들을 조직화하는 일과 목회심리학의 교육과정 등을 개발하는 일이다.

독일 목회상담운동을 이끌었던 대표자들의 연합이 처음부터 다양한 분과가 서로 연합해서 가능했다는 사실은 매우 중요하다. 먼저 심층심리학과 목회상담 임상실습 그리고 집단상담과 사회심리학이 연합했다. 나중에는 내담자 중심의 심리치료 분야와 형태 목회상담(Gestaltseelsorge) 및 사이코드라마 분야가 합해졌다.[17)]

분명한 것은 (독일 목회상담운동의 준거 틀이며 기본 틀로서 존재했던) 목회심리학 안에서 일반 심층심리학이 목회상담의 보조학문의 역할을 할 수 있게 되었다는 사실이다. 그럼에도 불구하고 목회심리학이라는 큰 틀에서 미국의 새로운 목회상담운동은 네덜란드의 목회상담학의 경향에 결정적인 영향을 주었다. 그리고 무엇보다도 로저스(K. Rosers)의

---

16) K. Winkler, *Seelsorge und Psychotherapie, PZJ XV*, 384. 콘드라우(J. Condrau)가 편집한 『초월성, 상상, 창조성(*Transzendenz, Imagination und Kreativität*)』은 대표적인 심리학 저서로서 심리학과 목회상담학 또는 심리치료와 목회상담 활동(필자는 J. Scharfenberg, R. Riess, H. C. Piper, R. Goetschi 등이다)에 대한 훌륭한 많은 논문을 싣고 있다.

17) 이에 대해서는 J. Scharfenberg, *Pastoralpsychologische Aus- und Forbildung, PZJ XV*, 385 이하와 J. Ziemer, Pastoralpsychologisch orientierte Seelsorge im Horizont einer säkularen Gesllschaft, *WzM*(45) 1993, 144이하 그리고 주제논문인 Seelsorgebewegung. Rückblick—Standortbestimmung—Aufgaben, *WzM* (45) 1993, H. 8, 433 이하를 참조한다.
새로운 목회상담운동에 대한 비판적인 시각은 R. Schneider, Seelsorge in der Postmoderne, *WzM* (46) 1994, 26 이하를 참조한다. 슈나이더는 다음과 같이 쓰고 있다. "오늘날은 소위 새로운 목회상담운동의 시대다." 포스트 목회상담의 주제는 개개인의 '자기 존재 가능성' 에 대한 돌봄이 되어야 한다는 것이다. 새로운 목회상담운동에 비판적인 글은 E. Hauschildt, Ist die Seelsorgebewegung am Ende?, *WzM* (45) 1993, 260 이하를 참조한다. 여기서 저자는 목회상담운동의 미래에 대한 현대의 논쟁은 세대 간의 갈등으로 보고 있다. 다른 비판은 G. Hartmann, Vom Ende der Seelsorgebewegung morgen heute oder gestern, in: D. Stollberg/A. von Heyl/A. Lechner-Schmidt/K. Fiedler (Hg.), *Identität im Wandel der Kirche und Gesellschaft,* Göttingen, 1968, 169를 참조한다. "늙고 회색머리를 가진 사람들의 입장과 경험들은 아직 간직할 가치가 있다고 생각한다! 오늘 나에게 다른 차이점들과 새로운 질문들이 중요하다는 사실은 과거의 것들이 아무 소용없다는 것을 의미하지는 않는다."

내담자 중심의 심리치료 개념을 발전시켰으며, 더불어 대화치료법(이것은 무엇보다 Reinhard와 Annemarie Tausch가 발전시켰다)을 접목시켜 계발했다.[18]

---

18) 로저스가 말하는 '대화법'과 목회상담 대화는 이미 목회상담운동을 주도했던 저자와 저서들에게서 가장 중요한 주제들로 등장한다. H. Faber/E. van der Schoot, *Praktikum des seelsorgerlichen Gesprächs*(현재 이 책은 H. Piper가 독일어로 번역했다), Göttingen, 1968, 특히 27 이하. '상담'이라는 주제를 다루는 이때 출간된 많은 목회상담학 분야의 저서들에서 그러한 주제에 관한 개념과 출발점 없이는 생각할 수도 없다.
이 분야에서 중요한 또 다른 저서로는, M. von Kriegstein, *Gesprächspsychotherapie in der Seelsorge. Grundkurs nicht-direktiver Gesprächsführung in Schule und Gemeinde*, Stuttgart, 1977이 있다. 이 책은 이 분야에서 기초를 세운 책이라고 볼 수 있다. 이 책은 풍부한 경험에 기초한 이론과 학교와 성인교육을 위한 대표적인 놀이들을 소개하고 있다.
이와 같은 맥락에서 특별히 렘케스(H. Lemkes)가 사용한 '받아들이는 목회상담(die annehmende Seelsorge)'이라는 개념을 특히 주목할 필요가 있다(목회상담학 분야에서 많은 영향을 끼친 그의 저서들은 다음과 같다. H. Lemkes, *Theologie und Praxis annehmender Seelsorge*, Stuttgart, 1978; *Verkündigung in der annehmenden Seelsorge*, Stuttgart, 1981; *Seelsorgerilche Gesprächsführung. Gespräche über Glauben, Schuld und Leiden*, Stuttgart, 1992). 렘케스는 심리학의 핵심 개념에 속하는 진실과 동의, 용납 그리고 공감 같은 개념이 내담자 중심의 목회상담 대화의 기초 개념으로 수용할 수 있고 성서적인 개념과도 일치하는 점이 있다고 보고 있다. 그는 1978년에 출판한 첫 번째 저서에서 그가 구상 중인 목회상담학에서 통합모델을 암시적으로 제시하고 있다. "심리학에서 말하는 인간의 자기개발 능력과 자기 긍정의 길이 그리스도교가 말하는 피할 수 없는 인간의 죄인됨과 반드시 그리스도를 통한 죄의 용서를 오히려 불필요하게 만드는 요소는 아닐까? 로저스의 상담에서 중요한 주제는 '자기가 스스로 구원시키는 것'과 비슷한 개념의 '인간 스스로의 힘으로 해방'이 아닐까?"(37쪽) 렘케스는 반대의 경우에 대해서도 언급한다. "내담자 중심의 목회상담을 진행하기를 원하는 목회자 또는 신학자들은 '인간을 믿는다는 것은 하나님의 은혜와 구원의 차원에서 볼 때 잘못된 것이다.'라는 사실을 대전제로 깔고 있다. 그런데 인간의 행동은 하나님의 간섭을 불필요하게 만들지 않으며, 오히려 하나님의 행하심에 자신의 근거를 두고 하나님의 행동을 믿게 만드는 것이다."(43쪽) 가톨릭 교회의 입장에 대해서는 A. J. Hammers, Gesprähepsychotherapeutisch orientierte Seelsorge, in J. Scharfenberg (Hg.), *Freiheit und Methode, Wege christlicher Einzelseelsorge*, Wien/Göttingen, 1979, 83 이하를 참조한다. 해머스는 이 논문에서 내담자 중심의 심리대화 치료법이 목회상담 대화 진행에서 근본적으로 중요한 차원을 가지고 있다는 사실을 증명하고 임상적으로 그 증거를 제시하고 있다.
또한 가톨릭 신학자이며 심리학자인 슈베르머(J. Schwermer)를 들 수 있는데, 그는 연속적으로 이 주제에 관해서 저서를 출판했다. J. Schwermer, *Psychologische Hilfen für das Seelsorgegespräch*, 2. Aufl., München 1981; *Das helfende Gespräch in der Seelsorge*, 2. Aufl., Paderborn, 1983(이 책에서 특히 중요한 장은 '양심결정과 내담자 중심의 목회상담(Gewissensentscheidung und partnerzentrierte Gesprächsseelsorge)'과 '양심 심리학에 관하여(Zur Psychologie des Gewissens)' 그리고 '진정한 결단(Das Wesen der echten Entscheidung)'이다. 그는 이 책 138쪽에 다음과 같이 쓰고 있다. "진정한 결정은 혼란스러운 개인의 상황을 단번에 종식시킨다(그런 판단에서는 개인의 태도를 확실하게 규정하는 그 어떤 억지로 조작된 규범 같은 것은 없다). 그러한 결정은 미래에 대한 계획을 확실히 내리게 되는데, 그 계획은 개인이 원하는 관심이나 방향과 완전히 일치하게 되며 명백히 그 사람을 위한 것으로 드러나게 된다). 또한 J. Schwermer, *Den Menschen verstehen*, Paderborn, 1987도 참고한다.
동일한 경향을 보이는 저자의 저서로는 R. Froidl, *Die klientenzentrierte Gesprächsführung in der Seelsorge*, Frankfurt a. M. 1988이 있다. "목회상담 분야에 책임이 있는 모든 사람들은 대화 진행방법으

콘(R. Cohn)에 의하면 소위 '주제 중심의 상호 간 대화방법(Themenzentrierte Interaktionelle Methode)' 이라는 개념은(칼 로저스 이론의 출발개념과 연결되면서) 목회상담학 분야에서 이미 일찍부터 자신의 자리를 차지하게 된다. 그러한 방법은 마치 목회상담에 대한 일반적인 기대치를 가능하면 시대에 맞추려고 노력하는 것으로서 일반적으로 접근하기 쉽고 효과가 뛰어난 결과를 낳았다.[19]

심리학의 분야 중에서 목회상담학의 도움학문이 될 수 있는 것은 어떤 분야가 적절한가라는 문제가 제기되었을 때, 부분적으로는 목회상담학에서 모든 심리학적인 출발점에 대해 강하게 반대하고 있는 목소리들이 있었지만 기대할 만하고 실험적인 심리학적 방법으로서 병원 임상행동치료(Klinische Verhaltenstherapie)가 얼마 후에 확고한 관심을 차지하면서 자리 잡게 된다.[20]

로서 내담자 중심의 대화치료법을 사용하는 것을 겁내지 않게 되었다. 그 대화방법 속에는 이미 말과 행동에 선포하는 성격을 포함시킬 수 있었기 때문이다(서문)".

19) 이에 대한 저서로는 M. Kroeger, *Themenzentrierte Seelsorge. Über die Kombination von klientenzentrierter und themenzentrierter Arbeit nach Carl Rogers und Ruth C. Cohn in der Theologie*, Stuttgart, 1973를 참조한다.
신학에서 학문적 이론에 기초한 TZI(Themenzentrierte Interaktion)의 개념을 광범위하게 연구한 목회상담의 저작으로는 D. Funke, *Verkündigung zwischen Tradition und Interaktion*, Frankfurt a. M./Bern/New York/Nancy, 1984가 있다.
또한 목회학적인 측면에서 서술한 연구로는 H. Raguse, Was ist Themenzentrierte Interaktion?, *WzM* (34) 1982, 308 이하를 참조한다. 슈톨베르크는 그의 책에서 위 방법의 실천적 사용법에 대해서 쓰고 있다. D. Stollberg, *Lernen, weil es Freude macht. Ein Einführung in die Themenzentrierte Interaktion*, München, 1982. 이 주제에 관한 그 밖에 다른 저서로 C. Löhmerl/R. Standhart, *Themenzentrierte Interaktion (TZI). Die Kunst, sich selbst und eine Gruppe zu leiten*, Mannheim, 1992를 참고한다.

20) G. Besier, *Seelsorge und Klinische Psychologie. Defizite in Theorie und Praxis der Pastoralpsychologie*, Göttigen, 1980. 이 책에서 베지에르의 관심은 지금까지 목회심리학에서 수용되고 적용되어 왔던 다양한 심리학의 경향과 방법들을 소개하는 것이다. "목회심리학 쪽으로 일해 왔던 목회자들의 거의 반수 이상은 그들이 하는 심리학적 방법 외에 아는 것이 거의 없다. 아마도 그들은 현장에서 확실한 도구가 될 수 있는 '임상행동치료 기법' 같은 것을 거의 수용하려고 하지 않을 것이다" (205쪽).
이와 같은 학문적 방향에 대해서 비판적으로 보고 있는 학자의 서평은 H. Pompey, WzM (33) 1981, 247 이하; T. Schall, Seelsorge und Klinische Psychologie, *WzM* (34), 1982, 391 이하를 참조한다.
'임상행동치료 기법' 의 전제들에 대해서 매우 좋은 정보를 제공하고 있는 저서로는 W. Rebell, *Psychologisches Kompendium für Nichtpsychologen. Ein Handbuch*, München, 1988이 있다. 이 책은 심리학 비전공자들에게 학문으로서 심리학에 관한 개괄적인 정보를 제공하며 동시에 현장에서의 목회심리학, 사회심리학 그리고 심리학적 성서 해석과 설교의 심리학에 대해서 매우 기초적인 면을 다루고 있다. 레벨은 베지에르(G. Besier)와 거의 같은 신학적 경향을 가지고 있는 학자로서 자신만의 독창적인 핵심 개념들과 동시에 특별하지 않으면서도 일반적인 것들을 다음과 같이 바르게 서술하고 있다. "목회심리학적 방향을 추구하는 목회상담학이란 내담자의 신앙을 세워 주는 것뿐만 아니라 그의 심리적인 문제와 사회적인 문제까지를 보살펴주는 전인적인 목회상담이다. 따라서 목회심리학적 상담의 프리츠 펄스(Fritz Perls)가 말하는 형태심리치료(이 경향을 대표하는 학자는 독일에서는 H. Petzold를 들 수 있다)도 그 심리치료와 연관된 '형태목회상담(Gestaltseelsorge)' 의 틀로 목회심리학적인 방법으로서 통합된 한 부분이 되었다.[21]

결국 그와 같은 틀 안에서 인생의 '의미 돌봄(Sinn–Sorge)으로서의 목회상담' 이란 결국 빅토르 프랑클(Vitor E. Frankl)의 언어치료(Logotherapie)의 범주 속에 들어갈 수 있다. 그 이유를 쿠르츠(W. Kurz)는 다음과 같이 들고 있다. "왜냐하면 신학은 언어치료 핵심에 있는 그 어떤 범주와 매우 직접적인 관계가 있기 때문이다. 그 범주란 다름 아닌 '의미' 라는 주제다."[22]

관심은 내담자의 신앙생활을 더욱더 성숙하게 만드는 것일 뿐더러 내담자의 인격지도와 이웃과의 조화로운 관계를 만들어 나가는 것이다"(197쪽). 베벨은 계속해서 다음과 같이 말한다. "일반 심리학을 반드시 필요한 도구로서–이 경향의 목회상담에서 일반 심리학은 문제를 가지고 찾아온 내담자의 인격성숙과 사회적 관계를 교정하는 데 반드시 필요한 것이라고 확신한다–도입한 전인적 목회상담을 표방하는 목회심리학적 상담이 복음적이라는 데 아무도 의심하지 않는다"(199쪽).

21) 이에 관해서는 K. Lückel, *Begegnung mit Sterbenden. Gestaltseelsorge in der Begleitung sterbender Menschen,* München/Mainz, 1981, 5. Aufl. 1994, 461 이하; K.Lückel, Gestalttherapie in der Seelsorge, *WzM* (33) 1981, 1 이하; H. Petzold, Integrative Gestalttherapie in der Ausbildung von Seelsorgern, in: J. Scharfenberg (Hg.), *Freiheit,* 113 이하를 참조한다.

22) W. Kurz, Seelsorge als Sinn–Sorge. Zur Analogie von kirchlicher Seelsorge und Logotherapie, *WzM* (37) 1985, 225 이하.
그 밖에 '로고테라피' 에 대해 더 자세하게 소개하고 있는 문헌은 E. Lukas, *Psychologische Seelsorge. Logotherapie—die Wende zu einer menschenwürdigen Psychologie,* Freiburg i.Br., 1985; K.–H. Röhlin, *Sinnorientierte Seelsorge. Die Existenzanalyse und Logotherapie V. E. Frankls im Vergleich mit den neueren evangelischen Seelsorgekonzeptionen und als Impuls für die kirchliche Seelsorge,* 2. Aufl., München, 1988를 참조한다. 뢰린에 따르면 '목회상담은 교회라는 장에서 행해지는 일종의 언어치료' 다 "비록 의미에 대한 믿음이 시공간적으로 항상 같을 수 없으며 초월적 의미의 차원, 곧 새로운 하나님의 창조를 암시하고 있을지라도 세계는 피조물이기 때문이다. 그리고 이와 같은 경향의 목회상담은 의미를 가진 존재를 전제한다. 의미를 찾도록 도와주는 이와 같은 목회상담은 절망하고 더 이상 소망이 없는 사람들에게 세상 사람들 간의 관계 속에서, 이 세상 속에서, 그리고 의미의 기초인 하나님과의 관계 속에서 의미를 찾고 가치를 발견하도록 동기를 부여하는 것이다. 의미를 찾도록 돕는 목회상담은 책임 있고 동시에 죄를 짓는 존재로서의 인간이란 항상 무조건적인 하나님의 사랑 속에 있는 존재라는 것을 전제로 한다."(175쪽 이하).
그리스도교 목회상담에 적용되는 심리치료적인 기본 시도들(예: 심리극, 전이행위 분석, 구조적 심리치료, 가족치료 등)에 대해서 더 자세하게 알고자 한다면 다음 세 사람이 편집한 방대한 두 권의 책을 참고한다: J. Blattner/B. Gareis/A. Plewa (Hg.) *Handbuch der Psychologie für die Seelsorge* (Bd. 1: Psychologische Grundlagen; Bd. 2: Angewandte Psychologie), Düsseldorf, 1992 u. 1993. 이 책에 개재된 수많은 전문적인 글들은 심리학의 기본 개념들과 치료방향을 소개하고 설명하고 있으며, 그러한 개념들에 대해서 부분적으로 비판적인 관점에서 서술하고 있기도 한다. 이 책(위에서 말한 심리학적 개념 이외에 다음과 같은 개념들, 즉 받아들임, 감정, 언어, 심리학 발전의 기초, 종교성, 신앙, 인생의 위기 그리고 목회상담에서의 대화 진행방법에 대한 논문들을 싣고 있다)은 새로운 심리학적인 지식들이 교

그리스도교 목회상담운동의 배경에서 보면 이제 실천실학이나 목회신학의 틀 안에서 부차적 과목이었던 목회심리학이 학문의 한 분야로서 확고하게 자리 잡은 듯 보인다. 목회심리학이 도입되면서 목회상담에서 다루는 개별적인 관점들과 근본 문제들이 정리되고 학문적으로 검토되었으며, 목회상담 현장에서 적용되기 시작했고 좀 더 포괄적인 관점에서 정리되었다. 목회심리학자들은 이제 강한 자신감을 보이며 자기 목소리를 내기 시작했다. "그들은 그리스도교 목회상담의 발달과정에서, 그리고 새롭게 등장한 새로운 분야에 강한 인상을 받게 되었다. 그들은 이 새로운 분야가 실천 분야에서 확고한 위치를 차지하고 있을 뿐 아니라 실천신학의 영역에서 학문으로서 중요한 의미를 가지고 있다는 사실을 인식하게 되었다."[23)]

회의 영역에서 활발하게 이용되기를 바라는 마음에서 출간된 것이다. 우리는 이 책에서 각각의 다양한 목회상담의 경향들이 가지고 있는 강조점들을 읽을 수 있다. 특히 중요한 것은 이 전집이 싣고 있는 특별한 이 분야에 대한 도서목록이다.

23) R. Riess (Hg.), *Perpektiveen der Pastoralpsychologie,* Göttingen, 1974(서문). 리이스는 여러 논문을 엮은 이 책에서 다양한 목회심리학자들의 논문들을 '이론과 실제' 라는 제목으로 싣고 있다. 그리고 새롭고 확대된 목회심리학 이론이 정립되어야 함을 주장하고 있다.
그런데 최초로 이 분야를 가장 간결하게 정리하여 그 이론을 출판한 사람은 목회상담학자인 샤휀베르크다. 다음의 책을 참고한다. J. Scharfenberg, *Einführung in die Pastoralpsychologie,* Göttingen, 1985. 이 책은 목회심리학이 가지고 있는 장점을 배경으로 하여 목회심리학의 기초적인 개념들, 학문적 개념과 연결된 개별적인 상담의 현장지식, 상담현장의 특별한 상황들, 그리고 어떻게 학습과정을 전달할 것인지를 잘 정리하고 있다.
다음으로 제한된 부제를 가지고 있기는 하지만 가톨릭 교회 쪽에서 제시한 위와 같은 방향의 목회심리학 책이 있다. I. Baumgartner. *Pastraltheologie. Einführung in die Praxis heilender Seelsorge,* Düsseldorf 1990.
샤휀베르크의 의도와는 반대로, 여기서 바움가르트너는 다양한 치료방법과 학파들, 덧붙여 그것들을 목회상담의 과정과 성서 구절에 근거하여(엠마오의 길, 눅24: 13) 신학의 기본 개념에 적용시켜 보고 있다. 그는 이 책에서 목회심리학이 위기의 상징, 대화신학의 상징 그리고 치유하는 목회상담의 상징이 된다고 보고 있다(85쪽). 가톨릭 신학자 바움가르트너는 샤휀베르크의 표현을 빌어서 다음과 같이 서술하고 있다. "목회심리학은 시간적인 협동을 의미한다. 하나님의 백성과 인류가 함께 추구하는 아직 완성되지 않은 진정한 교회와 신학의 모습이 있다. 사람들이 오래된 그리스도교의 핵심적인 전승을 향해서 인간이란 누구인가에 대해서 묻고 인간에 대해서 새롭게 이해하고자 할 때, 그들은 자신들이 그리스도교 전승에서 말하는 바로 그 인간임을 깨닫게 된다"(88쪽). 목회상담학자 패플린은 그의 저서에서 목회심리학적인 사고와 행동방법을 통해서 신학적인 틀을 확장하고자 한다. 그의 저서는 다음과 같다. U. Pfäfflin, *Frau und Mann. Ein symbolkritischer Vergleich anthropologischer Konzepte in Seelsorge und Beratung,* Gütersloh, 1992. 패플린은 바르트, 투르나이젠, 스톨베르크 그리고 미국 신학자인 브라우닝(S. Browning)의 신학에서 '남성과 여성' 이라는 주제를 찾아 연구하였다. 그는 그 주제에서 신학적으로 볼 때, 그들의 결정적인 약점을 발견한다. "이 책에서 연구된 결과를 보면, 그들은 신학적 틀을 넓히는 데 여성적인 요인을 수용하지 못하고 있다. 그리고 그 개념들이 아직도 오래되고 진부한 신학적 전통 속에 갇혀 있어서 창조에 있어 여성의 열등한 부분만이 나와 있다는 사실은 오히려 위험스러운 신이러한 맥락에서 목회상담 활동이 간접적으로 관련된 한 연구 분야에 대해서 다음과 같이 언급하지 않을 수 없다. "(심층)심리학과 목회심리학은 성경을 새롭게 보고 해석할 수 있는 새로운 해석방법을 찾으려는 가장 중요한 동기를 우리들에게 제공했다고 말할 수 있다."[24] 이제 목회현장에서 경쟁력도 갖추고 신학적 근거도 마련한 목회심리학이 마침내 삶의 해석(Lebensdeutung)이라는 개념에 대해서 말하기 시작했다. "삶의 해석으로서 목회상담은 검증된 심리학적인 개념들을 보다 확장시키고 심화시켜 목회에 적용하려고 한다. 이 개념이 의미하는 것은 잘못과 죄를 구별하여 정죄하거나 도덕적으로 잘못된 일에 노예상태가 되었음을 말하려는 것이 아니라 목회상담에서 핵심 주제가 무엇보다도 해방과 구원이 되어야 한다는 것을 말하려는 것이다."[25]

학적 서술로 여겨지고, 그 때문에 올바른 신학과 교회를 형성하는 데 점점 더 멀어지게 된다"(169쪽, 더 자세한 것은 206쪽 이하 '여성 목회와 상담' 이라는 부분을 참조한다.)

또한 브륌이 여러 사람과 같이 집필한 목회심리학에 관한 책(R. Blühm u. a., *Kirchliche Handlungsfelder. Grundkurs Theologie 9,* Stuttgart, 1993, 60 이하)에서 보면 다음과 같은 다양한 저자들의 논문이 실려 있다. I. 목회심리학적인 사고방식과 그 실천(K. Winkler); II. '상(喪)' 당한 경우에 있어서 목회심리학적인 접근(F-W. Lindermann); III. 목회심리학에 있어서 확대교육과 재교육(M. Klessmann). 그 밖에 다양한 목회심리학적, 신학적, 심리학적인 관점에서 서술하는 저자들의 글로는 M. Klessmann/K. Lückel (Hg.), *Pastoralpsychologische Herausforderungen. Zum Dialog zwischen Theologie und Humanwissenschaften. FS Klaus Winkler,* Bielefeld, 1994가 있다.

24) J. Scharfenberg, *Einleitung,* 181 이하. 이 분야에서 고전적인 책에 속한다고 말할 수 있는 것은 W. Rebell, Grundwissen, 222. Y. Spiegel (Hg.), *Psychoanalytische Interpretation biblischeer Texte,* München, 1972다. 이 책은 이 주제에 관한 과거와 최근의 논문들을 편집한 논문집이다.

이와 같은 시도를 슈피겔은 그가 편집한 다음의 책에서 시도하고 있다. Y. Spiegel, *Doppedeutlich. Tiefdimension biblischer Texte,* München, 1978. 여기에 나오는 논문들은 주제들(예: 개인의 소망, 성적인 면, 축복, 하나님 형상 등)과 접근방법들(예: 꿈의 해석, 성서적 상상력, 그림 해석법, 명상 등)과 목회상담의 해석방법들(예: 개인심리학적 해석인가? 집단심리학적 방법인가? 심층심리학적인 해석인가? 역시 비판적 해석인가?)에 대해서 소개하고 논의하고 있다. 그러한 주제에 공헌하고 있는 글은 H. Raguse, Gedanken zur psychoanalytischen Deutung von biblischen Texten, *WzM* (38) 1986, 이하와 Christoph Schneider-Harpprecht, Psychoanaly-tische Bibelauslegung, *WzM* (43) 1991, 323 이하다.

또한 부허는 '경험적, 이야기 중심적 성서심리학' 이라는 과목이 실천신학의 영역에 새로운 교육과목으로 편입되어야 된다고 주장하고 있다. A. Bucher, *Bibel-Psychologie. Psychologische Zugänge zu biblischen Texten,* Stuttgart, 1992. 여기서 부허는 자기의 관심을 성서를 해석하는 다양한 심리학적 시도와 접목시키고 있다

지금까지 위와 같은 학문적 경향으로 연구된 것을 매우 이해하기 편한 방법으로 종합적으로 정리한 교과서 같은 책(D. W. Winnicotts의 심리학적 개념과 관련하여 '과도기적 대상' 이라는 것에 대해서는 이 책 531쪽 각주 408 참조)은 W. Drechsel, *Pastoralpsychologische Bibelarbeit,* Stuttgart, 1994다. 여기서 우리는 저자의 연구가 여러 학문적 이론에 근거를 두면서 신학과 일반 인문과학의 관계를 설정하는 데 결정적인 공헌을 했다고 말할 수 있다.

25) G. Hartmann, *Lebensdeutung. Theologie für die Seelsorge,* Göttingen, 1993. 이 책에는 이론적이고 방

2) 필요한 두 번째 것: 집중적인 상담사역

만약 우리들이 매우 평범한 의미에서 '상담' 이라는 개념을 생각한다면 그리스도교 영혼 돌봄은 모든 시대에서 그 어떤 방법에서든지 상담의 측면을 가지고 있다고 볼 수 있다. 다시 말하면, 인생에 문제를 가지고 있는 사람들은 당연히 주위 사람들을 찾게 되어 있다. 그 사람이 찾는 사람은 자기보다 인생경험이 풍부하거나 사회적 역할에서 볼 때 찾아온 사람에게 그가 처한 위기상황을 변화시키는 데 적절한 조언을 해 줄 수 있는 사람이다.[26] 물론 목회상담운동의 측면에서 볼 때 상담이라는 개념은 특별한 의미를 가지게 된다. 즉, 교회의 장에서 '상담' 은 이제 특별한 구조를 가진 특별한 전문영역이 되었으며 그러한 위치에서 어려운 상황을 다루게 되었다. 이러한 의미에서 상담이라는 일은 한 사

법적인 설명 이외에 깊이 생각하도록 만드는 주제들, 곧 '상징의 사용과 이해' '책임과 잘못' '피조물의 종속' 등의 주제들이 나와 있다. 여기서 하르트만은 '다가감' 이라는 기본 개념을 가지고 자신의 사상을 '주기도문' 에 나오는 세 가지 주제("우리에게 일용한 양식을 주옵시고." "우리가 우리에게 죄지은 자를 사하여 준 것같이" "우리를 시험에 들게 하지 마시고 다만 악에서 구하옵소서.")와 연결하여 전개하고 있을 뿐만 아니라 세 주제의 본질을 다시 한 번 살펴보고 묵상하고 명상하는 훈련을 시킨다. 이 책은 사례분석과 대화록 분석 그리고 상담연습을 통해서 일상 경험들의 심리학적 배경을 이해하도록 만들고 목회상담에서 실제적인 결과들을 이끌어 내도록 한다. '삶의 지혜를 알려 주는 전달자로서의 목회상담가' 라는 주제를 자기 저서의 핵심 장에서 다루고 있는 학자는 가톨릭 교회의 골트브루너다. J. Goldbrunner, *Seelsorge-eine attraktive Aufgabe. Baustein zu einer Pastoraltheologie,* 2. Aufl., Würzburg, 1990. 브루너는 이 장에서(107쪽 이하) 심령치료사와 힌두교의 종교적 스승인 '구루' 가 우리 시대의 삶에 정통하고 있는 대가들이라고 서술하고 있다. 또한 그는 그들에게서 배우는 것은 목회자가 되기 위한 수업의 전단계가 될 수 있으며, 신학적이고 영적인 교육을 위한 신학교육, 다시 말하면 현장에 충실한 신학교육을 위한 개혁에 도움을 줄 수 있다고 생각한다.
이와 비슷한 것에 대해서 강조하는 학자는 오브리스트다. 그는 그의 책(W. Obrist, *Tiefenpsychologie und Theologie. Aufbruch in ein neues Bewußtsein,* Zürich, 1993)에서 다음과 같이 처음부터 말하고 있다. "우리는 이 책에서 무의식의 세계를 발견하고 연구하고자 하며 동시에 이 연구가 신학과 교회에 어떤 결과를 가져올 수 있을지 생각하고자 한다"(7쪽). 그의 관심은 시대에 맞지 않는 모든 낙관주의에 반대하면서 일종의 확장된 경험 개념을 찾는 데 있는데, 그는 그것을 바탕으로 신학과 심리학 사이에 있는 갈등을 해결할 수 있을 것이라고 믿는다. 특히, 융의 심리학에 관심을 가지면서 융의 심리학이 목회상담에 끼친 영향에 대해서 질문하고 다음과 같이 결론 내리고 있다. "나는 그의 심리학에서 무엇보다도 두 가지 점을 주목하고 있다. 첫째는 두 대상이 가지고 있는 '차이점' 인데, 그것은 그들이 가지고 있는 낡은 세계 이해에서 나온 것이다. 둘째는 '다시 실천으로의 복귀' 이다. 그런데 사실 실천에 강조점을 두는 것은 초기 그리스도교에서 매우 활발히 행해졌던 것이었지만 지금은 무시된 사항이다. 그것은 다름 아닌 바로 '영성훈련' 이다"(266쪽).

26) D. Ritschl, Art.: Beratung, *EKL 1,* 431 이하, 특히 4장을 참조. 또한 H. Schröer, Art.: Beratung, *TRE V,* 589 이하(참고문헌 포함)를 참조한다. "사실 문제의 본질에 대한 의미와 해결책에 대한 견해에 있어서 상담과 목회의 관계는 성서에서 말하는 경험과 약속의 차원에서 진행되어야 한다"(549쪽).

회공동체의 변화에, 그리고 그와 같은 변화에 따른 사회적 요구에 부응할 수밖에 없게 된다.[27] 결국 상담한다는 일이란 전통적인 영혼 돌봄과 상반되는 일은 아니다. 그것은 오히려 통합시키는 구성 요소로서 시대에 맞게 표현된 명칭일 뿐이다. 따라서 틸로(H-J. Thilo)는 상담에 대해서 다음과 같이 말하고 있다. "상담이란 서로 간에 '구속력을 가진 권면' 그 이상도 아니다. 그것은 변화된 세계상황에서 나타나게 된 결과일 뿐이다."[28]

---

27) 이에 대해서는 '교회의 과제로서 심리학적인 상담' 이라는 주제를 다루고 있는 *WzM* (36) 1984, H. 4, 179 이하와 '교회에서 심리학적인 상담' 이라는 주제를 다루고 있는 *WzM* (42) 1990, H. 1, 1 이하를 참조한다.
또한 F.-W. Lindermann, Art.: Kirchliche Beratungsstellen, *EKL 2*, 1226 이하를 참조한다. 이 항목에 보면 교회 신앙생활에서 개인적인 위기상황과 관계위기 상황 그리고 심리적인 어려운 상황에 대한 글이 나와 있다(1226쪽). 교회 상담사역의 신학적인 도입과정과 위치설정에 관한 역사에 대해서는 할버슈타트가 같은 책에서 쓴 글을 참조한다(H. Halberstadt, 위의 책, 384 이하).

28) H-J. Thilo, *Beratende Seelsorge. Tiefenpsychologische Methodik dargestellt am Kasualgespräch*, Göttingen, 1971, 11. 틸로는 이 책의 2부에서 '상담하는 목회로서 교회의 기본성례전(세례, 혼례 등)' 에 대해서 다루고 있다. 그는 이 장 앞에서 '상담 진행방법' 에 대해 매우 자세하게 다루고 있다.
그러나 처음부터 그의 관심은 '대화의 본질' 에 관한 문제였다(15쪽 이하). "그러나 만약 우리가 목회상담에 치유라는 차원의 기능을 부여한다면, 그리고 심리분석의 방법 또한 노동의 방법 그리고 오늘날 많이 들을 수 있는 행동심리학이 관심이 있다면, 그것은 복음적인 목회에서 파격적인 것이다" (16쪽). 물론 여기서 우리는 '선포' 라는 개념을 다음과 같이 이해할 수 있다. 곧 희랍어로 선포를 뜻하는 '케루세인' (기쁜 소식을 전하는 전령으로서)이란 실제로 현실화되는 선포된 사건이며 동시에 그것은 삶 속에서, 다시 말하면 인생 전체에서 반드시 드러나게 된다. "이것은 대화와 선포의 관계를 서술하기 위한 하나의 출발점이 된다. 목회상담적인 대화란 단지 예수 그리스도라는 언어적 표현 또는 그 어떤 종교적 표현을 대화 가운데 드러내 보이는 것이 아니라 생명과 구원을 가져오는 본질이 대화 중에 나타나고 실현되는 것이다" (22쪽).
여기서 중요한 것은 대화를 선포의 도구로 이해하는 것이다. 그러나 물론 대화 인도자가 자기 경험이나 자기 이해가 없이는 불가능하다는 것을 실제적으로 보여 주는 것이다(28쪽 이하). 목회상담과 심리치료를 분리할 때, 심리학적인 지식을 보다 일반적으로 객관적이고 실용적으로 전달하고 있는 사람은 루테다. R. Ruthe, *Seelsorge wie macht man das? Gesprächshilfe für die beratende Seelsorge*, Wuppertal, 1973. 여기서 저자는 내담자가 가지고 있는 영혼의 상태와 내담자의 위기상황이 가지고 있는 배경을 명쾌하게 설명하면서, "보다 심도 있는 목회상담 교육을 받기 원하는 그리스도인과 신학생, 설교자, 세례 교육자, 사회봉사자, 청소년 지도자와 교육자에게 다가간다. 이 책은 목회상담에서 자신만의 능력을 발전시키기를 원하는 사람들에게, 그리고 신앙적인 도움과 생활의 도움을 주고자 하는 사람들에게 큰 도움을 줄 것이다" (4쪽). "예수 그리스도를 발견한 사람은 문제에서, 잘못된 행동에서, 노이로제에서, 갈등과 심리적인 고통에서 자유롭지 못하기 때문이다. 신앙이 있고 기도하는 사람도 문제와 인생의 어려움과 갈등을 가지고 있다. 무엇인가 다르게 말하는 사람조차도 선한 뜻을 가지고 있는 사람들을 하나님에게 잘못 인도할 수 있다. 그때 그는 자기의 신앙을 마치 마술적인 힘으로 사용한다. 그러나 하나님은 우리를 도와주시겠다고 약속하시지 모든 문제를 없애 주시겠다고 약속하시는 것은 아니다" (11쪽). 따라서 심리학과 목회상담이 함께 협력하여 역할을 수행하는 것은 절대 필요하다. "목회상담은 심리학을 필요로 한다. 만약 목회상담가가 하나님의 말씀을 분명한 목표물에 접근시키고자 원하면 그는 심리학적인 지식을 필요로 한다. 목회상담은 정확한 진단 없이는 없어지게 되고 좋은 결과를 여기서 '상담 중심의 영혼 돌봄' 이란 처음부터 역사적으로 꼭 필요한 것을 요구한다. 즉, 상담 중심의 영혼 돌봄은 절대적으로 파견받았음에 대한 확실한 소명의식에서 시작하는 것이다. 확신하건대, 이와 같은 형태로 새로워진 목회상담이야말로 교회를 갱신하는 길로 이끈다! 다시 말해서 클라인벨(H. C. Clinebell)에 의하면, "힘들고 지친 사람들을 위한 교회의 이러한 봉사야말로 교회의 목회사역에 있어서 하나의 새로운 획을 긋는 셈이 될 것이다."[29] 이와 같은 필수적이고 내적 치유적이며 영적인 각성은 곧 나타나게 마련이다. 그러나 현 상황에서 초교회적인 차원에서 교회 내에 상담소를 설치하는 사업이 반대 없이 결코 일사천리로 진행되지는 않을 것이다.[30] 그러나 포괄적인 개혁 프로그램이 아니라 점차적으로 발전적인 모형이 나타나게 마련이다. 이렇게 상담 중심의 영혼 돌봄이 전통적 영혼 돌봄 사역 외에 교회 안에서 자리 잡게 된다. 다시 말해서 위기상담으로서 영혼 돌봄은 위와 같은 상담소에서 진행될 수 있고, 상담소는 자신의 일에 전념할 수 있다.[31] 일반적인 목회상담은 특히 사례 중심(심리적인 문제 또는 심리치료적인 해결 가능성이

거둘 수 없게 된다. 만약 목회상담가가 그리스도의 복음을 능력 있게 전하기를 원한다면 그는 인간에 대한 정확한 지식을 가지고 있어야 된다. 모든 내담자는 같은 사람이 단 한 사람도 없다. 모든 사람은 그리스도의 복음을 다르게 판단하고 다르게 해석하고 다르게 받아들인다. 목회상담가는 그가 처한 상황과 관계되어 있는 것이다. 그러나 삶은 육과 영혼이라는 두 가지 요소의 결합에서 나오는 작용이다" (19쪽). 특수한 목회상담의 과제를 지적으로 뒷받침하는 지식으로서 심리학이 주는 기능이란 아직도 막강한 효능을 가지고 있다고 볼 수 있다.

29) H. C. Clinebell, *Modelle*, 13. 클라인벨은 이 책에서 또한 다음과 같이 말하고 있다. "이와 같은 종류의 새로운 시도는 교회역사에서 찾아볼 수 없다. 오늘날 목회와 상담을 새롭게 하려는 시도, 교회를 갱신하려는 시도, 풍부한 인문학적 지식과 심리치료에서 제공하는 새로운 기술 등에 의해서 전에는 한 번도 없었던 수많은 가능성들이 우리 앞에 놓여 있다. 만약 우리가 그 모든 것을 '상담 중심의 영혼 돌봄' 에 적용한다고 하면 엄청난 치유의 역사가 교회에서 일어날 것이다" (13쪽). 클라인벨은 이 글과 연속되는 다음 장에서 '상담이 중심이 되고자 하는 영혼 돌봄' 의 신학적인 근거를 제시하는데, 독일어로 번역된 그의 책은 여기서 상담의 형식과 동기부여 방법 그리고 상담의 문제와 목적에 대해서 필요한 개요를 하고 있다. 예를 들면, 그의 책 6장에서는 가족치료와 교류분석에 대해서 소개하고 있다. 이 책에서 소개하는 목회상담의 정보는 매우 객관적이며 잘 적용할 수 있도록 소개되었다. 이 책에서 강조되어서 반복되는 대화의 예가 그가 말하는 이론을 잘 이해하게 만들며 또 실제로 실행해 볼 수 있는 연습도 나와 있다. 이에 대해서 저자는 다음과 같이 알기 쉽게 말하고 있다. "가족관계 구조에 모든 근본적인 것이 포함되어 있다고 생각해 왔던 목회상담가는 결혼과 가족상담에서 진정한 전환점이 왔다는 사실을 드디어 인식하게 될 것이다. 예를 들면, 목회상담가는 어떻게 부모가 그들의 자녀에게 영향을 주어 왔는지에 대해서 살피고 연구하는 것보다, 오히려 가족 전체 상호 간에 어떤 교류가 있어 왔는지에 대해서 더 많은 관심을 기울이게 된다. 기존의 전통적인 교육상담은 보통 부모에게 '아버지의 죄가 심리적으로 자녀에게 얼마나 큰 영향을 주어 왔는지를 언급하면서 큰 부담을 주어 왔던 것이다' (115쪽).

30) Y. Spiegel (Hg.), *Pfarrer ohne Ortsgemeinde. Bericht, Analysen und Beratung*, München/Meinz, 1970, 472.

31) D. K. Switzer, *Krisenberatung in der Seelsorge. Situationen und Methoden*, München/Meinz, 1975,

있는 갈등적인 사례)이 된다. 반대로 상담소에서 근무하는 사람들은 그들에게 찾아온 내담자를 그들이 속한 교회공동체 안에 목회적 돌봄이 있다는 것을 알려 주며, 각자의 상황에 따라서 상담내용에 맞게 내담자를 일정한 지역에 위치한 교회생활로 안내한다.

여기서 다음과 같은 결론에 이른다. 위기상황에 대한 적극적 참여를 특징으로 하고 있는 상담 중심의 영혼 돌봄을 내용에 상응하는 그 상담형식에서 판단한다면 어쨌든 팀사역(Teamarbeit)이라고 말할 수 있다. 다시 말하면, 내담자가 처한 다양한 갈등상황은 다양한 경력을 가지고 있을 뿐 아니라 전문적 교육을 받은 상담그룹을 필요로 하는 것이다(예: 심리학자, 의사, 사회사업가, 교육가, 법률가, 목사).[32]

이 모든 것은 핵심적 내용에서 볼 때 시대에 맞을 뿐더러 현 시대가 요구하는 필수적인 것으로 보인다. 그러나 목회적인 입장에서 볼 때 곧장 문제를 제기할 수 있다. 그것은 우선 특수성에 대한 질문이다. 그것은 상담목회가 이론적인 면에서가 아니라 실제적인 측면에서 어떤 특수성을 가지고 있는가다. 즉, 찾아온 내담자에게 어떻게, 어느 순간에 물어보아야 되는지, (언어적인 또는 비언어적인 대답으로서) 어떤 목회상담적인 대답이 내담자에게 필요한지, 어떻게 사회심리적인 문제해결을 넘어서서 본질적인 문제에 접근할 수 있는지, 인문과학적이고 목회적인 생각을 가진 구성원들로 이루어진 팀사역이 실제로 목회상담의 능력이나 자격면에서 볼 때 충분한지, 교회가 설치한 상담소와 비슷하게 지역사회가 설치한 상담소의 차이는 어디에 있는지, 더 나아가 실제로 교회에서 주도하는(이루어지는) 상담과 지역사회에서 운영하는 상담(세계관에 대해서는 소극적인 태도를 보이는 일반상담) 사이에 갈등이 생기지는 않겠는지에 관한 질문이다.

여기서 우리는 상담의 특수성에 대한 문제 제기를 생략할 수도 있고, 실제적인 측면에서 볼 때 별로 가치를 부여하지 않을 수도 있다. 동시에 교회에서 실행되는 상담업무에

---

436 이하(여기서 '위기' 개념에 대해서, 특히 목회상담에서 '위기'를 어떻게 다루고 있는지 설명하고 있다). '슬픔에 처한 사람들에게 위기상담가로서 목회자'라는 부분 말고도, 이 책의 두 번째 부분인 '위기상황에서 인문학적인 도움'이라는 부분을 제공하고 있다.
이 책의 마지막 부분에는 베허(W. Becher)의 '목회상담과 사회심리치료'라는 글이 실려 있다(192쪽 이하). 이 글은 '목회상담가와 심리치료사의 협력관계에서의 특별함'(195쪽)이라는 제목으로 스비처(D. K. Switzer)의 공헌에 대해서 다음과 같이 요약하고 있다. "스비처의 글은 방법론적으로 보면 위기목회상담에서 나온 것은 아니고, 사회정신과학의 방법에서 발전된 위기개입이다. 그렇게 그의 글은 특별한 순환과정 속에서 나온 것이다. 목회상담에 대한 전통적인 방법은 좀 더 가다듬어진 다음에 오히려 정신과학의 도구가 되었다. 정신과학이 교회의 상담방법을 역으로 수입한 후에 정신과학은 교회공동체 안에서 목회자들의 기본적인 사역을 돕게 되었다."

32) F.-W. Lindemann, *Beratungsstellen*, 1226.

따라서 그 질문은 상대화될 수도 있다. 팀사역으로 진행되는 상담 중심의 영혼 돌봄은 '그 질문에 추상적으로 대응할 수 있는 가능성도 있고 또 실제로 철저하게 실천할 수 있는 가능성도 있으며, 문제가 있지만 그래도 괜찮은 교제의 형식을 찾을 수 있는 가능성도 있다. 이를 기초로 하여 해결모형이 드러나게 된다. 그 해결모형은 개인적인 차원, 신학적인 차원에서 실천할 수 있는 교회사역의 통일성을 조심성 있게 표현하게 된다.' [33]

한편으로 이 상황에서 이제는 상담방법의 문제가 매우 긴급하게 제기되기 마련이다. 목회상담 안에 자신만의 어떤 특별한 상담방법이 있을까? 인문과학의 방법이 도입될 때 인문학의 방법이 그 어떤 생소한 차용의식이나 소외감 그리고 결국 이곳에는 어울리지 않는다는 느낌 없이 적용될 수 있을까? 상담 중심의 영혼 돌봄에서 이와 같은 문제가 항상 반복해서 제기되는 것은 우연이 아니다.[34] 그리고 항상 반복해서 관찰되는 것인데, 그리스도교 목회상담의 방법론에 관한 대답에 있어서 모든 일반적인 것을 포괄할 수 있는 그 어떤 궁극적이며 최종적인 대답은 없다. 따라서 '개신교 목회상담에서 방법론에 대한 문제 제기' 는 항상 나타나곤 했던 문제이고 시대가 바뀔 때마다 제기되는 문제다. 그러나 '방법론' 이라는 개념이 단지 제한되고 협소한 '노하우' 라는 의미로 이해되거나

33) K-Fritz Daiber, "Diskreditiert die Beratungsarbeit die Kirche? Kirchensoziologische Überlegungen zur Beratungsarbeit", *WzM* (35) 1983, 148 이하. 인용은 156에서.
다이버의 주장 이전에 이미 구어(E. Guhr)는 상담업무에 대해서 학문적으로 검증하고 자리매김하고 있는 연구결과를 제시하고 있다. E. Guhr, *Personale Beratung. Voraussetzung und Methode,* Göttingen, 1981. 구어는 사회경험적 인격 개념에서 출발하여 개인상담에서 자신만의 상담 개념을 발전시키고 있다. 그는 다음과 같이 말하고 있다. "인격이란 주변 환경과 관계 속에서 정의 내려질 수 있는 것이다" (65쪽). 그는 이 인격 개념을 의학적인 심리치료와 상담심리학의 상담모형에 적용시키고 있다. 그리고 마지막에는 실천신학의 틀 안에서 개인상담에 대해서 자세하게 다루고 있다. 결론적으로 그는 교회와 목회상담에서 현실에 근거한 실천에 대해서 더 논의할 것을 주장하고 있다. 그 밖에 다른 것들이 그의 상담 개념에서 개발된 회복 프로그램에 속하게 된다. "생생한 현장의 현실을 통합시키는 기본적이고 신학적인 범주는 상황을 통합시키는 일이다. 만약 상황을 통합시키는 일이 경험의 장 그리고 선포의 장으로서 받아들여지게 될 때, 그것은 진정으로 현실과 통합적으로 만나는 길이 될 것이며, 그 만남은 현실에 적극적으로 참여하여 토의하도록 만든다. 이러한 작업은 우리의 인식이 신학 안에서, 그리고 철저하게 현실 속에서 실천될 수 있으며 동시에 그러한 상황을 인식하는 사람은 그 자신이 현실의 한 부분임을 인식하게 된다. 이러한 과정에서 본다면, 그때야 비로소 교회현장에서 나타나는 사고와 말과 행동은 하나의 사변적인 가상의 현실을 지향하는 것이 아니라 실제적으로 꼭 알맞은 현실을 지향하게 된다" (229쪽).

34) 틸로는 목회상담 대화 진행방법에 대해서 다룬다(H. J. Thilo, *Seelsorge*, 40 이하). 클라인벨은 다양한 방법에서 나온 적용 가능한 목회상담 방법을 제시한다(H. J. Clinebell, *Modelle*, 43 이하). 스위처는 '위기상담 방법' 에 대해서 서술하고 있다(D. K. Switzer, *Krisenberatung*, 37 이하). 샤휀베르크(J. Scharfenberg)는 자신이 편집한 책 *Freiheit und Methode*, Wien/Göttigen, 1979에서 '그리스도교 개인상담의 방법' 에 대해서 다루고 있다(15쪽).

우리 학문의 맥락에서 너무 광범위하게 이해될 경우 반드시 방법론에 관한 문제가 제기되어야 한다. 이 말은 상담 중심의 영혼 돌봄에 매우 중요하다. 그래서 래플레(V. Läpple)는 다음과 같이 말한다. "그것은 방법론이라고 부를 수 있는 특별한 목회상담을 위한 행동과 사고방식에서 출발하는 것이다(예: 목회상담의 관계에 대한 입장과 목회상담자의 역할에 대한 생각 등). 그 다음에 우리는 특정한 목표에 도달하기 위한 방법과 그 방법에 대한 이론적 근거를 찾아야 한다. 마지막으로는 개별적이며 기술적인 단계에 이르는 방법을 찾아야 한다."[35)]

신학적으로 또는 목회학적으로 검토되고 책임적인 목회상담의 방법론을 찾으려는 노력은(더불어 인문과학의 한 분야에 속하려는 노력도) 이미 잘 알려진 문제이고 동시에 남아 있는 우리의 과제이기도 하다. 따라서 우리가 상담 중심의 영혼 돌봄의 틀 안에서 시대에 맞고 실용적인 시도를 배제시킬 수 없다. 독일에서 빠르게 적용된 방법들 가운데 특히 목회상담에서 관심을 가지고 있는 것은 쉽게 접근할 수 있는 **모델학습**(Modell-Lernen)이다. 여기서 중요한 우리의 관심은 지식적인 면의 학습과정과 동시에 감정적인 면의 학습과정을 변증법적으로 연결시켜 보려는 것이다. 다시 말하면, 우리의 관심은 이성적인 인식과 경험적인 가치를 연결시키는 것이다. "경험은 단지 지성의 한 부분에 영향을 끼치는 것이 아니라 항상 전체 인간에 영향을 준다. 경험은 변하게 되고 변화된 행동에 영향을 미친다. 그러나 경험은 우선적으로 확장된 지식으로 쌓여지지 않는다. 오히려 우리는 변화된 지식과 인식에 대해서 말할 수 있다."[36)]

이러한 인식방식은 실제적인 결과를 낳게 되었다. 상담 중심의 영혼 돌봄 또는 위기관리 목회에서 어떻게 대화를 진행할 것인가를 배우려고 하는 사람은 대화록(인쇄된 것도 괜찮고 직접 손으로 쓴 대화록도 괜찮다)이 첨부되어 있는 심리치료의 대화 진행방법을 살펴보아야 한다. 그는 대화록에 나타난 감정변화와 영향을 면밀히 살펴보아야 한다. 동시에 그는 내담자와 상담자가 나누는 전형적인 질문과 대답을, 다시 말하면 별로 소득이 없어 보이는 반복되는 과정으로서의 대화를 '이해해야' 한다. 그러나 그는 시간이 감에 따라서 목회상담 대화 속에 숨겨져 있는 문제상황들과 간접적인 질문들을 인식할

35) V. Läpple. Das Methodenproblem in der evangelischen Seelsorge, in: J. Scharfenberg (Hg.) *Freiheit*, 15 이하.
래플레는 매우 개별적이고 다양한 목회상담 방법을 추구하고 있으며 공동체 내에서의 입장변화 외에 흥미롭게도 또한 양심구조의 변화를 밝히고 있다.

36) H.-C. Pieper, *Kommunizieren lernen in Seelsorge und Predigt. Ein pastoraltheologisches Modell*, Göttingen, 1981, 50.

수 있게 된다.[37] 상담 중심의 영혼 돌봄으로서 목회활동은 결국 전문화된 상담을 지향하는 방향으로 발전하게 된다. 그에 대한 대표적인 예가 1970년대에 시리즈로 나온 목회상담 전문 책자들이라고 볼 수 있다. 그 목회상담 전문책자들은 (그 방향의 특징상) 초교파적인 성격을 띠게 된다.[38]

37) 피퍼의 다양한 저작들은 여기서 말하는 목회상담 유형, 곧 '모델학습이론' 에 대한 하나의 대표적인 예를 제시한다. 그는 이미 1973년 '상담대화 분석법' 에 대한 매우 광범위한 책을 펴냈고 그 후 연속해서 1976년에 같은 유형의 설교분석에 관한 책을 펴냈다. H-C. Pieper, *Gesprächsanalysen*, 4. Aufl., Göttingen, 1983(1976); *Predigtanalysen*, Göttingen, 1976.
이 주제에 관해서 특히 주목할 것은 H-C. Pieper, *Der Hausbesuch des Pfarrers. Mit einem Beitrag von Eleonore Olszowi*, Göttingen, 1985이다. 이 책은 무엇보다도 목회신학과 실천신학의 다양한 발전과정과 그 당시 항상 논란의 대상이 된 목회자의 심방문제에 관한 참고문헌을 제공하고 있다. 예를 들면, 여기서 중요한 것은 C. D. Altgelt, *Der Hausbesuch. Eine Frage der pastoralen Seelsorge*, Berlin 1897에 대한 언급이다. 여기서 알트겔트는 19세기에 있었던 '조직적인' 목회자의 심방에 대한 논쟁을 소개하고 있으며 심방에 대한 논쟁점을 수집해 놓았다. 또한 그는 나중에 아우구스트 하델란트(A. Hardeland)의 책(Geschichte)에 대해서 보다 광범위하게 언급하고 있다. 여기에서는 알렉산드리아 클레멘스부터 시작하여 서양 교부들과 종교개혁 후의 정통주의 그리고 19세기의 교회에서도 항상 목회자의 심방이 언급되어 있는데, 알트겔트는 그의 저서에서 이를 항상 언급하고 있다.
무엇보다도 피이퍼 책의 핵심은 심방결과를 정리한 심방대화록과 그 상황에서의 '대화록 검토모형(E. Olszowi가 쓴 관찰과 그것에 대한 평가기록)' 이다. 이 책의 목적은 목회자의 심방을 권유하는 것이다. 구조적으로 아주 비슷한 저서를 낸 사람은 판 데어 게에스트다(H. van der Geest), (*Unter vier Augen. Beispiele gelungener Seelsorge*, Zürich, 1981). 여기에서 보면 목회자의 심방이 매우 중요한 목회활동으로 관심과 평가를 받고 있다. 그는 자기 책(그는 여기서 자신이 시도한 방법론을 설명하고 있다)을 다음과 같이 소개하고 있다. "나는 이 책에서 성공한 목회상담 27가지 실례를 소개하고 있다. 사람들과 만난 모든 일을 상세하게 설명하고 있다. 독자들은 그 설명들 속에 있는 대화의 내용을 주목해 볼 필요가 있을 뿐 아니라, 상담가에게 특별한 것 또는 중요하다고 여기는 모든 것을 살펴볼 수 있다. 모든 이야기에는 해설이 덧붙여져 있는데, 그 해설은 목회상담에서 있었던 만남을 좀 더 자세하게 이해시키고 평가하도록 돕는다"(13쪽). 그는 '삶의 상황' '기본적 분위기' '상담가가 특별히 주도적으로 해야 할 일' 들에 대해서 먼저 서술한 다음에, 목회학 이론에 대한 자기 시대에 나온 여러 다양한 이론들에 대한 평가를 요약하고 있다. 동시에 목회상담을 위한 바른 교회직분의 특징들에 대해서 별도로 언급한 후에 목회상담과 관련하여 자신이 이해하고 있는 직분 개념에 대해서 다음과 같이 종합적으로 정리하고 있다. "목회상담에서의 만남이 카리스마적인(말씀 중심적인) 성격을 취할 것인지, 돕는 성격을 가질 것인지를 결정하는 것은 두 번째 문제다. 목회상담가는 무조건 설교가 또는 도우미가 될 필요는 없다. 그러나 그는 무조건 내담자에게 친절해야 한다. 친절이라는 덕목은 선교자로서, 섬기는 사람으로서 목회자가 취해야 할 가장 좋은 모델이다. 그런데 만약에 사귐이 목회상담의 핵심이라고 믿을 경우에 목회상담가는 상담에서 말씀을 선포할 것인지 아닌지 고민하지 말아야 한다. 그 성격은 목회상담의 만남이 끝나고 나서 가장 자연스럽고 적절하게 드러나기 마련이다. 또한 목회상담가는 내담자의 영적인 문제를 조사하듯이 물어서는 안 된다. 목회상담가가 어떤 치료의 목표만을 추구하지 않는다면 좌절하지 않게 된다. 이렇게 부드러운 분위기 속에서 이웃에 대한 관심과 하나님 말씀을 전하고 싶은 마음과 기쁨이 있게 된다"(235쪽).

38) *Beratungsreihe*(상담학 시리즈)는 리이스(R. Riess)와 슈텐거(H. Stenger)가 편집한 것이다(München/Meinz, 1974 이하). 이 상담 시리즈에 실린 주제는 다음과 같다. '이후의 삶' (D. Stollberg),

같은 맥락에서 소생 불가능한 심한 질병 앞에서 신앙에 대해서 다루는 책들과 특별한 질병의 사례에 대해서, 다시 말하면 심하게 고통스러운 질병의 상황에 대해서 다루는 책들, 그리고 비슷한 상황에서 목회상담적으로 일하려는 사람들을 위한 책들도 초교파적인 성격을 띠고 있다.[39]

그 밖에 상담 중심의 영혼 돌봄은 결국 전체 교회의 위기와 문제들을 목회상담적인 조치로 해결할 수 있도록 시도하는 것이며, 그것을 부분적으로 교회공동체를 변화시키는 것과도 연결시킬 수 있다. 왜냐하면 교회공동체 구성원들이 가지고 있는 분노와 공격성이라는 것은 매우 쉽게 교회공동체에 대한 분노와 공격으로 전환되기 때문이다![40] 따라서 목회상담이란 결국 교회공동체의 상황을 돌보는 것이 된다.

'성장위기 속에 있는 어린이: 우리는 무엇을 할 수 있을까?' (E. Ringel), '질병—체험과 배움—' (H.-C. Piper), '자기를 찾는 과정에 있는 청소년' (H. Faber), '가족과 해방' (K. Winkler).

39) 이 분야에서 나온 광범위한 연구문헌에서 대표적으로 들 수 있는 것이 다음의 저서들이다. E. Schuchard, *Warum gerade ich……? Leiden und Glauben. Pädagogische Schriversuchte, mit Betroffenen und Begleitenden,* Offenbach, 4. erw. Aufl., 1987. 여기서 저자는 자기의 의도를 다음과 같이 적고 있다. "이 연구의 목적은 변화된 시각에서, 다시 말하면 직접적으로 고통을 당하는 사람의 입장에서 신앙과 목회상담 그리고 경험적인 잠재력과 이론적인 생각을 전개해 나가려는 것이다" (112쪽). 그는 전체 500편이나 되는 참고문헌을 검토한 후에 다음의 세 가지 기본적인 경험을 강조하고 있다. 어려움을 당한 당사자들은 대체로 자신에게 하나님이 함께 하며 자신이 목회상담에서 환영받는 주인공이라는 적극적인 주체가 아니라 오히려 수동적인 대상으로 인식한다. 또한 그들은 목회상담에서 위로받았기보다는 설교의 대상이 되었다는 느낌을 말한다. 그리고 그들은 목회자들과 인격적으로 만나지 못하고 단지 목회자라는 교회직분을 가진 사람과 만났다는 느낌을 받았다고 말한다.
다음으로 저자는 네 가지 주장을 밝힌다. "① 고통을 받은 많은 당사자들은 부정적인 경험에도 불구하고 신앙을 버리지는 않는다. ② 그리스도교 신앙은 확실히 증오와 미움의 상황에서 위기를 극복하게 만들고 영혼을 정화시키는 역할을 한다. ③ 우리 사회에서 고통을 당하고 있는 장애인이 우리들에게 문제가 되는 것이 아니라, 오히려 정상인이라는 우리가 장애인들에게 문제가 된다. ④ 고통을 당하는 당사자들이 교회공동체와 사회를 필요로 하는 것처럼, 역으로 교회와 사회도 고통당하는 사람들을 필요로 한다."
미국 가톨릭 학자인 페어차일드는 특별한 위기상황에서 있었던 광범위한 상담사례를 그의 저서에 제시하고 있다. R. W. Fairchild, *Seelsorge mit depressiven Menschen,* Mainz, 1991(치유하는 목회상담 시리즈). 여기서 중요한 것은 내용에 대한 정보다. 연구대상으로서 여러 다양한 이야기를 가지고 있는 우울증을 집단적 증상으로 소개한다. 이것은 우울증을 가진 내담자를 만나는 목회상담자에게 도움이 된다. 의학과 심리학의 선눈가들과 더불어 치유하는 일은 일종의 '활동을 희망하는 전략'으로 발전될 수 있다. 내담자에 대한 다양한 처방과 매우 실제적인 정보를 제공하면서 그는 다음과 같이 말한다. "우리 전 존재와 우리의 희망이라는 것은 하나의 길, 곧 우리 삶에는 양극성과 모순이 있다는 것을 받아들이고 화해해야 한다는 사실을 발견하는 것에 달려 있다. 그리스도교 신앙은 예수 그리스도의 십자가를 통하여 수직적인 것과 수평적인 것이 하나로 합해질 수 있는 것처럼 하나로 합쳐질 수 있는 것이고, 결국 위기나 갈등 상황도 극복될 수 있는 것이다" (119쪽).

40) M. Klessmann, *Ärger und Aggression in der Kirche,* Göttigen, 1992. 여기서 클레스만은 교인들의 공격성에 대해서, 알맞은 대응방법을 찾지 못하고 있는 그리스도인들이 직면한 전형적인 어려움에 대해서

3) 필요한 세 번째 것: 실천적인 목회상담 훈련

처음부터 목회상담운동 내에서 특별히 그리고 긴급히 필요한 것이 있었다면 그것은 목회상담 훈련에 대한 개혁이었다고 말할 수 있다. 우리는 교회현장에서 실천적으로 접근하려는 신학적 인간 이해가 없다는 것을 직접 경험하게 되고, 그런 노력조차도 사라져 버린다는 것을 체험하게 된다. 이러한 맥락에서 '훈련' 이라는 개념이 갑자기 핵심 개념으로 떠오르게 되었다.[41] 따라서 규칙적인 목회상담 훈련은 이제 실제로 필수적인 것처럼 보인다. 그중 대표적인 것이 미국 병원의 임상목회 교육인 'CPE(Clinical Pastoral Education)' 라는 과정이다. 이 과정을 네덜란드에서는 'CPT(Clinical Patoral Training)' 라고 부르고, 독일에서는 'KSA(Klinische Seelsorge-Ausbildung)' 라고 부른다.

그렇다면 목회상담자를 위한 재교육 프로그램 중에 새롭거나 어떤 색다른 것이 있는가? 한 목회상담학자는 이에 대해서 다음과 같이 말하고 있다. "CPT에서 가장 중요한 것은 '행동하면서 배우는 것' 이다. 목회자가 실제로 목회상담자로 연습해 볼 때 그는 사람

이야기하고 있다. 그는 인문학에서 논의된 광범위한 공격을 다루고 나서 교회 안에서 공격성을 완화시킬 수 있는 방법을 관찰결과와 실례를 들어 제시하고 있다. 여기서 전제를 가지고 있는 새로운 다툼의 문화가 요구된다. "교회 안의 분노와 공격성에 대한 이해가 변하게 되면 지금까지 우리가 이해하고 있는 '사랑' 이라는 개념에 대한 이해도 변화되어야 됩니다"(169쪽). "사랑이란 단지 두 사람 사이의 아주 작은 부분에서의 황홀한 혼합이거나 모든 것을 이해하는 조화와 부드러움이다. 사랑과 남녀관계가 거의 단지 행운과 궁합라는 개념으로 연상된다는 사실은 오늘날 가장 잘못된 생각이다. 대부분의 경우 사랑이란 이질적이고 이해할 수 없는 다른 것과의 적극적인 투쟁이다.

41) 미국 목회상담운동의 영향에 따라서 CPE 과정이 도입되었다. E. E. Thornton은 CPE 교육과정에 대해서 다음과 같이 말하고 있다(*EKL 1*, 761 이하). "CPE는 목회직에 필수적인 교육과정이다. 그것은 신학생과 목회자가 생생한 삶의 현장과 접촉함으로써 인간적인 한계와 영적인 삶 사이에 있는 목회자 스스로의 자기 정체성를 계발시키도록 도와준다. 더구나 그 과정은 직업적으로 다양한 전문가들로 구성된 공동작업과 집단작업 그리고 목회상담과 일반 상담이 혼합되어 있는 상황에서 목회심리학적인 판단을 내려야만 하는 목회자의 능력을 향상시켜 주며, 동시에 목회자의 목회적 감수성도 강화시켜 준다"(761쪽). 우리는 '임상' 이라는 개념을 역사적인 차원에서 이해해야 한다. 사실 CPE라는 과정은 병원에서 실행된 목회상담과 연관되어 시작된 과정이다. 이 과정은 후에 '경험의 현장과 관계된' 이라는 일반적인 의미로 사용되었고 '방법론' 이 수반되었다는 의미에서 사용되기 시작했다(20세기 이후 CPE의 역사에 대한 더 자세한 설명과 이 과정이 세계적으로 활성화되기 시작한 것에 대해서는 위에 언급한 *EKL*에 나오는 글을 참고한다).

1960년대 초 프랑스 가톨릭 교회에 소속된 예수회에서 목회심리학센터(집단적, 역동적인 경험의 전달, 대화방법, 개인감독 등을 가르침)를 세우고 심리상담 과정을 개설했는데, 사람들은 그러한 새로운 시도에 대해 깊은 관심을 나타내기 시작했다. 이러한 목회상담학계의 관심을 중점적으로 다루고 있는 저서로 W. Buchmann, *Seelsorge und Psychologie bei Louis Beirnaert. Ein Beitrag zur fransösischen Patoralpsychologie*, Diss. (masch.), Marburg, 1983을 참고한다.

다루는 법을 배우게 되며 그제야 비로소 목회상담이라는 것을 자신이 처한 독특한 세계에서 이해하게 된다. 또한 목회자는 다른 사람과의 접촉을 통하여 그 밖에 다른 것도 배우게 된다. 더불어 사람들이 내담자의 태도에 반응하는 것처럼, 그때 상담자는 자기 스스로에 대해서도 이해하게 된다. CPT 과정을 통해서 배우는 것은 '직접 삶 자체를 통해서 배우는 것' 과 구별된다. 그 차이는 바로 위에서 언급한 그러한 검사가(다시 말하면, 실천에 근거한 학습효과: K. Winkler) 방법론적인 면에서 훈련에서 일어난다는 것이다.[42)]

방법론적으로 목회상담의 대화를 분석하는 것 외에도 (그러나 설교분석도) '그룹 안에서 의견을 교환하는 훈련' 은 이 목회상담 교육과정 중에서 핵심 요소에 속한다.[43)]

목회상담자들은 목회상담을 보다 생동감 있게 준비하고 계속해서 향상하기 위해 가급적 서둘러서 목회직 향상과 발전을 위한 신학자와 심리학자들의 협동그룹인 '발린트 그룹(Balintgruppen)' 에서 하고 있는 작업에 도움을 받아야 한다.[44)]

....

42) W. Zijlstra, *Seelsorge-Training. Clinical Pastoral Training*, München/Mainz, 1971, 13. 여기서 칠스트라는 목회상담의 전반적인 교육과정에 대해서 가장 기본적인 것을 소개하고 있다. 다시 말하면, 이 책(원래는 박사학위 논문)은 목회상담 훈련과정 속에 있는 교육과정과 시스템에 대해서 전체적으로 설명하고 있다. 물론 여기서 교육과정의 조직문제와 목회상담소의 개별적인 요소, 집단상담, 대화록과 대화록 분석방법 그리고 목회상담을 배우는 과정과 집단과정의 문제점들 또한 감독이라는 개념과 감독자의 역할에 관해서 다루고 있다. 감독이라는 주제에 대해서 그는 다음과 같이 말하고 있다. "감독(Supervision)이라는 것은 우리가 CPT 과정에서 사용하는 것과 같은, 특별한 목회상담 교육방법이다. 이 방법은 목회상담 교육과정에 참가한 사람들의 인격이 변화되도록 돕는 것이다. 그렇게 함으로써 수강생이 자신에 대한 경험, 정보와 분야에 대한 전문성을 통합시킬 수 있도록 만든다. 그래서 그는 자신에게 부과된 일을 예전보다 더욱 훌륭하게 처리할 수 있게 된다" (147쪽).

43) 여기서 피드백(feedback)이 가장 중요한 역할을 하고 있다. "참가자들은 그룹에서의 대화가 끝난 후에 대화하는 가운데 그들 자신이 느꼈던 감정들을 솔직하게 표현해야 한다. 중요한 것은 그들이 이 작업에 참여함으로써 점차적으로 자신의 내적인 고유한 감정들을 자연스럽게 표현하는 방법을 배우게 된다는 사실이다. 그렇게 함으로써 그들은 대화소통에 있어서 장애가 되는 것이 무엇인지를 깨닫게 되고, 동시에 자신들이 가지고 있는 문제점을 인식하게 된다. 그들은 지금까지 집단 안에서 대화할 때나 목회상담에서 대화할 때에 항상 그들을 괴롭혔던 문제점들을 인식하게 되는 것이다. 집단상담(그리고 감독자와 나누는 대화)은 개인적인 문제점을 해결해 주는 공간을 제공한다. 집단은 일종의 연습장이 되고, 거기서 대화소통을 연습하는 것이다" (H-C. Piper, Klinische Seelsorge-Ausbildung. Clinical Pastoral Training, Berliner Hefte für ev. *Krankenhausseelsorge*, 30, 10).

44) 발린트 그룹이 하는 시도에 대한 자세한 설명과 대화소통의 능력을 향상시키기 위한 신학자와 심리학자들이 함께 하는 작업 그리고 목회상담자가 당면하게 될 특별한 문제들에 대해서 다음의 저서가 자세히 말하고 있다. H. Argelander (Hg.), *Konkrete Seelsorge. Balintgruppe mit Theologen in Sigmund-Freud-Institut*, Frankfurt a. M., 1973. 이 책의 첫 쪽에서 저자는 다음과 같이 쓰고 있다. "발린트 그룹은 의사와 심리분석가였던 발린트(M. Balint)가 1950년대 초에 발전시켰던 이념에 따라서 연구하고 있다. 발린트 그룹은 직업현장에서 무의식적인 과정을 집중적으로 연구하고 있으며(예: 의사와 상담자들의 직업들) 직업을 수행하는 과정을 살피고 있다. 이 작업의 목적은 과정에 참가한 참가자들이 사람들

또한 이제까지 개별 사례들을 종합하여 전화 목회상담을 위한 교육과정의 커다란 틀 안 에서 만들어진 과정 중에 상담적 대화법을 위한 이론과 실천의 교육과정도 있다(이것은 특히 이론적으로 보면 **교류분석**(Transaktionsanalyse)이론에 근거하고 있다).[45] 이와 같은 교육과정은 수많은 정보를 주고 실천적인 연습과 가르치는 방법을 찾는 훌륭한 안내자가 된다. 따라서 많은 비슷한 기본적인 교육과 계속교육 프로그램을 만드는 데 결코 빠뜨릴 수 없는 기초가 된다.[46]

베허(W. Becher)는 새로운 목회상담운동에서 중요한 역할을 한 사람들의 대표적인 글들을 『목회상담 교육과정(*Seelsorgeausbildung*)』이라는 책으로 출판했다.[47] 이 책에는 목회상담에 대한 근본적인 질문 외에도 '목회상담자는 목회상담을 배운다.'[48]는 일반적인 주제 아래 배우고 가르치는 목회적인 학습 분야에서 시도하고 있는 매우 다양한 접근방법을 분명하게 제시하고 있다. 이 책에는 독일 목회심리학협회(DGfP)가 인정하는 교육 표준점들이 나온다. 그들은 전체 목회학 교육훈련 과정 중에 가르쳐야 할 기준들과 내용들을 분명하게 제시하려고 한다. 그 이유는 목회상담 교육내용이 점차 하나의 전문적인 일정 수준을 지킬 수 있도록 하며 그 수준을 보증해 주기 위해서다.[49]

과 사귈 때 더 잘될 수 있도록 만드는, 특히 의사와 환자 그리고 상담자와 내담자 상호 간에 존재하는 무의식적인 과정에 대한 깊은 인식과정을 교육시키는 것이다. 발린트 그룹은 보통 6~8명으로 구성되며, 1명이나 2명으로 구성된 심리분석가가 지도자가 되어 일주일에 한 번씩 만난다. 참가자들은 삶의 현장에서 겪은 사례들을 구체적이고 자발적으로 다른 사람들에게 이야기한다. 전체 그룹이 해야 하는 과제는 한 구성원이 말한 사례에서 무의식 속에 들어 있는 정신적인 갈등상황을 분석하고 평가하는 일이다. 여기서 가장 중요한 것은 잘못하면 살아 있는 목회상담이 진행되는 것을 막는 결정적인 원인이 될 수 있는, '수박 겉핥기식의 대화 소통' 이 발린트 그룹의 목회상담 교육과정에서는 없도록 만드는 것이다. 호른(K. Horn)과 틸라크(H. Tillack)는 논문에서 목회자들이 참가하는 발린트 그룹에서 가장 핵심적인 문제를, 특히 '목회자의 …무력함' 과 관련하여 매우 자세하게 다루고 있다(195쪽).

45) 미국 심리분석가인 에릭 번(E. Berne)의 교류분석(TA)의 틀과 프로이트의 심리구조 분석에 기초하여 심리적인 '자아상황들('부모 자아' '어른 자아' 그리고 '아동 자아' 라는 도식)을 따로 분리해 내는 것이다. 여기서는 '사람들에게서 '자아' 부분이 강하게 드러날 때, 어떤 행동구조 또는 대화소통 구조가 나타나게 되는지' 를 연구하게 된다. 그것을 통해서 사람들의 '상호행동모형' 이 보다 쉽게 이해되고 경우에 따라서 교정되기도 한다. H. Harsch, *Theorie und Praxis des beratende Gesprächs. Ausbildungskurs der Evangelischen Telefonseelsorge*, 2. Aufl, München, 1972).

46) H. Harsch, 위의 책, 각주 531 참조.

47) W. Becher, *Seelsorgebildung. Theorien, Methoden, Modelle*, Göttingen, 1976. 여기서는 신학적이고 심리학적이고 동시에 사회학적인 근본 문제 이외에 다양한 교육 형태와 과정 그리고 모형들이 연구되었다. 이 책에는 목회상담 교육과정에 관한 선별된 참고문헌이 나와 있다.

48) 이것은 베허가 쓴 책에 나오는 첫 제목이다. W. Becher, 위의 책, 7 이하.

49) 여기서 제시한 기준점들은 독일 각 주 교회들의 목회자 계속교육을 위한 프로그램의 기준이 되었다. 따라서 점점 더 여러 지역에 KSA 센터가 세워지게 되었다. 이 센터는 다양한 과목들을 가진 교육과정의

지금까지 말한 이 방향에서 잠정적이지만 가장 괄목할 만한 시도라고 인정할 수 있는 것이 칠스트라(W. Zijlstra)의 『목회상담교육서(*Handbuch zur Seelsorgeausbildung*)』라고 말할 수 있다.[50] 여기서 그는 자신이 책을 쓴 의도와 접근방법을 명확히 밝히고 있다. 그는 다음과 같이 쓰고 있다. "무엇보다도 먼저 전문 분야인 철학과 신학의 관계에 대해서 분명히 무엇인가를 언급해야만 한다고 생각한다. 필자는 틸리히를 읽다가 철학이라는 학문의 일반적인 목표가 이성이라는 도구를 가지고 전체로서 실체 안에 있는 구조를 발견하려는 것이라는 사실을 알게 되었다. 또한 다른 전문 학문을 통해서 학문으로서 철학의 재료들이 풍부해졌음을 알게 되었다. 그러나 학문으로서 신학의 목적은 그리스도교 신앙의 내용을 교회의 요청을 통하여 살피는 것이다. 신학사상을 해석하고 분석하는 것이 중요하기 때문에 신학은 도구(개념들과 범주들)를 사용해야 하는데, 바로 그 도구를 철학이 제공하는 것이다. 신학은 이미 오래전에 그러한 작업을 해 왔다. 다른 학문 분야들과 철학은 신학에서 '도움학문'이 된다. 모든 것이 빨리 변화되는 오늘날 우리들의 시대에서 신학은 다른 학문들, 특히 심층심리학과 대화를 나누어야 한다. 이 두 학문은 서로가 서로에게 많은 질문을 가지고 있다. 그러나 두 학문 모두 대화를 할 뜻이 없어 보이는데, 내가 보기에 그것은 양쪽 모두에게 손해가 될 뿐이다."[51] 목회상담의 전체 분야

틀 안에서 '목회자의 계속교육' 'KSA 감독제' 그리고 책임 있는 '교육지도자 과정'을 소개하고 있다. 목회자들이 심리분석에 관한 전문적인 교육이나 계속교육 과정을 대학에서 이수하는 것이 불가능했기 때문에 각 지역교회와 대학 연구소들은 '목회심리학에 기초한 상담사' 자격을 주기 위한 교육과정을 개설했다. 그 과정은 선발기준과 수업에 들인 비용에 따라서 심리분석가 교육과정과 거의 비슷하게 인정받을 수 있게 되었다(교육과정에는 200시간 이론분석, 심리학 전공시험 그리고 상담현장 훈련 등이 있다). 다양한 특징을 가진 목회심리학 교육과 훈련 과정 및 그 목표들에 대해서 종합적으로 잘 요약한 것은 샤헨베르그의 논문(앞서 언급함), *PZJ XV*, 585 이하를 참조한다. 또한 이러한 주제에 관해서 풍부한 정보를 제공하는 글은 M. Kessmann, Aus- und Fortbildung in Pastoralpsychologie, in: R. Blühm u.a., *Handlungsfelder*, 92 이하를 참조한다.

50) W. Zijlstra, *Handbuch zur Seelsorgeausbildung*, Gütersloh, 1993.

51) W. Zijlstra, 위의 책, 15. 이 책의 첫 번째 부분에서는 '인간 존재의 기본 구조'(여기서 의식과 무의식의 개념에 대해서 자세하게 설명한다)에 대해서 서술하고 있다. 두 번째 부분에서는 짧게 요약되었지만 다양한 관점으로 본 신경정신학에 대해서 다루고 있는데 독자들에게 훌륭한 정보를 제공하고 있다. 세 번째 부분에서는 '종교적 경험'에 대해서 다루고 있는데 다음과 같이 매우 긍정적인 말로 맺고 있다. "우리들이 헌신하고자 결단할 때만이 종교적 경험이 신앙의 경험이 된다. 특정한 집단에서 개인적인 성향이나 심리적 구조에 따라서 종교적 경험을 할 수 있게 되는지, 또는 그렇게 종교적 경험을 체험할 수 있는 가능성이 개인마다 독특한 것인지는 확실치 않다"(255쪽). 그런데 심리적으로 잘못 도착된 종교적 경험을 가지고 있는 사람과의 접촉은 목회상담가의 능력에 대한 특별한 도전이 된다. 마지막으로 이 책의 네 번째 부분에서 저자는 '기능화 시대에서의 신앙'이라는 주제에 대해 신학적이고 문화역사적인 관점에서 의견을 제시하고 있다. 그는 "모든 인간적인 대화소통 방법이란 말과 영의 소통이다."라고 말

를 다루고 있는 이 목회상담 교과서는 새로운 목회상담 교육과정을 제시하고 개혁하려는 목회상담학계의 노력을 반영하는 대표적인 저서라고 볼 수 있다. 왜냐하면 이 책은 전문 지식에 대한 풍부한 정보를 전달할 뿐만 아니라, 한편으로 특정한 신학을 사용하여 인문과학의 전문 지식을 조직적-목회적인 신학사상 속으로 통합시키려 하기 때문이다.

4) 필요한 네 번째 것: 변화된 집단사역

지금까지 교회에서 집단적으로 진행되어 왔던 목회상담의 한 분야를 근본적으로 새롭게 다시 만드는 일은 새로운 목회상담운동 안에서 시작된 상당히 중요한 과제였다. 그에 관해서 개인별로 연구서를 낸 사람도 있지만 이 주제에 대해서 쓴 가장 중요한 연구서라고 볼 수 있는 두 가지 중요한 전집 형태의 책은 1970년과 1990년에 출간되었다.

이미 스톨베르크(D. Stollberg)는 1971년에 그의 교수자격 심사논문을 『집단에 의한 목회상담(*Seelsorge durch die Gruppe*)』으로 출판했다. 그는 거기서 다음과 같이 말하고 있다. "대화소통의 과정으로서 교회는 (심리학적인 관점에서 보면) 예외 없이 두 사람 사이의 상호 행동방법과 집단역동(Gruppendynamik)의 방법으로 진행되어 왔다."[52)]

목회상담자에게 그러한 형태로 진행되는 사역은 결코 새롭거나 불편한 방법이 아니다. 단지 여기서 오늘날 중요한 것, 현대적 관점에서 말하고 싶은 것은 집단 목회사역의 상황에서 발생하는 사항들을 매우 구체적이고 투명한 절차로 정리하는 일이다. 또한 중요한 것은 집단사역의 효과를 매우 생소한 참가자 자신들의 경험들 속으로 스며들어 가게 만드는 것이다. 다시 말하면, 집단사역에서 경험했던 일들이 참가자 자신의 인식을 확대시키고, 경험들을 정리하게 만들고, 대화소통 방법을 개선시키게 만드는 것이다. 스톨베르크에 의하면 개개 지역 교회공동체는 이제 변화된 집단역할에 적응해야 하고 준비해야 한다. 그는 다음과 같이 말한다. "우리는 '비구조적' 이라는 특별한 의미에서

한다. '계시의 가능성' 이 나오는 것이다(400쪽). "그리스도교 종교는 이스라엘 시대와 오늘의 시대와 똑같이 종교적인 겉모습을 입고 있다. 그러나 이 종교적 형식은 본질적인 것이 아니다. 본질적인 것은 우리의 삶의 중심에 있는 신비로운 것이다. 그 본질적인 것은 어떻게 우리가 서로서로 그리고 우리 자신들과 소통을 하고 있는가에 따라 삶과 직접적으로 관계되어 있는 것이다"(404쪽 이하).

52) D. Stollberg, *Gruppe,* 17. 이 주제에 관해서 다음 연구서도 1971년에 출판되었다. J. W. Knowles, *Gruppenberatung,* München-Meinz, 1971. 스톨베르크는 이 책을 그의 저서의 영어판에서 언급하고 있다.

이루어지는 목회상담(다시 말하면, 외부에서 던져준 주제와 외부적인 권위에 의해서 결정되지 않는 집단상담)에 대해서 하나도 모르기 때문이다."[53] 따라서 목회상담자들은 집단상담에 대해서 듣고 배워야 하며, 집단상담을 이끄는 지도자가 되기 위해서 그에 맞는 자격과 능력을 갖추어야 한다. 이러한 의미에서 스톨베르크의 저서는 집단목회상담에 대한 이론과 실천을 갖춘 교과서 같은 성격의 저서로 인정받게 되었다.[54]

스톨베르크의 책이 나온 지 3년 후인 1974년에 개신교의 담(K.-W. Dahm)과 가톨릭 교회 쪽의 슈텐거(H. Stenger)가 함께 『교회현장에서의 집단역동(*Gruppendynamik in der kirchlichen Praxis*)』이라는 보고서 형식의 저서를 편집해서 출간했다. 이 책에서 여러 학자들은 군대상담과 전도사 교육, 목회지도자 과정에서, 또 개신교회와 가톨릭 교회에서 시행하는 병원상담에서 신행되는 집단사역의 형식과 그에 대한 신학적 의미를 시술하고 있다.[55]

53) D. Stollberg, 위의 책, 27.

54) 이 책의 제2부와 제3부에서는 목회상담 실천에 관한 안내가 자세하게 나와 있다. 거기에는 집단을 구성하는 방법부터 모임의 횟수, 집단상담 전형적인 진행과정에 대한 묘사, 지도자의 역할, 특별한 집단의 구별법에 대해서 나온다. 제4부에서는 그러한 시도가 가지고 있는 신학적인 의미에 대해서 나온다. 여기서 목회상담은 기독론적인 문제로 이해된다. 슈톨베르크는 일치의 신학이야말로 집단 목회상담만이 가지고 있는 독특성라고 주장한다. 왜냐하면 한편으로 다음과 같은 것이 중요하기 때문이다. "모든 교회사역의 톡특성은 진정한 사람으로서 그리스도를 하나님 말씀으로 인식하거나 마음에 품거나 하나님 말씀이 태어나게 되는 것이다"(186쪽). 다른 한편으로 이 맥락에서 우리는 다음과 같이 말할 수 있다. "신앙고백으로서 신학은 믿는 사람들의 통일된 견해를 말한다. 여기서 통일된 견해란 집단의 정체성과 집단 안에 있는 개인의 정체성을 유지하기 위해서 공통적인 이야기(도그마적이고 문화적인 측면에서)와 집단의 행동규범(윤리적인 측면에서) 그리고 제3자에 대한 자기 이해의 규범(변증적이고 선교적인 차원에서)이 나타나게 되는 것이라고 말할 수 있다.

55) K.-W. Dahm/H. Stenger (Hg.), *Gruppendymik in der kirchlichen Praxis. Erfarungsberichte*, München/Mainz, 1974.
이미 이 책이 나오기 전에 심리분석가인 베허(T. Becher)는 『병원 목회상담 훈련-병원 목회교육(*Klinische Seelsorgeausbildung- Clinical Pastoral Education*)』(Frankfurt, 1972)에서 「병원상담에서의 집단상담과 집단 역동성」이라는 논문을 출간했다.
프뢰르도 이미 1974년에 병원에서 진행되어 왔던 집단상담의 역사적 관점에 대해 「병원 전통에서의 집단상담」이라는 논문을 발표했다(P. Frör, Gruppenseelsorge in der klinischen Tradition: Das Beispiel der Banden Herrnhuts, in: Riess, *Perspektiven*, 79 이하). 그는 집단상담의 역사적 고찰에서 얻은 자신의 인상을 다음과 같이 요약하고 있다. "집단상담이라는 방법을 새롭게 발견하고 있는 우리들에게 '헤른후터 공동체에서 시행되어 왔던 집단상담이 우리를 놀라게 하는 것은 무엇일까? 그것들이 그들의 용기와 그들 목회상담의 특수한 출발점 또는 세련되지 못한 방법이지만 실천이 낳은 결과일까?' 라고 묻게 된다"(94쪽). 이와 같은 맥락에서 집단상담에 대한 비신학적인 분석은 특별 부록으로 나온 다음의 책을 참고한다. A. Däumling/L. L. Herkenrath (Hg.), *Gruppendynamik im kirchlichen Feld. Gruppendynamik 5*, 1975. 마지막으로 그 당시 집단 목회상담의 경향에 대한 매우 흥미로운 분석으로 샤휀베르크는 그의 두 번째 저서로 『신앙과 집단(*Glaube und Gruppe*)』[56]이라는 논문집을 편집해서 출간했다. 이 책은 집단상담에서 나타나는 현상이나 특별한 문제 제기에 대한 논쟁점을 담고 있는 신학적이고 교회적인 근본 문제들에 대해서 다루고 있다. 그 중에 몇 가지 질문들을 예로 들어 보면 다음과 같다. 집단상담은 어떤 종교적 차원을 가지고 있는가? 집단적 참여 형태는 중독성이 있는 것은 아닌가? 집단상담에 대한 어떤 신학적인 논쟁점이 제기될 수 있는가?

슈츠(K-V. Schütz)는 지난 25년 동안 논의된 총체적인 문제들과 논쟁점들에 대해서, 1989년에 제출한 자신의 박사학위 논문을 그때까지 가장 광범위하게 다룬 『교회에서의 집단사역(*Gruppenarbeit in der Kirche*)』[57]이라는 책으로 출판했다.

슈츠는 사회 구조적인 변화의 물결 속에서 교회가 자신의 역할과 영향력을 잃어버리고 상황에 대한 우려감 속에서 새로운 시각을 제시하는 것이라고 말한다. 그는 그렇게 시도하는 이유를 다음과 같이 밝히고 있다. "계속 변화되고 있는 사회구조와 전통적인 교회구조 사이에 서로 어긋남이 심해졌기 때문이다. 집단사역이 이러한 상황에서 그러한 불일치를 극복할 수 있는 하나의 새로운 탈출구가 될 수 있는 것처럼 보인다. 우리들은 주관적인 면과 집단적인 면이 주는 새로운 긴장감을 찾고 있는 것이다. 전통적인 집단사역의 형태를 새로운 방법론의 옷으로 입히는 작업은 분명히 변화된 그리고 변화되고 있는 사회현실을 반영하고 있다. 20세기의 기술과 산업사회에서 문화적인 상황들의 일반적인 변화는 같이 고려해야 될 문제다."[58]

그러나 슈츠는 현재 신학계의 상황에서 사회심리학의 내용을 실천신학의 분야에서 수용하기에는 아직도 힘든 점이 있다는 것을 지적하고 있다. 그의 의견에 의하면 다양

는 A. Hollweg, *Gruppe, Gesellschaft, Diakonie. Praktische Erfahrungen und theologisches Erkennen*, Stuttgart, 1976을 참고한다. 또한 이미 전에 이 주제에 대해서 좋은 책을 쓴 사람이 있는데, 그는 이 책에서 무엇보다도 인식론적이며 이론적인 주제들을 다루고 있다. A. Hollweg, *Theologie und Empirie. Ein Beitrag zum Gespräch zwischen Theologie und Sozialwissenschaften in den USA und Deutchland*, Stuttgart, 1971.

56) J. Scharfenberg (Hg.), *Glaube und Gruppe. Probleme der Gruppendynamik in einem* Religiösen *Kontext*, Wien/Freiburg/Basel Göttingen, 1980.

57) K.-V. Schütz, *Gruppenarbeit*, 60. 슈츠는 여기에서 그리스도교 실천신학에서 사회심리학을 수용한 역사에 대해서 상세하게 적고 있다. 또한 북미 대륙의 목회상담운동과 그 후에 유럽 개신교에서 있었던 '집단상담' 에 대한 역사와 그 비판들에 대한 글이 나온다. 이렇게 목회심리학에 대한 근본적인 질문들을 제기하고 답변함으로써 그리스도교 집단상담 발전의 역사가 생기게 되었다. 동시에 이 책에는 광범위하면서 연구자들에게 매우 도움이 되는 많은 참고문헌을 싣고 있다.

58) K.-V. Schütz, 위의 책, 16.

한 이유에서 신학에서 심리학을 반대하는 목소리가 나타나게 되는데, 사실 그 반대의 목소리 때문에 교회영역에서 집단 역동적인 사역을 시도할 때 나타나는 기회와 효과를 잃어버리고 있는 것이다. 이러한 상황에서 그는 신학 분야에서 열린 마음을 가질 것을 간곡히 요청하고 있다. 바로 그 열린 마음이 신학과 인문사회학의 관계를 설정하는 문제에 답변하기보다는 적극적인 관심을 갖도록 만드는 것이다. 이에 슈츠는 다음과 같이 말하고 있다. "만약 실천신학이 집단과정을 더 이상 자기와 상관없는 방법론이라고 거부하지 않고 받아들인다면, 그리고 그리스도교 실천신학이 사회심리학적인 학문적 내용 전체를 자기 것으로 만들려고 노력한다면, 아마도 실천신학과 심리학 사이에 현존하는 수많은 오해들은 현격하게 줄어들 것이다. 그럴 경우 실천신학은 심리학 분야에서 더 이상 순수한 보조학문의 성격으로 존재하지 않을 것이다. 오히려 실천신학은 실천신학의 이론 분야에서 새롭고 발전적인 기능을 심리학에서 얻을 수 있을 것이다. 동시에 실천신학도 교회사역에 적용되고 있는 사회심리학을 단지 신학의 도구로서 제공되었다고 생각하지 않을 것이며, 오히려 그러한 사회심리학적인 관점의 신학적 정당성 또는 적합성을 여러 다양한 논리를 가지고 옹호해 주게 될 것이다. 여기서 우리는 '그러한 기본적인 출발점들이 결국 종교적인 것을 연구할 때 사회심리학적 분석 쪽으로 자연스럽게 넘어갈 수 있는지 없는지를' 다시 한 번 진지하게 질문하게 된다."[59]

5) '특별히' 필요한 것: 여성주의 영혼 돌봄과 상담

새롭게 발달된 목회상담운동에서 특별하고 특이한 방식의 목회상담을 지적한다면 여성주의 목회상담이라고 할 수 있다.[60] 여성신학 운동이 제기한 특별한 주제들은[61] 여기

59) K.-V. Schütz, 위의 책, 356.

60) 이 단락은 다음 책을 참고했다. U. Riedel-Päfflin/J. Strecker, *Flügel trotz allem. Feministische Seelsorge und Beratung. Konzeption—Methoden—Biographien*, Gütersloh, 1998.

61) H. Meyer-Wilmes, Art. Feministische Theologie, *WdC*, 342. "여성신학이 내세운 기본 전제들을 보면 여성신학은 일종의 운동이론이다. 여성신학을 출발점에서 보면, 여성신학은 여성 목사임직 합법화 운동으로 여성운동의 영향을 받은 학문으로서 세계교회 차원에서의 여성운동이라고 말할 수 있다. 여성신학은 일종의 운동의 확성기 역할인 동시에 학문적인 신학비판이다. 모든 여성신학의 목표는 일반 여성운동처럼 전체적인 관점에서 보면 가부장제의 극복이다. 가부장제는 그동안 여성과 남성 사이에 존재하는 '작은 차이' 를 오히려 여성을 억압하고 차별하는 사회적, 문화적, 종교적 범주가 되도록 만들었다"(342쪽). 더 자세한 문제상황에 대해서는 A. Günter (Hg.), *Feministische Theologie und*

서 추가적으로 새롭게 인식된 것이다. 여성신학에 의하면 모든 의사전달 과정처럼 목회상담 활동들은 피할 수 없이 사회적인 성역할에 고정되어 있다. 백 년이 넘은 오랜 전통의 결과 남성적 행동양식이 지배하게 되었고 그러한 남성 중심적 행동양식은 여성의 특별한 경험방식을 억눌러 왔다. 그렇게 함으로써 여성성은 특별한, 다시 말해서 완전한 경험으로 인정받지 못하게 되었다. 그래서 여성주의적으로 모든 지식과 권력은 새롭게 분석되었다. 즉, 한쪽으로 치우치지만 그것이 당연한 것으로 여겨진 인간의 권력이란 본질적으로 남성 중심적이며 동시에 반여성주의적인 성격을 가질 수밖에 없다. 자신을 확장시키는 과정으로서 인식되어 온 지식은 엄격하게 말해서 남성적인 특징을 가진 지배도구로 이해할 수밖에 없다. 우리는 결국 다음과 같이 말하게 된다. 여성들은 오늘날까지 항상 남성에 의해 규정된 사회 속에서 운명적으로 소외당하고 차별받고 살 수밖에 없다. 그러한 차별, 곧 속박은 더불어 살고 있는 우리 사회의 모든 분야에서 나타나며 당사자들인 여성들은 그 피해범위를 의식하지 못하고 있다. 이러한 상황에서 여성들은 그들 자신만의 독특한 힘과 지식을 소유할 수 있는 가능성의 길로, 또는 그들만의 행동양식으로 바꾸어 놓을 수 없게 되었다. 여성들은 그들 자신만의 자료를 이용하지 못했고, 그들만의 특별한 여성적인 경험방식과 회상 그리고 인식과 행동 능력들은 파괴되었다. 독특한 여성적인 것들은 남성 중심적인 행동구조 아래에서는 더 이상 발전할 수 없다. 그렇게 그것들은 왜곡되고 결국 완전히 우리의 언어권에서 사라지게 된 것이다.

아주 극단적인 경우(그러나 이런 경우라 할지라도 단지 하나의 예외로 볼 수도 없고 제외시켜서도 안 된다)에 엄청난 권력과 지식의 남용이 있게 되었다. 다시 말하면, 남성 중심적 사회체제 아래에서 젊은 여성들과 어머니들이 자주 일반 사회의 희생 제물이 되었다. 그들은 남성 중심적 전통적인 사고와 행동방식에 의해서 영혼과 육체가 상처 입게 된다. 사람들은 사회적으로 완전히 통념화된 이 모든 부당성과 남성 편중성 그리고 어느 정도 숨겨진 남성적 잔인함들(여성의 시각에서 보면)을 먼저 알려야 하고 그 후에 제거해야 한다. 우리는 이러한 의견에 반대하는 남성 중심적인 여러 저항들을 극복해야 한다.

그러나 우리의 종교적 전통도 항상 잘못된 남성 중심적 상황을 고착시켜 왔던, 다시 말해서 일반적으로 역할을 고정시켜 버린 남녀의 사회화 과정에 편승하고 있다. 즉, 그리스도교에서 말하는 하나님 모습들은 경건한 신앙 안에서 의문을 제기할 수 없게 만들

---

postmodernes Denken. Zur theologischen Relevanz der Geschlechterdifferenz, Stuttgart/Berlin/Köln, 1996을 참고한다.

어져 완전히 남성 중심적인 모습으로 나타난다. 그 모습들은 분명히 공개적으로 그리고 교묘하게 모든 여성적인 것의 가치를 평가절하하는 보수적인 남성문화에서 나온 것이다. 그러한 모습이 교회의 조직 형태에서도 반복해서 나타나고 있다. 그래서 남성 중심적인 교회의 조직 형태 속에서 전통적인 남성 중심적이고 수직적인 사고방식을 완화시키는 일은 아주 천천히, 힘겹게 진행될 수밖에 없다.[62]

여성주의 목회상담은 이와 같은 상황을 위기상황으로 진단하고 이러한 상황에 용감하게 부딪히는 데 모든 목표를 집중해 왔다. 여성주의 목회상담은 여성들이 가지고 있는 갈등과 거부하는 감정 속에 있는 숨겨진 진짜 근원적 원인과 그들이 당당하게 대면할 수 있도록 돕기를 원한다. 여성주의 목회상담은 여성들에게 그들 자신의 여성적인 감정들, 행동방식들로 돌아갈 수 있도록 하며 그들이 가진 힘과 영향력을 행사할 수 있는 가능성을 열어 보여 주고자 한다. 여성주의 목회상담은 그들만이 경험한 특별한 인생 역정에 대한 경험을 의도적으로 생각하게 하며 그들이 생각하는 여성적인 하나님 모습과 신앙고백을 표현하게 돕는다. 또한 여성주의 목회상담은 그리스도교적으로 현실을 극복하는 방식의 맥락에서 여성 자신만의 특수성과 여성적 영성이 나타날 수 있도록 돕는다.[63]

이와 같이 포괄적인 여성신학의 과제에서 여성주의 목회상담의 두드러진 특징은 바

62) 교회의 영역에서의 남성 중심적인 수직적 사고방식 문제에 대해서는 도르스트의 다음 논문을 참고한다. B. Dorst, Über das Leiden von Frauen am patriarchalischen Gott, der Kirche und den Kirchenmännern, *WzM* (44) 1992, 437 이하. 도르스트는 교회의 영역에서 일어나는 여성에 대한 비인도적 행위의 사례를 밝혀낸 다음 현대 여성 목회상담의 시도를 다음과 같이 요약하고 있다. "해방시키고 건강하게 만드는 여성의 작업은 삶과 일터의 장에서 세상을 변화시키기 위한 끈질긴 투쟁을 다시 한 번 시도할 수 있도록 많은 여성들에게 용기를 주고 있다. 여성신학은 현대 종교적 전통과 구조가 가지고 있는 억압적 구조의 특성들을 고발할 뿐만 아니라 그들 속에 감추어진 그리스도교의 고통과 저항의 가능성을 새롭게 밝혀내고 있다"(448쪽).

63) M. Blasberg-Kuhnke, Art.: Seelsorge, in: E. Gossmann/E. Moltmann/H. Pissarke-Hudelst u.a. (Hg.), *Wörterbuch der feministischen Theologie*, Gütersloh, 1991, 365 이하. "여성신학적인 관점에서 볼 때 실천신학은 통전적인 또는 종합적인 과정이라고 말할 수 있다. 이 과정은 말하는 것, 의미하는 것, 상징하는 모든 행동을 포함하며, 동시에 접촉하고 기름을 바르고 안수하는 등의 목회활동에서 특별난 육체성을 수용한다. 영혼 돌봄과 몸 돌봄이 같이 존중된다. 그러한 돌봄은 전문가는 물론 서로가 서로에게(예: 여성집단 안에서) 베풀 수 있는 것이다. 현대사회의 왜곡된 교육과 사회화 과정에서 여성신학은 여성이 자기 자신을 찾고, 자신이 자기 몸의 주체임을 깨닫도록 도우며, 자신의 의식과 특성에 어울리는 신앙을 찾도록 돕는 것이다. 따라서 목회상담은 개인의 문제와 여성이 자신의 정체성을 찾으려고 시도하는 것, 사회와 교회에서의 여성의 상황 그리고 문화적이고 통합적인 신앙심의 문제에 대해서 관여하게 되는 것이다"(366쪽). 이러한 맥락에서 '영성'이라는 주제에 대해서는 S.-H. Lee-Linke (Hg.), *Fenster zum Göttlichen. Weibliche Spiritualität in den Weltregionen*, Neukirchen-Vluyn, 1997을 참고한다.

로 학문의 국제화(Internationalität) 시도다. 다시 말해서 여성주의 목회상담에서 중요하게 생각하는 것은 세계적인 차원에서 당사자 여성들 간의 경험의 교류다. 그러한 시도에서 시작된 비교작업은 세계적 차원에서 문제를 볼 수 있고 확인할 수 있으며 동시에 세계적인 차원에서 서로서로 연대할 수 있게 만들었다.[64)]

또한 여성주의 목회상담에서 특징이자 중요하게 생각하고 추진해 온 것은 학제간의 교류(Interdisziplinarität)다. 여성주의 목회상담은 사회학의 영역과 심리학의 영역(특히 심리분석학)에 관계하면서 다른 학문들이 신학을 다루는 것과 똑같이 그들과 동일한 학문적 논쟁을 전개해 나가고 있다.[65)]

마지막으로 여성주의 목회상담의 특징이라고 말할 수 있는 것은 여성이라는 한쪽 성의 편을 옹호하는 여성주의 목회상담의 편향성(Parteilikeit)이다. 여성 목회상담자들은 오직 그렇게 함으로써만이 이미 오래전에 한쪽으로 편향된 성의 사회적 역할분담을 변화시킬 수 있다고 믿고 있다.[66)]

---

64) 여성 경험에 대한 국제적인 교류에 도움이 되는 매우 광범위한 현장에 바탕을 둔 연구에 대해서는 C. Kayales, *Gottesbilder von Frauen auf Philppinen. Die Bedeutung der Subjektivität für eine Interkulturelle Hermeneutik (Öumenische Studien Band 8)*, Münster 1998를 참고한다. 이 책의 서문을 쓴 라이저(K. Raiser)는 다음과 같이 말하고 있다. "카얄레스의 연구는 특별한 관심을 끌 만하다. 왜냐하면 그는 '민족심리 분석' 이라는 학제간 방법을 가지고-이 연구방법은 연구자의 주관성조차 스스로를 성찰하면서 인식과정의 대상을 만드는 것인데-이방인 문화와 신앙체계를 이해하기 위한 새로운 길 열었기 때문이다"(VII). 저자는 '세계교회 일치와 문화적 차원의 연구주제로서 여성적 하나님 표상들' 이라는 장에서 다음과 같이 말하고 있다. "이 책에서 여성을 관찰하면서 시도하려고 했던 가장 중요한 점은 신앙고백으로서 그리고 그리스도교에 대한 그들의 증언으로서 그들 자신만의 특유한 고백을—그것을 굳이 조직신학적인 범주로 분류하지 않고—그냥 자연스럽게 파악하려는 것이었고, 거기서 그들이 표현하고 있는 하나님 표상들을 찾아내는 것이었다"(18쪽).

65) 패플린은 매우 다양한 인문학의 개념을 가지고 있는 학문들과의 공동작업이 필수적이라고 그의 논문에서 주장하고 있다. U. Pfäfflin, Die Kunst der Landkartenzeichnerin. Spritualität und Ethik einer Kartographie der Kreativität, des Haltens und der partnerschaftlichen Rechenschaft, in: S-H. Lee-Linke, 위의 책, 119 이하. 그는 다양한 인식방법과 개념들 그리고 표시방법들을 지도의 안내표시인 범례와 같이, 목회상담에서 개인을 이해하기 위한 표시처럼 이용하기를 원하면서 다음과 같이 쓰고 있다. "무조건적인 다원주의를 옹호하는 것과는 다르게 지도를 그리는 기술의 창조성은 다른 곳에서 찾을 수 있다. 인간을 이해하기 위한 지도를 그리는 창조성이란 세계의 다양성, 과정성 그리고 하루하루의 계획을 우리 마음대로 할 수 없다는 불가능성을 인정하는 것이다. 또한 여기서 말하는 창조성이란 새롭게 믿을 수 있는 방법과 방향이 전개될 때 여러 다양성을 하나의 도전으로 받아들이고 거기에서 나오는 여러 가지 다양성을 오히려 즐기는 것이다. 비록 다양한 반대행동들이 있고 남을 배려하는 의무감이 있을지라도 창조성은 생기는 것이다"(121쪽).

66) U. Möller-Markus, Art.: Parteilichkeit, in: *Wörterbuch der feministischen Theologie*, 315 이하. "편파성 또는 편중성이라는 개념은 여성주의가 가지고 있는 기본 개념에 속한다. 여성운동의 작업이란 여성문제에 대해서 의도적으로 개입하고 그들의 문제를 인식하면서, 그리고 그 문제들을 중재하려는 노력

여성주의 목회상담 실천의 장에서 가장 중요한 것은 모든 심리분석과 적용을 넘어서서 무엇보다도 실천과 생생한 삶의 경험에 기초한 심리학적인 개념의 중요성을 확립하는 것이다. 여기서 중요한 것은 영혼과 육체 그리고 영을 생각하는 기본적인 통전적 사고방식을 병과 치유에 대한 체계적인 이해와 연결시키려는 시도다. 이러한 배경에서 여성주의 목회상담에서 가장 중요하게 생각하는 것은 상담가가 다양한 위기상황들을 다루기 위한 새로운 교회의 의식, 곧 방법을 개발하는 것이다. 여성주의 목회상담은 상담자와 내담자의 영역, 영적인 영역에서 여성적 경험구조를 제시하기 위해 여성주의 목회상담을 대표할 만한 새로운 의식을 반드시 찾아야 하고 학문적으로 확립시켜 놓아야 한다. 모든 여성주의 목회상담이 목표로 하는 최우선 순위는 '여성'이라는 성에 맞는 자율성을 발견하도록 여성 내담자를 도와주는 것이다.

그러나 분명 여성주의 목회상담과 그것이 찾아낸 결과들을 실제 임상의 장에서 인식하고 받아들이는 데에는 많은 반대가 있다. 여성주의적인 행동은 그들의 인생관에서 그러한 것을 '충격으로' 생각하는 사람들에게는 오히려 모욕감을 줄 수 있다. 또한 여성주의적인 행동은 '남성 중심적으로 짜여진' 학문과 권력의 영역에 있는 사람들인 심리학자, 사회학자, 신학자, 상담자들에게도 거부감을 줄 수 있다. 특히, 여성주의적인 행동은 많은 남성들에게, 그러나 동시에 많은 여성들에게도 호감을 주지 못할 수 있다. 여성주의적인 주장과 행동이 지금까지 당연한 것으로 여기면서 살았던 외적인 다양한 관습들과 오랜 전통 속에 뿌리 내려 현재는 확실한 행동구조로 자리 잡게 된 양식들을 부정한다면 항상 그에 대한 반대와 저항들이 있게 마련이다.

따라서 여성주의 목회상담을 주장하는 사람들은 그러한 거부의 몸짓들을 항상 염두에 두어야 하며, 그러한 반응을 학문적 토론의 장으로 이끌어야 한다. 일반적으로 감정적인 차원에서 여성주의, 특히 여성주의 목회상담에 대한 반대에 부딪혔을 때 그 사람은 (어느 정도 의도적으로라도) 모욕감 속에 그냥 머물러 있어서는 안 되며 그 반대와 저항의 원인을 분석해야 한다. 우리가 필요한 것은 거부하는 자세들에 대해서 감정적으로 대결하는 것이 아니라 그러한 태도에 대해서 다음과 같이 스스로 비판적으로 질문해 보는 것이다.

에서 시작된 것이다. 다시 말하면, 여성은 여성의 편을 들고 있는 것이다. 그들은 언제나 똑같은 문제를 겪는 당사자이기 때문에 항상 잠재적인 자기 동일시 과정이 그들의 편파성에 잠재되어 있게 마련인데, 그것은 그들의 동정심이나 연대감의 표현으로 나타나게 된다. 그러나 서로가 서로를 지배하는 구조에서 자유롭고자 하는 그들의 시도는 좌절을 겪게 되기도 한다(예: 여성 간의 주도권 싸움)" (315쪽).

• 특별히 여성적인 경향을 일방적으로 드러내려는 여성주의적인 출발점이 여성들의 근본적인 관심을 이념화시키려는 시도는 아닌가? 우리는 항상 여성주의적인 주장과 창조적이고 유연한 논쟁을 나누고자 할 때 언제나 그와 같은 위험성을 본다. 필자가 생각하기에 우리가 시대에 맞고 용납될 수 있는 여성과 남성의 역할에 대해서 논의할 때, 핵심 사항 중에서 폐기되어야 할 것들을 인식하고 그 후에 그것을 객관화시키며 마지막에 서로의 합의에 의해서 그 사항들을 폐기처분해 버린다면 여성주의적인 주장들이 받아들여질 수 있을 것이다. 그러나 남성과 여성 간에 각자의 성이 가지고 있는 가치에 대해서 비하하는 것은 항상 어느 정도 자존감과도 관계가 있다. 다시 말해서 상대방의 가치를 비하하는 것은 일종의 원시적인 보호본능이 아닌가! 그러한 상대방 가치에 대해 평가절하하는 행동은 일종에 두려움을 가진 보호본능이라고 할 수 있으며 장기적으로 볼 때 사라져야 한다.

• 여성주의 목회상담은 그동안 억압되어 왔던 전 세계적인 여성의 종교성과 연대하면서 특히 비그리스도교적인 여성적 감정의 해방을 추구하는 경향으로 나아가고 있는 것은 아닌가? 우리는 그러한 위험수위가 있다는 사실을 인식해야 하고 비그리스도교적인 요소와는 분명하게 선을 그어야 한다. 여성신학, 특히 여성주의 목회상담에서 가장 중요한 것은 복음적인 입장에서 혼합주의적 성격을 띤 종교적 경향과 반드시 구별된 선을 그어야 한다는 사실이다. 물론 여성신학과 여성주의 목회상담에서 중요한 것은 종교적인 행동이나 요소들을 그리스도교 신앙고백의 틀 안에서 확장시키고 보완하며 통합시키는 노력을 하는 것이다.[67]

여기서 또 한 가지 질문이 제기될 수 있다. 여성신학의 출발점과 그것을 기반으로 하고 있는 여성주의 목회상담이 배타적이기보다는 개방된 편중성의 방향으로 가는 것은 아닌가? 여기서 개방된 편중성이란 제한된 여성 고객에게 도움을 주는 것을 제한하고 동시에 반대되는 입장에 도전하는 것이다. 우리는 분명히 여성신학이 가지고 있는 편중성의 위험에 주의를 기울여야 한다. 여성신학과 여성주의 목회상담이 가지고 있는 편중성은 단지 절대적이기보다는 상황적인 것이라고 이해될 때 극복되고 보편성을 주장할 수 있을 것이다. 그때 우리는 여성신학이나 여성주의 목회상담이 가지고 있는 개방된 편중성이 구체적으로 개인적 또는 구조적 폭력과 대항해서 싸울 때에 고유한 역할을 훨

67) "Synkretismus oder Integration?", in: H. J. Thilo, *Wie ein Stachel im Fleisch*, 159 이하.

씬 더 잘 수행할 수 있다는 사실을 분명하게 이해할 수 있을 것이다. 물론 우리는 실제적인 억압상황을 중간 입장에서 이해할 수는 없으며 한쪽 편을 들면서 무엇인가를 제시할 수밖에 없다. 모든 편중성은 분명히 일관된 상황분석을 전제로 한다.

이상을 요약하면 다음과 같다. 여성주의 목회상담은 자신이 제기한 문제들을 비판적으로 정리함으로써 객관적인 관찰방법에 있어서 현대 목회상담운동이나 전체 목회학 분야에서 절대 피할 수 없는 도전을 신학과 목회상담학 분야에 제시했다고 말할 수 있다. 어렵고 복잡한 성역할의 변경에 적응하는 문제, 새로운 관계설정의 문제에서 새로운 관점의 변화에 적응해야만 하는 것은 전통적인 사고방식에 젖어 있는 목회상담자에게 하나의 커다란 도전인 셈이다. 필자의 견해에 의하면 여성주의 목회상담에서 주장하는 새로운 것들과 기능들을 거부하기 전에 가능하면 상대의 성역할에 대한 포괄적인 실험과 검토 작업이 이루어져야 한다. 그렇게 해야만 남성과 여성 간의 갈등을 야기하는 성역할의 문제가 시간이 지남에 따라 서로 간에 가지고 있는 두려움을 상쇄시키며 새롭게 제안된 성역할이 잘못된 '역할극'으로 전개되지 않도록 만든다.

확실히 시대조류에 맞는 변화된 목회상담에 대한 요구, 집중적인 목회상담의 요구, 교회현장에 맞는 새로운 신학교육에 대한 요구, 변화된 집단사역에 대한 요구, 그리고 여성주의 목회상담의 등장 등으로 새롭고 더욱더 발전하게 된 목회상담운동은 목회현장과 그리스도교 목회신학의 분위기와 지형을 완전히 바꾸어 놓았다. 그러나 새로운 목회상담운동은 처음부터 새롭게 제기되는 문제들과 부딪히게 되었다. 그래서 결국 목회심리학의 방법(그리고 목회심리학의 기본 원리를 도입한 여러 가지 방법들)을 도입한 여러 가지 시도들은 그동안 교회와 실천신학의 영역에서 이제는 당연히 목회신학의 빠질 수 없는 중요한 구성요소로 인정받고 더욱 그 영향력을 넓히게 되었다.

그럼에도 불구하고 여성주의 목회상담에 반대하는 경향의 다양한 주장들도 결코 간과할 수 없다. 그렇다면 그 반대의 목소리는 어떻게 이해해야 할 것인가? 이미 앞에서 언급한 것처럼 개념들을 조직하는 문제와 범주화시키는 문제가 여기서 다시 한 번 불거지게 된다. 심지어 새로운 목회상담운동에 반대하는 목회범주들이 너무 많아서 그것들을 결코 한꺼번에 파악할 수 없을 정도다. 그들이 주장하는 강조점들은 거의 두 배로 늘어났고, 다양한 목표들을 가진 통합모델들이 제시되어 있다. 따라서 거기서 주장하는 정리된 종합된 이론들은 많은 경우에 약간 강요되는 듯한, 심지어 억지로 요구하는 인상을 주기도 한다.

그럼에도 불구하고 다양한 목회신학에 대한 종합적인 입장 표명은 늘 새롭게 시도되어야 한다. 지난 30년 동안 분명하게 목회상담운동의 이론과 실천의 영역에서 다른 목회상담의 방향과 구별되면서 확실하게 자기 고유의 길을 개척한 목회상담학들은 인정받고 있다.

2. 목회상담의 정체성 회복과 연속성의 시도

1) 필요한 첫 번째 것: 목회상담의 새로운 조직신학적 체계

그리스도교 목회상담을 대표하는 학자들은 모두가 교회 목회상담의 위기에 대해서 말하고 있으며 각기 고유의 방법을 가지고 그 대안을 제시하고 있다. 실천신학자인 자이츠(M. Seitz)는 1960년대 말 개신교와 가톨릭 조직신학자들과 공동으로 『학문과 실천 사이에 있는 실천신학(*Die Praktische Theologie zwischen Wissenschaft und Praxis*)』[68]이라는 책을 출판했다. 여기서 자이츠는 신학자들에게 오히려 위기를 소망의 약속으로 이해하라고 말하고 있다. 학자들은 실천신학을 새롭게 하는 방법 중의 하나로 복음적인 영성훈련의 재도입을 제안하고 있다. 그런데 이 새로운 갱신에 대한 구호는 그러한 기대감과 요구와 연결되지 못했다. 오히려 위기극복 상황에서 강조된 것은 성서가 제시하는 것에 대한 재검토와 조직적이고 신학적인 재정리 작업이었다.

그로부터 2년 후 요수티스(M. Josuttis)는 한 서평에서 그 당시 거의 모든 목회상담에 관한 출판물들이 목회상담에 대한 다양한 불평들을 담고 있음을 지적한다. 그 출판물에서 제기된 불평들이란 현재 목회상담의 개념 자체가 적합하지 않고, 목회상담 교육이 충분하지 않으며 목회상담 실재에 만족할 수 없다는 것 등이었다.[69]

이때 모두가 발상의 전환 또는 새로운 관점에 대해서 말했다. 오토(G. Otto)가 자신의 글에서 '일반 신학의 위기, 특히 실천신학과 교회현장의 위기' 라고 말한 것이 바로 그 당시 모든 글의 주제였다고 말할 수 있지 않을까?[70] 목회상담이 현실 또는 실체를 잃어버렸다는 비판과 오토가 주장하듯이 이론과 실천의 준거 틀에서 영향력을 상실했다고

68) E. Jüngel/K. Rahner/M. Seitz, *Theologie*.

69) M. Josuttis, Seelsorge und Psychologie, in: *Verkündigung und Forschung. Beihefte zur Ev. Theologie, H.* 1, München, 1970.

비판받는 것은 상호 연관이 있었던 것은 아닌가?

이와 같은 질문들에 대한 여러 다양한 답변 중에서 가장 뚜렷한 반박이라 할 수 있으며 현재 점점 더 커다란 영향력을 가지고 있는 분명한 대답이 있다. 타케(H. Tacke, 1928~1988)는 자신을 새로운 목회상담운동의 비평가로서, 동시에 기꺼이 대화를 원하는 비판자로서 생각하는 학자다. 그가 지적하는 문제는 핵심적인 사항과 관계되어 있다. 타케는 선포적인 목회상담의 방향을 의식적으로 계승하면서 선포적인 목회상담의 대표주자라고 할 수 있는 투르나이젠의 저작을 새롭게 소개한다. 그는 이와 같은 주요 관심(그의 관심은 그의 저서 『신앙의 도움이 삶의 도움이다』라는 저서에 반영되어 있다.)을 가지고 '진정으로' 우리 시대에 맞는 목회학이 무엇인가라는 주제를 목회상담에서 뚜렷한 쟁점사항으로 만들었다.[71] 타케의 책은 다섯 개의 핵심 검토사항을 내용으로 다루고 있다. 첫 번째 그가 다루고 있는 주제는 '그리스도교 목회상담 역할의 변화' 다. 이에 대해서 타케는 다음과 같이 적고 있다. "지금 우리들은 기존의 목회상담을 비판하는 다양한 견해를 선택할 수 있는 이 시점에서 '목회상담의 시대' 에 관해서 진지하게 말할 수 있

70) G. Otto, Zur gegenwärtigen Diskussion in der Praktischen Theologie, *PThH*, 9 이하(인용은 10쪽에서). 이 책은 나이트하르트(W. Neidhart)의 목회상담 개념에 대해서 다루고 있다. 저자는 개념 설명 후에 '신학' 과 '목회상담' 의 관계에 대해서 설명하고 있다. "목회상담의 설명이나 개념규정은 각각의 신학적 입장에 따라서 결정되기 때문이다"(426쪽). 그러한 개념규정에 따라서 독일어권에서 매우 다양한 형태의 목회상담이 나오게 된다. 그 다음에 그는 '심리치료 요법' 과 '목회상담' 의 관계에 대해서 다룬다. 나이트하르트는 '심리치료 요법' 를 통해서 목회상담의 짐이 가벼워질 수 있다고 말한다. 그러나 그의 생각에 의하면 그 전제는 신학자들이 심리치료 요법이 접근할 수 있는 바른 경계설정이 도대체 어디까지냐에 대한 질문에만 머물러 있지 않을 경우다. "목회상담은 심리치료에서 제시하는 치료적인 행동에 대해서 흘려 듣지 말아야 한다. 그렇지 않으면 무조건적인 하나님의 사랑을 말하는 목회상담의 이야기는 믿을 수 없게 된다"(436쪽).
그의 글은 목회상담이 자신이 처한 위기를 극복하고자 할 때, 새로운 목회상담운동 전이나 후에도 목회학은 '심리치료' 에 대해서 상당히 열린 자세로 임하고 있었다는 사실을 분명히 보여 주고 있다. 이렇게 열린 자세를 강조하는 것은 새로운 학문의 등장을 받아들이면서 동시에 전통적인 목회상담이 가지고 있는 방법들의 연속성을 지키고자 하는 새로운 상황이 되었다는 것이다. 후대로 갈수록 나이트하르트는 항상 목회상담과 심리학을 연결시키고자 노력했다. 그는 타케(H. Tacke, *Glaubenshilfe als Lebenshilfe*)에게 전혀 동의하지 않았는데도 호의를 가지고, 그렇지만 비평가로서 타케가 말하는 목회상담의 목적에 대해서 다음과 같이 묻고 있다. '그는[타케는] 전통적인 목회상담과 심리학의 양극단의 입장을 취하는 것을 원하지 않으면서, 심리학 쪽 입장에 있는 목회상담학자들에게 그들의 특징이자 장점을 포기하지 말 것과 심리치료를 배워야 한다는 것을 깨우치고 있지 않은가?' (*ThPr 12*, 1977, 323).

71) H. Tacke, *Glaubenshilfe als Lebenshilfe. Probleme und Chancen heutiger Seelsorge*, Neukirchen-Vluyn, 1975(인용은 1979년에 나온 2판에서. 2판은 후기와 색인이 첨가됨. 이 후기(부록: '현대 목회상담의 핵심 쟁점에 대해서')는 이 책에서 다루는 논쟁점들을 읽을 수 있어서 유용하다. 특히, 현대 목회상담의 핵심 쟁점과 대화의 어려움에 관해서 스톨베르크와 나누고 있는 논쟁점들이 매우 잘 설명되어 있다.

게 되었다. 우리는 단지 다음과 같은 질문을 제기할 수 있다. 교회 목회상담은 이제 일반화되어 가고 있는 새로운 목회상담의 상황 속에 할 수 없이 억지로 참여할 것인가? 아니면 이제 그리스도교만이 가지고 있는 특수한 목회상담의 관점을 발전시킬 필요를 느끼지 않는가?"[72] 교회영역에서 '대화 중심의 목회상담' 이라는 새로운 영역이 많은 기대를 받으며 공개적으로 나타나기 시작했다. 그러나 동시에 그리스도교 목회상담에서 복음의 선포를 거부하는 경향, 다시 말해서 그리스도교 목회상담의 핵심이라고 말할 수 있는 것을 포기하는 가장 큰 문제점을 가진 목회상담의 경향도 나타났다. 따라서 지금은 그리스도교 상담의 핵심인 신앙에 도움을 주는 것이 삶에 도움을 주는 것이라는 포기할 수 없는 변증법을 실제로 다시 한 번 강조하여 모든 사람이 인식하도록 만들어야 한다. 이상이 타케가 그의 저서를 쓰게 된 핵심 동기라고 할 수 있다. 결론적으로 그는 그리스도교 목회상담을 다음과 같이 정의 내리고 있다. "목회상담이란 대화라는 형식을 통하여 복음을 실제적으로 전달하는 것이다. 그 대화 속에서 하나님의 영혼 돌봄이 언어로 표현된다. 목회상담의 목적은 내담자가 신앙의 길로 가도록 인도하는 것이며, 그렇게 해서 신앙이 삶에 도움이 된다는 사실을 실제로 증명하는 것이다."[73]

두 번째로 그의 저서에서 그가 논의하고 있는 것은 기존 목회상담운동에서의 '인간의 성화' 에 관한 긍정적인 시도에 대한 반대다.[74] 그리고 세 번째로 그가 다루고 있는 것은 '목회상담에서의 대화' 라는 주제다. 여기서 그는 일반적으로 목회상담운동에서 말하는 목회상담 대화 개념과 차별화된 생각을 제시하고 있다. 즉, 일반 대화로서 대화는 결코 인간적인 것을 뛰어넘을 수 있게 만드는 결정적인 요소가 되지 못한다. 이러한 맥락에서 가장 중요한 것은 '대화의 경계' 를 확실히 구별 짓는 일이다(여기서 타케는 투르나이젠이 말하는 상담자와 내담자의 대화에—신앙적 입장에서 볼 때만 보이는— '단절(Bruchlinie)'

---

72) H. Tacke, 위의 책, 10.

73) H. Tacke, 위의 책, 32.

74) 여기서 저자의 비판의 핵심은 다음과 같다. "투르나이젠을 대표로 하는 '케리그마 중심의 목회상담' 이 내담자와 만나는 상황을 단지 이미 준비된 복음을 선포하기 위한 '전제' 로 생각한다면, '대화 중심의 목회상담' 은 내담자와의 만남 자체 속에서 복음을 발견하는 것이다. 그것은 전혀 형식적인 복음도 아니고, 내용적으로 규정된 복음도 아니다. 그러나 그것은 상호 간의 관계를 경험하는 가운데, 서로가 서로를 받아들이는 가운데, 그리고 전에는 숨겼지만 이제는 능동적인 영혼의 가능성을 서로가 서로에게 열어 보이는 가운데 존재하게 된다" (H. Tacke, 위의 책, 41). 타케는 이와 같이 케리그마 중심의 목회상담에 대해서 부분적으로 비판하면서 동시에 칼 로저스가 주장하는 장밋빛 빛깔의 낙관적이며 내적인 성장과 자기 성취를 이룰 수 있다는 인간상을 거부한다. 또한 그러한 목회상담에서 시행되는 대화나 증언들을 평가절하하고 있다.

이 있다는 주장을 지지한다). 타케에 의하면 그리스도교 목회상담은 오늘날 상처받은 사람들이 대화를 진행해 나갈 능력이 실제로 전혀 없다는 사실을 분명히 염두에 두고 있어야 한다.[75]

그의 책에서 타케가 네 번째로 다루며 가장 중요한 주제라고 여기는 시도는 자기가 제시한 개념에 대하여 조직신학적인 기초를 세우는 것이다. 그는 성서적이며 종교개혁적인 구원론의 핵심어인 '나를 위하여(pro me)' 이라는 신학 개념이 현대신학에서 잘못 쓰이고 있다고 주장하는 이반트(H-J. Iwand)의 입장[76]에 동의하면서 '받아들임과 칭의론' 이라는 제목 아래 그 시정작업을 꾀하고 있다. 그러면 거기서 무엇이 문제가 되는 것일까? 여기서 핵심은 그리스도인으로서 구원받은 '나' 는 그럼에도 불구하고 자기 자신에게 속해 있으면서 동시에 현실적인 일상의 자신의 존재와 동떨어져 있다. 결국 구원받은 '나' 는 오로지 믿음 속에서만 '나 자신의 중심' 에 있게 됨으로써 '예수 그리스도의 역사 속에 감춰지게' 된다는 것이다. 만약 우리가 믿음을 그렇게 우리의 일상생활과는 완전히 분리된 채로 오로지 영적인 차원으로만 존재하는 것으로 계속 이해한다면 그리스도 신앙에 대한 근본적인 사상은 항상 '오용' 될 수 있다. 이 경우에 그리스도인으로서 우리 인간의 본질적인 존재는 더 이상 그리스도에게로 향하려는 존재가 되는 것이

75) 이에 대해서 타케는 다음과 같이 말하고 있다. "복음적인 목회상담은 하나님의 이름으로 이루어지는 것이다. 그리스도교 목회상담은 처음부터 하나님 이름의 영광과 보호 속에 존재하는 것이다. 하나님의 이름은 목회상담의 대화가 아무런 두려움 없이 진행될 수 있다는 대전제이다. 물론 거기에는 목회상담의 대화 속에서 경청하고 대화하는 동안에도 사라지지 않는 내담자의 두려움뿐만 아니라 상담자의 두려움도 포함되어 있다. 그러나 그 두려움은 하나님 이름 앞에서 상대화된다. 하나님의 이름은 목회상담 대화가 진행되는 가운데 우리에게 평안을 주고 안식을 준다. 하나님 이름 하에 진행되는 목회상담에서는 그 어떤 전도나 회개에 대한 강요가 있어서는 안 된다. 하나님 이름은 목회상담 대화에 무한한 자유를 주는 것이다" (H. Tacke, 위의 책, 77).
이와 같은 입장에서 타케는 특히 아스무센과 투르나이젠의 상담 개념에 비판적인 입장을 보인 샤펜베르크의 '대화로서의 목회상담' 개념을 비판한다. 타케에 의하면 '성공한' 대화가 목회상담 대화와 동일시될 수는 없다. 그에 의하면 그럴 경우 목회상담에서 강요된 경청이 강조되고 성서 증언적인 대화는 사라질 수 있다. 결론적으로 그리스도교 상담의 특수한 언어로서 '위로하는 대화' 가 새롭게 나타나야 한다. 이러한 '위로하는 대화' 는 세 가지 방향을 가지고 있다. 첫째는 '불러들인다' (Herbeirufen)는 점이다. 이 '불러들인다' 는 개념은 목회상담에서 대화가 상황에 맞게 증언하는 차원을 갖도록 만든다. 둘째는 위로하는 '권면(Ermahnen)' 이다. 이것은 문제에 대해서 구체적으로 대화하도록 이끌며 실제 삶에 대한 복음적인 동기를 제시하는 것이다. 셋째는 '위로(Trösten)' 다. 특히, 이 위로는 목회상담에서 핵심적인 과제라고 할 수 있다. 여기서 핵심은 '신뢰를 잃어버린' 사람과 관계를 맺고자 하는 '하나님의 위로' 다(H. Tacke, 위의 책, 101).

76) H. J. Iwand, Wider den Miβbrauch des 'pro me' als methodisches Prinzip in der Theologie, *EvTh* (14), 1954, 120 이하.

아니라 그리스도의 존재와 하나가 된다. 그럴 경우 복음은 더 이상 상황에 관계되는 것이 아니라 상황 속에 내재하게 된다. 이 경우 '성육신(Inkarnation)'과 '공감(Empathie)'은 결국 하나의 그리고 똑같은 경험을 표현하는 동일한 개념이 된다. 그렇다면 하나님과 인간 사이에 있는 엄격한 '구원론적인 차이'는 궤도를 이탈하게 된다. 타케의 견해에 의하면 사실 이때 새로운 목회상담운동은 "인간적인 서로 간의 받아들임이 하나님이 우리를 수용하심을 이어받는 것이고 실현하는 것이다. 인간이 서로가 서로를 받아들일 때 하나님의 의롭다 하심도 일어나는 것이다."라고 주장하고 있다. 이러한 맥락에서 타케는 계속해서 다음과 같이 말한다. "현대 목회상담의 특징이 되어 버린 그러한 신학적 배열구조는 자신의 정체성을 파악하는 데 편리한 유사구조를 제시한다. 그러나 목회상담을 위한 그리스도교 칭의론을 이렇게 다르게 이해할 때 그것이 미치는 영향은 상당히 크다. 가장 큰 손실은 그리스도론의 궤도이탈이라고 말할 수 있다."[77)]

이러한 중요한 시점에서 타케는 그리스도 교회의 목회 개념에 대해 결정적으로 중요한 문제를 제기한다. 그것은 다름 아닌 목회자는 '심리치료사인가 복음의 증인'[78)]인가라는 질문이나. 바르트와 투르나이젠이 신도한 '하나님 말씀의 신학'에 대해서 사람들이 물었던 상황과 유사함에도 불구하고, 이 질문은 현대 목회상담자들 자신의 입장을 표명하는 데 결정적으로 중요한 것이다. 목회상담 사역의 주관적이고 인격적인 '신뢰성'은 여기서 핵심 사항이 아니다. 그 신뢰성은 중요하며 여전히 중요한 것으로 그냥 남아 있다. 그러나 그렇지 않다. 이에 대해서 타케는 다음과 같이 말하고 있다. "목회상담자에 대한 유일하고 가능한 '신뢰성'이란 목회상담자가 오직 자기 자신에게만 몰입되어 있지 않다는 것과 바른 신앙관계를 언급하는 것이다. 신앙이 의도하는 것이란 사람을 위해서 모든 것이 사람에게 달려 있는 것이 아니라 그리스도와 그분을 증언하는 말에 모든 것이 달려 있다는 것을 알려 주는 것이다."[79)] 오직 이렇게 될 때만이(율법적인 방향으로 나아가는 그리스도교 목회상담에서는 항상 반복해서 '도덕주의 경향'의 목회상담이 나타나게 되는데 그에 대항하여) '그리스도의 법'[80)]과 상황을 변화시키는 목회상담의 근본규범이 드러날 수 있다. 다시 말하면, 그럴 때에야 비로소 한 사람이 다른 이웃, 곧 다른 사람의 짐을 질 수 있게 된다.

77) H. Tacke, 위의 책, 142.
78) H. Tacke, 위의 책, 147 이하.
79) H. Tacke, 위의 책, 151.
80) H. Tacke, 위의 책, 161 이하.

위에서 언급한 사항들을 바탕으로 타케는 그의 저서 제5장과 마지막 장에서 '목회상담과 신앙의 도움'[81]이라는 현장에 충실한 실천적인 주제를 다루고 있다. 그는 마지막으로 한 번 더 자신의 목회상담 개념을 강조하고 있다. "복음적인 목회상담이 해야 할 일은 진실하게 맡겨진 다음과 같은 사실을 붙들고 놓지 않는 것이다. 그 사실이란 우리 시대에 근심걱정하는 사람들은 지금까지 그들을 사로잡고 있고 옥죄어 왔던 그들의 삶에서 자유롭게 되어 그리스도 안에서 쉼을 얻을 것이다(골3:2). 우리의 존재를 그리스도론적으로 해석하는 것은 그리스도론을 실존론적으로 해석하는 것과 연결된다. 결국 우리들은 우리의 존재가 부활하신 주님에 속하여 있으며, 하나님을 신뢰할 때 그 생명의 연속성을 가질 수 있다는 사실을 신앙 속에서 알고 있는 존재들이다."[82]

---

81) 이 서서에서 특별한 수제를 꼽으라고 한다면 '동반자적 목회상담' 이라고 말할 수 있다. 여기서 강조하는 주장은 '하나님과의 관계는 모든 인간적인 차이와 위치 그리고 역할을 상대화시킨다' 는 것이다. 이 상담은 신앙관계의 목회상담이라고 말할 수 있다. 즉, 신앙을 실제적인 삶에 접목시키려는 것이고 상호소통의 능력을 믿는 것이다. 다시 말해서 이 상담은 신앙의 도움이 없이도 사람 안에 있는 종교적인 힘에 또는(칼 바르트의 표현을 빌린다면) '하나님의 인간성' 에 의지하도록 만드는 것이다. 이 상담의 특징은 '나' 를 상대화시키고, 다시 말해서 정체성이 문제가 되었을 때 '우리 밖 [하나님]의 것' 을 무조건 수용하도록 연결시켜 주는 목회상담이다. 또한 이 목회상담은 '신앙을 돕는 것이 실제적으로 삶을 도울 수 있는 것' 이라는 상담이다. 왜냐하면 이 상담은 특히 인생의 위기에서 인간적인 상황과 하나님의 상황이 직접적으로 서로 관계되어 있으며, 그 때문에 위로라는 도움을 줄 수 있다는 것을 알기 때문이다. 또한 이 상담은 슬픔을 당했을 때 심리적인 이해와 위로가 절대로 필요한 사람들에게 하나님을 신뢰할 수 있는 이야기를 들려주고자 하는 목회상담이다. 마지막으로 이 상담은 신앙의 '현재' 와 하나님의 모든 약속이라는 기대감 사이에서 그 모든 과정을 견뎌내게 하는 신앙과 기대 사이에 있는 목회상담이라고 말할 수 있다.

82) H. Tacke, 위의 책, 282. 우리는 타케의 사후에 그의 논문들을 편집하여 출판한 *Mit den Münden zur rechten Zeiten zu reden. Beiträge zu einer biblisch orientierten Seelsorge*, Neukirchen-Vluyn, 1989에서 가장 예민한 목회상담학의 논쟁점들에 대해 타케의 입장을 보다 분명하게 읽을 수 있다. 타케는 1980년에 쓴 『칼 바르트 신학이 목회상담에 끼친 영향(*Konsequenzen der Theologie Karl Barths für die Praxis der Seelsorge*)』에서 미래를 위한 논의가 얼마나 중요한지를 밝히고 있다(153쪽 이하). 그는 여기서 한편으로 다음과 같이 말하고 있다. "칼 바르트가 인간학의 기초로서 그리스도론을 세워 놓음으로써 목회상담에서 결정적으로 매우 중요한 설명이 가능하게 되었다. 나는 여기서 가까움과 멀리 떨어짐의 긴장을 생각하고 있다. 인간이 하나님과의 관계 속에서의 긴장을 해결하려는 경향이 있다(153쪽)". 타케가 보기에 '케리그마 중심의 목회상담' 과 '심리학 중심의 새로운 목회상담운동' 이 가지고 있는 상반된 입장을 형성하는 것은 어느 한쪽 입장만 주장하는 일방적 편승현상에 그 이유가 있다고 본다. 그러나 '하나님과의 관계' 에서는 '접근 없는 거리감' 또는 '거리감 없는 접근' 의 두 입장을 모두 받아들일 수 있다. 다른 한편으로 타케는 칼 바르트 신학이 의미하는 것처럼 '인간학의 기초로서 그리스도론' 이 바른 중심점을 잡아 준다고 확신한다. 이러한 생각을 바탕으로 그는 다음과 같이 말하고 있다. "이 점에서 '칼 바르트의 신학과 심리학을 받아들이고 있는 새로운 목회상담운동 사이에 그 어떤 신비적인 유사한 공통분모가 있을 수 없겠구나.' 라는 생각이 나를 사로잡았다. 인간과 '인간의 가능성에 대한 긍정적 평가' 가 그 예다. 양쪽 입장의 기초는 각각 매우 다양하다. 그러나 비교는 가능한 것처

지금까지 목회상담에 지대한 영향을 미쳤던 타케의 목회상담의 핵심 개념을 살펴보았다. 그는 특히 과거에서 회복시킬 것과 연속시켜야 될 것을 분명하게 제시했다. 그리고 비록 해결하지는 못했지만 새롭게 목회상담에서 핵심적인 문제를 집중적으로 논의했던 것이다.

이러한 맥락에서 볼 때 우리가 주목할 만한 일은 실천신학자인 보렌(R. Bohren)이 1982년에 투르나이젠의 전기를 출판한 일이었다.[83] 보렌 자신은 책을 쓰면서 점점 늘어나는 지식에 놀랐다. 그는 다음과 같이 말한다. "투르나이젠을 위해서 그의 글을 옹호하고 방어하려는 가운데 점점 더 오히려 투르나이젠에 대한 질문이 늘어만 갔다. 문제를 제기한 사람들은 방어하는 사람이 가지지 못했던 중요한 것을 얻었다. 투르나이젠과 대화하는 동안 오히려 교회와 신학에 대한 질문만 쌓여 갔다."[84]

다시 말해서 보렌은 투르나이젠이 1928년에 쓴 「칭의와 목회상담(Rechtfertigurd und Seelsorge)」(이 책 64쪽 이하 참조)이라는 논문에서 쓴 자신의 첫 번째 목회상담학의 출발점의 입장을 고수하지 않았다고 결론을 내렸다. 왜냐하면 후기에 투르나이젠은 자신의 대표 저작인 『목회상담론(Lehre der Seelsorge)』에서 심리학을 '도움학문'으로 확고하게 정의 내리고 있으며, 심리학의 도움학문으로의 중요한 역할을 강조하면서 그 가치를 인정하고 있기 때문이다(이 책 39쪽 이하 참조). 그러나 초기에 저술한 투르나이젠의 글에서 그는 목회상담학에서는 하나님의 입장에서 사람을 새롭게 보고 이해하는 것이 중요하다고 말한다. 물론 그렇게 사람을 새롭게 보는 관점은 '새로운 심리학'과 관련되어 있다고 투르나이젠은 말하고 있다. 그러나 보렌은 "초기 그의 논문 「칭의와 목회상담」에서는 하나님 말씀으로부터 보는 행위를 제일 중요한 것으로 보고 있는 반면에, 후기에 와서는 하나님 말씀에서 보는 행위보다 오히려 심리학이 더 우선시 된다."고 쓰고 있다. 계속해서 보렌은 다음과 같이 말하고 있다. "만약 내가 제대로 투르나이젠의 글을 이해했다면, 1928년에 나온 그의 지혜는 인식의 기술에서 나온, 곧 새롭게 보는 지혜에서 출발된 것이라면, 현재의 지혜는 심리학적인 지식에서 나온 것이며 올바르게 말하는 기술(ars bene dicendi)에 도움이 된다."[85]

보렌은 그의 투르나이젠 전기에서 결론적으로 다음과 같이 말하고 있다. "우리들은

럼 보인다"(159쪽).
83) R. Bohren, *Prophetie*.
84) R. Bohren, 위의 책, 5.
85) R. Bohren, 위의 책, 225.

투르나이젠의 주요 저서인 『목회상담론』이 실천적인 면에서 학생들에게 별로 쓸모가 없다라는 말을 가끔 듣는다. '선포로서의 목회상담' 이라는 그가 내리는 딱딱한 정의 때문에 그는 현장에서 목회자들을 실제로 매우 어렵게 만들고 있다. 나는 그의 이론이 현장에서 거부되고 있는 이유를 그 이론에 '통찰하는 것(Sehen)에 대한 이론' 이 없기 때문이라고 생각한다. 만약 우리가 '실제적인 모든 목회상담의 제일 첫 행위' 를 새롭게 인정한다면 그 목회현장은 새롭게 될 것이다. 하나의 새로운 심리학이란 마치 개개인의 관점에서 보면 일종의 '예언' 과도 같다. 아마도 그 '예언' 안에서 목회상담학과 심리학이 벌이는 논쟁은 종지부를 찍게 될 것이다"[86]

덧붙여 말하자면 이러한 '근본적인' 그리스도교 목회학의 관점은 보존되면서 동시에 비판적으로 계속 발전하게 된다.

블륌(R. Blühm)은 1980년대 교과서로 출판된 책[87]에 수록된 「목회상담의 기초」라는 그의 논문에서 '목회상담의 개념과 이론' 에 대해서 말한다. 그는 처음부터 목회상담의 개념을 규정하고 성서자료를 기초로 목회상담의 근거를 제시한 다음 매우 광범위하게 신학과 인문학, 다시 말하면 목회상담학과 심리학 또는 심리치료의 상호관계를 규명하고 있다. 이렇게 관계를 규정하는 그의 학문적 작업에서 검토와 논쟁은 피할 수 없이 따라오게 되어 있지만 분명하게 다음과 같이 목회상담학과 심리학 사이에 선을 그으면서 서술하고 있다. "목회상담학과 심리치료의 상호관계에서 풍부한 결과가 도출될 수 있다. 그러나 그 둘 가운데 어떤 것도 다른 것을 대체할 수 없다는 것은 자명한 일이다. 그리고 그 둘이 가지고 있는 차이는 매우 분명하다. 심리치료는 심리학과 의학의 영역에

86) R. Boren, 위의 책, 225 이하. 이에 대해서는 실천신학 전문잡지인 『실천신학』에서 투르나이젠을 주제로 다룬 다음 특집호를 참고한다, Eine neue Psychologie? Zum 100. Geburtstag von E. Thurneysen, *PTh* (77) 1988/10, 425 이하, 특히 보렌의 논문 'Macht und Ohnmacht der Seelsorge' , 463 이하. 보렌의 논문에서 핵심 사항은 목회상담에서 성령활동에 관한 것이다. 보렌은 하나님의 영, 곧 성령과 인간의 영 사이의 관계규정을 새롭게 조명하고 있다. 그는 여기서 다음과 같이 쓰고 있다. "투르나이젠은 그리스도론적인 틀, 곧 '섞이지도 않고' '나누어지지도 않고' 라는 도식을 생각하고 있다. 그런데 그러한 것은 하나님의 영과 인간의 영을 규정하는 데에는 불충분한 범주라고 생각한다. 투르나이젠의 글에서 성령론이 불충분한 것과 섞일 수 있다는 범주를 염두에 두지 않았기 때문에, 그의 목회상담이론은 상담현장에서 목회자의 인간성으로 극복되는 무엇인가 가현실적인 또는 비현실성의 냄새가 나게 한다" (465쪽).
그러나 보렌이 보기에 '과거의 심리학' 과 '새로운 심리학' 의 차이는 다음과 같다. "……보통 일반적인 심리학은 경험과 관찰에 근거한 하나의 학문이다. 그러나 그런 세속적인 심리학에 반하여 성서적이고 영적인, 그와 연관된 심리학이란 미래에 체험할 경험의 학문, 다시 말해서 일종의 '영혼에 대한 미래학' 이다. 물론 이 영혼의 미래학은 그 어떤 과거의 경험을 도외시할 수 없다는 사실을 깊이 성찰하는 미래학이라고 말할 수 있다" (467쪽).

87) I. Becker/K.-H. Bieritz/R. Blühm (Hg.), *Handbuch der Seelsorge*, Berlin, 1983, 21 이하.

속하지만 목회상담학은 신학과 교회의 영역에 속한다는 사실이다"[88]

이와 같이 심리치료와 목회상담을 구별할 수 있는 근본적인 것은 '목회상담의 개념과 신학적인 해석' 에 있다. 블륌은 이에 대해서 다음과 같이 말하고 있다. "목회상담의 시작은 복음이다. 목회상담은 복음에서 자신의 근본적 힘을 얻고 방향을 잡게 된다. 복음은 하나님 사랑에 대한 소식이다. 그 사랑은 예수 그리스도 안에서 역사적 사건으로 나타났고, 그를 통하여 그 복음의 내용을 찾을 수 있으며, 모든 사람들에게 구원을 가져온다.'[89] 그에 의하면 좁은 의미에서 목회상담의 조직신학적인 입장이란 다음과 같은 것을 의미한다. "목회상담학이 지난 몇 십 년동안 거의 대부분 그리스도론적이고 구원론적인 면에 근거하고 있었는 데 반하여, 최근에 와서는 다양한 면에서 위험에 처하고 있는 인간과 생명에 대한 긍정, 다시 말하면 창조에 대한 하나님의 긍정에 그 근거를 두고 있다. 목회상담학에서 창조론 또는 창조신앙을 새롭게 살리지 못한다면 삶에 대한 긍정 또는 존재에 대한 긍정에 대해서 말하기는 점점 더 힘들 것이고 그 근거를 대기도 매우 힘들 것이다."[90]

다양한 신학적 경향에서 이와 같이 근본적인 것을 회복하려는 노력들이 분명하게 드러났다. 그러한 노력들의 모습에 무엇보다도 목회상담과 심리치료의 경계를 새롭게 구별하려는 시도가 반영되어 나타나게 되었다.

키조브(E.-R. Kiesow)는 열린 자세로 이미 수년 전에 '목회상담과 심리치료' 라는 현대 목회상담학에서 제외시킬 수 없는 중요한 주제를 방대한 목회상담 교과서로 편집한 『실천신학(*Handbuch der Praktischen Theologie*)』에서 다루고 있다.[91] 여기서 그는 심리학을 보다 더 적극적으로 수용하기를 원하면서 투르나이젠이 심리학을 '도움학문' 정도로 정의 내린 것에 반대한다. 키조브는 그의 글에서 다음과 같이 말하고 있다. "우리가 사람에 관하여 신학적으로, 목회상담학적으로 생각하고 행동하는 모든 것은 인간에 대해서 연구한 진리를 전제로 하는 것이다. 만약 우리가 그것을 염두에 두지 않는다면 우리에게 맡겨진 고유한 과제를 무시하는 셈이다. 왜냐하면 하나님은 우리에게 의도적이고 영원히 불변하는, 또는 교의학적으로 규정된 인간이 아니라 실제적으로나 역사적으

---

88) R. Blühm, 위의 책, 47.
89) Blühm, 위의 책, 48.
80) Blühm, 위의 책, 49.
91) *Handbuch der Praktischen Theologie*. Bearbeitet v. H. Ammert/J. H. G. Holz. u.a., Dritter Band, 1978, 141 이하(HPTh(B)).

로 변하는 인간을 주목하도록 했기 때문이다."[92] 물론 키조브는 심층심리학을 유일한 표준적인 심리학으로 보지는 않는다. 그는 (약간 문제가 되기는 하지만) 세계관적으로 중립적인 마르크시즘적인—심리주의(Psychologismus)가 없는 것과 같은—심리학을 옹호하고 있다.[93]

이전에 제기된 모든 개별적인 목회상담의 주제들와 문제들을 살펴서 그것들을 근본적으로 새롭게 검토하고자 하는 키조브의 목회상담론은 다른 목회상담학 이론과 마찬가지로 '목회상담학의 근본 문제'라는 주제로 시작하는데, 그는 여기서 자기 목회상담학의 새로운 관점을 다음과 같이 제시하고 있다. "개인들과의 만남으로서 목회상담은 예수 그리스도의 복음에 기초하고 있으며 하나님과 사람 간의 화해를 돕는 것이다."[94]

조직신학적인 연결을 꽤하고 있는 키조브의 목회학은 특별히 사회적인 상황에서 신학적이고 인간학적인 내용을 목회상담학으로 구체화시켜야 된다는 의무감을 가지게 된다. 그래서 그는 근본적인 그의 목회학의 의도를 '성숙성의 본보기'라는 제목으로 다음과 같이 서술하고 있다. "성숙한 그리스도교인을 지향하는 것만이 시대에 맞는 것이고 복음에 부합하는 것일 수 있다." 계속해서 그는 다음과 같이 말하고 있다. "단지 기존의 권위에 의존하지 않고 독창적인 판단을 내리는 근거 있는 확신만이 기존의 다양한 입장들을 선택하고 새롭게 변화시킬 수 있다. 목회상담은 바로 이러한 입장에서 시작해야 한다. 그리스도교 선포란 주저하는 것이 아니라 오히려 성숙성의 길로 가도록 돕는 것이다. 목회상담은 하나님의 주권과 우리가 하나님을 마음대로 할 수 없다는 사실을 증명하면서 절대적이고 유일한 능력에 대한 신앙을 보여 주는 것이다. 그리고 모든 부정한 세력, 또는 개인과 사회를 미성숙하게 만들 수 있는 모든 규정들을 상대화시켜 버리는 것이다."[95]

마침내 목회상담학의 역사적인 신학적 전통을 추적하여 다양한 목회학적인 경향을 조직적으로 체계화시킨 뢰슬러(D. Rössler)의 저서가 1986년 『실천신학 개요(*Grundriß der Praktischen Theologie*)』로 출판되었다.[96] 뢰슬러는 실천신학을 (모든 시대조류를 통합하는) 포괄적인 그리스도교 사회봉사(Diakonie)의 영역 속으로 집어넣는다. 그렇게 해서

92) E.-R. Kiesow, 위의 책, 181.
93) E.-R. Kiesow, 위의 책, 182.
94) E.-R. Kiesow, 위의 책, 146.
95) E.-R. Kiesow, 위의 책, 164.
96) D. Rössler, *Grundriß*.

그는 자신의 저서에서 결핍과 위기의 상황 속에 빠진 개개인을 위한 그리스도교적인 도움 뿐만 아니라 19세기와 20세기 빈민들을 위한 국내선교와 사회봉사의 역사에 대해서 설명하고 나아가 '기관으로서의 상담' 에 대해서까지 다루고 있다. 여기서 그는 그리스도교 목회상담 활동을 본질적인 목회영역의 주제로서 다루고 있다. 뢰슬러는 외부에서 점차 내부의 주제로 집중하는 성찰의 과정을 통해서 '개신교 목회상담이론의 기원' 을 간략하고도 역사적인 윤곽으로 제공하면서 전통적인 주제별(목회상담과 심리학, 일반적인 목회상담학과 특수 목회상담학 등)로 목회상담학 이론의 근본적인 특징에 대해서 다루고 있으며, 동시에 부록으로 목회상담의 실천 부분을 싣고 있다.[97)]

전체적으로 볼 때 학문의 새로운 시대적 조류 또는 기존의 반대경향들을 통합화하려는 노력이 그리스도교 목회학 분야에서 두드려지게 나타난다는 사실을 알 수 있다. 이러한 경향은 역사적으로 또는 조직신학적으로 정리한 '목회상담이론' 에서 이루어진 것이다. 뢰슬러에 의하면 오늘날 지난 수십 년간 그리스도 교회에 쌓였던 경험을 기초로 하여 실제 상황에 상응하는 목회학을 전개하고자 하는 것이 중요하다면, 새로운 자극을 통해 발전하는 데 있어서 고전적인 요소들을 결코 무시해서는 안 되고 또 무시할 수도 없다.

97) 뢰슬러의 입장을 살펴보려면 다음에 인용한 글을 통해 그의 입장을 분명히 알 수 있다. 그는 목회상담학의 과제에 대해서 다음과 같이 쓰고 있다. "일반적인 의미에서 본다면 목회상담학의 과제는 '삶의 확신' 이라는 개념으로 요약할 수 있다. 목회상담은 삶의 확신을 갖도록 만드는 도움이다. 목회상담은 삶을 확신하도록 만들며, 그것을 갖도록 응원해 주고 새롭게 하거나 그 근거를 보여 주는 것이다. 목회상담은 다음과 같은 것을 전제로 한다. 즉, 삶의 확신은 필연적으로 인간적 존재에 대한 그리스도교적인 개념에 속한다는 사실이며, 그것은 잃어버릴 수도 망가질 수도 있다는 사실이며, 마지막으로 삶의 확신이 결핍된 것에서 목회상담의 과제가 생기는 동시에 목회상담의 과제가 그 근거를 찾을 수 있다는 사실이다" (182쪽).
뢰슬러는 세 가지 관점에서 더 자세하게 설명하고 있다. 그가 말하는 삶의 확신이란 내 존재의 근거에 대한 확신이다(182쪽). 삶의 확신이란 삶의 방향성에 대한 확신이다(185쪽). 마지막으로 뢰슬러는 삶의 확신이란 개념을 목회상담에서 섬기는 측면과 연결시켜 다음과 같이 제시하고 있다. "삶의 확신이란 공동체의 삶과 연결되면서 가지는 확신이다. 다른 사람들과 연결되어 있으며 연결될 수 있다는 것과 함께 상호 간에 신뢰할 수 있다는 능력이 전제가 된다. 또한 삶의 확신이란 부담이나 조건 없이 받아들여진다는 확신을 말한다. 공동체 안에서 확신이란 단순히 인정받고 받아들여진다는 의식으로는 충분한 것이 아니다. 여기서 말하는 확신이란 공동체 또는 집단 안에서 개인의 존재가 매우 중요한 의미를 가지고 있으며 어떤 것과도 바꿀 수 없는 중요한 역할을 하고 있다는 확신을 갖게 되는 것을 말한다. 그러한 상호 간의 관계는 여러 가지 위기와 갈등에 의해서, 또는 개인적으로 특별한 이유 때문에 파괴될 수 있다. 그러한 경우들에서 공동체 관계를 회복시키는 일이 바로 목회상담이 가진 치료의 과제다. 그러나 그러한 확신이 혼란스럽게 되면서 한 가지 분명한 관점이 나타나게 되었다. 즉, 조건 없이 공동체가 받아들이는 대표적인 경우로서 그리고 도움으로서 목회상담적인 접근이 요청되는 것이다. 이때 목회상담이란 사회봉사적인 과제와 동일시된다" (185쪽).

부록: 그리스도교 사회봉사(Diakonie)와 목회상담

먼저 뢰슬러는 그리스도교 사회봉사에 대해서 근본적으로 다음과 같이 정의 내린다. "그리스도교의 이름으로, 그리고 교회의 본질적인 과제로서 고통을 겪고 심한 결핍의 상황 또는 위기의 상황에서 오로지 도움에 의지할 수밖에 없는 개인을 위한 일을 한마디로 그리스도교 사회봉사라고 부른다."[98]

이와 같은 기본 규정의 기초에 근거해서 볼 때 목회상담도 교회의 사회적 직무 중의 본질적인 한 부분으로 이해될 수 있다. 이때 목회상담이란 그리스도교 사회봉사의 행위로서 특별한 형식을 가지고 나타난다. 따라서 목회상담은 사회정치적인 차원을 발전시키는 것이다. 뵈클러(R. Boeckler)[99]는 목회상담이 사회봉사적인 차원에 대해서 다음과 같이 서술하고 있다. "목회상담은 현대 산업사회가 해체되는 것에 대해서 그리스도교적인 답변을 제시해야 한다."[100] "왜냐하면 수많은 현대인들은 오히려 구체적이고 살아있는 신앙의 증거가 교회에서 실행되는 설교에 의한 증언보다 더 잘 이해되기 때문이다. 개별 교회공동체는 많은 부분 미래의 교회가 사회봉사적 교회가 되는가 되지 않는가에 따라서 교회의 운명이 결정된다."[101]

본질적으로 목회상담은 (만약 목회상담이 인간의 전 인격체를 돌보기를 원한다면) 이러한 상황에서 인간은 하나님과의 관계에서 부족함이 있는 존재라는 사실에서 시작한다. 인간은 근본적으로 가능한 삶의 질 차원에서 놓고 볼 때 분명히 부족한 존재다. 다시 말해서 영적이며 정신적인 영역과 육체적이고 사회적인 영역은 개별적인 목회상담의 사역에서 볼 때 상호 간에 피해를 주는 일이 없었다고는 볼 수 없다. 그 상이한 영역 사이에 변증법적인 관계가 있다는 것을 위기상황에서 어려움을 당한 당사자들은 항상 더 잘 인식하게 되는데, 바로 그 사실에서 목회상담은 상반된 두 영역을 이해하고 다루어야 한다. 바로 그러한 의식이 그 두 영역을 다루는 본질적인 그리스도교 행동지침이라고 해도 과언이 아니다. 이와 같은 관점에 따라서 능동적으로 이웃을 돕는 일에서도 목회상담은 육체적인 것과 정신적인 것을 항상 나눌 수 없는 '상호작용' 속에 포함시켜야 한다. 따라서 그러한 '상호작용' 안에서 역동적이고 혁신적인 요소로서 두 가지 변증법적

98) D. Rössler, 위의 책, 139.
99) Richard Boeckler, Art. Diakonie, *EKL 1*, 850 이하.
100) R. Boekler, 위의 책, 851.
101) R. Boekler, 위의 책, 859.

인 요소를 보존하는 것과 목회상담의 사회봉사 기구와 기관이 단지 형식적인 행동을 하는 기구로 전락하지 않도록 하는 것이 가장 중요한 일이다.

예를 들어, 『기관으로서의 그리스도교 사회봉사(*Diakonie als Institution*)』' (*WzM 44*, 1992, H. 4, 특히 K.-F. Daiber와 A. Jäger의 논문 참조)라는 주제별 특집 논문집은 이에 상응하는 문제의식들을 소개하고 있다.

실천신학자인 다이버(K.-F. Daiber)[102]는 교회의 사회봉사에 대해서 다음과 같이 말하고 있다. "그리스도교 사회봉사에 대한 신학적 주장은 현장 교회의 조건에 따라서, 곧 그들 기관의 형태와 자신들이 가지고 있는 규정들에 따라서 항상 새롭게 현실화되어야 한다. 최근에 교회권리에 대한 논의점들 가운데에서 대부분의 사람들이 일치하는 점은 현장의 행동조건들을 감안하더라도—교회 안에 다른 행동조건들은 존재하지 않지만—오직 신앙과 소망과 사랑에 영감을 주는 것과 같이 복음의 영향력과 그 질서 속에서 교회는 자신만의 공간을 창출하는 것으로 시작해야 한다는 것이다. 우리들은 그것들이 가능하도록 여러 조건들을 분석해야 한다." [103]

예기(A. Jäger)[104]도 매우 새로운 관점에서 그리스도교 사회봉사를 일반 사회활동의 경험에 귀속시키는 문제를 검토하고 있다. 그의 견해에 따르면 만약에 기관으로서의 그리스도교 사회봉사가 지도력 문제에서 현대 리더십 이론을 무시한다면 이 관점은 특별히 그리스도교적인 영향이 아니라 병리학적인 영향을 끼치게 될 것이다. 강도 만난 사람에게 도움을 제공해야 한다는 것이 예수 제자도의 핵심인데, 이것이 말하는 근본적인 동기는 모든 지도력에서 인간을 무시하는 모든 형태를 금하고 있다. 특히, 가치를 추구하는 경영이 가지는 기회란 전체를 유지하는 내적인 축이 중심부부터 발전되고 강해지고 보호받는다는 사실에 있다. 시대에 맞는 경영은 예수께서 우리에게 주신 과제를 수행하려고 할 때 절대로 방해물이 아니며 사용하기 좋고 전체 기관에 유익한 도구다." [105]

로렌츠(H. Lorenz)는 '그리스도교 사회봉사'라는 주제에 대한 수많은 출판물들을 그가 작성한 도서목록에 제시하고 있다.[106]

102) Karl-Fritz Daiber, Die diakonische Anstalt als Dienstgemeinschaft, *WzM* (44) 1992, 139 이하; Ders., Seelsorge und Diakonie, in: Hartmut Kreβ/K.-F. Daiber (Hg.), *Theologische Ethik-Pastoralsoziologie, Grundkurs Theologie*, *Bd. 7*, Stuttgart, 1996, 215 이하.

103) K.-F. Daiber, *Die diakonische Anstalt als Dienstgemeinschaft*, 위의 책, 197.

104) A. Jäger, Modernes Management in der Diakonie—Chancen und Gefahren, *WzM* (44), 1992, 204 이하.

105) A. Jäger, 위의 글, 212.

106) H. Lorenz, Diakonie, in: *Verkündigung und Forschung* (35), 2-90, 36 이하.

또한 란넨베르크(W. Rannenberg)도 그리스도교 사회봉사에 대해서 광범위하고 개괄적이면서도 전문적인 도서목록을 '사회봉사에서 매일의 일정표' 라는 제목으로 그 자신의 단행본에 싣고 있다.[107] 그는 그의 책 제1부에서 '그리스도교 사회봉사의 역사적 개관' 을 제시하면서 '예수와 그리스도교 초기 공동체' 라는 제목으로 초기 그리스도 교회의 특별한 봉사활동부터 20세기 종교사회주의 시대, 곧 제2차 세계 대전 전에 나타난 대표적인 독일 교회의 사회봉사 활동으로서 '국내선교' 에 대해서 서술하고 있다. 로렌츠는 그의 책 제2부에서 일반적으로 독일사회 안에서 실행되는 교회의 사회봉사 활동의 구체적인 면을 다루고 있다. 그 내용은 '말씀' 과 '행위' , '교회' 와 '국가' , '교회의 일' 과 '복지재단' , '교회직분' 과 '봉사' 라는 상반적인 개념들을 중심으로 사회봉사의 내용을 다루고 있다. 무엇보다도 그는 교회의 활동과 정치적인 활동 간의 관계를 규정하고 있다. 여기서 로렌츠가 강조하는 중요한 것은 다음과 같다. "만약 교회가 교회에 부여된 과제로서 사회봉사를 정말 중요하게 생각한다면 교회는 (원하든 원하지 않든) 정치적인 일의 중심에 위치하게 된다. 왜냐하면 사회적 영역이란 이미 정치적 꼬리표와 국가의 규정들 그리고 법률의 촘촘한 그물망으로 엮어져 있기 때문이다."[108] '교회의 과제' 와 '인도주의' 라는 제목의 절이 여기서 핵심이 되는데, 로렌츠는 그에 대해서 다음과 같이 말하고 있다. "항상 계속해서 분화되고 있는 다양한 문화공동체에서 국가는 모든 다양한 세계관에 열려 있어야 한다. 국가는 늘 새로운 방식으로 공동체를 유지하고 움직이며, 위기에서 지키며, 공동체가 가진 능력을 보여 주며, 사회 공동체적인 평화를 유지하게 만드는 국민적인 근본적 '일치점' 을 만들어 나가야 한다. 공동체가 가진 과제와 자기 이해에서 교회와 사회봉사는 특별한 요청의 소리를 듣게 된다. 교회와 그리스도교 사회봉사는 독점적으로 자신만을 중요하게 여기도록 만들거나 자신만을 위한 사항을 요구하는 것이 아니라, 보편적인 '인도주의' 또는 인간과 사회의 '인간성' 을 향상시켜야 하는 의무를 알고 있어야 하는 것이다.'[109] 다음으로 로렌츠는 그의 책 제3부에서 구체적으로 많은 그리스도교 사회봉사의 현장들(입양아 소개기관과 전화상담 등)을 소개하고 있으며, 각각의 일들이 가지고 있는 특별한 과제들을 제시하고 있다. 제4부에서는 그리스도교 사회봉사에 대한 다양한 신학적 출발점과 입장에 대해서 쓰고 있다. 마지막으

107) W. Rannenberg, *Tagesordnungspunkt Diakonie* (top 10), Hannover, 1996.
108) W. Rannenberg, 위의 책, 69 이하.
109) W. Rannenberg, 위의 책, 113.

로 참고문헌 외에 방대한 사회봉사 기관의 수와 주소목록을 부록으로 제공하고 있다.

이와 연관하여 우리는 다음 사항을 조심해야 한다. 모든 교회의 사회봉사에 존재하는 '전체적 인간', 곧 육체와 정신 사이의 필연적인 변증법적인 관계는 여러 문제상황과 연결되게 된다. 그것은 목회학적인 관점에서 볼 때 항상 새롭게 검토해야 될 사항이다. 왜냐하면 항상 목회상담 사역에서 다음 사항이 제일 중요하기 때문이다.

① 말과 행동의 변증법적인 관계(이 영역에서 핵심 질문은 언제, 어디에서 '하나님 이름으로' 말씀이 구체적으로 도움이 되거나 이해되지 않거나 또는 아무런 효과가 없는가다)
② 자발적인 단체와 기관의 변증법적인 관계(이 영역에서 핵심 질문은 기존의 도움단체는 자발적인 선행을 어디서 장려하고 있으며 또 어디서 방해하고 있는가다)
③ 위기상황과 그것을 극복하려고 할 때, 그리스도교 교회와 사회 국가의 책임적인 조치 사이의 변증법적인 관계(여기서 핵심 질문은 교회와 국가가 사회사업적인 영역에서 기능적으로 같이 일할 때 일반적인 세속화 경향이 어떤 장점이 있으며 어떤 단점이 있는가다)
④ 국지적인 장소에서의 도움과 세계적인 차원에서 고통당하는 민족들을 돕는 것 사이의 변증법적인 관계(여기서 핵심 질문은 자국 내 부족한 삶의 상황을 다룰 때와 지구촌의 특정 지역에 닥친 위기를 처리할 때 어떤 관계규정 또는 강조점이 필요한가다)

이와 같은 질문들 및 문제 제기에서 확실하게 드러나는 것은 목회상담적인 차원에서 책임 있는 교회의 사회봉사 활동은 목회학 전체적으로 볼 때 비판적인 성격을 가질 수 있다. 정신적인 위기상황과 물질적인 삶의 어려움 사이의 변증법적인 관계에서 그 균형점을 잃지 않도록 조심해야 하며 '영적인' 일방주의와 동시에 사회정치적인 일방주의에 대해서도 주의해야 한다. 비판적인 것과 상호 보완적인 것 모두 반드시 필요하다는 사실을 19세기 이래 발전해 온 현대교회의 사회봉사 활동의 역사가 잘 보여 준다(이에 대해서 뢰슬러는 간략하면서 핵심적인 부분을 매우 잘 정리하고 있다).[110] 그와 같은 경향을 제일 잘 보여 주는 경우가 '국내선교'라고 불리는 독일 교회의 사회봉사 활동이다. 그것은 요한 힌리히 비헤른(Johann Hinrich Wichern)이 1848년에 만든 사회경제적 영역에서의 그리스도교 교회의 대표적인 자발적 단체라고 말할 수 있다. 그러한 사회봉사기관에서부터 완전히 체계화된 교회공동체 안에서 교회를 갱신하고자 하는 새로운 자극이

110) D. Rössler, 위의 책, 141 이하.

시작된 것이다. 물론 그것은 각각 다양한 목회학의 경향을 대표하는 대표자들과의 논쟁을 피할 수 없게 만들기도 했다. 다양한 도움기관들(예를 들면, 처음에는 독일 내 사회봉사 활동기구로서 '국내선교' 기관, 제2차 세계 대전 이후에는 '독일 교회협의회의 도움기구(Hilfswerk der EKD)', 1976년부터는 '그리스도교 사회봉사기관(Diakonischen Werk)'으로 통합된다)을 볼 때 중요한 것은 단지 기관화된 교회와 기관화된 사회봉사 기구가 단순히 공존하고 있는 것만은 아니라는 사실이다. 그들은 항상 특정한 장소에서 역할이 분리된 그리스도교 사회봉사 활동을 의미 있게 수행하고 있다. 한편으로 우리는 그 역할분담을 통해서 상호 간의 '변증법적인 관계를 각각의 활동에서 건설적인 요소로 이해하며 동시에 한편으로는 그 역할분담을 통해서 그리스도교 목회상담을 공동의 과제로서 또 자연스러운 연결고리로서 이해하게 된다.[111]

2) 필요한 두 번째 것: 성서에 기초한 영적인 신학

위기의 시대란 무엇보다도 잃어버린 신앙에 대해서 다시 한 번 각성시키려는 시도가 아닌가? 다시 한 번 각성시키려는 목적은 무엇보다도 변화된 영적인 태도에 있지 않을까? 그래서 가장 먼저 우리의 과제를 심리학에 '넘기는' 위험스러운 일을 막아야 되는가? 그러나 그리스도교 목회학이 현대 심리학을 단순히 배제시켜서는 안 된다는 근거를 어떻게 말할 수 있을까?

이와 같은 그리고 유사한 질문에 대해서 긍정적이며 적극적인 대답을 시도한 사람은 실천신학자 자이츠(M. Seitz)다. 그는 「신학과 심리학의 상호관계에 대한 고찰」[112]이라는 초기 논문에서 발전적이고 적극적인 태도를 취하고 있다. "① 신학은 심리치료의 도움을 받아야 한다. ② 신학은 선제적인 신학으로서 존재해야 한다. ③ 신학은 수용할 수 있고 심리학적으로 밝혀낼 수 있는 인간의 본질적 측면에 접근하는 동시에 계시를 통해서 알려지고 믿게 되는 하나님의 본질적인 측면에 다가가야 한다."[113] 자이츠에 의하면

111) Art. Diakonie, *TRE Bd. 8*, Berlin/New York, 1981, 621, 641, 특히 648 이하.

112) M. Seitz, Überlegungen zum *Verhältnis* von Theologie und Psychologie, in: F. Gutsche (Hg.), *Mut zur Seelsorge. Die Grenzen der Fachleute und die Möglichkeiten der Gemeinde*. Mit Beiträgen von R. Affenmann, F. Gutsche, W. Jentsch und M. Seitz, Wuppertal, 1974, 18 이하.

113) M. Seitz, 위의 글, 27.

반면에 심리치료는 다른 모든 학문들처럼 하나님에 대해서 자신을 닫아 버릴 위험에 있다. 따라서 어떠한 심리학적 지식에도 우리 것을 포기해서는 안 된다. 성령론적인 입장의 위로 중심의 목회상담의 관점에서 볼 때 자이츠가 생각하는 중요한 것은 다른 것이다. 그는 다음과 같이 강조하고 있다. "만약 교회가 진정한 교회로 남기를 원한다면…… 하나님 나라로의 부르심은 그리스도교 목회상담이 가지고 있는 절대적인 특권이다."[114]

그리스도교 목회상담이 일반 학문에 적응하는 데 따르는 위험부담을 막기 위해서 새로운 '목회상담의 성서신학적인 바탕에 대한 고찰'[115]이 필요하게 되었다. 왜냐하면 그 동안 목회상담에서 성서신학적인 근본 바탕에 대한 절실한 문제가 제기되지 않았기 때문이다. 그래서 자이츠는 "일반적인 목회상담이 자신들의 뚜렷한 잘못을 인정하고 싶지 않겠지만, 지금까지 목회상담에서 성서신학적 바탕이란 완전히 부차적인 또는 열등한 기능적 역할을 수행해 왔다."[116]라고 말한다. 동시에 그에 의하면 그리스도교 목회상담에서 선포적인 요소는 차선으로 숨어 버렸으며 어떤 면에서는 완전히 사라지기도 했다. 현재까지 목회상담학이 잘못된 발전과정으로 나아갔다고 생각하는 자이츠는 이제 새롭게 목회상담학의 근거가 되는 성서신학적 바탕을 찾기 시작한다. "그리스도교 신앙은 확고한 성서적 기초에서만이 그 근거와 목적을 그리스도교 목회상담에 세울 수 있기 때문이다."[117] 이렇게 해서 그리스도교 목회상담의 목적을 위해 구약신학과 신약신학의 내용을 받아들이는 것이 가장 중요한 과제로 떠올랐다.[118] 여기서 주된 관심 주제는 인간에 대한 하나님의 사역이다. 동시에 '예수 그리스도와 초대교회를 통해서 보여 준 하나님이 우리를 돌보아 주는 계시'[119]를 찾는 일이다. 그런 계시의 맥락들이 구약성

---

114) M. Seitz, 위의 글, 30.

115) 이에 대한 논문으로 "Überlegungen zu einer biblischen Theologie der Seelsorge", in: M. Seitz, *Paxis des Glaubens. Gottesdienst, Seelsorge und Spiritualität,* Göttingen, 1978을 참고한다.

116) M. Seitz, 위의 글, 87.

117) M. Seitz, 위의 글, 88.

118) 자이츠는 옌취(W. Jäntsch)와 틸리히(P. Tillich)에 근거하여 다음과 같이 말하고 있다. "신학적인 면에서 '돌봄' 이라는 의미는 구체적인 사람을 위해서 예수 그리스도와 유사한 전체적이고 헌신적인 관심을 기울이는 것을 의미한다. 두려움이 아닌 긍휼한 마음과 전심으로 보살펴 주는 마음이 돌봄의 성격을 결정짓는 것이다. 그러나 이 말은 마태복음 9장 36절에 나와 있는 것처럼, 오로지 우리 이웃의 고통을 정확하게 파악하고 있으며 그 사람의 고통을 찢어지는 마음으로 공감하는 사람이 말할 수 있는 것이다. 우리는 그렇게 오직 예수께서 보여 주신 인간성 안에서 자신의 피조물을 향해서 보여 주시는 하나님의 돌보심의 개념과 그러한 하나님의 '찾아가는 도움' 이라는 개념을 사용해야 한다"(M. Seitz, 위의 글, 89 이하).

119) M. Seitz, 위의 글, 90 이하.

서에 나와 있다. 그리고 우리를 살피는 하나님의 돌보심의 최종적인 표현은 예수 그리스도 안에서 찾을 수 있다.[120] 예수 그리스도 안에서 분명하게 나타난 인간에 대한 하나님의 돌보심은 공동체 안에서, 공동체를 통해서 계속되는 것이다. "신약성서에 나오는 공동체가 스스로를 돌보았던 사역은 한 몸 아래에서 모든 지체에 대한 돌봄의 개념 안에서, 그리고 공동체의 모든 지체를 통해서 이루어진다."[121]

그렇게 '대화 중심의 목회상담'은 성령론적인 '위로 중심의 목회상담'에 의해 단순하게 없어지는 것이 아니라 한 차원 높게 변형되고 승화되는 것이다. '하나님 나라로의 부르심'이란 절대 포기할 수 없는 위로 중심의 목회상담의 정체성인데, 그것은 '치료 중심의 목회상담 이후'[122] 새로운 대안적 목회상담의 모형으로 나타나고 있다. 이러한 목회상담 경향에서 대전제란 개개인이 쉽게 고립되고 외롭고 완전히 상실감을 느끼게 만드는 현실세계 속에서 그들을 완전히 받아들이고 믿고 의지하는 것이다. 이에 대해서 자이츠는 "바로 여기에 목회상담 중심의 공동체가 수행해야 할 과제가 있다. 바로 교회라는 것이 인생의 궁극적인 의미를 묻는 장소, 완전한 믿음의 장소가 아닌가! 우리들의 관심은 바로 그것이다."[123]라고 확신한다.

이제 여기서 핵심적인 질문은 목회상담과 영적인 삶에 집중되었다. 이제 목회상담을 실행하는 것은 뛰어난 인간에 대한 이해력 또는 심리학적 능력을 넘어서는 인격적인 전제들과 연결된다.[124] 만약 '목회상담의 목적에서 인간을 마지막으로 구원하는 것이 가장 중요하다면'[125] 한편으로 이것이 의미하는 것은 '교회적인 의미에서 그리스도교 목회상담은 하나님과 세계 그리고 인간에 대한 자신의 관계를 오로지 그리스도를 통해서 규정하려는 사람들에게만 적용될 수 있는 것이다.'[126] 다른 한편으로 그것은 '오로지

---

120) 자이츠는 다음과 같이 표현하고 있다. "하나님이 돌보기 시작했다. 하나님이 돌보시는 모습을 예수 그리스도가 보여 주셨다. 예수 그리스도 안에서 하나님의 궁극적이고 비교할 수 없으며 최종적인 [돌보심의] 표현이 있다"(M. Seitz, 위의 글, 91).

121) M. Seitz, 위의 글, 94.

122) 이러한 자이츠의 관심은 그가 실천신학의 교과과정 중 현장실습에 관한 과목 중에서 '대표적인 목회상담'이라고 명명하고 설명하는 곳에 잘 나타나 있다(Exemplarische Seelsorge—Begriff, Aufgabe und Methode, in: M. Seitz, *Praxis*, 101 이하).

123) Seelsorge als Verläßlichkeit, in: M. Seitz, *Erneuerung der Gemeinde. Gemeindebau und Spiritualiät*, Göttingen, 130 이하.

124) M. Seitz, Seelsorge und geistliches Leben, in: Ders., *Erneuerung*, 위의 책, 143 이하.

125) M. Seitz, 위의 글, 153.

126) M. Seitz, 위의 글, 154.

우리가 예수가 주인이 되는 목회상담의 대상이 되었을 경우에만 우리가 목회상담의 주체가 될 수 있다는 것' [127]을 의미한다. 바른 목회상담자가 누구인가라는 질문은 그가 가지고 있는 영성의 깊이에 대한 질문과 동일하며 이 세상에서 신앙생활의 형태를 설교하는 사람이 아니라 스스로 예수의 제자로 살려는 목회상담자 자신의 끊임없는 노력이 있는가라는 물음과 동일하다.

실천신학자 묄러(C. Möller)는 『목회상담적으로 설교하기(*Seelsorglich predigen*)』[128]라는 저서에서 자신의 설교론을 제시하고 있다. 동시에 그는 실천신학의 근본적인 개념들의 특징에 대해서도 분명하게 밝히고 있다. 그는 이 책에서 밝히고 있는 자신의 실천신학적 생각들이 자이츠가 제시한 것과 많은 점에서 서로 일치하고 있다고 말한다.[129]

묄러의 저서에서 가장 큰 주제는 '모든 위로의 주인 되는 하나님의 소리를 듣게 만드는 설교' 이며, '세상에서 탈진한 사람이 다시 숨쉴 수 있게 만드는 교회공동체' 며, 같은 맥락에서 말한다면 '말 못하는 사람들을 다시 말하게 만드는 목회상담' 이다.

모든 목회상담의 활동의 핵심에는 위로가 있다.[130] 여기 주어진 상황에서 가장 중요한 것은 먼저 목회상담자에 대한 목회상담이 필요하다는 것이다.[131] 묄러는 '교회 목회자들은 현대 교회의 혼란스러운 설교와 목회상담이론의 상황에서 설교자였고 목회상담자였던 종교개혁자 루터의 말에 귀를 기울일 것' [132]을 간절히 원한다. 그는 루터 자신이 어려움을 당한 그의 친구 슈팔라틴(Spalatin)에게 보낸 편지(1544)를 바탕으로 '루터에게

127) M. Seitz, 위의 글, 157.

128) C. Möller, *Seelsorglich predigen. Die parakletische Dimension von Predigt, Seelsorge und Gemeinde*, *Göttingen*, 1983.

129) C. Möller, 위의 책, 72.

130) 묄러는 성서에서 말하는 위로의 본질에 대해서 다음의 몇 가지 점으로 요약하고 있다. "① 위로는 알리고 초대하고 긴급하게 부른다는 특징을 가지고 있다. 여기서 부른다는 것은 경직되고 절대로 위로가 필요한 사람들에게는 매우 중요한 것이다. 그 위로는 바로 그들을 마치 주님의 몸과 같이 하나님 백성의 공동체로 부르기 위한 것이다. 하나님의 위로를 경험하면 위로하는 사람은 유창한 언어를 선물로 받게 된다. ② 성서에서 말하는 위로는 오직 소명감을 가지고 하나님의 긍휼하심(롬12:1)으로 위로하려는 사람에게서 나오는 것이다. 위로는 부르는 사람이 자신도 부르는 부르심이다. 다시 말해서 위로는 서로가 서로를 부르고 권면하고 위로하는 부르심이다. ③ 위로는 고통스러워하고 인생의 무거운 짐 때문에 힘들어하며 멸시당하고 모욕당하는 사람들이 요구하는 공개적이면서도 숨겨져 있는 도움의 요청으로 나타나게 된다"(C. Möller, 위의 책, 78).

131) 묄러는 이 주제와 관련해서 다음과 같이 묻고 있다. "오늘날 개신교회 복음주의의 목회상담이 약해진 이유는 먼저 목회자 자신에게조차 거의 위로가 없다는 사실에, 곧 서로가 서로에게 위로하는 것이 없었다는 것에 그 근본적인 원인이 있지 않겠는가?(C. Möller, 위의 책, 105).

132) C. Möller, 위의 책, 92.

서로가 서로를 위한 위로(Consolatio fratrum)' 가 무엇인지를 분석한다.[133] 루터의 친구 슈팔라틴은 자신의 죄에 대한 다른 사람들의 비난을 받아들이는데, 여기서 루터도 고통스러워하는 친구의 죄를 진지하게 주목한다. 묄러는 다음과 같이 결론짓는다. "오늘날 의기소침이 너무 많이 확산되고 있다. 그것은 오늘날 점점 더 많은 사람들이 자신의 죄를 간과하고 있기 때문이며 그에 대해서 자유롭게 된 것처럼 말하고 있기 때문이다."[134] 따라서 그리스도교 목회상담은 오늘날에도 악한 세력과의 싸움에서 귀신 쫓는 차원에 대한 확신을 심어 주어야 한다.

묄러에 의하면 '그리스도 공동체 안에서의 일상적인 목회상담' 이 치료자와 의뢰인의 관계를 교회 안에서의 목회상담 사역에 그대로 적용시키는 것 이상의 의미가 되게 하려면 그리스도교 목회상담이 성서적인 이해에 의해 '인간의 부족한 면을 돌보아 주는 목회상담' 이 되어야 한다. 그 부족한 부분은 결국 근본적으로는 극복되는 것이다. "성서가 예수 그리스도 안에 있는 사람을 새로운 피조물 이라고(고전5:17) 선언한다면 성서는 사람을 먼저 부족한 존재로 보는 것이 아니라 하나님 사랑을 받는 존재로 보며, 걱정스러운 마음으로 보는 것이 아니라 인간이 은혜를 받은 죄인으로서 돌봄을 받게 되는 것에 대한 기쁨으로 보는 것이다."[135] 따라서 목회상담의 주요 관심이 '그리스도 몸의 지체들 속에서 그리스도의 몸을 돌보는 것' 이라고 한다면 일상적인 목회상담은[136] 항상

---

133) 루터에게 '서로가 서로와 나누는 위로(Consolatio fratrum)' 는 고통당하는 사람이 소외당하는 것에 반대하여 위로의 공동체로 들어오도록 부르는 것이 특징이다. 여기서 '죄를 인식하는 것(peccatum magnificare)' 은 위로의 한 부분으로 이해된다(중요한 것은 먼저 죄를 크게 살피는 것이다). '위로의 공동체로 부르는 것' 은 악의 세력과 대항할 수 있게 되는 것이다. 위로하는 형제는 성령과 같은 역할을 하는 것이며 '위로의 직분' 을 가진 것이다. 그는 "'다음 것에 대한 권면으로' 위로가 절대로 필요한 사람들을 기쁘게 한다. 서로가 서로를 위로하는 것은 위로를 받는 사람들이 단지 위로의 대상이 아니라, 결국 자신이 고통 때문에 그동안 소외당했던 하나님 역사에 능동적인 참여자가 되기 위하여 그 자신이 스스로 능동적인 위로자가 되는 것이다" (C. Möller, 위의 책, 96 이하).

134) C. Möller, 위의 책, 104.

135) C. Möller, 위의 책, 113.

136) 이것은 교회공동체 안에서 이루어지는 목회상담적인 예전의 힘을 통해서, 다시 말하면 말하는 사람을 항상 다시 듣는 사람으로 변하게 하는 기도의 도움으로 그리고 만인 제사장직의 도움을 통해서(그럼에도 불구하고 교회의 목회사는 목자의 역할을 가지고 있다) 이루어지는 것이다. "목회자가 자기의 목회직분을 공동체에 있는 개개인의 목자들과 연합해서 수행하는 것으로 이해하고 더 잘 섬길수록 그 직분은 더욱더 목회상담에 도움이 되는데, 그렇게 해서 그 목회상담은 추상적인 삶이 아니라 매일의 생생한 일상생활에 접근할 수 있게 되는 것이다" (C. Möller, 위의 책, 121). 묄러는 목회상담운동의 모든 경향들을 무시하면서 다음과 같이 계속해서 주장한다. "그렇게 해서 가령 모든 공동체 구성원을 책임지고 있는 목회자가 인문학적인 특수한 교육과정을 수료하는 것을 의도적으로 포기함으로써 오히려 놀라운 방식으로 약하고 신앙을 잃어버린 사람들을 위해, 개인적인 방법으로 목자 역할을 하는 사

서로가 서로를 세워 주는 것이 되어야 한다.

에버하르트(H. Eberhardt)의 저서 『실천적 영혼 돌봄 신학(*Praktische Seel-Sorge-Theologie*)』은 자이츠가 가지고 있는 관점과 본질적인 면에서 구별되는 완전히 다른 성격의 책이다. 자이츠가 가지고 있는 입장과 형식적으로 일치하는 점은 에버하르트도 그의 저서에서 현대 목회학의 근거와 기준으로서의 성서와 관련짓고 있다는 사실이다.[137] 그는 심리학 중심의 목회상담운동과 성서 중심의 목회상담 사이에, 그리고 경험과 조직신학적인 사고방식 사이에 다리 놓기를 원했다. 그는 실천신학의 큰 틀에서 연속적인 면과 회복되어야 할 면을 추구하면서도 구약과 신약에서 말하는 '영혼에 대한 이해'를 광범위하게 소개하고 있다. 동시에 목회상담과 관련된 여러 성서적 개념을 풀이해서 제시하고 있으며 그 개념들을 성서적 상황까지 확장시키고 있다. 그렇게 해서 그것은 '전인적인 성서적 심리학'이 되었다. 에버하르트에 의하면 영혼의 개념은 지상의 삶 이상을 포함하는 개념이다. 그리고 인간에 대한 모든 삼중적 이해[몸-정신-영]와 주관-객관의 분리를 넘어서는 개념이다. 여기서 영(Geist)이란 몸과 분리가 될 수 없는 영혼의 살아 있는 차원을 말한다.[138]

에버하르트는 자신이 말하는 '다차원적인 목회상담의 모형'을 새로운 '관점에서 보고 있는 영혼' 개념에 접목시키고 있다. 한편으로 그는 그의 저서에서 1928년 이후에 나온 목회상담이론들 —그는 그때까지 목회상담이론들을 " '영혼' 개념을 한 가지 차원에

람들에게 좀 더 가까이 다가갈 수 있는 것이다. 더욱이 목회자는 자기 직업에 전문적인 사람들을 더욱 더 잘 돌볼 수 있게 된다. 처음부터 목회자는 교회공동체 안에 있는 그러한 전문가들과 경쟁하거나 모방하는 것을 그만둠으로써 전문가들인 그들과의 관계를 왜곡시키지 않을 수 있게 되고 오히려 그들을 위한 언어를 찾을 수 있게 되는 것이다"(위의 책, 같은 곳).

137) H. Eberhardt, *Praktische Seel-Sorge-Theologie*.

138) 이러한 전인격적인 이해에서 에버하르트는 '살아 있는 영혼'이라는 개념을 제시한다. 살아 있는 영혼이란 다차원적인 면에서 '관계를 가지고 있고' 다차원적으로 나타난다. "관계 안에 있는 존재는 영혼이 매일 먹는 빵이다. 따라서 코이노니아(KOINONIA)는 목회상담의 가장 알맞은 범주를 제공한다. '순교' '그리스도교 사회복사' 그리고 '예식' 등의 이런 개념은 아마도 중요한 것을 설명할 수 있다. 그러나 그 개념들은 목회상담에서 주요 범주의 기능을 받아들일 수 없는데, 그것은 그 개념들이 '영혼' '생명' '관계 안에 있는 존재'의 개념은 같다는 의미에서 영혼 돌봄이 의미하는 것을 단지 부분적으로만 설명할 수 있기 때문이다. 전통적으로 우리가 받아들이고 있는 주요 범주 중의 각 개념이 영혼을 돌봄의 대상으로 보고 있다는 사실은 우연한 일이 아니다. 그 개념들은 돌봄(Sorge)라는 말에서 발전된 목회상담 이해라는 틀에서 현재 자신의 자리를 당장 없앨 수는 없는 것이다. 그러나 그 반대로 'KOINONIA'라는 핵심 범주를 놓고 보면 영혼 돌봄이란 (내 견해에 의하면) 신학적으로, 심리학적으로 아주 알맞고 실제적인 의미를 가진 개념이라고 볼 수 있다"(H. Eberhardt, 위의 책, 268).

서만 해석하는 문제의 역사(Problemgeschichte)"로 규정하고 있다—을 비판적으로 검토하고 있다. 다른 한편으로 그는 '교회교리(Dogma)'와 '교회실천(Pragma)' 사이에 다리를 놓으려는 목표를 가지고 '성서적 심리학'에 근거한 광범위한 목회상담 이론을 전개하였다.

이와 같이 매우 자의적인 생각을 바탕으로 한 에버하르트의 실천신학적인 틀은 기존의 실천신학의 규범과 맞지 않게 되어 그의 이론이 일반적인 이론과 부딪히게 되기도 한다. 하지만 그가 여기저기에서 제시한 문제들과 확실하지는 않지만 그의 신학적 생각들이 문제의식을 가지고 있는 독자들에게 그에 해당되는 정보를 제공해 주었다.

자이츠가 제기한 목회상담에서의 영적인 출발점과 관심에 훨씬 더 가깝게 접근하고 있는 학자는 나우웬(H. J. M. Nouwen)이다. 그는 '창조적인 목회상담'[139]이라는 개념을 가지고 가톨릭 교회의 목회상담학을 대표하고 있다. 그는 이 개념을 바탕으로 목회상담이 단지 직업적인 행동 이상의 것이기를 원한다. "목회상담에는 직업적인 활동과 영적인 삶의 연관성이 있음이 드러나야 한다."[140] 나우웬은 그리스도교 목회상담의 핵심을 다음과 같이 증언하고 있다. "목회상담이 목회현장에서 확실하게 드러나듯이, 거기에서 목회상담의 정체성은 자기 긍정과 부정, 자만, 자기 실망, 자기 실현과 자기 헌신 사이에 존재하는 풀리지 않는 갈등의 열매라고 말할 수 있다."[141] 예를 들면, 성서적인 계약모델로부터 목회상담관계 안에서 완전히 신뢰할 수 있는 절대적인 계약이 비로소 확

139) H. J. M. Nouwen, *Schöpferische Seelsorge. Mit einem Vorwort von R. Zerfaβ. Übersetzung aus dem Englischen von B. Schellenberger*, Freiburg/Basel/Wien, 1989.
영적 행동의 기본 바탕이라고 볼 수 있는 '손님맞이(Gastfreundschaft)'로서의 목회상담은 사실 R. Zerfaβ, *Menschliche Seelsorge für eine Spiritualität von Priestern und Leien im Gemeindedienst*, Freiburg i.Br., 1985에서 최초로 사용되고 있다. 여기서 영성이란 예수의 제자로서 성령에 자신을 맡기고 있는 그리스도인들의 행동을 의미한다. "이러한 배경에서 가장 중요한 것은 사목활동에서 사제들과 평신도들이 가진 영성이다. 목회상담은 오늘날 어디에서든지 사제 혼자서 할 수 없게 되었다(그것은 옛날의 경우다)." (9쪽 이하). 나우웬은 이러한 큰 틀에서 우리 사회에서 사람과 교제하는 대안으로서 손님 맞는 것과 같은 목회상담의 형식을 제시하고 있다. "손님맞이라고 이해하는 목회상담은 자유롭게 다른 사람에게 다가가는 것이다. 자유로운 공간을 마련하는 것이 급박하게 돌아가고 조금의 여유도 없이 모두가 일정이 잡혀 있는 상황에서 사는 우리 세상 속에서 그것은 하나의 예술작품일 뿐만 아니라 신학적으로 이해하면 하나의 기적이다. 다시 말하면, 귀신들을 쫓아내는 행동인 것이다. 왜냐하면 약속으로 꽉 찬 달력이라는 악마는-그것은 우리의 삶을 잘못 설계하고 있는 것인데-진정으로 이방인들을 위한, 놀라운 일을 위한 그리고 진정으로 이방인에게 다가갈 수 있는 공간을 완전히 빼앗고 있는 것이다"(24쪽).

140) H. J. M. Nouwen, 위의 책, 13.

141) H. J. M. Nouwen, 위의 책, 89.

실하게 드러난다. 영성과 목회상담은 서로 밀접하게 연결되어 있다. 왜냐하면 묵상의 길이 열려 있기 때문이며, 이 묵상의 길이 우리의 영적인 상태를 깨어 있게 만들기 때문이다. 나누웬은 목회상담과 묵상의 관계를 다음과 같이 말하고 있다. "따라서 묵상이란 사제의 삶에서 아주 중요한 점일 뿐만 아니라 풍성한 열매를 원하는 목회상담에서 뺄 수 없는 조건이다. 목회상담이 바로 묵상이다."[142)]

목회상담에 맡겨진 본질적인 소명이 하나님 구원의 선언을 사람들에게 전달하는 것이라고 본다면 목회상담의 과제는 사람들이 성서의 이야기들을 묵상하도록 인도하는 것이라 할 수 있다. 가톨릭 신부인 안젤름 그륀(Anselm Grün)은 바로 그 작업을 『목회상담의 그림들(*Bilder von der Seelsorge*)』[143)]이라는 그의 저서에서 시도하고 있다.

신약성서에 나오는 예수의 구원과 만남의 이야기들은 각각 장면의 특징에 따라 우리들에게까지 연결되고 현재 우리들의 상황에 적용되었다. 이에 대해서 그륀은 "사람은 그림으로 산다. 우리들에게 [삶을 보여 주는] 그림들이 없다면 우리가 무엇을 하며 살아야 하는지를 전혀 인식할 수 없다. 최초의 그림들은 우리 존재를 풍성하도록 인도한다. 그 그림들은 그림이 보여 주고자 하는 진정한 의미를 순간적으로 비추어 준다. 그리고 결국 하나님 자신을 보여 준다."[144)]라고 말한다. 그륀은 융의 원형이론에 근거하여 다음과 같이 말하고 있다. "목회상담에 대한 성서적 그림들은 현재 우리들의 만남과 대화에 새로운 빛을 경험하도록 인도한다."[145)]

---

142) H. J. M. Nouwen, 위의 책, 104. 그의 말을 직접 인용해 보면 다음과 같다. "따라서 개개인에 대한 목회상담을 그 어떤 기술이나 숙련도를 이용하는 것으로 제한시켜서는 결코 안 된다. 결국 목회상담이란 우리가 섬기기를 원하는 사람들의 삶에서 역사하시는 하나님을 끊임없이 찾아가는 것이기 때문이다." 나우웬은 이러한 목회상담의 생각을 세례자 교육과 설교, 교회활동, 그리스도 교회의 예배에 적용하고 있다. 따라서 그는 실천신학을 영성이라는 대전제하에 제시하고 있는 것이다.
실천신학자 뮐러도 나우웬과 비슷한 입장을 그의 저서에서 주장하고 있다(W. Müller, *Erkennen — Unterscheiden — Begegnen. Das seelsorgerliche Gespräch*, Mainz, 1991). 무엇보다도 목회상담적인 판단에 대해서 집중적으로 연구한 그는 그의 저서 첫 부분에 다음과 같이 말하고 있다. "그것은 목회상담가가 가지고 있는 신비스러운 능력이다. 목회상담가의 능력은 내담자와의 만남 속에서 특별한 방법으로 나타나는 것이다. 내담자는 결국 그의 대답에서 출구를 찾게 되는 것이다. 거기에서 자극과 말과 능력이 나오는 것이다. 거기에서 다른 사람의 마음을 감동시키는 능력이 나오는 것이다"(10쪽 이하).

143) A. Grün, *Bilder von der Seelsorge. Biblische Modelle einer therapeutischen Pastoral*, Mainz, 1991.

144) A. Grün, 위의 책, 11.

145) A. Grün, 위의 책, 12. "나는 하혈하는 여성이 예수께 나아와 고침받은 이야기를 읽을 때면 다음과 같은 많은 사람들이 생각난다. 즉, 다른 사람들을 위해서 자신을 희생해 온 사람들, 그러나 무의식적으로 남한테 인정받기를 바라는 사람들, 자기 자신의 재산을 남에게 준 사람들, 많은 돈을 자선한 사람들, 자신의 모든 것을 남을 위해서 바친 사람들이 그들이다. 또한 자기 포기에도 불구하고 자신을 내적으

페테르 부코프스키(Peter Bukowski)는 목회상담에서 이론적으로 뚜렷한 근거를 가지고 실천적으로 적용할 수 있는 시도를 『성서를 대화에 이용하기(*Die Bibel ins Gespräch bringer*)』라는 그의 저서에서 제시하고 있다.[146] 성서 이야기를 대화에 가져온다는 사실은 부코프스키에게 다음과 같은 목회적인 것이 전제되어 있다. 다시 말하면, 그는 타케의 목회상담학 이론의 출발점을 받아들이고 있을 뿐만 아니라 그 필요성을 더욱더 강조하고 있는 셈이다.[147] 어떻게 성서에 근거한 신앙이 목회상담에서 개개인에게 영향을 미칠 수 있으며 성서의 어느 부분을 대화에 도입할 수 있는지에 대해서 언급하는 것은 상당히 중요한 일이다. 거기서 신학과 심리학의 관계[148]에 관한 고찰과 목회상담 대화와 태도의 본질에 대한 고찰이 시작되는 것이다.[149]

부코프스키는 목회상담에서 어떻게 성서를 사용하는지를 많은 개별적인 사례에서 설명하고 있다(예를 들면, 우리가 질문을 받거나 어떤 것에 대해서 질문을 받지 않을 때, 성서가 '분노' 나 '피곤함' 라는 주제에 대해서 언어적인 도움을 주고자 할 때, 대화를 기술적으로 잘 끝내려고 할 때, 성서적인 방법으로 마무리하려고 할 때,[150] 목회상담에서 올바르게 기도하고 축복하는 방법을 알려 주고자 할 때 등이다). 목회상담자가 발전할 수 있도록 만들어 주는 시도들이란 무엇보다도 성서에서 인간에 대한 지식을[151] 얻는 것이며, 인간에게 성서지식을

로 자유롭다고 느끼지 못하는 사람들, 만족하지 못하는 사람들, 공허하고 지쳤다고 생각하는 사람들이 바로 그들이다. ……우리가 그런 사람들에게 가족과 이웃을 위해 더 많이 헌신하고 사랑하라고 요구한다면 그들을 치유할 수 없다. 그들은 먼저 예수와 만나서 그들 자신이 매우 소중한 존재라는 것을 경험해야 한다."(34쪽 이하).

146) P. Bukowski, *Die Bibel ins Gespräch brigen. Erwägungen zu einer Grundfrage der Seelsorge*, Neukirchen-Vluyn, 1994.

147) P. Bukowski, 위의 책, 11. "우리는 성서를 대화에 이용할 수 있다. 왜냐하면 성서의 내용은 우리 시대를 치유하기 때문이다. 그리고 우리들의 현실을 극복하는 데 결정적으로 도움을 주기 때문이다. 다시 한 번 쉽고 약간 불필요하게 덧붙인다면 우리는 성서를 목회상담 대화에 이용할 수 있다. 왜냐하면 그것이 실제적이기 때문이다."

148) 부코프스키는 다음과 같은 사실에 근거를 두고 있다. "……우리는 심리학적으로 교육을 받은 인식과 신학적으로 중요한 인식을 서로 반목시켜서는 안 된다. 여기서 두 가지 관점이 중요한데, 그것은 그때그때 정당하기도 하고 목회상담을 위해 가치가 있다는 것이다. 이 두 가지는 우리의 상대자와 상담자를 움직이는 것을 이해하는 데 도움을 주기(줄 수 있기) 때문이다"(P. Bukowski, 위의 책, 19).

149) 부코프스키는 이에 대해 다음과 같이 말하고 있다. "목회상담에서 중요한 것은 성서의 내용을 항상 목회상담 대화에 끌어들이는 것이다. 그러나 동시에 그것이 목회상담 대화의 역동성을 방해해서는 안 되고 대화를 끊게 해서도 안 되는 것이다"(P. Bukowski, 위의 책, 28).

150) "성서적인 연결은 주로 종결단계에 적절하다. 여기서는 뒤를 되돌아보거나 공동의 평가가 중요하다"(P. Bukowski, 위의 책, 92).

151) 이에 대해서 부코프스키는 다음과 같이 말하고 있다. "만약에 목회상담가들이 근본적이며 포기할 수

쌓게 해 주는 것이다.[152] "목회상담자의 성장은 상담자로서 성서가 우리에게 어떻게 말하는가를 주의 깊게 경청할 때 이루어지기 때문이다. 그 외에도 우리는 성서가 우리들에게 인간이 누구인가를 가르쳐 준다는 것을 받아들여야 한다. 성서는 인간을 가장 잘 알고 있는 문헌이기 때문이다"[153]라고 그륀은 말하고 있다.

마침내 롤프 존스(Rolf Sons)는 위로 중심의 목회상담이 계속되고 보완되는 가운데 어떻게 복음주의 목회상담이 현재까지 발전되어 왔는지를 전체적으로 파악하는 연구결과를 내놓고 있다.[154] 그는 현대 목회상담운동에 대한 전체적인 개요와 그 운동 및 벌어진 논쟁들에 대해서 서술하고 있다. 그는 계속해서 현대 실천신학이 주장하는 새로운 문제제기들과 신학적인 새로운 틀에 대해서 개괄적으로 소개하고 있다(물론 J. Adams의 성서중심의 목회상담과 은사주의 운동에서 나온 목회상담에 대해서도 서술하고 있다). 그런 후에 존스는 다음과 같은 결론을 내리고 있다. "현대 목회상담운동을 포함하여 복음주의 실천신학의 스펙트럼은 계속 확대되었다. 복음주의 영역과 오순절 교회영역에서 발생한 새로운 운동에서 새로운 시도들이 일어나고 있다. 특별히 주목할 것은 그렇게 새롭게 일어나는 목회상담운동이나 경향들은 심리치료에 대해시 기부하지 않고 열려 있다는 사실이다. 다시 말하면, 의도적으로 심리학 분야도 자기 영역 속으로 편입시키려 하고 있다는 사실이다."[155] 결과적으로 존스는 목회상담과 심리치료를 동등하게 인정하여 서술하는 새로운 시도를 하게 된다. 여기서 그가 '성서신학적 목회상담의 근거'로 주장하고 있는 것은 무엇보다도 앞서 언급한 자이츠, 엔취 그리고 에버하르트의 신학적 이론을 바탕으로 하고 있다.

계속해서 존스는 심리분석에 대한 비판과 행동치료에 대한 높은 평가와 더불어 심리학과 심리치료 분야의 새로운 발전들에 대해서 서술하고 있다. 그는 새롭게 변화된 환경과 조건에서 일어나고 있는 목회상담과 심리치료 사이의 충돌은 종교개혁자 루터의

없는 자기의 경험과 대화 진행능력을 분석하는 작업 이외에 특별한 삶의 정황들, 문제상황들과 질병 그리고 다른 것들에 대해서 알고자 한다면 그들은 성서에서 훌륭한 도움을 받을 수 있다"(P. Bukowski, 위의 책, 105).

152) "성서를 우리 쪽에서 일종의 목회상담자라고 주장할 때, 우리는 성서를 보다 능숙하게 대화에 도입할 수 있을 것이다"(위의 책, 같은 곳).

153) P. Bukowski, 위의 책, 108.

154) R. Sons, *Seelsorge zwischen Bibel und Psychotherapie. Die Entwicklung der evangelischen Seelsorge in der Gegenwart,* Stuttgart, 1995.

155) R. Sons, 위의 책, 148.

두 왕국설의 결과에서 나온 것이라고 생각한다. 존스는 루터의 두 왕국설을 바탕으로 '구별과 보안적 관계성'[156]이라는 주제를 발전시킨다. 이 이론은 사람을 전체적으로 보는 전인적인 인간 이해가 전제되는데, 이것은 루터의 두 왕국설에 나오는 것이며 그의 실재 또는 본질 이해에 상응하는 견해다. 존스는 결론적으로 다음과 같이 말하고 있다. "분리가 아닌 차이의 관점에서, 그리고 혼합되지는 않지만 전체적으로 조망하는 관점에서 목회상담과 심리치료의 관계를 다양하면서 동시에 건설적으로 받아들일 수 있다. 목회상담과 심리치료는 이러한 관점에서 서로가 서로를 보충할 수 있다. 심리치료는 목회상담의 보완적 학문으로 보인다. 목회상담과 심리치료(이 둘은 전인적 인간관이라는 공통점이 있다)가 함께 협력하는 곳에서 하나님과 사람의 관계를 무시하지 않으며 동시에 심리학적이고 사회적인 조건을 무시하지 않는 목회상담이 나타나게 된다."[157]

조직신학적인 면을 중요시하고 영적인 차원을 지향하게 되는 성서 중심의 목회상담을 관찰해 보면 다음과 같은 경향이 결과적으로 나타나게 된다. 즉, 심리학이 주는 도전은 받아들여야 된다는 것이다. 그러나 그것은 하나의 공개적인 경쟁관계를 말하는 것은 아니다. 왜냐하면 목회상담의 성서적 기초에 대한 새롭고 강조된 검토작업은 하나님과 사람의 하나의 '포괄적인' 관계를 대전제로 깔고 있기 때문이다. 그 전제란 소위 '세상적인 목회상담(weltliche Seelsorge)'[158]을 통해서 목회활동에 대한 근본적인 문제 제기들을 처음부터 상대화시키는 의도다.

156) R. Sons, 위의 책, 200.

157) 위의 책, 같은 곳. 물론 이와 같은 관계규정의 경우에는 다음과 같은 사실이 분명해야 한다. 상호관계규정은 오직 전체적인 문제 제기를 포괄한다는 신학적인 전제 이하에서만 방향을 정하는 위치설정에 대해서 서술할 수 있다. 관계규정은 문제에 대한 '내면적 운영' 구조를 설명한다. 만약에 저자의 신학적인 전제가 문제 제기 안에 포함될 수 있다면, 그리고 목회상담과 심리치료에 대한 다양한 인류학적인 기본 개념에 대한 논쟁으로 발전한다면, 목회상담과 심리학 사이의 학제간 대화는 시작될 수 있을 것이다.

158) 목회학에서 이 개념의 창시자이자 강경한 대표자로는 베르네트를 들 수 있다(W. Bernet, *Weltliche Seelsorge. Elemente einer Theorie des einzelnen*, Zürich, 1988). 그는 여기서 프로이트에게서 따온 개념인 '세상적 목회상담' 이라는 용어를 사용하고 있다. 이 책은 바로 현장에 적용되는 이론서가 되기를 인하지는 않는다. "이 책은 단지 한 이론이 실천에 응용될 수 있으며 동시에 반드시 실천적인 이론이 되어야 한다는 조건들을 연구하고 있다. 이 책은 결국 실천적으로 적용하는 데 매우 뛰어나다. 이 책은 직업적으로 다른 사람들과 만나야 되는 모든 사람들을 겨냥해서 만든 책이다. 세상적인 목회상담은 그들이 자의식을 강화하는 데 도움을 줄 것이지만 전체적인 자기실현을 위한 것은 아니다"(10쪽). 우리가 베르네트의 관심을 관찰한다면, 그가 프로이트와 심리분석에 많이 의존하고 있다는 사실을 알 수 있다. 케리그마 중심의 목회상담에는 반대하나 현대 목회상담학 운동의 틀(이 운동도 그 자신의 판단에 의하면 반이론적 경향을 가지고 있다)속에서 '개개인의 현상' 들을 연구하면서 오늘날 필수적인 이

3) 필요한 세 번째 것: 목회상담에 대한 역사적인 고찰과 비교 가능성

혼란과 위기의 목회상황에서 목회상담에 대한 새로운 명확성과 능력을 얻고자 한다면 역사적인 고찰은 반드시 필요하며 우리는 그것에서 도움을 받을 수 있다. 우리는 이와 같은 표현을 1970년에 나온 불프(H. Wulf)의 저서 머리말에서 찾아볼 수 있다. 불프는 그의 책 『목회상담의 길(*Wege zur Seelsorge*)』[159]이 그 당시 상황에서 방향을 잡아 주는 데 반드시 필요한 도움으로서의 역할을 한다고 믿는다. 우리는 목회상담에 대한 전체적인 개요를 파악해야 하며 동시에 시대에 따라서 변화된 특징들을 살펴야 한다. "만약 그러한 구성요소들에 대한 인식이 부족하다면 이 영역에서 벌이고 있는 모든 작업들의 가치는 위협을 받을 것이다. 그 영역에서 행해지는 작업들은 혼자만의 독백이 될 것

론들을 만들 수 있었다. 이 책은 고독한 목회자로서, 그리고 공동체에 대해 고독한 개인으로서 존재하는 개인들에 대해서 교회역사와 연관시켜 이야기를 전개해 나가고 있다. 비록 20세기 들어서 근본적으로 교회상황이 많이 바뀌었지만, 항상 그리고 현재에도 목회자들의 상황은 더 첨예화되었다. 베르네트는 다음과 같이 쓰고 있다. "목회자는 혼자다. 목회자는 '매우 예외적인' 개인, 다시 말하면 '아웃사이더'가 되었다. 목회자가 돌보던 사람들은 이제 독립했다. 그들은 목회자들로부터 독립적으로 자기 길을 걷게 되었다. 오히려 목회자들이 일반 사회에 통합되는 작업이 매우 풀기 어려운 문제가 되었다"(43쪽).

따라서 목회상담과 심리치료에서 개인이 어떤 위치에 있나를 질문하는 것은 매우 중요한 의미가 있다. 근본 개념들이 수렴되는가 또는 분산되는가? 또 이런 문제를 제기할 수 있다, 개개인에게 똑같은 방법으로 목회상담과 심리학을 적용해 왔는가 또는 적용할 수 있는가? 그리고 동시에 또 다른 질문을 제기할 수 있는데, 그것은 "개개인에 대한 심리학 이론에서처럼 신학이 목회상담의 주체가 될 수 있는가, 아니면 주체가 되기를 원하는가다"(52쪽).

이러한 문제 제기에서 베르네트는 (역사학적으로 개인을 어떻게 이해하고 있는지 연구하면서) 신학적인 해석학과 심리학적인 해석학을 비교한다. 그는 프로이트의 심리분석 이론을 개개인이 잘 실천할 수 있도록 설계된 전형적인 개인에 대한 이론으로 생각한다. 그것은 그렇게 생기고 있는 것이다. 왜냐하면 결국 베르네트가 생각하기에 '심리분석가의 인격이란 목회상담가의 인격 중에서 두드러진 부분이기 때문이다'(126쪽).

심리치료에 비해서 목회상담이 가지고 있는 특별한 것을 찾아내는 일은 일반적인 일이 되었다. 즉, 심리분석가가 자기의 기술법칙에 따라서 어떤 대답도 제공해서는 안 되기 때문에 (자기 인생관을 포함하여) 침묵한다는 사실이 심리분석에서 핵심적인 것이 된다면, 목회상담가는 바로 이 목회상담 기술을 수정해야 한다. 여기서 목회상담가는 심리분석가와 구별된다. 목회상담가는 심리분석가와는 달리 '하나님에 대해서 언급하는 것'을 포기할 수 없다. 그럼에도 불구하고 목회상담가는 다른 사람을 위해서 결정적으로 돕는 침묵의 예를 보여 줄 수 있다. "십자가 위에서 하나님은 무기력하지 않았다. 그러나 그는 침묵했다. 그는 십자가를 보고 있는 사람들에게 그 자신에 대해서 변호하는 것을 거부했다. 십자가 위에서 하나님은 모든 질문의 총체가 된다. 개개인을 구성하고 재구성할 수 있는 최종적인 이성을 위해서 하나님 이름이 불려야 한다"(135쪽).

159) H. Wulf, *Wege zur Seelsorge. Theorie und Praxis einer offenen Disziplin*, Neukirchen–Vluyn, 1970.

이다. 왜냐하면 그들이 듣고 대답해야 하는 범위가 적어지기 때문이다."[160] 우리들은 고착되고 있는 현대 목회상담운동에 경종을 울리고, 동시에 하나의 통합적인 학문적 입장을 제시하려는 저자의 의도를 곧 파악할 수 있다. 따라서 불프는 스스로를 개신교 영역에서만으로 제한하려고 하지 않는다. 그는 다음과 같이 말한다. "가톨릭 신학자들의 생각과 저술도 거기에 속한다."[161]

또한 우리는 의도적으로 자신의 주장을 전통적인 것과 연결시키려고 하는 저자의 의도를 확실하게 읽을 수 있다. 어떻게 현대 목회상담이 나아갈 수 있는가라는 질문에 대해서 저자는 현대에 매우 적절한 대답으로서 자연스럽게 목회상담과 심리치료에 대한 관계를 밝히는 데 집중하고 있다. 과거에 대한 회고는 미래에 대한 구체적이고 긍정적인 예측의 말이 나오도록 만들었다. "개신교 목회상담에서 질서의 창조, 목회상담의 다양한 경향을 묶는 일은 과거를 돌아볼 수 있도록 만든다. 우리는 우리 뒤에 자연스럽게 놓여 있는 것이 무엇인지를 먼저 생각하게 된다. 따라서 투르나이젠과 아스무센의 이론이 새로운 빛을 발하게 되었다."[162]

우리는 혼란스럽고 다양한 실천신학의 상황에서 역사적인 관찰과 이론을 통하여 통합할 수 있는 가능성을 끊임없이 찾아보려는 대표적인 학자로 옌취(W. Jentsch)를 지목한다. 그는 1965년 이래 여러 권으로 이루어져 있으면서 깊은 인상을 주는 '청소년을 위한 목회상담학'[163]이라는 이름으로 그의 저서를 출간해 왔다. 그의 마지막 책은 1986년에 출판되었다. 그의 목회상담학 전집은 기존의 실천신학과의 20년간에 걸친 논쟁을 반영하고 있는 저서가 되었다. 옌취의 기념비적인 전집을 한 권으로 요약했다고 볼 수 있는 그의 저서 『목회상담자(*Der Seelsorge*)』[164]는 목회상담의 역사를 정리하는 작업과 비교 관점이 구조적인 면에서 일치할 수 있다는 사실을 분명히 보여 주고 있다. 저자는 여기서 '인물 중심적인' 목회상담을 전개하고 있다. 왜냐하면 "목회상담 분야에서 원생

160) H. Wulf, 위의 책, 11.

161) 위의 책, 같은 곳.

162) H. Wulf, 위의 책, 196. 투르나이센에 대한 새로운 평가는 사실 5년이 지난 후에 타케에 의해서 이루어졌다.

163) W. Jentsch, *Handbuch*; Bd. 1: *Geschichte der Jugendseelsorge*, 2. Auflage 1977; Bd. II: *Theologie der Jugendseelsorge*, 2. Auflage 1977; Bd. III: *Praxis der Jugendseelsorge. Mittel.* —1. Halbb.: *Information und Interpretation* 1973; 2. Halbb.: *Dokumente und Analysen* 1973; Bd. IV: *Praxis der Jugendseelsorge. Wege.* —1. Halbb.: *Stufenseelsorge* 1981; 2. Halbb.: *Gesprächs—Seelsorge*, 1986.

164) W. Jentsch, *Der Seelsorger. Beraten–Bezeugen–Befreien. Grundzüge biblischer Seelsorge.* Moers, 1982.

동안 일해 본 사람이 있다면, 그는 목회상담에서 목회상담자의 인격이 결정적인 역할을 한다는 사실을 잘 알고 있을 것이다."[165]라고 고백하고 있기 때문이다. 목회상담의 과거를 살펴보고자 할 때 회복과 연속성은 필수적인 것으로 보이는데, 그와 같은 의미에서 목회자의 존재는 (인격적인 면을 제외하고) 영적인 존재로 나타나야 한다(예: 성서를 특별하게 사용하는 방법을 통해서, 기도를 통해서, 회개를 통해서). 목회상담 사역의 관점에서 목회적인 경쟁력이 신학적인 기초를 가지고 있어야 하는 것처럼, 성서적인 기초가 있어야 하며 역사적인 기초를 소유하고 있어야 한다. 옌취는 다음과 같이 말한다. "권면하고 주의를 주는 방법과 위로하고 바로 세우는 방법 그리고 길을 알려 주고 충고하는 방법처럼 우리 신앙 선배들이 가지고 있었던 오래된 목회상담의 구성요소들은 오늘날의 목회자들을 위해서 재발견되어야 하고 새롭게 해석될 필요가 있다."[166]

그 후 옌취의 비판적 비교작업은 성서적 근거에 바탕을 둔 연구결과에서 나온 '현대 목회상담의 세 가지 핵심 개념' 을 논하게 된다. 이에 대해서 그는 다음과 같이 말하고 있다. "목회상담으로 자유롭게 되는 것이란 예수가 보여 준 과제를 통해서 자유롭게 되는 것을 의미한다. 예수의 과제는 세 가지 개념, 곧 상담과 신앙고백 그리고 해방을 말한다."[167] 바로 이러한 결정을 전제로 할 때 우리는 그렇게 다르고 다양한 방법으로 인문과학과 관계된 모든 목회학 이론들을 이해할 수 있고 그 입장에 따라 분류할 수 있으며, 어느 정도 타당한 '도움을 위한 도움' 을 상세하게 설명할 수 있고, 이용할 수 있다. 오늘날에는 불안해하고 좌절하고 과중한 업무에 시달리는 목회자들에 대한 목회상담이 필수적이라고 볼 수 있다. 이에 대해서 옌취는 그의 전 저서의 핵심 문장이라고 할 수 있는 다음과 같은 말로 대답하고 있다. "목회상담자를 위한 목회상담에서 단지 그리스도만 말씀하도록 하자. 그가 하신 것은 언제나 훌륭하다."[168]

슈츠(W. Schütz)도 목회학 이론을 형성하기 위해 교회역사를 살펴보는 작업이 필요하다는 것을 그의 저서 『목회상담(*Seelsorge*)』[169]에서 주장하고 있다. 그는 1977년에 출간한 저서에서 책의 핵심적인 틀을 다음과 같이 함축적으로 말하고 있다. "여기서는 중세 스콜라적인 참회론부터, 또 그것에 대한 루터의 종교개혁적인 비판과 그의 참회론 및

165) W. Jentsch, 위의 책, 10.
166) W. Jentsch, 위의 책, 65.
167) W. Jentsch, 위의 책, 117.
168) W. Jentsch, 위의 책, 25.
169) W. Schütz, *Seelsorge*, 특히 이 책의 제3장 부분을 참고한다.

고해성사의 갱신론부터, 오늘날 현대 목회상담운동과 대화치료법에 관한 현대적인 방법, 곧 심리상담과 심리분석까지 광범위한 방법을 다루고 있다. 이렇게 역사적으로 개괄하는 동안 많은 문제들이 나타나게 된다."[170]

목회학적인 효력이 자신의 목표에 도달하기 위해서는 이론과 실천, 실천과 이론이 서로 연결되어야 하기 때문에 반드시 우리는 심리학 지식을 배워 이용해야 한다(슈츠는 그의 책에서 '심리치료와 목회상담의 관계는 협력과 보안의 관계가 될 수 있다.'[171]고 말하고 있다). 그러나 모든 방법론은 저자의 생각에 의하면 추상적인 교의학이나 윤리처럼 목회상담자가 의도적으로 습득되어야 하는 실제적인 경험을 대신할 수는 없다('목회상담은 오직 목회상담을 실제로 해 보는 것을 통해서만이 배워지는 것이다').[172] 슈츠는 특별히 우리가 주목할 것을 다음과 같이 지적하고 있다. "만약 우리가 포괄적인 의미에서 목회상담을 '개개인에 대한 교회의 신앙생활과 일반 생활을 돕기 위한 형식'이라고 정의 내린다면 우리는 그것을 교회공동체 현장과 우리에게 부과된 목회적 과제의 틀 속에서 실행하는 것이다. 목회상담 대화에서 절대로 포기할 수 없는 것이 있다. 그것은 모든 인간적인 질문과 소망을 넘어서서 초월적인 차원이 드러나야 된다는 것이며, 그것이 절대적 도움이 필요한 사람들에게 결정적인 도움이 되어야 한다는 것이다."[173]

슈츠는 목회상담에 대한 역사적인 철저한 연구에서 복음적인 의미에서의 참회론의 중요함을 새롭게 발견하게 된다. 그에게 중요한 것은 이제 복음적인 참회를 새롭게 하는 것이다. 왜냐하면 그것에 따른 문제를 다음과 같이 말할 수 있기 때문이다. "목회상담의 역사에서 참회의 문제만큼 수세기를 통해서 목회상담의 중요 쟁점이 되고 문제가 된 주제는 없었다."[174] 현대에 와서 변형된 죄의 경험이 수정된 참회형식을 요구하게 되었다.[175] 그렇게 목회상담 활동은 중요한 과거의 경험을 살펴봄으로써 오히려 그 시대에 맞는 것을 찾아내고, 오늘날 목회상담이 피할 수 없이 현대적인 옷을 입더라도 그 가운데서 역사적인 연속성을 지켜내기 위해서 자신의 역사적인 뿌리에서 새롭게 발견하

170) W. Schütz, 위의 책, 246.
171) W. Schütz, 위의 책, 121.
172) W. Schütz, 위의 책, 249.
173) W. Schütz, 위의 책, 247.
174) W. Schütz, 위의 책, 180.
175) 이에 대해서 슈츠는 다음과 같이 말하고 있다. "목회상담은 참회의 전제이고 참회의 장이다. 목회상담의 능력이란 참회로 이끄는 힘이다. 목회상담은 참회를 포함하고 있다"(185쪽). "목회상담은 자발적인 참회를 원하고 새롭게 되고자 원하는 사람들에게 여러 가지 형식으로 다가갈 수 있다"(189쪽).

는 것에 의존할 수밖에 없는 것이다.

목회상담에 관한 역사적 고찰에서 빼놓을 수 없는 저서로 1977년 실천신학자 빈처(F. Wintzer)가 편집자로[176] 펴낸 책과 본회퍼(T. Bonhoeffer)가[177] 1985년에 출간한 책이 있다.[178] 두 저자 모두 역사성을 잃어버린 현대 목회상담에서 이론과 실천에 나타나는 부정적인 결과들을 지적하고 있다.

실천신학자인 빈클러(E. Winkler)도 1982년 똑같은 우려를 표현하면서 '……목회상담 전통과의 교류를 받아들일 것' [179]을 요구하고 있다.

마침내 슈미트-로스츠(R. Schmidt-Rosts)는 『직분과 직업 사이에 있는 목회상담(*Seelsorge zwischen Amt und Beruf*)』이라는 단행본에서 목회상담을 역사적으로 고찰한 매우 도움이 되는 연구결과를 내놓았다.[180] 저자는 먼저 전통적인 개념에 충실한 목회상담과 현대적인 개념 중심의 목회상담의 경향을 각각 서술하고 있다. 슈미트-로스트는 19세기 이후의 현대 목회상담에 대해서 언급하고 있는데, 먼저 그 시대상황을 다음

176) F. Wintzer, *Seelsorge*.

177) T. Bonhoeffer, *Ursprung*.

178) 빈처는 고전적인 목회상담학 자료를 출간하는 데 주도적이었다. 그는 '목회상담의 역사적인 학문적 문제에 대한 안내' 라는 글에서 고전적 목회상담학 자료의 중요성에 대해서 말하고 있다. 그에 의하면 사실 목회상담학에서 새로운 발전은 기존의 목회상담이 가진 형식과 능력에 대한 비판이 그 특징을 이루는데, 예를들면 20세기 들어 새로운 목회상담운동은 투르나이젠과 아스무센의 목회상담학 이론에 대한 비판이 그 특징이며 그것으로 성장했다. 여기서 빈처는 다음과 같이 말한다. "그러나 그들이 제시하는 목회상담학 프로그램은 역사적인 감각이 없이 논의되고 이해되었기 때문에, 그러한 목회상담학 이론은 목회상담학 역사를 검토하지 않고서는 자신에 대해서 잘 알지 못하게 된다. 사실 과거에 실행된 목회상담이 주는 자극과 그것이 가지고 있는 믿음의 구조는 현대 교회에서도 계속 진행되고 있다. 목회상담에 대한 기대감과 실망감이란 과거 목회상담의 효과를 검토하지 않고서는 이해하고 설명하는 데 불충분한 것이다(F. Wintzer, 위의 책, XIII 이하).

본회퍼는 자기 저서의 의도를 다음과 같이 설명하고 있다. "현대 목회상담학은 심리치료가 가지고 있는 철학적 사조와의 불가피한 연관성을 염두에 두지 않고, 그냥 단순히 현대 심리치료의 기법을 도입한 것이다" (T, Bonhoeffer, 위의 책, 12). 만약 우리가 근본적인 문제 제기로서 그러한 연관성을 추적한다면, 오늘날 그리스도교 목회상담이 자명한 것으로 받아들이고 있는 경향들은 그들 목회상담의 전제부터 문제가 된다. 따라서 목회상담학의 역사적 조망은 목회상담학을 전체적으로 검토하고 인식을 제공하기 위하여 역사적으로 비교 가능성의 길을 열어 주는 것이다. 본회퍼는 이러한 의미에서 다음과 같이 말하고 있다. "우리들의 노력은 목회상담에서 전제가 되는 문제들을 역사적으로 분명하게 검토하는 작업입니다. 그것은 목회상담에서 주요 쟁점이 되는 점을 일반적인 그리스도교 역사의 차원으로 이전시키는 일이다. 우리는 한 사료를 역사적으로 주목받게 함으로써 모든 상담학과 상담기술의 일반사적인 조건을 기억하게 만들 수 있다" (12쪽 이하).

179) E. Winkler, Erfahrung und Verkündigung in der gegenwärtigen Seelsorge, *ThLz* (107), 1982, 321 이하.

180) R. Schmidt-Rost, *Seelsorge zwischen Amt und Beruf. Studien zur Entwicklung einer modernen evangelischen Seelsorgelehre seit dem 19.* Jahrhundert, Göttingen, 1988.

과 같이 말하고 있다. "방향키로서 그리스도교 사회질서의 전통이 쇠퇴하게 되었다." [181] 슈미츠-로스트에 의하면 전통적인 사회질서와 현대적인 사회질서 사이의 갈등 속에서 복음주의 목회상담은 자신의 동질성을 항상 반복해서 잃어버리게 되었다고 한다.

우리는 현대 개인 중심의 목회상담이 개개인의 사회적인 적응문제에 거의 관심을 가지지 않고 있다는 사실에 주목해야 한다. 오히려 현대 목회상담은 개개인을 목회상담 활동의 표준으로 만들었고, 무엇보다도 그들에게 일반상담 차원의 사회봉사적인 상담으로 도움을 주려고 한다. 그러한 생각의 결과 다른 것, 또는 맞지 않는 것을 추구하는 목회학을 찾는 경향이 나타나게 되었다. 예를 들면, (목회상담의 주제는) 신앙에서 개인의 자립과 그에 부합하는 인생관의 확립 그리고 그리스도교 전승에 의한 기초를 전해주는 일이라고 말할 수 있다. 여기서 슈미트-로스트의 목적은 '약속된 구원을 추구하는 것으로서의 목회상담' [182]이다.

목회상담의 일차 목표는 긴급구조와 일반 생활로의 복귀가 아니라 개개인에게 삶의 의미를 찾는 일, 다시 말해서 삶의 목적에 대한 확신을 찾게 만드는 것이다. 그 확신은 본질에 대한 학문적인 구조에서 생기는 것일 뿐만 아니라 말씀에서 나오는 것이며 동시에 성서적이고 종교개혁적인 사상과도 연결되는 것이다. 목회상담적인 활동은 구원에 대한 살아 있는 생각을 제시하는 것이 목표다. 목회상담은 우리들의 일반 경험의 부분만을 돌보는 것이 아니다. 슈미트-로스트는 이에 대해서 다음과 같이 말하고 있다. "돌봄으로서 목회상담은 오히려 근본적으로 매일 부딪히는 현실에 대한 확실한 입장, 하나의 해석방법, 하나의 관찰방식, 하나의 이해형식이라고 말할 수 있다." [183] 그것은 받은 은혜를 붙잡는 것을 목표로 하는 하나의 돌봄이며, 동시에 믿음, 소망, 사랑과 같이 그리스도교가 가지고 있는 오래된 기본 개념을 오늘날에도 이해할 수 있도록 해석하는 것을 목적으로 하는 돌봄이다.

그러나 슈미트-로스트는 목회상담이 지향하는 목표에 대해 서술하기 전에 자세한 역사적인 과정을 조사하고 있다. 그의 저서에는 '19세기 이후 특별한 현대 목회상담의 계보: 직분적인 목회상담부터 학문적인 목회상담과 그 이론' [184]이라는 부분이 있다. 여기서 저자의 관심은 19세기의 특별한 목회상담이론의 구조적인 특징들을 찾아내는 것이

181) R. Schmidt-Rost, 위의 책, 11.
182) R. Schmidt-Rost, 위의 책, 117.
183) R. Schmidt-Rost, 위의 책, 125.
184) R. Schmidt-Rost, 위의 책, 31 이하.

며 그것들과 현대 목회학 이론들과의 연관성을 발견하는 것이다. 그러한 연구는 '…… 예전에 한 시대를 풍미했던 사상과 행동양식이 어떻게 시간적인 연속성의 의미를 가지며, 동시에 그것은 어떤 문제의 연속성을 가지고 있는가라는 의미에서……' [185] 이루어지는 것이다. 또한 저자는 '특별한 학문적인 목회상담에서 그리스도교의 사회봉사적인 특별한 과제로서의 목회상담으로' [186]라는 부분을 다루고 있다. 이 장은 19세기 이후에 학문적인 목회상담이론이 가져온 결과들이 현재에 어떻게 나타나고 있는지를 보여 주고 있다.[187]

슈미트-로스트는 반복해서 핵심적인 전통의 범주를 분명하게 보여 주려고 하며 그 상호 연관성을 추적하고 거기서 현재 요구되는 목회상담의 형태에 대한 근거를 찾아내고자 한다. 그렇게 그는 역사적인 검토과정을 통해서 실천신학을 혁신하고자 하는 현대 실천신학의 대표적인 이론가가 되었다. 그는 과거의 역사를 비교하고 통합함으로써 실천신학의 현재 영역을 잘 다룰 수 있도록 하였다.

4) 필요한 네 번째 것: 변화된 관점과 다양한 목적 다루기

그럼에도 불구하고 연속적이고 근본적인 질문이 필요하다! 그리스도교 목회상담에서 심리학적인, 다시 말하면 인문학적인 방법론을 수용하는 것은 매우 중요하며 이제 이러한 학문적인 방향은 돌이킬 수 없다. 그러나 그러한 방법도 가장 다양한 방법을 사용할 때 어떤 이론적인 연관성이 나타나는가라는 근본적인 질문에서 자유롭지 못하다. 만약 이 질문을 생략한다면 목회상담은 곧 쉽게 일반적으로 추상적-신학적 목표를 가진 시대에 영합하는 실무지식으로 변질되게 된다. 그러나 그 추상적-신학적 목표에 동반되는 것은 다양한 문제들에 대한 매우 강한 무관심일 뿐이다. 그렇게 해서 목회상담은 자기 스스로가 결정해야 될 특징과 틀을 잃어버리는 것이다.

요수티스(M. Josuttis)는 현재 목회학 내에서 제기되고 있는 근본적인 물음들을 볼 때 바로 그 다양한 선택들 사이에서 그와 같은 결정은 결코 피할 수 없는 것이라고 말한다.

185) R. Schmidt-Rost, 위의 책, 74.
186) R. Schmidt-Rost, 위의 책, 77 이하.
187) 예를 들면, 전문의사에게 의존하는 목회상담가들의 경향, 전인적인 돌봄의 경향으로 나가는 목회상담의 경향, 점차 사회학적인 봉사차원의 상담 중심의 목회상담이다.

"우리들은 목회학에 다음과 같은 질문을 집중적으로 제기할 수 있다. 목회상담의 목표는 믿음으로 의롭게 된 죄인인가, 교회의 종교적인 생활로 편입된 현대의 인간인가, 또는 불가능한 상호소통 능력에서 해방된 인간인가? 목회상담의 출발점은 하나님 나라의 선언인가, 개인생활의 변화를 가져오는 자연적이고 종교적인 우주에 대한 선언인가, 또는 능동적이고 수동적 사랑을 추구하는 육체적인 욕구인가? 목회상담의 만남에 대한 근본적인 방법이란 오직 집중적으로 경청할 때 들을 수 있는 하나님 은혜가 주는 약속에 있는가, 또는 신비적인 교회의 초이성적이며 초주관적인 세계로 들어갈 때 경험하거나 전달능력을 강하게 하기 위하여 다양한 방법적인 가능성을 사용할 때 경험하는 하나님 은혜가 주는 약속에 있는가?"[188] 요수티스는 이와 같은 질문들에 대해서 자신이 세운 목회상담의 목표를 제시한다. "목회상담이란 각자가 처한 삶의 상황과 구체적인 고난 속에서 상담하고 치유한다는 도움의 형식을 통해서 복음을 실천하는 것이다."[189]

이러한 목표설정에서 중요한 것은 예수의 인격과 직접적으로 연관된 성서의 복음을 경험할 수 있도록 전달하는 것이다. 그렇게 성서적 전통과의 연관성은 확실한 것이다. 그 연관성은 만남과 상담 속에서, 다시 말하면 구체적인 인생의 고통 속에서 해방의 감격을 통해 실제로 경험되어야 한다. 그렇게 해서 말씀과 행동은 목회상담 속에서 상호간에 연결되어 있다. 즉, 그 둘은 다양한 형식 속에서 실제로 표현되는 변증법적인 관계에 있다. 따라서 그에 의하면 '상담하는 것' 또는 '증언하는 것'은 (교의학적인 동기를 가질 때) 잘못된 양자택일이 될 수도 있다. 전자와 후자는 내담자의 상황에서 각각 강조점이 다르게 적용되어야 한다. 목회상담 과정 속에서 개인을 (어느 정도 특정한) '포괄적인 전체' 속에 통합시키려 할 때 사회적인 차원, 곧 공동체적인 관련성이 반드시 고려되어야 한다.

그러나 그 외에 모든 상담의 적응과 순응 전략도 중요하지만 그보다 목회상담에서 해방시키려는 관점이 강조되어야 하는데, 그렇다면 그리스도교 목회상담이란 실제로 해방시키려는 행동과 동일시될 수 있어야 한다. 따라서 요수티스는 목회상담의 목표설정 중의 하나를 다음과 같이 말하고 있다. "목회상담 과정에서 사람은 자신의 '나'를 발견해야 하고 사는 것을 배워야 한다."[190] 물론 이와 같은 목회상담에서의 목표설정은 물질

188) M. Josuttis, *Praxis des Evangeliums zwischen Politik und Religion. Grundproblem der Praktischen Theologie*, 2. Aufl., München, 1988, 105.

189) M. Josuttis, 위의 책, 109.

190) M. Josuttis, 위의 책, 114.

적인 어려움을 해결하는 문제, 정치적이고 사회적이고 종교적인 강요와의 투쟁, 그리고 존재의 질문에 대한 개인적이고 근본적인 질문 모두를 포함하는 것이다. 이에 요수티스는 목회상담의 도움에 대해서 다음과 같이 말한다. "그래서 목회상담이 제공하는 삶에 대한 도움이란 공동체 안에 있는 개개인이 점차적으로 그리고 조금씩 살아가는 것을 배우는 행동을 말한다."[191)]

(상담과 증언의 관점에서) 통합적인 시도는 일종의 일반적인 것을 떠맡고 연결시켜 주는 시도가 아닌가? 핵심 단어인 '통합'이라는 것이 일종의 '다리놓기'로 이해될 수 있다는 사실과 그러한 도움을 통해서 목회학적인 입장들 사이에 있는 결정적인 차이점을 그냥 지나쳐 버릴 수도 있고 부정될 수 있다는 사실을 하름스는 조심스럽게 기본 논문에서 지적하고 있다.[192)] 근본적인 질문에 존재하는 차이점들이 단지 표면적으로 가려지는 것이 아니라 신학적으로 극복되어야 한다면 목회상담의 뿌리에 대해서 일관성 있게 검토되어야 된다. 모든 목회상담의 대화에서 가장 중요한 일은 기본 자료에 대한 기억을, 다시 말하면 바울 사도가 성령에 기대했던 소망과 성서가 증언하는 대로 우리가 그리스도의 사랑에 속해 있다는 의식 등을 계속 환기시키는 일이다. 하름스는 이에 대해서 다음과 같이 증언하고 있다. "목회상담이란 내담자가 받은 세례, 그가 한 회개와 기도를 자꾸 기억시키면서 '하나님 앞에서(coram deo)'라는 근본적인 상황으로 향할 수 있도록 그 상황을 구체화시키는 작업이다."[193)] 그래서 인간적으로 도울 수 있는 행복과 하나님만이 줄 수 있는 구원을 신학적으로 분명하게 구별하면서 그는 목회상담의 목표를 다음과 같이 말하고 있다. "회상하는 것으로서 목회상담이란 존재와 시간의 비밀을 깨닫도록 돕는 것이다. 그 목회상담은 현대 목회상담을 통해서 사람들을 치유하면서,

191) M. Josuttis, 위의 책, 115. 요수티스는 자신만의 실천신학적 개념을 두 권의 책으로 출판된 목회신학에 관한 자신의 저서에서 밝히고 있다. 그것은 *Der Pfarrer ist anders; Der Traum des Theologen-Aspekte einer zeitgenössischen Pastoraltheologie*, Bd 1 und 2, München, 1982 und 1988이다. 그는 이 책에서 목회자 자신에 관한 근본적인 문제(예를 들면, 목회직분과 교회공동체의 관계, 목회자가 권력과 시간 및 돈과 성 등을 어떻게 다룰 것인가에 관한 문제)를 검토하고 다루며 동시에 목회직과 관련된 근본적인 갈등과 삶의 문제(특히, 현대사회에서 직업으로서 목사가 부닥치는)를 실천적으로 다루고 있다. 또한 그는 목회신학(Pastoraltheologie)이 실천신학(Praktische Theologie)을 보충하는 빠뜨릴 수 없는 영역으로 보고 있다. 요수티스에 의하면 그렇게 인식할 때만이 학문과 경험이 상호 간에 좋은 결과를 맺을 수 있다. 이에 대해서 그는 다음과 같이 말한다. "목회신학은 실천신학의 한 영역을 다룬다. 동시에 특별히 목사의 특별한 목회적 활동을 다룬다"(Bd. 1, 19). 이러한 정의에 나온 목회신학이 복음주의 신학적 분야에서 종사하는 목회자에게 결정적으로 영향을 미치고 있다.

192) K. Harms, Seelsorge als Erinnerung, *DtPfrBl* (89) 1989, 173 이하.

193) K. Harms, 위의 글, 175.

위로하면서, 도우면서 사람들을 축복으로 인도할 수 있다. 목회상담은 기도를 통해서, 성령강림을 간구하면서 구원을 선포할 수 있다."[194]

가장 근본적인 목회학을 찾는 일과 그러한 목회학 이론을 세우는 것을 목표로 삼아서 게스트리히(R. Gestrich)는 『상호 간의 목자로서 존재하는 것(*Hirten füreinander Sein*)』[195]이라는 책을 출판했다. 여기서 저자는 영혼을 돌보는 길로서 '시편 23편의 원형'을 인용하고 있다. 그는 그 이유를 '목회상담자의 모습을 가장 잘 보여 주는 종교적 상징성을 나타내는 그림 중 하나가 목자상이기 때문'[196]이라고 말한다. 이러한 배경에서 중요한 것은 사람들이 목회상담에 요구하는 현상을 인식하고 반영하는 것이다. 따라서 저자에게 가장 중요한 것은 '모든 시대를 통하여 우리 인간의 영혼이 하나님을 바라보게 하는 것과 사람들이 목회상담으로부터 바라는 것'[197]을 찾는 것이다.

여기서 목회상담자 자신은 상징적인 인물로 이해된다. 게스트리히는 "목회상담자의 현존은 그들의 행동보다 더 중요하다. 그러나 그들의 태도는 그들의 방법론적인 명료성보다 더 많은 것을 가능케 한다."[198]라고 말한다. 그는 시편 구절에 근거하여(예: '그가 나를 의의 길로 인도하신다…….') 목자상을 묘사하고, 목회상담의 역할자로서 교회공동체의 모습을 찾아내며, 나 자신의 신앙, 축제 그리고 심방에 대해서 다루고, 교회공동체에 있는 고통과 어두움을 위로로 접근한다. 그는 사회적으로 큰 문제점에 대해서도 언급하며 목회상담을 손님맞이를 하는 것으로서, 그리고 신앙적인 의와 관계하여 정의 내리고 있다. 게스트리히는 마지막 절('나는 주의 집에 영원토록 살겠습니다')에서 예배가 주는 목

194) K, Harms, 위의 글, 176. 하름스에 의하면(여기서 그는 에벨링의 신학에 근거하여 말하고 있다) 그리스도 목회상담에서 항상 반복해서 분명하게 강조되어야 할 것은 모든 인간적 현실 뒤에서 우리에게 다가오는 하나님의 현실에 대해 말하는 것이다. 그 결과 그는 하나님을 경험하는 가운데 개인 경험의 비밀과 기도를 통하여 상호 교통하는 비밀 그리고 은혜로운 하나님에 대한 믿음을 가지고 부르짖는 비밀이 숨겨져 있다는 것을 깨달을 수 있었다.

195) R. Gestrich, *Hirten füreinander sein. Seelsorge in der Gemeinde*, Stuttgart, 1990. 게스트리히는 다음과 같이 말하고 있다. "나는 세 가지 의미에서 근본적인 요소를 가진 실천신학을 추구한다. ① 목회상담에서 인간에 대한 근본적인 것을 인식하는 것, 다시 말하면 목회상담에서 도움이 될 수 있는 삶의 근본적인 정황을 인식하는 것, ② 종교적으로 근본적인 것에 대해 인식하는 것, 다시 말하면 돌봄을 요청하는 영혼이 근본적으로 갈구하는 것을 인식하는 것, ③ 직업적으로 단순한 것에 대해서 인식하는 것, 다시 말하면 절대로 필요한 근본적인 요소를 깨닫고 받아들이는 기본적인 목회를 인식하는 것을 주고자 한다"(16쪽).

196) R. Gestrich, 위의 책, 8.

197) R. Gestrich, 위의 책, 9.

198) R. Gestrich, 위의 책, 19.

회상담적인 영향력과 죽어 가는 사람들을 위한 목회상담을 상기시키지만 동시에 모든 세상적인 것은 차단시켜 버리게 한다. "목회상담자로서 우리가 사람들을 찾아가는 곳에서 우리 스스로 알고 있는 밖의 세계로 뻗어 나가려는 내면의 의식과 부딪히게 된다. 그것은 아주 고요한 감정이고 불확실한 예감이며 희망이고 꿈이며 불안정한 지지대이지만 신앙을 강하게 만드는 지식이다."[199] 이러한 목회상담의 상황에서 예수의 목자상은 가장 중요한 모범이 되고 결정적인 도움이 된다.

그러나 현대 목회상담에서 또다시 '도움(Hilfe)' 이라는 개념도 문제가 되고 있지 않는가? 헤닝 루터(Henning Luther)는 그러한 문제를 「일상생활의 돌봄과 목회적 돌봄」[200]이라는 그의 논문에서 제기하고 있다. 그는 다음과 같이 확신한다. "목회상담에 대한 논쟁이란 잘 눈에 띄지 않는 부차적인 싸움터라고 비유할 수 없다. 오히려 그 논쟁은 중요한 핵심 전쟁터다. 거기서 바른 신학이 무엇인가를 물으며 격렬하게 논쟁하고 새로운 신학적 전투가 벌어진다."[201] 루터는 현대 목회상담학의 대표적인 두 가지 입장 위에서 각 목회상담이 '주장하는 정당한 동기' 를 풀어 보려고 한다. 이러한 맥락에서 그는 다음과 같이 묻고 있다. 어떻게 새로운 현대 목회상담운동에 대한 비판들을 새롭게 풀어 볼 수 있을까? 교회에서 일반 현대 목회상담운동에 제기하는 비판이 맞는다면 현대 목회상담운동을 적용해 왔던 그리스도교 목회상담의 주요 관심사는 그동안 실제로 진부했던가? 현대 목회상담운동에서 중요한 관심사는 단지 종교적으로 별로 중요하지 않는 인생위

199) R. Gestrich, 위의 책, 163. 게스트리히는 실습교재를 출판했다(*Die Seelsorge und Unbewußte*, Stuttgart/Berlin/Köln, 1998). 그는 여기서 다음과 같이 전체적으로 요약하고 있다. "목회상담과정의 무의식: 상호 간의 대화소통은 의식에서 의식으로, 의식에서 무의식으로, 그 역방향인 무의식에서 의식으로, 무의식에서 무의식으로 진행된다. 사람의 영혼은 전체적인 관점, 다음의 네 가지 관계로 파악되어야 한다. 육체적이고 정신적인 그리고 사회적이고 영적인 차원으로 경험된 인간의 영혼은 전체적인 차원으로서 개별적 관계를 인식하도록 만든다. 육체적이고 정신적인 그리고 사회적이고 영적인 종교성과 관련된 인간의 무의식도 전체적으로, 여러 차원으로 경험할 수 있는 인간의 본질에 속한다. 종교성의 영역에서 무의식은 집단적이고 절대적이고 보다 상위적이며 우주적인 초의식으로서, 그리고 인간의 삶보다 큰 그 무엇에 대한 인식과 보다 깊은 영역에 숨겨진 하나님의 존재에 대한 인식, 인격적이고 내적인 초월성으로 드러난다"(225쪽). 그는 앞서 '무의식' 이라는 개념이 어떤 의미로 여러 학자들 사이에서 사용되고 있는지, 예를 들면 프로이트, 프랑클스, 융, 드레베르만(E. Drewermann), 위니콧(D. W. Winnicott)과 비온(W. R. Bion)에게 그 개념은 어떤 의미를 가지고 있으며 어떻게 적용되고 있는지를 살펴보고 있다. 그는 특히 이 '무의식' 이라는 개념이 목회상담 대화와 그것과 연관된 상징이론에서 어떤 특별한 관점이 적용되고 있는지 서술하고 있다.

200) H. Luther, Alltagssorge und Seelsorge. Zur Kritik am Defizitmodell des Helfens, in: Ders., *Religion und Alltag,* 224 이하.

201) H. Luther, 위의 글, 224.

기 극복기술에 관한 이론일까? 그렇다면 현대 목회상담운동이 제공하는 것 말고 신앙에도 삶에도 도움이 되는 또 다른 '의도'는 무엇이 될 수 있단 말인가? 헤닝 루터는—하이데거가 쓰는 개념을 이용하고 있는데—목회상담에서 '일상생활의 돌봄(Alltagssorge)'과 '목회상담(Seelsorge)'의 개념을 구별하고자 한다. 루터에 의하면 "일상생활의 돌봄이란 사람들이 전통적이고 공동체적이며 규범적인 기대행동에 잘 적응할 수 있도록 돌보는 것이다."[202] 우리는 경험을 통하여 성공하는 삶이 반드시 일상생활의 경험적인 영역 차원에서 이루어지는 것만은 아니라는 것을 알고 있다. 오히려 사람들은 반복적인 일상생활에 함몰되어 살아가고 있지 않는가! "목회상담은 지루한 일상생활의 단조로움이 가지고 있는 일차원성을 극복하도록 도우며 삶에 대한 깊은 통찰력을 제공하려고 한다. 목회상담이 주는 그 통찰력은 내담자 자신을 이미 주어진, 당연한 것이 되어 버린 삶의 모습에서 거리를 두게 만들어 자신을 보게 만드는 것이다."[203] 이러한 차원에서 그리스도교 목회상담은 비판적으로 일상생활의 돌봄을 넘어선다. 목회상담은 '우리가 일반적으로 볼 수 없는 평범하지 않는 사람들'의 편을 든다. 다시 말하면, 그리스도교 목회상담은 찾아오는 내담자에게 단순한 사회생활에 잘 적응하도로 돕는 것과는 다른 자유를 제공한다. 목회상담은 제기된 문제에서 출발하여 한계상황에(예: 죽음과 죽어 가는 존재) 도전한다. 목회상담의 목적은 단순히 내담자에 대한 사회생활의 복귀나 재적응에 대한 시도가 아니다. 어렵게 이야기하면 일상적인 것들에서 거부된 사람들의 경험, 곧 개인화된 '소외'를 극복시키도록 인도하는 것이 아니다. 목회상담의 목적은 오히려 '한계상황에 부딪힌 사람들과의 만남을 통해서 그들이 우리 일상생활이 정상적인가에 대한 문제를 제기하도록 이끄는 것이다.'[204] 예를 들면, 죽음 앞에서 우리는 변화되어 우리의 삶을 다시 한 번 이해하게 된다.

루터에 의하면 이와 같은 인식은 목회상담의 의사소통 구조 속에서 엄청난 변화를 이끌어 낸다. 이렇게 볼 때 비로소 목회상담은 억지로 위아래의 사회적 계층변화로의 재적응 또는 재사회화를 시키기 위한 도움의 시도로 중대한 결점을 가지고 있는 모형이 더 이상 아닌 것이다. 여기서 그는 "만약 우리가 모든 목회상담과 관계된 당사자들이라면 목회상담의 관계란 근본적으로 오직 내담자와의 연대를 통해서 실현하게 된다."[205]

202) H. Luther, 위의 글, 227.
203) H. Luther, 위의 글, 228.
204) H. Luther, 위의 글, 233.
205) H. Luther, 위의 글, 234.

라고 말한다. 따라서 목회상담의 목적이 명확하게 드러나게 된다. 루터에 의하면 목회상담에서 모든 것은 상호 간에 일어나는 것이다. 이러한 의미에서 그는 다음과 같이 말한다. "이렇게 내담자와 연대하는 가운데 고통스러워하고 힘들어하는 약한 우리 이웃들은 그들이 있는 상태 그대로 받아들여지고, 그때야 비로소 그들은 도움을 받을 뿐만 아니라 역으로 도움을 주는 사람들이 된다."[206] 그에 의하면 이와 같은 관점이 목회상담에 결여되어 있다면 그리스도교 목회상담은 진부한 것이 된다.

그러나 전체적으로 다른 관점에서 크레폴트(G. Kreppold)는 자신이 제시하는 목회학적인 틀이 (가톨릭 교회에서 제시하는) 새로운 목회상담을 위한 프로그램이라고 생각한다.[207] 크레폴트의 목적은 비그리스도교적인 인생관과 그리스도교적인 인생관을 모순 없이 훌륭하게 하나로 엮는 것이다. 그는 융의 심층심리학을 근거로 삼아 '통합적인 목회상담을 위한 변론'[208]을 제안하고 있다. 이러한 생각의 틀에서—여기서 특별한 것은 보다 포괄적인 상징들의 사용의 관점에서—그가 주장하는 것은 심리치료가 단지 그리스도교적인 특성하에서 이해된다면 근본적으로 심리치료로부터 배워야 한다는 것이다. 크레폴트는 그 이유를 "실제로 모든 위기와 모든 문제들은 개인적인 차원만을 가지고

---

206) H. Luther, 위의 글, 228. 뮬러가 편집한 가톨릭 교회에서 나온 목회신학(J. Müller, *Pastoraltheologie. Ein Handbuch für Studium und Seelsorge*. Graz/Wien/Köln, 1993)에서 개르트너(W. Gärtner)는 완전히 루터의 목회상담의 출발점을 수용하고 강조하면서 옹호하고 있다(55쪽). 그의 글 '예술과 예술이론으로서의 목회상담'에서 가장 큰 그의 관심은 '인지적이고 감정적이며 사회적인 학습의 장에서 인격적인 본질성과 인격적인 가능성을 발전시키는 것'이다(40쪽). 그에 의하면 "목회상담가는 삶과 신앙에서 무엇인가를 이해할 수 있어야 한다. 그리고 목회상담자는 목회상담의 형식으로서 그러한 이해를 갖고 살며 기술할 수 있어야 한다"(41쪽). 그렇게 할 때야 비로소 목회상담자는 신앙과 개인의 역사를 엮는 일을 성공할 수 있다.
이 책은 현대 목회신학에서 가장 중요시하는 주제들에 대한 전체적인 윤곽을 제시하고 있으며, 동시에 (초교파적인 입장에서) 각 목회신학의 핵심 개념들을 살펴보고 반복해서 신앙의 터로서 교회공동체에 대해서 강조하고 있다. "오늘날까지 그 어떤 포괄적인 '공동체 신학'이 존재하지 않는다. 구체적으로 나타나는 공동체의 모습은 전통적인 '민족교회'가 가진 전통적인 교회상과 '개별 교회공동체'의 교회상이 가지고 있는 갈등에 의해서 결정된다. 그럼에도 불구하고 개별 공동체는-오직 이 속에서만이 살아 있는 신앙을 체험할 수 있는데-현존하는 목회상담과 목회의 장이다"(124쪽). 마치 구호처럼 포괄적인 의미에서 다음과 같이 말할 수 있다. "일반 '삶의 상호 연관성'이라는 개념이 이 책의 개별적인 장이 가지고 있는 핵심 동기 그리고 본질을 수용하고 그 본질의 의미를 받아들일 수 있는 열쇠가 된다. 삶을 돕는 목회를 하라는 요구는 사람과 세계를 긍휼히 보시는 하나님의 긍정에 그 근거를 두고 있다"(13쪽).

207) G. Kreppold, *Der ratlose Mensch und sein Gott: Programm für eine neue Seelsorge*, Freiburg/Basel/Wien, 1994.

208) G. Kreppold, 위의 책, 45 이하.

있는 것이 아니라 사회적이고 영적인, 다시 말해서 초월적인 차원을 가지고 있기 때문이다."[209]라고 말한다.

크레폴트에 의하면 목회상담의 실습을 위해서 중요한 것은 초대교회의 힘과 그들이 쓰던 상징들을 재발견하는 것처럼, 삶의 의미에 대한 위기를 동양의 지혜와의 만남을 통해 결점을 보충하는 것이다. 아무튼 목회상담이 가져야 할 앞으로의 전망과 목표는 영적인 차원에 관심을 더욱더 기울이는 일이다. 여기서 중요한 것은 절대로 종교적인 경험을 강요하는 교육이 있어서는 안 된다는 사실이다! 이에 대해서 크레폴트는 다음과 같이 말하고 있다. "그러나 영적인 목회실습에서 침묵이 가장 중요하다. 그것은 마치 아무 대상이 없이 명상을 하는 것처럼 사람의 행동과 생각을 멈추고 무한정한 하나님의 역사에 무소선석으로 의지하는 것이다."[210] 그러나 우리는 그와 같은 새로운 목회신학적 관점에서 그들이 말하는 새로운 신학적 근거를 기대할 수 없다. 또한 목회신학이 인문학과 다른 학문적인 가설들과 벌인 학문적 논쟁의 결과를 아직은 기대할 수 없다. 오히려 그와 같은 새로운 목회신학적 관점은 우리들에게 '그리스도교 목회상담학의 경계 허물기'를 요청할 뿐이다. 이러한 목회상담은 보다 심화된 현장경험을 위해서 다양한 접근방법을 시도하고 있는 목회상담이라고 말할 수 있다(전래되고 있는 그리스도교 상징들, 동양의 지식들과 선별적으로 이용되고 있는 심층심리학의 혼재된 이론들이 현재 큰 기대를 모으고 있는 상황이기 때문에 우리는 그들이 주장하는 목회학적인 강조점들을 정확하게 신학적으로 비판해야 된다고 생각한다).

5) '특별히' 필요한 다섯 번째 것: 성서의 증언과 성령 은사의 일관성 있는 연결

물론 우리는 목회상담학에서 알맞은 목표를 설정하고 이루어 나가려는 수많은 시도들과 다른 인문과학에서 시행하는 방법론과 통합하려는 목회상담학 내에서의 수많은

209) G. Kreppold, 위의 책, 43. 이러한 과제와 관련해서 크레폴트는 다음과 같이 말하고 있다. "……나는 심리학적인 입장에서, 보다 현장감 있는 그리고 이해할 수 있는 시각에서 나온 종교적 주제를 선택하기 시작했다. 나는 목회상담 대화 이외에 명상과 정적인 운동 및 명상의 형태로 진행되는 예배를 권한다"(63쪽).

210) G. Kreppold, 위의 책, 215.

노력들을 너무 간접적인 성격을 띠는 것으로 또는 불필요한 것으로 느낄 수 있다. 따라서 다음과 같은 질문이 제기될 수 있다. 그러한 간접성과 번잡성이 심지어 무신앙적인 것과 연결된 것은 아닌가? 그리스도교 목회상담이 자기도 모르는 사이에 시대조류에 감염된 것은 아닌가? 그렇게 될 경우에 그리스도교 목회상담이 인간의 위기와 고난에 매우 직접적으로 다가가는 하나님의 역사하심을 경험하도록 하는 데 무력하게 되는 것은 아닌가? 따라서 모든 역사적 과정과 결과들을 뛰어넘어 성서에 나오는 것처럼 성령의 은사가 있는 사람들에 의한 오순절의 가능성들을 오늘날에도 활성화시킬 수는 없는가? 현대적인 심리학적 지식이 성서적인 목회상담영역에 사용되고 심리학적인 인식의 근원이 성서적인 것에서도 찾아진다면, 성서의 증언 자체가 임상치료적인 효과와 특성을 가지고 있는 것은 아닌가?

인격적이고 직접적인 하나님과의 관계에서 나오는 치유능력을 이끌어 내고자 하는 여러 다양한 그리스도교 목회상담의 입장들은 매우 다양하다. 그리스도교 목회학의 영역에서 보면 그러한 다양한 입장들과 운동들은 각기 자신의 고유한 자리를 차지하고자 한다.

돌이켜보면 이 점에서 그러한 입장을 가진 목회상담으로 가장 먼저 언급해야 될 것은 이미 앞에서 자세하게 논술한 애덤스(J. Adams)의 권면적 목회상담을 들 수 있으며 일반적으로 복음주의 교회영역(in evagelikalen Kreisen)에 속하는 학자들이 대표적으로 그러한 입장에 속해 있다고 말할 수 있다. 우리는 그들에게서 목회상담과 심리치료의 관계에 관한 공개적이고 분명한 입장을 들을 수 있다. 그들은 '모든 임상심리치료'(작게는 심리치료적 시도까지도 포함하여)는 진정으로 목회상담의 적이다. 즉, 심리치료는 진정한 목회상담의 '원숭이', 모방꾼에 불과하다. 그것은 단지 성서적이라고 말하는 상담에서 세속적인 영역을 차지하고자 하는 '전도된' 노력에 불과한 것이라고 생각한다. 이러한 입장에 있는 사람들에게서 성서는 하나의 가장 권위 있는 교재로 사용된다. 애덤스는 다음과 같이 말한다. "따라서 목회상담자는 어떠한 경우라도 성서에 근거해야 한다. 그래서 목회상담 사역에서 가장 중요한 전제는 목회상담자의 신학적이고 성서적인 교육 경력이다. 사람의 위기 형태들은 매우 다양하다. 위기에 처한 사람들과 만나기를 원하는 사람들은 하나님 말씀과 그 근본 개념에 대한 체계적인 지식을 가지고 있어야 한다."[211)]

이 사람들이 주장하는 성서에 대한 인식의 중요성에 대해서는 이의를 제기할 아무런

211) J. E. Adams, *Handbuch*, 위의 책, 33. 이에 대해서는 R. Sons, *Seelsorge*, 위의 책, 81 이하도 참조한다.

이유가 없다. 문제가 되는 것은 단지 그들의 '성서 사용'에 관한 것이다. 그들은 신학적으로 상당히 비판적으로 검토해야 할 '성서 활용구조'를 발전시켰기 때문이다.

브레우머(H. Bräumer)는 그의 목회상담 신학에서 가장 핵심적이고 필수불가결한 단어로 '성령론적 목회상담'을 주장하는데, 그가 권면적 목회상담을 주장하는 애덤스의 이론에 근거하고 있다는 것은 결코 우연한 일이 아니다.[212] 그와 같은 입장을 취하고 있는 목회상담(주로 '복음적'이라고 말하는 영역에서 이런 입장을 가장 활발하게 전개하고 있다)에서 가장 중요한 주제는 구원과 회개, 죄와 용서 그리고 구원받은 존재와 타락한 존재다. 이러한 목회적 입장에서 예수가 베드로(그리고 그의 제자)에게 준 '직분의 열쇠'를 받은 자로서 목회상담자는 묶고 푸는 전권을 가지고 있다. 목회상담자는 구원을 선포할 수 있고 거두어들일 수 있는 선생이다. 브레우머에 의하면 이러한 전권을 행사하는 바로 그 속에—여기서 상담자는 내담자에게 죄와 투쟁할 것을 (특히 회개라는 도구를 통해서) 요구하며 이러한 목회상담의 목표는 회개와 구원이 된다—성령론적 목회상담의 핵심이 들어 있다.

그러나 동시에 성령론적인 목회상담에서 사람들은 특히 '성령'과 목회상담 사역이라는 주제에 관심을 가지게 된다. 미국에서 시작한 이 경향(1960년대 미국 캘리포니아에서 시작되었다고 한다)은 곧 독일에 상륙하여 일부에서 성령론적인 전선을 형성하기 시작했다. 그렇다면 이 성령론적 목회상담운동의 핵심은 무엇일까?

생생한 성령의 현존이 초기 그리스도교 은혜의 선물을 통하여, 다시 말하면 그리스도교의 은사가 다시 소생하여 그리스도교 모임에서 눈으로 경험될 때 성령을 통한 그리스도교 갱신에 대한 신앙운동이 강하게 일어나게 된다. 그러고 나서(항상 그렇듯이, 항상 반복해서 나타나듯이) 방언과 예언 그리고 안수를 통한 치유와 '규칙적인' 사건으로서 기도운동이 일어나게 된다. 동시에 새로운 내적인 운동과 역동성 그리고 신앙적 열정이 일어나게 된다. 이 은사주의 운동(die charismatische Bewegung)이 복음주의 영역과 다른 것은 복음주의 영역에서는 성서와 신앙고백을 가장 중요시하는 데 비해, 여기서는 성령이 가장 우선순위를 차지하고 강조된다는 것이다. 또한 은사주의 운동이 오순절 운동(die Pfingstbewegung)과 구별되는 것은 은사주의 운동은 그 어떤 특별한 새로운 교회를 만들지 않는다는 것이다. 1976년에 나온 은사주의 운동권(이 운동은 1984년 이후 '영적인

---

212) Hansjörg Bräumer, 'Pneumatische Seelsorge, in: H. Reller/A. Sperl (Hg.), *Seelsorge im Spannungsfeld Bibelorientierung—Gruppendynamik?* (Zur Sache—Kirchliche Aspekte heute—Heft 16), Hamburg, 1979, 35 이하.

교회갱신운동' 이라고 불린다)에서 펴낸 모든 운동의 『신학적인 기준(*Theologischen Leitlinien*)』이라는 책에서 그들은 자기들의 '목적이 성령의 은사로 교회를 새롭게 하는 것이고, 오히려 그렇게 새롭게 되는 교회는 은사주의 운동을 불필요하게 만들게 된다' 고 밝히고 있다.[213)]

이러한 맥락 속에서 우리에게 중요한 것은 그와 같은 성령은사주의 운동에서 사람들은 목회상담을 어떻게 이해하고 있는가다. 라이머(H-D. Reimer)에 의하면 신앙에의 도움과 삶에의 도움을 표방하고 있는 목회상담이 내담자가 처한 신앙과 삶의 위기를 해결하려고 노력하는 데 비해서, 은사주의 운동 목회상담의 가장 큰 관심은 내담자가 직접적으로 하나님을 경험하도록 인도하는 것이다. "……하나님을 경험하는 것, 이것은 은사주의 운동의 핵심이다. 여기서 사람들은 회개하게 된다. 하나님이 사람의 영역 속에 들어오심으로써 사람은 변화된다. '생명을 위탁한다' 라든가 '자신의 죽음을 받아들이는 것' 이라는 말들이 은사주의 운동에서는 중심적인 말들이 된다. 따라서 이 운동은 자연스럽게 목회상담을 규정하는 그들이 표방하는 핵심적인 특징들을 가지게 된다."[214)]

---

213) 은사주의 역사, 구조 그리고 목회현장에 대한 저서는 H.-D. Reimer, *Wenn der Geist in der Kirche wirken will. Ein Vierteljahrhundert charistmatische Bewegung*, Stuttgart, 1987를 참조한다. 그 밖에도 다음의 저서들을 참고한다.

W. Kopfermann, *Charismatische Gemeinde-Erneuerung. Eine Zwischenbilanz*, Hochheim, 1981(2 Aufl. 1983). 코페르만은 은사주의 목회상담에 대해서 다음과 같은 특징을 서술하고 있다. "은사주의 운동 안에서 보다 광범위한 영적인 경험을 할 수 있는 영역은 목회상담 분야다. 물론 여러 경우에 따라서 심리학적인 지식을 도입할 수 있다. 그러나 여기서 가장 강조되는 것은 성령에 대한 기대감, 다시 말하면 성령 자신이 사람을 변화시킨다는 기대감이 가장 강조된다(20쪽).

또 다른 저서로 H. Mühlen (Hg.), *Geistesgaben heute*, Mainz, 1982를 들 수 있다. 이 책은 성령운동에 대한 가톨릭 학자들과 개신교 학자들의 논문을 모은 것이다. (논문의 주제들을 적어보면 다음과 같다. 은사와 교회-그리스도인의 새로운 모습-예언의 은사-예언을 듣기 위한 전제로서의 완전한 회개-내적 치유-개인 역사의 치유-교회 안에서의 치유봉사-기도-성령 은사의 사회적 차원-성령 은사와 사회).

은사운동을 긍정하지만 약간 비판적인 관점도 피력하고 있는 저서로는 U. Birnstein, *Neuer Geist in alter Kirche. Die charismatische Bewegung in der Offensive*, Stuttgart, 1987이 있다.

미국에서의 은사운동에 대한 보고와 평가에 대해서는 J. R. Hale, Die Zähmung der Chrismatiker, *PTH* (77) 1988, 509 이하를 참조한다. 헤일은 그의 논문 마지막에서 다음과 같이 적고 있다. "이단종파에서의 성령론은 잘 다듬어진 정통 그리스도교 주변에 머물고 있다. 그러나 항상 새롭게 하고 개혁하려고 준비하고 있다"(518쪽).

이 분야에 대해서 더 참고할 것은 K. Winkler, Geisterfüllte Gemeinde—eine Herausforderung an uns, in: werkstatt gemeinde. *Idee-Berichte-Marerialien*, Göttingen, Jg. 7/Febuar 1989, 44 이하와 R. Sons, *Seelsorge*, 112 이하(그리고 여기에 나오는 참고문헌)를 참조한다.

214) H.-D. Reimer, 위의 책, 83.

215) H.-D. Reimer, 위의 책, 84.

그러나 이 운동에서 가장 중요한 원초적인 핵심어가 존재한다. 그것은 '성령' 이라는 단어다. "성령이 역사하신다! 성령은 항상 그리고 오직 '활동 가운데 계신 성령(spiritus in actu)' 이시다."[215] 이 말은 다음과 같이 이 은사주의 운동의 근본적인 사상을 표현하게 된다. "경험, 다시 말하면 동시대인들의 경험의 창고란 사람들이 '가능하다' 고 여기는 것을 규정하게 마련이다. 그러나 하나님 또는 성령이 우리의 삶 속에 들어오면 새로운 힘이 약동하기 시작한다. 그 힘은 우리가 생각하고 가지고 있는, 다시 말하면 우리 자신에게서 나온 모든 가능성을 뛰어넘게 만든다. '성령' 이라는 말과 더불어 우리는 정말 완전히 새로운 것, 특별한 것을 들을 수 있다."[216] 성령이란 '역동적인 현존' , 즉 하나님 또는 그리스도의 현존을 표현하는 것이다. "성령 가운데서 하나님의 현존은 사람을 하나님의 성령이 역사하는 공간에 세우게 된다."[217]

이러한 신앙의 자세는 다음과 같은 결과를 가져온다. 즉, 항상 하나님의 현존이 가장 우선시되고, 사람은 바로 하나님으로부터 존재하게 된다. 하나님은 어떤 특정한 때 그리고 특정한 방법이 아니라 현재 그리고 이곳에서 직접적으로 역사하신다. 이 사실을 진정으로 인식하게 될 때 지금 여기서 내담자는 모든 죄로부터 치유받을 수 있다. 왜냐하면 하나님은 가능성의 모든 경계를 부숴 버리기 때문이다. 이러한 경험은 반복해서 우리가 모든 삶의 영역에서 감사하는 근본 자세를 갖도록 만든다. 그 감사하는 자세는 기도와 축복의 행동에서 나타나게 된다. 그렇게 해서 믿음의 사람은 하나님의 도구가 되며, 하나님은 그 믿음을 사람을 통해서 역사한다. "성령의 은사를 받은 목회상담자는 항상 반복해서 경험하는 것이 있다. 그것은 갑자기 특정한 감동을 받는다는 것이다. 다시 말해서 상담자는 목회상담에서 직관적으로 내담자에게 말해야 할 하나의 생각이 그에게 엄습하는 것을 경험한다."[218] 바로 그렇게 상담자는 예수 그리스도의 이름으로 행동하며 예수 그리스도를 전면에 내세운다. 그렇게 해서 '영적 목회상담' [219]이 시작되는 것이다.

216) H.-D. Reimer, 위의 책, 85.

217) H.-D. Reimer, 위의 책, 87.

218) H.-D. Reimer, 위의 책, 91.

219) R. Sons, 위의 책, 115 이하. 목회상담의 현장에서 은사주의 입장에서 다루는 치유의 봉사는 다음과 같은 측면에서 일반상담과 구별된다고 한다. ① 여기서 치유란 단지 특정한 병적 증후군을 의학적인 방법으로 제거하는 것일 뿐만 아니라 육체적이고 영적인, 그리고 개인역사적이고 사회적인 차원에서 회복되는 포괄적인 전인치유를 말한다. ② 여기서 강조하는 내적 치유란 성령을 통해서 고통스러운 감정들(절망, 우울증, 죄의식, 분노 등)을 내적인 기쁨과 평안함을 주는 감정들로 변화시키는 것이다. ③ 여기서 해방의 치유란 실제로 존재하는 귀신들과 보이지 않는 어두움의 세력들로부터 내담자를 자유롭게 하는 것이다.

그러나 이 은사주의 목회상담이 말하는 전제들과 '목회상담이론' 의 틀을 살펴볼 때, 우리는 진정한 의미에서 은사주의 목회상담이 기존의 목회학에 부합될 수 있는지 다음과 같은 질문을 제기할 수 있다. 만약 하나님이 사람을 통해서 그렇게 직접적으로, 오직 독점적으로 치유한다면 모든 목회상담의 지식들과 축척되고 배워야 할 지식은 필요 없게 되는 것은 아닌가? 그렇게 될 경우 우리가 축적한 목회상담에 대한 모든 지식들은 은사주의 목회상담학에서 말하는 신앙에서 나온 '본래적인' 목회상담의 사건으로 대체되는 결과를 가져온다. 은사주의 목회상담의 입장에서 본다면 결과적으로 오늘날 모든 목회학에 도전을 주는 심리학과의 관계를 규정하는 일은 별로 중요하지 않는 것으로 비추어지게 된다.[220]

그러나 심리학과 심리치료가 교회 안에서 광범위한 관심과 영향력을 행사하고 있는 상황에서 교회가 그러한 무관심을 과연 계속해서 유지할 수 있을까? 사실 교회 안에서도 수많은 그리스도인 정신질환자가 존재하고 증가하고 있는 현 상황에서, 목회상담학의 입장에서 볼 때 심리치료 방법과 수단을 합법적으로 사용할 수는 없는가에 대한 질문을 공개적으로 거부할 수는 없다. 그렇지만 목회상담은 상담의 구체적인 사례에서의 가장 근본적 영향요소로서 성령을 인정해야 하며 인문학적인 관찰이나 도움도 필요하다는 일반적인 그리스도교적인 확신은 그 어떤 타협점을 찾을 수 없는 것일까?

여기서 성서치료적 목회상담(BTS)은 '독일 성서치료적인 목회상담협회(Deutsche Gesellschaft für Biblisch-Therapeutische Seelsorge: DGBTS)' 를 결성하게 되는데, 바로 이 단체가 위와 같은 질문에 대해서 중요한 그리스도교 목회상담 프로그램을 시도한다. 즉, 이 단체는 규격화된 심리학적인 목회상담 교육 프로그램을 만들어, 그것이 교회의 영역에서 (정신적으로 힘들어 하는 그리스도인들에게) 도움이 되도록 했다.[221] 성령에 의한

220) 이에 대해서 손스(R. Sons, 위의 책, 122 이하)와 함께 '독일 목회심리학협회' (DGfp)의 관점이다. 독일 목회심리학협회는 엄격하게 영적인 그리스도교 목회상담 이외에 새로운 틀을 가진 '심리학' 을 도입하기를 원한다. 그러면서 동시에 그 단체는 기존의 모든 심리학을 (순전히 결점이 있는 심리학으로서) 포기하려고 한다. 새롭게 발전시킨 그들이 말하는 '완전한 심리학' 은 경험적인 차원의 경계를 뛰어넘으며 초월적인 특징들, 곧 초감각적인 경험들을 학문적인 영역에 도입하려고 한다. 또한 그것을 일반적인 경험의 차원으로 확장시킨다. 여기서 성서는 그러한 심리학에서 유일한 준거 틀이 된다. 목회상담가 또는 심리치료사의 신앙은 목회상담 활동을 위한 가장 근본이 되는 기준이며, 그들은 사람을 영적인 존재로서 보고 대화를 나누고자 하며 상담자가 가진 성령 은사를 도구로 그들의 문제에 접근한다. 더 자세한 서술과 자료는 R. Sons, 위의 책, 같은 곳을 참조한다.

221) 그러나 이에 대한 문제상황은 M. Dieterich, *Psychotherapie-Seelsorge-Biblisch-therapeutische Seelsorge,* Neuhausen-Stuttgart, 1988, 특히 88쪽 이하 'die Richtlinien der Deutschen Gesellschaft für Biblisch-Therapeutische Seelsorg (DGBTS)' 부분을 참조한다.

목회상담의 인도란 이 성서치료적 목회상담에서 절대적이며 근본적인 전제(이것은 규범과 진리에 대한 질문을 포함하고 있다)로서 가장 중요하게 생각하는 진리다. 덧붙여 성서에서 타당한 진리를 찾기 위해서 성령의 인도함이 필수적이라는 것이 그들의 생각이다. 또한 그들이 말하는 성서치료적 목회상담자는 목회상담 과정에서 상황에 맞는 치료수단을 선택하는 문제에서도 성령의 인도함이 절대적으로 필요하다고 생각한다. 따라서 성령을 통한(요16:13) 성서적 규범과 사람이 선택한 치료방법의 결합이 이 성서치료적 목회상담의 핵심 개념이다. 이와 같은 맥락에서 성서적 가르침과 상반되는 목회상담학의 방법들이 목회상담에서 도입될 수 없다는 것은 당연한 것이다.[222] 이러한 대전제 아래 오늘날 잘 알려지고 사용되는 심리치료적인 과정에 관해(물론 내담자의 상태에 따라서) 상담치료에서 다양한 방법으로 적용될 수 있는 것이다.[223] 물론 그와 같은 방법도 근본적으로 '이념비판'이라는 모든 과정을 통과한 후에 적용 가능하다. 이 과정에서 제기하는 비판적 문제는 현재 문제의 소지를 가지고 있는 치료형태에 근본적으로 존재하는, 그러나 상호 간에 받아들일 수 없는 논쟁적인 '이념적 상부구조'가 있다는 것도 각각의 치유 형태에 대한 경험적 연구에서 밝혀지게 된다.[224]

디테리히(M. Dieterich)는 1995년 이래 슈트트가르트에 세워진 DGBTS 목회상담연구소의 책임자로 일하고 있다. 이 목회상담연구소는 목회상담과 신학 그리고 심리학과 심리치료를 연구하고 있다. 또한 이 연구소는 국가에서 인정하고 있는 마그대부르크(Magdeburg)에 있는 '제칠일예수재림교회'의 프리덴자우 신학교와 연계하고 있다. 이 신학교에서 디테리히는 사회교육학과 교수로 재직하고 있다. 덧붙여 말하자면, 이 연구소에는 목회상담사 자격과정을 위한 안내서(Studienführer zur Ausbildung in biblisch therapeutischer Seelsorge)가 있다(DGBTS의 주소는 Hackstr, 60, 70190, Stuttgart다). 여기에 보면 교육기간에 대한 정보(교육기간은 최소한 56일이 필요하다), 교육받을 수 있는 조건(기초과정에 참석하는 데는 전혀 특별한 조건이 없다) 등을 알아볼 수 있다. 그러나 예수 그리스도에 대한 분명한 신앙고백이 필요하며 이전 교회 등에서 목회상담을 한 경험은 매우 도움이 된다.
이 목회상담사 자격과정의 일반적인 목회학적인 훈련과정의 차별성은 이 안내서를 통해 분명하게 드러난다.

222) M. Dieterich, 위의 책, 51. 디이테리히는 은사주의적 목회상담의 입장을 거부하면서 조심성 있지만 분명하게 다음과 같이 밝히고 있다. "우리는 임상방법론을 위해서 시간과 노력 그리고 돈과 전문 지식이 꼭 필요하다. 또한 긍휼히 여기는 마음이 꼭 필요하다. 우리는 연구해야 한다. 만약 우리 주님이 빠른 치유를 원한다면 우리는 그에게 감사하고 그에게 찬양 돌리기를 원한다. 그러나 하나님은 우리에게 이렇게 우리가 내담자들에게 오랜 시간 동안 임상치료적인 목회상담을 시용할 수 있으며, 긴 여정 길에서 그들이 하나님의 긍정적인 대답을 발견할 수 있도록 그들을 도울 수 있는지 보여 주신다"(38쪽).

223) M. Dieterich, 위의 책, 89. "성서 치료적 목회상담은 고전적인 목회상담에서 검증되고 증명된 목회상담학 이론과 경험적인 심리학 및 심리치료에 대한 지식에 대해서 다시 이해하려고 연구하고 있다."

224) M. Dieterich, 위의 책, 45. 덧붙여 참고할 저서는 M. Dieterich, *Handbuch Psychologie und Seelsorge*, Wuppertal/Zürich, 1989다. 이 책에서 디이테리히는 매우 선별된 전문 자료를 보여 주는 책을 원하고 있다. "현대 심리학과 심리치료의 지식은 그들이 주장하는 연구나 이론이 성서적 세계상과 부합되고

그러나 이렇게 우리 시대에 맞는지를 근본적으로 질문하고 적어도 받아들이고 분류하여 그리스도인들에게 '적용 가능한 것' 과 사용할 수 있는 가능성을 찾아보는 것이 현실적으로 목회상담의 상황에서 매우 도움이 되는 결과를 가져온다는 사실에 대해서는 누구도 부인할 수 없다. 건설적이지만 동시에 강요된 외부 비판이 이념적인 영역에서 필수적인 자기비판을 모두 거부했을 때 위에서 말한 그 어떤 개념도 문제가 될 수 있다. 이념과 방법을 의도적으로 분리하는 것은 가까이서 보면 허구로 드러난다. 그러나 더 이상 질문해 볼 수 없는 세계상과 인간상이 믿음의 증언으로서 더 이상 분명한 역할을 수행하지 못한다면 하나의 학문적인 논쟁은 (목회학에서조차) 불가능하게 된다. 그러면 그것은 경험적으로 효과는 있어도 경험적으로 규정할 수 없는 자료로 다루어지게 된다. 그때 의도되지 않는 결과가 나타나게 된다. 그것은 선별적-치료적 과정에서 보면 목회상담학적으로 효과가 없을 뿐 아니라 오히려 신앙의 영역에서 현실적으로(그리고 신학적으로 주장할 수 없는) 협소화 과정이라고 말할 수 있다.[225)]

따라서 지금까지 보아 왔듯이 그리스도교 목회상담에서는 공개적으로 매우 중요하면서 다양한 필수적인 것들이 있다. 그것들은 개별적으로 존재하지만 동시에 서로서로 연결되어 되어 있으며 목회학적인 '방향' 에서 볼 때 서로 섞여 있기도 하다. 이 시점에서 다시 한 번 강조하자면 목회상담자는 다양한 정보와 그에 대한 자기의 생각을 다시 한 번 검토해 보아야 한다. 목회상담자는 어떤 근거와 이유로 위에서 밝힌 방향이 목회상담자 자신의 고유한 입장이 되는가? 목회상담자 자신이 보기에 현대 목회학에서 어떤 것이 현재 목회상담의 상황에서 개인과 사회에 가장 필요한가? 목회상담자 자신의 경험에 비추어 볼 때 어떤 목회상담 시도방법이 목회상담자 개인적인 경향에서 볼 때 경쟁력을 가지고 있다고 생각하는가? 지금까지 그리스도교 목회상담에서 필수적이라고 제시된 것 가운데 어떤 것이 목회상담자 개인에게 이해될 수 있으며 가능하다고 생각되는가? 무엇 때문에 다른 사항들은 그의 마음에 들지 않는가?

목회학적인 긴장과 함께 이와 같은 또는 비슷한 문제 제기를 통해서 자신의 입장을 발견하는 일은 마지막으로 다음의 두 가지 것을 더 생각하게 한다. 첫째, 선택된 두 가지 목회상담학 이론에 근거하여 현재의 상황에서 상반되는 목회상담의 견해는 다시 한 번

동시에 현대의 전문적인 학문의 수준에도 상응할 정도다" (9쪽).

225) BTS와 비판적인 논쟁에 대해서는 디이테리히의 저서에 대한 다음의 서평을 참조한다. M. Hagenmaier, in: *WzM* (41) 1989, 124 이하.

다음에 비교될 것이다. 둘째, 목회상담학이란 무엇인가에 대한 이상의 정의는 또다시 다음에 살펴볼 것이며 다시 한 번 그 입장을 규정하게 될 것이다.

3. 현대 목회상담의 과제: 전제된 목적과의 대화

오늘날 목회상담자와 내담자의 대화는 개인 또는 집단을 대상으로 하는 목회상담 과정에서 중요하고 포기할 수 없는 수단이다. 이러한 사실은 모든 목회상담 분야에 논란의 여지가 되지 않는다. 그러나 이러한 개인적인 대화가 어떻게 이해될 것인가? 그것은 어떤 목회신학적 사상에 의해 움직이며 어떤 목회상담의 목적을 수반하는가? 이미 언급한 두 가지 기본 입장(이 책 227쪽 이하 참조)이 어떻게 목회상담 대화의 존재와 기능에 대한 특별한 이해로 연결되는가? 그러나 무엇보다도 다음과 같은 질문이 제기된다. 어떻게 모든 목회상담적인 방법이 전제된 목적을 명확하게 규정할 수 있을 뿐만 아니라 신앙 부분에서 구속력을 줄이면서 또 목회상담 사역에서 자유롭게 실천적인 대화 인도로 연결될 수 있는가?

1) 대화로서 목회상담: 목회상담으로서 대화

적절한(결론적으로 절대적으로 확실한 입장의) 답변을 찾기 위해서는 우선 요즘 목회상담 상황 내의 대립적인 입장을 논해야 한다. 요하김 샤휀베르크(Joachim Scharfenberg)는 여전히 계속되고 있는 목회상담운동의 창시자이며 전형적인 대표자로 알려져 있다. 또한 회복과 연속의 상반된 노력을 하는 전형적인 대표자는 마르틴 니콜(Martin Nicol)이라고 할 수 있다. 두 신학자의 사상은 위에서 언급한 질문에 대하여 대결된 입장을 갖고 있다. 그것은 마치 그들의 목회학적인 입장이 의미 있고 시사하는 바가 있는 변화 속에서 (거의) 동일한 주제를 다루고 있는 것처럼 이해된다. 즉, '대화로서 목회상담' 과 '목회상담으로서 대화' 다.

(1) 대화로서 목회상담

이미 1972년에 실천신학자이면서 분석심리학자인 요하킴 샤휀베르크의 목회상담학이 『대화로서 목회상담』이라는 제목으로 출판되었으며 영향력 있는 책으로 1991년까지 다섯 번 재판되었다.[226] 샤휀베르크는 서론에서 상세하게 '목회상담과 언어'라는 주제를 다루고 있으며 현존하는 상황을 비판적으로 검토하고 있다. 즉, 목회상담에서 대화가 오용되고 있다는 것이다. "목회상담에 관한 새로운 책들에게서 매우 빈번하게 소개되는 대화는 잘못된 대화 형태임에 틀림없다. 왜냐하면 그 대화는 권위적이고 방법론적인 말의 오용으로 이끌며 쉽게 성직자적인 자기주장으로 빠지게 하기 때문이다. 두 사람 간의 또는 여러 사람과의 언어적인 만남은 수학적인 의미에서 정확성과 인식론적인 의미에서 객관성 그리고 권위적인 의미에서 정보를 포기하는 것을 의미한다. 근본적인 집단구조에 의해 대화 속에서 인간에게 자유가 제지될 수 있으며 이러한 자유의 연습 장소로 맡겨질 수 있다. 치료소로서 언어 입문으로 심층심리학은 (현명한 목회상담자와 비슷한) 대화에서 두 사람 간의 비권위적인 만남을 위한 틀을 만들었다."[227] 이러한 비판의 요점은 다음과 같다. "대화를 단지 어떤 구실이나 과거에 근거한 것, 알려진 사실 그리고 마음대로 무엇인가 얻기 위해 권위를 사용하려고만 하는 모든 대화 인도는 권위적이라고 언급되어야 한다. 그러므로 여기서 언어사건은 변할 수 없는 기본 구조 안에서 항상 설사 개개의 경우에 적용되는 변화 안에서일지라도 한결같이 주어진 방법에 따라 움직이려고 하는 곳이면 어디서나 비객관적인 방법으로 제한된다."[228]

이것과는 반대로 샤휀베르크는 처음으로 메타언어학(Metalinguistik)에서 이원론적인 언어이론[229]이 발전되었다는 것을 밝히고 있다. 언어 사고에 한편으로는 객관성과 정보를 위한 뚜렷한 특징이 존재한다. 그러나 다른 한편으로 오늘날 언어권 구조는 '목적격과 주격이 항상 새로운 사건 속에서 잇대어 있으며 이전 시대의 정확한 틀에서 벗어나는 것'[230]이 더욱 뚜렷해지고 있다. 그러므로 언어는 실재를 구조화하며 표현하는 것뿐만 아니라 그 안에서 자신의 마음을 표현하며 무엇인가를 얻게 된다. 왜냐하면 모든 이

226) Joachim Scharfenberg, *Seelsorge als Gespraech. Zur Theorie und Praxis der seelsorgerlichen Gespraesfuehrung*, 5. Aufl, Goettingen, 1991.

227) J. Scharfenberg, 위의 책, 12.

228) J. Scharfenberg, 위의 책, 19

229) J. Scharfenberg, 위의 책, 33.

230) J. Scharfenberg, 위의 책, 34

해는 진상을 털어놓게 할 뿐만 아니라 관계와 공동체의 기능으로 이해될 수 있기 때문이다.

이러한 근거에서 샤휀베르크에게 언어사건은 신학과 인문학(여기서는 심리학 또는 분석심리학을 의미한다)의 다리역할을 수행한다. 그것은 목회학 분야에서 지금까지 엄격하게 진행해 왔던 분리에 대한 '저쪽 편' 에서의 다리를 놓는 것이다. 그렇기 때문에 한편으로는 경험적 인간론에 대한 연구 속에서 이루어지는 객관적인 방법론이 채택된다. 그러한 도움으로 인간은 오로지 자신으로부터 이해될 수 있다. 그러나 인간은 자신의 모든 내적 세계를 설명하려는 노력으로 불가피하게 '주관적' 으로 자기 안에 폐쇄된 채 머물러 있다. 그러므로 다른 한편으로는 포괄적이고 경험적인 관점에서 도달할 수 없는 현실이 받아들여지며, 그 현실에서부터 인간 본래의 진인성이 요구되고 그에 의해서 목회상담이 '밖으로부터' 인간을 향해 만나는 (하나님의) '말씀' 선포로 치유를 가져온다.

샤휀베르크는 이러한 상반성과 그것으로 이루어지는 분리를 해결하고자 한다. 그의 '중계역할' 은 '언어사건으로서 치유' 로 정의 내리면서 나타난다. 이러한 정의로 그는 한편으로는 성서에서의 치유와 언어의 관계를 연결시킨다.[231] 다른 한편으로는 잃어버린 성서 말씀과 치유 의미의 관련성을 다시 인식해서 체험한 요한 크리스토프 블룸하르트(Johann Christoph Blumhardt)의 생각과 영향을 언급하고 있다. 이러한 성서에 근거하고 신앙 안에서 고정된 사건을 추가적인, 더불어 보충되는 가능성으로가 아니라 동시에 인문과학적으로 이해할 수 있을 때, 거기서 성서의 신화적인 개념의 사용에서, 사용과 더불어, 그리고 사용하에 도달되었던 것[232]이 비로소 확실히 이해된다. "블룸하르트가 우리에게 현상(Phänomen)을 이해하도록 한 개념적인 것을 비로소 심층심리학이 제공하고 있다." [233]

이것은 우연이 아니다. 프로이트의 이론과 그에 의한 의사와 환자의 관계 개신에서 샤휀베르크는 서로 유사한 것을 발견한다. 그와 마찬가지로 여기에서도 '언어사건을 통한 치유' 가 문제다. 마찬가지로 여기서도 이 사건의 틀 속에서 대화하는 두 사람 모두(대화뿐만 아니라 토론의 형태로) 삶을 방해하는 것들을 '해서' 하고 더불어 학대된 현실을

---

231) J. Scharfenberg, 위의 책, 35 이하. 시편107:20, 솔로몬의 지혜서[역자: 외경] 16:12, 요1:4, 5:26 등 참조.

232) 샤휀베르크에 의하면 언어의 순수한 도구적인 성격의 파괴, 나와 낯선 타인의 영혼을 위한 명료한 발음능력, 정신신체 의학적인 고찰방법의 위임, 과거경험으로부터의 자유, 미래 의미 있는 경험을 위한 개방이 일어난다(J. Scharfenberg, 위의책, 39 이하).

233) J. Scharfenberg, 위의 책, 39.

해명하는 데 관여하고 있다.

그러나 샤휀베르크 이론에 대한 결과를 정확하게 비교하는 것은 무엇을 의미하는가? 신학과 인문과학의 사실상의 병존과 미래에 목회상담과 심리치료적인(심리분석적인) 작업의 병존은 (세계관의) '사건에 대한 다양한 시각'에서 근본적으로 관점의 변화가 이루어질 가능성을 보여 주고 있다. 그러나 어쨌든 다양한 대화상황 자체가 바로 대화사건의 표현이다. 그것은 신학적이거나 인문과학적인 가정 아래 설명되지만 어쨌든 대화의 구조 틀 안에서 대화의 특별한 방식을 나타낸다. 대화에서는 권위적 경향 대신 동반자적 경향이 지배한다. 대화과정에서 현저하게 변화될 준비가 요구되며 다른 사람과 자신에게 서로 자유를 인식하게 하고 연습시키며 윤리적인 결단능력과 함께 발달된다. 따라서 대화에 대하여 말한다면 "대화 중에 두 대화 상대자로부터 생각할 수 없었던 가능성이 열려진다. 그러나 이것은 모든 상담대화에서 이루어질 수 있는 경험이다. 그것은 대화가 교회 안에서 구조요소가 될 수 있는지에 대한 교회 생존표시에 대한 운명의 물음이다. 바로 이 점에서 교회사역의 목회상담적인 요소를 살펴보는 것이 우리의 제안이다."[234)]

이러한 기초에 근거해서 샤휀베르크에 의해 대화의 기본 틀(자유로운 대화, 교훈적인 대화, 탐색적인 대화)이 발달되었다. '돕는 관계'는 '자립을 위한 도움'으로 특징지어진다. 본래 목회상담 대화는 '존재적인 개방'과 '잘못된 권위의 포기'가 특징이다. 그렇다면 전체적인 내용을 위해 본질을 규정하는 방법으로서 저자에게 심리분석적인 의미인 '전이'와 '역전이'의 활용으로 '대화의 내적인 역동성'이 구조화된다. 그 이유는 다음과 같다. "모든 대화는 많게 또는 적게 무의식적으로 현재 상황에 관련되는 두 대화자 간의 인생과 경험의 역사를 통해 이루어진다. 심리치료는 완전히 의식적으로 전이와 역전이 현상에 초점을 두고 이러한 사실을 고려한다. 또한 모든 다른 대화관계는 전이를 통해 현실과는 동떨어지고 환상적인 특성을 지니고 있는 것에 대한 준비가 되어 있어야 한다. 자신의 상대방에 대한 전이표현이 강하게 조절될수록 상대방에 대한 전형적인 관계 방법이 전이로서 인식될 수 있고 억압적인 악순환을 깨뜨리는 데 더 쉽게 성공할 수 있다."[235)]

---

234) J. Scharfenberg, 위의 책, 43.

235) J. Scharfenberg, 위의 책, 65. 그리고 '전이'와 '역전이'에 대한 더 자세한 의미는 68 이하와 73 이하에 설명되어 있다.

대화 인도에 대한 수단과 방법 그리고 비판적인 부분은 '대화순서' 의 결론으로—목회상담이 효과적이기 위해—언급되기 전이 적합하다.

어쨌든 이 책은 새로운 관점을 '불쾌감을 유발하면서' 중재하고자 한다. 그것은 목회학적으로 무엇보다도 회복과 연속성을 갖고 움직이려는 것에 대한 반대로 제시하고자 하는 데 틀림없다.

주어진 상황에서 이러한 경우에 우선 어떤 관점이 '근본적으로' 이러한 윤곽을 나타내는지, 그리고 어떻게 계속해서 거기서 전형적이면서 구조적으로 주어진 목회상담운동의 입장이 반영되는지 질문해야 한다. 샤휀베르크에 의하면 대화에서 목회상담의 목적(존재하는 모든 정신상태의 치유)은 참여자에 의해 공동으로 자유롭게 설정된다. 인간이 경험할 수 있는 모든 현실이 '언어사건에서' 성립된다는 것이 전제가 된다. 모든 신앙관계는 이러한 현실을 받아들이는 데 있으며 목회상담은 (심리분석과 비교해서) 현실을 털어놓도록 하는 것이다. 이러한 인간의 현실을 개방하는 것은 고통 가운데 엉클어져 있고 갈등 속에 있는 인간에게 각오를 하게 하며 동시에 잘못된 것을 다시 바로 세우도록 돕는다. 하나님이 원하는 회복(인간의 회복)[236]이라고 말할 수 있다.

경험적으로 접근할 수 있는 현실과 경험적 방법 외의 객관적으로 받아들여지고 설명

236) 그래서 뢰슬러(D. Rössler)는 목회학적인 상황규정(*WzM* (25) 1973, 181 이하)을 위해 자주 인용한 논문에 '최근 목회상담의 목적과 과제' 라는 부제로 제목을 달고 있다. 최근의 목회상담을 특별히 다음과 같은 목표로 특징지을 수 있다. "오늘날의 목회 돌봄은 '상담하는 목회 돌봄' 이다. 그것은 목회심리와 병원임상실습 그리고 심리분석에 근거를 두고 있다"(182쪽). 그러나 그것은 동시에 질병과 치료의 기본 모델이 되고 있다. 그것은 다시금 심리치료와의 관계에 대한 설명이 필요하다.
그러나 어떻게 '상담적인 목회 돌봄' 이 자신의 목표설정에서 이것을 전달할 수 있을까? 이에 대해서 뢰슬러는 다음과 같이 표현하고 있다. "이러한 목회 돌봄의 기본 사상은 회복의 개념, 인간 회복의 개념이다. 더 정확히 말한다면 인간 회복 가능성에 대한 사상이다. 어떤 경우에든 목회상담이 관계된 사람이 변화되는 것을 원하는 것에 근거를 둔다면 회복을 위해 단지 양자택일만이 존재한다. 즉, 유일한 행위를 통한 변화, 아니면 당사자의 인생사를 두 부분으로 나누는 갑작스럽고 단 한 번의 사건을 통한 변화다. 그것을 위한 기본 모델은 회개다. 회복사상은 그것과는 반대로 불가피한 변화가 한 걸음 한 걸음 도달되어야만 하며 도달될 수 있다는 것에 근거한다"(187쪽). 더 나아가 "회복을 돕는 방법은 대화다. 그것은 스스로 이해되는 것이 아니라 목회상담자로부터 터득하고 연습되어야만 하는 방법적으로 그리고 충분히 훈련되는 대화여야 한다"(188쪽).
뢰슬러에 의하면 물론 '대화적인 목회상담' 이 목사와 목회상담자에게 다가오는 거대한 낯선 기대를 어떻게 다룰 것이며, 대화하는 목회상담이 모든 부분에서 '기독교의 특성' 을 어떻게 나타낼 것인지가 문제다. 그렇기 때문에 그는 1973년 그의 비판적인 '상황보고(Lagebericht)' 를 다음과 같은 언급으로 끝맺고 있다. "목사직을 위한 이성적이고 적절한 도구가 되기 위해 목회상담은 목회상담의 원리에 의해 한계뿐만 아니라 가능성이 존재하는 역할을 관철해야 한다. 즉, 그것은 일상적인 개인 삶의 회복에 대한 도움이다"(196쪽).

되는 현실과의 분리가 지양됨으로써 치유와 구원(또는 행복과 구원)과의 분리가 비기능적으로 작용하게 되었다.

간단히 이야기하면, 목회상담의 대화에는 초월적으로 항상 계속해서 비밀을 털어놓을 수 있는 현실이 주어진다. (철학적으로 해석한) 사고의 움직임뿐만 아니라 (신학적으로 해석한) 신앙의 움직임이 이러한 방향의 언급과 일치한다. 그리스도교는 인간으로서 하나님의 도움으로 점진적으로 완성되는 도전이 된다. 바로 이것이 목회상담운동의 주관심사다. 즉, 신학적으로 '올바르지만' 거기서 현실과 거리가 먼 상담에 의해 목회상담이 형식적으로 되어 가는 모든 위험에 반대하여, 목회상담의 대화는 의도적으로 하나님과 멀어진 현실 상실을 제거해야 한다. 그리고 인문과학과의 (충분히 숙고하고 결코 긴장감에서 벗어나지 않는) 공동작업은 포기할 수 없는 방법으로 현실과 가까워지는 것을 보장한다. 이러한 관심이 샤휀베르크에 의해 대립적이면서도 혁신적으로 주장되고 있다.[237]

---

237) 칼은 샤휀베르크의 시도와 그를 대표로 하는 목회심리학을 비판적으로 논쟁에 부치고 있다. I. Karle, *Seelsorge in der Postmoderne. Einer Kritik der psychoanalytisch orientierten Seelsorgelehre*, Neukirchen-Vluyn, 1996.
칼은 다음과 같이 서술하고 있다(73쪽). "내가 앞으로 예를 들어 샤휀베르크의 목회심리학과 논쟁한다면 나의 관심은 우선 심리분석적인 틀이 현대 목회학을 위해 실제로 도울 수 있으며 돕기 위해 무엇을 약속할 것인지, 즉 심리분석적인 틀에서 무엇을 기대할 것인지에 대한 물음이다. 그것은 기능적으로 다른 사회에서 개인의 사회적인 위치, 기회와 문제, 정체성과 자기 묘사를 적절하게 파악하고 설명하고 싶어 하는 현대에서의 목회상담이 인식 관점을 우선적으로 심리분석에 기초를 두고 잘 상담되는지 점검되어야 할 것이다."
이러한 질문은 사회학적인 관점에서 다루고 있는 루만(N. Luhmann) 신학의 도입과 샤휀베르크의 신학적인 또는 목회심리학적인 이해를 객관성을 가지고 상세히 다룬 설명을 통해 분명하게 부인되고 있다. 그것은 다음과 같다(119쪽). "심리분석적인 사고는 일반적으로 개인적이고 사회적인 갈등이 마침내 하나로 그리고 같은 것으로 이해될 수 있다는 근거에서 시작한다. 결론적으로 샤휀베르크의 심리분석적인 관점은 사회적인 문제를 항상 내적인 정신적 갈등의 결과로 돌리고 단순화한다."
계속해서 그는 다음과 같이 설명하고 있다(119쪽 이하). "그러나 사회학적인 구조논리는 개성과 사회성의 관계를 완전히 다르게 설명하고 있다. 그 논리는 정신적이고 사회적인 과정이 근본적으로 구분되며 사회 안에서 바로 당면한 정신상태로 단순화될 수 없는 과정이 진행된다는 것에서 출발한다. 사회는 정신이 존재하지 않는다.' 그러므로 칼에 의하면 실제적인 결론은 일반상담과 목회상담, 그러나 또한 심리학과 신학과의 충분히 심사숙고한 새로운 토론이어야 한다(239쪽 참조). 이러한 절실한 요구는 세속적인 상담영역으로 편입하려는 것과는 반대로 교회와 공동체를 본래적인 상담의 장으로 다시 발견하고 강건하게 하여 바로 사회를 위해 새롭고 흥미롭게 만드는 목적과 관계된다. 슈타인마이어 역시 그녀의 책에서 샤휀베르크의 현실 개념과 프로이트와의 지속적인 관계를 다루고 있다(A. M. Steinmeier, *Wiedergeboren zur Freiheit. Skizzen eines Dialogs zwischen Theologie und Psychoanalyse zur Begründung des seelsorgerlichen Gesprächs*, Göttingen, 1998). 그 책의 서론은 '요아킴 샤휀베르크―자유를 실현하는 장으로서의 언어'라는 제목을 달고 있다. 칼과는 반대로 슈타인마이어는 비판적인 자기 분석과 계속적인 발전이 건설적으로 필요하다는 전제조건에서 목회학의

(2) 목회상담으로서의 대화

1990년도에 출판된 니콜의 저서 『목회상담으로서 대화(*Gespräch als Seelsorge*)』는 조정을 시도하고자 하는 모든 의도에서 전적으로 샤휀베르크 이론에 대한 반대 의견으로 나타난다.[238] 그것은 물론 점차적으로 분명해지는데 먼저 동일한 출발점이 끌리게 한다. 즉, 니콜의 연구에서는 다음과 같은 것이 중요하다. "……다시 획득한 또는 최소한

심리분석과의 대화를 계속하고자 한다. 이러한 연구의 요점은 거기서 신학적인 사고와 심리분석적인 사고에서 다르게 이해되는 현실 개념이다. 매번 자유는 그 개념에서 출발하여 이해될 수 있다. 샤휀베르크의 근본적인 성서분석과 그의 프로이트 수용에 따라 슈타인마이어는 신학자 샤휀베르크에 의해 새롭게 해석된 프로이트의 종교비판의 환상 개념의 관점에서 서술하고 있다(28쪽). "극단적으로 표현하면 종교적 '환상'을 실재와의 구별 속에서 소망의 상징으로 말하는 것은 충분하지 않다. 왜냐하면 실재와의 구별이 현실에서 그리고 지금 의미 있게 경험되고 체험되고 견디어낸 현실에서 나타나기 때문이다." 리쾨르(P. Ricoeur)의 표현에 의하면 저자는 프로이트의 현실 이해를 새롭게 이해하면서 '자유'라는 개념을 얻으려고 한다(37쪽). "그러므로 자유는 합리적이고 의식적으로 체념하는 현실의 필연성과 불가피성에 대한 통찰이다. 자유는 이것이 무엇인지, 그리고 있는 그대로를 이해하는 것에 대한 동의다. 자유는 환상의 부자유 속에서 잊을 수 있고 낯설 수 있기 위해 필요한 해방이다……." 저자는 인간이 종교적으로 제외하고 자기 자신에 대한 이해와 인식에 오로지 집중하는 것을 헤겔과 연관된 하나님 개념에서 받아들이지 않으려고 한다(62쪽). "무엇보다도 먼저 배타적인 것으로 보이는 것이 프로이트를 넘어선 프로이트와 일맥상통할 수 있을 것이다. 프로이트의 자기 인식과 '부정적인 것을 직면하게 하는 성령의 힘으로 헤겔이 생각했던 것……." 이러한 전제에서의 신학적, 심리분석적 대결은 한편으로는 틸리히(P. Tillich), 다른 한편으로는 클라인(M. Klein), 말러(Margret S. Mahler), 슈테른(Daniel N. Stern)의 사상들의 설명을 통해 시작되며 책의 기본 주제를 위한 '결과'로 이끌어지고 있다. 그럼에도 불구하고 가장 다양한 현실을 이해할 때 자기 성장에 대한 인간의 이해가 중심부로 와야 한다(195쪽). "자유는 인간이 자아로 태어난다는 것에 근거한다." 그것은 진정으로 다음과 같은 것을 의미한다(196쪽). "삶을 자유로운 것으로 파악한다는 것은 모든 전능의 환상을 벗어 버리는 것을 의미한다. 삶이란 실망과 분노 없이, 상처 없이 살아가는 것일 수 있으며 비현실적일 수 있다. 자기에게 가득 찬 환상에 대한 모든 생각은 자유를 인식하는 것으로 끝난다." 좀 더 나아가서 그것은 다음과 같다(198쪽). "자유가 스스로 의식화되는 곳에서 자유는 삶이 언젠가 분명해질 수 있다는 생각과 작별한다. 화해하고 그것 때문에 변화할 수 있는 힘은 살아 있는 모든 것에 대한 양가감정 속으로 자기를 동조시키는 것에 있다." 목회상담은 다음과 같은 것을 의미한다. "……자신의 의지대로 인간을 이해하려는 시도, 그것이 이루어지는 곳에서만 인간은 아마도 잃어버리고 흘려 버린, 그러나 그리워하면서 찾고 있는 자신의 생명체 언어를 다시 찾을 수 있다. 이러한 자기 자신 안에서 가능한 방법으로 하나님과의 '삶의 대화' 속에서 아마도 하나님은 그에게 그 안에서 완전히 새롭고 예기치 못한 더 이상(또는 전혀) 믿기지 않는 방법으로 다가갈 수 있다. 즉, 인간이 아마도 자신이 많이 망가진 곳에서 자신을 잃어버리지 않았다는 것을 스스로 발견한다면, 그리고 스스로 하나님 안에서 보호받고 있다는 것을 의식하게 된다면 목회상담 대화의 출발점으로 다시 돌아가서 궁극적으로 다시 한 번 현실적인 이해를 가능케 하는 '언어'의 문제에 의존하게 된다. 그것은 '두려워하면서 지시해야만 하는 것이 아니라 언어에서 진리가 나타나는 것을 기다리는 인내를 가진 함께 관여된 이해'(210쪽)다.

238) Martin Nicol, *Gespräch als Seelsorge. Theologische Fragmente zu einer Kultur des Gesprächs*, Göttingen, 1990.

새롭게 인식된 언어를 고려한 부분이다. 그것은 미래에 변화된 대화 자체가 형태를 이루기 위해 먼저 대화에 대한 언어를 새롭게 한 자 한 자씩 읽어 나가는 것을 돕는다."[239] 그것은 "하나의 언어를 다시 또는 새롭게 얻는 것이 중요하다. 즉, 그것은 대화에 대한 언어, 좀 더 정확하게 한다면 존재적인 대화로서 목회상담 대화에 대한 언어다."[240]

니콜은 다음과 같이 정의하고 있다. "먼저 두 사람 간의 대화, 경우에 따라서는 작은 모임의 대화 그리고 대화 참여자 어느 누구도 대화사건을 피할 수 없는 한 실존적인 대화를 다루는 것이다. 두 번째로 대화의 주제는 언어화하든 그렇지 않든 간에 그들이 대화에 의해 내적으로 만나는 한 대화 참여자들의 실존적인 차원에서의 그들의 삶이다. 세 번째로 대화는 실존적인 방법으로 이루어진다. 즉, 이성적으로 객관화된 것이 아니라 경험적인 것으로 지성과 감성에서 나온 전인성 속에서 인간을 만나는 것이다."[241] 중요한 것은 실존적인 대화가 처음부터 목회상담적인 대화로서 일치되지 않는다는 것이다.[242] 목회상담은 오히려 특정한 목표설정에 의해 속마음을 털어놓는 실존적인 대화의 특별한 경우다.

그렇다면 이러한 특별한 경우는 상대적으로 닫힌 목회상담 상황의 공간을 뛰어넘어 '대화문화' 의 넓은 공간 속에서 실존적인 대화상황을 위해 그 의미가 있는가? 그러나 여기서 실제로 학문의 영향 차원에서 다양한(신학적이고 심리학적인) 언어의 비교와 나열보다 더한 것이 중요할 수 있는가? 그렇기 때문에 목회상담적인 언어는 아마도 점점 더 대화철학에 의존하려고 노력해야만 하는가?[243] 또는 경험의 개념이 통합요소로서 신학과 심리학의 언어 이해를 중재할 수 있는가? 항상 다시 인문학적인 추상적인 언어 또는 생생한 경험을 즉각 표현할 수 없는 학문적인 언어에 일방적으로 인도될 것만 같다. "그러므로 한편으로 특별한 신학적인 경험의 개념이 밝혀졌다면, 다른 한편으로는 아직 생생한 대화경험을 학문적으로 객관화한, 모든 연구 이전에 적절하게 효력이 발생될 수 있는 가능성을 말할 수 있다. 학문적인 이야기는 그러한 이야기와 연관을 맺을 수 있다."[244] 니콜에 의하면 여기서 목회학 문헌에 틈이 벌어지는데 그것은 언어와 사건의 해

239) M. Nicol, 위의 책, 11.
240) M. Nicol, 위의 책, 15.
241) M. Nicol, 위의 책, 13.
242) 프로이트 또는 정신분석의 대화법은 본질적인 의미에서 볼 때 '실존적' 일 수 있다.
243) 빈디쉬(H. Windisch)는 그의 연구논문에서 그와 같이 제안하고 있다. H. Windisch, *Sprechen heißt lieben. Eine praktisch-theologische Theorie des seelsorgerlichen* Gesprächs, Würzburg, 1989.
244) M. Nicol, 위의 책, 16 이하.

결할 수 없는 변화관계가 분명하게 충분히 인식되지 않고 있다는 것을 의미한다.[245)]

그러므로 이러한 결핍이 특별한 '인지' 로 이루어진 목회상담 대화에서 새롭게 발생될 수 있다. " '인지' 란 유일한 의미에서 그러한 대화의 실제와 그것을 동반하는 경험 그리고 특정한 의미영역에서 그러한 경험이 화제가 되어 인식한 이야기를 의미한다."[246)]

이러한 포괄적인 의미인 '인지' 는 모든 (학문적인 것과 마찬가지로 실존적인) 이야기를 상대화하며 그 의미 자체의 한 부분으로서 그 모든 이야기를 결정한다. 그러한 의미의 '인지' 는 대화 형태와 능력에 모두 영향을 미치며 동시에 그것들을 초월적 차원에서 관찰하게 한다. "우리는 대화에 대하여 적절하게 말할 수 없기 때문에 아마도 대화 속에서 이루어지는 이야기가 종종 힘들어지게 된다."[247)] 대화에 대한 그런 이야기는 동시에 중요한 실제적인 역할이 있다. 그것은 대화의 문화를 도울 수 있으며 대화의 존재를 '생생한 대화' 로서 분명하게 인식할 수 있다는 것이다.

그 외에 이론과 실천의 상호작용 속에서 지속적으로 변화하고 있는 목회상담 대화의 모델이 이러한 문화 속에서 정착될 수 있다. 그럼에도 불구하고 마침내 살아 있는 하나님의 존재와 영향을 인식한다면 대화의 미래적인 인식은 과거의 인식에 근거될 수 있다.

니콜에 의해 의도된 '대화문화' 의 정착을 위한 이러한 부정적인 결과 속에서, 그는 역사(19세기)로부터 나온 원동력을 받아들이며 여기에 '치료방법으로서의 대화: 지그문트 프로이트' 라는 부분을 포함시킨다.

이렇게 전통으로 돌아감으로써 어떤 결과를 얻는가? 또한 항상 상이한 대화모델에서 종교적인 슐라이어마허에서 시작하여 해석영역의 반종교적인 프로이트에 이르기까지 대화문화의 몇몇 대표자들에게 얼마나 다를 수 있는 것인가? '대화경험' 은 모두에게 깊이 생각하게 하면서 중요한 자리를 차지했다. 그것은 어쨌든 고유한 인격에 의해 전체적으로 인지되고 그 인격에 따라서 살아온 삶의 전기, 교육 정도 그리고 사회적인 배경을 형성했다. 거기서 이러한 경험의 질은 각각 독특한 해석영역을 통해 결정되었다. 반대로 이러한 해석영역은 '실존적인 대화' 의 인지 또는 실행이 인식적이면서 실천적인 측면으로 나타났다. 그것은 대화의 모델 속에서 대화의 표현을 찾는다.

이러한 대화모델은 다시금 포괄적이든 제한적이든 매우 확실한 대화 인도의 틀로써

245) M. Nicol, 위의 책, 17. 여기서 니콜은 특히 에벨링(G. Ebeling)과 가다머(H.-G. Gadamer)와 연관 짓고 있다.
246) 위의 책, 같은 곳.
247) 위의 책, 같은 곳.

움직여진다. 그것은 동반자적인 상호관계에 의해 이루어질 수 있다(슐라이어마허). 그것은 대화 상대자의 분석적인 동반자 관계(성서해석학적-주기적 연결로서의)를 의미한다(프로이트). 물론 본래의 종교성 또는 이상적인 인간상에 대한 주제가 거기서 관계되면서 곧바로 쉽게 대화관계에서 특징적인 경향이 나타난다. "대화의 한 사람은 본질적인 인간 존재의 규정을 알고 상대가 같이 이를 인식하기를 기대한다."[248)]

이러한 모든 실존적인 언어의 모델들은 확실히 아직 고유의 목회상담 대화는 아니다. 대화는 이러한 능력을 비로소 복음적인 목회상담의 해석영역에서 얻는다. 그러나 현재 목회영역에서 개별적인 대화해석이 목회상담 대화를 실제로 실존적인 대화의 특별한 경우로 만드는 포기할 수 없는 해석영역을 어떻게 나타낼 것인가?[249)] 니콜은 현대 목회상담의 대화에 관한 이론의 예로서 샤휀베르크와 타케의 이론을 소개한다(이들의 책인 『대화로서 목회상담(*Seelsorge als Gespräch*)』과 『삶의 도움으로서 신앙의 도움(*Glaubenshilfe als Lebenshilfe*)』을 언급하면서). 각각 목회상담이론에서 대화의 위치, 목회상담 대화에서 방법론적인 행동, 대화 상대자 사이의 관계 그리고 대화과정과 그 의미에 대하여 질문하고 있다. 니콜이 자신의 연구에서 강조하고자 한 것처럼 두 이론은 목회상담에서 대화와 그 역할에 대한 기본 진술로 실존적인 목회상담 대화의 본질적이고 실질적인 관계 설정을 평가하지 않는다. 샤휀베르크는 대화사건을 결정적으로 이야기 심리학적인 범주 속에서 다루고 있다. 그러나 이러한 방법으로 그는 신학적인 해석영역을 상대적인 것으로 본다.[250)] 타케는 언어적 구조에서의 '말씀'(더불어 '하나님의 말씀')을 제한적으로 이해했다.[251)]

한편으로 두 이론은 대화 안에서 진정한 동반자적인 관계를 주장하지만 저기서와 마찬가지로 여기서도 대화자들 사이에 개념적으로 고정된 경향이 구체적으로 설명되는 것이 중요하다.[252)] 그러므로 니콜은 마침내 이렇게 판단한다. "샤휀베르크나 타케 모두 그들의 대화에 근거한 이론에서 실존적인 대화를 진정한 대화로서 만족스럽게 목회상담과 그리스도교 신앙의 해석 차원으로 포함시키지 못하고 있다는 것이 확실하다."[253)]

---

248) M. Nicol, 위의 책, 104.

249) M. Nicol, 위의 책, 104. "그리스도교 신앙의 해석영역에서 실존적인 대화에 대해 질문하게 될 때 불가피하게 목회상담 대화의 실제와 이론에 대해 준비한다.

250) M. Nicol, 위의 책, 115 이하.

251) M. Nicol, 위의 책, 125. 니콜은 그것을 다음과 같이 설명하고 있다. "그것으로 하나님 말씀에 대한 전반적인 신학적 사고의 틀은 지적인 언어적 이해로 축소된다."

252) M. Nicol, 위의 책, 127.

이러한 실수를 니콜은 슐라이어마허 이후 목회학 역사를 통해 예를 들어 주장하고 있다. 그것은 그때마다 다양한 형태와 모델 소개하에 대화자 간의 '관여도'로, 아니면 대화사건에 대한 제한된 인지로 나타난다. 그것은 마침내 선포적인 또는 치료적인 대화가 목회상담이라고 할 수 있는지 아닌지에 대한 오늘날 익숙한 문제 제기에 해당된다.[254)]

그러나 어떻게 목회상담이 '실존적인 대화의 특별한 경우'로, 즉 동반자적인 상호성을 의무화하는 대화로 말할 수 있는가? 그러므로 니콜은 자신의 목적을 다음과 같이 설명하고 있다. 대화가 일반적으로 신학적인 해석의 범주 안에서 인식하려는 노력은 근본으로서 대화 상대자의 '실제적인 체험'(19세기 로마 범신론적인 해석의 범주에서 준비된)과 일치해야 한다. 그것은 다음과 같이 설명된다. 모든 실제적인 관계를 포함하는 종교적인 경험을 위한 체험능력은 동시적으로 객관적인 방법으로 다루지 않고 학문적인(예: 심리학적인) 인식의 통합과 그와 함께 꼭 필요한 연관된 사건의 틀을 가능케 한다.

그리고 계속해서 상담자와 내담자의 위아래로의 틀을 벗어난 새로운 목회학의 노력은 한편으로는 '실존적인 대화'에 대한 근본적인 통찰에 의해 마침내 결정적인 방법으로 지지되고 있다. '동반자적인 상호성의 틀'은 더 이상 실존적인 대화를 통해 다소 실현되는 요구가 아니다. 그것은 니콜의 모델에서 실질적으로 이행되고 있다.

바로 이 모델이 그러한 관점에서 먼저 초안으로 소개된 다음에 목회적인 성찰을 받게 된다. 거기서 다음과 같은 점들이 강조되고 있다. 그리스도교 신앙 안에서 실존적인 대화로서 목회상담에서의 대화는 선포도 치료도 아니다. 그것은 동반자적인 상호성(친구들 사이에서 일어나는 실제적인 대화처럼)이 요구된다는 것을 안다. 공통적인 목적은 대화사건에 실제적으로 함께 참여한다는 것이며 상담자와 내담자를 모두 성서해석학적 틀 속으로 에워싸는 것이다.

그러므로 특별한 능력의 대화는 의도적으로 전통적으로 목회상담 대화에 있지만 그것에만 국한되지 않는다. 근본적으로 이야기 자체에서 인식되는 해석의 범주 없이 그것이 실제적인 대화체험으로 다가오지 않는다는 것이다. 일반적으로 이것은 의미 있는 경험으로서 대화사건이 만들어져서 알맞은 경험으로 바꾸어진다는 것이다. 그러므로 대

253) M. Nicol, 위의 책, 128.

254) M. Nicol, 위의 책, 157. 니콜은 덧붙여서 다음과 같이 서술하고 있다. "공공연하게 두 이론의 경우에서 목회상담 대화는 진정한 대화로서 매우 제한적으로 인지될 수 있다는 것이다. 오히려 목회상담이 도대체 대화—이러한 연구에 따라 실제적이고 동료애적인 상호성이 따르는 대화를 의미한다—로서 말할 수 있는가라는 원리적인 질문이 제기된다."

체로 목회상담에서 특별한 대화는 비로소 그리스도교 신앙의 해석의 범주 안에서 그렇게 인식될 수 있다.

계속해서 이야기하자면, 대화에 대한 실존적인 이야기를 가능케 하고 동시에 해석의 범주 안에서 현실을 인식하는 데 도움을 주는 언어가 이러한 인식에 해당된다. 그리스도교 신앙의 언어가 모든 인간의 언어라는 것이 확실하다면 성서적인 언어방법, 그림들 그리고 역사에 대한 분명한 입장은 심리학적인 언어적 요소의 통합을 제외시키지 말아야 한다. 그래서 그 언어는 해결할 수 없는 관계 속에서 언어적, 비언어적 차원을 이해한다.

그럼에도 불구하고 목회적 범주 안에서 대화가 이루어져야만 하고 이러한 관계 속에서 '대화에 관한 대화' 가 의도적으로 이끌어진다면 다음과 같은 필요조건이 언급될 수 있다. "목회상담 대화에서 훈련은 그리스도교 신앙의 언어훈련으로서 대화에 관한 대화에서 이루어진다."[255]

최소한 짧게라도 언급되어야 하는 '목회학적 고찰에서의 대화모델' 은 책의 마지막 부분에 제시되고 있다. 니콜은 여기서 근본적인 신학적 전제로서 하나님 말씀의 실제가 대화 속에서 이루어질 수 있다는 것을 주장하고 있다. 그러나 분명하게 다시금 신학적으로 규정되어야만 하는 경험으로서 말하고 있다.[256]

물론 '다른 사람에 대한 사역' 으로서 목회상담은 항상 다시 쉽고 분명하게 특정한 상황 속에서 그 의미가 있으며 유지되고 있는 '나눔구조' 의 사역이 되어 버린다.[257]

그러나 대화는 이제 최초의 경험이다. 그것은 이야기 형성과 때로는 이야기 문제의 장소가 된다. 그 대화는 거기서 결정적으로 신뢰되었던 이야기와 삶의 경계선에서 이끌리어 지금까지 말하지 않은 상황에 이르게 된다. 그러나 부득이하게 목회상담의 나눔구조에 대한 '대화의 방해' 가 발생한다. 니콜에 의하면 이러한 방해는 오히려 '인지적 목회상담' 으로서 기초가 될 수 있다. 마침내 '인지적 목회상담' 은 네 가지 관점으로 표현된다. 즉, 사건의 실존적인 관여, 해석하는 이야기, 하나님 말씀의 진리의 가치가 나타나

255) M. Nicol, 위의 책, 170. 니콜이 이와 관련하여 병원임상훈련(KSA) 모델에서 다시 시작하여 그것을 수정하여 그의 기본 전제와 목표로 삼은 것은 미리 생각해 놓은 매우 다양한 목회적 요소와 행동양식의 관점에서 통합을 위한 그의 끊임없는 노력을 다시 한 번 분명하게 보여 주는 것이다.

256) M. Nicol, 위의 책, 173 이하.

257) M. Nicol, 위의 책, 179. 그러므로 그것은 다음을 의미한다. "성서적 틀에서 위로적인 격려, 전문적인 치료적 영향력 행사, 병자를 위한 성만찬, 봉사, 참회, 기도와 대부분의 것들을 포함하여 세례식, 혼례식 따위의 특별 예배는 나누어진 목회상담의 수단으로 존재하거나 상황에 따라서 다시 더 강하게 할 수 있다."

도록 하는 것, 그리고 하나님의 진리에 의해 구조화된 관계사건 속에서 자신과 타인을 인식하는 것이다.

다시금 우리의 관계 속에서 이러한 생각과 함께 어떤 논리적 관계를 이끌게 되는가, 그리고 계속해서 지금 회복과 연속성을 가지려는 노력에 대한 전형적이고 구조적으로 주어지는 입장을 어떻게 표현할 것인가라는 질문이 제기된다. 올바르게 이해하면, 니콜은 실존적인 대화 안에서 점점 더 관여할 필요가 있는 진실을 계속해서 털어놓도록 하는 데 목회상담 사역의 목적이 있다고 보고 있다. 거기서 전제가 되는 것은 모든 현실은 개개인이 자신의 독특한 삶의 상황을 만나고 이해하는 것을 경험할 수 있기 위해 진술할 수 있는 해석영역이 필요하다는 것이다. 목회상담으로서 (실존적) 대화는 전제가 된 하나님의 현존에 점차적으로 참여하도록 유도한다. 근본적으로 하나님의 영향을 받아 구원사건과 관여하여 얻게 되는 것은 이 세상에서의 안녕(치유에 대한 관심, 곧 갈등해결)과 직접적으로 일치하지 않는다. 그러나 그것은 실존적인 어려움 속에서, 즉 새로운 빛과 변화된 의미 안에서 그에 상응한 모든 경험으로 나타나게 된다.

요약하면, 목회상담 대화는 지금까지 경험한 모든 현실을 넘어서서 하나님의 진리와 만나는 것이다. 이러한 방향의 진술은 다시금 (철학적 관점의) 사고의 움직임뿐만 아니라 (신학적 관점의) 신앙의 움직임과 일치한다. 그리스도교는 특별한 진리경험과 관련하여 인간 존재에게 일어날 수 있는 특별한 경우가 된다. 대단히 세분화되고 많은 노력이 부가된 방법으로 회복과 연속성에 대한 노력이 주장되고 있다. 목회상담이 위험하게 세속적인 방법과 (인문과학의) 인간 이해로 이동하는 것에 반대하여 목회상담에서 그리스도교 해석영역이 포괄적으로 효력이 발생하도록 하는 것은 중요하다. 목회상담 사역은 인간의 현존을 받아들이고 전제하는 진리를 내면화하는 것을 목표로 해야 한다. 이러한 소망은 마찬가지로 니콜에 의해 이미 언급된 입장을 고려하여 의식적으로 통합적이면서 전통과 관련하여 주장되고 있다.[258]

258) 니콜의 대화이론에 대한 비판적인 논쟁을 위해 같은 주제로 지금의 목회학도 중요한 자극을 전달할 수 있다는 연구논문이 나오게 되었다. E. Hauschildt, *Alltagsseelsorge. Eine sozio-linguistische Analyse des pastoralen Geburtstagsbesuches*, Göttingen, 1996.
하우쉴트는 니콜의 생각의 틀과 의도에 대하여 서술하고 있다(70쪽). "니콜의 연구는 문제의식을 계속해서 강화할 수 있었다. 그러나 그의 조정하려는 시도는 결국 계속 진행되지 않고 있다. 실존적인 차원으로 후퇴함으로써 단순한 통합은 막다른 골목에 와 있다는 것을 보여 주고 있다. 또한 이상적인 대화 속에서 오래전에 알려진 문제가 다시 드러난다. 빠져 나올 수 있는 길은 반대되는 방향에서 찾아야만 할 것이다. 본질적인 대화로 대화를 명백히 하는 것이 아니라 제한되지 않는 상황의 다양함을 인식하

2) 대화에서 목회상담의 기본 구조

이러한 양쪽 목회상담의 입장들은 오늘날 주어진 상황에서 서로 반대되는 생각으로서 좋은 토대가 되었다. 그럼에도 불구하고 양쪽 입장에 나타난 분명히 서로 다른 이유와 목적에서 지배적인 목회적 사고와 행동의 기본 구조를 알 수 있다. 목회상담 사역의 이러한 기본 구조는 이제 제시될 필요가 있다. 그것은 서두(이 책의 24쪽)에 '잠정적' 으로 소개된 일반적인 정의규정에 의해 나타나며, 목회상담은 삶을 극복하기 위해 그리스도교적 행동을 계획하는 것으로 이해될 수 있다. 독일에서의 목회상담의 유형과 역사 그리고 현재 위치에 의해 나타난 과정에 따라 이제 포괄적이면서 집약적인 다섯 가지 목회상담 대화의 기본 구조를 다음과 같이 제시한다.

는 것이 고려되어야 한다." 하우쉴트에게서 목회상담 대화를 위해 완전히 다른 접근이 변화된 계획의 배경을 형성한다.

하우쉴트에게는 우선 면밀한 경험적인 행동양식이 중요하다. 그는 일상대화의 시회언어학적인 분석을 실행하였고 거기서 다양한 사회언어학적인 방법의 도움으로 일상적인 대화를 위한 본보기적인 상황으로서 생일 방문을 연구했다. 인종학적 방법의 '대화분석' 이 우선적으로 사용된다. 그 분석에 대하여 그는 다음과 같이 설명하고 있다(104쪽 이하). "그 대화분석은 일상대화에서 시작한다. 그것은 시종일관 대화의 상호성, 대화 구조와 형태에 집중한다. 그것은 대화의 상황적인 위치를 예상하면서 대화구조를 파악하고 또 독특한 경우를 설명할 수도 있다. 그것은 강하게 습관화된 대화 형태와 마찬가지로 습관화되지 않은 대화 형태에서도 입증된다. 그것은 목회상담이 무엇이 되어야 한다는 것을 결정하지 않지만 어떻게 대화를 통해 일상생활에서 목회상담이 이루어지는지, 어떤 방법으로 상담자와 내담자 양 측면으로부터 대화가 형성되는지를 상세히 설명하기 위한 방법들을 제공한다."

또한 하우쉴트(슐라이어마허에 대한 니콜의 의견과 관련하여)는 대화문화와 목회상담의 대화 인도를 위해 변화된, 문제 제기를 확장한 역사적 접근을 제안한다. 그는 세상적인 것과 종교적 대화공동체 간의 융합을 17세기 슈페너의 활동에 대한 특별한 결과로 받아들이며, 그것으로부터 그의 각 목회학 이론에서의 다양한 강조와 더불어 현대 목회상담 대화 형성이 유래한다고 본다. 그러나 그는 모든 경우에 무엇보다도 일상생활의 신학과 이론을 의무로 생각한다.

언급한 방법을 사용할 때 녹음기록에 의한 생일 목회심방의 대화분석은 그의 책의 두 번째 부분을 이루고 있다. 생일심방 때의 전형적인 행동인 잡담(157쪽 이하)으로 교제가 가능하다. 덧붙여 그는 다음과 같이 설명하고 있다. "잡담의 상호작용 방법의 내용은 특정한 가치신호와 특정한 상호작용 관계 속에서 이루어진다. 잡담의 사회적 기능은 여기서 언어적 내용을 지배한다. 그러나 이 언어적 내용은 간단하게 없어지지 않는다. 그것은 오히려 사회적 기능을 지배하게 된다. 잡담은 주제를 가지고 있다. 잡담을 위해 특히 사회적 관계를 좋게 연결할 수 있는 주제를 선택하게 된다. 그 주제는 논쟁의 여지가 없어야 하며 양쪽에 의해 주제가 결정될 수 있어야 한다. 가장 좋은 것은 거의 누구나 생각할 수 있는 상황에서 가장 안전하고 고전적인 주제를 선택하는 것이다. 예를 들면, 날씨에 관한 이야기 같은 것이다"(175쪽). "잡담은 연대감을 형성한다. 주제에 적합한 정도는 이러한 기능에 좌우된다. 일상적인 상황에서 잡담은 줄거리를 동반하는 대화와 마찬가지로 도움을 제공한다. 본론적인 대화로 넘어가는 것을 쉽게 하거나 이러한 본론적인 대화를 위해 여러 가능성을 제공하기 때문에 잡담은 상호 간의 대화

(1) 목회상담은 구조화된 사역이다

삶을 변화하고 미래가 열린 가능성을 향해 의도된 계획은 두 사람(또는 더 많은 사람) 사이에서 시작되는 대화에서 일어난다.[259] 그것은 모든 대화 참여자에게 항상 분명하게 인식될 수 있고 명명될 수 있는 목적으로 이끌어지는 대화다. 내담자의 현재 상황은 특정한 전제에서 상황에 따른 공동작업을 통해 의도적으로 변화되어야 한다.

이러한 목적하에 목회상담 대화는 이유가 있는 대화로 나타난다. 이러한 이유는 한편으로 내담자의 곤란 또는 갈등 상황에 존재하며, 다른 한편으로는 목회상담자의 임무에 존재한다. 이러한 임무는 늘 하던 대로 상세하게 신학적으로 이해되어 인류학적으로 '받아들여지며' 목회상담 사역으로 바뀌어지는 것이 효과적이다.

새로운 삶의 정립을 위한 목회상담 대화의 이러한 특성은 근본적으로 통상적인 만남

와 심방하게 된 것에 대한 난처한 상황을 쉽게 풀어가게 한다."

세 번째 부분에서 하우쉴트는 목회상담 이론과 실제를 위한 결론을 밝히고 있다. 그는 특히 다음과 같은 질문을 던지고 있다(402쪽). "이러한 사역의 성과는 어떤 종교적 신분을 갖게 되는가? 나의 신학적인 대답은 다음과 같다. 그 결론은 단지 '규정'이라는 개념으로 종교적 전통이 설명하는 간접적인 종교적 신분이다. 우리는 어떤 조건에서 만인 사제직을 펼쳐 나가는지 본다. 그것은 전문적인 자격과 평신도 자격의 차이에 대한 규정을 따르며 우리 모두 관여하는 공동의 평신도 자격에 대한 규정이다." 이러한 규정은 물론 복음과 혼동되어서는 안 된다. 그 이유는 다음과 같다(404쪽). "그것은 신학적으로 모든 것을 잃을 수 있으며 지금 이러한 조건들이 표준적인 규정으로 설명될 수 있다. 즉, 평신도 자격이 학문적인 의미에서 단순히 만인 사제직과 동일시될 수 있다는 것이다. 하나님의 특수성이 그것으로 평준화될 수 있다." 오히려 만인 사제직의 내용이 존재론적인 신분에 적용되지 않고 인식을 돕는 데 활용되어야 한다(404쪽). "……그리스도교인 또는 사람들이 도대체 상호 간 어디서 그리고 어떻게 평신도 자격의 조건에서 목회자로 되는가?" 이러한 질문으로 하우쉴트는 다음과 같은 결론을 내린다(405쪽). "만인 사제직이란 일상생활에서 그리스도교적인 것이 일어나기 위해 주위를 기울이는 것이다."

259) '해방'에 대해서는 이 책의 3쪽 이하를 참조한다. T. Henke, Innovative Seelsorge als Freisetzung der von Gott eröffneten neuen Möglichkeiten, in: ders., *Seelsorge und Lebenswelt, Auf dem Wege zu einer Seelsorgetheorie in Auseinandersetzung mit soziologischen und sozialphilosophischen Lebensweltkonzeptionen*, Würzburg, 1994, 464 이하. 헨케는 특히 다음과 같이 설명하고 있다. "목회상담 과정에서 상담의 참여자들은 아직 살아오지 않은 삶과 놓쳐 버린 기회, 남아 있는 죄책감 그리고 동시에 열려 있지만 아직 펼쳐 보지 못한 가능성과 만나게 된다. 그러므로 목회상담은 하나님에게서 오는 아직 발전할 수 있는 삶의 가능성을 인간의 열린 미래를 위해 선택한다. 거기서 목회상담자들은 혁신적인 변화를 위한 잠재력이 지금까지 실현하지 못한 삶의 가능성으로서 인간에게 있다는 것에서 출발한다. 한편으로 목회상담자들은 삶의 가능성이 마지막으로 아직 이행되지 않았다는 것을 인식한다. 그러므로 그들은 하나님에게서 미래를 기대하며 자신의 목회상담 사역을 희망에 근거하여 사역하는 삶의 자유를 영원히 실현하는 선취로 이해한다"(466쪽).

이러한 가정에서 헨케에 의한 목회상담 사역은 실천적인 의미에서 신앙의 관점으로부터 개인의 삶의 이야기를 재구성하는 것이다.

에 의해 이루어지는 신뢰로 결정된다.

첫째, 그것은 다음을 의미한다. 상호 간의 신뢰는 단순하게 이루어지는 것은 아니며 의지행위로 될 수 없다. 그것은 오히려 투사된 (자기) 오해가 만남을 통해 해결되면서 점차적으로 형성되는 것이다. 그러므로 신뢰는 인간적인 접근을 특성으로 하는 목적을 가지고 있다.

둘째, 대화 상대자는 다른 대화 상대자가 자신의 언어로 이해할 수 있도록 마음속을 털어놓지만(더불어 같은 인간으로서 접근하지만), 그를 배반하지 않는다고(더불어 결점이 있다고) 믿는다.

셋째, 대화에 관한 사례보고(예: 목회상담학 수업 중의 상담사례, 기억에 대한 보고의 논의를 하는 경우)는 내담자와 목회상담자의 사생활권을 절대적으로 유지해야 하며 그들의 사생활과 동일시하지 말아야 한다.

목회상담 대화의 과정은 우연히 일어나는 것도 아니며 그렇다고 의도적인 것도 아니다. 목회상담 대화는 절대적으로 자유롭고 표현과 생각이 다양한 열린 형태(보고와 논쟁에 대한 질문에서부터 대답과 고통에 이르기까지)임에도 불구하고 과정이 요구되는 구조가 있다. 그것은 시작단계와는 구별되어야 하는 결말단계가 존재한다. 그런 이유로 대화로서 목회상담적인 만남이 이루어지기를 노력해야 한다. 그러나 특별한 상황에서 한 번의 대화가 성립되어 도움이 될 수 있다. 그러나 변화를 위해, 문제 극복을 위해 그렇게 성립된 동기는 내담자에 의해서 내면적인 이해과정으로 옮겨져야 한다. 반대로 대화는 과정을 수반하는 기회를 제공하며 그와 함께 행동을 교정하는 제안을 근본적으로 생각할 뿐만 아니라 반복적으로 다양한 (경험)상황을 이루게 되는 기회를 제공한다.

목회상담적인 대화사건은 항상 거기에 참여한 모두를 껴안으며 지속적으로 작용하여 인상을 남긴다. 동등한 권리의 상호성 안에서의 협력관계가 전제될 수 있는 만남의 기초는 아니다. 그것은 오히려 다시금 도달할 필요가 있는 관계특성이다. 사회적으로 전해지고 생물학적으로 고정된 역할 이해(내담자와 상담자 간의 '자연스러운' 역할분담으로)에서 출발할 수 있다. 그러므로 일반적으로 무엇보다도 매우 특정한 기대행동과 반응형성이 작용한다. 이러한 것들은 그 당시 경험된 교육적인 상황들을 다시 가동시켜 자동으로 목회상담적인 대화로 옮겨가게 된다. 그러므로 익숙하면서도 기대되는 교육적인 방법의 목회상담적인 대결로의 점차적인 이동은 만남 자체의 중요한 부분이 된다. 다른 말로 말하면, 상처 없이 상담자와 내담자 사이에서 일어나는 경향과 함께 성과를 '거두며' 역할분담이 이루어질 수 있다는 것을 여기서 함께 배우고 경험해야 한다. 그러나 현실적이고 효과적인 협력관계는 처음부터 수용하거나 결정하도록 하는 것은 아니다. 그것은 오히려 항상 다시 그리고 항상 새롭게 결정되어야 할 것이다. 바로 이러한 과정에서 실례로 목회상담 대화가 필연적으로 지금까지 살아오지 않았고 현실화하지 않은 가능성을 점차적으로 정립하도록 돕는 것이며, 반대로 이러한 정립이 구조화된 목회상담 대화에 달려 있다는 것이 분명해질 수 있다.

(2) 목회상담은 포괄적으로 해석하는 사역이다

목회상담 대화에서 삶을 극복하기 위한 행동은 불가분한 것이기 때문에 의미 없는 것은 어떠한 것도 없다. 그러므로 대화과정에서 말해진 것이나 일어난 모든 것은 의미가 부여될 권리가 있다. 그것은 모든 인지를 불러일으켜 의미를 부여할 때 나타난다. 거기서 목회상담사의 특별한 관심을 목회상담 대화에서 일반적으로 이미 알려져도 항상 다시 특별히 알려 주어야 한다. 여기서 모든 삶의 문제들을 그리스도교 신앙 관점에서 들어야 하며 그러한 관점에서 말해야 한다.

더불어 대화사건은 다음과 같은 원칙하에 있다. 즉, 인간의 모든 부분과 함께 인간의 삶은 그리스도 안에서 하나님에 의해 창조되고 긍정적으로 받아들여지며 동행되는 존재다. 목회상담 대화에서 경험되고 다루어지는 것은 항상 이러한 관점에서 이루어지는 것이다.

문제가 되면서도 포기할 수 없는 인간의 전인성에 대한 말은 이와 같은 상황에서 존재론적인 범주와는 큰 연관이 없다. 목회학적인 관점에서 전인성이란 오히려 완전히 실제적인 것을 의미한다. 그렇게 완강하고 끈기 있게 인간(그리고 내담자)은 자신이 세계관을 중요하거나 중요하지 않은 사건 또는 판단으로 나누는 경향이 있다. 목회상담 대화에서 그러한 대도는 어쨌든 '일반적으로' 보여진다.

이러한 근거에서 표면적으로 일상적인 경험과 이야기를 하면서 '문제의 핵심' 또는 기본적인(실존적인) 관계의 요소들을 쉽게 접근할 수 있다. 이것은 '관심'으로 이루어지며, 마침내 '언어로 말하게끔' 할 수 있다.

'호감이 가도록'(즉, 목회상담자의 인격에 걸맞게) 훈련받는 것과 직관적으로 얻은 경험지식에 대한 활용은 (내담자를 위해 글자대로 '정보 제공이 풍부한') 대화 인도의 기술로 연결된다.

대화과정에서 논쟁이 집중적으로 발생할수록, 일상적인 외곽경험이 특정적인 문제영역에 더 집중될수록 약간 덜 간접적이며, 목회상담 관점이 그만큼 더 정면으로 지금까지 문제가 많은 내담자의 인생관과 만나는 것이다. 이러한 대화사건에서 바로 목회상담자 관점의 사역에서 '선교적인 기회'가 중요한 것이 아니라는 것이 구체적으로 입증되어야 한다. 오히려 서로 완전히 다르고 낯설다는 것과 함께 다양한 사람들과의 만남이 지속적으로 중요하다. 다르다는 것은 개인적인 미세한 차이에서 개인적인 종교비판이 포함되고 이해될 수 있다는 것을 의미한다. 이러한 지속적인 차이를 넘어서 (가능한) 동일한 신앙 입장만이 연결되어 작용하는 것은 아니다. 종합적으로 무엇보다도 각각 독특한 (신앙) 관점과의 관계 속에서 유사한 유연성이 작용한다. 이러한 것을 추구하는 것과 서로 이러한 유연성을 얻으려는 것은 목회상담 대화에서 포기할 수 없는 중간단계에 해당한다.

개인의 전인적인 경험에서 의미변화와 필연적으로 연관된 모든 의도된 변화는 마침내 입장과 신념의 이러한 발전된 유연한 관계에서 지도된다. 그것은 한편으로는 두려움이나 어려움에서, 다른 한편으로는 공감에 의해서 그 입장들을 무비판적으로 단순히 동조하지 않고 목회상담 대화에서 분명한 신분으로 지속적으로 작용하고 신중하게 만들어진 관계다.

(3) 목회상담은 신앙과 관련된 사역이다

목회상담 대화는 근본적으로 일반적인 그리스도교 인생관에 대하여 단순히 알리는 것을 넘어서서 노출된 논쟁을 개인적인 신앙문제와 연결 지을 때 이루어진다. 그래서 오직 일반적인 태도가 그때마다 '가장 깊은 곳에서' 효과 있게 '그리스도교적인 태도'로 나타난다.

그것은 개별적으로 무엇을 의미하는가? 일반적으로 이해되고 그들의 윤곽 속에서 대부분 알려진 그리스도교 삶의 인도는 상대적으로 중재하게 되거나 경우에 따라서 반대의견에 부딪히기 쉽다. 이러한 관점에서 그것은 현저하게 조직신학적이고 인류학적인 고찰이 필요하다. 그렇기 때문에 적절한 설명 속에서 압도적으로 인식적으로 토론되고 논쟁될 수 있다. 그런 다음 신앙문제를 고려해서 이러한 논쟁을 개방하고 확대하는 것은 물론 계속적인 과정이다. 그 과정은 중요하면서도 어렵다.

이러한 과정은 '가장 내면적인 생각', 즉 삶을 구조화한 상태가 신앙문제와 일맥상통하기 때문에 어렵다. 그러나 그 생각은 이성적인 이유(그리고 보호막) 속에서 높은 감정적인 감성으로 자리 잡는다. 거기서 명백한 이유는 그러한 '확실히 확신하고 있는 것'에 해당한다. 그러므로 목회상담 대화는 보다 상세하게 주목해 볼 때 신앙문제와 함께 개인의 가장 감정적인 영역에 접근하는 것이다. 그것은 상호 간의 공간에서 그 영역을 전달하는 것이다. 사실 이것은 매우 힘든 일이다.

이러한 과정은 결국 그 과정의 도움으로 우리의 이해에 따라 목회상담의 본래적인 목적에 실제적으로 접근할 수 있기 때문에 중요하다. 즉, 그것은 삶을 극복하기 위해 그리스도교적인 태도를 표출하는 것이다. 우리가 삶을 극복하는 것을 전제로 생물학적인 의존 속에서 개인이 감수할 수 있는 생애에 한 번, 즉 바꿀 수 없는 동일한 과정을 이해한다면 목회상담에서 결론에 도달하게 된다. 결정적인 부분에서 사적이면서 개인적으로 '그가 살아온' 기초적인 증언이 중요하게 여겨진다. 그러므로 새로운 삶의 극복방식이 실제로 전인적인 인간과 만나야 한다면 신앙에 대한 질문이 제기되어야 한다.

거기서 목회상담자는 물론 더 나아가 결론에 대하여 분명히 해야 한다. 이러한(서로 협력적이면서 동반자적인) 관계 속에서 신앙에 대한 질문을 한다는 것은 (개인적이고 낯선) 고백을 요구하거나 유도하는 것을 의미한다. 신앙고백이 '이루어져야 한다면' 그것을 위해 효과적인 상황이 조성될 필요가 있다. 그것은 정체성을 확립하는, 즉 상처받을 수 있으면서도 바꿀 수 없는 유일한 개인 '자의식'의 기본 요소로서 두려움으로부터 자유로운 장이 필요하다. 두려움 없는 그러한 내적인 공간만이 부끄러움, 의심, 또는 완전히 인도되거나 자기 과제라는 느낌을 갖지 않고 가장 개인적인 이야기가 허용된다. 내담자의 당혹스러움 정도를 고려할 수 있고 생각할 수 있는 상담자의 지탱이 '이야기 찾기'에 도움을 주어 내담자에게 '고백하도록' 용기를 갖게 한다. 목회상담 대화는 그러한 고백상황을 만들어 가는 것을 목표로 한다

마침내 이러한 상황의 틀에서 우리의 이해에 따라 목회상담의 본질적인 특성을 찾아볼 수 있다. 즉, 그것은 개인의 특성에 따른 신앙의 능력이다. 이러한 정의와 과제와 더불어 다음을 생각해 볼 수 있다.

첫째, 이러한 상황에서 개인에게 개인 특성에 따른 신앙의 능력은 마음의 짐을 덜어 주는 작용을 의미한다. 즉, '가장 깊은 곳에서' 마음을 움직이는 것을 말할 수 있다. '인간'은 '올바르게' 그리고 '다른 사람들' 처럼 믿지 않기 때문에, 그래서 아마도 '본래' 전혀 필요로 하지 않는 것을 두려워해야만 하기 때문에 목회상담 대화에서 그리스도교 신앙이 일반적인 생각이나 입장과 대등하게 취급되어야 할 뿐만 아니라 점차 형태를 드러내야 하는 것을 경험한다.

계속해서 인간은 목회상담 대화에서 개인 특성에 따른 신앙적인 삶의 방법을 묻고, 그 밖의 개인의 행동구조로 파고 들어가는 것을 이해하고, 살아오면서 각인된 하나님 형상에 대한 틀을 깨닫고 정당하게 '받아들일' 필요가 있다는 것을 경험한다. 그는 신앙의 역할을 '경험' 에서 인지할 수 있고 다소 갈등이 많은 삶의 자리와 관련시킬 수 있다.

둘째, 개인 특성에 따른 신앙의 능력은 감정적인 상태를 전할 수 있기를 바라고 상호 간의 전달에 의해 계속해서 항상 마음을 털어놓고 싶어 하는 확대된 의사소통 형태에 대한 도전을 의미한다. 그러므로 그것은 신앙 안에서 개인적으로 두드러진 경험의 형태와 목회상담 대화에서 그것과 연관된 개인 특성에 따른 효력 있는 고백의 훈련이 길어져서 의사소통을 더 풍성하게 만드는 데 달렸다. 상호 동등한 권리 속에서 상담자와 내담자의 동반자적 관계는 여기서 근본적이고 결정적으로 확인하려는 시험을 극복할 수 있다. 즉, 신앙체험이 개인적으로 대화 상대자를 만나는 것과 같이, 한 대화 상대자는 자신을 표현하고 말을 하면서 비슷한 호소를 하려는 다른 대화 상대자를 만난다. 그러므로 고백은 저쪽 편에서 보편타당한 형태로 호소될 수 있고 관계를 형성하게 할 수 있다. 그 고백들은 서로에게 구조적으로 긍정적이면서 비판적으로 영향을 끼친다.

물론 거기서 다음과 같은 사실을 분명히 해야 한다. 이러한 친밀한 목회상담 행위는 절대로 개인주의적인 친밀로 되어서는 안 되며 상담자와 내담자 모두에게 포기할 수 없는 공동체 관계를 방해해서도 안 된다. '신앙인들의 공동체' 로서, 영적으로 효과 있는 목회상담을 가능케 하는 '배경' 으로서 교회는 여기서 주장하고 있는 이해에 따라 물론 경험의 유사점에 비중을 두지 않고 성립된다. 이러한 교회주의는 오히려 같은 그리스도교 신앙 안에서 가능한 다양하게 발견할 수 있는 것을 서로 이해하는 것이다.

성령 안에서 영향력을 행사하는 다양한 은사에 관한 바울서(고전12:4 아래)는 특별한 방법으로 깊이 생각하게 한다. 그것은 그리스도교인 개개인의 다양한 행위의 기능뿐만 아니라 이미 다양한 경험의 선례와 구조적으로 조건화된 인생관을 한 그리스도인이 다른 그리스도인을 도울 수 있는(즉, 비판적 또는 보상적으로 만날 수 있는) 하나님의 특별한 은사로 설명하고 있다.

셋째, 개인 특성에 따른 신앙의 능력은 목회상담 대화를 위해 오늘날 포기할 수 없는 해결과정의 지속적인 기록을 의미한다. 신학 또는 목회학, 인문학 또는 심리학의 관계규정은 삶에서의 구체적인 장과 자리가 있다. 거기서 다음과 같은 것이 중요하다. 신학적인 가설의 반성 없이 그리스도교 신앙을 위한 신앙고백의 능력은 생기지 않는다. 인문학적인 가설의 반성 없이 개인 특성에 따른 신앙경험의 틀은 이해하기 힘든 채로 남는다.

이러한 상황에서 개인 특성에 따른 신앙은 곧바로 신학적인 관점과 인문학적 관점의 조화로운 상호성(또는 혼란)을 표현하지 않는다. 오히려 다양한 (세계관적인) 의미와 더불어 다양한 관점들 사이에서 생기는 기본적인 긴장이 일생 동안 동반된 개인 특성에 따른 신앙고백의 역동성 안에서 사라진다. 항상 새롭게, 그리고 다시금 고백이 '비인간적으로' 확고해지면서 관념 형태로 변할 염려가 있다. 이러한 위험성은 인문과학의 비판(그리고 경우에 따라서 자기비판)과 만나야 한다. 항상 다시, 새롭게 고백이 사라져서 책임을 지지 않고 아무런 기능을 하지 못하게 될 위험성이 있다. 이러한 위험성은 신학적인 비판(그리고 필요한 경우 자기비판)과 만나야 한다.

그렇게 볼 때 목회상담 대화에서 목회학과 심리학의 올바른 연합을 위한 이론적인 논쟁들은 계산성으로 고집하는 것이 아니라 항상 스스로 개혁하는 이론 형성을 위해 본질적인 관계가 될 수 있는 경험을 하게 된다.

넷째, 개인 특성에 따른 신앙의 능력은 목표를 갖고 전달되는 위로의 근거를 의미한다. 그리스도교적인 차원에서 극복하는 힘을 발휘하는 것은 하나님의 은혜롭고 조건 없는 관심에 대한 복음의 위로적인 말씀을 제외시키는 것이 아니라 '매우 일반적으로' 경험 가능한 신앙의 근거로서 그 말씀을 전제로 한다. 계속해서 개인 특성에 따른 신앙이 화제가 될수록 오히려 개인적인 위로의 경험을 하나님이 원하시는 위로의 사건에 원리적으로 참여하는 것으로부터 끌어내는 것이 목회상담적으로 성공할 수 있다. 이것은 특별한 사람으로서의 나를 특별하게(즉, 특별한 방법으로, 더불어 특별히 집중적으로) 만나며, 나의 상황에서 고통을 참고 갈등을 극복하는 사람으로서의 나에게 어쨌든 존재를 긍정하는 확신을 부여하는 위로의 체험이다.

궁극적으로 여기에 사고의 과정이 필요한 것으로 보인다. 어떻든 신앙에 대한 질문을 한다는 것은 목회상담자의 능력에 해당될 수 있다. 물론 목회상담 대화가 그러한 형태로 이루어지기 위해 이러한 질문이 모든 대화에서 제기되어야 하거나, 반대로 전혀 연결이 되지 않게 해서는 안 된다. 그러나 이러한 대화 또는 대화과정을 위해 좋게 말하자면 신앙에 관한 질문을 유도하는 하나의 '분위기'를 구성하는 것이다. 이런 분위기는 대화에서 목회상담자의 태도를 통해 촉진되거나 저지된다.

(4) 목회상담은 삶을 형성하는 사역이다

목회상담 대화에서 신앙에 관한 질문과 그에 의해 따라오는 인간의 태도 간의 관계가 형성될 수 있다. 오직 그렇게 해서 삶의 극복이 구체적으로 실행될 수 있다. 어떤 방법으로 어떻게 반복해서 몸에 익숙해진 태도와 습관에서 벗어나게 할 수 있을 것인지, 또는 그러한 태도와 습관과 반대로 (삶의) 운명처럼 인도되는 대로 있어야만 하는지가 실제적으로 중요하다. 목회상담자는 그런 까닭에 내담자의 열린 태도 문제에 대한 사소한 반응이 가능해지고, 다만 문제의 '감정적인' 평가를 상대화할 수 있을 정도로 점차적으로 근본적인 윤리적인 질문과 우리 시대의 윤리적인 문제 제기에 숙달된다.

목회상담 대화는 이러한 영역에서 매우 특정한 과제가 요구된다. 그것은 일반적으로 갈등 속에서 '몹시 억압받고 있는' 태도의 문제성을 구체적으로 표현하도록 도와야 한다. 그것은 실제적으로 다음과 같은 것을 의미한다. 삶의 모습이라는 주제에 해당하는 인간의 죄와 하나님의 용서에 관한 모든 성서 말씀을 목회상담에서 실제적으로 활용하는 경우에 바로 영향을 미칠 수 있다. 내담자 측면에서 내담자에 의해 스스로 도덕적으로 평가된 태도의 반복이 이러한 의미와 연결되지 않았다면 항상(처음에) 죄에 대하여 말할 수 있다. 단지 이러한 전제에서 징벌로 인한 두려움 때문에 태도가 변화되지는 않는다. 태도변화는 오히려 통찰에 의해, 하나님이 원하시는 일치된 행위에 대한 동경의 감동으로, 그리고 본래의 인격으로 가능하다.[260]

더 나아가 죄와 용서에 대한 이야기가 앞으로 좀 더 나은 관계 형성을 위한 책임의 관점으로 경험하고 이해할 수 있다면 목회상담 대화에서 죄에 대하여 항상 (먼저) 이야기될 수 있다. 그렇게 죄의 용서에 대한 말은 상응하는 노력에 실제적인 자극을 준다.[261]

목회상담 대화에서 중요한 각성과정의 준비는 하나하나 축적되어 그에 따른 구체적 표현내용과 연결된다. 좋은 의도와 신실한 신앙에 의해 모든 것을 변하게 할 수 있다는 소망은 어쨌든 결국 모든 것이 하나님 또는 운명과 관계되어 결정되기 때문에 아무것도 바꾸지 말아야 한다는 생각처럼 똑같이 '실망될 수 있다.'

그럼에도 불구하고 복음에 의해 말해지고 신앙에서 수용된 '하나님의 도움'을 목회상담 대화에서 모든 태도와 삶의 변화를 위해 진정시키는 요인으로 받아들여서는 안 된다. 이러한 가능한 '하나님의 도움'은 오히려 기도를 위한 자극으로서 의미가 있다. 인간적인 태도가 '다르게' 인도된다면 거기서 기도는 확실히 (아직 그렇게 두려움에 차여 간절히 내놓기는 하더라도) 직접적인 '하나님의 인도'로 이해되지 않는다. 기도(어려움 앞에

260) 계속해서 요구와 관련된 직·간접적인 '죄에 대한 언급'은 이 책의 388쪽과 각주 79를 참조한다.
261) 죄와 용서 문제에 관한 자세한 내용은 이 책의 404쪽 이하를 참조한다.

서 또는 권할 때)는 여기서 오히려 하나님에 대한 신뢰가 일반적이고 상황적으로 실현되는 것으로 이해된다.

어쨌든 이러한 입장에서 다음과 같은 결론을 내릴 수 있다. 인간이 그의 삶의 자리를 만들어 갈 수 있는지, 그렇다면 어떻게 형성해 갈 수 있는지에 대한 질문은 (개인 특성에 따른) 신앙관에 관한 질문과 직접적인 관계가 있다. 상응하는 통찰을 중재하는 것이 목회상담 대화의 중요한 과제다.

(5) 목회상담은 해방적인 사건이다

목회상담 대화에서는 모든 목회상담의 도움이 철지하게 자립(selbsthilfe)을 위한 도움이 되도록 하는 것을 목표로 한다. 그래서 삶의 극복을 위한 그리스도교적인 태도의 표출은 개인의 실제적인 자립과 일치한다. 이러한 관계 속에서 무엇보다도 중요한 것은 이해하면서도 논쟁과정을 오랫동안 방해하는 잘못된 기대에 대한 저지가 필요하다는 것이다. 그것은 어렵고 고통스러운 삶의 상황이 목회상담자에 의해 치유될 수 있다는 (직접적 또는 간접적으로 표현된) 잘못된 기대다. 그러므로 수동적인 기대태도 대신에 내담자 스스로 자신과의 새롭고 능동적인 교제가 들어설 수 있다는 것을 목회상담 대화에서 단계마다 항상 새롭게 기억해야 한다. '위로가 부재한' 상황이나 점차적으로 육체적, 정신적, 영적으로 약한 상태가 목회상담자의 단절되지 않은 도움의 관심을 우선적으로 요청하지 않는다면 이러한 자신과의 변화된 교제는 항상 기대로 바꾸어질 수 있다.

이런 요구와의 관계 속에서 공연히 목회상담적인 자립을 위한 도움이 문제가 되는 것은 아니다. 즉, 내담자가 자신의 힘과 삶의 여력으로(점점 그리고 오랜 시간 동안) 자립적인 경험을 할 수 있도록 하기 위해 먼저 그의 (개인 특성에 따른) 믿음의 잠재력을 발견하고 활성화하게 하는 것이 중요하다.

어깨가 무거운 상황이나 (삶의) 갈등이 이러한 방법으로 곧바로 중단되지 않으며 아픔에서 곧바로 자유로워지는 경험의 세계로 이끌어지지 않는다. 그러한 상황들을 다른 관점에서 바라보게 되며 '새로운 시야'와 만나게 되어 지금 시작할 수 있도록 변화되는 것이다. 모든 것은 동반자적인 목회상담 대화에서 당연히 목회상담자 측에서의 지속적인 암시와 영향력이 필요하다. 이러한 암시는 특히 다음과 같은 관점에서 만날 수 있다.

첫째, 극복해야 하는 모든 현실은 어쨌든 우리 시대의 현실이다. 그 현실 속에서 오늘날 주어진 상황은 '시대정신' 속에 반영된다. (어떤 징조하에 항상) 이러한 '시대정신'을 표현하는 그 시대의 철학이 그 시대의 정신에 상응함으로써, 그 철학은 어쨌든 우리 시대에 단지 눈으로 보기에 당연한 삶의 기술을 반대하거나 개인의 태도를 결정하는 시대의 유행과 반대되어 틈의 움직임(Distanzbewegung)을 가능케 한다. 목회상담자는 (현재의) 현실에 대하여 개념화한 철학적 사고와 의미를 쉽게 할수록 내담자에게 어떤 시대 상황과 사회적 구성요소가 개인적인 갈등을 형성하게 할 수 있는지에 대하여 좀 더 구체적으로 다가갈 수 있다. 그러므로 목회상담 대화에서 개인의 현실 극복을 위해 현재 시국의 사색적이고 철학적인 극복을 위해 참여한 사람을 확실하게 교육하는 것이 현실에 적합한 과제를 수립하고 목표를 설정하는 데 중요한 구성요소가 될 수 있다.

둘째, 가능한 삶과 현실 극복에 대한 질문과 관련해서 항상 사회 또는 교회 안으로 가능한 묶어 줄 수 있는 질문이 제기될 수 있다는 것이 목회상담 대화에서 실현되는 것이다. 다시 강조하건대, 경우에 따라서 무엇보다도 잘못된 기대는 지양되어야 한다. '목회상담적인 자립을 위한 도움' 이란 전적으로 성장하는 믿음의 강도에 따라 하나님과 자신을 의지할 뿐만 아니라 개인적인 '삶의 투쟁' 을 외롭게 혼자서 이겨낼 수 있고 이겨내야 한다는 생각이다.

거기서 포기할 수 없는 것으로 묘사된 대화상황이 '자기 대화' 로 황폐해지는 것(그리고 마침내 거대한 상상으로 연결되는 것)을 목회상담 대화에서 문제점으로 보지 말아야 한다. 그것은 오히려 위탁과 연관될 수 있다. 그것은 '자신의 일 가운데 있는 목회상담자' 로서, 요구된 삶의 극복을 위해 상징공동체로 나서는 교회 회중과의 관계를 돌보는(또는 교회 회중에게 마음을 털어놓게 하는) (외적인 것보다 내적인) 위탁된 일이다. '상징공동체' 라는 의미는 '개인 특성에 따른 신앙' 과 그것을 통해 표현된 신앙태도와 신앙활동은 (그리스도교) 상징구조 속에 있는 공동체에 의지하고 있다.[262] 상징구조란 신앙생활의 모든 개인적인 방법에서 공통적이고 그 공통성 안에서 연결된 신앙고백으로 압축되며 그 신앙고백 안에서 표현되는 것이다.

그러므로 자신의 인격과 문제점에 직면한 목회상담 사역은 항상 다시 포기할 수 없는 종교개혁자의 의미에서의 '형제자매애적인 목회상담(per mutuum colloquium et consolationem fratrum)' 을 암시한다.[263] 그것은 개인의 모든 개별화와는 반대로 '외부에

---

262) 상징 의미에 대해서는 이 책『슬픔을 당한 사람을 위한 목회상담(*Seelsorge an Trauernden*)』490쪽 이하를 참조한다.

263) Jürgen Henkys, *Seelsorge und Bruderschsft*, Stuttgart, 1970. 헨키스는 루터의 말 '상호 간의 대화와 형제자매적인 위로(per mutuum coloquiom et consolationem fratrum)' 를 인용하여 원래의 의미를 되살

의한' 위로와 비판적인 안목을 맡아 하는 '형제자매애에 의한 목회상담'과 엮어지는 것이다.

그때 개개인에게 생각할 목적으로 목회상담 대화에서 현재 교회 회중의 삶에 관여하는 것이 이해되는지, 어떤 틀로 이해될 수 있는지는 확실히 외적인 사실과 그때마다의 선험과 관점요인[264]에 달려 있다. 또한 확실한 것은 여느 때와 마찬가지로 개별적으로 형성된 그리스도교적인 상징공동체에의 참여는 목회상담 사역에서 결국 시대적 흐름에 의한 자주적인 요구다.

셋째, 목회상담 대화의 과정 속에서 시대적으로 매우 구체적인 영적 훈련 없이 자신의 신앙 기초에 의한 분별에 따른 그 어떠한 삶의 극복도 이루어질 수 없다는 통찰력이 있어야 한다. 그중에 하나는 매일의 삶 형태의 안목으로서 영적 분별력이고, 다른 하나는 같은 신앙고백을 한 '형제자매'와의 연합이다. 여기서 발전된 공식에 맞추어 '그리스도교적인 신앙공동체 없이는 그리스도교 신앙은 존재하지 않는다.'고 한다면 이러한 공동체로부터 개별적으로 개인주의와 관련하여 다소 많은 노력이 필요한 포기할 수 있는 능력과 구속력을 요청하는 요구들이 나온다. 그것과 연관된 중요한 내적, 외적 훈련을 다시금 태도로 단순하게 생각할 수 없다. 그것은 오히려 구체적인 동기와 사실과 관련하여 이해되어야 하며 융통성 있는 방법으로 훈련되어야 한다.

이러한 의미에서 공동체 또는 회중이 자신의 위치에서 '교회훈련'과 관련된 모든 대책을 포기한다면 그 공동체는 스스로 쉽게 도달할 수 있지만 연결성이 없어 마침내 소용없는 기구가 되어 버린다. 공동체 직무에서의 그러한 훈련은 물론 모임의 규정이 기구 유지를 위해 있는 것과 같은 고정된 모임의 규정과는 항상 다시금 새롭게 구별되어야 한다. 목회상담 대화는 이러한 구별을 위해 식삼력을 발달시키는 기회를 주어야 할 것이다

지금의 목회상담에서 분명한 것은 동등한 입장에 있는 상담자와 내담자 간의 대화가 중요하다는 것이다. 물론 어떻게 이 대화를 구조화하고 이끌어야 하는지, 대화에서 어떤 요소들이 포기될 수 없는 것으로 여겨지는지, 그리고 무엇보다도 어떤 목표를 지향할 것인지는 그때그때의 목회학적 입장에서 나오는 질문이다. 오랜 사전 준비 작업에

려 현대에 적용하고 있다. 그는 종종 새로운 목회상담 문헌에 인용된 말을 이해할 때 어떻게 토론되어야 할 것인지 주위를 기울이고 있다. 사고의 과정을 위해 무엇보다도 '요약'(37쪽 이하)이 중요하다. 이 상담방법에서는 대화뿐만 아니라 위로의 상호성이 특별히 강조된다.

264) 더불어 이 책의 46쪽 이하를 참조한다.

의해 이러한 질문들은 지금 수용할 가치가 있다. 그것은 자주적으로 책임감을 가지고 자신의 인격과 일치한 목회상담 대화를 인도하기 위한 전제조건이다.

그것은 당연히 계속적인 정보에 대한 노력과 끊임없는 배움의 과정 그리고 가능한 많은 경험을 필요로 한다.

목회학적인 입장에서 현대 양심의 구조를 주로 다루는 다음 절에서 계속적인 생각과 공감의 동기를 제공하고자 한다.

4. 목회상담의 윤리적 구조

갈등 많은 인간이 목회상담에 의해 그의 현재(동시대의) 경험방법과 같은 (시간을 초월한) 존재양식으로, 또는 그에 따른 존재로 근본적으로 도달되어야 한다. 그러나 그것은 목회상담 상황에서 현재 효과 있는 (그 시대에 지배적인) 양심구조와 그것의 경험적인 배후관계를 참조할 능력을 필요로 한다.[265]

1) 양심에 의한 행동조정

오늘날 목회상담이 무엇을 의미하는지 정의 내릴 때는 인간의 내외적인(실제) 다루기가 내포된 포괄적으로 이해된 행동 개념에 근거를 두었다.[266] 개인에게 다소 충분히 영

265) V. Boge, *Ethische Antinomik. Das Leben bleibt widersprülich*, Hannover, 1990, 34 이하. 보게는 그의 연구논문에서 '새로운 윤리적 형태'에 대하여 말하고 있다. 그는 '지금까지의 윤리의 절대성'을 비판적으로 접하려고 하는 그의 출발점에 대해서 다음과 같이 서술하고 있다. "근본적이고 특별히 중요한 것은 거기서 모든 윤리적 가치의 본래적인 모순으로 다가간다. 그것은 항상 모든 윤리적 가치 안에서 없애지 못하고 함유되어 있으며 관습적인 결정과 행위를 위해 우선적으로 내세우게 된다. 그것은 모든 윤리적 신념과 모든 관습적 행위의 조건(conditio sine qua non)이다. 그러한 중요성을 심사숙고하지 않으면 윤리는 현실과 부딪히게 된다.

266) '표본 다루기(Probehandeln)'란 말은 프로이트에 의해 사용된 말이다. 그는(예: "Formulierungen über die zwei Prinzipien des psychischer Geschehens", *GW VIII*, 329 이하에서) 성장하고 있는 개인의 사고의 능력을 이러한 표현으로 나타내며 그것과 더불어 사고의 기능을 정신역동적인 관점에서 결정한다.

향력 있고 성과 있는 사역은 (우선 일상생활의 '갈등' 상황에서 나타나는 다양한 가능성 사이에서의) 결단에 의해 결정된다. 그렇게 불가피하고 중요한 결단은 상황적인 삶의 상황에 대한 (다소간 고정되거나 특정적인) 반응으로 받아들여지게 될 수 있다. 그러나 그 반응은 갑자기 문제가 심각하게 경험될 수 있으며 '공개된 갈등' 을 일으킬 수 있다.

'습관적' 이고 '전형적' 인 태도방법에 대한 단순한 상황 파악이 더 이상 방향설정을 위해 충분하지 않으면 그 '공개된 갈등' 은 갈등을 만난 자에게 다시 계속적인 행동으로 전달하는 신념과 그 결과에 대한 질문을 활성화시킨다. 그렇게 되면 책임과 신앙 문제를 포함하면서 특정한 상황에서 행동을 조정하는 양심을 활용하여 신념을 다루게 된다. 갈등이 많은 삶의 상황을 목회상담적으로 접근할 경우 동시에 모든 목회상담의 윤리적인 구조가 중요하다.[267)]

이러한 상황과 방법에서 양심의 역할이 명백히 제시되고 강조된다면 그 개념의 이해와 활용은 물론 매우 정확하게 규정되어야 한다. 그렇지 않으면 오해로 빠지게 될 것이 분명하다. 그럼에도 불구하고 신학적으로 보면 목회상담 사역이 다소 미묘하게 이행되어야 하는 도덕적인 요청이 중요한 것은 아니다. 에벨링(G. Ebeling)은 그것을 매우 분명히 하고 있다. 그는 마르틴 루터에게서 바르게 이해된 양심의 핵심적인 의미를 계속해서 인용하면서 도덕적으로 넘어선 양심이 어떠한 경우에서도 직접적으로 '하나님의 소리' 와 동일시될 수 없다는 것을 강조한다. 갈등의 경우 단지 적용될 가능성이 있는 개별적인 훈계가 하나님의 소리에 근거할 가능성은 적다. 오히려 '모든 인간' 은 밑바닥에 깔린 관계 개념으로부터 항상 그때그때 자신의 세상 속에서 호소하고 있다.

그렇기 때문에 에벨링은 다음과 같이 서술하고 있다. "세상이 나누어질 수 없다면 양심 개념에 의해 하나님과 인간은 신정으로 관계가 형성된다. 엄격한 의미에서 양심과 관련하여 그리고 그것과 함께 하나님에 대한 관계와 똑같이 인간 존재에 대한 관계 속에서 세상에 대하여 말할 수 있다. 그렇다면 양심은 인간과 하나님 그리고 세상이 상호

무엇보다도 이에 대하여 다음을 참조하시오. E. Herms, Die ethische Sturuktur der Seelsorge, *PTh* (80) 1991/1; ders., *Seelsorge und Ethik*, 40 이하; D. Stollberg, Schweigen lernen Zu Seelsorge und Ethik, in: C. Bizer/J. Cornelius-Bundschuhl/Hans-M. Gutmann (Hg.), *Theologisches geschenkt. FS fürManfred Josuttis*, Bovebdeb, 1996, 366 이하. 스톨베르크는 이러한 관점에서 많은 참고문헌을 소개하고 있다. 이와 연관하여 하우쉴트의 '윤리-종교-일상생활의 종교성' (E. Hauschildt, 위의 책, 274 이하)이라는 부분을 언급할 수 있다.

267) E. Herms, 위의 책, 60. 헤름스는 다음과 같이 말하고 있다. "무엇보다도 목회상담 실천에서 제안된 윤리적 해석은 결과적으로 목회상담 행위는 특별한 과제가 있는 윤리적으로 고도로 숙달된 행위에 의한 특별한 사역으로 보아야 하며 목회상담의 이론으로서 윤리 자체를 요구하는 것이 된다."

간 현존하게 되고 함께 만나는 것으로 이해될 수도 있을 것이다." [268]

그러나 그것은 다음과 같은 것을 의미한다. 인간은 어떠한 양심을 '지니고 있는 것'이 아니다. 인간 그 자체가 '양심' 이다. 그렇기 때문에 '인간은 결국 양심 자체며 마침내 양심과 관계가 있다.' [269] 에벨링에게 양심은 동시에 인간의 언어성을 위한 표현이다. 이것은 다시 인간 존재를 위해 본질을 규정하는 것으로 보아야 한다. '언어성' 은 인간에게 '말하는 것' 뿐만 아니라 '경청' 을 가능케 한다(목회학적인 개념의 틀 안에 있는 이 두 가지 개념의 의미를 비교하라).

계속해서 사고의 과정은 다음과 같이 연결된다. "엄격한 의미에서 양심의 확신은 개별적인 행위의 절대적인 진실과 순수에 관해서 단지 인격적 존재와 만나는 신앙의 확신으로서(또는 단지 그에 근거한 방법으로서) 존재하는 것이지 그것과는 반대로 도덕적인 확신으로 존재할 수 없다." [270]

근본적으로 그렇게 이해된 양심을 무엇보다도 '신념의 문제' 와 연결하여 생각해야지 '도덕화된 규범의 대표' 로 오해하지 말아야 한다는 것을 코흐(T. Koch)는 다음과 같이 설명하고 있다. "양심은 인간의 인격을 결정하는 가장 내면의 것으로 인간을 주체가 되도록 하며, 그 안에서 인간이 그러한 신념(소위 가능성으로서 선한 것과 진실한 것을 인지하고 판단하는 것)을 마지막에 자신의 뜻과 행위를 위해 소유하지 말아야 하는 인간 자신의 중심이다. 그러나 양심은 단지 꼭 인간이 가지고 있는 신념의 '중심지' 만은 아니다. 양심은 그러한 신념에 동시에 높은 의무를 부여한다. 그리고 이러한 강한 의무는 내가 나의 양심에 관해서 무조건적으로 그리고 완전히 관계되는 곳에 있다." [271]

이러한 관계 속에서 다음과 같은 사실을 깨닫게 된다. 목회상담이 '삶을 극복하기 위해 그리스도교적인 행동을 정립하는 것' 으로 정의 내린다면 이러한 방법으로 전인적으로 이해된 양심 개념을 참조할 것을 제안한다. 이러한 결정에서 비판적으로 나중에 질문하거나 추구해야 하는 행동에 도달하는 것이 도덕적이지 않게 시야를 움직이는 양심

268) G. Ebeling, Theologische Erwägungen über das Gewissen, in: Jürgen Blühdorn (Hg.), *Das gewissen in der Diskussion, WdF XXXVII*, Darmstadt, 1976, 142 이하, Zitat 147 = G. Ebeling, *Wort und Glaube*, 2. Aufl., Tübinben, 1962, 429 이하.

269) G. Ebeling, 위의 책, 147 이하.

270) G. Ebeling, Leitsätze zu: Das Gewissen in Luthers Verständnis, in: *Was ist das Gewissen? EKD Texte 8*, hg. vom Kirchenamt der EKD, 1984, 2 이하, These Nr. 61.

271) T. Koch, Autonomie des Gewissens als Prinzip einer evangelischen Ethik?, in: *EKD Texte 8*, 12 이하, 인용은 17.

개념이 될 수 있다. 비로소 전인적인 이해 속에서 이러한 개념은 오늘날 목회학적인 인간 이해에 상응한다.

2) 효과적인 현대 양심구조

양심 개념에 대한 목회학적인 이해의 본질적인 인용은 확실히 도저히 논쟁할 수 없는 것으로 나타난다. 여전히 양심 개념을 인간 (본연의) 종교성의 틀 안에서 파악하며 '하나님 말씀' 의 신학에서 가능한 철저하게 상대화시키려는 경향이 있다.[272] 그렇지 않으면 '자율적으로' 자기 정당화하기 때문에 다시 하나님에게 인간의 구원을 낭연하게 요구하게 될 것이나. "바르트에세서 개인 양심의 자율권에 대한 비판은 루터(M. Luther)에게서 여전히 신학적인 중심 개념이었던 양심의 개념이 윤리적이거나 신학적인 중심사상으로서는 거의 완전히 부정될 정도로 멀리 가고 있다는 것을 의미한다."라고 크레스(H. Kreβ)는 이 입장을 설명하고 있다.[273]

그렇기 때문에 점점 더 명백하게 이러한 논리의 신학적인 연속 속에서 목회학은 거의 양심 개념을 의지하지 않게 될 것이다. 그것은 계시의 사건으로서 이해된 '하나님의 말씀' 을 '양심을 두드리는 하나님의 소리' 와 하나로 생각하는 것을 지나칠 정도로 피하려고 할 것이다. 대화에서 일어나는 '단절' (Thurneysen)은 이러한 사고 움직임의 틀에서 '자기 초월' 을 위하여 중단되었을 것이다. 목회상담적으로 야기된 모든 개인의 변화가 결국 '인간의 일' 로 머물게 될 것이다. 그리고 결국 목회상담의 본질이 희석될 수도 있을 것이다. 어떠한 독자적인 입장도 세속적인 심리치료와 상번될 수는 없다. 시대에 맞는 '목회상담이론' 의 상황에서 '인간학' '계시' '율법과 복음' 이라는 주제에 대한 새로운 이해에 있어 이러한 결론을 확실하게 절대적으로 끌어내야만 하는 것은 아니다. 이와 같은 조직신학적, 목회학적 입장 외에도 오늘날 분명하게 강한 의미를 주는 완전히 다른 진동적인 입장이 존재한다. 그것은 다시 명백하게 '인격' 이라는 개념에 대한

272) D. Lange, *Ehik in evangelischer Perspektive*, Göttingen, 1992, 33 이하, 40. 그것으로 총체적인 윤리의 변화를 랑에는 이 책의 바르트에 관한 부분에서 다루고 있으며 이러한 입장에서 '현재에 와서 거의 과소평가할 수 없는 영향력' 을 확인한다.

273) H. Kreβ, Individualität und Gewissen, *PTH* (80) 1991, 86 이하., 인용은 92. 이에 대한 좀 더 자세한 설명은 다음을 참고하시오. ders, "Gewissen und Personenwürde. Zur anthropologischen Grundlegung der Ethik", in H. Kreβ/K. F. Daiber, *Theologische Ethik*, 95 이하.

새로운 설명과 관계가 있다. 그래서 크레스는 다음과 같이 말하고 있다. "현대 그리스도교 신학의 현저한 특징은 신학이 개인 인간 존재의 진가와 가치 그리고 속일 수 없는 개개인의 양심에 대한 책임의 의미를 강력하게 강조했다는 것이다."[274] 그는 이러한 관계 속에서 개신교는 양심의 종교로 존재 가능하다는 루터 연구자인 칼 홀(Karl Holl)의 말을 인용하고 있다.[275] 그렇다면 물론 어떤 생산적인 결정이 오늘날 그리고 바로 지금 주어진 상황에서 양심 개념을 (목회학적으로) 활용하기에 적합한지 상세하면서도 상이하게 서술되어야 할 것이다. 그것은 무엇보다도 먼저 가장 변화가 많은 이러한 양심 개념을 역사적으로 고찰하도록 이끈다.[276]

그렇다면 다음으로 분명히 의도적으로 중요한 차이가 무엇인지가 핵심이다. 먼저 (역사적으로 '이전의 외부로부터' 의 규정과 강요된 표준화 그리고 '단순한 주장과 때때로 독재의

274) H. Kreβ, *Individualität*, 86.

275) K. Holl, *Ges. Aufsätze zur Kirchengeschichte I, Luther*, 6.Aufl., Tübingen, 1932.

276) H. D. Kittsteiner, *Die Entstehung des modernen Gewissens*, Frankfurt/Leipzig, 1991. 키츠타이너는 그것에 대하여 '문화역사로서의 개념역사' 를 소개하면서 매우 교육적인 개론을 제시한다. 우리의 상황에서 (확실히 신학적인 측면에서 매우 다르게 해석할 수 있는) 루터와 칸트의 비교는 특별히 흥미롭다. "칸트의 '선한 의지' 는 루터에게 예수 그리스도의 화해작업에 대한 거대한 파기로 생각되어야만 했을 것이다. 루터의 양심은 규범과 힘 다음으로 인간과 더불어 하나님의 구원행위의 구성요소다. 그것은 완전히 타율적이다. 그러나 자율과 자기 입법은 칸트에게 인간 가치의 근본이다"(283쪽). 그러나 동시에 양심 개념과 그것과 연관된 (그때마다 '때에 맞는', 그러나 근본적으로 원리적인) 양극 사이에서 왔다갔다 흔들거리는 기초적인 도덕성(그리고 태도의 구조화)으로 이끄는 갈등곡선의 근본적인 양극성에 대한 표현이 타율과 자율의 대립으로 나타난다. 그러나 양심에 대한 다양한 정의가 종교개혁과 계몽주의 안에서 서로 제외시키려는 것처럼 보인다. 키츠타이너에 의하면 그때그때의 문화적 관계가 그때마다 적용되고 세계관적으로 근거된 양심 개념을 끊임없이 좇아내고 있다. 그렇기 때문에 '양심에 관한 모든 논문에서 항상 윤리학적인 담론과 마찬가지로 윤리신학적인 관점에서도 가치가 있는 사회적인 문제를 위한 해결책을 함께 생각했다는 것이 나타난다. 그러나 이러한 담론의 의미론은 내적으로 행위를 이끄는 인간 안에 있는 요구를 설명하며 인간의 규범과 의무를 지우는 힘은 공동체를 형성하는 새로운 세계관과 더불어 변한다. 양심으로부터 결코 확실한 학문은 존재하지 않는다. 오히려 양심은 각 담론의 시대에서 양심의 양극적인 구조에도 불구하고 새롭게 생각되어야 하며 정의 내려져야 한다는 것이다. '양심' 의 개념은 오직 언제나 양심과 함께 이루어지게 되는 모든 경험의 본질이다"(289쪽 이하).

우리의 상황을 위한 이러한 키츠타이너의 언급으로부터 세계관적인 전제조건과 암시를 떠맡아야 하는 것 없이, 사실상 어떤 방법으로 양심의 기능과 구조를 오늘날 새롭게 이해해야 하는가에 대한 질문이 필요하다. 목회학적인 영역에서 이러한 질문을 전달하는 것은 지금의 상황, 즉 현대의 관점에서 저자의 결론으로 간주한다. "그 현대는 존재와 도덕적 의무의 모순을 의식하면서 세상의 개혁을 시작한다. 새로워진 요구와 함께 이러한 시작을 접해야 한다. 그것은 앞으로 가능한 세상을 사랑하는 것에 좌우하지 않고 지금 있는 그대로 세상을 사랑하는 것에 달려 있다"(411쪽 이하).

주어진 관계 속에서 제기된 오늘날 지배적인 양심구조와 목회상담을 위한 양심구조의 의미에 대한 질문은 이러한 요구에 연결될 수 있다.

지배에 익숙해진')[277] 타율적인 양심이 (역사적으로 이어지고 교육이 의무인) 자율적인 양심에 의해 제거되어야 한다.

자율적인 양심은 신학적으로 본다면 다시 단순히 진취적이고 노력할 만한 가치가 있는 것으로 특징지어질 수 없다. (그것은 프로이트의 양심기능에 대한 종교비판적 분석과의 대립과 마찬가지로 칸트와 슐라이어마허에 의한 종교철학적인 정의에 대한 논쟁에서 분명해진다. 그렇다고 바르트나 본회퍼의 입장으로 단순히 돌아갈 수는 없다.)[278] 그렇기 때문에 오늘날 생산적인 신학적 정의로서 관계적인 양심의 정의가 제시된다. 그것으로 '타율적인 양심'의 '외부 지배'와 마찬가지로 자율적 '양심'의 너무 강한 '자기 중심'과는 반대되어야 한다. 그러므로 새롭게 정선된 개념으로 "신학적인 인간학은 인간을 관계 안으로, 즉 상이한 관계영역으로 들어가 있는 것으로 본다."[279] 역사적인 관계는 거기서 전적으로 만들 수 있는 것이 아닌가![280]

주어진 상황에서 양심에 대한 이러한 다양한 이해로 어쨌든 매우 직접적으로 사역영역이 구조화되어 보인다는 것을 주목해야 한다. 관계적으로 정의된 양심은 특별한 전제에서 (관계)갈등을 다루는 과정 속에서 본질적인 과제를 보는 목회상담의 정의와 가장 확실하게 연관된다.

그러나 지금 (우리가 '시대의 흐름'을 바르게 해석한다면) 이미 말한 관계는 현재 특정한 징조에서 권할 만한 일이다. 우연치 않게 주어진 상황과 사회적으로나 개인적인 영역에 미치는 그 영향은 매우 비판적으로 '나르시시즘의 시대'로 특징지어진다.[281] 이러한 시대비판은 역사적 시대감정의 몰락, 종교적인 것을 지나서 치료적인 사고의 억압, 정치

---

277) T. Koch, 위의 책, 14.

278) D. Bonhoeffer, *Ethik*, München, 1949, 188. 본회퍼는 여기서 자율적 양심을 인간이 자기 스스로 의롭다고 칭하는 것과 자기 높임으로 표현하고 있다. 왜냐하면 양심의 외침은 '……선과 악의 인식 속에서 '하나님처럼' 되려고 하는 인간의 욕구 속에 있는 자기……'이기 때문이다. H. Kreβ, 위의 책, 94에서 재인용.

279) H. Kreβ, 위의 책, 98.

280) H. Kreβ, 위의 책, 98 이하. 크레스는 다음과 같이 서술하고 있다. "관계적인 양심에 대한 이해는 이미 루터에 의해 제시되었는데, 그에 의하면 양심은 인간을…… 여러 가지 관계 안으로 끌어들인다는 것이다. 즉, 양심 속에서 개개인은 율법과의 관계, 복음과의 관계, 또한 죽음, 악과의 관계를, 다른 측면으로는 하나님과 그리스도와의 관계를 경험할 수 있게 된다. 양심에 관한 신학적인 개념은 이러한 방법으로 20세기 대화적인 철학(M. Buberm/F. Rosenzweig 등)에 의해 설명된 인간의 이성적 또는 대화적 존재를 이해한다."

281) 이에 대하여 미국의 역사가이며 문화비평가인 래시(C. Lash, 1932~1994)의 다음 책을 참고하시오. C. Lasch, *Das Zeitalter des Narzißmus*, München, ungekürzte Ausgabe, 1986.

와의 이별, 고백과 자기 노출에 대한 애매모호한 형태, 내적인 공허함 등에 대한 언급과 연관된다.[282)]

임상적인 현상(개인의 발달과정에서 불충분하게 처리된 어린 시절의 '자기 귀착(Selbst-bezogenheit)' 으로 인해 나타나는, 즉 관계를 방해하는 '후유증' 으로 이해할 수 있는)과 '이차적인 자기애' 의 병리학적인 현상들에 관한 지속적이고 인상적인 언급들은 자기애적으로 보인 많은 이 시대 사람들의 경험이 가장 먼저 '정신적인 일상생활' 로서 느끼게 되고 그것과 함께 현실에 관해서 분명하게 중요한 극복방법이 된다는 것을 쉽게 잊어버리게 한다. 그러나 그렇게 그것은 본질적으로 (인간 상호 간에 또는 마음 깊은 곳에서) 갈등을 일으키는 주요 원인이 되고 있다. 또한 이러한 관계 속에서 양심구조가 형성된다.

이러한 특별한 양심구조화에 들어가기 전에 물론 계속적으로 확인을 해야 한다. 타율적인 양심과 자율적인 양심의 분리, 또는 관계적 양심은 일반적으로 무엇보다 먼저 계속 발전된 문화사와 정신사 속에 있는 역사적인 연속으로 보게 된다. 또 다른 관점에서 정의를 살펴보는 것은 목회학적인 측면에서 특별히 중요하다. 위에서 언급한 역사적인 연속은 인간 개개인의 삶의 과정 속에서 인식된다. 성장하는 개개인은 발달과정에서 단계마다 교육되고 변화된 양심의 구조로 도덕발달의 각 단계를 거쳐가게 된다.[283)] 어른

282) C. Lasch, 위의 책, 19 이하.

283) 도덕적 판단결정을 위한 상세한 설명은 다음을 참조한다. A. Colby/L. Kohlberg, Der kognitionszentrierte entwicklungspsychologische Ansatz, *PZJ VII, Piaget und Folgen*, 348 이하. 그리고 특별히 '도덕발달의 6단계' 에 관한 설명은 위의 책, 357쪽을 참조한다.
비교와 변화에 대해서는 다음을 참조한다. F. Oser/P. Gmünder, *Der Mensch—Stufen einer Religiösen Entwicklung*, 2. Aufl., Gütersloh, 1988.
이러한 관점에서 슈바이처는 특별한 의도에서 다음과 같이 설명하고 있다. "인식과 이해에서 중요한 것은 도덕발달에서의 특정한 가치와 규정보다는 어떻게 가치와 규정이 성립되는가다. F. Schweitzer, *Lebensgeschichte und Religion. Religiöse Entwicklung und Erziehung im Kindes- und Jugendalter*, 2. Aufl., München, 1991, 112.
심층심리학적인 관점에 대해서는 다음을 참조한다. D. Stollberg, *Das Gewissen in pastoralpsychologischer Sicht, WuD* (11) 1971, 141 이하. 그리고 가톨릭 관점에 대해서는 다음을 참조한다. A. J. Nowak, *Gewissen und Gewissenbildung heute in tiefenpsychologischer und theologischer Sicht*, Wien/Freiburg/Basel, 1978; H. Stenger, "Gewissen-Schuld-Angst-Vergebung", in: Ders., *Verwirklichung unter den Augen Gottes. Psyche und Gnade*, Salzburg, 1985, 43 이하.
양심 형성에 대해서는 다음을 참조한다. H.-J. Fraas, *Die Religiosität des Menschen. Ein Grundriß der Religionspsychologie*, Göttingen, 1990, 185 이하. 종합적으로 다음과 같은 정의로 프라아스는 설명하고 있다. "자기비판의 행위로서 양심은 인간 존재와—구체적인 형태 속에서—본능적이고 사회적이며 초월적인 상황에 결속되어 있는 존재의 대화구조 표현이다"(186쪽). 여기서 '관계적' 으로 구조화된 양심을 목표로 삼기 위한 이러한 표현은 명백하다.

들은 다시금 전형적으로 자신의 특징적인 '행동' 속에 중점적으로 유아기적 단계의 도덕경험과 그에 상응하는 양심구조에 고정적으로 머물러 있을 수 있다.

이것은 모두 목회상담에 매우 직접적인 결과를 가져온다. 목회상담에서 나타나고 시작하는 모든 문제의 정황은 인격에 상응하는 양심의 표현과 일치한다. 그래서 '삶의 현장' 에서 현저하게 타율적이거나 자율적인 또는 관계적인 특징이 나타나며 그러한 것들이 행동을 결정한다.[284)]

이러한 모든 개인의 다양성의 경우 항상 개개인의 양심 형성은 무조건적으로 집단적인 영향을 받고 있다는 것에서 출발한다. 우리가 현재 살고 있고 '행동을 취하는' '나르시시즘의 시대' 를 받아들이는 것을 인지한다고 가정한다면 그것은 시대에 맞는 양심구조를 형성하고 그와 함께 종교적인 경험과 (그리스도교적인) 우세적인 신앙방법에 실제적으로 영향을 끼칠 수 있다. 그것은 특히 계속적으로 개신교신학적인 인간 이해를 위한 양심 개념이 다시 점차적으로 본질을 구성하는 의미를 받아들일 때 가치가 있다. 그렇다면 '나르시시즘의 시대' 가 일반적으로 양심 형성과 그 시대 (그리스도인) 개개인의 인격에 상응하는 양심구조에 어떻게 구체적으로 영향을 미치는지 질문해야 한다. '시대에 맞는' 어떠한 변화가 확립되어야 하며 목회상담 사역을 위해 그것으로부터 어떤 결과들이 얻어지는가?

여기서 주장하는 목회학적인 입장의 주제는 다음과 같다. 전해진 개신교와 실제적인 시대정신은 오늘날 '관계적인 양심' 을 매우 문제적으로 인식하려는 경향과 관계가 있다. 거기서 전통적인 '겁낸 양심' 대신에 점차적으로 경험구조로서 '병든 양심' 을 인지할 필요성이 있다는 것을 덜 인식하고 있다. 그러나 이러한 인지를 하느냐 마느냐가 목회상담과 목회상담의 이론 형성과 실천에 직접적인 영향을 미친다.

오늘날 교육과 목회상담 '현장' 에서 항상 새롭게 타율적이고 자율적인 양심반응에 대한 확인을 관계적인 양심의 반응에서 찾아야 한다는 것은 이미 말한 대로 분명하다. 그러나 어떤 구조적인 변화들을 그것을 뛰어넘어 자기애에 의해 표현된 환경을 인식하면서 인지할 수 있는가? 그 대답은 '겁낸 양심' 의 전통적인 개신교 틀은 '병든 양심' 의 관찰과 비교하는 데에서 분명해진다. 어떻게 이 두 경험방법을 서로 비교할 것인가? 이러한 문제 제기에서 변화된 양심구조의 논제가 더 가깝게 설명되어야 한다.

284) '하나님에게 순종하는 양심' 과 관련하여 말한다면 '하나님과 관계된 양심' 은 자동적으로 타율적인 양심구조와 같은 것으로 생각해서는 안 된다는 것이 분명하다. 오히려 양심과 하나님의 관계는 모든 구조를 형성하는 입장에서 이루어지게(또는 피하게) 한다.

'겁낸 양심' 이란 멜란히톤(P. Melanchthon)의 특징적인 표현과 관계가 있다. 개혁교회의 '율법적인 행위가 없는' 신앙의 의(Glaubensgerechtigkeit)에 대한 강조와 관련하여 그는 다음과 같이 쓰고 있다(XX. Artikel der Confessio Augustana에서) "지금 이러한 가르침을 받지 않은 사람들에게는 매우 경멸적이지만 그것이 약하고 겁낸 양심을 매우 위안해 주고 치유의 효과를 낸다는 것이다. 양심은 행위를 통해 평화와 기쁨을 가져다줄 수 있는 것이 아니라 오직 믿음을 통해서만이 가능하기 때문이다."[285]

이러한 언급의 배경에는 '의식된' 행위의 의(Werkgerechtigkeit)' 를 넘어서 효과 있는 놀라운 방법으로 인간의 한계를 인식하고 그에 따라 '놀랍게도' 하나님의 '대상' 과 그의 은총에 맡기게 되는 개신교의 근본적인 자세에 대한 요구가 분명해진다. 거기서 도약적인 것은 구원이 필요하고 행동으로 각인하여 이해된 (죄 있는) 인간의 변화와 관련하여 가능한 항상 있었던 자신의 능력을 철저히 포기하는 것이다. 그러므로 일상생활과 일생 동안 동반되는 현실 극복을 할 때 인간의 근본적인 한계를 영원히 인식하지 못하는 인간의 행동이 확고한 자리를 차지하면 옳은 방법으로 반응하는 양심은 항상 '겁을 먹게 된다.' 이러한 기본 입장에서 실제적인 생활 속에서 양심구조가 타율적 또는 자율

285) P. Melanchthon, *Die Bekenntnisschriften der evanglisch-lutherischen Kirche*, 2. Aufl., Göettingen, 1955, 77 이하. 종교개혁 시대에서의 양심에 관한 틀은 나중에 저자가 자신의 여러 논문에 대한 표제로 사용할 정도로 중요하다. P. Melanchthon, *Vom erchrockenen Gewissen. Aufgewählt und herausgegeben von Wilhelm Heinsius*, München, 1931 (Klassiche Erbauungsschriften des Protestantismus 6). 1540년 멜란히톤의 논문 '개종한 악인의 선례를 따르는 모든 그리스도인들은 죄인이라는 간단한 경고(Eine kurze Vermahnung, daβ alle Christen schuldig sind, dem Exempel des behekrten Schächers nachzufolgen)' 에서 양심의 '공포' 는 특히 그의 전형적인 연구결과와 경험에서 분명해진다. 우선 '겁낸 양심' 의 반응은 신앙에 근거한 당혹감과 일치한다. 하나님은 그의 유일한 아들을 세상을 위해 주실 정도로 세상을 사랑하셨기 때문에(요3:16) 이렇게 말할 수 있다. "그것 때문에 우리는 그리스도의 죽음을 통해 나타나고 확신된 우리에 대한 하나님 아버지 사랑의 확실한 통보를 우리의 눈과 마음에서 떠나게 하지 말아야 하며 인간의 죄에 대하여 무섭고 격노한 어떤 하나님의 진노가 있는지 인식하고 배워야 한다. 그것은 그러한 진노는 피조물이나 희생 또는 능력에 의해서가 아니라 하나님 아들의 죽음을 통해서만 잠잠하게 할 수 있으며 화해되기를 바라기 때문이다" (P. Melanchton, 위의 책, 29). 그러나 그밖에 명백히 악에 사로잡힌 ('추방된') 사람들, 예를 들면 교황주의자들과 관계를 맺으라는 경고에 의해 '겁낸 양심' 의 틀에서 신앙을 촉구하는 위협의 감정이 생기게 된다. "그러한 추방된 사람들을 피하라는 명령은 곳곳에서 성스러운 예언자에 의해 반복되고 있고 성서에서 여러 번 우리에게 훈계하고 있다. 그러나 그러한 것을 가볍게 여기는 자는 스스로 결국 악에 사로잡힌 사람들에 의해 물들게 되고, 이제 그리스도교에 대항하여 그들을 유혹하고 움직이게 하는 악마에 사로잡혀 나중에 쉽게 또는 아마도 일생 동안 빠져 나올 수 없는 극악한 잘못된 사람, 하나님 없는 존재로 빠져들게 되어 악에 사로잡힌 사람들과 한 공동체가 되는 경험을 갖게 된다. 어마어마한 심판을 조심해야 하는 것을 아는 하나님을 두려워하는 모든 사람들은 그러한 무시무시한 심판을 주시해야 한다" (P. Melanchton, 위의 책, 52 이하).

적으로 되었든 관계적으로 되었든 간에 근본적으로 비교가 된다. 어쨌든 '겁낸 양심' 의 결과는 항상 다소 징벌에 대한 두려움이나 하나님 또는 인간적인 관심과 사랑의 상실에 대한 두려움(분리에 대한 두려움과 소외감 같은) 및 죄의식과 관계가 있는 실질적인 죄책감이다. 이러한 양심구조는 직접적으로 (인간의) 갈등상황 속에서 그리고 그것과 함께 목회상담 사역에서 다루어진다는 것을 즉시 알아야 한다.

모든 경우마다 항상 종교개혁 시대의 '시대정신' 에 상응하려고 하며 그것을 전하려 하고 현재 유지하거나 새롭게 발견하고자 하는 개신교의 기본 입장이 '겁낸 양심' 의 틀에 반영된다.[286)]

또한 '병든 양심' 에 대하여 설명이 필요하다. 이 말은 오늘날 분명하게 증가하는 자기애적인 경험에 근거한 양심의 구조화와 관계가 있다. 오늘날 일반적으로 널리 분포된 '자기애' 개념의 사용은 무엇보다도 먼저 그 개념이 '자만' '자찬' 이라는 말로 사회의 본질적인 필요조건과는 반대로 개인의 부정적인 본능을 표현하고, 더불어 처음부터 시대와 문화 비판의 본질적인 요소가 되어 버릴 정도로 광범위하게 '자기애' 개념을 이해하는 위험을 내포하고 있다.[287)] 이와는 반대로 근본적으로 그리고 목회학의 특별한 관점에서 특별한 개념화의 뿌리를 심리분석적으로 이해되고 해석된 인간 이해 속에서 알게 된다는 이점이 있다.[288)]

그에 따라 우선적으로 다음과 같은 사실이 중요하다. 여기서 단지 병리학적인 상황만이 문제가 아니라는 것이다. 달리 말한다면, 병리학적인 상황은 '정상' 으로 여기는 성격상과는 격리되고 분리된 것으로 보지 말아야 한다. 오히려 소위 '증상이 있는 자' 와 '성격유형' 에서 그 특징 속에서 비교 가능한 발생사를 받아들이는 것은 '전형적' 이면서 일반적인 인간적 행동에 대한 중요한 설명을 제시한다.[289)]

---

286) 에벨링은 이러한 상황에서 일어나는 경향을 매우 분명하게 보여 주고 있다. 그는 근본적인 양심 개념에 관한 질문에서 마르틴 루터의 결정적이고 탁월한 신학적인 반성으로 단호하게 되돌아갈 것을 요구하고 있다.

287) C. Lasch, *Zeitalter*, 49 이하.

288) C. Lasch, 위의 책, 52. 거기서 거침없이 라쉬(C. Lasch)가 다음과 같이 설명한 것에 동의할 수 있다. "정신분석은 그것이 신중하게 개인 연구에만 제한한다면 사회와 개인, 문화와 인격의 관계를 가장 잘 설명한다. 정신분석이 최소한 그것을 목적으로 할 때 정신분석은 사회에 대하여 가장 잘 증언한다."

289) C. Lasch, 위의 책, 55 이하. 주어진 상황에서 프로이트의 자세한 자기애 개념내용과 프로이트 제자들에 의한 분리 그리고 자기애에 대한 논쟁에 대한 설명에 더 깊숙이 들어갈 필요가 없다. 사고과정을 위해 문헌자료에 대한 언급으로 충분하다. 복잡한 주제로 접근하여 연구한 것은 짧지만 적절한 라쉬의 설명에서 소개해 주고 있다. 예를 들면, 정신분석가인 취리히(S. Zürich)에 의해 편집된 책이 있다(*Die neun Narzißmustheorien zurück ins Paradies?* Frankfurt a.M., 1981). 이 책은 프로이트 이론을 설명하

여기 제시된 것과 관련하여 자기애적인 입장방법의 틀에서 (관계)갈등의 특별한 경험은 오늘날 일반적으로 중요한 현상으로 이해된다. 그에 종속된 양심구조화는 자기애적인 반응방법을 특별히 요구하는 환경에 적응하는 능력과의 상호관계 속에서 명백해진다. 심리분석적으로 본다면 그것에 해당하는 개개인의 경험은 유아시절 정신적 극복방법의 유물로서 가장 쉽게 접근될 수 있으며 이해될 수 있다.

이러한 가설에서 개별적으로 무엇이 중요한가? 파멸의 두려움에 의해 절대적으로 매우 사소하고 전적으로 의존하는 데 적응되지 않기 위해서 어린아이의 정신은 보상적인 방법으로 과대망상을 표출하게 된다. 이것은 다시금 절대적으로 균형 잡힌(동시에 '천국 같은') 감정상태와 그와 함께 포괄적인 의미에서(그리고 중복된 언어 의미에서) '상쇄된' 것처럼 보이는 인상을 중재한다. 그것은 특히 종교적인 상징 속에서 없어질 수 있으며, 이미 그것으로부터 새로운 신학적인 고찰을 불러일으킬 수 있는 상태다.[290)]

그러나 지금 이러한 어린 시절 경험의 상은 개인이 성장하고 어른이 되는 것으로 완전히 극복되는 것이 전혀 아니다. 오히려 그것은 그에게 일생 동안 다소간 행동을 결정할 정도로 특별히 '인상 깊은' 경험의 상에 고착된다. 이렇게 기저에 깔린 특정한 경험에 정신적으로 고착되는 것은 또한 자기애적인 상태의 전유물로서 개인에게 지속적으로 각인될 수 있으며 인생목표를 결정하고 관계를 단순화시킬 수 있다. 그럼에도 불구하고 그것은 또한 인간의 양심을 구조화한다. 자기애적인 행동이 현재 더 공공연하게 나타나

는 것 외에 새로운 나르시시즘이론의 대표 학자인 코헛(H. Kohut)과 케른베르그(O. Kernberg)와의 근본적인 토론을 소개하고 있다.

자기애의 문제점에 대한 설명과 분석(실례와 치료 제안에 이르기까지)은 존슨(Stephen M. Johnson)의 책(*Der narziβtische Persönlichkeitsstil*, Köln, 1988)에 잘 설명되어 있다.

290) 신학과 나르시시즘 이론의 관계설정에 대한 문헌소개는 슈라이너의 다음 책에서 찾을 수 있다. M. Schreiner, *Gemütsbildung und Religiosität*, Göttingen, 1992, 168, 각주 8.

나르시시즘 문제와의 토론에서 신학과 정신분석의 대화에 대해서는 다음 책을 참조한다. H.-G. Heimbrock, *Phantasie und christlicher Glaube. Zum Dialog zwischen Theologie und Psychoanalyse*, München/Mainz, 1977.

나르시시즘과 목회학이라는 특별한 주제를 위한 광대한 참고문헌은 다음을 참조한다. H. van de Spijker, *Narziβtische Kompetenzβ-Selbstliebe-Nächstenliebe*, 2. Aufl., Freiburg/Basel/Wien, 1995. 이 책은 새롭게 연구하여 거기서 지속적으로 성서에 근거한 자기 사랑과 이웃사랑에 관하여 시도하고 있으며, 단계마다 프로이트의 나르시시즘 이론에 관한 기본적이면서 기초가 되는 것을 설명하고 있다. 그리고 마침내 '자기애적인 자격'을 얻기 위해 목회상담자들을 유도한다. 이에 대해 저자는 "인생발달을 통하여, 그리고 여러 종류의 사람과의 다양한 만남과 관계 속에서 이웃사랑과 자기 사랑 사이에서 기억하고 있고 친절하고 유쾌하게 균형을 잡는 인간의 능력과 권능으로……" 라고 표현한다(26쪽, 345쪽에서는 약간 수정됨).

고 집단적인 현상으로 나타날수록 정신적인 고착은 양심을 더 분명하게 한다.

그 결과 자기애적으로 조정되고 이루어진 인격은 매우 긴장되고 고통스러운 방법으로 모순적인 잠재적 긴장을 지닌 특별한 감정세계로써 그 특색을 나타낸다. 그래서 공허감, 무의미, 전적인 체념 외에도 모든 삶의 정황 속에서 제한받지 않는 우월감이 존재한다. 또한 완전한 무능력과 무익함의 감정 외에 알려지지 않은 독창력과 특별한 재능의 감정, 그리고 무력한 분노감, 근거가 없는 자포자기의 감정 외에 하나님과 세상을 지배하려는 감정이 존재한다. 아주 갑작스럽게 극에서 극으로의 변화가 뒤따를 수 있다.

이러한 특징은 직접적인 방법으로 양심구조와 만난다. 자기애적인 경험의 영향을 받아 이루어진 개인의 양심은 규범적인 권리와 때때로 내면화된 금지와 법률에 덜 (겁내면서) 반응한다. 그러나 그것은 우선 프로이트의 '초자아' 와 연관되지 않는다. 이러한 양심은 오히려 열망하지만 다소 또는 전혀 도달되지 않은 인간이 감탄할 만한 '본보기' 에서 얻어 내면화한 이상적 관념(Idealvorstellung)에만 반응한다. 비로소 개인의 일상적인 행동 실행과 본보기의 일치는 하나님과 세상 앞에서, 자기 자신 앞에서 가치 있는 인간이라는 인상을 전달한다.

양심은 지금 매우 특정한 긴장상황에서 그 기능을 발휘한다. 한편으로는 자기 이상(Ich-Ideal)[291]에 맞는 행동방법과 다른 한편으로는 자신의 이상이 거절되는 일상적인 경험, 실제적인 무력, 갈등을 유발하는 하찮은 사고와 행동방법에 빠져드는 것 사이에서의 긴장이 문제다. 그래서 자존감이 계속적으로 다치게 되는 상황이 쉽게 생기게 된다. 그렇다면 이러한 경험과 연관된 양심은 '지금 있는 모습의 나와 되고자 하는 나 사이의 틈을 채우려는'[292] 계속적인 소망에서 나온 개인에게 있는 '깊은 움직임' 을 반영한다. 거절의 경우 그것은 병든 양심이 된다.

이는 사실상 다음과 같은 것을 의미한다. 이러한 근거에 의해 '양심적인' 사람은 내외적인 갈등상황에서 행동방법의 옳고 그름을 우선적으로 묻지 않는다. 오히려 그는 자유롭고 독립적인 갈등해결 모델의 관점에서 개인적인 능력 또는 무능력에 대하여 묻는다. 그는 '비도덕적인' 또는 '죄스러운' , 즉 윤리적으로 변호할 수 없는 경우 해결되지 못한(또는 해결할 수 없는)갈등에 관해 거부감보다 덜 죄책감을 갖으며 감정에 의해 깊은 부끄러움과 끝없는 자기 의심을 동반한다. 양심적인 사람은 부분적으로 죄를 의식하는

291) 이러한 개념에 대하여 무엇보다도 다음을 참조한다. J. Chassequet-Smirgel, *Das Ichideal, Psychoanalytisches Essay über die 'Krankheit der Idealität'*, Frankfurt, 1981.

292) J. Chassequet-Smirgel, 위의 책, 15.

것이 아니라 전체적으로 자신이 병들었다고 적극적으로 양심에 반응한다. 그렇게 병들 수 있다는 것이 기꺼이 본의 아니게 따라온 인생동반으로 자리 잡으며 (오늘날 널리 퍼진) 행동의 구성요소가 된다.

그것은 다시 비판과 자기비판을 당면한 사람을 접근할 때 특별한 영향을 미친다. 습관적으로 병든 경우 상세한 비판은 쉽게 이것 아니면 저것이라는 나르시시즘적인 기질 속에서 전체비판으로 인식되고 이해된다. 그것은 다시 다음과 같은 것을 의미한다. 개별적으로 비판받은 인간은 곧바로 일반적으로 질문을 받게 되는 느낌을 갖는다. 그러나 그것은 일반적으로 상세한 비판과 자기비판에 의지하는 변화과정을 저지할 수 있다. 그러므로 이러한 방향에서의 (목회상담적인) 새로운 시도는 서술된 조건에서 특별한 저항을 고려해야 한다.

다시 말하면, '시대정신' 이 이러한 인간 삶의 변형을 받아들인다면 개개인의 개인적인 인생사로부터 '병든' 양심보다는 '겁낸' 양심을 형성하는 개개인의 경향이 당연히 강화되어야 한다. 집단적인 또는 사회적인 현상으로서 받아들여진 것은 덜 이상하고 점점 더 당연한 것으로 보인다.

요약하면, 목회학적인 이론 형성에서 목회상담의 윤리적인 구조에서 출발할 경우 이러한 '시대에 적합한' 양심 형성의 방법은 무조건 특별히 주의를 해야 한다. 물론 그러한 '상황' 에서 (현저히 초자아와 연관된) '겁낸' 양심과 (현저히 자기 이상과 연관된) '병든' 양심은 지금 실천하는 데 양자택일적인 것이 아니라는 것을 주의해야 한다. 오히려 똑같이 개인적인 인생경험의 결과에서 어린 시절 행동의 다양한 고착으로 발달되어 온 개인적인 형성과정이 문제다.

그와 함께 개인의 인격에 있는 혼합된 틀이 문제다. 그러므로 구체적인 목회상담에서 개개의 경우에 따라 인격 특성에 따른 양심구조를 개발해야 한다. 목회상담적으로 이끌어지는 토론에서 갈등의 경우 그때마다 하나님과 인간의 형상 및 불안, 죄, 수치, 용서에 대한 질문이 문제일 때 인격과 상응한 양심 형성과 양심 긴장의 관계는 무엇보다도 유지되어야 하며 목회상담에서 '발견되어야 한다(ent-decken).' 위에서 언급한 전제들과 조건하에 특히 '양심적으로' 경청하고 거기서 터득하여 목표한 대로 '양심으로 말하는 것' 은 실제로 지금 여기서의 삶을 극복하기 위한 그리스도교적인 행동의 정립을 향해 가야만 하는 곳에서는 포기할 수 없는 것으로 나타난다.

어쨌든 인격 특성에 따른 신앙의 가능성은 개인적인 양심구조를 충분히 생각하여 조심스럽게 참조하는 것이 중요하다.

| CHAPTER 5 |

삶의 갈등과 목회상담

갈등이란 인간을 규정하는 것으로 받아들이는 것은 이미 밝혀진 것이다. 똑같이 목회상담의 일반적인 정의는 삶을 극복하기 위한 그리스도교적인 행동을 정립하는 것으로 이미 처음에 특별한 정의에서 설명되었다. 그에 따라 목회상담은 또한 특별한 전제에서 갈등을 다루는 것으로 이해될 수 있다(이 책의 24쪽을 참조). 여기까지 지금 연결할 수 있다.

모든 갈등을 일으키는 행동은 한편으로 개인적인 경험에 그 뿌리를 갖고 있다. 소망과 기대는 개인적으로 경험되는 것이다. 다소 가능한 그 소망과 기대의 실현은 종종 내면적인 모순으로 이끌어지며 이것이 관계에 영향을 미친다.

다른 한편으로 갈등은 전형적인 과정의 틀에서 경험된다. 그것은 항상 다시 돌아오는 특성을 갖고 있으며 동시에 전형적인 양가감정에 해당된다. 그 점에서 모든 갈등경험은 개인적인 특성과 전형적인 형태 외에 인간 현존 속에 있는 근본 모순에 근거한다는 것을 받아들일 수 있다. 서로 반대되지만 존재의 실제적인 요구하에 '어떤 방법으로든지' 조화롭게 해야만 하는 밑바닥에 깔린 욕구 사이에서 항상 다시 그리고 새롭게 구별되어야 한다. 이러한 근본 모순의 결과로 긴장이 감도는 생활 때문에 개개인에게 '저절로' 일생 동안 때때로 너무 견디기 힘들어지게 된다. 습관적인 생각과 익숙했던 행동과정들이 새로운 경험과 익숙하지 않은 사건들에 의해 혼란에 빠지게 된다. 계속해서 거기에 생존적인 근본문제가 작용하면 할수록 더 반복상황이 생기게 되며 마침내 특정한 삶의 갈등이 자리 잡게 된다.

삶의 갈등은 구제가 시급하다. 그것은 한편으로는 자주 목회상담의 필요성을 요하는 기회가 되며, 다른 한편으로는 특별한 방법으로 목회상담을 요구한다.

따라서 목회상담을 위해 기본 정의를 내리면 다음과 같다.

인간적인 삶의 갈등은 근본 모순과 관련된다. 그것은 고통스럽고 괴로운 긴장이 감도는 다양하고 매우 복잡한 경험으로 이루어진다. 삶의 갈등의 각 요소들은 불안과 믿음의 경험 그리고 권리의 주장과 죄의 경험이다. 개인적인 삶의 갈등은 개인에 따라 형성된 역사가 있으면서 전형적인 특성을 지니고 있다. 삶의 갈등은 피할 수 없는 것이다.

목회상담자에게 그러한 갈등을 다룰 때 항상 위에서 언급한 요소들과의 의도적인 접근과 더불어 우선적으로 정보, 즉 갈등이 발생하게 된 원인의 역사와 형성하게 된 역사에 대한 인식이 중요하다. 또한 그와 함께 그것들의 역할에 관한 지식이 중요하다.

개념정의에서 분명하게 나타나는 쌍의 조합들이 이미 암시되었다. 불안과 신앙, 마찬가지로 요구 주장과 죄는 '상반되는 한 쌍' 으로 생각된다. 언급한 모든 구성요소들은 거기서 연합구조를 형성한다. 그것들은 일반적으로 특정한 핵심 주제를 형성한다.

1. 불안 다루기

불안과 신앙은 내용정의에 의하면 서로 변증법적인 관계 속에 있으며, 그 관계 속에서 설명된다. 물론 거기서 분명해야 할 것이 있다. 이러한 주제를 다룰 때 지금까지의 모든 시대는 이 두 가지 현상과 관련하여 근본 원인과 결과에 대해 어떠한 언급도 하지 않았는가! 실제적으로 그것은 다음과 같이 말할 수 있다. (그리스도교) 신앙은 불안의 결과에서 생기는 것으로 다만 불안을 방지하기 위한 방법으로서 목회학에서 이해되지 말아야 한다.[1] 계속되는 모든 논제는 이러한 확신에 근거한다.

---

1) 이러한 일반적인 주장은 변증적인 의미에서 중요하다. 또한 의도된 갈등을 다루는 것으로서 목회상담 사역에서 '처음부터' 매우 특정적인 조건에 반대하는 것이 중요하다. 그것은 다름 아닌 전적으로(그리스도교) 종교 또는 신앙은 세상 또는 현실에 대한 불안을 없애거나 보상하는 수단일 수 있다는 조건이다. 명백하게 실제적인 방어행위와 원리적인 종교비판이 이런 제한적 입장과 결부된다. 신앙은 실생활의 요구들에 관해서 '도피적인 태도' 로 설명된다. 그렇다면 결과적으로 모든 목회상담은 다만 적당한 도피 가능성을 중재하는 것이다. 목회상담에서 단지 보기에 노력하는 삶의 극복이 세상에서 현실과 거리가 먼 후퇴를 위한 권고로 빠지게 한다.
두 가지 삶의 표현이 구별된 관계방법으로 불안과 신앙 사이에서의 긴장관계를 보는 것은 목회상담 대화의 첫 번째 내용이 된다.
이러한 관점에 피스터(O. Pfister)의 연구가 도움이 된다. O. Pfister, *Das Christentum und die Angst*, Frakfurt a.M./Berlin/Wien, 1985. 이 연구는 자유주의 신학자와 정신분석가들(이 책의 199쪽 이하 참조)에 의해 이미 1944년에 제시되었던 것이다. 고전적인 이 책의 처음 부분은 불안의 이론(신경증적인 사람의 경우와 일반 사람의 경우)을 제시한다. 두 번째 (역사적인) 부분은 모세 이전과 고대 셈족의 종교부터 예수와 가톨릭, 종교개혁을 지나 계몽주의와 신그리스도교에 이르기까지 이스라엘 그리스도교 역사 속에 나타난 불안 해결과 형성에 대하여 다루고 있다. 끝으로 세 번째 '종교적으로 정화하는' 부분은 그리스도교를 통해 불안문제를 근본적으로 해결하고자 한다. 그것에 의하면 다른 불안문제를 해결하려는 요구하에 개별적인 신앙 가르침이 중요하기 때문에 '그리스도교 사랑 원리의 의미, 즉 인생에 꼭 필요한 이상으로서 하나님 사랑과 이웃 사랑 그리고 자기 사랑의 내적인 일치' (452쪽)를 회복하는 것이다. "하나님의 모든 가르침은 예수의 의미에서 이해된 '하나님은 사랑이시다' 라는 말로 보다 빛이 나야 한다. 사랑이 충만한 하나님의 자기 규정이 예수에게서 일어난 것처럼 자비, 정의, 관용으로, 그러나 힘든 징벌의 고통이 주어지는 것이 두려워서 물러나지 않는 놀라운 진실함으로 지켜져야 한다. 왜냐하면 그 진실함은 선에서 출발하기 때문이다." (481쪽) 이 책은 1975년 재판(Olten und Freiburg i.Br.)에서 본회퍼에 의해 책의 서문이 쓰였으며 불안의 이론에 대한 계속적인 발전(예: 자기애의 이론)이 언급되면서 보완되었다.
기초적인 불안과 신앙의 관계에 대해서는 다음을 참조한다. G. Schneider-Flume, Angst und Glaube,

1) 불안, 두려움 및 분류의 문제: 키르케고르

불안 다루기(항상 그런 것처럼 사람들은 이러한 현상을 경험하고 해석한다)는 일반적으로 목회상담 사역과 그 능력에 해당한다. 그리고 다음과 같은 상황이 따른다. 불안은 인간과 인간의 영역에서(그러나 하나님-세상-인간관계에서) 어디서나 영향력 있는 경험요소로 받아들여진다. 실제적으로 불안의 경험이 없는 사람은 존재하지 않는다. 인간은 각자 불안에 대한 자신의 특별한 태도를 통해 다른 사람과 구별된다. 그러므로 불안은 다양한 형태로 어쨌든 갈등을 형성하거나 구조적으로 갈등 형성에 관여한다.[2)]

이러한 관계 속에서 무엇보다도 먼저 목회학에서 특히 중요한 경험의 차이가 문제다. 불안은 두려움과는 다를 수 있다. 불안은 '대상 없이' 생기는 것이며 정신을 공포에 이르기까지 절대적인 위협상태의 혼란스러운 상황으로 옮겨 놓는 것으로 설명된다.[3)] 이와 달리 두려움은 항상 대상이 존재한다. 한 인간이 신명한 사건 앞에서 앞으로 일어날 결과에 대해 확실하게 두려워하는 것이다. 그러므로 '용감하게' 이 사건에 다가가거나(용기가 입증된다) 두려워하는 사건을 피하게 된다(무기력하게 보인다).[4)]

동시에 불안과 두려움에 대한 경계설정은 경험에서 그리고 경험적으로 나타낸 이론에 따르면 매우 어렵다는 것이다.[5)] 그럼에도 불구하고 목회상담자의 실습을 위해 차이

ZThK (88) 1991, 478 이하. 이러한 관점에서 우선 이 논문의 '서론' 이 중요하다.

2) 어원과 말의 의미에 대해서는 다음을 참조한다. *Der Groβe Duden*, Band 7. Etymologie, 25. "불안(Angst): 독일과 네덜란드 언어권에 제한된 명사 형태(중고 독일어: angest, 고고독일어:angust, 네덜란드어: angst)는 '곤란, 가슴을 죄이는 듯한 불안' 의 의미로 좁은 의미의 인도유럽어군에 속한다. 예를 들면, 다른 인도유럽 언어에서 나온 라틴어 angustus '좁은' , angustiae '곤란, 궁지, 어려움' 을 비교하라."

3) 예로 시험불안이 있다. 이는 처음에 분명하게 제한되어 있는 것처럼 보인다. 즉, 그냥 단순히 시험의 불합격에 대해 염려하게 된다. 더 가까이 나가서는 곧 분명해진다. 즉, 거부될 때 전 인생계획과 관계구조를 위해 표면상으로 무제한적이면서 막대한 결과를 기대하게 된다. 이렇게 이해할 수 없는 결과현상들은 시험에 대한 본질적인 불안성격을 결정한다.

4) 예를 들면, (그러나 종종 비유적으로 사용되는) 실질적인 것이 요구되는 수영교실에서 '물속으로 뛰어들기'

5) R. Schmidt-Rost, Art.: Angst und Furcht, *WdC*, 65. 슈미트-로스트는 이렇게 서술하고 있다. "인간 존재의 본질적 특성으로서 불안이 요즘 공공연하게 관심의 대상이 되고 있다. 감정으로서, 육체적으로나 정신적으로 영향을 미치는 자극과 사건으로서 불안은 다양한 학문에서 인간 존재와 삶에 대하여 연구되고 의미를 부여하고 있다. 불분명한 또는 대상과 관계된 감정으로서 불안과 두려움의 구별에 관심을 갖게 되었지만 일반적인 언어 사용에서 불분명하게 체험하게 된다."
불안과 두려움의 구별은 레비트에 의해 좀 더 분명하게 상대화되고 있다. Eugene E. Levitt, *Die Psychologie der Angst*, 5. Aufl., Stuttgart/Berlin/Köln/Mainz, 1987. 학문적으로 순수한 개요로 접근한 불안에 대한 다양한 이론과 오늘날 불안의 입장에 대한 이 책에서 레비트는 다음과 같이 서술하고 있다.

를 두 가지 근거로 제시해 보면 다음과 같다. 하나는 모든 불안상황은 두려움의 반응과는 대조적으로 가능한 철저하게 모든 의지의 호소로부터, (거부의 경우 그것으로부터 출발한) 도덕적인 평가로부터 자유로워야만 한다. 다른 하나는 목회상담적으로 갈등을 해결하는 불안과의 접근에서 이를 가능한 멀리 두려움으로 바꾸는 것과 쉽게 객관화하는 작업이 중요하다.

불안은 그렇게 원칙적인 문제이기 때문에 여러 (인문)과학 분야가 이 현상에 대하여 관심을 갖고 연구하는 것은 놀라운 일이 아니다. 주어진 상황에서 최소한 신학적, 철학적, 심리학적 불안 대처방법의 틀을 언급해야 한다.

학문들 사이에 논의되고 있는 '공공연한 질문' 은 거기서 목회상담 사역을 위해 특별한 의미가 있다는 것이 입증된다. 그것은 불안이 인간의 삶과 경험에 꼭 필요하고 본질적인 요소인가, 아니면 갈등에 동반되고 그 결과로 인한 현상으로서 해결을 해야 하는 온전한 인생과 경험을 방해하는 현상인가 하는 질문이다.

현대에 와서 키르케고르(Sören Kierkergaard)가 불안현상에 대한 신학적이면서 철학적인 이해와 설명을 하고 있다. 그의 가장 알려진 논문은 바로 「불안에 대한 정의(Der Begriff Angst)」[6]다. 우리의 상황을 위해 특별히 중요한 '키르케고르 이해' 에 대한 사상의 단계를 설명과 함께 요약하고자 한다.[7]

키르케고르에게 (우선) 두려움과는 다르게 불안은 선과 악 저편에서 생기며 존재한다. 신화적으로 이야기하면 그것은 '인류의 타락으로' 거슬러 올라간다. 거기서 (발달심리학과 일치하여) 선과 악의 구별은 인간이 획득한 능력이라는 것이 전제가 된다. 이러한 도덕적인 구별능력은 이중적인 분류 속에서 작용한다. 그 능력은 하나는 개개인 발달사에서 정해지는 특정한 시점에서 시작된다(양심은 '교육되어' 의무와 책임감을 정신적으로

"반응을 불러일으키는 자극과 반응의 특성 그리고 반응의 균형을 근거로 불안과 두려움이라는 서로 다른 구조를 구별하려는 노력을 해 왔다. 임상적인 상황에서 이러한 매개변수는 확실히 유용 가능하다. 그러나 불안과 두려움이라는 서로 다른 구조들은 연구와 이론에서는 가치가 없다. 그러므로 대부분의 경우 불안과 두려움을 구별하지 말 것과 아마도 여러 가지 사소한 의미의 뉘앙스로 교환 가능한 특징으로 생각할 것을 권장한다." (20쪽)

목회상담 사역에서 구별하는 것이 '확실히 유용할 수 있다는 것' 을 고집하고 이를 강조하는 것이 왜 의미가 있는지는 계속해서 예를 들어 밝혀지게 된다.

6) S. Kierkegaard, Der Begriff Angst, *GW 11.* u. 12. Abteilung, Düsseldorf, 1958, 39–44.

7) 비슷한 요약을 예를 들면, 실천신학자 오토 핸들러와 마르틴 슈라이너에게서 찾을 수 있다. O. Haendler, *Angst und Glaube,* Berlin, 1950, 14 이하; M. Schreiner, *Gemütsbildung,* 2. Aufl. Göttingen, 1994, 79 이하.

자리 잡아 가게 해야 한다). 그리고 나면 성인이 된 어른은 선과 악을 서로 뚜렷하게 구별할 수 있다. 다른 한편으로는 특정한 의식상태와 연결된다. 즉, 원리적으로 이미 습득된 능력은 상황적이면서 실제적이 되어야 한다(양심이 발동되어 불안하게 반응한다).

앞서 말한 대로 불안은 우선 선과 악 저편에, 즉 양심 형성 저편에, 그리고 '양심적인' 걱정 저편에 존재한다. 그러나 그것은 동시에 다음과 같은 것을 의미한다. 불안은 무지와 (정신적인) 수면상태와 연관되어 (다시 우선) '무죄' 에 해당된다. 그러나 '깨어 있는 성령에 의해' (즉, 습득된 지식과 깨닫게 된 의식에 의해) 이루어진 분류는 존재하지 않는다. 반대로 두려움은 이러한 분류의 가능성에 의존한다. '죄' , 곧 지식과 의식은 두려움과 일치한다. 그것은 나에게 또는 나를 통해 잘못되게 할 수 있다. 불안에 사로잡힌 인간은 그것을 (아직) 알지 못한다.

이러한 선과 악 저편에 자리 잡은 불안상태에서는 오히려 유일한 양자택일만이 의미가 있다. 모든 것이 나와 함께 '어떤 방법' 으로 존재한다. 그 안에서 나는 (불안을 제거하는 방법으로) 안전하다. 또는 모든 것이 나와 함께 '더 이상 존재하지 않는 것' , 포기되는 것, 허무에 의해 위협당하는 것이다. 이러한 위협은 나의 태도와 아무런 상관이 없다. 그것은 (이해한) 분류(왜, 누구의 행동 또는 허락에 의해)가 마치 자기가 한 것처럼, 또는 예측하지 않고 일어난다. 그것은 먼저 그리고 무엇보다도 불안은 선과 악 저편에서 작용한다는 것을 의미한다. 불안은 그 대상으로서 '허무' 가 있다.

그러나 지금 인간은 일생 동안 또는 영원히 '선과 악 저편에' 존재할 수 없다. 인간이 그의 발달과정 중에 그리고 발달과정에서 의식하지 못한 존재에서 분류되어 영적인 존재를 위해 불안을 없애는가? 결코 그렇지 않다. 변화된 정신적, 영적 조건하에 불안은 본질적인 '인간' 을 위해 근본적인 역할을 한다. 불안은 자유와 일치한다! 불안은 이러한 자유를 결정적인 자리에서 표현한다.

어떻게 그것이 개별적으로 이해될 수 있을까? 가까이 보면 불안 없이 인간은 선택의 가능성이 없을 것이다. 불안 없이 인간에게 세상이 절대적으로 안전한 '시대의 변천' 으로서 나타날 수 있을 것이다. 선과 악은 점점 분류하는 성령으로 단순히 옳거나 틀린 취급방법이 되어 버릴 수 있기 때문이다. 그것은 정통하고 영적인 행위의 도움으로 지키는 방책과 위협하는 방책을 구별하는 것에 좌우될 수 있다. 노력할 만한 가치가 있는 상황인가? 전혀 아니다. 그러나 (지식과 '분류하는 성령' 에 의해 그의 존재를 당연히 지킬 수 있다는 잘못된 생각에서) 인간은 지금 항상 (보기에) 옳은 것을 행하도록 촉구하며 강요당할 것이다. 인간은 현실 극복을 위한 다양한 가능성 사이에서 선택의 여지가 없게 될 것이다. 항상 생활을 방해하는 악을 몰아내고 생활을 장려하는 선을 행하는 것이 중요할 것이다. 그러나 이 세상에서 인간으로서 자신의 생활에 안전을 부여하려고 하는 것은 단지 착각일 수 있다.

계속해서 이러한 방법으로 안전을 가져다줄 수 있다는 생각은 '인류의 타락에 의한' 근본적인 착각이다. 이 세상은 오직 표면적으로 안전한 '시대를 통한 변천' 이기 때문이다. 그 세상은 영원히 지속되는 것이 아니라 영원한 대상으로서 '허무' 를 지니고 있다. 그렇다면 불안은 '인류의 타락' (무죄에 의한 경우로서)에 따른 중요한 역할을 하게 된다. 불안은 '허무' 가 여전히 존재한다는 것을 지속적으로 암시한다.

계속해서 불안 자체가 '깨어 있는 성령' (이 성령은 거기서 단순히 선과 악을 분류하는 것에 머무르지 않는다)에 의해 이해될수록 이 불안은 인간 존재의 근원현상에 해당된다는 것이 더욱 분명해진다. 불안은 선과 악 그리고 옳고 그름의 영원한 가치를 수용하는 것은 하나의 착각, 더욱이 전형적인 착각 자체라는 관점에서 원초적인 지식이라는 것이 증명된다. 그것은 전혀 아니다. 모든 세상적인 것은 영원하다. 모든 선과 악은 상대적이다. 옳은 행위를 통해 안전하게 되는, 또는 위협적인 행위를 줄일 수 있는 모든 노력은 실패로 끝나 버린다. 불확실에서 안전을 향해 강요된 '세상의 관례' , 사건의 결과는 없다. 그렇기 때문에 인간은 '불확실 속에서' 지속적으로 새롭게 선과 악(상대적으로 안전하고 위험한 것 사이에서)을 결정해야 한다. 거기에 지속적으로 도처에서 허무가 위협하는 불안으로부터의 결단이 항상 존재한다.

그래서 '깨어 있는 성령' (불안 밑에 깔려 있고 불안에 의해 의식하도록 열려진 불안에 대한 '근원지식' 을 인식할 때)이 인간에게 지속적으로 선택 앞에 서게 되는 경험을 해야 한다는 것을 보여 주고 있다. 어떤 행동이 선한 것(안전한 것)이며, 어떤 행동이 악한 것(위협적인 것)인가? 이러한 선택의 가능성으로 인간은 동시에 자유를 경험한다. 그것은 혼란스럽게 하는 자유다. 그래서 자유로 인도하고 모든 자유 속에서 공명하는 불안은 '자유의 망상' 에 빠지게 된다. 불안은 성숙하여 개별화되고 성장한 인간 존재의 특성이 된다.

이러한 상황에서 불안은 끼어 넣고 열거하여 기본 요소, 인간의 본질이 되었다. (아직 '성령이 부재한' 창조물인 어린아이와 동물은 확실히 불안을 갖고 있지만 그것을 알지는 못한다. 불안은 그들의 경험과 의식과는 멀리 떨어져 있다. 그들은 불안에 의해 완전히 '흡수된다.' 불안은 피조물을 지니고 있지 피조물이 불안을 지니고 있는 것은 아니다.)

이러한 윤곽에서 오늘날 '불안경험에 대한 상반 감정의 양립' 이라는 것이 매우 분명하게 나타난다. "불안은 공감적인 반감과 반감적인 공감이다." 라고 키르케고르는 말하

고 있다.[8)]

불안 없이 인간은 자신에 대해서도 세상에 대해서도 이해하지 못한다. 불안 없이 인간은 자기 자신의 풍자화에 빠지게 된다. 불안은 의미를 만든다. 그러므로 그것은 풍요한 세계관을 위해 꼭 필요하다.[9)]

2) 불안에 대한 심리치료적 접근: 프로이트

이제 (삶의) 현실에서 불안은 유쾌하거나 단지 흥미 있는 기본 감정과는 확실히 다르다. 인간은 (아마도) 불안 없이는 심리적, 영적으로 '더 빈약' 하다. 그리나 인간은 일반적으로 불안이나 그로 인한 결과에 의해 상당히 고통스러워한다. 그러므로 어떻게 인간이 불안을 '저지하면서' 접근할 수 있는가라는 질문이 나온다. 더욱이 불안을 '질병처럼' 취급하지 않고, 즉 가능한 광범위하게 영향 미치는 것을 제한하면서 불안을 생활에서 쫓아낼 수는 없는가가 문제가 된다.

그러므로 불안은 '단지' 외적인 현상으로서, 즉 특별히 괴롭고 좌절되고 제한적인 상황에 부수적으로 따라오는 현상과 그 상황 결과에 따른 현상으로 이해할 수는 없지 않는가? 설사 생활이 실제적으로 항상 잘 되지 않았더라도 이러한 현상이 근본적으로 모든 것을 다룬다고 생각할 수 없지 않는가? 그러므로 불안은 무엇보다도 직 · 간접적으로 나타나는 불안현상 때문에 심리치료적으로 접근되어야만 하지 않는가? 모든 목회상담은 불안을 극복해야 하는 과제를 안고 있다. 그리고 불안이 꼭 필요한 것은 아니지만 있는

---

8) S. Kierkegaard, 위의 책, 40. 서술된 경험상황은 분명히 정신분석가인 발린트(M. Balint)가 '스릴' 또는 '불안을 즐기는 것' 으로 설명한 정황에 해당된다. M. Hoffmeister, Michael Balints Beitrags zur Theorie und Technik der Psychoanalyse, *PZJ III*, 250 이하. 여기서 그 현상을 설명할 때 그네 또는 회전목마로 돌아가면서 '재미로' 옮겨 타는 것과 관련해서 말하고 있다. "……몇몇 사람들이 불안하여—절망되어 나쁘게 고착되는 반면, 그들이 다시 굳게 견디어 낸다면 불안을 즐기면서 경험하게 된다—두려움을 뚫고 지배할 수 있는 확신된 희망 속에서 모험과 외적인 위험을 의식한 도전을 즐긴다."

9) 무슨 생각을 했는지에 대한 해석을 위해 하이데거의 책에서 나온 각주를 참고한다. M. Heidegger, *Sein und Zeit*, 6. Aufl., Tübingen, 1949. "불안이 근본적으로 존재한다는 것은 특히 생존을 나타내는 것이다"(185쪽). "두려움에 관해서는 특정한 방향으로부터 가까이 다가가는 중단될 수 있는 불리한 내면세계의 존재다"(185쪽). "불안에 관해서는 내면세계적 존재가 아니다. 협박하는 것은 어디에도 없는 것이 불안의 특징이다"(186쪽). "불안이 무엇에 관하여 두려운지는 '내면세계 그 자체' 이기 때문이다"(187쪽). "걱정한다는 것은 원래 직접적으로 세상으로서 이 세계를 해명하는 것이다"(187쪽).

그대로 그것은 '종말론적인 선취' 관점에서 꼭 필요한 이 세상적인 고통의 한가운데 있는 것인가?[10)]

심리학적-의학적-치료적 영역에서의 다양한 불안이론에 접근하게 되면 질문이 더 나오게 될 것이다. 여기에 다시금 불안의 존재와 역할에 대한 정신분석적인 해석(해석의 모든 변천과 함께)이 큰 영향을 끼쳤다.[11)]

무엇보다도 광범위하게 알려진 '불안' 의 현상을 이해할 수 있는 현상의 틀로 더 가깝게 관찰해야 한다. 그런 다음 '프로이트 범주' ('키르케고르 범주' 와 비교하여)에서 그 관점을 더 가까이 설명해야 할 것이다.

불안은 볼 수 없고, 들을 수 없으며, 냄새 맡을 수 없다. 그러나 결과에 따른 감정을 정돈하는 '그 영향력' 은 관찰될 수 있다. 그 영향력은 불안에 대한 질문을 하게 하며 결과로 원인을 추리하게 한다. (즉, 나는 목회상담자로서 내담자에게서 불안을 단지 '간접적으로' 관찰하게 된다. 나는 그것을 내담자의 태도에서 파악한다.)[12)] 그때 일반적으로 숨 막히면서 조이는 듯한 감정은 불안의 결과로 나타나는 현상으로 육체적 감각을 동반한다. "그러므로 불안은 정신신체 의학적인 과정이다……." 즉, 그것은 육체적인 과정과 정신적인 경험에 의해 동시에 특징지어진다.[13)]

'불안의 영향'[14)]을 분류해 보면 다음과 같이 구별된다. 이해기능의 변화(예: 무지한 공포반응), 육체기능의 변화(위에서 열거한 대로), 태도의 변화(불안은 공격성을 야기하고 도망가게 하고 누군가에게 구속되게 한다).[15)]

---

10) 요16:33("너희는 세상에서 걱정을 하게 될 것이다. 그러나 용기를 내어라. 내가 세상을 극복하였다.")은 전적으로 인간은 일생 동안 걱정에서 자유로운 '하나님의 나라' 를 기다릴 필요가 없다는 것으로 해석된다. 오히려 인간은 예수 그리스도와의 신앙적 동일시 속에서 '극복되는 세상' 과 걱정에서 자유로운 상태를 '선취하는 것' 이다. (그렇다면 물론 지속적인 불안은 '신앙의 연약함' 의 표시로 생각해야만 하는가라는 질문이 제기된다.)

11) 이와 관련하여 다음을 참조한다. D. Eicke, Angst, *PZJ II*, 515 이하; H. B. Flöttmann, *Angst. Ursprung und Überwindung,* 2.verb. Aufl., Stuttgart/Berlin/Köln, 1990.

12) 무엇보다도 주의해야 할 것은 불안과 관련하여 어떤 육체적 현상이 나타날 수 있는가다. 몇 가지 예를 들어 보면 다음과 같다. 몸에서의 내적인 위축과 긴장(위장 부근, 심장 부근, 머리, 하복부), 어지러움의 느낌(예: 키르케고르가 말한 '자유의 현기증'), 구토에 이를 정도의 메스꺼움, 사지 떨림, 진땀, 심장기능의 가속화, 흥분된 호흡, 설사 등이다. 좀 더 자세한 부연 설명에 대해서는 다음을 참조한다. H. B. Flöttmann, 위의 책, 25 이하.

13) D. Eicke, 위의 책, 517,

14) H. B. Flöttmann, 위의 책, 23 이하.

15) 여기서 목회상담자는 감정을 진정으로 받아들이면서 다루는 것이 현대에 와서 힘들다는 것을 분명히 주의해야 한다. 감정세계는 종종 복잡하게 '뒤에 남겨지고' '억제되고' '억압된다.' 그러므로 많은 감

이 모든 것은 다음을 의미한다. 불안은 '어떤 방법으로든지' 모든 사람에게 알려진, 그러나 대부분 단지 간접적으로 마음을 털어놓을 수 있는, 감정으로 단지 다소간 전달할 수 있는 현상이다.

이러한 일반적인 배경에서 '프로이트의 이론'이 이루어진다. 프로이트는 불안을 없애려는 목적과 함께 인간의 불안에 대한 중요하고 영향력 있는 설명의 틀을 입증한다. 여기서 무엇이 중요한가?[16] 다시금 우리의 상황을 위해 중요한 사고과정을 요약하면 다음과 같다.

불안은 인간에게 확고한 역할을 한다. 불안은 위험이 도사리고 있다는 신호와 위협을 받고 있다는 밑바닥에 깔린 암시다. (후기 이론에 따르면 이러한 상태를 프로이트는 '신호불안'이라는 의미로 이해한다.) 그러므로 표현된 긴장감은 (존재가) 위태로워진 상황과 관련이 있다. 그것은 전형적으로 특별한 상태와 연결된다. 즉, 의지할 데가 없는 것이다. 불안과 의지할 데가 없는 상태는 상호 간 원인이 된다. 그것은 더 이상 아무것도 할 수 없는 것이다.

그러나 이제 외부적인 사건들이 불안하게 만들 수 있다. 그것들은 과소평가되거나 과대평가되기도 하고 옳게 평가되기도 한다. 어쨌든 '외부적인 원인으로부터' 불안을 만든다.[17] 불안의 목적은 그러한 위험을 가능한 빨리, 가능한 멀리 제거하거나 피하려는 것이다.[18]

더욱이 외부적인 것이 아니라 내부적인 일들이 자신을 위협하는 것일 수 있다. 나 자신의 본능과 욕구 그리고 목표는 자신을 (겉보기에) 위험에 빠지게 한다.[19]

거기에 무엇보다도 불분명한 것이 남아 있다. 인간이 유아기 발달특성에서, 즉 그 시기의 환경에 '적응'하려는 특성 속에서 결국 인간 본능에 대한 불안이나 자신의 환경에

정들은 우선 단지 원래 상황으로부터 너무 기대한, 그러나 의식된 경험에서 결핍된 감정('감정의 틈')으로 인지될 수 있다. 특별히 이러한 정황으로 불안감을 생각할 수 있다. 그렇기 때문에 목회상담 사역은 특히 사역 자체와 내담자 자신에게 감정세계로 다가가도록 하는 것이 그 본질일 수 있다.

16) 이와 관련된 중요한 자료로는 다음을 참조한다. S. Freud, *Hemmung, Symptom und Angst*, *GW XIV* (1926), 111 이하.

17) 예를 들면, 자동차가 사람을 향해 돌진하고 있고 야생동물이 앞에 갑자기 서 있다. 동물은 심한 굶주림으로 그 사람을 위협하고 있거나 놀려대고 비웃으려는 것일 수 있다.

18) 예를 들면, 불안으로 시험기간에 나타나지 않거나 갑자기 아프게 되는 것이다.

19) 이러한 인지 배후에는 프로이트의 잘 알려진 욕구이론이 있다. 이 이론에서 실제적인 사실로 인해 '불가능한' 상황에서 욕구가 좌절되는 위협을 받으면 억제되고 방해된 욕구충족으로 인한 불쾌감을 본래의 쾌감과 일치되게 한다.

서 일어나는 사건과 대상에 대한 불안을 더 가져야 하는가? 둘 다 아무런 도움이 되지 않는다. 로흐(W. Loch)는 "……본능 욕구와 외적인 위험은 '보상관계', 서로 거울을 비추어 주는 관계에 있어 서로 대신할 수 있기" 때문에 둘은 변증법적으로 서로 관련된다고 서술하고 있다.[20)]

어떤 경우든 쾌락은 지속적으로 불쾌감으로 변할 위험이 있다. 그러나 바로 이러한 변동은 불안 긴장의 기초다. 개인은 본능충족을 완전히 포기하지 말아야 하지만 가능한 불쾌감에서 벗어나기 위해 거기서 타협을 찾아야 한다. 그렇기 때문에 개개인은 이중적인 방법으로 '조심스럽게' 반응한다. 그 하나는 (우선적으로 오히려 '자동적인') 회피적인 태도로부터 기억하고 심사숙고하는 것과 '상황'을 판단하는 것을 배우는 것이다. 그것은 순수한 쾌감원리 반대편에 실제적인 원리가 자리 잡는다는 것을 의미한다. 욕구와 쾌감은 더 이상 단순하게 존재할 수 없으며 그 에너지는 더 이상 단순하게 방전될 수 없다. 그 에너지는 현실적응의 이유로 활동하지 않은 채 있는 것이다. 그것은 억압된 것이다.

그러나 이러한 활성화되지 못한 본능과 흥분상태는 다음과 같은 결과를 낳는다. 정신적 원동력('리비도', 그것이 이끌어질 수 없게 되면)은 '포도주가 식초로 변하듯이' 불안으로 변한다.[21)] 이러한 이해에서 다음과 같은 프로이트의 첫 번째 불안이론이 비로소 형성된다. 억압은 불안을 조성한다.[22)]

그러나 이제 실제적인 원리의 형성은 모든 억압의 결과들과 함께 '그가 살아온 것(Er-lebens)'을 설명한다. 개개인은 억압의 결과로 위험에서 벗어나는 것만을 배우지는 않는다. 더불어 그는 자신의 행동을 조절하고 조정하는 것을 배운다.[23)] 그러나 그것과 함께 불안이 더 이상 단지 '상태'로 나타나지 않는다. 불안은 기능적으로 적응에 들어

---

20) W. Loch, Begriff und Funktion der Angst in der Psychoanalyse, in: Ders., *Zur Theorie, Technik und Terapie der Psychoanalyse*, 2. Aufl., Frankfurt, 1976, 14.

21) 여기서 프로이트의 '국부적 모델'이 작용한다. 즉, 그것에 의해 이제 (상호 간 보완하는 정신상태의 관점에서 '의식적으로나 무의식적으로') 충동 에너지적인 결과가 나타난다. 욕구는 항상 의식적으로 활동될 수 있는 것이 아니라 억압에 의해 무의식 속에 존재하고 있기 때문에 욕구를 운반하는 에너지는 불안상태로 변한다('신호'로서 불안의 기능은 인식된 상황에서는 중요하지 않다).

22) 결론적으로 심리치료사(또는 목회상담가)로서 전문적으로 억압을 없애는 사람은 동시에 불안도 없앤다.

23) 프로이트가 '국부적 모델'과는 대조적으로 '구조이론'을 발전시킴으로써 이러한 프로이트의 현실원리와 현실원리 확정이 125년이 지난 후에도 분명하게 알려지고 있다. 그 이론에 따르면 정신은 '절차', 즉 본능-자아-초자아로 구조화되며 그 원동력에서 결정된다. 행동은 이제 더 이상 본능과 적응능력에 의해서가 아니라 규범에 의해서 결정되는 것으로 보인다. 부모양육과 부모양육의 특별한 구조(오이디푸스 콤플렉스)의 관계 속에서 개개인의 (본능) 다루기를 조절하는 '양심'이 형성된다.

간다. 그것은 본래적인 의미에서 불안을 알리는 신호가 된다. 그것은 내적 또는 외적인 (도덕적인) 좌절의 위험을 알린다. 불안은 (현실적인 상황에서나 충격적인 경험을 신경증적으로 잘못 처리할 때) 좌우명에 대한 위협적인 지나친 요구에 대하여 경고한다. 억압은 항상 작은 악이다. 그러므로 불안은 일생을 통해 (신경증적으로 조건화되고 무의식적으로 고정시킨) 지나친 모든 종류의 요구들로부터 보호한다. 이러한 역할의 관점에서 프로이트의 두 번째 불안이론이 형성되었다. 불안은 억압을 만든다.[24] 이것이 프로이트의 두 가지 불안이론과 그 배경이다.[25]

불안은 하나는 상태로서, 다른 하나는 역할 속에서 보여질 수 있다. 그러나 그것은 어쨌든 방해된 욕구와 관계된다. 또한 그것은 활성화되지 못한 존재의 결과다. 그렇기 때문에 일반적으로 '신중치 못한' 태도로 나타난다. 그러므로 그것은 가능한 전반적으로 저지되어야 한다.

불안에 대한 철학적인 이해와 심리분석적인 이해는 우선 상반된다.[26] 두 입장의 긴장을 어떻게 이론적으로, (실천)신학적으로 다룰 수 있는가?

3) 목회상담적인 관점에서 불안 다루기와 실천

명백한 것은 목회상담은—어떤 입장을 가지고 목회상담을 실행하든지—불안을 인지하고 불안을 다루지 않고서는 생각할 수 없다. 그렇기 때문에 이러한 현상과의 적절한 접근은 무엇보다도 먼저 여러 곳에서 경험할 수 있는 불안현상을 이해하려는 매우 다양

---

24) 질론적으로 고정되거나 학대적으로 엄격한 '초자아의 요구'를 심리치료 또는 목회상담으로 완화하려는 사람은 그와 관련된 불안을 아무런 역할을 하지 못하게 하며 불필요하게 한다.

25) 프로이트의 이 두 가지 불안이론에 대하여 다음을 참조한다. U. Eberenz, Art.: Angst, in: S. Keil (Hg.), *Familien– und Lebensberatung. Ein Handbuch*, Stuttgart, 1975, 57 이하,

26) 정신분석적인 입장에서 로흐(W. Loch)가 통합을 시도하고 있다. 그는 중심점을 나누어서 총괄적으로 설명하고 있다. 로흐는 프로이트에 의하면 불안은 결국 마지막 위험으로서 어떤 것이 분석적으로 이해할 수 없는 것인지를 생각하는 것으로 관련시킨다. 그는 덧붙여 다음과 같이 서술하고 있다. "여기 프로이트의 깊은 통찰이 실존철학의 핵심으로 설명된다. '불안은 무가치를 드러낸다. ……확실히 실제적인 의사로서 우리는 환자들에게 삶을 가능케 하는 목적이 있으며 이러한 관계 속에서 시작된 생각을 끝까지 수행하는 것이 우리에게 문제는 아니다. 우리는 문제들을 안고 있는 환자들을 전문적으로 돕고 인간 조건의 근본적인 실존인 불안과 끝내 버리려고 한다. 우리는 키르케고르와 이렇게 말할 수 있기 때문이다. '적당히 걱정하는 것을 터득한 사람은 최상의 것을 터득한 것이다……' " (W. Loch, 위의 책, 23).

한 해석과 분류의 틀과 관련된 지식 또는 정보수집을 전제로 한다.

그런 다음 단지 인식적인 지식 또는 정보수집을 넘어서는 특별한 능력, 즉 (전적으로 훈련할 수 있는) 관점의 변화를 위한 능력이 요구된다.

구체적으로 그것은 무엇을 의미하는가? 그것은 이론과 실천에 관하여 인식의 입장에서 주관적으로 잘 정돈된 변화의 능력으로 생각할 수 있다. 그래서 그것은 의도된 다양한 불안(다양한 삶의 상황과 여러 상황 속에 있는 다양한 인간에게 일어나는 여러 갈등상태 속에서의)과 접근할 때 매우 다양하고 상반되는 견해를 현실화할 수 있느냐에 달려 있다. 관점의 변화에 대한 요구는 이러한 관점에서 제한된 기간에 본보기로 '낯선' 시각을 자신의 것으로 만드는 것을 의미한다. 관점에서의 그러한 변화는 물론 개인이 다른 개인에 대하여 공감(Empathie)을 발전시킬 수 있는 것과 고정된 공감과 반감 없이 제한적으로 '낯선' 정신상태, 완전히 다른 태도가 되어 보는 것, 그리고 거절된 이론의 입장이 되어 보고 생각해 볼 수 있는 것을 따른다. 목회상담 사역은 불안과의 접근에서 특별히 관점의 변화를 위한 능력에 달려 있으며 그렇기 때문에 무엇보다도 먼저 충분한 정보상황과 충분한 공감능력을 전제로 한다.

이에 대해서 가설적으로 예를 들면 다음과 같다. 그것은 불안경험이 다양하게 분류될 수 있다는 것과 그에 따른 상황분석의 필요성이다.

두 목회상담자는 철학적이고 정신분석적인 관점에서 '불안' 현상에 대한 정보를 수집하였다. 그들은 지금 (심사숙고한 논쟁에서) 서로 명백하게 한결같은 두 가지 입장을 주장한다. 첫 번째 목회상담자의 생각은 이렇다. 불안은 인간에게 비로소 삶을 바르게 보게 하는 중요한 기본 존재다. 개인이 회피하지 않고 불안에 맞설 수 있을 때 그는 세상과 자기 자신을 더 깊이 경험한다. 두 번째 목회상담자의 생각은 이렇다. 불안은 무의식적인 갈등의 결과로 나타나는 현상이다. 그것은 불안을 만난 사람이 다시 자유롭게 호흡할 수 있도록 가능한 없애 버려야 한다.

구체적으로 다음과 같은 상황을 생각해 볼 수 있다.

첫 번째 목회상담자에게 한 여성 내담자가 찾아왔다. 그녀는 이렇게 말했다. "저는 잠을 잘 수가 없어요. 밤마다 저는 계속 깨어 있습니다. 하찮은 생각이 머리에서 떠나질 않아요. 그것이 나를 설명할 수 없는 공포 기분으로 가게 합니다. 다시 날이 밝아지게 되서야 안심하게 되지요. 그리고 나면 피곤하고 거의 일을 할 기분이 아니지요. 남편이 저에게 정신 좀 차리라고 말합니다. 우리는 서로 잘 지내고 있지요. 남편은 저를 사랑하고 있어요. 그러나 그것은 나의 이런 내면적인 심리작용에는 어떠한 변화도 주지 못해요. 제가 어떻게 해야 하나요?"

목회상담자는 이러한 곤경에 사로잡히게 되며 동시에 이상하게 흥분하게 된다. 목회상담자는 이렇게 말한다. "한편으로 저는 당신이 압박받는 것을 충분히 이해합니다. 당신은 이 상황을 매우 힘들게 견디고 있습니다. 그러나 다른 한편으로는 당신은 사실을 의식해야 합니다. 당신은 당신의 불안 때문에 많은 사람들에게 속을 터놓지 않고 있습니다. 당신은 그것을 한 번 생각해 보아야 합니다. 이러한 의미에서 당신은 당신의 불안을 의식적으로 받아들여야 합니다."

그 부인은 안심하면서도 당황하면서 반응하게 된다. "아하, 그것을 그렇게 볼 수 있겠군요. 저는 이러한 생각이 저를 도울 수 있을지는 잘 모르겠습니다. 좋은 충고이군요. 그러나 저는 결정적인 상황에서 그 충고를 잊어버리게 될까 봐 불안합니다. 어쨌든 감사합니다. 노력해 보겠습니다."

두 번째 목회상담자의 집에서 '현대 인간 존재 형태와 그리스도교 신앙'이라는 주제로 공개 토론이 열렸다. 이에 관심을 갖고 있는 약 20여 명의 사람들이 참여했다. 한 참여자가 이렇게 말했다. "불안이라는 개념이 저에게는 중요합니다. 저는 키르케고르가 인간 존재를 이해할 수 있기 위해 근본적인 것을 우리에게 말해 줄 수 있다고 생각합니다." 목회상담자는 그에게 이렇게 물었다. "당신은 불안이라는 개념이 그렇게 중요할 정도로 생각되는 경험을 해 보셨습니까?" 참여자가 대답했다. "아니요. 단순히 그 문제에 관심이 있지요. 저는 그에 대해 많이 생각해 보고 관련 책들도 읽고 있습니다."

목회상담자는 그의 생각에 동의했다. "그것은 우연일 수 없습니다. 무엇 때문에 당신이 불안에 대해 그렇게 많이 생각하시는지 한 번 생각해 보세요. 그것을 개인적으로 받아들이지 마십시오. 그러나 아마도 당신의 어린 시절 또는 청소년 시절에 특히 당신의 부모가 당신을 보호할 수 없었던 위협적인 상황이 있었을 수도 있습니다. 그에 대해 한번 생각해 보기 바랍니다." 그 참여자는 분노하면서 분명하게 반응했다. "아닙니다. 저는 키르케고르의 생각, 즉 그의 철학적 또는 신학적 관점에만 관심이 있는 겁니다!"

목회상담자는 확신을 갖고 다음과 같이 말한다. "바로 그것입니다! 키르케고르에게 그를 괴롭히는 아버지가 있었다는 것은 잘 알려진 사실입니다. 그의 모든 생각은 충격적인 청소년 시기의 경험 없이는 전혀 생각할 수 없다는 것입니다. 바로 그렇기 때문에 저는 당신이 바로 신경증적인 불안을 갖고 있는 천재적인 키르케고르와 연관하여 생각할 수 있는 무언가 암시하는 바가 있다는 것을 알 수 있습니다." 참여자는 이제 체념한 듯 듣고 있었다. "그럴 수 있지요! 그러나 저는 모든 것이 다 그렇다고 생각하지는 않습니다!"

목회상담자와 토론 참여자는 근본적으로 무엇이 문제인지 전혀 이해하지 못했고 그런 감정으로 대화는 끝이 났다.

이 두 장면에서 실제로 무슨 결과가 나타나고 있는가?

외형적으로 본다면 같은 형태다. 두 목회상담자는 그들의 정당한 관점에서 불안경험에 대하여 관여하고 있다. 그리고 계속해서 두 사람은 내담자의 내면적인 존재를 평가하는 오류를 범하고 있다. 이에 상담은 어떤 경우에든 점점 더 전달과 이해의 어려움 속에서 끝이 나버리고 있다. 그것은 또한 다음과 같은 것을 의미한다. 본래적인 질문은 곳곳에서 그때마다 매우 다른 수용의 입장을 강조하면서 회피되고 있지 않은가! 이렇게 불만족스러운 과정에 대하여 무엇을 해야 하는가?

① 두 목회상담자를 요구에 따라 상담하게 하거나 경우에 따라서는 바꿀 수 있을 것이다. 그것은 지금까지 대부분 목회상담자들의 자기 이해로 인해 분명하지 않으며 일반적으로 이미 외적인 사실 때문에 실패된다.

② 또한 상황분석과 문제분석을 하고 서로 조정하도록 시도할 수 있다. 이 경우에 우선 상황분석이 이루어져야 한다. (도입질문: 불안에 대한 목회상담적인 접근에서 어떤 상황이 어떤 관점을 요구하는가? -기본 규칙: 가능한 적게 일반화하여 개별적인 질문에 들어가야 한다. 자유로운 집단상황에서는 그와는 반대로 개별적인 것과 관련된 심리학적인 취급은 제외된다. -구별화: 개인적인 관점에서 이루어지는 불안경험의 상황들은 이론적이며 일반적으로 부가된 관점에서 설명된 상황과는 차별 있게 구별되어야 한다.) 그런 다음에 문제분석이 진행되어야 한다. (도입 질문: '불안' 이라는 주제가 어떻게 만나서 자극이 되고, 고통을 받지만 꺼리게 되고, 관심을 갖게 되고 흥분하면서 문제가 되는가? -기본 규칙: 점점 더 내담자와 목회상담자에 의해 함께 '정신적인 연합체계' 의 방법으로, 불안문제를 이미 의도적으로, 그리고 직면하거나 여전히 감추고 회피하면서 만나거나 또는 만날 수 있는지 이해할 필요가 있다. -구별화: 그런 불안을 일으키게 하고 그 불안과 관련된 질문을 하게 하는 가장 다양한 삶의 상황과 정황이 있다. 특별하면서 개개인과 연결된 불안으로

이끌게 하고 상응하는 삶의 사건을 탐구하게 하는 가장 다양한 삶의 전기가 있다. 그리고 가장 다양한 불안이 있다. 그 불안은 다소 꽉 조이는 듯하며, 다소 위협적인 경험을 하게 하며, 다소 점점 단계적으로 나타나기도 하며, 다소 감추어진 채 (예를 들면, 정신신체의학적인) 파장을 일으킬 수도 있다.)

이러한 기본 통찰과 과정방법을 지금 다시 한 번 위의 두 상담에 활용해 본다면 추가적으로 다음과 같이 말할 수 있다. 첫 번째 상담에서 어느 날 실제로 내담자에 의해 설명된 불안증세 배경에 결국 내담자가 아직 전혀 깨닫지 못하고 있거나 아직 회피하려고 하는 세계관적인 (신앙)문제가 있는지 질문하는 것이 내담자에게 중요할 수 있다. 이러한 방향에서의 계속적인 질문과 논쟁을 위해 내담자의 정신을 '활발하게' 움직이게 하며 급격하게 영향을 미치면서 지배적으로 고통을 주는 불안상태를 우선적으로 다루어야 한다. 여기서 목회상담은 인내가 매우 필요하며 종종 빠른 결정에 연루되기도 한다.

두 번째 상담에서는 철학적인 관심을 보인 토론 참여자에게 감추어진 개인적인 불안이 문제일 수 있다. 이를 의식화하는 것은 주제가 되어 토론이 되고 있는 대화의 모임에서, 즉 직접적으로 직면한 상태에서는 분명히 불가능할 것이다. 물론 똑같은 상황에서 다른 집단 참여자의 '완전히 다른 문제'가 주관적인 경험내용이 내포되고 변화하는 것을 중요시하는 새롭고 낯선 질문에 대하여 생각하도록 키르케고르를 존경하는 참여자를 자극하는 것을 생각해 볼 수 있을 것이다.

항상 다시 언급되고 모든 상황에서 가능한 회피적인 태도를 이런 상황에서 절대로 평가절하된 의미로 언급되지 않고 불안문제의 중요한 부분으로서 스스로 진술하게 받아들이고 다루어야 한다는 것이 궁극적으로 강조되어야 한다. 불안방어는 보호할 수 있고 억제할 수 있다. 그렇기 때문에 이 두 기능의 어떠한 것이 상황적으로 '곤란을 넘주게(not-wendigere)' 할 수 있는지에 관한 결정은 목회상담적인 특별한 자격이 전제가 된다.

결국 두 목회상담자에게 그들 자신의 태도를 돌이켜 보며 완전히 다르게 그려진 태도에 대하여 토론하여 나중에 언급된 관점변화의 의미에서 곰곰이 생각해 볼 것을 권해야 한다.

관점변화와 필요한 정보상황에서 공감을 위한 이러한 능력에 계속해서 차이가 따를 수 있다. 불안—어떻든 지금 이해될 수 있고 설명될 수 있는—은 단지 두려움에 의해 생기는 것만이 아니다. 그것을 넘어서서 매우 다른 불안사건과 불안의 특성이 존재한다는 것이다. 그러므로 개개인의 갈등의 경우 목회상담자에게 결정적인 질문은 다음과 같다. 어떤 종류의 불안이 개개의 경우 본질적인 역할을 하는가?

거기에는 조잡한 규칙이 필요하다. 시간적으로 그리고 발달적으로 좀 더 일찍 불안을 일으키는 상황을 경험하게 될수록 더 위협적으로 질문하게 되고 실존적으로 더 불안전하게 된다. 인간은 더 인상적으로 불안을 느끼게 되고 그러한 느낌으로 일생 동안 특정한 상황에서 재경험된다. 그렇게 본다면 불안경험의 확실한 '단계' 에 대하여 말할 수 있다. 후기 인생단계에서 나타난 '청소년기' 의 불안은 '더 일찍' 형성된 불안에 근거를 둔다. 이는 다시 '좀 더 어린 시절' 인 출생에 가까운 실존적인 불안의 상황에서 근거를 찾는다. 그러므로 불안을 구별할 때 상응하는 다양한 불안경험을 연속적으로 이어지는 정신적 발달단계에서 '경험의 핵심' 이 되는 각각의 (좌절된) 욕구와 쉽게 연결시킬 수 있다.[27)]

목회상담의 과제는 계속해서 갈등의 경우 불안에 대한 진보적인 '객관화' 가 이루어지도록 시도하는 것이다. 어려움을 만드는 '근심' 과의 논란을 자제하고 구체적인 과제 설정에 집중하는 것이 중요하다. 거기서 다소 진전되는 정신발달 상황에서의 개별적인 불안경험에 대한 상이한 발생사 관점에서 다음과 같은 (아직 매우 중요한) 구별이 유리할 수 있다.

갈등상황에 대한 목회상담적인 관점에서 예를 들어 구별하면 다음과 같다.

- 무의미에 대한 불안과 여성적인 또는 남성적인 확신과 매력 부족에 대한 불안
- 징벌과 양심의 위기에 대한 불안
- 관심과 소유의 상실 그리고 소외와 빈곤에 대한 불안
- 친밀(처음에는 나쁘게 물들게 되고 갑자기 깨어질 수 있는) 또는 '자기 파괴' 까지 가는 점점 증대되는 관계단절에 대한 불안

27) 이 입장에서 가능한 진정으로 받아들이고 이해하는 것으로서 프로이트의 정신발생학적인 발달심리학의 특징에 대한 언급이 충분히 이루어져야 한다.
그것에 의하면 (피부)접촉과 의도적인(예를 들면, 환경에서 이루어진) 관계에 대한 욕구를 위해 세상 속으로 인간이 들어가는 것으로 나타난다. 여기서 충분한 욕구충족이 결여되면 관계영역에서 매우 힘들게 이해하게 되는 불안이 나타날 수 있다.
비슷하게 이른 시기에 핵심적인 먹이공급에 대한 욕구가 채워지지 않으면 불안이 생길 수 있다. 그리고 나중에 더 분명하게 나타나는 공격적인 욕구가 좌절시키는 억압으로 나타나면 불안으로 이끌 수 있다.
결국 아동발달 시 성적인(생식기적인) 욕구가 경험의 중요한 부분으로 나타나고 다양한 이유에서 그 욕구가 다 채워지지 못하게 된다면 그 결과는 아마도 동반자와의 관계에서 성역할과 능력에 관련하여 불안이 올 수 있다.
이러한 중요한 주제에 대한 상세한 것은 나중에 '욕구행동' 이라는 용어로 더 설명될 것이다.

결국 주어진 상황에서 불안에 대한 목회상담적인 접근은 아직 '특별한 언급' 으로 이해해야 한다. 점점 증대되는 자기애적인 경험구조에 대한 주제가 옳다면 이러한 개별적인 불안에 깔려 있는, 그리고 그 불안들을 동반하고 강화하는 자기가치 문제(Selbstwertproblematik)는 언급된 불안과 불안의 단계와 종종 잘 연관된다. 그렇다면 (총체적인) 거부불안, (총체적인) 자존감 상실이 가장 큰 문제다. 그런 문제에 부딪힌 개인은 자기 자신과 사람들 앞에서는 물론 하나님 앞에서도 아무런 가치를 느끼지 못한다. 마침내 살아야 할 가치와 구원받을 가치가 없고 완전히 잃은 상태의 끝이 없는 불안이 생각뿐 아니라 감정까지도 가득 차기 때문에, 위로적인 훈계는 그렇지 않다는 (성서적인) 인용이 큰 효과가 없듯이 그렇게 큰 영향을 미치지 않는다. 모든 (자기) 의심과 연관된 이러한 불안을 털어놓고 점차적으로 상대화하는 것은 절대적으로 목회상담 시역에서 특별한 도전이 된다. 이러한 '전인적인' 불안을 부분적이고 상황적으로 경험된 불안으로, 그리고 거기서부터 두려움으로 전환시키려는 모든 시도는 이러한 과정에서 특히 절박하게 신앙과 관련된 질문을 유도해야 한다.

종합적으로 이러한 입장을 확실히 하면 다음과 같다. 불안경험에 대한 다양한 접근은 목회상담적인 갈등을 다루는 데 전제조건이 된다. 목회상담자에게 상응하는 필요조건은 두려움의 불안을 제한할 수 있고 '불안' 현상의 다양한 (인식과 처리 구조적인) 접근을 고려해 보고 불안에 대한 다양한 내용과 종류뿐만 아니라 그 원인의 등급을 인식하는 것이다.

2. 신앙에 대한 접근

신앙이 단지 불안의 결과현상, 불안방어로 이해하지 않는다면 불안에 대한 신앙의 본래적인 관계에 대하여, 동시에 무엇보다도 (인생)갈등에서의 신앙의 역할에 대하여 질문해야 한다.[28] 불안경험과 비슷하게 신앙은 존재에 대한 생생한 기대로 표현되는(또는 피습

28) 불안은 신앙이 부족한 것을 의미하지 않는다는 것을 슈나이더 플루메(G. Schneider-Flume)는 인상 깊고 신학적으로 간결하게 (드레버만과의 비판적인 토론 속에서) 강조하고 있다. 몹시 불안한 예수의 죽음과 관련하여 먼저 분명하게 다음과 같은 질문이 제기된다. "그리스도교인들이 자칭 불안으로부터 자유로운 나사렛 예수의 모습에 따라 세상에서 내면적으로 벗어날 수 없다면 불안과 신앙은 서로 어떤 연

러가 말한 '삶의 확신'. 이 책 368쪽 참조) 기본적인 존재의 표현으로 이해한다.[29] 신앙 존재는 그것과 더불어 처음부터 삶의 불안과 긴장관계에 있다. 그 관계는 이러한 기대를 정신적 긴장영역으로 바꾸며 중요한 문제 제기를 한다.

계속해서 불안과 비슷하게 신앙을 인간의 발달과 관계된 경험으로 이해한다. '신앙의 단계'는 언급된 불안경험의 단계와 똑같은 관점에서 일치한다.[30] '불안의 기본 형태'[31]가 본질을 규정하는 형태 속에서 성격 형성에 관계한다면 그것은 또한 '신앙의 기본 형태'에 의해 받아들여져야 한다. 성격구성에서 전형적으로 완화된 존재의 기쁨(신앙 순간으로서의)은 전형적으로 긴장한 불안 순간과 반대된다. 거기서 긴장과 안정은 경험의 보충적인 양식으로 이해될 수 있다.

반대로 개인적인 특성에 따른 신앙의 각 방법은 개개인의 성격유형에 영향을 받는다. 바로 이러한 견해로부터 목회학적으로 결정적인 입장에서 개인 특성에 따른 신앙의 가능성이 제시된다. '신앙에 관한 목회상담적인 접근'에 대한 질문을 가지고 이를 문제 삼아야 한다(이 책의 380쪽 이하 참조).

관이 있는가? 십자가 앞에서 하늘에 계신 초월적 아버지에게로 도망가는 것이 더 이상 가능하지 않다면 신앙인들은 불안 가운데서 누구를 믿을 수 있는가?" (G. Schneider-Flume, *Angst*, 491)
먼저 그것은 다음과 같은 것을 의미한다. "진정한 곤란과 억압은 하나님과의 관계에 대한 위협으로 다시 한 번 경험되기 때문에 불안은 하나님에 의해 경험됨으로써 더 강해진다" (492쪽). 그러나 그것은 다음과 같은 것을 의미한다. "세상의 불안에 의해 관계된 하나님은 불안에서 나오게 된다. 그것이 그리스도교 신앙의 희망이다" (493쪽). 그렇기 때문에 "……그리스도교 신앙은 불안으로부터의 자유에 대해서 말할 수 있는 것이 아니라 단지 불안과 더불어 살아갈 수 있도록, 즉 위험을 인식하고 불안은 하나님이 떠난 것이 아니기 때문에 희망이 없는 것이 아니라는 확신에 대해서 이성적으로 다루는 능력을 고무시킬 수 있다. 오해가 일어나지 않기 위해 다음과 같은 사실을 덧붙여야 한다. 신앙은 불안을 자극하지 불안을 보장하지 않는다. 또한 그리스도교인들은 불안에 떨 수 있다" (494쪽).
그러나 어쨌든 불안을 만들고 상응하는 운명으로 경험되어 현실에 고착하는 것은 마지막 말이 아니다. 왜냐하면 하나님이 나와 함께 불안에 거하신다는 신앙은 "……한 차원적인 현실 이해에 맞서서 위로의 상징을 새롭게 열어 놓는 것이기 때문이다. 그것은 현실을 창조적으로 새롭게 하시는 하나님 자비의 관점이다" (위의 책, 같은 곳).

29) 사람이 '신앙이 있는가 없는가'에 대한 질문은 경험의 다른 상황에서 나온 것이다. 그 질문은 여기서 시도된 신앙의 정의에 관한 것이 아니라 성인으로서 신앙이 (그리스도교 상징구조의 틀에서) 하나님 사상에서 세워진 현실 개념에 관련되거나 그렇지 않고 세계관적으로 '하나님 없이' 다르게 반응하는 양자택일에 관한 것이다.

30) 핸들러(O. Haendler)는 '불안과 신앙(Angst und Glaube)'이라는 기초연구에서 '신앙의 분류(Schichten des Glaubens)'와 관련하여 다음과 같이 구별하고 있다. ① 원초적 신앙, ② 핵심 신앙, ③ 주변 신앙(84쪽 이하).

31) 리이만(F. Riemann)은 그 제목으로 쓴 그의 책에서 프로이트 사상을 변화된 성격학의 틀에서 이해했다.

계속해서 한계에 대한 언급을 먼저 하고자 한다. 조직신학적인 고찰과 그리스도교 신앙을 그러한 것으로 생각하는 것은 다만 목회학적인 관점에서만 다루어질 수 있다. '그리스도교 신앙' 이라는 주제에 대한 원리적인 문제 제기는 갈등의 경우 축적되어 목회상담적인 반응을 일으킬 정도로 광범위하게 문제가 된다. 이러한 가정하에 신앙의 어떤 요소와 형태가 각각의 (인생)갈등과 갈등 극복에 연결되고 그것들이 목회상담 사역을 위해 어떤 (본보기적인) 의의가 있는지를 인식할 수 있다.

1) 신앙의 요소들

(1) 호기심

개인으로서 성립되고 그것에 따라 주위 환경에 대해서 수동적으로, 그리고 능동적으로 '생동감 있게' 느끼는 것은 주어진 모든 상황에서 호기심을 전제로 한다. '인식과 관심의 관계분석' 을 오늘날 철학적 정신이 매우 확실하게 다룰 때 호기심은 어느 정도 '관심' 과 관계가 있다.[32] 호기심은 점점 더 깨닫게 되어 육체적, 정신적, 영적으로 성장한 인간에게 '그의' 현실을 전한다. 모든 것이 존재하는 것과 호기심을 가지고 만나는 것은 개인에게 점점 더 그가 속한 이 세상이 무엇인가를 이해하게 한다.

호기심을 표현하기 위해 가장 잘 알려져 있는 특징 중 하나는 질문하는 것이다. 생물학적으로 이러한 가능성은 건강한 방법으로 호기심을 갖고 질문이 많은 어린아이 (유명한 악명 높은) 세대에서 생각할 수 있다. 그때부터 인간은 물론 내적으로 활발할수록 더 개방적으로 호기심 있게 인생 동안 지속적으로 질문하게 된다. 우리가 옳게 본다면 신앙은 무엇보다도 경험할 수 있는 모든 것에서 이루어지는 그러한 질문에 있다.

신학자 에벨링(G. Ebeling)은 이러한 상황에서 다양한 질문의 종류를 중요하게 구별하고 있다.[33] 그것에 따라 인간은 본래 전혀 알지 못하는 것에 다가갈 때 질문할 수 있다. 또한 인간은 '알려는 관심' 때문에 질문할 수 있다.[34] 그러나 그것은 다음과 같은 것을

32) J. Habermas, *Erkenntnis und Interesse*, Frankfurt a.M., 1968/1973, 9.

33) G. Ebeling, *Das Wesen des christlichen Glaubens*, Tübingen, 1959, 1.

34) G. Ebeling, 위의 책, 1 이하. 물론 에벨링은 호기심의 현상을 이러한 목회학적 상황에서 그것을 다루는 것과는 완전히 다르게 평가한다. 그렇기 때문에 그는 이렇게 서술한다(1쪽). "질문에 대한 관심은 순수한 관심일 수 있다. 그러나 그것은 알고자 하는 압박일 수 있다. 처음에는 호기심으로 불타 그것에 관심

의미한다. “분명히 아직 다른 종류에 관한 질문이 있다. 나를 이 관점 또는 저 관점에서가 아니라 자기 존재에 접근하는 그러한 질문이다. 예를 들면, 그것은 현재의 정신적인 상태에 대해 질문하거나, 사랑이란 또는 죽음이란 도대체 무엇인가라는 질문을 할 때 의미가 있다. 그러한 질문을 다룰 때 나에 대해서 분명히 말하지 않더라도 사실상 나에 대해서 말하는 것처럼 그에 대해 말할 수 있다. 그것은 나와 관계된 질문들을 다루기 때문이며, 그 질문 속에서 나 자신이 나타나고 나 자신이 문제가 되기 때문이다.”[35] 그것은 또한 다음을 의미한다. “그러한 질문의 답은 당연히 나 자신에 관한 표현을 내포한다. 그러나 거기에 그 이상의 것이 있다. 나는 질문하는 자이면서 동시에 질문되는 것의 일부가 되기 때문에 나는 질문되고 대답이 유도되고 여기 주어져야 하는 대답을 함께 책임져야 하는 사람이다.” “그렇기 때문에 영원히 대답할 수 없으며 해결할 수 없는 질문들을 다루는 것이다.”[36]

이 입장을 정리해 보면 다음과 같다. 신앙은 호기심에 의해 주어지는 질문들과 관계된다. 모든 질문들—환경과 관계된 또는 자신의 존재와 관련하여 항상 이루어질 수 있는 것과 같은—은 어떠한 한 방법으로 이 세상에서 널리 퍼진 관계들을 점점 이해하게 된다.[37]

이 있을지라도 엄격하게 말해서 상관없는 것에 대하여 질문한다.”

재질문: 이 세상에 무엇이 존재하는가? 결국 본래 상관없는 것인가? 조심스럽고 모욕을 회피하려는 이유에서 호기심이 상황적으로 중단되어야 한다는 것은 완전히 다른 문제다.

35) G. Ebeling, 위의 책, 2.

36) G. Ebeling, 위의 책, 3.

37) ‘신앙’ 의 현상을 목회학적으로 올바르게 평가하려는 이러한 접근과 동시에 종교심리학과 종교교육학 영역으로 다가가는 것은 분명하면서도 피할 수 없는 일이다. 그래서 슈바이처(F. Schweitzer)는 인생 전기인 핵심 부분에 “하나님과 세상을 이해하는 것(Gott und die Welt verstehen)’ 이라는 제목을 붙였고, 여기서 무엇보다도 피아제(J. Piaget)의 계승을 따라 ‘인지심리학의 영향’ 을 다루고 있다.

여기서 그는 개인의 영적이고 정신적이며 종교적인 발달을 촉진하는 점진적인 단계에 근거를 둔다. 슈바이처는 그것이 종교적인 발달을 위해 문제가 있다는 것을 발견한다. “여기서 종교적 판단 또는 신앙의 단계들을 전체적인 의미에서 일치하려는 것은 가능하다. 그러나 그 단계들이 엄격한 의미에서 서로에 근거를 둘 정도로 연관되어 있다는 내적인 논리가 있는지에 대해서는 아직 불확실하게 여겨진다. 한편으로 인지 구조적인 심리학에 의해 설명된 단계들을 유용한 의미로 받아들일 때, 그리고 단계의 연속성과 관련하여 조심스럽게 처리할 때 공개된 이러한 연구상황을 가장 쉽게 올바르게 평가하는 것이다” (163쪽). 이러한 주의는 바로 우리의 사고과정에 적합할 수 있다.

바로 이러한 사고과정은 파울러의 책에서 잘 설명되고 있다. James W. Fowler, *Stufen des Glaubens. Die Psychologie der menschlichen Entwicklung und die Suche nach Sinn,* Gütersloch, 1991. 파울러는 서론 ‘인간의 신앙’ (25쪽 이하)을 세미나 참여자들을 위한 질문목록으로 시작한다(예: “당신은 무엇을 위하여 전력을 다하고 있습니까? 그리고 무엇이 당신으로 하여금 전력을 다하게 합니까?” “당신은 어

(2) 적응

계속해서 사고의 과정은 다음과 같다. 호기심 어린 질문과 함께 인간은 자신의 영역을 확장된 이해를 통해 넓혀 나간다. 그러나 그는 똑같이 그 영역에 적응해야 한다. 또한 그것은 인생(신앙)의 과제다. '적응(Anpassen)' 이라는 개념은 이러한 관계 속에서 잘못 이해하는 것이다. 어떻든 굴복의 자세로 (어린아이 같은 또는 어른의) 기회주의 같은 것은 아니다. (이러한 구별은 '신앙' 이라는 현상을 정립할 때 결정적인 의미가 있다.) 오히려 '함께 맞추어 가는(fitting together)' 틀에 의한, 즉 상대방에 대해 그리고 상대방과 함께 다루는 법을 깨달아 (환경을 변화하는) 인체조직을 다른 것으로 대치하는 방법과 같은 것이며 (자신의 인격을 변화하는) 자가이식 성형술적으로 세상에의 적응과정으로 생각할 수 있다.[38]

그러나 바로 이 적응과정은 모방 또는 동일화와 매우 많이 연관된다.[39] 동일화 개념은 개인은 그와 가까이 관계된 사람의 (인생)목표와 (신앙)관점들을 그들의 사회적인 상황과 직접적인 결과와 더불어 행동에서 무반사적으로 선입견 없이 받아들이고 자신의 태도로 내면화할 정도로 되는 것을 의미한다.

다시 한 번 이런 개념규정에서 '적응(Anpassung)' 에 대해 말하는 것이 아니라 정말로 '순응(Einpassung)' 에 대해서 말하는 것이 결정적으로 중요하다. "삶의 실천의 기본 모델로서 행동을 재구성할 때 함께 행동하고(실제적인 요소), 함께 느끼고(정서적인 요소), 함께 생각하는 것(인지적인 요소)이 중요하다.[40] 그것은 다음과 같은 것을 의미한다. 적

떤 것과 어떤 꿈, 어떤 목적 또는 계획을 위해 당신의 생명을 바칩니까?) 그는 계속해서 말한다. "그것은 신앙의 실눈들이다. 그 실눈들은 우리에게 인생이 중요하다는 것을 나타내는 역동적이고 인상적인 과정을 알도록 도움을 주려고 한다. 그 질문들은 거기서 우리에게 삶을 움직이는 가치와 힘의 중심에 대하여 생각하는 데 도움을 주려고 한다."(25쪽 이하) 그러므로 완전히 다른 상황에서 우리가 주장하는 기본 의도가 적용된다.

38) 심리학적인 관점에 대해서는 다음을 참조한다. H. Hartmann, *Ich-Psychologie und Anpassungsproblem*, 2. Aufl., Stuttgart, 1970.

39) 이 두 개념의 정의와 관계설정에 대해서는 무엇보다도 다음을 참조한다. A. Bandura, *Lernen am Modell. Ansätze zu einer sozialkognitiven Lerntheorie*, Stuttgart, 1976. 여기서 반두라는 이렇게 설명하고 있다(11쪽). "이론적인 토론에서는 모방을 매우 빈번하게 개인이 모방의 영향(즉, K. Winkler와 관련하여 사회모델인 학습)으로 생기게 되는 동일시와 구별한다. 또한 동일시 개념의 사용에 대하여 이해가 적은 반면, 모방을 일반적으로 분리된 반응의 재생산으로 정의한다. 일부 저자들은 그것을 표준이 되는 다양한 태도의 답습으로 이해한다. 다른 사람들은 모델의 상징적인 태도를 생각한다. 또 다른 사람들은 같은 의미체계 …… 또는 같은 동기, 같은 가치와 이상, 또는 같은 의식에 근거를 두고 있다."

40) R. Oerter, *Moderne Entwicklungspsychologie*, 2. Aufl., Donauwörth, 1968, 290과 관련하여 H.-J.

응 없이 개인적인 (신앙)발달은 생각할 수 없다. 그러나 한편으로는 똑같은 상황에서 다음을 의미한다. 관계된 사람과 함게 믿게 된 아이들의 신앙은 독립적인 신앙 이전의 형태로 평가절하해야 하는가, 아니면 나이에 맞는 완전히 가치가 있는 신앙방법으로 보아야 하는가에 대한 질문이다. 사회적인 상황이나 관계된 집단에 의존하고 있는 아이를 덜 성숙된 성인으로서가 아니라 인간 존재의 양식(Langeveld)으로서의 아이로 보아야 한다면, 그가 아이로 있는 한 그것은 또한 그의 신앙방법으로 간주될 수 있다. 어른세대에 와서 습관에 의한 종교적인 태도 형태를 고집하는 것은 성숙하지 못한 인격구조이거나, 인격의 종교적인 부분이 이탈되었거나, 과격한 태도와 더불어 인격이 저하되었다는 증거다."[41] 달리 말하면, 적응은 순응을 항상 다시 끌어내어 변화시키기 위해 위협한다. 바로 신앙영역에서 여기에 특별히 주시해야 할 것이다.

다시 정리해 보면 다음과 같다. 신앙은 이 세상을 이해하기 위한 호기심에 의해 이루어진 질문으로 형성되는 것은 아니다. 신앙은 자신의 환경과의 일치로서 (신앙적으로) 관계된 사람과 함께 환경에 적응하는 동일화 방법에 대해 경험되는 것이다. 이렇게 두 가지 근본적인 신앙의 경험요소를 제시해 보았다. 덧붙여 자기 자신과 세상에 대한 이해와 관련하여 경험영역의 확대가 중요하다면 조화의 경험과 관련하여 점점 사회적 요소를 형성하는 것이 중요하다.

(3) 확신

주어진 상황에서 계속해서 (인생과 신앙의) 확신경험이 중요하다. 우리는 무엇보다도 본래 완전히 다른 경험으로서 최초의 불안에 의한 긴장을 저지하는 정신적인 상태를 확신으로 이해한다. 나는 상황에 따라 긴장하거나 긴장을 풀고 살아간다. 그럼에도 불구하고 거기서 어쨌든 삶은 계속된다. 내외적으로 개인적인 삶이 계속적으로 유지되기 위해 가능한 그리고 필요한, 안전하게 할 수 있는 모든 것이 형성된다. 심리학적인 측면에서 에릭슨(E. H. Erikson)은 이러한 상태를 이미 많이 알려지고 종종 가장 다양한 상황에서 사용되는 개념에서 '원초적인 신뢰'로 설명했다.[42] 이 원초적인 신뢰에 똑같이 근본

Fraas, *Religiosität*, 71 참조.

41) H.-J. Fraas, 위의 책, 72.

42) E. H. Erikson, *Kindheit und Gesellschaft*, 5. Aufl., Stuttgart, 1974, 특히 'Das Wachstum des Ich' 참조 (183 이하).

적인 '원초적 불신' 이 처음부터 긴장을 갖고 부합한다.

그러나 신학적인 분야에서 '확신' 이라는 개념은 특별한 의의가 있다. "복음적인 확신은…… 삶의 확신이면서 신앙의 확신이다."라고 뢰슬러(D. Rössler)는 서술하고 있다.[43]

윰겔(E. Jüngel)에게 신앙의 확신은 다음을 의미한다. "신앙의 확신은 나를 보증하는 관점에서 다른 관점으로 이끌기 때문에 무엇보다도 중요하다. 어떤 사실을 확신하고 있는 사람은 보증이 필요 없다. 보증은 의심하기 때문에 필요한 방법이며 불신에서 오는 실제적인 결과다. 반대로 확신은 신뢰와 관계된 것이다. 신뢰는—인간과 관계되어—그의 편에서 믿게 된 사람의 신뢰에 의해 전해지는 것이다. 그러나 신뢰가 신뢰에 의해 전달되는 곳에서는 보증이 필요하지 않다. 상호 간의 신뢰관계에서 오히려 저절로 자연스러운 개방(Entsicherung)이 이루어진다. 확신은 신뢰를 내포한 것으로서 결정적인 역할을 한다."[44]

그러나 그것은 실제적으로 다음을 의미한다. 그러한 '개방적인' 확신 없이는 결국 정체성 경험은 존재하지 않으며, 자존감은 생각할 수 없고 신앙과 관계될 수 없다.[45] 여기서 우리는 사람의 변화와 긴장 그리고 기대로 엮어지는 인생의 화복에서 경험하는 인간은 동일한 인물로 바꿀 수 없다는 것을 확신하는 인간의 특별한 능력으로 정체성을 이해한다. 그리고 우리는 똑같은 상황에서 개인으로서 하나님과 세상을 '확실히 알아' 인지(승인)되고 확인되는 감정으로부터 활기를 창조해 내는 자신에 대한 모든 관점으로서 자존감을 이해한다.

정리해 보면 다음과 같이 말할 수 있다. 신앙은 (호기심에 의해 움직여) 이 세상에서 자신의 존재에 대해 이해하는 데 도달하게 한다. 그것은 환경과의 조화로서 성공적인 적응의 길을 경험하는 것이다. 그리고 신앙은 내적인 (삶의) 확신과의 관계 속에서 생존을 가능케 하는 정체감과 자존감의 근본 요소가 된다. 그리고 계속해서 신앙 개념과 관련하여 수신 경험영역의 확장과 섬섬 사회적인 권한이 문제가 될 때, 똑같은 상황에서 '확신' 하에 마침내 삶의 활기가 전개된다. '갈등의 경우' 필연적으로 상황의 변화가 중요하다면 이것으로 매우 근본적인 요소들이 언급되었다는 것을 쉽게 인식할 수 있다.

43) D. Rössler, *Grundriß*, 349. 여기서 계속해서 관련 참고문헌이 소개된다.

44) E. Jüngel, *Gott*, 228.

45) M. Klessmann, *Identität und Glaube, zum Verhältnis von psychischer Struktur und Glaube*, München/Mainz, 1980; Hans-Jürgen Fraas, *Glaube und Identität. Grundlegung einer Didaktik religiöser Lernprozesse*, Göttingen, 1983.

더 나아가 다음과 같이 생각해 볼 수 있다. 신앙의 역할을 여기서 주장하고 있는 관점에서 생각해 본다면 언급된 인생관 외에도 그 인생관에 근거한 신앙경험과 연결될 수 있는 각 태도방법을 제시해 볼 수 있다. 그 태도방법은 다음과 같이 이해해서 설명할 수 있다.

언급된 이해를 근거로 신앙에서 새로운 행위가 나타나며 구조화될 수 있다. 그렇게 되면 인간은 추가적으로 행위의 장(Handlungsspielraum)을 얻게 된다.[46] 이러한 배경에서 신앙은 고백(Bekenntnis)을 불러일으키며 구조화할 수 있다. 그렇게 되면 인간은 인간적인 관계 속에서 의식적으로 개인적으로 '선 판단(Vor-Urteil)'을 한다. 그는 더 이상 마치 '사람이' 내면적으로나 외형적으로 모든 적응에서 단순히 '순응'하려고만 행동하지 않는다.[47] 확신을 가지고 신앙은 위기를 극복하고 그것과 연결된 판단상황을 끌어내며 구조화하도록 돕는다. 그러면 익숙하지 않은 어려운 삶의 상황에 있는 사람은 일어서게 되며 문제를 부정한 채 그 상황을 회피하지 않는다.[48]

이상의 것들이 신앙요소들이다.

'확신'이라는 말은 특히 어떻게 어떤 방법으로 확신을 신앙 안에서 심리학적인 과정으로 이해하거나 심리학적으로 '설명'하는지에 대해 납득이 가도록 이해시킨다. 신학과 심리학의 생산적인 공존에 관한 열린 질문이 여기서 중심이 된다. 그렇기 때문에 본질을 규정하는 신앙요소인 '확신'에 관하여 다음과 같은 구별을 제안한다. 신앙경험에 관한 목회상담적인 접근에서 변형심리주의와 경험심리주의 그리고 심리적 통찰과 인식의 중요한 활용을 분명하게 구별하는 것이 필요하다.

• 변형심리주의: 심리학적인 인식이 목회상담적인 대화에 참여하는 사람들에 의해 꺾이지 않고 '세계관으로' 자리 잡고 있으며 그 세계관에 의해 심리학적인 인식이 신앙영역에 적용되고 있다. 그것은 능동적이고 수동적으로, 또는 적극적이고 방어적으로 나

46) 예를 들면, 모든 것을 '신앙으로' 살면서 생각하는 한 여성이 자신의 삶 가운데 있었지만 이제는 성장하여 독립한 자녀들과의 대결 속에서 자기비난으로 인해 괴로워하는 것을 줄이고 관계와 양육문제에서 좀 더 목표대로(그리고 좀 더 폭넓게) 다루고 싶어 할 만큼 죄와 죄책감에 대하여 구별하려는 것을 배운다.

47) 예를 들면, 한 젊은 남학생은 갑작스러운 그의 '종교성'이 가족에게 이해되지 않은 채 그의 부모가 걱정을 하는데도 교회 학생모임에 참여한다. 또 그리스도교 가정의 한 젊은 여학생은 모든 종교성을 '비웃는' 좌익단체의 구성원이 된다.

48) 예를 들면, 부부문제가 있는 한 젊은 여성은 주어진 조건에서 자신의 직업계획과 자녀에 대한 분명한 희망을 특별한 경우로 생각하고 조화를 이룰 수 있도록 시도하는 것을 포기한다. 그녀는 오랜 시간 내면적인 고민 끝에 그 하나(또는 다른 것)를 결정한다. 그러고 나서 그녀는 현재 자신의 일에 대해 확신을 갖고 자각하여 활기 있게 맞추어 갈 수 있다.

타날 수 있다. 능동적-적극적 형태는 '합리적인' 사고다. 신앙의 형태, 내용, 표현은 심리학적인 이해의 틀 속에서 해결되어야 한다. 신앙은 결국 심리학적인 사실일 뿐이다.

그 다음 수동적-방어적 형태는 능동적-적극적 형태와는 마치 '정 반대 측면' 과 같다. 심리학 또는 정신분석에 전혀 관계하지 않고 있음이 틀림없다. 그렇지 않으면 심리학자들이 우월감을 삿고 그리스도인들의 신앙을 '타락시키고 해체해 버리고 망가뜨릴 수' 있으며, '무의미' 의 틀로 축소시킬 수 있다는 것이다. '확신' 은 심리학적인 입장을 지나치게 활용하거나 활용하지 않는 것에 좌우된다.

• 경험심리주의: 여기서는 개별적인 신앙의 표현 속에, 그러나 교리적인 결정에 의해 그리스도교 신앙이 보편타당한 깊은 진실을 신앙 안에 숨기고 있다. 이러한 진실은 분명히 아식 심리학적으로 해명되어야 하며 동시에 실질적이고 실제적인 효과 있는 방법으로 '경험될 수 있세' 해야 한다. 신앙은 그러한 것으로서 진지하게 받아들여져야 하지만 단지 간접적인 방법으로만 결국 직접적으로 경험할 수 있는 현실을 반영한다. 즉, 무엇을 '추가적으로' 심리학적으로 해명해야 하고 깊은 신앙의 의미에서 인식해야 하는지 신앙 안에서 어느 정도까지 '일시적으로' 경험된다.

무엇보다도 그리스도교 신앙은 여기서 투쟁하는 것이 아니고 오히려 '지양' 되는 것처럼 보인다. 더 가까이 주목해 보면, 어느 정도 그리스도교 신앙이 일방적으로 '기본적인' 심리학적 입장으로 상대화되어 보이는 것이 분명해진다. 그러나 바로 이러한 일방성이 문제가 있지 않은가! 당연히 신학적이고 인문과학적인 지식의 상호적인 영향의 관점에서 볼 때 (심층)심리학적인 접근과 통찰은 신앙태도와 성서적인 본문과 관련하여 이해하는 데 많은 도움을 주며 성서해석학적으로 이용될 수 있다. 그러나 이러한 특별한 성서해석학적인 문제 세기는 인식론적으로뿐만 아니라 학문적으로 정확하게 입증되어야 한다.

그렇기 때문에 이러한 관계 속에서 신앙의 증인과 관련하여 경험개념을 정확하게 신학적으로 규정하면서 모든 경험심리주의를 접해야 한다. 랑게(D. Lange)가 서술한 대로 거기서 근본적이고 특별하게 우리의 목회학적 상황을 생각해 볼 수 있다. "경험을 전달한다는 것은 신앙적인 측면에서 확실히 안전하게 하는 것이 아니라 확실한 것에 대하여 더 이상 의심하지 않는 것이다."[49] 또한 헤름스(E. Herms)는 은혜경험에 관한 종교 개혁

49) D. Lange, *Erfahrung und die Glaubwürdigkeit des Glaubens*, Tübingen, 1984, 103.

의 칙령과 하나님 은혜 경험에 관한 언급과 관련하여 인간의 자기 경험은 '전통 비판적으로' 파악할 수 있고 이러한 은혜경험 후에 올 수 있는 것임을 매우 분명하게 서술하고 있다. "우선적이고 결정적인 것은 자신의 감정상태(자신의 기분과 느낌)를 깨닫는 것이 아니라 복음의 의미와 진리를 깨닫는 것이다. 이것은 죄인에게 중요한 신적인 은혜의 의지에 대한 확신에서 이루어진다. 이러한 확신의 경험은 신앙이 붙들고 있는 은혜의 경험이다. 이는 하나님에 대한 '사랑' '신뢰' '기쁨' 의 감정을 근거로 하는 확신에 해당되는 은혜의 경험이다. 이러한 은혜경험 개념에 대한 복잡한 종교개혁의 이해에 근거하여 신앙의 기초로서 '경험' 이 종교개혁 이후 모든 그리스도교 신학과 경건을 위한 전형적인 참고가 된다……."[50] 융겔이 '……십자가의 말씀을 통해 가능해진 경험에 대하여 경험적으로' 말할 때, 결국 그는 여기서 다룬 문제 제기에 분명한 강조를 하고 있다.[51] 그러므로 '확신' 은 매우 다른 경험개념과 관련되는 것처럼 보일 수 있다.

• 경험을 개별화하는 심리학적인 관점의 적용: 신앙의 확신과 삶의 갈등 간의 목회상담적인 접근은 이러한 모든 '위험' 상황에서 바로 반영되는 심리학적인 인식 입장을 손해 보지 않고 상대하지 않을 수 없다. 갈등의 경우 항상 다시 심리학적인 인식의 도움으로 무엇보다도 신앙 부분에서 '매우 확실한' 입장으로 통례적이면서 가능한 행동의 억제를 인식하도록 경험하게 하는 것이 중요하다. 그것이 무엇을 의미하고 어떻게 생각하는지 가장 좋은 것은 다음과 같은 실례에서 잘 나타난다.

한 중년 남성과 여성이 목회상담자를 찾아왔다. 그들은 서로 간에 인격파괴 없이는 더 이상 함께 사는 것을 생각할 수 없는 것처럼 느꼈기 때문에 2년 전부터 별거하고 있었다. 외적인 상황은 주어진 현실에서 가능한 한 어느 정도까지 정리되어 있었다.

남자는 지금 다른 여성과 재혼하고 싶어 해서 빠른 시일 안에 이혼하기를 바라고 있다. 그러나 아내는 지금의 남편과 다시 함께 살고 싶지는 않지만 큰 결심을 갖고 이혼을 반대하고 있다. 그런 생각의 이유를 물어보니 그녀는 그리스도교인이기 때문이라고 말한다. 그녀의 신앙에 따라 한 번 맺은 부부는 이혼할 수 없다는 것이다. 그러나 신앙의 확신에 대하여 그녀는 믿지 않는 남편과 대화하려고도 않으며 할 수도 없다는 것이다. 당연히 그녀의 남편과의 관계는 심리학적으로 설명되는 부조화 같은 것과 관련될 수 있다. 그러나 신앙영역은 이러한 관점에서 완전히 다르며 어쨌든 금기라는 것이다. 그녀

50) E. Herms, Art.: Erfahrung. 2. Theologisch, *EKL* 1, 1067 이하. 인용은 1069쪽에서.

51) E. Jüngel, *Gott*, XIII.

의 남편은 이런 언급에 체념하고 사기가 죽어 반응하였다. 목회상담자 역시 그리스도교인이기 때문에 그는 애초에 목회상담자에게서 아무런 도움도 기대하지 않았으며 단지 그의 아내에게서 요구가 거절되지 않도록 함께 왔던 것일 수 있다. 반대로 그 여성은 확실하고 단호하게 행동했다.

무엇보다도 간직해야 할 것은 아내가 주관적으로 성실하게 행동하고 있다는 것이다. 그녀는 자신의 태도에 대한 타당성과 자신이 옳다는 것을 완전히 입증하고 있다. 의식적으로 그녀는 자신이 말한 신앙적인 진술과 완전히 일치하고 있다. 거기까지는 그녀의 태도에 대하여 의문시할 수 없고 문제화할 때 도덕적인 질책이 중요시될 수 없다. 이 사례에서 특별히 질병, (무의식적인) 복수심과 과격한 경향이 문제가 되고 '그리스도교적으로 합리화하여' 나타나는 것이 명백하다면 이러한 질책은 또한 제기되지 않을 수 있다('합리화' 에서 경험과 행동방법이 이해된다. 그 방법의 본래적인 동기는 인식되지 않으며 그 경험과 행동방법이 형대적으로 논리적이거나 도덕적인 논생의 뒤에 숨겨신나).

목회상담적인 토론에서 어렵지만 중요한 점은 무엇보다도 이 경우에 그 여성의 편에서 신앙의 확신을 원칙적으로 토의에 부칠 필요는 없다는 것이다. 다시 말한다면, 신앙에 대한 특정한 경험방법은 상대적으로 임의로 '금기영역(Tabu-Zone)' 으로 설명된다. 그것은 그것으로 대화에서 제외된다. 신앙에 대한 특정한 경험방법은 적어도 부분적으로 관념화의 표시로 보인다.

그것은 파괴적인 방법으로 문제와 갈등을 고정시킬 뿐만 아니라 대화를 방해하고 관계를 저해하게 한다. 그러나 갈등이 생기게 되면 이러한 방법만으로 신앙태도는 스스로 가능성을 제한한다. 이와 같은 관계를 이해하기 위해, 그러한 것으로 필요에 따라 요구하고 어쨌든 상응하는 입장에 들어가지 않기 위해 목회상담자는 다룰 수 있을 만큼 실질적이고 확실하게 심리학적인 지식에 의지한다. 그렇다면 이것은 이러한 갈등의 경우 신학적인(또는 윤리적인) 판단을 방해하지 않는다는 말인가! 그러나 심리학적인 지식은 신앙태도의 부정적인 영향에 반대하여 변호하게 한다. 그것은 더불어 목회상담 사역에서 변화되고 갈등해결과 관련하여 조직적인 신앙태도가 표출되고 '확신' 을 갖게 될 정도로 이용될 수 있다.

2) 신앙의 형태

(1) 예식화

목회상담자가 관계되어 만나게 되는 많은 사람들에게는 전해진(그리고 받아들여진) 신앙예식이 중요한 역할을 한다. 그러나 이러한 신앙예식은 종종 분열적으로 경험된다. 예식화는 신앙과 관계된 확신을 다시금 안전하게 확보하려는 것으로 생각할 수 있다. 그러므로 예식화된 신앙생활은 평가절하하는 의미에서[52] 매우 쉽게 되풀이되는 지루한 행위와 같다. 그렇다면 그리스도교 신앙의 확신에 대한 일상적인 표현은 더 이상 엄격한 주의와 감정적인 것만으로 이루어질 수 없는 것으로 보인다. 그것은 오히려 빈 마음과 아무 생각 없는 반복의 기능이 되는 것이다.

그러한 평가에서는 예식화가 매우 기본적인 관계구조를 형성하며, 젖먹이 아기가 엄마와의 접촉을 통해 신뢰를 형성하는 초기 단계를 이룬다는 것을 쉽게 잊어버리게 된다. 그러나 제스처, 흉내, 소리내기, 육체적 접촉에서 사람들 사이에서의 '상호작용' 이 중요하다. 그 사람들은 오랜 시간 걸리지 않고 이러한 방법으로 '분리되지 않으면서' 함께 있을 수 있는 가장 가까이 서로 연결된 사람들이다. 거기서 예식은 항상 다시 돌아오는 거리가 있는 관계 속에서 '안전하고 확실한 것' 으로 경험하게 하며, 거기서 동시에 전형적인 관계형성 방법에 적합하고 전해 내려오는 그들의 예식으로 사회에 '적응하는 것' 을 연습하는 '의미' 를 갖게 된다.[53] 종교적인 태도방법의 틀에서 살고 경험된 예식은 특별한 신앙의 태도로서 '결국' 이러한(중요한 분리단계에서 부모의 상으로부터 서서히 분리되는) 관계구조를 하나님에게 맡긴다. 그는 바로 지금 이 세상과 관계된 개인

52) 짧게 신학을 논하면서 안전을 유도하는 모든 태도에 대한 성급한 평가절하는 결과적으로 매우 특정한 심리학적인 사실을 왜곡시키고 적어도 불명확하게 인식되는 곳에서 목회상담적인 문제가 된다. 안전해지고자 하는 욕구는 확신하려는 노력만큼이나 기본적인 삶의 욕구다. 중요한 목적이지만 사실상의 지나친 요구로서 신앙을 얻으려고 노력하는 많은 그리스도교인들에 의해 경험되어야 할 정도의—특히, 다소 커다란 안전에 대한 욕구가 근본적으로 성격유형에 대한 질문이 되기 때문에 성숙한 정신력은 오직 직접적인 하나님 관계 안에서만이 '안전해' 질 수 있고 이러한 확신에서 당연한 삶의 '보증' 을 포기할 수 있는 것을 의미한다. 그러므로 목회학 분야에서 경험양식인 '신앙에 의한 확신' 과 '신앙 안에서 안전하게 되는 것' 은 단순히 평가하는 의미에서 양자택일적으로 대립되어 있는 것이 아니라 변증법적인 맞물림으로 인식되어야 할 것이다.

53) 이러한 사고과정에 대하여 특히 에릭슨의 고전적인 연구를 참고한다. Erik H. Erikson, *Die Ontogenese der Ritualisierung, Psyche*(XXII) 1968, 481 이하.

의 안전상태와 확신을 모든 삶의 상황에서 나타내는 하나님이다. "감정적인 효과는 초월적인 분리의 느낌인 동시에 두드러진 개체로서 확인의 느낌이다."라고 에릭슨은 서술하고 있다.[54)]

바로 이러한 감정상태는 특별한 신앙태도로서 특별한 역할을 한다. 예터(W. Jetter)에 의하면 신앙은 '……의식적인 행위로 인해 개인적인 삶의 어려움 속에서 새롭게 규정되어야 하는 지속적인 과제의 짐을 덜게 된다.'[55)] 확실히 창의적인 신앙표현의 다양성은 위험을 줄이기 위한 안전한 방법으로서 큰 차이가 없다. "모든 예식은 상반 감정이 병존하는 성격을 갖고 있다."[56)]라는 것을 확실히 하기 위해 예터는 "예식은 지속되려고 하며 기꺼이 이미 영구적으로 보이는 것을 따른다. 예식은 문자적인 의미에서 전통을 전달하는 타고난 수단이다."[57)]라고 계속해서 말하고 있다.

이러한 상반 감정의 병존을 전제로 한다면 지금 양자택일을 고집하게 된다. 하나는 예식이 근본적으로 상징경험을 가능케 한다. 이러한 의미에서 하임브로크(H.-G. Heimbrock)는 '예식의 참여는 (특히 현대사회에서) 순수한 수용을 능가하는 개인적인 경험과 이해 그리고 해석의 과정을 목표로 한다.'[58)]는 것을 강조할 수 있다. 또는 예식이 틀에 박힌 행위로 될 가능성이 있으며 틀에 박힌 행위에 머물게 된다. 그리고 경험과 행위 부분에서 재상징화 대신 탈상징화가 생기게 된다.[59)]

54) E. H. Erikson, 위의 책, 484.

55) W. Jetter, *Symbol und Ritual. Anthropologische Elemente im Gottesdienst,* Göttingen, 1978, 94.

56) W. Jetter, 위의 책, 108.

57) W. Jetter, 위의 책, 96.

58) H.-G. Heimbrock, *Gottesdienst: Spielraum des Lebens. Sozial- und kulturwissenschaftliche Analysen zum Ritual in praktisch-theologischem Interesse,* Kampen/Weinheim, 1993, 53. 하임브로크는 이러한 입장에서 위니콧(D. W. Winnicott)의 '변화 대상으로서 종교적 예식(Religiöse Rituale als Übergangsobjekte)' (52쪽 이하)과 관련하여 다루고 있다. "그러므로 사람은 예식을 나와 세상 간의 '중간영역' 으로 생각할 수 있다. 종교적 예식을 이렇게 생각해 본다면 사람들은 '나' 와 '현실' 사이의 경험 공간을 이전의 '중간 대상' 에게 비슷하게 털어놓을 수 있다. 그 안에서 다루는 지시는 '내가 아닌 나' 와의 만남처럼 중요한 역할을 한다. 그것으로 예식경험은 심리학적으로 보면 자기발달을 위한 관계 속에 있다. 예식은 자신을 지시하는 힘의 한계를 인식하기 위한 상징적인 표현이 됨으로써 역할을 수행할 수 있다" (53쪽).

59) A. Lorenzer, *Kritik des psychoanalytischen Symbolbegriffs,* Frankfurt a.M., 1970. 여기서 요약된 것을 읽어 보면 다음과 같다. "상투적으로 정해진 태도의 특징은 부족한 인식의 능력-결정-즉각적인 폭발-역행시킬 수 없는 것-익숙하기 위한 자립과 의도적인 경향-환경 구속(즉, '사건' 에 대한 구속과 '사건에 해당한 재현'), 즉 반복의 억압-발달사적인 고정이다. 상투적으로 특정화된 태도가 억압의 결과로서 보이는 것처럼 이러한 모든 특징은 모든 사람에게 존재한다" (103쪽 이하).

바로 이러한 부분에 갈등상황에서의 목회상담적인 토론이 시도되어야 할 것이다. 위험을 줄이기 위한 안전장치 방법에 대하여 근본적으로 문제를 제기하고 안전한 확신을 위해 양자택일적으로 다루는 것이 우선적으로 중요하지 않다. 그러나 예식적인 태도를 '편안하게' 형성하도록 돕고 예식적인 태도가 상징경험으로 변할 수 있도록 '놀이적인 특성'을 마련하는 것이 매우 중요하다.

(2) 교리화

목회상담자는 그리스도교 교리에 부딪히거나 특별한 고집을 갖고 그리스도교 교리에 집착하는 사람들에게 접근해야 한다. 그렇기 때문에 이러한 관계 속에서 신앙과 교리화와의 관계가 중요시되어야 한다.

일반적으로 '교리적인 신앙'은 평가절하된 의미에서 관념 형성, 열광 또는 눈먼 근본주의와 쉽게 동일시된다. 그리고 다시 이러한 상황에 해당하는 '입장'이 양가감정의 성격이 있다는 것을 주의해야 한다. 이미 핸들러는 그의 연구논문 「불안과 신앙(Angst und Glaube)」에서 다음과 같이 서술하고 있다. "교리적으로 형성된 신앙은 사람이 단지 교리에만 관심을 갖는 것이 특징이 아니다. 그러한 신앙의 힘과 문제는 오히려 모든 질문의 주체에 본래적인 가르침이 있다는 것에 있다." "교리적인 형태는 옳게 받아들인다면 기쁘고 자유롭게 진리의 실체로 인도해서 들여보내기 때문에 매혹적인 힘을 갖고 있다." "……교리적으로 정해진 신앙의 강도는 풍요로움 속에서 고갈되지 않는다. 공동적인 인식작업은 그 가르침으로 올바른 길을 찾아내고 도처에서 경험할 수 있는 인식의 틀을 이루어 낸다. 교리는 가진 것을 사용할 준비가 되도록 만드는 규칙이며 그것을 동화할 수 있도록 만드는 하나의 틀이다."[60]

목회상담에서 교리적으로 규정화된 신앙을 다룰 때 긍정적인 면도 있지만, 너무나 자주 그것과 연관되어 이념화될 가능성이 있다는 것을 분명히 해야 할 것이다.[61]

이와 관련하여 무엇을 터득해야 하는가? 여기 감정적으로 나타낸 인식의 한계가 제시되어야 한다. 모르겐슈테른(C. Morgenstern)의 시에 근거한 다음과 같은 말은 우리에게 다시 한 번 생각하게 한다. 즉, 자신을 위해 '되지 말아야 하는 것은…… 될 수 없기 때

60) O. Haendler, *Angst,* 107.

61) 이 개념의 다양한 활용과 구별에 대해서는 다음을 참조한다. K. Lenk (Hg.), *Idelogie,* 4. Aufl., Neuwied/Berlin, 1970; J. Barion, *Was ist Ideologie?,* 3. Aufl., Bonn, 1974.

문에' 어느 정도 인생을 '제한적으로' (그러나 거기서 끈질기게 목표를 향한 노력으로) 꿋꿋이 살아가는 특정한 사람들에 대해 사람들은 말한다.[62] 그렇게 사는 사람은 비판과 문제 제기를 자신에게 할 필요가 거의 없다.

특별히 신앙에 근거한 이념 형성은 무엇보다도 그리스도교 신앙내용이 경직된 교리화되는 것이 특징이다. 그렇게 되면 사람들은 '그리스도인으로서 원칙적으로 허락되지 않기 때문에 특정한 것을 행하거나 또는 생각하거나 느낄 수 없다고 여긴다. 그러나 그것은 다음과 같은 것을 의미한다. 이와 같은 내외적인 현실은 이런 인식이 (제한되고 제한한) 세계관만큼만 인식되게 된다.[63] 다르게 말하면, 현실과 관계된 신앙의 유연성 대신 신앙의 확고함이 가치를 얻는 것이다. 그것은 현실에 가까운 것을 중요하게 여기는 곳에서는 부정적인 영향을 미친다. 여기서 갈등의 경우 목회상담적인 노력이 시도되어야 한다.

단지 교리화된 또는 이념적으로 이해된 신앙내용에 대한 지적인 문제 제기는 물론 거기서 안전장치로 신앙을 갖는 것을 일반적으로 더 강화할 것이다. 그 문제 제기는 특색 있는 방어태도로 될 수 있다. 이것은 실제적이거나 표면적으로 받아들여진 갈등상황을 순수한 이성적인 논쟁의 틀 속에서 명백히 하려는 것이다. 즉각적인 결과는 종종 더욱 분명하게 제멋대로 보이는 논쟁과 함께 독선적인 비난의 교환으로 나타난다. 내담자가 교리적으로(또는 이념적으로) 행동하거나 반응할수록 그는 타협이나 정리된 교정을 통해 세부적으로 그의 모든 세계관과 확신을 배반하는 것에 대한 불안으로 더욱더 괴로워하게 된다. 이러한 불안이 고려되어야 하며 갈등의 경우 우선적으로 접근되어야 한다. 목회상담자 입장에서 비슷한 상황에 대한 핸디캡이 있을 경우, 먼저 그 불안에 대하여 말을 꺼낸다면 교리화된 내담자가 그와 연관된 그의 안전에 대한 욕구에 대하여 들발적으로 문제 제기되는 것을 경험하지 않고 '논쟁' 으로 이끄는 감정적인 부분이 중요한 위치를 차지하게 된다.

그러나 이런 방법으로 교리화된 신앙은 많은 경우에 독단적이며, 이에 '호감이 가지

62) 시의 제목은 '불가능한 사실' 이다. C. Morgenstern, Die unmögliche Tatsache, in: ders., *Sämtliche Werke*, 2. Aufl., Zürich, 1990, 125.

63) P. Mattussek, *Kreativität als Chance*, München/Zürich, 1974, 137. 마투세크는 그의 책에서 정신분석적인 입장에서 우리의 문제 제기에 대하여 서술하고 있다. "정신분석가는 주로 내용적으로 이해된 이념에 대한 이러한 개념보다 특정한 신앙체계 또는 도덕체계가 작용되는 것에 더 관심을 갖는다. 가능한 이러한 태도 중 하나는 이념적인 것이 특징이다. 그것은 자아를 위해 수용할 수 없는 무의식적인 본능적 욕망의 충동을 의식에서 멀리 두기 위해 이념의 내용이 단지 '구실' 이 될 때 존재한다."

않는' 것으로 느껴지게 될지 모른다. 그럼에도 불구하고 그 신앙은 '전형적인' 신앙으로서 신앙의 긍정적인 기능과는 가능한 다르게 이해되어야 하며 최대한 불안으로부터 자유롭게 대화할 수 있도록 만들어져야 한다. 어쨌든 신앙은 목회상담적으로 개인적인 삶의 형태에서 한 부분으로서 이해해야 한다. 신앙은 이러한 틀에서 개별적으로 다루어야 하며 억압하고 갈등을 강화하는 요소로, 또는 상황을 바로잡고 삶을 쉽게 하는 요소로 평가되어야 한다.

(3) 제도화

목회상담자는 그리스도교적으로 각인되어 교회와 밀접하게 연결되어 있는 사람들 또는 신앙을 방해하면서 연결되어 있는 것으로 보이는 사람들을 자주 만나게 된다. 그래서 이러한 관점에서 (최소한 짧게) 신앙과 제도와의 관계에 대해 말하려고 한다. 또한 가칭 개인적이고 '자유로운' 신앙과 반대로 제한된 '교회신앙' 에 대하여 말한다면 평가절하하게 된다. 이러한 문제는 어쨌든 주의되어야 하며 객관적으로 표현되어야 한다. 그렇다면 여기서 무엇이 문제인가?

무엇보다도 일반적인 것이다. 제도는 사회적으로 함께 살아가는 데 포기할 수 없는 부분이다. 제도의 규정을 위해 가장 다양한 이론의 연구가 이루어진다.[64] 이러한 일반적인 틀 안에서 다음을 분명히 해야 한다. 뢰슬러에 따르면, "의견표시로서 이해할 수 있게 되는 종교적 행위는 사회적 행위다. 그러한 행위를 가능케 하는 종교적 제도는 일반적으로 공동체적 행위를 구조화하는 근본적인 사회제도의 틀 속으로 들어가는 것이다. 그렇기 때문에 종교적 제도를 위해서 다양한 이론적인 근거에서 제도의 존재를 위해 일반적으로 인정되는 이유를 입증하고 설명하는 것이다."[65]

목회학적으로 보면, 그리고 그것과 함께 갈등 극복을 목표로 할 때 우리는 신앙의 제도화와 함께 직접적이면서 실제적으로 권위문제[66]에 직면하게 된다. 왜냐하면 '교회적인 제도' 를 다룰 때 제도는 힘을 행사하기 때문이다. 설사 거기서 '교회적인 제도' 를 다룰지라도 제도는 특징적인 고유의 법칙을 전개시킨다. 이 힘과 고유의 법칙은 개인적인

64) 개별적인 이론에 대해서는 다음을 참조한다. D. Rössler, *Grundriß*, 407 이하.
65) D. Rössler, 위의 책, 417.
66) 이 용어에 대해서 다음을 참조한다; D. Rössler, 위의 책, 507 이하.

모든 관심사를 (그것이 정당하게 보이든 그렇지 않든) 행정적으로 '전체' 에 부속시키도록 이끌어야 한다.[67]

이와 관련하여 이 모든 것은 다음을 의미한다. '호기심' 의 동기는 빨리 제한되고, '확신' 은 존속의 안전을 위한 지나친 성향으로 인해 방해되는 것으로 보인다. '예식화' 와 '교리화' 를 위한 밀접한 관계는 유지된다. 그러나 분명하게 강조하면, 우선 신앙영역에서 지금 (자칭) 권위적으로 요구되는 적응력이 나타난다. 여기서 (제도로서) 목회상담적으로 제시된 '교회문제' 와의 토론이 특수한 경우에 고려되어야 한다.

그런 다음 어떤 경험을 근거로 (필요한) 적응이 (조화되지 않거나 견디기 어려운) 순응으로서 경험되는지 매우 구체적으로 질문해야 한다. 계속해서 제한된 대책으로서 어떤 저항태도가 주어진 조건에서 정당하고 의미가 있는지 질문해야 한다. 바로 이러한 민감한 부분에서 파괴적인 논쟁(결과: 내외적인 '분열' 과 함께 체념적인 후퇴다)은 목회상담적으로 구조적인 논쟁(결과: 변화된 행동의 가능성이 열리는 것과 더불어 양쪽 모두의 혁신적인 통찰이다)과 매우 정확하게 구별되어야 한다. 신앙표현의 틀과 경험의 틀이 목회학적으로 토의될 때 어떤 경우든 신앙과 제도의 생산력 있는 관계설정에 대하여 표면적으로 평가절하하는 것을 주의해야 한다.[68]

다시 지금까지의 서술을 요약하면 다음과 같다. 신앙인은 자신의 (그리스도교적) 신앙의 다양한 틀과 일치하면서도 비판적으로 토론해야 한다. 거기서 일반적으로 신앙영역에서 반복하는 안전을 추구하는 동기와 행동 실행을 촉진하는 구조화 동기가 대립되고 있다. 두 이유에서 갈등이 일어나게 되는 특별한 긴장이 올 수 있다. 좀 더 의식적이고 좀 더 나은 접근과 관련하여 다음과 같은 것이 목표로 생각될 수 있다.

신앙의 예식화는 상투적인 행동에 의해 뚜렷해질 수 있으며 가능한 넓게 상징경험으로 바뀌어질 수 있다. 그러나 교리화된 신앙태도는 관념적인 왜곡에 의해 문제가 제기될 수 있지만 그의 기준역할에서 확인될 수 있다. 포기할 수 없는 신앙의 제도화는 불리한 권위 문제와는 분리되어야 하며 조직화된 교회와의 구조적인 협조로서 지지되어야 한다.

---

67) 그에 대한 전형적인 상반 감정이 병존한 입상에서 목회상담자는 내담자에 대한 진술에서 다음과 같이 반영된다. "인간으로서, 그리스도교인으로서 나는 당신의 입장과 저항 그리고 흥분에 대해서 충분히 이해합니다. 교회를 대표해서 저는 물론 당신에게 냉정하게 말해야 합니다."

68) H.-J. Schliep, Seelsorgebewegung und Kirchenleitung. Zwischen Initiative und Institution, *WzM* (45) 1993, 443 이하. 그것은 그중에서도 특히 다음과 같은 것을 의미한다. "개인의 중요한 생활관계가, 즉 때때로 번거롭고 낯설지만 포기할 수 없고 뒤집을 수 없는 관계성을 없애는 것이 제도 안에서 부정적으로 인식될 수 있다. 사람들은 또한 권력을 없애는 것에 대하여 말했어야 했다."

또한 이러한 관점에서 좀 더 생각해 보면, 구조화된 신앙은 갈등의 경우 일반적일 뿐 아니라 진술할 수 있는 신념을 신뢰할 수 있는 전제조건이 된다. 거기서 교리적으로 형성된 신앙지도는 마치 그것이 고정된 관계경험을 갈등과는 상관없이 이해하는 것처럼 명령될 수 있다. 그런 이유로 변화된 행위는 제한하지 말고 믿어야 한다. 결국 교회적으로 제도화된 신앙과의 분명해진 관계는 갈등상황에 대한 접근에서 총체적으로 형성된 경험과 연관될 수 있다.

지금까지 언급한 것이 바로 신앙의 형태다.

3) 신앙에 의한 목회상담

그리스도교 신앙의 요소들과 형태에 대한 목회상담적인 접근은 근본적으로 갈등 많은 인간의 내적(그리고 그것을 넘어 외적인) 경험을 확대시켜 이루어질 수 있다.

그것은 한편으로는 다시 한 번 불안과 신앙의 관계설정이 문제가 된다. 갈등의 경우 불안은 현실을 알기 쉽게 할 수 있으며 현실을 극복하기 위해 신앙을 활성화시킬 수 있다. 그러나 불안은 위축되게 할 수 있으며 안주하려고 할 경우 신앙을 '죽은 행위' 로 전락하게 할 수 있다. 또한 신앙은 지속적으로 존재를 긍정하는 것을 경험할 수 있게 하며 인생 극복의 기본이 될 수 있다. 그러나 신앙은 인식적이고 감정적인 '금기영역' 을 형성하여 개별화된 논쟁을 피할 수 있다. 경험의 독립과 확대는 갈등의 경우 모든 가능성을 생각하고, 그 가능성을 사실과 연결하여 설명으로 옮기며, 그것을 통해 행동 분야에서 변화가 일어나도록 이끌어야 한다.

다른 한편으로 그것은 다시 한 번 인격특성에 따른 신앙(이 책의 325쪽 이하)이 가능해지도록 노력하는 데 있다. 그 노력은 회피하지 않고 공개적이면서 근본적으로 신앙에 대하여 문제 제기를 하며, 이러한 방법으로 그리스도교적인 태도를 설정하여 (삶의) 갈등과 만나게 하는 것이다. 이러한 목표설정에 있어 결국 관계영역에서 (갈등 많은) 도전을 점점 의식하면서 확고한 '내적인 입장' 으로부터 받아들여질 수 있는 것이 중요한 것이 아니다. 이런 목표설정은 한편으로 명백한 구조[69]로부터 분명한 감정의 일치를 전달

69) K. Winkler, Psychoanalytische Aspekte des Glaubens, in: F. Harz/M. Schreiner (Hg.), *Glauben im Lebenszyklus. FS für Hans-Joachim Fraas*, München, 1994, 95 이하.

한다. 그것은 다른 한편으로 자신을 반성하고 문제화하는 것이 아니다. 그것은 바꿀 수 없는 개인의 '내적인 입장'으로서 단지 의사소통할 수 있는 것만이 아니다(또는 목회상담적으로 의사소통할 수 있게 하는 것이 아니다). 또 그것은 개개의 경우 신앙의 기본 요소와 더불어, 신앙의 형태에서 자신의 정신적인 발달사와 그것으로부터 결과적으로 나온 특징적인 태도구조와 신앙구조에 맞아야 한다.[70] 신앙의 이러한 개별적인 기본 요소와 형태에 대한 목회상담적인 접근은 개별적인 갈등상황에 있는 중요한 모든 논쟁에서 항상 통찰을 갖고 접근하거나 내담자와 함께 그 통찰을 목표로 노력해야 할 것이다.

또한 신앙경험에 대한 목회상담적인 접근은 '특별한 언급'으로 이해될 수 있다. 거부에 대한 불안과 자기가치 문제와 관련하여 자기애적인 경험은 신앙영역에서 다소 미묘하면서 공개되거나 은폐된 선택(예정)의식에 해당될 수 있다. 그러한 경험을 만난 사람은 철저하게 하나님은 모든 일상생활과 갈등 속에서도 그와 함께 특별한 것을 계획한다는 확신을 갖는다. 이러한 의식 외에 어떠한 것도 그의 가치를 결정하지 못한다. 그 의식은 동료와 동반자적인 관점에서 의사소통하기보다는 동료를 (보다 뛰어난 임무 속에서) '다루게 하며', 그에 따라서 (인생)갈등을 필연적으로 가져오게 한다.

이러한 내적인 태도와 현실을 의식하는, 자기 의식으로 다시 돌아오게 하는 의도된 노력은 여기서 피할 수 없는 상심과 소외를 느끼는 기간 동안 내내 관계 제공을 유지하는 것보다 특별한 목회상담적인 기량(그리고 민감한 분별력)을 필요로 한다. 그것은 자기 평가에 의해 근본적으로 '아무것도 말하지 않게' 하고 싶은 내담자의 태도에 좌우되지 않는 목회상담적인 관계 제공이다.

'불안'이라는 주제와 마찬가지로 '신앙'이라는 주제는 그때그때 갈등의 경우 가능한

70) 이러한 행동과 신앙구조는 명백하게 [illegible]에 따른 하나님 형상에 해당한다. 이런 입장에서 단지 두꺼운 스크린 속에서 다음과 같은 것이 언급될 수 있다.
일반적으로 하나님은 '아버지 형상'으로 경험되며 '하늘에 계신 우리 아버지'로 말해진다. 자신이 살아온 삶에서 각인된 아버지 설명으로 하나님에 대한 이러한 언급이 항상 다시 강조되고 있다.
그러나 개인은 비슷하게 각인된 어머니 경험으로부터 하나님 형상을 발전시킬 수 있다. 그렇다면 신앙체험에서 더 이상 일반적으로 형성된 아버지 하나님은 적용되지 않는다. 오히려 무엇보다도 분명히 어머니의 모습으로 화해하고 돌보며 조화를 만들어 내는 하나님을 믿게 될 것이다.
사람이 자신의 모든 인생과정 속에서 자기애적인 삶의 영역으로부터 성과와 영향에 관계되어야 한다면 하나님에 대한 상이 다르게 형성되어야 한다. 때때로 인간의 하나님 형상은 경우에 따라서 무한히 위대하고 전지전능한 공상과 일치하게 된다. 인간의 삶의 과정에서 하나님 형상과 그의 역할에 대한 근본적이고 인문과학적이며 신학적으로 확실한 설명을 티어펠더가 그의 연구를 통해 제시해 주고 있다. C. Thierfelder, *Gottes-Repräsentanz. Kritische Interpretation des religionspszchologischen Ansatzes von Ana Maria Rizzuto*, Stuttgart/Berlin/Köln, 1998.

독립되고 주관적이면서도 특별한 인상 속에서 이해되도록 자극하는 경험과 연관될 수 있다. 그러므로 목회상담 사역은 가능한 폭넓게 두 영역에서의 경험을 개별화로부터 출발해야 할 것이다. 그것은 (삶의) 불안을 개인 특성에 의한 방법에서 살펴보는 것과 같이 신앙도 개인 특성에 의한 방법에서 이루어져야 하기 때문이다.

3. 요구에 대한 접근

'요구'라는 말은 갈등의 경우 목회상담적인 인식의 입장에서 감정적으로 많이 지배된 언어다. 삶에 대한 인간 요구의 폭넓은 단계를 어떻게 적절하게 그리스도교적으로 다루어야 하는가? 어디서 이러한 요구가 개별적으로 불안의 긴장을 이완시키는 역할을 하게 되고, 어디서 그 역할로 함께 투쟁하게 되는가? 어떻게 요구의 경험과 신앙체험이 긴장감을 풀고 불안 없이 상호 간에 관계를 맺게 할 것인가?

그리스도교(그리고 그리스도교 목회상담)는 이러한 그리고 비슷한 문제 제기에서 모든 것이 갈등과 분열에 휩싸인 특별한 역사가 있다. 이와 관련하여 충동–자극–욕구–다소 열광적인 욕망이 문제가 된다.[71] 그럼에도 불구하고 '전체적인' 문화와 그 틀에서 신앙문화가 발생하고 존재할 수 있을 정도로 다양한 표현 속에서 열정을 '개별적으로' 나타내는 것은 분명하게 현재와 미래에 새롭게 극복되어야 하는 과제이다. 그래서 그리스도교 역사는(그리고 그리스도교 신앙과 그리스도교 목회상담의 역사)는 인간으로서 필요한 요구경험에 대한 논쟁의 역사다.

그러나 그리스도교 역사는 동시에 현재까지 때로는 더 좋게, 때로는 더 나쁘게 확증된 비난의 태도로 논쟁의 역사를 남겼다. 그리스도교 교회 안에서 그리고 교회와 함께 그리스도교 목회상담에서 '불안'과 '신앙'은 '요구'와 반대편에서 서로 반목시켜 임의적으로 해석하게 했다. 그것은 (아마도 좋은 신앙에서) 근본적으로 모든 인간적인 요구를 유예하고 더불어 근본적으로 비인간적인 것을 요구하게 되었다. 개개인은 그리스도교적으로 자유로워진 것이 아니라 왜곡되었다. 갈등의 상황에서 요구에 대하여 말해야 할 때 이러한 경험영역에서의 모든 분열과 비난의 태도 그리고 그 태도와 연결된 문제점을 목

71) F. Büchsel, Art.: θυμόσ, *ThWNT* 3, 168 이하.

회상담적으로 만날 수 있다는 것은 곧 구조적인 접근의 틀을 찾는 것을 의미한다. 그러므로 가장 광범위한 의미에서 '욕망(에피투미아, επιθυμια)'가 문제라면, 여기서 복합적으로 사용하거나 총체적으로 판단하지 말고 가능한 정확하게 개별화하고 매우 의도적으로 '경험에 대한 의미'에 대하여 질문을 제기해야 한다.

1) 요구에 대한 경험의 근원과 개별화

발달과정에서 다소 의도적으로, 다소 숨겨진 채 '요구'를 주장하는 것을 배우지 않은 사람은 아무도 없다. 다시 말하면, 근본적으로 요구의 행동은 어쨌든 삶에서 중요한 역할을 하고 있다. 물론 개개인에게 있는(그리고 개개의 경우) 배후의 욕구와 본능을 어떻게 다루어야 하는지 질문되어야 할 것이다. 왜냐하면 요구행동은 모든 경우에 이루어질 수 있기 때문이다. 그것은 단지 어떻게, 어떤 가정에서 그러한 요구행동이 생기며, 또는 생길 수 있거나 생겨야 하는지에 대한 질문이다.

• 무엇보다도 첫 번째 구별은 다음과 같다. 요구는 기본적인 욕구로 간주되며 그에 따라 지지된다. 그 배후에 다음과 같은 생각이 있다. 인간이 권리를 주장할 수 있기 전에 그는 어린아이 같은 상대자로서 먼저 '요구하게 되며' 생활에 필요한 '요구'에 의지하고 있다.[72] 격려와 관심은 명백히 실존적인 욕구와 일치한다. 격려와 관심이 다소 친근한 환경에 의해 다소 집중적으로 '자유롭게 처리된다.' 여기서 '자유롭게 처리된다'는 것은 바로 능동적인 반응을 가져온다는 것을 의미한다. 그것은 점점 증가하는 '요구'에 의해 지배된다. 젖먹이 아기는 관심을 얻기 위해 섬섬 더 자신이 할 수 있는 가능한 것(웃거나 손발을 움직이거나 소리친다)을 시도한다. 이러한 기본적으로 작용하는 요구는 자연스럽게 전혀 아무 생각 없는 대도에 해당된다. 그렇기 때문에 그것은 모든 사람들에게 매우 당연한 것으로 보인다.

그러나 여기서 매우 분명한 어떤 것(우리의 특별한 관계를 위한)이 일어난다. 즉, 요구에

72) 쉽게 읽을 수 있고 기초가 확실한, 해당하는 인식 입장과 문제점에 대한 접근을 비이반(Ilsabe von Viebahn)이 그의 책에서 제시하고 있다. I. von Viebahn, *Seelische Entwicklung und ihre Störung*, Göttingen, 1972. 항상 많은 정보를 제공하고 있는 다음 문헌을 참고한다. René A. Spize, *Vom Säugling zum Kleinkind*, 4. Aufl., Stuttgart, 1974; W. Spiel, Das erste Lebensjahr, in: *Die Psychologie des 20. Jahrhunderts XI* (1980), 59 이하.

의해 '관심' 이 깨어진다. 이미 젖먹이 아이에게 점점 분명하게 포기하는 능력이 요구된다.[73] 어린아이는 기다리는 것을 배워야 한다. 그는 욕구를 지체할 수 있는 것을 배워야 한다. 그러나 무엇보다도 이렇게 힘이 드는 습득과정이 길수록 더욱 분명하고 의식적으로 능력의 원칙과 연결된다. 성장한 아이는 불가피하게 다음과 같은 사실을 파악해야 한다. 스스로 어떤 특별한 것을 행하는 사람만이 특별한 요구를 주장할 수 있다. 세상은 오직 유능한 사람에게 속한다는 일상생활의 좌우명이 점점 더 분명해진다.[74]

그러나 한편으로 요구는 매우 힘든 삶의 표현으로 생각되어 문제가 제기되고 투쟁하게 된다. 특별한 틀 속에서 요구는 가정과 사회에서 특히 견디기 힘든 것으로, 그리고 거의 받아들일 수 없는 것으로 간주된다. 그것은 '신경증적' 이며 그것으로 마침내 병이 드는 것으로 생각한다. 그래서 항상 능력의 원칙에 의해 요구가 완전히 고삐 풀린 채 나타나게 되면 그때 요구가 평가된다.

그것은 개별적으로 어떻게 나타나는가? 성인은 이러한 경우 적어도 부분적으로는 정신적으로 어린아이처럼 행동한다. 그가 그에게 관계된 사람과 이웃에게 당연한 것처럼 요구한 권리는 자신의 능력과는 아무런 관계가 없는 것이다. '다른 사람들은' 그를 위해 존재해야만 한다. 그들은 그를 돌보아야 한다. 그들은 그에게 무엇보다도 책임하고는 상관없이 보상 없이 그를 좋아하고 사랑해야 한다. 이러한 방법으로 무제한적으로 요구하는 바가 많은 사람은 동시에 매우 중요한 삶(경험)의 영역에서 결손이 있는 학습과정을 나타낸다. 그는 다양한 이유에서 능력과 관심, 주고받는 것을 상호 간에 관련시키는 것을 배우지 못하였다(배울 수 없었다). 아마도 그것은 그에게 위약해지고 응석받이로 길러져서 독립적이지 못하게 할 수 있는 익숙한 습관이 되어 버린 것이다. 이제 눈에 띄는 방법으로 요구를 하고 도전적으로 요구하는 태도와 이용하려는 의도를 가지고 숨겨진 불안을 보상한다. 그리고 의지할 곳은 오직 자기 자신뿐이며, 거기서 근본적으로 어린아이처럼 아무런 도움 없이 인생 한가운데 서 있는 것 외에는 그에게 아무것도 더 이상 남아 있지 않다.

73) H. Schultz-Henckes, Ausführungen über "Das Durchesetzen der primären Kinderwünsche" und "Die Einschränkung der primären Kinderwünsche" in: Ders., *Einfürung in die Pszchoanalyse*, Göttingen, 1927, Unveränderter Nachdruck 1972, 14 이하.

74) 더 상세한 것은 다음을 참조한다. R. Oeter/L. Montada, *Entwicklungpsychologie,* 652 이하. 여기서 환경에서 나온 기대, 그러나 자신에 대한 (내면화된) 요구 주장의 관계는 그 결과로 생긴 자신의 능력에 대한 만족감으로 나타나게 된다.

명백한 것은 이러한 숨겨진 무력감과 삶의 불안은 매우 반항적이고 공격적인 것으로 나타날 수 있다. 이것은 당연히 자기 의사와는 달리 매우 영향을 미치며, 만나게 되는 주위 사람들에게 고통을 줄 수 있다. 그러나 주위 사람들은 우선적으로 도덕적인 거부라고 생각할 수 없다. 더 가까이 주목해 보면 오히려 그렇게 인식되고 다루어져야 하는 정신적 '발달장애' 가 문제다.

그럼에도 불구하고 분명해야 할 것은 '당연히' 인생(경험)에서의 모든 요구는 이미 일반적으로 보면 '이중적인 근거' 를 가지고 있다는 것이다. 그것은 다소 능률과 관계되면서도 다소 현실과 관계될 수 있다. 그것은 타당한 요구로 나타날 수 있으며 관계를 방해하는 주장으로 빠질 수 있다.

• 요구경험의 또 다른 구별은 그리스도교적인 행동의 관점에서 생각되어야 하며 목회상담적으로 갈등을 다루는 것과 관련되어야 한다.[75] 우리가 '요구하는 바가 많은' 기본 욕구의 틀에서 본능적인 '욕구' 또는 열정적인 '갈망' 으로, 또 '욕망' 으로 표현하고 분류할 수 있는 그것을 인생의 특정한 목표에 의해 만들어 가고자 하는 (그리스도교) 사람들은 특히 분열적으로 느낄 수 있다.[76] 그래서 이러한 상황에서 어떤 태도가 나타나는데, 그 태도는 삶 속에서 개인의 욕구를 강조하거나 방해하고 억압함으로써 완전히 개인적으로 또는 '개인의 특성에 따라' 형성된다.

달리 표현하면, 다양한 개인의 육체적이고 정신적이며 영적인 발달단계에서 욕구 부

---

75) 그것은 슐츠-헨케(H. Schultz-Hencke)의 신정신분석과 관련되어야 한다. 약간의 개론적인 내용의 참고문헌을 소개하면 다음과 같다. Esther/W. Zander, Die Neo-Psychoanalyse von Harald Schultz-Hencke, in: *Die Psychoanalyse des 20. Jahrhunderts III* (1977), 426 이하; H. Schultz-Hencke, *Lehrbuch der analytischen Psychotherapie*, Stuttgart, 1965, *Der gehemmte Mensch*, Stuttgart, 1967; *Die psychoanalytische Begriffswelt, Überarbeitet und herausgegeben von Eduard Jorswieck*, Göttingen, 1972; Lawrence, A. Pervin, *Persönlichkeitstheorien*, 2. Aufl., München/Basel, 1987.

76) 전적으로 신약에서 에피투미아(επιθυμια)의 의미에 대한 여러 가지 사용과 양가감정이 병존하는 그 의미의 기본 구조를 명백하게 만든 뷔흐젤(F. Büchsel)은 *ThWNT*에 실린 에피투미아의 의미에 대한 논문에서 결론적으로 이렇게 말하고 있다. "신약에서 유일하게 죄인에 대한 충분한 가르침을 제시하는 바울에게서 에피투미아는 인간에 내재해 있고 인간을 지배하는 죄의 형태다" (F. Büchsel, 위의 책, 171). "신약이 에피투미아에 대해서 말하는 것은 인간 존재를 반영하여 분해하는 확인으로서가 아니라 참회를 권하는 하나의 설교로서 의미가 있다"(위의 책, 같은 곳). 에피투미아는 부자연스러운 이기적인 행동이다."

불트만(R. Bultmann)은 '육과 죄' 라는 제목으로 (바울 신학에서) 다음과 같이 말하고 있다. "분명한 것은 육에 의한(κατά σάρκα) 삶은, 즉 자기 마음대로 하는 욕망의(επιθυμειν) 삶이다"(*Theologie des Neun Testaments*, 9. Aufl., Tübingen, 1984, 242).

분에 '집중적인 경험' 이 발생한다. 이 집중적인 경험이 더 많이 작용되거나 더 많이 방해되고 억제되며 또 더 많이 (확실하게) 경험되었느냐에 따라 인간을 결정할 수 있다. 그래서 특정한 방법으로 생각하고 느끼고 행동하며 믿도록(태도를 취하도록) 하는 욕구를 발전시켜 나가게 된다.[77] 그리스도교적인 입장과 그에 따른 교육은 거기서 결정적인 방법으로 요구태도를 표현하고 형성할 수 있다.

다시 말하면, 이 세상에서 살아가는 동안 총체적인 요구는 매우 다양한 방법으로 표현되고 주장되며, 구체화되고 전달되며, 그럼에도 불구하고 개별적인 욕구 안에서 다소간 솔직하거나 숨겨진 채 성취하려고 시도된다.[78] 또한 이러한 포괄적인 요구의 구조화에 개인의 그리스도교적인 세계관이 당연히 본질적으로 관여된다.

우리의 생각을 처음으로 돌아가서 정리해 보면 다음과 같다. 개인에게 절대적으로 필요하며 '개인적으로' 주장되는 삶에 대한 권리이면서 삶과 연관된 개인적인 요구는 생물학적으로 발달해 온 '혈통' (정신발생학)과 신앙 입장 그리고 개인 특성에 따른 '혼합된' 경험이다. 목회상담적으로 이러한 상황에서는 인상적이고 (요구)태도를 구조화하는 '경험의 핵심' 을 인식하는 것이 유리하다. '요구' 또는 충동경험의 영역에서 이미 '불안' 과 '신앙' 의 영역에서 제안된 경험의 개별화를 이어가는 것은 의미가 있다. 갈등상황에서 요구태도에 대한 목회상담적인 접근은 이러한 입장과 그와 연관된 앞선 정보로 분명히 소득을 얻게 될 것이다.

---

77) 이 관점에서 강조되어야 할 것은 이러한 욕구와 관계된 태도가 특징적인 표현 속에서 삶의 형태를 형성하지만 그것을 결정할 수는 없다는 것이다. 그러므로 개개인은 어떤 경우에도 단순히 성격과 똑같이 전형적인 태도에 따라 움직여져서는 안 될 것이다. 바로 의지와 능력과의 긴장 속에서 윤리적인 태도와 책임적인 자기주장의 능력이 이와 관련하여 이루어지며 이것이 목회상담적으로 유도된다.
슐츠-헨케는 인간에게 조성된 '충동경험' 에 근거를 둔다. 이 충동경험은 개별적인 발달에서 발달단계에 따라 형성되며 가혹한 제약과 악습에 의해 '방해될' 수 있지만, 어쨌든 삶에서 필요한 역동성으로 발전시키는 다양한 토착적인 노력으로 이루어진다(H. Schultz-Hencke, *Lehrbuch*, 23 이하).

78) 슐츠-헨케는 다음과 같은 기본 욕구(관계를 위한)가 서로 대조를 이루고 있다고 밝히고 있다.
① 접촉과 관계수용에 대한 기본 욕구(의도된 충동경험): 특히 관심에 대한 욕구다.
② 주고받는 과정에서 풍요에 대한 기본 욕구(가로채려는 구강 충동경험): 그것은 특히 소유에 대한 욕구다.
③ 성취, 지위, 영향에 대한 기본 욕구(보존적인 항문의, 그리고 공격적인 세력화의 충동경험): 특히 힘에 대한 욕구다.
④ 애정과 육체적인 기본 욕구(성기의, 사랑하는 성적인 충동경험): 특히 성욕에 대한 욕구다.

2) 그리스도교적인 태도에서의 정당한 요구와 지나친 요구

언급된 사실과 분열을 어떻게 목회학적으로 적절하게 접근할 수 있을까? 좀 더 가깝게 생각하고 의도적으로 고려해 보면 신앙을 의식하는 그리스도인은 자신의 요구가 단순히 이 세상 속에서 이루어지기를 원하지 않는다. 당연히 '성서 말씀과 성서적인 행동지시' 를 근거로 요구와 욕망을 가능한 절제하는 것을 분명하게 주장하고 있다. 그것은 거의 수도생활의 규칙인 가난과 순결 그리고 복종이라는 내용이다. 그러므로 이 세 가지는 본질적인 요구들이 가능한 적게 이루어지게 하기 위해 그것들과는 반대되는 것을 목표로 한다. 그리스도인이 불가항력적으로 불안에 빠지는(요16:33) 이 세상을 믿음 안에서, 즉 예수그리스도와의 연합 속에서 극복하도록 요구될 때 세상의 정당성에 대한 특별한 '논쟁' 이 매우 구체적인 요구로 나타난다.

이러한 내면세계의 힘의 행사를 특별한 겸허로 가능한 멀리 피하는 것이다. 자신의 욕망에 의한 요구와 본성적으로 이기적인 마음에 자신을 단순하게 맡기는 것은 이 세상의 법칙을 따르는 것을 의미한다. 더불어 그것은 성서에 의해 죄가 된다.

그러나 어떻게 '박탈현상(Entzugserscheinungen)' 없이 내면세계의 힘의 행사로부터 벗어날 수 있는가? 어떻게 본능적인 욕구의 힘에 반대하여 그것이 지속적으로 효과가 날 수 있게 할 수 있을까? 어떻게 오늘날 요구가 단순히 억압되지 않고 '억제되지 않으면서' 소멸될 수 있을 정도로 요구에 직면할 수 있을까?

그 대답은 다음과 같다. 성서 말씀에 일치하여 마치 그것이 이 세상에 주어진 상황에서의 '극복' 을 위해 절대적으로 필요한 것처럼, 성서 말씀이 인간의 정신을 계속적으로 지배할 정도로 모든 본능적인 요구태도가 상대화되어야 한다. 더 주목해 보면 욕구는 단순하게 완전히 거부될 수 없는 것이 아닌가! 요구태도는 결코 자신의 것을 해결하는데 사용되지 않는다. 오히려 표현된 모든 요구를 그리스도교 신앙의 요구와 만나도록 하는 것이 중요하다. 즉, '본능적인' 모든 요구와는 반대로 '신앙적인 요구' 를 하도록 하는 것이다.

갈등에 대한 목회상담적인 접근의 경우 근본적으로 큰 의미를 갖게 되는 목표가 그것과 연결된다. 여기서 신앙의 요구는 변증법적인 관점에서 욕구에 의한 요구와 반대된다. 무엇이 정신적인 능력과 결합되고 또 이러한 관점을 인생에서 중요한 것으로 강조하는지 두 요구 모두 신앙인에 의해 균형이 이루어지도록 해야 한다. 그러나 이러한 균형은 그리스도인의 삶에서 실현할 수 있는 직접적인 방법으로 인간의 하나님에 대한 신뢰와 관계가 있다. 단지 이러한 것(해당되는 모든 논쟁을 뛰어넘는 하나님에 대한 신뢰)은 세상의 요구와 하나님의 요구 사이에서 균형을 이루는 존재에 대한 긍정을 가능케 한다.

이와 같은 하나님 신뢰는 밀어붙이는 욕구와 욕망 그리고 끝까지 관철되는 내면의 욕정의 죄 많은 세계로 끌려 들어가는[79] 감정과는 반대의 입장에서 깨어진 하나님 관계에 대한 확신을 가질 수 있게 한다.[80] 인간은 하나님과 이웃에 대하여 '신뢰를 갖고' 존재할 수 있다.[81]

79) 항상 목회학적으로 반영되는 오늘날 목회상담 대화에서 직·간접적으로 죄에 대하여 말할 수 있는지(투르나이젠의 입장에 대해서는 이 책의 60쪽 이하 참조. 애덤스의 입장에 대해서는 이 책 91쪽 이하 참조)에 대한 질문을 또한 '욕구에 대한 접근' 이라는 상황에서 심사숙고하게 된다. 삶의 극복을 위한 그리스도교적인 태도는 '죄' 라는 주제의 토론을 포함한다는 것을 분명히 해야 한다. 죄로 인해 개개인을 하나님과 이웃 그리고 하나님 형상과 분리한 것이 무엇인지 인식하고 대면하는 것은 특별한 관점에서 우리가 주장하는 포기할 수 없는 갈등 다루기의 구성요소다.
그러나 현대 인생관에서 '죄' 라는 개념을 자동적으로 선입견으로 잘못 보지 않고, 그것에 의해 감정적인 방어에 머물러 있지 않게 목회상담적으로 어떻게 다룰 수 있는가?
일반적으로 그 하나는 죄에 대한 말을 목회상담 대화에서 자동적으로 하지 않는 것이다. 매번 개별적인 상황에서 죄에 대한 말이 도대체 이해될 수 있는 것인지 아닌지, 그리고 그것과 함께 그 말을 꺼낼 것인지 아닌지 결정해야 한다.특별히 제안하면, 다른 하나는 이러한 결정행위를 그때그때의 욕구태도 또는 욕구문제를 인식하고 연결 짓는 것이다. 죄에 대한 말이 인간의 본능적인 욕구와 직접적으로 점점 더 대조될수록 그 말은 점점 더 '생존에 불리하게' 느껴짐에 틀림없다. 반대로 죄에 대한 말이 익숙해진 행동의 중요한 문제 제기로서 그 말의 중압감과 그와 연관된 모욕에도 불구하고 관심 어린 행위로 경험될 수 있을 정도로 대화의 화제가 될수록 그 말은 더 개방적으로 들려질 수 있으며 더 좋게 이해될 수 있다. 그렇게 되면 죄에 대한 말은 저변에 깔려 있는 인간의 욕구를 받아들인다.
실제로 목회상담에서 포기할 수 없는 죄에 관한 말은 (이미) 직접적인 또는 (아직) 간접적인 표현 형태의 관점에서 어쨌든 이러한 심사숙고와 참고에 의존하여 진행되어야 할 것이다.

80) 이러한 입장에서 앞에서(이 책 368쪽 참조) 인용한 분석심리학자 에릭슨의 '원초적 신뢰' 의 의미에 대하여 다시 한 번 언급되어야 한다. 신뢰 개념은 한편으로는 에릭슨의 개념에서 정신발생적으로는 인생의 역사적 차원에서 고정되고, 다른 한편으로는 처음부터 '원초적 불신' 이라는 개념과 일치하여 나타난다. 그렇다면 '원초적 신뢰' 와 '원초적 불신' 의 변증법은 해결할 수 없지 않은가! 이러한 규정은 '하나님에 대한 신뢰' 와 '신앙에 대한 의심' 에 관한 목회상담 접근을 위해 중요한 의미가 있다.
좀 더 자세한 것은 다음을 참조한다. E. H. Erikson, *Kindheit*, 183 이하. 특히 'Das Wachstum des Ich'. 에릭슨은 여기서 원초적 불신 대 원초적 신뢰, 부끄러움 및 의심 대 자율, 죄책감 대 자발성, 열등감 대 성과, 역할혼미 대 정체성, 소외 대 친밀함, 침체 대 생산적인 능력, 의심 대 자기 정직을 제시하고 있다. 다음 단계로 가기 위해 새로운 경험으로 이끌며 매번 강한 반대의 힘에 의해 위험하게 되는 인생 중심의 특정한 과정을 극복할 때 개개인에게 종교, 권리, 질서, 긍정적인 모범, 노동계, 사회적 가치, 정치, 애정과 성 분야에 대한 자신과 타인의 감정과 형태, 중요한 세대계승, 제한된 인생 여정 그리고 죽음의 현실을 위해 적절한 관계가 결정된다.
인생의 한 단계에서 다른 단계로 가는 과정에서 그 단계에 상응하면서 필요한 위기갈등은 그때그때의 요구태도에 대한 접근이 성공적이었는지 실패했는지로 알 수 있다.

81) H.-J. Fraas, *Religiöse Erziehung und Sozialisation im Kindesalter*, Göttingen, 1973. 프라아스는 기저에 깔린 신뢰하는 인생관에 관하여 에릭슨의 결정과 충분히 씨름하여 그것을 '종교성의 구조적인 근원'

그러나 인간은 '지나친 신뢰' 로 하나님과 세상에 반응하지 말아야 할 것이다. 언급된 균형은 확고한 신앙 입장에 의해 자동적으로 그리스도인의 요소가 되지 않는다. (에릭슨에 의하면) '원초적 신뢰' 와 '원초적 불신' 이 처음부터 그리고 일생 동안 상호적인 연관성을 가지고 있으면서 대립되어 있는 것처럼, 하나님과 세상 관계 그리고 '확신' 과 '불확신' 에서도 그렇게 대립된다. 한편으로 그것은 요구에 대한 접근에서의 불확실함, 하나님에 대한 신뢰 또는 의심에 대한 불확실성이 극복을 위해 끊임없이 새롭게 해결되기를 기다리고 있다는 것을 의미한다. 다른 한편으로 그것은 이 세상의 요구와의 접근에서 확신과 불확신, 안녕과 의심의 변증법은 우리가 다른 곳에서 '신앙 요구' 로 표현한 태도를 형성한다는 것을 의미한다. 스스로 확신하는 요구와 확신하지 않는 요구는 종종 서로 혼동된다. 그것은 신앙 분야에서도 마찬가지다. 하나님의 도움으로 예수 그리스도로 말미암아 이 세상의 불안이 더 이상 보편적인 방법으로 인도되지 말아야 하고, 이러한 세상적 불안을 신앙적으로 극복해야 한다는 그리스도인의 경건한 요구가 단지 너무 쉽게 지나친 성스러운 요구로 변할 수 있다. 이러한 성스러운 요구는 그것이 종종 강조된 겸손한 태도 또는 순종적인 행동 뒤에 숨겨진 '내적인 우월감' 속에서 부정적으로 나타난다. 그 결과 그리스도교 신앙은 세상을 부인하고 인간적인 관계를 위해서 매우 불리한 불안을 거부하게 되어 목회상담이 필요하게 된다.[82)]

(90쪽 이하)이라는 의미 있는 주제로 설명하고 있다. 여기서 그는 "어린 시절에 형성된 원초적 신뢰가 종교적 행위를 조건 짓는다" (104쪽)고 강조한다. 그렇다면 그것은 상응하는 경험을 중재하는 관점에서 다음과 같은 것을 의미한다. "어머니는 (루터의 의미에서) 마치 모성적인 돌봄의 원초적인 경험이 하나님의 행위에 대한 상이 될 수 있는 것과 같이 하나님 대신 행동하며 하나님의 대리자다. '어머니가 그 자식을 위로하듯이, 내가 너희를 위로할 것이니(이66:13)' (104쪽 이하)" 그러나 그것은 특별히 다음과 같은 것을 뜻한다. "개인적인 자기계획과 세계관을 형성할 수 있기 위해 나중에 고려되어야 한다. 그렇기 때문에 원초적 신뢰는 아직 실질적으로 하나님의 신뢰와 동일하지 않지만 구조적으로는 일치한다" (105쪽).

구조적인 요소, 즉 내용적으로 너무 채워진 경험구조의 부분으로서 '원초적 신뢰' 현상의 규정을 여기 주어진 관점에서만 동의할 수 있다. 단지 여기서 유신학적으로 규정할 수 있는 하나님 신앙의 구성요소의 관점에서 이러한 관계에서 '원초적 불신' 이 구조적으로 '처음부터' 효과적이며 의미가 있다는 것을 쉽게 잊어버리게 된다. 또한 중요한 것은 하나님에 대한 신뢰 외에 하나님에 대한 의심이 생기게 되면 그 원초적 불신의 구조적인 영향이 문제이지 내용이 아니라는 것이다. 그러나 무엇보다도 이러한 관계 속에서 (건설적인) 종교비판을 위해 다소 특별한 능력이 중요하다. 이러한 종교비판이 신뢰를 감소시키는 것으로 나타나려고 하거나 신앙을 파괴하는 것으로 되는 것은 결정적인 자리에 하나님의 관계를 편파적으로 표현하거나 감소시키는 것을 뜻하게 될 것이다.

82) 사례: 한 17세 청소년이 상담시간에 여성 목회상담자를 방문하여 그의 소원을 장황하게 이야기하기 시작했다. 그는 나중에 의사가 되기를 원한다고 말했다. 그러나 유감스럽게도 맞벌이 중년 부부인 그의 부모는 전혀 그를 이해하지 못할 뿐더러 한 번도 이해하지 않았다. 무엇보다도 그의 부모는 그의 직업

3) 억압과 포기에 대한 의도된 접근으로서 요구 다루기

욕구와 요구는 다소 존재할 수 있고, 다소 그러한 것으로 인식되고 승인될 수 있으며, 다소 집중적으로 의식화할 수 있다. (개인적이면서 집단적인) 경험 속에서 이러한 다양성을 어떻게 접근할 수 있을까? 이러한 다양성은 단지 양적인 본성만인가, 아니면 질적인 본성인가? 서로 다른 육체적이고 정신적인 자세가 문제인가, 아니면 근본적으로는 모든 사람에게 가능하지만 개별적으로는 종종 '(그가) 살아오지 않은 삶' 이 문제인가? 이러한 비슷한 문제 제기로 오늘날 의식 속에 있는 의식적인 경험과 그 의식에서 발생하는

목표에 대한 생각에서 그를 후원하지 않았다. 아마도 이때 교회를 초월한 방법이 가능할 수 있을 것이다. 교회가 학업과 교육을 위해 후원비를 지급한다면 그는 예를 들면 그 옛날 슈바이처처럼 '제3세계'에서 의사가 될 수 있을 것이다.

목회상담자가 그 모든 것이 우선 아직 시간이 있다는 것과 이 학생이 먼저 수능시험을 보아야 하고 그리고 나서 계속해서 생각해 볼 수 있다는 것을 설명하자 그는 분노하고 과격해지게 되었다. 그는 모든 세상으로부터, 항상 단지 좋은 학교 성적만을 요구하는 부모에 의해, 그를 있는 그대로 평가하는 것을 알지 못하는 교회로부터 이해되지 못하고 버림받았다는 느낌을 받았다. 그러나 그는 언젠가 축복을 많이 받는 유능한 의사가 될 수 있을 것이다. 하나님은 그의 편에 있을 것이다.

목회상담자는 이 학생이 학교생활에 큰 어려움을 겪게 되었고 항상 다시 학교를 그만둘 것을 강요받았다는 이야기를 듣게 되었다. 분명히 그는 지적으로 충분한 능력을 갖고 있지만 공부하는 것에 대한 방해로 고통스러워했다. 그는 오랫동안 화를 낸 후에 오랜 시간 진전 없이 특정한 과제를 하기 위해 앉아 있다가 기타를 친다고 말했다. 그러나 그의 좋은 기타 실력에 대해 부모나 최소한 친구에게조차 인정을 받지 못하는 것 같다. 어쨌든 그의 부모는 그를 완전히 잘못 양육한 것임에 틀림없다. 그들은 어린 발달 과정에서 유일한 아이로서 그를 사랑스럽게 대하지 못한 것으로 인해 지금의 상황에 이르게 되었을 것이며 근본적으로 책임을 져야 할 것이다. 그의 관계 형성의 어려움은(그는 여자친구가 없다) 확실히 이러한 완전히 잘못된 양육방법과 관련이 있다. 그러나 이 모든 것에서 부모는 그의 신앙을 빼앗을 수는 없었을 것이다. 부모와는 반대로 그는 하나님이 모든 삶에서 그와 함께 계신다는 것을 믿는 확고한 그리스도인임을 자처하고 있다. 그러나 지금까지 부모와 주위 사람들이 그에게 단지 상처만 주었던 것 같다. 그러나 어느 날 이러한 모든 수고가 이익을 가져올 수 있다. 그렇다면 그는 높게 잡은 직업목표에 도달할 수도 있을 것이고 많은 사람들을 돕는 사람이 될 수도 있을 것이다. 목회상담자가 그에게 그의 계획이 현실화되기 위한 구체적인 도움을 제공할 수 없다면 최소한 도덕적으로 지탱해 주며 그의 계획을 인정해 주어야 할 것이다.

목회상담자는 처음에 이 학생의 환상으로 당황했다. 비로소 목회상담자는 점차적으로 현실과는 다른 하나님과 세상에 대한 그의 기대 태도의 배경을 살펴보았다. 아마도 (필시 버릇없게 키우기도 하고 관계를 맺지 않은) 부모에 대한 높은 의존과 함께 만족스럽지 못하게 살아온 존재가 본래의 자신의 능력이 아닌 하나님(또는 자신의 인생 여정 뒤에 있는 운명의 힘)에 의해 메워져야 했다. 항상 현실에 부딪히는 기대태도에서 신적인 보상을 절박하고 두려움으로 요구하는 '거룩한' 욕구태도가 형성되었다.

목회상담자는 그에게 계속적인 만남을 제안했다. 또한 학생이 실질적으로 할 수 있는 것을 찾아내어 그가 갖고 있는 능력을 언급하여 자신에 대한 불확실성을 줄이고, 하나님에 대한 그의 신뢰를 특히 자신의 능력과 연관시키려고 할 것이며, 기대했던 '실망' 의 길을 넘어서서 냉정하게 삶을 극복하는 데 도움을 주려고 목회상담적으로 시도하려고 할 것이다

무의식적인 경험을 가능한 수용하는 것이다.

무의식이란 정신적으로 아무런 의미가 없다는 것을 의미하지 않는다. 그보다 무의식이란 완전히 억압되고 의식 속에서 '경험으로부터' 더 이상 허용되지 않는 의식적인(도덕적인) 저항의 경험이 있는 욕구와 생각 및 행동이다. 그것들은 억압되고 잠재적인 욕구로 되어 버린 것이다.[83]

한편으로 이러한 억압의 이유는 무의식 속에 있을 것이다.[84] 다른 한편으로는 억압된 욕구가 그 욕구의 결과로 무조건적으로 삶을 방해하여 마침내 병을 만들게 된다는 해석과 연관이 있다. 이러한 의미에서 활동하지는 않았지만 무의식적으로 존재하는 욕구는 그 영향이 즉시 생존에 불리한 것으로 알려져야 하는 위험한 잠재력이다. 그러므로 현재 심층심리학적으로 설명되고 학문적으로 해석된 그리스도교 신앙과 신앙의 교회적인 제도화에 대한 비판은 다음과 같다. 여기서 인간의 본능적인 욕구가 신앙적 요구로 들어가서 '상쇄되는 것'이 아니라 억압된다. 그렇다면 최소한 특징한 '욕구를 방해하는' 신앙태도의 형태는 해로우며 인생을 '재미없게' 만들어 '교회적인 신경증'을 일으킨다는 생각은 분명하다. 그렇게 볼 때 지금 신앙 안에서 세상은 최소한 '일시적으로' 극복될 수 있으며, 아마도 세상의 불안을 보상적으로 만나려는 것이 아니라 표면적으로 위협하는 하나님과의 관계 상실(또는 그리스도교 신앙공동체의 상실)에 대한 불안에서 자신의 욕구를 부정하는 경향으로 그리스도인의 요구가 나타날 것이다.

그러나 본능적인 욕구와 요구 부분에서 이러한 '억압'은 '의미가 많아' 보이며, 억압

83) S. Freud, *Das Ich und das Es, GW XIII*, 5. Aufl., Frankfurt, 1967, 235 이하. 이미 '불안에 대한 접근'의 장에서 다양한 불안이론과 관련하여 분명해진 것처럼, '억압'이라는 의미는 정신분석의 기본 전제로 이해될 수 있다. 프로이트는 다음과 같이 서술하고 있다. "의식과 무의식에서 심리적인 것을 구별하는 것은 정신분석의 기본 전제이며, 중요하면서도 자주 병리학적인 과정을 정신생활에서 이해하고 학문적으로 나눌 수 있는 가능성이 주어진다. 다시 한 번 말하면, 정신분석은 의식을 심리적인 존재를 의식화할 수 있는 것이 아니라 다른 성질로 다가오거나 멀어지고 싶은 심리적인 특성으로 보아야 한다"(239쪽). 이미 언급한 관점에서 그것은 다음과 같은 것을 의미한다. 개별적인 욕구와 그 특성이 사고영역에서 정신적인 에너지의 전달자이지만 그럼에도 의식에 도달하지 않는 욕구상태가 존재한다. 완전히 경험하게 될 수 있게 하기 위해 의식화되도록 해야 하는 이러한 잠재적인 욕구는 다음을 의미한다. "이러한 것이 의식화하려는 상황을 억압이라고 하며 억압을 조래하고 올바르게 유지한 힘을 우리는 분석과정에서 저항으로 느낀다고 주장한다. 그러므로 무의식이라는 개념을 우리는 억압의 가르침에서 얻는다. 억압은 우리에게 무의식의 모델이다"(241쪽).

84) '억압'에 대해서는 다음을 참조한다. J. Laplanche/J.-B. Pontalis, *Vokabular*, 582. "본래적인 의미로 수술을 함으로써 주체가 본능과 연관된 사고(생각, 표상, 기억)를 무의식 속으로 밀쳐 버리거나 거기에 고정시키려고 시도하는 것이다. 충동(그 자체에 의해 기쁨을 만들 수 있는)의 만족이 다른 욕구의 관점에서 불쾌감을 일으킬 위험이 생길 경우에 억압이 나타난다."

된 것이 의식화되면 부정적인 결과로 전혀 이끌어지지 않게 된다. 또한 신앙 요구 속에서 사는 인생은 '본능적인' 욕구와의 접근을 불안과 함께 생각하지 않고 '행동의 여지'를 넓히고, 거기서 다양한 경험의 순간들과의 접근에서 점점 의식화되어 전달되는 선택의 자유를 실현하고 실행하는 특성을 얻게 된다.

그러나 그것과 더불어 우리는 포기라는 복잡한 개념을 생각해야 한다. 그것과 더불어 (목회상담적으로 동기화된) 토론에서 요구태도와 관련하여 어떻게 생각하는가? 윤리신학에서 포기와 금욕생활의 개념은 원래 동의어로 사용된다.[85] 따라서 포기는 자동적으로 원래 존재하고 있는 경험의 가능성이 있는데도 '살아오지 못한 인생' 또는 '억압된 요구' 라는 생각과 관계가 있다. 다르게 말하면, 포기는 모든 본능적인 요구태도가 있다 해도 자신의 한계성에 대하여 인식하고 연대적인 행동의 필요성에 대한 통찰력과 연결시키는 것이 더 쉬울 것이다.[86]

85) '포기' 주제에 대해서는 다음을 참조한다. D. Lange, *Ethik*, 376 이하.

86) 이러한 입장에 대하여 다음을 참조한다. U. Tworuschka, Art. "Verzicht", *WdC*, 1324 이하. 모욕의 시대 이후 포기와 금욕생활에 대하여 서구문화에서 다시 세분화되어 평가된다. 신앙 가치 상실의 원인은 성서의 좁은 의미와 함께 그리스도교 자체였다. 마치 성서가 구체적인 그리스도교 삶의 실현을 위한 다른 흐름들이 분명하게 성취될 수 없는 세상을 전부 무시하는 것처럼 성서 전체에서 요구할 수 있다. 현대에 와서 '즐길 권리' 라는 말로 요약된 흐름들이 단념과 금욕생활을 평가절하 하는 데 일조하였다. 왜냐하면 그 흐름은 분명하게 인간 존재의 본래적인 목적을 욕망을 채우는 것으로 정의내리며 반대의 입장에 서 있기 때문이다. 무한한 창의력의 매력으로 빠져든 자기실현의 좁혀진 통찰은 그것과 관계가 있다. "자유와 행복을 촉구하기보다는 오히려 더 방해하는 개인적인 적대경험에서뿐만 아니라 무엇보다도 공동체, 사회적 분위기, 자아개발(정체성), 그리고 환경을 위한 그러한 인생태도의 제한적이고 파괴적인 결과에 포기를 회복해야 하는 이유가 있다" (1324쪽).

여기서 욕구와 충동의 억압문제는 우리가 생각한 의미에서 인식되는 것이 아니다. 오히려 포기로 인한 모욕의 부정적인 결과는 그 측면에서 불안을 만든다. 그래서 새로운 포기태도는 다시금 불안경험으로 이끌린다. 현대인의 통찰태도는 그것과 상대적인 것으로 보인다.

이와는 반대의 입장으로 바이러(G. Beirer)는 위에 언급된 같은 논문에서 다음과 같이 설명하고 있다. "포기는 처음부터 인간적인 상호관계 안에서 통합된다. 포기는 다른 사람에 대한 인간적인 행동방법을 연습하고, 예의를 갖춘 더불어 사는 삶 속에서 자유와 사랑을 실행하며, 대화능력(이것은 무엇보다도 경청할 수 있는 능력이다)과 잠정적인 신뢰관계에 목표를 준다. 포기에서 인간은 다른 사람의 욕구 앞에서 철회될 수 있으며 자유로운 책임에서 힘과 소유 그리고 즐거움에 대한 그의 욕망을 실현할 필요가 없을 수 있게 된다. 자신의 삶에 대한 기대와 욕구, 그리고 미래에 대한 생각을 성령 안에서 소외된 사람들과 차세대와의 연대를 갖고 재고하며, 우리가 자유로운 활용의 관념에 대하여 자기 제한 속에서 대처하고 발전과 연대성을 권장하도록 강요되기 전에 문명을 촉진하는 욕망과 삶의 기준을 감소시키는 것이 오늘날 포기의 본질적 특성이다" (1325쪽).

그러나 여기서 또한 완전히 위협적인 지시가 포기되는 것이 아니다. 그렇지만 전체적으로 보아 정신분석은 억압과 대조적으로 '승화' 로 이해될 수 있다. 즉, 추구할 만한 가치가 있고 보다 뛰어난 목적 때문에 충동을 포기하는 것이다.

어쨌든 포기의 힘은 항상 다시 그리고 새롭게 거기서 이러한 문제 제기를 하게 한다. 어떤 억압이 구체적인 경우에 관계되고, 이러한 억압이 없어지게 되면 포기하는 행동으로부터 무엇이 발전되는가? 그렇게 되면 갑자기, 뜻밖에 (상실)불안이 (새로운 억압이 될 정도로) 엄습해 오는가? 또는 억압의 결말은 (샤휀베르크의 의미에서) '그리스도교 신앙을 위한 특별한 도전'이 되는가?[87] 그렇다면 그에 따른 행위 안에서 불안은 더 적을 수 있지만 아마도 그와 동반된 감정으로서 더 많은 아픔과 슬픔이 있을 수 있다. 그것에 대한 충분한 이해와 극복으로 '의식된' 포기를 하게 할 수 있으며 그것이 특징이 될 수 있다.

랑게(D. Lange)의 설명에서 근본적으로 똑같은 복잡한 실상이 다른 (윤리적) 상황에서만 특색을 나타내는 것으로 보인다. "포기의 개념은 이중적인 상반성이 내포되어 있다. 그것은 한편으로 자기 훈련으로 이루어지는 능동성과 되는 대로 내버려 두어 포기하게 하는 수동성의 긴장이며, 다른 한편으로는 강요된 포기와 자유의지에 의한 희생과의 대립이다. 동양문화에서 대부분 자기 단련의 요소가 너무 강조되어 있다. 그것은 또한 그리스도교의 종교적 전통과 철학적 윤리에서도 그렇다. 그러나 반대 움직임도 만만치 않았다. 반대 움직임은 의심할 것 없이 대단한 자극을 주었다. 그러나 그러한 반대 움직임은 그들의 입장에서 일방적인 강조를 하지 않았다. 반대로 포기할 때 결정적으로 중요한 것은 율법과 복음의 신학적 사고 형태와 유사한 자기 훈련과 되는 대로 내버려 두는 것 간의 변증법이다."[88]

좀 더 가까이 접근해 보면 여기서 매우 쉽게 오해가 생길 수 있다. 그렇다면 이러한 균형 잡힌 경험과 태도방법이 마치 복잡하고 처음부터 정선되어 한 사람에게서 다른 사람에게로 (아마도 교육적인 모범행위의 의미에서) 계속해서 주어질 수 있다는 입장과 동일시 될 수 있다. 그러나 본래적인 목회상담적인 문제는 개인에 의해 항상 다시 노력하여 생겨나는 자기 훈련과 되는 대로 내버려 두는 것 사이에서의 이러한 조화로움을 엄밀하게 '전달할 수 없다'는 것에 있다. 다르게 말하면, 개인적인 경험 속에서 (이미) 포기할 수 있는 것을 (아직) 억제해야만 하는 것과 확실하게 구별하는 것이 평생 동안의 과제인 것이다. 그렇게 본다면 개인적인 뚜렷한 각인 속에서의 '요구' 또는 익숙해진 행동방법의

87) J. Scharfenberg, *Sigmund Freud und seine Religionskritik als Herausforderung für den christlichen Glauben.*

88) D. Lange, *Ethik*, 378.

틀에서의 '정당성' 에 대한 포기는 계속적으로 실재적인 포기능력을 가져오려고 하며, 거기서 항상 다시 억압기제에 귀속되려는 특별한 위험으로 생각할 수 있다.[89] 다시 한 번 이러한 과제에 대하여 목회상담적으로 좀 더 오랫동안 함께 생각해야 할 것이다.

계속해서 목회학적인 관점하에 랑게는 다음과 같이 이해한다. "포기 개념에서 또 다른 상반성은 강요된 포기와 자유의지의 희생이다. 운명에 의해 강요된 삶의 가능성에 대한 포기를 견뎌낸다는 것은 복지사회 도처에 있는 억압된 과제다."[90] 한편으로는 피할 수 없는 고통을 마치 '……그 고통이 가망 없게 되어 버린 삶의 상황에서 도덕적인 가치의 마지막 표현으로 남아 있는 것처럼, 즉 체념 없이 강요된 소극적 태도를 의식적으로 긍정하는 것처럼 그렇게 받아들이는 것이다.'[91] 여기서 그러한 것을 '억압된 과제' 라고 말한다. 이 억압된 과제는 명령으로 옮겨지게 된다. 그 명령의 상황 속에서 고통스러운 의식화 과정이 적어도 매우 가깝게 존재하며 자연스럽게 지속적인 재발로 인해 위협받는 것으로 나타난다.

랑게가 강요된 포기와 자발적인 희생의 양극의 틀에서 계속해서 설명할 때 똑같은 내용이 나타난다. "자발적인 희생은 잘 알려진 윤리적인 주제다. 신학에서 그것은 아가페의 모델이 된다. 그것은 분명히 십자가의 신학으로부터 정당화된다. 그러나 이러한 포기는 그리스도교 윤리의 특권을 전혀 설명하지 않는다. 그 자체가 가장 큰 삶의 희생 틀에서 그리스도교 윤리의 특권을 설명하지 않는다. 그럼에도 불구하고 그러한 요구는 인간 스스로 자유롭게 자신을 규정하도록 불러일으키기 때문에 이러한 요구는 근본적으

---

89) 사례: 중년의 교사가 사춘기 아들의 문제와 학습세례 교육 중 아들의 태도에 대하여 말하기 위해 목회상담자를 찾아왔다. 그 사람은 아들의 양육을 위해 많은 노력을 해 왔지만 아들이 배은망덕한 태도를 보이는 것에 화가 났다고 한다. 대화과정 중에 내담자는 그 밖에 학교에서의 갈등과 그리고 동료교사와의 갈등에 대하여 말했다. 그는 일 년 전에 이곳 학교관계 때문에 많은 생각 끝에 상당히 큰 포기를 하게 되었다고 한다. 즉, 어려운 전환시점에 있는 학교를 무책임하게 내버려 두지 않기 위해 그에게 제안한 학교장의 자리를 거절했다. 그러한 상황에서 그 사람은 자신과 자신의 관점만 생각하지 말아야 했다. 그는 언제나 이러한 결단을 하게 되지만 그럴수록 더 동료들이 그의 결단에 대하여 처음에는 높은 찬사를 했지만 이제 날마다 역겨움과 이기적인 무분별함으로 그에게 부당한 기대를 거는 것에 황당했다고 한다. 언제나 그는 이용당하는 느낌이었지만 항상 다음 기회에 학교를 바꾸어야겠다는 생각이 들었다는 것이다.
목회상담자는 그가 말한 포기 뒤에 커다란 불쾌감이 따른다는 것을 잘 느낄 수 있었다. 그는 주어진 상황에서 물론 암시된 욕구문제, 포기와 억압의 문제를 깊이 생각할 수 없다는 것을 안다. 그래서 그는 자신을 찾아온 내담자에게 돌아오는 방학 때 자기 자신을 위한 시간을 한번 갖고 자신의 인생계획에 지금보다 좀 더 구체적으로 집중해 볼 것을 권했다.

90) D. Lange, *Ethik*, 379.

91) 위의 책, 같은 곳.

로 이성적으로 확증할 수 있지만 포기의 모든 특성에 의해 실제로 가장 힘들게 할 수 있다."[92] 여기서 실제로 포기능력과 관련하여 어떤 긴장을 생각해야 하고 현존하는 이러한 문제를 그리스도교 이념적으로 제압하려는 것은 만족할 수 없다는 것을 객관적으로 확인하고 구별하여 받아들이게 된다.

이어서 랑게는 다음과 같이 제시한다. "자발적인 포기능력은 행동과 마찬가지로 항상 오직 개별적인 의지에 그 근원지가 있다. 그 포기능력은 이 점에서 무엇보다도 개인적인 삶의 계획과 형태에 달려 있지만 그것을 넘어서서 관료적이고 정치적인 강요를 필요로 하는 집단포기와 같은 그 어떠한 것을 위한 전제가 된다."[93] 여기서 '강요'라는 개념과 함께 도대체 어떻게 '개별적인 의지'가 모든 강요를 '강제적으로' 수반하는 피치 못하는 양가감정에 영향을 주는지에 대한 질문이 다시 분명하게 제기된다. 개별적인 의지가 실제로 개인의 당연한 요구와 맞서서 분명한 의식확장에 부합하는 승화과정을 가능하게 하는가? 또는 의지가 중요한 개인적인 욕구와 인격의 억압으로 인해 생긴 이성적인(합리적인) 입장으로 '도망가는 것'을 '강한 의지로' 은폐하는 것인가?

이미 언급한 것처럼 목회는 포기문제와 관련하여 갈등의 상황에서 이러한 '분명한 질문'이 항상 다시 제기되는 것을 피할 수 없다.[94] 랑게는 이와 같은 목회상담적인 기본

92) D. Lange, 위의 책, 379 이하.

93) 위의 책, 380.

94) 이러한 '개방적인' 질문이 다가오는 인생 포기에 직면해서 매우 집중적으로 자연스럽게 제기된다. 그러므로 노인 목회상담에 대한 몇 가지 근본적인 언급은 '포기'라는 말에서 이루어져야 한다.
이러한 발달단계에서의 목회상담적인 입장은 먼저 포기가 일반적인 삶의 능력으로서 구분되어야 한다는 것에서 출발한다. 포기를 해야만 한다는 것은 인간 존재의 기본 경험에 해당한다, 포기를 하는 것은 일생 동안 연습하려고 하는 예술이다. 늙어가고 노인이 된다는 것과 함께 '해야 하는 것'과 '할 수 있는 것' 간의 긴장이 종종 갈등을 불러일으키게 한다. 이러한 중후 아래 노년기 과정에서는 욕구성취와 다른 사람에 대한 적당한 영향력 행사에서 고통스러운 경험을 하게 된다. 모든 행동영역에서 감소하는 노인의 힘과 함께 그의 특별한 포기 능력은 (특징적으로) 전형적인 질문을 제기한다.
① 남아 있는 (삶의) 애착과 증가하는 (지금까지 살아온 존재에 대한) 감사 간의 긴장 속에서 포기할 수 있는 능력을 얻을 수 있을까?
② 익숙한 환경에서 끊임없이 위협하는 분리과정과 영적으로 구조화된 기억 간의 긴장 속에서 포기할 수 있는 능력을 잃는 데 성공할 것인가?
③ (삶과 죽음에 대한) 불안과 희망적인 신앙 간의 긴장 속에서 불안을 제거하는 확신이 들 정도로 단지 보기에 안전한 행동방법을 포기할 수 있는 능력을 가질 수 있을까?
목표가 있는 목회상담은 그러한 그리고 비슷한 문제 제기에 대한 토론이 제시된다. 감정이입의 능력 외에도 그것을 위해 필요한 인식이 특히 다음 제시된 참고문헌에서 접근될 수 있다.
U. Lehr, *Psychologie des Alterns*, 4. Aufl., Heidelberg, 1979; H. P. Tews, *Soziologie des Alterns*, 3. Aufl., Heidelberg, 1979; H.-J. Thilo, *Auf unsere alten Tag*, Göttingen, 1987; R. Boeckler/K.Dirschauer(Hg.),

입장에 매우 지지적인 영향을 미친 포기에 대한 그의 연구결론에서 다음과 같이 서술하고 있다. "이 모든 것에서 포기가 모든 윤리적인 모순성과 관련이 있다는 것은 결국 간과할 수 없다."[95]

요구에 대한 목회상담적인 접근은 다시금 다음과 같은 '특별한 언급'과 함께 수행되어야 한다. 요구태도의 자기애적인 근본 요소는 상담과정에서 내담자가 목회상담자의 능력과 가능성을 자신의 '지나친 요구'와 동일시하거나 목회상담자를 상대로 관심을 불러일으킬 정도의 지나친 요구의 정당성을 전개시키는 곳에서 분명하게 나타날 수 있다. 그렇다면 목회상담자에 대하여 내담자가 말할 수 있는 매우 마음을 상하게 하는 다소 강력한 실망반응을 한 번쯤은 생각해야 한다. 이러한 것은 목회상담자에게 가능한 빨리 요구되고 준비되어야 할 것이다. 한편으로 내담자에게 이해를 갖고 대하며 시종일관으로 행동하면서 목회상담자는 내담자만을 위해서 이 시간과 모든(낮과 밤) 시간을 마음대로 사용할 수 없다는 것을 분명히 해야 한다.

'요구에 대한 접근'이라는 주제로 결론을 내리면 다음과 같다. 항상 목회상담적인 관점에서, 즉 상응하는 갈등의 상황에서 요구에 대하여 말할 때 매우 의도적으로 개개인 '경험에서 요구의 위치'에 대하여 질문을 던져야 할 것이다. 그렇게 하면 특정한 상황에서의 부분적인 요구나 끊임없는 요구적 행동 또는 능력을 거부하는 요구가 인간의 총체적인 행동에서 어떤 역할을 하게 되는지 알게 될 것이다. 어쨌든 불안경험과 신앙체험을 요구경험과 연관시키는 것과 이러한 상황에서 요구의 억압을 의식화하며 중요한 포기능력을 갖게 하는 가능성을 찾아야 한다. 이런 노력에는 얼마나 포괄적으로 개인이 자신의 요구로 다른 사람과 하나님 앞에 죄가 되는지 또는 그렇지 않은지, 그리고 이러한 결과를 가지고 목회상담적으로 어떻게 접근해 가야 하는지와 같은 당연하면서도 사실에 입각한 질문이 제기될 것이다.

Emanzipiertes Alter, Bd. 1 (Ein Schbuch), Bd. 2 (Ein Werkbuch), Göttingen, 1990; A. Niederfranke u.a. (Hg.), *Altern in unserer Zeit*, Heidelberg/Wiesbaden, 1992.
혼란에 빠진 노인을 위한 매우 복잡한 목회상담적인 동행에 대해서는 이론적으로 기초가 되면서 공감할 수 있는 실제적인 다음 책을 참조한다. K. Depping, *Altersverwirrte Menschen seelsorgerlich begleiten*, Bd. 1/Bd. 2, Hannover, 1993.

95) D. Lange, 위의 책, 380.

4. 죄에 대한 접근

인간적인 (삶의) 갈등이 개개인을 어쨌든 죄(Schuld)와 죄의 규정에 대한 물음과 직면시킨다는 것은 그 배후에 있는 인간 이해와 더불어 모든 그리스도교 '목회상담론'의 기본 가정이며 목회상담 사역의 전제가 된다. 이러한 가정의 자명함에는 분명히 비판적으로 다음과 같은 질문이 제기되어야 한다. 신학자이자 목회학자이며 그리스도 교인으로서 우리가 기를 죽이는 죄의 원리를 너무 강조하면서 전하는 것은 아닌가? 이미 언급한 인간의 모든 본능적인 욕구는 그리스도교 신앙으로 처음부터 무시되어야 한다는 비난이 다시 한 번 확인되는 것은 아닌가? 우리가 수세기를 거쳐 각인된 그리스도교의 영향으로 '죄의 문화'에서 살아가며 그것과 함께 파괴적이면서 피할 수 없이 죄를 들추어내고 권위적으로 지배하는 기관에 인도하는 종교에 굶게 되는 것은 아닌가? 그렇기 때문에 우리는 '죄의 원리 저편에 있는' 종교성 또는 그리스도교 신앙을 위해 노력해야 하는가?[96] 이러한 그리고 비슷한 질문들은 전혀 의미 없는 것으로, 전혀 종교적으로 적이 되는 것으로 가볍게 처리되지 말아야 할 것이다. 그것들은 오히려 목회학적으로 대체할 수 있는 죄에 대한 접근을 질문하게 한다.

또한 거기서 분명한 것은 죄에 대한 질문과 개인적으로 고통스럽게 인간을 불안하게 하는 이러한 정신상태에 빠지게 되는 것에 대한 질문은 시대에 구애받지 않고 제기되어 왔으며 그만큼 극복을 위해 도전하고 있다는 것이다. 불안과 신앙, 요구처럼 죄 역시 인간 존재의 본질적인 요소로 여겨진다. 죄를 느낄 수 없는 사람은 '비인간적'이다. 죄는 해결될 수 없다. 죄는 떠맡아야 하며 책임져야 하는 것이다. 거기서 다만 그것이 어떻게 일어날 수 있는가 하는 질문만이 제기된다.

언제나처럼 1521년 8월 1일 멜란히톤에게 보내는 루터의 편지에 인상 깊은(그리고 자주 고통스럽게 비논리적 추론에 의해 자유로운 스타일을 위한 요구로 오해된) 문장이 있다. "죄인으로 있으시오. 그리고 용감하게 죄를 범하시오. 그러나 그리스도 안에서 더 용감하게 믿고 기뻐하시오. 승리자는 죄와 죽음 그리고 이 세상 위에 있습니다(Esto peccator

96) J. Scharfenberg, Jenseits des Schuldprinzip?, in: *Religion zwischen Wahn und Wirklichkeit. Gesammelte Beiträge zur Korrelation von Psychoanalyse und Theologie*, Hamburg, 1972, 189 이하.

et pecca fortiter, sed fortius fide et gaude an Christo, qui victor est peccati, mortis et mundi)."[97]

그러나 더 나아가 오늘날 개인에게 연관된 죄 개념만이 확대될 필요가 있는지와 사회적으로 연관된 죄 개념이 더 강하게 강조되어야 하는지에 관한 질문이 제기된다.[98]

이러한 배경에서 목회상담자는 우리 시대에서의 죄경험과 개별적인 갈등상황에서 엄습해 오는 죄에 대하여 생각해야 하며 경험의 개별화에 대하여 노력해야 한다.

1) 죄와 죄책감

인간에 대한 신학적이고 심리학적인 언급의 비교와 만남에서 죄 개념 또는 인간의 유죄에 대한 평가는 몇 십 년 전부터 실제로 현실에 맞는 인간 이해에 대한 논쟁의 핵심이 되어 왔다.[99] 이 논쟁은 그리스도교 신앙과 그리스도교 삶의 근본적인 요소로서 신학적으로 근거하고 형성된 '하나님과 인간 앞에서의 죄'가 예를 들면 정신분석이 인상 깊게 설명하는 제한적이며 삶에 불리하며 신경증적인 '죄의 갈등'으로서 그것과는 어떻게 구별될 수 있으며 구별될 수 있는지가 문제였으며 지금도 그것이 논쟁의 핵심이다.

이러한 근본적인 문제 제기에서 개별적으로 무엇이 문제인가? 무엇보다도 중요한 것은 개인적인 발달과정과 가정의 양육방식 그리고 문화적인 요구 태도와 형태에 따라서 인간은 다양한 행동과 갈등상황 끝에 다양한 방법으로 죄책감을 느끼게 된다. 이러한

97) SA.B 2, 372, 82-90.

98) H. Häring, Art.: Sünde und Schuld. B. Systematisch-theologisch, *WdC*, 1205 이하. "국가주의에서의 교회태도와 오늘날의 사회경제적인 세계정황 그리고 지나친 무장과 착취에 대항하는 인류와 자연의 존속유지를 위한 포괄적인 도전이 죄와 잘못에 대한 정치사회적이고 구조적인 차원을 주시했기 때문에, 개인적으로 실현되어야 하는 죽음으로부터 위협받는 생명에 대한 총체적인 책임의 의미에서 죄와 잘못에 대한 포괄적인 새로운 개념이 나타났다"(1207쪽).

99) 이와 관련하여 '고전'이 된 다음 논문들을 참조한다. H. Harsch, *Das Schuldproblem in Theologie und Tiefenpsychologie*, Heideleberg, 1965; R. Goetschi, *Der mensch und Seide Schuld*, Zürich, 1976. 오늘날 죄문제에 대한 토론상황은 죄의 경험 및 희생에 대한 관념과 화해과정에 대한 다양한 부문의 신학자들의 논문들을 모은 다음의 책에 다시 나타난다. R. Riess (Hg.), *Abschied von der Schuld? Zur Anthropologie und Theologie von SchuldBewuβtsein, Opfer und Versöhnung*, Stuttgart, 1996.
예를 들면, '죄'와 '정체성' 개념의 신학적인 인간학과 심리학적인 인간학 간의 관계설정에 대해서는 다음을 참조한다. G. Schneider-Flume, *Die Identität des Sünders. Eine Auseinandersetzung theologischer Anthropologie mit dem Konzept der psychosozialen Identität Erik H. Eriksons*, Göttingen, 1985.

죄책감은 일반적으로 불안과 연결된다. 그것은 (다소 구분되고 쉽게 개관할 수 있는) 징벌에 대한 불안이며, 그 변형으로서 관계 파괴까지 가게 되는 사랑 상실에 대한 불안이다. 후자는 '이기적인' 요구가 세상에 대한 정당한 기대와는 반대로 성취될 우려가 있다면 특히 조심해야 한다.

이러한 죄의 불안에 대한 극복과 관련하여 (발달심리학적으로 보면) 개별적인 단계에서 진행되는 어린아이부터 어른에 이르는 '내적인 방법'은 중요하다. 인격발달의 총체적인 관점에서 이러한 단계순서는 도덕적인 판단을 형성하고 더불어 죄와 자신 및 다른 사람에게 죄가 되는 것을 분류하고 평가하는 능력으로 이끈다.[100] 이 발달은 분명히 양심 형성과 그것의 개인적인 특성과 밀접하게 연관된다. 바로 이러한 양심 형성과 그와 연관된 죄의 경험의 관점에서 정신분석은 경험의 개별하를 위해 매우 본질적인 기여를 해 왔다. 제한하지 말고 현재 (목회학적인) 토론과 고찰에서 그 기여에 대하여 생각하지 않을 수 없다.

그러므로 죄와 죄책감은 구별되어야 한다. 죄(두려움과 비슷한 관점에서 이 책의 349쪽 이하 참조)는 (항상 개별적으로 판단될 수 있는) 실질적인 잘못과 관련되지만, 죄책감(불안과 비슷한 관점에서 이 책의 349쪽 이하 참조)은 그와 관련이 없거나 완전히 부적절한, 즉 다른 사람들에 의해 실감할 수 없는 '실수'와 '거절의 순간'에 고착된다.[101] 프로이트는 이와 관련하여 불안 형성에서 무의식적인 심리적 과정이 중요하기 때문에 죄책감은 자주 전혀 행하지 않은 행동과 관련이 있다는 결론을 내린다. 이러한 상황에서는 특히 공격적인 영역에 있는 억압된 본능적인 충동이 문제다.

기본 모델로서 다음과 같은 정신역동이 설명될 수 있다. 모든 인간 상호 간의 관계는 양가감정에 의해 이루어진다. 관계유지 때문에 관심을 갖고 관계를 갖는 감정은 가능한

100) 이미 위에서 언급한 것처럼(이 책의 338쪽 이하.), 특별한 (인지)발달심리학의 영역에서–콜버그(L. Kohlberg)에 의한 도덕발달 단계에 대한 설명이 매우 잘 알려져 있다. 콜버그는 도덕적 판단과 그에 상응하는 태도의 발달을 6단계로 나누고 있다. 권위에 의한 벌을 피하는 것으로 특징 짓는 초기의 타율적 도덕성부터 각 단계에서 '일반' 발달과정이 규칙준수, 기대에의 상응, 의무이행, 사회적 책임을 넘어 스스로 선택된 윤리적 원리에 의해 살아가기까지 이르게 된다. 이러한 접근에 대해서는 다음을 참조한다. A. Colby/L. Kohlberg, *Urteil.*

101) 죄와 죄책감에 대한 관계설정에 대해서는 다음을 참조한다. U. Rauchfleisch, Die Bedeutung der Beziehung zwischen Seelsorger und Gemeindeglied für den Umgang mit Schulgefühlen, in: U. Rauchfleisch, *Beziehungen in Seelsorge und Diakonie. Mit einem Geleitwort von Rolf Zerfaβ*, Mainz, 1990, 53쪽 이하. 여기서 신경증적인 죄책감과 적당한 죄책감을 구별하는 것이 중요하다는 것이 분명히 나타나며 상세하게 설명되고 있다.

의식적인 반면, 공격적이고 불쾌한 감정은 종종 억압된 채로 남아 있다. 그러나 그 감정은 무의식적인 잠재력으로서 영향력을 행사한다. 그것은 사랑하는 사람과 연관되고 실제적인 행위처럼 만나고 해를 끼치는 것으로 보이는 잠재의식적인 환상으로 자리 잡게 된다. 또한 이렇게 쌓인 공격적인 환상적 행위(섬뜩하게 죽음을 바라기까지 하는)는 무의식적으로 남는다. 이러한 행위는 단지 관련이 없거나 '제정신이 아닌 것으로' 경험되는 죄책감 속에 나타난다. 개인적인 양심 형성이 불안에 휩싸여 더 강하게 이루어질수록 죄책감은 더 강하게 나타난다(프로이트에 의하면 '초자아'가 강하고 완고하게 지배할수록[102) 죄책감이 강하게 형성된다).

목회상담자로서 이러한 설명과 이해의 틀을 인식한 사람에게 실제로 해당하는 갈등 상황에서 얼마간 '구별하여 진단하는' 과제가 주어진다. 상담자는 언제 하나님 앞에서 그리고 인간에게 실질적으로 연관된 죄에 대하여 논하고, 언제 무의식적인 환상과 관련된 죄책감에 대하여 생각해야 하는지 구별하는 것을 터득해야 한다.[103) (불안과 두려움에

102) 프로이트는 소개되는 논문에서 그것에 대하여 상세하게 설명하고 있다. S. Freud, "Das Unbehagen in der Kultur", *GW XIV*, 486 이하. "우리는 죄책감의 근원을 두 가지로 생각할 수 있다. 하나는 권위에 대한 불안에서 오는 죄책감이며, 다른 하나는 초자아에 대한 불안에서 오는 죄책감이다. 전자는 본능만족을 포기하도록 강요하며, 후자는 금지된 소망의 존속이 초자아 앞에서 숨겨질 수 없기 때문에 그 외에 징계를 재촉한다. 우리는 또한 어떻게 인간이 초자아의 엄격함, 즉 양심 요구를 이해할 수 있는지 들었다. 그것은 단순히 양심 요구에 의해 물러나고 부분적으로 보상되는 외부적인 권위의 엄격함을 계속 지속한다. 이제 우리는 어떤 관계 속에서 죄의식으로부터 벗어나기 위해 충동이 포기되는지를 보게 된다. 원래 충동에 대한 포기는 외부 권위에 대한 두려움의 결과다. 인간은 사랑을 잃지 않기 위해 욕구충족을 포기한다. 이러한 포기가 실행되면 욕구충족과의 분쟁이 해결되고 죄책감을 가질 필요가 없게 된다. 또 다른 죄책감은 초자아에 대한 불안의 경우다. 여기서 충동에 대한 포기는 그렇게 도움이 되지 않는다. 왜냐하면 그렇게 하고 싶은 소망이 남아 있고 초자아 앞에서 숨겨지지 않기 때문이다. 그러므로 포기에도 불구하고 죄책감이 생기며 이것은 초자아를 강화하는 데, 즉 양심 형성에 큰 단점이 된다. 충동에 대한 포기는 더 이상 만족스러운 영향력을 미치지 못하며, 덕스러운 절제는 더 이상 사랑의 보호로 보답되지 않는다. 인간은 지속적인 내적인 불행과 죄의식으로 인한 긴장에 의해 위협적인 외적 불행—외부 권위의 측면에서 사랑의 상실과 징계—을 맞게 된다. 그러므로 시간상의 순서 결과는 다음과 같다. 외부권위의 공격에 대한 불안의 결과로 먼저 충동에 대한 포기가 온다. 그 결과로서 사랑의 상실에 대한 불안이 생기게 된다. 사랑은 징계로부터 보호한다. 그러고 나면 내적인 권위가 세워지는데, 즉 사랑에 대한 불안, 양심불안에 의해 충동에 대한 포기가 이루어진다. 두 번째의 경우 악한 행위와 의도를 같은 맥락에서 보기 때문에 죄의식과 벌에 대한 욕망도 같은 맥락으로 본다. 양심의 공격은 권위의 공격을 보존한다.

103) 사례: 아이 없이 과부가 된 지 얼마 안 된 40대 중반의 여성이 상담시간에 맞춰 교회 목사를 찾아왔다. 여인은 목사에게 그녀를 괴롭히는 죄의 감정에 대하여 말하였다. 몇 년 동안 헌신적으로 돌보았지만 심한 당뇨로 오랜 고통 후에 세상을 떠난 남편의 죽음과 관련하여 그녀는 극도로 심한 자기질책에서 헤어나오지 못하고 있었다. 이러한 생각은 항상 다시 남편의 죽음은 '어떻든' 그녀의 잘못이라는 원점으로 돌아가곤 했다.

대한 구별과 같이) 경계설정이 어렵고 이론적으로 신학적인 죄의 개념이 거의 이러한 이중적인 죄의 분류에 좌우되지 말아야 한다면 이러한 구별은 실천적인 영역에서는 당연하다.[104] 지금까지 고통스러우면서 결국 이해되지 않는 죄에 대한 감정이 마음속에 다가오지 않고 여전히 방해하는 요소로서 갈등과 삶의 극복을 저지하는 곳에서 이러한 구별은 모든 개개의 상황에서 고통을 경감시키고 창조적인 고찰을 하도록 돕는다.

2) 죄와 규범적용

죄(그리고 죄책감)는 양심 형성과 양심의 정당성 그리고 규범의 수용과 그 가치와 관계

그때 여인은 한 가지 사실에 고정시켜 그녀의 내적인 상태를 찾으려고 했다. 피할 수 없이 이미 오랫동안 두려워했던, 그러나 마침내 기대하지 못한 채 남편의 죽음을 맞이했다. 남편이 죽은 전날 밤에 그녀는 2시간 동안 이웃집 친구를 방문했는데 기다리는 것을 참지 못한 그녀의 남편이 그 때문에 매우 화가 났다고 한다. 그것은 그녀가 먼저 특별히 중대하게 생각하지 않았던 익숙한 반응이었을 수 있다. 그러나 다음 날 그녀의 남편은 상태가 갑작스럽게 악화되었고 병원으로 이송되어 죽었다. 그 이후로 그녀는 슬픔으로 위축되어 있었다. 그러나 남편이 죽은 전날 밤에 있었던 갑자기 일어난 사건이 나중에 그녀에게 다시 생각나게 했다는 것이다. 이러한 생각 이후 그녀는 자신에 대한 질책을 떨쳐 버릴 수 없게 되었다. 반복되는 교회출석과 그녀에게 특별한 성만찬의 참여도 아무런 도움이 되지 않는 것 같았다. 그녀는 남편에게 큰 죄를 지었다는 억압된 감정을 떨쳐 버릴 수 없었다.

죄와 죄책감에 대한 구별을 분명히 아는 목회상담자는 여인에게 위로의 말이나 복음의 말씀도 도움이 될 수 없다는 것을 빨리 인식하게 된다. 힘든 고통에 대한 가능한 정신역동적인 관련성에 대한 지적인 '설명'은 매우 드문 경우에 사용되고 효과가 있다. 아마도 그래서 목회상담은 내담자에게 심리치료의 시도에 흥미를 일으키게 하거나, 그녀를 그러한 방책과 관련하여 두려워하지 않게 하는 것이다. 계속적인 목회상담 대화의 제공은 성과적인 심리치료에 따라 이어질 수 있다.

이러한 '문업'의 제안으로 이루어지는 상담은 분명히 강박관념적인 죄책감이 영원히 아프고 지속적으로 불평을 하는 남편에 대한 무의식적인 공격적 잠재성의 결과라는 것을 받아들일 때 이루어진다. 이러한 잠재성을 체념적이고 희생적인 아내는 자신에게서 스스로 인정하려 하지 않았고 인정할 수 없었다. 비로소 죄책감에 대한 심리치료를 실행한 결과, 내담자와 함께 어떤 방법과 개인적인 징후에서 '하나님과 인간 앞의 죄'가 근본적인 관계방해로서 공동생활에 흘러들어갈 수 있으며 용서(이 책의 398쪽 이하 참조)로 접어들 수 있는지 질문을 추적해 나갈 수 있게 되었다.

104) W. Pannenberg, *Anthropologie*, 특히 'Zentralität der Sünde', 77 이하 참조.

근본적으로 책임이라는 개념은 다양한 종류의 죄의 경험을 포함한다는 것에서 출발할 수 있다. "책임의 개념은 자신이 행동한 것에 대한 책임뿐만 아니라 행동하지 않은 것에 대한 책임과 함께 자신의 상태에 대한 책임도 포함된다"(133쪽).

그밖에 가능한 다양한 인문과학적인 공격이론과 죄의 개념 간의 연관성과 관련하여 판넨베르그는 전적으로 프로이트의 가설에 명백한 효력을 인정할 수 있다. "여기서 자기 극복의 필요성이 자기 실현 과정에서 고려된다"(145쪽).

가 있다. 그렇기 때문에 죄에 대한 접근은 항상 적법한 규범에 대한 접근이다.

목회상담과 규범조정의 관계구조는 오늘날 우리에게 가능한 인식 관점에서 독특한 영향을 미친 역사가 있다.[105] 생각 많은 현대인에게는 목회상담 사역으로 원하든 원하지 않든 인격적으로 제한된 행동규정을 전달하는 두려움이 끊임없이 커지게 된다. 이것은 다시 권위적으로 중심적인 행동영역 안으로 끌어모으는 것으로서 구체적으로 영향을 미치게 할 수도 있다.[106]

목회상담자의 규범적인 행동양식에서 정립된 태도와 지시 및 언급에서 가능한 절제된 태도 사이에 일어나는 긴장은 특히 내담자 측의 매우 상이한(거기서 또한 '혼합된') 역할기대에 근거를 두고 있다. 목회상담자가 내담자 측면의 이러한 특별한 기대태도에 신경 쓰고 씨름한다면 목회상담에 유익할 것이다.

거기서 문제가 제기되어야 하고 서로 주시해야 할 것은 다음과 같다. ① 목회상담자가 내담자를 위해 어린 시절에 경험하고 그 당시 했던 방법으로 태도를 취하면서 갈등에 관여하여 규범화된 부모의 권위를 구현하는가? ② 목회상담자가 내담자를 위해 도덕적으로 규명해 주는 자로서 모든 그리스교적 태도에서 보편적인 행동규범에 재적응하는 데 도움을 주고자 일상의 규범을 구현하는가? ③ 목회상담자가 내담자를 위해 명백한 문제가 있는 모든 일반적인 행동방법에 비해 특히 신앙과 연관되어 갈등의 소지가 적은 행동방법을 권하는 '그리스도교 생활규칙'을 구현하는가?

그러한 역할기대에 대한 인식과 논쟁은 이중적인 반응을 생각해야 한다. 하나는 개별적인 기대를 실제적으로 주어진 것으로, 대화에서 필요한 관계해결의 출발점으로 생각하는 것이 중요하다. 그러나 그것은 그 기대에 무비판적으로 동조하거나 따르는 것을 의미하지 않는다. 이러한 문제를 적절하게 다루는 방법은 목회상담자 측면에서 내면적으로 역할에 대한 거리를 두는 것이다. 그러므로 바라는 것은 다음과 같은 좌우명을 가진

105) 이러한 역사는 슐라이어마허(F. Wintzer, Seelsorge zwischen Vergewisseung und Wegorientierung, *PTh* (80) 1991, 17 이하 참조)부터 현재의 '목회상담운동'에 이르게 된다.

106) 그래서 마치 이러한 상황에서 전적으로 두 가지 뜻으로 해석할 수 있는 전문어인 "'상담중심의 영혼돌봄' (이 책의 238쪽 이하 참조)이 보여 주는 것처럼 항상 다시 타협에 이르게 된다. 한편으로 '상담'이란 바로 목회상담자와 갈등 많은 상대자 사이의 낡은 관계 틀을 제거하는 것으로 생각된다. 다른 한편으로 내담자의 자립을 향한 시종일관된 목표에서 행동전이와 방향설정 도움 그리고 정체성에 대한 제안이 없는 목회상담자의 태도는 생각할 수 없다. 우연치 않게 목회상담 운동에 대한 반격으로서 '권면적 목회상담' (이 책의 94쪽 이하 참조)은 드러내 놓고 규범적인 행동양식으로 영향을 끼쳤다. 규범사용과 연관된 상반 감정의 병존이 오늘날 단순히 없어진 것으로 여길 수 없다는 것이 거기서 분명하게 나타난다.

유연하고 상황에 제약을 받아 변화할 수 있는 역할태도에 대한 접근이다. 이는 나에게 역할이 있으나 그 역할에 내가 없다는 것이다.

다른 하나는 매우 특정한 역할의 확신을 갖고 행동하는 것이 중요하다. 역할 대행자는 그가 규범적인 영역에서 표현하고, 표현하고 싶은 것과 완전히 일치할 수 있으며, 그것을 통해 확실하게 영향을 미칠 수 있다. 그렇게 해야만이 목회상담은 내담자를 위한 문제해결에 실제로 '관여할 수' 있게 될 것이다.

이러한 배경과 출발상황에서 이제 규범에 의존한 태도에 대한 목회상담적인 접근의 목표를 몇 가지 제시해 보고자 한다.

• (진실로 구체화된 상담방법의 전략을 포기하려고 한다면) 목회상담은 이러한 상황에서 진행과성에 대한 시종일관된 생각 없이는 불가능하다. 목회상담 사역은 우선적으로 행동영역에서 '시간과 함께' 인지할 수 있고 경험할 수 있는 발달을 위한 자극이다. 그러므로 개별적인 갈등의 경우 어떤 출발점(즉, 이미 도달한 내적인 어떤 발달단계)으로부터, 그리고 도달할 수 있는 어떤 목적(계속되는 발달에서)을 향하여 개인이 윤리적으로 관심을 갖고 다룰 수 있는지 질문해야 한다. 그 다음에는 얼마나 광범위하게 발전에 의해 발달과정에서 실제로 개인적인 성장이 이루어지며, 행동의 영역과 마찬가지로 사고의 영역에서도 어떤 방향으로 변화를 기대할 수 있는지 질문해야 한다.[107]

• 목회상담에서 바로 설명한 과정에 있는 각 내담자에게 원리적으로 보편타당한 규범에 동일화하는 것에서부터 개인적인 규범 습득과 이해에 이르는 방법이 요구되어야 한다. 이러한 방법은 갈등해결을 위한 본질적이고 중요한 부분과제로서 자각될 수 있다.

107) 사례. 절박한 부부싸움이 있는 한 젊은 여성이 잘 알고 있는 여성 목회상담사에게 울면서 구체적인 충고를 부탁했다. 다시 한 번 주어진 상황을 함께 정확하게 상세히 상의해서 결정하도록 준비하자는 요구에 그녀는 현재의 상황에서 분명히 응할 수 없었다. 항상 다시 그녀는 대화 상대자에게 간절하게 부탁했다. "제발 저에게 남편을 떠나라든가, 그렇지 않으면 떠나지 말라는 말을 해 주세요." 목회상담자는 곧바로 내담자를 내면적인 자기 성찰을 하게 하려는 노력을 멈추었다. 그리고 타협점을 찾아 다음과 같이 말하였다(대답을 거부할 수도 있고 받아들일 수 있다는 전제하에). "당신은 이 시점에 특수한 상황에 처해 있지 그것으로부터 결정을 해야 하는 상황은 아닙니다. 당신이 안정될 때까지 당신의 외부적인 상황을 바꾸지 마십시오. 저는 당신에게 다음번에 오실 시간을 제안하겠습니다. 그런 다음 계속해서 함께 생각해 보기로 하지요. 그때까지 흥분이 가라앉을 수 있도록 노력해 보기 바랍니다. 그렇게 하는 것이 어렵다면 저에게 전화해 주기 바랍니다."
목회상담자는 상황적으로 중단된 자립을 나중에 상담에서 다시 요구할 수 있고, 그리고 (지금은 퇴행적으로 어린아이 같은) 갑작스러운 결단의 자리에서 (다시 '어른스럽고' 사실과 관계된) 판단을 할 수 있게 될 것이라는 제안을 약속했다.

이렇게 해야만이 특정한 가르침과 토론 과정이 가능하다. 그것은 과정 속에서 각 성향을 알아낼 수 있는 내적인 방법이다. 그 성향을 추적하여 일반적인 규범을 피상적으로 내면화하여 정신적인 소모를 가능한 절약하고자 한다. 이러한 영역에서 소모를 절약하는 모든 태도는 갈등을 안정시키는 데 효과가 있다. 그렇기 때문에 그러한 것으로 요구하며 다루어야 한다. 단지 이러한 부분과제와 부합될 때만이 또한 태도영역에서 비판과 자기 비판을 위한 구조적인 능력이 발달된다.[108)]

• 이러한 상황에서 결국 (그리스도교) 신앙이 규범과 관련하여 단순히 상황적으로 나타나는 감정적인 정신상태 또는 상응하는 비구조화된 신앙감정과 구별 없이 같다는 것은 아니라는 것을 목회상담에서 내담자에게 전달해야 한다. 그렇지 않으면 모든 신앙은 오히려 제멋대로이며 돌파적인 행동방법과 비슷한 것이 될 것이다. 그렇게 되면 신앙은 자동적으로 소멸되어 고갈된다. 오히려 목회상담에서는 동시에 개개의 경우 고정된 관점에서 나와 내면적으로 활성화되어 마음을 움직일 수 있는 통찰이 될 수 있게 신앙과 연관된 최고의 태도를 경험하게 하는 것이 중요하다.[109)]

3) 목회상담에서 죄와 용서

죄와 용서는 그리스도교 신앙과 신앙에 대한 신학적인 관점에서, 또 목회학과 목회상담 사역에서 매우 특별한 연결구조를 형성한다. 죄에 대한 모든 인식과 논쟁은 그리스

---

108) 사례: 학교에서 거부태도를 가진 13세 청소년의 아버지가 이러한 이유에서 찾게 된 교회상담소에서 어떻게 이럴 수 있는지 전혀 설명할 수 없다고 반복해서 말했다. 그의 아내와 그는 아들을 다른 모든 부모들처럼 양육했다는 것이다. 또 그에게 부족한 것은 아무것도 없으며 그들은 잘못한 것이 없다는 것이다. 일반적으로 '옳은' 또는 '잘못된' 양육의 기준을 넘어 개인적인 태도방법과 아들과의 관계에 규범적으로 각인된 그 태도방법의 영향에 대한 질문으로 접근하는 것이 아버지의 마음을 움직일 수 있다.

109) 사례: 모든 것을 방임한 채 심한 알코올 문제가 있는 직업이 없는 손자에게 다시 돈을 주지 말고 사회에 복귀시키려는 모든 노력을 이제 그만두라는 사회복지사의 권면을 할머니는 거부했다. 그녀는 마음이 따스하고 손자의 고통을 방관적으로 바라보고만 있을 수 없었다는 것이다. 하나님은 그녀에게 일생 동안 물질적으로 그리고 전체적으로 잘되게 하셨기 때문에 그녀는 기독교적 양심에서 어려운 상황에 있는 손자를 도와주어야 하는 압박감을 느꼈다고 한다. 이제 그녀는 젊은 사람들에 대하여 확실한 원칙이 필요하다는 것을 알 수 있었다. 그러나 이러한 인식에 의해 그녀의 태도를 바꾸어야겠다는 약속은 하지 않으려고 했다.

도교 신앙의 핵심인 용서에 대한 약속을 겨냥한다.[110] 그것은 목회학 영역에서 개인에게서 정립된 경험의 개별화를 시도하는 목회학적인 과제에서 벗어나지 않는다. 왜냐하면 용서에 관한 말 또한 다른 사람처럼 똑같은 방법으로 그 사람에게 다가오는 것이 아니기 때문이다. 하나님의 은혜에 근거한 용서를 그의 모든 피조물과 관련하여 실제로 어떻게 생각하고 있는지 신학적인 규정에 얽매이지 않고 다음과 같은 경험의 기본 틀을 생각해 볼 수 있으며 서로 대조를 이룰 수 있다.

• 용서는 엄습해 온 불의와 신뢰가 깨짐으로 인한 관계의 방해, 그리고 여파가 심한 규범을 이행하지 못한 의미에서의 죄를 다시 '정리하는' 행위로 인식된다. 이러한 특별한 방법에서 관계구조를 위해 매우 명백하게 유익한 효과가 있다면, 적절한 성격구조(그리고 양심구조)를 지닌 사람은 용서의 가능성을 항상 타당하고 '현명한 것' 으로 여기거나 또는 책임적으로 허락하거나 수용할 수 있게 된다. 이러한 것을 기대할 수 없다면 용서에 관한 말은 오히려 그를 불신하게 만든다. (문제 제기: 여기서 선과 악, 올바른 것과 잘못된 것에 대한 경험이 상대화되지 않고 공동생활이 위태롭게 되지 않는가?) 목회상담자가 목회상담 대화에서 용서에 관하여 말할 때 이러한 가능한 반응을 목회상담자는 생각해 보고 접근해야 한다.

• 용서는 죄를 제거할 수 있고 그것으로 관계영역에서 화해가 이루어지도록 영향을 미치며 조화가 (다시) 이루어지는 행위로 인식된다. 이러한 특별한 방법에서 매우 명백하게 관계구조를 위한 화해효과가 있다면 상응하는 성격구조(그리고 양심구조)를 지닌 사람은 용서의 가능성을 항상 타당하고 '필요한 것' 으로 여기거나 또는 책임적으로 허락하거나 수용할 수 있게 된다. 이렇게 접근하지 않으면 용서에 관한 말은 다소 억압된 방법으로 반복될 수 있으며 분명한 문제해결책으로 권해질 수 있다. 그런 다음 종종 '받아들이는 것' 에 동의하게 된다. 그 수용은 정신적으로 이해할 수 없는 것처럼 보이며 쉽게 자신의 가치와 수용능력에 대하여 의심하게 된다. (문제 제기: 모두에게 유효할 수 있는 것

110) Wilfried Härle, Art.: *Rechtfertigung*, *TRT* 4, 200 이하. 헬레는 종교개혁의 관심인 이 핵심을 간결한 형태로 다음과 같이 설명한다. "① 정의는 하나님에 대한 인간의 관계에 해당한다. 그 관계는 존재 또는 비존재, 인간의 구원 또는 불행에 대하여 결정한다. ② 정의는 상황을 전제로 한다. 그 상황에서 이러한 관계가 인간의 죄에 의해 위협받고 방해되며 파괴된다. ③ 정의는 인간을 위해 유익한 하나님과의 관계가 재건되는 것이다"(200쪽).
'인간을 위해 유익한 하나님과의 관계(이와 비슷한 경우 인간과의 관계)의 재건' 은 용서행위 없이는 생각할 수 없다."

이 구체적인 경우에 실제로 완전히 가치가 없는 나에게도 일어나는가?) 이러한 가능한 반응을 목회상담자는 생각해야 한다.

• 용서는 '내면적인 것'을 다시 반영하고 그와 함께 발생된 행동과 태도방법과 관련하여 모든 죄 또는 부끄러움을 내면적으로 완전히 부차적인 것으로 만들거나 '없애는' 행위로 인식된다. 이러한 경험은 물론 일방적으로 인간과의 용서사건에서 능동적인 입장에 해당한다. 이에 해당하는 성격의 (양심의) 소유자는 동료에게 아량 있고 보기에 침착한 방법으로 용서를 제안하거나 중재할 수 있다. 하나님과 인간의 용서를 스스로 받아들이거나 언급하고 전달하는 것은 반대로 극도로 힘들게 된다. 그러한 관심을 '필요로' 하고 상대방의 위로의 말과 관심에 (내면적으로) 의존하게 되는 것은 마음을 상하게 하며, 용서행위에 의해 없어지는 것으로 생각하는 불분명한 부끄러움과 죄책감을 일으키기 때문이다. (문제 제기: '위로부터' 용서된 것이 나의 잠재적인 사소한 불안과 감정에서 자동적으로 확인되지 않는가?) 이러한 가능한 반응에 대하여 목회상담자는 생각해야 한다.

죄와 용서가 밀접하게 서로 연결되어 있다면, 각 인격구조에 의해 조건화된 죄와 용서에 대한 경험과 이해방법을 전제하고 알기 쉽게 하면서도 통상적인 말로 '슬쩍 넘어가지' 않도록 죄뿐만 아니라 용서에 대하여 목회상담적으로 언급해야 한다.

목회상담자인 A.B.는 35세에 결혼하여 두 자녀를 둔 교회 목사로서 8년 동안 목회생활을 해 왔다. 그는 교회 상담실에서 비슷한 나이의 부부인 C.E.와 D.E.를 만나게 되었다. 이 부부는 함께 상점을 운영하고 있으며 자녀가 없고 규칙적으로 교회 성경모임에 참여하고 있었다. 그들은 6년 전에 목사의 집례로 결혼을 했는데 부부문제로 서로 타협하여 목사를 찾아왔다. 문제된 상황은 다음과 같다. 남편이 상점 운영 때문에 집에 있는 동안 아내는 두 달 전에 짧은 휴가를 가졌다고 한다. 그때 그녀에게 이해할 수 없는 방법으로 다가온 한 남자를 알게 되어서 그 남자와 함께 지내게 되었으며 이 관계는 휴가를 끝으로 끝났다는 것이다. 아내는 남편에게 돌아온 후 이러한 경험이 그녀에게 일어날 수 있는 것에 대한 놀라움을 상대적으로 솔직하게 말하였다. 그러나 기대와는 달리 이는 구름 속에 빠지게 했다. 남편이 이러한 돌발적인 사건에 대하여 지금까지 진정할 수 없기 때문에 그 이후로 부부에게 위기가 다가오게 되었다고 한다.

무엇보다도 그는 집요한 질문으로 그의 아내를 계속 압박했으며 아내를 의심으로 몰아갔다. 나중에 그는 이 사건의 해명을 요구하기 위해 그 남자의 이름을 알려고까지 했다. 아내에 대한 거부를 넘어서 부부 사이의 긴장이 점점 더 커가게 되었다. 그는 과민하게 행동했으며 물론 여기서 돌발상황이 일어날 수 있다는 느낌을 함께 받았다고 한다. 그래서 상황을 분명하게 하기 위해 전문 지식이 있는 제3자를 찾게 되었다는 것이다.

목회상담자는 설명된 상황에 매우 관심을 갖게 되었다. 그는 명료과정을 시도하고 부부에게 이러한 상황에서 자신이 처한 핵심을 찾아내어 말할 것을 원했다. 그 결과 남편과 마찬가지로 아내도 자신에게서 깊은 불안을 인정하게 되었다는 것이 드러났다. 이 두 사람에게는 계속해서 신뢰할 수 있을지, 그렇다면 어떻게 신뢰할 수 있을지, 또는 서로 헤어져야 할지가 문제였다. 지금까지 당연하게 느껴온 부부관계가 갑작스러운 일에 의해 깨지게 되고 의심을 갖게 되었다. 그것은 다시 두 사람에게 매우 괴로운 상황으로 경험된다.

내담자에게 매우 명백한 관계 파괴의 상황에서 얼마 후 목사의 편에서 용서에 관한 그리스도교적인 언급을 하게 되었다. 목회상담자는 매우 신중하게 그것에 타당한 말을 끄집어내기 시작했다. 그는 서로 상대방의 잘못을 비난하는 것은 소용이 없다는 것을 주의시키면서 인간 간에 상호 용서하는 것이 자신의 그림자를 뛰어넘는 방법이라고 설명했다. 그 밖에 이러한 행동은 공통적인 그리스도교 세계관에 따라 그 근거와 출처가 하나님의 태도에 달려 있다고 했다. 그는 그리스도교 신앙은 용서신앙에 의한 자기 이해라고 말했다.

이러한 언급으로 목회상담 대화는 독특한 전환을 맞이하게 되었다. 지금까지 부부가 갈등상황에서 그들이 다른 입장을 가졌는데도 비슷한 당황함을 표현했다면, 이제는 목회상담자가 참여된 격렬한 토론이 시작되었다. 그리고 토론과 논쟁에 의해 잘 알려진 용서가 받아들여지고 허락되어야 한다는 그리스도교적 요구가 구체적인 사례에서 개개인에게 결론이라는 것으로 되었다. 그것은 화해가 목적이 아니다. 다음 시간에 계속적으로 대화할 수 있도록 제안하고 이러한 제안을 두 사람이 받아들이게 되면 목회상담자에게는 상담이 성공적이라고 할 수 있다.

쉽고 실감 있게 이해할 수 있도록 이러한 (구성된) 장면에서 앞서 언급한 경험의 기본틀을 용서행위와 관련하여 적용해 보면 다음과 같다. 남편은 앞서 언급한 첫 번째 경험유형에 해당된다. 그는 중점적으로 강한 질서에 대한 인식을 갖고 있었다. '선과 악' 또는 '옳고 그름' 이라는 기본 틀을 가지고 갈등에 접근하고 내적으로 다시 평안을 찾기 위해 옳고 진실한 것을 경우에 따라 공격적으로 관철시키려고 하는 '이성적' 으로 느낀 규범체계의 내면화가 그의 양심 형성과 반응을 나타낸다.

목회상담자는 (아마도 비슷한 양심구조에서) 그의 행동양식의 근거에서 같은 기본 입장을 취하게 된다. 그러나 남편과 다른 것은 모든 공격적인 태도 구성요소를 가능한 철저하게 '배제했으며' 조화로운 경험의 방법으로 바꾸었다는 것이다. 그러므로 목회상담자는 두 번째 경험유형에 해당된다.

마침내 아내의 자기애적인 행동요소에 의해 이루어진 양심 형성을 종결하는 것이 명백한 용서에 대한 접근방법으로 구체적으로 명시되었다. 이 것은 세 번째 경험유형에서 설명되고 있다. 상상할 수 있는 부끄러움과 거절의 감정(예를 들면, 나는 오랫동안 아이가 없는 부부로서 '옳은', 즉 매력 있는 아내인가?)이 그녀의 자존감을 분명하게 세워주었던 한 사건으로 인해 보상되었다면 용서가 필요한 죄를 그녀는 '당연하게' 느끼지 않을 것이다.

끝으로 이 장에서 다음과 같은 '특별한 제안' 이 이루어져야 한다. 인간이 자기애적으로 압도되고 쉽게 '병든 양심' 과 연관하여 태도를 조정할수록 그는 죄와 죄책감에 대한 구별에 덜 관심을 갖게 된다. 그 죄책감은 일반적인 규범에 조금 좌우되고 오히려 그의 본연의 '자기 이상' 과 연관된다. 그렇다면 이러한 '자기 이상' 앞에서 포기하거나 도달하는 것은 통상적인 도덕관과는 대조적으로 두드러져 보이는 경험이다. 오히려 하나님과 인간 앞에서의 모든 책임은 감정적으로 깊이 차지하고 있는 '자기 책임' 과 관련하여 상대적인 것으로 보인다.

이러한 경험과 행동체계와는 반대로 목회상담자에게는 무엇보다도 매우 특별한 '자제' 속에서 표현되는 자비심이 많은 태도가 요구된다. 이것은 매우 예민하고 아픈 과정으로 특별히 고통스러워하는 사람에게 이러한 관점으로 처음부터 그리고 근본적으로 문제화하여 원인을 묻지 않는 것이다. 그것은 오히려 갈등상황에서 해결이 긍정적인 경우, 점차적으로 각성된 자기와 타인 평가가 이루어지는 부분적이며 쉽게 개관할 수 있는 극복과제에서 시도되어야 한다.

종합적으로 요약하면 다음과 같다. 죄에 대한 목회상담적인 접근은 오늘날 '죄' 와 '죄책감' 을 가능한 구별하는 것을 전제로 한다. 여기서 질문되어야 할 것은 개인적인 발달사에 따른 규범에 대한 매우 상이한 관계다. 이러한 개별화된 행동양식은 개개인의 요구상황을 책임적으로 삶의 형태에 접목시키는 것이 중요한 곳에서 그 의미가 있다. 죄와 용서의 관계도 개인의 개별화된 경험 차원에서 생각해야 한다.

불안과 신앙의 긴장과 관련하여 추구할 가치가 있는 '내적인 입장'에 대하여 말했다면(이 책의 380쪽 참조), 이제 긴장관계인 요구와 죄와 관련하여 그것에 접목시켜야 한다. 또한 한편으로 요구와 정당성에 대한, 다른 한편으로 죄와 죄책감에 대한 토론은 이러한 문제점으로 개인에게 특별한 요구를 한다. 즉, 사람은 이러한 '내면적인 입장'으로부터 근본적인 책임감을 발달시켜야 하며, 구체적인 (갈등의) 경우 개인적인 책임을 받아들일 수 있어야 한다는 것이다. 그러나 그것은 다음과 같은 것을 의미한다. 인간은 자신과 다른 사람에게 있는 건설적이고 파괴적인 행동을 단지 그러한 것으로 평가하는 것뿐만 아니라 파괴적인 행동에 대항하여 건설적인 행동을 관철시켜야 하며 갈등을 해결하는 행동으로 옮겨야 한다.

그것은 이러한 의미에서 점점 사책적인 태도에서 하나님과 인간에게 죄가 된다는 것을 억압하지 않고 견뎌내고 극복하는 것에 달려 있다. 그것을 할 수 있는 사람은 동시에 우선적으로 용서를 수용하고 장차 비슷한 경우에 용서를 허락할 수 있는 그의 내적인 가능성에 대하여 질문받게 될 것이다. 그래서 모순되는 경험을 포함할 뿐만 아니라 '해결할' 수 있게 된다.

5. 갈등 다루기

특별한 진제에서 갈등을 다루는 것으로 규정한 목회상담에 대하여 다시 한 번 접근해보고자 한다.

먼저 갈등은 긴장된 상황과 삶으로 이끌 수 있는 영향력 있는 근본적인 모순에서 이해된다는 것을 기억해야 한다. 연결체계 내에서 서로 대립이 쌍으로 도달하게 되며 서로 대결의 중심을 이루는 불안과 신앙, 요구와 죄라는 구성요소들에 의해 갈등경험이 상세하게 체계화되어 나타난다. 이러한 기본 가정에서 목회상담적으로 (인생)갈등을 다루는 것은 불안과 신앙, 요구와 죄에 대한 새로운 접근 형태에 의해, 또는 과정사건의 틀에서 이러한 구성요소에서 이루어진 경험의 개별화를 통해 갈등을 해결하는 데 효과가 있도록 하는 것을 목표로 한다.

목표에 대하여 좀 더 자세하게 설명하면 다음과 같다. 긴장에 의해 형성된 상황은 긴장이완 과정으로 가게 된다. 위에서 언급한 근본적인 모순과 관련하여 다시 균형 잡힌 상태가 이루어지게 된다. 압박감을 느끼고 오류로 고착된 태도에 새로운 행동의 자유가 주어지는 것이다. 그것은 다시금 인간관계에서의 현실과 상처에 대하여 변화된 접근을 하게 되는 결과를 얻는다. 그것은 앞서 가능했던 것보다 삶의 극복을 위해 타당한 행동을 정립하는 데 성공할 수 있다. 특정한 태도가 확대된 여유로 변화된 태도로 옮겨짐에 따라 지금까지의 경험이 변화되고 확장된다.

그때 목회상담적으로 노력한 새로운 행동(그리고 경험)은 동시에 그리스도교적인 행동에 적합해야 한다. 그렇기 때문에 그 행동의 정립은 계속적인 목표와 연관된다. 모든 목회상담 사역 안에서, 사역과 함께, 그리고 그 아래에서 본질적으로 개인의 특성에 따른 신앙의 능력은 중요하다(이 책의 325쪽 이하 참조). 이러한 위탁은 다시 모든 목회상담에서 갈등 다루기를 다음과 같은 특별한 전제하에 이루어지게 한다. 근본적인 모순의 긴장영역에 있는 (갈등)경험의 한 요소로서 신앙은 '존재에 대한 생동감 있는 기대'를 나타낸다. 신앙은 삶의 철학에 대한 분명한 구조와 감정일치의 특성을 갖고 있고, 경우에 따라서 특정한 하나님 형상과 관계가 있는 '내적인 입장'의 역할을 한다. 그리스도교적으로 적합한 (갈등)경험의 요소로서 신앙은 모든 경우에 개인의 특성에 따른 신앙을 필연적으로 개인적으로 형성된 모든 하나님 형상의 기틀을 잡아 주며 상대화하는 성서의 하나님에게 고정시키고 세우는 것을 의미한다. 신앙은 동시에 형식적인 개인의 고백 외에도 개인의 내용적인 고백행위를 표현한다. 그 결과 구약과 신약의 하나님에 의해 창조되고 구원되며 동반된 개별적인 인간이 신앙을 갖게 되고 그러한 이유로 행동하게 되는 그리스도교적인 고백행위다.

이러한 '특별한 전제' 아래 목회상담을 하는 것은 그리스도교적인 관점에서 갈등을 다루는 특별한 경험이다. 이런 경험에서 갈등해결이 이루어지거나 더 나은 삶의 극복이 이루어졌을 때 특별히 생긴 감사의 감정은 안도감과 같다. 그것은 존재에 대한 생동적인 기대 또는 삶의 확신을 일반적으로 확인하는 것뿐만 아니라 신앙 안에서 하나님에 의해 확인되는 것을 경험하고, 한편으로는 그것으로부터 피할 수 없는 삶의 갈등을, 다른 한편으로는 일상생활에서 개별적인 갈등을 말씀의 문자적인 의미에서 '위로받는' 것을 경험할 수 있는 감사다.

| CHAPTER 6 |

목회상담의 실제

모든 (삶의) 갈등은 특정한 삶의 사건과 관련하여 개인적인 발달과정과 거기서 어쨌든 '삶의 벼랑 끝' 에서, 그리고 특정한 환경에서 나타난다. 시기에 적절한 목회상담은 삶의 세계 속에서 진실로 내담자와 그 세계와 연관된 행동을 만나려고 하며, 불안과 신앙, 요구와 죄에 대한 의도된 접근 속에서 단지 '일반적인' 갈등을 다루지 않는 것을 목표로 한다. 그래서 목회상담자는 한편으로 그때그때의 삶의 단계와 그에 상응하는 문제상황을 관련시킨다. 다른 한편으로는 내담자가 특별한 외부적인 조건에 의해 각인된 특별한 상황에 처하게 되는 경우가 있을 수 있다. 그래서 개인적인 문제상황 외에도 다양한 목회상담 상황이 있게 된다.

이와 관련하여 원칙적인 질문이 제기된다. 삶의 극복을 위한 그리스도교적인 행동은 오랜 전통뿐만 아니라 그 태도를 근본적으로 수용하는 데에도 그리스도교 공동체 관계 없이는 생각할 수 없다. 그러나 사실상 그리스도교적인 행동은 항상 특별한 전제에서 이루어지는 공동체 행동을 의미한다. 어떻게 이러한 포기할 수 없는 상호작용이 오늘날 주어진 상황에서 구체적으로 '확인' 될 수 있을까? 내담자에게 마침내 '필연적으로' 받아들여지게 되는 특별한 공동체 관계가 어쨌든 그리고 절대적으로 교회공동체와의 관계로 이해되어야 하는가? 그러므로 여전히 개인적인 모든 삶의 역사에 나타난 다양한 삶의 과정 속에서 드러나는 (전형적인) 갈등을 개별적인 삶의 과도기에 나타나는 특별한 행동에 대해 전해 내려온 교회의 제안에 연결 짓는 것이 중요한가?[1] 더불어 '교회예식'이 지속적으로 다양한 삶의 단계나 위기적이고 갈등에 약한 과도기에서 연결점으로서 혹은 기회로서 그리고 목회상담 사역에서의 '도움의 수단' 으로서 이해될 수 있는가?

오늘날 현저하게 교회직무의 기능에 대하여 논란이 있으며 그것과 함께 점점 더 많은 (실천)신학적인 성찰이 요구되고 있다.[2] 교회예식은 분명히 매우 변화된 조건에서도 목

1) J. Mathes, *Kirchenmitgliedschaft im Wandel. Untersuchungen zur Realität der Volkskirche, Beiträge zur zweiten EKD-Umfrage, 'Was wird aus der Kirche?'*, Gütersloh, 1990, 이 책에서 특히 다음 논문을 참조한다. P. Cornehl, *Teilnahme am Geootesdienst. Zur Logik des Kirchgangs—Befund und Konsequenzen*, 15 이하, 특히 "Gottesdienst und Lebenszyklus", 32 이하 참조

2) 일반적인 언어 사용에서 이러한 '교회예식' 은 인간 발달과정에서 일어나는 세례, 견신례, 결혼예식, 교회상례식과 같은 교회의 전통적인 행위를 의미한다. 매우 상이한 개별 가치(성례 예식으로서 세례의 특수 위치와 종교교육의 상황에서 견신례의 다른 사역)에서 모든 교회예식은 어떤 경우든 교회공동체의 직무로서, 또는 개개인에 대한 구조화된 그리스도교 공동체의 제공으로서 이해된다. 이러한 이해에서 교회예식은 다양한 차원을 지닌다. 교회예식은 신앙 전통에 숙달하고 그 전통에 편입되어 생동감 있게 유지된다. 그것은 특별한 삶의 경험과 관련하여 실질적으로 경험될 수 있을 정도로 '하나님의 말씀' 을 선포하기 위한 기회다. 교회예식은 마침내 인생의 특별한 분기점과 과도기가 특별한 갈등 다루기를 필요로 하는 곳에서 목회상담적으로 접근해 갈 수 있도록 특별한 기회를 제공한다.

회상담적인 행위와 관련하여 도전적인 특성을 유지해 왔다.[3] 이러한 사실은 출판된 기간이 거의 40년 차이가 있고 매우 다른 근거에서 출발한 두 교재에서 인상 깊게 다루고 있다. 우선적으로 살펴보면 아스무센(A. Asmussen)은 1933/1934년에 그의 책 『목회상담(*Die Seelsorge*)』을 교회예식의 관점에서 다루고 있는데, 이것은 1971년에 출판된 틸로(H. J. Thilo)의 『상담중심의 목회상담(*Beratende Seelsorge*)』도 마찬가지다.[4]

교회예식에 관한 실천신학적 토론에 대해서는 다음 논문들을 참조한다. R. Volp, Peter C. Bloth, Karl-H. Lücke und T. Stählin, "Die Kausalpraxis", *HPTh 3*, 150 이하. 슈텔린(T. Stählin, "Die Bestattung", 위의 책, 195 이하). 신학적인 영역에서의 끊임없는 토론의 핵심을 구체적인 결과를 가지고 다음과 같이 설명하고 있다. "원하든 원하지 않든 목사는 자유로운 복음의 선포자일 뿐더러, 사역과정이 '순수한' 선포적인 신학에 적절하기보다 예식적인 면에서 본질적으로 더 결정적으로 의무가 주어진 사역과정의 '담당자' 다"(197쪽).

뢰슬러는 그의 책에서 실천신학적인 문제점에 대한 매우 개괄적인 소개를 하고 있다(D. Rössler, *Grundriβ*, 198 이하). 여기서 교회경건과 신앙생활을 위해 본질을 규정하는 예배, 의식의 능력을 위한 교역에 대한 지속적인 실천적 의미 그리고 인생사와의 교회적인 관계가 강조되고 있다.

뮬러는 그의 다음 저서에서 총체적인 문제를 제기하고 있다. T. Müller, *Konfoirmation, Hochzeit, Taufe, Bestattung. Sinn und Aufgabe der Kasualgottesdienste*, Stuttgart, 1988.

3) 뢰슬러는 '교역의 의미' 라는 제목으로 교역은 '인생의 순환적인' 경건의 틀 속에서 종교와 교회와의 관계를 형성할 수 있는 인생의 순환에서 과도기 극복을 위해 중요한 의미를 지니고 있다고 설명하면서 다음과 같이 요약하고 있다. "그러므로 교역의 목회상담적인 관점이 교역의 총체적인 실천을 위해 매우 중요하다. 그것은 좁은 의미에서 목회상담적인 과제뿐만 아니라 종교의식과 예식설교의 목회상담적인 관점에 해당한다."

4) 아스무센의 '영혼 돌봄' 과 그의 엄격한 회중상황, 그리고 '목사의 상담시간' 과 관계된 '영혼 돌봄(Seelsorge)' 과 '영혼 인도(Seelenfürung)' 의 구별에 대하여 무엇보다도 지금까지의 설명이(이 책의 203쪽 이하, 60쪽의 각주 59 참조) 비교될 수 있다. 이러한 입장에 대하여 보충적으로 다음과 같이 제시되어야 한다. 그리스도교 목회상담에 대한 루터의 이해에 근거해서 아스무센은 그의 이론을 주제별로 다음과 같이 정리하여 구체화하고 있다. 즉, 목회상담자와 세례, 목회상담자와 부부, 목회상담자와 불행 그리고 병든 자와 죽어 가는 사람을 위한 목회상담이 그것이다.

모든 경우에 회중상황이 당연한 것처럼 전제되는 것은 아스무센의 언급에서 다음과 같이 분명해진다. "목회상담을 위해 근본적인 것은 목회상담이 대화라는 것이다. 대화는 근본적으로 설교와 구별된다. 목회상담자와 그가 목회상담을 하게 되는 그의 교인은 둘 다 말을 해야 한다." (H. Asmussen, *Seelsorge*, 19).

반대로 목회상담 운동의 대부인 틸로는 그의 책 『상담중심의 목회상담(*Beratenden Seelsorge*)』(이 책의 239쪽 이하 각주 28 참조)에서 그의 심층심리학적인 방법을 똑같이 교회예식 대화에서 설명하고자 했다. 그렇기 때문에 그는 심층심리학적인 의미세계와 그에 상응하는 대화 인도방법에 대한 보다 폭넓은 도입에 따라 결정적인 입장에서 '대화적인 목회상담으로서 교회예식사역의 목회심리학적인 장' (H. J. Thilo, *Seelsorge*, 107 이하)이라는 주제를 다루고 있다. 그러나 틸로가 여기서 종교예식을 매우 특정한 방법으로, 즉 아스무센과 비교해서 이미 강하게 변화된 직분과 회중 이해로부터 그의 본래적인 관심의 의미에서 '이용하는 것' 은 '직분신학' 에 대하여 그가 거리를 두는 것에서 분명하다. 여기서 너무 일찍 직분에 대하여 말하는 사람은 다시 목회상담 사역을 접근하기 어려운 방법으로 제한하며 선포의 개념을 가르침과 연설로 제한하는 것이다"(107쪽).

더 가까이 다가가서 보면, 목회상담과 인생 분기점 또는 '시간과 함께' 일어나는 인생 사건에 대한 특별한 분류에서 중요한 강조점이 미루어지는 것을 인식하게 된다. 특별한 삶의 자리에서 포괄적으로 교회가 제공하는 의미 있는 예식을 통해 사회적인 관계를 갖고 개개인 인생단계를 구조화하는 것이 강하게 변화된 삶의 조건과 직업조건에 있는 현대인들에게 점차적으로 '당연하게' 전제되지 않고 수용되지 않는다. 목회학 영역에서 그것은 이중적인 결론으로 나타난다.

하나는 이러한 사회적인 변화는 특별한 갈등에 이르기 쉬운 또는 갈등이 존재하는 인생상황에서 목회상담적인 도움을 포기하지 않도록 권해야 한다는 것이다. 그러한 포기는 잘못되어 갈등해결 또는 태도변화에 대한 노력은 전통적으로 교회적인 연결 없이는 더 이상 '그리스도교적인 태도' 로서 추구될 수 없다는 것을 전제하고 있어야 한다.

그러나 다른 하나는 통상적인 의식 속에서 전통적인 종교의식을 발전적으로 상대화할 때 일반적인 의식 속에 변화된(외적으로, 내적으로) 조건에서 가능한 회중의 관계 또는 새롭게 너무 계획된 회중 구축을 포기하지 말아야 한다는 것이다. 그러한 입장은 잘못되어 목회상담이 우선적으로 최대한 갈등 없이, 그리고 거기서 그리스도교적인 색깔로 공동체 내에 존재하고 있는 추세로 적응하도록 도와야 한다는 것을 전제한다.

이와는 반대로 다양한 인생단계에 있는 개인을 가능한 철저하게 그때그때 일상생활의 상황에서 보고 이해하는 목회상담이 현재 있는 조건에서 신학적으로나 목회학적으로 대표할 수 있는 것으로 보인다.[5)]

그는 그러한 이유로 계속해서 다음과 같이 말하고 있다. "무엇보다도 항상 사건, 즉 매우 특별한 경우가 중요하다. 이러한 경우는 결혼식과 세례 또는 장례식이 아니라 상호 간 부부가 되려고 하는 두 사람의 경우, 자녀에게 세례를 받게 하려는 부모의 경우 그리고 한 사람을 하나님에게로 떠나 보낸 유가족들의 경우다. 인간적인 상황에서 특별한 경우에 하나님의 말씀은 바로 이 시간에 그 사람들에게 이러한 곳에서 힘과 도움 그리고 위로로 나타나고자 한다"(109쪽).

종교예식과 개인의 관계에서 그 중요성의 중심 이동이 명백해져야 할 것이다.

5) 다시 한 번 이러한 관계 속에서 전문적인 지식이 있으면서 다르게 펼쳐 나가고 있는 중요한 연구가 헨케의 목회상담이론(T. Henke, *Seelsorge und Lebenswelt*)에서 제시된다. 여기서 그는 먼저 '일상' 과 '삶의 세계' 가 거의 유행어가 되어 버렸지만 목회학에서는 지금까지 거의 조직적으로 받아들이지 못했던 것을 확인한다. 그는 이러한 결론을 체험하고자 한다. "목회상담은 의사소통적인 사역으로서 항상 이미 (의도적이든 그렇지 않든) 일상적인 삶의 배경에서 이루어지며, 일상적인 삶의 보존과 회복, 그리고 변화를 돕고 사회적인 관계 안으로 묶게 하는 것이 연구의 출발점이다"(15쪽).

존재하면서 혼란스럽게 영향을 미치는 '삶의 세계' 라는 개념의 모호성에 있어 헨케는 목회상담의 관점에서 그의 입장을 이렇게 표현하고 있다. "하나는 역사사회적 '삶의 세계들' 의 구체적인 내용으로부터 예측하건대, 삶의 세계의 일반적인 구조와 그 기능 그리고 비판적인 변화 가능성, 그것의 역사적인 중요성과 역사적인 차원을 재현하면서 실제적으로 분석하는 외형적인 삶의 세계 개념을 우리가 결정한다.

목회상담에 대한 이러한 이해는 인문과학에 대한 지식을 현재 사회와 개별적으로 그 사람이 살아온 인생의 전기에 있는 특별한 인생조건과 관련하여 활용할 것이다. 또한 이러한 이해로부터 회중관계(그리고 동시에 목회상담 사역의 종교의식과의 관계)를 분리하거나 필요한 경우 개인적인 종교의식과 함께 상황적인 집단교육으로 대체하는 것이 문제가 되지 않을 수 있다. 오히려 그것은 '공간의 구속' 이 변화된 경험 차원에 정착될 수 있을 정도로 회중의 개념을 확장하는 것에 따라 좌우된다.[6] 변화된 회중 이해의 배후에 있는 '목사직분' 의 변화된 이해는 그것과 밀접하게 연관된다.

지배적인 원리는 어쨌든 실제적인 목회상담에서 지금까지 익숙하지 않은 사회적인 조건에서의 인생갈등을 실생활과 밀접하게 만날 수 있도록 해야 한다는 것이다. 이러한 의미에서 목회학적인 관점에서 회중 교육과 형태와 관련하여 삶과 밀접하고 일상에 가까운 것을 분리하지 않고 포함하는 구상에 대해 질문을 하게 된다. 그러나 어떻게 그것이 우리의 현재 삶의 세계에서 시의적절하면서도 구체적으로 나타나는가?

다른 하나는 선험철학적으로 계획된 삶의 세계 개념이 기초가 되는 것이 아니라 일상적인 삶의 세계가 일상적인 의사소통의 사역이 되고 동시에 이러한 일상적인 실제에서 확립되는 것처럼 일상적인 삶의 세계가 기초가 된다"(165쪽).

이 모든 것에서 '삶의 세계' 의 개념은 여기서 생각된 의미에서 '일상세계' 의 개념에 해당한다. 이러한 규정으로부터 헨케는 '(인생)역사에 대한 기억과 설명' 이라는 주제로 '삶의 세계 안에서 의사소통적인 사역으로서의 기억과 설명' (217쪽 이하)에 대한 논리에 이른다.

오늘날 꼭 필요한 목회상담의 일상세계와의 관계가 '일상의 걱정' 과 그 걱정을 없애는 것으로 생각되지 않는 것이 또한 "Alltagssorge und Seelsorge: Zur Kritik am Defizitmodell des Helfens" (이 책의 296쪽 참조)라는 논문에 나타난 루터(H. Luther)의 특별한 관심사다.

6) 이러한 입장에서 인류학자인 아우게의 다음 연구를 참조한다. M. Augé, *Orte und Nicht-Orte. Vorüberlegungen zu einer Ethnologie der Einsamkeit*, Frankfurt a.M., 1994. 아우게는 세 가지 풍요 형태(사건의 풍요와 공간의 풍요 그리고 안내의 개인주의화)에 의해 특징지어지는 '초현대' 시대에서 '공간' 의 전적인 새로운 경험이 효과가 있다는 것에서 시작한다. 그는 그 공간을 이렇게 설명한다. "공간이 정체성과 관계 및 역사에 의해 특징지어지는 것처럼 정체성을 갖지 못하고 관계적으로나 역사적으로도 말해지지 못하는 공간은 공간이 아니라고 정의 내린다. 우리의 가설은 '초현대' 는 공간을 부정하도록 만들어 낸다는 것이다. 그 공간은 그 자체가 인류학적인 공간이 아니다"(92쪽 이하). "공간이 아닌 공간은 특별한 정체성과 특별한 관계를 만들어 내는 것이 아니라 고독 같은 것을 만들어 낸다" (121쪽).

그럼에도 불구하고 우리는 현대인으로서 이러한 변화 속에서, 즉 아직 경험할 수 있는 공간과 똑같이 이미 경험할 수 있는 공간이 아닌 것의 혼돈 내에서 익숙해져야 한다. 그러므로 아우게의 연구는 '신앙의 장소' 의 관점에서 또는 교회와 회중의 경험으로 공간을 맞추는 것을 매우 신중하게 여기고 있다.

1. 인생단계와 목회상담

인간 삶의 과정은 연령별로 나타나는 특별한 행동구조를 지닌 개별적인 발달단계만이 특징이 아니다. 모든 삶의 단계 속에서 나타나는 중요한 인생 극복은 도달된 인생단계에서 별개의 갈등상황과 갈등상태에 이르게 한다. 그것은 각 인생단계에 따라 목회상담 사역이 구별될 필요가 있다는 것을 의미한다.

1) 아동과 청소년을 위한 목회상담

아동을 위한 목회상담적인 노력은 최근의 일이 아니다. 그것은 이중적인 모습 아래 이 영역에서 근본적으로 억제로서 파악되는 특징과 분명히 관계가 있다.

한편으로 그리스도교인은 유년 시절 상태와 매우 특별한 관계가 있다. 그렇기 때문에 아동은 정신적이고 영적인 상태로 보아 상대적으로 '죄가 없고' 또 매우 제한적으로 갈등을 이겨낼 수 있으며, 이러한 '악의 없는' 정신상태 속에서 '모범적인' 것으로 여겨졌고 여겨진다. '회개하고 어린아이처럼 되라' (마18:1-6)는 중요한 성서적인 요구는 함축된 의미로 이러한 해석의 발전을 촉진시킬 수 있었다.[7] 다른 한편으로 어린아이가 아직 약한 자로서 이러한 배경으로부터, 동시에 어른들의 '본질적인' 갈등으로부터 보호되는 것이 인식되면 독립적으로 현실 극복을 할 수 없게 된다. 그 결과 어린아이는 그의 특별한 특징과 경험의 상황으로 아마도 (누렷하게 향수에 젖은 모습에서) 도덕적인 본보기가 될

7) K. Winkler, *Kinder*, 이 책의 172쪽 각주 183 참조.

8) 이러한 입장은 전적으로 현대적인 사고와 결부될 수 있다는 것을 미국 인류학자이며 행동연구가인 몬태규는 다음 저서에서 밝히고 있다. A. Montagu, *Zum Kind reifen*, Stuttgart, 1984. 그는 다음과 같이 설명하고 있다. "사람이 나이가 들면서 그렇게 귀중한데도 점차적으로 잃어버리게 되는 어린 시절의 행동특성에는 어떤 것이 있는가? 이러한 특징을 분명하게 보기 위해 아동들을 관찰할 필요가 있다. 호기심은 가장 중요한 것 중의 하나이며, 더 나아가 환상, 놀이에 대한 기쁨, 편견이 없는 것, 실험적인 것, 기꺼이 배우고자 하는 것, 그리고 결국 아마도 가장 널리 퍼져 있으며 가치 있는 고유의 본성과 사랑에 대한 욕구 및 사랑할 준비가 있다. 어른들에 의해 망가지지 않는 한 평범한 모든 아이들은 어린 시절의 삶에서 이러한 특성들이 나타난다"(15쪽).
이러한 입장의 결과 실제로 인생을 통해 '망가진', 즉 규범적으로 어른이 된 사람은 목회상담이 필요하다.

수 있다.[8] 어린아이는 거기서 전적으로 촉진적인 관심이 필요하게 될 것이며 경험할 수 있게 될 것이다(이것은 목회상담은 아니다).

그러나 '아동의 세계'는 '행복한 세계'와는 모든 것이 다르며, 전적으로 어린 시절의 특별한 갈등경험과 어린 시절 개인적인 삶의 극복문제에 대하여 말해져야 한다는 현대 교육학적이고 발달심리학적인 지식에 의한 통찰이 이제는 점점 확고한 위치를 차지하고 있다. 더불어 아동과 청소년 시기에 목회상담이 필요하며 가능하다는 말이 새롭게 제기되고 있다. 더 나아가 아동과 청소년에 대한 목회상담 사역이 알려질 뿐만 아니라 시급히 필요한 것으로 여기게 된다면, 그것은 분명 이중적인 문제점에 상응하는 결론을 갖고 있는 현재 목회학의 상황과 비슷하게 나타난다.

• 아동과 청소년 그리고 그들의 문제에 대한 목회상담적인 접근은 우선 특별히 발달심리학적인 지식을 전제로 하는 (종교)교육학적인 방법과 밀접한 관계를 갖고 있다. 어린 시절에서 어른으로 되는 (경험의) 길이 낙담하지 않고 단지 발전하고 목표를 향해 가는 것으로 여겨지는 성숙과 발달과정으로 일치될수록 이러한 접근과 관계가 지당한 것으로 보인다.[9] 실제로 그리스도교적으로 책임 있는 '아동기에서의 종교적 양육과 사회화'[10] 그리고 '인생전기와 종교'[11]의 의도된 관계설정에 대한 노력은 어렵게 인간에 대

9) 이러한 관점에서 이미 렘플라인은 10년 넘게 교회에 좋은 영향을 주었으며 아동들에 대한 양육적인 접근을 규정했다(H. Remplein, *Die Seelische Entwicklung in der Kinheit und Refezeit. Grundlagen und Erkenntnisse der Kinder–und Jugendpsychologie*, München, 1954. 교회사역에 활용하기 위한 특별호). 렘플라인은 '기본 원리'(11쪽 이하) 부분에서 다음과 같이 서술하고 있다. "인간의 정신적인 삶이란 어떠한 것도 끝난 것이 없고 움직이지 않고 태어날 때 한 번 주어진 것도 아니며, 죽을 때까지 똑같이 존재하는 것이란 없고 오히려 정신적인 삶은 육체적인 삶처럼 발달하는 것이며, 다른 말로 한다면 정신적인 삶이 초기 시작에서 어른에 이르기까지 펼쳐진다는 사실에서 아동과 청소년 심리학은 출발한다."
목표의 방향은 분명하다. "……아동과 청소년 심리학은 교육학을 전제로 하는 학문이고 실제로 많은 현대교육의 개혁과 개선은 새롭게 얻은 아동과 청소년 심리학의 인식 덕분이다"(29쪽).
이 책의 기본 가정이 오늘날 상대화되고 비판적으로 문제 제기되거나 보완적으로 보게 된다면 그 시대에 계몽적이고 인식을 촉구할 정도로 영향을 끼친 이 책의 큰 업적이 확실히 하찮아지지 않을 것이다.

10) 널리 알려진 프라아스의 책(H.–J. Fraas, *Erziehung*)을 참조한다(이 책의 388쪽 이하 각주 81 참조). 여기서 프라아스는 그의 행동양식의 목적을 이렇게 표현한다. "종교적 양육의 공헌은 신앙을 성찰의 방법으로 관련시키는 것이다. 즉, 사람이 성찰을 통해 삶 속에서 하나님과의 직접적인 관여를 새롭게 얻을 수 있는 자세를 준비하는 것이다"(26쪽). '태도를 준비하는' 이유에 대해서는 아동에 대한 목회상담에서 이야기되어야 할 것이다.

11) F. Schweitzer, *Lebensgeschichte* (계속적인 참고문헌 소개와 함께). 여기서 종합적으로 요약하면 다음과 같다. "발달과 관계된 종교적 양육의 근본 과제는 발달의 동행으로서, 또는 닙코우(K. E. Nipkow)가 설명한 것처럼 '인생의 동반'으로 설명된다. '동행'이라는 개념은 우선 양육과 비교하여 발달에 부여되는 독립을 강조한다. 모든 발달과정처럼 종교적 발달은 양육에 의해 만들어 내는 것이 아니며 이러한

한 어린 시절에서의 목회상담적인 접근으로부터 떼어 놓거나 분리시킬 수 있다. 시종일관 종교교육에서는 결정적으로 '삶의 동행' 이 문제다.[12]

이러한 '삶의 동행' 은 (상응하는 실천신학적 또는 목회학적 위치의 상황에서) 아동 또는 청소년을 돕고 방향을 설정하는 방법으로 경험하는 '회중의 동행' 과 하나로 생각될 수 있다. 예를 들면, 그것은 다음과 같이 '아동을 위한 목회상담' 의 정의를 분명하게 한다. "아동 자체가 아동을 위한 목회상담에 대한 모든 연구의 출발점이어야 한다. 그것은 아동의 인생을 필요로 하는 한 회중의 편에서 목회상담적인 노력이 요구되어야 한다. 이러한 과제에 응하는 준비와 책임은 예수의 복음에 근거한다. 회중으로서 우리는 우리의 중심에 있는 아동의 삶을 통해 충분한 사역을 하도록 자극하는 곳에서 단념하지 말아야 할 것이다. 아동을 위한 목회상담은 회중의 그리스도교 사회봉사의 위임과 연결된다." 라고 도예(G. Doyé)는 목표를 제시하고 있다.[13]

그리고 그는 계속해서 다음과 같이 상세하게 설명하고 있다. "모든 교회적인 아동사역이 분명한 목회상담적인 차원이 있다면 거기서 일어나는 모든 것이 아동에 대한 목회

것에 의해 임의적으로 형성될 수 없다. 발달은 또한 스스로에 의해, 아동들과 청소년이 성장하는 환경으로부터 독립적으로 이루어지지 않는다. 이는 동행의 개념이 포함하고 있는 두 번째 관점이다. 종교적 발달은 의식적으로 교육적인 행위가 아동과 청소년이 사회에서 만드는 경험처럼 흘러들어가는 포괄적인 배움의 과정으로 이해할 수 있다. 결국 동행은—동행이 이점에 있어서 '교육목적으로서의 발달' 의 이해와 구별된다—좀 더 높은 차원으로 발전에 도달하는 것뿐만 아니라 아이들과 함께 그들의 발달상태 및 질문과 요구에 머무르는 것을 의미한다"(241쪽).

특히, '청소년들의 질문과 필요에 머무는 것' 과 관련하여 목회상담과의 관계가 고찰되어야 한다. 발달심리학과 종교수업의 구조적인 연결에 대하여는 다음 문헌을 참고한다. F. Schweitzer, K. E. Nipkow, G. Faust-Siehl, B. Krupka, *Religionsunterricht und Entwicklungspsychologie. Elementarisierung in der Praxis*, Gütersloh, 1995. 근본적으로 이러한 공동작업 속에서 '수업 중의 발달심리학적인 관찰' 이 중요하다. 가르치고 배우는 과정에서 '사태' 이 전달이 문제가 될 때 특별히 '기초화' 라는 개념이 설명되며 사용된다. "가르치는 사람의 입장에서 기초화된 교육적인 통찰과 행동이 장려되어야 하며, 배우는 사람과 관련하여 기초적인 도론과 관심의 형태가 통비를 쓴다." (24쪽).

이와 연관된 언급은 목회상담적인 결과에 의해 경험의 영역에서 구조적으로 '근본적으로 단순한 것' 으로서 기초적인 것이 동시에 '주관적으로 믿을 만한 것' 이라는 것이다. "다른 사람에게 넘겨받게 되고 따라 말하게 된 일은 신성한 자신의 일이 되지 않기 때문이다. 요약하면, 이러한 관점에서 기초화는 삶에 의미심장한 해석의 의미에서 중요한 문제로 나타난다"(29쪽). 신앙영역에서 동일화와 정체성에 대한 질문이 문제시될 때 바로 이것에 접목될 수 있다(이 책의 367 이하 참조 이하).

학문적인 설명에서 부분적으로 추상적으로 구성된 그의 책은 그럼에도 불구하고 실천적인 것과 연관하여 설명하고 있으며 실례와 제안들을 많이 삽입하였다. 그는 부록에서 '도덕적이고 종교적인 발달단계' 에 대한 '짧은 설명' 을 제시하고 있다(212 이하, 364쪽 각주 30 참조).

12) 다시 한 번 각주 10에 있는 설명을 참조한다.

13) G. Doyé, *Kinderseelsorge, HbSS*, 241 이하. 241에서 인용.

상담은 아니다. 개별적인 아동들이 목회상담에 해당한다. 왜냐하면 목회상담은 그 의미가 항상 집단 안에서, 그리고 집단을 통해 목회상담이 일어나는 곳에서 개개인을 세우는 것이기 때문이다. 그러므로 아동을 위한 목회상담은 특히 집단 안에서 이루어지는 아동들에 대한 교회사역 내에서 개인을 향한 의식적이고 목적이 있는 관심이다. 이러한 의식적인 관심 속에서 아동은 동행과 방향설정을 특별히 필요로 하는 상황일 때 회중의 동행을 경험한다."[14]

교육학과 목회학의 밀접한 관계는 '삶의 동행' 이라는 말에서 매우 분명해진다. 그럼에도 불구하고 둘 사이에서 명백하게 분리된 목표가 분명히 나타난다. 그것에 의해 모든 종교교육학과 종교적 사회화는 오히려 일반적인 의미에서 '회중' 또는 그리스도교적 공동체와 연관될 수 있다. 그것은 학교와 가정적인 영역의 관계 속에서 특별한 징조 하에 있는 공동체적인 과제로서 이해될 수 있다. 반대로 아동을 위한 목회상담은 우선적으로 좁은 의미에서 회중과 연관된 목회상담 이해의 부분으로 파악된다.[15] 그것은 시종일관 구체적인 교회 회중 속에서 '그 위치를 차지하게 된다.' 그것은 아동 개개인의 특별한 어려움과 문제에 집중적으로 열중하는 것이 당연하다.[16]

하지만 특정한 (사회적인) 조건 아래에서 이러한 (그리스도교적) 공동체 또는 (교회의) 회중을 개별화하여 세우는 것은 항상 덜 실용적인 것으로 드러난다.[17] 아직 어쨌든 옌

---

14) G. Doyé, 위의 책, 242.

15) G. Doyé, 위의 책. 242. 이러한 관점에서 도예는 빈클러의 규정을 자신의 입장을 위해 '근본적으로' 인용한다. "목회상담이 회중의 일이 되지 않으면 신학적으로 타당하게 해석될 수도 없으며 실제적으로 효과를 얻을 수도 없다" (E. Winkler, Grundfragen der Seelsorge heute, in: *Die Christenlehre 1* (1974), 3 이하, 4쪽에서 인용).

16) 이러한 상황에서 도예는 다음과 같은 문제 제기로 '범위' 를 언급한다. "아이들은 어디서 동행과 관심 그리고 방향설정이 필요한가?" (G. Doyé, 위의 책, 243) 근본 문제로서, 그것과 함께 아동목회상담에서 전형적인 갈등상황으로 그는 다음을 제시한다(245쪽 이하). 가정보호의 결핍, 규범과 권위에 대한 갈등, 마음으로부터 느껴진 불공평, 집단에서의 부정적인 자기 위치, 신앙과 지식에 대한 공개적인 질문이 그것이다.

17) 이를 하우슈타인은 같은 책에서 그의 '청소년 목회상담' 에 대하여 다르면서도 확실하게 인상적으로 나타내고 있다(M. Haustein, *Handbuch der Seelsorge, HdSS*, 253 이하). 그는 '전형적인 사춘기의 특성과 경향, 태도, 그에 대한 목회상담적인 배려' (동일시, 과격성과 절대성, '철학적인' 성찰, 행위를 위한 준비, 실험으로 말할 수 있는)에 대한 풍부한 통찰력을 제공한다. 또한 '동반자 관계와 성적인 감정과 상태' 에 관심을 가지며 마침내 '집단에 의한 청소년 목회상담' 이라는 주제에 이르게 된다. 이러한 상황(그리고 이러한 연령단계)에서 교회의 회중관계는 단지 부차적인 것이며 부수적인 것으로 존재한다. "교회 청소년 모임의 형태로서 교회 청소년 집단의 통합능력은 결정적으로 즉흥성, 창조성, 계획의 자발성, 가능한 매우 많은 자치와 참여권 등과 같은 비공식적인 집단의 근본적인 특성이 허락되는 것에 따라 좌우되며, 그러한 것이 지도자에게 사라지지 않는 곳에서 예술이 나타난다" (265쪽). 그리고 계속해서

취(W. Jentsch)의 여러 권(1965년과 1986년 사이에 출판된)으로 엮어진 『청소년 목회상담(*Handbuch der Jugendseelsorge*)』[18]은 당연한 것으로 전제된 회중과 연관된 목회상담의 연대성의 이유를 매우 분명하게 밝히고 있다. 그는 '목회상담' 의 전체 영역에 대한 전망을 중심적인 관점으로 모든 그의 주변 영역과 여러 측면의 문제 제기와 함께 제시하기 위하여 (목회학에서 지금까지 오히려 무시해 온 목회상담의 한 부분으로서) '청소년 목회상담' 이라는 개념을 사용한다.[19] 이름목록과 성서 구절 색인 그리고 개괄적인 분류로 되어 있는 이 책들은 시대에 맞는 '목회상담' 의 모든 근본적인 문제 제기를 설명하고 목록을 만든 매우 유용한 목회학적인 참고서에 이르게 되었다.

더불어 이러한 영역에서 특히 교육학과의 밀접한 관계 속에서, 특별히 중점을 두게 된 (교회) 회중과의 관계 속에서 나타나는 목회하적인 요점을 분명히 해야 할 것이다.

• 한편으로는 아동과 청소년을 위한 목회상담적인 접근이 오늘날 현대 아동과 청소년 심리학의 치료적 형태와 똑같이 진행되고 있다는 것이다. 목회상담자가 이러한 학문과 그들의 제도화된 실습으로 함께 작업하는 것이 점점 영향력 있는 중요한 것으로 되어 간다는 것이 현재 주어진 조건에서 명백한 사실이다.

가장 다양한 인문과학의 원리와 그것의 관심사와 관련하여 특별히 성공한 통합작업의 실례가 『아동과 청소년을 위한 목회상담서(*Handibuch zur Beraturg und Seelsorge an Kindern und Jugendlichen*)』다.[20] 이 책에서는 '유년 시절의 연속' (부모와 아동에서 청소년

"집단 분위기는 '우리' 안에서 책임적으로 두려움 없이 '나' 를 말하도록 권장되어야 한다"(266쪽). 특정한 연령층의 특별한 조건에 있는 개인을 목회상담적으로 정당하게 평가하는 것에 대한 강조가 매우 중요하게 제시된다 종교교육학에 대한 분명한 접근 속에서 (종교적) 사회화, 즉 결정적인 공동체에 적응하는 것이 목회학 관심의 핵심이다.
주어진 맥락과 관련하여 루테를 언급할 수 있다 R. Ruthe, *Praxis Jugendseelsorge*, Wuppertal/Zürich, 1990. 여기서는 한편으로는 갈등(예: "목회상담자는 증상조작을 하지 않는다." "속죄양은 가족문제를 반영한다." 등)과 다른 한편으로는 보수적인 그리스도교 기본태도를 권하는 것(예: "문제들은 죄와 연관된다" "성관계는 서로 알게 되는 것을 방해한다" 등과 같은 부분)으로 실천적인 접근 형태에 이해를 돕는 것과 제안의 혼선이 있게 된다.

18) 이에 대한 설명은 위의 책, 237 이하를 참조한다.

19) 그래서 '청소년을 위한 돌봄' 이라는 제목의 첫 책에서는 교회역사적인 시대(고대교회에서 시작하여 종교개혁, '교육의' 시대로서의 17세기와 18세기를 거쳐 오늘에 이르기까지)를 거쳐 평가되고 있다. 두 번째 책에서 무엇이 (젊은 청소년에 대한) 목회상담이고 목회상담일 수 있는지에 대한 광대한 모든 수집과 정리를 넘어서서 '……목회상담학을 위한 독특한 논문이 이루어지게 되었는데, 그것은 젊은 청소년의 모범적인 실례라고 할 수 있다' (W. Jentsch, 위의 책, *Bd. I*, 14).

20) R. Riess/K. Fiedler (Hg.), *Die verletzlichen Jahre. Handbuch zur Beratung und Seelsorge an Kindern und Jugendlichen*, Gütersloh, 1993.

까지의 목회상담), '성장의 위기' (부모의 이혼, 분리, 질명, 죽음, 장애 등과 공격성, 성욕, 행동이탈, 중독, 신앙위기 등 특별한 상황에서의 목회상담), '아동기와 청소년의 상황' (혼자서 양육하는 어머니와 아버지들을 위한 목회상담, 보호시설에서의 목회상담, 교육현장에서의 목회상담, 동기와 내용 및 방법 등으로써 성서상황에서의 목회상담)이라는 주제하에 인생단계와 인생상황이 목회학적이고 교육학적이며 (사회)심리학적인 관점에서 다양하고 특별한 영역에 종사하는 대략 50명의 전문인들에 의해 파악되었고 풍부한 참고문헌과 함께 제시되고 있다.

또한 마지막 부분에서는 다시 한 번 집중적으로 주제들을 다루고 있다. 비처(C. Bizer)는 그의 논문 「아동과 청소년의 실제적인 인간학을 향한 길에서」[21]에서 다음과 같이 설명하고 있다. "아동과 청소년이 인간 존재의 독특한 형태라면 이러한 인간 존재가 도대체 어떻게 지금 이렇게 될 수 있는지 문제가 제기된다. 아동과 청소년은 경험적인 연구와 인류학적인 재질문의 대상이 된다. 탐색적인 질문의 구조는 그 질문의 성과를 내포한다. 아동과 청소년은 변화하는 조건 속에서 항상 다시 다르다. 사회적인 삶에서의 변화는 아동과 청소년을 변하게 한다. 다른 말로 하면, 아동과 청소년은 사회적으로 '만들어진다.' 그들은 복잡한 사회적인 과정의 결과이며 어느 날 부모의 세계 속에서 모순되는 것을 경험하게 된다."[22] 이러한 근거에서 사실상의 목회학적인 상황과 과제가 이렇게 이루어지게 된다. '목회상담신학적인 전제와 삶의 인식 사이에서의 긴장'.[23]

주어진 상황에서 그리스도교 신앙고백이 공공연하게 이루어지는 것이 중요하기 때문에 목회상담 사역이 신학적으로 옳은 교리의 도움을 받지 않고 '선포하거나 증언하고' '모든 인간의 일반적인 인류학' 이 교리화되어 '지나치게 작용하는 데' 이르지 말아야 한다. 오히려 삶의 모든 멜로디를 하나님의 선물로 보고 '고의든 고의가 아니든' 하나님의 영광을 위해 연주하게 하는 것이 가치가 있다. 그래서 이러한 영역에서 목회상담의 기본 전제로서 다음과 같이 확정된다. "아동과 청소년이 연주하는 공간은 그리스도교적인 전제에서 신학적인 존엄성을 얻는다."[24]

결론적으로 리이스(R. Riess)는 '여러분이 어린아이처럼 된다면' 이라는 제목으로 '감

---

21) C. Bizer, *Auf dem Wege zu einer praktischen Anthropologie des Kindes und des Jugendlichen,* in: R. Riess/K. Fiedler (Hg.), 위의 책, 743.

22) C. Bizer, 위의 책, 744.

23) C. Bizer, 위의 책, 751 이하.

24) C. Bizer, 위의 책, 752.

정이 상하기 쉬운 시기의 프로그램에 대한 통찰과 전망'을 구성한다.[25] 그는 다시 한 번 아동과 청소년에 대한 (성인) 목회상담자의 충분한 접근을 주제화하고 있다. "최대한으로 생동감 있는 아동의 삶은 종종 천천히 성장하는 어른의 인생 안으로 들어가면서 그 독창적인 잠재력과 풍요, 감동과 재발이 사라지게 된다. 그래서 시간-기억과 경험 그리고 계획이 뒤섞이게 되어 동시적으로 일어나는데 그것은 분열은 아니다. 우리가 어린 시절에 받았던 대로 현실은 어린 시절로부터 반투명하게, 그리고 어린 시절에 투과되어 남아 있다. 그것은 우리가 여기서… 말하고자 하는 세상에 대하여 개방된 인간학이다."[26]

아동과 청소년을 위한 목회상담에 관한 새로운 기본 학술서적들이 이렇게 많다. 이들 학술서적은 이미 언급한 풍부한 문헌 소개 외에도 독립된 내용색인도 제공한다.

더불어 이러한 영역에서 특히 심리치료적으로 임하는 인문과학과 그에 상응하는 상담사역과의 밀접한 관계 속에서 나타나는 목회학적인 핵심 설정이 분명해져야 한다.[27]

---

25) R, Riess, Wenn ihr nicht werdet wie die Kinder ……, in: R. Riess/K. Fiedler (Hg.), 위의 책, 757 이하.

26) R. Riess, 위의 책, 776.

27) 아동과 청소년의 개인적인 욕구와 가능성에 대한 특별한 마음가짐의 동기는 인생이 위태로울 때와 (젊은) 인생의 제한된 상황에서 가능한 가장 분명하게 요청하는 것으로 나타나야 한다. 그래서 최근 질병에 걸리고 죽어 가는 아동들에 대한 목회상담이 점점 더 주목을 끌고 있으며 목회학의 중요한 부분으로 반영되고 있다.

라이스트는 그의 책에서 주위에서 죽음을 경험해야 하는 아이들의 특별한 정신적 상황을 다루고 있다(M. Leist, *Kinder begegnen dem Tod,* Gütersloh, 1979). 여기서 죽음에 대한 두려움과 죄에 대한 문제, 슬픔과 방어기제의 단계에 대한 심층심리학적인 관점에 대해 상세하게 설명되고 있다. 그러나 아동의 주위 환경에서 가능한 죽음경험을 소화할 수 있는 방법을 위한 요소들이 열거되어 있다. 아동은 스스로 죽음에 의해 위협을 받게 되면 내면적으로 특별하게 몰두하게 된다.

브라운이 편집한 책은 학술회의 결과물로서 소아의료적이며 간호적인 측면과 목회상담적인 관점에서의 관찰과 입장 및 경험의 보고, 동시에 이 책의 일반적인 주제를 위해 구체적으로 목회학적인 관심과 관련된 신학적인 개념규정을 다루고 있다(H. O. Braun, *Seelsorge am kraken Kind* , Stuttgart, 1983).

쉽게 이해할 수 있는 틀에서 심리분석적인 입장들을 브로허는 매우 실제적으로 전달하고 있다(T. Brocher, Die Funktion von Gruppen und Gruppendynamik in der klinischen Seelsorgeausbildung, in: W. Becher (Hg.) *Klinische Seelsorgeausbildung*, Frankfurt a.M., 1972, 120 이하).

밥진은 그녀의 논문에서 아동의 관점과 부모의 관점 그리고 돕는 자의 관점에서 소아병동에서의 목회상담을 경험과 관련하여 매우 상세하게 설명하고 있다(D. Bobzin, Seelsorge im Kinderkrankenhaus—Versuch eines Konzepts, WzM(39), 1987, 403 이하). 목회상담자의 특정한 능력과 특성이 이러한 부분에 결정적인 의미가 있기 때문에 그녀는 마침내 절박하게 다음과 같은 현안 방법들을 제안한다. "소아병원 또는 소아병동에서 일하는 모든 목회상담자에게 필요하고 행해져야만 하는 훈련과 재교육의 3단계 모델이 바람직하다고 생각한다. 기본 훈련과 소아병원의 문제영역에 따라 주제별로 다루는 심화과정이 개설되어야 한다. 예를 들면 다음과 같다.

① 병원관계자의 중환자 또는 죽어 가는 아동과 슬퍼하는 부모, 만성적으로 아픈 아동과 그들의 부모, 학대받는 아동과 그의 부모와의 동행, ② 성서 이야기와 동화와의 접근, ③ 세례(긴급세례), 학습세례,

• 다음은 아동과 청소년 목회상담의 근본적인 목표설정을 위한 결론과 연구로 마무리가 되어야 한다. 무엇보다도 언급한 핵심 교육이 이러한 목회학적인 부분에서 상반되어 양자택일하지 않도록 확실히 해야 한다. 관련된 다양한 능력과 행동양식은 오히려 상태에 따라 '현장에서' 가변적으로 적용되고 사용되어야 한다.

비처와 리이스와 관련하여, 그러나 오늘날 행동을 결정하는 양심구조에 대한 결정적인 질문과 관련하여 점차 독립적으로 인생을 극복하는 관점에서 언급된 이 시기의 연령집단과의 목회상담은 어쨌든 '하나님 관계와 창의력' 이라는 주제를 생각해야 할 것이다. 거기서 '창의력' 이란 무엇이며 무엇을 의미하는지에 대한 정의가 이러한 상황에 전적으로 유연하게 다루어질 수 있다.[28] 본질적인 것은 건설적인 퇴행 가능성과의 상관성 속에서 가능한 불안에서 벗어나 발전적으로 상상하도록 접근하는 데 있다.

그것은 무엇을 의미하는가? 하나는 미숙한 성장세계에 근거하지만 긍정적인 경우 다

장례식과 같은 교회적인 예식과의 접근, ④ 어린이 예배, ⑤ 슈퍼비전 과정이 주어져야 할 것이다" (411쪽).

직접적으로 보아서 아동과 청소년과 관련하여 특별한 목회상담의 내용에 대하여 묻는다면, 아동과 청소년을 위한 목회상담은 그 근본적인 동기를 병원에서의 아동과 청소년을 위한 목회상담에서 찾을 수 있다. 그 밖에 다음 책을 참조한다. D. Bobzin, *Das behalt ich mir. Begegnungen mit Kindern im Krankrenhaus*, Hannover, 1993. 계속해서 소아병원에서의 목회상담자 사역을 인상 깊고 전문적으로 슈테틀러-마흐는 그의 책에서 설명하고 있다(B. S.-Mach, *Seelsorge mit Kindern. Erfahrungen im Krankenhaus*, Göttingen, 1998). 이 책은 간결하면서 쉽게 읽을 수 있게 '아동을 위한 목회상담자의 사역, 소아병원의 다양한 영역에서의 공동작업, 아동을 위한 목회상담의 형태' 등의 주제로 사례와 고찰을 제공한다. 저자는 다음과 같은 생각에서 출발한다. "아이들을 위한 목회상담자로서 나는 누구인가? 왜 나는 그들에게 다가가는가? 아이들은 항상 다시 자성을 위한 질문을 한다. 무엇보다도 나 스스로에게 이러한 질문들이 의미 있게 다가온다. 나는 모든 목회상담 사역을 시작할 때 정체성과 동기에 대한 질문이 명백해야 한다는 것을 확신한다(11쪽)." 그리고 결론은 '아동의 신학을 위한' 설교로 끝맺는다 (136쪽 이하).

28) W. Metzger, Schöpferische Freiheit, in: *Die Psychologie des 20. Jahrhunderts XV* (1979), 1069 이하.
란다우의 책은 인생의 주제로서 창의력을 다루고 있다(E. Landau, *Kreatives Erleben*, München/Basel, 1984). 이 책은 창의적인 교육을 위한 통합적인 생각에서 다음과 같이 설명되고 있다. "교육을 위한 창의적인 입장은 유연한 인간의 능력과 계속적으로 변화하는 세상의 욕구 및 도전 간의 생동감 있는 관계를 위해 노력하는 것이다. 이것은 현재 문화에 대한 지식과 인식이 '거룩한 사실' 을 가르치는 것을 통해서도 아니고 열망적인 지식의 축적에 의해서도 아니며 창조적인 상호작용의 활용하에 연구를 통해 얻어져야 한다는 것을 의미한다. 유일무이의 의식적인 통찰은 편협한 경쟁 대신에 있어야 할 것이다" (107쪽).
계속해서 다음을 참조한다. S. Preister, *Kreativitätsforschung*, 2. Aufl., Darmstadt, 1986. '창의적인 인격의 특성' 에 대한 간결한 설명이 이 책에서 제시되고 있다(즉, 의무감, 내적인 독립, 문제에 대한 민감성, 영적인 민첩함, 이해능력, 평가능력, 인내가 발휘될 정도로 연상을 자유롭게 하게 하고 유연한 방법으로 새로운 것을 생각하게 하는 근본적인 능력이다).

가오는 가능성을 미리 맛보는 것으로, '치밀한 환상'[29]으로 넘어가면서 그러한 것으로 중요하게 삶의 형태에 관여되는 어린이의 환상행위는 교육학적이고 심리학적이며 목회상담의 방법으로 억제되거나 장려될 수 있다. 모든 경우에 (가능하게 된 또는 불가능하게 된) 창의성 발달과 함께 총체적인 인격발달을 위한 본질적인 핵심이 여기에 있다. 다른 하나는 아동과 청소년, 성인도 이완되고 상황적으로 갈등으로부터 벗어난 상황에 머물러서 그것으로 인해 '삶의 무능력함'을 느끼거나 인생의 요구사항 앞에서 좌절하는 두려움 없이 일상적인 긴장에서 이러한 상황으로 퇴행할 수 있어야 할 것이다(또는 경우에 따라서 다시 습득해야 할 것이다).

이와 관련하여 정신분석가인 발린트(M. Balint)의 중요한 구별은 의미가 있다.[30] 그는 긍정적인 (선의적이고 건강한) 퇴행과 부정적인 (악의가 있고 병적인) 퇴행을 구별한다. 부정적인 퇴행은 필요한 삶의 극복과는 동떨어진다. 그렇다면 (성장하는) 개인은 계속적으로 돌보며 붙잡아 주고 지지해 주는 함께 더불어 있을 사람들이 필요하다. 악직인 퇴행은 모든 환상행위를 제한한다. 그것은 하나님과의 관계 안에서 펴질 수 있으며 '부정적인' 신앙의 태도가 될 수 있다.

반대로 발린트는 긍정적인 퇴행을 동시에 '조용히' 원래의 (무엇보다도 태초의) 존재영역에 있는 힘의 원천으로 되돌아가기 위한 (매우) 긴장된 일상세상으로부터 잠시 쉬는 후퇴로 설명한다. 여기서 (긴장이 이완된 후퇴된 퇴행적인 상황에서 다시) 다음과 같은 사실이 중요했고 중요하다. "주체는 혼자 힘으로 있다. 그의 주요 노력은 스스로에게서 나온 어떤 것을 만들어 내는 것이다. 그것은 절대적으로 목적일 수 없으며 또 목적이지 말아야 한다. 나는 여기서 독창적인 것과 창의성의 차원에 대하여 말할 것을 제안한다."[31] 긍정적인 퇴행은 환상행위를 자극하여 '장난스러운' 활동을 하게 한다. 또한 이런 가능성과 능력은 하나님과의 관계 안에서 다시 찾게 되며 이런 의미에서 '긍정적인' 신앙태

문제점을 드러내는 문제 제기에 대한 보충적인 언급에 대하여는 다음을 참조한다. R. Schmidt-Rost, Art.: Kreativität, *WdC*, 686.

29) H. Schultz-Hencke, *Lehrbuch*, 132. 신프로이드 학파의 정신분석가인 슐츠-헨케는 여기서 다시 괴테의 표현에 관심을 가지면서 '정확한 환상'을 인생 극복의 근본적인 기능으로 제시하고, '그것을 특히 통합된 정확성으로 계획하는 인간의 능력'으로 설명한다. 그에 의하면 그것이 없는 것은 '예견하는 이성의 부족'으로 분류된다(314쪽).

30) M. Balint, *Therapeutische Aspekte der Regression. Die Theorie der Grundstörung*, Stuttgart, 1970(= *Regression. Therapeuthische Aspekte und die Theorie der Grundstörung*, Stuttgart, 1987, 절판).

31) M. Balint, 위의 책, 35.

도로 이끌어질 수 있다.

계속적으로 이루어져야 할 것은 다음과 같다. 불안에서 해방되고 삶을 구조화하는 환상과 마찬가지로, 힘을 부여하는 긍정적인 퇴행과 그에 연결된 창의성을 인정하고 '개의치 않게' 경험할 수 있는 것은 직접적으로 어느 정도 양심교육과 양심관리와 관계가 있다. 그렇기 때문에 그리스도교가 항상 널리, 특히 도덕적인 양심의 역할과 대등하게 취급된다는 것을 목회신학적인 관점에서 목회상담적인 신앙교육을 위해 매우 힘써온 취르히(R. Tschirch)는 '양심교육(Erziehung des Gewissens)' 이라는 제목으로 다음과 같이 설명하고 있다. "선과 악, 허락과 금기, 해가 되는 것과 그렇지 않은 것, 나의 것과 너의 것, 이러한 구별을 아동은 자신의 양심에 따라 이해해야 한다. 그래서 그것은 널리 알려진 일반적인 의견에 해당된다."[32] 부모의 권위가 무조건적으로 '양심적으로' 내면화되기 때문에 모든 것은 자녀들에게 비권위적으로 영향을 끼치고, 아이들 개개인의 본능적인 (아직 상반 감정으로부터 자유로운) 흑백 도덕을 보상하지만 불변의 도덕으로서 문서상으로 확정하지 않는 것이 중요하다. "더불어 자녀가 단순히 다수의 '도덕적인 반응' 을 습득하지 않고 이해와 책임에 의해 조정되고 다른 사람에 대한 공감과 배려에 의해 움직여지는 성숙되고 객관적이며 자유로운 양심을 습득하는 것이 중요하다면 그것으로 부모들이 나가야 할 방향은 이미 제시되었다."라고 취르히는 서술하고 있다.[33]

취르히는 결정적으로 다음과 같은 질문을 제기한다. "불안에서 나온 윤리인가, 이해와 사랑에서 나온 윤리인가?"[34] 그리고 그는 그의 교육모델을 위한 목표로서 '개인적인 양심' 을 발전시킨다. 이러한 개념은 바로 '……부모들이 자녀가 완전하지는 않지만 열려 있고 유연하며, 배우기 위하여 융통성이 있고 새롭고 변화하는 상황과 우리의 아이들에게 전혀 예상할 수 없는 상황에서조차 우리가 적응해 나갈 수 있는 양심을 습득하는 것이 얼마나 많이 중요한가를'[35] 나타낸다.

---

32) R. Tschirch, *Gott für Kinder. Religiöse Erziehung. Vorschläge und Beispiele,* 10. Aufl., Gütersloh, 1993; Zitate nach 1. Aufl., 1974, 99.

33) R. Tschirch, 위의 책, 112.

34) R. Tschirch, 위의 책, 116.

35) R. Tschirch, 위의 책, 131. 이러한 관점에서 취르히는 실천신학적인 연구를 다음 책에서 제시하고 있다. R. Tschirch, *Bibel für Kinder. Die Kinderbibel in Kirche, Gemeinde, Schule und Familie,* Stuttgart/Berlin/Köln, 1995. 취르히는 '연구상황: 어린이 성서신학에서 경시된 매체' (16쪽)를 서술하면서 다음과 같은 사실을 발견한다. "교회사회에서 신학자와 비신학자에게 루터 성서의 개정에 대하여 신중하게 고려하면서 어떻게 성서적인 내용을 어린이들에게 '어린이 성서' 라는 책의 매체 속에서 어린이 언어로 '해석할 것인가' , 어린이의 사고에 적합할 것이라는 고려를 전혀 하지 않고 어떻게 어린이의

이 모든 것이 또한 아동과 청소년 목회상담을 위해 유효하다는 것은 아직 특별하게 강조되지 말아야 한다. 그러나 물론 주로 자기애적인 양심구조가 오늘날 널리 퍼진 것으로 받아들여진다면, 권위적이지 않으면서 가능한 불안에서 자유로운 양심교육의 이러한 요구가 어느 정도로 강화되고 수정되어 강조되어야 한다. 가능한 포괄적으로 불안으로부터의 해방에 도달하려면 항상 위협적인 '양심불안' 이나 마음의 무거운 짐을 푸는 '양심조절' 을 (하나님과 인간 앞에서) 마음이 상할 정도로 거절되고 무능력으로 인해 부끄러운 경우에 추가로 주시해야 한다. (어린아이 같고 아직 비현실적이어서 거의 '정확하지 않은') 크기에 대한 생각이 고정적으로 영향을 미치고 (하나님과 인간 앞에서) 자기 평가를 일그러뜨린다면, 환상과 관련하여 이제 또한 위협적인 '양심불안' 이나 마음의 무거운 짐을 푸는 '양심조절' 이 문제가 된다. 표면적이거나 실제로 견딜 수 없는 관계상황으로 인해 순간적인 후퇴가 (하나님과 인간에 대한) 고통스러우면서 고립된 미움으로 변할 수 있는 곳에서 퇴행과 관련하여 위협적인 '양심불안' 이나 마음의 무거운 짐을 푸는 '양심조절' 을 인식하는 것이 합당하다.

말하자면 오늘날 아동과 청소년 목회상담의 주어진 조건에서 하나님이 (외관상 권위적인 요청으로서) 우선적으로 현존하는 (부모의) 관계 속에서의 적응과 순종을 요구하지 않고, 먼저 '신뢰적인' 관계에 의해 불안으로부터의 해방과 안전감이 생기는 그러한 틀의 하나님 형상을 전달하는 것이 중요할 것이다. 갈등상황은 이러한 상황에서 거절과 같은 결손적인 상태로 경험된 것일 수 있다. 반대로 호기심과 학문적 욕구 그리고 실험하는 기쁨을 관계를 적대시하는 독립의 경향으로 평가하지 않고, 처음부터 죄 많은(아마도 전형적으로 자기애적인?) 인간의 오만으로 생각하지 않는 것처럼, 인간의 창의성을 받아들이는 하나님 형상에 대하여 어린이와 청소년들과 함께 질문해야 한다. 그렇다면 이러한 혁신적인 시도는 불안이 내재되어 있을 수 있으며, 갈등의 경우 더 이상 창의적인 해결방법이 되지 않을 것이다.

결국 목회학적인 관점에 의해 아동과 청소년의 삶에서 하나님 관계와 창의성 간의 관계규정에 관한 질문은 점차적으로 발전하고, 거기서 전진적으로 안정시키는 감사(이 책의 410쪽 참조)의 느낌에 대한 질문과 밀접하게 연결하여 나타날 수 있다. 이미 존재하고

사고 속으로 들어가 전달할 것인가가 문제다. 삽화와 각색에 의한 어린이 성서가 해야 할 해석작업이 신학적으로 충분하게 반영되는 것도 아니고 그 책을 읽는 어린이에게 미치는 효과를 조직적으로 연구하는 것도 아니다" (14쪽). 그는 책을 읽는 어린이에게 이론적으로 인식되면서 실제적으로 연관된 작업에서 그것을 시정하려고 한다.

능동적으로 인식된 창조력은 하나님에게 모든 것을 의존하는 것은 방해하는 한계로서 여기게 되는 자기중심적인 생각을 갖게 할 수 있다. 이와 관련하여 감사는 (그리스도교적으로 볼 때) 자기애적인 창의적인 인간이 '하나님처럼 되고자 하는 것' 을 상쇄하기 위해 포기할 수 없는 관점이다. 그러한 감사로 그리스도교 신앙인의 근본 정신상태가 다시 개념화된다. 즉, 창의적인 인간은 혼자서 일하지 않는다. 그의 삶은 그의 창조자인 하나님의 혜택이다. 이러한 경험에서 창의력은 하나님의 선물이 된다. 하나님의 선물은 이미 주어진 선물(Vor-Gabe)이다. 그 선물은 해결해야 하는 은사(Auf-Gabe)가 되며 삶과 세상을 형성하기 위해 창의적인 활동을 방출할 수 있다.

그러므로 아동과 청소년을 위한 목회상담은 '모든 상황에서', 즉 모든 여건과 관련하여 마침내 감사가 나오도록 영향을 미쳐야 한다.

오늘날 그 숫자가 증가하는 아동과 청소년 심리치료가들은 아동과 청소년을 위한 목회상담자와 대립된 의견을 갖고 있다. 매우 수준 높고 돈이 많이 필요한 계속교육 프로그램에 따라 전문적으로 교육을 받은 심리치료사들은 자유롭게 개업을 하거나 지방자치단체에 의해 운영되는 교육상담소라는 틀에서 일한다. 또한 이러한 경우 세속적이고 교회적인 사회봉사 활동과 상담활동의 병존과 대립 그리고 함께 일하는 문제가 있다. 국가적으로나 지방자치적으로 행하고 있는 단체들과 비슷하게, 교회 측에서 가톨릭과 마찬가지로 개신교에서도 모든 독일의 각 주 교회에 똑같이 전문가들로 구성된 상담소가 생겨났다. 그러므로 교회의 '집중적인 상담' 을 위한 작업(이 책의 238쪽 이하 참조)과 교회봉사단체(Diakonie)와 교회 간의 관계를 위한 작업(이 책의 271쪽 이하 참조)이 주어진 관계 속에서 보강되어야 할 것이다.

교회의 틀에서 교육상담은 일반적으로 부부상담과 인생상담과 함께 제도화되었고 회중에 맞게 구성된 교회와 다소 그에 연관된 주민계층들 '사이에서' 중요한 기구로서 자리 잡았다. 그것은 (제1차 세계 대전 이후) 무엇보다도 나중에(제2차 세계 대전 이후) 점점 더 분명하게 일반적인 욕구에 상응하는 심리학적으로 전문화된 도움을 제공하며 조직되었다.[36)]

신학자이며 정신분석가인 할베르슈타트(H. Halberstadt)는 그리스도교 상담의 역사와

---

36) D. Jordahl, *Das Verhältnis zwischen kirchlicher Beratungsarbeit und Seelsorge. Mit besonderer Berücksichtigung der Beratungsarbeit in der Evangelischen Kirche von Kurhessen-Waldeck*, Frankfurt a.M., 1988.

그것을 개별적인 독일의 각 주 교회의 활동과 교회 사회봉사 활동으로 연결하는 것, 그러나 그것과 연관된 이러한 기관과 심리학적인 상담과 목회상담의 관계설정에서 신학적인 근거와 기초를 세우는 것에 대한 문제점을 매우 상세하고도 전문적으로 특별히 연구[37]하여 제시하고 있다. 두 가지 주제 부분에서 I. 역사와 조직, II. 심리학적인 상담의 개념화와 관점이 충분히 다루어지고 있다.

거기서 상담의 신학적인 근거방식을 주의 깊게 읽어볼 만하다. 이에 대해서 할베르슈타트는 모든 사람들에게 그들의 고통에 확실한 도움을 주려고 했던 예수와 그의 제자와 관련하여 다음과 같이 서술하고 있다. "교회의 임무로서 상담은 단지 전체성을 시야에서 벗어나지 않게 했을 때만이 가능하다. 그렇지 않으면 상담은 교회가 다른 기관에 떠맡길 수 있는 어떤 것이 되어 버릴 수 있다. 예수의 명령에 의해 교회는 일상생활에서 경험하는 갈등과 관계적인 장애가 있는 인간을 돕는 일이 맡겨진 것이다."[38]

이러한 의미에서 교회 사회봉사적인 상담은 예수의 명령에 속한다. 왜냐하면 "사회봉사적인 임무는 전체적으로 이해된다. 즉, 인간은 전인적 인격으로 생각할 수 있다."[39]는 것 때문이다. 하지만 그는 교회의 임무와 다양한 활동과 함께 닫쳐진 채 조직화된 '교회 사회봉사기관' 임무와의 신학적으로 고찰되지 않은 분리를 허락하지 않는다. 그렇지 않으면 (심리학적인 관점의) 상담이 교회와 신학적인 측면에서 통합하는 것이 아니라 다른 사람에게 그 권한을 맡기게 되는 위험이 있다. 여기서 대체할 수 있는 관련성과 임무분리가 이루어지게 되면 다음과 같은 것이 중요할 수 있다. "상담이 교회 사회봉사로서 이해된다면 심리상담소에서 일하는 상담자에게 영향을 주게 될 것이다. 교회에서 심리학적인 상담이 다른 일반상담의 사회봉사적인 차원과 다르지 않다는 비난에서 교회 사회봉사와 교회에 편입되어 있는 교회 사회봉사적인 직무가 이루어질 것이다. 신약에 나오는 사랑에 대한 계명이 교회에서의 상담사역을 설명한다면 상담사역에서 새로운 가르침이 필요하다. 교회는 치유에 대한 신약성서의 위탁을 영적인 위기와 관계의 갈등상황에 있는 인간을 상담하는 것으로 이루어진다. 그러므로 상담은 가장 깊은 의미에서 교회 사회봉사다."[40]

---

37) H. Halberstadt, *Psychologische Beratungsarbeit in der evangelischen Kirche. Geschichte und Perspektiven*, Stuttgart, 1983.
38) H. Halberstadt, 위의 책, 167.
39) H. Halberstadt, 위의 책, 169.
40) H. Halberstadt, 위의 책, 171 이하.

모든 것이 일반적인 상담사역과 연관되어 있지만 교회 사회봉사차원의 상담은 아동과 청소년에 대한 사역 및 교육상담에 특히 적합하다. 아직 성장하는 아동 및 청소년과 전문적인 지식과 이미 확고해진 삶의 방향을 지니고 있는 어른 간의 연령과 경험의 간격이 (목회상담적인) 관계 속에서 분명하게 나타날수록 '치료' 에 더 가까워지고 심리학적인 지식을 직접적이고 의도적으로 더 활용하게 된다. 그러므로 목회상담과 심리학 또는 교육학과의 문제를 인식한 관계설정은 아동 목회상담의 경우 특별히 분명한 도전과 과제가 따른다.

완전히 다른 가정에서 이러한 도전이 디터리흐(M. Dieterich)의 책에서 전제되고 있다.[41] 여기서 '성서치료적 목회상담' (이 책의 304쪽 이하 참조)으로 제도화된 영입이 소개된다. 그것의 기본 전제는 다음과 같다. "……우리는 모든 고통이 심리학과 교육학 그리고 의학에서 나온 지식에 의해 설명될 수 없다는 것에서 출발해야 할 것이다. 사람은 그 고통을 경험적인 방법으로 재고하고 설명할 수 있다. 그러나 그 원인은 항상 분명하게 해결될 수 없다. 그리스도인으로서 우리는 하나님의 전적인 현존이 볼 수 있는 부분과 그렇지 않은 부분이 있다는 사실을 깨달아야 한다."[42] 볼 수 없는 하나님 현존(그리고 하나님의 볼 수 없는 저항력)의 수평적인 차원이 볼 수 있는 내면세계 실존의 수직적인 차원을 위해, 즉 효과를 위해 교육적으로 이해할 수 있는 사고모델 속으로 다가오는 것이다. "하나님의 전적인 현존은 우리 모델의 평평한 차원만이 아니다. 거기서 단지 볼 수 있고 경험적으로 설명할 수 있는 사건이 일어난다. 볼 수 없는 하나님의 세계와 적의 세계가 볼 수 있는 이 세상에 영향을 미친다. 볼 수 없는 하나님의 현존은 원칙적으로 우리의 감각기관이나 매체에 의해 이해되고 설명되지 않는다."[43]

그래서 질병과 행동영역에서 항상 아직 그리고 다시 묘사할 수 있지만 설명하거나 경험적-치료적으로 영향을 미칠 수 없는 현상이 존재한다. 그렇다면 다음과 같은 결정적인 결론이 나온다. "믿지 않는 연구자는 알려진 자연법칙을 따르지 않는 경우에 아마도 독특성에 대하여, 불명료함에 대하여, 또는 카오스에서 오는 동기에 대하여 말할 것이다. 그리스도인들에게는 어려움 없이 여기서 '기적' '하나님의 관여' 에 의해, 그러나 힘의 장소를 마찬가지로 볼 수 없는 현존에서 찾아야하는 신비한 힘의 실존에 의해 그것이 가능하다. 자연과학자들은 여기서 이러한 가능성에 대하여 거부한다. 그리고 이

41) M. Dieterich 외, *Praxisbuch Seelsorge an Kindern: in Liebe leiten*, Neuhausen-Stuttgart, 1993.

42) M. Dieterich, 위의 책, 15.

43) M. Dieterich, 위의 책, 18.

가능성들은 또한 그리스도인들에게 이해될 수 없고 단지 신앙인으로서 납득될 수 있다."[44)]

언급된 디터리흐의 저서에서 심리학(또는 경험적인 과학)과 (아동) 목회상담을 연결하려는 시도에 따라 개별적으로 '아동의 상황' '발달심리학' '문제에 대한 접근' 등에 관한 그의 언급은 전적으로 성서주의 관점에서 영향을 준다. 그것은 또한 아동과 아동의 문제에 대한 제한되고 신앙심 있는 체하는 접근방식 속에서 겉모양뿐인 도덕적으로 영향을 끼치는 것은 아니다. 오히려 항상 다시 성급한 결단에 대하여 경고하게 되며 거기서 충분히 경험적이고 심리학적인 자료에 대한 정보가 주어진다. 그럼에도 불구하고 여기 (아동) 목회상담의 실재에서 특별한 초월 개념이 문제가 있을 경우나 또는 갈등상황에서 이유가 타당한 '신앙으로의 도피' 로 이끌어질 정도로 도구화되는 것처럼 보이게 되는 인상을 받는다. 그렇다면 갈등해결 대신에 볼 수 없고 파악할 수 없지만 신학적인 고찰 없이 인격화된 힘과 능력의 직접적인(즉, 피할 수 없는) 영향에 대해 극도로 오해된 방법으로 교육적인 지시가 나타난다. 아동과 청소년 목회상담의 경우 심리학과 교육학의 현대 관점에 대하여 표면적으로 모두 개방하여 그렇게 본보기로 관념화되어 '간접적으로 수용하는 것' 은 결국 비생산적이거나 위험한 결과를 얻을 것이 분명하다. 내재성과 초월성의 관계에 관하여 포기할 수 없는 신학적인 고찰과 이해는 목회상담 실천 차원에서 너무나 빨리 이중적인(그리고 그것과 함께 강제적으로 매우 '애매한') 현존을 수용하는 (직접적인 또는 간접적인) 요구로 빠지게 된다.

그러나 바로 그러한 '분열' 은 모든 갈등과 연결된 불안을 기껏해야 짧은 기간에 표면적으로 '드러내거나' 보상할 것이다. 그것은 모든 선의의 노력에도 불구하고 성서치료적인 목회상담의 관점에서 지속적으로 본다면 이러한 불안을 오히려 더 강화할 것이다(그것은 특별히 아동과 청소년의 경우만은 아니다). 목회상담과 심리치료의 복잡한 관계설정을 수월하게 극복하는 것처럼 보이는 이러한 목회상담 개념의 '발단' 에 대한 근본적인 유보에 대하여 개별적이고 상세한 질문으로 언급한 디터리흐 책에서 제시되고 있다.

2) 배우자와 가족 문제에 대한 목회상담

목회상담이 배우자와 부부 그리고 가족에서 일어나는 문제와 갈등에 대하여 목적을 가지고 다룬다면 거의 규범적으로 특히 '다루기 힘든 것' 이 된다. 그것은 다양한 이유가 있기 때문에 이상스럽게 생각하지 말아야 한다.

먼저 그것은 일반적으로 다음과 같다. 내적인 곤란상태가 지연되고 편견을 갖고 '알려질수록', 그리고 '외부에서' 다루어질수록 그것은 더욱 분명하게 자기 자신과 상대방에 대한 높은 기대를 갖고 사람들은 민감하게 친밀한 인간관계 영역에 귀 기울이게 될 것이다.

내면적인 곤경이 극복되기 힘든 것처럼 보일수록 그것을 이해하고 평가하며 다룰 때 동시에 보편타당하고 전래된 세상의 규범이 더 분명하게 작용하거나 이제 구체적으로 가장 인격적인 영역에서의 기준으로 간주된다.

내면적인 곤경은 결국 자기 자신과 다른 사람 앞에서 더 어렵게 옹호될수록 확고하고 행동을 특징짓는 신앙 입장과는 더욱더 반대되는 것으로 보이며, 그러한 신앙 입장이 나타나면 문제 제기로 다가온다.

배우자와 가족 문제는 언급한 이유에서 복잡한 방법으로 내면적인 패배와 동일시되며, 단지 강한 '고통의 압박'[45]에서만 표현되고 목회상담이 접근할 수 있는 내면적인 곤경에 해당된다.

그러나 배우자와 가족에 대한 목회상담은 그 이외에 '다루기 힘든 일'을 붙잡는 것을 의미한다. 배우자와 부부 그리고 가족의 이해뿐만 아니라 삶에서 현재 특히 강한 변화가 필요한 것으로 보인다. 그것은 논란의 여지가 없다. 반대로 (경우에 따라서 어떻게 교회적으로 연결된) 목회상담이 이러한 변화를 실제로 진정으로 받아들이고 어떠한 경향으로 개별적으로 그 변화에 반응할 것인지는 논란의 여지가 있거나 최소한 불분명하다. 그러나 교회적인 보호 아래 오늘날 '시대에 맞게' 배우자 및 부부와 가족 형태에 대한 문제에 접근해 가려고 눈에 띄게 노력한다.[46] 그러나 교회와 (교회적인) 목회상담 종사자들

---

44) M. Dieterich, 위의 책, 19.

45) 여기서 '고통의 압박'이란 절박한 곤경 속에서 (지속적인) 갈등에 대한 불안이 목회상담자에게 전달하는 데 방해하는 이유에 대한 불안보다 더 크고 고통스러운 상황을 의미한다.
전달억제의 표현은 그 밖에 무엇 때문에 동반자와 부부 그리고 가족과 관련해서 경험된 어려움이 일반적인 해당 상담기관에서 더 빨리, 더 쉽게 말해지고 갈등을 해결하는 방향으로 이끌어질 수 있는지 매우 분명하게 이해할 수 있게 해 준다. 이러한 기관에서의 상담자는 목회상담자와는 반대로 거리를 둔 전문가로서 오히려 내담자와 매우 적은 인지도를 가지고 경험하게 된다.

46) 베를린에서 1964년에 설립된 '그리스도교 가족상담소'의 일과 출판된 것들을 아는 사람이면 그것을 부정하지 않으려고 할 것이다(이에 대해서는 다음을 참조한다. H. Halberstadt, *Beratungsarbeit*, 69 이하). 여기서 주로 EKD에 의해 움직여지는 기관들의 과제를 다음과 같이 설명하고 있다. "주요 기관들의 일과 행사는 교육, 부모, 청소년, 결혼을 앞둔 예비부부, 부부와 그 밖에 인생상담 현장에 있는 상담자들을

이 모든 노력에서 부부와 가족에 관한 전통적인 기본 원칙을 부정하지 않고 기본 전제와 핵심 진술에서 진정으로 '현대적으로' 생각할 수 있고 느낄 수 있으며 다룰 수 있는가? 그들은 틸로가 다음과 같이 언급하면서 특징짓는 입장에 대하여 특히 감정적인 점에서 충분히 간격을 두었다. "확실한(확고부동한) 규범을 옹호하는 자들이 그리스도교적인 사고를 인식할 수 있거나 인식하려고 하기보다 부부에 대한 그리스도교적인 생각은 대체로 성서적인 사고보다 오히려 편협적인 보수적 사고에 지배받고 있고 시대적인 상황에 길들여진 규범에 의해 결정된다."[47]

분명해야 할 것은 이러한 확신에 대한 매우 상이한 모든 목회상담적인 반응에서 이와 관련하여 똑같이 객관적인 인식을 지지하는 전래된 가치와 규범에 대해 거리 두는 행위가 문제가 된다는 것이다. 이러한 영역에서의 경험과 행동의 다양성에 오늘날 진정으로 응하는 것이 중요하다면 거리 두는 행위는 목회상담적인 유연성을 위해 오늘날 중요한 기초가 된다. 그것은 동시에 이러한 문제영역에서 갈등을 저지하면서 다룰 수 있고 거기서 단순하게 사회적인 경향으로 들어가지 않을 수 있게 한다. 그러므로 목회상담자의 사역을 위해 이러한 특별한 상황에서 특별한 방법으로 다음과 같은 말이 근본적으로 의미가 있을 수 있다. "거리유지는 개인적인 자유에 대한 본질적인 행위다."[48] 그것은 목회상담자와 마찬가지로 내담자에게도 의미가 있다. 배우자와 가족의 문제에 대한 목회상담적인 접근에서 중요한 것은 주어진 상황에서 개인적인 자유를 얻게 하거나 그것을 유지하는 것을 지지하는 개인적인 자유를 목표로 삼아야 한다는 것이다.

위한 교육 및 계속교육이며 더 나아가 부부와 가족을 준비하는 과제를 위해 전문인력에 의한 교육과 부부와 부모 학교의 일을 위해 대학강사들에 의한 교육이다." 이러한 일들을 위한 방법으로는 다음과 같은 것이 있다(H. Halberstadt, 위의 책, 72). "상담은 끊임없이 반복되는 내담자와 그의 문제에 대한 생동감 있는 토론의 대성이다. 그것은 계속되는 상담자 자신과 자신의 입장, 소망과 희망, 규범과 가치관과의 논쟁을 전제로 한다." 가치와 규범에 대한 생각에서 표명된 유연성이 분명하게 목회상담을 위해 확실한 경계설정으로 나타난다.

47) H.-J. Thilo, *Ehe ohne Norm? Eine enangelische Ehe-Ethik in Theorie und Praxis*, Göttingen, 1978, 9.

48) T. Rendtorff, "Postmoderne Ansichten Über modernes Christentum", in: Ders., *Theologie in der Moderne. über Religion im Prozeβ der Aufklärung*, Gütersloh, 1991, 323 이하. 여기서 그것은 다음을 뜻한다. "현대풍은 복수적인 의미가 있으며 현대주의는 다양성을 소중하게 여긴다. 그러므로 단일한 집단은 현대를 좋아하지 않는다. 다양성을 좋아하는 사람은 무비판적인 사람이거나 눈먼 애호가가 아니라 다양성으로 가능하면 거리를 유지하게 하려는 현대인이다. 거리를 두는 교회성과 거리를 두는 현대성은 서로를 보완한다. 그러므로 당시 현대의 존재에 대한 이론적 토론은 여기서 가능한 입장들이 본질적인 다양성에 이르게 된다는 것을 항상 이미 예견하게 한다. 그것은 순수한 임의적인 것에 대한 변론이 아니다. 또한 여기서 진리와 현실에 대한 욕구가 나타난다. 그 욕구는 다양성을 통해 불필요한 것이 아니라 오히려 더 진실하고 현실에 맞게 된다"(324쪽).

현재 어떠한 관점에서 그것이 실현되어야 하는가?

• (표어: 우려) 명백한 방법으로 이러한 임무를 근본적으로 받아들일 때 배우자와 가족 관계에서의 복잡한 상황이 신학적으로 매우 다양하게 해석하게 한다. 그래서 주어진 상황이 한편으로는 (특히 보수적인 관점에서) 우려가 될 수 있으며 그에 해당하는 행동양식으로 목회상담이 이끌어질 수 있다. 그 결과 무엇보다도 시대 비판적인 행동양식이 질문되며 부부와 가족 영역에서 점점 사라지는 규범인식과 반대로 맞추어질 수 있다. 따라서 어떻게 현대 목회학에서 오늘날 그리스도인에게 통하는 방법을 찾을 수 있는가? 무엇보다도 먼저 기존규범의 상실을 충분히 이해하고 그 다음 잃어버린 질서를 새롭게 형성하기 위해 보다 나은 가능성을 열어 주는 것이 중요하다.

그래서 자이츠(M. Seitz)는 다음과 같이 확인한다. "우리에게 각인되고 우리의 뿌리가 되는 이전 시대의 신앙에서는 하나님의 관계가 중심이었다. 하나님을 신뢰하는 자는 신앙심이 깊었다. 우리에게 주어지고 우리가 찾고 있는 오늘의 신앙에서는 세상과의 관계가 중심이 되었다. 가까이서 그리고 멀리서 평화를 위해 노력하고 그의 몫을 인생에 도움이 되게 책임 있게 이행하는 사람이 신앙심이 깊은 것이다."[49] 그것은 먼저 객관적인 확신으로 생각된다. 이는 처음에는 변화된 규범을 단순히 확인하는 것일 수 있다. 그러나 상실이라는 사고에 근거를 두고 잃어버린 가치와 가능성을 '부득이하게' 회복하려고 하는 시대 비평적인 관점이 명백하고 분명하게 다음과 같이 나타난다. "오늘날 자연과 교회력의 주기가 우리 모두에게 그 적법성을 강요하는 기술적인 산업세계의 리듬에 의해 계속해서 분리되어 왔다. 우리의 삶이 기술 산업세계의 지배하에 있게 되었다. 또한 공동체 경험이 변혁이 되었다. 공동의 삶이 활발한 사회에 의해, 특히 학교에 의해 파괴되고 부부와 가족, 이웃 그리고 통찰력 있는 회중은 그들이 가지고 있는 힘을 잃어버렸다. 우리는 자연과 교회력의 주기와 공동체에 의한 지지 없이 하나님 앞에서 우리의 삶을 형성하는 과제에 직면해 있다. 여기서 우리는 특별히 현대적인 특성에 영적인 문제를 안고 있다는 것이다. 자연과 교회력의 주기와 공동체 없이 그리스도교인이 되는 것이 아닌가! 우리가 무엇을 해야 하는가?"[50]

인상 깊게 현재 그리스도교적인 상태에 대한 진단으로 이어진다. "우리는 더 이상 우

---

49) M. Seitz, Christsein heute. Gelebter Glaube zwischen überlieferter Form und neuer Gestalt, in: Ders., *Erneuerung*, 57 이하, 58 인용.

50) M. Seitz, 위의 책, 62.

리에게 맡겨진 시간을 갖지 못한다. 우리는 인간의 사회 속에서 정처 없이 살고 있다. 우리는 하나님 앞에서 살도록 소명받았고 시간과 장소를 초월하여 인생을 보냈다."[51] 자이츠는 계속해서 다음과 같이 말하고 있다. "비평가들은 이러한 상황에서 전통으로 가는 양자택일을 제안한다. 우리는 그들을 따른다."[52]

'완전히 새로운 것' 으로 정면 돌파하는 것과는 반대로 근본적인 새로운 방향설정은 성서의 본래적인 명령(예: 미6:8)을 지각하고 경청함으로써 분명해진다. 여기서 발견해야 하는 영성은 당연히 확고한 틀을 받아들여야 한다. 그렇지 않으면 그것은 '관계의 강한 힘' 에 대항할 기회가 없다. 왜냐하면 '틀을 가진 것만이 관계와 경쟁할 수 있기'[53] 때문이다. 그 틀은 특별히 부부와 가족 안에서의 협력관계의 형태를 위해 필요한 것이어야 한다. 그러나 여기서 개개인에게 우리 시대의 삶의 형태와 삶의 극복의 과제가 매우 직접적이면서 경험에 가깝게 접해 있다.

그러므로 특히 이러한 영역에서 복음이 기준이 그리스도교적인 '기본 방향' 에 스며들어가 이를 갈등상황에서 활용하는 것, 즉 목회상담에서 나타나도록 하는 것은 명백한 사실이다. 그래서 키조브(E.-R. Kiesow)는 이러한 상황에서 지속적으로 악을 행하려 하고 하나님의 도움 없이 항상 다시 모든 인간관계에 죄를 지게 되거나 인간관계를 완전히 파괴하는 죄인으로서 인간을 보는 성서적인 관점을 결정적인 쟁점으로서 전제한다. 바로 이러한 부정적인 정의는 그것과 연관된 관점을 올바르게 목회상담적으로 활용할 때 마음의 짐을 더는 효과를 가져다줄 수 있다. "항상 사랑스러운 반려자의 이상적이고 낭만적인 모습 또는 갈등이 없는 공동생활을 위한 자신의 기회를 과대평가하는 것은 그리스도인들에게 문제가 되지 않는다. 왜냐하면 그리스도인들은 선을 위한 행위에서의 거부를 죄의 표현으로 경험하고 외부로부터 오는 하나님 현존의 거룩한 능력을 도덕적인 노력에서 기대하지 않기 때문이다."[54] 또한 이러한 핸디캡을 갖고 당연히 배우자 관계와 가족 안에서의 변화된 인간의 외적이고 내적인 상황은 오늘날 교회에 대한 실제적인 도전으로 이해해야 한다. 따라서 어떻게 구체적으로 그 상황과 만나야 하는지 질문되어야 한다.

51) M. Seitz, 위의 책, 63.

52) 위의 책, 같은 곳.

53) M. Seitz, 위의 책, 64.

54) E.-R. Kiesow, Seelsorge an Ehe und Familie, in: I. Becker/K.-H. Bieritz/R. Blühm u.a., *Handbuch*, 337 이하, 특히 "Die Aufgabe christlicher Grundorientierung in der Seelsorge", 351 이하, 351 인용.

특히 회복과 연속의 의무가 있다는 것을 아는 목회학에서 배우자와 부부 문제에 대한 목회상담적인 접근이 그만큼 많이 필요한 것이다.

한편으로는 상황을 바르게 하려는 것과 다른 한편으로는 그리스도교적인 방향으로 가도록 도움을 주려는 시도가 특히 교회 차원의 건의서에 나타난다.[55] 구체적인 목회상담 상황에 대한 그러한 성명의 영향은 물론 객관적인 방법으로 매우 제한적으로 평가되어야 한다. 1981년 '독일의 '부부에 대한 승낙' 에 대한 그리스도교 교회 심의회와 독일 주교회의의 설명' [56]은 이러한 표현을 강화하고 있다. "공동의 삶을 위해 명확하고 공공연하게 말해진 승낙은 변화하는 부부공동체의 상황 속에서 사랑을 지속하기 위한 도움이다. 그것은 사랑의 책임을 눈으로 볼 수 있게 만든 것이다. 명확한 부부의 틀은 사랑을 항상 다시 처음부터 시작하는 것이 아니라 공동의 인생단계에서 그들의 성취를 향해 찾아간다는 것을 알린다. 그렇기 때문에 부부간의 약속은 상호 간의 관계에서 방임과 사고의 변화로부터 벗어나 항상 다시 서로를 묶어 주는 것을 언급한다."[57] "반려자의 자유로운 동의에 의해 이루어진 부부는 이제 개개인의 직접적인 자아실현보다 더 중요한 인생공동체를 형성한다."[58] "많은 젊은 사람들은 오늘날 공공연하게 폐쇄된 부부의 형태를 거부한다. 왜냐하면 그들은 거기서 사랑에 대한 개인적인 인생과정을 위해 아무런 의미를 찾을 수 없으며 단순한 형식화에 대한 공허함을 두려워하기 때문이다. 그들은 종종 지금까지 전해 내려온, 예를 들면 한 사람이 다른 사람에 대하여 무제한적으로 마음대로 할 수 있는 것으로서, 그리고 무분별한 허용으로서 부부간의 약속이 잘못 오용되는 곳에서 좋지 않은 부부모델을 경험했다. 그러므로 우리는 모든 부부에게 인생공동체의 신뢰할 만한 실례가 되도록 호소한다."[59]

그와 같은 성명은 일반적인 행동과 입장에서 교회의 방향역할을 목적으로 하는 공동체에 대한 기대다. 사회 내의 기관으로서 '교회' 가 동시대 사람의 상호성에 대한 근본질문에 대하여 무엇인가를 말해야 한다면 교회는 그것을 또한 '알려야 하고' 교회와 사회에서의 현재 상태에 대한 이러한 설명을 일반적으로 연관된 그리스도교적인 행동에 대한 언급으로 간명하게 표현해야 한다. 이런 공시를 위해 책임지는 것은 그것을 위해

55) "Ehe, Familie, Sexualität, Jugend", in: *Die Denkschriften der Evangelischen Kirche in Deutschland*, Bd. 3/1, Gütersloh, 1982, 2. Aufl. 1988.

56) 위의 책, 63 이하.

57) 위의 책, 65.

58) 위의 책, 66.

59) 위의 책, 66 이하.

설치된 위원회가 당연히 그러한 내용에 대해 구성적이고 비판적인 문제 제기를 준비하고 관여해야 한다는 것이다. 이러한 교회적인 성명은 그렇게 해서만이 실제로 국민의 삶 속에서 방향 지을 수 있도록 영향을 주는 기회를 얻는다.

이러한 비판적인 질문들은 예를 들면 (사회)정치적으로 미리 생각될 수 있다. 그래서 요수티스(M. Josuttis)는 교회위원회의 행동양식에 대한 논문에서 매우 비판적으로 표명하고 있다. "부부와 가족 문제에 대한 교회의 입장은 명백하게 방어적인 성격을 지니고 있다. 부부와 가족 영역에서 교회는 명확히 사회에서 변화 또는 실험을 위한 동기를 주려고 하지 않는다. 오히려 교회는 공개적인 입장으로 발전을 멈추고 바로잡으려고 한다."[60] 요수티스는 이러한 보수적인 입장이 다음과 같은 근거에 의해 이루어졌다고 본다. "부부와 가족 안에서 교회와 국가의 재생산, 교회와 국가 그리고 사회 간의 관계의 재생산이 일어난다. 여기에 아직 표면적으로 성서적인 가르침에 근거하고 여전히 늘 교회영향을 바라는 사회제도가 존재한다."[61]

결코 요수티스의 사회적, 교회정치적 입장을 공유할 필요는 없지만 그의 비판적인 개입은 중요하거나 최소한 매우 생각해 볼 가치가 있다는 것을 알 수 있다. 교회의 직무적인 차원의 성명과 관련하여 이러한 비판적인 개입은 목회상담자에 의해 원리적으로 장려되어야 하며 그들의 사역에 포함되어야 한다. 단지 그렇게 함으로써 많은 노력으로 만들어진 교회적인 방향 시도가 실제적으로 영향력이 없는 의도적인 설명이거나 알지만 거의 실제적으로 아무런 연관을 가져다주지 않는 규정된 연습으로 빠지지 않는다.

인용된 본문에 의하면 목회학적인 관점에서의 개입적이면서 비판적인 재질문이 다음과 같이 제시될 수 있다.

① 의도적인 폐쇄의 표현 대신 가톨릭과 그리스도교 교회 대표자들의 부부에 대한 공통적인 설명은 권위적인 힘의 구조와 (숨겨진 도덕적) 요구에 대한 잠재적인 불안을 오히려 현실화하지 말아야 하는가? (달리 말하면, 목회상담적인 상황에서 어쨌든 충분히 이해가 될 정도로 근거가 되는 '권고'의 기능과 개개인의 경험에서 권고의 작용이 인식되고 비판적으로 점검되어야 한다.)

② 이러한 피할 수 있는 이상적인 생각과 같은 성명에서 그것이 근본적으로 추구할 가치가 있는 것으로, 그러나 실제적으로 도달할 수 없는 것으로 느껴질 정도로 작용

60) M. Josuttis, Zur Ehe-Politik der EKD, *EvTh* (X) 1982, 271 이하, 272 인용.
61) M. Jossuttis, 위의 책, 289.

하는가? (달리 말하면, 목회상담에서 갈등상황에 있는 중요한 행동변화의 관점에서 내담자가 목적 제시에 의해 격려되고 새로운 용기를 얻게 되는지, 오히려 낙담하거나 포기한 채 반응하는지 질문되어야 한다. 왜냐하면 내담자의 특별한 상황에서는 그러한 목표에 도달하는 것이 불가능하게 보이기 때문이다.)

③ 교회적인 성명을 위해 일반적인 성명의 종속적인 성격을 전하고 그것을 통해 개인적으로 관계가 없이 일반화해서 집단적으로 연결하여 영향을 미치는 것을 정말로 포기할 수는 없는가? (달리 말하면, 목회상담에서 개별적인 경우에 일반적으로 적용되는 윤리적인 원칙과 결정에 대한 질문과 어떤 관련성 속에서 내담자가 자신의 개인적인 문제 상태를 볼 수 있고 이해할 수 있는지를 인식해야 한다.)

어느 정도로 교회의 건의서와 공적인 성명이 구체적인 목회상담 상황에서 개인적인 문제의 경우 유용성과 이용의 관점에서 수용 가능할 것인지 검토와 내용에서 비판적인 고찰을 염두에 두는지 분명히 해야 할 것이다.

• (주제어: 복잡성) 한편으로 '상담 중심의 영혼 돌봄' 에 적합한 그리고 완전히 다르게 표현되는 목회학적 접근이 전개된다. 그것은 다음과 같이 설명된다. 배우자, 부부, 가족 영역에서 오늘날 대두되는 그리스도교적인 태도의 어려움은 무엇보다도 사건의 복잡성에 그 이유가 있다. 항상 동시에 갈등을 일으키는 것으로 성(Sexualität)과 결합능력, (소위 확고한) 배우자를 정할 때 가능성과 한계, (가족적인) 집단상태, 이혼과정, 자손과 책임 있는 사회관계가 문제다. 그러나 표면적으로 문제가 있는 관계 관점에서 이러한 모든 문제는 실제적으로 함께 살 때 관계구조를 형성한다. 언급된 경험의 영역에서 갈등상황이 일어나게 되면 다른 영역이 피할 수 없도록 문제점, 즉 노출된 논쟁으로 편입된다.

그것은 목회상담자에게 한편으로는 항상 전제된 전체적인 문제로부터 개별적인 목회상담으로 문제를 제기하면서 실제적으로 문제에 다가가도록 할 수 있다.

거기서 틸로가 '규범의 변화' 라는 제목으로 서술한 것을 먼저 고려하여야 한다. "우리가 마치 변화하는 도덕적인 사고의 문제가 부부와 성과 관련하여 단지 우리 시대의 문제일 것이라고 생각하는 것만큼 잘못된 것은 없을 것이다."[62] 그러므로 관계영역에서 그 결과로 나타나는 모든 현상과 함께 규범변화에 대하여 오늘날 더 괴롭게 한탄스러워할 수 있다. 그것은 더 자세히 주목해 보면 특히 어려운 시대에 일반적으로 짐을 짊어진

62) H.-J. Thilo, *Ehe*, 80.

그 시대 사람들에게만 있는 결손상태의 모습은 아니다. 그렇기 때문에 이러한 생각의 결과로 특히 부부와 가족의 영역에서 시대 속에서, 시대와 함께, 그리고 시대 아래 '잃어버린' 사상과 행동양식을 다시 회복하도록 목회상담을 하는 것은 이해되지 않는다. 총체적인 인간관계에서 오늘날 경험의 특성을 의도적으로 묻고 그 특성을 거기에 따라서 '시대에 맞는' 가치와 판단의 규범에 맡기는 것이 더 절박하다.

현재 매우 근본적이고 태도를 결정하는 관계경험에서의 특수성이 다음과 같이 설명되고 있다. 그 특수성은 양가감정과 그 감정을 행동실행으로 옮기는 것, 그리고 다시 특히 배우자와 가족의 영역에서 근본적으로 점차 인식하고 허용하는 것에 있다. 여기서 무엇보다도 목회상담 대화에 참여하는 사람들에게 분명히 변화되는 관점을 털어놓는 것이 필요하다. 전통적인 방법으로 교회에서(그리고 여기서 특히 믿음생활에 대한 마음가짐에 있어서)와 마찬가지로 사회에서의 양가감정은 우유부단과 갈등으로 비슷하게 나타나며 그에 따라서 부정적으로 자리 잡혀진다. 그것은 인간의 관계 속에서 의심 없이 추구할 만한 가치가 있다고 평가되는 '갈등으로부터 자유로운' 조화를 '방해하는 것' 으로 여겨질 수 있다. 그렇게 본다면 양가감정은 배우자와 부부 그리고 가족에게 표면적으로뿐만 아니라 내면적으로 '가까운' 관계를 형성하는 사람들과의 영적이고 정신적이며 종교적인 조화의 관점에서 방해요소가 된다.

이러한 입장은 상반 감정 상태와 관련하여 분명히 현대 인문과학 지식의 영향 아래 변화된 경험과 분류방법 그리고 무엇보다도 평가방법과 점점 덜 일치한다. 상반 감정의 병존(반대 감정의 반응이 동시적으로 현존하는 것)은 점점 관계를 형성하는 경험요소로서 인식되고 인정된다. 시종일관 상반 감정적인 태도는 관계갈등면에서 점점 공개적으로 거래를 하여 결말지을 수 있게 된다. 왜냐하면 그것은 ('조화를 잃어버리는 것' 에 대한 불안에서) 점점 의식에서 덜 벗어나거나 억압되는 것처럼 보이기 때문이다. 그것과 함께 변화된 사회적인 환경이 자동적으로 서로 결부된다.

경우에 따라서 마찬가지로 변화된 양심구조와 관련하여 그것은 또한 일반적으로 부부와 가족 안에서의 개별적인 행동방법의 평가가 변화된다.[63] 갈등은 '불행' 보다, '도

63) 다음 책에서 상반 감정 병존의 경험에 대한 새로운 평가가 인상 깊게 서술되고 그 평가의 심리학적이고 철학적인 배후관계에서 발전되고 있다. E. Otscheret, *Ambivalenz*. 저자는 자신의 입장에서 '상반 감정 병존의 상태와 중요성' 을 전제로 하는 부버(M. Buber)의 '정신적이고 영적인 원리로서의 대화론(Dialogik als geistiges und seelisches Prinzip)' 과 연결시킨다. 이러한 틀에서 다음과 같이 요약 설명된다. "대화론에 대한 연구는 근본적으로 모든 생각과 감정 및 행동은 내외적인 영향과 반대적인 감정과 기대 그리고 목표설정에 의해 이루어진다는 것을 보여 주었다. 모순되는 내용의 상반 감정의 병존은 여

덕적인 거부' 보다는 덜 중요하게 생각된다. 그렇다고 갈등이 확실히 덜 고통스럽고 상처가 적은 것은 아니다. 갈등과 연관된 긴장상황은 일상생활에서 항상 극복되는 것은 아니며, 또는 당사자들의 상호관계가 좋아지지 않는다. 긴장상황이 오히려 밖으로 나타나게 되고 상호관계가 이전보다 솔직해진다. 그러므로 그들은 경솔하고 상대적으로 갑작스럽게 상황을 자동적으로 변하게 하지만 거기서 이러한 태도를 통해 나타나는 실제적인 '필요성' 에 대하여 (함께) 생각하는 것을 실질적으로 배제한 행동을 하게 된다.[64]

어쨌든 이 모든 것은 다음을 의미한다. 배우자와 가족의 영역에서 매우 '시대에 맞는 목회상담' 은 복잡한 현재의 관계 형태 속에 있는 '특수성' 에 매우 특별한 주의가 필요할 것이다. 시대에 맞는 목회상담은 전해 내려오는 그리스도교적인 삶의 틀에 대한 문제 제기를 상대화시키는 것이 아니라 변화된 조건 속에서 새롭게 조정해야 할 것이다. 그러나 그 상담은 이러한 모든 질문과 관련하고 협력하여 특별한 인식으로 발전시켜야 할 것이다. 그렇게 본다면 그것은 갈등의 경우와 그런 갈등에 대한 목회상담 사역에서 항상 관계영역에서의 상반 감정과 갈등의 상황을 단순히 피할 수 없는 것으로 확언하지 않는 것이 중요하다. 동시에 이러한 노력을 요하는 상태가 내담자의 개별적인 상황에서 억압되거나 불안을 주는 행동이 되지 않고 어떻게 '그리스도교적인 행동' 으로 가게 할 것인지 모색해야 한다. 거기서 어떤 문제 제기와 범위를 개별적으로 생각해야 하는가? 반려자와 가족을 위한 목회상담 영역에서 특히 다양한 총체적인 문제와 관계될 수 있다는 생각은 목회상담자에게 개인적인 갈등을 모든 개별적인 문제를 포괄하는 관점에서

러 모양의 인간 환경을 반영한다. 건강한 영혼은 이러한 긴장과 반대를 인정하고 그것들을 다루며 토론하고 견뎌내는 능력을 지니고 있다. 그것들은 짐을 줄 뿐만 아니라 발전을 추구하고 기회를 주는 것으로 생각할 수 있다. 즉, 의식적으로 갈등과 반대와 더불어 살 수 있다" (147쪽).
계속해서 "의식적으로 상반 감정의 병존과 반대와 더불어 사는, 그리고 그 상반 감정의 병존과 반대를 가능한 빨리 '해결하거나' '끝내려고' 하지 말라는 요구를 고전적인 조화론은 문제 삼는다. 개인과 가족 또는 사회에서 더 심해진 갈등의 현존은 병리학적인 상태를 가리키는 것이 아니라 그러한 종류의 갈등을 견디어낼 능력이 없다는 것을 의미한다. 강조점은 갈등 극복 또는 해결에서 '갈등능력' 으로 바뀌어야 한다는 것이다. 왜냐하면 계속되는 갈등으로부터 벗어나려고 하는 것은 침체로 이끌 수 있기 때문이다." (151쪽).

64) '행하다(Agieren)' 라는 개념은 정신분석에서 유래한다. H. Thomäl/Horst Kächele, *Lehrbuch der psychoanalytischen Therapie*. 1. Grundlagen, Berlin/Hedelberg/New York, 1986. "……이러한 명칭을 비동사적으로, 또는 반성하는 태도를 설명할 때 꼭 어울린다" (315쪽). 그것으로 그 개념은 상반 감정의 갈등과 관련하여 부정적인 색조를 갖는다. 그것은 갈등을 의식하면서 곰곰이 생각하는 대신 다소간 맹목적으로 다루어지게 된다. 그러므로 그것은 '갈등상황에서 도망가는 것' 과 같은 것이 되어 버리게 된다.

65) H.-J. Thilo, *Ehe*, 24.

접근하도록 유도한다. 그런 다음 성, 배우자, 부부 그리고 가족은 연결구조를 형성한다. 그렇게 되면 이러한 틀에서 한 영역이나 다른 영역에 항상 '함께 속해 있는' 특정한 어려움에 이를 수 있다. 그래서 틸로는 성서 말씀과 관련하여 다음과 같이 확신한다. "그러므로 우리가 구약성서에서 부부윤리에 대하여 말할 수 있는지, 또는 여기서 성서 말씀을 가족윤리와 관계 지을 수 있는지 질문이 제기된다. 성은 이스라엘 종교적인 관점에서 고유한 가치는 없었으나 이스라엘에서 여성이 동시대의 문화에서보다 훨씬 존중하게 여겨진 입장을 가지고 있었기 때문에 말씀이 가족윤리에 적용될 수 있을 것이다."[65] 또는 신약과 관련하여 나중의 입장은 다음과 같다. "예수에게 '부부' 라는 주제는 기껏해야 가장자리의 의미를 갖고 있는 것처럼 보일 수 있다. 그리스도인의 부부 또는 부부의 자세에 대한 보다 충분한 설명을 신약성서의 서신에서 찾을 수 있다."[66] 그리나 그 상황에서 회중과 관련하여 핵심적인 언급이 제시되고 있다. "여기 한 부부가 부부관계를 파괴하지 않고 유지해야 하는 새로운 다른 공동체로 들어가게 되었나."[67] 그런 다음 물론 다음과 같은 사실이 중요하다. "부부윤리는 동시에 성윤리다."[68] 성서적인 인간 이해는 여기서 배우자와 부부 그리고 가족에 대한 포괄적인 이해를 위해 확실히 도움이 된다.[69] 이러한 이해를 가지고 개별적인 갈등에서 번진 문제로 접목시켜 목회상담적으로 다루는 것이 중요하다.

다음과 같이 언급된 연결구조로 들어가는 것은 한편으로는 배우자와 부부 그리고 가족 영역에서의 개별적인 부분에 좀 더 집중적으로 주의할 수 있기 위해 의도적으로 상대화될 수 있다.

첫째로 앞으로 그리스도교적인 태도는 특히 성에 대한 접근에서 명백히 제시되고 영향을 미칠 수 있는 시대에 맞는 인문과학적인 지식과 관련된다. 그때 시대에 맞는 목회상담은 분명히 변화된 사회적인 상황에서 모든 성적인 경험에 대한 '새로운 개방' 과 함께 이러한 예민한 영역에서의 모든 상반 감정적인 상태를 먼저 인식하고 그에 의거해서

66) H. J. Thilo, 위의 책, 26.

67) H.-J. Thilo, 위의 책, 41. 틸로는 계속해서 다음과 같이 언급하고 있다. "우리는 오늘날 여기서 부부상담의 현대적인 원칙을 찾을 수 있다. 그에 따르면 젊은 부부는 틀에 매이지 않고 그들 부부 존재에서 의식적으로 좀 더 큰 다른 공동체 안으로 소속되어야 한다.

68) H.-J. Thilo, 위의 책, 45.

69) 그러므로 틸로는 논리에 맞게 해석상의 언급을 확증하면서 다음과 같이 요약한다. "복음적인 부부윤리는 성서해석에서 분리되어 설명되지 않는다. 그러나 동시에 우리가 이러한 해석학적인 작업을 질문과 연구의 기초를 위해 만들 수 없으며, 지금 현대시대를 위해 실천적인 행동방법들을 거기서 끌어낼 수는 있다"(위의 책, 같은 곳).

언어화하고 처리하도록 도움을 주는 임무가 주어진다. 또한 목회상담은 이와 관련하여 방어기제에 의한 모든 행동을 묻고 거기서 충동적인 행위와의 '내면적인' 대결 가능성을 찾는 과제가 주어진다. 그리고 마침내 성적인 경험을 그 밖의 다른 경험(신앙체험을 포함하는)에서 분리하는 모든 의도를 제지해야 한다. 반대로 어떤 통합능력이 개인의 뜻대로 되는지 질문되어야 한다. 이 통합능력이 다시금 동반자적이고 독특한 관심사를 위해 전체와 다양성과 관련하여 좀 더 개선된 의미에서 표현되고 강화되어야 한다.

성적인 영역에서의 문제점은 특히 빈번히 부끄럽게 생각하고 더구나 숨기려고 하는 경향이 강하다. 이러한 부분에서 지난 수십 년 이래 이루어진 성적으로 개방된 변화는 또한 목회상담적인 관점에서 환영받고 지지되어야 한다.

항상 여전히 시대에 맞고 목회학적인 관점에서 읽을 만한 가치가 있는 책은 신학자이며 사회윤리학자인 카일(S. Keil)의 성에 대한 연구다.[70] 카일은 머리말에 다음과 같이 확신하고 있다. "이전 시대와 다른 것은 현재에 와서 성관계란 공개된 문제가 되어 버렸다는 것이다. 이 주제에 관한 모든 대화와 논문 그리고 발제와 토론들로부터 문제가 공개적으로 토론될 뿐만 아니라 옳고 그름, 허락과 금지에 대한 사고가 이전에는 전혀 드러나지 않았던 생각의 다양성으로 개방되었다는 것이 명백해졌다."[71] 사회구조와 성행동 간의 관계에 대한 연구와 상황에 대한 신학적이고 사회윤리학적인 평가에 따라 그는 다음과 같은 결론을 내린다. "점점 증가하는 삶의 개인주의화는 개인 위주의 의미에서 인간관계가 형성될 가능성이 높으며, 동시에 한편으로는 기능화되고 다른 한편으로는 개성이 없어지고 외부에서 조종되는 인격적인 존재가 잘못될 위험성이 강하다. 그것은 또한 남성과 여성이 함께 살 때도 나타난다. 좀 더 잘된 이성 간의 공동체의 성공을 위해, 그리고 그 공동체의 완전한 과실을 위해 상황이 더 공개적이 되었다."[72]

여전히 많은 정보를 제공하면서 성교육 분야와 목회상담 영역에서 활용할 수 있는 것은 정신분석적으로 기초를 두고 있는 브로허(T. Brocher)의 저서다.[73]

성에 대한 관계설정에서 신학과 교회라는 주제로 서술한 기본 문헌은 항상 그리스도교 신학자인 링겔링(H. Ringeling)과 가톨릭 신학자인 퓌르트너(S. H. Pfürtner)의 책들이

70) S. Keil, *Sexualität. Erkenntnisse und Maβstäbe*, Stuttgart/Berlin, 1966.

71) S. Keil, 위의 책, 9.

72) S. Keil, 위의 책, 233.

73) T. Brocher, *Psychosexuelle Grundlagen der Entwicklung. Informationen für Lehrer und Eltern*, Opladen, 1971.

다.[74)]

병원임상목회훈련(KSA)의 대표자인 뤼흐트-슈타인베르크(M. Lücht-Steinberg)는 이 주제에 대한 대화분석을 제시한다.[75)] 성은 이 책에서 무엇보다도 특별한 위기와 삶의 상황에서 인간의 중요한 행동요소로 다루어지게 된다. 이 책의 서두에서는 그때그때 내담자의 다양한 기대에 응하는 다양하면서도 변화하는 목회상담자의 역할에 대하여 특별한 주의를 가져야 된다는 것을 제시하고 있다.

치료적인 영역에서는 마싱(A. Massing)과 베버(I. Weber)에 의해 편집된 성적인 경험의 '기쁨과 고통' 에 대한 논문 모음집을 소개할 수 있다[76)] 주목할 가치가 있는 논문은 한편으로는 매우 일방적이지만 생각할 가치가 있는 병리학적인 주제 사례보고인 쉬르거(G. Schürgers)의 「교회와 성(Kirche und Sexualität)」[77)]이다. 또한 게리흐터(K. Gerlichter)의 「노인의 성(Sexualität im Alter)」[78)]도 눈에 띄는 논문이다. 이 논문은 학문적인 것 외에 인상 깊게 상담소에서의 경험을 소개하고 있다.

바르톨로메우스(W. Bartholomäus)의 책은 감정적인 개별화와 경험의 확장 측면에서 두드러진다. 그렇기 때문에 보강된 좋은 책으로 생각할 수 있다.[79)]

목회상담운동과 교회 상담사역의 선구자인 틸로는 인간적인 충동에 대한 종교적인 이해에 관한 책을 제시하고 있다.[80)] 그 연구에서 그는 그리스도교의 힘의 지향과 충동에 대한 반감과 관련하여 조직적이고 비판적으로 '서구 그리스도교의 위기' 를 제시하며 다른 세상 종교에서의 공격과 성에 대한 접근을 비교하였다.

마침내 하르트만(G. Hartmann)은 '목사들의 목회상담의 실제' 와 심리학자들의 연구에서 얻어진 『인생의 의미(*Lebensdeutung*)』라는 책에서 '창조된 기쁨과 창조성으로서의 성' 이라는 장을 공들여서 설명하고 있다.[81)] 이스라엘의 가나안 문화와의 갈등은 그의

74) H. Ringeling, *Theologie und Sexualität*, 2. Aufl., Gütersloh, 1969; S. H. Pfürtner, *Kirche und Sexualität*, Reinbek, 1972.

75) M. Lücht-Steinberg, *Seelsorge und Sexualität. Gesprächsanalysen aus der klinischen Seelsorgeausbildung* , Göttingen, 1980.

76) A. Massing/I. Weber (Hg.), *Lust & Leid. Sexualität im Alltag und alltägliche Sexualität*, Berlin/Heidelberg/New York, 1987.

77) G. Schürgers, in: *Lust & Leid*, 123 이하.

78) K. Gerlichter, 위의 책, 297 이하.

79) W. Bartholomäus, *Unterwegs zum Lieben*, München, 1988.

80) H.-J. Thilo, *Stachel*.

81) G. Hartmann, *Lebensdeutung*, 263 이하.

책에 의하면 방탕한 것과 계속적으로 단지 상징적이고 시적으로 전달할 수 있는 변동효과가 있는 성스러운 것 간의 근본적인 갈등을 반영한다. "우리에게는 성에 대하여 적당하게 말할 수 있는 언어가 없다. 그것은 마치 우리가 일상생활에서 마음대로 할 수 없고 충분히 비밀스러운 것과 연관이 있는 곳이면 어디나 그렇다. 실제로 일어난 것과 우리가 거기서 경험한 것은 단지 시적이고 상징적인 언어로 설명하게 한다. 그리고 상징적인 언어가 우리에게서 멀어지는 곳에서 시적인 언어도 어려워진다."[82] "성이 영성으로 통합하는 데 성공한다면 아마도 성은 인간적인 것보다 더 쉬운 것처럼 보일 수 있으며 더 쉽게 인간에게 맞게 형태가 이어질 수 있을 것이다."[83]

목회상담자가 점점 공개적으로 내담자의 성적인 문제와 직면하게 되는 것을 볼 때, 이렇게 중요한 인간적인 경험에 대한 적절한 접근은 특히 이중적인 전제에 달려 있다. ① 다른 사람의 파괴되고 저지되며 부담을 갖게 된 성생활을 돕는 사람은 가능한 전반적으로 자신의 성(자신의 그리스도교적 행동의 한 부분으로서)에 대해서 경험의 차이를 갖고 한 번쯤 생각해 보아야 할 것이다. 그렇지 않으면 조절 가능한 자신의 불안과 불확실의 이유들이 목회상담 상황을 매우 힘들게 괴롭힐 뿐만 아니라 알아채지 못할 정도로 내담자의 상황에 스며들어가 뒤섞여 버린다. ② 오늘날 성적인 억압을 저지하고자 하는 사람은 많은 사람들이 성적인 영역에서 변화된 구조화된 방법으로 (병리학적인) 당혹감과 무기력을 경험하고 있다는 사실을 근본적으로 알아야 할 것이다. 그것들은 죄책감과는 관계가 적고 거부감과 더 관계된다. 목회상담 사역은 그것에 대비해야 할 것이다.

둘째로 (성에 대한 질문에서) 그리스도교적인 행동은 동반자적 관계와 그 형태, 그리고 부부의 관점에서 관계와 결합능력에 대한 질문과 관계되고 그에 의거해서 이 영역에서의 인문과학적인 통찰과의 대화가 열려진다. 여기서 시대에 맞는 목회상담은 한편으로는 다양한 표현 속에서 결합의 희망과 불안을 알기 쉽게 하고 특별한 상반 감정의 경험과 특별한 행동을 그것들과 관련시켜야 한다. 다른 한편으로 목회상담은 법적으로 결혼하여 부부를 이루는 부부와 결혼하지 않고 동거하는 것 그리고 관계를 이루는 과정, 그것에 합당한 별거과정을 비판적으로 돕는 데 동행할 임무가 있다. 목회상담은 결국 이러한 관계 속에서 계속적으로 위협적인 이론교육을 그만두고 개인에게 상응하면서 규범을 의식한 삶의 틀에 대하여 끊임없이 노력해야 할 과제가 있다.

82) G. Hartmann, 위의 책, 265.
83) G. Hartmann, 위의 책, 281.

이러한 입장의 이전 문헌들을 소개하면 다음과 같다.

성서해석학적인 관점에서의 그리스도교 부부 이해는 발텐스바일러(H. Baltensweiler)의 기본적인 논문이다.[84]

부부에 대한 심리학적인 기본 이해를 하이글(A. Heigl-Evers/F. Heigl) 부부는 매우 이론적이면서 쉽게 접근할 수 있게, 실제적으로 전달하고 있다.[85] 정신분석학적인 관점에서, 그리고 계속적인 '주석과의 논쟁' 과 관련해서 여기서 부부간의 주요 갈등과 부부간의 감정관계가 강조되고 고찰된다. 현실에 맞게 각성하도록 돕기 때문에 이 책의 전체적인 의도는 목회상담에 효과적이 되게 할 수 있다. 그 의도는 다음과 같이 설명된다. "우리는 가장 가까운 형태인 부부관계에서의 인간관계 영역을 부부와 부부문제를 다루는 관심 있는 전문가에게 좀 더 가깝게 접근시키려는 의도가 있다. 그것은 부부문제를 토론할 때 나타나는 위험을 줄이는 데에 달려 있다. 즉, 어떤 내면적인 영적인 방해가 그들의 현실과 반대되는지 말하지 않고 이상적인 모범적인 것을 보여 주는 것과 같은 위험이다. 이러한 방해를 발견하기 위해 경험과 행동의 무의식적인 동기를 향해 돌진하는 것이 필요하다. 이와 같은 의식되지 않은 동기에 흔히 항상 부부의 공동적인 삶을 더 좋게 하려는 선한 의지와 선한 뜻이 좌초된다."[86]

정신과 의사 빌리(J. Willi)는 두 사람의 관계에 대한 책에서 인지할 만한 가치가 있는 치료적인 항목을 제시하고 있다.[87] 즉, 다음과 같은 사실에 문제점이 있다는 것이다. "퇴행과 진보의 개념은 이 책에서 핵심적인 의미다. 퇴행과 진보는 지금부터 오직 신경증적 방어자세로 이해된다. 퇴행은 어린애 같은 행동방법으로 되돌아가는 것이고, 진보는 자신의 약함을 '어른처럼 행동하는 것' 으로 슬쩍 넘기는 것이다."[88] "파괴된 부부에게서 우리는 특히 자주 과대하게 보상적인 진보의 욕구를 갖고 있는 배우자가 퇴행적인 욕구충족을 하고 있는 다른 배우자와 연결되어 있는 것을 보게 된다. 그들은 이러한 역할 속에서 상호 간에 필요로 하기 때문에 일방적인 행동 속에서 서로 익화시키고 맞추

84) H. Baltesweiler, *Die Ehe im N.T.*, Zürich, 1967.

85) A. Heigl-Evers/F. Heigl, *Geben und Nehmen in der Ehe*, 3. Aufl. 1971; *Gelten und Geltenlassen in der Ehe*, 2. Aufl. 1963; *Lieben und Geliebtwerden in der Ehe*, 2. Aufl., Stuttgart, 1971.

86) A. Heigl-Evers/F. Heigl, *Gelten und Geltenlassen*, 7.

87) J. Willi, *Die Zweierbeziehung,. Spannungsursachen-, Störungsmuster-, Klräungsprozesse-Löngsmodelle. Analyse des Unbewuβten Zusammenspiels in Partnerwahl und Paarkonflikt: Das Kollusions-Konzept*, Reinbek, 1975.

88) J. Willi, 위의 책, 23.

게 한다. 진보적인 배우자가 퇴행적인 배우자와 신경증적으로 빠져가는 것을 이 책에서는 결탁으로서 상세히 설명하고 있다."[89] 그렇다면 치료적인 목표는 '진정한 자유, 그러나 배우자와 가족 및 환경에 대한 진정한 연대감과 책임 속에서 배우자가 제한된 관계능력 안에서 받아들여지고 최대한으로 반려자의 성향과 재능에 맞는 관계 틀을 찾는 것이다.'[90]

이러한 상황에서 틸로는 다시 한 번 이 분야의 기준이 되는 학술서적으로서 『규범 없는 부부(*Ehe ohne Norm*)?』[91]를 제시할 수 있다.

공동생활을 위한 변화된 조건들에 대한 목회상담적인 접근의 원동력에 대해서 가스만(H. Gaβmann)은 그의 연구를 통해 설명하고 있다.[92]

대화정신치료의 기초면에서 목회자이면서 심리학자인 샬(T. U. Schall)은 교회에서 목회상담자의 부부상담을 위한 기초적인 지도를 제공하고 있다.[93] 이 책은 교수법상으로 매우 능숙하게 구축되고 (무엇보다도 대화의) 심리학적인 기초를 둔 교과과정을 제시하고 있다. 그 교과과정은 상세하게 숙고된 실례로 설명하며 주제별 핵심들을 다루고, 거기서 교육적인 방법으로 사실과 관계된 기본 지식을 전달하며 전체적인 수업과정을 연습과 연결한다. 이러한 방법은 실제적으로 의도된 대로 '부부상담에서 교회 목회상담으로의 귀환' 을 다음과 같은 표어로 촉구하려는 것 같다. "목회상담으로서 부부상담과 부부상담으로서 목회상담은 목회상담이 교회에서 구체적으로 지속되기 위한 구성요소다."[94]

위협적으로 시대정신에 적응하는 것에 대한 비판적인 논쟁 속에서, 그리고 부부에 대한 근본주의적 신학적인 새로운 강조로 바이에르(O. Bayer)와 푈만(H. G. Pöhlmann), 아이바흐(U. Eibach), 헤닝(G. Hennig) 그리고 자이츠(M. Seitz)는 공통적인 목표를 갖고 그들의 이해를 한 책에서 제시하고 있다.[95] 이 저자들은 "……신약성서의 증언에서 남성

89) J. Willi, 위의 책, 24.
90) J. Willi, 위의 책, 263.
91) 이 책의 433쪽 각주 47 참조.
92) H. Gaβmann (Hg.), *Ehe—Institution im Wandel. Zum evanglischen Ehe Verständnis heute*, Hamburg, 1979.
93) T. U. Schall, *Eheberatung—Konkrete Seelsorge in Familie und Gemeinde*, Stuttgart/Berlin/Köln/Mainz, 1983.
94) T. U. Schall, 위의 책, 19.
95) O. Bayer (Hg.), *Ehe. Zeit zur Antwort*, Neukirchen-Vluyn, 1988.

과 여성이 성적으로 함께 산다는 것은 부부로서 가능하다는 것을 의미한다."[96]는 것을 알고 있다. 그렇기 때문에 다음과 같은 사실이 분명해야 한다. "성과 부부 그리고 가족이라는 질문 속에 총체적인 사회적 변화를 반영하고 다양하게 임의로 경멸하는 것은 도움이 되지 않는다. 그러므로 현재의 관계와 기대되는 행동을 이해하려는 시도는 비판 없이 적응하라는 무리한 요구가 아니다. 오히려 저자들은 비판을 잘못된 것으로 생각하지 않으려 하며 긍정적으로 새로운 기회와 위태로움의 한가운데서 오래된 말씀을 듣기 위해 중재하려고 한다. 즉, 그 말씀은 성과 부부에 대하여 말해진 대로 '허락한다'는 위대한 복음"이다.[97] 결정적으로 이러한 시대 비판적인(그리고 선택적으로 교회 비판적인) 입장을 배경으로 이 책은 오늘날 논쟁되는 동반자적 삶의 형태를 위한 문제를 끄집어내고 목회상담의 윤리 측면에서의 설명을 목적으로 한다.

반대적인 입장에서 부부에 관하여 매우 다른 조건에서 비판적으로 해석한 책의 저자들도 있다.[98] 목회자 부부는 제도로서 부부의 위기를 위한 실제적인 사례가 된다. "최소한 그리스도교의 경우 그 현상이 도덕적인 문제점으로 제한되어야 할 정도로 무엇 때문에 성에 대한 신학적인 해석이 거의 불가능하게 되었는지 설명할 수 있다."고 요수티스는 그의 논문 「성스러운 생활(Das heilige Leben)」[99]에서 서술하고 있다.

슈톨베르크는 그의 논문 「목회심리학의 탈선(Pastoralpsychologie des Seitesprungs)」을 다음과 같이 끝내고 있다. "목회자는 말씀 선포와 실제적인 삶을 두려움 없이 구별하지만 그의 선포가 한편으로 윤리적이고 규범적인 것이 아니라 고백적인 것으로 이해되도록 노력해야 한다. 우리는 국민의 도덕성을 지키는 사람이 아니라 도덕의 비판가이며 복음적인 자유의 증인이다. 신앙의 가치는 관습적인 법을 복종하는 것이 아니라 '인생'이라는 이름을 받을 만한 책임 있는 삶을 위해 위험을 감수할 수 있는 용기다."[100] 이와 같은 생각의 표현에 의하면, 슈타인(A. Stein)이 '목회자 가정에서의 이혼에 대한 보다

96) O. Bayer (Hg.), 위의 책, 9.

97) O. Bayer (Hg.), 위의 책, 9 이하.

98) M. Josuttis/D. Stollberg (Hg.), *Ehe-Bruch im Pfarrhaus. Zur Seelsorge in einer alltäglichen Lebenskrise*, München, 1990.

99) M. Jossutis, 위의 책, 11 이하, 17 인용.

100) D. Stollberg, 위의 책, 150 이하, 168 인용; Wolfgang Winter, Fremdgehen. Pastoralpsychologische Erwägungen zu einem schwierigen Phänomen, in: C. Bizer/J. Cornelius-Bundschuh/H.-M. Gutmann (Hg.), *Theologisches geschenkt*, 289. 교회 부부상담소에서의 목회상담은 충분한 이해와 책임 있는 방법 속에서 외도현상과 접근하는 문화(292쪽)가 요구된다.

나은 접근을 위한 고찰' 로 끝낼 때 논리에 맞는 것으로 보인다.[101)]

'신 로망스적인 사랑에 대한 이상' 과는 반대로, "생동감 있는 에로스적인 사랑과 신뢰할 수 있는 영속성은 서로 모순된 것이 아니라 오히려 둘 다 이성 간의 사랑에서 나온 필연적으로 함께 전체를 이루고 있는 것이다."라는 것을 제시하기 위해 신학자이며 교류분석가인 엘로우세크(H. Jellouscheck)는 남녀관계에서의 전형적인 감정의 상태에 관한 책을 저술하였다.[102)]

이혼문제[103)]에 대해서 슈톨베르크의 분리경험에 관한 책[104)]을 제안할 수 있다. 또 그런 상황에서 나타나는 정신적인 문제에 대한 접근을 보야노프스키(J. Bojanovsky)가 다루었다.[105)]

정신분석가인 페트리(H. Petri)는 버림받은 특별한 상황과 감정상태, 그런 상황에 적절히 도움을 줄 수 있는 접근방법에 대해 연구했다.[106)] '전형적인 경험인 분리' 에서 의식적으로 분리를 견디어 이겨내는 기간과 슬픔이 있은 후에 화해에 도달할 수 있다. 거기서 그는 다음과 같이 주장하고 있다. "화해는 내면적이고 외면적인 갈등을 다루는 데 인간이 지니고 있는 가장 어려우면서도 성숙한 능력이다."[107)] "자기 자신과의 화해는 다른 사람과의 화해를 가능하게 하는 기초다."[108)]

부부와 '부부가 아닌 동거' 의 관계에 대한 문제에 대하여 빙겐(M. Wingen)은 전문적으로 자신의 입장을 밝히고 있다.[109)]

이 책은 문제상황과 데이터의 상세한 설명 외에도 권리에 대한 문제와 가족 정치적인 결론을 포괄하고 있다. 궁극적으로 다음과 같이 밝히고 있다. "지금까지 국내외에서 부부가 아닌 동거가 점점 만연해 가는 시점에서 부부와 가족에 대한 역사적인 변화 배후에

---

101) A. Stein, 위의 책, 239 이하.

102) H. Jellouschek, *Die Kunst als Paar zu leben*, 2. Aufl., Stuttgart, 1992, 15 인용.

103) H.-J. Thilo, *Ehe*, 위의 책, 259 이하; E. R. Kiesow, *Seelsorge an Ehe*, 352 이하. R. Riess/K. Fiedler, *Jahre*, 121 이하, 564 이하.

104) D. Stollberg, *Nach der Trennung. Erwägungen für Geschiedene, Entlobte, Getrennte und-Verheiratet*, München/Mainz, 1974.

105) J. Bojanovsky, *Psychische Probleme bei Geschiedenen*, Stuttgart, 1983.

106) H. Petri, *Verlassen und verlassen werden. Angst, Wut, Trauer und Neubeginn bei gescheiterten Beziehungen*, 3. Aufl., Stuttgart, 1992.

107) H. Petri, 위의 책, 163.

108) H. Petri, 위의 책, 171.

109) M. Wingen, *Nichteheliche Lebensgemeinschaften. Formen-Motive-Folgen*, Osnabrück/Zürich, 1984.

다양한 형태로 평가되는 새로운 모형에 따라 좀 더 지속적으로 계획된 발전이 중요하다. 그 발전은 기존의 가족 형성과정을 현저하게 변경시키는 것을 필요로 한다. 오늘날 우리의 복합적인 사회는 점점 더 복합적인 공동생활의 형태로 되어 가고 있다. 사회는 가능한 방법으로 결혼하지 않는 동거가 만연해지는 새로운 변화에 이르게 되었다."[110) "미래를 향한 관점에서 우리의 문화 질서적인 측면에서 정신적인 기초가 되어 왔던 전통 안에서 되풀이되는 (일상적으로 평범한) 부부모형이 단순히 본래 '그리스도교적인' 것으로 오해되지 않는 입장과 사회적으로 효력 있는 서약들이 더 중요하게 나타난다. 기존의 그리스도교적인 삶과 부부의 이해 틀에서 볼 때 오히려—우선 아직 산발적이고 어느 정도 억눌린 채, 그러나 지속적으로 확실히 방향을 지시하는—오늘날 부부는 평범한 사람의 부부모형으로 이해되지 않는다."[111)]

또한 이러한 삶의 형태에 대한 교회 직분적인 입장이 있다.[112)] 여기서 그것은 근본적으로 교회차원의 건의서를 목회상담적으로 활용하기 위해 중요하다(이 책의 436쪽 이하 참조). 문제를 의식하는 관점과 문제를 개별화하는 방법에 대해 다음과 같이 이 문서에서 결론을 맺고 있다. "부부는 한 남성과 한 여성이 함께 살기 위한 기본 형태다. 그 형태의 평가절하와 상대화에 대하여 교회는 반대한다. 결혼하지 않은 동거상태는 부부와 대등할 수 없으며 정당화될 수 없다. 그러한 공동체에서 사는 사람들은 교회 회중 안에서의 그리스도교인으로서 그 위치가 유지된다. 포용적이고 신뢰로 이루어진 한 남성과 여성의 삶의 공동체로서 부부는 하나님의 선물이며 우리를 위한 사명이다."[113)]

이렇게 자주 오늘날 우리 사회에서 그리스도교적으로 이렇게 저렇게 책임져야 하는 삶의 형태에 대한 열띤 토론과 갈등 많은 복잡성을 목회상담적으로 접근할 때 구체적인 개별 상황과 필요할 경우 항상 다음과 같은 문제 제기가 중요하다. 결혼증서 없이 함께 살고 있는 형식적으로 범위가 제한된 동거인들의 부부에 대한 거부기 세대 간에, 교회와 국가와 같은 세도석인 논생 속에서 어느 정도까지 권위문제와 관계되는가? (구체적인 경우에 새로우면서 지금까지 예상치 않은 문제제기를 제시함으로써 논증을 서로 교환하는 데 새

110) M. Wingen, 위의 책, 109.

111) M. Wingen, 위의 책, 111.

112) *Ehe und nichteheliche Lebensgemeinschaften. Positionen und berlegungen aus der Evangelischen Kirche in Deutschland. EKD Texte 12*, hg. vom Kirchenamt der Evangelischen Kirche in Deutschland–EKD–1985.

113) *EKD–Texte 12*, 17.

로운 자극을 줄 수 있을까?) 그리고 전통적으로 살아온 부부모형에서 변화된 공동생활의 형태로 가기 위해 공공연하게 경쟁에 들어가는 공격적인 모습이 어느 정도까지 무례한 전례에 의해 방해되는가? (그러므로 전해 내려온 규범과 삶의 방법에 대해 시대적, 사회비판적으로 문제를 제기하는 것은 개인적으로 문제화하는 것과 같으며, 그에 상응하여 무례한 방법으로 지금까지의 모든 입장을 평가절하하고 반대하는 것인가?)

교회와 사회에서 동성애에 대한 주제에 대하여 감정적으로 진행된 토론들이 있었으며 지금도 있다. 이와 관련하여 목회상담 측면에서 먼저 비데만(G. Wiedemann)의 저서를 소개할 수 있다.[114] 그의 핵심적인 관심이 머리말에서 언급되고 있다. "많은 비난과 고통과 함께 교회에 제시된 모든 열정적인 토론에 근거해서 나는 다음과 같은 결론에 도달했다. '그래서 그것은 지속될 수 없다. 당신의 불안과 다른 사람의 불안은 다른 사람의 생활을 파괴한다.' 그러므로 이 책은 동성애에 대한 불안을 없애는 것과 같은 것이다. 나는 그 불안을 오늘날 극복했고 그에 의해 더 풍족해졌다."[115] 이 저서는 한편으로는 성과 교회적인 성도덕, 동성애와 성서, 복음적인 윤리에 의한 방향설정의 도움 등에 대한 이해와 개념 정의와 같은 주제의 논쟁을 제시하고 있다. 다른 한편으로는 전문가와의 인터뷰와 당사자의 진술, 그리고 (자조)집단과 상담소에 대한 실제적인 언급을 제공하고 있다.

목사직에서의 동성애에 대하여 언급한 책도 있다.[116] 이 책은 근본적인 진술을 내포하고 있으면서도 이미 기초적으로 제시된 '문서적인 증거' 에서 교회에서 동성애적인 목회자가 발생되었을 때 있을 수 있는 놀라움과 충분한 생각을 반영한 전문가의 의견과 입장이 정리되어 있다. 전체적인 내용은 '동성애에 대해 접근할 때 교회의 그리스도교 교화를 위한 변론' 으로서 이해된다.[117] 이러한 동성애적인 저자는 '동성애에 대한 목회상담' 이라는 주제를 다루려고 할 때 공공연하게 피할 수 없는 냉혹함을 확실히 설명하고자 한다. "나는 교회가 목회상담 사역의 소명을 받았다고 생각하기 전에 오히려 자각을 해야 한다고 생각한다."[118]

114) H. G. Wiedemann, *Homosexuelle Liebe. Für eine Neuorientierung in der christlichen Ethik*, Stuttgart, 1982, 3. Aufl, 1991.

115) H. G. Wiedemann, 위의 책, 9.

116) H. Kentler (Hg.), *Die Menschlichkeit der Sexualität. Berichte–Analysen–Kommentare ausgelöst durch die Frage: Wie homosexuell dürfen Pfarrer sein?*, München, 1983.

117) R. Pingel, 위의 책, 194 이하.

118) R. Pingel, 위의 책, 223.

'반대의 목소리' 가 독일의 각 주 감독들의 문헌에 나타난다.[119] 교회라는 틀에서 토론상황과 상호 간의 상반되는 논쟁유형을 조심스럽게 고찰한 후에 '동성애' 형상에 대한 해결되지 않는 상반 감정이 다음과 같이 표현되고 있다(동성애는 그러한 것을 의미한다). "그것은 중요한 관점에서—다른 성을 가진 상대방을 위한 관계와 삶의 계속적인 선물이—제한된 삶의 보습이다. 그 모습은 그리스도인이 신앙 안에서 해결하려고 노력하는 운명이다. 이 운명은 그리스도인을 이성애적인 그리스도인 지배하에 있는 것도 아니고 그를 지배하는 입장도 아닌 곳에 서게 한다. 그러므로 나는 동성애적으로 느끼는 그리스도인들에게 그가 교회로서 우리에게 이러한 약간 역설적으로 요구한 공존을 없앨 것을 요구한다. 동성애적인 관계 속에서 살고 있는 목사들은 교육받은 영향 때문에 우리에게는 불가능하다. 이러한 의미에서 동성애적인 그리스도인으로부터 양성적인 그리스도인이 잠재적인 동성애적인 성향을 활성화하도록 자극받지 않도록 해야 한다. 그러나 나의 생각으로는 오랜 시간 동안 부부처럼 사는 것을 시도한 동성애적인 교인이 자신을 위해 좀 더 적은 악을 택하고 그 악이 기쁨의 근거라는 것을 그리스도교 교회가 신중하게 받아들일 수 있어야 할 것이다. 그러한 호의적이고 수용적이며 전적으로 구별하지만 평가절하하지 않는 접근이 동성애적인 배우자와 함께 살려고 하는 사람에게 목사 신분을 거부하는 교회 안에서 아직 가능한 것인가? 나는 그것이 불가능하다는 것을 안다. 그러나 다른 방법이 없다."[120]

가톨릭 입장에서 목회심리학자인 뮬러(W. Müller)는 이러한 삶의 형태에 대한 목회상담적인 접근을 목표로 하면서 동성애에 관한 주제를 다루고 있다.[121] '동성애에 대한 학문적인 연구의 성과와 평가'[122]라는 부분에서 뮬러는 동성애자와의 목회를 위한 신학적인 기초와 목회신학적이고 심리학적인 관점'[123]만을 관심 가진 것은 아니다. 그는 또한 동성애인 신부와 수도사들의 상황을 특별히 고려하여 '동성애자를 위한 목회와 상담의 특별한 영역'[124]을 다루고 있다.

'결론' 부분에서 뮬러는 다음과 같이 말하고 있다. "동성애자인 남성들과 여성들을

119) H. Hirschler, *Homosexualität und Pfarrerberuf, Vorlagen*-Heft 28/29, Hanover, 1985.
120) H. Hirschler, 위의 책, 39.
121) W. Müller, *Homosexualität —eine Herausforderung für Theologie und Seelsorge*, Mainz, 1986.
122) W. Müller, 위의 책, 19 이하.
123) W. Müller, 위의 책, 60 이하.
124) W. Müller, 위의 책, 129 이하.

위한 목회상담이 열려지기를 준비하는 사람은 자기 스스로 적으로 삼는다는 것을 생각해야 한다. 동성애자들을 위한 목회상담에서 효과적으로 일하려고 하는 사람은 자기 자신을 알아야 한다. 그 사람은 우선 대답이 불편할 수도 있는 질문을 거절하지 말아야 한다. 목회상담자가 동성애와 동성애자들에 대하여 무엇을 느끼는가? 부정적인 감정인가? 부정적인 감정 위에 숨겨져 있는 것은 무엇인가? 가령 잘못 길을 들어설 것 같은 불안인가? 목회상담자가 느끼고 있는 자신의 동성애적인 감정에 대한 지금까지 억압되었던 것이 갑자기 터지게 된 것이라고 생각하는가? 어떻게 그가 가능한 방법으로 받아들여진 동성애적인 감정을 자신의 사역에서 긍정적으로 활용할 수 있으며, 어디서 그 감정들이 그에게 갈등을 가져올 수 있는가? 물론 목회상담자에게는 그러한 질문들이 처음에는 매우 불편하고 짐스럽고 큰 어려움이 있을지도 모른다. 하지만 자신의 의식적인 감정 속에서 열려지고 진정으로 동성애자에 대한 자신의 사역을 인식하는 대신, 그는 운전석에서 무의식적인 힘이 자리 잡아 그를 조정하는 것을 막기 위해 목회상담자가 제기해야 할 가능한 질문들이다." [125]

동성애라는 주제로 새로운 교회 직분적인 차원의 문서가 1996년 출판되었다.[126] 이렇게 신기하게 문제가 개방적이고 혁신적으로 이루어진 본문내용에 무엇보다도 항상 사회적이고 교회적이며 학문적으로 논쟁된 '동성애' 에 대한 토론을 다루었다. 거기서 솔직하게 현대적인 조명방법들에 대한 교회적인 입장을 근본적으로 밝히고 있다. "거기서 나온 기준은 개혁교회적인 이해에 따라 인간과 인간의 성 그리고 동성애적인 문제에 대한 첫 시발점인 성서적인 증언이다." [127] 이러한 기준은 위협적으로 단정해 버리지 않기 위해 확실히 해석학적으로 고찰되어야 한다.

---

125) W. Müller, 위의 책, 221. 비슷하게 인문과학적인 설명과 성서적인 근거, 신학적이며 윤리적인 평가를 하르트펠트가 다음과 같은 그의 논문에서 보여 주고 있다. H. Hartfeld, *Homosexualität im Kontext von Bibel, Theologie und Seelsorge*, Wuppertal/Zürich, 1991. 그는 '교회라는 장에서의 성서적인 인간 이해에 따른 전인적인 목회상담' 이라는 주제하에 분명하게 목회상담 사역을 위해 완전히 다른 결과와 결론에 도달한다(260쪽). '돌봄의 상황(status gratiae)' 에서 동성애자는 그가 이성애적인 만남을 회피하는 것이며 이러한 행동이 하나님에 의해 확실한 근거를 갖고 세워진 이성애적인 행동방법의 본래적인 상황과 반대된다는 것을 인식한다. 본래적인 상황에서 동성애는 대등한 의미의 변형된 형태라고 볼 수 없다."

126) *Mit Spannungen Leben, Eine Orientierungshilfe des Rates der Evangelischen Kirche in Deutschland zum Thema "Homosexualität und Kirche". EKD-Texte 57*, hg. vom Kirchenamt der EKD, Hannover, 1996.

127) 위의 책, 13.

이 문서에서 '문서와 고백, 현재의 교리에서의 동거 형태'와 교회 및 교회직분에서의 동성애자의 위치에 관하여 다루고 있다. 주목할 것은 동성애를 통해 변화될 수 없거나 교정될 수 있는 특징에 대한 오래되고 항상 열려진 질문에 대한 유연하면서 실제적인 접근이다.[128]

주어진 상황에서 목사직에서의 동성애에 대한 실질적인 질문에 대한 대답으로서 한 가지 타협을 제시한다. "그러한 상황에서 목사직을 일반적으로 동성애로 살고 있는 사람들에게 개방하는 것은 지지할 수 없다. 그러나 동성애적인 삶의 방법이 윤리적으로 책임 있게 형태화되고 다음과 같은 기준이 채워지는 곳에서 이것을 근본적으로 시험한 후에 개별적인 경우에 사역할 책임이 주어질 수 있다."[129] 이러한 특별 기준(예: 친밀성과 민감함, 신앙고백과 교리 등과의 합의 등)이 상세하게 목록으로 작성되어야 한다.

'동성애자의 축복'에 대한 궁극적인 부분이 특히 빈번한 토론을 불러일으키게 한다. '동성 간의 동반자적 관계의 재평가로서 축복'[130]이 효력이 있는지 거기서 '……부부와 가족에 대한 본보기적인 특성이 불분명하게 되거나 어쩌면 잃어버리게 되는지'[131]에 대한 토론이 기다리고 있다. 특정한 조건에서의 축복이 제안된다. "모든 경우에 모든 참여자들에게 인식될 수 있어야 한다. 동거의 형태로서 동성 간의 삶의 공동체가 축복받는 것이 아니라 인간이 축복받는 것이다. 이 경우는 혼자 또는 동성애의 삶의 공동체에서 윤리적으로 책임 있게 살고 있는 동성애자로서 인간이다."[132]

확신을 가지고 계속되는 '동성애와 교회'라는 갈등의 논쟁 속에서 동반자적이고 인간 관계적인 경험인 이러한 특별한 영역에 대한 목회상담적인 접근은 다음과 같은 관점에서 고려되어야 할 것이다.

계속적으로 (거의 변화되지 않은 인식상황에서) 새롭게 논의된 동성애적인 특징의 기원과 학문적인 이해에 대한 질문이 매우 분명하게 구체적인 문제상황을 위해 갈등을 해결할 만한 논문을 제시하지 못한다. 그렇기 때문에 그 질문을 항상 다시 목회학적인 토론에서 제기하는 것은 일반적으로 거기서 도망가려는 움직임이다.

진정으로 '그리스도교적인 것'과 그리스도인에게 구속력이 있는 기본 전제를 중재해

128) 위의 책, 37 이하.
129) 위의 책, 43.
130) 위의 책, 49 이하.
131) 위의 책, 53.
132) 위의 책, 54.

야 하는 동성애에 대한 성서 말씀으로 계속해서 반복적으로 돌아가는 것도 바로 구체적인 문제상황의 갈등을 해결하는 것을 회피하려는 움직임이다. 이렇게 동성애에 대한 성서 말씀을 확인하는 것이 의도적으로 올바른 성서활용에 대한 해석학적 문제 제기로 확대되지 않는다면 그것은 항상 (실제적으로 해결하지 못하고 감정적으로 이끌어지는) 토론에서 현재의 입장들을 확고하게 한다.

반대로 앞으로 동성애의 문제에 대한 목회상담적인 접근에서 무엇보다도 불안 다루기가 중요하게 이루어져야 할 것이다. 그것은 목회상담자의 은폐된 자신의 문제에 대한 불안과 사회적, 교회적 차별에 대한 불안, 표면적으로 '전형적인' 동성애적 관계문제에 대한 불안, '다른 것' 이 제한 없이 확산되는 것에 대한 불안 및 그와 연관된 사회의 '붕괴' 에 대한 불안 그리고 에이즈에 대한 파괴적인 불안이다. 그렇기 때문에 그러한 불안에 대한 올바른 목회상담적인 접근의 틀을 찾는 것은 어렵고 정신적으로 많은 에너지를 필요로 한다. 왜냐하면 이렇게 걱정하게 하는 모든 것은 다소 직접적으로 정체성에 대한 질문(남성으로서, 여성으로서 나는 '근본적으로' 누구인가?)을 언급하기 때문이다. 그러나 문제를 제기할 때 상응하는 강한 병적인 과정과 이념 형성에 의한 방어를 생각해야 하며 이 부분을 다루어야 한다.

셋째로 (동반자적 관계와 부부에 대한 질문에 의하면) 그리스도교적인 태도가 가족과 가족 형태에 대한 이해에서 정립되고 이러한 특별한 정립에서 인문과학적으로 관련이 있다. 시대에 맞는 목회상담은 한편으로는 여기서 생겨난 상반 감정을 이해할 수 있고 그 감정에 종속된 행동이 제지될 정도로 원가족에 근거한 인격과 관계된 사역에 대한 긍정적이고 부정적인 인상과 함께 개별적으로 경험된 원가족을 알기 쉽게 하는 임무에 전념해야 할 것이다. 다른 한편으로는 아무튼 계획되고 현존하며 계속적으로 발달하는 가족생활을 모든 가족 참여자들의 동등한 권리의 합동연주로서 가족의 특별한 역할분담을 분명히 해야 하는 과제에 집중해야 할 것이다. 목회상담은 특히 올바로 이해된 의미에서 가족 안에서, 가족에 의해 해방이 실현되도록 도와야 하며 자립과 모든 가족 구성원의 내적인 자립을 향한 노력을 파악하고 강화할 과제가 있다.

베게만(H. Begemann)의 가족적인 사고와 행동에서의 변화를 위한 수십 년 전의 연구는 읽을 만하며 정보적이다.[133] 그는 서론에서 계획적으로, 아직 현재 실제적인 문제 제

133) H. Begemann, *Strukturwandel der Familie. Eine sozialtheologische Untersuchung über den Strukturwandel von der patriarchalischen zur partnerschaftlichen Familie*, Hamburg, 1960.

기와 관련하여 다음과 같이 서술하고 있다. "연구의 목적은 가부장적인 가족을 바꾸는 동반자적 가족과 그 가족의 권위 및 사회관계에 대한 신학적인 근거를 세우는 것이다. 거기서 집단과 제도의 복음적인 가르침을 위한 노력이 감추어진 부제다."

고전적인 지침서로서 정신분석가인 리히터(H.-E. Richter)의 논문이 있다.[134] 특히 주시할 것은 그가 불안신경증적, 편집광적이고 히스테리적인 가족구조의 설명과 더불어 '성격 노이로제의 유형'[135]을 제시했다는 것이다. 한편으로 여기서 중요한 것은 근본적으로 유형화에 관하여 언급했다는 것이다(이 책의 49쪽 이하 참조). 다른 한편으로는 신경증적인 것을 전적으로 일반적이고 평범한 가족생활에서도 찾을 수 있다는 것이다.

위에 언급한 책은 노년, 불안, 적응과 같은 말과 함께 후견, 병역, 주거상담에 이르기까지 현대 가족생활의 형태[136]에서 매우 혁신적인 경향으로 항상 많은 정보를 제공하고 충분히 개별적인 문제로 접근해 가고 있다.

가족구조와 가족 문제(더 이상 개인에게 초점을 두는 것이 아니라 개인이 깊이 파묻혀 있는 전체적인 관계망을 다루는 것이다)에 관한 논쟁에서 조직적인 관점에 대한 지침서로서 스티어린(H. Stierlin)과 자티르(V. Satir)의 책을 소개할 수 있다.[137] 다음은 실천적인 목회상담에 점점 의미가 있는 특별한 관점의 표어로 생각할 수 있다. 언제든지 "가족에서 가치가 있는 모든 구성요소는 변화할 수 있으며 교정할 수 있다. 즉, 개인의 자기 가치, 의사소통, 체계와 규칙이 그것이다."[138]

EKD 문서에서는 가족이라는 틀에서의 해방을 중요하게 생각하고 있다.[139] 그것은 여성과 남성 그리고 가족의 상황에 대한 신학적이고 사회학적인 관점에서 표현된 여러 관점에서 얻어진 연구의 개론적인 측면에서 '변화의 특성'이라는 제목과 함께 다음과 같이 서술하고 있다. "해방은 그리스도교적인 의미에서 자기 자신과 하나님, 그리고 이웃을 위해 지기 자신과 우리 시대의 '낡신 신들'로부터 해방하는 것이다. 이 개념은 일반

---

134) H.-E. Richter, *Patient Familie, Entstehung, Struktur und Therapie von Konflikten in Ehe und Familie*, Reinbek, 1970.

135) H.-E. Richter, 위의 책, 73 이하.

136) S. Keil (Hg.), *Familien- und Lebensberatung*.

137) H. Stierlin, *Von der Psychoanalyse zur Familientherapie*, Stuttgart, 1975, 2. Aufl. 1980; V. Satir, *Selbstwert und Kommunikation, Familientherapie für Berater und zur Selbsthilfe*, München, 1975.

138) V. Satir, 위의 책, 9.

139) *Die Frau in Familie, Kirche und Gesellschaft, vorgelegt von einem Ausschuβ der Evangelischen Kirche in Deutschland*, Gütersloh, 1979, 2. Aufl. 1980.

적인 이해에 따라 무엇보다도 압도적으로 정치적이고 교육적으로 표현된다. 그럼에도 불구하고 이 개념은 그와 관련하여 피할 수 없다. 그러나 그것은 해석될 수 있으며 교회적인 입장을 위해 활용될 수 있다. 여기서 주안점은 그리스도교적인 신앙 안에서 근거된 여성과 남성 문제의 전인적인 관점이며 신앙과 행동, 의식, 삶의 틀과 규칙의 형태를 포함한다." [140)]

슈나이더(K. Schneider)에 의해 편집된 문헌은 가족치료의 다양한 이론적인 입장과 취급방법들, 참고문헌과 가족치료 개념에 대한 전문어휘 해석을 제시하고 있다.[141)]

기관 차원의 교회 가족상담에 대하여 *WzM*(Wege zum Menschen) 학술잡지에서 주요 테마로 다룬 적이 있다.[142)] 여기서 특히 뢰슬러와 슈나이더의 논문이 두드러진다.[143)]

교회의 특별한 과제를 논의하면서 정립한 연구들에 대한 보안으로서 그린글라스(E. R. Greenglass)의 책[144)]을 소개할 수 있으며, 특히 '가족과 이성 간의 역할' [145)]이라는 부분이 중요하다. 저자는 단호하게 새로운 사회 정치적인 절차방법의 완전한 변화와 발전을 '결론' 으로 제시한다. "관습적이고 성적으로 특별한 역할분담 구조에 근거한 전통적인 가족에 의해 보급된 사회화는 남성과 여성에게 새로운 가족구조, 즉 나중에 아마도 그들이 재회하는 구조를 적절하게 준비할 수 없다." [146)]

카일(S. Keil)은 그의 책[147)]에서 사회화 조건의 형태에 있어서 교회적인 본보기와 그리스도교적인 직무의 발달을 서술하고 있다. 특히 '교회적인 가족직무의 본보기와 구조' [148)]라는 부분은 많은 정보를 제공하고 있다. 이 부분에서 매우 상이한 가톨릭과 그리스도교의 가족정치적인 입장이 대조를 이룬다.

가장 알맞은 형태의 성명은 현재 개신교 교회의 입장이다. 그것은 '대화를 위한 기

140) 위의 책, 10; 부록 176 이하(계속적인 참고문헌을 참조).

141) K. Schneider (Hg.), *Familientherapie in der Sicht psychotherapeutischer Schulen*, Paderborn, 1983, 2. Aufl., 1985.

142) *WzM* (36) 1986, H. 4, 179 이하.

143) I. Roessler/B. Schneider, Famileintherapie—ein Arbeitsfeld der Beratungsstellen, 위의 책, 221 이하.

144) E. R. Greenglass, *Geschlechterrolle als Schicksal. Soziale und psychologische Aspekte weiblichen und männlichen Rollenverhaltens*, Stuttgart, 1986.

145) E. R. Greenglass, 위의 책, 145 이하.

146) E. R. Greenglass, 위의 책, 184.

147) S. Keil, *Lebensphasen, Lebensformen, Lebensmöglichkeiten. Sozialethische überlegungen zu den sozialisationsbedingungen in Familie, Kirche und Gesellschaft*, Bochum, 1992.

148) S. Keil, 위의 책, 30 이하.

여' 로 이해되고자 한다.[149)]

현대조건에 있는 부부와 가족이라는 영역에서 의식적으로 시도되는 그리스도교 목회상담에 대해서는 미국인 패튼(J. Patton)과 차일즈(B. H. Childs)의 번역된 책을 소개할 수 있다.[150)] 이 책에서는 다음과 같이 설명하고 있다. "우리는 이 책이 세대 간의 사랑을 촉구할 뿐만 아니라 그 방식대로 그리스도인으로서 인간이란 무엇을 의미하는지에 대하여 말하기를 바란다."[151)] (결혼준비, 부부, 가족, 이혼, 재혼한 가족과 같은) 가족적인 공동생활의 모든 통상적인 문제가 다시 제기되고 '세대 간 관계영역' 에 반영된다. 대체로 거기서 '목회상담의 과제로서 세대 간의 상호성' 이 형성된다. 목표가 모든 현대 목회신학적인 방법에 있어서(예: 언어적 대화장면의 분석) 오히려 보수적이다. "우리는 세대 속에 얽혀 있는 사랑이 충만한 피조물로서 표준적인 인간상을 설계하려고 한다. 우리는 모든 인간에게 그리스도교적인 확신으로 의무를 지울 수 있는 '가족' 의 정의를 내린다."[152)] 이미 언급한 가족치료적인 접근[153)]이 목회학의 새로운 중심이 된다. 이 접근은 너무 한편으로 치우쳐 개인과 그의 갈등상황에 초점을 맞춘 모든 목회상담 사역의 불가피한 수정으로서 이해된다. 모르겐탈러(C. Morgenthaler)는 '구조적인 목회상담'[154)]을 제안하면서 다음과 같이 근거를 제시한다. "나는 목회상담의 움직임이 지난 몇 십 년 동안 신학과 교회에서 개성과 주체성을 거부한 것에 대하여 비판한 것을 포기하지 않으면서 개인에게 집중된 목회상담의 관점을 수정하고 싶다. 내가 발달시킨 대로 구조적인 목회상담은 두 가지 초점을 가지고 이루어진다. 즉, 개별적인 인간(인간관계 속에서의)과 인간관계의 네트워크(그리고 그와 결합하는 개별적인 인간들)다."[155)] 그것은 실제적으로 다음을 의미한다. "목회상담에 관한 많은 논문에서 지금까지 정체성의 강조, 하나님 앞에서의 개별적인 인간의 화해와 소명이 중요했다면, 구조적인 목회상담에서는 관계구조와 그에 관계된 구조적인 변화 안에서의 인간의 소명과 화해가 중요하다. 목회상담에서의 개

149) *Ehe und Familie 1994. Ein Wort des Rates der Evangelischen Kirche in Deutschland aus Anlaβ des Internationalen Jahres der Familie 1994. EKD−Texte 50*, hg. vom Kirchenamt der Evangelischen Kirche in Deutschland, Hannover, 1994.

150) J. Patton/B. H. Childs, *Generationsübergreifende Ehe− und Familienseelsorge*, Göttingen, 1995.

151) J. Patton/B. H. Childs, 위의 책, 15.

152) J. Patton/B. H. Childs, 위의 책, 40.

153) 이 책의 458쪽 각주 141과 143 참조.

154) C. Morgenthaler, *Systemische Seelsorge. Impulse der Familien− und Systemtherapie für die kirchliche Praxis,* Stuttgart/Berlin/Köln, 1999.

155) C. Morgenthaler, 위의 책, 11.

인과의 대화적인 만남에서 방법적으로 지금까지 공감과 진실, 존경이 핵심이었다면 이제는 관계구조에서의 내적인 감정과 이해의 순환 그리고 자기 개별화가 강조된다." [156] 1950년 이래로 목회상담에서의 가족치료와 구조치료의 (목회학 영역에서 지금까지 널리 알려지지 않은) 역사 외에 무엇보다도 가장 중요한 가족치료적, 구조치료적 학설과 그것이 지금까지 목회상담과 (영어권의) 목회신학에 미친 영향력에 대하여 개괄적인 개론을 제시하고 있다. 구조적인 인식의 입장을 확대하고 목회에 활용할 수 있는 것은 처음부터 특별한 요구처럼 보인다. 개인과 가족의 개별 구조와 사회적인 구조를 접하게 되는 모든 갈등상황에서 구조적인 인식과 사역이 매우 도움이 되는 것으로 입증된다. 가족의 구조적인 접근은 거기서 실용적으로 효과가 있으면서 특히 시기적절한 방법으로 제시된다. 왜냐하면 '제도와 삶의 형태로서 가족은 움직였고 움직이고 있다. 같은 형태 속에서 이러한 삶의 형태를 휘감고 있는 가족의 모습과 이상, 전설과 신화, 역사가 변한다. 이러한 모습과 그 변화는 역시 가족이란 '진정으로' 무엇인지를 결정하기' [157] 때문이다. 그렇기에 먼저 다양한 (각 역사적인 상황에 깊이 파묻힌) 삶의 형태와 통계학적으로 입증할 수 있는 공동생활에서의 변화 그리고 그에 상응하여 종교적 경험에 미치는 영향을 연구해야 하며 인식해야 한다. 그러면 변화된 가족 형태가 여전히 남아 있는 의미 있는 가족 형태의 기능과 함께 어디까지 정체성 변화를 가져오는지 이해할 수 있게 된다. 다시금 한편으로는 모든 교회적인 '가족주의'를 비판적으로 문제 제기하면서 다른 한편으로는 다른 유형(예: 독신이나 남성 가정주부 등)을 인격에 적합하게 선택하도록 돕고 지지해 주는 목회상담이 필요하다. 그것은 동시에 전해 내려온 행복에 대한 생각과 해석의 기준 그리고 경험적인 차원에서의 인생의 의미에 대한 의도적인 토론을 말한다. 모든 경우에 결정적인 입장에서 인간을 그때그때의 관계구조 안에서 인식하고 그 구조의 조직과 교류의 틀 및 규정을 통찰하고 거기서 항상 모든 개별적인 요소들과 전체적인 것과의 관계를 주의하는 것이 중요하다. 단지 결국 개인적인 갈등상황에서 개인은 '파괴된 구조를 앓고 있는 사람'으로 이해될 수 있다. 거기서 종교성과 하나님 구성요소는 그 구조 안에서 영향을 미치는 구성요소로 생각되어야 한다. 가정의 종교성에 대한 상반 감정적인 영향이 구조적인 목회상담을 위해 특별한 도전이 된다. 물론 목회상담자는 스스로 자신의 역할을 '연결 부분'으로 이해하고 분석해야 하며, 거기서 신학은 조직적인 사고의

156) C. Morgenthaler, 위의 책, 17.
157) C. Morgenthaler, 위의 책, 37.

원천으로서 활용해야 한다. 목회상담자는 (대화)기술이 '예의 바른 실례가 되는 태도' 가 될 정도로 그 기술을 계속해서 전문화해야 한다. "그 기술에 신앙의 세계관이 표현되기 때문이다. 즉, 그것은 인간을 구속하는 모든 우상과 관념에 대한 비판이다. 그 세계관은 결국 죽음을 두려워하지 않으며 우리의 모든 경건성과 불확실성, 그리고 우리의 극단적인 신중함이 꺾어지는 부활의 빛을 죽음에서 발견할 수 있는 목회상담의 표징이다."[158] 이러한 근거에서 모르겐탈러는 그의 책 두 번째 부분에서 목회적인 예식[예: 세례, 결혼식, 장례식 등]과 삶의 위기, 죽어 가는 과정과 죽음, 슬픔 등 교회구조 안에서의 목회적인 일에 대한 체계적인 접근을 위해 구체적인 목회상담 모델을 발전시켰다. 이 책은 삽화와 교육적인 방법으로 상세하게 설명된 실제적인 상황이 섞여 있으며 부록으로 '목회상담기술' 을 제시하고 있다. 그러므로 이 책은 혁신적으로 목회학적인 논쟁상황에 영향을 미칠 수 있는 목회상담 모델을 학문적으로 기초가 확실하며 알기 쉽게 소개하고 있다.

계속해서 이와 관련하여 다음과 같은 것을 주의해야 한다. 가족의 사회적인 구조변화 배후에 혼자 사는 사람들의 삶의 형태가 문제시되는 곳에서 독립에 대한 문제가 특별히 시급하다. 그 수는 우리 사회에서 계속적으로 늘어가고 있다.

이러한 문제점을 접근하면서 실제적인 입문서인 심리분석가 예기(E. Jaeggi)의 책을 소개할 수 있다.[159] 예기는 특히 현대적인 삶(그리고 양심)의 표현에서 특별히 '독신은 얼마나 자기애적인가? 또는 새로운 자율'[160]에 대한 재미있는 질문에서 시작한다. 그리고 그는 "결론적으로 독신은 성장할 수 있는 더 좋은 기회를 갖고 있다."[161]고 결론 내린다. 왜냐하면 그것은 다음과 같다. "독신은 상대적으로 부부라는 삶의 형태로 '감정을 건드리지 않는' 전해 내려온 규범을 더 이상 따르지 않기 때문에 독신들의 개인적인 조형력이 특별히 문제시된다. 일반적인 사회규범으로서 막연한 것—자율적이고 싶고 독립적으로 완전히 개성적으로 살고 싶은 요구—이 지금은 독신자 개개인에게 강요로서 개인적으로 부과되고 있다. 독신자는 많은 노력을 요하는 매일의 조그만 일 속에서 그에게 사회적인 운명을 요구했던 것, 즉 혼자서 살면서 거기서 자신의 창의적인 능력을 펼쳐 가는 것을 얻으려고 시도해야 한다."[162]

158) C. Morgenthaler, 위의 책, 159.

159) E. Jaeggi, *Ich sag' mir selber Guten Morgen. Single– eine moderne Lebensform*, München/Zürich, 1992, Neuausgabe–und bisher 5. Auflage–1994.

160) E. Jaeggi, 위의 책, 21 이하.

161) E. Jaeggi, 위의 책, 257 이하.

지금까지 목회신학적인 관점에서 가장 근본적인 논쟁이 리바우(I. Liebau)의 책에 소개되고 있다.[163] 이 책은 세 부분으로 나누어서 '혼자 사는 사람들의 문제' (상실에 대한 문제, 감정적인 문제, 정체성에 대한 문제), '혼자 사는 사람들의 기회' (그들의 발달 가능성과 가능한 감정 전개와 정체성 발견), 그리고 (신학적인 반추, 실천모델에 대한 보고와 설문지 작성으로) '혼자 사는 사람들의 목회상담적인 동행' 을 다루고 있다. 이러한 틀에서 정체성 문제에 대해 다음과 같이 말하고 있다. "특히, 관계와 부부, 가족에 대한 강한 사회적인 인지 때문에 독신자들에게 혼자 사는 사람으로서 정체성을 발달시킨다는 것은 어렵다. 그들은 종종 (실질적으로나 정신적으로) 동반자를 찾으며 우선 독신으로서 이해되는 것에 신경을 곤두서게 된다."[164] 그러나 그는 다음과 같이 말하기도 한다. "배우자가 없다는 것은 인간으로 하여금 자신에게 강하게 만든다. 인간은 동반자와의 관계에 대하여 정의 내릴 수 없으며, 그렇기 때문에 항상 관계된 존재인 개인으로서의 자신보다는 독신으로서의 자신과 대면하게 된다. 그러므로 특별한 방법으로 자신과 자신의 관계가 중요하다. 이와 함께 동반자가 없다는 것은 자기 인식과 정체성 찾기를 위한 기회를 주는 것이다."[165]

또한 '독신과 신앙' 이라는 주제에 대해서는 특히 다음과 같이 말하고 있다. "신앙은 한편으로는 이러한 부정적인 결과를 포함하는 개성화 과정을 일으키기 때문에 개별화와 고독 그리고 관계가 없는 경험을 하는 데 영향을 미칠 수 있다. 다른 한편으로는 개인으로서의 인간이 하나님 앞에 서게 되고 개성화는 통합이라는 고유한 본질적인 목적을 위해 돌아가려는 긍정적인 영향을 갖고 있기 때문에 신앙은 일치와 정체성 그리고 통합을 목표로 할 수 있다."[166] 따라서 정당한 신앙에 근거한 다양한 내적인 발달 과정에서 홀로 사는 사람들을 인식하고 수용하는 목회상담에서 다음과 같이 말할 수 있다. "홀로 사는 사람들에 대한 목회상담자의 적절한 인식의 입장은 독신자들이 경험하는 것을 위해 무조건적으로 마음이 열리는 것, 독신을 편견 없이 바라보며 독신자의 특별한 어려움과 가능성 속에서 독신을 인식하는 것과 평가절하하거나 전혀 거부하지 않는 것일 수 있다."[167]

의식적으로 독신자와 관계된 가족유형에서의 목회상담 과제는 다음과 같이 요약할

162) E. Jaeggi, 위의 책, 259.
163) I. Liebau, *Alleinstehende. Probleme–Chancen–Seelsorgerliche Begleitung*, Göttingen, 1994.
164) I. Liebau, 위의 책, 94.
165) I. Liebau, 위의 책, 157.
166) I. Liebau, 위의 책, 185.
167) I. Liebau, 위의 책, 248.

수 있다. 항상 계속해서 개인의 해방이 가족 안에서, 가족을 통해서 가능하고 조장되도록 노력하는 것이 중요하다. 거기서 다음과 같은 사실이 중요하다.

① 가족 안에서의 해방에 대한 문제와 불확실성은 대부분 극복되지 않은 상반 감정 병존의 갈등결과다. 이러한 것은 그러한 사실로서 인식하고 문제로 의식하여 중단되도록 도와야 한다.

② 자기를 찾기 위해 인간은 집단이 필요하다. 오늘날 우리 가족의 삶이 최선의 집단경험으로서 입증되는지 항상 다시금 질문되어야 한다. 어쨌든 오늘의 가족의 삶은 그것을 중요한 목적으로서 정립해야 한다.

③ 개개인에게 자신의 해방을 더욱더 현실화할 기회를 높이기 위해서 계속적으로 개방된 가족이 변하기 쉬운 외부 관계와 유연한 역할분담으로 애쓸 수 있다. 생활형태가 독신자를 양상시키고 점점 특별한 삶의 길로 자리 잡는 것과 같은 삶의 형태를 수용하고 다른 가족의 형태와 동등하게 받아들이는 것이 이러한 개방에 해당된다.

• 동반자적 관계와 가족문제에서 목회상담의 목표설정을 위해 이 부분에서 전체적인 과제를 다음과 같이 요약할 수 있다.

동반자와 가족 구성원의 접근 형태와 관계양상에 대한 문제는 항상 동시에 바르게 이해된 관용에 대한 문제다. 가장 문제가 있는 양자택일로서 관계구조를 확고하게 하는 이념 형성이 받아들여져야 한다면 이러한 삶의 영역에서 그리스도교적인 태도는 관용적인 태도와 연결된다는 것을 분명하게 해야 한다. 인간관계적인 경험에서와 마찬가지로 종교적인 세계관에서 때때로 다른 행동구조와 행동방법에 대한 인내와 허용으로서의 관용은 오늘날 대부분 정치적인 영역에서 요구된다.[168)]

경험한 해방과 인격 및 자율성, 그렇지만 동반자와 가족에서 경험한 그리스도교 신앙

---

168) T. Rendtorff, *Ethik. Grundelemente, Methodologie und Konkretionen einer ethischen Theologie*. Bd. 2, Stuttgart/Berlin/Köln/Mainz, 1981, 92 이하. 특히, 관용에 대해서는 다음과 같이 서술하고 있다. "……윤리적인 요구내용으로서 관용은 성향만이 아니라 민주적인 결정과정 구조에서 필요한 말이 될 수 있다. 의무가 있는 관용 요구가 민주주의로 간주된다"(92쪽). "이러한 기점에서 단순히 다음과 같은 것만을 고집하지 않는다. 이러한 관용의 폭을 위해 신앙의 자유를 인정하는 것이 역사적으로나 조직적으로 가장 중요한 본보기가 된다. 신앙문제에서 다수결정이란 주어질 수 없다"(93쪽). 목회상담 관점에서 다른 신앙경험을 한 직접적인 관계집단의 동반적이고 가족적인 영역에서 가능한 불안으로부터 자유롭게 관대히 대하는 것이 필요하다는 결론이 얻어져야 한다.

이 중요하다면 일반적으로 공동체로 여겨지는 것은 가까운 사람들과의 만남에서 매우 확실하게 경험되고 연습되어야 한다. 거기서 그것은 목회학적, 윤리적으로 본다면, 특히 '이미 관용의 이론적인 근거에서 실제적으로 너그럽지 못한 성향은 그렇게 관용이 절박하게 필요한 것으로 인식하느냐' [169]에 좌우된다. 여기서 동반자와 가족 영역에서의 관용의 연습은 특히 밀접하게 서로 관계된 피할 수 없는 개인의 관계를 통해 구체적으로 이루어질 수 있으며 관계가 깊어질 수 있다.

목회상담 사역은 한편으로는 그들이 오랫동안 함께 살아온 결과 '잘' 안다고 믿는 곳에서 동반자와 관계된 가까운 사람들에 대한 공감적인 이해를 조성하거나 새롭게 털어놓는 것에 초점을 둔다. 여기서 지금까지 발견되지 않은 경험내용들(말하지 않은 신앙관에 이르기까지)을 서로 쉽게 접근해 가는 것이 항상 새롭게 요구된다.[170]서로 항상 더 좋게 알아가려는, 또 그래야만 하는 시도는 동시에 항상 좀 더 확대된 관용의 결과다.

이러한 삶에서의 목회상담 사역은 다른 한편으로 남편과 아내, 부모와 자녀 사이에 관념적인 역할을 한 투사를 다시 찾도록 지지해 주는 것으로 이루어져야 할 것이다.[171] 여기서 가까운 사람과의 (이전 또는 어린 시절의) 선경험 때문에 마치 다른 사람이 그렇다거나 그렇게 보인다는 식으로 다른 사람을 보지 않는 것을 연습할 필요가 있다. 오히려 '다르지만' 진실하며 이러한 다름 속에서 인정되고 허용되려고 하는 대로 그를 받아들일 필

169) D. Lange, *Ethik*, 492.

170) H. Bommert, *Grundlagen der Gesprächspsychotherapie*, 3. Aufl., Stuttgart/Berlin/Köln/Mainz, 1982. '공감적인 이해' 라는 비슷한 말은 다음을 의미한다. "공감적인 이해란 개인의 내적인 관련 영역을 감정적인 요소와 그것에 해당하는 의미와 함께 '마치 상대방처럼 되어 보는 것' 을 잃어버리지 않고 스스로 다른 사람이 되어 정확하게 인식하는 것을 의미한다"(23쪽).

171) 남성과 여성 사이의 투사기술은 융의 콤플렉스 심리학에서 특히 인상 깊은 방법으로 서술되고 있으며 여기서 아니무스와 아니마라는 용어로 다루어지게 된다. C. G. Jung, *Die Beziehung zwischen dem Ich und dem Unbewußten*, Zürich, 1950, 117 이하.
융은 계속해서 그의 편지에 다음과 같이 서술하고 있다. "당신이 나에게 설명한 것은 전형적인 이야기입니다. 당신은 내가 아니마의 투사로 여성을, 아니무스의 투사로 남성을 나타낸 것에 대하여 다루고 있습니다. 아니마는 꿈이나 환상 속에서 여성적인 모습으로 설명되는 남성의 영적인 상입니다. 아니무스는 남성적인 형태 속에서 상징화되는 여성의 영적인 힘입니다. 이러한 내면적인 힘의 남성, 또는 여성이 인식되지 않으면 그것은 투사 속에서 나타납니다"(C. G. Jung, Briefe III, 1956~1961, Olten/Breiburg i.Br., 1973, 139). 우리는 전형적으로 여성적인 것이 무엇이고 남성적인 것이 무엇인지에 대한 융의 해석을 전적으로 받아들일 필요는 없지만 여기서 서술한 정신역동의 기본 구조를 목회상담적으로 활용하도록 시도할 수 있다.
가족영역에서의 투사기술에 대해서는 다음 문헌을 살펴본다. H.-E. Richter, *Eltern, Kind und Neurose*, Reinbek, 1969.

요가 있다.

그것은 가급적이면 문제화하지 않고 갈등을 남겨둔 채 모든 다른 태도를 참아야 하는 것을 의미하지 않는다. 그리스도교적인 태도의 틀에서 다르다는 것을 인식하는 것뿐만 아니라 받아들인다는 것은 자신의 (신앙) 입장도 포함된다. 이에 대하여 랑게는 다음과 같이 서술하고 있다. "그러나 모든 경우에 관용은 (자신의 잘못을 모두 의식하면서) 확고한 확신을 제외하는 것이 아니라 포함한다. 그렇기 때문에 그것은 냉담한 허용을 의미하지 않으며 의지와 자기 비판 사이에서 주관적인 긴장으로 인한 갈등의 해결방법을 설득하여 변하게 한다.[172]

이러한 상황에서 노력하게 되는 관용적인 입장처럼 투사에 대한 의도된 접근은 사람 사이의 관계와 그에 상응하는 인간 이해 외에도 개인적인 하나님과의 관계, 즉 개인적인 하나님 이해에 해당된다는 것을 이미 오래 전에 실천신학자인 핸들러가 강조해 왔다.[173]

---

172) D. Lange, 위의 책, 493. J. Blattner, *Toleranz als Strukturprinzip. Ethische und psychologische Studien zu einer christlischen Kultur der Beziehung*, Freiburg/Basel/Wien, 1985. 블라트너는 그의 연구에서 특히 관계에 대한 이해와 윤리적인 관계에 대하여 논하고 있다. 이미 서론에서 관용 개념을 다루고 있다. 관용은 "긍정적인 관계로 들어가는 것이다. 그것은 거리를 둔 침묵 또는 단념에서 오는 동의가 아니다. 우리가 마음의 문을 열려고 하는 것은 관계를 맺을 힘을 절대적으로 신뢰하는 용기의 의미다. 우리가 긍정적인 관계를 목표로 하고 있는 것처럼 관용은 다른 삶의 형태에 가장 신뢰적인 접근으로 답하는 관계의 미덕이다"(27쪽).

그렇다면 상응하는 입장에는 물론 우선적으로 여기에 주어진 (부부와 가족 동료애의) 상황에서 특별한 의미를 얻게 되는 과제가 수반된다. "관용은 편협한 관계 울타리의 조건과 현실에 대한 통찰로부터 책임 있는 결과를 끌어내고 의식적으로 관계를 조장하는 행동방법으로 바꾸어 놓는 능력을 의미한다. 그것과 함께 물론 학습과 재학습이 중요하다는 것이 분명하다. 선입견과 개인적인 학습 그리고 삶의 역사의 침투력이 매우 갑작스럽게 지금까지의 습관에서 다른 습관으로 옮겨갈 수 있는 것보다 더 강하다"(224쪽).

그리고 블라트너는 '관계의 문화'로서 윤리는 당연히 관용의 윤리다.'(381쪽)라는 제목으로 신앙 관점을 언급하면서 다시금 여기서 다루었던 영역에서의 관계구조에 대한 목회학적인 관점을 위해 다음과 같이 논하고 있다. "관용의 윤리는…… 근본적으로 경험된 관계의 윤리이지만 서로가 영향을 주고받는 교환의 윤리이자 공동체를 형성해 가는 윤리다. 관계의 윤리에서 신앙은 확고하게 묶어서 계속해서 세대를 거쳐 전수함으로써 인간이 지키려고 하는 단순히 조상으로부터 전해 내려오는 가보나 진리의 존속이 아니다. 오히려 신앙은 자신과 다른 사람, 하나님과의 관계를 갖게 되는 인간의 역사다. 신앙은 인간의 삶을 의미하며 이러한 삶에 동기를 부여하는 신앙의 영원한 중심인 예수 그리스도에게서 나온 모든 힘이다. 그러므로 신앙은 인간의 삶 속에 관여하는 하나님과 함께 놀라운 일을 기대한다"(385쪽).

173) O. Haendler, *Tiefenpsychologie, Theologie und Seelsorge. Ausgewählte Aufsätze.* Herausgegen von J. Scharfenberg, K. Winkler, Götingen, 1971, 특히 "Unbewuβte Projektionen auf das christliche Gottvaterbild und ihre seelsorgerliche Behandlung"(11쪽 이하); "Der kerygmatische Christus und seine Verzeichnung in Glauben und Unglauben"(132쪽 이하 참조)

목회상담 사역은 앞으로 동반자적 관계와 가족의 영역에서 다양한 양심구조를 허용할 수 있는 능력을 확대하게 될 것이다. 일반적으로는 다음과 같이 말할 수 있다. "진정한 관용은 다양한 양심 요구가 연결되는 합의점을 공동으로 함께 찾게 될 때만이 유지된다."[174] 우리가 이와 관련하여 '놀라고' '병든' 양심(이 책의 339쪽 이하 참조)의 공존과 공유를 받아들인다면 물론 부가적으로 다음과 같은 특별한 과제가 주어진다. 동반자적이고 가족적인 공동의 삶이 비판적으로 재고될 뿐만 아니라 어떤 사람에게는 '절대적인' 몇 가지 도덕관과 규범적인 구속이 다른 사람에게 어디까지 적용되어야 하며 적용될 수 있는지 생각해야 한다. 때때로 자신의 이상이 아무런 문제 없이 '모든 사람에게' 적용되어야만 하며 어디까지 적용되어야 하는지, 또는 스스로 무가치하게 느끼는 거부감이 가까운 관계집단에게 전이되며 어디까지 전이되는지와 같은 비판적인 재고가 확대되어야 한다.

목회상담 사역은 이러한 상황에서 최소한 삶을 극복하기 위한 그리스도교 자세의 틀에서 포기할 수 없는 관용을 용서와 구별하며, 이 둘의 경험과 과정방법을 구별 없이 하나가 되지 않도록 해야 할 것이다. 용서는 관용과는 다른 것이다. 관용적인 기본 태도는 항상 새롭게 혁신적이고 상황적으로 '필요하며' '신앙에서 나온 용서'의 개별행위와 동일시될 수 없다. 그러나 영혼을 지키는 방책으로서 관용은 다양한 사람들이 용서를 받거나 용서하는 것(이 책의 404쪽 이하 참조)을 매우 다르게 경험하는 것을 인정하고 이해하는 것이 중요한 곳에서 (목회상담 현장에서) 절실하게 요구된다. 그러므로 그리스도교 신앙의 이러한 핵심적인 관점에서 관용은 서로 의지하고 있는 그리스도인들이 (밀접한 관계에서 종종 특히 고통스럽게 느끼게 되는) 다르다는 것을 매우 실질적으로 알리는 것이며 동시에 매우 구체적으로 '필요하다.' 그러나 그것을 넘어서 목회상담에서의 용서는 모든 인간관계가 얼마나 이해를 하고 있느냐에 좌우될 뿐만 아니라 신앙 안에서 관계를 유지하면서 지탱해 주는 하나님의 사역을 전제하는 행위로 이해할 수 있다.

3) 노인을 위한 목회상담

권리와 관련하여 '포기'에 관한 근본적인 것에 대하여 이미 언급한 바 있다(이 책의

174) A. Dunkel, Art.: Toleranz, *WdC*, 1267.

392쪽 이하 참조). 포기문제에 관한 논쟁은 결국 인간이 늙는다는 것, 즉 노령화와 관련된다. 그렇다면 삶과 인생에 대한 개인적인 권리를 갖는 것이 더 이상 중요하지 않다. 줄어드는 잠재력과 관련하여 지금까지 습득한 능력의 감소가 문제다. 그렇기 때문에 이러한 능력의 감소는 특히 결정적이다. 왜냐하면 그것은 무조건 근본적인 특정한 불안과 관계되기 때문이다. 점점 나이 들면서 일반적으로 계속되는 상실과 오랫동안 지속되는 고통, 완전히 생소한 경험으로 접어 들어가는 것에 대한 불안이 생기게 된다. 첫째, 자신이 가진 것을 더 늘리거나 최소한 지키고, 직장에서의 일상적인 경쟁 속에서, 가정에서 이루려고 했던 것을 이제 그만두어야 하는 것에 대하여 두려워하는 것이다. 그에 상응하는 불안의 반응은 종종 '노인의 욕심' '고집' 으로 표현된다. 그러한 반응은 주위 사람들에게 갑작스럽게 대부분 완전히 현실과는 거리가 먼 비이성적인 행동으로 나타난다. 그러나 그러한 반응들은 불안에 대한 방어적인 행동으로 이해할 수 있다. 둘째, 오랫동안 지속되는 병으로 육체적인 고통 외에 자립성을 잃게 되어 (낯선) 간병인에게 완전히 의존하게 될까 봐 불안해한다. 이러한 두려움은 여러 가지 이유로 '어느 날' 노인시설에 의존하게 될지도 모른다는 생각으로 인해 더욱 심해진다. 셋째, 결국 (다소 의식적으로) 점점 나이 들면서 피할 수 없는 죽음으로 완전히 알려지지 않은 경험에 다가간다는 생각으로 불안하게 된다. 죽음을 앞둔 삶과 죽음에 이른 삶 그리고 죽은 후에 가능한 삶의 관계에 대한 일반적인 질문이 이제 늙어가는 사람들과 노인들의 개인적인 질문이 된다.

• 이러한 인생발달 단계에서의 목회상담적인 접근은 우선 발달단계에 맞게 인생을 동행하는 포기문제를 개별화하는 과제가 주어진다. 이런 입장에서 노인기에 있을 수 있는 전형적인 포기능력이라고 할 수 있는 세 가지 모순되는 경험요소를 언급하면 다음과 같다.

첫째는 실투와 감사 사이에서 포기하는 능력이다. 물론 주어진 상황에서 도덕적인 틀을 다루지 않는다는 것을 분명히 해야 한다. 여기서 삶의 질투에 대해서 말한다면 그것은 이러한 정신상태의 노년기에 있는 사람이 확실히 접하게 될 수 있는 전제에서 언급하는 것이다. 이와 같은 징후의 질투경험은 다음을 의미한다. 인간이 자기 중심적이며 특별한 방법으로 다른 사람들의 삶의 상황과 조건에 맞추게 된다. 다른 사람들은 '자기만족의 경쟁자' 로 보이게 된다. 그들은 아마도 그렇게 더 좋지는 않더라도 외관상으로 보기에 더 좋아 보인다. 이러한 주관적인 인식은 반복적인 성격을 가지고 있으며 모든 인간적인 만남과 관계를 불안정하게 만든다. 점점 나이 들면서 의식적으로 이러한 현상이 나타나고 하나님과 세상에 대하여 비판적 태도를 갖게 된다. 동반되는 현상으로 점점 더 두드러지게 남의 불행을 기뻐하는 마음이 나타날 수 있다.[175] 순간순간 살아오지 못한 인생의 끝자락에 서 있는 약한 감정과 함께 삶의 질투와는 반대로 감사의 경험이 생기게 된다. 감사는 여기서 자발적인 노력의 결과로 이해되지 않는다. 이러한 경험은 오히려 자신의 삶을 통해 근본적으로 다른 사람의 관심을 받았던 경험이 있다는 것과 거기서 모든 삶의 즐거움을 실제적인 만족으로서 느낄 수 있다는 것을 의미한다. 그 결과 인생관이 만족에 따라 움직여진다. 질투가 단순히 없어지지 않는 것처럼 감사도 단순히 만들어질 수 없다. 감사는 오히려 찾아낼 수 있는 것이다.[176] 감사는 반응하는 방법으로서 인생사건에서 발견되고 감정으로 실현되고 말해지는 것이다. 이러한 반응을 방해하는 질투는 거기서 물론 억압되거나 부정될 수 없을 것이다. 어쩌면 그것은 아픔으로 바뀌어질 수도 있다. 질투로 감사가 없어지게 되면 고통과 감사가 서로 엇갈리게 될 수 있다. 노인이 점점 증가하는 육체적, 정신적, 영적 능력의 한계에 대하여 근본적인 삶의 기쁨을 잃지 말아야 하지만 그것을 '걱정하면서' 알아차릴 때 어쨌든 노인의 포기능력이 가장 빨리 가능해질 것이다.

둘째는 분리와 기억 사이에서 포기하는 능력이다. 분리경험은 그들의 가장 외적인 틀에서 죽음과 동일시된다. 사람이 나이가 들수록 점점 더 증가하는 사람과 일로부터의 분리는 압도적으로 다가오는 내면적이고 외면적인 무력의 상태와 연결된다. 이러한 관계 속에서 정신적인 경직과 우울, 모든 것에 대해 두려워하게 되는 외로움으로 빠져 들어가게 되는 위협을 받을 수 있다. 이러한 위협이 익숙하지 않고 보기에 어색한 공격으

175) 사례: 83세의 여성 농부 A씨는 병원에서 동갑내기 남편의 죽음의 소식을 듣자 뜻밖의 놀라움에 큰 소리로 이렇게 외쳤다고 한다. "여러분 보세요. 지금 그를 좀 빨리 붙들어 주세요!" 그런 다음 그녀는 죽지 못하고 계속해서 고생하지 않으면 안 되는 자신의 운명이 얼마나 힘이 드는지 소리지르며 울기 시작했다. 아들의 가족은 이러한 격렬한 감정표현을 많이 할 수 없었고 나이 든 어머니에게 말년을 가능한 편안하게 보내기 위해 모든 노력을 할 것이라고 다시금 약속했다. 그러나 사람들은 고령의 나이 든 사람이 공격적으로 감정표현을 할 때 언짢게 반응을 보였다. 지금까지 그녀의 삶에서 보여 주었던 그 모든 것이 이제 더 이상 소용이 없었다.

176) 사례: B씨 노부부는 금혼식에 초대한 사람들에게 선물 대신 '세계를 위한 빵' 후원금을 요구했다. 축하를 받는 남자 주인공은 잔치 동안 쾌활한 목소리로 이렇게 말했다. "이렇게 해서 우리 모두에게 도움이 되는 겁니다. 우리 둘은 충분히 가지고 있고 활기차고 어느 정도 건강한 배우자를 통해 충분한 선물을 받았다고 그때그때 느끼고 있습니다. 여러분 모두 우리 두 노인에게 무엇이 어울리는지 고민할 필요가 없습니다. 여러분은 꽃과 좋은 포도주를 가지고 오셨습니다. 대부분 아마도 제3세계에 사는 사람들이 여러분에게서 이러한 방법으로 쌈지돈을 갖게 된 것을 기쁘게 생각할 것입니다. 이렇게 오셔서 축하해 주신 것에 대하여 감사드립니다."

로 나타난다면 그것은 출구를 찾으려는 것으로 이해할 수 있다.[177] 노년기에 그렇게 특별히 위협적인 분리경험에 대한 조직적인 영적 돌봄은 의식적이고 의도적으로 기억을 돌보는 것이다. 그것은 나이 든 사람으로서 '감동적인 기억' 을 이용하는 능력을 의미한다. 그 감동적인 기억은 기억나는 충격적인 인생사건에 초점을 두는 것과는 반대다. 감동적으로 기억하는 사람은 오히려 축적된 경험자료를 가지고 즐길 수 있다. 노인에게 이렇게 성공한다는 것은 결국 자연적으로 떠오르고 불러올 수 있는 기억을 장난삼아 다룰 수 있다는 것은 아니다. 이러저러한 인생경험이 어떤 의미를 지니고 있느냐는 논쟁은 계속되고 있으며 결코 끝나지 않는다.[178] 이와 같은 방법으로 내면적으로 갑작스러운 분리불안에서 전달할 수 있고 서로 생각을 교환할 수 있는 기억에 도달하기까지는 확실히 먼 길이다. 그러나 포기하는 능력을 말하자면 그것은 '키울 수 있는' 길이다.

셋째는 불안과 신앙 사이에서 포기하는 능력이다. 노년기의 분리사건 이후에 외면적이고 내면적인 이로움이 위협하게 되면 일생 동안 동행한 두려웠던 존재가 이제 인격의 파괴에 대한 핵심적인 불안에 집중한다. 여기서 실제적으로 어떠한 사람일 수 있느냐는 관점에서 모든 것이 중요하거나 아무것도 아니게 된다. 나이가 들수록 삶에 대한 불안(지나친 요구에 대한 불안) 대신에 죽음에 대한 불안(해체되는 것에 대한 불안으로서)이 더욱 더 느낄 수 있을 정도로 나타난다.[179] 그러나 모든 불안은 본능적으로 고착시키고 정신

---

177) 사례: 장례식에 참석한 26세의 전도사가 86세에 돌아가신 공장 주인의 61세 된 아내를 상담하게 되었다. 고통에 찬 여인은 다음 질문으로 전도사와 부딪치게 되었다. 어떻게 하나님이 그녀의 남편을 '그렇게 일찍' 죽게 내버려 둘 수 있는가? 그것은 가혹한 운명일 수 있다. 그때 주님은 전도사에게 경건한 문구를 만들어 내게 할 수 있다. 그 밖에 전도사는 여인의 상황을 이해하기 위해서는 너무 젊을 수도 있다. 최소한 전도사는 담당목사와는 다르게 여인이 바라는 것을 임종에서 말하도록 노력해야 할 것이다. 누가 죽었는지, 그리고 남은 가족에 대한 돌봄에 대한 의미가 들어 있지 않고 단순하게 주간말씀에 대하여 설교할 수 있다. 그것은 불쾌하고 애정 없이 될 수 있다. 전도사는 가슴 답답한 심정이 될 것이다.

178) 사례: 87세의 법학자이면서 시청공무원으로 정년퇴직한 D씨는 이미 오래전에 부모 또는 조부모가 된 그의 네 명의 자녀를 위해 지나간 추억들을 쓰기로 결정했다. 수취인들은 당황했고 날짜와 자주 설명된 상념들과의 연결을 기대했다. 그러나 나이 든 아버지가 자신이 경험한 시간의 경과에 대한 매우 흥미로운 생각들을 넘겨 주었을 때 그들은 또다시 놀랐다. 모든 가정에서(저자인 아버지와 함께, 또는 아버지 없이) 기대하지 않았던 '책' 에 대한 토론이 시작되었다.

179) 사례: 의지할 친척도 없고 단지 먼 인척만 있는 극도로 난청인 60세의 과부 E씨는 가벼운 폐렴에 걸렸다. 그녀는 이웃 여인이 의사에게 알리려고 하면 강렬하게 화를 내곤 했다. 의사가 오면 그녀는 돌발적으로 진찰을 그만두게 하였다. "저는 아직 죽고 싶지 않다고요, 의사선생님! 죽고 싶지 않다고요. 이해해 주세요!" 젊은 의사는 아무것도 이해하지 못했다. 그는 그녀의 불안을 전혀 이해하지 못하고 단지 귀에 대고 그녀의 가벼운 질병에 대하여 더 이상 토론하고 싶지 않다고 그녀에게 소리질렀다.

적인 고통에 대하여 나이가 들수록 점점 더 놓아 버려야 하는 요소가 된다. 바로 이 상황에서 신앙은 중요한 요소다. 신앙은 모든 상실에 대한 불안상황에서 익숙한 것에 미친 듯이 달라붙어야 하는 것이 아니라 '자제되는 것' 으로 경험하는 기본 신념에 해당한다. 신앙 기저에서 포기하는 능력은 여전히 남아 있는 강하지만 제한된 요구가 된다. 왜냐하면 그것은 신앙인에게 (일반적으로 '어떤 식으로든' 말하자면 그리스도적인 '하나님의 도움' 으로 표현하는) 초월적인 관계가 지속되면서 항상 계속해서 진행되기 때문이다.[180) 불안을 신앙으로 바꾼다는 것은 바로 영적인 삶의 능력에 해당된다. 오랜 신앙의 확신은 포기의 고통스러운 측면으로부터 포기를 자유롭게 하는 것이 아니라 불안으로부터 좀 더 자유롭게 되어 포기를 받아들이게 해서 정체성을 확립하고 정체성을 유지하는 요소다.

각주에서 언급한 상반된 세 쌍의 부부와 그들과 관계된 긴장의 순간에 관한 이야기로 노화의 과정이 자존감의 영역에 한계를 경험할 수 있게 한다는 것이 전달되어야 할 것이다. 노인이 된다는 것은 모든 사람에게 특별한 상심의 경험이다. 이 시기에는 균형으로서 냉정함이 필요하다. 물론 노년기의 그러한 냉정함이 체념적인 갈등에 대한 두려움과 숙명론적인 허약한 결단력과 같을 수 없다는 것을 분명히 해야 한다. 극도의 상심으로서 냉정함은 오히려 포기할 수 있다는 것을 조장하고, 불행할 때 감정의 폭풍을 흥분을 조종하는 사색의 세계로 옮겨 놓을 수 있는 정신적인 상태에 해당한다. 그렇기 때문에 포기해야 하는 경우에 냉정함을 누릴 수 있다는 것은 노년기에게 특별한 자극을 줄 수 있으며, 모든 불안을 넘어서 마침내 도달되는 상태로서 추구할 만한 가치가 있는 것으로 보일 수 있다.

• 노년기에 나타나는 특별한 문제에 대한 목회상담적인 접근에는 노인학 또는 전문적인 목회학 영역에서의 학문적인 연구와 그 결과에 대하여 의도적으로 정보를 수집해

---

180) 사례: 강한 경건주의 신앙을 가진 80세의 F여인은 평생 동안 가정주부로 일해 오면서 심한 다리 통증을 앓아 왔다. 그녀는 같은 건물에 살고 있는 신학생에게 가엾고 불쌍한 인간의 전형적인 모습으로 보였다. 신학생의 생각에 그녀는 분명 인생은 가치 있다는 사실에 대하여 포기한 것처럼 보였다. 두 사람이 건물 정문에서 정원으로 가는 길에 우연히 마주치게 되었을 때 할머니는 밝은 표정을 지으며 다음과 같이 말하였다. "먼저 가요, 학생! 내 다리가 말을 안 들어서요. 그러나 하늘나라에서는 새로운 다리를 갖게 될 것이라고 생각하니 기쁘네요." 바로 그때 폴 틸리히의 책을 읽으면서 하나님은 존재 그 자체로 이해해야 한다는 최고로 개념적인 생각에 젖어 있던 그 신학생은 그러한 단순한 맹목적인 신앙에 대하여 웃어야만 했다. 그러나 이상하게도 그는 이 작은 경험을 몇 십 년 지나서도 잊을 수 없었다.

야 하는 과제가 있다. 그렇기 때문에 이러한 입장에서 다시 자료들을 제시하면 다음과 같다.

노인들에게 목회상담적으로 적합하고 적절한 행동을 가르치는 고전적인 시도는 뤼흐트 슈타인베르크(M. Lücht-Steinberg)의 책 『노인들과의 대화(*Gespräche mit Älteren Menschen*)』[181]가 있다. 병원 임상목회상담 실습에서 일어난 사례와 평가가 함께 소개된 14개의 대화록이 책의 핵심을 이룬다. 서론 부분에 사회와 교회에서의 노인들의 위치에 대한 기본적인 것이 설명되어 있으며 '노인을 위한 목회상담' 의 특별한 과제가 제시되고 있다. "대화 인도의 관점에서 목회상담자에게 강한 요구가 제시된다. 목회상담자가 노인들에게 압도적으로 비밀보장을 하면서 상담해야 한다면 어디까지 털어놓는 대화가 가능할 수 있을까? 목회상담자는 무엇을 보강해야 하는가? 그는 어디서 대결할 수 있을까? 위로한다는 것은 무엇을 의미하는가? 어디까지 목회상담자는 위로의 말을 할 것인가? 어느 정도까지 목회상담자는 권위적일 필요가 있는가? 어디까지 목회상담자 자신의 개인적인 인생사와 신앙의 경험을 목회상담에 끌어들일 수 있는가? 대화심리치료에 따라 노인들의 감정에 우선적으로 접근해 가는 것이 더 의미가 있는 것으로 보이는가? 또는 해석과 의미가 가능한가? 이러한 물음에 대한 답변은 목회상담자가 어떻게 노인의 상황을 평가하고, 한편으로는 목회상담자 스스로 다른 목회상담 대화에서 어떻게 방법적으로 접근하느냐의 결과에 따라 밝혀진다. 다음 대화는 다양한 가능성을 나타내 주고 있다."[182] '종합적인 평가' 가 '노인과의 개별적인 종교적 목회상담 대화' 에서 이루어지고 있으며 교회-종교적인 문제에 대한 방어, 상반 감정, 무의식적인 종교성, 종교성에 대한 동경 등과 같은 주제들을 문제목록에 총괄적으로 정리했다. 이 책은 항상 특별한 영역인 '노년기의 목회상담' 에서 충분히 숙고되고 학습할 수 있는 목회사역을 위해 이론적이면서 실천적인 가르침을 제공하고 있다.

그 다음은 이전 동독의 상황에서 목회상담 사역을 반영해 주는 『목회상담서(*Handbuch der Seelsorge*)』에서 부스케(N. Buske)[183]의 '노년상담(Altenseelsorge)' 부분을 언급할 수 있다. 이 부분은 전형적인 노인문제(감소되는 능력, 약화되는 건강상태, 가능한 보호시설 할당, 독거 등)의 개별화된 서술에 의해 그때그때 구체적인 '목회상담 지시' 를 제시하고 있

181) M. Lücht-Steinberg, *Gespräche mit älteren Menschen*, Göttingen, 1981.

182) M. Lücht-Steinberg, 위의 책, 23.

183) Nobert Buske, Altersseelsorge, in: *HbSS*, 289 이하.

다. 노인에 대한 목회학적인 과제를 주어진 사회적인 여건 아래 특별히 '디아코니적인 관점' 에서 보고 있다.

틸로는 '우리의 나이 드는 나날들' [184]이라는 주제로 토론을 붙였다. "웃기지만 슬픔이 전혀 없는 것은 아니고 실질적으로 확실하지만 학문적인 교만으로 그것은 나타나지 말아야 한다." [185] 나이 든 사람들의 경험방법에서 일상 주제들은 연상에 의해 이야기되고 심리학적으로 전문적으로 설명된다. 거기서 '놓아 버리는 것이 가장 큰 비결' 이라는 실질적인 확인에 이르기까지, '아침시간이 이제는 더 이상 중요하지 않다.' '우리 노인들은 젊은이의 판단에 놓여 있다.' '환상과 현실 사이에 있는 노년' , 그리고 계속해서 노년부부, 자녀와 손녀손자에 대한 분노가 문제다. 그들은 다음과 같은 이유에서 익숙해지려고 한다. "적시의 퇴직으로 인해 생애를 파괴하는 사람들의 수가 상당하다. 우리 삶의 기억 속에서 활동의 마지막 순간만이 남는다. 이전에 한 것은 곧 잊어버린다." [186] 이 얇은 책의 목회상담적인 효과는 경험과 신중함을 실감나고 흥미 있게 설명할 수 있는 저자의 밝은 인간성과 일치된 설명방법에 있다.

현재의 사회적인 조건 아래 목사 중심의 교회 형태에서 회중 중심의 교회 형태에 이르기까지 구조를 바꾸는 상세한 '교회의 입장규정' 에 대한 연구로 전문적인 지식을 갖고 기본적으로 연구된 디르샤우어(K. Dirschauer)의 '노인연구' 가 있다.[187] 그는 무엇보다도 제한된 교회영역에서의 노인들의 활동에 대한 통계학적인 개요를 제시하며, 구체적인 실례에서 시대에 맞는 회중구성의 본질과 회중 안에서의 노인들의 위치를 '회중 안에서 노인활동의 교회학적인 관점으로 정의하고 활동할 수 있도록 계발시키는 것' [188]이라는 목표와 함께 설명하고 있다. 이러한 근거에서 이 연구는 신학, 교회, 사회를 위해 '노년' 이라는 주제를 다루고 있다. 거기서 신학적인 문헌에서의 노년에 대한 언급뿐만 아니라 제시된 해결책이 평가되고 있다. 개요는 오늘날 통용되는 인문과학적인 노인이론(결손이론, 또는 비참여이론, 비활동이론)을 소개한다. 그러나 저자는 일반적으로 노인에 대한 중요한 입장의 변화와 특별히 나이 든 사람들에 대한 입장변화가 문제가 될 때 그 이론들의 문제점을 제시한다. "그것으로(즉, 빈클러의 노인이론들) 복지와 생활보장적 성

184) H.-J. Thilo, *Auf unsere alten Tage*, Göttingen, 1987.
185) H.-J. Thilo, 위의 책, 7.
186) H.-J. Thilo, 위의 책, 95.
187) K. Dirschauer, *Altenstudie. Standortbestimmung der Kirche*, Bremen, 1987.
188) K. Dirschauer, 위의 책, 46.

격이 실제적으로 극복되었는가, 아니면 그 성격이 적절한 사고행위를 통해 단지 이론적인 차원에서만 보충되는가?"[189] 이 책은 세속적인 조건에서 완전히 새롭게 작성해야 하는 노인들에 대한 접근 형태를 위한 변론을 교회와 회중개혁을 위한 의도적인 지시와 결합시킨다. 바로 이러한 결합에서 많은 동기가 주어질 수 있다.

노인 돌봄 기관에서의 특별한 경우들에 대한 니이마이어(G. Niemeyer)의 『양로원에서의 목회상담(*Altenheinseelsorge*)』[190]이라는 책이 있는데 양로원에서의 목회상담 실제에 관한 경험과 관계된 정보를 제공해 주고 있다. 여기서 교육적인 차원 외에 원칙적인 문제 제기에 대하여 말하고 있으며, 무엇보다도 거기서 관계되어 일하는 사람들의 세미나를 위해서뿐만 아니라 양로원에서의 행사와 특별한 예배를 위해 제안을 하고 있다. 그리고 결론에서는 짧게 설명된 문헌들이 소개되고 있다. 이 책은 이러한 영역에서의 목회상담 사역을 위해 접근한 문헌들의 성격을 설명하고 있다.

가톨릭 관점에서 '노인목회'라는 제목으로 공동작업으로 진행된 공동체적인 노인연구를 제시할 수 있다.[191] '노인' 현상에 대한 차별화된 설명에 따라 (교회) 노인연구에 대한 목적설정이 이루어지며 주제별로 요청으로 옮겨지게 된다("노년으로 그리고 노년을 통해 가는 길에 대한 개인적인 생각과 참여의 소망을 진지하게 받아들이게 될 때, 우리는 제안의 핵심을 미리 정의 내리고 확정된 프로그램으로 부터 자체적으로 구성되고 자체적으로 결정한 의사소통과 행동의 틀의 영역으로 바꾸어야 한다.").[192] 개별적인 주제들이 세 번째 삶의 단계에 대한 준비처럼, (큰 도시의) 교회에서 노년연구가 이루어져야 하며 교회와 사회의 과제로서 다루어져야 한다. 한계와 상실에 대한 경험은 삶의 장소와 역사 그리고 신앙발달에 대한 토론만큼이나 노년연구에서 중요한 주제로 토의되어야 한다. 이 책에 광대한 문헌소개가 있다. 이 책은 노인들의 다양한 삶의 형태와 경험의 틀을 좀 더 구별하여 이해하고 교회와 사회에서의 (기관 차원의) 노년연구 내에서 개인적으로 관련된 사역으로 옮겨 놓는 데 도움을 줄 수 있다.

점차 늘어나는 노인의 수와 그와 연결된 사회적인 문제와 과제에 근거하여 경제학자이면서 사회학자인 브라운(H. Braun)은 '사회적인 도전으로서 노년(Alter als gesellschaftliche

189) K. Dirschauer, 위의 책, 87.

190) G. Niemeyer, *Altenheimseelsorge. Anregungen aus der Praxis für die Praxis*, Stuttgart, 1990.

191) *Altenpastoral — herausgegeben von der Hauptabteilung Gemeindearbeit im Bischöflichen Generalvikariat Achen erarbeitet von Andreas Wittrahm*, Düsseldorf, 1991.

192) *Altenpastoral*, 위의 책, 57.

Herausforderung)' [193]이라는 연구결과를 내놓았다. 이 연구는 목회상담자에게 충분하지는 않지만 많은 개별적인 관점을 종합한 형태로 저자가 '인류역사의 새로운 부분' 이라고 부르는 것에 대한 경제적, 사회정치적 문제에 숙달할 수 있게 한다. 그 밖에 높은 삶에 대한 기대와 사회적인 안전면에서 여행을 즐기고 문화적인 생활에 참여하는, 한마디로 이전에는 생각할 수 없는 삶의 스타일이 허락될 수 있는 '새로운 노인' 의 전체적인 인상에 대한 문제점이 서술되고 있다. "새로운 노인에 대한 관심은 오히려 노인을 위한 사회정치가 국민들의 높은 복지 수준 앞에서 근본적으로 불필요하다는 것을 정치인이 파악하게 되는 위험성을 숨기려는 것이다." [194] 노년의 현실과 질병 그리고 돌봄의 필요성에 대한 다른 측면은 오히려 '인생의 관점으로서 노년' 이 정당화될 수 있기 위해 사회국가의 역할에 대해서 새롭게 생각할 것을 요구한다. '인간 삶의 무상함' 이라는 이 책의 마지막 부분에서 인생의 마지막 단계를 준비하는 것을 다루고 있다. "준비한다는 것은 근본적으로 놓아 버릴 수 있는 것이며, 그럼에도 불구하고 거부할 수 없는 삶의 마지막까지 모든 시간에 의미 있는 내용을 부여하는 것이다. 여기에 목회상담이 중요한 역할을 할 수 있다." [195]

하이델베르크의 노인학 연구소에서 '2주간의 노인학 주간' 에 학문적인 논문들을 모아 니더프랑케(A. Niederfranke)와 레어(U. M. Lehr), 오스발트(F. Oswald) 그리고 마이어(G. Maier)가 함께 편집한 책이 있다. [196] 이 책은 다양한 관점과 인식의 입장에서 현재의 노인연구 현황을 반영한다. 노인심리학을 위한 논문들은 그밖에 노인집단의 환경, 노년기의 자립문제, 사회적인 생활보장의 가능성과 적절한 사회정치의 과제를 다루고 있다. 이론적인 부분은 경험적인 검증에 의해 이루어졌다. 정신분석적이고 행동치료적인 치료방법이 소개되고 실례를 통해 설명되고 있다. 재활문제와 노년화에 따른 장애와 노인부양 문제, 그리고 노년기의 삶의 질에 대한 유지와 요구를 위한 사회정치적인 틀의 조건에 대한 접근문제가 다루어지고 있다. 이 책의 45명의 저자들은 각각 심리학, 의학, 교육학, 사회학, 정치학, 지리학, 그리고 역사학의 관점에서 논하고 있다. 전체적으로 보아

---

193) H. Braun, *Alter als gesellschaftliche Herausforderung*, Regensburg, 1992.

194) H. Braun, 위의 책, 32.

195) H. Braun, 위의 책, 116.

196) A. Niederfranke/Ursula M. Lehr/F. Oswald/G. Maier (Hg.), *Altern in unserer Zeit. Beiträge der IV. und V. Gerontologischen Woche am Institut für Gerontologie,* Heidelebrg, Heidelberg/Wiesbaden, 1992.

서 이렇게 중요한 문헌은 보강된 노인학 연구일 뿐만 아니라 인간적이면서 현실적으로 적절하게 사회 안으로 깊이 파고들고 있다. 거기서 종교적인 관점은 프랑클(V. E. Frankl)의 의미치료적인 관점을 끌어들인 우취(M. Utsch)의 논문 「노년기에서 의미 찾기(Sinnfindung im Alter)」에서 다루고 있다.[197] 우취는 그의 논문을 이렇게 요약하고 있다. "노년기에 '의미를 찾는다는 것'은 내가 자유에 제한을 받고 있고 한계가 있는데도 나의 능력에 따라 의식적으로 인생을 책임 있게 형성하도록 만들어 갈 때 이루어지는 것이다"(78쪽). 이 책은 그 밖에 개별적인 전문영역과 문제 제기를 위한 충분한 문헌소개로 특별한 가치가 있다.

데핑(K. Depping)은 얇으면서도 내용적으로 풍부한 두 권의 책에서 '당황하여 어찌할 바를 모르는 노인을 목회상담적으로 동반하는 것(Altersverwirrte Menschen seelsorgerlich begleiten)'[198]을 배우도록 목회상담자에게 자극을 주고 있다. 두 책은 공통적으로 돌봄을 필요로 하고 방향감각을 잃은 노인들과의 목회상담적인 접근을 위한 기본 과정으로 이루어졌다. 개별적인 병상은 전문적으로 설명되었고 중재방법을 개별적으로 제시하면서 '목회상담 기준'으로 보충하고 있다. 결국 첫 번째 책의 중심에 목회상담적인 개별대화와 집단에서의 예배와 목회상담이 주제별로 다루어지고 있다. 저자의 특별한 강점은 방황하는 노인들과 노인들을 돌보려는 사람들에게 개별적인 경험들을 구별하여 분류했다는 것이다. 대화의 방법과 대화를 돕는 도움의 수단은 가능한 취급방법과 행동지시 그리고 주제들과 관련하여 설명되어 있으며 실제적인 사례를 통해 알기 쉽게 하였다. 광대하면서 조심스럽게 작성된 문헌소개로 이 기본적인 첫 번째 책을 완성하고 있다. 두 번째 책은 '다양한 분야에서의 훈련자들을 위한 중재적인 도움'이며 교육계획을 소개하고 있다. 그 교육계획에는 이렇게 어려운 현장에서 일하는 목회상담자에게 다양한 '구성요소'로 개별적인 연습과 표현방법, 자료 그리고 행사 윤곽을 제시하고 있다. 교육계획의 개별적인 방법으로서 실제적으로 미리 다수의 교육방침 속에 의도적으로

197) M. Utsch, Sinnfindung in Alter. Beiträge aus der Psychologie V.E. Frankls, in: A. Niederfranke/U.Lehr/F. Oswald/G. Maier (Hg.), 위의 책, 69 이하.

198) K. Depping, *Altersverwirrte Menschen seelsorgerlich begleiten*, Band1: *Hintergründe– Zugänge–Begegnungsebenen*/Band2: *Eine Vemittlungshilfe für Aus– und Fortbildende verschiedener Bereiche*, Hannover, 1993. 이 특별한 분야에 대하여 추가로 확대된 설명을 임상상담에서 얻어지고 경험적인 조사와 자료를 토대로 한 키프와 융링의 책이 제시하고 있다. J. Kipp/G. Jüngling, *Verstehender Umgang mit alten Menschen. Eine Einführung in die praktische Gerontopsychiatrie*, Berlin/Heidelberg/New York, 1991.

구성된 다양한 집단과 실험해서 얻은 교과과정 안에 있는 취급방법에 대하여 순서대로 말하면 다음과 같다. "개별적인 구성요소는 그때그때의 의도된 집단을 위한 입장에 따라 재고되어야 한다. 여기서 털어놓는 것을 배우는 것이 매우 중요하다. 보고는 예외가 된다. 몇몇 구성요소 안에 다른 사람을 관찰하기에 앞서서 자기 경험 연습이 제공된다. 여기서 사람들은 매우 정확하게 자신의 자격과 학습집단의 내적인 준비를 점검해 보아야 할 것이다."[199] 방황하는 노인들과 관계되어 목회상담적으로 돕는 사람은 이 두 책에서 필요한 정보와 도움을 제공받을 수 있을 것이다.

어떤 목회상담자든 노인들에게 전문적으로 접근할 때 레어(U. Lehr)의 『노인의 심리학(*Psychologie des Alters*)』은 중요하다.[200] 이 기본서는 이제 여덟 번째 재판에 들어갔다. 이 책은 역사적인 개요와 경험적인 연구의 기초에 따른 통계 외에도 노인연구 분야에서 모든 관계된 문제 제기에 대한 입장과 새로운 연구결과를 제공해 주고 있다. 개별적인 이론들이 노인 분야에 변화과정에 따라 실생활의 개별적인 질문처럼 다루어지고 있다. 직업적인 삶에서 오는 분리에 대한 문제, 사회적인 관계에서의 관계성 문제와 후유증 등을 논하고 있다. '죽어 가는 것과 죽음' 이라는 제목으로 이러한 내용들이 마침내 '목회자와 죽어 가는 사람' 이라는 주제로 언급되고 있다. 이 책은 가장 다양한 목회상담적인 상황에서 백과사전처럼 주로 활용된다.

노인 목회상담이 상투적인 방법으로 교회 내에서 인생과도기 예식과 연결하는 것이 게르트너(H. Gärtner)의 논문의 목적이다. "그럼에도 불구하고 나이가 들면 사람들이 빛날 것이다."[201] 무엇보다도 '황금견진성사(Goldene Konfirmation)' 예식은 교회의 고정적인 요소로서 연구되고 확인된다. "황금견진성사 예식의 의미와 회중 안에서 그것을 받아들이는 것이 없어지지 않았다. 그것은 인생 과도기와 경과를 의식적으로 진행하는 인간의 욕구에 의해 이루어져야 한다."[202] 황금견진성사에 해당하는 노년기에 있는 사람의 상황은 다양한 인문과학적인 해석기준을 따른다. 노년과 관련된 신학적인 관점에서 저자는 성례이론의 근본적인 질문과 의미의 요소(예: 예식, 말씀, 상징 등과 사건, 위기, 결단의 시간 등에 대한 고찰)를 다루고 있다. 이러한 성례전의 삼위일체설의 기초적인 정립이

199) K. Depping, 위의 책, *Bd.2*, 8.

200) U. Lehr, *Psychologie des Alters*, Wiesbaden, 8. Aufl. 1996 (1. Aufl. 1972).

201) H. Gärtner, "Und wenn sie alt werden, werden sie dennoch blühen……". *Seelsorge am alten Menschen und Goldene Konfirmation*, Aachen, 1997.

202) H. Gärtner, 위의 책, 21.

황금견진성사의 형태에 대한 실천신학적인 고찰에 앞서 이루어진다. 그러나 이 책의 중심에 '노인에 대한 목회상담의 특수성' 이 다루어지고 있다. 그중에서도 특히 다음과 같이 말하고 있다. "노인은 일반적인 목회상담 사역에서 세 가지 주제를 새롭게 파악하고 정의 내려야 한다. 즉, ① 자신의 생존기간과 몸에 대한 입장, ② 다른 사람 및 공동체와의 관계, ③ 하나님과의 관계."[203] 거기서 일생 동안 살아온 삶의 전기에 대한 목회상담 사역이 특별한 가치를 갖게 된다. "삶을 이야기하게 함으로써 유일한 삶의 내용이 빛을 발할 정도로 삶의 의미를 초월한 질문을 제기할 수 있게 된다. 외관상으로는 의미 없는 성과 속에서…… 개별적으로 각인된 삶의 이야기가 성서적인 사고 속에서 직접적인 반응을 얻게 되고 이해되지 않은 것이 명백해진다. 많은 개별적인 '이야기' 가 함께 연결되고 인간과의 하나님의 역사로서 이해될 수 있다."[204] 이 책은 부록에 새로운 성례전에 대한 설명 외에도 노인 목회상담을 위한 해당 문헌에 대해 포괄적으로 소개하고 있다.

마지막으로 새로운 활력과 자극을 주며 실제적인 안내를 해 줄 수 있는 작은 책을 소개하고자 한다. 뵈클러(R. Boeckler)가 쓴 『노년에 새로운 것이 시작된다(*Im Alter Neues beginnen*)』[205] 라는 책은 노년의 문화를 실현하도록 자극하고 있다. 그는 서두에 다음과 같이 조언한다. "수채화 물감 한 세트를 사십시오! 공예과정에 등록하십시오! 자원봉사 활동을 찾아보십시오! 또는 대학에서 역사학을 등록해 보십시오! 무엇이든지 노년에 다시 한 번 완전히 새로운 것을 시작해 보십시오!"[206] 새롭게 시작한다는 것은 분명히 본격적인 인생의 결단과 연결되어야 한다. "절개하는 것과 같이 날카로운 인생의 결단이 시작된다. 그것은 마치 미개발지역으로 출발하는 것과 같다."[207] 수집, 요리, 여행, 글쓰기 등이나 사회참여 또는 학문에 대한 새로운 관심(자신의 능력을 시험하고 과감하게 시도하는 것)이 의미가 있다. 제시된 관계기관(정확한 주소 언급과 함께)은 호기심이 강한 사람에게 새로운 관심을 갖도록 도움을 줄 수 있다.

• 인간답게 늙어가고 '하나님을 위한' 노년이 되도록 하는 목회상담의 목표설정은 개개의 경우 개인적인 도전과 결부된다. 중요한 모든 현실 극복처럼 늙어가는 과정과 노년의 경험은 전형적인 특성을 가지고 있다. 그와 연관된 포기능력은 매우 상이한 형태로

203) H. Gärtner, 위의 책, 119.
204) H. Gärtner, 위의 책, 122.
205) R. Boeckler, *Im Alter Neues beginnen. Verwirklichung einer Alterskultur*, Göttingen/Zürich, 1999.
206) R. Boeckler, 위의 책, 7.
207) R. Boeckler, 위의 책, 19.

나타난다(또는 나타나지 않기도 한다). 이러한 포기의 필연성은 실질적으로 거리를 두거나 수동적으로 운명의 결과로 여기거나, 또는 단정하여 생각하거나 극적으로 슬쩍 넘어가면서 만나게 될 수 있다. 이러한 의미에서 모든 개인은 혼자서 또는 좀 더 좋게 자신의 특별한 방법으로 늙어간다.

노인을 위한 목회상담을 훈련받고자 하는 사람은 두 가지 근거에서 이러한 태도와 행동의 유형을 알아야 할 것이다. 하나는 경험이 다른 타인을 인식하는 것이 중요하다는 것이다. 나이 들어가는 사람의 포기능력의 특별한 방법을 가능한 명확하게 인식하고 다른 가능성을 드러내게 하는 것이 필요하다. 개인적으로 표현된 태도에 진정으로 적절하게 관심을 보이는 것이다. 다른 하나는 경험이 다른 자기를 인식하는 것이 중요하다는 것이다. 여기서 자신의 경험과 행동구조를 다른 사람의 경험과 행동구조와 구별하고 그것을 당연한 것처럼 일반적인 것으로 여기지 않는 것이 중요하다.

나이로 인해 점점 증가하는 삶의 질에 대한 포기에 대한 개인적으로 특성화된 구조를 인식하는 것은 목회상담 관계에서 다른 사람의 경험과 자신의 경험이 불가피하게 혼합되는 것을 최소한 특정한 제한 속에서 조절할 수 있기 때문에 중요하게 여겨진다. 노년기에 동반되는 이미 언급한 불안에 대하여 목회상담자는 동일시 또는 공감으로 다가갈 수 있다. 이 두 가지 행동방법을 다음과 같이 설명할 수 있다.

동일시는 모든 목회상담 사역을 마비시킨다. 목회상담자가 늙어가는 것과 노년에 대한 다른 사람의 불안에 경솔하게, 아무런 생각 없이 동일시된다면 그것은 목회상담자에게 이중적인 관점에서 목회상담의 능력을 없어지게 만든다. 또는 그렇게 목회상담 사역을 하는 사람은 말 그대로 '동정' 에 빠지게 된다. 그러나 이러한 상황은 더 이상 대결의 상황을 허락하지 않는다. 또는 다른 사람의 상황이 자신의 '자아' 를 위태롭게 하는 것처럼 보이기 때문에 목회상담자가 내면적으로(아마도 또한 외적으로) 불안한 상황에서 도피하게 된다.

반대로 공감은 목회상담자에게 요구되는 것이다. 상황적으로 제한되어 다른 사람의 내면상황으로 바꾸어 생각하지만, 다시 이런 다른 내면의 세계에서 멀어질 수 있는 사람이 공감적으로 목회상담 사역을 하는 것이다. 이러한 방법으로 내담자의 영적인 정신상태를 '실제로' 알게 되는 것이다. 이렇게 다른 사람의 정신상태에 빠지지 않고 그것을 함께 느끼는 것이다.

요약하면, 늙어가는 것과 노인에 대한 토론은 확실히 목회상담적으로 추구하고 있는 삶의 극복의 주요한 부분이다. 항상 이러한 상황에서 목회상담 사역을 하려고 하는 사람은 상응하는 불안에 대한 경험을 다룰 수 있을 정도로 그 상황에 있는 자신의 문제에 맞서야 한다.

4) 슬픔을 만난 사람과 죽어 가는 사람을 위한 목회상담

시대를 거쳐 개개인의 삶의 경험은 '요람에서 무덤까지' 의 분리과정과 그 과정을 다소 성공적으로 이루는 것[208]으로 표현된다. 그것은 자궁으로부터의 분리, 부모와 형제, 나중에는 배우자와 자녀와의 분리에서 삶과의 분리에 이르기까지다.[209] 그 외에 무엇보다도 억제된 소망 또는 이상과의 분리, '호감을 갖게 된' 관점과 입장 및 신념과의 분리가 있다.

거기서 모든 분리경험이 특히 불안경험과 밀접하게 연결되어 있지만 동시에 저항의 경험과도 연관된다.[210] 이러한 두 경험요소는 자연스럽게 인간관계 내에서의 결정적인

208) 일생의 과제로서 분리과정의 긍정적인 극복은 이미 언급한 리바우(I. Liebau)의 책 『혼자 사는 사람(*Alleinstehende*)』(이 책의 460쪽 각주 163 참조)의 기본 주제다. 이 책에 의하면, "……분리는 많은 긍정적인 가능성을 내포하고 있으며 단지 상실로 인해 내적인 공허만 남는 것은 아니다. 그것은 계속적인 인격적인 발달과 성숙을 위한, 개인적이고 사회적인 삶의 과정을 감당하기 위한, 그리고 생생한 감정표현과 고독의 능력을 배우기 위한 기회며 그것들을 위한 전제를 의미한다"(154쪽). 여기에 중요한 문헌을 소개하면 다음과 같다. Hans Jrgen Schultz (Hg.), *Trennung*, Stuttgart, 1984; Judith Viorst, *Mut zur Trennung. Menschliche Verluste, Die das Leben sinnvoll machen*, Hamburg, 1988).

209) 정신적 외상(분리와 상실)의 경험이나 어린 시절의 고통과 다양한 (병리학적인) 슬픔의 상황에 있는 어른과 아동의 슬픔과의 관계를 정신분석적인 인식 입장에서, 그리고 어린 아동의 포괄적인 관찰을 근거로 연구한 다음 책을 참고한다. John Bowlby, *Verlust, Trauer und Depression*, Frankfurt, 1983.

210) 불안경험은 거기서 느낄 수 있는 정신상태로서 어린아이의 특정한 발달단계와 연결된다. 피아제의 인지발달단계 이론의 틀에서 데카리에와 살로몬(Thérèse G. Décarie/Ruth Salomon, Affektivität und kognitive Entwicklung, in: *die Psychologie des 20. Jahrhunders VII*, 1978, 401 이하)은 다음과 같이 쓰고 있다. "아동의 불안, 분리불안, 또는 '분리저항' (예: 소리지르기) (이 세 가지 개념은 상이한 이론적 상황에 근거하지만 한마디로 젖먹이가 엄마에게서 떨어지게 될 때 순간적으로 경험하는 특별한 감정상황을 의미한다)은 저자의 생각에 의하면 인지적인 발달과 밀접하게 관계되어 있다. 그래서 인간이 실존적인 존재로 이해될 때 분리불안이 비로소 나타날 수 있다"(407쪽).

한편으로는 분리불안과 다른 한편으로는 구속의 변증법적인 관계를 학습이론적인 관점에서 심리학자인 게비르츠는 그의 논문에서 다음과 같이 서술하고 있다(Jacob L. Gewirtz, Soziales Lernen, in: *Die Psychologie des 20. Jahrhunderts IV*, 1977, 383 이하., 같은 이, Bindung: Begriff und Prozeβ, in: 위의 책, 399 이하.). "신뢰가 가득한 이러한 구속은 엄마와 자녀, 남편과 아내, 사랑하는 두 사람, 아이와 아이, 인간과 동물, 그리고 드문 경우에 인간과 무생물 또는 생명이 없는 공간과 같이 쌍을 포함할 수 있다"(399쪽).

분리과정, 다른 사람 또는 자신의 죽음과의 대결에서 강화된다.

임종과 죽음은 대부분의 사람들에게 바로 고통과 관련되어 다가간다. 여기서 개인은 '언젠가' 대부분 고통스럽게 인간 자신의 가능성에 대해 절대적인 한계를 경험한다. 그러나 임종과 죽음은 매우 다르게 경험된다. 임종과 죽음은 사람들이 가능한 용감하게 맞서야 하는 대담한 운명적인 현실로 여겨진다. 그러나 그것은 인생의 의미에 대한 문제 제기로, 시험으로, (감추어진) 잘못에 대한 징벌로, 고통스러운 기다림으로, 특수한 경우 매우 엄청난 부당함 등으로 여겨진다.[211] 특별한 경우 죽음이 고통에서 '구해내는 것' 으로 받아들여질 정도로 고통이 심하다.

모든 것은 다음을 의미한다. 죽음에 대한 강렬한 고통으로 개인은 거의 부득이하게 위기에 처하게 된다.[212] 그러므로 이러한 특별한 위기에 목회상담적으로 접근하는 것은 특별한 도전이 된다. 오츠(Wayne E. Oates)는 이와 관련하여 다음과 같이 말하고 있다. "수세기를 거쳐 슬퍼하는 사람에게 우선적으로 접근할 수 있는 권한이 주어진 사람은 목사였다. 전통적으로 목사와 사제, 랍비가 직분 때문에 죽음과 분리 영역에 대한 권한이 있었다."[213] 슈바이처(David K. Switzer)는 그의 책에서 다음과 같이 주를 달고 있다. "고통당하는 사람을 도우려는 목회상담자에게 인간의 어떤 경우의 고통이 가장 심각하고 힘이 드는지 정확하게 규정하는 것은 매우 어렵다. 그것은 힘든 것이 어떤 상황의 파괴적인 힘에 내재해 있는 것이 아니라 어떤 문제가 개별 목사에게서 좀 더 강한 불안을 일으키느냐에 달려 있기 때문이다. 그럼에도 불구하고 죽어 가는 사람들과 매우 가까이 지내다가 잃은 후에 남아 있는 사람들을 직접적으로 상대하는 모든 목회자는 이러한 경험은 상당히 감정적인 관여가 필요하며 많은 감정이입의 능력이 요구된다는 사실에 동

모든 경우에 불안분리과 불안저항, 그리고 도달되고 계속적으로 새롭게 문제 제기된 구속경험의 원인과 함께 여기 서술한 정신상태는 슬픔과 죽음 과정에 대한 목회학적인 접근을 위해 매우 중요하다.

211) Klaus Winkler, Art.: Leiden. V. Praktisch-theologisch, *TRE* 20, 707 이하.

212) '위기' 개념에 대한 의학적인 영역에서의 본래적인 사용과 '위기' 개념의 독립 및 '위기' 개념을 죽음에 초점을 두는 것에 대해서는 다음을 참조한다. C. Schneider-Harpprecht, *Trost*, 196 이하.

213) Wayne E. Otes, *Krise, Trennung, Trauer. Ein Leitfaden pastoraler Fürsorge und Beratung*. Mit einem Nachwort von Friedrich-Wilhelm Lindemann, München, 1977, 11.
린데만은 이 책과 슬픔 및 분리상황에서의 특별한 목회상담을 위한 비슷한 책을 긍정적으로 다음과 같이 평가하고 있다. "여기서 교회의 도움이 항상 강하게 문제 제기되며 당연히 특히 장례식을 통해 조정된다. 이러한 직무사역과 관련하여 많은 목회자가 그들의 신학적인 기준과 경험적인 발견을 이성적으로 상호 간에 연관 지을 수 없었기 때문에 그들은 지금까지 아무런 힘이 되지 못한다는 것을 경험했다. 슬픔의 단계에서 정신적이고 사회적인 과정이 새롭게 발견되어야 하며 목사의 목회적인 임무로 새롭게 연결 지어야 할 것이다"(92쪽).

의하게 될 것이다. 목사는 종종 슬퍼하는 사람의 위기에 함께 참여해야 한다. 목사는 그것을 회피할 수 없다. 그 위기는 목사의 짐이자 그의 기회이기도 하다. 아마도 그것은 목사가 가장 자주 관계되어야 하는 위기일 것이다"('목사와 슬퍼하는 사람의 위기'[214]라는 제목에서).

근본적으로 반영할 수 있고 목회학적으로 이해할 수 있는 이 모든 조건과 함께 물론 지금 슬픔과 죽음에 직면한 사람과 언제 접근하는 것이 매우 시기적으로 효과가 일어나며 때에 맞는 목회상담이 될 것인지 이제 질문되어야 한다. 똑바로 본다면 오늘의 사회적인 상황에서 슬픔과 죽음은 완전히 경험을 억제하는 것으로 표현된다. 그러므로 슬퍼하는 자는 그에게 가능한 폭넓게 자기를 지배할 수 있는 능력을 유지해야 했다. 그는 가능한 조용하고 은둔하여 슬퍼하며 그의 고통을 가능한 적게 나타내거나 '표현해야'[215] 했다. 그러나 정신적인 고통을 크게 '전달하는 것'이 마음을 편하게 하는 데 효과적일 뿐만 아니라 극도의 상황에서 완전히 혼자가 아니라는 것을 확신하도록 도울 수 있다는 점에서 본다면 '침묵하게' 하는 방법으로 슬퍼하는 사람은 홀로 '뒤로 내던져지게' 된다. 그러므로 슬퍼하는 사람을 위한 목회상담은 오늘날 특히 개인적인, 즉 개별적으로 적합한 슬픔의 표현 형태의 개성을 인식하고 수치감과 불안감 없이 그것을 표현하도록 격려하는 데 있다.

현대의 죽음은 기관에서 맞이한다는 것이 특징이다.[216] 그것은 죽음에 대한 집단적인 금기와 연관되어 나타날 수 있다.[217] 그러나 목회학적으로 보면 종종 병원과 양로원에

---

214) D. K. Switzer, *Krisenberatung,* 90 이하, 각주 90. 위기 극복을 위한 특별한 과제에 대해서는 다음을 참조한다. Anna Christ-Friedrich, *Der verzweifelte Versuch zu verändern. Suizidales Handeln als Problem der Seelsorge,* Göttingen, 1998. 자살 다루기와 관련하여 다양하면서도 시사하는 바가 많은 개념에 대한 근본적인 연구와 경험적인 자료에 의하면 사살내도의 의미는 의사소통 사건으로서 나타난다. 더 많은 목회심리학적인 관점에서 자살 다루기는 절망적인 상황에서의 특별한 '자아능력'으로 이해된다. 이런 전제에서 새로운 목회상담적인 접근 형태가 요구된다. 특히, 그의 포괄적인 문헌 제시를 통해 그 책은 위기가 많은 극도의 상황에서 목회상담 행위의 문제점에 대한 특별한 접근을 제시하고 있다.

215) Manfred Josuttis, *Praxis,* 192. 요수티스는 다음과 같이 말하고 있다. "극도의 슬픔행위 형태가 이전에는 불신앙의 표현으로, 지금은 사회적으로 부적당한 것으로, 그리고 정신적인 방해의 결과로 간주되는 반면에 매우 은서된 슬픔의 행동반이 사회서으로 성상이라고 인정된다." Philippe Aries, *Studien zur Geschichte des Todes im Abendland,* München, 1981, 60과 "Die Verweigerung der Trauer" 부분 169 이하 참조.

216) Gerhard Schmied, *Sterben und Trauern in der modernen Gesellschaft,* Opladen, 1985.

217) 그래서 아리에스는 '서구사회에서의 죽음에 대한 입장의 변화(die Veränderung der Einstellungen zum tode in den westlichen Gesellschaften)' (P. Aries, 위의 책, 157 이하)를 연구할 때 오늘날 '거꾸로 가는 죽음' '오늘의 죽음 추방'에 대해서 말하면서 다음과 같은 결론을 내린다. "그래서 이 시대에

서 완전히 고립되어 '가치 없이' 죽어 가는 것을 한탄하는 것은 덜 유익하다. 오히려 죽음에 대한 자연적인 불안과 개인적인 당황함을 개인적으로 새롭게 생각하고 말하며 나중에 새롭게 이겨내는 것을 배우는 것이 중요하다. 단지 더 이상 죽음에 대한 불안과 개인적인 당혹감을 경험에서 밀어내지 않고 현대 과학기술적 또는 의학적으로 완전하고 구조화된 삶의 세계에서의 존재감에서 분리하지 않으며 그것과 함께 감정적인 접근에서 멀어지지 않는 기회만이 존재한다.

슈미트(Gehard Schmied)가 객관적으로 다음과 같이 언급한 것은 아직 비상대책이나 제한적으로 도움을 줄 수 있는 위기조정처럼 생각된다. "사회복지사처럼 목사는 의사와 돌보는 사람이 선한 의지로 그들에게 주어진 실제적인 과제를 충족하는 것 외에 할 수 없는 감정적인 욕구를 충족시키는 데 도움을 줌으로써 일종의 과학기술적인 부분과 균형을 이룰 수 있다."[218] 그것은 확실히 맞으며 제도적으로 점진적으로 가능할 수 있다. 그러나 그것을 넘어서 주어진 상황에서 죽음에 대하여 접근할 때 의도적으로 공동체 형성을 목표로 삼아 목회상담적으로 임해야 한다.

가족과 친척, 친구와 이웃의 공동체가 잘 알고 지내는 사람 또는 가까이 지내는 사람의 죽음상황에서 갑작스럽게 구성될 수 없다. 부부와 가족 갈등(이 책의 431쪽 이하 참조)을 목회상담적으로 다룰 때 체계적인 사고 및 '집단목회상담'(이 책 250 이하 참조)은 오늘날 매우 익숙하지 않은 슬픔과 죽음 문제의 관점을 처음부터 포함시킬 수 있으며, 이에 (개별 집단 구성원에게 내외적으로 다소 가까이 있는) 관련된 사람과의 영원한 분리가 '필요할 경우에' 공동체를 형성하는 것을 지지할 수도 있다.

슬픔과 죽음의 상황에서 공동체 관계를 가능한 현실화하는 관점에서 종종 요구되는 '가정에서 죽음을 맞이하는 것'[219]과 '호스피스 병동'[220]의 설립에 대한 문제를 살펴보아야 한다. 실제적으로 말 그대로 '마지막 숨을 쉴 때까지' 인간관계의 가능성이 처음부터 제외되지 않도록 '외적인' 상태를 변화시키는 것은 중요하지 않을 수 있다. 무엇보다도 가능한 불안을 상대화시킬 수 있도록 경험의 한계를 붙들고 보상할 수 있는 (집

대충 받아들이기 시작한 포악한 현상이 만연해 있다. 친밀한 동행자인 죽음은 일상용어에서 사라지고 그 이름은 금지간판이 되었다. 그렇게 예민하게 다가왔던 말과 표현 대신에 불명료하고 알지 못하는 불안이 등장했다"(187쪽 이하).

이러한 징후에서 죽음이 금기시되고 현대 능력사회에서의 방해요소처럼 보인다.

218) G. Schmied, 위의 책, 57.

219) G. Schmied, 위의 책, 51 이하.

220) G. Schmied, 위의 책, 53 이하.

단) 분위기를 만드는 것을 목표로 해야 한다.

그래서 런던에 있는 성 크리스토퍼 호스피스(St. Christopher-Hospizes)의 설립자이며 관리자인 사운더스(Cicely Saunders)는 다음과 같이 서술하고 있다. “죽어 가는 사람은 공동체의 지지와 보호가 필요하다. 공동체는 죽어가는 사람으로부터 근본적인 질문을 깊이 생각하고 경청하는 것을 배우기 위한 자극을 받는다. 우리는 친절하고 다른 사람에게 전적인 주의와 진지한 존경을 보일 정도로 중요한 것을 배울 수 있는 사람의 죄 가운데 존재한다.”[221] 그리고 스토다르트(S. Stoddard)는 계속해서 다음과 같이 서술하고 있다. “죽어 가는 사람을 위한 집에서는 병든 사람이 기계장치에 연결되어 있지 않으며 호스와 주사위로 고통받지 않으며, 고통을 없게 하여 감각을 흐리게 하는 약에 의해 다루어지지 않는다. 그 대신 그들에게 고통이 부분적으로 고도로 발달된, 그러나 종종 놀라울 정도로 간단하면서도 이해할 수 있는 방법에 의해 받아들여지게 된다. 그리고 그것은 자연스러운 죽음에 도달할 때까지 완전히 평온하고 관심의 분위기 속에서 의식적인 삶을 살아가도록 그들을 돕게 된다.”[222] 이러한 특별한 방법에 대해서 이 책은 상세하게 다루고 있다.

좀 더 많은 정보를 제공하여 이 책을 보완해 주고 있는 것이 바로 보이텔(H. Beutel)과 타우쉬(D. Tausch)의 책이라고 할 수 있다[223] 이 책은 먼저 다양한 전문가의 개별적인 논문에서 죽음에 대한 불안과 죽음에 직면한 사람과의 접근을 다루고 있으며, 이어 죽어가는 사람의 동반자를 위한 구체적인 안내를 제시하고 있다. 그리고는 ‘독일에서의 호스피스 운동의 실례’를 보여 주고 있다. 이 책 서론에서 타우쉬는 다음과 같이 말하고 있다. “영국과 미국에서의 경험에 의하면 호스피스의 도움과 이러한 상황에 혼자 내버려 있지 않다는 확신을 통해 가족들이 점점 더 자주 죽어 가는 사람을 가정에서 돌보는 것에 대해 긍정적인 관심을 갖게 된다는 것이다. 그리나 현재 환자는 혼자이거나 가족들이 부담이 될 경우 호스피스 기관에서 가족과 같은 환경에서 계속해서 도움을 받을 수 있다. 여기서 환자는 죽음과의 만남을 회피하지 않는 사람에 의해 돌보아지게 된다. 호스피스는 적극적으로 죽는 것을 돕는 것이 아니다. 그러나 생명을 좀 더 연장하기 위

221) Sandol Stoddard, *Die Hospiz-Bewegung. Ein anderer Umgang mit Sterbenden*, Freiburg i. Br., 1987, 18.

222) 위의 책, 같은 곳.

223) Helmuth Beutel/Daniela Tausch (Hg.), *Sterben—eine Zeit des Lebens. Ein Handbuch der hospizbewegung*, Stuttgart, 1989.

해 애쓰는 곳도 아니다." [224]

또한 이러한 의미에서 수동적인 또는 능동적인 죽음의 도움이 가능한가 불가능한가에 대한 특히 복잡하고 감정적인 토론은 목회학적인 관점에서 어쨌든 공동체 형성에서 이루어질 수 있다. 그래서 근본적이고 명백하게 아직 합의가 이루어지지 않는 문제는 토론 참여자의 확고한 입장에서 계속해서 미해결 문제로 다루어질 수 있다. 이 책에 다양한 입장과 견해가 자주 나란히 소개되고 있다.

그러므로 안락사[225]에 대한 책은 저명한 변호사인 하케탈(Julius Hackethal)과 큐블러-로스(Elisabeth Kübler-Ross), 아이바흐(Ulrich Eibach), 메베스(Christa Meves), '인간다운 죽음을 위한 독일협회(Deutschen Gesellschaft für Humanes Sterben)' 의 협회장인 아트로트(Hans Henning Atrott), 라이제르트(Peter M. Reisert), 그리고 틸리케(Helmut Thielicke)의 논문들을 간략히 요약하고 있다. 의도적으로 평가된 핵심적인 논문으로는 아이바흐의 것이 의미가 있다. '삶에 대한 권리-죽음에 대한 권리' [226]부분에서 저자는 먼저 '안락사' 의 개념에 포함되는 매우 다양한 취급방법들을 구별하면서 능동적인 안락사는 법률적으로나 기독교 윤리적으로 책임질 수 없는 것으로 간주한다. 왜냐하면 적극적인 안락사 도움에 대하여 개인적인 결단을 해야 하는 매우 드문 극단의 경우 무죄가 중요한 것이 아니라 '진정한 양심결단을 위한 용기와 그 결과에 대한 책임과 자세에 대한 준비……' [227]가 중요할 수 있다.

극도로 논쟁의 여지가 있고 문제를 극단화한 '요구에 의한 살인' 에 대해서 아이바흐는 다음과 같이 설명한다. "일반적으로 참을 수 없을 정도로 고통스럽거나 '가치가 없는' 상황이 살인 정당성의 이유로 이해될수록 여기서 분명한 판단능력에서 나온 환자의 자유로운 의지표시가 중요하다는 주장이 점점 설득되기 어려워진다." [228]

예치오로브스키(J. Jeziorowski)에 의해 편집된 또 다른 책[229]에서 아이바흐는 '죽음과 인간의 가치(Tod und Menschenwürde)' [230]라는 제목으로 다음과 같이 쓰고 있다. "인간의 죽음을 위한 정치적이고 정당한 투쟁은 실제로 환자의 의지에 주목하고 그 의지가

224) D. Tausch, 위의 책, 154 이하.
225) *Sterbehilfe—Mitleid oder Mord?*, 1984.
226) U. Eibach, 위의 책, 21 이하.
227) U. Eibach, 위의 책, 77.
228) U. Eibach, 위의 책, 65.
229) Jürgen Jeziorowski (Hg.), *Leben als Last. Sterbehilfe–Freitod–Menschenwürde*, Hannover, 1986.
230) U. Eibach, in: J. Jeziorowski (Hg.), 위의 책, 14 이하.

다른 사람의 목적이 되지 말아야 하며 적법성에 따라 움직이는 병원구조에 따르지 않아야 한다. 그러므로 의학의 과제는 한 인간에게 반드시 죽음의 아픔을 면하게 하는 것일 수 없으며, 인간의 생명을 모든 수단으로 연장하거나 죽음에 대항하는 것일 수는 없다. 환자가 죽음에 대해 말할 수 있고 죽음을 피할 수 없는 사실로서 받아들일 수 있다면, 그리고 의사들이 생명을 연장하는 방책을 포기하기 위해 합법적으로 어느 정도 자유롭게 결정할 수 있도록 주어진다면, 인간은 대부분의 고통스러운 죽음을 면할 수 있을 것이다."[231] "그러므로 우리는 새로운 윤리와 새로운 법이 필요한 것이 아니라 의학조직 구조의 적법성과 인간의 타성에 대항하여 선하고 옳은 것으로 인식한 것을 끝까지 해내는 능력과 의지가 있는 사람들이 필요하다."[232]

'불만족스러운 의학적이고 법률적인 상황'에 대한 접구은 반대 의견과 사건에 대하여 적극적인 안락사를 맹렬하게 방어한 훔프리(D. Humphry)와 비케트(A. Wickett)의 책에서 주장되고 있다.[233]

이러한 상황에서의 목회상담은 개방된(즉, 지속적이고 가능한 계속적으로 이념에서 자유로운) 토론을 목표로 할 때 전문가와 해당자의 공동체 형성을 위해 노력해야 하며, 개개의 경우와 마찬가지로 일반적으로 무엇을 '선하고 옳게' 행해야 하는지 인식하도록 참여자들을 지지해야 한다.

특히 목회상담자는 슬픔과 죽음과 관련해서 어떤 생각과 논쟁을 하게 되는가?

• 목회상담자는 슬픔과 죽음에 직면하여 끊임없는 고통스러운 분리과정을 다룰 때 핵심 부분에서, 그리고 가장 집중적으로 '그리스도교적인 태도' 또는 목회상담 사역의 핵심에 대하여 질문을 받게 된다. 그렇기 때문에 성서적인 인간 이해에 대한 접근이 이러한 극단적인 삶의 상황에서 특히 시급하며 분명하게 요구된다.

죽은 사람은 근본적으로 완전히 죽는다는 것은 요수티스의 논문 「목사와 죽음(Der Pfarrer und der Tod)」에서 핵심적인 말이었다.[234] "어떠한 종교적인 예식이나 신앙적인 말 또는 인생에 대한 미화도 죽음이 인간에게 최종적인 마지막을 의미한다는 것을 똑바

231) U. Eibach, 위의 책, 26.

232) U. Eibach, 위의 책, 27.

233) Derek Humphry/Ann Wickett, *Das Recht auf den eigenen Tod und eine menschenwürdige Sterbehilfe. Mit einem Beitrag von Hans Henning Atrott*, München, 1987.

234) In: M. Josuttis, *Der Pfarrer is anders*, 107 이하.

로 보아야만 한다."[235] 그리고 그는 이러한 결정에 대한 신학자들의 특별한 관심을 제시한다. 아예 사라져 없어지지 않는 '영혼의 잔재' 에 대한 접촉점이 필요하지 않는 오직 희망을 주는 하나님 은혜의 성서적인 약속은 모든 '그리스도교의 플라톤 철학주의' 를 잘못된 해석으로 보게 한다.[236]

모든 불분명한 은폐와는 반대로 죽음에 대한 언급은 물론 죽음에 직면한 당사자를 위해 필요한 결론이다. 그래서 개인에게 자신의 한계가 의식되고 불멸의 환상에 대한 포기가 권해지게 된다. 이에 따라 당연히 과거에 대한 대부분의 짐을 마지막으로 떨쳐 버릴 수 있다. 그러나 경우에 따라서 아직 살아 있는 힘에 한층 더 많이 이끌리게 되는 것을 느껴야 할 것이다. 그러므로 마침내 죽어 가면서 가능한 절망을 스스로 고백하게 된다.[237]

과거의 짐을 떨쳐 버린다는 것은 주어진 상황에서의 목회상담적인 관점에서, 그러나 그것을 뛰어넘어 근본적으로 목회상담 상황에서 특별한 참회의 가능성에 대하여 질문하게 한다. 어쨌든 목회상담자는 이와 관련하여 말할 수 있고 더불어 의사소통할 수 있는 신학적이고 목회학적인 입장을 갖도록 해야 한다.

---

235) M. Josuttis, 위의 책, 114.

236) 이 부분에 대해서는 Eberhard Jüngel, *Tod,* Stuttgart/Berlin, 1971, 특히 "Entplatonisierung des Christentums—eine theologische Aufgabe(그리스도교의 탈플라톤주의—신학적인 과제)" 부분을 참조한다. 여기서 융겔은 다음과 같이 서술하고 있다. "불멸의 죽음을 통해, per aspera ad astra—그것은 플라톤적인 그리스도교가 지배하고 있고 탈플라톤화되는 그리스도교는 벗어나야 하는 강박관념이다. 플라톤의 신비한 죽음의 제거는 그리스도교적인 해결이 될 수 없다"(73쪽). 그대신 사고의 전환에 이르러야 한다. 죽음의 비밀 대신에 그리스도교적인 죽음의 비밀에 대하여 말해져야 할 것이다. 인간으로부터 죽음을 생각하는 대신 하나님으로부터 죽음을 생각해야 한다. 단지 '예수 그리스도의 죽음' 과 '하나님의 열정으로서의 죽음' (121쪽)이 죽음문제에 대한 논쟁의 핵심에 자리 잡는다. 그래서 오직 '성서적인 죽음 이해의 두 가지 차원' (145쪽)이 옳은 빛으로 나타난다. "죽음에 대한 성서적인 이해는 두 가지 차원이다. 하나는 죽음 존재에 대한 확인이다. 죽음은 삶의 관계를 전적으로 끊어 버리는 관계 상실의 사건이다. 관계 상실의 사건으로서 죽음은 인생사의 끝이며 영혼과 육의 역사의 끝이다. 그러므로 전인격의 끝이며 인간 삶의 마지막의 표현이다. 인간은 죽게 될 때 바로 과거 자신의 모습이었던 그 모습 그대로다. 그때부터 인간은 스스로 더 이상 아무것도 아니게 되며 이 점에서 아무것도 아니다. 미래 없는 현재는 존재하지 않기 때문에 현재는 현재일 수 없다. 죽은 사람은 단지 지나간 과거의 존재방법으로 '있다.' 그래서 명백하게 죽은 사람은 모두 세상의 역사 속에 속한다"(145쪽).
"성서적인 죽음 이해의 또 다른 차원은 제안의 차원이다. 제안은 죽음을 초월하여 인간의 죽음에 관여하는 하나님의 승리를 언급하는 것이다. 이 제안에 신앙과 불신앙이 나누어진다. 신앙은 이러한 제안을 받아들인다. 신앙은 그것과 함께 희망으로서 설계되며 의무가 요구된다. 희망과 의무는 예수 그리스도의 죽음에 근거된다. 죽음에 의해 위협받게 되는 곳에서 신앙인은 죽음에 대한 승리자를 무시할 수 없다"(146쪽).

237) M. Josuttis, 위의 책, 118 이하.

현대의 관점을 소개하는 것으로서 의미가 있는 참회의 역사와 적용에 대한 우자델(W. Uhsadel)의 책은 여전히 유용하다.[238] 먼저 여기서는 근본적으로 다음과 같이 확실히 하고 있다. "죄의 용서는 같은 방법으로 모두가 참여하는 그리스도교 회중의 삶의 기능이다. 일반적인 성직자의 직분에 모든 사람이 죄의 용서를 받을 수 있는 권한이 주어진다. 더 이상 죄의 용서를 이행하지 않으려 하거나 더 이상 그 직무를 집행하지 않는 사람은 내면적으로 회중의 삶의 자리에서 멀어진 것이다."[239]

나중에 게어리츠(P. Gerlitz)[240]는 오늘날 고해성사와 관련된 상반 감정적인 경험을 명확히 표현하고 있다. 상대적으로 불충분하지만 모든 근본적인 문제제기를 받아들이는 그의 논문에서 명백하게 다음과 같이 서술하고 있다. "참회는 현대 목회상담에서 가장 논란이 되고 있는 문제에 해당한다. 왜냐하면 참회는 분명히 개인적인 자유를 염려하고 모든 교회의 권위에 넌더리를 내는 자율적인 인간이 거절하는 신학적인 영역을 나타내기 때문이다. 그러나 참회는 동시에 이러한 세속적인 인간의 정체성과 자신의 인격 속에서 항상 문제 제기를 하는 의심으로부터의 해방에 대한 욕구를 분명하게 한다."[241]

이렇게 현재 목회상담에서 실제적으로 강하게 상대화되거나 약하게 되는 영역에서 새로운 제안을 제시한 사람이 헨체(E. Henze)다.[242] 우리의 상황과 관련하여 먼저 핵심이 중요하다. 헨체에 의하면, "참회가 세상과 시대에 광범위하게 영향을 미친다는 것을 잊지 말아야 한다. 우리 '모두 분명하게 그리스도의 재판의자 앞에 있어야 한다.' (고후 5:10)는 생각이 참회에 살아남아 있다. 다른 말로 참회 때 '마지막의 것' 이 해명되는 것이다. 영원은 이 세상의 시간과 연결된다."[243] 홀체(Henny Holze)는 '참회에 대한 갈망(Sich nach Beichte sehnen)'[244]이라는 부제와 함께 「오늘의 문헌에서의 참회(Die Beicht in heutiger Literatur)」[245]라는 논문에서 한 여작가의 유언을 다음과 같이 언급하고 있다. "일기장에서 라이만은 믿을 수 있는 자신의 소망에 대해 말하고 있다. 그것은 무신론적인 환경에서 성장하고 살았던 작가에게는 놀라운 일이다. 더 놀라운 일은 그녀에게 있는

---

238) W. Uhsadel, *Evangelische Beichte in Vergangenheit und Gegenwart*, Gütersloh, 1961.
239) W. Uhsadel, 위의 책, 6.
240) Peter Gerlitz, Beichte, *PThH*, 64 이하.
241) P. Gerlitz, 위의 책, 64.
242) Ernst Henze (Hg.), *Die Beichte*, Göttingen, 1991.
243) E. Henze (Hg.), 위의 책, 15.
244) E. Henze (Hg.), 위의 책, 17 이하.
245) H. Holze, 위의 책, 21 이하.

이러한 소망과 관련된 참회하고자 하는 갈망, 신부 앞에서 고회성사를 할 수 있는 갈망이 있다는 것이다. 그녀는 그것을 통해 '의기소침과 불안' 으로부터 자유롭게 되기를 기대했다. 그녀는 참회가 무죄판결과 면죄와 관계가 있다는 생각을 가지고 있었기에 참회를 통해 비로소 진정한 삶이 가능하다는 희망을 가지고 있었다." [246]

끝으로 비즈만(Dieter Vismann)은 '참회와 성만찬(Beichte und Abendmahl)' [247]의 관계에 대하여 다음과 같이 서술하고 있다. "참회에서 우리는 우리의 존재가 자유로운 선물이며 또 계속되는 자유로운 선물이므로 가장 깊은 기쁨에 머물게 되는 경험을 할 수 있다. 그래서 옳게 이해되고 실천된 참회는 성만찬을 가리게 하거나 성만찬이 짐이 되지 않을 것이다. 반대로 그것은 성만찬을 위해 준비하게 하고 마음의 문을 열게 하며 주님의 식탁에서 선물과 기쁨의 경험을 더욱 강하게 맛보게 할 것이다." [248]

참회에 대한 입장의 다양성은 동시에 참회 제공의 상이한 경험을 다양성으로 인식하고 민감하게 그에 대하여 반응하는 목회상담자의 과제를 암시한다. 그렇다면 이러한 목회상담적인 민감성은 실제적으로 매우 다양한 태도방법에서 나타날 수 있다.

참회방법을 목회상담자는 소원 성취하는 것으로 사용할 수 있다. 내담자가 (꼭 그런 것은 아니지만 특히) 삶의 마지막에 참회에 대한 갈망이 느껴지면 이러한 갈망은 특히 매우 오랜 그리스도교 전통에 그 근원이 있다. 그렇다면 참회는 개인적으로 억압된 것을 자유롭게 말하는 것만을 의미하지 않는다. 그것은 동시에 이러한 전통과 그 효력의 역사가 위로가 된다는 것을 알게 되며, 참회의 도움으로 시대에 영향을 미치는 공동체에 참여하는 것을 의미한다. 목회상담 사역은 참회에 대한 갈망이 있는 경우 이러한 관점을 고려해야 한다. 그러므로 참회에 대한 잘못된 기대(예: '나의 죄에 대한 고백이 자동적으로 모든 억압된 생각과 의기소침하게 된 기분으로부터 나를 자유롭게 한다.')는 다른 방향으로 가게 될 수 있다.

참회의 방법을 목회상담자는 요구하면서 활용할 수 있다. 내담자가 (꼭 그런 것은 아니지만 특히) 삶의 마지막에 정신적으로나 감정적으로 실제적인 것은 아무것도 잃지 않고 모든 것을 '어떻게든 옳게' 하기 위해 불안한 상태에서 증명하려고 시도한다면, 단지 전체적인 행동구조에서 보상적으로 이행되는 참회 제공이 변화의 경험으로 이끌 수 있다. 상반 감정이 있는 과거의 일들이 괴롭게 '반복되지 않아야 하며' 용서하는 것을 넘어서서

246) H. Holze, 위의 책, 22.
247) E. Henze (Hg.), 위의 책, 51 이하.
248) D. Vismann, 위의 책, 54.

꼬치꼬치 조사되지 않아야 한다. 내담자를 참회와 직면하도록 결정할 때, 목회상담자는 이러한 과정에 대한 요구특성을 정확하게 평가할 수 있어야 한다. 인간의 지금까지의 삶 속에서 하나님과 다른 사람들 그리고 자기 자신에게 죄스러운 것으로 남아 있는 인간의 내면적인 고백이 종종 포괄적으로 불안을 없애는 과정에서만 요구될 수 있다.

참회의 방법을 목회상담자는 포기하면서 활용해야 한다. 내담자의 지금까지의 생애가 (꼭 그런 것은 아니지만 특히) 삶의 마지막에 참회과정이 필요한 것으로 느끼고 그와 관련하여 완화되는 것을 체험할 수 있는 가능성이 전혀 없다면 그리스도교 목회상담의 이러한 전통적인 제안을 포기해야 한다. 그렇지 않으면 갑작스럽게 요구된 인간에게 참회사건의 어색함과 불쾌함이 목회상담 전제적으로 흐르게 된다. 목회상담 사역은 이러한 상황에서 불가능성을 거부로 생각하지 말아야 한다. 그것은 내담자의 전형적인 태도의 '폐쇄'를 존중해야 한다. 그는 이러한 태도를 갈등이나 위기 상황에서 억지로 하려고 하지 말고 연대적인 이해를 전달하고 폐쇄성에 반대하여 복음의 '조건 없는' 위로의 말을 전해야 한다.

목회상담자는 이러한 다양하고 아직 계속되는 경험요소들을 생각해야 할 것이다. 이런 경험요소들과의 접근에서 특히 하나님에 의한 죽음 극복의 총체성에 대한 성서 말씀과 마찬가지로 죽음의 극단화에 대한 성서 말씀이 쉽게 '경험될 수' 없다는 것이 분명하게 드러난다. 그것은 신학적으로 해명되지 않을 뿐더러 여전히 의미가 있는 이유가 있다. 모든 '자연스러운' 분리에 대한 불안은 '자연적으로' 환상적인 생각, 즉 정신적인 도움의 구조를 만들어 낸다. 그 생각은 모든 것에 대하여 두려웠던 관계 상실을 최소한 단지 '일시적으로' 나타나게 하기 위하여 '다리기능'을 한다.

이와 관련하여 목회상담자는 정신적으로 다른 사람이 불안에서 해방되도록 돕는 상황에 처하기 전에 무엇보다도 자신의 분리불안, 잠재된 죽음에 대한 불안을 다루어야 한다는 것이 항상 상소된다.[249] 이러한 정신적인 소모는 사실 절대적으로 필요한 것으

---

249) D. K. Switzer, *Krisenberatung*, 90 이하. Margaretta K. Bowers u.a., *Wie können wir Sterbenden beistehen*, 2. Aufl., München/Mainz, 1971. 이 책에서 목회상담사에게 해당되는 선상한 사람의 방어기제와 잠깐 간접적으로 당사자의 죽음에 대해서 말하고 있다. 목회상담자는 일반적으로 자신의 불안으로 인해 죽어 가는 사람과 포괄적으로 동화될 수 없다. 그것은 목회자를 역설적인 상황으로 이끈다. "그는 불멸에 대하여 말하고 그의 내면 깊숙이 죽어야 할 자신의 운명을 의식한다. 그는 단지 추측만 할 뿐 아무런 대답도 가지고 있지 않아도 죽음의 의미를 설명하려고 한다" (69쪽).
이러한 역설적인 서술은 목사 또는 목회상담자가 '불멸'의 관점에서 신학적으로 다른 입장을 가지고 있을 때 해당된다.

로 보인다. 그것은 당연히 목회학 분야에서 사망의 경우 자신의 신앙상황, 즉 불안과 신앙, 욕망과 죄의 관계를 집중적으로, 그리고 특별한 (목회상담) 상황과 관련하여 '마음을 써야 한다.'[250)]

더 나아가 슬픔과 죽음에 대한 목회상담적인 접근은 특별한 방법으로 목회학적으로 효과 있는 예식과 상징을 이용한다.[251)] 자연스러운 반응 속에서 (위협적인) 죽음으로 헤어지게 된 사람의 이별장면이 슬퍼하는 사람들에 의해 완전히 일반적으로 예식의 형태로 구조화된다. 이러한 시대와 세계관적인 입장을 지배하는 관습 속에 그리스도교 신앙이 명백하게 드러난다. "사회심리학적인 분석이 보여 주는 것처럼 복음이 특정한 욕구를 진정시킴으로써, 사회의 존속과 정체성을 확실하게 함으로써, 감정을 극복할 때 개개인에게 도움을 줌으로써 장례식에서 복음이 종교적인 형태로 나타난다."라고 요수티스는 서술하고 있다.[252)] 여기서 필연적으로 필요한 목회상담적인 동행에 대한 직접적인 목표에 대하여 그는 다른 입장에서 출발한다. "예식은 감정을 유도하지만 불안과 죄 및 의심의 감정은 슬퍼하는 사람에 의해, 슬퍼하는 사람과 함께 극복되어야 한다."[253)]

예식이 상징적인 경험으로 열려지지 않게 되면, 앞서 언급했듯이 그것은 매우 빨리 상투적인 진부한 것으로 전락된다. 융이 설명하고 명백하게 한 것처럼 바로 죽음의 주변에서 생동감 있는 상징과 순수한 표시(상징이 표시로 될 수 있는)의 구별이 특히 중요하다.[254)] 표시는 단지 디지털식의 의미에서 정보를 제공하고 배타적인 관점에서 가능한

---

250) 신앙을 '돌본다' 는 의미에 대해서는 다음을 참조한다. K. Winkler, *Kinder*, 154 이하.

251) 예식과 상징의 개념에 대해서는 다음을 참조한다. C. Schneider–Harpprecht, *Trost*, 306 이하. 특히 저자는 '자유를 위해 소명된 자의 상징적인 움직임으로서 예식(Rituale als symbolisches Spiel der zur Freiheit)' (310 이하)이라는 주제로 논하고 있다.

252) M. Josuttis, *Praxis*, 196, 덧붙여 "Der Vollzug der Beerdigung. Ritual oder Kerygma?" 부분 참조(188 이하).
장례예식의 사회심리학적인 기능의 관점에서 요수티스는 먼저 예식을 다음과 같이 정의하고 있다. "이 개념은 상호적으로 작용하는 실행의 구조를 의미한다. 이 구조를 통해 인간의 집단이 자신과 다른 구성원을 위해 특정한 상황에서 정체성을 지킨다" (189쪽). 예식을 통해 공동체로 하여금 삶의 규칙에서 떨어져 나온 '아무런 의미가 없는 형태' 로서 인간의 시신을, 그리고 한 구성원을 잃어버렸다는 사실을 잘 극복하도록 도와주게 된다. 공동체는 죽음에 대하여 (내면적인) 균형을 유지할 능력을 갖게 된다. 이러한 포괄적인 집단사건에서 '가족' 은 정신적인 조화를 유지하기 위해 상응하는 예식적인 욕구와 더불어 하위집단을 형성한다.

253) M. Josuttis, 위의 책, 199. 이전에 요수티스는 이와 관련하여 예식은 슬픈 사람들 개개인에게 사회에 맞추어진 슬픔의 태도를 나타내고 내면적으로 더 쉽게 죽은 사람과 분리하며 모든 경우에 억압에서 벗어나 슬픔의 예외상황에서 창의적인 행동을 발달시키도록 돕는 것이라고 제시했다.

254) K. Winkler, Symbolgebrauch zwischen Partizipation und Regression, C.G. Jung und die Folgen für

'비유적인 것' 을 근본적으로 상대화하여 나타내는 반면, 상징은 항상 (직접적으로 경험할 수 있는 실재를 초월하는) 그것 자체를 넘어서 뜻하며 불충분한 것을 '알려' 준다. 상징은 항상 '선택된 표현이 상대적으로 알려지지 않았지만 현재 인정되거나 요구된 사실의 내용을 위해 가능한 가장 좋은 표시나 형태라는 것을 전제로 한다.'[255] 다르게 말하면, 상징을 통해 말할 수 없는 그 어떤 것이 탁월한 방법으로 설명된다. 바로 이러한 과정이 이해하는 데 도움을 줄 뿐만 아니라 심령을 움직이기 때문에 사건이 일어난 경우 역동적인 영향을 가져서 모든 (기쁘거나 슬픈) 경험을 '초월적으로' 만나게 되는 의도를 묘사하는 '생동감 있는' 상징을 말하는 것이다. 계속해서 슬퍼하는 사람과 죽어 가는 사람과의 (목회상담적인) 접근에서 이러한 의미의 '생동감 있는 신앙의 상징' 으로 사역한다는 것은 결정적인 의미가 있다.

• 슬퍼하는 사람이나 죽어 가는 사람과 그의 상황을 일반적으로 '동정적' 으로뿐만 아니라 적절하게 도움을 주려고 관계를 가지려고 한다면, 목회상담자는 슬픔과 죽음의 과정에 대한 특별한 지식을 습득해야 한다. 슬픔이나 곧 있을 죽음의 비상사태에서 당사자가 일반적으로 실존적인 필요에서 아마도 이전에 터득한 인간적인 반응의 구조와 존재에 대한 지식을 자신에게 적용하는 경우는 거의 없다(당사자가 이러한 영역에서 전문적으로 일하고 전문인력일 경우). 그렇다면 모든 인식적인 통찰은—모두 다르게 매우 슬픈 개개인에게처럼—상황적으로 중단되고 모든 것을 지배하는 한없는 정신적 고통의 감정에 의해 상대적인 것으로 보인다.

한편으로 목회상담은 슬픔의 경우 목회상담을 실제적으로 이행하려는 사람들의 측면에서 특별히 절박한 슬픔을 당한 사람의 내면적인 상황에 대해 분명한 거리를 두는 것을 전제로 한다. 여기서 거리를 둔다는 것을 공감의 결핍으로 혼동해서는 안 된다. 오히려

die Seelsorge, in: Einrich Schmid (Hg.), *Mythos und Rationalität*, Gütersloh, 1988, 334 이하, 특히 "C. G. Jung: Das Symbol und der prinzipiell offene Transzendenzbegriff", 341 이하; Jürgen Oelkers/Klaus Wegenast (Hg.), *Das Symbol—Brücke des Verstehens*, Stuttgart/Berlin/Köln, 1991. 이 책은 '상징-신학, 교육학, 정신분석, 사회학, 문예학에서 이해의 다리(Das Symbol-Brücke des Verstehens in Theologie, Erziehungswissenschaften, Psychoanalyse, Soziologie und Literaturwissenschaft)' 라는 주제의 분야별 심포지엄의 학문적인 논문들을 수록한 것이다. 우리의 상황을 위해 이 책에서 종교철학자인 그라브너-하이더의 언급(Anton Grabner-Haider)(그의 발제 "Religise Symbole in der Theologie", 31 이하에서)이 특별히 중요하다. "언어적인 상징과 마찬가지로 행위의 상징은 모두 감정적인 경험과 밀접하게 연관된다. 그것은 삶의 기쁨과 감성, 욕망 등과 똑같이 삶의 불안, 죄와 파괴성 같은 고통경험의 과정일 수 있다"(36쪽).

255) C. G. Jung, *Typen*, 643.

거리의 가능성에 목표를 두고 상담을 해야 할 것이다. 이러한 기본 입장에서 무엇보다도 슬퍼하는 사람에게 압박해 오는 상실에 대한 불안(관계되었던 사람을 잃고 그 사람 없이 계속해서 살 수 있거나 살려고 하는 능력에 대한 문제 제기까지)을 목회상담적으로 이해하고 상쇄하도록 돕는 것이 중요하다. 그러면서도 진행의 각 단계에서 슬픔의 과정을 장려하고 그때마다 전형적인 소화방법을 고려하는 것이 중요하다. 슬픔의 상황에서 밀려오는 의심과 지금까지의 삶의 신조에 대한 갑작스러운 문제 제기를 건설적인 종교와 신앙비판으로 제거하고 이러한 특별한 상황에서 하나님에 대한 적절한 신뢰를 갖게 하는 것이 중요할 수 있다.

이와 같은 모든 개별적인 사정과 함께 목회상담은 슬픔의 경우 정신적인 예외상황에서의 방향설정을 위한 도움으로 이해할 수 있다. 목회상담은 개별적으로 제공되어야 하지만 가능하면 그리스도교 공동체와 회중의 경험과 연결되어야 한다.

목회상담자에게 실제적인 기본 태도 외에도 현재, 특히 충분한 문헌 제공의 도움으로 이러한 목회적인 특별한 영역에서 얻어질 수 있는 슬픔과정의 다양한 특징과 진행사정에 대한 지식이 필요하다.

여기서 슬픔과정에 대한 슈피겔(Y. Spiegel)의 저서는 꼭 필요한 '고전'이 되었다.[256] 가능한 경험에 가깝게 저자는 인문과학적이고 신학적인 관점과 다양한 의미구조를 슬픔의 사건과 관련하여 실제적으로 서로 적용하려고 했으며 의미에 대한 물음을 위해 오직 '부가적으로' 신학적으로 논하는 경향에 대해서는 반대하고자 했다. "신학이 처음부터 관찰에서 일반화하기까지 이러한 힘든 길에 협력하는 것을 포기한다면, 그리고 의미해석을 부여하기 위해 일반화 과정이 끝날 때까지 자칭 현명한 자제로 기다린다면 두 터널관이 반대 측에서부터 시작하여 서로 엇갈려 지나가게 되는 일이 너무나 쉽게 일어날 수 있다."[257]

그래서 슈피겔은 상세하면서도 포괄적으로 슬픔에 대한 문제를 다루거나 질병의 중요성과 함께 상황으로서 슬픔의 증후군에 대한 다양한 정신분석적이고 사회심리학적인 이론들을 논평한다. 그는 마지막으로 '유가족 사역'을 실행할 수 있기 위하여 슬픔의 과정을 개별적인 단계별로 설명한다(충격과 조절된 태도, 퇴행, 순응의 네 단계). "'일반적인' 슬픔과정을 극복하기 위하여 슬퍼하는 사람은 종합적으로 슬픔을 유발하고 구조화

256) Yorick Spiegel, *Der Prozeβ des Trauerns. Analyse und Beratung*, München, 1973.
257) Y. Spiegel, 위의 책, 15.

하며, 현실을 인정하고 삶을 위해 결단하고, 사회적으로 받아들일 수 없는 감정과 경험을 말하고, 상실에 대하여 평가하고, 죽은 사람을 인정하고, 새로운 인생을 설계하는 것으로 설명하고 있는 일련의 과제를 해결해야 한다." [258]

슬픔의 사회적인 관점은 슬픔의 개인적인 관점을 위해 의미가 있다. 슬퍼하는 사람이 새로운 상황을 인식할 때까지 (장례)예식과 조절된 애도, 그리고 불안을 감소시키려는 도움으로 죽은 사람의 상황이 변화된 것을 인식할 수 있도록 하는 것이 중요하다. 여기서 목적은 '……아픔의 경험이 일반화되고 더 이상 그것이 당사자에게 개인적인 문제로서만이 아니라 당사자를 신앙의 도움이나 정신적인 힘으로 위기를 극복한 사람들의 무리 속에 포함시키는 것이다. 그러므로 예식은 일반적으로 상실을 극복하기 위해 공동체에 의해 행해지는 중요한 것이라는 것이 확실하다.' [259] 이러한 상황에서 슬픔과정의 개별적인 경험단계에서 슬퍼하는 사람을 돕는 일이 구체적이고 가능한 충분한 도움이 되기 위하여 새롭게 영향을 미칠 수 있는 '위기를 돕는 사람들' (의사, 장의사, 목사)의 일에 대하여 언급해야 한다.

이미 서술된 부분인 '극복방법(Die Mechanismen der Bewältigung)' 에서 마지막으로 자기애적이고 공격적이며 대상 리비도적인 극복구조가 다양하게 개별적으로 설명되고 분리 독립되어 그때그때의 경험에 따라 설명되고 있다.

마지막 부분에서 저자는 '예수의 죽음과 제자의 슬픔(요16)' 에 대하여 다음과 같이 언급하고 있다. "슬픔은 인간적인 삶을 더 불쌍하게 하는 것이 아니라 더 풍부하게 하며 죽은 사람과 슬퍼하는 사람을 위해 깊은 이해가 필요한 경험이 될 수 있다. 가까운 사람의 죽음을 신앙을 시험하는 것으로 이해하려고 하면 무엇보다도 그리스도와의 관계가 죽은 사람과의 관계로 평가된다. 잘못된 신앙 이해는 또한 슬픔과정에서 일어난 것을 올바르게 이해하지 못하게 방해할 수 있다." [260]

인용했던 첫 번째 책은 (문헌 제시의 관점에서) 더 이상 출판을 하지 않는다. 두 번째 출판된 책은 각주와 부설 그리고 문헌소개가 추가되어 있다.

임종 앞에서 설교의 과제에 대한 클라우스(B. Klaus)와 빈클러(K. Winkler)의 책은 설교학자와 목회심리학자 간의 대화를 제시하고 있다. [261] 목회학적인 관점에서 두 저자는

258) Y. Spiegel, 위의 책, 86.
259) Y. Spiegel, 위의 책, 123.
260) Y. Spiegel, 위의 책, 319.
261) Bernhard Klaus und Klaus Winkler, *Begräbnishomiletik, Trauerhilfe, Glaubenshilfe und Lebenshilfe*

구별되는 문제제기와 수용 입장에서 슬픔 사건에 대한 교회적인 사역을 다룬다. 교회적인 사역은 근본적인 질문(예를 들면, '성서적으로 정당한 예식의 구상' 이 제시되는 것이다), 대화 인도를 위한 제언, 임종 시 필요한 말을 위한 충분한 설교학적이고 목회심리학적인 고찰, 의도된 방법으로 특별히 개인에게 향한 슬픔과 신앙, 그리고 삶의 도움을 위한 안내와 함께 토의하는 것이다. '설교모델' 이라는 제목하에 두 저자는 마지막으로 서로 반대로 자신의 실제 경험에서 나온 사례를 설명한다.

죽음과 슬픔에 동반하기 위한 포괄적인 문헌은 빈터(F. Winter)가 제시하고 있다.[262] 그는 '죽음의 이론' 을 언급하고 독자를 다양한 '의미' 를 넘어 '죽음의 신학' 에 이르기까지 이끌어 거기서 상응하는 조직신학적인 고찰을 논평한다. 이 책이 특별한 것은 다음 본문 두 곳의 비교에서 보여 주듯이 조직신학적인 통찰과 실천신학적인 관용의 나열에 있다. "무(Nichts)를 향한 작은 문으로서 죽음이 선언되는 곳에서 그리스도교 신앙을 갖게 될 수 있다. 죽음은 인간과의 마지막을 만든다. 그러나 그 속에 그리고 그것을 넘어서 아무것도 아닌 것에서 창조할 수 있고 그렇게 하려고 하는 주님이 살고 있다. 왜냐하면 그는 그의 피조물인 인간 없이 혼자 있고 싶지 않기 때문이다. 죽음의 무에 떨어진 인간은 완전히 새롭게 하나님 반대편에 있는 존재로 자리 잡는다. 인간은 죽음 속으로, 그리고 예수 그리스도의 새로운 삶 안으로 받아들여지게 된다."[263] 그 뒤에는 다음과 같이 서술되고 있다. "목회상담적인 근거에서 아직 해설이 필요하다. 죽음을 넘어 지속되는 하나님과의 연대감에 대한 약속을 중요하게 여길 정도로 죽음과 그 초월성에 대한 질문을 하지 않는 사람에게 이러한 일에서 자신의 생각을 바꾸라고 억압적으로 설득해서는 안 된다. 그는 화해라는 자유로워진 영향 아래 지금 여기서 살아가고, 그 영향을 받아 육체적인 마지막으로서 죽음에 이르기까지 그 영향을 실현하도록 허락되어 있다. 그리스도교 진리의 관점에서 더 말해야 하는 것에 대해서는 아직 언급되지 않는다."[264]

'죽음으로 안내' 하고 '슬퍼하는 사람을 동행하는 것(사후의 안내)' 은 매우 실제적으로 (예를 들면, 실제적인 임종에서 장례절차와 계속적으로 필요한 죽음에 대한 준비에 이르기까지) 결국 다음과 같은 특정한 문제 제기에서 다루어지게 된다. "그리스도교 회중은 사전과

für Hinterbliebene als Dienst der Kirche, München, 1975.

262) Friedrich Winter, *Seelsorge an Sterbenden und Trauernden*, Göttingen, 1975.

263) F. Winter, 위의 책, 39.

264) F. Winter, 위의 책, 40.

사후의 동행에 대한 책임을 올바르게 인식하기 위해 무엇을 할 수 있는가?"[265]

상황적인 접근에 대한 언급을 할 때는 예배와 장례식 말씀의 실례와 함께 '선포를 위한 모델' 부분으로 상투적으로 토론하고 거기서 매우 세심하게 작업되어 교과서를 끝낸다. 이 책의 관심사를 서론에서는 다음과 같이 말하고 있다. "목사와 교회 회중이 장의사뿐만 아니라 임종을 돕는 사람이 된다면 분리되었던 장례예식이 다시 인간적이면서 복음적으로 충만하게 될 수 있다."[266]

심리학자 융을 근거로 해서 치료적인 관점에서의 슬픔의 도움을 카스트(V. Kast)는 슬픔의 개별적인 단계에 대한 책에서 제시하고 있다.[267] 말하자면 병리적인 예외상황이 더 이상 문제되지 말아야 한다는 것이다. "우리는 슬픔을 단순히 병리적인 것으로가 아니라 근본적인 어떤 것으로 보는 방법을 찾아야 하며 서로 다시 함께 슬퍼하는 것을 배우는 방법을 찾아야 한다."[268]

이러한 기초에서 무엇보다도 '연속적인 꿈의 거울에서 죽음의 경험과 슬픔'이 중요하다. 왜냐하면 "슬픔에 대한 심리적 대치에서 안내자로서의 꿈'이 심층심리학적인 분석에서 꿈에 이어지는 연상과 함께 슬픔에 대한 심리적 대치의 개별적인 단계를 나타내기 때문이다. 즉, 인정하지 않으려는 단계, 감정을 털어놓는 단계, 탐색하고 분리하는 단계, 새로운 자기관계와 세상관계의 단계다. 주의해야 할 것은 두 저자가 보울비(G.W. Bowlby)와 관련해서 단계를 연장하여 분류한 것이다. 즉, 지금은 조절된 단계가 오히려 충격의 단계와 함께 붕괴되고, 퇴행의 단계가 마치 감추어진 분노와 '영원한' 죄책감처럼 '터져 무너져 버린 감정'의 형태 속에서 나타난다. 그렇게 되면 관계된 죽은 사람을 탐색하고 분리하는 단계는 적응의 단계에 해당된다.[269] 모든 단계에서 억압되고 지연된 슬픔과정의 문제가 드러날 수 있으며 다루어질 수 있게 된다.

융의 개념인 '공생과 개별화'에 대한 비교에 근거해서 카스트는 사망의 경우 당연하지만 결국 환상적인 융합의 경향을 천천히 없애고 개인의 자율적인 전인성에 도달하도록 지지하는 것이 중요하다고 말하고 있다. 그러나 인간의 삶에서 근본적으로 삶 속으로의 임종과 '헤어지는' 것이 중요하다. "죽음이 진정으로 현실이기 때문에 우리의 삶

265) F. Winter, 위의 책, 131.

266) F. Winter, 위의 책, 11.

267) Verena Kast, *Trauern. Phasen und Chancen des psychischen Prozesses*, Stuttgart/Berlin, 1982.

268) V. Kast, 위의 책, 21.

269) 다양한 가능한 단계분류와 그에 대한 각각의 이론적인 배경에 대해서는 다음을 참조한다. Y. Spiegel, *Prozeβ*, 57 이하.

속에서 항상 분리와 이별을 받아들이는 것이 중요하다. 그렇기 때문에 우리는 삶 속에 들어가 임종하고 임종에 대한 이러한 특성으로 접근하는 것을 배워야 한다."[270)]

신학자 피자르스키(W. Pisarski)는 그의 책에서 이러한 접근을 받아들인다.[271)] 그는 '슬픔을 위한 용기' 를 갖게 하고자 하는 실제적인 안내를 위해 슬픔과정의 실체와 단계별 순서에서 언급된 기본 통찰을 충분히 이해하고 있다. "사람은 슬픔이 필요하다. 나는 이 말 속에 경고뿐만 아니라 격려도 있다는 것을 안다."[272)]

목회상담 책에서 빈클러는 매우 복잡하게 정리된 부분인 '병든 사람과 임종자 그리고 유가족에 대한 목회상담'[273)]을 다루고 있다. 그는 특히 '유가족을 위한 사역에서 섬김과 선포적인 과제' 를 제시하고 있다. 그러므로 종종 비교회적이고 그리스도교 선포에 대하여 (아직) 이해하지 못하는 가족들의 소망에 대한 '적용문제' 는 교회훈련의 방법으로 해결할 수 없다. 오히려 디아코니의 직무로 목회상담적인 관점에서 접근해야 한다. 그 이유는 다음과 같다. "적용문제는 형식적인 해결로 끝낼 수 없다. 설교자가 유가족의 이해능력과 고통, 문제 제기와 희망에 대하여 더 잘 알수록 복음을 위해 연결 가능성을 더 많이 찾게 되므로 목회상담적인 접촉이 더 집중적으로 될수록 유가족에게 쉽게 적용할 수 있게 된다."[274)] 빈클러에게도 중요한 것은 물론 회중과의 관계다. "디아코니적인 활동에서 특히 슬퍼하는 사람에 대한 사역이 오직 목사의 '직무' 인지, 또는 회중의 과제로 이해되고 이행되어야 하는지 분명해진다."[275)]

가톨릭 입장에서는 이론적으로뿐만 아니라 실제적인 관점에서 다룬 베렌츠(R. Bärenz)의 책이 있다.[276)] 슬픔은 사회학적이고 심리학적인 관점에서 무엇보다도 '정체성 위기' 로 이해할 수 있으며 극복 또는 목회상담적인 사역을 필요로 한다. "죽은 사람과 함께 살아온 세상과 죽은 사람이 함께 짊어온 남아 있는 사람의 정체성이 충격을 받게 되기 때문이다. 따라서 죽음은 정체성 위기다."[277)]

현재의 (사회)심리학적이고 목회심리학적인 지식을 목회상담자의 훈련에 정립시키는

270) V. Kast, 위의 책, 142.

271) Waldemar Pisarski, *Anders trauern—anders leben*, München, 1983.

272) W. Pisarski, 위의 책, 18.

273) Eberhard Winkler, *Seelsorge an Kranken, Sterbenden und Trauernden*, HbSS, 405 이하.

274) E. Winkler, 위의 책, 424.

275) E. Winkler, 위의 책, 426.

276) Reinhold Bärenz, *Die Trauernden Trösten. Für eine zeitgemäße Trauerpastoral*, München, 1983.

277) R. Bärenz, 위의 책, 38.

것에 대하여 린데만(F.-W. Lindemann)은 그의 논문에서 언급하고 있다.[278] 먼저 1948년부터 1973년까지 유가족과 동행하면서 교회적이고 (실천)신학적인 접근 형태를 다루었는데 그 결과 다음과 같은 결론에 도달하게 된다. "개인적인 직무경험의 평가만이 개인적인 전문 지식을 얻게 한다."[279]

'개인적인 직무경험의 평가를 위한 실례로서 사례작업의 과정'은 다음과 같다. 심리분석에 근거하여 '목회상담자의 일반적인 훈련을 위한' 결론을 끄집어내기 위해 여기서 '미소한 설명과 함께 모델로서 사례가 처음부터 끝까지 연습된다.'[280] 나중에 학생들과 세미나에서 토론되었던 장례식 설교와 사례보고와 함께 목사들과의 발린트 그룹(이 책 247, 각주 44 참조)과 관련하여 린데만은 '감독의 괴팅겐 단계기술'을 제시하고 적용하여 토론하는 기회를 가졌다. 이 모델은 다음 '네 가지 서로 이어지는 단계로 구성된다. ① 타인 인식: 내가 무엇을 인식했는가? ② 자기 인식: 나의 경험은 어떠했는가? ③ 자기 인식: 나는 그것에 대하여 어떤 생각을 가지고 있는가? ④ 설교사(또는 목회상담자, K. W.)가 말한 갈등과 갈등에 대한 그의 해석에 대한 결론 형성.'[281] 이는 특히 설교사례가 실제적으로 '연습하는' 과정으로 이루어진 교육적인 책이다.

카스트의 '이별하면서 사는 것을 배우는 것'이라는 말과 연결하여 쉬빌스키(M. Schibilsky)는 슬픔에 대한 개인적이고 전문적인 접근에 대한 중요한 연구를 내놓았다.[282] 그는 직접적으로 전 일생과 관련하여 중심을 두고 '슬픔의 이야기를 삶의 이야기로 이해한다.'[283] "모든 삶의 위기는 인간을 지금까지 살아온 삶의 역사의 틈 속으로 억압한다. 현재를 극복하고 미래를 형성하는 것은 단지 위기가 우리의 삶의 역사 안으로 포함될 때 가능하다. 그래서 슬픔의 역사는 자신의 삶의 역사의 한 부분이 된다. 그것은 슬퍼하는 사람과의 동행이 무엇 때문에 우리에게 자신의 삶의 역사와의 대화를 위해 필요한지에 대한 결정적인 이유다. 이것은 동시에 기회를 제공한다. 삶의 역사에 몰두하는 사람은 사실은 의미 있는 생활태도에 대한 질문에 전념한다."[284]

278) Friedrich-Wilhelm Lindemann, *Seelsorge im Trauerfall. Erfahrungen und Modelle aus der Pfarrerfortbildung*, Göttingen, 1984.
279) F.-W. Lindemann, 위의 책, 59 이하.
280) F.-W. Lindemann, 위의 책, 126.
281) F.-W. Lindemann, 위의 책, 137.
282) Michael Schibilsky, *Trauerwege. Beratung für helfende Berufe*, Düsseldorf, 1989.
283) M. Schibilsky, 위의 책, 52.
284) M. Schilbilsky, 위의 책, 53.

일반적인 슬픔이론을 이해할 때, 현재와 슬픔의 동반자를 위한 전문적인 슬픔이론을 이해한 결과 '죽음의 구체화' 와 관련하여, 그리고 매우 실제적인 언급 외에 쉴비스키는 그의 주요 관심에 이르게 된다. 그는 '슬픔을 떠나 버리는 것(Weg-Geschehen)' 으로 이해하며 다양한 슬픔의 행동양식과 유형을 구별하고자 한다. 그는 결국 '슬픔의 나선형 길' 을 제시하고 있다. '내면적인 것' 과 '외면적인 것' 그리고 '과거' 와 '미래' 의 경험의 상반된 쌍이 '현실의 십자가' 를 형성한다면 슬픔에 동행하는 길이 동시에 이 십자가 중심에서 시작되며, 모든 슬픔의 단계를 통해 나선형 형태의 움직임 속에서 언급된 차원들이 항상 다시 계속된다. '내면적인 것과 외면적인 것, 과거와 미래를 왔다갔다 하면서 슬퍼한다는 것은 다음을 의미한다. 즉, 자유롭게 공간이 주어지면서 내면의 공간과 외면의 공간, 과거의 공간과 미래의 공간이 통과된다."[285] 이러한 움직임에서 선포를 받아들이고 동의하기 위해 심사숙고된 '기본 구조' 안에서 '삶의 역사에 근거한 선포' 가 이루어져야 한다.

폭넓은 역사적이고 사회적인 틀에서 가톨릭의 종교철학자인 그라브너 하이더(A. Grabner-Haider)의 연구가 정착되고 있다.[286] 여기서 슬퍼하는 개개인이 관심의 핵심이 아니다. 저자에게는 '신앙공동체와 문화공동체 그리고 민족사회에서 어떤 방법으로 통시적으로 경험된 고통과 죄의 경험이 계속해서 영향을 미치는지에 대한 결정적인 질문'[287]이 문제다. 슬픔을 다루는 것은 물론 현재 행해지고 있는 경향이 적용되는 곳에서 역사적인 경험과 그때그때 사회과정을 다루는 집단작업이다. "거기에는 한편으로는 슬픔 다루기와 기억을 통해 고통과 죄의 경험을 의식화하고 인격적으로 통합하는 개인과 집단이 있다. 다른 한편으로는 감정적인 배움의 과정을 거부하고 부정적인 입장을 강화하는 개인과 집단이 있다."[288] 그렇다면 이러한 전제에서 오늘날 알려진 '슬픔 다루기 방법' 과 '화해 다루기로서의 그리스도교 신앙' 이 입증되어야 한다.

물론 거기에 '……사랑의 역사 외에 분명히 현재까지 지속되는 그리스도 교회의 파괴적인 역사가 있다.'[289] 후자는 우선 항상 다시 (표제어인 배타와 독점권에서 시작해서 표제어

285) M. Schilbilsky, 위의 책, 235.

286) Anton Grabner-Haider, *Befreiung durch Erinnerung. Trauerarbeit in Kirche und Gemeinde*, München, 1990.

287) A. Grabner-Haider, 위의 책, 12.

288) A. Grabner-Haider, 위의 책, 13.

289) A. Grabner-Haider, 위의 책, 103 이하.

박해, 가부장적인 하나님 형상과 인간상에 이르기까지) 의식되어야 하며 종합적으로 관찰되어야 한다. 이렇게 주목할 가치가 있는 시작에 의미가 있는 방법으로 '건설적인 종교비판'과 함께 '건설적인 슬픔 다루기'를 고려해 본다. "종교비판은 결정적으로 종교의 계속적인 발전을 위해 도움이 되기 때문이다."[290] "근본적으로 우리는 종교비판의 모든 형태를 신앙 안에서 필요한 배움의 과정을 위해 가치 있는 자극으로 볼 수 있다."[291]

신학과 종교수업, 의식적인 형태의 슬픔 극복 등에서 학습과정과 기억 다루기는 우리 문화를 '새롭게 복음화' 해야 하는 관점에서, 그리고 정치적인 영향과 관계된 슬픔 다루기에 대한 지속적인 관점에서 중요하다. "그것은 화해와 이웃 사랑의 목적 가치를 의무적으로 아는 개방적이고 관용적인 종교는 우리의 문화에서 인간화와 인간적인 삶의 형태를 유지하기 위해 근본적인 기여를 할 수 있기 때문이다."[292] 오늘날 종교적인 신앙구조와 기관 차원에서 중요한 슬픔 다루기에 대하여 행해지는 것을 총체적인 관점 및 많은 개인적인 진술에 따라 개인적인 슬픔 다루기와 목회상담 영역에 개별적으로 위탁할 수 있으며 거기서 개인을 집단적인 문제로 생각할 수 있다(예: 슬픔과정에서 종교비판의 중요한 기능과 그것을 바로 '불안 때문에' 그리스도 신앙으로 막지 않는 요구).

우연치 않게 현재 슬픔과정과 슬퍼하는 사람을 위한 목회상담에 관한 목회학적인 문헌들이 많이 나와 있다. 죽음 또는 가까운 사람을 잃게 되는 것에 대하여 관심을 갖는 것이 이삼십 년 전까지만 해도 일찍이 세속화에서 멀어지는 것으로 보였다면 이러한 상황은 현재 완전히 변화되었다. 이 주제에 대한 인문과학적인 문헌이 놀라운 발전을 보여주고 있다.[293] 그리스도교적인 슬픔의 극복을 위한 목회상담적인 도움에 반대하여 점차적으로 치료적인 관점의 슬픔 다루기가 나타나기 시작했다. 그래서 이러한 영역에서 목회상담적 행동양식과 인문과학적 행동양식 간의 경쟁상황이 생겨났으며 도전으로 받아들여져야 했다. '그리스도교적'이고 '세속적인' 슬픔동행에 대한 상호 간의 인식과 경험의 교환을 포기하지 않고 양자택일적인 가능성에 대하여 그리스도교적인 입장을 그만큼 더 분명하게 밝혀야 한다.

목회상담자가 죽어 가는 사람에게 접근하고자 한다면 일반적으로 먼저 슬퍼하는 사람과의 접근과 관련하여 밝혀졌던 것이 중요하다. 또한 최종적으로 가능한 이러한 인간

290) A. Grabner-Haider, 위의 책, 217.
291) A. Grabner-Haider, 위의 책, 249.
292) A. Grabner-Haider, 위의 책, 292.
293) G. Schmied, *Sterben*, 82.

관계적인 만남의 상황 속에서 상황적으로 거리를 두고 사건에서 추론되는 목회상담 사역능력이 중요하다. 또한 다양한 임종과정의 단계를 인식하는 것이 중요하다. 때때로 임종의 개인적인 차원을 생각하는 것이 중요하다.

그것을 넘어서 목회상담적인 임종동행은 인간에게 삶의 마지막 단계에서 어쨌든 안심하도록 중재하려고 한다. 더불어 지금까지의 관계영역에서 이별을 받아들이고 이별을 고하는 것을 돕는 것으로 연결된다. 이 모든 것으로 죽어 가는 사람에 대한 목회상담은 귀환의 경험을 할 수 있도록 하는 것을 목표로 한다. 인간은 임박한 죽음과 함께 인간 존재와 인간 (그리스도) 신앙의 출발점인 원점으로 돌아갈 수 있으며 그곳으로 돌아가도록 허락된다. 이러한 관점에서 목회상담자는 목회상담자로서의 과제를 준비하고 상응하는 방법으로 정보를 수집해야 한다.

임종자를 위한 목회상담적인 접근에 대한 문헌은 마찬가지로 매우 방대하며 의도된 선택을 하도록 유도한다.

임종자와의 접근을 통해 원리적인 문제 제기에서 신학과 심리학의 관계설정에 이르기까지 불거져 나온 특별한 원리를 심리분석가인 미어바인(F. Meerwein)의 논문이 모든 시대에 걸쳐 제공하고 있다.[294] 미어바인은 이 논문 중심부의 '분리와 죽음' 이라는 주제에서 본보기로 점점 더 진행되는 퇴보의 틀에서 점차적으로 '외부로 모든 것을 돌리는 것' 에 이르게 되는 죽음의 과정을 설명하고 있다. 정신적으로 인간 원래의 의존과 보호 안으로 돌아갈 수 있기 위해, 모든 갈등의 가능성을 넘어 마침내 '평온을 찾기' 위해 모든 의무감, 양심기능, 그리고 모든 것을 정리하는 사고과정이 점차 임종 동반자에게 위임된다.[295]

매우 쉽게 서술된 큐블러-로스(E. Kübler-Ross)의 책은 전문적이면서도 경험에 의한 것이기 때문에 매우 잘 알려져 있다.[296] 저자는 오늘날 통상적인 '죽음의 현실로부터의 도피' [297]에 대하여 반대하며, 임종과 죽음에 대한 (우선 실례를 들었다가 나중에는 비슷한 형태 속에서 종종 다시 반복되고 널리 알려진) 학제적 연구 세미나와 함께 그녀의 경험에 근

294) Fritz Meerwein, *Neuere Überlegungen zur psychoanalytischen Religionspsychologie, Zeitschrift für Psychosomatische Medizin und Psychoanalyse* (17) 1971, 363 이하. E. Nase/J. Scharfenberg (Hg.), *Psychoanalyse und Religion*, 343 이하에서 재인용.

295) F. Meerwein, 위의 책, 355.

296) Elisabeth Kübler-Ross, *Interviews mit Sterbenden*, Stuttgart/Berlin, 1971.

297) E. Kübler-Ross, 위의 책, 149.

거해서 임종자와의 새로운 접근 형태를 가능한 보여 주고 전파하며 확정하는 데 도움을 주려고 한다. 그러한 의도에서 그녀는 생의 종착역에 있는 환자와의 포괄적인 인터뷰에 근거해서 (이상적으로) 서로 이어지는 임종단계(부정과 고립, 분노, 협상, 우울, 용납)의 모델을 발전시켰다. 큐블러-로스는 그것과 함께 죽어 가는 사람의 내면적인 상황을 더 섬세하게 인식하고 (목회상담적으로) 더 의도적으로 그것에 반응할 수 있기 위해 각 단계에 적합한 상황 파악을 위한 도움을 제공한다.

큐블러-로스는 다음과 같이 종합적으로 요구하고 있다. "미래의 실험을 위해 죽은 사람을 동결하기 위한 모임 대신 오히려 우리는 죽음과 임종에 대한 문제를 설명하기 위한 모임을 형성하고 이런 주제에 대한 대화를 격려하며 죽을 때까지 불안을 최소한 줄여서 살도록 사람들을 도와야 한다."[298)]

저자의 계속적인 많은 문헌들 중에서 언급된 것과 관련하여 임종자에 대한 이해에 관한 책을 소개할 수 있다[299)] 이 책은 많은 실례를 들어 매우 인상 깊게 서술되어 있다. 죽어 가는 아이들과 성인들은 그들의 가장 깊은 불안과 소망을 직접적으로 표현할 수 없기 때문에 상징적인 언어를 사용한다. 그러므로 임종에 동행하는 사람들에게 시급한 것은 상징언어의 사용, 즉 '……항상 기회가 주어지는 곳에서 의사소통의 이러한 기술과 해석을 가르치고 배우는 것이다.'[300)]

마찬가지로 기본서로서 특정한 기본 입장을 위해 서술된 보버스(M. K. Bowers)의 책이 있다.[301)] 다양한 저자들에 의해 정신치료적, 의학적, 신학적, 심리학적 기초 지식과 활동으로 엮어진 이 책의 핵심은 '죽어 가는 사람을 위한 정신치료'[302)] 부분이다. 이 부분은 동시에 가장 분명하게 이상적인 생각을 갖고 이 책의 기본 의도를 설명하고 있다. 그러므로 절대적인 목적은 이 상황에서 필연적으로 나타나는 삶의 의지의 강화다 "죽어 가는 사람에게 치료적인 목표는 삶에 더 많은 의미를 주는 것이다. 그것은 삶을 다시 소생시킬 수 있거나 최소한 사정이 그렇지 않다면 궁극적인 사건이 의미를 갖기 때문이다. 왜냐하면 자신의 죽음에 직면하여 사람들은 종종 자신의 인간적인 존재의 크기에

298) E. Kübler-Ross, 위의 책, 222.

299) E. Kübler-Ross, *Verstehen, was Sterbende sagen wollen, Einfhrung in ihre symbolische Sprache*, Stuttgart, 1982.

300) E. Kübler-Ross, 위의 책, 81.

301) Margaretta K. Bowers u.a., *Wie können wir Sterbenden beistehen*, 2. Aufl., München/Mainz, 1971.

302) M. K. Bowers, 위의 책, 80 이하.

대해 생각하기 때문이다. 실제로 인간은 자신이 과거의 사건 속에서 쓸데없이 찾았던 의미를 임종 때 알게 될 수 있다. 그것은 죽어 가는 환자에 대한 사역을 위해 중요한 목적일 수 있다. 그것은 정신치료가, 의사, 목회자 그리고 환자의 가족이 함께 추구해 가는 목적일 수 있다."[303)]

그전에 물론 현대 죽음경험의 전제에 대한(특히 '어떠한 임종도 다 같지 않다' 등과 같은 주제를 위한 죽음의 금기에 대한), 그리고 '죽어 가는 사람과의 경험' 에 대한 매우 현실에 가까운 시대분석이 언급된다. 임종단계에 대해 설명할 때와 다르게(그리고 경우에 따라 보충하면서 이러한 인식 입장에 대해 설명할 때와 다르게) 여기서는 오히려 바람직한 죽음이나 억압된 죽음 또는 본질에 적합한 죽음과 같은 관찰할 수 있는 '전형적인' 입장이 중요하다. 어쨌든 '건강한 사람의 방어기제' 가 다루어지게 된다.

이 책의 중심 부분은 '환자침상에서의 진실' '질병과 죽음의 의미에 대한 질문' '신앙의 의미' 의 주제로 다루어지고 있다.

정신신체 의학적인 관계의 관점에서 죽음 앞에서 항상 의미를 찾는 '낙관적인' 경향이 이렇게 영향력 있고 많이 인용된 책에서 다시 한 번 강조된다. "죽음으로 이끄는 질병은 종종 인생갈등의 극적인 종결이다. 그러나 갈등이 해결될 수 있다면 아마도 치명적인 질병의 특성 또한 변화될 수 있다."[304)]

피퍼(H.-C. Piper)의 책은 큐블러-로스의 혁신적인 연구와 관련하여 서술된 것이다.[305)] 이 책은 열다섯 개의 대화록을 수록하고 있으며 독일에서의 '병원 임상 목회상담 훈련' 의 기술과 행동방법을 제시하고 있다. 그렇기 때문에 이 책에서는 의식적으로 대화가 목회상담자에게 남긴 주관적인 인상이 중요하다. 또 목회상담자가 환자침상에서 이룬 자신의 경험이 중요하다. 우리는 오직 만남에서 서로를 알게 된다. 우리는 오직 의사소통의 방해로 인해 서로를 오해한다. 또한 제시된 대화록의 근거에 의한 대화분석에서 목회상담자는 우선적으로 자신의 경험에 대해 질문하게 된다. '당신은 그것을 어떻게 경험했습니까?'[306)]

'죽어 가는 사람을 동행하는 것에 대한 문제' 의 결론 부분에서는 방어태도, 즉 '임종을 위한 무능력' 이 특별히 강조되고 있으며 '죽어 가는 사람의 언어' 에 관심을 나타내

303) M. K. Bowers, 위의 책, 84.
304) M. K. Bowers, 위의 책, 162.
305) Hans-Christoph Piper, *Gespräche mit Sterbenden,* Göttingen, 1977.
306) H.-C. Piper, 위의 책, 13.

고 있다. "많은 사람들은 자신이 죽기 바로 전에 여행을 계획한다."[307] "……마치 꿈의 주제와 성서적인 묘사가 서로 연관되고 동시에 꿈과 현실의 경계가 없어지게 되는 것처럼 느낀다."[308]

학문적인 연구와 고찰, 그리고 임상적인 경험과 목회상담적인 설명을 잘 정리한 문헌은 엥겔케(E. Engelke)의 저서다.[309] 엥겔케는 '병원 임상 목회상담 훈련'에서 얻어진 경험을 경험적으로 확실한 이론의 틀에서 정립했다. 독자에게 '가장 최근의 기적론 연구의 핵심'과 '임종자와의 만남에서 제도적인 조건'에 대한 개요와 '임종자—그들의 심리사회적인 상황과 교회에 대한 기대'라는 주제에 대한 상세한 학문적인 설명이 제시되고 있다. 그 다음 이러한 근거에서 그는 자신의 방법론적인 과정을 소개하는데, 회고적인 관찰에 근거한 대화록을 폭넓게 계획된 조사연구에서 분석하고 특정한 관점과 목표 아래 결과를 분류하는 것이다.

이러한 조사와 조사평가에 따르면 '죽어 가는 사람을 위한 (가톨릭) 교회의 제안'과 '임종자의 기대와 교회의 제안'이 서로 다르며 비판적이면서 대결적으로 서로 연관된다. 종합적으로 엥겔케는 냉정한(그리고 예를 들어 보위스의 연구와 관련하여 진지한) 결과를 다음과 같이 말하고 있다. "거의 모든 환자는 자신의 치명적인 위협을 의식하고 있으며 그것에 대하여 누군가와 말할 준비가 전적으로 이미 되어 있다. 여기서 죽어 가는 사람의 언어가 무엇보다도 상징과 신호로 표현되는 것이 두드러진다. 거의 죽어 가는 모든 사람의 임종과정이 다양한 갈등에 의해 결정된다. 이러한 갈등은 근본적인 갈등에 그 뿌리가 있다. 즉, 불안과 희망, 방어와 수용이다. 죽어 가는 사람은 거의 자신의 죽음을 인정하지 않는다. 어떤 집단은 고통이 해결되도록 죽음을 바라기도 한다. 단지 아주 적은 임종자만이 종교적인 극복형태를 통해 자신의 상황을 극복한다."[310] "죽음을 맞이하는 사람의 모습은 임종자의 나이와 성, 종파와는 무관하다."[311] 저자는 결론적으로 이러한 상황에서 목회상담 사역을 위한 실마리를 끄집어낼 것을 권장한다. 예를 들면, 강하게 의사소통의 역할을 하며 위로적인 상징과 예식의 힘을 교리적으로 한정하는 것이 아니라 유연하고 필요에 따라 활용하는 것이다.

307) H.-C. Piper, 위의 책, 158.
308) H.-C. Piper, 위의 책, 160.
309) Ernst Engelke, *Sterbenskranke und Kirche*, München/Mainz, 1980.
310) E. Engelke, 위의 책, 172.
311) E. Engelke, 위의 책, 173.

가능한 낯선 언어와 학문적인 자료 없이 "임종자에 대한 돌봄을 위한 '원칙' 이 잘 되도록 시도한다."[312] 동반자로서 임종자와 관련하여 도움이 되게 행동할 수 있는 실천적인 안내가 제시된다. 거기서 문제를 알리는(그리고 통계적으로 해석된) 많은 주제(예: 사회적인 임종, 고통과 아픔, 언어적인 도움, 가족과 죽음 등)에서 끊임없이 경험적으로 상이한 입장방법을 장려하고 있다.

그 실례로 '임종자의 요구' 에 대한 부분이 있다.[313]거기서 엥겔케는 다음과 같이 말하고 있다. "우리가 우리 자신의 임종이라고 바꾸어 생각해 본다면 현재가 자신의 인생의 마지막 순간과 똑같다고 생각하지 않을 것이다. 그러나 아마도 임종자가 이해한 감정과 움직임을 동감하는 것이 우리에게 더 성공적일 것이다."[314] 다양한 제목으로 각 단락은 명심해야 할 것과 연습 요구로 끝난다('명심해야 할 것: ___' 과 '연습: ___'). 예를 들면, '종교와 관계 상실'[315]이라는 제목에서 다음과 같이 서술하고 있다. "명심해야 할 것: 인생과 사랑은 죽음에서 끝나지 않는다—죽음은 신앙인에게 항상 우리 저편에 있다. 인간적으로 아직 채워지지 않지만 신적으로 종결된—우리 앞에 놓인 유일한 것은 사랑이다." "연습: 내일을 마치 당신의 마지막 날처럼 살도록 시도해 보시오. 그런 다음 내일 저녁 그날이 다른 날과 다른 것이 무엇이었는지 명상해 보시오. 당신에게 얼마나 많은 사랑이 이루어졌습니까?"[316]

신학자이면서 형태치료가인 뤼켈(K. Lückel)은 '통합적인 형태치료' 에 근거하여 이 부분을 보다 광범위하게 다루고 있다.[317] 뤼켈은 매우 개인적인 입장으로 '나의 임종의 주제와 삶의 배경'[318]에서 출발한다.

이러한 특징적인 '접근방법' 에 의하면 무엇보다도 임종자에 대한 목회상담적인 동행에서 형태심리학의 내용과 도움이 중요하다. 그 밖에 회피와 그것의 중지, 육체적인 것과 의사소통, 임종자의 상황과 특별히 중심이 되는 '삶의 결산' 이 중요하다. 여기에서 그는 다음과 같이 말하고 있다. "삶의 결산 부분은 나에게 가장 중요한 자극이 된다. 그

---

312) Franco Rest, *Den Sterbenden beistehen. Ein Wegweiser für die Lebenden*, Heidelberg, 1981.

313) F. Rest, 위의 책, 32 이하.

314) F. Rest, 위의 책, 32.

315) F. Rest, 위의 책, 92.

316) F. Rest, 위의 책, 92 이하.

317) Kurt Lückel, *Begegnung mit Sterbenden. 'Gestaltseelsorge' in der Begleitung sterbender Menschen*, München-Mainz, 1981, 5. Aufl. 1994.

318) K. Lückel, 위의 책, 15 이하.

것은 통합적인 형태치료에서 나온 것으로, 죽어 가는 사람이 자신의 인생을 완성하고 마지막 삶의 과제로서 임종에 들어가게 할 수 있도록 임종자를 돕기 위한 것이다. 통합적으로 지나온 삶을 되돌아보는 것, 다양한 삶의 단계를 더듬어 보는 것, '해결되지 않은 상황'에 대하여 종합적으로 생각해 보는 것, '잊어버린' 또는 단편적인 인생장면을 다시 발견하는 것, 인생을 전체의 연속으로서 '이해하고' 과거를 생생하게 그려내어 나는 누구였고 지금 누구인지 '일치시켜' 내가 살아온 인생의 장면과 결과를 자신의 것으로 만드는 노력이 중요하다."[319]

거기서 꿈은 본질적으로 '말할 수 없었던 것'을 위한 언어로 이용된다. "꿈의 언어는 분석적으로 원인을 나타내는 일상적인 사고로는 낯설지만 동시에 보충적으로 설명하는 전체적인 경험의 언어다. 꿈과 성찰은 우리의 실재를 파악하는 두 가지 방법이다. 그리고 그 둘이 함께 비로소 전체가 된다."[320] 이러한 의미에서 꿈과 성찰은 (실례에서 보여주었듯이) 죽음의 한계상황을 통합하도록 돕기 위하여 활용된다.

더 나아가 죽음 앞에서 삶을 발견하는 것이 결정적으로 중요하다. (형태치료적인) 핵심단어는 '만남'이다. 그것은 자신과 실제적인 (삶과 죽음의) 상황, 그리고 거기서 스스로 '우리의 공통적인 존재의 한계와 근거에 대한 물음'[321]을 던지는 역할이 주어진 목회상담적인 동반자로서 만남이다. 뤼켈은 그것을 암으로 투병하던 한 여성 임종자의 실례를 통해 인상 깊게 서술하고 있다.

뤼켈은 형태치료 또는 통합적 치료를 위한 짧은 (이론적인) 첨부와 임종 목회상담의 특성에 대한 언급으로 끝을 맺고 있다.

뤼켈의 이론은 슈피겔-뢰징(I. Spiegel-Rösing)과 페촐트(H. Petzold)가 편찬한 포괄적인 시리즈에 의해 보충되고 폭넓은 상황에 참작되고 있다.[322] 이 책에는 정신분석과 융의 콤플렉스 심리학부터 실존분석과 가족치료를 넘어 통합적 치료, 즉 형태이론과 뤼켈의 논문인 「임종자를 위한 목회상담적 동반에서 형태치료적 도움」에 이르기까지 가장 다양한 심리학적이고 정신치료적인 방향의 논문들이 담겨 있다.[323]

319) K. Lückel, 위의 책, 49 이하.
320) K. Lückel, 위의 책, 86.
321) K. Lückel, 위의 책, 113.
322) Ina Spiegel-Rösing/Hilarion Petzold (Hg.), *Die Begleitung Sterbender. Theorie und Praxis der Thanatotherapie*. Ein Handbuch, Paderborn, 1984.
323) I. Spiegel-Rösing/H. Petzold (Hg.), 위의 책, 613 이하.

이미 언급했고 다양한 설명으로 다룬 근본적인 질문과 근본적인 통찰 외에도 가톨릭 관점에서 라우어(W. Lauer)는 이러한 주제와 관련하여 학문과 윤리 그리고 세계관에 대하여 총괄해 보고자 했다.[324] 죽음을 인류의 근본적인 한계문제로 이해한다면 결국 '죽음을 경험할 수 있는 것에 대한 생각' '정신과 죽음' '정체성과 죽음' '발달과 죽음' '임종자의 태도' 에 대한 생각에 따라 '결단: 죽어 가는 것과 죽음에 대한 세계관적인 대답' 이 중요하다. 그 대답은 당연히 저자의 입에서 뜻밖에 고백의 형태를 받아들인다.

만족스럽지 못한 해결에 대한 실례로서 그는 마르크스주의의 유물론적 입장을 말한다. "……죽음에 대한 질문에 대한 마르크스주의의 유물론적 대답은 목적에서 빗나간다. 그 대답들은 오직 믿음에 관하여 말할 수 있는 곳에서 지식을 그럴싸하게 보이게 하며 이 점에 관한 한 이미 잘못된 문제의식을 나타낸다. 또는 진정한 인간의 의미부여에 대한 본질적인 질문과 관련하여 고백적으로 나타나는 그리스도교의 이름에서뿐만 아니라 가능한 무신론적인 인간중심주의의 관계구조 속에서 죽음문제의 해결로서 그 대답을 불충분한 것으로 간주해야만 할 정도로 불만족스러운 결과를 낳는 신앙적인 대답을 주게 된다."[325] 왜냐하면 이러한 상황에서 널리 알려진 '당연한 죽음' 이 사이비 종교사상으로 나타나기 때문이다. 이런 사상으로 주어진 인격에 대해 포기하는 것은 부정적인 효과 속에서 '붉은 영웅' 의 비극적인 시와 일치한다.

반대로 그리스도교의 종교적인 대답에서 '은총 안에서의 결단: 십자가와 부활에 대한 긍정' 이 중요하다. "그리스도교를 믿는 사람은 어떤 것을 믿는 것이 아니라 완전히 특정적인 내용을 결정한다. 그는 십자가에서 돌아가시고 부활한 예수 그리스도를 따르는 것이다."[326]

개신교의 전문서적을 충분히 수용한 가톨릭 관점에서 클라인(W. Klein)의 광범위한 조직신학적인 연구가 있다.[327] 변화된 세상 속에서, 그리고 인류학적이고 철학적인 입장과 관련된 신학에 대한 물음으로서 임종과 죽음은 여기서 무엇보다도 '그리스도교적인 삶을 실현하는 완성으로서 임종' 의 관점이다.[328]

---

324) Werner Lauer, *Sterben und Tod. Eine Orientierungshilfe*, München, 1983.

325) W. Lauer, 위의 책, 211.

326) W. Lauer, 위의 책, 258.

327) Wolfgang K. Klein, *Christliches Sterben als Gabe und Aufgabe. Ansätze einer Theologie des Sterbens*, Frankfurt a.M./Berlin/New York, 1983.

328) W. K. Klein, 위의 책, 211.

목회학적인 상황에서 특히 생각해 볼 만한 것은 클라인이 강조하면서 역사적으로 고정시키거나 과거에 편입하는 문제 제기다. 그는 '삶의 기술로서의 임종방법'[329)]이라는 관점에서 다음과 같이 질문한다. "임종하는 것을 배움으로써 임종할 수 있는 것인가, 그리스도교적으로 잘 죽어 가는 방법을 다시 일깨워야 하는가?"[330)] 그리스도교 신앙의 역사를 통해 구체적으로 성공적인 그리스도교적인 임종 지침으로서 이해되는 '임종 방법(Ars moriendi)'에 대한 전체 문헌이 미치는 영향은 현재적인 상황에서 다음과 같은 질문을 제기하게 한다. "어떻게 그리스도가 죽음으로 향해야만 하는가? '임종의 방법'을 소개하고 그리스도교적인 죽음으로 인도하는 그 어떤 방법이 있는가?"[331)] 클라인은 이러한 문제 제기에 대한 역사적 유산을 위해서, 그리고 '삶의 기술(Ars vivendi)과 임종 방법의 통합'에 대한 요청에서 현재 그것을 현실화하기 위한 많은 문헌을 소개하고 있다.[332)] 또한 그는 오늘날 일반적으로 역사적인 유산보다는 인문과학적인 인식과 더 많이 연관된 (그리스도교적인 의미에서) '성공적인' 임종에 대한 목회상담적인 노력을 보강한다.

오늘날 어쨌든 대학강의 차원에서 필요불가결한 학제적인 대화의 의미에서 편람이 이루어졌는데 그것을 로제마이어(H.-P. Rosemeier)와 비나우(R. Winau)가 책임지고 작업하였다.[333)] 친크(Jörg Zink)의 서론에 의하면 이 책에 많은 학자와 전문가의 논문이 주제별로 잘 정리되어 있다. 과거와 현재의 죽음, 사려 깊은 죽음, 탐지된 죽음, 일상적인 죽음, 동행된 임종이 그 주제다. 이 책의 마지막 주제에서 마이어-셔이(Mayer-Scheu)는 '병원에서의 임종자와 가족을 위한 목회상담적인 동행'이라는 부분을 쓰고 있다.[334)] "……치료하고 동행할 때와 마찬가지로 계속적인 의미에서 체험과 투쟁 그리고 고통 속에서 한 인간으로서 임종과 죽음을 맞이하도록 임종자와 가족들을 도울 수 있는 최소한의 회중 이해를 위한 기회를 만들고 유지하는 것이 중요하다. 목회상담자와 치료자의 계속적인 협동의 전제하에 환자병동이 증상과 육체가 마지막 순간까지 치료될 뿐만 아니라 인간의 마지막 삶의 단계에서 삶이 체험되고 환자에게 중요한 사건이 시작되고 함께 경험되는 곳으로 출발할 수 있다. 거기서 환자와 대부분 그의 가족을 위해 가장 중요한 사람의

329) W. K. Klein, 위의 책, 228 이하.

330) W. K. Klein, 위의 책, 228.

331) 위의 책, 같은 곳.

332) W. K. Klein, 위의 책, 230 이하.

333) Hans-Peter Rosemeier/Rolf Winau (Hg.), *Tod und Sterben*, Berlin/New York, 1984.

334) Josef Mayer-Scheu, in: H.-P. Rosemeier/R. Winau, 위의 책, 338 이하.

동참이 중요하지만 그를 치료하고 도와주었던 사람들의 관심 또한 중요하다."[335]

이 책은 또한 안락사와 자살의 원리와 같은 논란의 여지가 있는 주제들에 대한 연구를 포함하고 있으며 더불어 가능한 포괄적인 방법으로 정보를 제공하는 그의 일반적인 목적을 수행하고 있다.

마지막으로 언급되는 주제는 마찬가지로 다른 관점과 함께 베호브스키(S. Wehowsky)에 의해 편집된 책에서 이야기되고 있다.[336] 여기서 스스로 '중환자실의 환자' 로서 자신의 경험을 서술한 한 의사의 논문을 특히 중요하게 생각할 수 있다.[337]

계속해서 슈텔린(T. Stählin)의 「사랑과 죽음. 인간의 임종에 대한 신학적인 고찰」[338]이라는 논문이 두드러진다. 이 논문에서는 임종 앞에서 진실의 주제에 대하여 다음과 같이 말하고 있다. "오늘날 의학에서 환자에게 다가오는 죽음에 대하여 아는 것이 인간적일 수 있다는 확신이 관철되고 있으며 실제로 환자에게 그것을 말하는 것이 널리 퍼져 있다. 신학이 관여된 모든 사람들과 그리스도인들의 영적인 능력의 한계를 나타내야 하며 인간에게 마지막 결과에 의해 의미가 있는 이 문제에 대한 대화에 이해와 마음으로 참여해야 한다. 그러나 신학은 분명하게 거기서 극복한 죽음만이 새로운 생명을 위한 길이며 감추어지거나 의식적으로 덮어 버린 죽음은 죽음으로 끌려들어가고 사로잡히게 된다는 사실을 분명하게 인식하게 해야 한다."[339] 이러한 배경에서 그것은 계속해서 다음을 의미한다. "임종자에게 가까이 가려고 하는 사람을 위해 다음 네 가지가 결정적으로 중요하다. 즉, 함께 있는 것, 말하는 것, 기도하는 것 그리고 조용히 하는 것이다."[340]

슈바이트만(W. Schweidtmann)은 '찬성과 반대 사이에서의 진실의 전달' 에 대한 문제를 그의 책에서 다루고 있다.[341] 거기서 발달과 과정 그리고 의사소통 사건으로서의 진실이 결정되며 개별적으로 실천 가능하게 된다.[342]

---

335) J. Mayer-Scheu, 위의 책, 340.

336) Stephan Wehowsky (Hg.), *Sterben wie ein Mensch,* Gütersloh, 1985.

337) S. Wehowsky, 위의 책, 73 이하.

338) Traugott Stählin, in: S. Wehowsky, 위의 책., 40 이하. 그 밖에 임종자와의 접근에서 적절한 태도를 위해 개별 단계에서 검증된 실제적인 지도를 다음 책에서 제시하고 있다. Andreas Ebert/Peter Grozik (Hg.), *Verlaβ mich nicht, wenn ich schwach werde. Kursleitungs-Handbuch für das Projekt "Sterbende begleiten —Seelsorge der Gemeinde* (2 Aufl.), Hamburg o.J.

339) T. Stählin, 위의 책, 49.

340) 위의 책, 같은 곳.

341) Werner Schweidtmann, *Sterbebegleitung. Menschliche Nähe am Krankenbett,* Stuttgart, 1991.

342) W. Schweidtmann, 위의 책, 55 이하.

오늘날 목회학적인 문제 제기에 대한 토론 외에 임종자를 위한 목회상담을 위해 좀 더 나은 교육과 훈련 제공에 특별히 기여한 것으로서 공로가 많은 '질병과 임종에서 처리 과정의 이해를 위한 극복연구의 논문들' 을 저자는 받아들인다.[343] 그는 거기서 큐블러-로스의 단계별 모델을 비판적으로 수정하면서 충분히 검토한다(이 책의 499쪽 이하 참조). 이 모델에 대하여 그는 다음과 같이 말하고 있다. "한 인간에게 있서 극복과정 진행에서 미묘하고 개별화된 발달을 적당하게 실감 있게 체험하기 위해서는 그것은 너무 강한 스크린이다. 그 밖에 각 인격의 개인적이고 의심할 여지없이 단 한 번의 임종과정을 하나의 틀로 찍어내려는 위험성이 있다."[344] "계속적으로 이해를 위한 도움을 찾는다면 가장 먼저 스트레스 연구에서 찾게 된다."[345]

슈바이트만(그는 무엇보다도 스트레스 연구가인 라차루스(Richard S. Lazarus)의 모델과 연결하여 거기서 정신역동적이면서 새롭고 교육적이면서 결단이론적인 내용을 통합시키고자 한다)의 새로운 연구는 논리에 합당해 보이고 매우 생각할 가치가 있으며 흥미가 있다. 그 연구가 양자택일적인 것이 아니라 보충적으로 작용해서 새로운 문제 제기를 하고 그와 함께 목회학적인 관심을 혁신적으로 주장한다면 그것은 무엇보다도 옳다.

이 과정의 마지막에 이 영역에서 풍부한 문헌소개 중에서 선택한 마르틴 루터의 '임종 준비를 위한 설교' 를 목회상담자에게(반복하여) 읽을 것을 권한다.[346] '임종 방법' 에 대한 중세기 문서의 전통을 개혁주의적인 표현으로 계속 진행해 온 1519년의 이 문서에서 루터는 스무 가지 개별 문단에 동시에 훈련의 특성을—거의 특정 반응으로서—지니고 있는 스무 가지 계획을 전한다. 거기서 다음과 같은 핵심을 말하고 있다. 종교개혁자에게 좋은 그리스도교적인 임종과정과 관련하여 다음 사항이 문제다. ① 사건과 관계영역에서 성공적인 이별, ② 의도된 하나님 관계의 강화, ③ 예식적인 성례전의 강제적 활용, ④ 무서운 광경에 대한 구조적인 접근, ⑤ 그리스도 안에서 하나님에 대한 조건 없는 신뢰, ⑥ 포용적인 공동체에의 당연한 참여다. 그럼에도 불구하고 이 '계획' 의 모든 개별적인 집행이 인간에 대한 하나님의 역사를 설명하고 인간적인 능력으로서 평가되지 말아야 한다는 것을 항상 분명히 해야 한다.

---

343) W. Schweidtmann, 위의 책, 87 이하.

344) W. Schweidtmann, 위의 책, 88.

345) W. Schweidtmann, 위의 책, 89.

346) Martin Luther, *Ein Sermon von der Bereitung zum Sterben,* in: Ders., *Ausgewählte Schriften,* Herausgegeben von Karin Bornkamm und Gehard Ebeling. Zweiter Band, Frankfurt, 1982, 15 이하, eingeleitet von K. Bornkamm.

시대를 거쳐 이렇게 인상 깊은 연구들의 문헌을 읽을 때 결정적으로 현대의 현실 이해가 루터의 현실이해와는 구별된다는 것이 동시에 분명해진다. 종교개혁가와 현 시대의 사람들 사이에 같은 신앙을 말하고 있더라도 단순히 뛰어넘을 수 없는 사고와 감정 및 행위의 변화가 존재한다. 그러나 '임종 준비를 위한 설교'는 풍부한 역사적 비교를 가능케 한다. 그 비교는 보기에 당연한 결과들과 행동방법에 대한 비판을 우리 시대에서 해결할 수 있으며 혁신적으로 영향을 줄 수 있다. 자신의 임종과 타인의 임종에 대한 루터의 접근은 오늘날 삶과 임종에서 우리 자신에 대하여 접근할 때 자기비판적인 질문을 포함한다. 그리고 그것은 우리가 거기서 하나님을 부인한 현실 또는 하나님과 관계된 현실을 생각하는지에 대한 질문에 이르게 한다.

• 다시금 이 부분에서 언급한 목회학적인 문제 제기와 과제는 슬퍼하는 사람과 죽어가는 사람에 대한 목회상담의 목적설정을 생각하면서 정리되어야 한다. 목회상담 사역의 핵심을 위해 '마지막의 것'과 관련하여 효과적으로 위로에 대하여 말하고 신앙의 위로를 경험할 수 있게 중재하는 과제가 이제 드러나야 한다. 추가적으로 다른 목회학적인 상황[347]에서 위로의 완성을 위해 죽음 앞에서의 위로 개념과 역할의 경우 다음과 같은 것을 기억해야 한다.

무엇보다도 위로는 총체적으로 성서와 관련된 유대인과 그리스도교 신앙의 역사 속에서 핵심 개념이다. 위로는 서로 신뢰하는 동반자의 입장에서 성실과 확고함 속에 이루어지게 된다.[348] 이러한 의미에서 위로는 하나님과 인간 사이에서 이루어지는 관계요소가 된다. 총체적인 삶을 통해 기쁨과 고통과 함께 견디어낸 절대적인 연대성의 경험은 무엇보다도 근본적으로 안심시키는 특성을 갖고 있다. 현재의 정신상태가 미래의 상태를 선취('상상')하게 되면 현재 상황으로서 이러한 안심은 거기서 위로를 주는 경험 또는 두려움이 없는 정신적인 상태가 된다.

슬퍼하는 사람과 임종자에 대한 접근에서의 모든 목회상담적인 과정에 있어 위로의 행위에서 이러한 미래의 선취는 분명히 특별히 높은 가치가 있다. 그것은 이제 곧바로 세계관적인 기본 질문이 된다. 죽음 앞에서 미래에 어떻게 될지에 대한 제한적으로 공공연한 질문이 미래에 대해 생각할 수 있고 생각할 수 있어야 하는 제한되지 않는 공공

347) 자이츠의 사상과 관련해서는 M. Seitz, *Praxis des Glaubens*, 227 이하를, 공동체의 회복에 관해서는 묄러(Ch. Möller)의 책 (229쪽 이하)을 참조한다.

348) *Der Große Duden*. Etymologie, 721; Reinhard Schmidt-Rost, Art.: Trost, *WdC*, 1284 이하.

연한 질문이 된다. 그 질문은 모든 사람들에게 신앙에 대한 도전이며 지금까지의 경험에 의해 각인되고 상징에 의해 전해진 신앙의 신뢰구조에 대한 도전이 된다.

이러한 위로적인 목회상담은 그 틀에서 슬퍼하는 사람과 임종자에 대한 (예식적인) 사역 그리고/또는 전달이 개별 상황에서 위로를 방해하는 불안을 해결하고 위로를 막는 의심을 없앨 수 있도록 적용되는 것을 전제로 한다. 이러한 필요성은 (인간적으로 가능한 측면에서) 광대하게 목회상담자 스스로 위로가 필요하면서 위로를 받은 경험이 있는 것에 달려 있다는 것만은 아니다. 그것은 목회상담자가 많은 경우에(종종 마지막 순간까지) 지속되는 논란과정으로서 모든 위로의 경험을 파악하는 것을 배웠는지에 상당히 많이 좌우한다. 항상 다시, 점점 차이를 가지고 위로는 헛된 희망으로 위로하는 것과 구별될 수 있으며 대조를 이룰 수 있다. 다르게 말하면, 항상 다시, 점점 더 개별화되어 개개의 경우 '습관적으로' 그리고 문자적으로 '필사적으로 얻기를 바라는' 신앙이 불안과 긴장을 해결하도록 일깨워져야 하며, 개인적으로 특성화되고 복음이나 정의의 복음에 연관되는 하나님의 신의에 대한 신앙 또는 하나님 관계의 강화가 '위로되어' 실현되어야 한다.[349] 그리고 이러한 과정의 결과로서 영혼의 '평화' 가 경험되어야 한다.

가능한 것과 불가능한 것을 위로하거나 위로받는 위로의 성질은 다시금 직접적으로 양심구조와 관계가 있다. 위로를 일반적으로 필요로 하며 결국에는 죽음 앞에서 자신의 한계를 심리적으로 받아들여야 한다는 사실이 개인에게는 경우에 따라서, 즉 총체적인 인생 여정에서 항상 다시 새롭게 '병든 양심' 으로 비극적이거나 절대 파괴적인 가망이 없는 감정으로 변한다. 그렇다면 관계가 지속될 것이라는 신의와 강화에 대한 기대는 의미가 없어 보인다. 그 기대는 (마찬가지로 끊임없는) 공허함에 빠지게 된다. 다른 경우, 즉 인생과정에서 자기애에 대한 지속적인 개정의 노력으로 성숙하게 된 인격의 경우 최후

349) 이러한 '위로와 헛된 희망으로 위로하는 것' 의 주제에 대해서는 C. Schneider-Harpprecht, *Trost*를 참고한다. 주어진 것과 관련하여 특히 '위로와 헛된 희망으로 위로하는 것에 대한 개인특성에 따른 형태(Persönlichkeitsspezifische Formen von Trost und Vertröstung)' (222쪽 이하) 부분을 알아야 한다. 거기서 무엇보다도 서론적으로 목표를 제시하면서 다음과 같이 서술하고 있다. 이전에 개별적으로 근거한 '……위로와 헛된 희망으로 위로하는 현상은 선형적인 다양한 인격구조의 태도와 경험과의 연결이 이루어져야 한다. 중심부에 목회상담의 의미에 대한 질문이 제기된다. 교회 목회상담이 그러한 구별화되는 관찰을 통해 효과적이면서 신학적으로 타당한 실천을 위하여 인식영역과 사역활동 영역을 확대할 수 있을까?' (위의 책, 같은 곳)
이러한 문제 제기 후에 저자는 다음과 같이 요약하고 있다. "……위로에 대한 이해에 관한 인문과학과의 대화에서 가능한 엄밀하게 위로가 상대화되고 그것으로부터 목회상담적인 결론을 끌어내기 위해 올바른 위로를 실천하게 되는 인간적인 경험의 자리로 바꾸는 것이 항상 중요하다"(340쪽 이하).

의 한계에 대한 피할 수 없는 경험이 점점 중요한 내적인 우월의 표시로서 지혜와 유머로 삶의 감정 안에서 통합된다.[350)]

그것은 이별의 상황과 분리과정을 절대 더 쉽게 하지는 않는다. 그러나 '삶의 포기'에 의해 동반된 임종과 피할 수 없는 죽음은 더 이상 불가피하게 전적으로 '파괴적인' 패배로 생각되지 않을 수 있다. 오히려 자신의 인생과정이 종결과 함께 '유일한 것'으로서 의미 부여될 수 있으며, 즉 바꿀 수 없는 것으로 경험될 수 있으며[351)] 그것을 통해 이러한 상황에서 '위로받은 양심'으로 이끌 수 있는 감사할 수 있는 침착한 감정이 지배적으로 나타날 수 있다.

거기서 그리고 슬픔과 죽음의 복잡한 경험에 처해 있는 가능한 개별 원인과 그 관계 속에서 통찰할 때 목회상담자를 향해 특히 강한 (그리고 그것에 의해 심리적으로 매우 긴장하는) 동행[352)]의 방법이 요구된다. '병든 양심'에서 '위로받는 양심'으로 가도록 노력하

---

350) Heinz Kohut, *Narzißmus. Eine Theorie der psychoanalytischen Behandlung narzißtischer Persönlichkeitsstörungen*, Frankfurt, 1973, 364 이하. 여기서 유머는(물론 광신적인 고착과는 거리가 먼) 전적으로 가치관과 이상을 강화하는 것과 연관된다. 이것은 상대화하지 말아야 한다(364쪽 이하). 코헛은 지혜를 '인간발달의 최고정상이라고 볼 수 있는 인식적인 차원'라고 말한다(366 이하). 같은 상황에서 감사에 대하여 그는 368쪽에서 말하고 있다. 보충적으로 C. Schneider-Harpprecht, 위의 책 333 이하를 참조한다. 여기서 결합 외에 그리스도교 유머의 경계설정은 자율적이고 세속적인 유머와 관련하여 언급되며 해당되는 문헌에 따라 차이를 두고 있다. 먼저 '그리스도교적으로 표현된(christomorphen) 유머'에는 신앙에 맞는 현실과의 접근 형태가 발견될 수 있다. 단지 이러한 유머가 하나님 관계를 위해 투명하게 하며 비로소 본래 코헛의 의미에서 '성숙한 자기애'에 해당된다. 즉, 성숙한 자기애는 간격의 수단인 '유머'를 통해 과대망상과 끊임없는 환상에 대항하여 제한하는 것에 동의하고, 성숙한 자기애의 '지혜'는 해당하는 비밀스러운 모든 종류의 갈망에서 스스로 '하나님'일 수 없으며, 또한 될 수 없다는 것을 깨닫는다.

351) 이러한 언급은 에릭슨의 정체성 정의와 관련하여 설명하고 있는 것이다. E. H. Erikson, *Kindheit*, 256. 에릭슨은 다음과 같이 말하고 있다. "그러므로 자기 정체성의 감정은 자기 존재의 일치와 연속성이 다른 사람 눈의 내면적인 일치와 연속성에 상응하는 개인에게 축적된 확신이다." 그렇게 서술된 개인의 내면적인 상태는 우리의 분별에 따라 '다른 사람'을 상실할 때, 또는 다가올 삶의 마지막과 관련하여 불안이 가득하여 중지되거나 그 상태를 최후로 확인하는 하나님 관계가 근거가 되어 초월적인 형태로 나타난다.

352) 목회상담의 핵심적인 행위로서 '동행한다'는 개념에 대해서는 다음을 참조한다. Peter C. Bloth, *Praktische Theologie. Grundkurs Theologie Bd. 8*, Stuttgart/Berlin/Köln, 1994, 211 이하. 다른 행위 개념을 넘어서서 목회학은 그것에 따라서 '……어쨌든 성서적인 '목자' 상징이 제시해 주는 특성을 생각할 수 있다. 여기에 동행한다는 '행위언어'가 특히 잘 어울린다. 한 사람을 동행하는 사람은 귀와 입이 필요할 뿐만 아니라 발과 손도 필요한다' (211쪽).
그러므로 30년 이래 등장한 목회상담이론의 기본 전제와 핵심구성과 관련하여 블로트는 다음과 같이 말할 수 있다. "이 모든 것은 그러한 돌봄을 필요로 하는 각 사람의 관점에서 특별히 '목회학적인' 그리스도교 목회상담의 질을 입증하는 동행하는 것에 대한 질문을 하게 한다."

는 내면의 길은 슬퍼하는 사람이나 죽어 가는 사람의 편에서 종종 매우 많은 (개인의 자기애적인 경험내용과 직접적으로 일치하는) 실망의 분노를 극복해야 한다. 이것은 일반적으로 하나님과 세상을 향한 분노일 수도 있지만 상담자 개인에게 고정될 수도 있다. 그렇다면 목회상담의 과제는 '모든 것'을 무가치하게 하며 매우 파괴적인 대화 상대자의 파멸적인 힘의 정도에 대하여 상담자 측에서 실망하거나 아무런 도움 없이 '놀라서' 관계를 끊어 버리지 않는 것이다. 그것은 오히려 이러한 내면적인 과정의 결과 속에서 의사소통 제공을 가능한 오랫동안 계속해서 유지할 수 있기 위해 자신의 모욕을 견디어내고 상대화하는 것이 중요하다. 왜냐하면 이러한 방법으로 진행되는 파괴할 수 없는 의사소통 능력이 있는 목회상담 제공만이 마침내 한계가 있어도 실망시키지 않는 '수용할 수 있는' (하나님의) 현존을 위한 상징이 될 수 있기 때문이다.

또한 필연적으로 오는 삶에 대한 실망과 가능한 위로에 이르기까지 인생의 실망을 터득하는 것에 대한 질문과 관련하여 상담자는 경험과정을 신앙과 연결하여 이행하려고 할 것이며 거기서 희망에 대한 그리스도교적인 언급을 할 것이다.[353]

353) 삶과 임종에서 그리스도교적으로 책임지어지는 현실 극복이 여전히 중요해야 한다면 위로와 헛된 희망으로 위로하는 것을 정확하게 구별하는 것은 목회상담자에게 '유토피(Utopie)'와 '희망'을 구별하는 것과 같다. 이러한 입장에 있는 문헌을 소개하면 다음과 같다. Ernst Bloch, *Das Prinzip Hoffnung*. Gesamtausgabe in 16 Bänden. Bd. 7/1, Frankfurt a.M., 1977; Jürgen Moltmann, *Theologie der Hoffnung*, München, 1966, 12. Aufl. 1985.

부록 "'원칙인 희망'과 '희망의 신학'. 브로흐와의 대화('Das Prinzip Hoffnung' und die 'Theologie der Hoffnung'. Ein Gespräch mit Ernst Bloch)"에서 몰트만은 철학자와는 반대로 항상 종말론적으로 제시된 그리스도교적인 희망과 확신의 특징으로 정의를 내린다. 그는 이러한 특성화된 희망을 다음과 같이 서술한다. "특성화된 희망은 '원칙인 희망'과 함께 주어진 현실과 거짓의 강요 그리고 악과 죽음의 법칙에 타협하지 않을 것이다. 그러나 그것은 또한 미래의 유토피적인 설계가 아니라 그것을 넘어서게 될 것이다. 그것은 미결정된 공허함으로 들어서는 것이 아니라 피조물의 불행으로부터 하나님의 약속으로 들어서게 될 것이다"(334쪽).

희망을 희망이 없는 것과 구별한 목회학적인 도전은 경험적으로 제시된 젠의 논문에 잘 나타나 있다(Hans Senn, *Der 'hoffnungslose Fall' in der Gemeindeseelsorge*, Göttingen, 1979). 젠은 서문에서 다음과 같이 확신한다. "인간의 삶은 종종 희망과 희망의 부재와의 투쟁 속에 놓여 있다. 그 속에서 내적으로 지배하는 힘이 삶을 강탈하고 마침내 여기저기 다른 사람의 저항을 꺾고 사람을 압도할 수 있을 때까지 지배권이 교대로 바꾸어진다"(11쪽).

다양한 실례가 이 책에서 다양한 모습의 '희망 부재의 경험'을 제시하고 있다. 다양한 실례와 그 결과로 목회상담적으로 접근하는 것은 특별히 긴장되고 위험한 목회상담의 과제가 된다. "'희망이 없는 경우'는 목회상담자에게 부담스러운 실험이며 동시에 그의 입장에서 주관적인 희망의 부재에 대한 성급한 판단만큼이나 주관적인 희망의 부재의 감정에 의해 압도되는 유혹이다. 희망이 없는 경우는 종종 상담자에게 건강한 영혼을 위협하는 방어의 능력을 느낄 수 있게 한다. 건강한 영혼은 상대방의 희망의 부재가 목회상담자 자신의 것이 되는 것을 방해해야 한다"(177 이하). 그러나 그것은 다음을 뜻

성서에 근거한 그리고 그리스도교적으로 경험한 희망에 대한 목회상담적인 접근은 거기서 개개의 경우 포기할 수 없는 실망경험, 그리고 꼭 필요한 각성과정과 일치한다. 바로 규칙적으로 인간적인 희망은 무엇보다도 개인적인 소망의 세계에 매달린다. 이러한 정신적인 태도는 외적으로 잃어버렸거나 (아직) 살아오지 못했던 삶을 마침내 '성취하여' 얻게 되는 깊은 (어린아이 같은) 동경에 그 뿌리가 있다. 이러한 태도를 포기함으로써 자연스럽게 첫 단계에서 불안이 해결될 것이다. 불안을 해결하는 목회상담은 두 번째 단계인 실질적인 단계에서 완전히 변화된 경험방법과 지금까지 '들어보지 못한' 복음에 해당되는 희망이 중요하다는 것을 전하려고 할 것이다. 그러나 그것은 역시 죽음 앞에서 '놀라운 뜻밖의 사건'을 해결하고 싶은 희망이다.[354] 슬퍼하는 사람과 죽어 가는 사람을 위한 목회상담은 이러한 목표설정하에 마지막으로 가능한 노력과 함께 현실극복을 위해 그리스도교적 태도를 정립하려고 힘쓰고 있다.

2. 다양한 삶의 자리에서의 목회상담

오늘날 목회상담은 분명하게도 오직 교회 또는 교회 회중에게만 실행되는 것이 아니다. 점점 '교회 없는 목사'[355]가 많아지고 있다. 이러한 목사들은 특정한 영역에서 '교회를 초월한', '특별한 목회직'으로 목회상담에 임하고 있는 사람들이다.[356] 그러므로

한다. "사랑이 희망보다 더 크고(고전13:7) 진리 안에서 결코 사라지지 않는다는 사실을 입증하는 것이 중요하다. 그러므로 목회상담자는 상담자에 의해 경험된 희망의 부재에 의한 논란에도 불구하고 사랑을 통해 희망 없는 사람들에게도 신앙에 의해 존재하는 이러한 희망 속에서 대리적인 역할로 견디어낼 것이다"(195쪽).

354) 여기서 선택된 개념은 이중적인 의미, 즉 중복된 의미의 가능성 때문에 선택되었던 것이다. '들어보지 못한' 복음은 익숙한 모든 것과 관련하여 동시에 감정을 상하게 하는 그 어떤 불쾌한 것을 지니고 있는 아마도 알려졌지만 지금까지 이러한 방법으로 들어보지 못한 매우 새롭고 다르게 느껴지는 복음이다. 당혹케 하는 우연한 경험이 기대되지 않은 기적으로 경험되고 조직신학적인 연구에서 계시사건으로 표현되는 것으로 비교할 수 있는 우연의 경험처럼, 신앙과 종교에 근거한 놀라움의 경험은(Georg Betram, Art.: Θαυμα Θαυμαξω, *ThWNT* 3, 27 이하) 동시에 '놀라운 뜻밖의 사건'으로 서술되어야 한다.

355) Y. Spiegel, *Pfarrer ohne Ortsgemeinde*, München/Mainz, 1970.

356) Y. Spiegel, 위의 책, 22. 슈피겔은 다음과 같이 서술하고 있다. "역사적인 차원을 포함하는 기능성의 관점에서 교회를 초월한 목사직의 네 가지 형태는 다음과 같다. ① 가장 오래된 전통에서는 교회의 교

역사적인 관점과 사회적인 발달이 고려된다.

그때그때의 자율적인 특별한 삶의 영역에서 목회상담 사역은 전문적인 사역에 해당된다. 이에 상응하는 목회학적인 발달과정이 오늘날 분명하게도 의학적인 발달과정의 뒤를 따라왔다. 항상 더욱더 전문의학적인 내용을 필요로 하는 의학의 계속적인 분리와 목회학에서의 서로 비슷한 발달이 일치한다. 또한 점점 더 교회 밖에서의 사역으로서 특수 목회상담을 위한 직무를 설치하게 되었다. 그것은 동시에 특별한 자격을 요하는 영역이다.

언급된 비슷한 발달[357]은 한편으로는 의사와 심리학자 그리고 사회사업가들의 활동을 다른 한편으로는 목회학을 전공한 신학자들의 활동과 관계된 새로운 연대적인 모델을 꼭 필요로 한다. 거기서 상호 간의 다양한 전문 내용의 조절이 중요하다. 그러나 직속권

권제도를 회고할 수 있다. 여기서 사용된 직무의 특성은 부분적으로 신약성서에 근거한다. 이러한 목사직에 특징적인 지배의 동기는 오늘날 관료주의적인 힘과 전문 지식으로 변화되었다. ② 교목, 교도소 목사, 군목과 같은 특수 목사직의 수는 이전의 국가와 교회의 동일한 관심에 따라 좌우된다. ③ 특정한 사역, 무엇보다도 디아코니와 선교는 경건주의에서 시작된다. ④ 교회를 초월한 목사직의 수는 공동체의 다원주의적인 이해에 근거한다."

357) 지난 150년 동안 목회상담자가 의사에게 맞추는 상황 파악에 대해서는 슈미트-로스트(R. Schmidt-Rost)의 연구에 잘 설명되어 있다. R. Schmidt-Rost, *Seelsorge zwischen Amt und Beruf*, 63 이하. 저자의 평가에 의하면 언급한 것과 관련하여 목회학에서 접하게 되는 특징적인 딜레마가 나타난다. "학문적인 의학을 일궈낸 특별한 전문 지식에서 나온 의학적인 연구의 근거로 목회상담자가 자신의 임무를 의사에게 맞추는 한, 의사와 목회상담자는 직업훈련을 받는 사람들을 위한 발달 관점이 항상 계속해서 서로 연결되지 않는 분열적인 과정으로 들어가게 된다. 전문가의 개인적인 습득과는 관계없이 생기는 이해력 속에서 비로소 전문 지식은 지식의 완전한 활용을 발달시킨다. 양도할 수 있는 인식과 취급방법들은 많은 사람들에 의해 습득될 수 있다. 따라서 전문 지식은 그것을 사용하는 전문가를 근본적으로 교환할 수 있게 만든다. 모든 사람은 전문 지식을 습득할 수 있다. 그러나 동시에 전문 지식을 투입하는 사람이 활용과정을 위해 중요할수록 계속해서 전문화가 진보한다"(90쪽 이하).
앞으로 슈미트-로스트에 의하면 되어 가는 과정 중에 전문주의가 제도화되어 '부득이하게' 오직 형식적인 틀에 순응하며 준비되는 역사적으로 뿌리박힌 과정이 활성화될 것이다. 또한 인생갈등에 대한 목회 사역이 점차적으로 '상담중심의 영혼 돌봄' 으로 이해되고 상담소와 특별한 기관(특별 목사직처럼)에게 맡겨지지만 결국 '전인적인 인간' 을 목표로 하는 목회상담을 더 이상 대변하지는 못할 것이다.
슈미트-로스트는 목회학의 역사적인 과정을 소사한 그의 연구와 함께 목회학적인 과제와 목회학 특성화의 분류 및 조정이 실제적으로 위협적인 위험성이 있다는 것을 제시했다. 그는 반대로 물론 제도적으로 조직된 목회상담 사역이 오늘날 주어진 사회상황과 삶의 조건에서 정말로 그렇게 근본적으로 오늘의 일상생활의 경험과 구분이 되며 절대적으로 필요한 삶의 갈등해결과 연결되는 미래계획에서 분리되는지 질문하고 있다. 이러한 문제 제기의 의미에서 거기서 요구된 오늘날 목회상담의 실제에서 제도적으로 안정적인 것을 포기하는 것이 소망으로, 또는 현실과는 대조를 이룬 이상 형태로 입증될 수도 있다.

한 영역을 분명히 하는 것이 중요하다. 누가 상세하게 어떤 증상과 문제, 특별한 삶의 상황 등에 권한이 있는가?

동시에 이러한 관계 속에서 다시 한 번 목회상담 사역을 위한 근본적인 기준점으로서 회중교육의 올바른 '위치' 와 올바른 작용에 대한 질문이 현실화된다. 오늘의 상황에 상응하는 교회 회중의 사회 형태에 대한 탐색은 특별한 삶의 상황에서의 교회의 적절한 역할에 대한 탐색을 포함한다.[358] 그러므로 다시금 (그리고 이러한 상황에서 매우 감정에 호소하는) '교회' 의 복지에 대하여 문제가 제기된다. 전해 내려오는 교회의 구조는 분명히 목사에게 스스로 특별하게 상반 감정적으로 경험된다.[359]

가능한 교회신학적인 연구 외에 목사들에게 우리의 상황에서 토론이 필요한 실천적

358) Karl-Fritz Daiber, Zur Sozialgestalt der Gemeinden, *HPTh 3*, 11 이하.
예를 들면 다음과 같다. 지역교회가 우월함에도 불구하고 특별히 추가로 신학적인 기준이 고려되지 않는다면 그 교회는 정당하게 제도적으로 모범이 되는 교회는 아니다. 회중 형성을 위한 기본은 공동 거주 지역에 의해 연결된 그리스도인의 수만이 아니라 오히려 회중을 형성하기 위해 각각의 거주 지역에서 독립적으로 그리스도인들이 결합될 수 있다. 50년 전 이래로 전반적으로 초교파적인 직무처럼 늘어난 다양한 학술작업이 이루어지는 시기에 지역교회 중심의 회중에 반대하는 반회중에 대하여 언급되었다. 이것은 지역교회와는 반대의 회중 형성으로 이해되었다. 거기에서 사람들은 공통적인 삶의 상황이나 그리스도교 회중의 공통적인 관심에 근거해서 모여졌다"(11쪽 이하).

359) 이러한 국가교회의 상반적인 경험에 대해서는 다음을 참조한다. Manfred Josuttis, Der Pfarrer und die Gemeinde, in: Ders.: *Pfarrer*, 50 이하. 이 책에 의하면 고정된 상반 감정은 이상적인 회중교회에 대한 실망과 연관된다. 왜냐하면 이것은 "……항상 자신의 동경을 투사적으로 계속하는 것을 제시하기"(55쪽) 때문이다. "국가교회는 신학자에 대항하여 어쨌든 교회가 순수한, 즉 신학자에게 맞는 회중 형성에 따라 현저하게 신학자의 요구에 반대되는 것을 한다. 신학자가 일상생활에서 만나는 사람들은 일반적으로 신학자가 진정한 그리스도교적인 삶에 대한 자신의 상상 속에서 기꺼이 얻고자 하는 사람들과는 같지 않다. 그들은 어떤 친밀감 또는 거리감 속에서 신학자가 개별적으로 사람들에게 존재되고 싶은지는 신학자와 다르다. 사람들과 신학자의 공통적인 접촉점이 있지만 그들은 다른 규칙을 따르며, 다른 관심을 의무로 느낀다. 또한 신학자보다는 그들이 다른 생각을 대변한다. 교회의 국가교회적인 구조는 목사에게 모든 회중을 목사와 의견이 같은 사람들과 연합하여 자신의 신앙 이해와 자신의 삶의 태도를 밀어넣으려는 것을 저지한다. 국가교회적인 구조는 또한 목사 자신과는 다른 회중들을 어쨌든 받아들이도록 목사에게 강요한다. 그것이 개별 목사에게 중요하지만 교회 전체를 위해서도 중요하다"(57쪽 이하).
근본적인 연구—해당하는 일에 대한 이해와 연결하여—를 다음 문헌에서 찾아볼 수 있다. Godwin Lämmermann, Überlegungen zu Gemeindeprinzip, volkskirche und Pfarrerrolle, *Theologie Practica* (23) 1988, 33 이하. 래머만은 국가교회의 보편성에 대한 기대와 관련하여 확인과 요구로 끝낸다(그 기대는 보완하여 완성을 위해 요수티스에 의해 받아들여질 수 있는 것이다). "일반적인 기대는 충분히 자기애적인 우월성에 대한 욕구를 만족시키며 목사직의 독점을 강화할 기회를 제공할 수 있다. 신학적인 근거에서 목사직의 사회화에서 생겨난 이러한 추세에 응해서는 안 된다"(49쪽). 그것에 대한 결과로 목사역할에 대한 기대가 교회과정의 원리에 맞추어져야 한다는 것을 지지했다면 래머만은 그것으로 동시에 현재 목회학을 위한 중대사를 대변한 것이다.

인 문제가 제기되고 있다. 어떤 '회중구조'가 실제로 좀 더 많은 목회상담의 기회를 갖게 되는가? 계속해서 '특별한 삶의 상황에서의 내담자'의 '지역교회가 없는 목사'와의 목회상담적인 관계가 내담자의 거주지역 교회목사의 목회상담적인 임무와 노력을 자동적으로 공격하는 것은 아닌가? 매우 분명하게 이러한 문제 제기와 함께 경쟁적인 긴장을 말하게 된다. 단순히 우리가 지역교회나 그렇지 않은 목회상담자의 다양한 행위를 '조화롭게' 단순한 보완모델 속에서 상호간에 관련을 짓는 것으로는 그 긴장을 피할 수 없다. 그렇다면 여기서 시대에 맞는 '회중구조'와 관련하여 매우 상이한 목적이 얼마나 자주 서로 충돌하는지 거부된다.

서로 간에 상이한 사역에서 매우 다양한 경험을 각각 비판적인 요소로 마음대로 활용함으로써 더 자극이 되는 것 같다. 그래서 실제적인 경쟁상황이 상호 간의 도전이 될 수 있다. 그러므로 그 경쟁은 긍정적으로 활용될 수 있다.

이러한 전제에서 볼 때 어떤 동기에서 특수 목회상담 영역에서 다루어지고 지역교회 목회상담에 위탁될 수 있는지에 대한 구체적인 질문이 제기되어야 한다. 또한 어떻게 그것을 반대로 다시 가능하게 할 수 있는지가 구체적으로 질문되어야 한다.

1) 병원 목회상담

일반적인 병원에서의 목회상담 사역은 목회학 전체에서 현대적인 형태의 위기개입[360]과 관련하여 특별한 교육과 훈련이 필요한 역할을 갖게 된다. 현대인의 (다소 심각한) 질병에 대한 경험은 우리 사회 전반에 일반적으로 최소한 한때 병원에서 입원했을 때의 경험이다. 그것은 바로 유능한 조직구조와 매우 전문적인 의학기기와 끝이 없는 분리, 독립된 투약의 사용으로 인상지어지는 병원이다. 오늘날 신뢰할 수 있고 안전한 가능한 의료적인 돌봄의 형태가 개별적으로 의심스러우면서도 근본적으로 포기할 수 없는 것처럼 보인다는 것은 확실히 놀라운 일이 아니다.[361] 그렇기 때문에 모든 병원 목회상담에서 무엇보다도 다음과 같은 요구가 중요하다. "오늘의 의학조건에서 환자의 내외적

360) '위기개입'에 대해서는 이 책의 240쪽 각주 31을 참조한다.

361) Otto Döhner (Hg.), *Arzt und Patient in der Industriegesellschaft*, Frankfurt a.M., 1973; Thomas Kohlmann, Patient und Organisation. Konflikte im Krankenhaus aus medizinsoziologischer Sicht, *WzM* (38) 1986, 391 이하.

인 상황에 대한 인식은 모든 목회상담 사역을 위한 전제다." 362) 이러한 전제에서만이 현대 병원에서의 목회상담자의 역할을 규정할 수 있으며 병원에서 의사와 돌보는 사람, 그리고 돕는 사람 간의 공동작업이 처음부터 제외되지 않는다.363) 그래서 비로소 병원 목회상담자는 무한정으로 자연스럽게 모든 경험을 모을 수 있다. 그것은 한편으로는 어떻게 경험이 병원에서 실제적으로는 교류할 수 없는 활동을 위한 기초가 되며, 다른 한편으로는 어떻게 본보기로서 경험이 다른 삶의 상황에 있는 사람과의 목회상담적인 접근에 효과를 나타내는지를 통해 가능하다.

이러한 상황에서 병든 사람과의 목회상담적인 접근은 구체적으로 무엇을 의미하는가?

• 병든 상태는 모든 인간적인 반응과 자기 성찰이 고정되거나 멈추어진 것으로 보일 정도로 총체적으로 육체적, 정신적, 영적 힘과 연결되어 있을 수 있다. 본질적인 의미에서 (목회상담적인) 대화는 거의 아직 불가능하다. 이러한 상황 앞에서 병든 사람에게 아직 남아 있는 관계능력에 도달하기 위하여 어떤 (예식적인) 행위가 목회상담자에게 적합하고 대표적이라고 할 수 있는지 질문되어야 한다.

• 또한 질병의 상황이 교훈적인 방법으로 존재문제에 대하여 생각하도록 인간을 자

362) D. Rössler, Grundriβ, 188. 이와 관련하여 이 책에서는 다음과 같이 서술하고 있다. "아프다는 것은 거의 예외 없이 입원 접수실과 관련되어 있는 한 항상 낯설고 당황스럽고 많은 점에서 불안하게 하는 삶의 상황이다. 질병문제에 대한 삶의 반응, 강요된 일상적인 삶의 포기와 무엇보다 자립의 포기, 더불어 의존과 강요된 낯선 도움의 경험은 일반적으로 병원에서의 기계와 절차에 의한 압도적이며 익명의 세상과의 관계 속에서 가장 외적으로 부담되고 불안정한 상황을 형성한다."

363) Hans-Christoph Piper, Art.: *Krankenseelsorge, EKL 2*, 1456 이하. 덧붙여 그는 다음과 같이 말하고 있다. "여전히 기술적으로 발달된 현대 병원에서의 병원목회상담의 자명함이 항상 문제다. 미국과 미국 목회상담운동의 영향을 받은 나라에서 병원 목회상담자가 거의 완전히 포괄적인 의미에서 보호팀으로 통합하는 것처럼 보이며 오히려 일종의 정체성 상실의 위험이 있는 것처럼 보이는 반면, 유럽의 병원에서는 (교회적인 담당자와 함께 그러한 것을 제외한) 도처에 아직 낯선 사람으로 느껴진다. 그러나 이것은 또한 양자택일적이고 전제적인 제공을 위한 기회로서 이해될 수 있다"(1459쪽).

이러한 목회학적인 사역의 선구자인 파버는 그의 책(Heije Faber, *Der Pfarrer im modernen Krankenhaus*, Gütersloh, 1974)에서 이미 칠스트라(W. Zijlstra)의 보고 '병원목사의 위치와 과제에 관한 연구(Gedanken zur Aufgabe und Stellung des Krankenhauspfarrer)' (75 이하) 를 다음과 같이 인용하고 있다. "교회 정치구조는 필연적으로 경계위반과 권위문제의 결과로 갈등을 가져온다. 개인적인 요소들이 본질적인 공동사역에 항상 영향을 미치며 그것을 방해하기 때문에 진정한 팀 사역은 대부분의 병원에서 다루기 힘든 일이다. 그러한 작은 공동체는 대부분의 사람들이 한 번도 도달하지 못한 성숙과 성장의 정도를 요구한다"(77쪽).

'병원' 기관에 대한 포괄적인 이해에 대해서는 다음을 참조한다. Johann Jürgen Rohde, *Soziologie des Krankenhauses. Zur Einführung in die Soziologie der Medizin*, 2. Aufl, Stuttgart, 1974.

극할 수 있다. 의미와 의미를 두지 않는 것, 아직 남아 있는, 그리고 지금 맡겨진 하루(그리고 삶의) 과정에서의 생동감 있는 목표설정과 지루한 되풀이 등등. 이러한 깊은 인상을 주면서도 위기적인 건강손실에 의해 일어난 자기반성은 개인에게 전적으로 두 가지 측면에서 내면적인 투쟁을 일으킨다.

하나는 개개인에게 가능한 한 자신에 대한 새로운 통찰과 관계세계 그리고 그와 연관된 하나님과의 관계에 대한 새로운 통찰로 나타난다. 경우에 따라서는 이러한 통찰과정을 지지하고 구별할 수 있는 것을 목회상담자에게 분명하게 도움을 줄 수 있는 만남을 위한 특별한 기회로 생각해야 한다.

그러나 다른 하나는 종종 눈에 띄는 저항은 병든 당사자 측면에서의 내면적인 투쟁에 반대하게 된다. 이러한 상태에서 이상한 투쟁으로 자극되는 사람은 동시에 고통스럽게 '인생의 가혹함' 을 기억하게 된다. 그러한 질병의 영향은 그것으로 인한 모든 위험을 의식하게 만들며 놀라운 방법으로 인간 존재의 위협을 알린다. 이러한 경험의 결과 종종 목회상담으로 중재되어야 할 만큼 모든 문제의 걱정에 대한 방어적인 회피행동이 나타난다. 어쨌든 이러한 현상을 목회상담자는 고려해야 하고 본질적으로 접근해야 한다. 그래서 목회상담적인 만남은 걱정이 있든 없든 거기에 의존하지 않는 것만이 성공할 수 있다.

• 질병 또는 병원에서의 입원이 환자 당사자 측에서 변화된, 그리고 더 많은 공격으로 나타나게 할 수 있다. 공격적인 기분이나 그에 상응하는 행동은 먼저 저항의 의미에서 질병 자체와 환자 그리고 연관된 '운명' 을 향한 것이다. 인간은 자신에게 강요된 고통을 단순히 '저항 없이' 받아들이려고 하지 않으며 자신의 운명으로 따르려고 하지 않는다. 목회상담자가 기능적이면서 매우 중요한 저항행위를 그러한 것으로 이해하고 판단하지 않는다면 '하나님 뜻 안에서의 순종' 을 내용으로 하고 있는 목표가 이러한 관점에서 목회상담자에게 쉽게 단기적인 목회상담의 소망 또는 요구가 될 수 있다. 그렇다면 저항행위가 환자의 다소 미묘한(그리고 '신앙심 없는') 무분별한 행동으로 생각될 위험성이 있다.[364)]

---

364) 이러한 입장에 대해서는 다음을 참조한다. M. Josuttis, "Der Sinn der Krankheit-Ergebung oder Protest", in: Ders., *Praxis*, 117 이하. 여기서 그는 의식적으로 극단적으로 다음과 같이 서술하고 있다. "그리스도교 신앙은 질병에서 역사하는 하나님의 뜻을 보는 것을 포기하는 것이다."(128) 그것은 성서적인 전통으로부터 하나님은 질병의 적이라고 하며 다음과 같은 것을 뜻하기 때문이다. "질병에 대한 이러한 언급이 신학적으로 정당하다면 이러한 언급은 병상에서 신학자의 실천을 위해 결론을 가져야 한다."(132)

병상에서 공격은 무엇보다 항상 환자의 불안의 또 다른 측면으로 이해할 수 있으며 이와 관련하여 공격이 처음에는 실감할 수 있는 표현으로 힘들게 나타날 수 있다.[365] 또한 공격이 빈번한 경우 환자의 (언어적인) 공격적 태도는 '교회' 또는 목회상담자에게 고정된 것일 수 있다. 그러한 태도는 관계수용을 먼저 어렵게 하고 부담을 갖게 하며 마침내 관계 형성을 불가능하게 만드는 것처럼 보인다.

그렇기 때문에 공격적인 행동양식은 분명한 방어적인 성격임에도 불구하고 양가감정적인 불안을 저지하면서 또한 암시적인 의사소통 시도로 받아들여질 수 있으며 의도적으로 객관적인 문제 또는 공개적인 문제 제기로 옮겨질 수 있다. 공격을 방금 언급한 의미로 이해하고 공격의 다양한 표출 형태에서 의사소통을 극복하는 데 성공한다면 삶(생존)에 대한 의지를 위해 도움을 주는 잠재력으로서 활용된다. 병상에서의 목회상담적인 대화에서는 먼저 하나님과 사람을 향한 공격적인 욕을 그 다음에는 불쾌한 불평, 비난에 찬 논쟁, 그리고 지금까지 아직 인식되는 하나님과 인간을 향한 (관계) 가능성을 발견할 수 있다.[366]

이와 관련해서 모든 감정적으로 고정된 방어태도 배후에 대하여 질문할 수 있으며, 나중에 모든 방어태도가 상대화될 수 있지만 표면적으로 '오해'를 바로잡는 논증에서 결코 '극복될' 수 없다는 것이 물론 분명해져야 할 것이다.

• 질병 또는 병원 입원은 환자 스스로 종종 자신의 상황을 포괄적으로 아무것도 하지 못하는 초보자로 생각하게 할 수 있다. 아무런 힘이 없게 만드는 상황에 대한 모든 공격적인 반항으로 (지금 그렇거나 다시) 방어적이며 병든 개인은 이러한 형태의 주어진 여건에 적응한다. 인간과 기계가 같이 포함되어 거기에 수동적으로 참여한 사람들 안에서 강제적으로 퇴행과정이 진행되는 분위기를 만드는 병원의 흐름 속에 적응하는 것으로 보여진다. 병들고 치료받아야 하고 돌봄을 받아야만 하는 사람, 이에 지속적으로 도움을 받아야 하는 입장에 처한 사람은 사실상 의존적인 어린아이의 상태에 있는 것이다. 아프다는 것은 (건강한 상태에서 성장하여 반응하는) 인간을 자동적으로 어린아이처럼 만든

365) Klaus Dörner, Thesen zu 'Aggression im Krankenhaus', *WzM*(38) 1986, 422 이하. 여기서 "……불안 없는 공격이 나타나는 것이 아니고…… 반대로 불안이 표현 가능한 공격으로 묘사된다."(422쪽)라고 서술되어 있다. 그렇다면 거기서 "……인간이 병원을 불안 없이 찾는다는 것은 전혀 상상할 수 없는 것이다."(위의 책, 같은 곳)라는 것은 의미가 있다.

366) 개별적인 질문에서 보완을 위해 다음을 참조한다. Klaus Winkler, Aggressives Verhalten im Krankenhaus", *WzM* (38) 1986, 400 이하; 이 연구논문집의 "Aggression im Krankenhaus" 참조.

다.[367] 이러한 정신상태는 자신의 어린아이 같은 상황을 보통 익숙하지 않은 방법으로 전면에 드러나게 할 수 있다. 기본적인 육체적 욕구에 환자가 정신을 쏠리도록 하며, 그 욕구로 인해 환자는 적절한 관심에 특히 민감하게 된다.

그러나 어린아이 같은 현상은 동시에 영적인 경험과 직면하게 된다. 이전에는 건강했지만 지금 갑작스럽게 아픈 사람으로서 인생의 의미에 대한 질문은 최근의 '설명'을 거부하는 모든 어른세계에 대한 '어린아이다운' 대항의 성격을 가지고 있다. 가장 중요한 질문에서 우리는 아무런 대답을 얻지 못하거나 단지 회피하는 대답을 얻게 된다. 그래서 목회상담자는 경우에 따라서 항상 같은 근본적인 질문에 직면하게 된다. 그러나 사실과 관계된 대답을 하기 위한 모든 노력은 효과가 전혀 없다. 그래서 마침내 체념적인 기류에 빠지게 된다.

질병의 역할과 원인에 대한 질문은 거기서 또한 죄의 문제와 연결될 수 있다.[368] 그것은 이미 이전에 연설조로 제기된 질문인 '무엇 때문에 내가 그러한 일을 당해야 하는가?' 라는 질문 속에서 표현되며 '끝없이' 죄를 찾는 데 지나치게 골똘히 생각하게 된다. 과거에 죄스러운 거부를 발견할 때는 미래의 죄(그리고 그것의 표면적인 결과로서의 질병)를 줄일 수 있는 것을 의심하면서도 어린아이같이 순수한 희망이 그 배후에 깔려 있다. 그렇다면 목회상담자는 그러한 '기본적인' 죄에 대한 이해와는 반대로 '본질적인' 그리스도교의 죄에 대한 이해를 교정하여 설명하려는 것을 조심해야 한다. 오히려 기본적인 죄의 이해에 근거해 환자의 현재 상황을 솔직하게 받아들이면서 거기서 모든 문제 제기가 앞으로 변화한다는 전제에서 정립된 내적인 발달단계를 끌어내도록 목회상담을

367) J. J. Rohde, *Soziologie*. 저자는 '긴장상태에 있는 환자(Der Patient im Spannungsfeld)' 라는 제목에서 예를 들면 다음과 같이 언급하고 있다. "환자는 법에 의해서(de jure)가 아니라 사실적으로(de facto) 금치산의 선고가 내려진 것이며 어린아이 상태로 내동댕이쳐진 것이다. 그리고 계속적으로 '당신은 지금 이것을 해야 합니다.' '그러나 당신은 저것은 해서는 안 됩니다.' '그러나-그것을 의사가 본다면!' 으로 에워쌓이게 된다. 어린아이처럼 환자는 그에게서 '건강' 을 위해 무언가 일어날 수 있게 하기 위하여 무엇보다도 한 번쯤은 완전히 복종해야 한다"(396쪽). "병원은 계획적으로 어린아이처럼 되는 것을 위해 의도적으로 잠시 노력을 떠맡는다. 병원은 그들의 노력에 너무 순응적으로, 관대하게 부응하게 되면 '화를 낸다.' 병원은 근본적으로 단지 부분적으로, 이성적인 퇴행을 바라지만 흔히 완전한 퇴행 형태를 목전에 두고 있다"(397쪽).

368) Gerd Overbeck, *Krankheit als Anpassung. Der sozio-psychosomatishce Zirkel*, Frankfurt a.M., 1984, 특히 "Krankheitsbegriff und Weltbild", 21 이하. J. J. Rohde, 위의 책, "Kulturpsychologische Einstellungsversicherung", 28 이하.
계속해서 다음 논문을 더 참조한다. Zur Bedeutung von Schuldzuschreibungen bei Krankheit, Krisen und Heilung, *WzM* (43) 1991, 383 이하.

시도해야 한다.

질병과 예측할 수 없는 질병으로 인해 나타난 결과에 대한 기본적인 불안이 모든 이성적인 생각을 '억누르는' 크나큰 공포와 함께 병든 사람의 경험 안으로 들어가 버릴 수 있다. 그것은 실제로 모든 위로의 말이 환자의 귀에 들어가지 않고 무섭게도 불가피하게 육체와 영혼을 전부 지배하는 상태가 된다. 그럼에도 불구하고 여기서 이러한 상황을 상대화하고 개별화하여 직면할 수 있고 그 상태에서 나타나는 어떻게 하면 좋을지 모를 정도의 '당혹감'을 구체적인 근심으로 바꾸게 되는 특별히 다루기 어려운 목회상담의 과제에 이르게 된다. 그 과제는 목회상담자 스스로 자신의 불안에 대한 많은 경험을 전제로 한다.

• 질병 또는 병원에서의 입원은 환자 당사자 입장에서 현존하는 증상에 고착되는 것으로 나타날 수 있다. 생각과 감정 그리고 행동의 큰 부분이 다소 고통스럽고 활동을 제한하는 개인의 신체적 장애와 직접적인 연관이 있다. 그러므로 현존하는 증상에 대한 고착은 환자경험의 중심이 된다. 모든 내외적인 논쟁과 모든 관계 형태가 이러한 '중심'에 집중하게 된다.[369]이와 같은 상황에서 그 외에 중요하거나 더욱이 근본적인 (예: 세계관적인) 문제 제기와는 분명하게 관심이 떠나 있다.[370]

여기서 목회상담자는 이러한 상황이 모든 의미와 신앙에 대한 문제를 궁지로 몰아넣으며 상응하는 논쟁을 (최소한 아직 '잠정적으로') 거부하는 병상에서의 경험을 잘 버티어 가는 것을 배워야 한다.

병든 사람과 그의 특별한 경험에 대한 목회상담적인 접근을 위해 그만큼의 노력이 필요하다.

질병의 경우 성공한 목회상담의 위기개입은 직접적으로 경험내용에 대한 전문적인 접

369) 이러한 태도는 병든 사실을 부정하는 것을 없애기 때문에 그 태도는 다른 측면이 있으며 무엇보다도 발전을 보여 줄 수 있다는 것을 오베르베크는 제시하고 있다. G. Overbeck, 위의 책, "Der Patient und 'seine' Krankheit", 152 이하. 그는 이와 관련하여 다음과 같이 서술하고 있다. "그러므로 질병이 인간에 의해 부정되는 것이 아니라 인간 존재의 부분으로 이해하는 것과 환자가 병을 자신의 개인적인 고통으로 받아들이고 내성적으로 자신이 병든 것으로 느낄 수 있는 고통의 원인을 묻는 것이 중요하다.

370) J. J. Rohde, 위의 책. 로데는 증세에 대한 인식에서부터 분명히 부정적인 특징을 제시할 수 있는 '……불안, 이기주의, 무관심에서 무감각, 감정적인 의존과 우울증에 이르기까지' (242쪽), 그리고 마침내 질병에 대한 수용에 이르기까지 단계과정의 핵심으로서 이러한 태도의 제한적인 측면을 설명하고 있다. 여기서는 당연히 다음과 같은 사실이 중요하다. "질병에 의한 퇴행은 질병과의 투쟁을 성공적으로 견디어낼 수 있기 위하여 인격 에너지가 자기에게 집중되는 것으로 볼 수 있다" (242쪽 이하).

근에 달려 있다. 결정적인 목회상담의 위기개입은 앞으로 모든 방어태도 속에서, 그것과 함께, 그리고 그것 하에 기본적인 관심 욕구와 가능한 하나님에 대한 신뢰를 예측하는 데에서 이루어지게 될 것이다. 앞으로 토론과정에서 이러한 가능한 발견이 이루어지는 것이 중요하다. 그 발견은 한편으로는 삶의 의욕으로, 다른 한편으로는 삶의 한계에 대한 평정으로 바뀌게 된다. 특수한 경우 이러한 목회상담의 위기개입은 매우 직접적이며 구체적으로 더 많은 다른 관련 속에서 위로로 설명되었고 헛된 희망을 주어 위로하는 것과는 구별되어야 한다.

이 특별한 과제를 다루기 위해 이러한 목회상담 분야에 해당하는 전문적인 준비와 훈련이 매우 시급하다는 것은 자명한 것이다. 그렇기 때문에 목회상담운동의 틀에서 훈련 프로그램이 병원상황과 매우 밀접한 관련에서 발전된 것은 당연한 것이다.[371]

병든 사람과의 목회상담적인 접근에서 인간적인 삶과 신앙문제가 특별히 분명하게 나타나고 이러한 경험과 사역 분야에서 목회상담적인 위기개입이 실례적인 특성을 나타낼 수 있다는 것에서 출발한다면 거기서 특정한 결과를 끌어낼 수 있다. 이 특별한 목회상담 사역에서 동기가 유발되고 계속해서 일반적으로 목회학적인 훈련 프로그램을 발달시키며 확고한 목회상담적인 위기개입의 초안을 교회의 장으로 확장하는 결과를 가져온다.

무엇보다도 파버(H. Faber)[372]는 병원 목회상담의 새로운 자기 이해를 제기하고 오늘날 전체 목회학을 위해 주어진 병원 목회상담의 기능을 자각하게 하려고 시도했다. 그는 병원 목사의 위치를 전통에서 벗어나 서커스 광대와 비교하고 있으며 그와 더불어 깊은 의미를 연결하고자 한다. 그의 주제는 다음과 같다. "서커스에서 광대는 그러한 사업을 위해 중요하다(광대 없는 서커스는 서커스가 아닌 오직 프로그램의 나열일 뿐이다). 서커스 광대는 서커스에서 다른 예술가 중에서 매우 특별한 위치에 있다. 그는 매우 다양한 긴장감을 주는 세 가지 교차지점에 있다. 거기에는 먼저 한 팀에 소속되는 것이 있고, 한편으로는 커다란 고립과 외로움, 전문가와 (경우에 따라서 유명한) 비전문인으로서의 자신의 신분과의 직면, 그리고 마침내 끊임없이 배우고 훈련을 받아야 한다는 압박과

371) 지금까지의 이러한 지역을 넘어선 공동연합의 발전과정을 추적한다면 1960년대 이후 '학회'에서 구성된 병원임상 목회상담의 재교육과 계속교육 프로그램 간의 밀접한 프로그램 차원의 연결이 매우 분명해진다. 이에 대해서는 다음을 참조한다. Peter Schau, Die Konferenz für Krankenhausseelsorge in der Evangelischen Kirche in Deutschland(EKD), *WzM* (42) 1990, 390 이하. 논문집 주제는 '병원목회상담(Krankenahusseelsorge)'이다.

372) H. Faber, *Der Pfarrer im modernen Krankenhaus*, 455, 각주 324.

고유하면서도 독창적이어야 한다는 압박감이 있다. 아마도 이제는 목사를 광대의 연결선상에서 끌어들이는 것은 너무 어려운 것이 아니라는 것이 분명해졌을 것이다."[373]

병상에서의 목회상담적인 대화에서 목사는 더 이상 '오래된 의미에서 말씀의 아버지상' 으로 영향을 미치는 것으로 출발할 수 없다. 관계영역은 변해야 한다. "복음은 목사가 진정으로 다른 사람과의 (목회상담의) 관계를 찾았을 때 비로소 기능을 발휘하기 때문이다. 목사는 다른 사람을 이해해야 하고 그 사람의 세계 속으로 들어가야 하며 그 사람 곁에 있어야 한다. 그렇지 않으면 목사의 대화는 더 이상 현재 구조에 맞지 않고 거리감을 느끼게 하는 다소 권위적인 연설에 머물게 된다."[374] 파버는 단지 목회상담자의 변화된 태도를 설명하는 것뿐만 아니라 그에 상응하는 변화된 입장을 목표로 하는 이러한 일반적인 토대에서 정신신체장애 환자에 대한 구체적인 목회상담 접근을 위해 매우 실제적인 제안과 네덜란드에서 창설된 '병원임상 훈련' 의미의 대화록 분석을 발전시켰다.[375]

이러한 특별한 사역의 새로운 관점의 원동력은 여전히 널리 알려져 있고 항상 다시 인용되는 미국 병원 목사이며 병원임상 훈련의 감독인 미첼(K. R. Mitchell)이 쓴 책에 근거를 두고 있다.[376] 신선하고 솔직하게, 확실히 대단한 전문적 지식으로 쓴 이 책은 경험을 전달하는 방법으로 대표적인 장면을 제시하고 있다. 그래서 이를 통해 목회상담자가 인정되고 필요하다는 것을 느낄 수 있다. 미첼은 당연히 (독일에서 특히 중요한) 병원기관의 어려움을 (미국의) 세련된 방법으로 슬쩍 넘어가고 있다. 그것을 통해 독립적이면서 모범적으로 행하고 있는 '병원 목사' 가 뜻밖에 병원에서 목회상담적으로 거친 '노련한 저돌적인 무사' 가 된다. 그러므로 그는 한편으로는 권고하는 특성을 지닐 수 있으나 다른 한편으로는 완전히 다른 관계에서 다루어야 하는 사람에게 용기를 잃게 할 수 있는 직분 모습을 전달하게 된다.

반대로 클로이커(E. Kleucker)에 의하면 실제적인 상태는 동시에 항상 아직 억압적으로 위기적인 것으로서 이해되지만 분명히 현실적으로 서술되고 있다.[377] 그는 교회적인

373) H. Faber, 위의 책, 14.

374) H. Faber, 위의 책, 26.

375) H. Faber, 위의 책, 51 이하.

376) Kenneth R. Mitchell, *Arbeitsfeld: Krankenhaus. Notizen aus dem Alltag eines Krankenhausseelsorgers*, Göttingen, 1974.

377) E. Kleucker, *Probleme der Krankenseelsorge. Beispiel Psychiatrie, Berliner Hefte für evangelische Krankenseelsorge*, Nr. 38, Berlin, 1975.

측면에서 결국 병원 목회상담에 관련하여 교구적인 생각에 대한 분명한 한계를 받아들이는 것과 여기서 고정된 특별 임무에 특별한 자격 획득의 가능성을 마련하는 것으로 (특히 정신의학에서) 결여된 상황을 극복할 수 있다고 본다. 그렇게 해서만이 결국 팀 안에서 효과적인 공동작업에 이르게 하며 '……치료자에게 상대방으로부터 동반자적인 목회상담을 제공하는 데'[378] 성공할 수 있을 것이다.

가톨릭 측에서는 이와 같은 관점에서 프롭스트(M. Probst)와 리히터(K. Richter)가 편집자로서 질병과 병든 사람을 위한 시대에 따른 예식적인 접근에 대한 새로운 생각을 요구했다.[379] 삽입된 해석적인 고찰(성서에서의 질병과 치유, 교회 안에서 병든 사람의 성례전 발달, 영국 교회와 개신교 교회에서의 병든 사람을 위한 '기름 바르기'에 관한 주제, 그리고 새로운 교회 예식적인 질서와 지도)에 의하면 중심부에 환자를 위한 기름 바르기에 대한 새로운 이해를 구체적으로 장려하는 것이 중요하다.

가톨릭 측에서 환자 기름 바르기의 새로워진 의식(그리고 특별히 클라우스 레커(Klaus Recker)의 '환자를 환자 기름 바르기로 인도하기'[380]에 대하여)에 대하여 언급한 것은 목회학적인 관점에서 병상에서의 개신교 성만찬 이행에 대한 매우 비교할 만한 문제점으로 나타나게 된다.

이러한 주제에 대하여 피퍼는 그의 책에서 언급하고 있는데[381] 인간의 병 상태와 관련하여 전문적인 방법으로 경험의 차이를 갖도록 지도하고 있다. 저자는 질병의 상황과 관련하여 다음과 같이 서술하고 있다. "목사는 처음부터 삶의 '마지막의 것'과 죽음 그리고 임종과 연결된다. 그 밖에 어떠한 것으로도 정당화되지 않는 구속임에도 불구하고 성만찬을 진행하거나 받을 때 우리는 매우 빨리 죽음과 죽어야만 한다는 것을 생각한다. 성만찬은 우리가 '살아 있는 사람의 나라'와 차단되지 않고 고립되지 않았다는 확인을 받는 표시다."[382]

서론적으로 무엇보다도 매우 구체적이고 실제적인 경험에서 '어떻게 나의 질병을 경험하는가?' 라는 질문이 여기서 제기된다. 병든다는 것과 연관된 기본적인 문제 제기는 감정이입이 되어 호소하게 된다('무엇 때문에 내가 이런 아픔을 겪어야 하는가?' '병든 사람

378) E. Kleucker, 위의 책, 50.

379) Manfred Probst/Klemens Richter (Hg.), *Heilsorge für die Kranken und Hilfen zur Erneuerung eines mißverstandenen Sakraments*, Freiburg/Wien/Einsiedeln, 1975.

380) Klaus Recker, in: M. Probst/K. Richter, 위의 책, 114 이하.

381) Hans-Christoph Piper, *Kranksein—Erleben und Lernen*, 3. Aufl., München, 1980.

382) H.-C. Piper, 위의 책, 52.

인 내가 나를 돌봐주고 방문하는 사람들을 어떻게 만날 것인가?) 회복과 질병을 극복한 후의 새로운 방향설정에 이르기까지 저자는 이해가 전제가 되는 다루기 힘든 목회상담 방법으로 병든 당사자를 동행한다. "우리는 (그렇게 간절히 바라왔던) 건강에 대하여 상반 감정적인 관계를 가질 수 있다. 무엇보다도 우리가 정복해서 얻어야 하는 이 세계가 우리에게 질병으로 인해 오랫동안 피해 왔던 개인적인 갈등의 세계일 때 질병은 때때로 인생의 좀 더 나은 방법으로서 존재할 수 있다. 우리는 전혀 가능한 것으로 생각할 수 없을 수도 있다. 병원에서의 퇴원과 질병에서 벗어나는 것이 우리에게 어려울 수도 있다."[383)]

피퍼의 이러한 논리와 함께 마이어-셔이(J. Mayer-Scheu)와 카우츠키(R. Kautzky)가 편집한 책을 여기에 소개한다.[384)] 마이어 셔이는 이미 병원에서의 목회상담에 관한 이전의 문헌[385)]에서 기술적인 의료기구와 특별한 방법에 대한 포기를 병원 목회상담의 특징으로 서술했으며 그의 연구초안을 다음과 같이 강조하고 있다. "병원 목회상담은 환자와 병원 팀에 대한 독특한 임무로서 치료적인 팀을 위한 보충적인 것으로 이해된다. 그것은 거기서 무엇보다도 환자의 동행자로서의 차원과 과제를 받아들인다. 병원 목회상담은 환자에게 스스로 말하게 하고자 한다. 환자의 소망과 가능성 그리고 그의 고통—또한 기계화된 병원의 의료기구에 대한—과 함께 목회상담은 환자가 그의 한계를 견디고 받아들이도록 돕고자 한다."[386)]

이 새로운 책과 함께 이러한 의미에서 '……치료적인 임무와 목회상담적인 임무 사이의 다리역할이 현대 병원에서 이루어지는 모든 치유적인 행위에서 전체적인 출발을 위해'[387)] 시도된 것이다.

궁극적으로 마이어-셔이는 부분적인(기구화된) 치료를 위한 전인 치유의 역사적 차원이나 오늘날 "병원에서 '돌봄(Cura)' 의 상실"을 목회상담의 도움으로 보상하여 직면하는 것을 시도했다.[388)] 여기서 의도적으로 (예를 들면, 환자/치료자와 질병 간의 변화관계를 의식적이고 좀 더 좋게 취급할 수 있게 하려고 하는 자원봉사 그룹의 제공에 의해) 병원생활을

383) H.-C. Piper, 위의 책, 62.

384) Josef Mayer-Scheu/Rudolf Kautzky (Hg.), *Vom Behandeln zum Heilen. Die vergessene Dimension im Krankenhaus,* Mainz, 1977.

385) J. Mayer-Scheu, *Seelsorge im Krankenhaus,* Mainz, 1977.

386) J. Mayer-Scheu, 위의 책, 37.

387) J. Mayer-Scheu/Rudolf Kautzky (Hg.), 위의 책, 7.

388) J. Mayer-Scheu, 위의 책, 83 이하.

위한 친밀감과 거리의 유지가 조화롭게 이루어지도록 힘쓰는 것이 중요하다. "오직 객관적이고(자연과학적으로 기술적인) 감정적인(공감적인) 차원이 역동적인 변화 속에서 모두에게 경험적으로 서로 연결되어 있는 치료자와의 협력으로 도달될 수 있다."[389)]

또한 시몬(L. Simon)도 현대 병원에서 목회상담의 기능적인 차원에 대한 토론에 참여하고 있다.[390)] 가톨릭 관점에서 그는 자신의 특별한 방법으로(소위 많은 '공개된 질문' 과 함께 자유롭게 구성된 응답자들의 대답을 쉽게 한 '반쯤은 규격화된 인터뷰') (가톨릭과 개신교의) 병원 목회상담자에 대한 환자의 기대를 상세하게 목록화할 수 있기 위해 문헌적으로 평가된 경험적인 연구(엥겔케(E. Engelke)의 연구와 비교할 수 있다. 이 책의 501쪽 참조)에 대한 개요를 제시하고 있다. 그 성과로서 특히 다음과 같이 제시된다. 오히려 목회상담자에 대하여 수동적으로 기대하지만 전적으로 긍정적인 입장을 찾을 수 있다. 그것은 환자의 인생사와 관계된 기대와 밀접하게 연루되어 있다. 목회상담자의 인간적인 특성은 형식적인 속성과 특별한 역할태도로 설명된다. 가족의 걱정과 갈등이 대부분 우선이다. 환자가 질병을 신앙위기로 거의 경험하지 않기 때문에 그러한 상태의 종교적인 차원이 환자에게 의식되지 않는다.

그렇다면 전문화된 특수 목회상담의 역할에 대한 질문을 위해 다음과 같은 결과가 중요하다. "환자의 사분의 일만이 환자가 다니고 있는 교회목사의 방문을 특수 병원 목회상담자의 방문보다 더 선호한다."[391)] 앞서 언급한(이 책의 515쪽) 경쟁상황은 실전에서 오히려 목회상담자의 근본적인 문제제기이지 장소에서의 구체적인 문제는 적은 것으로 증명된다.

특별히 시사하는 바가 많은 슈바르츠(D. Schwarz)의 경험적인 조사는 병원 목회상담자와의 '이야기적인 면담' 을 기초로 하고 있다.[392)] 무엇보다도 "……이야기적인 면담에서는 말하는 사람 자신이 경험한 이야기를 풀어 놓는 것을 목표로 하는 관계적이고 줄거리 형태의 방법이 중요하다. 이야기의 내재된 사고과정은 면담과정의 구조화된 원리다. 이야기하는 사람의 주관성은 자신의 주요 체계를 가져오고 유지하면서 인식되어

389) J. Mayer-Scheu, 위의 책, 102.

390) Ludger Simon, *Einstellungen und Erwartungen der Patienten im Krankenhaus gegenüber dem Seelosrger*, Frankfurt/Bern/New York, 1985.

391) L. Simon, 위의 책, 128.

392) Dieter Schwarz, *Zur Alltagswirklichkeit von Klinikseelsorgern. Persönliche und professionelle Bewältigungsformen im Umgang mit schwerer Krankheit, Sterben und Tod. Eine kultursoziologische Untersuchung*, Frankfurt a.M./Bern/New York/Paris, 1988.

야 한다."[393]

서론적인 질문들(예: 어떻게 환자 방문이 이루어지는가? 어떻게 설명과 위로의 말을 할 것인가? 스스로 말하게 하는 방법을 목회상담자로서 당신은 알고 있는가? 등)은 나중에 사회학적인 본문해석 방법에 맡기게 되는 대화의 구조를 형성한다. 그래서 '병원이라는 장에서의 일상적인 목회상담 사역과 경험에 대한'[394], 즉 특별한 목회학적인 직분 모습에 대한 매우 중요한 통찰이 생긴다. '특수 목회상담자' 로서의 직분(소명 또는 단지 교회 목사직에 대한 실용적인 차원의 양자택일)과 관련하여 동기연구 틀에서 예를 들면 다음과 같다. "중환자와 죽어 가는 사람, 그 밖의 당사자들과 상호작용이 병원에서의 특수 목회상담자에게 직업적인 영향을 주는 핵심적인 구성요소다. '실제로 위협받는 영혼' 을 집중적으로 돌보는 이러한 형태는 여기서 교회 목사의 다른 사역과 반대되지 않는다. 여기서 목회상담은 오히려 목회상담자 자신을 만족하게 해야 하는 것에 대한 그 어떤 대답들을 찾는 실존적인 위협과 구체적으로 현존하는 질문과의 계속적인 직면이다. 목회상담자는 이러한 질문 속에서 인간이기 때문에 항상 '스스로 당황하게 된다.'"[395] 그러므로 병원 목회상담자는 극단적인 방법으로 '목회상담 사역으로서 위로' 를 전달하는 교회 내의 '도움을 주는 직분' 의 대행자다.[396]

비슷하게 병원 목회자와 중환자의 상호적인 자기상과 타인상과 관련하여, 그리고 의사소통 구조에서 역할기대와 고유법칙에 대한 인식을 확장하고 경험을 개별화하며 태도를 변하게 하는 통찰이 크리스티안 비드마이어(P. Christian-Widmaier)의 책과 블리제너(T. Bliesener), 하우젠도르프(H. Hausendorf) 및 셰이트(C. Scheytt)의 공동으로 저술한 책에서 제시되고 있다.[397] 두 책은 경험적인 사회연구나 방법론적인 대화분석에서 이루어졌다.

마침내 게스트리히(R. Gestrich)는 다시 목회신학적인 관점에서, 그러나 다양한 실행 속에서 그의 두 저서를 통해 이 주제를 다루고 있다.[398]

---

393) D. Schwarz, 위의 책, 281.

394) D. Schwarz, 위의 책, 300 이하.

395) D. Schwarz, 위의 책, 312 이하.

396) D. Schwarz, 위의 책, 348 이하.

397) Peter Christian-Widmaier, *Krankenhausseelsorge und todkranker Patient. Im Spiegel ihrer wechselseitigen Wahrnehmung*; Thoma Bliesener/Heiko Hausendorf/ Christoph Scheytt, *Klinische Seelsorgegespräche mit todkranken Patienten,* beide Veröffentlichungen Berlin/Heidelberg/New York, 1988.

398) Reinhold Gestrich, *Am Krankenbett. Seelsorge in der Klinik,* Stuttgart, 1987; Ders., *Das seelsorgerliche Gespräch in der Krankenpflege. Studienbuch für Krankenschwestern,*

첫 번째 책에서 저자는 다양한 관점에서 병원 목회상담의 과제와 목적을 이해하고자 한다. 여기서 폭넓게 고통 극복을 위한 사역에서 영적인 근거와 실제, 학습 프로그램, 심리학적인 관점, 그러면서도 신앙과 병원 목회상담자의 건강, 목회상담자의 '교회사역'에서의 연결, 병원에서의 목회상담자의 위치가 중요하다. 게스트리히는 "환자에게 '아무것도 할 수 없는 사람' 의 사역으로서 병원 목회상담"[399]이라는 정의 속에서 중요하게 다음과 같이 언급하고 있다. "(모든 것을 하려고 하는 생각과는 반대로 무력의 이름으로 있어야 하며 이러한 무력을 함께 구현해야 하는)병원 목회상담자는 할 수 있다는 도취 속에서 인간은 아무것도 할 수 없다는 상황에 관심을 가져야 한다. 이것은 스스로 무엇을 하거나 다루는 것, 무언가 애를 쓰거나 행동하는 것, 변하게 하거나 치료하는 것이 아니라 단순히 함께 있는 것이다. 또 환자와 함께 더 이상 아무런 힘을 가지고 있지 않다는 것이 무엇인지 연습하는 것이다. 이것은 내버려 두는 것, 하지 않게 하는 것, 해방되는 것, 만족해하는 것이다."[400]

두 번째 책에서 게스트리히는 병상에서 일하는 사람들이 좀 더 나은 의사소통적인 도움의 능력을 얻기 위해 목회상담과 (목회)심리학적인 기본 통찰에 대한 의도된 정보를 다루고 있다. 그 주제는 병상에서의 위로와 진실을 전하는 것, 그리고 임종자와의 사려 깊은 접근을 위한 대화 인도의 기본 통찰부터 치료적인 팀과의 공동작업에 이르기까지 풍부하게 다루고 있다. 좋은 문헌소개 외에도 이 책은 실용적으로 '훈련 관점' (예: '많은 경우 목회상담자 자신 스스로를 환자의 분노가 실질적으로 해당되는 사람으로 혼동하는 것을 주의해야 한다.' [401])에서 다루어졌다. 그리고 결론적으로 병원에서 특별한 목회학 과제의 본질적인 관점이 강조되고 있다. 돌보는 사람과 목회상담자 사이의 이 모든 경우에서 상호 간의 훈련과정은 중요하다.

끝으로 그는 다음과 같이 밝히고 있다. "다양한 문화에서 이루어지는 병원 목회상담

Krankenpfleger, Altenpflegerinnen, Altenpfleger und medizinischtechnische Assistertinnen, Stuttgart/Berlin/Köln, 1991. 보충적으로 성서학적인 연구가 제시되고 있다. 학제적 연구물의 틀에서 질병경험의 다양한 측면이 다음 문헌에 종합적으로 고찰되고 있다. Friederike Ruprecht, *Krankheit als Erfahrung des Lebens. Eine biblisch–exegetische Studie*, Heidelberg, 1992(über: Forschungsstätte der Evangelischesn Studiengemeinschaft, Schmeilweg 5, Heidelberg). 질병과 고통 그리고 치유에 대한 조사결과의 정확한 정리, 더불어 그에 해당하는 조직신학적인 연구는 설교사역과 질병에 대한 목회상담적인 접근에 새로운 충격을 가져다줄 수 있다.

399) R. Gestrich, *Krankenbett*, 110 이하.

400) R. Gestrich, 위의 책, 165,

401) R. Gestrich, Gespräch, 74.

의 상황은 총체적으로 다양한 문화공동체에서의 목회상담을 위한 본보기가 된다." [402] 그러므로 파버에 의해 강조된 총체적인 목회학을 위한 병원 목회상담의 역할이 다시 한 번 강조된다.

402) Albrecht Grözinger, Seelsorge im multikulturellen Krankenhaus 논문 요약 부분 중에서, *WzM* (47) 1995, 389 이하. 신학적으로 혁신적인 사고와 정확한 심리학적인 정보에 의해 이루어지기 때문에 다음과 같은 책이 매우 인상적이다. Wolfgang Wiedemann, *Krankenhausseelsorge und verrückte Reaktionen. Das Heilsame an psychotischer Konfliktbewältigung*, Göttingen, 1996. 저자는 전문적이면서 이해하기 쉽게 표현한 현대 정신분석의 사고와 행동의 틀로 안내하고 있다. 클라인(M. Klein)과 비온(W. Bion)과의 특별한 접근에서 그는 중요한 '전이/역전이' '투사적인 동일화' 내용의 계속적인 발전과 목회상담에서의 가능한 활용을 강조한다. 예를 들어, '역전이' 개념에 대하여 그는 매우 실제적으로 말하고 있다(13쪽 이하). "어떤 관점으로 나는 나의 성과를 설명할 수 있을까? 나는 내가 서로 연관 있는 두 가지 관점을 선택한다. 하나는 외부적인 인식의 관점이다. 나는 무엇이 일어나는지 인식한다. 어떻게 환자들이 바라보는지, 그들이 무엇을 말하며 무엇을 말하지 않는지, 어떻게 그들이 움직이는지, 또 무엇을 내가 말하고 행동하는지에 관한 것이다. 다른 하나는 내면적인 인식의 관점이다. 내가 무엇을 생각하고 무엇을 잊고 있는지, 어떤 생각과 환상 및 기억이 나에게 의미로 다가오는지…… 혹 내가 화가 나거나 좀 더 오랫동안 환자와 이야기 하고 싶은지, 혹 내가 고집하거나 거부되는 것을 느끼는지 인식한다. 그런 다음 나는 이 두 가지 관점인 외부적인 인식과 내부적인 인식이 서로 어떤 관계가 있다는 것을 수용하면서 연결한다." 포괄적으로 본질적인(정확히 '정신질환에 걸린') 의사소통 방법을 나타내는 '투사적인 동일화'에 대해서 다음과 같이 말하고 있다(58쪽). "매우 원리적으로 말하면 사람은 자신의 악한 영에서 벗어나려고 하며 악한 영을 희생물로 보낸다. 악한 영은 희생물을 사로잡고 그것을 조절하고 조정하여 마치 부메랑처럼 자신에게 돌아와 이제 행위자로 보이는 희생물의 인격 안으로 들어간다. 그리고 사람은 불안하게 된다." 그리고 그는 계속해서 실례를 들어 설명하고 있다(59쪽). "……한 여인이 나에게 자신의 아이의 죽음에 대하여 객관적으로 설명했다. 나는 눈물로 견뎌야만 했고 구석에 앉아서 끝없이 울고 싶은 심정인 반면에 그녀는 마치 개인적으로 전혀 모르는 사람에게서 이야기 들은 것을 대신 보고하는 사람처럼 무덤덤하게 이야기했다."

그렇다면 이러한 내용과 연결된 인간의 정신 안으로의 깊은 통찰은 이중적인 방법으로 해석학적인 열쇠로 사용된다. 하나는 성서 본문과 교리적인 언급을 위한 새로운 (심리학적이고 때때로 물론 심리적으로 묘사된) 출구다. 다른 하나는 환자의 태도와 지금까지 고찰되지 않은 목회상담학적인 반응을 위한 새로운 이해다. 거기서 바로—책 제목에서 상상되는 것처럼—정신질환과의 접근이 우선이 아니다. 오히려 '평범한' 환자와 '평범한' 목회상담자에게 병원일상에서 일어날 수 있는 본질적인 '정신질환적' 반응을 다루는 것이다. 목회상담과 정신분석의 편입을 지속적인 병원상황과 관련해 볼 때 이 책에서는 어쨌든 특별히 높은 수준에서 논의되고 있다.

병원에서 목회상담의 모습과 자기 이해에서의 변화를 마침내 포괄적으로 다음 책에서 설명하고 있다. Michael Klessmann (Hg.), *Handbuch der Krankenhausseelsorge*, Göttingen, 1996. 이 책에서는 현재 목회상담의 병원에서의 현 위치 확인이 경험보고와 실제적인 정보로 제공되고 있다. 또 사회제도적이고 역사학적인 관점을 강조하는 도입 외에도 유명한 병원 목회상담가의 많은 개별 논문에서 병원에서 목회상담의 개별적인 사역이 다루어지고 있다. 그 사역은 교회사역의 핵심으로 나타나거나 목회상담을 위한 실례적인 역할 속에서 분명해진다.

2) 전화 목회상담

전화의 도움으로 목회상담을 한다는 것은 총체적인 목회학에서 원래 개별적인 접촉을 목표로 하는 위기개입과 관련하여 특별한 교육상황과 훈련상황으로서의 역할이 주어진다.[403] 그 사역은 동시에 기술적이고 또 다른 형태의 장소를 필요로 하는 모든 도움의 수단 없이도 지장이 없는 것이 특징이다. 그것은 바로 전화기를 사용하기 때문이다. (최소한 첫눈에는) 복잡하지 않은 관계설정의 방법에 대하여 이미 여러 번 언급한 청소년 목회상담을 위한 문헌에서 다음과 같이 말하고 있다. "우리는 컴퓨터 시대에 살고 있다. 전화로 말하는 것이 교회현장에서 의사소통 수단이 된 것은 놀라운 일이 아니다. 그리고 그것으로부터 목회상담의 독특하고 은혜로운 수단이 된 것, 즉 전화 목회상담은 또한 기적이다."[404]

어느 정도까지 이와 관련해서 그렇게 직접적으로 '기적'과 '축복받은 수단'에 대해서 말해야 하는지는 물론 생각해 볼 만하다. 목회상담의 역사가 지난 10년 동안 일반적으로 기술적이고 문화적인 발전과 밀접하게 연결되어 왔는데, 어쨌든 주어진 조건에서 특히 시대에 맞는(즉, 세속적인 상황에 맞는) 목회상담[405]이 중요하다.[406]

---

403) 본래 이러한 엄격한 접촉의 확대와 도움능력의 체계로 편입하는 것 그리고 '전화 목회상담'에 대한 총체적인 실례에 대해서는 다음을 참조한다. Jörg Wieners (Hg.), *Handbuch der Telefonseelsorge*, Göttingen, 1995.

404) W. Jentsch, *Handbuch*. Teil IV, 2, 926.

405) Klaus-Peter Jörns, *Telefonseelsorge-Nachtgesicht der Kirche. Ein Kapitel Seelsorge in der Telekultur*, Neukirchen-Vluyn, 1994, 특히 "Telefon-Seelsorge: ein Phänomen unserer Kultur" 중 "Telefonseelsorge will säkulare Seelsorge sein" (17쪽) 부분 참조.

406) 전화 목회상담의 역사, 즉 전화 목회상담의 태동과 지금까지의 발전에 대해서는 다음을 참조한다. Jürgen Kratzenstein, Art.: Telefonseelsorge, in: S. Keil (Hg.), *Familien-und Lebensberatung*, 134 이하; W. Jentsch, 위의 책, 932.
가장 충분한 설명이 되는 것은 다음 문헌이다. Ingo Habenicht, *Telefonseelsorge als Form intentionaler Seelsorge. Geschichte, Phänomene und Theologie. Eine Untersuchung zum 'Selbstverständnis' der Telefonseelsorge aus poimenischer Perspektive*, Hamburg, 1994, 54 이하; Ders., 'Die Anfänge der Telefonseelsorge und ihre Institutionalisierung', in: J. Wieners (Hg.), *Handbuch*, 9 이하. 이 책에 있는 연대표는 짧게 요약되면서 상세한 개요를 제공하고 있다(227쪽 이하).
이 입장에서 주요 자료로서 다음과 같이 언급되고 있다. (예를 들면, 미국에서의) 몇몇 선구자를 따라 영국 목사인 베라(Chad Varah)는 1953년 런던에서 발의를 하여 신문광고에 자살상황과 위험이 있는 경우 전화로 도울 수 있도록 권했다. 유럽의 여러 국가가 이러한 제안을 받아들이고 해당되는 기관을 세웠다. 독일에서는 1956년 베를린(Klaus Thomas의 '전화 목회상담과 삶에 지친 사람들을 위한 돌봄')과 카셀(Erich Stange이 세움)에서 그러한 상담소가 생겼고 곧 다른 대도시에도 생기기 시작했다.

특별한 기회이지만 전화 목회상담의 분명한 한계가 또한 이러한 특별한 '시대의 적합성' 에 있다. 전화 목회상담은 접촉의 문턱이 낮다는 것이다. 쉽게 가능한 전화통화는 곧바로 목회상담자와 전화로 연결된다. 모든 것이 큰 소모 없이 즉시 발생한다. 전화통화는 어떤 육체적인 친밀한 관계도 그 어떤 눈길 접촉도 없이 단지 통화로서 동시에 거리를 유지한다. 이러한 친밀한 관계와 거리감과의 조화는 전화 목회상담 사역의 특성이다. 전화통화는 전화에서 엄격하게 이행되어야 하는 목회상담자의 익명성에 의해 이루어진다. 이러한 익명성은 다소 부끄럽게 자리 잡은, 그렇기 때문에 다소 직 · 간접적으로 표현된 문제들과 함께 매우 특정된 틀 속에서 도움을 줄 준비가 된 사람을 신뢰하는 전화 거는 사람의 불안을 가라앉힌다. 목회상담의 이러한 특별한 기회는 그것으로 분명해진다.

그러나 동시에 그 한계를 간과할 수는 없다. '전화기' 라는 도움의 수단을 통해 듣고 말하는 것이 전화 거는 사람과 상담자 상호 간의 인식이 제한된다는 점에서 이러한 인식방법을 매우 집중적으로 활용할 수 있다. 그럼에도 불구하고 그 밖에 더욱 복잡하게 인식하고 문제를 진단하여 판단해야 하는 목회상담자의 능력이 제한된다. 제한은 다시금 엄격한 익명으로 전화 거는 사람에게 모든 문제와 관련하여 변화되는 태도를 기대하는 권면에 대하여 구속력이 없는 것을 의미한다. 전화상에서 중요하게 직면하게 되는 목회상담자의 모든 행동양식은 전화상담에서의 내외적인 회피로 인해 효과적인 면에서 분명하게 제한된다.[407] 이러한 제한과 함께 의식적으로 접근하고 거기서 특별한 기회를

1968년 브뤼셀에서 국제적인 연합으로 결성된 국내협회가 형성되었다. '전화 목회상담을 위한 개신교 학술회의' (중심지는 슈투트가르트)와 비슷하게 '전화 목회상담과 열려 있는 문을 위한 가톨릭 연합회' (중심지는 처음에는 프랑크푸르트이었으나 후에는 본)가 구성되었다. 전화 목회상담소가 점점 곧바로 그리스도교 통합기관으로 이해되었고 설치되었다.

이러한 상담소의 수는 계속적으로 늘어나고 있다. '독일과 오스트리아, 스위스에서의 전화 목회상담소와 유사한 전화상담 봉사목록' (1994년 현황)을 이미 외른스가 제시하고 있다. K.-P. Jörns, 위의 책, 153 이하. 『전화목회상담 입문(*Handbuch der Telefoneelsorge*)』 (263 이하)에는 독일과 오스트리아, 스위스에서의 최근 전화 목회상담소 목록이 언급되고 있다.

407) 매우 확실하게 일반적으로 '지속적으로 전화를 거는 사람' 에게 나타나는 효과적으로 문제를 다루는 것을 도피하는 것은 다양한 봉사자로 하여금 다양한 낮과 밤 시간에 지속적인 반복 속에서 같은 문제를 다루게 하고, 그래서 본질적인 의미에서 사실상 상담받는 것을 꺼려하는 것을 표명하는 것이며 이러한 태도로 상담자가 용기를 잃게 되어 하고 싶은 마음을 잃을 수 있을 것이다.

배경 문제점에 대해서는 다음을 참조한다. Jörg Wieners, *Die Krise der Samariter: Die sogenannten Daueranrufer und das Selbstverständnis der Telefonseelsorge,* in: Hans Ulrich von Brachell Thomas Schramm (Hg.), *Telefonseelsorge—Brennglas krisenhafter Entwicklungen,* Freiburg i.Br., 1989, 94 이하. 여기서 차별적으로 단지 상투적으로 '지속적으로 전화 거는 사람' (또는 이렇게 귀찮게 전화 거는 사람)을 낙인 찍는 것에 대하여 경고하고 있다. 사회적으로 낙인 찍는 것처럼 여기서 무의식적인

보고 이용하는 것은 전화 목회상담의 도전적인 과제다.

이와 같은 특성과 함께 새로운 시대의 수단인 전화로 어떻게 목회상담을 할 것인가?

• 이러한 형태의 목회상담은 분명히 고립 또는 분리 상황에 있는 사람들에게 알맞은 것으로 보인다. 그러므로 내담자는 전화상에서 '중간 대상'[408]으로서 매 시간 익명의 목소리에 의지하고 있다. 신뢰할 만한 가치가 있는 관계를 맺을 수 있는 사람 또는 상황의 부재는 가상의 특성을 갖고 있는 전화통화에서 만나게 된 '중간 존재'를 통해 극복된다. 이러한 '대상'(어린 시절의 대부분의 인형, 곧바로 '손에 넣을 수 있는' 신뢰할 만한 대상이지만 나중에는 기도의 형식,[409] 강조할 수 있는 하루의 꿈[410])은 창조적으로 상상과 환상이 될 수 있다. 이러한 '대상'은 필요할 경우 움직이며 또 필요에 따라 없어진다. 그것은 이 모든 것에서 주어신 상황에 따라 효과 있는 안도 또는 실망의 성격을 지니고 있다.

• 이러한 형태의 목회상담은 특별히 내중적으로 받아들이는 도움의 제공으로 알려진다. 적합한 도움의 제공이 개인적인 관계설정에 매이지 않는다면 갈등의 경우 관심을 쉽게 받아들일 수 있는 기대태도에 이르게 된다. 그렇게 되면 내담자는 아무런 협력 없이, 즉 많은 노력과 돈을 필요로 하는 내적인 논쟁을 하지 않고 결정하게 될 수 있다. 당연히 광범위하게 이러한 생각은 단순한 말씀이 마술적인 방법으로 도움을 주고 치유하

투사과정이 상호작용한다(100쪽). 바로 새로운 의미와 평가의 출발점을 만들어서 전화 목회상담에 대한 새로운 자기 이해로 통합하도록 의식화하는 것이 중요하다.

408) '과도기적 대상'이라는 개념은 소아과의사이면서 정신분석가인 위니콧(Donald W. Winnicotts)의 발달심리학적인 관점의 근본적인 구성요소다. 이 이론이 다음 책에서 상세하게 설명되어 있으며 실천신학적인 상황으로 바꾸어져 있다. W. Drechsel, *Pastoralpsychologische Bibelarbeit*, 특히 "Die psychoanalytische Konzeption D. W. Winnicotts als Frage nach den 'Übergängen'" 149 이하 이 연구의 출발점은 거기서 '주체'와 '객체' 간의 첫 관계경험이 '중간 공간'에 반영됨으로써 이루어지는 발달단계의 수용이다. "특히 '중간의 특성'에 의해 표현되는 영역: 내적이고 외적인 현실 사이. 절대적 권세와 순종 사이, 주체와 객체 사이"(151쪽 이하)와 "여기에 이제 현실과의 독창적이고 창의적인 모든 접근의 근거가 있다. 말하자면 현실경험 자체의 근원: 과도기적 대상의 이용에서, 처음으로 그리고 같은 정도로 어떤 독창적인 절대적 권세와 실재적인 세상 속으로 흘러들어가고 펼쳐지는지; 중간적인 공간에서"(158쪽).

바이마르(Martin Weimar, Telefonseelsorge—das Pfarrhaus des 20. Jahrhunderts, *WzM* (39) 1987, 1 이하)에 의해 설명된 무제한적인 전화의 활용에서 표현될 수 있고 사실상 내담자의 무력상황을 상쇄하는 전능의 감정을 위니콧 이론의 틀에서 이해할 수 있다는 것은 쉽게 실감할 수 있는 사실이다.

409) Friedhelm Grünewald, Das Gebet als spezifisches Übergangsobjekt, *WzM* (34) 1982, 221 이하.

410) Martin Weimer, Die Religion der Traumatisierten. Erfahrungen und Reflexionen aus der Telefonseelsorge, in: Hans-Günter Heimbrock/Heinz Streib (Hg.), *Magie-Katastrophenreligion und Kritik des Glaubens. Eine theologische und religionstheoretische Kontroverse um die Kraft des Wortes*, Kampen, 1994, 259 이하, 특히 267 이하.

는 효과를 낼 수 있다고 믿는 퇴보적인 상태의 표현으로서 수동적인 의무불안으로 분류된다.[411] 그러나 그것은 또한 모든 도움이 돈으로 지불되어야 하는(그것은 간접적으로는 교회세[또는 헌금: 역주]의 형태일 수 있다) 능력사회에 대한 무의식적인 내면적 저항으로서 이해하게 한다. 따라서 놀라울 정도로 전화 목회상담이 널리 퍼져 받아들이게 된 것은 완전히 무보수일 뿐만 아니라 이 분야에서 드물게 요구가 자유로운 도움의 능력[412]이라는 전화상담의 특성과 연관하여 생각해 볼 수 있다.

• 이러한 형태의 목회상담은 결국 생각할 수 있는 모든 관심사를 완전히 선택으로부터 자유롭게 그대로 받아들이는 것이 매력적인 것이다. 그러므로 이 목회상담은 예를 들어 의학적인 도움과 심리치료적인 도움, 목회상담적인 도움의 영역에서 끊임없이 표면적으로 전문화를 추구함으로써 나타나는 문제점을 분명하게 보상하고 있다.[413] 그러한 '평형추' 로서 전화 목회상담은 모든 경우에 '전인적인 인간' [414]으로서 인식되고 '모든 상황에서' 도움을 받을 수 있는 욕구를 만족시킨다.

이상의 내용이 특별한 수단인 '전화기' 로 도움을 받을 때 내담자와의 목회상담적인

---

411) Hans-Günter Heimbrock, Magie, Alltagsreligion und die Heilkraft des Glaubens. Etappen und Probleme theologischer und kulturwissenschaftlicher Magiediskussion, in: Ders./H. Streib (Hg.), 위의 책, 17 이하. 예를 들면, 다음과 같이 서술되고 있다. "치유와 관련해서만이 아니라 특별히 현대사회에서 마술적인 경향은 간과될 수 없다"(17쪽).

412) 확실히 전화에서 대화 인도의 관점에서의 기본 틀의 변화는 아마도 마술적인 기대에 관련시키지만 구조적인 방법으로 마술적인 기대를 '제거하는' '요구가 자유로운 도움의 능력' 에 속한다는 것을 비너스는 다음과 같이 서술하고 있다(Jörg Wieners, *Vorwort zu K. -P. Jörns, Telefonseelsorge,* 10). "전화상담에서 대화의 '방법론' 보다 '역동성' 에 더 목표를 두는 것이 점점 더 많이 관철된다. '대화방법론' 은 항상 추가적으로 '대화내용' 에 대하여 생각해야 한다. 반대로 '대화 역동성' 은 '내용' 인 대화에서 명백하게 의식되는 기억과 생각의 역동적인 힘을 고려한다."

413) D. Rössler, *Grundriß,* 454. "현대사회의 본질적인 특징 중의 하나인 개별화는 의심할 여지가 없다. 사회적인 삶은 상호 간에 어렵게 인식할 수 있는 관계로 엮어지는 다양한 인생으로 분류되고 나누어졌다."
이에 대하여 다음을 참조한다. R. Schmidt-Rost, *Seelsorge zwischen Amt und Beruf,* 25. "공동체의 삶에서 교회와 목사 신분의 역할장애에 대하여 이해가 갈 정도로 걱정하면서, 목회이론에서 직업으로서의 목사직(자유로운 직업의 형태와 관련하여)과 개별적인 과제와 봉사에서의 목사직의 구조적인 차이로 현재 다른 직업의 사회학적인 이해에 상응하면서 목사직의 정의에 이르게 되었다." 그래서 목회상담적인 분야에서 눈에 띄게 때때로 부부와 가족, 특별한 관심이 필요한 경우나 슬픔을 당한 경우 등의 다양한 문제에 대하여 교회적인 봉사에서의 '전문가' 또는 특별한 상담소가 권한이 있게 된다. 그러한 상황에서 종종 제일 먼저 말한 목회상담자 또는 상담자로부터 내담자의 다른 전문가로 결정적인 권한이 위임되는 것은 특별한 노력과 무리한 기대로 누적되어 경험된다.

414) D. Rössler, *Der 'ganze' Mensche.* 인문과학적인 측면에서는 다음 책을 참조한다. Hans Rössner

접근이다.

다시 목회상담의 이러한 특별한 형태는 일반적이고 포괄적인 의미에서 다양한 분야에서의 목회상담을 위해 자극을 줄 수 있다. 병원 목회상담에서와 마찬가지로 여기서도 훈련 프로그램이 확고하게 확립된 사역의 구성요소가 된다. 전화상담에서는 물론 중점적으로 신학적으로 교육받지 못한 상담자들이 수적으로 압도적이다. 그래서 이 분야에서 평신도 목회상담이 특별한 비중을 차지하고 있다.[415] 해당되는 경험들은 분명히 다른 곳에서도 위탁될 수 있다. 전화 목회상담에서 실천된 '평신도 직'[416]이 목회상담의 잠재력과 능력으로 인해 다른 목회 사역에 새롭게 그리고 강하게 고려될 수 있다.

어떤 개별 과정에서 전화상담이 목회상담 사역으로서 자리 잡게 되었는가? 전화 목회상담의 방향과 문제점을 제시하는 문헌으로는 슈탕게(E. Stange)와 베라(C. Varah)의 책을 소개할 수 있다.[417]

바닌(Baninc)은 시류에 따라 전화 목회상담의 처음 10년, 20년의 상황을 전달하는 경험보고서를 제공하고 있다.[418] 그는 자신의 경험과 사례별 이야기를 여전히 핵심 교육이라고 할 수 있는 다음 세 가지 문제의 틀에서 정리하고 있다.

(Hg.), *Der ganze Mensch. Aspekte einer pragmatischen Anthropologie*, München, 1986.

415) R. Schmidt-Rost, 위의 책, 19 이하, 각주 22 참조. " '목회상담의 새로운 규정' 을 위한 동기는 병원 목회상담과 미국 CPT에서 시작된 것만은 아니고 의사와 목회상담자의 만남(W. Bitter (Hg.), *Arzt und Sselsorger*)과 신학적인 평신도의 협동사역이 특히 의미가 있었고 현재에도 의미가 있는 전화 목회상담 사역의 결과에서 이루어졌다."
그렇기 때문에 『전화목회상담 입문(*Handbuch der Telefonseelsorge*)』이라는 책에서 '전화 목회상담에서의 명예직 형태' 가 특별히 강조되고 관심을 두고 있다. 오늘의 논쟁에서는 평신도와 무보수로 일하는 사람과 구별되고 있다. 그러나 주의해야 할 것은 "무보수로 일하는 사람들은 종종 평신도가 아니다. 물론 평신도의 특별한 역할이 심리사회적인 명예직에서 연구와 고려의 대상이 되었다. 특히, 위기개입과 자살예방의 차원에서 평신도의 도움이 효과가 있는 것으로 확인된다" (J. Wieners, *Handbuch*, 44). 물론 무보수로 봉사하는 이러한 협력자의 훈련과 감독이 추가로 보완해야 할 중요한 대책이다.

416) 개혁주의 신학과 매우 밀접하게 연관된 이러한 개념에 대해서는 다음 책에서 인용될 수 있다. Martin Luther, *WA* 41, 211, 14. "우리가 모두 공적인 직분과 소명에 의한 것이 아닐지라도 모든 그리스도인들은 누군가 필요할 때, 필요한 곳에서 마치 아버지와 어머니가 자녀들에게 하듯이, 그리고 고용인, 형제, 이웃, 시민, 또는 농민들이 다른 사람에게 하듯이 하나님 말씀에 의해 이웃을 가르치고 교육하고 훈계하고 위로하며 잘못한 것을 경고해야 한다."
목회상담에서 '평신도 직분' 과 그 영향을 미칠 수 있는 모든 영역에 대해서는 다음을 참조한다. J. Henkys, *Seelsorge*; R. Schmidt-Rost, 위의 책, 9 이하.

417) Erich Stange, *Telefonseelsorge*, Kassel, 1961; Chad Varah, *Samariter, Hilfe durchs Telefon*, Stuttgart, 1996.

418) Banine, *Hilfe per Telefon. Was geschieht in der Telefonseelsorge? Berichte und Beispiel aus der Praxis*, Stuttgart, 1973.

① 고독-자살: "전화 목회상담에서 내담자의 전화 거는 근본적인 이유가 종종 자신의 존재를 정당화하는 다른 것에 의해 감추어진 것을 알게 된다. 그것은 바로 외로움이다." [419]

② 청소년: "전화 목회상담에서 전화 거는 사람의 30%가 청소년들이다. 이렇게 전화를 건다는 것은 종종 그들이 매우 불안하다는 증거이기 때문에 충격적이다." [420]

③ 전화를 거는 것과 듣는다는 것: "전화 목회상담이 시작되었을 때 어려움에 처해 있는 사람의 말을 듣는 사람의 대답은 오직 마음에서 마음으로 하는 대화였고, 심리학과 사회학에 대한 많은 지식과 분석 없이 단순히 돕고 사랑하고자 하는 소망뿐이었다. 마음의 훈련과 직관으로 충분했다. 어떠한 심리학적인 훈련도 이를 대신할 수 없었다." [421]

그러나 나중에 점차 '전문가'(의사, 법률가, 교육가, 심리학자, 신학자 등과 같은)가 전화 목회상담 분야에 직 · 간접적으로 협력할 의사를 밝히게 된 것이 '전화 목회상담의 기원과 삶' [422]에서, 즉 가장 다양한 서구 국가에서 증가하는 전화 목회상담의 설립에 대한 저자의 보고에 나타나 있다.

그러므로 매우 빠른 속도로 전화 목회상담의 협력자들을 위한 특별한 훈련 프로그램이 발전된 것은 놀라운 일이 아니다. 전화로 하는 상담사역은 널리 알려진 하르쉬(H. Harsch)의 책에서 중요한 요소가 되었다.[423] 계속해서 보강되는 '교과서'로 계획된 이 책은 폭넓게 작성되었고 각 단계에서 체계적으로 분류된 훈련과정의 상세한 계획을 제시하고 있다. 또한 계획된 대화 인도의 특별한 구조에 대하여 알려 주고 있으며(교류분석에 대한 이론적 토대에 대해서는 이 책의 248쪽, 각주 45 참조) 개별 문제영역(방어기제, 영적인 질병 등, 법적인 문제와 신앙적인 질문)과 개별적인 인생단계의 특징을 다루고 있다. 여기에 역할극과 연습을 위한 지도가 첨부되어 있다. 그밖에 이 책은 항상 목회상담과 상담의 전반적인 분야에서 중요한 문헌이다.

목회상담에서 함께 일하는 사람들을 위한 이러한 제공이 프뢰르(H. Frör)[424]의 책에서

419) Banine, 위의 책, 39.
420) Banine, 위의 책, 60.
421) Banine, 위의 책, 87.
422) Banine, 위의 책, 122 이하.
423) H. Harsch, *Theorie und Praxis des beratenden Gespärchs*.
424) Has Frör, *Vertiefung. Fortbildungskonzept zu Themen der Seelsorge*, München, 1981.

이어지고 있다. 이 책에서는 재교육을 위한 학회에서 나온 보고서가 요약되고 주제별로 정리되어 있다.

슈타인캄프(H. Steinkamp)는 기관적인 차원의 전화 목회상담 사역에 대한 지난 초기 20년간을 비판적으로 돌아보면서 변화되어 수정되고 고찰된 계속적인 연구를 위해 본질적으로 많은 동기부여를 제공해 주고 있다.[425] 전화 목회상담에서는 잠재적이면서 중요한 도움의 의미에서 진정한 '자선봉사'가 중요한가, 아니면 관료주의를 위한 관례적인 성격의 교회적인 서비스가 중요한가? 아마도 전화 목회상담은 종교사회학적인 관점에서 사회적인 부분체계로서(N. Luhmann), 서비스로서(F. X. Kaufmann) 이해되는 교회의 '봉사행동'에 해당되는가? 그리고 이러한 행동이 '시민차원의 교회 회중의 소비자 성향'과 일치하는가? 이러한 문제 제기는 전화 목회상담의 목적에 대한 갈등과 연관된다. 사회적인 적응의 의미에서(루만과 함께 종교적으로 '고의적이 아닌') 교회봉사가 중요한가? 또는 신앙적인 질문을 내포하는 목회상담이 중요한가? 슈타인캄프는 우선 특정한 현상인 전자를, 더불어 '……맡은 직분에 절대 필요한 사람으로서 일하는 노력 의미에서의 서비스 장으로서'[426] 전화 목회상담의 역할을 언급한다. 그는 이러한 경향을 비판적으로 밝히고자 했으며 그의 논문을 '……자선 개념을 위한 분명한 선택의 의미에서'[427] 이해한다.

해당되는 토론이 1987년에 계속해서 학술지(*WzM*)의 주제로 다루어졌다.[428] 특히, 여기서 언급할 가치가 있는 것은 바이마르(M. Weimar)의 논문 「전화 목회상담—20세기 목사관(Telefonseelsorge—das Pfarrhaus des 20. Jahrhunderts)」[429]이다. 바이마르에게는 밤낮으로 닿을 수 있고 제한 없이 전화 걸 수 있다는 것은 전화 거는 사람의 감추어진 감정을 현실화할 수 있다는 이해가 기초가 된다. 그 능력은 이러한 방법으로 우리 시대의 냉혹하게 개별화된 상황으로 인해 나타난 무력감을 상쇄한다. "그것은 인간을 위해 하루 종일 닿을 수 있어야 한다. 그리고 그것은 절박한 위기에서 고착된 인격장애로 인해 있을 수 있는 상태에서 전능한 경험을 요하는 상담소를 사람들이 찾게 되는 냉혹한 시대

425) Hermann Steinkamp, Zwischen Service-Kiche und Samariterfunktion. Religionssoziologische Anmerkungen zum Gestaltwandel von Telefonseelsorge, *WzM* (35) 1983, 292 이하.

426) H. Steinkamp, 위의 책, 300.

427) H. Steinkamp, 위의 책, 301.

428) "Institution Telefonseelsorge: Rahmenbedingungen und Methoden", *WzM* (39) 1987, 1 이하.

429) M. Weimarm 위의 책, 38 이하. 이 책의 531쪽 각주 408 참조.

에 속한다."[430]

슈타인캄프의 이론은 슈미트(H. Schmidt)의 경험적인 연구에 의해 특별히 생각할 가치가 있는 것으로 확인된다.[431] 여기에 독립되면서 포괄적인 통계가 제공되고 있다. 그 통계는 의뢰인 전체의 구성방식, 전화를 거는 사람의 다양성, 그들의 관심과 태도, 개별적인 문제상황, 그 문제상황에 대한 특별한 핵심 교육 등을 포함하고 있다.

슈미트는 다음과 같이 종합적으로 요약하고 있다. "제시된 연구에서 전화 목회상담이 전화 거는 사람들에 의해 절박한 자살의 위험 순간에 이용되기보다는 정신적인 어려움과 부부문제, 특별한 인생상황에서, 노년과 질병을 전제로 해서, 그리고 의존적이고 중독적인 행동과 관련된 경우가 더 많다는 것이 분명해졌다. 전화 거는 사람의 거의 절반이 전화 목회상담에 여러 번 접촉했으며 20%는 지속적으로 접촉했고 대화로 끝나지 않았다. '첫 번째 도움' 장소의 '비상연합체' 로서 전화 목회상담은 의뢰인의 이러한 부분에서 만성적인 고통과 지속적인 정신적인 결함과 사회적인 불쾌한 상황을 돕는 곳으로 기능이 변경되었다."[432] 여기서 순수한 상황적인 위기개입의 본래적인 내용이 변화되지 않고 고수되는 것이 아니라 (조직상의 질문에 이르기까지) 확대와 보강이 필요하다는 것이 분명하게 드러난다.

전화 목회상담에서 중점적으로 제시된 문제(외로움과 부부문제, 우울증, 알코올 중독, 자살, 질병, 불안과 실직)가 헤세(J. Hesse)와 슈라더(H. C. Schrader)의 책에서 그 문제들의 배경에서 질문되고 있으며 그 문제들의 기본 기제와 함께 제시되고 있다.[433] 얇으면서 요약된 이 책은 주제어에 따라 전화 목회상담 기관과 연결된 모든 것에 관하여 포괄적이면서 간결하게 알려 주고 있다. 이 책은 (통계적으로 파악된) 수치와 개요, 입체적인 실례 장면과 같은 실재 사실, 전화 목회상담의 선구자들과의 인터뷰를 제공하고 있다. 이러한 매개를 통한 분명한 개입은 이렇게 설명될 수 있다. "전화라는 매개는…… 상반 감정이 병존하는 사용자의 욕구를 받아들인다. 종종 가까워지려는 것과 거리를 두려는 바람이 동시에 있기 때문이다. 그렇기에 직접적인 인격적인 만남에서 자주 피하게 되는 갈

430) M. Weimarm 위의 책, 46 이하.

431) Hanspeter Schmidt, *Die Klientel der Telefonseelsorge. Versuch einer Identifisierung*, Frankfurt/Bern/New York, 1985.

432) H. Schmidt, 위의 책, 367.

433) Jürgen Hesse/Hans Christian Schrader, *Auf einmal nicht mehr weiterwissen. Telefonseelsorge–ein Spiegel unserer Zeit*, Frankfurt a.M., 1988.

등은 매개에 의해 주어지는 틀을 통한 전화상의 만남에서 변화될 수 없다. 가까워지려는 것과 거리를 두려는 것은 평행선으로 간다. 전화는 견디어낼 수 있는 거리만큼만 보장한다."[434] 전화 목회상담의 교회적인 연결과 슈타인캄프에 의해 강력히 요구된 '자선의 관점' 에 대한 질문이 이 책에서는 덜 실질적인 문제로 다루어지고 있다.

전화를 통한 목회상담 사역의 다양한 관점이 브라헬(H. U. Brachel)과 쉬람(T. Schramm)이 편집한 책에 잘 소개되어 있다.[435] 이 책에서는 다양한 저자들에 의해 상담의 일반적인 위기, 전화 목회상담 조직의 구조문제와 발전의 기회, 그리고 전화 목회상담의 새로운 방향을 위한 부분이 다루어지고 있다. "전화 거는 사람의 수많은 일상문제와 개인적인 위기 속에서 위기적인 사회발달을 암시하는 문제 분야가 점점 더 분명하게 이루어지고 있다. 관계 상실, 자살의 위기와 지속되는 위기는 이러한 발달의 증세다. 이런 증세와 함께 심리사회적인 취급이 도움의 위기에 빠지게 된다. 그러나 그러한 심리사회적인 취급이 자주 위기에 대한 적합한 대답으로서 죄와 연결하여 생각하는 상황에 빠지게 된다."[436] 이 책은 현재 계속되고 있는 문제의 토론을 권장하고 다양한 논문과 함께 상응하는 수색운동에 참여하고자 한다. 근본 내용은 다음과 같다. 지속적인 변화과정을 부당하게 요구하는 것이 전화 목회상담이다. 그 수색운동은 사회의 문제점에 대한 집광렌즈로서 효과적으로 발달되어야 한다. "회중과의 사역과 마찬가지로 전화 거는 사람들에 의한 상이한 의사소통으로 이루어지는 상담의 지속적인 발전은 전화 목회상담 체계의 발전을 절대적으로 필요하게 한다. 전화 목회상담은 폐쇄적인 체계에서 개방적인 체계로 자체적인 체계를 계속해서 발달시켜야 한다."[437] 전화 목회상담은 사회적인 발달 내에 "'상류사회의 규범에 맞지 않는' 위기와 어려움을 모아들이는 저수지를 준비하는 특히 복잡한 과제에 응해야 한다."[438] 이러한 문제의식과 상응하는 개념적인 유연성에서 전화 목회상담은 결국 "'양자택일적인' 교회봉사의 모델이 될 수 있을 것이다."[439]

그것은 점점 계획된 연구를 전제로 한다. 그래서 뮬러-슈퇴르(C. Müller-Stör)의 포괄적인 연구는 위기 개념과 개념적인 정리가 핵심이다.[440] 첫 부분인 '이론적인 기초' 에

434) J. Hesse/H. C. Schrader, 위의 책, 174 이하.
435) H. U. von Brachel/T. Schramm (Hg.), *Telefonseelsorge*.
436) H. U. von Brachel/T. Schramm, 위의 책, 7.
437) H. U. von Brachel/T. Schramm, 위의 책, 29.
438) H. U. von Brachel/T. Schramm, 위의 책, 44.
439) H. U. von Brachel/T. Schramm, 위의 책, 76.
440) Clemens Müller-Stör, *Subjektive Krisentheorien in der Telefonseelsorge*, Tübingen, 1991.

서 저자는 포괄적인 문헌평가를 하면서 다양한 위기에 대한 이론적인 모델과 개념에 대하여 소개하고 있다. 결론적으로 다음과 같이 강조하고 있다. "'위기'와 '위기개입'을 파악하는 몇몇 저자들만이 위기평가의 주관성, 즉 평가하는 사람의 측면에서 평가과정에 영향을 미치거나 이끄는 주관적인 요소를 주제로 삼는다."[441] 그러나 바로 여기에 저자의 관심이 있으며 이것은 두 번째 부분인 '응용된 위기모델-주관적인 위기이론'으로 연결된다. 특별한 이해도구의 도움으로 전화 목회상담의 몇몇 상담자의 주관적인(그래서 잠재적으로 적용되고 개인적인 경험과 감정으로 압도된) 위기 이론이 이해되고 분석되며 분류화된다. 학문적으로 설명되고 주관적으로 받아들여진 위기척도의 비교로부터 계속적인 연구의 절박한 필요성과 양 측면을 위한 통합적인 재교육모델 계획이 저자에게서 나타난다. "전화 목회상담 자체의 이해 관심과 매년 오늘날 약 5,700명의 전화 상담자와 약 7만 명의 전화 거는 사람의 관심 속에서—가까운 미래에 갑작스럽게 높아지게 될—전화로 위기 인식과 위기개입 분야에서의 연구들이 가장 진정한 말씀의 의미에서 '꼭 필요하다.'"[442]

그러나 동시에 이미 신학적으로 인정할 수 있는 방법으로 목회상담이 다루어지고 있는가? 지금까지 가장 상세하면서 이러한 문제 제기를 하베니히트(I. Habenicht)는 전화 목회상담이라는 주제의 그의 논문에서 나타내고 있다.[443] 이 책은 변화하는 전화목회상담에 대한 이해와 위기적인 변화로 이끌어지는 이 사역의 구조변화를 이해하고자 하며, 전화 목회상담 내에서 상응하는 변화과정을 목회학의 전반적인 발전으로 연결하고 그 연결로부터 전화 상담사역의 시대적인 개념화를 제시하고자 한다. 저자는 적절하면서도 기본적인 원본의 정리와 출판되거나 출판되지 않은 문헌의 완전하고 포괄적인 평가, 역사적인 발달과 상이한 조직 형태 발생에 대한 폭넓은 설명, 그리고 목록과 유익한 정보를 제공하고 있다. 이 모든 것에서 중점적으로(그리고 제한된) 독일에서의 개신교 전화 목회상담과 그 상담의 원칙과 표준, 그 상담에서 함께 일하는 사람들과 의뢰자가 중요하다. 그리고 이렇게 계속해서 확대되는 사역 자체의 자기 이해의 변화가 중요하다.

이러한 변화는 하베니히트에게 지난 10년 내에 지속적으로 발전하는 목회학에 부합된다. 그렇기 때문에 일반적으로 목회상담 내에서의 대표적인 입장은 전화 목회상담 내의 입장과 비교되며 서로 밀접하게 맞물려 연결하여 설명된다. 많은 노력이 필요한 그

441) C. Müller-Stör, 위의 책, 95.

442) C. Müller-Stör, 위의 책, 406.

443) I. Habenicht, *Telefonseelsorge*.

의 조사의 결과로 하베니히트는 최전선에서 임하는 전화 목회상담이 (매우 다양한 신학적인 관점일지라도) 그 기본 태도와 의도적인 효력으로 보아 목회상담으로서 이해될 수 있다는 결론을 내릴 수 있다. (저자의 분명한 슈톨베르크의 입장과 관련하여) "……전화 목회상담이 이미 교회상황에서의 전화상담 사역을 통해 그리스도교 신앙과 관련하여 목회상담으로서 자격이 주어지는 것이다. 그러나 신앙과의 이러한 연결은 내용적으로 커다란 자유를 얻게 해 주는 것이다."[444] "그래서 여기서부터 전화상담 자체의 자기 이해를 고수하는 필연성이 나타난다. 전화 목회상담은 의도적인 목회상담의 형태다."[445]

전화 목회상담의 신학적인 중요성에 대한 질문이 계속해서 제기된다. 외른스(K.-P. Jörns)는 1981년에서 1993년까지의 방향을 제시하는 강연과 논문들을 모아 출판하였다.[446] 이 책의 두 번째 부분 ('목회상담—전화상에서—신학적인 실천으로서')은 '신학적으로 근거된 전화 목회상담. 25가지 주제'[447]를 제시하고 있다. 이 부분은 전화 목회상담을 시대의 개혁적인 역할 속에서 서술하고 있다. 그러나 외른스는 목회학적인 기본 질문에 대한 마지막 부분에서 대부분을 일반적인 입장, 예를 들면 중요하면서도 토론이 필요한 '목회상담을 위한 주제' 에서 받아들인다.

그러나 이 책의 장점은 첫 번째 부분인 '문화와 교회 안에서의 전화 목회상담' 이라는 부제에 있다. 여기서 외른스는 문화학적인 관점에서 어떻게 우리 문화의 특징이나 증가하는 '전화상의 관계' 가 전화 목회상담 현상 속에서 특별히 나타나는지 제시하고자 한다.

중심적인 관심을 저자는 마침내 전반적인 이 책 전체를 나타내는 확대된 제목의 논문에 나타낸다. 즉, 「전화 목회상담-교회의 밤의 얼굴, 낮의 얼굴인 신학과의 만남에서 (Telefonseelsorge-Nachtgesicht der Kirche, in der Begegnung mit der taggesichtigen Theologie)」가 그것이다.[448] 그러므로 교회와 신학이 이성의 빛으로 행동하고 신비적인 경험이 일어나도록 작용하며 (인간적인) 현실을 지배하는 이성과 효과적으로 분명하게 통찰하고 구별할 수 있으면서도, 한 차원으로 만나는 곳에서 교회와 신학은 항상 낮의 얼굴이다. 그러나 역상적인 문장 속에서 흥분되고, 그 흥분은 혼란된 상태의 파편으로

444) I. Habenicht, 위의 책, 388.
445) I. Habenicht, 위의 책, 389.
446) K.-P. Jörns, *Telefonseelsorge*.
447) K.-P. Jörns, 위의 책, 140 이하.
448) K.-P. Jörns, 위의 책, 68 이하.

서 다시금 몰두하게 되는 기억된 경험의 중심으로 나타난다. 그러한 과거의 상황과 발견들은 영혼의 밤의 모습에 해당한다. 그것들은 대부분 수면과 쇠약의 단계, 알코올 및 약의 복용과 연결된다. 외른스는 거기서 다음과 같은 결론을 내린다. "밤 근무 없는 전화 목회상담은 아무런 의미가 없을 것이다. 무엇 때문에 인생이 짐이 될 수 있는지 전화 목회상담이 이해하고 도우려고 한다면, 무엇이 우리 영혼의 침몰된 문화 속에서 일어나고 무엇이 낮보다 밤에 더 쉽게 말을 할 수 있게 하는지 밤의 얼굴로 바라보아야 한다."[449]

이러한 상황에서 전화 목회상담에서 전화를 거는 것은 '특별한 예식'으로서 이해될 수 있다. 그것은 특별한 방법으로 밤의 얼굴과 관련되며, 존재의 인격 이전의 본능적인 측면과 연결된다. "교회의 밤의 얼굴로서 전화 목회상담은 우리 인간 존재의 어두움이 최소한 인간의 세력권에서 병리학적으로 치료되거나 죄 많은 불순종으로 고발되는 것이 아니라는 것을 도와야 한다. 전화 목회상담을 통해 교회는 인간이 동행자로서의 하나님을 그들 인생의 밤낮으로 받아들이는 것을 배우도록 도울 수 있을 것이다."[450] 그것으로 전화 목회상담은 분명하게 신학적인 기능을 갖는다.

목회신학적인 보강은 바이마르(M. Weimar)의 연구에서 찾을 수 있다[451] 바이마르는 다음과 같이 서술하고 있다. "정신역동적으로 보면 밤은 퇴행의 시간이다. 즉, 인생에서 매우 어린 시절로 돌아가는 것이다. 젖먹이와 유아기 때 우리 모두는 우리를 능가할 정도로 사랑하는 어른이 정말로 있다는 사실을 의지하였다. 밤 근무에서 목회상담자는 바로 그와 같은 것이다. 제한된 시간을 위해 사랑 가득한 부모역할을 위탁받는 것이다."[452]

또한 슈타인캄프는 오늘의 상황에 대하여 다시 한 번 그의 논문에서 자신의 입장을 밝히고 있다.[453] "...... 항상 새로운 측면에서 언급된 전화 목회상담의 '종교적인' 특성에 대한 질문이 '종교의 개인화'와 '새로운 종교성'에 대한 현재의 종교사회적인 토론을 표현하려고 시도하게 된다."[454]

---

449) K.-P. Jörns, 위의 책, 83 이하.

450) K.-P. Jörns, 위의 책, 95.

451) Martin Weimar, Wächter vor dem Unbewuβten. Über seelsorgerliche Nacht*gespräch*, in: *Auf Draht. Ein internes Forum zum Austausch von Erfahrungen und Informationen für ehrenamtliche und hauptamtliche Mitarbeiterinnen und Mitarbeiter der Telefonseelsorgestellen und Offenen Tür in der Bundesrepublik Deutschland,* hg. von der Ev.-Kath. Kommission für Telefonseelsorge und Offene Tür, Bonn(Geschäftsstelle: Kaiserstr. 163, 53113 Bonn), Nr. 22, April 1993, 19 이하.

452) M. Weimar, 위의 책, 19.

453) Hermann Steinkamp, Wandlungen der Institution Telefonseelsorge-religionssoziologische Überlegungen, *WzM* (47) 1995, 190 이하.

독일에서 전화 목회상담이 매년 8만 통의 전화와 6,000명의 종사자들과 함께 시대에 맞는 목회상담 사역의 형태로서 어느 정도로 그리고 어떠한 범위로 우리 사회 속에서 형성되어 왔는가에 대하여 비너(J. Wiener)는 자신이 편집한 책에서 분명히 제시해 주고 있다.[455] 전화 기술의 혁명은 그의 책에서 핵심적인 주제이면서 지역적이고 국가적인 차원에서 전화 목회상담의 조직구조의 설명이다. 그래서 그의 논문들과 목록 그리고 문헌소개와 함께 개신교와 구교의 저자들에 의해 이루어진 이 책은 사전적인 특성을 가지고 있다. 이 책은 확실히 개별적인 질문들을 분류하여 문제 제기하는 데 도움을 주고 있다.

3) 군 목회상담

군대에서의 목회상담 사역은 전체 목회학에서 감정적으로 내재되고 갈등이 함축된 우선순위문제와 관련하여 특별한 훈련과 교육상황으로서의 기능을 가지고 있다. 한편으로 목회상담을 위한 교회적인 과제와 다른 한편으로 목회상담 사역에서 힘들게 논란이 되는 국민의 의무를 신학적으로 서로 연결하고, 조직적으로 서로 연관시키는 복잡한 과제가 중요하다. 개별적인 개인의 (가능한) 위기상황은 여기서 일반적으로 해당되는 (가능한) 위기상황에 편입되어 있다. 자신의 국가 또는 낯선 국가에서 전쟁의 경우 투입 또는 행동, 무기를 갖고 또는 무기 없이 좀 더 나은 자유보장에 대한 오늘날의 공개된 질문은 교회적으로 책임 있는 전략 속에서 확인되어야 하며 목회학적으로 구체화되어야 한다. 그것은 이미 매우 복잡하며 실존적인 관심을 끌어낸다. 그것은 강제적으로 입장의 결단을 내리게 한다.

그래서 자주 도의되고 격렬하게 논의되는 좀 더 나은 국가에 의해, 또는 좀 더 나은 기관, 교회에 의해 이루어지는 군 목회상담자[456]의 (공무원) 신분에 대한 질문은 아직도 널

454) H. Steinkamp, 위의 책, 190.

455) J. Wieners (Hg.), *Handbuch der Telefonseelsorge*.

456) 이러한 신분과 그 효과는 무엇보다도 독일 통일 이후 개별 교회의 다양한 경험이 매우 다른 국가의 형식으로 서로 만나게 될 때 문제가 된다. 1957년 이후 독일에서 의미 있는 '군 목회상담 규정을 위한 독일에서의 개신교 교회와 독일 국가 간의 협약'이 변화된 정치적 조건과 교회 차원에서 새롭게 맡겨져 있다. (상황에 맞게 변화된) 그 협약은 기본 구조에서 유지되어야 하는가, 아니면 결정적으로 변화된 협약에 의해 보충되어야 하는가?

리 알려져 있는 우려의 표현이다. 그것은 필연적으로 확실한 조건하에 있는 목회상담 분야에서 결국 결정적인 입장이 타인에 의한 결정으로 이루어진다는 우려가 있다. 논란의 여지없이 다양한 역사적인 시대에서 군 목회상담자의 투입은 항상 다시 군인의 측면에서(그리고 종종 교회 또는 군 목사의 측면에서) 일반적으로 군사력 강화로 분류되었다.[457] 그것은 사실 지속적인 입장이어서는 안 된다![458] 그러나 오늘날 목회상담의 그리스도교적인 특성이 이러한 방법으로 항상, 동시에 불가피하게 그 특성보다 상위에 있는 낯선 관심으로 인해 상대화되는 의혹이 있을 수 있다. 그것은 국가적인 유착에 상응하는

이러한 질문에 대한 (현재 아직 공개된) 결정에서 '모델 A'와 '모델 B'가 서로 대립되어 있다. (실제 상황에 대한 그래픽적인 개요와 모델 A와 B, in: epd-Dokumentation. Evangelischer Pressedienst. Nr. 47/94(1. Nov.1994), 23.)

'모델 A'에서는 국가 공무원인(근본적으로 1957년 협약에서) 군 목사의 신분에서 확인된다. 다만 독일 연방군을 위한 교회의 직위와 유사하게 신학과 세계 교회운동, 연수와 재교육 방법 등의 내용적인 형태의 질문에서 군 목회상담을 수반하는 과제를 대행하는 교회적인 당국이 새롭게 설치되어야 한다.

'모델 B'에서는 국가와 교회의 협약이 결정적인 입장에서 수정된다. 군 목회상담은 그 협약에 의해 EKD(독일 교회연합회)의 직접적인 직무이며 곧 교회 공무원이다. 그는 특정한 주둔군 또는 부대의 국방부 장관에 의해 군종주교의 제안으로 부여된다. 독일 연방군을 위한 국가적인 교회의 직책은 어쨌든 EKD 교회의 직책에 속한다.

457) Jens Müller-Kent, Militärseelsorgepolitik in Deutschland bis zum Ende des Zweiten Weltkrieges, in: ders., *Militärseelsorge im Spannungsfeld zwischen kirchlichem Auftrag und militärischer Einbindung. Analyse und Bewertung von Strukturen und Aktivitäten der ev. Militärseelsorge unter Berücksichtigung sich wandelnder gesellschaftlicher Rahmenbedingungen*, Hamburg, 1990, 7 이하. (근본적으로 반교회적인) 국가사회주의 시대에 관하여 뮬러-겐트는 다음과 같이 서술하고 있다. "제2차 세계 대전 당시 많은 군사장교가 그리스도교가 군인교육을 위한, 그리고 전쟁력을 강화하기 위한 중요한 수단이었다고 계속해서 증언했다. 지시된 세계관적인 중립에도 불구하고 독일인 군대의 총사령관은 장교들이 모든 교회로부터의 탈퇴할 것을 보고하도록 고집했다"(21쪽).

458) Hermann Kunst, Der Dienst der Kirche an den Soldaten(1965년 EKD 회의의 보고), in: Hans-Wolfgang Heβler (Hg.), *Pflicht zum Frieden-Evangelische Militärseelsorge. Dokumente und andere Texte zu Geschichte und Situation der evangelischen Militärseelsorge. epd dokumentation,* Witten-Frankfurt-Berlin, 1973, 68 이하.

군종주교는 이러한 근본적으로 '변화된 이해'와 관련하여 다음과 같이 언급하고 있다. "'독일 연방군에서의 시민적이고 군사적인 지도력은 이러한 많은 발전을 가져왔다. 그 지도력은 지칠 줄 모르며 부대를 지도했고 모든 입장표명에서 군 목회상담의 독립이 문헌에 이르기까지 존중되었던 것이 명백했다. 이것은 군 목사에게 때때로 군대에서의 교회직무에 대한 잘못된 견해가 있는 것을 막지 못했다. 군기의 지탱을 위한, 그리고 의무 수행을 위한 교육에서 오늘의 젊은이들이 불확실할 경우 교회는 매우 유용하다. 또는 교회는 형이상학적인 근거로 서약의 성스러움을 엄하게 가르치기 때문에 유익할 수 있다"(68쪽 이하). 쿤스트는 여전히 '보수적으로' 그리고 오늘날 문제상황의 관점에서 다시 새롭게 애매하게 이러한 잘못된 견해를 반대한다. "분명하게 우리는 군 목회상담의 제도화를 반대하며 물론 신앙이 모든 사람을, 또 군인들을 자신의 일에서 책임을 의식하고 충실하고 부지런하며 신뢰적이라는 것이 입증되는 자유로운 사람으로 만든다는 것은 확실하다"(69쪽).

책임이 종교적으로 부가된 것이라고 두려워하게 될 수 있다. 그러나 종교가 집단적인 위기상황에서 이러한 방법에서 이행되는 역할을 지정받게 될 때, 종교(그리고 목회상담)는 강압적으로 항상 잘못 이용된다. 어쨌든 집단적인 갈등의 경우를 위해 올바른 그리스도교 신앙의 구체화에 대한 논쟁이 특별히 나타날 정도로 신학적인 근본 질문과 연관된다.

동시에 이러한 관계 속에서 다시 한 번 오늘날 인간에 대한 모든 구체적인 목회상담의 사회적인 차원이 분명해진다. 교회적인 측면에서 개별적으로 분명한 모든 사고의 다양성에도 불구하고 일반적으로 개별적인 인간으로 말미암아 군 목회상담을 포기할 수 없는 것은 논의의 여지가 없다. 그러나 거기서 어떤 형태와 목표설정으로 특별한 영역에서 이러한 특별한 목회상담이 책임을 지며 조직되고 구조화될 수 있는지에 대한 논쟁이 동시에 교회와 국가 간의 신뢰문제에 이르게 된다. 일반적인 위기에서 어떤 결과를 가지고 평화와 전쟁에 대한 어떤 사회윤리적인 입장으로 주어진 상황에서 양쪽의 입장으로서 군인에 대한 목회상담 사역을 할 것인가? 이러한 원리적인 질문이 실제적으로 군인의 개인적인 위기경험과 군인에 대한 목회상담적인 동행이 중요한 곳에서 제기되어야 하는 것이 군 목회상담의 특징이다.[459] 그것은 이러한 특별한 목회상담의 존재와 위치에 대한 지속적인 토론을 보여 준다.

명백하게 군 목회상담은 불가피하게 나타나는 분열된 반응과 그에 의해 계속적으로 새롭게 논의되는 사회윤리적인 근본 문제 때문에 최소한 독립적으로 이루어져야 하는 목회학의 한 분과에 해당된다. 그럼에도 불구하고 군 목회상담의 앞으로의 역할과 형태에 관한 모든 개방(또는 애매모호함)에 있어서 군인에 대한 목회상담 사역의 필요성이 근본적으로 문제가 되지 않고 있다. 계속해서 임무내용과 실용적이면서 교회신학적으로 대변할 수 있는 조직구조에 대한 논쟁할 만한 문제들이 드러난다. 그렇지만 이러한 조건에서 군 목회상담 사역에서의 특별한 도전 또는 비범한 가능성을 찾아야 한다.

군 목회상담에 나타난 특별한 의미는 어떤 특징을 갖게 되는가?

• 군 목회상담은 분명히 양심의 결단과 관계된다.[460] 군 목회상담에서 양심의 역할은

459) 매우 실제적으로 군 목회상담과 관련하여 여기서 군인과 그 가족에 대한 목회상담이 본래 평화의 상황에서만, 그리고 자신의 나라 전방에서만 책임을 져야 하는가라는 질문이 제기된다. 그렇다면 군 목사의 교회적인 의무가 지역교회의 (조직적이고 구조적인) 연결로 보다 가깝게 접근될 수 있다('모델 B형'). 반대로 군 목회상담이 위기의 경우에, 또는 다른 나라에 주둔 시 군인들과 함께 동행해야 한다면 군 조직에 연결되는 것('모델 A형')이 결론적인 해결책이다.

460) 이 상황에서 군복무를 할 것인가 공익공무원으로 복무할 것인가의 결정이 밀접한 연합체계 속에서 양

다양한 관점에서, 가장 다양한 개인적인 전제조건에서의 삶의 형태의 결과와 결단에서 실현될 수 있다. 군복무를 할 것인가 사회복무(Zivildienst)를 할 것인가를 결정하는 것은 어쨌든 '내적인 노력'이 있어야 한다. 그래서 윤리적인 자각, 즉 해당되는 윤리적인 적법성의 결단기준에 대한 탐색은 내적인 노력으로서 자각하게 할 수 있으며, 윤리적인 적법성은 거기서 동기가 되어 (삶 또는 생존에) 꼭 필요한 것으로 경험할 수 있게 할 수 있다.

• 군 목회상담은 확실히 권위경험과 관계된다. 이 분야에 전문적인 지식이 있는 매우 직접적이고 일상적으로 만나게 되는 사람들의 숙련된 동행은 판단과 태도를 개별화하여 (젊은) 사람들의 총체적인 삶에 영향을 미칠 수 있다.[461] 거기서 개개의 경우 매우 다

심결단으로서 다루어지게 되는 것을 모든 사람들이 당연한 것으로 여긴다. 그 결정에서 특별한 딜레마가 반영된다. 공익공무원 복무를 위한 결단은 실제로 다른 방법으로 평화를 보장하기 위한 능동적이고 양자택일적인 투입과는 관계가 없다. 그 결단은 오히려 군복무를 거부하는 것에서 파생된 것이며 애매한 '대체'의 성격을 갖게 된다.

이에 관해서는 다음을 참조한다. Gerhard Hoffmann, Art.: Zivildienst, *Wörterbuch des Christentums,* 1383.

그렇기 때문에 어떤 한쪽을 결정하는 데 목회상담적인 동행이 더욱더 중요하다. 거기서 도움이 되는 정보, 효과 있는 논증을 공급하는 것만이 중요한 것은 아니다. 무엇보다도 가능한 모든 (결단의) 경우 양심 차원의 목회상담적인 도움을 주는 것이 중요하다. 개인적인 인생경험과 거기서 얻은 통찰에 근거한 입장이 진실로 공동체 내에서의 특정한 신념으로서 작용해야 한다면 정말로 배후에 있는 기본 수용과의 '양심적인' 논쟁이 모든 개별 상황을 위한 목적이 된다. 그렇지 않으면 다만 (정치적이거나 종교적인) 집단압력이 작용한다. 달리 말하자면, 개별적으로 '무기가 있고 무기가 없는' 평화보장을 위한 이 방법이나 다른 방법이 문제라면 정치적인 이유에서 나온 결단과 양심의 근거에서 나온 결단 사이에 존재하는 변증법은 목회상담적으로 성찰되어야 한다.

이에 관해서는 다음 책을 참조한다. T. Rendtorff, *Ethik,* Bd. II, 143, 특히 152 이하.

461) Dietrich Ritschl, Art.: Autorität, *EKL 1,* 346 이하. 여기에 계속적인 문헌소개가 되어 있다. 주어진 것과 관련하여 시사하는 바가 큰 것은 무엇보다도 권위에 대한 유형학과 그것의 '힘을 위한 접근'(347쪽)에 대하여 쓴 것이다. 저자는 궁극적으로 (군) 목회상담자에게 그의 사역에서 보상하는 학습과정을 의도할 수 있는 결손이 생기는 상황을 언급한다. 리츨은 다음과 같이 서술하고 있다. "오늘날 일상용어에서 권위는 그렇게 중요한 진정한 권위와 본보기에 대한 추구가 어렵게 됨으로써 관계 개념의 특징을 잃어버렸다"(348쪽).

슈톨베르크는 다음과 같이 정의 내리고 있다(Dietrich Stollberg, Solange du deine Füβe unter meinen Tisch steckst. Zur Auseinandersetzung Jugendlicher mit Autorität, in: R. Riess/K. Fiedler (Hg.), *Die verletzlichen Jahre,* 324 이하). "권위는 관계 개념이다. 그것은 힘 있는 자와 약한 자의 관계 내에서의 기울기를 나타낸다"(325쪽). 그는 계속해서 다음과 같이 말하고 있다. "진정한 권위는 그 역할을 항상 임시변통적이며 일시적으로 이해한다. 따라서 그것은 고통스러울지라도 불필요해지도록 작용한다"(330쪽). 결국 슈톨베르크는 목회상담적으로 대표할 수 있는 권위문제에 대한 접근을 위해 신학적인 근거를 제시한다. "이 세상의 권위로부터의 자유로 이끄는 모든 신앙인의 만인 사제직의 의미에서 마르틴

양하게 경험되는 집단에서 (매우 상이한 역할임무로) 주입된 것이 의도적으로 개인적인 성찰을 하게 한다. 그렇다면 상응하는 목회상담적인 동행은 자연스러운 권위, 그러나 권위적인 태도에 대한 질문과 관련하여 실제로 갖고 있는 군대 안에서의 힘의 구조와 무력구조를 더 파악할 수 있게 하려고 노력하게 될 것이다. 목회상담은 군인들에게 이러한 형태 안에서 살지 않은 공동체 경험을 좀 더 의식적으로 받아들이고 형성하도록 도울 수 있다. 목회상담은 종종 특별한 '집단역동'과 연결된 불안감, 무력감, 거부감을 말하고 (그리스도교 신앙의 장에서) 다루려고 계속해서 노력할 수 있다. 거기서 만들어진 경험은 지속적으로 형성하는 요소로서 군복무 후의 삶의 형태에 옮겨지게 된다.

• 마지막으로 군 목회상담은 최소한 (아마도 특별히 위기의 조건에서 일으키게 되는) 분리문제와 관련이 있다.[462] 거기서 젊은 사람으로서 신뢰된 삶의 상황에서 떨어져 나오거나 직업군인으로서 가족과 헤어져서 살아야 하는 종종 너무 긴장되는, 특별한 장소에서 나타나는 당연히 절박한 불확실한 생활은 개인적으로 다소 강하게 짐이 될 수 있다. 그러나 그것은 또한 구조적으로 인상을 줄 수 있다. 동시에 이러한 경험은 어쨌든 방해하는 의존감과 격리불안을 의식화하고 근본적인 삶의 문제로서 그러한 것을 목회상담적으로 다루는 기회로 이용할 수 있다.

이렇게 군대영역에서 목회상담의 두드러진 문제들이 많이 있다.

일반적으로 목회상담을 위해 군 목회상담이 다시 결정적인 자극이 될 수 있다. 그러므로 정치적인 생각과 거기서 발생하는 긴장과 대립되어 있는 교회 내에서의 직무를 견뎌야 하는 중요한 목회학적인 과제로 보일 수 있다.[463] 그것은 특별한 도전으로 거기에 상응하는 입장을 바로 '신앙으로부터', 즉 목회상담 방법으로 상대화하려는 것이 아니라 교회영역에서 갈등 많은 통합을 개방된 과정사건으로 다루는 것을 배우는 것이다. 이러한 목적설정에서 공통적인 신앙은 (최소한 상황적인) 정치적 중립을 위한 '수단'으로 이용되지 않을 것이나. 그 신앙은 오히려 정치적인 갈등과 대립에 직면하여 불안으로부

루터의 하나님과 인간의 자유로운 동반자적 관계에 대한 생각은 스스로 책임을 떠맡을 수 있고 자기신뢰를 점점 증가하는 다른 권위와의 동반자적 대결에서 발전시킨 개인이 전제가 된다"(331쪽).

그것으로 군 목회상담에서 목회상담의 특별한 실현화와 구체화를 경험할 수 있는 목표가 주어진다.

462) 이러한 특별한 분리문제는 한 회의의 문서에서 직 · 간접적으로 언급되고 있다. Ulrich Hung (Hg.), *Vom Heimatverteidiger zum Uno-Streiter. Rolle und Selbstverstndnis der Soldaten. Loccumer Protokolle* 28/94, 1994.

463) 이 주제에 대해서는 다음을 참조한다. "Verweigerung und Anpassung-der politische Kontext der Seelsorge", *WzM* (40) 1988, H. 7.

터 더 자유롭게 견뎌내거나 그리스도교적으로 책임지는 공동체 형성의 구조적인 요소로서 받아들이기 위한 근거가 될 수 있을 것이다.

제2차 세계 대전 이후에 군 목회상담이 대체로 원자력 시대에 평화보장의 올바른 방법에 대한 사회윤리적인 질문과 당연히 연결되었어야 한다는 것은 이미 1975년 헤슬러(H.-W. Heβler)에 의해 편집된 문서에서 인상 깊게 다루어지고 있다.[464] 개별 논문들이 여기서 다음과 같은 주제로 정리되고 있다. (독일에서 군 목회상담의) 근거와 발단, 평화의 문제, 무기 있는 평화와 무기 없는 평화를 위한 직무, 신마르크스주의와의 대결, 자기이해에 대한 문제, 군대에서의 훈련과 교육, 인간의 형상, 평화의 도구로서의 군대, 연대감과 의사소통 및 목회상담이다. 그리고 부록으로 법률문과 보충적인 자료들을 제공하고 있다.

이러한 분야에서 예를 들면 피히트(G. Picht)에게는 '새로운 인식'[465]이 중요하다. 군 목회상담에 대한 교회적인 집단에서의 반대는 다음과 같은 논쟁과 접하게 된다. 원자무기 체계의 발전과 투입과 관련하여 양심결단에서처럼 (오늘날 애매하게 되어 버린) 독일 군대 역사의 전통에 대한 논쟁에서 군인에게 '군인 임무의 구조를 통해' 가장 구체적으로 무엇인가 요구되고 부담으로 강요하게 된다. 그렇기 때문에 다음과 같이 말하고 있다. "바로 군인은 군대의 권력을 가진 자로서 그가 두려움을 담당하는 사람이 될 수 있는 그림자 속에서 살도록 강요받기 때문에 교회의 비판적인 연대 책임과 교회가 군인에게 줄 수 있는 모든 도움이 필요하다."[466]

군 목회상담의 절대적인 필요에 대한 그러한 비슷한 언급은 개방적이지만 강제적으로 현실화된 신학적인 문제 제기를 갖고 보아야 한다. 그래서 스몰카(P. Smolka)는 오늘날 감당할 수 있는 '평화의 신학'[467]에 대하여 질문한다. 거기서 군 목회상담의 찬성과 반대에 대한 모든 토론의 관계 핵심은 항상 다시 무력으로 평화를 이루는 것이 더 나은가, 무력으로 하지 않고 유지하는 것이 더 좋은가, 또는 이러한 방법 또는 다른 '평화전략'을 (그리스도교적으로) 책임질 수 있는가, 그렇다면 어떻게 책임질 수 있는가라는 사회윤리적인 질문이다.

---

464) H.-W. Heβler, *Pflicht zum Frieden*.

465) G. Picht, Das neue Bewutsein, in: H. W. Heβler, 위의 책, 13 이하.

466) G. Picht, 위의 책, 23.

467) Peter Smolka, Theologie des Friedens, in: H. W. Heβler, 위의 책, 103 이하.

468) P. Smolka, 위의 책, 96; Albrecht v, Mutius, in: H. W. Heβler, 위의 책, 150 이하.

그렇기 때문에 '그리스도교적인 사회윤리에 대한 노력'이 절박한 과제로 나타난다.[468] 다양한 그리스도인들이 그것을 통해 교회적으로 정신적으로 분리되지 않고 여기서 다양한 정치적인 기본 결정을 만날 수 있는 것이 매우 근본적인 핵심으로서 강조된다. "모든 사람이 똑같이 행동하지 말아야 하지만 자신이 무엇을 행하는지는 알아야 한다."[469] 그러나 모든 경우에 (그 당시) '국제적인 평화의 전략을 위한 교회의 기여'가 효과적이어야 한다면, 독일 연방군의 군인들에 대한 목회상담의 역할에 대한 논쟁의 여지가 있는 질문은 후버(W. Huber)와 함께 새롭게 '교회의 사회적인 장에 대하여' 생각해 볼 것을 요구한다.[470]

개신교와 가톨릭의 군 목회상담의 발생사와 구성 및 구조에 대한 포괄적인 설명과 함께 계속적인 발전과정이 문서 외에 블라슈케(P. H. Blaschke)와 오베르헴(H. Oberhem)에 의해 한 책으로 엮어졌다.[471] 특히, 이 책은 분명하고 구체적인 관점에서 집중적으로 이 분야에서 핵심적이면서 어려운 목회상담 이해에 대한 문제 제기를 반영한다. 그러므로 이러한 기본서에서 '인생수업에 대한 국가와 교회의 협의(Die Verhandlungen zwischen Staat und Kirche über den Lebenskundlichen Unterricht)'와 같은 장이 나올 수 있다.[472]

개별적으로 무엇이 문제인가? 새로운 독일 전투력에서 인생수업의 역할은 매우 일찍이 교회와 국가 사이에서 논의되었다. 개별 목회상담을 위한 '다리역할'로 군인의 '총체적인 교육'의 틀에서 일반적으로 윤리적으로 세워진 '의무수업'에 대한 상이한 해석이나 군대에서 종파별로 이루어진 그리스도인의 수업은 두 가지 기본 내용으로 이루어진다. 그것은 양자택일적인 것으로서 계속되는 모든 논쟁을 결정한다. 즉, '① 자유롭게 신앙에 따라 분리되고, 군 성직자의 책임하에 이루어지는 목회상담의 돌봄을 보강하는 것으로서의 인생수업, ② 군 성직자는 단지 도움의 힘으로써 작용하고 강제적이고 신앙을 추월하여 군 지휘 간의 책임하에 이루어지는 전투력에 속하는 모든 군인들이 총체적인 교육 부분으로서의 인생수업.'[473]이다. 또한 장차 개신교와 가톨릭 양 교회에서의 목

469) "Die Heidelberger Thesen. Atomzeitalter, Krieg und Frieden von 1959", in: H. W. Heßler, 위의 책, 58 이하, 인용된 논제 11, 67.

470) Wolfgang Huber, Über den gesellschaftlichen Ort der Kirche, in: H. W. Heßler, 위의 책, 252 이하, 특히 262 이하.

471) Peter H. Blaschke/Harald Oberhem, *Militärseelsorge — Grundlagen, Aufgaben, Probleme*, Regensburg, 1985.

472) P. H. Blaschke/H. Oberehm, 위의 책, 60 이하.

473) P. H. Blaschke/H. Oberehm, 위의 책, 60.

회자가 결정적으로 이 수업의 주제와 자료를 모으는 작업에 참여하게 될 수도 있는 형태에서의 변화가 제시된다면 토론의 여지가 있는(예를 들면, 가톨릭과 개신교 양쪽 신앙 사이에서의) 해석이 남아 있다. 국가적 또는 교회적 관심사가 상호 간에 분명하게 제한되지 않을 수 있다는 우려는 지속되는 문제로 나타난다. 관계된 모든 방면의 다양한 '주요 논문' 에 의해, 그리고 1957년부터 시도된 단계에 따라 모든 목회자들에게 규칙적으로 (신앙적인 근거와 자유로운 참여로) 인생수업을 하도록 지시되었다면 이러한 명령은 특별히 많은 '공개된 질문' 과 관계된다. 그러나 그것은 '…… 결과적으로 개신교 측면에서 이러한 수업에 대한 신학적인 정립을 많이 시도하게 했다.' [474]

실례로서 그러한 목적설정의 시도가 비크(R. Bick)에 의해 인용되고 있다. "인생수업은 동반자적인 대화의 틀에서의 비판적인 상황에서 개인적이면서 군대의 특징적이고 사회 전체적인 가치와 규범 및 목적을 명료화하고 형성하기 위해 구체적인 신학적 기여를 하려고 한다. 그것은 인생수업이 우리에게 무엇이 중요하고 중요하지 않은지, 우리에게 무엇을 중요하게 여겨야 하며 어떻게 내일을 살아가고자 하는지에 대한 개인적인 명료화와 사회적인 타협에 대하여 노력하기 때문이다." [475]

교회직무 차원의 출판은 '무엇보다도 젊은 장교를 위한 도움으로서, 직업윤리적인 기본 질문을 위한 조그만 편람으로서' [476] 이루어진 것이다. 장교 직업에 대한 조직적인 토론 후에 군인과 신학적인 저자들의 논문이 복합적으로 '지도' '복종' '복무' '교육' 그리고 '관리' 로 이어진다. '군대에 대한 설명' (Wener von Scheven), 그리고 '신학적인 고찰' (Peter H. Baschke)이라는 제목의 다양한 논문들이 소개되어 있다. '복종' 이라는 말은 한편으로는 (군대적인 표현으로) 다음과 같은 것을 의미한다. "성인의 복종은 숙고하여 실행하고 주도하며 용기와 헌신 속에 표현된다. 장교는 거기서 어느 누구에 의해서도 능가되는 것을 허락하지 않아야 한다." [477]다른 한편으로는 (신학적인 관점에서) 다음과 같이 언급되고 있다. "인간은 인간의 명령을 따르는 곳에서 모든 저항을 무시하는 복종이 있을 수 없으며 눈 먼 복종도 있을 수 없다. 인간의 역사는 잘못 사용한 복종의 예

474) P. H. Blaschke/H. Oberehm, 위의 책, 66.

475) Rolf Bick, *Der Lebenskundliche Unterricht der Evangelischen Militärseelsorge als Arbeits christlicher Ethik und kirchlicher Erwachsenenbildung.* Diss. FB Ev. Theologie, Münster, 1979, 220.

476) De officio, *Zu den ethischen Herausforderungen des Offizierberufs,* hg. vom evangelischen Kirchenamt *für* die Bundeswehr, Hannover, 1985, 머리말 11쪽에서 인용.

477) 위의 책, 101.

들로 가득하다. 인간이 인간의 명령을 따르는 곳에서는 양쪽을 위한 목적과 의미가 분명해야 한다."[478] 이 책은 '전해 내려온 가치'와의 분명한 관계에서, 그리고 꼭 필요한 것으로 생각되는 입으로 전해 내려오는 것에서 어쨌든 여러 관점의 문제점을 전하고 이 분야에서 일하고 있는 목회상담자에게 그의 과제에 대한 윤리적인 성찰을 완화한다.

이미 언급한 뮬러-켄트(J. Müller-Kent)는 지금까지 가장 기본적이고 포괄적이면서 가장 다양한 자료들과 문헌들을 분류한 것을 출판된 그의 박사학위 논문에서 '교회의 임무와 군대 명령의 긴장영역에서의 군 목회상담(Militärseelsorge im Spannungsfeld zwischen kirchlichem Auftrag und militärischer Einbindung)'[479]이라는 제목으로 제시하고 있다. 저자는 거기서 1957년부터 해당되는 협약 이래로 모든 협약의 결과와 더불어 독일에서의 군 목회상담에 전념하기 위해 '무엇보다도 제2차 세계 대전까지 독일에서의 군 목회상담 정치'를 매우 비판적으로 추적한다. 한편으로는 이러한 협약에 대한 지속적인 격렬한 논쟁의 역사가 제시되며, 다른 한편으로는 군 목회상담의 다양한 활동목록, 원칙적이고 개별적인 질문과 관련하여 군인들에 대한 뛰어난 목회상담 대표자들의 입장목록이 제시되고 있다.

뮬러-켄트의 끊임없는 질책은 그가 인식한 장교와 군 성직자의 세계관적인 신념에 대한 동질성과 관련이 있다.[480] 그 다음에 뮬러-켄트는 그가 숙명적인 것으로 평가하는 신학적인 (그 당시 특히 강조된) 위협정치의 정당화를 본다. "이러한 신학의 토대는 계산상의 부정적인 인간 이해며 일방적인 미래 종말론적인 하나님 나라 개념이다."[481] 인간은 그 틀에서 근본적으로 악한 것으로 간주될 수 있다.[482] 그래서 실리적이면서 (일방적으로) 정치적으로 관여된 이러한 연구의 '결과와 결론'은 동시에 경고에 해당된다. 핵무기의 사용결과는 책임질 수 없는 방법으로 경시될 수 있으며 1945년까지 있었던 군대 교회의 잠재적인 연속성이 목회상담과 국가 공무원 신분을 결합시킬 때 독일에(또는 통독 이전의 독일에) 여전히 남아 있을 수 있다고 고백교회는 밝히고 있다. 왜냐하면 "교회와 독일 연방군의 관계 사이에서의 독일 개신교 군 목회상담의 위치에 관한 연구는 군

478) 위의 책, 102.

479) J. Müller-Kent, *Militärseelsorge*

480) J. Müller-Kent, 위의 책, 390.

481) J. Müller-Kent, 위의 책, 391.

482) Klaus Winkler, Wie böse ist der Mensch?, in: *Kirche unter den Soldaten. Beiträge aus der Evangelischen Militärseelsorge I/94*, hg. vom Ev. Kirchenamt für die Bundeswehr.

목회상담이 그 활동의 실질적인 부분에서 '군인에 대한 교회의 직무' 로서뿐만 아니라 군대라는 기구를 지원하는 것으로 볼 수 있다는 것을 나타내 주고 있기 때문이다."[483)]

그렇기 때문에 저자의 요구는 존재하고 있는 기관과 구조를 결정적으로 변하게 하는 것과 군 목회상담을 시종일관 회중과 함께 개별 교회의 책임영역에 정착시키게 하는 것이다. "이러한 제안의 현실화는 특별한 군 목회상담의 끝이 될 수 있을 것이며, 그와 동시에 100년간의 오랜 전통이 끝나게 될 것이다."[484)]

쉽게 보고 알 수 있듯이 군 목회상담 자체의 자기 이해와 신학적인 결정, 군 목회상담의 우선순위와 형태에 대한 토론은 독일 통일 이후 뮬러-켄트에 의해 제기된 질문에 연결되며 변화된 정치적인 조건에서 오래된 원칙논쟁으로 계속된다.

4) 교도소 목회상담

마침내 전반적인 목회학 내에서의 수감자들에 대한 목회상담은 교육과 훈련상황으로서 특별한 역할을 갖는다. 이것은 사회 복귀를 위한 전문적인 도움의 가능성과 제한에 부딪히게 된다. 이미 군 목회상담과 밀접하게 연관된 국가와 교회의 기구와 조직 형태의 우선순위에 관한 문제가 여기서 인간 (공동)생활의 매우 특별한 경우가 되는 완전히 다른 조건에서 반복되며 첨예화된다. 목회상담이 동반되는 형 집행의 경우 추가적인 과제로서 한편으로는 개인적인 (결손이 되는) 경험과 태도방법이, 다른 한편으로는 (아마도 범죄시되는) 사회의 구조요소의 복잡한 관계설정이 따라온다. 개별적인 경우와 관련하여 범죄를 저지른 사람의 사회 복귀를 위한 목회상담 방법은 오히려 경험적으로 평탄하게 하는 적응과정을 목표로 하느냐, 경험적으로 어렵게 하는 순응능력을 목표로 하느냐가 반영되어야 한다. 항상 다시 일반적으로 제기된 희생자와 행위자의 배후관계에 대한 질문은 여기서 구체적인 위치를 얻는다. 범죄 발생과 범죄구조에 대한 학문적인 인식이 늘어나고 있으며[485)] 그것이 이러한 관계 속에서 항상 새로운 목회학적인 사고를 하게 한다.

---

483) J. Müller-Kent, 위의 책, 402.

484) J. Müller-Kent, 위의 책, 416.

485) 이러한 인식의 입장은 '범죄학에 미치는 성과. 범죄와 사회(Auswirkungen auf die Kriminologie. Delinquenz und Gesellschaft)"라는 주제로 총체적으로 포괄적으로 서술한 책인 *Die Psychologie des*

여기서 특히 어떤 특징이 나타나는가?

• 범죄자와 일상적인 접근을 할 때 목회상담자는 자주 매우 강요적인 방법으로 감정과 흥분상태를 분석한다.[486] 그것은 매우 실제적으로 이중적인 부담을 의미한다. 하나는 그것이 '좋은 뜻에서', '진지한 노력'에서 목회상담 방법에서 전제되고 사실로 인식되는 것보다 목회상담 실천에서 노력하고 있는 경험의 개별화로 인해 수감자 측에서 종종 더 좁은 한계가 설정된다. 또한 그것은 이러한 환경에서 충분히 고려한 제안과 관심이 익숙하고 입증된 방법으로 '파악되지' 않는다는 것을 목회상담자로서 인식해야 하는 대부분 고통스럽거나 마음을 상하게 하는 과정이다. 충분히 고려한 제안과 관심은 오히려 표면적으로 적응된 범죄자의 태도에서 종종 개별화되지 않은 방어전략에 그대로 머물러 있게 된다.[487] 그것은 자신감을 빼앗게 하거나 무감각하게 할 수 있지만 또 냉정하게 제한된 행농양식을 찾게 할 수 있다.

다른 한편으로는 감정 부분에서 그러한 본질적인 정신상태 때 매우 쉽게 수감자의 기분이 직접적으로 수감되지 않은 관계된 사람에게로 전이된다. 목회상담자는 감정적으

---

20. Jahrhunderts, Bd. XIV(1981)을 참조한다. 이 책의 서문에서 다음과 같이 목표를 제시하고 있다. "형법 반작용 또는 그 집행이 범죄와 재발 방지의 의미에서 비인간적이거나 비효과적이라는 것이 알려져야 하는 경우 사회학적으로, 심리분석적으로 근거한 범죄학은 물론 형사입법과 형법 사용의 사회과정을 비판적으로 검토하고 형법 형사소추나 그 사용체계의 변화를 위해 조회할 것을 요구한다. 사회학적으로 이루어진 범죄학은 분명히 단지 반작용에 근거하는 것만은 아니다. 그것은 오히려 범행과 범법자, 특히 범행의 희생자를…… 하나로 생각하여 관련짓는다"(5쪽).
같은 상황에서 다음 책을 참고한다. Walter Goudsmit, *Delinquenz und Gesellschaft. Wege zum Verständnis und zur Therapie von Straftätern*, Göttingen, 1986. 저자는 처벌받아야 할 것에 대한 생각을 표현하고 범죄자의 정신역동과 관련하여 새로운 인문과학적인 통찰과 수감자의 심리사회적인 상황, 심리치료의 시도와 사회복귀 그리고 후속적인 돌봄에 대하여 소개하고 있다. 그는 '다른 동료로 구성된 집단에서의 교도소 목회상담자'(202 이하)라는 제목을 붙이고 있으며 이 틀에서 다음과 같이 서술하고 있다. "목회상담 사역을 위한 더 큰 의미에 의해 비밀보장의 의무를 절대적으로 엄수히 지키는 것이다. 많은 경우 그것은 진정한 대화를 가능케 한다. 종종 그러한 대화는 죄책감을 처리하도록 이끌 수 있는 결정적인 역할이 될 수 있다. 거기서 신경증적인 죄책감의 형태와 병리학적인 양심 형성은 다시 정신과의사나 심리치료사의 과제영역에 해당된다. 또한 여기서 목회상담자와 정신과의사는 같은 문제를 다루는 동료라는 것이 중요하다.

486) Hans-Christoph Piper, Isolation bekämpfen, in: P. Rassow u.a.(Hg.), *Seelsorger eingeschlossen*, 156 이하.

487) 이러한 태도방법을 (평가절하하여) 평가를 하려는 오해가 있을 수도 있다. 그러나 매우 중요한 것은 교도소 목회상담자를 위해 노이로제 분야에서 병리학적인 상태의 사람뿐만 아니라 추가적으로 '조기장애'와 그것의 배경 그리고 이어지는 태도방법에 대하여 정보를 알아야 한다. 이러한 것에 대한 좋은 접근을 시도한 다음 문헌을 참고한다. Christa Rohde-Dachser, *Das Borderline-Syndrom*, Bern/Stuttgart/Wien, 1979.

로 외관상 짐이 된 형 집행상황에 의해 동시에 정신적으로 '전염된다.' 그는 형 집행에 대한 인상과 그 결과로 발생하는 내면적으로 짐이 되고 짐을 주는 모든 감정세계와 거리를 두고 싶어 한다. 이러한 특별한 부담은 어쨌든 그러한 것으로 의식화해야 하며 의도적으로 자기 훈련(동료집단에서 또는 '목회상담자에 대한 목회상담 틀에서', 이 책의 559쪽 이하 참조)을 강구해야 한다.

• 처벌받아야 하는 사람과의 일상적인 접근에서 목회상담자는 부득이하게 모든 신학적이고 심리학적인 배경 인식을 필요로 하는 오늘날 피할 수 없지만 일반적으로 분열적으로 느낀 사회의 처벌방법과 관계된다.[488] 모든 형벌이 어쨌든 현재 지니고 있지만 관여된 사람에 의해 매우 다르게, 불분명하게 경험된 죄를 전제로 한다. 논란이 되는 죄의 기원과 정의이지만 그래도 최대한 구체적인 징벌에 목회상담자가 현재 매우 직접적인 방법으로 참여하고 있다. 분명하게 여기서 목회상담을 하는 사람들은 직접적으로 사회의 이러한 복잡한 처벌방법에서 명백하게 드러나는 불충분함에 대한 연대적인 책임감을 느낀다. 그들은 계속해서 변화와 개혁의 제안을 접하게 되거나 개개의 경우 특정한 방법에 저항해야 한다. 이 모든 것은 뚜렷한 충돌능력을 전제로 한다. 이 능력은 확실한 집단 속에서 매우 잘 훈련된다.[489] 그러나 그것은 또한 형 집행에서 목회상담을 위해 제시할 수 있는 전제조건으로 생각되어야 할 것이다.

• 처벌받아야 하는 사람과의 일상적인 접근에서 목회상담자에게 마지막으로 사역에서 절대적인 비밀 보장의 의무와 관련하여 특별한 요구사항이 발생한다. 비밀 보장 의무의 긍정적인 기능은 논란의 여지가 없으며 항상 다시 강조되었다. 극적이면서 위험한 충격에 의해 있을 수 있는 수감자의 보고를 어쨌든 스스로 해결해야 하는, 즉 혼자서 처리해야 하는 의무는 물론 특별한 긴장상황으로 가게 할 수 있을 뿐더러 내면적인 인내력 테스트에 빠지게 할 수 있다. 같은 문제를 갖고 만나게 되는 동료들과의 긴장을 풀어주는 사고의 교환은 모든 '목회상담자에 대한 목회상담' 자체가 이러한 경우 분명한 한

488) 언급된 인문과학적인 통찰과 관련해서는 다음을 참조한다. Ulrich Ehenald, Delikt als Symtom, *WzM* (28) 1976(Themaheft: Seelsorge im Strafvollzug), 76 이하. 서론에서는 다음과 같이 서술되고 있다. "오늘날 범죄적인 행동의 많은 부분이 대부분 일찍이 장애가 된 인격발달의 증세로 보아야 한다는 견해가 우세하다는 것에서 시작해야 한다"(76쪽).

489) 교육적인 기본 원리로서 '갈등능력을 위한 교육'에 대해서는 다음을 참조한다. Erwin Ringel/Gerhard Brandl, Der Beitrag Alfred Adlers zur Praxis und Theorie der Erziehung, in: *Die Psychologie des 10. Jahrhunderts XI* (1980), 246 이하, 특히 268.

계를 갖고 단지 일반적인 틀에서만 가능하다. 교도소에서 사역을 하는 목회상담자에게 완화되고 내적인 긴장을 극복하는 경험이 교도소 밖에서 더 필요하다.[490] 이것은 당연히 단순하게 '강조할 수 있는 것' 이 아니다! 그러나 이러한 상황에서 특별히 중요한 그 경험의 역할을 어쨌든 가능성을 열어 주려고 하는 생각으로 끌어들여야 할 것이다.

교도소에서는 목회상담 사역의 특별한 순간들이 많이 존재한다. 또한 교도소 목회상담에서 일반적인 목회상담을 위해 매우 본질적인 동기가 유발될 수 있다. 교도소 목회상담 사역에서 전반적인 인간관계에서 결정되는 투사과정을 조사하고 도처에 분포되어 있는 가족과 사회에서 접할 수 있는 속죄양 증후군이 복잡한 틀 속에서 밝혀져 만나게 되는 목회학적으로 중요한 과제가 암시된다. 그것은 결국 우리 사회에서 실질적이면서 어려운 '타인' 과의 접근에 부딪히게 된다. 이 사람들(이러한 관점에서 범죄자와 비슷하게)은 시리우스 별[491]과 '완전히 다른' 존재가 아니라 사회적으로 적응된 같은 시대 사람들에게 있는 거부된 본성과 영적인 부분의 대리인들이다. 그렇기 때문에 그들과 함께 목회상담으로 접근한다는 것은 결국 자신과 함께 목회상담으로 접근한다는 것을 의미한다.

이미 슈투베(E. Stubbe)는 수감자에 대한 목회상담이라는 주제의 논문을 점점 증가하는 범죄 발생에 대한 인문학적인 지식의 결과를 가지고 형 집행에 대한 현재 목회상담의 대개혁 상황에서 출발한다.[492] 저자의 관점에서 이러한 개혁은 먼저 정신분석에 의한 인문과학의 범죄학에서 그 성과를 이루었다. 그것은 프로이트의 무의식의 수용과 그의 본능이론에서 시작하여 범죄행동 방법의 변화된 평가까지 이른다. 특별한 외적인 상

---

490) 이러한 정신의생학적인 관점은 종종 무시되는 것처럼 보인다. 보스는 그의 논문에서 다음과 같이 서술하고 있다(Ute Voss, Heil verkündigen und Heil-werden. Evangelische Seelsorge in Strafvollzugsanstalten, in: P. Rassow u.a. (Hg.) *Seelsorger eingeschlossen*). "개신교 목회상담은 감옥 안에 가두어 두게 하는 위험에 빠지게 된다. 그렇기 때문에 목회상담은 항상 다시 교도소의 은거를 깨고 거기서의 문제점과 교도소 기관(그리고 교도소 공무원)을 우리 사회와 교회 그리고 그 밖의 세상 속에서 우리 사회에서의 분열을 극복하는 목적으로 제시하는 노력을 해야 한다" (131쪽).
그러나 바로 '안에서의' 삶과 '밖에서의' 삶 간의 조절을 위한 이러한 목적은 사회심리학적으로뿐만 아니라 개인 심리학적으로도 꼭 필요하다. 교도소에서 사역하면서 거기서 경험영역을 분리하거나 배제하지 않으려는 사람은, 즉 정신적으로 상처받지 않고 '견뎌내려는' 사람은 조절할 수 있는 능력을 교도소 밖의 일로 '가져올 수' 있어야 한다.

491) 철학자이며 사회학자인 짐멜(Georg Simmel)의 이 유명한 명언에 대해서는 Joachim Stagel, Die Beschreibung des Fremden in der Wissenschaft, in: *Der Wissenschaftler und das Irrationale*. Bd.2, Frankfurt a.M., 1985, 96 이하를, 그리고 총체적인 사고에 대해서는 J. Ringleben/K. Winkler, *Umgang mit Fremden*, Hannover 1994를 참조한다.

492) Ellen Stubbe, *Seelsorge im Strafvollzug. Historische, psychoanalytische und theologische Ansätze zu eienr Teoriebildung*, Göttingen, 1978.

황에 의해 이미 사회화된 인간에게만 이것이 일어나는 것이 아니다. 그것은 오히려 사회화 과정에서 장애로 인해 일어나며 도달되지 못한 사회화의 표현이다. '처벌하는 사회'는 그 결과로 나타나는 문제를 투사적인 기제로 제거하려고 한다. 그래서 행위자와 희생자가 특별한 방법으로 서로 의지하게 하는 '속죄양 술책'이 생기게 된다. "요약하면, 범인은 '악'에 대한 사회적인 접근에서 특별한 역할을 수행한다고 말할 수 있다. 현재 상황에서 사회 뜻대로 되는 행동기준으로 명백하게 형벌을 받고 있는 범죄자를 사회는 포기할 수 없다."[493] 그러므로 사회 측면에서 의도된 전통적인 죄 또는 '악'의 이해에 대한 논쟁을 전제로 하는 희생양 투사를 극복하는 것이 절실히 필요하다.

목회학적인 목적은 거기서 (이전의 그리스도교 세계와 고대 교회에서의 기본적인 전형적인 입장에서) 수감자에 대한 투사에서 수감자와의 동일화로 변하는 것이다. 이러한 중요한 변화는 형 집행에서의 계속적인 목회상담의 현안 과제, 즉 이 분야에서 책임 있고 책임질 수 있는 목회상담 사역의 기준이 된다. 슈투베는 이러한 근거에서 '현재 수감자에 대한 목회상담을 위한 실례와 모델에서의 동일화와 투사'를 연구하고 형벌에서 변화의 기본 전제를 표현하고 있다. "유죄문제의 관점에서 사회적인 새로운 방향전환을 위한 이러한 전제는 세 가지 관점으로 요약된다. '범죄'와 '죄'에 대한 새로운 시각, 의식적으로 벌, 즉 상대 공격에 대한 포기, 그리고 합리적인 태도다."[494]

이러한 일반적인 근거에서 교도소 목회상담자를 위해 현대 교도소 목회상담의 틀에서 직무적인 정체성을 찾는 것과 모든 노력 속에서도 항상 의심스러운 형태의 제도화된 형 집행에 대하여 적절한 협상을 모색하는 것이 중요하다. 그러나 스투베에 의하면 무엇보다 목회상담자 자신의 (전이)반응과 정신상태와의 투쟁이 중요하다. "자신의 '그림자' 또는 '악'과 접근할 때 가능한 많이 자각하게 되고 자유롭게 되는 것이 항상 우리의 희망과 노력인 이 과정에서 범죄자에 대한 공감능력 속에 있는 '잠재적인 범죄'의 창조적인 전환과 희생양 투사가 태도변수에서 양극단적인 것처럼 보이기 때문이다. 그러므로 극복할 가치가 있는 교도소 목회상담자의 내적인 갈등은 범죄자와의 접근이 목회상담자를 지속적으로 자신의 반사회적인 경향과 직면하게 하는 데 있다. 이것은 다소 의식적으로 나타난다."[495]

493) E. Stubbe, 위의 책, 65.

494) E. Stubbe, 위의 책, 213.

495) 슈투베의 논문을 보충하는 것으로 다음을 참조한다. Gundrun Diestel u.a. (Hg.), *Kirche für Gefangene. Erfahrung und Hoffnungen der Seelsorgepraxis im Strafvollzug*, München, 1980; E.

이러한 의견을 받아들이면서 보충적으로 브란트(P. Brandt)는 '……내용적이면서 기능적인 교도소 목회상담에 관한 질문에 대한 토론을 위해 역사적인 관점과 과제'[496]를 제시하고 있다. 그의 책에서는 무엇보다 '형 집행의 발달'이 재조명되고 충분히 다루어지고 있다. 형 집행의 발달은 고대와 중세 시대의 징벌과 보복부터 16, 17세기에서 점차적으로 관철된(그리고 칼빈주의로 의도된) 형 집행의 개선과 사회적인 재편성에 이른다. 그것은 또한 (Th. Fliedner와 J. H. Wichern에 의해 결정적으로 촉진되고 오늘날까지 모범이 된)교화의 영향과 프로이센 지역에서의 교도소라는 새로운 형태 그리고 19세기에서 오늘날에 이르기까지의 형벌이론의 계속적인 발달을 포함한다.

이러한 (간결하게 평가된) 역사적인 개요—광대한 방법으로 근원적으로 관계되고 고대 교회와 종교개혁 시대부터 19세기 본래의 제도화의 시작, '제3제국' 이전과 그 후의 형태에 대한—에서 그 당시 교도소 목회상담의 근거와 발달이 세세하게 서술되어 있다. 시대를 거쳐 이러한 환경에서 죄와 징벌의 의미가 무엇이며 그것을 중요한 문제로 보게 되고 당시 목회상담 대화의 방법을 결정했던 것이 무엇인지에 대한 비교할 만한 서술은 오늘의 상황과 관련하여 시사하는 바가 크며 생각할 가치가 있다는 것을 나타낸다. '그리스도교 공동체를 위한 수감자에 대한 교회적인 임무의 결론'[497]은 브란트의 생각에 의하면 오늘날 무엇보다 그리스도교 회중 안에서 입장의 변화를 일으키게 하는 데 있다. 왜냐하면 "교도소 목회상담은 인간 돌봄에 대한 임무를 자유 박탈의 조건에서 불충분하게 이행하며, 또 목회상담의 활동이 단지 구속의 시기에 이루어졌고 석방 후에 복역수의 사회적인 문제를 배재했기"[498] 때문이다. 그렇기 때문에 회중 내에서 항상 계속해서 "……교도소 목회상담이 목사의 과제영역으로만 정의를 내리는 것이 아니라 교회와 교회 회중과의 총체적인 조직에 해당된다."[499]는 의식이 성장해야 한다.

매우 구체적이면서 실제적으로 일상적인 교도소 목회상담의 이해를 라소우(P. Rassow)는 제시하고 있다.[500] "이 책은 교도소에서의 여러 가지 목회상담의 관점에 다시

Stubbe, "Gefangenenfürseelsorge, Gefangenenseelsorge", *TRE 12*, 144 이하.

496) Peter Brandt, *Die evangelische Strafgefangenenseelsorge. Geschichte–Theorie–Praxis*, Göttingen, 1985, 15.

497) P. Brandt, 위의 책, 329.

498) 위의 책, 같은 곳.

499) P. Brandt, 위의 책, 330.

500) P. Rassow u.a. (Hg.), *Seelsorger eingeschlossen. Ein Lese- und Arbeitsbuch zur kirchlichen Arbeit im Gefängnis*, Stuttgart, 1987.

관심을 갖고 그것들을 가장 상이한 방법으로 조명한다. 복잡할 정도로 다양한 저자들(목회상담자와 그 동료들, 수감자와 교도관, 언론인과 만화가 등)의 80편이 넘는 논문의 내용으로 구성되어 있다."[501)]

오랫동안 교도소 목사로 일해 왔던(그리고 공동편집자인) 셰퍼(Otto Schäfer)는 자신의 경험을 근거로 설명하고 있다. '형벌을 받고 있는 수감자의 특정한 기본 감정' 이라는 주제로 그는 형 집행은 거의 모든 경우에 정체성 위기를 초래한다고 서술하고 있다. "……정체성 위기는 힘들게 제지될 수 있고 대부분의 경우 남아 있는 상처를 그대로 남겨두게 된다. 진보적인 집행의 시대에서 아무것도 근본적으로 변화된 것은 없다. 또한 오늘날도 나는 다르게 늘어나고 있는 관계장애, 증가하는 불신과 의심, 증가하는 고립, 강한 열등감, 흥분, 우울증, 불평, 복수심과 공격심, 불안, 매우 심각한 불안을 관찰하게 된다."[502)]

이러한 근거에서 1979년 상응하는 임무에 대한 교회의 권유가 이루어졌을 때 '현장에 있는' 교도소 목회상담자에게 얼마나 많은 노력을 요하며 복잡한 과제가 되는지 다음 서술에서 분명해진다. "목회상담은 이러한 상황에서 스스로에게로 반사되는 것을 보며 인격을 잃게 될 위험에 처해 있는 사람들을 위해 보호의 장을 마련하도록 노력한다. 목회상담은 자신과 다른 사람을 수용하는 격려로 구원을 제시한다. 하나님의 자비에 의해 사는 것을 배운 사람은 자신의 삶의 현실을 인식하고 견디며 아마도 변화할 능력이 된다. 그래서 목회상담은 새로운 삶의 가능성을 위한 통로를 만든다."[503)]

그러므로 정의사상의 양자택일적인 모델을 발달시키는 것이 이론적으로뿐만 아니라 실천적인 관점에서 절박하게 요구된다. 이 분야에서 가장 과격하게 네덜란드 범죄학자인 비안히(H. Bianchi)가 앞서가고 있다.[504)] 체데카 모델(Zedeka-Modell)[505)]로 그는 서구적인 정의사상의 전통과 정반대의 생각과 행동을 말하고자 한다. 그에 의하면 항상 아직 벌과 인과응보로 이루어지는 정의의 실제는 가능한 계속적으로 성서적인 정의사상

---

501) P. Rassow (Hg.), 위의 책, 10.

502) O. Schäfer, in: P. Rassow (Hg.), 위의 책, 96.

503) "Empfehlungen des Rates der Evangelischen Kirche in Deutschland", in: P. Rassow (Hg.), 위의 책, 168.

504) Hermann Bianchi, *Alternativen zur Strafjustiz. Biblische Gerechtigkeit. Freistätten. Täter-Opfer-Ausgleich,* München/Mainz, 1988.

505) H. Bianchi, 위의 책, 12. "체데카(Zedeka)는 의미상 정직이라는 말로 번역될 수도 있지만 정의라는 의미의 히브리어다."

과 분리되어야 한다. 싸움의 중재와 회복은 새로운 방법으로 행해져야 한다. 그리고 보호소와 피신처는 특별한 형태로 합법적으로 해결되고 설치되어야 한다는 것이다. 요컨대, 비안히는 이 사회에서 급진적인 변화를 요구하는데 이러한 의미에서 궁극적으로 다음과 같이 서술하고 있다. "사람은 무엇보다 국가가 범죄를 다루는 데 있어서 독점하지 않도록 힘써야 한다. 시민이 스스로 갈등을 만족스럽게 해결하는 것을 찾게 되면 국가가 형사 소추의 권한을 잃게 되고, 그렇게 되면 우리가 옳은 방향으로 한 걸음 다가가고 있다는 사실에 국가는 익숙해져야 할 것이다."[506]

매우 더 조심스럽게 (그리고 더 실재적으로 관계된) 교회 회고록에서 개혁 프로그램이 지지되고 있다.[507] 현재의 상황과 어려움에 대한 서술('현재 형 집행에서의 전망')과 형벌에 대한 고전적이고 새로운 의미에 대한 논쟁을 통해 '형벌과 형벌 집행에 대한 그리스도교적인 새로운 이해의 특징'이 발달된다. "국민의 이름으로 내려진 형벌은 삶을 보호하고 정의가 이루어지지만 인과응보로 이루어지지 말아야 하며, 또 속죄를 강요할 수 있는 것이 아니기 때문에 회복, 행위자-희생자-조정 그리고 갈등조절로 행해져야 한다.[508]

'과제로서의 형 집행'이라는 표어하에 '깊이 생각되어야 하고 변화되어야 하는 것'과 관련하여 매우 구체적인 제안이 이루어진다. 그래서 '현대 집행체계의 구체적인 유토피'가 발생한다(제안: "단기 자유형 집행을 위한 직속 권능으로 지역의 미결 구류소를 경호벽 밖에서의 공개된 구역 주위로 확대한다. 그러므로 사법 행정기관은 기관 근처에 있는 건물과 건물을 지을 장소를 사서 공개된 장소에서 사회적인 훈련과 관계된 거주 집단실행이 이루어져야 한다.").[509]

목적은 어쨌든 형벌을 받는 사람과 그렇지 않는 사람 간의 새롭고 선입견에서 자유로운 관계와 만남의 구조다. 그 구조는 물론 특별한 개방을 전제로 한다. "그러한 개방과 신뢰 형성 그리고 화해 장소가 되는 것을 시도함으로써 교회는 사회적인 평화를 위해 일하게 된다. 그러나 교회는 또한 교회의 영적인 삶을 더 생동감 있게 하는 경험을 하게 될 것이다. 교회는 주기도 하지만 또 얻게 될 것이다."[510]

506) H. Bianchi, 위의 책, 171.

507) "*Strafe: Tor zur Versöhnung?*". *Eine Denkschrift der Evangelischen Kirche in Deutschland zum Strafvollzug*, Gütersloh, 1990.

508) Strafe, 위의 책, 77.

509) 위의 책, 120.

510) 위의 책, 124.

마지막으로 아이크-빌트간스(S. Eick-Wildgans)는 독일과 몇몇 국가에서의 법률상태, 즉 국가와 교회의 관계에 대한 정확한 통찰로 국교에 합당한 논문을 제시한다.[511] 상응하는 목록 작성에 앞서 그는 교회의 형벌에 대한 이해와 국가의 형벌에 대한 이해에서 차이가 있다는 것에 대하여 언급하고 있다. 그럼에도 불구하고 또 교회적인 영향을 국가적인 형 집행에서 '공통적인 업무'로서 발견하고 실현할 가능성에 대해서 서술하고 있다.[512]

이러한 상황에서 다시 특별한 침묵권이 언급되고 있다. "기관 목회상담자의 사역을 위해 목회상담자가 침묵하는 권한의 신뢰를 포기할 수 없기 때문이다."[513]

이 가톨릭 박사학위 논문에서는 개신교 측의 모든 접근 가능한 전문 문헌이 재작업되어 독자에게 알기 쉽게 소개되었다. 요약하면, 분명하게 다른 형벌에 대한 이해와 그럼에도 불구하고 이 분야에서의 국가와 교회의 중요한 공동작업에서 형 집행에서의 기관 목회상담에 대하여 다음과 같이 말할 수 있다. "교도소 목회상담 사역은 일치와 저지의 산마루 타기로 설명된다. 목회상담자가 개별적으로 수감자를 만나고 기본 헌법에 맞는 원칙이 국가의 행동에 의해 해가 되지 않는 한 국가가 합법적인 최종 결정권한을 요구해도 되는 공법상으로 정해진 지역에서 목회상담 사역을 한다는 것을 항상 의식한다."[514]

511) Susamme Eick-Wildgans, *Anstaltsseelsorge. Möglichkeit und Grenzen des Zusammenwirkens von Staat und Kirche*, Berlin, 1993.

512) S. Eick-Wildgans, 위의 책, 216. '수감자에게 새로운 삶을 위한 방법을 덜어 주는 장점들을 전달하는 것'이 중요한 곳에서.

513) S. Eick-Wildgans, 위의 책, 210.

514) S. Eick-Wildgans, 위의 책, 217.

| CHAPTER 7 |

목회상담자에 대한 목회상담을 위한 변론

'목회상담학' 에서 근본적으로 과정이 중요하다는 것을 항상 제시하였다. 결정적인 자리에서 항상 과정이 문제가 되었다. 그 과정은 절대적으로 목회상담자에게 반드시 다가오며 다소 갈등적이거나 삶의 극복을 위해 제한된 다양한 형태와 교회라는 곳에서 반영되는 것과의 내적인 대결 표시다.[1] 이러한 대결은 당혹감과 인식의 입장 그리고 영성과 함께 목회상담 사역을 하는 사람들의 개별 인격을 포함하며, 이러한 방법으로 소명을 수반하는 훈련과정이 제시되어야 한다. 거기서 '훈련자료' 의 단순한 습득이나 미리 생각된 문제해결 제공으로 실감 있게 체험하는 것으로 행해지는 것도 아니며, 기초적인 수업 이후 목회학의 자료에 몰두하는 것을 거의 아직 반영되지 않은 실용주의 때문에 지금부터 중단하는 것은 적절하지 않을 수 있다. 개인적인 소화와 함께 목회상담의 모든 측면과 갈등원인과 함께 실제적인 목회상담은 계속적으로 변화하는 극복전략의 활용이 필요하다. 그러나 이러한 목회상담은 인간관계 상태와 그것이 영적인 영역에서 미치는 영향력에 대하여 접근할 때 일생 동안의 훈련에 해당된다. 이러한 계속적인 훈련이 단지 이성적으로 표면적으로뿐만 아니라 인상 깊게 감정적으로 나타나야 한다면 그것은 목회상담자 밑바닥에 깔린 경건의 체험에 해당된다. 그 훈련은 이와 관련하여 소

1) 교회와 회중 영역에서의 발달과정을 위한 분석적인 많은 직감력에 대해 요수티스는 그의 책에서 전개하고 있다. Manfred Josuttis, *'Unsere Volkskirche' und die Gemeinde der Heiligen. Erinnerung an die Zukunft der Kirche*, Gütersloh, 1997. 매우 분명하게 오늘날 국가 교회의 회중 삶의 구조에 대한 비판적인 입장에서 저자는 '성령의 회중' 을 다가올 내일의 신비로운 교회의 결정적인 힘으로 본다(68, 83쪽) 무엇보다도 물론 현재의 것을 옳게 해석하는 데 달려 있다. "다음의 제안은 신약에서 교회가 의미하는 것이 현재 사회적으로 세 가지 형태로 존재한다는 것이다. 이러한 교회는 조직으로 존재한다. 생활 배경으로서 교회가 있다. 그리고 교회는 '하나님의 회중' 으로서 존재한다. 이 세 영역에서 경험할 수 있는 현상이 있다. 그러나 이 세 영역은 그때마다 의사소통되는 매개물과 지탱에 따라 구별된다. 세 가지 영역이 상호 간에 의미 있게 보충되는지 오히려 방해되는지는 일반적으로 어렵게 판단되어야 하는 실무이다. 추측할 수 있는 것은 전체와 조직과 생활 배경이 그리스도의 몸을 항상 섬길 수 있다는 것은 다소 경건한 환상일 수 있다"(34쪽). 이러한 인식 입장으로부터 다음과 같이 언급하게 된다. "하나님의 충만함은 사회적인 역할관계 속에서 방향감각을 잃고 다 타버린 인간을 위한 행위 속에서 결정된다. 그러나 그 충만함은 모든 도구화를 거부한다. 인간은 성령을 경험사회에서의 소비 만족을 위한 마지막 비축으로서 인간이 자연과 사람을 착취할 수 있는 것처럼 이용할 수 없다. 하나님에게 가까이 가려는 사람은 무엇보다 스스로에게서 느끼는 모든 기대와 필요에서 분리되어야 한다. 그런 사람은 치유에 대한 모든 소망과 놀라운 결과에 대한 모든 호기심, 권력과 부, 그리고 인생의 향락에서 분리되어야 한다. 이러한 관점에서 교회와 신앙인들의 미래를 위해서는 오직 권하는 것만이 있을 수 있다. 오늘날 겪게 되는 공허는 하나님의 충만함의 도래를 준비하는 비움으로 변화되어야 한다"(67쪽 이하). 그것은 다시금 목회상담자에게 해당되는 결론을 가지고 있다. "신학적인 정보로서 더 많이 중재하려고 하는 교육은 영감에 의해 움직여져야 한다. 최소한 그것과 비슷한 것이 예술가에게 있는 것으로 여겨진다"(82쪽). 이러한 입장은 확실히 매우 흥미 있는 것일 수 있다. 그러나 근본이 되는 '성령' 의 정의에 대한 비판적인 논쟁은 또한 목회학 부분에서 계속적으로 진행되어야 한다.

명적인 차원에서 존재하는 매우 구체적인 임무에서만 입증되는 것이 아니다. 그것은 또한 점진적으로 독립되어야 하며, 인생 연령과 직무 경력과 함께 확대된 인격구조에 맞추어져야 한다.

모든 이러한 훈련과정은 비슷한 교류, 즉 비교할 수 있는 내적이고 외적인 상황에 있는 동료와의 교류를 전제로 한다. 이러한 교류는 마음의 짐을 덜수록, 그리고 행위가 결정적일수록 계획되고 더욱 분명하게 확고한 관계구조에서 성립된다. (영적인 직무를 행하는 사람들 사이에서 전해진 관습에 따른 특별한 동료 간의 질서의 틀에서 '형제' '자매', 즉 '형제적인' '자매적인' 동료애에 대하여 말하는 것은 물론 고려되어야 한다. 친밀한 조화로운 교제의 색깔은 추구할 만한 가치가 있는 것으로서 결코 가족적인 말에서 나온 것은 아니다. 그러나 언급된 말은 상호 간에 의지하고 있는 집단에 존재하는 특별한 생명력과 특별한 연대감을 매우 좋게 반영할 수 있다.) 어쨌든 궁극적으로 전통적인 방법으로 '목회상담자에 대한 목회상담'이 무엇을 의미하는지에 대하여 말해야 한다면 집단에 존재하는 상태와 관심이 공통적으로 신중하게 일치되는 동료애가 전제가 된다.[2] 항상 다시 근본적으로 요구될 뿐만 아니라 구체적으로 실천되는 목회상담자에 대한 목회상담을 우리는 여러 이유에서 꼭 필요한 것으로 생각한다.

1. 목회상담자는 일반적으로 점점 심리적인 부담을 제거하게 된다. 그 심리적인 부담은 목회상담자에 의해 거부되거나 '엄격한 태도' 뒤에 숨겨지거나 또는 마음의 짐을 덜어 주는 대화가 이루어지도록 압박한다. 비슷하게 일하고 비슷한 마음을 지니고 있는 '형제'와 '자매'에게서 마음의 짐을 더는 대화는 쉽지 않다. 또한 영적인 직분에서 작용하는 경쟁심은 단순하게 없어지지 않는다. 그렇기 때문에 이러한 관계 속에서 비밀보장의 의무는 특별히 요구되는 것이다. 그것은 무엇보다 때에 따라서 이루어지는 공동작업의 결과 '비밀리'라는 한계를 없애려는 우려가 있을 때 해당된다. 그 밖에 그러한 마음

---

2) Klaus Winkler, Seelsorge an Seelsorgern, *HPTh* 3, 521 이하. '직분에서의 자매', 즉 '여성들의 목회적인 정체성'이라는 주제, 특히 여성 목사의 자기 이해와 자기상에 대해서는 다음을 참조한다. Ulrike Wagner-Rau, *Zwischen Vaterwelt und Feminismus. Eine Studie zur pastoralen Identität von Frauen*, Gütersloh, 1992. 이 논문은 하나님 상과 회중의 상에 대한 오늘의 변화에 관한 통찰 외에 장애를 다루고 있으며, 직분에서의 남성과 여성의 관계와 그들의 교제에 대하여 서로 생각하도록 변화시킨다. 마찬가지로 이러한 상황에 대해서는 다음을 참조한다. Karin Engele, Von der Pfarrersfrau zur Pfarrerin, in: Rosemarie Kurz/Heide Streicher (Hg.), *Bewutsein Wandeln und Handeln. "Geschlechterrollen in einer sich wandelnden Gesellschaft"*, Graz, 1997, 21 이하.

의 짐을 더는 대화는 분명하게 정의를 내린 조언을 구하고 조언을 주는 목회상담자의 만남의 방법이 전제가 된다. 그것은 상황적으로 제한되면서도 분명한 역할분담이 보장되어야 한다. 거기서 그러한 '자신의 일에서의 목회상담'을 특별한 방책으로 여기지 않을수록 모든 목회상담에서 '상호 간의 대화와 형제자매적인 위로(per mutuum colloquium et consolationem fratrum)'[3]를 방해하는 방어는 더 쉽게 극복될 수 있다. 어떤 주제가 여기서 공동작업을 위해 적합할 수 있을까?

• 목회상담자에 대한 목회상담의 주제는 일반적인 고갈 증후군일 수 있다. 그것은 삶과 창작의 기쁨이 중단된 것처럼 보인다.[4] 그렇게 되면 무엇보다 권태로운 습관적인 반복을 호소하게 된다. 습관적인 반복은 더 이상 내적 또는 외적 상황에서 아무런 변화가 일어나지 않게 한다. 이러한 징후의 감성을 소설하여 갈등을 다소 줄일 수 있는 효과가 나타나면서 동시에 문제해결을 방해하게 된다. 그것으로부터 심한 열등감, 공황상황, 심사숙고해야 하는 억압, 분노표출, 위와 심장의 고통과 같은 (육체적인) 증상이 생겨날 수 있다. 그러한 증상들은 종종 여러 해 동안 운명적으로 참게 된다.[5] 그런 고갈상태를 불러일으키는 반복적인 습관화는 무엇보다 세 가지 부분에서 나타난다.

첫 번째는 본래의 경쟁심으로 인한 고갈상태다. 교회 또는 특별한 사역지에서 목사로 일하는 목회상담자는 일반적으로 이론신학적인 부분에서 충분한 자격을 갖추고 있지만 종종 일상적인 실천 부분에서는 훈련이 충분히 되어 있지 않다는 것을 발견하게 된다. 몸에 밴 훈련과정 속에서 지칠 대로 지치지만 긴장되면서 의식적인 즐거움이 없는 감정을 불러일으키는 매우 직업적인 경쟁 같은 것이 쉽게 간과되고 있다. 두 번째는 상징경험의 만성적인 고갈이다. 목회상담자는 근본적인 자기 이해로부터 가능한 모든 인생상황에서 그리스도교 신앙상징의 대표자와 전달자이고자 한다. 그러나 복음이 직분으로 민

3) Martin Luther, Vom Evangelio, in: *Die Bekenntnisschriften der ev.-luth. Kirche*, Göttingen, 4. Aufl., 1959, 449.

4) Holger Eschmann, Burnout! Die Gefahr innerer und äußerer Emigration aus dem Dienst, in: *DPfrBl* 97 (1997), 626 이하, 특히 627.

5) Heinz Müller-Pozzi, *Psychoanalytisches Denken*, Berlin/Stuttgart/Toronto, 1991. 병리학적인 영역에서의 반복 경향에 대하여 저자는 다음과 같이 서술하고 있다. "내면화된 갈등은 내적인 것에 의해 두 가지 상이한 방법으로 나타난다. 하나는 증후군과 보상의 형상으로 나타나고, 다른 하나는 실질적인 갈등의 신경증적인 관여와 사회적인 행동과 태도에 나타나는 반복 억제에서 나타난다"(22쪽). 또한 에쉬만의 논문에서 '브르누트-증후군의 주관적인 경험(Subjektives Erleben des Burnout-Syndroms)' 부분을 참조한다. H. Eschmann, 위의 책, 628.

나는 사람들을 복음의 상징으로 냉정하게 하거나 확인하는 것이 아니라 변하게 하고 '마음을 사로잡는 것' 이 목회상담자의 직분에서 중요하다. 초월적인 상징의 영향으로 마음이 사로잡혀 있는 것은 목회상담자의 직분생활에서 더 이상 불변의 힘이 아니다. 또한 신앙에 의해 존재의 가장 내면의 중심에서 습관화가 작용한다. 목회상담적으로 사역하는 사람은 어느 누구도 지속적인 사용으로 인한 상투적인 말로 근본적으로 생동감 있는 상징이 악화되는 것을 피할 수 없다.[6] 또한 이러한 과정이 정신을 혹사하는 의기소침으로 이끌어질 수 있다. 세 번째는 긴장되는 활동으로의 도피다. 지치면서도 포기할 수 없는 것처럼 대체로 일을 과도하게 한다는 것이다. 목회상담 사역 담당자는 실제적으로 사역하는 것을 멈추지 않아야 하는 의무감을 갖고 있다. 그들은 일을 자처하면서 그것으로 계속적으로 자신이 사용되고 있다는 것을 증명한다. 그 뒤에는 종종 물론 개인적으로뿐만 아니라 사회적으로 제한되어야 하는 역할에 대하여 불확실하게 된다. 따라서 오늘날 목사와 목회상담자의 상은 일반적으로 종종 과거의 모형이며 시대에 맞지 않다. 또는 그 상이 애매하고 복합적이면서 헤아릴 수 없는 기대를 갖게 된다. 따라서 직무에 해당하는 역할은 교회에 따라, 사역영역에 따라 개인적인 가능성(그리고 불가능성)을 보고 새롭게 규정되어야 한다. 역할을 담당하는 자가 불확실할수록 다량 업무로 인해 타인과 자신의 불분명한 기대를 받아들이게 된다. 그것은 다시 모든 활동에 영향을 미쳐 고갈상태를 초래하게 된다. 그러나 고갈상태는 다양한 이유에서 의도적으로 다루어지도록 압박한다. 즉, 목회상담자에 대한 목회상담이 필요하다는 것을 알리는 것이다.

• 주어진 관계 속에서 권유된 목회상담 대화에서 고통스러운 경쟁상황이 문제일 수 있다. 교회 또는 목회상담 사역에서의 동료들과의 팀은 대부분 이상적인 것과는 완전히 다르게 구성된다. 여기서 시기와 질투심, 분노에 가득 찬 반응들은 일상적이면서 인간적이다. 모범적인 조화로 교회활동과 공동 작업을 자동적으로 기대하는 것은 이 부분에서는 특별히 어려운 것으로 확인된다.[7] 그러한 조화로운 화합이 실제적으로 지탱될 수 없다는 사실이 잠재적으로 효과적인 이상적인 모습을 결코 소용없게 하지 않는다. 목회

6) 이러한 입장에서 인간의 행동에 대한 상징과 상투적인 말로 인해 나타나는 상이한 영향에 대해서는 다음을 참조한다. A. Lorenzer, Kritik des psychoanalytischen Symbolbegriffs.

7) 이러한 상황에서 '교회 안에서의 분노와 공격' 에 대한 접근으로는 클레스만(M. Klessmann)의 책을 참조한다(이 책의 245 각주 40).

상담자가 서로 이해하지 않는다면 그것은 그들의 임무와 전제된 능력에 반대하는 것으로 보인다. 일반적으로 알려진 생각에 따라 인간관계에서 다른 사람의 문제를 다루는 이러한 직분에서 특별한 문제를 포괄적으로 다루는 것이 항상 선행되어야 한다면 탁월한 감정 지배가 필요하다. 그렇다면 경쟁적인 태도는 적어도 직분 요람에 해당한다. 이러한 기대 분위기의 결과는 당사자 입장에서 강탈된 공격, 언급되지 않은 무력감과 감정에 치우친 흥분이다. 이러한 것들은 상처받았다는 것을 완전히 의식하지 못하고 주어진 상황에서 지속적으로 내면적인 상처를 받는 것을 느낀다. 그러나 잠재적으로 영향을 미치면서 빈번한 상태로서 상처를 받는 것은 일의 기쁨을 제한하는 것만이 아니다. 사고가 고정되고 감정적인 이러한 상태는 또한 목회상담의 능력을 분명히 제한한다. 내면적인 활동의 장이 제한된다. 직업적인 사역은 모든 노력에도 불구하고 억압된 불만족이 따르게 된다. 목회상담자에 대한 목회상담은 모든 왜곡된 인식과 불안에 의한 환상에서 나온 무엇인가 부족하다고 경험된 또는 (불쾌한) 드러나지 않은 경쟁상황으로부터 해방시키고 현실적인 상황을 가져오고, 견뎌낼 수 있는 의사소통 형태의 훈련을 목표로 이행될 것이다. 이 모두는 목회상담자의 강한 의지에도 불구하고 혼자서 개별적으로 해결할 수 없다.

• 동료 간의 목회상담 차원에서 여기서 언급된 대화상황에서 다소 실질적인 배우자와의 어려움, 부부간의 어려움, 또는 가족 간의 어려움이 문제가 될 수 있다. 모범적인 실례로 확실한 이상 형성에 도달할 수 없는 것은 이러한 민감한 영역에서 특히 고통스럽게 분명해진다. 가장 개인적인 관계에서의 불화, 자기 가족에서의 어려움은 신경과 마음을 상하게 하며 정신적으로나 육체적으로나 대단히 많은 힘을 소모하게 할 수 있다. 종종 인과순환이 생기게 된다. 목회상담자는 단지 자신의 가족을 위해서가 아니라 보는 사람들을 위해서 존재한다는 배우자의 지속적인 불평을 듣게 된다. 그렇게 불평당하는 사람들은 추가되는 스트레스의 근원지인 가정 환경을 소성하여 즐기기보다는 피하게 한다. 현대 부부의 배우자 사이 또는 오늘날 가족 세대 간의 습관적인 논쟁과 해방의 노력이 현대 가족에서 진행될 뿐만 아니라 신념과 신앙 차원에서 일어나는 것이 그 대신 더욱 더 심이 될 수 있다. '아버지와 어머니의 신앙'이 그리스도교 인생관의 핵심 부분에서 꺾이지 않고 계속해서 주어지지 않게 된다. 목회상담자에게 직분상 본질을 규정하는 인생관에 대한 배우자와 자녀의 저항 또는 다소 공개적으로 공격되는 신앙문제의 냉담은 자기 자신을 거부하는 감정을 불러일으킬 수 있다. 신뢰된 사람의 가장 내면적인 영역에서

자신의 기본 가치를 전달할 수 있을 정도로 확실하게 설명하는 것은 불가능하지 않을까? 직업으로 인한 이사, 부부갈등, 성장한 자녀와의 분리 등과 같은 특정적으로 비판적인 공유의 단계에서 해당되는 수치심에 의한 자기 의심이 특히 현실화된다. 목회상담자는 종종 사람들과의 절대적인 관계와 더불어 자신의 가장 가까운 사람들 안에서는 고립되어 혼자 내버려져 있는 것을 발견하게 된다. 목회상담자는 자신의 영적인 목회상담이 필요하다.

• 더 큰 쟁점이 엄습해 오며 많은 경우 고통스럽게 존재하고 있는 불안이 악화된다. 언급된 갈등상황의 질과 강도로부터 특정한 입장방법에서 목회상담자에 대한 목회상담이 철저하게 문제를 제기하는 과정으로서 경험되고 거부될 수 있다는 것이 분명하다. 제시된 문제로 나타나는 명백한 두려움은 계속되는 경험내용에 의해 강화될 수 있다. 나타나고 표면화되면 '역할을 망각하게 되는'(돕는 자의 역할을 망각하게 되고 자칫하면 지속적으로 고정적으로 내담자의 '다른 측면' 에 빠지는) 두려움이 생기기 때문에 자신의 갈등은 저변에 깔려 움직이게 된다. 이러한 내면적인 방어는 특히 목회상담자가 자신의 무력감과 과로, '마지막 결론의' 지나친 요구를 완전히 직접적이면서 순간적으로 신앙이 약한 것으로 느끼게 될 때 명백해진다. 그렇다면 이것은 완강한 결심과 신앙에 대한 확신을 갖도록 더 많은 노력으로 투쟁되어야 한다. 적절하게 긴장되고 격렬한 시도에 대한 절망은 계속해서 쉽게 단념하게 한다. 이러한 악한 내면적인 상태에서는 구습에 젖어 있는 목회상담자라면 어느 누구도 늪에서 빠져 나올 수 없다.

• 계속적인 문제 제기는 '기술적인' 문제와 연관되며 또 극복되어야 한다. 어울리는 대화 상대자가 없는 것처럼 보이기 때문에 꼭 필요한 목회상담자에 대한 목회상담이 종종 이루어지지 않는다는 것은 지역적인 관계를 조사할 때 한눈에 이해할 수 있게 된다. 그러나 좀 더 가까이 주목해 보면 대부분의 경우 겉모양뿐인 변명으로 나타난다. 실제적으로는 물론 목회상담자에 대한 목회상담을 설정하는 것과 약간의 불편함이 연관될 수 있다. 그러나 아마도 개개인은 이러한 연관 속에서 내외적인 소모가 단순하면서 간단하게 직업위생학에 해당된다는 것을 분명히 할 수 있다. 목회상담자 자신의 인격과 반응과 밀접하게 연관된 타인의 문제상태에 대한 공개된 논쟁이 삶을 동반하는 자신의 문제를 불필요하게 현실화하고 거기서 아마도 강화할 수 있다는 대부분의 목회상담자의 (이유 있는?) 불안이 대두하게 된다. 이러한 이해와 연결된 단락을 의도적으로 다음과 같이 명백히 해야 한다. 솔직한 자신의 문제는 결국 지속적으로 제지되고 억압되는 문제로서

훨씬 덜 개인에게 국한된 것으로 보인다. 그 밖에 상담에 의해 열려진 갈등의 가능성이 목회상담 대화에 한정적으로 또는 부담스럽게 영향을 미친다고 생각할 수 있다. 그러한 비슷한 방어기제를 해결하는 것은 대부분 목회상담자에 대한 목회상담을 위한 길로 가는 첫 시도다. 그 결과 스스로 (능동적으로) 상담하고 도움을 찾는 (수동적인) 입장에 서보는 장점으로 경험될 수 있다. 그러나 이제 완전한 전달의 어려움, 수치감, 이해를 어렵게 하는 장애물에 대한 불안, 그리고 효력 있는 이성적이고 감정적으로 거리를 유지했던 것과는 반대의 입장이 되어 피부에 와닿는 경험을 하게 된다. 또한 완화의 반응과 격려의 감정이 작용하고 무엇보다도 모든 신앙의 진술이 어떤 구체적인 가치를 얻게 되는지 점검하게 하는 상황을 피부에 와닿게 경험할 수 있다.

2. 그것을 넘어서서 물론 목회상담이 삶을 극복하기 위한 그리스도교 태도를 정립하는 것으로서 미래에 무엇을 의미할 수 있는지 질문해야 한다. 이러한 주제에 관심을 갖는 것은 어쨌든 환상을 발전시키고 기대를 명확히 표현하며 목회상담자들 내에서 상응하는 결과를 교환하고 상호 간에 비판적인 보완 속에서 서로 영향을 주도록 자극한다. 그렇다면 공통적인 목회학적인 목적에 대한 질문은 다음과 같다. 지금까지의 경험에 근거하여 변화된, 즉 아직 완전히 익숙하지 않은 조건에서 어떠한 경험의 구조가 항상 다시 관철될 수 있을까? 이미 오늘날 특정한 미래의 공동생활의 특징을 수용하게 하는 모든 전조가 강화된다면 어쨌든 변화된 환경과 관련하여 어떤 갈등상태가 일어날 수 있을까?

나중에 개개인의 영혼에서, 인간 사이에 일어나는 것이 무엇이며 어쨌든 극복되어야 하는 것이 무엇인지는 사변적이 되지 않고 상세하게 아무도 알 수 없다. 일반적으로 물론 목회상담자에게 점차적으로 유연한 목회학적인 반응을 필요로 하는 상황들이 다가간다는 것을 추측할 수 있다. 목회상담을 하는 사람은 항상 좀 더 성급하게 변하는 인생관과 직면하게 된다. 이러한 인생관은 서로 분리될 뿐만 아니라 겹치거나 병존되어 다가오게 된다. 그러나 그것은 확실히 경험과 태도 그리고 신앙 부분에서 완전히 다르고 지금까지 낯선 상태의 관점에서 아직 계속해서 발전하는 감정이입의 능력이 있는 인식의 분리를 필요로 한다. 그것은 거기서 신학적으로 반영되는 그리스도교적인 태도의 정립에 관한 영역의 확장과 목회상담 사역의 실제적인 영역에서 더 많은 창조적인 자극과 개혁적인 대책이 필요하다는 것을 쉽게 이해할 수 있다.

특별히 다음 몇 가지 점으로 예상할 수 있으며 과정방법이 제시될 것이다.

• 다가오는 세대가 시대에 맞는 삶의 극복을 시도할 때 점차적으로 분명하게 구조화되는 사회적인 환경에 '적합' 해야 한다고 생각할 수 있다. 이러한 배경에서 인간이 관계영역에서 점차적으로 복잡한 상태로 대립될 수 있다는 것이다. 그래서 배우자 선택과 가족 형성 및 자녀양육에 관한 질문에서 단지 목회학적인 관점에서 신속하게 증가하는 (예를 들면, 윤리적인) 출생의 다양성으로 인해 나타나는 적응과 편입의 문제로만 생각하지 말아야 할 것이다. 그리스도교적인 태도에 상응하는 갈등을 다룰 때 가능하다면 목회상담 사역은 특히 가장 상이한 전통의 끈을 감정적으로 털어놓는 것에 목표를 두어야 할 것이다. 매우 다양한 전통 연결과 전통 측면이 갈등을 불러일으키는 대립에서 갈등을 해결하는 병존으로, 그리고 마침내 생산력 있는 공유로 옮겨지게 되는 것이 중요하다.

• 다가오는 세대는 점차적으로 외로운 삶의 상황을 시대에 적합한 현실 극복 속에 편입시켜야 할 것으로 예상된다. 사회적인 발달로 개별화가 점점 경험되고 상응하는 개별적인 현존이 일반적인 존재방법으로 되는 아직 발전하는 개인화 과정을 암시할 것이다. 이러한 조건에서 현실 극복을 할 때 그리스도교적인 태도가 가능하다면 위로의 말이 새로운 차원을 얻게 될 것이다. 위로의 말은 외로워하는 사람에게 공동체 경험의 가치를 바람직한 것으로 전제하지 않고 지양하면서 개별화와 외로움에 부딪혀야 할 것이다. 그래서 목회상담적인 관점에서 점차적으로 '거룩한' 외로움의 가능성에 대하여 생각할 수 있다.

• 다가오는 세대는 시대에 맞게 현실을 극복할 때 일반적으로뿐만 아니라 구체적으로 종교적인 경쟁과 관계가 있을 것이라는 것이 예상된다. 더 이상 다른 신앙고백뿐만 아니라 다른 종교가 다른 지역이나 먼 나라에만 존재하지 않는다. '다른 사람들' 은 항상 직접적인 이웃관계 속에서 더 밀접하게 살 것이다. 다음 세대의 개신교인, 가톨릭교인, 동방정교인, 자유교회인, 이단교인들은 다음 세대의 회교도인들과 함께 어린이집과 학교 그리고 대학을 다니게 된다. 그들은 상호적이거나 적대적이기도 한다. 그래서 다양한 신앙인 또는 비신앙인의 이웃이 다투게 되면(또는 서로 사랑에 빠지게 되면) 다소 각각의 종교가 관계를 말하거나 침묵을 하게 된다. 모든 신앙태도에 관한 상대화 과정은 이러한 좁은 인간관계의 접촉이 있을 때 극도로 인간적이다. 이러한 상황에서 그리스도교적인 태도를 가능케 해야 한다면 목회상담 사역이 현장에서 종교적인 경쟁에 대한 인간적이면서 자각적인 입장을 촉구해야 한다. 올바르게 이해된 경쟁태도는 (함께 경쟁하고 함께 달리고 상호 간에 경기에 임하는 것으로서) 바로 현관 앞에서 끝나지 않고 가족적인 영

역으로 빠지지 않는다. 또한 여기서 다양한 종교적 고백과 신앙 형태와의 경쟁적인 만남은 정체성을 찾을 뿐만 아니라 영역의 확장을 도울 수 있다. 그리스도교적인 절대성 요구의 관점에서 확실히 포기하는 능력이 필요할 수 있다. 그러나 거기서 분명한 입장으로 일치된 신앙과 그리스도교적인 태도가 결코 절대성 사상에 근거하지 않는다는 것을 목회상담적으로 전달하게 될 수 있을 것이다.

• 다가오는 세대는 근본주의 움직임이 점차 늘어날 것이라고 예상된다. 교회와 사회가 일반적인 (종교) 몰락을 두려워하기 때문에 이러한 움직임은 교회와 사회에서 강하게 걱정하여 나타나는 표징에 대한 반응이 될 수 있다. 신앙경험을 위해 널리 퍼진 근본주의는 운명적으로 끌어당기는 작용력과 관철능력으로 항상 탈개별화 과정을 의미한다. 결정과정은 강제적이면서 상반 감정의 병존을 억압하는 '양자택일의 태도' 가 되고 집단감정은 행동을 조종하는 공동체 등에 아무런 생각 없이 참여하는 것이 되어 버린다. 특히, 현실적이거나 환상적인 위협의 시대는 쉽게 초개인적인 불안방어에 임해야 하는 근본적으로 구조화된 연합의 시대가 된다. 그것은 많은 부분 점점 증가하는 탈교회화와 점차적으로 세속화되는 생존감에서 근본적인 입장이 점차적으로 영향력을 갖게 된다. 이러한 집단적이고 집단화된 입장방법과는 반대로 그리스도교적인 태도가 그 입장 방법을 제한해야 한다면 목회상담 사역은 가장 다양한 지역과 연결되거나 초지역적인 형태로 그리스도교 회중을 '건설' 하는 것에 목표를 두어야 한다. 회중구조는 공동체 안에서의 개개인의 공존을 실현하는 것이다. 그 공동체는 집단적으로 생각하고 느끼고 행동하고 믿는 것이 아니지만 '그리스도인의 자유' 에 대하여 (바라건대) 말하는 것뿐만 아니라 그것을 경험할 수 있도록 만든다.

• 다가오는 세대는 아직 많은 부분 계속해서 '개개인의 특별한 신조' 와 관련하여 개인 간의 성공한 의사소통에 좌우될 것이라고 예상할 수 있다. 관계영역에서의 복잡해진 상황, 외로운 삶의 상황, 종교적인 경쟁, 근본주의적인 흐름이 호환성 없이 개개인의 인격에 해당될 뿐만 아니라 거기서 다른 사람에게 자신이 신준을 전하게 하는 신앙방법과 부딪히게 된다면 그것들은 항상 극복되는 삶의 상황이다. 그리스도교적인 태도가 또한 미래에 삶의 공동체를 뚜렷하게 만들어야 한다면 모든 개별 대책에서의 목회상담 사역은 이러한 징조하에 신앙중재를 위해 노력해야 한다.

결론적으로 목회상담 사역은 목회상담자에 대한 목회상담 없이는 너무 많이 추가적인 에너지가 소모되기 때문에 목회상담자에 대한 목회상담은 포기할 수 없는 것으로 보인다. 그러나 이러한 에너지는 현재의 상황에서 목회학적으로 존재하기 위하여, 또 다가올 수 있는 것을 준비하기 위하여 절대적으로 필요한 힘이다. 그래서 '스스로에 대한' 목회상담적인 만남은 무시되지 말아야 할 것이다. 왜냐하면 그것은 힘을 절약하여 힘을 제공하기 때문이다. 정신적이고 영적인 공동작업은 그 참여자들에게 현재의 과제를 풀어가고 다가오는 도전을 준비하는 것을 근본적으로 쉽게 하게 하므로 스스로에 대한 목회상담적인 만남은 힘을 절약하는 것이다. 또한 정신적이고 영적인 공동작업은 참여자들에게 모든 목회상담 사역이 단지 헌신만 요구하는 것이 아니라 받아들여지는 것도 포함한다는 것을 경험하게 하므로 스스로에 대한 목회상담적인 만남은 힘을 제공해 준다.

참고문헌

ACHELIS, Ernst Christian: Lehrbuch der Praktischen Theologie, Bd. 2, Leipzig ^{2}1898.

ADAMS, Jay E.: Befreiende Seelsorge. Theorie und Praxis einer biblischen Lebensberatung, Gießen/Basel ^{5}1980.

ADAMS, Jay E.: Handbuch der Seelsorge. Praxis der biblischen Lebensberatung, Gießen 1976, ^{3}1988.

ADLOFF, Kristlieb: Paulus, in: Möller, Christian (Hg.): Geschichtre, Bd. 1, a.a.O., S. 55ff.

AGGRESSION im Krankenhaus, Themaheft (WzM) (38) 1986, S. 400ff.

ALLWOHN, Adolf: Das heilende Wort. Zwiesprache mit dem ratsuchenden Menschen unserer Zeit, Göttingen 1958.

ALTGELT, Carl D.: Der Hausbesuch. Eine Frage der pastoralen Seelsorge, Berlin 1897.

AMMERMANN, Norbert: Zur Konstruktion von Seelsorge. Erkenntnistheorie und Methodenfrage unter dem Aspekt der Psychologie der Persönlichen Konstrukte und auf dem Hintergrund konstruktivistischer Erkenntnistheorien, Frankfurt a.M./Berlin/Bern 1994.

ARGELANDER, Hermann (Hg.): Konkrete Seelsorge. Balintgruppen mit Theologen im Sigmund-Freud-Institut, Frankfurt a.M. 1972.

ARIES, Philippe: Studien zur Geschichte des Todes im Abendland, München 1981.

ASMUSSEN, Hans: Die Seelsorge. Ein praktisches Handbuch über Seelsorge und Seelenführung, München 1933, ^{4}1946.

AUF DRAHT. Ein internes Forum zum Austausch von Erfahrungen und Informationen für ehrenamtliche und hauptamtliche Mitarbeiterinnen und Mitarbeiter der Telefonseelsorgestellen und Offenen Türen in der BRD, hg. von der ev.-kath. Kommission für Telefonseelsorge und Offene Tür, 22, April 1993.

AUGÉ, Marc: Orte und Nicht-Orte. Vorüberlegungen zu einer Ethnologie der Einsamkeit, Frankfurt a.M. 1994.

AUGUSTINUS: Bekenntnisse. Übersetzt von Joseph Bernhart, Frankfurt a.M./Hamburg 1956.

AUGUSTINUS: Vom ersten katechetischen Unterricht. Neu übersetzt von Werner Steinmann, SKV 7, 1985.

AUSWIRKUNGEN auf die Kriminologie. Delinquenz und Gesellschaft, PZJ XIV, 1981.

BADEN, ELISABETH u.a.: Zeitgerechte Seelsorge. Zur Lage und Erneuerung des seelsorgerlichen Dienstes, Missionierende Gemeinde (20), Berlin 1971.

BALDERMANN, Ingo: Die Psalmen, in: Möller, Christian (Hg.): Geschichte. Bd. 1, a.a.O., S. 23ff.

BALINT, Michael: Therapeutische Aspekte der Regression. Die Theorie der Grundstörung, Stuttgart 1970, ^{2}1973.

BALINT, Michael: Regression. Therapeutische Aspekte und die Theorie der Grundstörung, Stuttgart 1987.

BALTENSWEILER, Heinrich: Die Ehe im N.T., Zürich 1967.

BANDURA, Albert: Lernen am Modell. Ansätze zu einer sozial-kognitiven Lerntheorie, Stuttgart 1976.

BANINE: Hilfe per Telefon. Was geschieht in der Telefonseelsorge? Berichte und Beispiele aus der Praxis, Stuttgart 1973.

BÄRENZ, Reinhold: Die Trauernden trösten. Für eine zeitgemäße Trauerpastoral, München 1983.

BARION, Jakob: Was ist Ideologie?, Bonn ^{3}1974.

BARTH, Hans-Martin/FLÜGEL, Heinz/RIESS, Richard: Der emanzipierte Teufel, München 1977.

BARTH, Karl: Kirchliche Dogmatik III/1, Zürich ^{5}1988.

BARTH, Karl: Kirchliche Dogmatik IV/3, Zürich 1959, ^{4}1989.

BARTHOLOMÄUS, Wolfgang: Unterwegs zum Lieben. Erfahrungsfelder der Sexualität, München ^{2}1988.

BARTNING, Gerhard: Das Ende der Theologenangst vor der Tiefen-psychologie. Zum 100. Geburstag des Pastoralpsychologen Otto Haendler, in: Quatember (54) 1990, S. 203ff.

BASSI, Hasko von: Otto Baumgarten: ein "moderner Theologe" im Kaiserreich und in der Weimarer Republik, Frankfurt a.M. 1988.

BAUMGARTEN, Otto: Protestantische Seelsorge, Tübingen 1931.

BAUMGARTEN, Siegmund Jacob: Theologische Bedencken. Vierte Sammlung, Halle ^{2}1749.

BAUMGARTNER, Isidor: Pastoralpsychologie. Einführung in die Praxis heilender Seelsorge, Düsseldorf 1990.

BAYER, Oswald (Hg.): Ehe. Zeit zur Antwort, Neukirchen-Vluyn 1988.

BECHER, Werner (Hg.): Klinische Seelsorgeausbildung-Clinical Pastoral Education, Frankfurt 1972.

BECHER, Werner (Hg.): Seelsorgeausbildung. Theorien-Methoden-Modelle, Göttingen 1976.

BEGEMANN, Helmut: Strukturwandel der Familie. Eine sozialtheologische Untersuchung über den

Strukturwandel von der patriarchalischen zur partnerschaftlichen Familie, Hamburg 1960, Witten, ^{2}1966.

BENOÎT, Jean-Daniel: Seelsorge und Theologie in der Institutio, in: Moltmann, Jürgen (Hg.): Calvin-Studien, Neukirchen-Vluyn 1960, S. 1ff.

BERNET, Walter: Weltliche Seelsorge. Elemente einer Theorie des einzelnen, Zürich 1988.

BERNHARD VON CLAIRVAUX: Sämtliche Werke lateinisch/deutsch, hg. von Gerhard B. Winkler u.a., Innsbruck 1990.

BERTRAM, Georg, Art.: *θαῦμα, θαυμάζω κτλ.*, ThWNT 3, S. 27ff.

BESIER, Gerhard: Seelsorge und Klinische Psychologie. Defizite in Theorie und Praxis der 'Pastoralpsychologie', Göttingen 1980.

BEUTEL, Helmuth/TAUSCH, Daniela (Hg.): Sterben-eine Zeit des Lebens. Ein Handbuch der Hospizbewegung, Stuttgart 1989, ^{2}1993.

BIANCHI, Hermann: Alternativen zur Strafjustiz. Biblische Gerechtigkeit. Freistätten. Täter-Opfer-Ausgleich, München /Mainz 1988.

BICK, Rolf: Der Lebenskundliche Unterricht der Evangelischen Militär-seelsorge als Arbeitsfeld christlicher Ethik und kirchlicher Erwachsenen-bildung, Diss. FB Ev. Theologie, Münster 1979.

BIENERT, Wolfgang A.: Art.: Benediktiner, EKL 1, ^{3}1986, Sp. 424ff.

BIENERT, Wolfgang A.: Basilius von Cäsarea, in: Möller, Christian. (Hg.).: Geschichte, a.a.O., S. 113ff.

BIRNSTEIN, Uwe: Neuer Geist in alter Kirche. Die charismatische Bewegung in der Offensive, Stuttgart 1987.

BITTER, Wilhelm (Hg.): Arzt und Seelsorger. Eine Schriftenreiche, 1925ff.

BIZER, Christoph: Auf dem Weg zu einer praktischen Anthropologie des Kindes und des Jugendlichen, in: Riess, R./Fiedler, K. (Hg.): Die verletzlichen Jahre, a.a.O., S. 743ff.

DERS./CORNELIUS-BUNDSCHUH, Jochen/GUTMANN, Hans-Martin (Hg.): Theologisches geschenkt. FS für manfred Josuttis, Bovenden 1996.

BLASCHKE, Peter H./OBERHIEM, Harald: Militärseelsorge Grundlagen, Aufgaben, Probleme, Regensburg 1985.

BLATTNER, Jürgen: Toleranz als Strukturprinzip. Ethische und psychologische Studien zu einer christlichen Kultur der Beziehung, Freiburg/Basel/Wien 1985.

BLAU, Paul: Pfarramt und Seelsorge, Hamburg 1927.

BLIESENER, Thoma/HAUSENDORF, Heiko/SCHEYTT, Christoph: Klinische Seelsorgegespräche mit todkranken Patienten, Berlin/Heidelberg/New York 1988.

BLOCH, Ernst: Das Prinzip Hoffnung 1954-59, Frankfurt a.M. 1977.

BLOTH, Peter C.: Praktische Theologie. Grundkurs Theologie 8, Stuttgart/Berlin/Köln 1994.

BLÜHM, Raimund u.a.: Kirchliche Handlungsfelder, Grundkurs Theologie 9, Stuttgart/Berlin/Köln 1993.

BOBZIN, Dorothea: Das behalt ich mir. Begegnungen mit Kindern im Krankenhaus, Hannover 1993.

BOBZIN, Dorothea: Seelsorge im Kinderkrankenhaus–Versuch eines Konzepts, WzM (39) 1987, S. 403ff.

BOECKLER, Richard: Art.: Diakonie, EKL 1, [3]1986, Sp. 850ff.

BOGE, Victor: Ethische Antinomik. Das Leben bleibt widersprüchlich, Hannover 1990.

BOHREN, Rudolf: Macht und Ohnmacht der Seelsorge, PTh (77) 1988, S. 463ff.

BOHREN, Rudolf: Prophetie und Seelsorge: Eduard Thurneysen, Neukirchen–Vluyn 1982.

BOJANOVSKY, Jörg: Psychische Probleme bei Geschiedenen, Stuttgart 1983.

BOMMERT, Hanko: Grundlagen der Gesprächspsychotherapie. Theorie–Praxis–Forschung, Stuttgart/Berlin/Köln/Mainz [4]1987.

BONHOEFFER, Dietrich: Ethik, München 1949. [Jetzt auch hg. von FEIL, Ernst/GREEN, Lifford/TÖDT, Heinz E. (Hg.), Gütersloh 1992]

BONHOEFFER, Thomas: Ursprung und Wesen der christlichen Seelsorge, München 1985.

BOVET, Theodor: Lebendige Seelsorge. Eine praktische Anleitung für Pfarrer und Laien, Tübingen [3]1962.

BOWERS, Margaretta K. u.a.: Wie können wir Sterbenden beistehen, München/Mainz [2]1971.

BOWLBY, John: Verlust, Trauer und Depression, Frankfurt 1983, [4]1994.

BRACHEL, Hans Ulrich von/SCHRAMM, Thomas (Hg.): Telefonseelsorge–Brennglas krisenhafter Entwicklungen, Freiburg i. Br. 1989.

BRANDT, Peter: Die evangelische Strafgefangenenseelsorge. Geschichte–Theorie–Praxis, Göttingen 1985.

BRÄUMER, Hansjörg: Pneumatische Seelsorge, in: Reller, Horst/Sperl, Adolf (Hg.): Seelsorge im Spannungsfeld Bibelorientierung–Gruppendynamik? Zur Sache. Kirchliche Aspekte heute, 16, Hamburg 1979, S. 35ff.

BRAUN, Heinz Otto (Hg.): Seelsorge am kranken Kind, Stuttgart 1983.

BROCHER, Tobias: Die Funktion von Gruppe und Gruppendynamik in der klinischen Seelsorgeausbildung, in: Becher, W. (Hg.): Klinische Seelsorgeausbildung, a.a.O., S. 120ff.

BROCHER, Tobias: Psychosexuelle Grundlagen der Entwicklung. Informationen für Lehrer und Eltern, Opladen 1971.

BROCHER, Tobias: Wenn Kinder trauern. Zürich [2]1981.

BRUNNER, Alfred: Eigenschaften und Typen als grundlegende Ansätze von Persönlichkeitstheorien, in: Psychologie des 20. Jahrhunderts (PZJ) V, München 1977, S. 499ff.

BUCER, Martin: Deutsche Schriften. Bd. 7, hg. von Stupperich, Robert/Neuser, Wilhelm, Gütersloh 1964.

BUCHER, Anton: Bibel–Psychologie. Psychologische Zugänge zu biblischen Texten, Stuttgart 1992.

BUCHMANN, Walter: Seelsorge und Psychologie bei Louis Beirnaert. Ein Beitrag zur französischen Pastoralpsychologie, Diss. (masch.), Marburg 1983.

BÜCHSEL, Friedrich: Art.: θυμός, ἐπιθυμέω κτλ., ThWNT 3, S. 167ff.

BUKOWSKI, Peter: Die Bibel ins Gespräch bringen. Erwägungen zu einer grundfrage der Seelsorge, Neukirchen–Vluyn 1994, ²1995.

BULTMANN, Rudolf: Theologie des Neuen Testaments, Tübingen ⁹1984.

BUSCH, Eberhard: Karl Barths Lebenslauf. Nach seinen Briefen und autobiographischen Texten, München ⁴1986, ⁵1993.

CALVIN, Johannes: Johannes Calvins Lebenswerk in seinen Briefen. Eine Auswahl von Briefen Calvins in deutscher Übersetzung von Rudolf Schwarz. Bd. 1, Tübingen 1909.

CHASSEGUET–SMIRGEL, Janine: Das Ichideal. Psychoanalytisches Essay über die "Krankheit der Idealität", Frankfurt 1981, ²1987.

CHRISTIAN–WIDMAIER, Petra: Krankenhausseelsorger und todkranker Patient. Im Spiegel ihrer wechselseitigen Wahrnehmung, Berlin/Heidelberg/New York 1988.

CLINEBELL, Howard J.: Modelle beratender Seelsorge, München 1971, ²1973.

COLBY, Ann/KOHLBERG, Lawrence: Das moralische Urteil. Der kognitionszentrierte entwicklungspsychologische Ansatz, PZJ VII, 1978, S. 348ff.

CONZELMANN, Hans: Der erste Brief an die Korinther, KEK V, Göttingen ¹¹1969, ¹²1981.

CORNEHL, Peter: Teilnahme am Gottesdienst. Zur Logik des Kirchgangs–Befund und Konsequenzen, in: Matthes, Joachim (Hg.): Kirchen–mitgliedschaft im Wandel. Untersuchungen zur Realität der Volkskirche. Beiträge zur zweiten EKD–Umfrage "Was wird aus der Kirche?", Gütersloh 1990, ²1991, S. 15ff.

DAHM, Karl–Wilhelm/STENGER, Hermann (Hg.): Gruppendynamik in der kirchlichen Praxis. Erfahrungsberichte, München/Mainz 1974.

DAIBER, Karl–Fritz: Die diakonische Anstalt als Dienstgemeinschaft, WzM (44), 1992, S. 193ff.

DAIBER, Karl–Fritz: Diskreditiert die Beratungsarbeit die Kirche? Kirchensoziologische Überlegungen zur Beratungsarbeit, WzM (35), 1983, S. 148ff.

DAIBER, Karl–Fritz: Zur Sozialgestalt der Gemeinden, HPTh(G) 3, 1983, S. 11ff.

DÄUMLING, Adolf/HERKENRATH, Liesel–Lotte (Hg.): Gruppendynamik im kirchlichen Feld, Sonderheft "Gruppendynamik", Heft 5, 1975.

DAS MENSCHENBILD in der Seelsorge, Themaheft WzM (33), 1981.

DAVISON, Gerald C./NEALE, John M.: Klinische Psychologie, München/Wien/Baltimore 1984, ³1988.

DE OFFICIO. Zu den ethischen Herausforderungen des Offizierberufs, hg. vom evangelischen Kirchenamt für die Bundeswehr, Hannover 1985.

DÉCARIE, Thérèse G./SALOMON, Ruth: Affektivität und kognitive Entwicklung, PZJ VII, 1978, S. 401ff.

DEPPING, Klaus: Altersverwirrte Menschen seelsorgerlich begleiten. Bd. 1: Hintergründe, Zugänge, Begegnungsebenen. Bd. 2: Eine Vermitt-lungshilfe für Aus-und Fortbildende verschiedener Bereiche, Hannover 1993.

DER GROSSE DUDEN, Bd. 7, Etymologie, Mannheim 1963.

DIAKONIE als Institution, Themaheft WzM (44, 4) 1992, S. 178ff.

DIBELIUS, Martin: Der Brief des Jakobus, KEK XV, Göttingen ^{11}1964, ^{12}1984.

DIE BEKENNTNISSCHRIFTEN der evangelisch-lutherischen Kirche, Göttingen ^{2}1955, ^{10}1986.

DIE FRAU IN Familie, Kirche und Gesellschaft. Eine Studie zum gemein-samen Leben von Frau und Mann, vorgelegt von einem Ausschuß der EKD, Gütersloh 1979, ^{2}1980.

DIE HEIDELBERGER THESEN. Atomzeitalter, Krieg und Frieden von 1959, in: Heßler, H.-W. (Hg.): Pflicht, a.a.O., S. 58ff.

DIE NEUEN NARZISSMUSTHEORIEN: Zurück ins Paradies?, hg. vom Psychoanalytischen Seminar Zürich, Frankfurt a.M. 1981.

DIEHL, Else/BÜCHEL, Monika: Praxisbuch Seelsorge mit Kindern: In Liebe Leiten, hg. von Michael Dieterich, Neuhausen-Stuttgart 1994.

DIESTEL, Gudrun u.a. (Hg.): Kirche für Gefangene. Erfahrungen und Hoffnungen der Seelsorgepraxis im Strafvollzug, München 1980.

DIETERICH, Michael: Handbuch Psychologie und Seelsorge, Wuppertal/Zürich 1989, ^{4}1995.

DIETERICH, Michael: Psychotherapie-Seelsorge-Biblisch-therapeutische Seelsorge, Neu-hausen/Stuttgart 1987.

DIRSCHAUER, Klaus (Hg.) unter Mitarbeit von Boeckler, Richard: Emanzipiertes Alter. Bd. 1 (Ein Sachbuch), Bd. 2 (Ein Werkbuch), Göttingen 1990.

DOEBERT, Heinz: Neuordnung der Seelsorge. Ein Beitrag zur Ausbildungsreform und zur heutigen kirchlichen Praxis, Göttingen 1967.

DÖHNER, Otto (Hg.): Artz und Patient in der Industriegesellschaft, Frankfurt a.M. 1973.

DÖRNER, Klaus: Thesen zu 'Aggression im Krankenhaus', WzM (38) 1986, S. 422ff.

DOYÉ, Götz: Kinderseelsorge, HbSS, 1983, ^{4}1990, S. 241ff.

DRECHSEL, Wolfgang: Pastoralpsychologische Bibelarbeit. Ein Verstehens-und Praxismodell gegenwärtiger Bibel-Erfahrung, Stuttgart/Berlin/Köln 1994.

DREWS, Paul: Religiöse Volkskunde. Eine Aufgabe der Praktischen Theologie, MKP (1) 1901, S. 1ff.

DUNKEL, Achim: Art.: Toleranz, WdC, Gütersloh 1988, 1988, S. 1267ff.

EBELING, Gerhard: Leitsätze zu: Das Gewissen in Luthers Verständnis, in: Was ist das Gewissen? EKD Texte 8, hg. vom Kirchenamt der EKD, Hannover 1984, S. 2ff.

EBELING, Gerhard: Theologische Erwägungen über das Gewissen, in: BLÜHDORN, Jürgen (Hg.): Das Gewissen in der Diskussion, WdF XXXVII, Darmstadt 1976, S. 142ff. = Ebeling, G.: Wort und Glaube. Bd. 1, Tübingen, ²1962, S. 429ff.

EBELING, Gerhard: Das Wesen des christlichen Glaubens, Tübingen 1959.

EBERENZ, Udo: Art.: Angst, in: Keil, S. (Hg.): Familien−und Lebens−beratung, a.a.O., Sp. 57ff.

EBERHARDT, Hermann: Praktische Seel−Sorge−Theologie. Entwurf einer Seelsorge−Lehre im Horizont von Bibel und Erfahrung, Bielefeld ²1992.

EHE UND FAMILIE 1994. Ein Wort des Rates der EKD aus Anlaβ des internationalen Jahres der Familie 1994, EKD Texte 50, 1994.

EHE und nichteheliche Lebensgemeinschaften. Positionen und Überlegungen aus der EKD, EKD−Texte 12, 1985.

EHE, FAMILIE, SEXUALITÄT, JUGEND: Die Denkschriften der EKD 3/1, Gütersloh 1982, ²1988.

EHEBALD, Ulrich: Delikt als Symptom, WzM (28) 1976, S. 76ff.

EIBACH, Ulrich: Heilung für den ganzen Menschen? Ganzheitliches Denken als Herausforderung von Theologie und Kirche, Theologie in Seelsorge, Beratung und Diakonie. Bd. 1, Neukirchen−Vluyn 1991.

EIBACH, Ulrich: Recht auf Leben−Recht auf Sterben, in: Sterbehilfe−Mitleid oder Mord, a.a.O., S. 21ff.

EIBACH, Ulrich: Tod und Menschenwürde, in: Jeziorowski, J. (Hg.): Leben als Last, a.a.O., S. 14ff.

EICK−WILDGANS, Susanne: Anstaltsseelsorge. Möglichkeit und Grenzen des Zusammenwirkens von Staat und Kirche, Berlin 1993.

EICKE, Dieter: Angst, PZJ II, 1976, S, 515ff.

EINE NEUE PSYCHOLOGIE? Zum 100. Geburtstag von Eduard Thurneysen, Themenheft PTh (77), 1988, H. 10, S. 425ff.

EISELE, Günther Rudolf: Das Verhältnis von Theologie und Psychologie in der Seelsorge von 1925−1965, BHEKS 47, 1981.

ENGELKE, Ernst: Sterbenskranke und Kirche, München/Mainz 1980.

EPD Dokumentation vom 1. Nov. 1994, Nr. 47/94.

ERIKSON, Erik H.: Der junge Mann Luther, Frankfurt 1975.

ERIKSON, Erik H.: Kindheit und Gesellschaft, Stuttgart ⁵1974, ¹¹1992.

ERIKSON, Erik H.: Die Ontogenese der Ritualisierung, Psyche (XXII) 1968, S. 481ff.

FABER, Heije: Der Pfarrer im modernen Krankenhaus, Gütersloh 1974.

DERS./SCHOOT, Ebel van der: Praktikum des seelsorgerlichen Gesprächs, Göttingen 1968, ⁷1987.

FAIRCHILD, Roy W.: Seelsorge mit depressiven Menschen, Mainz 1991.

FASSHEBER, Peter: Einstellungstheorien, PZJ VIII, 1979, S. 209ff.

FEIEREIS, Hubert/THILO, Hans–Joachim: Basiswissen Psychotherapie. Repetitorium der wichtigsten Grundbegriffe tiefenpsychologisch orientierter Psychotherapie, Göttingen 1980.

FENDT, Leonhard: Grundriβ der Praktischen Theologie für Studenten und Kandidaten, Tübingen 1938, ²1949.

FLAMMER, August: Entwicklungstheorien, Bern/Stuttgart/Toronto 1988.

FLÖTTMANN, Holger Bertrand: Angst. Ursprung und Überwindung, Stuttgart/Berlin/Köln ²1990, ³1993.

FOWLER, James W.: Stufen des Glaubens. Die Psychologie der menschlichen Entwicklung und die Suche nach Sinn, Gütersloh 1991.

FRAAS, Hans–Jürgen: Glaube und Identität. Grundlegung einer Didaktik religiöser Lernprozesse, Göttingen 1983.

FRAAS, Hans–Jürgen: Religiöse Erziehung und Sozialisation im Kindesalter, Göttingen 1973.

FRAAS, Hans–Jürgen: Die Religiosität des Menschen. Ein Grundriβ der Religionspsychologie, Göttingen 1990, ²1993.

FREUD, Sigmund: Das Ich und das Es, GW XIII, ⁵1967, S. 235ff.

FREUD, Sigmund: Formulierungen über die zwei Prinzipien des psychischen Geschehens, GW VIII, S. 329ff.

FREUD, Sigmund: Hemmung, Symptom und Angst, GW XIV, S. 111ff.

FREUD, Sigmund: Das Unbehagen in der Kultur, GW XIV, S. 486ff.

FRIEDRICH, Reinhold: Martin Bucer, in: Möller, Christian (Hg.): Geschichte. Bd. 2, a.a.O., S. 85ff.

FROIDL, Robert: Die klientzentrierte Gesprächsführung in der Seelsorge, Frankfurt a.M. 1988.

FRÖR, Hans: Vertiefung. Fortbildungskonzepte zu Themen der Seelsorge, München 1981.

FRÖR, Peter: Gruppenseelsorge in der klinischen Tradition: Das Beispiel der Banden Herrnhuts, in: Riess, R. (Hg.): Perspektiven, a.a.O., S. 79ff.

FUNKE, Dieter: Verkündigung zwischen Tradition und Interaktion. Frankfurt a.M./Bern/New York 1984.

GÄRTNER, Heribert W.: Seelsorge als Kunst und Kunstlehre, in: Müller, J.: Pastoraltheologie, a.a.O., S. 40f.

GANZERT, Klaus: Zucht aus Liebe. Kirchenzucht bei Wilhelm Löhe 1948.

GASSMANN, H. (Hg.): Ehe–Institution im Wandel. Zum evangelischen Eheverständnis heute, Hamburg 1979.

GEEST, Hans van der: Unter vier Augen. Beispiele gelungener Seelsorge, Zürich ³1986, ⁵1995.

GERBRACHT, Diether: Die Gemeinde und der Einzelne. Das Verständnis der Seelsorge bei Friedrich D. E. Schleiermacher. Eine Anfrage an die Seelsorge–Diskussion. Mit einem Beitrag zur Wirkungsgeschichte von Friedrich D. E. Schleiermacher, Diss. (masch.), Göttingen 1977.

GERLICHTER, Karl: Sexualität im Alter, in: Massing, A./Weber, I.: Lust & Leid, a.a.O., S. 297ff.

GERLITZ, Peter: Beichte, PThH, Hamburg 1970, ²1975, S. 64ff.

GESTALTTHERAPIE in der Seelsorge, Themaheft WzM (33) 1981, S. 1ff.

GESTRICH, Reinhold: Am Krankenbett. Seelsorge in der Klinik, Stuttgart 1987, ²1988.

GESTRICH, Reinhold: Hirten füreinander sein. Seelsorge in der Gemeinde, Stuttgart 1990.

GESTRICH, Reinhold: Das seelsorgerliche Gespräch in der Krankenpflege. Studienbuch für Krankenschwestern, Krankenpfleger, Altenpflegerinnen, Altenpfleger und medizinisch–technische Assistentinnen, Stuttgart/Berlin/Köln 1991.

GEWIRTZ, Jacob L.: Soziales Lernen, PZJ IV, 1977, S. 383ff.

GOETSCHI, René: Der Mensch und seine Schuld. Das Schuldverständnis der Psychotherapie in seiner Bedeutung für Theologie und Seelsorge, Zürich 1976.

GOLDBRUNNER, Josef: Seelsorge–eine attraktive Aufgabe. Bausteine zu einer Pastoraltheologie, Würzburg ²1990.

GOUDSMIT, Walter: Delinquenz und Gesellschaft. Wege zum Verständnis und zur Therapie von Straftätern, Göttingen 1986.

GRABNER–HAIDER, Anton: Befreiung durch Erinnerung. Trauerarbeit in Kirche und Gemeinde, München 1990.

GRABNER-HAIDER, Anton: Religiöse Symbole in der Theologie, in: Oelkers, J./Wegenast, K. (Hg.): Symbol, a.a.O., S. 31ff.

GRAF, Friedrich Wilhelm: Art.: Dialektische Theologie, WdC, Gütersloh 1988, S. 249ff.

GREENGLASS, Esther R.: Geschlechterrolle als Schicksal. Soziale und psychologische Aspekte weiblichen und männlichen Rollenverhaltens, Stuttgart 1986.

GREGOR von Nazianz: Reden. Deutsch. Reden 1–20, Bibliothek der Kirchenväter 59, Kempten/München 1928.

GREGOR von Nazianz: Über die Liebe zu den Armen, SKV 5, 1983ff., S. 33ff.

GRÖZINGER, Albrecht/LUTHER, Henning (Hg.): Religion und Biographie, München 1987.

GRÖZINGER, Albrecht: Seelsorge als Rekonstruktion von Lebensgeschichte, WzM (38) 1986, S. 178ff.

GRÖZINGER, Albrecht: Seelsorge im multikulturellen Krankenhaus, WzM (47) 1995, S. 389ff.

GRUEHN, Werner: Seelsorge im Licht gegenwärtiger Psychologie, Schwerin 1926.

GRÜN, Anselm: Bilder von der Seelsorge. Biblische Modelle einer therapeutischen Pastoral, Mainz 1991.

GRÜNEWALD, Friedhelm: Das Gebet als spezifisches Übergangsobjekt, WzM (34) 1982, S. 221ff.

GUHR, Ekkehard: Personale Beratung. Voraussetzung und Methode, Göttingen 1981.

HABENICHT, Ingo: Die Anfänge der Telefonseelsorge und ihre Institutionalisierung, in: Wieners, J. (Hg): Handbuch, a.a.O., S. 9ff.

HABENICHT, Ingo: Telefonseelsorge als Form intentionaler Seelsorge. Geschichte, Phänomene und Theologie. Eine Untersuchung zum "Selbstverständnis" der Telefonseelsorge aus poimenischer Perspektive,

Hamburg 1994.

HABERMAS, Jürgen: Erkenntnis und Interesse, Frankfurt a.M. 1968, ^{10}1991.

HAENDLER, Otto: Angst und Glaube, Berlin 1950.

HAENDLER, Otto: Grundriss der Praktischen Theologie, Berlin 1957.

HAENDLER, Otto: Tiefenpsychologie, Theologie und Seelsorge. Ausgewählte Aufsätze, hg. von Scharfenberg, Joachim und Winkler, Klaus, Göttingen 1971.

HAGENMAIER, Martin: Rezension zu Michael Dieterich: Psychotherapie, WzM (41) 1989, S. 124ff.

HALBERSTADT, Helmut: Psychologische Beratungsarbeit in der evangelischen Kirche. Geschichte und Perspektiven, Stuttgart 1983.

HALE, J. Russell: Die Zähmung der Charismatiker, PTh (77) 1988, S. 509ff.

HAMEL, Adolf: Der junge Luther und Augustin, Gütersloh 1934.

HAMMERS, Alwin J.: Gesprächspsychotherapeutisch orientierte Seelsorge, in: Scharfenberg, J. (Hg.): Freiheit, a.a.O., S. 83ff.

HANDBUCH DER PRAKTISCHEN THEOLOGIE (HPTh(B)), hg. von AMMERT, Heinrich/HENKYS, Jürgen/HOLTZ, Gottfried, Bd. 3, Berlin 1978.

HANDBUCH DER PRAKTISCHEN THEOLOGIE (HPTh(G)), hg. von BLOTH, Peter C./DAIBER, Karl F./KLEEMANN, Jürgen u.a., Gütersloh Bd. 2 1981, Bd. 3 1983, Bd. 4 1987.

HANDBUCH DER PSYCHOLOGIE FÜR DIE SEELSORGE, hg. von BLATTNER, Jürgen/GAREIS, Balthasar/PLEWA, Alfred, Düsseldorf, Bd. 1 1992, Bd. 2 1993.

HANDBUCH DER SEELSORGE (HbSS), hg. von BECKER, Ingeborg/BIERITZ, Karl-Heinrich/BLÜHM, Raimund u.a., Berlin 1983, Leipzig ^{4}1990.

HARDELAND, August: Geschichte der speciellen Seelsorge in der vorreformatorischen Kirche und in der Kirche der Reformation, Berlin 1898.

HÄRING, Hermann: Art.: Sünde und Schuld. B. Systematisch-Theologisch, WdC, Gütersloh 1988, S. 1205ff.

HÄRLE, Wilfried: Art.: Rechtfertigung, TRT 4, ^{4}1983, S. 200ff.

HARK, Helmut: Mit den Engeln gehen. Die Botschaft unserer spirituellen Begleiter, München 1993, ^{2}1994.

HARK, Helmut: Religiöse Neurosen. Ursachen und Heilung, Stuttgart 1984, ^{3}1990.

HARK, Helmut: Der Traum als Gottes vergessene Sprache, Düsseldorf ^{5}1989, ^{6}1992.

HARMS, Claus: Pastoraltheologie in Reden an Theologiestudierende. Nach der Originalausgabe (1830-1834) aufs neue herausgegeben in zwei Teilen. Erster Teil, Gotha ^{2}1891, Zweiter Teil ^{2}1893.

HARMS, Klaus: Seelsorge als Erinnerung, DtPfrBl (89) 1989, S. 173ff.

HARNACK, Adolf von: Wesen des Christentums. Sechzehn Vorlesungen vor Studierenden aller Fakultäten im Wintersemester 1899/1900 an der Universität Berlin gehalten, Leipzig ^{3}1980, Gütersloh ^{2}1985.

HARNACK, Theodosius: Praktische Theologie. Zweiter Band. Geschichte und Theorie der Predigt und Seelsorge, Erlangen 1878.

HARSCH, Helmut: Das Schuldproblem in Tiefenpsychologie und Theologie, Heidelberg 1965.

HARSCH, Helmut: Theorie und Praxis des beratenden Gesprächs. Ausbildungskurs der Telefonseelsorge München, München 1973, ^{5}1982.

HARTMANN, Gert: Lebensdeutung. Theologie für die Seelsorge, Göttingen 1993.

HARTMANN, Heinz: Ich-Psychologie und Anpassungsproblem, Stuttgart ^{2}1970.

HAUCK, Albert: Kirchengeschichte Deutschlands, Berlin 1958ff.

HAUSCHILDT, Eberhard: Alltagsseelsorge. Eine sozio-linguistische Analyse des pastoralen Geburtstagsbesuches, Göttingen 1996.

HAUSCHILDT, Eberhard: Ist die Seelsorgebewegung am Ende? WzM (46) 1994, S. 260ff.

HAUSTEIN, Manfred: Jugendseelsorge, HbSS, 1983, ^{4}1990, S. 253ff.

HEIDEGGER, Martin: Sein und Zeit, Tübingen ^{6}1949, ^{17}1993.

HEIGL-EVERS, Annelises/HEIGL, Franz: Geben und Nehmen in der Ehe, Stuttgart ^{3}1971.

HEIGL-EVERS, Annelises/HEIGL, Franz: Gelten und Geltenlassen in der Ehe, Stuttgart ^{2}1963.

HEIGL-EVERS, Anneliese/HEIGL, Franz: Lieben und Geliebtwerden in der Ehe, Stuttgart ^{2}1971.

HEIMBROCK, Hans-Günter: Gottesdienst: Spielraum des Lebens. Sozial und kulturwissenschaftliche Analysen zum Ritual in praktisch-theologischem Interesse, Kampen/Weinheim 1993.

HEIMBROCK, Hans-Günter: Magie, Alltagsreligion und die Heilkraft des Glaubens. Etappen und Probleme theologischer und kulturwissenschaftlicher Magiediskussion, in: Ders./Streib, H. (Hg.): Magie, a.a.O., S. 17ff.

DERS./STREIB, Heinz (Hg.): Magie-Katastrophenreligion und Kritik des Glaubens. Eine theologische und religionstheoretische Kontroverse um die Kraft des Wortes, Kampen 1994.

DERS./STREIB, Heinz (Hg.): Phantasie und christlicher Glaube, Zum Dialog zwischen Theologie und Psychoanalyse, München/Mainz 1975.

HENKE, Thomas: Seelsorge und Lebenswelt. Auf dem Wege zu einer Seelsorgetheorie in Auseinandersetzung mit soziologischen und sozialphilosophischen Lebensweltkonzeptionen, Würzburg 1994.

HENKYS, Jürgen: Seelsorge und Bruderschaft. Luthers Formel 'per mutuum colloquium et consolationem fratrum' in ihrer gegenwärtigen Verwendung und ursprünglichen Bedeutung, Stuttgart 1970.

HENNICKEN, F.A.E.: Phillipp Jacob Speners deutsche und lateinische theologische Bedenken. In einer zeitgemäßen Auswahl, Halle 1838.

HENZE, Ernst (Hg.): Die Beichte, Göttingen 1991.

HERMS, Eilert: Art.: Erfahrung. 2. Theologisch, EKL 1, ^{3}1986, Sp. 1067ff.

HERMS, Eilert: Art.: Die ethische Struktur der Seelsorge, PTh (80) 1991, S. 40ff.

HESSE, Jürgen/SCHRADER, Hans Christian: Auf einmal nicht mehr weiterwissen. Telefonseelsorge–ein Spiegel unserer Zeit, Frankfurt a.M. 1988.

HESSLER, Hans–Wolfgang (Hg.): Pflicht zum Frieden–Evangelische Militärseelsorge. Dokumente und andere Texte zu Geschichte und Situation der evangelischen Militärseelsorge (epd dokumentation), Witten/Frankfurt/Berlin 1973.

HÉZSER, Gabor: Der Beistand als eine Grundfunktion der Seelsorgepraxis, Diss. (masch.), Bielefeld/Bethel 1983.

HILDEGARD VON BINGEN: Wisse die Wege–scivias. Ins Deutsche übertragen von Maura Böckeler, Salzburg 1954. [8. Aufl. o.J.]

HILTNER, Seward: Pastoral Counseling, New York/Nashville 1949.

DERS. Tiefendimensionen der Theologie. Grundbegriffe des Glaubens aus psychodynamischer Sicht, Göttingen 1977.

HIRSCHLER, Horst: Homosexualität und Pfarrerberuf, Vorlagen 28/29, Hannover 1985.

HOCH, Lothar Carlos: Seelsorge und Gemeinschaft. Das menschliche Bedürfnis nach Gemeinschaft in der deutschen protestantischen Seelsorgeliteratur von Friedrich Niebergall bis zur Gegenwart, Diss. (masch.), Marburg 1979.

HOCH, Walter: Evangelische Seelsorge. Ein Handbuch für Pfarrer und Laien, Berlin 1937.

HOFFMANN, Gerhard A.: Art.: Zivildienst, WdC, Gütersloh 1988, S. 1383ff.

HOFFMEISTER, Manon: Michael Balints Beitrag zur Theorie und Technik der Psychoanalyse, PZJ III, 1977, S. 250ff.

HOLL, Karl: Gesammelte Aufsätze zur Kirchengeschichte. I. Luther, Tübingen ^{6}1932, Darmstadt 1964.

HOLLWEG, Arnd: Gruppe, Gesellschaft, Diakonie. Praktische Erfahrungen und theologisches Erkennen, Stuttgart 1976.

HOLLWEG, Arnd: Theologie und Empirie. Ein Beitrag zum Gespräch zwischen Theologie und Sozialwissenschaften in den USA und Deutschland, Stuttgart 1971, ^{3}1974.

HOLZE, Henry: Die Beichte in heutiger Literatur, in: Henze, E. (Hg.): Beichte, a.a.O., S. 17ff.

HORN, Klaus/TILLACK, Hilmar: Einige zentrale Probleme der Balintgruppenarbeit mit Pfarrern, in: Argerlander, H. (Hg.): Seelsorge, a.a.O., S. 189ff.

HUBER, Wolfgang: Über den gesellschaftlichen Ort der Kirchen, in: Heβler, H.–W., Pflicht, a.a.O., S. 252ff.

HÜFFEL, Ludwig: Wesen und Beruf des evangelischen Geistlichen. Erster Band, Giessen ^{4}1843.

HUMPHRY, Derek/WICKETT, Ann: Das Recht auf den eigenen Tod und eine menschenwürdige Sterbehilfe. Mit einem Beitrag von Hans Henning Atrott, München 1987.

HUSSLIK, Heinz: Art.: Realismus, EKL 3, Sp. 1443ff.

INSTITUTION TELEFONSEELSORGE: Rahmenbedingungen und Methoden, Themaheft WzM (39,1) 1987, S. 1ff.

INSTITUTIONALISIERTE KIRCHLICHE FAMILIENBERATUNG, Themaheft WzM (36) 1984, S. 179ff.

IWAND, Hans-Joachim: Wider den Miβbrauch des "pro me" als methodisches Prinzip in der Theologie, EvTh (14) 1954, S. 120ff.

JA ZUR EHE: Erklärung der deutschen Bischofskonferenz und des Rates der EKD 1981, Denkschriften der EKD, 3/1, Gütersloh, ²1988, S. 63ff.

JAEGGI, Eva: Ich sag' mir selber Guten Morgen. Single-eine moderne Lebensform, München/Zürich ⁵1994.

JÄGER, Alfred: Modernes Management in der Diakonie-Chancen und Gefahren, WzM (44) 1992, S. 204ff.

JELLOUSCHEK, Hans: Die Kunst als Paar zu leben, Stuttgart ²1992, ⁷1995.

JENTSCH, Werner: Der Seelsorge. Beraten-Bezeugen-Befreien, Moers 1982, ⁴1991.

JENTSCH, Werner: Handbuch der Jugendseelsorge. Geschichte-Theologie-Praxis, Gütersloh 1963ff., ²1977ff.

JETTER, Werner: Symbol und Ritual. Anthropologische Elemente im Gottesdienst, Göttingen 1978, ²1986.

JEZIOROWSKI, Jürgen (Hg.): Leben als Last. Sterbehilfe-Freitod-Menschenwürde, Hannover 1986.

JOCHHEIM, Martin: Die Anfänge der Seelsorgebewegung in Deutschland. Ein Beitrag zur neueren Geschichte der Pastoralpsychologie, ZThK (90) 1993, S. 462ff.

JOCHHEIM, Martin: Seelsorge und Psychotherapie. Historisch-systematische Studien zur Lehre von der Seelsorge bei Oskar Pfister, Eduard Thurneysen und Walter Uhsadel, Bochum 1998.

JOHANN JOACHIM SPALDINGs Bestimmung des Menschen-1748-und Wert der Andacht. Mit einer Einleitung, hg. von Horst Stephan, SGNP, Gieβen 1908.

JOHNSON, Stephen M.: Der narziβtische Persönlichkeitsstil, Köln 1988.

JORDAHL, David: Das Verhältnis zwischen kirchlicher Beratungsarbeit und Seelsorge. Mit besonderer Berücksichtigung der Beratungsarbeit in der Evangelischen Kirche von Kurhessen-Waldeck, Frankfurt a.M. 1988.

JORNS, Klaus-Peter: Telefonseelsorge-Nachtgesicht der Kirche. Ein Kapitel Seelsorge in der Tele-Kultur, Neukirchen-Vluyn 1994, ²1995.

JOSUTTIS, Manfred: Aspekte einer zeitgenössischen Pastoraltheologie. Bd. 1: Der Pfarrer ist anders, München 1982, Gütersloh ⁴1991, Bd. 2: Der Traum des Theologen, München 1988.

JOSUTTIS, Manfred: Das heilige Leben, in: Ders./Stollberg, D.: Ehe-Bruch, a.a.O., S. 11ff.

JOSUTTIS, Manfred: Der Pfarrer und die Gemeinde, in: Ders. Der Pfarrer ist anders, a.a.O., S. 50ff.

JOSUTTIS, Manfred: Praxis des Evangeliums zwischen Politik und Religion. Grundprobleme der praktischen Theologie, München 1974, Gütersloh ⁴1988.

JOSUTTIS, Manfred: Seelsorge und Psychologie, in: VF BEvTh 1, München 1970.

JOSUTTIS, Manfred: Der Sinn der Krankheit–Ergebung oder Protest, in: Ders.: Praxis, a.a.O., S. 117ff.

JOSUTTIS, Manfred: Zur Ehepolitik der EKD, EvTh (X) 1982, S. 271ff.

DERS./STOLLBERG, Dietrich (Hg.): Ehe–Bruch im Pfarrhaus. Zur Seelsorge in einer alltäglichen Lebenskrise, München 1990.

JUNG, Carl–Gustav: Die Beziehung zwischen dem Ich und dem unbewußten, Zürich 1950 = GW 7, Olten [4]1989, S. 131ff.

JUNG, Carl–Gustav: Briefe III 1956–1961. Hg. von Aniela Jaffé und Gerhard Adler, Olten/Freiburg i.Br. 1973.

JUNG, Carl–Gustav: Psychologische Typen, GW 6, Olten [16]1989, [17]1994.

JUNG, Carl–Gustav: Über die Beziehung der Psychotherapie zur Seelsorge, Zürich [3]1948 = GW 11, Olten 1973, S. 355ff.

JUNG, Ulrich (Hg.): Vom Heimatverteidiger zum Uno–Streiter. Rolle und Selbstverständnis der Soldaten, Loccumer Protokolle 28/94.

JÜNGEL, Eberhard: Gott als Geheimnis der Welt. Zur Begründung der Theologie des Gekreuzigten im Streit zwischen Theismus und Atheismus, Tübingen [3]1978, [6]1992.

JÜNGEL, Eberhard: Tod, Stuttgart/Berlin 1971, Gütersloh [5]1993.

DERS./RAHNER, Karl/SEITZ, Manfred: Die Praktische Theologie zwischen Wissenschaft und Praxis, München 1968.

KÄMPFER, Horst/SCHARFENBERG, Joachim: Mit Symbolen leben, Freiburg i.Br. 1980.

KARLE, Isolde: Seelsorge in der Postmoderne. Eine Kritik der psychoanalytisch orientierten Seelsorgelehre. Mit einem Geleitwort von Joachim Scharfenberg, Neukirchen–Vluyn 1996.

KAST, Verena: Trauern. Phasen und Chancen des psychischen Prozesses, Stuttgart/Berlin 1982, [16]1994.

KEIL, Siegfried: (Hg.): Familien und Lebensberatung. Ein Handbuch, Stuttgart 1975.

KEIL, Siegfried: (Hg.): Lebensphasen, Lebensformen, Lebensmöglichkeiten. Sozialethische Überlegungen zu den Sozialisationsbedingungen in Familie, Kirche und Gesellschaft, Bochum 1992.

KEIL, Siegfried: (Hg.): Sexualität. Erkenntnisse und Maßstäbe, Stuttgart/Berlin 1966.

KENTLER, Helmut (Hg.): Die Menschlichkeit der Sexualität. Berichte–Analysen–Kommentare ausgelöst durch die Frage: Wie homosexuell dürfen Pfarrer sein?, München 1983.

KIERKEGAARD, Sören: Der Begriff Angst, GW 11 u. 12, Düsseldorf 1958.

KIESOW, Ernst–Rüdiger: Die Seelsorge, HPTh(B) 3, 1978, S. 141ff.

KIESOW, Ernst–Rüdiger: Seelsorge in Ehe und Familie, HbSS, 1983, [4]1990, S. 337ff.

KITTSTEINER, Heinz D.: Die Entstehung des modernen Gewissens, Frankfurt/Leipzig 1991.

KLAUS, Bernhard/WINKLER, Klaus: Begräbnishomiletik. Trauerhilfe, Glaubenshilfe und Lebenshilfe für

Hinterbliebene als Dienst der Kirche, München 1975.

KLEIN, Wolfgang K.: Christliches Sterben als Gabe und Aufgabe. Ansätze einer Theologie des Sterbens, Frankfurt a.M./Berlin/New York 1983.

KLESSMANN, Michael: Ärger und Aggression in der Kirche, Göttingen 1992.

DERS. (Hg.): Handbuch der Krankenseelsorge, Göttingen 1996.

DERS. (Hg.): Identität und Glaube. Zum Verhältnis von psychischer Struktur und Glaube, München/Mainz 1980.

DERS./LINDEMANN, Friedrich-Wilhelm/WINKLER, Klaus: Pastoral-psychologie, in: Blühm, R. u.a.: Kirchliche Handlungsfelder, a.a.O., S. 60ff.

KLEUCKER, Ernst: Probleme der Krankenseelsorge. Beispiel Psychiatrie, BHEKS 38, 1975.

KNOWLES, J.W.: Gruppenberatung, München/Mainz 1971.

KOCH, Traugott: Autonomie des Gewissens als Prinzip einer evangelischen Ethik?, in: Was ist das Gewissen?, EKD Texte 8, 1984, S. 12ff.

KOHLMANN, Thomas: Patient und Organisation. Konflikte im Krankenhaus aus medizinsoziologischer Sicht, WzM (33) 1986, S. 391ff.

KOHUT, Heinz: Narziβmus. Eine Theorie der psychoanalytischen Behandlung narziβtischer Persönlichkeitsstörungen, Frankfurt 1973.

KOPFERMANN, Wolfram: Charismatische Gemeindeerneuerung. Eine Zwischenbilanz, Hochheim 1981, [2]1983.

KÖSTLIN, Heinrich Adolf: Die Lehre von der Seelsorge nach evangelischen Grundsätzen, Berlin [2]1907.

KRANKENHAUSSEELSORGE, Themaheft WzM (42) 1990, S. 390ff.

KRATZENSTEIN, Jürgen: Art.: Telefonseelsorge, in: Keil, S. (Hg.): Familien-und Lebensberatung, a.a.O., Sp. 1034ff.

KREFT, Reiner: Praktische Seelsorge in Martin Luthers Briefen, BHEKS 49, 1983.

KREPPOLD, Guido: Der ratlose Mensch und sein Gott: Programm für eine neue Seelsorge, Freiburg/Basel/Wien 1994.

KRESS, Hartmut: Individualität und Gewissen, PTh (80) 1991, S. 86ff.

DERS./DAIBER, Karl-Fritz: Theologische Ethik-Pastoralsoziologie, Grundkurs Theologie 7, Stuttgart 1996.

KRETSCHMER, Ernst: Körperbau und Charakter. Untersuchungen zum Konstitutionsproblem und zur Lehre von den Temperamenten, Berlin/ Göttingen/Heidelberg [20]1951, erw. u. bear. [26]1977.

KRETZSCHMAR, Gottfried: Die Bedeutung Alfred Dedo Müllers für die Praktische Theologie, in: MÜLLER, Hans-Martin/RÖSSLER, Dietrich (Hg.): Reformation und Praktische Theologie. FS für W. Jetter zum 70. Geburtstag, Göttingen 1983, S. 131ff.

KRIEGSTEIN, Matthias von: Gesprächspsychotherapie in der Seelsorge. Grundkurs nicht-direktiver

Gesprächsführung in Schule und Gemeinde, Stuttgart 1977.

KROEGER, Matthias: Themenzentrierte Seelsorge. Über die Kombination von klientzentrierter und themenzentrierter Arbeit nach Carl R. Rogers und Ruth C. Cohn in der Theologie und schulischen Gruppenarbeit, Stuttgart 1973, 4 1989.

KÜBLER-ROSS, Elisabeth: Interviews mit Sterbenden, Stuttgart/Berlin 1971, 19 1994, Gütersloh 16 1992.

KÜBLER-ROSS, Elisabeth: Verstehen, was Sterbende sagen wollen. Einführung in ihre symbolische Sprache, Stuttgart/Berlin 1982, 6 1993, Gütersloh 3 1992.

KUNST, Hermann: Der Dienst der Kirche an den Soldaten, in: Heßler, H.-W. (Hg.): Pflicht, a.a.O., S. 68ff.

KURZ, Wolfram: Der Bruch im seelsorgerlichen Gespräch, PTh (74) 1985, S. 436ff.

KURZ, Wolfram: Seelsorge als Sinn-Sorge. Zur Analogie von kirchlicher Seelsorge und Logotherapie, WzM (37) 1985, S. 225ff.

LÄMMERMANN, Godwin: Überlegungen zu Gemeindeprinzip, Volkskirche und Pfarrerrolle, ThPr (23) 1988, S. 33ff.

LANDAU, Erika: Kreatives Erleben, München/Basel 1984.

LANGE, Dietz: Erfahrung und die Glaubwürdigkeit des Glaubens, Tübingen 1984.

LANGE, Dietz: Ethik in evangelischer Perspektive. Grundfragen christlicher Lebenspraxis, Göttingen 1992.

LANGER, Otto: Mystische Erfahrung und spirituelle Theologie. Zu Meister Eckarts Auseinandersetzung mit der Frauenfrömmigkeit seiner Zeit, München 1987.

LAPLANCHE, Jean Baptiste/PONTALIS, J.B.: Das Vokabular der Psychoanalyse, Frankfurt 2 1975, 11 1991.

LÄPPLE, Volker: Das Methodenproblem in der evangelischen Seelsorge, in: Scharfenberg, J. (Hg.): Freiheit, a.a.O., S. 25ff.

DERS./SCHARFENBERG, Joachim (Hg.): Psychotherapie und Seelsorge, WdF 454, Darmstadt 1977.

LASCH, Christopher: Das Zeitalter des Narzißmus, München 1986, 2 1995.

LAUER, Werner: Sterben und Tod. Eine Orientierungshilfe, München 1983.

LEHMANN, Wolfgang: Hans Asmussen. Ein Leben für die Kirche, Göttingen 1988.

LEHR, Ursula: Psychologie des Alterns, Heidelberg 4 1979, Stuttgart 7 1991.

LEIST, Marielene: Kinder begegnen dem Tod, Gütersloh 1979, 3 1993.

LEMKE, Helga: Seelsorgerliche Gesprächsführung. Gespräche über Glauben, Schuld und Leiden, Stuttgart 1992.

LEMKE, Helga: Theologie und Praxis annehmender Seelsorge, Stuttgart 1978.

LEMKE, Helga: Verkündigung in der annehmenden Seelsorge, Stuttgart 1981.

LENK, Kurt (Hg.): Ideologie, Neuwied/Berlin 4 1970.

LEVITT, Eugene E.: Die Psychologie der Angst, Stuttgart/Berlin/Köln/Mainz 5 1987.

LIEBAU, Irmhild: Alleinstehende. Probleme–Chancen–Seelsorgerliche Begleitung, Göttingen 1994.

LINDEMANN, Friedrich–Willhelm: Art.: Kirchliche Beratungsstellen, EKL 2, ^{3}1989, Sp. 1226ff.

LINDEMANN, Friedrich–Willhelm: Seelsorge im Trauerfall. Erfahrungen und Modelle aus der Pfarrer–fortbildung, Göttingen 1984.

LINDNER, Herbert: Kirche am Ort. Eine Gemeindetheorie, Stuttgart/Berlin/Köln 1994.

LINDNER, Wulf–Volker: Seelsorger und Aggression, WPKG (65) 1976, S. 34ff.

LOCH, Werner: Begriff und Funktion der Angst in der Psychoanalyse, in: Ders.: Zur Theorie, Technik und Therapie der Psychoanalyse, Frankfurt a.M. ^{2}1976.

LÖHE, Wilhelm: Der evangelische Geistliche. Dem nun folgenden Geschlechte evangelischer Geistlichen dargebracht. 1852/1858, in: Ders.: Gesammelte Werke. Band 3/2, hg. von Klaus Ganzert, Neuendettelsau 1958.

LÖHMER, Cornelia/STANDHART, Rüdiger: Themenzentrierte Interaktion (TZI). Die Kunst, sich selbst und eine Gruppe zu leiten, Mannheim ^{2}1992.

LORENZ, Heinz: Diakonie, VF (35) 1990, S. 35ff.

LORENZER, Alfred: Kritik des psychoanalytischen Symbolbegriffs, Frankfurt a.M. 1970, ^{2}1972.

LÜCHT–STEINBERG, Margot: Seelsorge und Sexualität. Gesprächsanalysen aus der klinischen Seelsorgeausbildung, Göttingen 1980.

LÜCKEL, Kurt: Begegnung mit Sterbenden. "Gestaltseelsorge" in der Begleitung sterbender Menschen, München/Mainz 1981, ^{5}1994.

LÜCKEL, Kurt: Gestalttherapeutische Hilfen in der Seelsorgebegleitung sterbender Menschen, in: Petzold, H./Spiegel–Rösing, I. (Hg.): Begleitung, a.a.O., S. 613ff.

LUKAS, Elisabeth: Psychologische Seelsorge. Logotherapie–die Wende zu einer menschenwürdigen Psychologie, Freiburg i.Br. 1985, ^{2}1996.

LUTHER, Henning: Alltagssorge und Seelsorge. Zur Kritik am Defizitmodell des Helfens, in: Ders.: Religion und Alltag, a.a.O., S. 224ff.

LUTHER, Henning: Religion und Alltag. Bausteine zu einer Praktischen Theologie des Subjekts, Stuttgart 1992.

LUTHER, Henning: Theologie und Biographie, in: Ders.: Religion und Alltag, a.a.O., S. 37ff.

LUTHER, Martin: 6. Predigt über den 110. Psalm, WA 41, S. 204ff.

LUTHER, Martin: Luther an Melanchthon. 1. August 1521, WAB 2, S. 370ff.

LUTHER, Martin: Luther und Justus Johann an Kurfürst Johann, 25. Oktober 1531, WAB 6, S. 214ff.

LUTHER, Martin: Ein Sermon von der Bereitung zum Sterben, in: Ders.: Ausgewählte Schriften, hg. von Karin Bornkamm und Gerhard Ebeling, Frankfurt a.M. 1982, S. 15ff.

LUTHER, Martin: Vierzehn Tröstungen für Mühselige und Beladene (tesseradecas consolatoria pro laborantibus et oneratis). Übersetzt und eingeleitet von Bischof D. Heckel, SLAG Nr. 3, Helsinki 1941.

LUTZ, Samuel: Huldrych Zwingli, in: Möller, Christian (Hg.): Geschichte. Bd. 2, a.a.O., S. 65ff.

MASSING, Almuth/WEBER Inge (Hg.): Lust & Leid. Sexualität im Alltag und alltägliche Sexualität, Berlin/Heidelberg/New York 1987.

MATTHES, Joachim: Kirchenmitgliedschaft im Wandel. Untersuchungen zur Realität der Volkskirche. Beiträge zur zweiten EKD–Umfrage "Was wird aus der Kirche?", Gütersloh 1990, [2]1991.

MATUSSEK, Paul: Kreativität als Chance. Der schöpferische Mensch in psychodynamischer Sicht, München/Zürich 1974, [3]1979.

MAYER–SCHEU, Josef: Seelsorge im Krankenhaus, Mainz 1977.

MAYER–SCHEU, Josef: Seelsorgerliche Begleitung von Sterbenden und ihren Angehörigen im Krankenhaus, in: Rosemeier, H.–P./Wienau, R. (Hg.): Tod, a.a.O., S. 338ff.

DERS./KAUTZKY, Rudolf (Hg.): Vom Behandeln zum Heilen. Die vergessene Dimension im Krankenhaus, Wien/Freiburg/Basel/Göttingen 1980.

MEERWEIN, Fritz: Neuere Überlegungen zur psychoanalytischen Religionspsychologie, Zeitschrift für Psychosomatische Medizin und Psychoanalyse (17) 1971, S. 363ff. = Nase, E./Scharfenberg, J. (Hg.): Psychoanalyse, a.a.O., S. 343ff.

MEISTER ECKART: Predigten und Schriften. Ausgewählt und eingeleitet von Friedrich Heer, Frankfurt a.M./Hamburg 1956.

MELANCHTHON, Philip: Vom erschrockenen Gewissen, Ausgewählt und herausgegeben von Wilhelm Heinsius, Klassische Erbauungsschriften des Protestantismus 6, München 1931.

MELANCHTHON, Philip: Eine kurze Vermahnung, daβ alle Christen schuldig sind, dem Exempel des bekehrten Schächers nachzufolgen 1540, in: Heinsius, W. (Hg.): Vom erschrockenen Gewissen, a.a.O.

METTE, Norbert, Art.: Entwicklungspsychologie, WdC, Gütersloh 1988, S. 293f.

METZGER, Wolfgang: Schöpferische Freiheit, PZJ XV, 1979, S. 1069ff.

MEYER, Dietrich: Nikolaus Graf von Zinzendorf, in: Möller, Christian (Hg.): Geschichte, Bd. 2, a.a.O., S. 299ff.

MICHEL, Otto: Art.: οἶκος, οἰκοδομή κτλ., ThWNT 5, 1954, S. 122ff.

MICHEL, Otto: Art.: Der Brief an die Hebräer, KEK XIII, Göttingen [11]1960.

MIT SPANNUNGEN LEBEN. Eine Orientierungshilfe des Rates der EKD zum Thema "Homo sexualität und Kirche", EKD–Texte 57, hg. vom Kirchenamt der EKD, Hannover 1996.

MITCHELL, Kenneth R.: Krankenhaus. Notizen aus dem Alltag eines Krankenhausseelsorgers, Göttingen 1974.

MOLLAND, Einar: Art.: Hermas, RG 3, Sp. 242.

MÖLLER, Christian (Hg.): Geschichte der Seelsorge in Einzelportraits. Göttingen Bd. 1 1994; Bd. 2 1995; Bd. 3 1996.

MÖLLER, Christian (Hg.): Gregor der Groβe, in: Ders. (Hg.): Geschichte. Bd. 1, a.a.O., S. 223ff.

MÖLLER, Christian (Hg.): Martin Luther, in: Ders. (Hg.): Geschichte. Bd. 2, a.a.O., S. 25ff.

MÖLLER, Christian (Hg.): Seelsorglich predigen. Die parakletische Dimension von Predigt, Seelsorge und Gemeinde, Göttingen 1983, ²1990.

MOLTMANN, Jürgen: Theologie der Hoffnung, München ¹²1985.

MONTAGU, Ashley: Zum Kind reifen, Stuttgart 1984.

MORGENSTERN, Christian: Die unmögliche Tatsache, Sämtliche Werke, Zürich ²1990, S. 125.

MÜHLEN, Heribert (Hg.): Geistesgaben heute, Mainz 1982.

MÜLLER, Alfred Dedo: Grundriβ der Praktischen Theologie, Berlin 1954.

MÜLLER, Josef: Pastoraltheologie. Ein Handbuch für Studium und Seelsorge, Graz/Wien/Köln 1993.

MÜLLER, Theophil: Evangelischer Gottesdienst. Liturgische Vielfalt im religiösen und gesellschaftlichen Umfeld, Stuttgart 1993.

MÜLLER, Theophil: Konfirmation, Hochzeit, Taufe, Bestattung. Sinn und Aufgabe der Kasualgottesdienste, Stuttgart 1988.

MÜLLER, Wunibald: Erkennen–Unterscheiden–Begegnen. Das seelsorgerliche Gespräch, Mainz 1991.

MÜLLER, Wunibald: Homosexualität–eine Herausforderung für Theologie und Seelsorge, Mainz 1986.

MÜLLER–KENT, Jens: Militärseelsorge im Spannungsfeld zwischen kirchlichem Auftrag und militärischer Einbindung. Analyse und Bewertung von Strukturen und Aktivitäten der ev. Militärseelsorge unter Berücksichtigung sich wandelnder gesellschaftlicher Rahmenbedingungen, Hamburg 1990.

MÜLLER–STÖR, Clemens: Subjektive Krisentheorien in der Telefonseelsorge, Tübingen 1991.

NASE, Eckart: Oskar Pfisters analytische Seelsorge. Theorie und Praxis des ersten Pastoralpsychologen, dargestellt an zwei Fallstudien, Berlin/New York 1993.

DERS./SCHARFENBERG, Joachim (Hg.): Psychoanalyse und Religion, WdF 275, Darmstadt 1977.

NEIDHART, Walter: Evangelikale und neo–orthodoxe Seelsorge, Literatur–und Problembericht, ThPr (12,4) 1977, S. 319ff.

NEIDHART, Walter: Seelsorge, PthH, Hamburg 1970, ²1975, S. 425ff.

NEMBACH, Ulrich: Seelsorge nach Carl Immanuel Nitzsch, ThZ (28) 1972, S. 331ff.

NICOL, Martin: Gespräch als Seelsorge. Theologische Fragmente zu einer Kultur des Gesprächs, Göttingen 1990.

NIEBERGALL, Friedrich: Praktische Theologie. Lehre von der kirchlichen Gemeindeerziehung auf religionswissenschaftlicher Grundlage. Zweiter Band, Tübingen 1919.

NIEDERFRANKE, Annette u.a. (Hg.): Altern in unserer Zeit, Heidelberg/Wiesbaden 1992.

NIEMEYER, August Hermann: Grundsätze der Erziehung und des Unterrichts für Eltern, Hauslehrer und

Schulmänner, Halle [4]1801, Nachdruck der ersten Aufl. v. 1796, Paderborn 1971.

NIPKOW, Karl Ernst: Grundfragen der Religionspädagogik, Bd. 3, Gütersloh 1982, [3]1992.

NITZSCH, Carl Immanuel: Praktische Theologie. Dritter Band. Erste Abteilung: Die eigenthümliche Seelenpflege des evangelischen Hirtenamtes mit Rücksicht auf die innere Mission, Bonn [2]1868.

NOUWEN, Henri, J.: Schöpferische Seelsorge. Mit einem Vorwort von Rolf Zerfaβ, Freiburg/Basel/Wien 1989, [2]1991.

NOWAK, Antoni J.: Gewissen und Gewissensbildung heute in tiefenpsychologischer und theologischer Sicht, Wien/Freiburg/Basel 1978.

O' DALY, Gerard: Art.: Augustins Theologie, EKL 1, [3]1986, Sp. 326ff.

OATES, Wayne E.: Krise, Trennung, Trauer. Ein Leitfaden pastoraler Fürsorge und Beratung. Mit einem Nachwort von Friedrich-Willhelm Lindemann, München 1977.

OBRIST, Willy: Tiefenpsychologie und Theologie. Aufbruch in ein neues Bewuβtsein, Zürich 1993.

OELKERS, Jürgen/WEGENAST, Klaus (Hg.): Das Symbol-Brücke des Verstehens, Stuttgart/Berlin/Köln 1991.

OELMÜLLER, Willi/DÖLLE-OELMÜLLER, Ruth/GEYER, Carl-Friedrich: Diskurs: Mensch, Philosophische Arbeitsbücher 7, Paderborn 1985, Stuttgart [3]1993.

OERTER, Rolf/MONTADA, Leo: Entwicklungspsychologie, München-Weinheim [2]1987, [3]1995.

OERTER, Rolf/MONTADA, Leo: Moderne Entwicklungspsychologie, Donauwörth [2]1968.

OFFELE, Wolfgang: Das Verständnis der Seelsorge in der pastoraltheologischen Literatur der Gegenwart, Mainz 1966.

OSER, Fritz/GMÜNDER, Paul: Der Mensch-Stufen seiner religiösen Entwicklung. Ein strukturgenetischer Ansatz, Gütersloh [2]1988, [3]1992.

OTSCHERET, Elisabeth: Ambivalenz. Geschichte und Interpretation menschlicher Zwiespältigkeit, Heidelberg 1988.

OTTO, Gerd: Zur gegenwärtigen Diskussion in der Praktischen Theologie, PthH, Hamburg 1970, [2]1975, S. 9ff.

OVERBECK, Gerd: Krankheit als Anpassung. Der sozio-psychodynamische Zirkel, Frankfurt a.M. 1983.

PALMER, Christian: Evangelische Pastoraltheologie, Stuttgart [2]1863.

PANNENBERG, Wolfhart: Anthropologie in theologischer Perspektive, Göttingen 1983.

PATTON, John/CHILDS, Brian H.: Generationsübergreifende Ehe-und Familienseelsorge, Göttingen 1995.

PERVIN, Lawrence A.: Persönlichkeitstheorien, München/Basel 1982.

PETRI, Horst: Verlassen und verlassen werden. Angst, Wut, Trauer und Neubeginn bei gescheiterten Beziehungen, Stuttgart [3]1992.

PETZOLD, Hilarion: Integrative Gestalttherapie in der Ausbildung von Seelsorgern, in: Scharfenberg, J. (Hg.): Freiheit, a.a.O., S. 113ff.

PFÄFFLIN, Ursula: Frau und Mann. Ein symbolkritischer Vergleich anthropologischer Konzepte in Seelsorge und Beratung, Gütersloh 1992.

PFISTER, Oskar: Analytische Seelsorge. Einführung in die praktische Psychoanalyse für Pfarrer und Laien, Göttingen 1927.

PFISTER, Oskar: Das Christentum und die Angst 1944, Olten 1975, Frankfurt a.M./Berlin/Wien 1985.

PFÜRTNER, Stephan H.: Kirche und Sexualität, Reinbek 1972.

PICHT, Georg: Das neue Bewuβtsein, in: Heβler, H.-W. (Hg.): Pflicht, a.a.O., S. 13ff.

PIPER, Hans-Christoph: Art.: Krankenseelsorge, EKL 2, [3]1989, Sp. 1456ff.

PIPER, Hans-Christoph: Das Menschenbild in der Seelsorge, WzM (33) 1981, S. 386ff.

PIPER, Hans-Christoph: Gespräche mit Sterbenden, Göttingen 1977, [4]1990.

PIPER, Hans-Christoph: Gesprächsanalysen, Göttingen 1973, [6]1994.

PIPER, Hans-Christoph: Der Hausbesuch des Pfarrers. Mit einem Beitrag von Eleonore Olszowi, Göttingen 1985, [2]1988.

PIPER, Hans-Christoph: Isolation bekämpfen, in: Rassow, Peter u.a. (Hg.): Seelsorger eingeschlossen, a.a.O., S. 146ff.

PIPER, Hans-Christoph: Klinische Seelsorgeausbildung, Clinical Pastoral Training, BHEKS 30, 1972.

PIPER, Hans-Christoph: Kommunizieren lernen in Seelsorge und Predigt. Ein pastoralpsychologisches Modell, Göttingen 1981.

PIPER, Hans-Christoph: Kranksein-Erleben und Lernen, München [3]1980, Gütersloh [5]1992.

PIPER, Hans-Christoph: Predigtanalysen, Göttingen/Wien 1976.

PISARSKI, Waldemar: Anders trauern-anders leben, München 1983, Gütersloh [4]1993.

PLIETH, Martina: Die Seele wahrnehmen. Zur Geistesgeschichte des Verhältnisses von Seelsorge und Psychologie, Göttingen 1994.

POMPEY, Heinrich: Art.: Exorzismus, EKL 1, [3]1986, Sp. 1237ff.

POMPEY, Heinrich: Rezension zu Besier, Seelsorge und Klinische Psychologie, WzM (33) 1981, S. 247ff.

PRAKTISCH THEOLOGISCHES HANDBUCH (PThH), hg. von Gert Otto, Hamburg 1970, [2]1975.

PREISER, Siegfried: Kreativitätsforschung, Darmstadt [2]1986.

PROBST, Manfred/RICHTER, Klemens (Hg.): Heilsorge für die Kranken und Hilfen zur Erneuerung eines miβverstandenen Sakraments, Freiburg/Wien/Einsiedeln 1975.

RAGUSE, Hartmut: Gedanken zur psychoanalytischen Deutung von biblischen Texten, WzM (38) 1986, S. 18ff.

RAGUSE, Hartmut: Was ist Themenzentrierte Interaktion?, WzM (34) 1982, S. 308ff.

RAPAPORT, David: Die Struktur der psychoanalytischen Theorie, Stuttgart [3]1973.

RASSOW, Peter u.a. (Hg.): Seelsorger eingeschlossen. Ein Lese-und Arbeitsbuch zur kirchlichen Arbeit im

Gefängnis, Stuttgart 1987.

RAU, Gerhard: Pastoraltheologie. Untersuchungen zur Geschichte und Struktur einer Gattung praktischer Theologie, München 1970.

RAUCHFLEISCH, Udo: Beziehungen in Seelsorge und Diakonie. Mit einem Geleitwort von Rolf Zerfaβ, Mainz 1990.

REBELL, Walter: Psychologisches Grundwissen für Theologen. Ein Handbuch, München 1988.

REICH, Wilhelm: Charakteranalyse, Köln/Berlin 1933, ^{3}1971.

REIMER, Hans-Dieter: Wenn der Geist in der Kirche wirken will. Ein Vierteljahrhundert charismatische Bewegung, Stuttgart 1987.

REMPLEIN, Heinz: Die seelische Entwicklung in der Kindheit und Reifezeit. Grundlagen und Erkenntnisse der Kindes-und Jugend-psychologie, München 1954.

RENDTORFF, Trutz: Ethik. Grundelemente, Methodologie und Konkretionen einer ethischen Theologie. Bd. 2, Stuttgart/Berlin/Köln/Mainz 1981.

RENDTORFF, Trutz: Postmoderne Ansichten über modernes Christentum, in: Ders.: Theologie in der Moderne. Über Religion im Prozeβ der Aufklärung, Gütersloh 1991, S. 323ff.

RENSCH, Adelheid: Das seelsorgerliche Gespräch. Psychologische Hinweise zur Methode und Haltung, Göttingen 1963.

REST, Franco: Den Sterbenden beistehen. Ein Wegweiser für die Lebenden, Heidelberg 1981, Wiesbaden ^{3}1991.

RICHTER, Horst-Eberhard: Eltern, Kind und Neurose. Psychoanalyse der kindlichen Rolle, Reinbek 1969, ^{3}1972.

RICHTER, Horst-Eberhard: Patient Familie. Entstehung, Struktur und Therapie von Konflikten in Ehe und Familie, Reinbek 1970.

RIECKER, Otto: Die seelsorgerliche Begegnung, Gütersloh 1947, Neuaufl. durch W. Jentsch 1986.

RIECKER, Otto: Mit sechzig fing mein Leben an, Neuhausen-Stuttgart 1977.

RIEMANN, Fritz: Grundformen der Angst, München 1989.

RIESS, Richard (Hg.): Abschied von der Schuld? Zur Anthropologie und Theologie von Schuldbewuβtsein, Opfer und Versöhnung, Stuttgart 1996.

DERS (Hg.).: Perspektiven der Pastoralpsychologie, Göttingen 1974.

DERS (Hg.).: Seelsorge. Orientierung, Analysen, Alternativen, Göttingen 1973.

DERS (Hg.).: Wenn ihr nicht werdet wie die Kinder. Einsichten und Ausblicke zum Konzept der verletzlichen Jahre, in: Ders./Fiedler, Kirsten. Die verletzlichen Jahre, a.a.O., S. 757ff.

DERS./FIEDLER, Kirsten (Hg.): Die verletzlichen Jahre. Handbuch zur Beratung und Seelsorge an Kindern und

Jugendlichen, Gütersloh 1993.

RINGEL, Erwin/BRANDL, Gerhard: Der Beitrag Alfred Adlers zu Praxis und Theorie der Erziehung, PZJ XI, 1980, S. 246ff.

RINGELING, Hermann: Theologie und Sexualität, Gütersloh ^{2}1969.

RINGLEBEN, Joachim/WINKLER, Klaus: Umgang mit Fremden, Hannover 1994.

RITSCHL, Dietrich u.a.: Art.: Anthropologie, EKL 1, ^{3}1986, Sp. 155ff.

RITSCHL, Dietrich u.a.: Art.: Autorität, EKL 1, ^{3}1986, Sp. 346ff.

RITSCHL, Dietrich u.a.: Art.: Beratung, EKL 1, ^{3}1986, Sp. 431ff.

ROESSLER, Ingeborg/SCHNEIDER, Barbara: Familientherapie–ein Arbeitsfeld der Beratungsstellen, WzM (36) 1984, S. 179ff.

RHODE, Johann Jürgen: Soziologie des modernen Krankenhauses. Zur Einführung in die Soziologie der Medizin, Stuttgart ^{2}1974.

ROHDE-DACHSER, Christa: Das Borderline Syndrom, Bern/Stuttgart/Wien 1979, ^{5}1995.

RÖHLIN, Karl-Heinz: Sinnorientierte Seelsorge. Die Existenzanalyse und Logotherapie V.E. Frankls im Vergleich mit den neueren evangelischen Seelsorgekonzeptionen und als Impuls für die kirchliche Seelsorge, München ^{2}1988.

ROSEMEIER, Hans-Peter/WINAU, Rolf (Hg.): Tod und Sterben, Berlin/New York 1984.

RÖSSLER, Dietrich: Der 'ganze' Mensch. Das Menschenbild der neueren Seelsorgelehre und des medizinischen Denkens im Zusammenhang der allgemeinen Anthropologie, Göttingen 1962.

RÖSSLER, Dietrich: Grundriβ der praktischen Theologie, Berlin/New-York 1986, ^{2}1994.

RÖSSLER, Dietrich: Rekonstruktion des Menschen. Ziele und Aufgaben der Seelsorge in der Gegenwart, WzM (25), 1973, S. 181ff.

RÖSSLER, Dietrich: Seelsorge und Psychotherapie, in: Wintzer, Friedrich: Praktische Theologie, Neukirchen-Vluyn 1982, S. 116ff.

RÖSSNER, Hans (Hg.): Der ganze Mensch. Aspekte einer pragmatischen Anthropologie, München 1986.

RUHBACH, Gerhard: Thomas von Kempen, in: Möller, Christian (Hg.): Geschichte. Bd. 1, a.a.O., S. 341ff.

RUTHE, Reinhold: Praxis Jugendseelsorge, Wuppertal/Zürich 1990.

RUTHE, Reinhold: Seelsorge-wie macht man das? Gesprächshilfen für die Beratende Seelsorge, Wuppertal 1973, Giessen ^{2}1995.

SATIR, Virginia: Selbstwert und Kommunikation. Familientherapie für Berater und zur Selbsthilfe, München 1975, ^{11}1993.

SAUTER, Gerhard: Was heiβt: Nach Sinn fragen? Eine theologisch-philosophische Orientierung, München 1982.

SCHALL, Traugott Ulrich: Eheberatung–Konkrete Seelsorge in Familie und Gemeinde, Stuttgart/Berlin/Köln/Mainz 1983.

SCHALL, Traugott Ulrich: Seelsorge und Klinische Psychologie, WzM (34) 1982, S. 391ff.

SCHARFENBERG, Joachim: Einführung in die Pastoralpsychologie, Göttingen 1985, ^{3}1995.

DERS. (Hg.): Freiheit und Methode. Wege christlicher Einzelseelsorge, Wien/Göttingen 1979.

DERS. (Hg.): Glaube und Gruppe. Probleme der Gruppendynamik in einem religiösen Kontext, Wien/Freiburg/Basel/Göttingen 1980.

DERS. (Hg.): Jenseits des Schuldprinzips?, in: Ders.: Religion zwischen Wahn und Wirklichkeit. Gesammelte Beiträge zur Korrelation von Psychoanalyse und Theologie, Hamburg 1972, S. 189ff.

DERS. (Hg.): Otto Baumgarten und die Seelsorge heute, in: STECK, Wolfgang: Otto Baumgarten. Studien zu Leben und Werk, Neumünster 1986, S. 129ff.

DERS. (Hg.): Pastoralpsychologische Aus–und Fortbildung, PZJ XV, 1979, S. 385ff.

DERS. (Hg.): Seelsorge als Gespräch. Zur Theorie und Praxis der seelsorgerlichen Gesprächsführung, Göttingen 1972, ^{5}1991.

DERS. (Hg.): Sigmund Freud und seine Religionskritik als Herausforderung für den christlichen Glauben, Göttingen 1968, ^{3}1971.

SCHAU, Peter: Die Konferenz für Krankenhausseelsorge in der EKD, WzM (42) 1990, S. 390ff.

SCHELLENBERGER, Bernhardin: Bernhard von Clairvaux, in: Möller, Christian (Hg.): Geschichte. Bd. 1, a.a.O., S. 247ff.

SCHIAN, Martin: Grundriβ der Praktischen Theologie, Gieβen ^{2}1928, ^{3}1934.

SCHIBILSKY, Michael: Trauerwege. Beratung für helfende Berufe, Düsseldorf 1989, ^{4}1994.

SCHIEDER, Rolf: Seelsorge in der Postmoderne, WzM (46) 1994, S. 26ff.

SCHINDLER, Alfred: Augustin, in: Möller, Christian (Hg.): Geschichte. Bd. 1, a.a.O., S. 189ff.

SCHLEIERMACHER, Friedrich: Kurze Darstellung des theologischen Studiums zum Behuf einleitender Vorlesungen, hg. von Heinrich Scholz, Darmstadt 1969, Nachdr. der 3. krit. Ausg. von 1910 (1993).

SCHLEIERMACHER, Friedrich: Die praktische Theologie nach Grundsätzen der evangelischen Kirche, hg. von Jacob Frerichs, Berlin 1850, 1983.

SCHLIEP, Hans–Joachim: Seelsorgebewegung und Kirchenleitung. Zwischen Initiative und Institution, WzM (45) 1993, S. 443ff.

SCHMID, Hans Heinrich (Hg.): Mythos und Rationalität, Gütersloh 1988.

SCHMIDT, Hanspeter: Die Klientel der Telefonseelsorge. Versuch einer Identifizierung, Frankfurt a.M./Bern/New York 1985.

SCHMIDT, Margot: Hildegard von Bingen, in: Möller, Christian (Hg.): Geschichte. Bd. 1, a.a.O., S. 265ff.

SCHMIDT–ROST, Reinhard: Art.: Angst und Furcht, WdC, Gütersloh 1988, S. 65ff.

SCHMIDT–ROST, Reinhard: Art.: Kreativität, WdC, Gütersloh 1988, S. 686.

SCHMIDT–ROST, Reinhard: Art.: Seelsorge, WdC, Gütersloh 1988, S. 1136ff.

SCHMIDT–ROST, Reinhard: Art.: Trost, WdC, Gütersloh 1988, S. 1284f.

SCHMIDT–ROST, Reinhard: Seelsorge zwischen Amt und Beruf. Studien zur Entwicklung einer modernen evangelischen Seelsorgelehre seit dem 19. Jahrhundert, Göttingen 1988.

SCHMIED, Gerhard: Sterben und Trauern in der modernen Gesellschaft, Opladen 1985.

SCHNEIDER, Kristine (Hg.): Familientherapie in der Sicht psychotherapeutischer Schulen, Paderborn ^{2}1985.

SCHNEIDER–FLUME, Gunda: Angst und Glaube, ZThK (88) 1991, S. 478ff.

SCHNEIDER–FLUME, Gunda: Die Identität des Sünders. Eine Auseinandersetzung theologischer Anthropologie mit dem Konzept der psychosozialen Identität Erik H. Eriksons, Göttingen 1985.

SCHNEIDER–HARPPRECHT, Christoph: Psychoanalytische Bibelauslegung, WzM (43) 1991, S. 323ff.

SCHNEIDER–HARPPRECHT, Christoph: Trost in der Seelsorge, Stuttgart/Berlin/Köln 1989.

SCHOENAUER, Gerhard: Wilhelm Löhe, in: Möller, Christian (Hg.): Geschichte. Bd. 3, a.a.O., S. 103ff.

SCHOLL, Hans: Johannes Calvin, in: Möller, Christian (Hg.): Geschichte. Bd. 2, a.a.O., S. 103ff.

SCHREINER, Martin: Gemütsbildung und Religiosität, Göttingen 1992, ^{2}1994.

SCHRIFTEN DER KIRCHENVÄTER (SKV), hg. von Norbert Brox, München 1983ff.

SCHRÖER, Henning: Art.: Beratung, TRE V, 1980, S. 589ff.

SCHUCHARD, Erika: Warum gerade ich⋯ ? Leiden und Glauben. Pädagogische Schritte mit Betroffenen und Begleitenden, Offenbach ^{4}1987, Göttingen ^{7}1993.

SCHULTZ, Hans Jürgen (Hg.): Trennung, Stuttgart 1984.

SCHULTZ–HENCKE, Harald: Einführung in die Psychoanalyse, Göttingen 1927, unveränd. Nachd. 1972.

SCHULTZ–HENCKE, Harald: Der gehemmte Mensch, Stuttgart 1967.

SCHULTZ–HENCKE, Harald: Lehrbuch der analytischen Psychotherapie, Stuttgart 1965, ^{5}1988.

SCHULTZ–HENCKE, Harald: Die psychoanalytische Begriffswelt. Überarb. und hg. von Eduard Jorswieck, Göttingen 1972.

SCHULZ, Matthias: Der Begriff der Seelsorge bei Claus Harms und Löhe, Gütersloh 1934.

SCHÜRGERS, Georg: Kirche und Sexualität, in: Massing, A./Weber, I.: Lust & Leid, a.a.O., S. 123ff.

SCHÜTZ, Klaus–Volker: Gruppenarbeit in der Kirche. Methoden angewandter Sozialpsychologie in Seelsorge, Religionspädagogik und Erwachsenenbildung, Mainz 1989.

SCHÜTZ, Werner: Seelsorge. Ein Grundriβ, Gütersloh 1977.

SCHWARZ, Dieter: Zur Alltagswirklichkeit von Klinikseelsorgern. Persönliche und professionelle Bewältigungsformen im Umgang mit schwerer Krankheit, Sterben und Tod. Eine kultursoziologische

Untersuchung, Frankfurt a.M./Bern/New York/Paris 1988.

SCHWARZ, Reinhard: Vorgeschichte der reformatorischen Bußtheologie, Berlin 1968.

SCHWEIDTMANN, Werner: Sterbebegleitung. Menschliche Nähe am Krankenbett, Stuttgart 1991.

SCHWEITZER, Friedrich: Lebensgeschichte und Religion. Religiöse Entwicklung und Erziehung im Kindes– und Jugendalter, München ^{2}1991, Gütersloh ^{3}1994.

DERS./NIPKOW, Karl Ernst/FAUST–SIEHL, Gabriele, KRUPKA, Bernd: Religionsunterricht und Entwicklungspsychologie. Elementarisierung in der Praxis, Gütersloh 1995.

SCHWEIZER, Alexander: Pastoraltheorie oder die Lehre von der Seelsorge des evangelischen Pfarrers, Leipzig 1875.

SCHWERMER, Joseph: Das helfende Gespräch in der Seelsorge, Paderborn ^{2}1983, ^{3}1990.

SCHWERMER, Joseph: Den Menschen verstehen, Paderborn 1987, ^{2}1990.

SCHWERMER, Joseph: Psychologische Hilfen für das Seelsorgegespräch, München ^{2}1981.

SEEBERG, Reinhold: Lehrbuch der Dogmengeschichte. 1. Band, Leipzig 1908, Darmstadt 1953.

SEELSORGE im Krankenhaus, Themaheft WzM (39) 1987, S. 385ff.

SEELSORGE im multikulturellen Krankenhaus, Themaheft WzM (47,7) 1995, S. 389ff.

SEELSORGE im Strafvollzug, Themaheft WzM (28) 1976, S. 49ff.

SEELSORGE UND ETHIK, Themenheft PTh (80) 1991, S. 1ff.

SEELSORGEBEWEGUNG. Rückblick–Standortbestimmung–Aufgaben, Themaheft WzM (45,8) 1993, S. 433ff.

SEITZ, Manfred: Christsein heute. Gelebter Glaube zwischen überlieferter Form und neuer Gestalt, in: Ders.: Erneuerung, a.a.O., S. 57ff.

SEITZ, Manfred: Erneuerung der Gemeinde. Gemeindeaufbau und Spiritualität, Göttingen 1985.

SEITZ, Manfred: Exemplarischer Seelsorge–Begriff, Aufgabe und Methode, in: Ders.: Praxis, a.a.O., S. 109ff.

SEITZ, Manfred: Praxis des Glaubens. Gottesdienst, Seelsorge und Spiritualität, Göttingen ^{3}1985.

SEITZ, Manfred: Seelsorge als Verläßlichkeit, in: Ders.: Erneuerung, a.a.O., S. 130ff.

SEITZ, Manfred: Seelsorge und geistliches Leben, in: Ders.: Erneuerung, a.a.O., S. 143ff.

SEITZ, Manfred: Überlegungen zum Verhältnis von Theologie und Psychologie, in: Gutsche, Friedhardt: Mut zur Seelsorge. Die Grenzen der Fachleute und die Möglichkeiten der Gemeinde. Mit Beiträgen von Rudolf Affermann, Friedhardt Gutsche, Werner Jentsch und Manfred Seitz, Wuppertal 1974.

SEITZ, Manfred: Wüstenmönche, in: Möller, Christian (Hg.): Geschichte. Bd. 1, a.a.O., S. 81ff.

SENN, Hans: Der "hoffnungslose Fall" in der Gemeindeseelsorge, Göttingen 1979.

SIMON, Ludger: Einstellungen und Erwartungen der Patienten im Krankenhaus gegenüber dem Seelsorger, Frankfurt/Bern/New York 1985.

SMOLKA, Peter: Theologie des Friedens, in: Heßler, H.–W. (Hg.): Pflicht, a.a.O., S. 103ff.

SONS, Rolf: Seelsorge zwischen Bibel und Psychotherapie. Die Entwicklung der evangelischen Seelsorge in der Gegenwart, Stuttgart 1995.

SPENER, Philipp Jacob: Pia Desideria, hg. von Kurt Aland, Berlin ²1955, ³1964.

SPENER, Philipp Jacob: Schriften. Band I,1. Eingeleitet von Erich Beyreuter und Dietrich Blaufuβ, Hildesheim/New York 1979.

SPENER, Philipp Jacob: Schriften. Band I,2. Hg. von Paul Grünberg, Hildesheim/New York 1988.

SPIEGEL, Yorick: Der prozeβ des Trauerns. Analyse und Beratung, München 1973, Gütersloh ⁸1995.

DERS. (Hg.): Doppeldeutlich. Tiefendimension biblischer Texte, München 1978.

DERS. (Hg.): Pfarrer ohne Ortsgemeinde. Bericht, Analysen und Beratung, München/Mainz 1970.

DERS. (Hg.): Psychoanalytische Interpretation biblischer Texte, München 1972.

SPIEGEL-RÖSING, Ina/PETZOLD, Hilarion (Hg.): Die Begleitung Sterbender. Theorie und Praxis der Thanatotherapie. Ein Handbuch, Paderborn 1984, ²1992.

SPIJKER, Herman van de: Narziβtische Kompetenz-Selbstliebe-Nächstenliebe, Freiburg/Basel/Wien ²1995.

SPIEL, Walter: Das erste Lebensjahr, PZJ XI, 1980, S. 59ff.

SPITZ, René A.: Vom Säugling zum Kleinkind, Stuttgart ⁴1974.

STAGEL, Joachim: Die Beschreibung des Fremden in der Wissenschaft, in: Der Wissenschaftler und das Irrationale. Bd. 2, hg. von Hans P. Duerr, Frankfurt a.M. 1985, S. 96ff.

STÄHLIN, Traugott: Liebe und Tod. Theologische Erwägungen zum humanen Sterben, in: Wehowsky, S. (Hg).: Sterben, a.a.O., S. 40ff.

STANGE, Erich: Telefonseelsorge, Kassel 1961.

STEIN, Albert: Überlegungen für einen besseren Umgang mit Ehescheidungen im Pfarrhaus, in: Josuttis, M./Stollberg, D.: Ehe-Bruch, a.a.O., S. 239ff.

STEINKAMP, Hermann,: Wandlungen der Institution Telefonseelsorge-religionssoziologische Überlegungen, WzM (47) 1995, S. 190ff.

STEINKAMP, Hermann.: Die Zukunft ist jetzt. Die Option für die Jugend im Horizont der Gesellschaft, in: Riess, R./Fiedler, K. (Hg.): Die verletzlichen Jahre, a.a.O., S. 695ff.

STEINKAMP, Hermann.: Zwischen Service-Kirche und Samariterfunktion: Religionssoziologische Anmerkungen zum Gestaltwandel von Telefonseelsorge, WzM (35) 1983, S. 292ff.

STENGER, Hermann M.: Gewissen-Schuld-Angst-Vergegung, in: Ders.: Verwirklichung unter den Augen Gottes. Psyche und Gnade, Salzburg 1985, S. 43ff.

STENGER, Hermann M.: Kirche: Angst produzierend-Angst reduzierend. Eine religionskritische Konfrontation, in: Ders.: Für eine Kirche, die sich sehen lassen kann, Innsbruck/Wien 1995, S. 134ff.

STERBHILFE-Mitleid oder Mord, coprint Druck-und Verlagsgesellschaft mbH, Wiesbaden 1984.

STIERLIN, Helm: Von der Psychoanalyse zur Familientherapie, Stuttgart ^{2}1980, ^{3}1991.

STODDARD, Sandol: Die Hospiz-Bewegung. Ein anderer Umgang mit Sterbenden, Freiburg i.Br. 1987, ^{2}1988.

STOLLBERG, Dietrich: Art.: Seelsorge, EKL 4, ^{3}1996, Sp. 173ff.

STOLLBERG, Dietrich: Das Gewissen in pastoralpsychologischer Sicht, WuD (11) 1971, S. 141ff.

STOLLBERG, Dietrich: Lernen, weil es Freude macht. Eine Einführung in die Themenzentrierte Interaktion, München 1982.

STOLLBERG, Dietrich: Mein Auftrag-Deine Freiheit, München 1972.

STOLLBERG, Dietrich: Nach der Trennung. Erwägungen für Geschiedene, Entlobte, Getrennte und Verheiratete, München/Mainz 1974, ^{2}1976.

STOLLBERG, Dietrich: Schweigen lernen. Zu Seelsorge und Ethik, in: Bizer, C./Cornelius-Bundschuh, J./Gutmann, H.-M. (Hg.): Theologisches geschenkt, a.a.O., S. 366ff.

STOLLBERG, Dietrich: Seelsorge durch die Gruppe. Praktische Einführung in die gruppen-dynamisch-therapeutische Arbeitsweise, Göttingen 1971, ^{3}1975.

STOLLBERG, Dietrich: Seelsorge praktisch, Göttingen 1970, ^{3}1971.

STOLLBERG, Dietrich: Seward Hiltner, in: Möller, Christian (Hg.): Geschichte. Bd. 3, a.a.O., S. 295ff.

STOLLBERG, Dietrich: Solange du deine Füße unter meinen Tisch steckst. Zur Auseinandersetzung Jugendlicher mit Autorität, in: Riess, R./Fiedler, K. (Hg.). Die verletzlichen Jahre, a.a.O., S. 324ff.

STOLLBERG, Dietrich: Therapeutische Seelsorge. Die amerikanische Seelsorgebewegung. Darstellung und Kritik. Mit einer Dokumentation, München 1969, ^{3}1972.

STOLLBERG, Dietrich: Wahrnehmen und Annehmen. Seelsorge in Theorie und Praxis, Gütersloh 1978.

STRAFE: Tor zur Versöhnung? Eine Denkschrift der EKD zum Strafvollzug, Gütersloh 1990.

STRECKER, Georg: Die Johannesbriefe, KEK XIV, Göttingen 1989.

STUBBE, Ellen: Art.: Gefangenenfürsorge/Gefangenenseelsorge, TRE XII, 1984, S. 144ff.

STUBBE, Ellen: Art.: Seelsorge im Strafvollzug. Historische, psychoanalytische und theologische Ansätze zu einer Theoriebildung, Göttingen 1978.

SUDBRACK, Josef: Meister Eckart, in: Möller, Christian (Hg.): Geschichte. Bd. 1, a.a.O., S. 287ff.

SULZE, Emil: Die evangelische Gemeinde, Leipzig ^{2}1912.

SWITZER, David K.: Krisenberatung in der Seelsorge. Situationen und Methoden, München/Mainz 1975.

TACKE, Helmut: Glaubenshilfe als Lebenshilfe. Probleme und Chancen heutiger Seelsorge, Neukirchen-Vluyn 1975, ^{2}1979, ^{3}1993.

TACKE, Helmut: Mit den Müden zur rechten Zeit zu reden. Beiträge zu einer bibelorientierten Seelsorge, Neukirchen-Vluyn 1989.

TEWS, Hans-P.: Soziologie des Alterns, Heidelberg ^{3}1979.

THILO, Hans–Joachim: Auf unsere alten Tage, Göttingen 1987.

THILO, Hans–Joachim: Beratende Seelsorge. Tiefenpsychologische Methodik dargestellt am Kasualgespräch, Göttingen 1971, ^{3}1986.

THILO, Hans–Joachim: Ehe ohne Norm? Eine evangelische Eheethik in Theorie und Praxis, Göttingen 1978.

THILO, Hans–Joachim: Wie ein Stachel im Fleisch. Aggression und Sexualität in den Religionen, München 1993.

THOMÄ, Helmut/KÄCHELE, Horst: Lehrbuch der psychoanalytischen Therapie 1. Grundfragen, Berlin/Heidelberg/New York 1986.

THOMAS A KEMPIS: Die vier Bücher der Nachfolge Christi. Übersetzt von Paul Mons, Regensburg 1959, ^{4}1981.

THORNTON, Edward E.: Art.: Clinical Pastoral Education, EKL 1, ^{3}1986, Sp. 761ff.

THURNEYSEN, Eduard: Die Lehre von der Seelsorge, München 1948, ^{7}1994.

THURNEYSEN, Eduard: Rechtfertigung und Seelsorge, ZdZ (6) 1928, S. 197ff.; jetzt in: Wintzer, F. (Hg.) Seelsorge, a.a.O., S. 73ff.

THURNEYSEN, Eduard: Seelsorge im Vollzug, Zürich 1968.

TRILLHAAS, Wolfgang: Der Dienst der Kirche am Menschen, München 1950, ^{2}1957.

TSCHIRCH, Reinmar: Bibel für Kinder. Die Kinderbibel in Kirche, Gemeinde, Schule und Familie, Stuttgart/Berlin/Köln 1995.

TSCHIRCH, Reinmar: Gott für die Kinder. Religiöse Erziehung, Vorschläge und Beispiele, Gütersloh 1974, ^{10}1993.

TWORUSCHKA, Udo/BEIRER, Georg: Art.: Verzicht, WdC, Gütersloh 1988, S. 1324ff.

UHSADEL, Walter: Evangelische Beichte in Vergangenheit und Gegenwart, Gütersloh 1961.

UHSADEL, Walter: Evangelische Seelsorge, Heidelberg 1966.

VARAH, Chad: Samariter. Hilfe durchs Telefon, Stuttgart 1966.

VERWEIGERUNG UND ANPASSUNG–der politische Kontext der Seelsorge, Themaheft WzM (40,7) 1988, S. 387ff.

VIEBAHN, Ilsabe von: Seelische Entwicklung und ihre Störung, Göttingen 1972, ^{5}1992.

VILMAR, August F.C.: Lehrbuch der Pastoraltheologie, nach dessen akademischen Vorlesungen, hg. von K.W. Piderit, Gütersloh 1872.

VINET, Alexandre: Pastoral–Theologie oder Lehre von Dienst am Evangelium. Deutsch bearbeitet (nach der Pariser Ausgabe von 1850) von Hermann Gustav Hasse, Grimma 1852.

VIORST, Judith: Mut zur Trennung. Menschliche Verluste, die das Leben sinnvoll machen, Hamburg 1988.

VISMANN, Dieter: Beichte und Abendmahl, in: Henze, E. (Hg.): Beichte, a.a.O., S. 51ff.

VOGEL, Heinrich: Gott in Christo. Ein Erkenntnisgang durch die Grundprobleme der Dogmatik, Berlin 1951;

jetzt in: Ders.: Gesammelte Werke. Bd. 1 u. Bd. 2, Stuttgart 1982.

VOIGT, Kerstin: Otto Haendler–Leben und Werk, Frankfurt/Berlin/Bern 1993.

VOLP, Rainer/BLOTH, Peter C./LÜTCKE, Karl–Heinrich/STÄHLIN, Traugott: Die Kasualpraxis, HPTh(G) 3, 1983, S. 150ff.

VOSS, Gerhard: Benedikt von Nursia, in: Möller, Christian (Hg.): Geschichte. Bd. 1, a.a.O., S. 209ff.

VOSS, Ute: Heil verkündigen und Heil–werden. Evangelische Seelsorge in Strafvollzugsanstalten, in: Rassow, P. u.a. (Hg.): Seelsorger eingeschlossen, a.a.O., S. 128ff.

WAGNER–RAU, Ulrike: Zwischen Vaterwelt und Feminismus. Eine Studie zur pastoralen Identität von Frauen, Gütersloh 1992.

WALLMANN, Johannes: Philipp Jacob Spener, in: Möller, Christian (Hg.): Geschichte. Bd. 2, a.a.O., S. 261ff.

WALTER, Georg: Seelsorge an Neurosekranken, Stuttgart 1967.

WAS IST DAS GEWISSEN?, EKD Texte 8, 1984.

WEHOWSKY, Stephan (Hg.): Sterben wie ein Mensch, Gütersloh 1985.

WEIMAR, Martin: Die Religion der Traumatisierten. Erfahrungen und Reflexionen aus der Telefonseelsorge, in: Heimbrock, H.–G./Streib, H. (Hg.): Magie, a.a.O., S. 259ff.

WEIMAR, Martin: Telefonseelsorge–das Pfarrhaus des 20. Jahrhunderts, WzM (39) 1987, S. 38ff.

WEIMAR, Martin: Wächter vor dem unbewuβten. Über seelsorgerliche Nachtgespräche, in: Auf Draht. Ein internes Forum zum Austausch von Erfahrungen und Informationen für ehrenamtliche und hauptamtliche Mitarbeiterinnen und Mitarbeiter der Telefonseelsorgestellen und Offenen Türen in der BRD, hg. von der ev.–kath. Kommission für Telefonseelsorge und Offene Tür, 22, April 1993, S. 19ff.

WEYMANN, Volker: Friedrich Daniel Ernst Schleiermacher, in: Möller, Christian (Hg.): Geschichte. Bd. 3, a.a.O., S. 21ff.

WEYMANN, Volker: Hiob, in: Möller, Christian (Hg).: Geschichte. Bd. 1, a.a.O., S. 35ff.

WEYMANN, Volker: Trost? Orientierungsversuch zur Seelsorge, Zürich 1989.

WIEDEMANN, Hans–Georg: Homosexuelle Liebe. Für eine Neuorientierung in der christlichen Ethik, Stuttgart 1982, ^{3}1991.

WIEDEMANN, Wolfgang: Krankenhausseelsorge und verrückte Reaktionen. Das Heilsame an psychotischer Konfliktbewältigung, Göttingen 1996.

WIENERS, Jörg (Hg.): Handbuch der Telefonseelsorge, Göttingen 1995.

WIENERS, Jörg (Hg.): Die Krise der Samariter: Die sogenannten Daueranrufer und das Selbstverständnis der Telefonseelsorge, in: Brachel, H. U. v./Schramm, T. (Hg.): Telefonseelsorge, a.a.O., S. 94ff.

WILLI, Jürg: Die Zweierbeziehung. Spannungsursachen–Störungsmuster–Klärungsprozesse–Lösungsmodelle. Analyse des unbewuβten Zuasmmenspiels in Partnerwahl und Paarkonflikt: das Kollusions–Konzept,

Reinbek 1975.

WINGEN, Max: Nichteheliche Lebensgemeinschaften. Formen–Motive–Folgen, Zürich 1984.

WINKLER, Eberhard: Erfahrung und Verkündigung in der gegenwärtigen Seelsorge, ThLZ (107) 1982, S. 321ff.

WINKLER, Eberhard: Grundfragen der Seelsorge heute, in: Die Christenlehre 1 (1974) S. 3ff.

WINKLER, Eberhard: Seelsorge an Kranken, Sterbenden und Trauernden, HbSS, 1983, [4]1990, S. 405ff.

WINKLER, Klaus: Aggressives Verhalten im Krankenhaus, WzM (38) 1986, S. 400ff.

WINKLER, Klaus: Art.: Leiden. V. Praktisch–Theologisch, TRE XX, 1990, S. 707ff.

WINKLER, Klaus: ART.: Seelsorge, TRT 5, [4]1983, S. 228ff.

WINKLER, Klaus: Geisterfüllte Gemeinde–eine Herausforderung an uns, in: werkstadt gemeinde. Ideen–Berichte–Materialien (7), Göttingen 1989, S. 44ff.

WINKLER, Klaus: Karl Barth und die Folgen für die Seelsorge, PTh (75) 1986, S. 458ff.

WINKLER, Klaus: Psychoanalytische Aspekte des Glaubens, in: Harz, F./Schreiner, M. (Hg.): Glauben im Lebenszyklus. FS für Hans–Jürgen Fraas, München 1984, S. 95ff.

WINKLER, Klaus: Psychotherapie im Kontext der Kirche. Zum Problem der sog. "Hilfswissenschaften", in: Der Mit–Mensch in der Psychotherapie. Perspektiven für Kirche und Gesellschaft, Bethel– Beiträge Nr. 37, Bethel–Verlag 1988, S. 68ff.

WINKLER, Klaus: Seelsorge an Seelsorgern, HPTh(G) 3, S. 521ff.

WINKLER, Klaus: Seelsorge und Psychotherapie, PZJ XV, 1979, S. 375ff.

WINKLER, Klaus: Symbolgebrauch zwischen Partizipation und Regression. C.G. Jung und die Folgen für die Seelsorge, in: Schmid H. H. (Hg.): Mythos, a.a.O., S. 334ff.

WINKLER, Klaus: Werden wie die Kinder? Christlicher Glaube und Regression, Mainz 1992.

WINKLER, Klaus: Wie böse ist der Mensch?, in: Kirche unter den Soldaten. Beiträge aus der evangelischen Militärseelsorge I/94, hg. vom evangelischen Kirchenamt für die Bundeswehr, Bonn 1994, S. 15ff.

WINKLER, Klaus: Die Zumutung im Konfliktfall. Luther als Seelsorger in heutiger Sicht, Hannover 1984.

WINKLER, Klaus Festschrift, hg. von KLESSMANN, Michael/LÜCKEL, Kurt: Zwischenbilanz: Psychologische Herausforderungen. Zum Dialog zwischen Theologie und Humanwissenschaften, Bielefeld 1994.

WINTER, Friedrich: Seelsorge an Sterbenden und Trauernden, Göttingen 1976.

WINTER, Wolfgang: Fremdgehen. Pastoralpsychologische Erwägungen zu einem schwierigen Phänomen, in: Bizer, C./Cornelius–Bundschuh, J./Gutmann, H.–M. (Hg.): Theologisches geschenkt, a.a.O., S. 289ff.

WINTZER, Friedrich (Hg.): Seelsorge. Texte zum gewandelten Verständnis und zur Praxis der Seelsorge in der Neuzeit, München 1978.

WINTZER, Friedrich (Hg.): Seelsorge zwischen Vergewisserung und Wegorientierung, PTh (80) 1991, S. 17ff.

WITTRAM, Heinrich: Die Kirche bei Theodosius Harnack. Ekklesiologie und Praktische Theologie, Göttingen

1963.

WÖLBER, Hans-Otto: Das Gewissen der Kirche. Abriss einer Theologie der Sorge um den Menschen, Göttingen ^{2}1965.

WÖRTERBUCH DES CHRISTENTUMS (WdC), hg. von DREHSEN, Volker /HÄRING, Hermann/KUSCHEL, Karl-Josef, Gütersloh 1988.

WOLFF, Hans-Walter, Anthropologie des Alten Testaments, Berlin ^{3}1977, München ^{5}1990.

WRAGE, Karl Horst/PETERSEN, Peter: Seelsorger und Therapie. Einführung in die Neurosenlehre und Psychiatrie, Seelsorgepraktikum 1, hg. von Karl Horst Wrage, Gütersloh 1971.

WULF, Hans: Wege zur Seelsorge. Theorie und Praxis einer offenen Disziplin, Neukirchen-Vluyn 1970.

ZANDER, Esther/ZANDER, Wolfgang: Die Neo-Psychoanalyse von Harald Schultz-Hencke PZJ III, 1977, S. 426ff.

ZERFASS, Rolf: Menschliche Seelsorge. Für eine Spiritualität von Priestern und Laien im Gemeindedienst, Freiburg i.Br. 1985, ^{5}1991.

ZEZSCHWITZ, Carl Adolf G. von: System der Praktischen Theologie. Paragraphen für academische Vorlesungen, Leipzig 1876.

ZIEMER, Jürgen: Pastoralpsychologisch orientierte Seelsorge im Horizont einer säkularen Gesellschaft, WzM (45) 1993, S. 144ff.

ZIJLSTRA, Wybe: Handbuch zur Seelsorgeausbildung, Gütersloh 1993.

ZIJLSTRA, Wybe: Seelsorge-Training. Clinical-Pastoral-Training, München/Mainz 1971.

ZIMMERLING, Peter: Seelsorge in der Gemeinschaft. Zinzendorf als Seelsorger, ThBeitr (26) 1995, S. 75ff.

ZINZENDORF, Nikolaus Graf von: Hauptschriften in sechs Bänden. Band III, hg. von Erich Beyreuther und Gerhard Meyer, Hildesheim 1963.

ZINZENDORF, Nikolaus Graf von: über Glauben und Leben. Ausgewählt und zusammengestellt von Otto Herpel, Sannerz 1925.

ZUR BEDEUTUNG von Schuldzuschreibungen bei Krankheit, Krisen und Heilung, Themaheft WzM (43) 1991, S. 383ff.

ZWINGLI, Huldrych: Auswahl seiner Schriften, hg. von E. Künzli, Zürich/Stuttgart 1962.

찾아보기

인명

내 용

저자 소개 Klaus Winkler(1934~2000)

독일 베델신학대학교(Die Kirchliche Hochschule in Bethel) 실천신학(목회상담학) 교수였으며, 독일목회심리학협회(Deutsche Gesellschaft für Pastoralpsychologie)의 창립자로서 독일의 대표적인 목회상담학자이면서 정신분석가다. 저서로는 *Die Zumutung im Konfliktfall, Luther als Seelsorger in heutiger Sicht* 등이 있으며, *Seelsorge*는 그의 대표작이다. 그 외 목회상담에 관한 많은 논문을 발표했다.

역자 소개 신명숙

한신대학교 신학과를 졸업하고 연세대학교 연합신학대학원에서 목회상담학을 전공했으며, 독일 뮌스터(Münster) 대학교에서 목회상담학 전공으로 신학박사학위를 받았다. 현재 전주대학교 기독교학부 신학과 교수로 재직 중이며, 한국기독교 상담심리치료협회와 한국목회상담협회의 목회상담 감독이다. 『목회상담입문』(공저), 『대학생과 리더십』(공저), 『성경과 삶』(공저) 등의 저서와 논문으로는 「목회상담의 정체성 확립을 위한 신학적 근거」 「'왜' 고통을 당해야 하는가?—병든 자를 위한 목회상담적 접근」 「새로운 여성성 이해를 통한 여성상담」 「청년을 위한 기독교상담—대학생을 중심으로」 등이 있다.

목회상담 -영혼 돌봄-

Seelsorge

2007년 9월 15일 1판 1쇄 인쇄
2007년 9월 20일 1판 1쇄 발행

지은이 • Klaus Winkler
옮긴이 • 신명숙
펴낸이 • 김진환
펴낸곳 • 학지사
121-837 서울특별시 마포구 서교동 352-29 마인드월드빌딩 5층
대표전화 • 02)326-1500 / 팩스 02)324-2345
홈페이지 • http://www.hakjisa.co.kr
등 록 • 1992년 2월 19일 제2-1329호

ISBN 978-89-5891-538-6 93180

역자와의 협약으로 인지를 생략합니다.

정가 23,000원

잘못 만들어진 책은 구입처에서 바꾸어 드립니다.